ZHONGGUO ZHISHICHANQUAN NIANJIAN

2019

中国知识产权年鉴

主办●国家知识产权局

知识产权出版社
全国百佳图书出版单位
—北京—

图书在版编目(CIP)数据

中国知识产权年鉴. 2019/国家知识产权局主办. —北京:知识产权出版社,2019. 12
ISBN 978-7-5130-6740-9

Ⅰ.①中… Ⅱ.①国… Ⅲ.①知识产权—中国—2019—年鉴 Ⅳ.①D923. 4-54

中国版本图书馆 CIP 数据核字(2019)第 297071 号

责任编辑:崔开丽　武　晋　李芸杰
责任校对:谷　洋
封面设计:智兴工作室
责任印制:刘译文

中国知识产权年鉴 2019

国家知识产权局　主办

出版发行:知识产权出版社有限责任公司
网　　址:http://www.ipph.cn
社　　址:北京市海淀区气象路 50 号院
邮　　编:100081
责编电话:010-82000860 转 8377
责编邮箱:nianjian772@sina.com
发行电话:010-82000860 转 8101/8102
发行传真:010-82000893/82005070/82000270
印　　刷:三河市国英印务有限公司
经　　销:各大网上书店、新华书店及相关专业书店
开　　本:787mm×1092mm　1/16
印　　张:45.25
版　　次:2019 年 12 月第 1 版
印　　次:2019 年 12 月第 1 次印刷
字　　数:1100 千字
定　　价:240.00 元

ISBN 978-7-5130-6740-9

◆ 2018 年 8 月 28 日，国务委员王勇出席 2018 年“一带一路”知识产权高级别会议开幕式，宣读国家主席习近平致会议的贺信并致辞。

◆ 2018 年 4 月 20 日，国务委员王勇出席 2018 年全国知识产权宣传周启动仪式并致辞。

◆ 2018 年 6 月 5 日，纪念《国家知识产权战略纲要》颁布实施十周年座谈会在北京人民大会堂举行。十二届全国人大常委会副委员长、国家知识产权战略实施十年总体评估专家组组长严隽琪出席会议并讲话。

◆ 2018 年 8 月 22 日，中华人民共和国首席大法官、最高人民法院院长周强在最高人民法院会见了世界知识产权组织副总干事王彬颖、总法律顾问弗里茨·庞德科和世界知识产权组织第一期“知识产权司法审判高级研究班”法官学员和讲师代表。

◆ 2018 年 1 月 4 日，全国知识产权局局长会议在北京召开。国家知识产权局局长申长雨在会议上作报告。

◆ 2018 年 4 月 20 日，国家知识产权局局长申长雨出席 2018 中国知识产权保护高层论坛。

◆ 2018 年 4 月 24 日，国务院新闻办公室在北京举行“2017 年中国知识产权发展状况新闻发布会”。国家知识产权局局长申长雨（左二）、国家知识产权局商标局局长崔守东（右二）、国家版权局新闻发言人于慈珂（右一）出席发布会并回答了中外媒体记者的提问。

◆ 2018 年 3 月 2 日，推进使用正版软件工作部际联席会议第七次全体会议在北京召开。

◆ 2018 年 4 月 26 日，国家版权局在北京举办主题为“保护创作，推进运用”的 2018 中国网络版权保护大会。

◆ 2018 年 8 月 1 日至 2 日，第 11 次东亚植物新品种保护论坛年会及植物新品种保护国际研讨会在菲律宾马尼拉举行。

◆ 2018 年 11 月 6 日，《农业植物新品种保护十大典型案例》在第二十五届中国杨凌农业高科技成果博览会上发布。

◆ 2018 年 12 月 4 日至 7 日，林业植物新品种行政执法培训班在浙江省杭州市举办。

◆ 2018 年 9 月 26 日，2018 国际知识产权执法大会在阿联酋迪拜召开。

◆ 2018 年 7 月 9 日，第四次全国法院知识产权审判工作会议暨知识产权审判工作先进集体和先进个人表彰大会在山东省青岛市召开。

◆ 2018 年 8 月 30 日，第九届中国专利年会在北京开幕。

◆ 2018 年 12 月 25 日，第二十届中国专利奖颁奖大会在北京举行。

◆ 2018 年 7 月 12 日，国家知识产权局与广东省人民政府年度知识产权合作会商暨广东建设知识产权强省推进大会在广东省广州市举行。

◆ 2018 年，中国义乌知识产权维权服务中心提供知识产权注册登记等“一站式”服务。

《中国知识产权年鉴(2019)》编辑委员会名单

诸敏刚　知识产权出版社有限责任公司
黄建华　海关总署综合业务司
曹冬根　中国知识产权报社
龚玉梅　国家林业和草原局科技发展中心
崔江浩　农业农村部科技教育司
崔守东　国家知识产权局商标局
葛　树　国家知识产权局战略规划司
韩秀成　国家知识产权局知识产权发展研究中心
雷筱云　国家知识产权局知识产权运用促进司

年鉴编辑部名单

编辑说明

一、《中国知识产权年鉴》是反映我国知识产权工作基本情况的大型资料性工具书，2001 年 11 月创刊，每年出版一版，2019 版反映的是 2018 年度我国知识产权工作的基本情况。

二、2019 版内容由“重大战略部署”“领导讲话”“特约文章”“概况”“大事记”“新闻百条”“统计资料”“评选和认定”“法律、法规、规章、司法解释及其他规范性文件”“典型案例”“学术成果”“附录”12 部分组成。

三、“重大战略部署”栏目，记录了 2018 年度党中央、国务院作出的有关知识产权的重大战略部署。

四、“领导讲话”栏目，记录了 2018 年度有关部门、单位负责同志，涉及知识产权工作的重要讲话。

五、“特约文章”栏目，记录了 2018 年度有关领导、专家、学者，对知识产权领域重大问题、热点问题的观点和论述。

六、“概况”栏目，全面记录了 2018 年度我国专利、商标、反垄断与反不正当竞争、版权、农林植物新品种、海关等方面的知识产权工作情况，司法机关保护知识产权工作情况，知识产权领域全国性社团活动情况，各地方知识产权工作情况等。

七、“大事记”栏目，记录了 2018 年度我国知识产权领域专利、商标、版权、打击盗版、农林植物新品种、海关以及司法保护方面的重大事件。

八、“新闻百条”栏目，摘录了知识产权领域相关媒体 2018 年报道的有代表性的新闻事件，其中大部分为首次发生的事件。

九、“统计资料”栏目，收集了 2018 年度我国知识产权领域专利、商标、版权、农林植物新品种、海关、司法保护方面的重要统计数据。

十、“评选和认定”栏目，收录了第二十届中国专利金奖及外观设计金奖项目简介，2018 年度已注册和初步审定的地理标志商标名录，2018 年“中国版权金奖”获奖名单、2018 年中国版权十件大事以及 2018 年度农产品地理标志登记产品名单。

十一、“法律、法规、规章、司法解释及其他规范性文件”栏目，收录了 2018 年度制修订的与知识产权有关的法律、法规、规章、司法解释及其他规范性文件。

十二、“典型案例”栏目，收录了 2018 年度人民法院、检察机关、公安机关、海关以及版权、专利、商标、反不正当竞争等领域知识产权典型案例。

十三、“学术成果”栏目，收录了国家知识产权局于 2018 年度组织开展的主要学术研究成果介绍。

十四、“附录”栏目，收录了与知识产权相关的主要政府网站简介。

目　录

重大战略部署

领导讲话

特约文章

概　况

大事记

新闻百条

统计资料

评选和认定

法律、法规、规章、司法解释及其他规范性文件

典型案例

学术成果

附 录

Contents

Important Strategic Deployment

Leader Speeches

Contributing Articles

Surveys

Major Events and Activities

News

Statistics

Selection and Affirmation

Laws, Regulations, Rules, Judicial Interpretations and Other Normative Document

Laws, Regulations and Rules

Typical Cases

Academic Research Achievement

Appendix

中共中央印发《深化党和国家机构改革方案》

近日，中共中央印发了《深化党和国家机构改革方案》，并发出通知，要求各地区各部门结合实际认真贯彻执行。

《深化党和国家机构改革方案》全文如下。

在新的历史起点上深化党和国家机构改革，必须全面贯彻党的十九大精神，坚持以马克思列宁主义、毛泽东思想、邓小平理论、“三个代表”重要思想、科学发展观、习近平新时代中国特色社会主义思想为指导，牢固树立政治意识、大局意识、核心意识、看齐意识，坚决维护以习近平同志为核心的党中央权威和集中统一领导，适应新时代中国特色社会主义发展要求，坚持稳中求进工作总基调，坚持正确改革方向，坚持以人民为中心，坚持全面依法治国，以加强党的全面领导为统领，以国家治理体系和治理能力现代化为导向，以推进党和国家机构职能优化协同高效为着力点，改革机构设置，优化职能配置，深化转职能、转方式、转作风，提高效率效能，积极构建系统完备、科学规范、运行高效的党和国家机构职能体系，为决胜全面建成小康社会、开启全面建设社会主义现代化国家新征程、实现中华民族伟大复兴的中国梦提供有力制度保障。

一、深化党中央机构改革

中国共产党领导是中国特色社会主义最本质的特征。党政军民学，东西南北中，党是领导一切的。深化党中央机构改革，要着眼于健全加强党的全面领导的制度，优化党的组织机构，建立健全党对重大工作的领导体制机制，更好发挥党的职能部门作用，推进职责相近的党政机关合并设立或合署办公，优化部门职责，提高党把方向、谋大局、定政策、促改革的能力和定力，确保党的领导全覆盖，确保党的领导更加坚强有力。

（一）组建国家监察委员会

为加强党对反腐败工作的集中统一领导，实现党内监督和国家机关监督、党的纪律检查和国家监察有机统一，实现对所有行使公权力的公职人员监察全覆盖，将监察部、国家预防腐败局的职责，最高人民检察院查处贪污贿赂、失职渎职以及预防职务犯罪等反腐败相关职责整合，组建国家监察委员会，同中央纪律检查委员会合署办公，履行纪检、监察两项职责，实行一套工作机构、两个机关名称。

主要职责是，维护党的章程和其他党内法规，检查党的路线方针政策和决议执行情况，对党员领导干部行使权力进行监督，维护宪法法律，对公职人员依法履职、秉公用权、廉洁从政以及道德操守情况进行监督检查，对涉嫌职务违法和职务犯罪的行为进行调查并作出政务处分决定，对履行职责不力、失职失责的领导人员进行问责，负责组织协调党风廉政建设和反腐败宣传等。

国家监察委员会由全国人民代表大会

产生，接受全国人民代表大会及其常务委员会的监督。

不再保留监察部、国家预防腐败局。

（二）组建中央全面依法治国委员会

全面依法治国是中国特色社会主义的本质要求和重要保障。为加强党中央对法治中国建设的集中统一领导，健全党领导全面依法治国的制度和工作机制，更好落实全面依法治国基本方略，组建中央全面依法治国委员会，负责全面依法治国的顶层设计、总体布局、统筹协调、整体推进、督促落实，作为党中央决策议事协调机构。

主要职责是，统筹协调全面依法治国工作，坚持依法治国、依法执政、依法行政共同推进，坚持法治国家、法治政府、法治社会一体建设，研究全面依法治国重大事项、重大问题，统筹推进科学立法、严格执法、公正司法、全民守法，协调推进中国特色社会主义法治体系和社会主义法治国家建设等。

中央全面依法治国委员会办公室设在司法部。

（三）组建中央审计委员会

为加强党中央对审计工作的领导，构建集中统一、全面覆盖、权威高效的审计监督体系，更好发挥审计监督作用，组建中央审计委员会，作为党中央决策议事协调机构。

主要职责是，研究提出并组织实施在审计领域坚持党的领导、加强党的建设方针政策，审议审计监督重大政策和改革方案，审议年度中央预算执行和其他财政支出情况审计报告，审议决策审计监督其他重大事项等。

中央审计委员会办公室设在审计署。

（四）中央全面深化改革领导小组、中央网络安全和信息化领导小组、中央财经领导小组、中央外事工作领导小组改为委员会

为加强党中央对涉及党和国家事业全局的重大工作的集中统一领导，强化决策和统筹协调职责，将中央全面深化改革领导小组、中央网络安全和信息化领导小组、中央财经领导小组、中央外事工作领导小组分别改为中央全面深化改革委员会、中央网络安全和信息化委员会、中央财经委员会、中央外事工作委员会，负责相关领域重大工作的顶层设计、总体布局、统筹协调、整体推进、督促落实。

4 个委员会的办事机构分别为中央全面深化改革委员会办公室、中央网络安全和信息化委员会办公室、中央财经委员会办公室、中央外事工作委员会办公室。

（五）组建中央教育工作领导小组

为加强党中央对教育工作的集中统一领导，全面贯彻党的教育方针，加强教育领域党的建设，做好学校思想政治工作，落实立德树人根本任务，深化教育改革，加快教育现代化，办好人民满意的教育，组建中央教育工作领导小组，作为党中央决策议事协调机构。

主要职责是，研究提出并组织实施在教育领域坚持党的领导、加强党的建设方针政策，研究部署教育领域思想政治、意识形态工作，审议国家教育发展战略、中长期规划、教育重大政策和体制改革方案，协调解决教育工作重大问题等。

中央教育工作领导小组秘书组设在教育部。

（六）组建中央和国家机关工作委员会

为加强中央和国家机关党的建设，落实全面从严治党要求，深入推进党的建设新的伟大工程，统一部署中央和国家机关党建工作，整合资源、形成合力，将中央直属机关工作委员会和中央国家机关工作委员会的职责整合，组建中央和国家机关工作委员会，作为党中央派出机构。

主要职责是，统一组织、规划、部署中央和国家机关党的工作，指导中央和国家机关党的政治建设、思想建设、组织建设、作风建设、纪律建设，指导中央和国家机关各级党组织实施对党员特别是党员领导干部的监督和管理，领导中央和国家机关各部门机关党的纪律检查工作，归口指导行业协会商会党建工作等。

不再保留中央直属机关工作委员会、中央国家机关工作委员会。

(七)组建新的中央党校(国家行政学院)

党校是我们党教育培训党员领导干部的主渠道。为全面加强党对干部培训工作的集中统一领导，统筹谋划干部培训工作，统筹部署重大理论研究，统筹指导全国各级党校(行政学院)工作，将中央党校和国家行政学院的职责整合，组建新的中央党校(国家行政学院)，实行一个机构两块牌子，作为党中央直属事业单位。

主要职责是，承担全国高中级领导干部和中青年后备干部培训，开展重大理论问题和现实问题研究，研究宣传习近平新时代中国特色社会主义思想，承担党中央决策咨询服务，培养马克思主义理论骨干，对全国各级党校(行政学院)进行业务指导等。

(八)组建中央党史和文献研究院

党史和文献工作是党的事业的重要组成部分，在党和国家工作大局中具有不可替代的重要地位和作用。为加强党的历史和理论研究，统筹党史研究、文献编辑和著作编译资源力量，构建党的理论研究综合体系，促进党的理论研究和党的实践研究相结合，打造党的历史和理论研究高端平台，将中央党史研究室、中央文献研究室、中央编译局的职责整合，组建中央党史和文献研究院，作为党中央直属事业单位。中央党史和文献研究院对外保留中央编译局牌子。

主要职责是，研究马克思主义基本理论、马克思主义中国化及其主要代表人物，研究习近平新时代中国特色社会主义思想，研究中国共产党历史，编辑编译马克思主义经典作家重要文献、党和国家重要文献、主要领导人著作，征集整理重要党史文献资料等。

不再保留中央党史研究室、中央文献研究室、中央编译局。

(九)中央组织部统一管理中央机构编制委员会办公室

为加强党对机构编制和机构改革的集中统一领导，理顺机构编制管理和干部管理的体制机制，调整优化中央机构编制委员会领导体制，作为党中央决策议事协调机构，统筹负责党和国家机构职能编制工作。

中央机构编制委员会办公室作为中央机构编制委员会的办事机构，承担中央机构编制委员会日常工作，归口中央组织部管理。

(十)中央组织部统一管理公务员工作

为更好落实党管干部原则，加强党对公务员队伍的集中统一领导，更好统筹干部管理，建立健全统一规范高效的公务员管理体制，将国家公务员局并入中央组织部。中央组织部对外保留国家公务员局牌子。

调整后，中央组织部在公务员管理方面的主要职责是，统一管理公务员录用调配、考核奖惩、培训和工资福利等事务，研究拟订公务员管理政策和法律法规草案并组织实施，指导全国公务员队伍建设和绩效管理，负责国家公务员管理国际交流合作等。

不再保留单设的国家公务员局。

(十一)中央宣传部统一管理新闻出版工作

为加强党对新闻舆论工作的集中统一领导，加强对出版活动的管理，发展和繁荣中国特色社会主义出版事业，将国家新闻出版广电总局的新闻出版管理职责划入中央宣传部。中央宣传部对外加挂国家新闻出版署（国家版权局）牌子。

调整后，中央宣传部关于新闻出版管理方面的主要职责是，贯彻落实党的宣传工作方针，拟订新闻出版业的管理政策并督促落实，管理新闻出版行政事务，统筹规划和指导协调新闻出版事业、产业发展，监督管理出版物内容和质量，监督管理印刷业，管理著作权，管理出版物进口等。

（十二）中央宣传部统一管理电影工作

为更好发挥电影在宣传思想和文化娱乐方面的特殊重要作用，发展和繁荣电影事业，将国家新闻出版广电总局的电影管理职责划入中央宣传部。中央宣传部对外加挂国家电影局牌子。

调整后，中央宣传部关于电影管理方面的主要职责是，管理电影行政事务，指导监管电影制片、发行、放映工作，组织对电影内容进行审查，指导协调全国性重大电影活动，承担对外合作制片、输入输出影片的国际合作交流等。

（十三）中央统战部统一领导国家民族事务委员会

为加强党对民族工作的集中统一领导，将民族工作放在统战工作大局下统一部署、统筹协调、形成合力，更好贯彻落实党的民族工作方针，更好协调处理民族工作中的重大事项，将国家民族事务委员会归口中央统战部领导。国家民族事务委员会仍作为国务院组成部门。

调整后，中央统战部在民族工作方面的主要职责是，贯彻落实党的民族工作方针，研究拟订民族工作的政策和重大措施，协调处理民族工作中的重大问题，根据分工做好少数民族干部工作，领导国家民族事务委员会依法管理民族事务，全面促进民族事业发展等。

（十四）中央统战部统一管理宗教工作

为加强党对宗教工作的集中统一领导，全面贯彻党的宗教工作基本方针，坚持我国宗教的中国化方向，统筹统战和宗教等资源力量，积极引导宗教与社会主义社会相适应，将国家宗教事务局并入中央统战部。中央统战部对外保留国家宗教事务局牌子。

调整后，中央统战部在宗教事务管理方面的主要职责是，贯彻落实党的宗教工作基本方针和政策，研究拟订宗教工作的政策措施并督促落实，统筹协调宗教工作，依法管理宗教行政事务，保护公民宗教信仰自由和正常的宗教活动，巩固和发展同宗教界的爱国统一战线等。

不再保留单设的国家宗教事务局。

（十五）中央统战部统一管理侨务工作

为加强党对海外统战工作的集中统一领导，更加广泛地团结联系海外侨胞和归侨侨眷，更好发挥群众团体作用，将国务院侨务办公室并入中央统战部。中央统战部对外保留国务院侨务办公室牌子。

调整后，中央统战部在侨务方面的主要职责是，统一领导海外统战工作，管理侨务行政事务，负责拟订侨务工作政策和规划，调查研究国内外侨情和侨务工作情况，统筹协调有关部门和社会团体涉侨工作，联系香港、澳门和海外有关社团及代表人士，指导推动涉侨宣传、文化交流和华文教育工作等。

国务院侨务办公室海外华人华侨社团联谊等职责划归中国侨联行使，发挥中国侨联作为党和政府联系广大归侨侨眷和海外侨胞的桥梁纽带作用。

不再保留单设的国务院侨务办公室。

（十六）优化中央网络安全和信息化委员会办公室职责

为维护国家网络空间安全和利益，将国家计算机网络与信息安全管理中心由工业和信息化部管理调整为由中央网络安全和信息化委员会办公室管理。

工业和信息化部仍负责协调电信网、互联网、专用通信网的建设，组织、指导通信行业技术创新和技术进步，对国家计算机网络与信息安全管理中心基础设施建设、技术创新提供保障，在各省（自治区、直辖市）设置的通信管理局管理体制、主要职责、人员编制维持不变。

（十七）不再设立中央维护海洋权益工作领导小组

为坚决维护国家主权和海洋权益，更好统筹外交外事与涉海部门的资源和力量，将维护海洋权益工作纳入中央外事工作全局中统一谋划、统一部署，不再设立中央维护海洋权益工作领导小组，有关职责交由中央外事工作委员会及其办公室承担，在中央外事工作委员会办公室内设维护海洋权益工作办公室。

调整后，中央外事工作委员会及其办公室在维护海洋权益方面的主要职责是，组织协调和指导督促各有关方面落实党中央关于维护海洋权益的决策部署，收集汇总和分析研判涉及国家海洋权益的情报信息，协调应对紧急突发事态，组织研究维护海洋权益重大问题并提出对策建议等。

（十八）不再设立中央社会治安综合治理委员会及其办公室

为加强党对政法工作和社会治安综合治理等工作的统筹协调，加快社会治安防控体系建设，不再设立中央社会治安综合治理委员会及其办公室，有关职责交由中央政法委员会承担。

调整后，中央政法委员会在社会治安综合治理方面的主要职责是，负责组织协调、推动和督促各地区各有关部门开展社会治安综合治理工作，汇总掌握社会治安综合治理动态，协调处置重大突发事件，研究社会治安综合治理有关重大问题，提出社会治安综合治理工作对策建议等。

（十九）不再设立中央维护稳定工作领导小组及其办公室

为加强党对政法工作的集中统一领导，更好统筹协调政法机关资源力量，强化维稳工作的系统性，推进平安中国建设，不再设立中央维护稳定工作领导小组及其办公室，有关职责交由中央政法委员会承担。

调整后，中央政法委员会在维护社会稳定方面的主要职责是，统筹协调政法机关等部门处理影响社会稳定的重大事项，协调应对和处置重大突发事件，了解掌握和分析研判影响社会稳定的情况动态，预防、化解影响稳定的社会矛盾和风险等。

（二十）将中央防范和处理邪教问题领导小组及其办公室职责划归中央政法委员会、公安部

为更好统筹协调执政安全和社会稳定工作，建立健全党委和政府领导、部门分工负责、社会协同参与的防范治理邪教工作机制，发挥政法部门职能作用，提高组织、协调、执行能力，形成工作合力和常态化工作机制，将防范和处理邪教工作职责交由中央政法委员会、公安部承担。

调整后，中央政法委员会在防范和处理邪教工作方面的主要职责是，协调指导各相关部门做好反邪教工作，分析研判有关情况信息并向党中央提出政策建议，协调处置重大突发性事件等。公安部在防范和处理邪教工作方面的主要职责是，收集邪教组织影响社会稳定、危害社会治安的情况并进行分析研判，依法打击邪教组织的违法犯罪活动等。

二、深化全国人大机构改革

人民代表大会制度是坚持党的领导、人民当家作主、依法治国有机统一的根本政治制度安排。要适应新时代我国社会主要矛盾变化，完善全国人大专门委员会设置，更好发挥职能作用。

（二十一）组建全国人大社会建设委员会

为适应统筹推进“五位一体”总体布局需要，加强社会建设，创新社会管理，更好保障和改善民生，推进社会领域法律制度建设，整合全国人大内务司法委员会、财政经济委员会、教育科学文化卫生委员会的相关职责，组建全国人大社会建设委员会，作为全国人大专门委员会。

主要职责是，研究、拟订、审议劳动就业、社会保障、民政事务、群团组织、安全生产等方面的有关议案、法律草案，开展有关调查研究，开展有关执法检查等。

（二十二）全国人大内务司法委员会更名为全国人大监察和司法委员会

为健全党和国家监督体系，适应国家监察体制改革需要，促进国家监察工作顺利开展，将全国人大内务司法委员会更名为全国人大监察和司法委员会。

全国人大监察和司法委员会在原有工作职责基础上，增加配合深化国家监察体制改革、完善国家监察制度体系、推动实现党内监督和国家机关监督有机统一方面的职责。

（二十三）全国人大法律委员会更名为全国人大宪法和法律委员会

为弘扬宪法精神，增强宪法意识，维护宪法权威，加强宪法实施和监督，推进合宪性审查工作，将全国人大法律委员会更名为全国人大宪法和法律委员会。

全国人大宪法和法律委员会在继续承担统一审议法律草案工作的基础上，增加推动宪法实施、开展宪法解释、推进合宪性审查、加强宪法监督、配合宪法宣传等职责。

三、深化国务院机构改革

深化国务院机构改革，要着眼于转变政府职能，坚决破除制约使市场在资源配置中起决定性作用、更好发挥政府作用的体制机制弊端，围绕推动高质量发展，建设现代化经济体系，加强和完善政府经济调节、市场监管、社会管理、公共服务、生态环境保护职能，结合新的时代条件和实践要求，着力推进重点领域、关键环节的机构职能优化和调整，构建起职责明确、依法行政的政府治理体系，增强政府公信力和执行力，加快建设人民满意的服务型政府。

（二十四）组建自然资源部

建设生态文明是中华民族永续发展的千年大计。必须树立和践行绿水青山就是金山银山的理念，统筹山水林田湖草系统治理。为统一行使全民所有自然资源资产所有者职责，统一行使所有国土空间用途管制和生态保护修复职责，着力解决自然资源所有者不到位、空间规划重叠等问题，将国土资源部的职责，国家发展和改革委员会的组织编制主体功能区规划职责，住房和城乡建设部的城乡规划管理职责，水利部的水资源调查和确权登记管理职责，农业部的草原资源调查和确权登记管理职责，国家林业局的森林、湿地等资源调查和确权登记管理职责，国家海洋局的职责，国家测绘地理信息局的职责整合，组建自然资源部，作为国务院组成部门。自然资源部对外保留国家海洋局牌子。

主要职责是，对自然资源开发利用和保护进行监管，建立空间规划体系并监督实施，履行全民所有各类自然资源资产所有者职责，统一调查和确权登记，建立自然资源有偿使用制度，负责测绘和地质勘查行业管理等。

不再保留国土资源部、国家海洋局、国家测绘地理信息局。

（二十五）组建生态环境部

保护环境是我国的基本国策，要像对待生命一样对待生态环境，实行最严格的生态环境保护制度，形成绿色发展方式和生活方式，着力解决突出环境问题。为整合分散的生态环境保护职责，统一行使生态和城乡各类污染排放监管与行政执法职责，加强环境污染治理，保障国家生态安全，建设美丽中国，将环境保护部的职责，国家发展和改革委员会的应对气候变化和减排职责，国土资源部的监督防止地下水污染职责，水利部的编制水功能区划、排污口设置管理、流域水环境保护职责，农业部的监督指导农业面源污染治理职责，国家海洋局的海洋环境保护职责，国务院南水北调工程建设委员会办公室的南水北调工程项目区环境保护职责整合，组建生态环境部，作为国务院组成部门。生态环境部对外保留国家核安全局牌子。

主要职责是，拟订并组织实施生态环境政策、规划和标准，统一负责生态环境监测和执法工作，监督管理污染防治、核与辐射安全，组织开展中央环境保护督察等。

不再保留环境保护部。

（二十六）组建农业农村部

农业农村农民问题是关系国计民生的根本性问题，必须始终把解决好“三农”问题作为全党工作重中之重。为加强党对“三农”工作的集中统一领导，坚持农业农村优先发展，统筹实施乡村振兴战略，推动农业全面升级、农村全面进步、农民全面发展，加快实现农业农村现代化，将中央农村工作领导小组办公室的职责，农业部的职责，以及国家发展和改革委员会的农业投资项目、财政部的农业综合开发项目、国土资源部的农田整治项目、水利部的农田水利建设项目等管理职责整合，组建农业农村部，作为国务院组成部门。中央农村工作领导小组办公室设在农业农村部。

主要职责是，统筹研究和组织实施“三农”工作战略、规划和政策，监督管理种植业、畜牧业、渔业、农垦、农业机械化、农产品质量安全，负责农业投资管理等。

将农业部的渔船检验和监督管理职责划入交通运输部。

不再保留农业部。

（二十七）组建文化和旅游部

满足人民过上美好生活新期待，必须提供丰富的精神食粮。为增强和彰显文化自信，坚持中国特色社会主义文化发展道路，统筹文化事业、文化产业发展和旅游资源开发，提高国家文化软实力和中华文化影响力，将文化部、国家旅游局的职责整合，组建文化和旅游部，作为国务院组成部门。

主要职责是，贯彻落实党的文化工作方针政策，研究拟订文化和旅游工作政策措施，统筹规划文化事业、文化产业、旅游业发展，深入实施文化惠民工程，组织实施文化资源普查、挖掘和保护工作，维护各类文化市场包括旅游市场秩序，加强对外文化交流，推动中华文化走出去等。

不再保留文化部、国家旅游局。

（二十八）组建国家卫生健康委员会

人民健康是民族昌盛和国家富强的重要标志。为推动实施健康中国战略，树立大卫生、大健康理念，把以治病为中心转变到以人民健康为中心，预防控制重大疾病，积极应对人口老龄化，加快老龄事业和产业发展，为人民群众提供全方位全周期健康服务，将国家卫生和计划生育委员会、国务院深化医药卫生体制改革领导小组办公室、全国老龄工作委员会办公室的职责，工业和信息化部的牵头《烟草控制框架公约》履约工作职责，国家安全生产监督管理总局的职业安全健康监督管理职责整合，组建国家卫生健康委员会，作为国务院组成部门。

主要职责是，拟订国民健康政策，协调推进深化医药卫生体制改革，组织制定国家基本药物制度，监督管理公共卫生、医疗服务和卫生应急，负责计划生育管理和服务工作，拟订应对人口老龄化、医养结合政策措施等。

保留全国老龄工作委员会，日常工作由国家卫生健康委员会承担。民政部代管的中国老龄协会改由国家卫生健康委员会代管。国家中医药管理局由国家卫生健康委员会管理。

不再保留国家卫生和计划生育委员会。不再设立国务院深化医药卫生体制改革领导小组办公室。

（二十九）组建退役军人事务部

为维护军人军属合法权益，加强退役军人服务保障体系建设，建立健全集中统一、职责清晰的退役军人管理保障体制，让军人成为全社会尊崇的职业，将民政部的退役军人优抚安置职责，人力资源和社会保障部的军官转业安置职责，以及中央军委政治工作部、后勤保障部有关职责整合，组建退役军人事务部，作为国务院组成部门。

主要职责是，拟订退役军人思想政治、管理保障等工作政策法规并组织实施，褒扬彰显退役军人为党、国家和人民牺牲奉献的精神风范和价值导向，负责军队转业干部、复员干部、退休干部、退役士兵的移交安置工作和自主择业退役军人服务管理、待遇保障工作，组织开展退役军人教育培训、优待抚恤等，指导全国拥军优属工作，负责烈士及退役军人荣誉奖励、军人公墓维护以及纪念活动等。

（三十）组建应急管理部

提高国家应急管理能力和水平，提高防灾减灾救灾能力，确保人民群众生命财产安全和社会稳定，是我们党治国理政的一项重大任务。为防范化解重特大安全风险，健全公共安全体系，整合优化应急力量和资源，推动形成统一指挥、专常兼备、反应灵敏、上下联动、平战结合的中国特色应急管理体制，将国家安全生产监督管理总局的职责，国务院办公厅的应急管理职责，公安部的消防管理职责，民政部的救灾职责，国土资源部的地质灾害防治、水利部的水旱灾害防治、农业部的草原防火、国家林业局的森林防火相关职责，中国地震局的震灾应急救援职责以及国家防汛抗旱总指挥部、国家减灾委员会、国务院抗震救灾指挥部、国家森林防火指挥部的职责整合，组建应急管理部，作为国务院组成部门。

主要职责是，组织编制国家应急总体预案和规划，指导各地区各部门应对突发事件工作，推动应急预案体系建设和预案演练。建立灾情报告系统并统一发布灾情，统筹应急力量建设和物资储备并在救灾时统一调度，组织灾害救助体系建设，指导安全生产类、自然灾害类应急救援，承担国家应对特别重大灾害指挥部工作。指导火灾、水旱灾害、地质灾害等防治。负责安全生产综合监督管理和工矿商贸行业安全生产监督管理等。公安消防部队、武警森林部队转制后，与安全生产等应急救援队伍一并作为综合性常备应急骨干力量，由应急管理部管理，实行专门管理和政策保障，采取符合其自身特点的职务职级序列和管理办法，提高职业荣誉感，保持有生力量和战斗力。应急管理部要处理好防灾和救灾的关系，明确与相关部门和地方各自职责分工，建立协调配合机制。

中国地震局、国家煤矿安全监察局由应急管理部管理。

不再保留国家安全生产监督管理总局。

（三十一）重新组建科学技术部

创新是引领发展的第一动力，是建设现代化经济体系的战略支撑。为更好实施科教兴国战略、人才强国战略、创新驱动发展战略，加强国家创新体系建设，优化配置科技资源，推动建设高端科技创新人才队伍，健全技术创新激励机制，加快建设创新型国家，将科学技术部、国家外国专家局的职责整合，重新组建科学技术部，作为国务院组成部门。科学技术部对外保留国家外国专家局牌子。

主要职责是，拟订国家创新驱动发展战略方针以及科技发展、基础研究规划和政策并组织实施，统筹推进国家创新体系建设和科技体制改革，组织协调国家重大基础研究和应用基础研究，编制国家重大科技项目规划并监督实施，牵头建立统一的国家科技管理平台和科研项目资金协调、评估、监管机制，负责引进国外智力工作等。

国家自然科学基金委员会改由科学技术部管理。

不再保留单设的国家外国专家局。

（三十二）重新组建司法部

全面依法治国是国家治理的一场深刻革命，必须在党的领导下，遵循法治规律，创新体制机制，全面深化依法治国实践。为贯彻落实全面依法治国基本方略，加强党对法治政府建设的集中统一领导，统筹行政立法、行政执法、法律事务管理和普法宣传，推动政府工作纳入法治轨道，将司法部和国务院法制办公室的职责整合，重新组建司法部，作为国务院组成部门。

主要职责是，负责有关法律和行政法规草案起草，负责立法协调和备案审查、解释，综合协调行政执法，指导行政复议应诉，负责普法宣传，负责监狱、戒毒、社区矫正管理，负责律师公证和司法鉴定仲裁管理，承担国家司法协助等。

不再保留国务院法制办公室。

（三十三）优化审计署职责

改革审计管理体制，保障依法独立行使审计监督权，是健全党和国家监督体系的重要内容。为整合审计监督力量，减少职责交叉分散，避免重复检查和监督盲区，增强监督效能，将国家发展和改革委员会的重大项目稽察、财政部的中央预算执行情况和其他财政收支情况的监督检查、国务院国有资产监督管理委员会的国有企业领导干部经济责任审计和国有重点大型企业监事会的职责划入审计署，相应对派出审计监督力量进行整合优化，构建统一高效审计监督体系。

不再设立国有重点大型企业监事会。

（三十四）组建国家市场监督管理总局

改革市场监管体系，实行统一的市场监管，是建立统一开放竞争有序的现代市场体系的关键环节。为完善市场监管体制，推动实施质量强国战略，营造诚实守信、公平竞争的市场环境，进一步推进市场监管综合执法、加强产品质量安全监管，让人民群众买得放心、用得放心、吃得放心，将国家工商行政管理总局的职责，国家质量监督检验检疫总局的职责，国家食品药品监督管理总局的职责，国家发展和改革委员会的价格监督检查与反垄断执法职责，商务部的经营者集中反垄断执法以及国务院反垄断委员会办公室等职责整合，组建国家市场监督管理总局，作为国务院直属机构。

主要职责是，负责市场综合监督管理，统一登记市场主体并建立信息公示和共享机制，组织市场监管综合执法工作，承担反垄断统一执法，规范和维护市场秩序，组织实施质量强国战略，负责工业产品质量安全、食品安全、特种设备安全监管，统一管理计量标准、检验检测、认证认可工作等。

组建国家药品监督管理局，由国家市场监督管理总局管理，主要职责是负责药品、化妆品、医疗器械的注册并实施监督管理。

将国家质量监督检验检疫总局的出入境检验检疫管理职责和队伍划入海关总署。

保留国务院食品安全委员会、国务院反垄断委员会，具体工作由国家市场监督管理总局承担。

国家认证认可监督管理委员会、国家标准化管理委员会职责划入国家市场监督管理总局，对外保留牌子。

不再保留国家工商行政管理总局、国家质量监督检验检疫总局、国家食品药品监督管理总局。

（三十五）组建国家广播电视总局

为加强党对新闻舆论工作的集中统一领导，加强对重要宣传阵地的管理，牢牢掌握意识形态工作领导权，充分发挥广播电视媒体作为党的喉舌作用，在国家新闻出版广电总局广播电视管理职责的基础上组建国家广播电视总局，作为国务院直属机构。

主要职责是，贯彻党的宣传方针政策，拟订广播电视管理的政策措施并督促落实，统筹规划和指导协调广播电视事业、产业发展，推进广播电视领域的体制机制改革，监督管理、审查广播电视与网络视听节目内容和质量，负责广播电视节目的进口、收录和管理，协调推动广播电视领域走出去工作等。

不再保留国家新闻出版广电总局。

（三十六）组建中央广播电视总台

坚持正确舆论导向，高度重视传播手段建设和创新，提高新闻舆论传播力、引导力、影响力、公信力，是牢牢掌握意识形态工作领导权的重要抓手。为加强党对重要舆论阵地的集中建设和管理，增强广播电视媒体整体实力和竞争力，推动广播电视媒体、新兴媒体融合发展，加快国际传播能力建设，整合中央电视台（中国国际电视台）、中央人民广播电台、中国国际广播电台，组建中央广播电视总台，作为国务院直属事业单位，归口中央宣传部领导。

主要职责是，宣传党的理论和路线方针政策，统筹组织重大宣传报道，组织广播电视创作生产，制作和播出广播电视精品，引导社会热点，加强和改进舆论监督，推动多媒体融合发展，加强国际传播能力建设，讲好中国故事等。

撤销中央电视台（中国国际电视台）、中央人民广播电台、中国国际广播电台建制。对内保留原呼号，对外统一呼号为“中国之声”。

（三十七）组建中国银行保险监督管理委员会

金融是现代经济的核心，必须高度重视防控金融风险、保障国家金融安全。为深化金融监管体制改革，解决现行体制存在的监管职责不清晰、交叉监管和监管空白等问题，强化综合监管，优化监管资源配置，更好统筹系统重要性金融机构监管，逐步建立符合现代金融特点、统筹协调监管、有力有效的现代金融监管框架，守住不发生系统性金融风险的底线，将中国银行业监督管理委员会和中国保险监督管理委员会的职责整合，组建中国银行保险监督管理委员会，作为国务院直属事业单位。

主要职责是，依照法律法规统一监督管理银行业和保险业，保护金融消费者合法权益，维护银行业和保险业合法、稳健运行，防范和化解金融风险，维护金融稳定等。

将中国银行业监督管理委员会和中国保险监督管理委员会拟订银行业、保险业重要法律法规草案和审慎监管基本制度的职责划入中国人民银行。

不再保留中国银行业监督管理委员会、中国保险监督管理委员会。

（三十八）组建国家国际发展合作署

为充分发挥对外援助作为大国外交的重要手段作用，加强对外援助的战略谋划和统筹协调，推动援外工作统一管理，改革优化援外方式，更好服务国家外交总体布局和共建“一带一路”等，将商务部对外援助工作有关职责、外交部对外援助协调等职责整合，组建国家国际发展合作署，作为国务院直属机构。

主要职责是，拟订对外援助战略方针、规划、政策，统筹协调援外重大问题并提出建议，推进援外方式改革，编制对外援助方案和计划，确定对外援助项目并监督评估实施情况等。对外援助的具体执行工作仍由相关部门按分工承担。

（三十九）组建国家医疗保障局

医疗保险制度对于保障人民群众就医需求、减轻医药费用负担、提高健康水平有着重要作用。为完善统一的城乡居民基本医疗保险制度和大病保险制度，不断提高医疗保障水平，确保医保资金合理使用、安全可控，推进医疗、医保、医药“三医联动”改革，更好保障病有所医，将人力资源和社会保障部的城镇职工和城镇居民基本医疗保险、生育保险职责，国家卫生和计划生育委员会的新型农村合作医疗职责，国家发展和改革委员会的药品和医疗服务价格管理职责，民政部的医疗救助职责整合，组建国家医疗保障局，作为国务院直属机构。

主要职责是，拟订医疗保险、生育保险、医疗救助等医疗保障制度的政策、规划、标准并组织实施，监督管理相关医疗保障基金，完善国家异地就医管理和费用结算平台，组织制定和调整药品、医疗服务价格和收费标准，制定药品和医用耗材的招标采购政策并监督实施，监督管理纳入医保支出范围内的医疗服务行为和医疗费用等。

（四十）组建国家粮食和物资储备局

为加强国家储备的统筹规划，构建统一的国家物资储备体系，强化中央储备粮棉的监督管理，提升国家储备应对突发事件的能力，将国家粮食局的职责，国家发展和改革委员会的组织实施国家战略物资收储、轮换和管理，管理国家粮食、棉花和食糖储备等职责，以及民政部、商务部、国家能源局等部门的组织实施国家战略和应急储备物资收储、轮换和日常管理职责整合，组建国家粮食和物资储备局，由国家发展和改革委员会管理。

主要职责是，根据国家储备总体发展规划和品种目录，组织实施国家战略和应急储备物资的收储、轮换、管理，统一负责储备基础设施的建设与管理，对管理的政府储备、企业储备以及储备政策落实情况进行监督检查，负责粮食流通行业管理和中央储备粮棉行政管理等。

不再保留国家粮食局。

（四十一）组建国家移民管理局

随着我国综合国力进一步提升，来华工作生活的外国人不断增加，对做好移民管理服务提出新要求。为加强对移民及出入境管理的统筹协调，更好形成移民管理工作合力，将公安部的出入境管理、边防检查职责整合，建立健全签证管理协调机制，组建国家移民管理局，加挂中华人民共和国出入境管理局牌子，由公安部管理。

主要职责是，协调拟订移民政策并组织实施，负责出入境管理、口岸证件查验和边民往来管理，负责外国人停留居留和永久居留管理、难民管理、国籍管理，牵头协调非法入境、非法居留、非法就业外国人治理和非法移民遣返，负责中国公民因私出入国（境）服务管理，承担移民领域国际合作等。

（四十二）组建国家林业和草原局

为加大生态系统保护力度，统筹森林、草原、湿地监督管理，加快建立以国家公园为主体的自然保护地体系，保障国家生态安全，将国家林业局的职责，农业部的草原监督管理职责，以及国土资源部、住房和城乡建设部、水利部、农业部、国家海洋局等部门的自然保护区、风景名胜区、自然遗产、地质公园等管理职责整合，组建国家林业和草原局，由自然资源部管理。国家林业和草原局加挂国家公园管理局牌子。

主要职责是，监督管理森林、草原、湿地、荒漠和陆生野生动植物资源开发利用和保护，组织生态保护和修复，开展造林绿化工作，管理国家公园等各类自然保护地等。

不再保留国家林业局。

（四十三）重新组建国家知识产权局

强化知识产权创造、保护、运用，是加快建设创新型国家的重要举措。为解决商标、专利分头管理和重复执法问题，完善知识产权管理体制，将国家知识产权局的职责、国家工商行政管理总局的商标管理职责、国家质量监督检验检疫总局的原产地地理标志管理职责整合，重新组建国家知识产权局，由国家市场监督管理总局管理。

主要职责是，负责保护知识产权工作，推动知识产权保护体系建设，负责商标、专利、原产地地理标志的注册登记和行政裁决，指导商标、专利执法工作等。商标、专利执法职责交由市场监管综合执法队伍承担。

（四十四）国务院三峡工程建设委员会及其办公室、国务院南水北调工程建设委员会及其办公室并入水利部

目前，三峡主体工程建设任务已经完成，南水北调东线和中线工程已经竣工。为加强对重大水利工程建设和运行的统一管理，理顺职责关系，将国务院三峡工程建设委员会及其办公室、国务院南水北调工程建设委员会及其办公室并入水利部。由水利部承担三峡工程和南水北调工程的运行管理、后续工程建设管理和移民后期扶持管理等职责。

不再保留国务院三峡工程建设委员会及其办公室、国务院南水北调工程建设委员会及其办公室。

（四十五）调整全国社会保障基金理事会隶属关系

为加强社会保障基金管理和监督，理顺职责关系，保证基金安全和实现保值增值目标，将全国社会保障基金理事会由国务院管理调整为由财政部管理，承担基金安全和保值增值的主体责任，作为基金投资运营机构，不再明确行政级别。

（四十六）改革国税地税征管体制

为降低征纳成本，理顺职责关系，提高征管效率，为纳税人提供更加优质高效便利服务，将省级和省级以下国税地税机构合并，具体承担所辖区域内各项税收、非税收入征管等职责。为提高社会保险资金征管效率，将基本养老保险费、基本医疗保险费、失业保险费等各项社会保险费交由税务部门统一征收。国税地税机构合并后，实行以国家税务总局为主与省（自治区、直辖市）政府双重领导管理体制。国家税务总局要会同省级党委和政府加强税务系统党的领导，做好党的建设、思想政治建设和干部队伍建设工作，优化各层级税务组织体系和征管职责，按照“瘦身”与“健身”相结合原则，完善结构布局和力量配置，构建优化高效统一的税收征管体系。

四、深化全国政协机构改革

人民政协是具有中国特色的制度安排，是社会主义协商民主的重要渠道和专门协商机构。要加强人民政协民主监督，增强人民政协界别的代表性，加强委员队伍建设，优化政协专门委员会设置。

（四十七）组建全国政协农业和农村委员会

将全国政协经济委员会联系农业界和研究“三农”问题等职责调整到全国政协农业和农村委员会。

主要职责是，组织委员学习宣传党和国家农业农村方面的方针政策和法律法规，就“三农”问题开展调查研究，提出意见、建议和提案，团结和联系农业和农村界委员反映社情民意。

（四十八）全国政协文史和学习委员会更名为全国政协文化文史和学习委员会

将全国政协教科文卫体委员会承担的联系文化艺术界等相关工作调整到全国政协文化文史和学习委员会。

主要职责是，组织委员学习宣传党和国家文化艺术文史方面的方针政策和法律法规，就文化艺术文史问题开展调查研究，提出意见、建议和提案，团结和联系文化艺术文史界委员反映社情民意。

（四十九）全国政协教科文卫体委员会更名为全国政协教科卫体委员会

主要职责是，组织委员学习宣传党和国家教育、科技、卫生、体育方面的方针政策和法律法规，就教育、科技、卫生、体育问题开展调查研究，提出意见、建议和提案，团结和联系教育、科技、卫生、体育界委员反映社情民意。

五、深化行政执法体制改革

深化行政执法体制改革，统筹配置行政处罚职能和执法资源，相对集中行政处罚权，是深化机构改革的重要任务。根据不同层级政府的事权和职能，按照减少层次、整合队伍、提高效率的原则，大幅减少执法队伍种类，合理配置执法力量。一个部门设有多支执法队伍的，原则上整合为一支队伍。推动整合同一领域或相近领域执法队伍，实行综合设置。完善执法程序，严格执法责任，做到严格规范公正文明执法。

（五十）整合组建市场监管综合执法队伍

整合工商、质检、食品、药品、物价、商标、专利等执法职责和队伍，组建市场监管综合执法队伍。由国家市场监督管理总局指导。鼓励地方将其他直接到市场、进企业，面向基层、面对老百姓的执法队伍，如商务执法、盐业执法等，整合划入市场监管综合执法队伍。药品经营销售等行为的执法，由市县市场监管综合执法队伍统一承担。

（五十一）整合组建生态环境保护综合执法队伍

整合环境保护和国土、农业、水利、海洋等部门相关污染防治和生态保护执法职责、队伍，统一实行生态环境保护执法。由生态环境部指导。

（五十二）整合组建文化市场综合执法队伍

将旅游市场执法职责和队伍整合划入文化市场综合执法队伍，统一行使文化、文物、出版、广播电视、电影、旅游市场行政执法职责。由文化和旅游部指导。

（五十三）整合组建交通运输综合执法队伍

整合交通运输系统内路政、运政等涉及交通运输的执法职责、队伍，实行统一执法。由交通运输部指导。

（五十四）整合组建农业综合执法队伍

将农业系统内兽医兽药、生猪屠宰、种子、化肥、农药、农机、农产品质量等执法队伍整合，实行统一执法。由农业农村部指导。

继续探索实行跨领域跨部门综合执法，建立健全综合执法主管部门、相关行业管理部门、综合执法队伍间协调配合、信息共享机制和跨部门、跨区域执法协作联动机制。对涉及的相关法律法规及时进行清理修订。

六、深化跨军地改革

着眼全面落实党对人民解放军和其他武装力量的绝对领导，贯彻落实党中央关于调整武警部队领导指挥体制的决定，按照军是军、警是警、民是民原则，将列武警部队序列、国务院部门领导管理的现役力量全部退出武警，将国家海洋局领导管理的海警队伍转隶武警部队，将武警部队担负民事属性任务的黄金、森林、水电部队整体移交国家相关职能部门并改编为非现役专业队伍，同时撤收武警部队海关执勤兵力，彻底理顺武警部队领导管理和指挥使用关系。

（五十五）公安边防部队改制

公安边防部队不再列武警部队序列，全部退出现役。

公安边防部队转到地方后，成建制划归公安机关，并结合新组建国家移民管理局进行适当调整整合。现役编制全部转为人民警察编制。

（五十六）公安消防部队改制

公安消防部队不再列武警部队序列，全部退出现役。

公安消防部队转到地方后，现役编制全部转为行政编制，成建制划归应急管理部，承担灭火救援和其他应急救援工作，充分发挥应急救援主力军和国家队的作用。

（五十七）公安警卫部队改制

公安警卫部队不再列武警部队序列，全部退出现役。

公安警卫部队转到地方后，警卫局（处）由同级公安机关管理的体制不变，承担规定的警卫任务，现役编制全部转为人民警察编制。

（五十八）海警队伍转隶武警部队

按照先移交、后整编的方式，将国家海洋局（中国海警局）领导管理的海警队伍及相关职能全部划归武警部队。

（五十九）武警部队不再领导管理武警黄金、森林、水电部队

按照先移交、后整编的方式，将武警黄金、森林、水电部队整体移交国家有关职能部门，官兵集体转业改编为非现役专业队伍。

武警黄金部队转为非现役专业队伍后，并入自然资源部，承担国家基础性公益性地质工作任务和多金属矿产资源勘查任务，现役编制转为财政补助事业编制。原有的部分企业职能划转中国黄金总公司。

武警森林部队转为非现役专业队伍后，现役编制转为行政编制，并入应急管理部，承担森林灭火等应急救援任务，发挥国家应急救援专业队作用。

武警水电部队转为非现役专业队伍后，充分利用原有的专业技术力量，承担水利水电工程建设任务，组建为国有企业，可继续使用中国安能建设总公司名称，由国务院国有资产监督管理委员会管理。

（六十）武警部队不再承担海关执勤任务

参与海关执勤的兵力一次性整体撤收，归建武警部队。

为补充武警部队撤勤后海关一线监管力量缺口，海关系统要结合检验检疫系统整合，加大内部挖潜力度，同时通过核定军转编制接收一部分转业官兵，并通过实行购买服务、聘用安保人员等方式加以解决。

七、深化群团组织改革

群团组织改革要认真落实党中央关于群团改革的决策部署，健全党委统一领导群团工作的制度，紧紧围绕保持和增强政治性、先进性、群众性这条主线，强化问题意识，以更大力度、更实举措推进改革，着力解决“机关化、行政化、贵族化、娱乐化”等问题，把群团组织建设得更加充满活力、更加坚强有力。

牢牢把握改革正确方向，始终坚持党对群团组织的领导，坚决贯彻党的意志和主张，自觉服从服务党和国家工作大局，找准工作结合点和着力点，落实以人民为中心的工作导向，增强群团组织的吸引力影响力。要聚焦突出问题，改革机关设置、优

化管理模式、创新运行机制，坚持眼睛向下、面向基层，将力量配备、服务资源向基层倾斜，更好适应基层和群众需要。促进党政机构同群团组织功能有机衔接，支持和鼓励群团组织承接适合由群团组织承担的公共服务职能，增强群团组织团结教育、维护权益、服务群众功能，充分发挥党和政府联系人民群众的桥梁纽带作用。加强组织领导，加强统筹协调，加强分类指导，加强督察问责，认真总结经验，切实把党中央对群团工作和群团改革的各项要求落到实处。

八、深化地方机构改革

地方机构改革要全面贯彻落实党中央关于深化党和国家机构改革的决策部署，坚持加强党的全面领导，坚持省市县统筹、党政群统筹，根据各层级党委和政府的主要职责，合理调整和设置机构，理顺权责关系，改革方案按程序报批后组织实施。

深化地方机构改革，要着力完善维护党中央权威和集中统一领导的体制机制，省市县各级涉及党中央集中统一领导和国家法制统一、政令统一、市场统一的机构职能要基本对应。赋予省级及以下机构更多自主权，突出不同层级职责特点，允许地方根据本地区经济社会发展实际，在规定限额内因地制宜设置机构和配置职能。统筹设置党政群机构，在省市县对职能相近的党政机关探索合并设立或合署办公，市县要加大党政机关合并设立或合署办公力度。借鉴经济发达镇行政管理体制改革试点经验，适应街道、乡镇工作特点和便民服务需要，构建简约高效的基层管理体制。

加强各级党政机构限额管理，地方各级党委机构限额与同级政府机构限额统一计算。承担行政职能的事业单位，统一纳入地方党政机构限额管理。省级党政机构数额，由党中央批准和管理。市县两级党政机构数额，由省级党委实施严格管理。

强化机构编制管理刚性约束，坚持总量控制，严禁超编进人、超限额设置机构、超职数配备领导干部。结合全面深化党和国家机构改革，对编制进行整合规范，加大部门间、地区间编制统筹调配力度。在省（自治区、直辖市）范围内，打破编制分配之后地区所有、部门所有、单位所有的模式，随职能变化相应调整编制。

坚持蹄疾步稳、紧凑有序推进改革，中央和国家机关机构改革要在2018年年底前落实到位。省级党政机构改革方案要在2018年9月底前报党中央审批，在2018年年底前机构调整基本到位。省以下党政机构改革，由省级党委统一领导，在2018年年底前报党中央备案。所有地方机构改革任务在2019年3月底前基本完成。

深化党和国家机构改革是推进国家治理体系和治理能力现代化的一场深刻变革，是关系党和国家事业全局的重大政治任务。各地区各部门各单位要坚决维护以习近平同志为核心的党中央权威和集中统一领导，坚持正确改革方向，把思想和行动统一到党中央关于深化党和国家机构改革的重大决策部署上来，不折不扣落实党中央决策部署。要着力统一思想认识，把思想政治工作贯穿改革全过程，引导各级干部强化政治意识、大局意识、核心意识、看齐意识，领导干部要带头讲政治、顾大局、守纪律、促改革，坚决维护党中央改革决策的权威性和严肃性。要加强组织领导，各级党委和政府要把抓改革举措落地作为政治责任，党委（党组）主要领导要当好第一责任人，对党中央明确的改革任务要坚决落实到位，涉及机构变动、职责调整的部门，要服从大局，确保机构、职责、队伍等按要求及时调整到位，不允许搞变通、拖延改革。要加强对各地区各部门机构改革落实情况的督导检查。各地区各部门推进机构改革情况和遇到的重大问题及时向党中央报告请示。

中共中央办公厅 国务院办公厅印发《关于加强知识产权审判领域改革创新若干问题的意见》的通知

厅字〔2018〕6号

各省、自治区、直辖市党委和人民政府，中央和国家机关各部委，解放军各大单位、中央军委机关各部门，各人民团体：

《关于加强知识产权审判领域改革创新若干问题的意见》已经中央领导同志同意，现印发给你们，请结合实际认真贯彻落实。

中共中央办公厅
国务院办公厅
2018年2月6日

关于加强知识产权审判领域改革创新若干问题的意见

知识产权保护是激励创新的基本手段，是创新原动力的基本保障，是国际竞争力的核心要素。人民法院知识产权审判工作，事关创新驱动发展战略实施，事关经济社会文化发展繁荣，事关国内国际两个大局，对于建设知识产权强国和世界科技强国具有重要意义。为深入贯彻实施创新驱动发展战略和国家知识产权战略，强化知识产权创造、保护、运用，破解制约知识产权审判发展的体制机制障碍，充分发挥知识产权审判激励和保护创新、促进科技进步和社会发展的职能作用，提出以下意见。

一、总体要求

（一）指导思想

全面贯彻落实党的十九大精神，以习近平新时代中国特色社会主义思想为指导，牢固树立“四个意识”，按照统筹推进“五位一体”总体布局和协调推进“四个全面”战略布局要求，紧紧围绕“努力让人民群众在每一个司法案件中感受到公平正义”目标，坚持司法为民、公正司法，不断深化知识产权审判领域改革，充分发挥知识产权司法保护主导作用，树立保护知识产权就是保护创新的理念，优化科技创新法治环境，推动实施创新驱动发展战略，为实现“两个一百年”奋斗目标和建设知识产权强国、世界科技强国提供有力司法保障。

（二）基本原则

——坚持高点定位。立足国家战略层面，紧紧围绕党和国家发展大局，积极适应国际形势新变化，加强事关知识产权审判长远发展的全局性、体制性、根本性问题的顶层设计，改革完善知识产权司法保护体制机制。

——坚持问题导向。紧扣人民群众司法需求，针对影响和制约知识产权审判发展的关键领域和薄弱环节，研究对策措施，着力破解难题、补齐短板，进一步提升知识产权司法保护水平。

——坚持改革创新。解放思想，实事求是，遵循审判规律，以创新的方法激励创新，以创新的方式保护创新，以改革的思维解决知识产权审判领域改革中面临的问题和困难，使改革创新成为知识产权审判持续健康发展的动力源泉。

——坚持开放发展。既立足我国国情，又尊重国际规则，借鉴国际上知识产权司法保护的成功经验，积极构建中国特色知识产权司法保护新模式，不断增强我国在知识产权国际治理规则中的引领力。

(三)改革目标

以完善知识产权诉讼制度为基础,以加强知识产权法院体系建设为重点,以加强知识产权审判队伍建设为保障,不断提高知识产权审判质量效率,加大知识产权司法保护力度,有效遏制侵犯知识产权行为,进一步提升知识产权领域司法公信力和国际影响力,加快推进知识产权审判体系和审判能力向现代化迈进。

二、完善知识产权诉讼制度

(一)建立符合知识产权案件特点的诉讼证据规则

根据知识产权无形性、时间性和地域性等特点,完善证据保全制度,发挥专家辅助人作用,适当加大人民法院依职权调查取证力度,建立激励当事人积极、主动提供证据的诉讼机制。通过多种方式充分发挥公证在知识产权案件中固定证据的作用。加强知识产权领域的诉讼诚信体系建设,探索建立证据披露、证据妨碍排除等规则,合理分配举证责任,适当减轻权利人举证负担,着力破解知识产权权利人“举证难”问题。

(二)建立体现知识产权价值的侵权损害赔偿制度

1. 坚持知识产权创造价值、权利人理应享有利益回报的价值导向。充分发挥社会组织、中介机构在知识产权价值评估中的作用,建立以尊重知识产权、鼓励创新运用为导向,以实现知识产权市场价值为指引,以补偿为主、惩罚为辅的侵权损害司法认定机制,着力破解知识产权侵权诉讼“赔偿低”问题。

2. 加大知识产权侵权违法行为惩治力度,降低维权成本。对于具有重复侵权、恶意侵权以及其他严重侵权情节的,依法加大赔偿力度,提高赔偿数额,由败诉方承担维权成本,让侵权者付出沉重代价,有效遏制和威慑侵犯知识产权行为。努力营造不敢侵权、不愿侵权的法律氛围,实现向知识产权严格保护的历史性转变。

(三)推进符合知识产权诉讼规律的裁判方式改革

进一步发挥知识产权司法保护的主导作用,依法加强对知识产权行政行为的司法审查,促进知识产权行政执法标准与司法裁判标准的统一。加强司法大数据的研究应用,完善知识产权案例指导制度,改进裁判方式,推进知识产权案件繁简分流,切实增强知识产权司法救济的便民性和时效性,着力破解知识产权案件审理“周期长”问题。

三、加强知识产权法院体系建设

(一)建立健全知识产权专门化审判体系

1. 按照《国家知识产权战略纲要》要求,从推动建成知识产权强国和世界科技强国的战略高度,认真总结知识产权审判基本规律和经验,加强现状分析和对国际趋势的研判,研究建立国家层面知识产权案件上诉审理机制,实现有关知识产权案件审理专门化、管辖集中化、程序集约化和人员专业化,从根本上解决知识产权裁判尺度不统一、诉讼程序复杂等制约科技创新的体制性难题。

2. 全面总结北京、上海、广州知识产权法院设立、运行、建设、发展的经验,提出可复制、可推广的意见,依照法定程序实施;进一步健全符合知识产权司法保护规律的专门化审判体系,有效满足科技创新对于知识产权专门化审判的司法需求。

(二)探索跨地区知识产权案件异地审理机制

充分整合京津冀三地法院审判优势资源,探索北京知识产权法院集中管辖京津冀地区技术类知识产权案件,充分发挥知识产权专门化审判在推动京津冀创新驱动发展方面的独特作用,为京津冀形成协调创新共同体、实现经济转型和科学发展提供有力司法支持。

(三)完善知识产权法院人财物保障制度

1. 建立分类管理、定向培养、跟踪考核、适时调整相结合的知识产权法院法官员额动态调整机制。根据案件的受理数量、增长趋势、难易程度等,动态调整法官员额,化解人案矛盾,提升司法效率。

2. 根据知识产权法院隶属关系和工作实际,完善经费保障机制,明确知识产权法院购买社会服务的依据,促进知识产权法院财务工作规范化。

四、加强知识产权审判队伍建设

(一)加大知识产权审判人才培养选拔力度

1. 在保持知识产权审判队伍稳定的前提下,建立知识产权法院之间、知识产权专门审判机构之间、上下级法院之间形式多样的人员交流机制,有计划地选派综合素质高、专业能力强、有培养潜力的知识产权法官到有关党政机关等任职、挂职,可以从立法工作者、律师、法学专家中公开选拔知识产权法官,进一步激发知识产权审判队伍的积极性、主动性和创造性。

2. 增强培训的针对性和有效性,提高知识产权审判队伍的思想政治素质、职业素养和专业水平,加强对外交流与合作,努力造就一批政治坚定、顾全大局、精通法律、熟悉技术并具有国际视野的知识产权审判人才。

(二)加强技术调查官队伍建设

探索在编制内按照聘任等方式选任、管理技术调查官,细化选任条件、任职类型、职责范围、管理模式和培养机制,规范技术审查意见的采信机制,充分发挥技术调查官对有效查明技术事实、提高知识产权审判质量效率的积极作用,增强技术事实认定的中立性、客观性和科学性。

五、加强组织领导

(一)加强组织实施

有关地区和部门要高度重视人民法院知识产权审判工作,将其作为推进全面深化改革、全面依法治国和深入贯彻实施创新驱动发展战略、国家知识产权战略的重要内容,切实加强组织领导。要抓紧制定实施细则,明确责任部门,确定时间表、路线图,确保各项工作要求及时有效落实。

(二)强化工作保障

有关地区和部门要认真贯彻落实党中央关于充分发挥知识产权司法保护主导作用的要求,统筹调配人民法院现有司法资源和相关审判力量,在经费保障、物资装备等方面做好对人民法院知识产权审判工作的保障和支持,大力推进知识产权审判队伍正规化、专业化、职业化、国际化建设。

(三)完善相关法律规定

积极推进人民法院组织法、专利法、著作权法、有关诉讼法等相关法律的修订工作,研究制定符合知识产权审判规律的特别程序法,加强知识产权案件专门审判组织、诉讼管辖、证据规则、审理程序和裁判方式的法律化、制度化。

国家知识产权局职能配置、内设机构和人员编制规定

第一条 根据党的十九届三中全会审议通过的《中共中央关于深化党和国家机构改革的决定》、《深化党和国家机构改革方案》和第十三届全国人民代表大会第一次会议批准的《国务院机构改革方案》，制定本规定。

第二条 国家知识产权局是国家市场监督管理总局管理的国家局，为副部级。

第三条 国家知识产权局贯彻落实党中央关于知识产权工作的方针政策和决策部署，在履行职责过程中坚持和加强党对知识产权工作的集中统一领导。主要职责是：

（一）负责拟订和组织实施国家知识产权战略。拟订加强知识产权强国建设的重大方针政策和发展规划。拟订和实施强化知识产权创造、保护和运用的管理政策和制度。

（二）负责保护知识产权。拟订严格保护商标、专利、原产地地理标志、集成电路布图设计等知识产权制度并组织实施。组织起草相关法律法规草案，拟订部门规章，并监督实施。研究鼓励新领域、新业态、新模式创新的知识产权保护、管理和服务政策。研究提出知识产权保护体系建设方案并组织实施，推动建设知识产权保护体系。负责指导商标、专利执法工作，指导地方知识产权争议处理、维权援助和纠纷调处。

（三）负责促进知识产权运用。拟订知识产权运用和规范交易的政策，促进知识产权转移转化。规范知识产权无形资产评估工作。负责专利强制许可相关工作。制定知识产权中介服务发展与监管的政策措施。

（四）负责知识产权的审查注册登记和行政裁决。实施商标注册、专利审查、集成电路布图设计登记。负责商标、专利、集成电路布图设计复审和无效等行政裁决。拟订原产地地理标志统一认定制度并组织实施。

（五）负责建立知识产权公共服务体系。建设便企利民、互联互通的全国知识产权信息公共服务平台，推动商标、专利等知识产权信息的传播利用。

（六）负责统筹协调涉外知识产权事宜。拟订知识产权涉外工作的政策，按分工开展对外知识产权谈判。开展知识产权工作的国际联络、合作与交流活动。

（七）完成党中央、国务院交办的其他任务。

（八）职能转变。

1. 进一步整合资源、优化流程，有效利用信息化手段，缩短知识产权注册登记时间，提升服务便利化水平，提高审查质量和效率。

2. 进一步放宽知识产权服务业准入，扩大专利代理领域开放，放宽对专利代理机构股东或合伙人的条件限制。

3. 加快建设知识产权信息公共服务平台，汇集全球知识产权信息，按产业领域加强专利导航，为创业创新提供便捷查询咨询等服务，实现信息免费或低成本开放，提高全社会知识产权保护和风险防范意识。

4. 加强对商标抢注、非正常专利申请等行为的信用监管，规范商标注册和专利申请行为，维护权利人合法权益。

（九）有关职责分工。

1. 与国家市场监督管理总局的职责分工。国家知识产权局负责对商标专利执法工作的业务指导，制定并指导实施商标权、专利权确权和侵权判断标准，制定商标

专利执法的检验、鉴定和其他相关标准，建立机制，做好政策标准衔接和信息通报等工作。国家市场监督管理总局负责组织指导商标专利执法工作。

2. 与商务部的职责分工。国家知识产权局负责统筹协调涉外知识产权事宜。商务部负责与经贸相关的多双边知识产权对外谈判、双边知识产权合作磋商机制及国内立场的协调等工作。

3. 与国家版权局的职责分工。有关著作权管理工作，按照党中央、国务院关于版权管理职能的规定分工执行。

第四条 国家知识产权局设下列内设机构（副司局级）：

（一）办公室。负责机关日常运转，承担安全、保密、信访、政务公开、信息化等工作。承担政策研究工作。组织开展知识产权宣传工作，承担发布重要政务信息工作。

（二）条法司。协调提出有关知识产权国际条约拟订、修改及有关知识产权对外谈判的方案。提出相关法律法规、规章草案。承担规范性文件的合法性审查工作，承担行政复议、行政应诉等工作。拟订商标、专利、原产地地理标志、集成电路布图设计审查政策和授权确权判断标准，组织实施申请、受理、授权等工作。组织普法宣传工作。

（三）战略规划司。拟订国家知识产权战略和建设知识产权强国的政策措施。组织开展知识产权风险预测预警工作。拟订全国知识产权工作发展规划和商标、专利、原产地地理标志等审查、注册、登记计划。承担部门预决算和局直属单位财务、资产、基建计划等工作。承担知识产权统计调查分析发布工作。

（四）知识产权保护司。承担知识产权保护体系建设相关工作。组织拟订商标、专利侵权判断标准及保护执法的检验、鉴定和其他相关标准。承担商标评审、专利复审和无效等行政裁决工作。承担原产地地理标志、集成电路布图设计、特殊标志和奥林匹克标志、世界博览会标志等官方标志相关保护工作，承担指导地方知识产权争议处理、维权援助和纠纷调处工作。

（五）知识产权运用促进司。拟订和实施强化知识产权创造运用的管理政策和制度。承担指导和规范知识产权无形资产评估工作。承担专利强制许可、商标专利质押登记和转让许可备案管理等有关工作。拟订规范知识产权交易的政策。拟订和组织实施知识产权中介服务体系发展与监管的政策措施。

（六）公共服务司。组织实施全国知识产权信息公共服务体系和信息化建设，承担知识产权信息加工标准制定相关工作，推动信息服务的便利化、集约化、高效化。承担商标、专利等知识产权信息的传播利用相关工作，研究分析和发布知识产权申请、授权、注册、登记等信息工作。

（七）国际合作司（港澳台办公室）。承办统筹协调涉外知识产权事宜。研究国外知识产权发展动态。拟订知识产权涉外工作的政策。承担相关对外谈判工作。承办相关国际联络、合作与交流活动。承办涉及港澳台的相关事项。

（八）人事司。承担机关和直属单位的干部人事、机构编制、劳动工资和教育工作，指导相关人才队伍建设工作。承担机关离退休干部工作。

机关党委。负责机关和在京直属单位的党群工作。

第五条 国家知识产权局机关行政编制 143 名（含两委人员编制 3 名、援派机动编制 1 名）。设局长 1 名，副局长 4 名，正副司长职数 24 名（含机关党委专职副书记 1 名）。

第六条 国家知识产权局所属事业单位的设置、职责和编制事项另行规定。

第七条 本规定由中央机构编制委员会办公室负责解释，其调整由中央机构编制委员会办公室按规定程序办理。

第八条 本规定自 2018 年 8 月 1 日起施行。

国务院关于部委管理的国家局设置的通知

国发〔2018〕7号

各省、自治区、直辖市人民政府，国务院各部委、各直属机构：

根据党的十九届三中全会审议通过的《深化党和国家机构改革方案》、国务院第一次常务会议审议通过的国务院部委管理的国家局设置方案，现将部委管理的国家局设置通知如下：

国家信访局，由国务院办公厅管理。

国家粮食和物资储备局，由国家发展和改革委员会管理。

国家能源局，由国家发展和改革委员会管理。

国家国防科技工业局，由工业和信息化部管理。

国家烟草专卖局，由工业和信息化部管理。

国家移民管理局，由公安部管理。

国家林业和草原局，由自然资源部管理。

国家铁路局，由交通运输部管理。

中国民用航空局，由交通运输部管理。

国家邮政局，由交通运输部管理。

国家文物局，由文化和旅游部管理。

国家中医药管理局，由国家卫生健康委员会管理。

国家煤矿安全监察局，由应急管理部管理。

国家外汇管理局，由中国人民银行管理。

国家药品监督管理局，由国家市场监督管理总局管理。

国家知识产权局，由国家市场监督管理总局管理。

国家移民管理局加挂中华人民共和国出入境管理局牌子。国家林业和草原局加挂国家公园管理局牌子。国家公务员局在中央组织部加挂牌子，由中央组织部承担相关职责。国家档案局与中央档案馆、国家保密局与中央保密委员会办公室、国家密码管理局与中央密码工作领导小组办公室，一个机构两块牌子，列入中共中央直属机关的下属机构序列。

国务院

2018年3月22日

国务院办公厅关于印发《知识产权对外转让有关工作办法（试行）》的通知

国办发〔2018〕19号

各省、自治区、直辖市人民政府，国务院各部委、各直属机构：

《知识产权对外转让有关工作办法（试行）》已经国务院同意，现印发给你们，请认真贯彻执行。

国务院办公厅

2018年3月18日

知识产权对外转让有关工作办法(试行)

为贯彻落实总体国家安全观,完善国家安全制度体系,维护国家安全和重大公共利益,规范知识产权对外转让秩序,依据国家安全、对外贸易、知识产权等相关法律法规,制定本办法。

一、审查范围

(一)技术出口、外国投资者并购境内企业等活动中涉及本办法规定的专利权、集成电路布图设计专有权、计算机软件著作权、植物新品种权等知识产权对外转让的,需要按照本办法进行审查。所述知识产权包括其申请权。

(二)本办法所述知识产权对外转让,是指中国单位或者个人将其境内知识产权转让给外国企业、个人或者其他组织,包括权利人的变更、知识产权实际控制人的变更和知识产权的独占实施许可。

二、审查内容

(一)知识产权对外转让对我国国家安全的影响。

(二)知识产权对外转让对我国重要领域核心关键技术创新发展能力的影响。

三、审查机制

(一)技术出口中涉及的知识产权对外转让审查

1. 在技术出口活动中,出口技术为我国政府明确的禁止出口限制出口技术目录中限制出口的技术时,涉及专利权、集成电路布图设计专有权、计算机软件著作权等知识产权的,应当进行审查。

2. 地方贸易主管部门收到技术出口经营者提交的中国限制出口技术申请书后,涉及专利权、集成电路布图设计专有权等知识产权对外转让的,应将相关材料转至地方知识产权管理部门。地方知识产权管理部门收到相关材料后,应对拟转让的知识产权进行审查并出具书面意见书,反馈至地方贸易主管部门,同时报国务院知识产权主管部门备案。

3. 地方贸易主管部门应当依据地方知识产权管理部门出具的书面意见书,并按照《中华人民共和国技术进出口管理条例》等有关规定作出审查决定。

4. 涉及计算机软件著作权对外转让的,由地方贸易主管部门和科技主管部门按照《中华人民共和国技术进出口管理条例》、《计算机软件保护条例》等有关规定进行审查。对外转让的计算机软件著作权已经在计算机软件登记机构登记的,地方贸易主管部门应当将审查结果及时通知计算机软件登记机构。经审查不得转让的,计算机软件登记机构在接到通知后,不得办理权属变更登记手续。

5. 涉及植物新品种权对外转让的,由农业主管部门和林业主管部门根据《中华人民共和国植物新品种保护条例》等有关规定,按照职责进行审查,重点审查内容为拟转让的植物新品种权对我国农业安全特别是粮食安全和种业安全的影响。

(二)外国投资者并购境内企业安全审查中涉及的知识产权对外转让审查

1. 外国投资安全审查机构在对外国投资者并购境内企业进行安全审查时,对属于并购安全审查范围并且涉及知识产权对外转让的,应当根据拟转让知识产权的类别,将有关材料转至相关主管部门征求意见。涉及专利权、集成电路布图设计专有权的,由国务院知识产权主管部门负责;涉及计算机软件著作权的,由国家版权主管部门负责;涉及植物新品种权的,由国务院农业主管部门和林业主管部门按职责分别负责。

2. 相关主管部门应及时进行审查并出具书面意见书,反馈至外国投资安全审查机构。外国投资安全审查机构应当参考相关主管部门出具的书面意见书,按照有关规定作出审查决定。

四、其他事项

（一）相关主管部门应当制定审查细则，明确审查材料、审查流程、审查时限、工作责任等。

（二）在知识产权对外转让审查最终决定作出后，涉及知识产权权属变更的，转让双方应当按照相关法律法规办理变更手续。

（三）相关主管部门工作人员应当保守知识产权对外转让双方的商业秘密。

（四）知识产权对外转让涉及国防安全的，按照国家有关规定办理，不适用本办法。

（五）本办法自印发之日起试行。

国务院知识产权战略实施工作部际联席会议办公室关于调整联席会议成员的通知

国知战联办〔2018〕21 号

中央宣传部、高法院、高检院、外交部、发展改革委、教育部、科技部、工业和信息化部、公安部、司法部、财政部、人力资源社会保障部、生态环境部、农业农村部、商务部、文化和旅游部、卫生健康委、人民银行、国资委、海关总署、市场监管总局、广电总局、统计局、中科院、国防科工局、林草局、知识产权局、中央军委装备发展部、贸促会：

经国务院领导同意，国务院知识产权战略实施工作部际联席会议决定对成员单位和人员进行调整。现将调整后的名单通知如下：

召 集 人：王　勇　国务委员

副召集人：孟　扬　国务院副秘书长

申长雨　知识产权局局长

成　　员：

梁言顺　中央宣传部副部长

陶凯元　高法院副院长

孙　谦　高检院副检察长

张　军　外交部部长助理

林念修　发展改革委副主任

杜占元　教育部副部长

李　萌　科技部副部长

罗　文　工业和信息化部副部长

孟庆丰　公安部副部长

熊选国　司法部副部长

刘　伟　财政部副部长

汤　涛　人力资源社会保障部副部长

黄润秋　生态环境部副部长

张桃林　农业农村部副部长

李成钢　商务部部长助理

项兆伦　文化和旅游部副部长

曾益新　卫生健康委副主任

朱鹤新　人民银行副行长

徐福顺　国资委副主任

王令浚　海关总署副署长

田世宏　市场监管总局副局长、标准委主任

范卫平　广电总局副局长

贾　楠　统计局副局长

张亚平　中科院副院长

吴艳华　国防科工局副局长

彭有冬　林草局副局长

刘俊臣　知识产权局党组书记、副局长

周振杰　中央军委装备发展部综合计划局局长

卢鹏起　贸促会副会长

联席会议办公室设在知识产权局，承担联席会议的日常工作。办公室主任由知识产权局副局长贺化担任，副主任由知识产权局司局级领导干部龚亚麟担任。

国务院知识产权

战略实施工作部际联席会议办公室

（国家知识产权局代章）

2018 年 9 月 13 日

2018年深入实施国家知识产权战略加快建设知识产权强国推进计划

国务院知识产权战略实施工作部际联席会议办公室

为深入贯彻习近平新时代中国特色社会主义思想，全面贯彻落实党的十九大精神和党中央、国务院各项决策部署，深入实施国家知识产权战略，加快建设知识产权强国，明确2018年重点任务和工作措施，制定本计划。

一、深化知识产权领域改革

（一）推进知识产权管理体制机制改革

1. 按照《深化党和国家机构改革方案》，做好重新组建国家知识产权局工作。（知识产权局负责）

2. 完成知识产权综合管理改革首批试点工作，做好试点工作总结。（知识产权局、版权局负责）

3. 在全面创新改革试验区域深入推进知识产权保护体制机制改革。（知识产权局、发展改革委牵头、科技部、公安部负责）

4. 深化中新广州知识城知识产权运用和保护综合改革试验。（知识产权局负责）

5. 探索建立国家层面知识产权案件上诉审理机制，探索由北京知识产权法院集中管辖京津冀技术类案件，研究在知识产权法院实行“三合一”审判机制，增设西安、郑州等4家知识产权法庭。（高法院负责）

（二）改革完善知识产权重大政策

6. 推动完善国家科技计划知识产权管理相关制度，强化实施过程的知识产权管理，深化知识产权分析评议工作。（科技部、知识产权局负责）

7. 落实研发费用税前加计扣除政策。（财政部、税务总局、科技部负责）

8. 制定加强知识产权会计信息披露的会计处理规定。（财政部、知识产权局负责）

9. 推动出台重大经济科技活动知识产权评议相关政策文件。（知识产权局、发展改革委、科技部、工业和信息化部负责）

10. 组织实施《中国国民经济核算体系2016》，完善研发支出等知识产权产品的核算方法，探索娱乐、文学和艺术品原件等知识产权产品的核算方法。（统计局、知识产权局、版权局负责）

11. 发布知识产权年度发展状况报告、商标品牌战略年度发展报告、版权产业经济贡献报告。（知识产权局、版权局、农业农村部、统计局、林草局按职责分别负责）

（三）深化知识产权“放管服”改革

12. 推进知识产权领域军民融合改革试点，在有关试点地区委托下放国防专利申请受理、实施备案和转让审批等职能，逐步放开国防专利代理服务行业。（中央军委装备发展部、知识产权局负责）

13. 深入实施专利代理行业发展“十三五”规划，全面推进专利代理行业“双随机、一公开”监管，推动实施专利代理机构服务规范国家标准，将专利代理机构设立审批时间由20天缩短为10天。（知识产权局负责）

14. 建设商标代理机构信用监管系统，严厉打击商标代理机构不正当竞争等违法行为，着力规范商标代理行业秩序，继续增设商标申请受理窗口，推进受理点与质权登记点一体化建设。（知识产权局负责）

15. 继续推进商标注册便利化改革，

推动各地从法律制度上取消著名、知名商标。（知识产权局负责）

16. 加强对著作权集体管理组织及境外著作权认证机构驻华代表处的监管。（版权局负责）

17. 扩大专利基础数据开放范围，推进商标数据向社会全部开放。（知识产权局负责）

18. 开展专利代理人担任律师事务所特别合伙人试点工作。（司法部、知识产权局负责）

二、强化知识产权创造

（一）加大高价值知识产权培育力度

19. 深入实施专利质量提升工程，大力培育高价值核心专利。突出质量导向，进一步完善专利和商标统计体系，指导和督促地方完善专利支持相关政策，改进专利奖推荐评选工作。（知识产权局负责）

20. 加大商标品牌创新创业基地建设力度，推进行业品牌和区域品牌建设，引导商标密集型产业发展，完善商标品牌价值评价机制。（知识产权局负责）

21. 推动做好中医药传统知识保护数据库、保护名录、保护制度建设工作，加强古代经典名方类中药制剂知识产权保护，推动中药产业知识产权联盟建设。（中医药局、知识产权局、工业和信息化部负责）

（二）提高知识产权审查质量和效率

22. 聚焦国家重点发展产业技术方向，加快新兴领域和业态的专利审查制度建设，进一步提升重点领域和关键环节的专利审查质量，有序推进中国专利质量系统建设。（知识产权局负责）

23. 建立《专利审查指南》常态化修订机制，继续完善专利审查质量保障和审查业务指导体系，加强"双监督双评价"质量管理。（知识产权局负责）

24. 坚持专利审查周期分类管理，发挥优先审查、巡回审查等多种审查模式效能，制定重点优势产业专利申请集中审查管理办法。（知识产权局负责）

25. 提高商标审查能力，将商标注册审查周期从 8 个月压缩到 6 个月。（知识产权局负责）

26. 规范全国著作权登记工作，建立全国作品登记信息公示查询系统。（版权局负责）

三、强化知识产权保护

（一）完善法律法规规章

27. 推动《专利法》第四次修订和《专利代理条例》修订。（知识产权局、司法部负责）

28. 推动《著作权法》第三次修订。（版权局、司法部负责）

29. 推动《植物新品种保护条例》修订。（农业农村部、林草局、知识产权局负责）

30. 推进生物遗传资源获取管理法规和《人类遗传资源管理条例》立法进程。（生态环境部、科技部、司法部、农业农村部、林草局、知识产权局负责）

31. 推动《国防专利条例》修订。（中央军委装备发展部、工业和信息化部、国防科工局、知识产权局负责）

32. 做好《反不正当竞争法》相关配套规章的制修订工作。（市场监管总局负责）

33. 推进《奥林匹克标志保护条例》修订工作。（知识产权局、司法部负责）

34. 积极推动知识产权基础性法律制度建设，加强新领域、新业态知识产权保护政策措施研究。（知识产权局负责）

35. 推动发布《国防专利定密解密工作规程》《军用计算机软件著作权登记工作暂行规则》，推动国防知识产权有偿使用管理办法制定工作，完成《军用集成电路布图设计登记暂行办法》拟制，启动军用集成电路布图设计登记试点工作。（中央军委装备发展部、财政部、国防科工局、知识产权局、版权局负责）

36. 推动在著作权法、专利法等法律

中规定惩罚性赔偿制度，提高知识产权侵权的法定赔偿额。（高法院、知识产权局、版权局负责）

37. 研究制定在商标授权确权案件中适用商标法的若干规定，细化恶意抢注行为的类型和法律适用。（知识产权局负责）

38. 探索建立证据披露、证据妨碍排除等规则，明确不同诉讼程序中证据相互采信、司法鉴定效力和证明力等问题，发挥专家辅助人的作用，适当减轻当事人的举证负担。（高法院负责）

（二）加强保护长效机制建设

39. 加快建立健全知识产权严保护、大保护、快保护、同保护工作机制。制定强化知识产权保护行动计划。（知识产权局负责）

40. 加快知识产权保护中心建设和布局，深化知识产权举报投诉和维权援助工作体系。（知识产权局负责）

41. 推进政府机关软件正版化督查全覆盖，加大企事业单位软件正版化督查力度，进一步推广《正版软件管理工作指南》，继续开展国产软件应用试点工作。（版权局负责）

42. 积极推进知识产权领域社会信用体系建设，加大对失信行为的惩戒力度。（知识产权局负责）

43. 加强知识产权纠纷仲裁调解工作，继续开展知识产权保护规范化市场培育认定。（知识产权局、贸促会负责）

44. 推进知识产权公证服务平台建设，制定公证知识产权电子证据保管服务规范和业务规则，扩大公证知识产权电子证据保管服务试点。（司法部负责）

45. 完善地理标志保护和运用机制。（知识产权局负责）

46. 完善新药创制等科技重大专项管理工作中的知识产权保护长效工作机制。（卫生健康委负责）

（三）开展重点领域专项治理

47. 深入开展"护航""雷霆"等专项行动，严厉打击展会、电商等重点领域和关键环节专利等侵权违法行为。（知识产权局负责）

48. 制定"互联网＋"知识产权保护工作方案，指导开展"互联网＋"知识产权保护行动。（知识产权局负责）

49. 深入开展2018年"剑网行动"，强化对重点作品、重点领域版权专项整治。（版权局、工业和信息化部、公安部负责）

50. 深入开展出口知识产权优势企业知识产权保护"龙腾"专项行动。（海关总署负责）

51. 继续加强植物新品种保护执法体系建设，组织开展打击侵犯植物新品种权专项行动。（农业农村部、林草局负责）

52. 以网络表演、网络游戏、网络音乐、网络动漫等市场为重点，发布违法违规互联网文化产品和经营单位查处名单，依法查处违法违规经营行为。（文化和旅游部负责）

53. 实施寄递渠道安全监管"绿盾"工程，支持配合相关部门严厉打击查处寄递渠道实施的侵犯知识产权违法行为。（邮政局负责）

（四）加强日常监管执法

54. 深化京津冀、长江经济带、珠三角等区域的专利联合执法。（知识产权局负责）

55. 依法惩治侵犯知识产权犯罪，对侵犯前瞻性基础研究、引领性原创成果、颠覆性技术创新等领域知识产权构成犯罪的及其他有重大社会影响的案件，予以挂牌督办，对办理侵犯知识产权案件存在的问题和遇到的困难加强调研指导，编发保护知识产权典型案例。（高检院、公安部负责）

56. 完善数据化情报导侦建设，强化线索研判和集约打击，保持常态化严打高压态势。（公安部负责）

57. 完善并推广知识产权海关保护备

案移动查询系统，上线知识产权海关保护执法系统。发挥全国海关一级、二级风险防控中心的作用，构建知识产权海关风险分析模型，加强风险信息收集加工能力及布控查缉能力。（海关总署负责）

58. 做好知识产权保护社会满意度调查，开展知识产权保护规范化市场专项监督检查工作。（知识产权局、版权局负责）

四、强化知识产权运用

（一）加强知识产权转移转化

59. 发挥国家知识产权运营公共服务平台枢纽作用，深入推进知识产权运营服务体系建设。（知识产权局、财政部负责）

60. 加强中科院知识产权运营管理中心建设，对存量专利分析分类，组织开展专利拍卖，向社会提供高质量高价值专利。（中科院负责）

61. 开展知识产权密集型产业培育研究，推动专利密集型产业分类国家标准制定和统计监测工作。（统计局、知识产权局按职责分别负责）

62. 推广专利权质押等知识产权融资模式，加大专利保险险种开发和推广力度。探索开展知识产权证券化业务。推动知识产权出口。（知识产权局、银保监会、证监会、人民银行、外汇局负责）

63. 推动国有企事业单位建立健全知识产权资产管理制度，为科技成果专利化、创新成果产业化提供制度保障。（财政部、国资委、知识产权局按职责分别负责）

64. 深入推进商标富农工作。（知识产权局、农业农村部负责）

65. 继续开展版权示范创建工作，对全国版权示范城市、单位、园区（基地）进行核查，继续做好全国版权交易中心（贸易基地）建设工作，开展全国版权创新基地创建，举办国际版权博览会。（版权局负责）

66. 鼓励研究开发机构、高校建设专业化技术转移机构，提升服务能力和水平，培育一批具有示范带动作用的技术转移机构。持续推进高校、科研机构知识产权贯标工作，指导高校和科研机构建立科学化、规范化的知识产权管理体系。（知识产权局、科技部、教育部、中科院负责）

67. 强化与知识产权有关的标准化工作，组织研究标准必要专利布局指南。（市场监管总局、知识产权局负责）

68. 推进知识产权领域认证能力建设，推动落实《知识产权认证管理办法》。（市场监管总局、知识产权局负责）

69. 推动国防科技成果向民用领域转化应用，发布第一批国防专利脱密信息，编制印发第四批国防科技工业知识产权转化目录。（中央军委装备发展部、国防科工局、知识产权局负责）

（二）强化知识产权信息利用

70. 大力推广区域创新质量类、产业规划类和企业运营类专利导航项目，完善专利导航业务指导和项目评价。开展专利导航试点工程总结评估，深化专利导航政策措施。（知识产权局负责）

71. 实施知识产权区域布局工程，制定知识产权区域布局导向目录范本。（知识产权局负责）

72. 制定实施知识产权服务促进产业转型升级三年行动计划。（知识产权局、发展改革委负责）

73. 继续开展“知识产权走基层　服务经济万里行”和知识产权服务品牌机构牵手区域经济发展等活动。（知识产权局负责）

74. 继续开展知识产权服务业集聚发展试验区、示范区建设，新遴选一批知识产权服务品牌培育机构，开展众创空间知识产权服务工作站建设试点。（知识产权局负责）

75. 在全国范围内建设一批商标品牌创业创新基地，有效促进产业集群、小微企业集中区、商标密集型产业集聚区、商标品牌服务业集聚区的发展。（知识产权

局负责)

76. 推动开展知识产权分析评议，支持重点园区、企业和科研院所建立知识产权分析评议制度，开展知识产权评议试点工作。(知识产权局、工业和信息化部负责)

77. 针对生物技术等关键领域和技术，深入开展专利布局战略研究及预警分析。(科技部负责)

78. 指导高校知识产权信息中心的建设和运行，遴选确认一批高校国家知识产权信息服务中心。(教育部、知识产权局负责)

79. 加大农业知识产权公共信息平台建设，支持企业利用农业知识产权信息资源服务产业发展。(农业农村部负责)

80. 完善国防知识产权信息平台，完成国防专利的标准数据加工，完成国防专利电子申请系统等应用系统开发和部署，开展国防关键技术领域专利分析，分类建设国防相关领域知识产权信息资源库，建设和完善国防科技工业领域知识产权信息系统，形成国防科技工业领域专利技术分类体系。(中央军委装备发展部、国防科工局负责)

五、深化知识产权国际交流合作

(一)提升知识产权对外合作水平

81. 加强与世界知识产权组织、世界贸易组织及相关国际组织的合作交流，积极推动“一带一路”沿线国家、金砖国家知识产权合作，办好 2018 年“一带一路”知识产权高级别会议、第十次金砖国家知识产权局长会议、国际工商知识产权 2018 峰会，深化与“一带一路”沿线国家的专利审查合作，积极扩大中国专利审查、授权结果海外注册生效范围，继续深度参与发明和工业品外观设计五局合作。加强商标品牌及版权国际交流合作，提升涉外知识产权工作成效。(知识产权局、商务部、外交部牵头，农业农村部、海关总署、版权局、林草局、贸促会按职责分工分别负责)

82. 加强多双边知识产权对话合作的协调力度，继续做好知识产权高层外交。推动第四期中欧知识产权合作项目顺利实施，加快中欧地理标志协定谈判进程。积极推动自贸协定知识产权章节谈判。统筹协调亚太经合组织和金砖国家经贸合作机制下的知识产权合作，做好知识产权相关贸易摩擦应对工作。(商务部、外交部、海关总署、版权局、知识产权局、贸促会按职责分工分别负责)

83. 继续做好“中国政府知识产权奖学金”项目，开展面向发展中国家的知识产权学历教育。(知识产权局、教育部负责)

84. 与世界知识产权组织合作开展中国专利奖、中国版权金奖评选活动。(知识产权局、版权局按职责分别负责)

85. 完成首批世界知识产权组织技术创新支持中心挂牌运行，稳步推进国家知识产权国际合作基地建设。(知识产权局负责)

86. 建立国际版权应对联动机制，推动《视听表演北京条约》早日生效。(版权局负责)

87. 积极参加国际植物新品种保护联盟系列会议，积极履行《生物多样性公约关于获取遗传资源和公正和公平分享其利用所产生惠益的名古屋议定书》，加强履约能力建设。(生态环境部、农业农村部、林草局、知识产权局按职责分别负责)

(二)加强重点产业海外布局和风险防控

88. 指导中央企业联合开展海外专利布局工作，加大主要海外市场国家或地区的知识产权战略布局和风险防控。(国资委、知识产权局负责)

89. 持续推进海外知识产权信息平台“智南针”网建设。(知识产权局负责)

90. 引导企业加快商标品牌海外布局，建立商标海外维权援助机制，建立完善商标国际注册和海外维权数据库。(知识

产权局负责）

91. 建立海外知识产权问题及案件信息提交平台，推动形成海外知识产权维权援助服务网。（商务部、知识产权局、版权局、贸促会按职责分别负责）

92. 完善境外重点知名会展知识产权服务站工作机制，继续向重要国际展会派遣监管小组，为中国参展企业提供知识产权法律调解和咨询服务。（商务部、贸促会按职责分别负责）

93. 搭建企业知识产权海外维权平台，推动设立企业知识产权海外维权援助服务基金。（贸促会负责）

六、加强组织实施和保障

（一）加强政策制定和推进落实

94. 完成《国家知识产权战略纲要》实施十年评估工作。（联席会议办公室、联席会议成员单位负责）

95. 启动知识产权强国建设纲要研究制定工作。（联席会议办公室、联席会议成员单位负责）

96. 开展国家知识产权战略纲要实施十年宣传和表彰工作。（联席会议办公室、中央宣传部负责）

97. 开展“十三五”国家知识产权保护和运用规划实施中期评估。（联席会议办公室、联席会议成员单位负责）

98. 加强京津冀、长江经济带等区域的知识产权战略实施工作统筹协调，加大对中西部地区和东北老工业基地知识产权工作支持力度，促进区域协调发展。（知识产权局、发展改革委负责）

99. 加大知识产权强省、强市建设力度，印发实施知识产权强企建设方案，深入实施中小企业知识产权战略推进工程。（知识产权局负责）

100. 制定实施工业和信息化领域知识产权年度推进计划。（工业和信息化部）

101. 制定实施加快建设知识产权强国林业年度推进计划。（林草局负责）

102. 推动出台《关于贯彻落实创新驱动发展战略　加强国防知识产权工作的若干意见》。（中央军委装备发展部、财政部、国防科工局负责）

（二）加强人才培养和宣传引导

103. 深入实施知识产权人才“十三五”规划，加强知识产权国际化人才、知识产权运营、专利导航等紧缺人才培养培训。（知识产权局、教育部负责）

104. 继续支持有条件的高校自主设置知识产权相关学科，探索知识产权专业学位人才培养，加强法律硕士、工商管理硕士等专业学位知识产权人才培养。支持高水平高校根据国家和区域经济发展需要在相关学科下设置知识产权相关专业。（教育部负责）

105. 依托国家知识产权培训基地，建立产学研联合的人才培养模式。加大知识产权领军人才和高层次人才工作力度。（知识产权局负责）

106. 加快建设中国特色知识产权国家智库，加强中国特色知识产权理论研究。（知识产权局负责）

107. 深入实施专业技术人才知识更新工程，加大对知识产权领域专业技术人才培养培训工作的支持力度。完善知识产权专业技术人员职称评价标准。加大知识产权高层次人才引进力度，完善相关高层次人才回国优惠政策。加强公务员知识产权培训。（人力资源社会保障部、中央组织部、知识产权局负责）

108. 深入实施知识产权文化建设工程，大力倡导以知识产权文化为重要内容的创新文化，深入开展中小学知识产权教育试点示范工作，广泛开展知识产权普及教育，认真落实“谁执法谁普法”普法责任制，大力开展知识产权法治宣传。（知识产权局、教育部、司法部、文化和旅游部、版权局、中国科协负责）

109. 全面构建知识产权大宣传工作

格局，统筹用好各类宣传载体，做好知识产权重大选题宣传。办好全国知识产权宣传周、中国专利周、中国专利年会、中国版权年会、专利技术和产品交易会、知识产权保护高层论坛、中国国际商标品牌节等大型活动。（知识产权局、中央宣传部、中央网信办、教育部、司法部、文化和旅游部、版权局负责）

上述各项任务分工中，由多个部门负责的，列第一位的部门为牵头部门，其他为参与部门；由多个部门牵头的，牵头部门不分先后。

深入学习贯彻党的十九大精神 奋力开创新时代知识产权事业改革发展新局面

——在2018年全国知识产权局局长会议上的报告

（2018年1月4日）

国家知识产权局局长　申长雨

同志们：

这次会议的主要任务是：深入学习贯彻党的十九大精神，以习近平新时代中国特色社会主义思想为指导，落实党中央、国务院决策部署，总结十八大以来特别是2017年成绩经验，分析面临的形势和任务，部署2018年重点工作，奋力开创新时代知识产权事业改革发展新局面。

下面，我向大会作报告。

一、2017年主要工作进展

过去一年，全国知识产权系统认真学习贯彻习近平新时代中国特色社会主义思想和党的十九大精神，牢固树立“四个意识”，不断增强“四个自信”，坚决维护以习近平同志为核心的党中央权威和集中统一领导，始终在思想上政治上行动上同以习近平同志为核心的党中央保持高度一致，坚决贯彻落实党中央、国务院决策部署，真抓实干，攻坚克难，改革创新，圆满完成全年主要目标任务，知识产权事业实现又好又快发展。

2017年，发明专利申请量138.2万件，同比增长14.2%，审结74.4万件，授权周期稳定在22个月。PCT国际专利申请受理量5.1万件，同比增长12.5%。实用新型和外观设计申请量分别为168.8万件和62.9万件。国内（不含港澳台）发明专利拥有量为135.6万件，每万人口发明专利拥有量达到9.8件。受理专利无效宣告案件4565件，同比增长15%，审结4216件。专利行政执法办案量6.7万件，同比增长36.3%。知识产权保护社会满意度由2016年的72.38分提高到2017年的76.69分。专利质押融资额720亿元，同比增长65%。知识产权使用费出口额超过40亿美元。知识产权贯标企业达到2.6万家。知识产权示范和优势企业达到2788家。全国中小学知识产权教育试点学校达到112家。培训各类知识产权人员超过50万人次。新评选出中国专利金奖20项，外观设计金奖5项，优秀奖870项，金奖获奖项目实现新增销售额939亿元。

2017年，我们主要开展了以下工作。

一是统筹推进知识产权强国建设。组织召开国务院知识产权战略实施工作部际联席会议和知识产权工作座谈会，印发深入实施知识产权战略、加快知识产权强国建设年度推进计划，启动国家知识产权战略纲要实施十年评估。统筹推进知识产权强省、强市、强企建设，国家知识产权局与陕西、四川、广东、山东、浙江、深圳等地开展合作会商。重点支持13个地方分类开展强省建设试点，14个城市开展强市创建工作，制定知识产权强企建设方案，分层分类、协调发展的知识产权强国建设工作格局正在逐步形成。印发“十三五”国家知识产权保护和运用规划重点任务分工方案。全面实施专利审查、信息化、专利代理行业、知识产权人才、国际合作等专项规划。各省市相继出台知识产权强省建设实施方案和知识产权“十三五”规划。

二是深化知识产权领域改革。在厦门、青岛、深圳、长沙、苏州、上海徐汇区等6个地方开展知识产权综合管理改革试点，探索更加高效的知识产权综合管理体制。其中，长沙、深圳改革取得突破性进展，其他几个地方的改革也在加快推进，上海浦东、成都郫都区改革成效不断显现。专利快速审查、确权、维权一站式服务和专利权质押融资新模式被国务院纳入支持创新改革举措推广清单。深入推进“放管服”改革，全年累计减免专利费用58亿元，减少提交各类材料269.8万份。出台实施专利优先审查管理办法，支撑重点产业创新发展。在四川等12个省份开展专利代理行业改革试点。

三是完善知识产权法律法规。《专利法修正案（草案）》和《专利代理条例（修订草案）》报请国务院常务会议审议。探索完善职务发明制度可行路径。深入落实《法治政府建设实施纲要》，按计划完成年度任务。修改《专利审查指南》和《关于规范专利申请行为的若干规定》等部门规章。研究知识产权在民法典中独立成编的可行性。深化新业态新领域创新成果知识产权保护制度研究。河北、湖北等地完成专利条例制修订工作。

四是全面提升专利质量。深入实施专利质量提升工程，大力培育高价值核心专利，在信息通信、航空航天、高铁、核能等领域形成一批拥有自主知识产权的核心技术。严格依法审查，建立审查质量双监督、双评价工作机制，审查质量社会满意度持续提升，对申请质量的正向传导作用逐步显现。强化专利评价质量导向，加大对地方专利质量的考核，指导和支持地方优化专利政策，26个省份进行专利申请资助政策调整。运用专利导航开展区域创新质量评价。对10个存在申请异常的地方进行核查通报。江苏、重庆、湖北等地积极开展高价值专利培育工作。陕西等地认真做好高校、科研机构知识产权管理贯标工作。

五是严格知识产权保护。推进快速审查、快速确权、快速维权协调联动，知识产权保护中心和快速维权中心达到31家。落实《关于严格专利保护的若干意见》，26个省份制定细化方案。广东、江苏等地深入开展“护航”“雷霆”等专项行动，严厉打击展会、电商等重点领域和关键环节侵权违法行为。浙江电商领域执法维权工作成效显著。推进京津冀、长江经济带、粤港澳等跨地区执法协作。加强与公安、海关等跨部门执法联动。知识产权举报投诉与维权援助服务网络基本覆盖全国。在京津冀、山东等地开展知识产权纠纷仲裁调解试点，培育38家知识产权调解组织，调解案件3800余件。知识产权保护规范化市场达到62家。

六是促进知识产权转化运用。持续深化知识产权权益分配改革，多所高校和科研院所实现专利高价值转移转化。知识产权运营平台体系基本建成，国家知识产权运营公共服务平台和西安、珠海特色试点平台投入运行。在宁波、成都等8个城市开展知识产权运营服务体系建设。在13个行业、17个园区、115家企业开展专利导航试点。河南开展省级专利导航实验区建设，福建实施“1+10”专利导航产业发展创新计划。积极探索开展知识产权行业布局和区域布局，备案建设北斗导航、现代矿业等100个产业知识产权联盟。全国10个专利代办处开展专利权质押融资登记工作。广东、四川成功举办知识产权交易会。

七是提高知识产权服务能力。开展专利代理"挂证"集中治理，进一步规范市场秩序。全国专利代理机构达到1824家，执业专利代理人达到16 367人。知识产权分析评议示范创建机构达到122家。国家知识产权服务业集聚发展示范区达到5家，知识产权服务品牌培育机构达到145家。全国专利信息公共服务体系成员单位达到44家。在湖南等4地开展"知识产权走基层、服务经济万里行"活动，在河北、重庆等4省市开展知识产权服务品牌机构牵手区域经济发展活动。四川、广西等地积极开展知识产权精准扶贫。建设国际知识产权信息平台"智南针"网，提供近200个国家和地区的1400多部法律法规信息，服务企业"走出去"。

八是加强知识产权国际合作。习近平主席见证中国与塔吉克斯坦政府间知识产权合作谅解备忘录、国家知识产权局与瑞士联邦知识产权局谅解备忘录的签署。李克强总理见证国家知识产权局与澳大利亚、新西兰、菲律宾等国知识产权机构合作协议的签署。在"一带一路"国际合作高峰论坛期间，国家知识产权局代表中国政府与世界知识产权组织签署加强"一带一路"知识产权合作协议，同时双方签署通过设立信托基金招聘职员的谅解备忘录。积极参与中美欧日韩发明和外观设计五局合作以及中蒙俄、中日韩三局合作。推动知识产权合作列入金砖国家整体合作框架。成功举办中国—东盟知识产权局局长会、中非、中国—维斯格拉德集团、博鳌亚洲论坛知识产权研讨会。与欧洲专利局建立全面战略伙伴关系。柬埔寨成为首个在其国内认可中国专利授权结果的国家。与23个国家开通专利审查高速路。全年签署知识产权多双边合作协议52项。

九是夯实知识产权事业发展基础。知识产权"大宣传"格局基本形成。成功举办"4·26世界知识产权日"、全国知识产权宣传周、知识产权保护高层论坛等大型活动。举办以"专利助推实体经济发展"为主题的中国专利年会，实现年会层次、内涵、规模全面提升。湖南组织制作首部专利电视专题片《国之利器》，引发广泛反响。深入推进中小学知识产权教育试点示范工作，18个省份开展省级试点示范。全国100多所高校设置知识产权学院或专业。积极探索完善知识产权职称制度。大力推进知识产权智库建设。在北京、河南、湖北、四川、广东、福建等省市的大力支持下，各专利审查协作中心永久业务用房陆续建成并投入使用。专利文献资源达到539种，专利文献量达到1.13亿件，国家级专利信息传播利用基地和专利文献服务网点达到130多家。

十是扎实推进全面从严治党。全系统认真贯彻落实党中央全面从严治党部署要求，扎实推进党的建设各项工作。深入推进"两学一做"学习教育常态化制度化，认真落实"三会一课"制度，加强各级党组织和党员队伍建设。巩固拓展落实中央八项规定精神成果，持之以恒纠正"四风"。以"零容忍"的态度惩治腐败，强化不敢腐的震慑，扎牢不能腐的笼子，增强不想腐的自觉，为各项工作开展提供了坚强政治保证。

2017年各项成绩的取得，是党中央、国务院正确领导的结果，是各部门各地方大力支持的结果，是全系统干部职工团结奋斗的结果，是全社会积极参与的结果。在此，我谨代表国家知识产权局，向兄弟部门和社会各界，向全系统广大干部职工表示衷心的感谢！

同志们，党的十八大以来的五年是知识产权系统砥砺奋进的五年，也是知识产权事业硕果累累的五年。五年来，在以习近平同志为核心的党中央坚强领导下，我们在知识产权顶层设计、创造运用、保护管理、国际合作、基础建设等各个方面，都取得了令人瞩目的巨大成就，获得了国内外的高度评价。习近平总书记多次对知识产权工作作出重要指示，为知识产权事业发展指明了努力方向，提供了根本遵循。中央全面深化改革领导小组审议通过知识产权综合管理改革试点总体方案。国务院印发新形势下加快知识产权强国建设的若干意见，对知识产权强国建设作出重要部署。加快建设知识产权强国写入《国家创新驱动发展战略纲要》、国家“十三五”规划纲要和政府工作报告等重要文件。首次将知识产权保护和运用规划纳入国家五年重点专项规划。国家知识产权战略实施工作部际联席会议升格为国务院部际联席会议。中央明确提出实行严格的知识产权保护制度，专项支持知识产权运营体系和运营平台建设。初步建立“一带一路”知识产权国际合作常态化机制。世界知识产权组织中国办事处正式设立。年发明专利申请量和国内有效发明专利拥有量相继突破 100 万件，成为推动世界知识产权增长的主要力量，涌现出一批国际知名的知识产权优势企业。这一系列重要突破，都为新时代知识产权强国建设奠定了坚实基础。

五年来的实践探索，我们也积累了一些有益的经验。

一是必须强化知识产权事业发展顶层设计。要站位党和国家事业发展全局，深入贯彻落实习近平新时代中国特色社会主义思想，不断强化党对知识产权事业的领导，按照党中央、国务院决策部署，加强事业发展顶层设计，理清事业发展的战略目标、战略思路和战略举措，努力使知识产权事业发展与国家战略部署相协调、相一致，提供有力支撑。

二是必须遵循知识产权事业发展的客观规律。要把握好知识产权制度的基本功能和知识产权事业发展的基本方位，充分认识知识产权制度是完善社会主义市场经济体制的重要内容，是激励创新的基本保障，是国际贸易的通行规则。要积极构建适应中国国情、具有中国特色的知识产权制度，有效保护各类市场主体和创新主体的知识产权，营造良好的创新环境和营商环境，促进国家创新发展和对外开放。

三是必须找准知识产权事业发展的有效路径。要贯彻落实新发展理念，深入实施国家知识产权战略，聚焦创造、运用、保护、管理、服务等关键环节，谋划和实施一批重大政策、重大工程、重大项目，努力在重点领域和关键环节实现突破，以重点突破带动全局提升。要坚持点线面结合、局省市联动、国内外统筹，构建分层分类、协调发展的知识产权强国建设工作体系。

四是必须增强知识产权事业发展的内在动力。要充分发挥市场在配置创新资源中的决定性作用，用改革的办法破解发展的难题，不断提高知识产权治理能力和治理水平。要充分调动全系统干部职工干事创业热情，大力弘扬务实体现能力、落实方显水平的工作导向，狠抓工作落实，推动务实发展。要坚持全面从严治党，努力营造风清气正的良好环境，为事业发展提供有力保证。

在充分肯定成绩的同时，我们也清醒地认识到，面对新形势新任务新要求，我国知识产权事业发展仍面临一系列深层次矛盾和问题，法律制度尚不完善，体制机制尚不健全，整体质量有待提高，保护效果与社会期待仍有差距，运用效益尚未充分显现，国际影响力还有待提升。所有这些都需要我们在今后的工作中认真加以解决。

二、深入学习贯彻习近平新时代中国特色社会主义思想和党的十九大精神，准确把握知识产权事业发展的新形势新任务新要求

党的十九大是在全面建成小康社会决胜阶段、中国特色社会主义进入新时代的关键时期召开的一次十分重要的大会。大会将习近平新时代中国特色社会主义思想写入党章，确立为党的行动指南，具有重大的现实意义和深远的历史意义，必须长期坚持。十九大报告强调，要“倡导创新文

化，强化知识产权创造、保护、运用”，为知识产权事业发展指明了方向，明确了重点。我们要深入学习领会习近平新时代中国特色社会主义思想，准确把握新时代知识产权事业发展新目标，聚焦解决社会新的主要矛盾，认真落实中央关于稳中求进和高质量发展的新要求，着力推动知识产权事业实现新发展。

一是深入学习领会习近平新时代中国特色社会主义思想。党的十八大以来，习近平总书记带领全党全国人民，顺应时代发展，从理论和实践结合上系统回答了新时代坚持和发展什么样的中国特色社会主义、怎样坚持和发展中国特色社会主义这个重大时代课题，创立了习近平新时代中国特色社会主义思想，这在我们党的历史上具有划时代意义。习近平新时代中国特色社会主义思想是马克思主义中国化最新成果，是中国特色社会主义理论体系的重要组成部分，是全党全国人民为实现中华民族伟大复兴而奋斗的行动指南。习近平新时代中国特色社会主义思想内涵十分丰富，涵盖“五位一体”总体布局和“四个全面”战略布局各个方面，其中也蕴含着对知识产权领域实践经验的总结和理论创新的升华。

党的十八大以来，习近平总书记就知识产权法律制度建设、知识产权综合管理改革、自主知识产权核心技术创造、实施严格的知识产权保护制度等作出了一系列重要指示，提出了“保护知识产权就是保护创新”“产权保护特别是知识产权保护是塑造良好营商环境的重要方面”“要打通知识产权创造、运用、保护、管理、服务全链条”等重要论断，进一步明确了知识产权的功能定位，赋予了知识产权新的时代内涵，丰富了中国特色知识产权理论。这是习近平新时代中国特色社会主义思想在知识产权领域的具体要求，是知识产权发展一般规律与我国实践探索相结合的科学概括，是做好新时代知识产权工作的根本遵循和行动指南。我们要自觉用习近平新时代中国特色社会主义思想武装头脑、指导实践、推动工作，使加快知识产权事业发展成为贯彻落实习近平新时代中国特色社会主义思想的生动实践。

二是准确把握新时代知识产权事业发展新目标。党的十九大作出了中国特色社会主义进入新时代的重大判断，为我国发展明确了新的历史方位，强调要在 2020 年全面建成小康社会的基础上，分两步走建成社会主义现代化强国。中国特色社会主义进入新时代，意味着中华民族迎来了从站起来、富起来到强起来的伟大飞跃。伴随着改革开放的历史进程，知识产权事业也经历了从无到有、从小到大的历史性跨越，实现了从制度引进到适应国情、植根本土的重要转变，有力地促进了国家由计划经济向社会主义市场经济的转型，在国家经济社会发展全局中的地位和作用日益凸显。

站在新的历史起点上，我们要准确把握新时代中国特色社会主义发展的新目标，按照十九大提出的“两步走”战略部署，认真谋划好知识产权事业未来的发展。要按照党中央、国务院既定部署，抓好工作落实，确保到 2020 年国家知识产权战略纲要各项目标任务顺利完成，知识产权大国地位牢固确立。要把握从 2020 年到本世纪中叶知识产权强国建设的重大战略机遇期，分两步走建成知识产权强国。首先，从 2020 年到 2035 年，力争经过 15 年的努力，基本建成知识产权强国，使我国知识产权创造、运用、保护、管理和服务跻身国际先进行列，让知识产权成为驱动创新发展的强劲动力。接下来，从 2035 年到本世纪中叶，再奋斗 15 年，全面建成中国特色、世界水平的知识产权强国，使我国知识产权创造、运用、保护、管理和服务居于世界领先水平，让知识产权成为经济社会发展强有力的技术和制度支撑。

三是积极发挥知识产权在解决社会主

要矛盾中的作用。党的十九大报告指出，中国特色社会主义进入新时代，我国社会主要矛盾已经转化为人民日益增长的美好生活需要和不平衡不充分的发展之间的矛盾。推动解决社会主要矛盾，是知识产权工作的重要出发点和落脚点。我们要主动适应我国社会主要矛盾的变化，充分发挥知识产权的技术供给和制度供给双重作用，促进新的社会主要矛盾解决。

首先，要发挥好知识产权的技术供给作用。知识产权是产权化了的创新成果，代表着先进的生产力，其产出和布局情况，直接影响着一个行业、一个区域乃至一个国家的发展水平与核心竞争力。要加强知识产权的创造和运用，努力提高对实体经济的技术供给水平，不断为实体经济发展注入新的动力。要着力通过知识产权行业布局解决好发展不充分的问题，通过知识产权区域布局解决好发展不平衡的问题，通过知识产权海外布局推动我国产业迈向全球价值链中高端，更好地满足人民群众对美好生活的需要。其次，要发挥好知识产权的制度供给作用。知识产权制度是激励创新的基本保障，是国际贸易的通行规则，在营造良好创新环境和营商环境方面扮演着至关重要的角色。我们要通过完善知识产权法律制度，推动构建更加公平公正、开放透明的法治和市场环境，让一切创新成果得到有效保护，一切创新源泉得到充分涌流，一切创新热情得到持续激发，促进人的全面发展和社会全面进步。

四是认真落实中央关于稳中求进和高质量发展的新要求。党的十九大报告指出，我国经济已由高速增长阶段转向高质量发展阶段，必须坚持质量第一，效益优先，推动经济发展质量变革、效率变革、动力变革，不断增强我国经济创新力和竞争力。中央经济工作会议强调，推动高质量发展是当前和今后一个时期确定发展思路、制定经济政策、实施宏观调控的根本要求。稳中求进工作总基调是治国理政的重要原则，要长期坚持。这些重大判断和重要论述，既是做好经济工作的指导方针，也是做好知识产权工作的根本要求。

要努力推动知识产权事业稳中求进、高质量发展。所谓“稳”，重点是在数量上稳，使专利申请量增长保持在合理区间，与经济增长速度和科技创新水平相协调、相匹配。所谓“进”，重点是在质量上进，要加快形成知识产权事业高质量发展的指标体系、政策体系、统计体系和考核体系，全面提高知识产权创造质量、保护效果、运用效益、管理效能和国际影响力。必须深刻把握“稳”与“进”的辩证关系，没有“稳”的“进”难以持久，没有“进”的“稳”等同于原地踏步，稳中求进方能持续发展。同时要深刻认识到，“稳”和“进”都是干出来的，坐等其成绝不会有“稳”，无所作为更不会有“进”。必须以“稳”为前提，以“进”为目的，努力实现高质量发展。

五是着力推动知识产权事业实现新发展。党的十九大报告指出，发展是解决我国一切问题的基础和关键。实现两个“一百年”奋斗目标、实现中华民族伟大复兴的中国梦，必须坚定不移地把发展作为党执政兴国的第一要务。知识产权事业是党和国家事业的有机组成部分。我们必须以新发展理念为引领，强化发展的意识，增强发展的本领，不断开创知识产权事业发展新局面。要紧紧围绕完善基本经济制度、支撑创新发展、促进全面开放等战略重点，加快实现知识产权事业发展的“五个转变”，助推现代化经济体系建设。

在知识产权创造方面，我们必须坚持质量第一、效益优先，深入实施专利质量提升工程，大力培育高价值核心专利，努力实现知识产权创造由多向优、由大到强转变，更好支撑创新型国家建设。在知识产权保护方面，我们必须坚持全面从严，通过提高立法标准和执法水平，加大知识产权侵权违法行为惩治力度，努力实现知识产权保护从不断加强到全面从严转变，进一步塑造良好的营商环境。在知识产权运用方面，我们必须坚持服务实体经济，完善知识产权权益分配机制，多渠道盘活用好知识产权资源，努力实现知识产权运用从单一效益向综合效益转变，打造竞争新优势。在知识产权管理方面，我们必须坚持深化改革，认真贯彻中央决策部署，扎实推进知识产权综合管理改革试点，努力实现知识产权管理从多头分散向更高效能转变，切实打通知识产权创造、运用、保护、管理、服务全链条，充分发挥知识产权综合效益，推动经济提质增效升级。在知识产权国际合作方面，我们必须充分利用一系列合作机制，推动知识产权国际规则朝着普惠包容、平衡有效的方向发展，努力实现知识产权国际合作交流从积极参与向主动作为转变，以全面开放格局参与国际竞争合作，助推建设开放型经济新体制。

三、2018 年重点工作

2018 年，是贯彻党的十九大精神的开局之年，是改革开放四十周年，是决胜全面建成小康社会、实施“十三五”规划承上启下的关键一年。今年工作的总体要求是：全面贯彻党的十九大精神，以习近平新时代中国特色社会主义思想为指导，加强党对知识产权事业的领导，认真落实党中央、国务院决策部署，紧扣我国社会主要矛盾变化，牢牢把握稳中求进工作总基调，坚持新发展理念，按照高质量发展的要求，深入实施知识产权战略，深化知识产权领域改革，大力倡导创新文化，强化知识产权创造、保护、运用，加快知识产权强国建设，奋力开创新时代知识产权事业改革发展新局面。

2018 年，全国知识产权系统要继续把学习宣传贯彻党的十九大精神作为首要政治任务，着重把握好“十个深刻领会”和“六个聚焦”，切实做到学懂弄通做实。要牢固树立“四个意识”，增强“四个自信”，坚决维护以习近平同志为核心的党中央权威和集中统一领导，始终在思想上政治上行动上同以习近平同志为核心的党中央保持高度一致。要坚定不移全面从严治党，全面推进党的政治建设、思想建设、组织建设、作风建设、纪律建设，把制度建设贯穿其中，认真开展“不忘初心、牢记使命”主题教育，深入推进反腐败斗争，充分发挥各级党组织的战斗堡垒作用和共产党员的先锋模范作用，为知识产权事业发展提供强有力的政治保证。

（一）强化统筹协调和改革创新，高标准落实中央决策部署

加强知识产权事业发展统筹协调。充分发挥国务院知识产权战略实施工作部际联席会议作用，推进落实新形势下加快知识产权强国建设的若干意见、“十三五”国家知识产权保护和运用规划、深入实施国家知识产权战略行动计划等重大部署。制定实施 2018 年知识产权战略实施推进计划和专利事业发展战略推进计划。完成知识产权战略纲要实施十年评估。启动知识产权强国建设纲要研究制定工作。

完善知识产权强国建设工作体系。用好局省会商工作机制，携手推进知识产权强省建设。加快推进知识产权强市创建，持续做好县域和园区试点示范工作。加强知识产权强企建设，全面实施中小企业知识产权战略推进工程。全力打造京津冀、长三角、珠三角等知识产权战略高地。加强对中西部地区和东北地区知识产权工作支持力度，推动区域知识产权协调发展。

扎实做好知识产权综合管理改革试点。完成首批知识产权综合管理改革试点工作，及时总结成功经验并适时推广，扩大改革效应。用好国家全面创新改革试验区、自由贸易试验区等改革试验平台，积极推进知识产权领域改革。深化中新广州知识城知识产权运用和保护综合改革试验，形成可复制可推广的改革举措。推进知识产权领域军民融合改革试点，在有关试点地区开展国防专利申请受理、实施备案和转让登记等职能委托下放。

深化知识产权“放管服”改革。推动完成《专利代理条例》修订工作，配套修订《专利代理管理办法》等规章制度。扩大专利代理行业改革试点范围，加强专利代理行业事中事后监管，推行专利代理机构服务规范国家标准。加快推进“互联网＋政务服务”，加快建设“一站式”政务办事大厅。推进国家知识产权大数据中心建设，优化专利文献信息公共服务，扩大专利基础数据开放范围。拓展专利代办处服务功能。全面推动企业、高校、科研机构知识产权贯标工作。制定出台知识产权认证管理办法。

（二）强化知识产权创造，提高技术供给水平

推动专利高质量发展。深入实施专利质量提升工程。推动专利申请适度合理增长，发明专利和实用新型申请量增幅稳定在7%左右，外观设计申请量保持稳定，PCT 国际专利申请增长 10%左右，努力使专利结构与产业发展更加匹配。进一步完善专利统计发布制度，强化质量导向。建立专利资助政策备案制度，支持地方优化资助条件和标准，坚决防止各类套利行为。加强对非正常专利申请行为的监测，健全信息反馈和工作约谈机制，努力减少低质量申请。

提高专利审查质量和效率。健全审查质量保障体系和业务指导体系，加强审查员队伍建设和审查质量评价，强化人力资源与审查案源精细化配置。坚持审查周期分类管理，发挥优先审查、巡回审查等多种审查模式效能，制定重点优势产业专利申请集中审查管理办法，确保审查质量稳中有升，审查社会满意度稳步提高。加强信息化建设，强化大数据、人工智能在专利审查中的运用。

大力培育高价值核心专利。鼓励和支持创新主体加强关键前沿技术知识产权创造，形成一批战略性高价值专利组合，推动更多中国专利纳入国际标准、布局国际市场，努力构建既有宽度、又有厚度，既有高原、又有高峰的专利结构。积极推动企业、高校和科研院所建立高价值专利培育中心，支持围绕新产业新业态组建产业知识产权联盟。制定专利价值评估指南。改进专利奖推荐评选工作。

（三）强化知识产权保护，塑造良好市场环境

推进知识产权严保护。推动加快专利法修法进程，完善专利侵权纠纷调查取证手段，提高侵权法定赔偿上限，建立惩罚性赔偿制度。完善专利侵权判定、假冒认定等执法办案依据，在专利行政执法中积极发挥司法鉴定机构作用。加快知识产权领域信用体系平台建设，推进联合惩戒。继续落实严格专利保护的若干意见，加强电子商务等重点领域的知识产权执法，依法严厉查处一批侵权假冒大案要案。

完善知识产权大保护。加强国内和国际、中央和地方知识产权保护工作的统筹协调，积极联合相关部门，综合运用审查授权确权、行政执法、司法裁判、仲裁调解、行业自律、社会监督等各种渠道，形成知识产权保护合力。深化行政执法与刑事、司法衔接。拓宽仲裁、调解等社会治理渠道，构建知识产权多元纠纷解决机制。积极开展跨部门、跨地区执法协作，深化京津冀、长江经济带等区域联合执法。

优化知识产权快保护。在优势产业聚集地区创新知识产权保护机制，有序推进知识产权保护中心建设和布局，加大运行保障力度，开展“一站式”知识产权保护服务。运用“互联网＋”，通过源头追溯、实时监测、在线识别等强化知识产权保护。对接电子商务平台，入驻大型展会，实现线上线下知识产权执法维权快速响应。

坚持知识产权同保护。细化知识产权同保护政策措施，坚持在知识产权确权、维权、执法中为国内外企业提供同等待遇，吸引更多国外企业来中国投资兴业。完善知识产权保护社会满意度调查，了解各类市场主体知识产权保护诉求，有针对性地采取措施，做好知识产权保护工作。

（四）强化知识产权运用，支撑实体经济发展

继续深化知识产权权益分配改革。积极推进职务发明成果所有权、处置权和收益权改革，构建科学合理的权益分配机制，破除知识产权转移转化的制度性瓶颈。推动国有企事业单位建立健全知识产权资产管理制度，为科技成果专利化、创新成果产业化提供制度保障。认真总结四川、上海、山东、湖北等地高校和科研院所专利许可转让成功经验，做好推广工作。

完善知识产权运营服务体系。发挥国家知识产权运营公共服务平台的枢纽作用，构建全国一体化的知识产权运营平台网络，努力实现平台高效运行。深入推进重点城市知识产权运营服务体系建设。加强知识产权运营工作绩效评价和统计监测。稳妥开展知识产权证券化融资试点。推广贷款、保险、财政风险补偿捆绑的专利权质押融资服务模式，增强知识产权金融服务实体经济能力。加大专利保险险种开发和推广力度。

促进专利与经济发展深度融合。大力推广区域创新质量类、产业规划类和企业运营类专利导航项目，完善专利导航业务指导和项目评价。开展专利导航试点工程总结评估，深化专利导航政策措施。加大知识产权密集型产业培育力度，继续开展专利密集型产业统计监测，推动制定专利密集型产业分类国家标准。定期发布重点产业专利发展态势分析报告。深入开展知识产权区域布局试点。完善重大经济科技活动知识产权分析评议机制。

（五）强化国际合作交流，服务国家对外开放

深化“一带一路”知识产权国际合作。加强与世界知识产权组织在“一带一路”方面的合作。落实“一带一路”国际合作高峰论坛成果，办好第二届“一带一路”知识产权高级别会议，推动相关合作纵深发展。积极推动中国授权专利在“一带一路”沿线国家登记生效。支持地方积极参与“一带一路”知识产权国际合作交流。

积极参与知识产权全球治理。深化与世界知识产权组织合作，依托中国信托基金加大向世界知识产权组织派员力度，深度参与世界知识产权组织框架下的多边合作，努力推动《外观设计法条约》外交大会尽早召开，促成《视听表演北京条约》早日生效。完成首批WIPO技术创新支持中心挂牌运行。稳步推进国家知识产权国际合作基地建设。

统筹做好小多边和双边合作。办好第十次金砖国家知识产权局长会议，落实好金砖国家领导人厦门会晤共识，谋划好金砖国家知识产权未来合作。积极参与中美欧日韩发明和外观设计五局合作，推进中日韩、中蒙俄、中国—东盟、中非、中国—维斯格拉德集团等小多边知识产权合作。统筹做好中美、中欧、中俄、中德、中英、中法等双边知识产权合作。深化与拉美、中亚和南亚地区知识产权合作，拓展南南合作新内涵，努力形成多边、周边、小多边、双边四边联动、协调推进的知识产权国际合作新格局。

（六）强化综合保障，进一步夯实事业发展基础

深入实施知识产权文化建设工程。大力倡导以知识产权文化为重要内容的创新文化，广泛开展知识产权普及教育和普法工作，提高创新主体自觉依法维权的积极性和主动性。全面构建知识产权“大宣传”工作格局，办好世界知识产权日、全国知识产权宣传周、中国专利周等大型活动，扩大中国专利年会、中国知识产权保护高层论坛、中国专利技术和产品交易会的影响力。

开展国家知识产权战略纲要实施十年宣传表彰。全面推进中小学知识产权教育试点示范工作。

加大知识产权人才工作力度。深入实施知识产权人才"十三五"规划，加强知识产权国际化人才、知识产权运营、专利导航等紧缺人才培养，畅通知识产权人才职业发展通道。加强高校知识产权学科专业建设，依托国家知识产权培训基地，建立产学研联合的知识产权人才培养模式。加快建设中国特色知识产权国家智库。加大知识产权专员派驻力度。

推动知识产权服务业发展。完善全国知识产权服务业统计调查制度。制定实施知识产权服务促进产业转型升级二年行动计划，高标准推进知识产权服务业集聚发展区建设，加大知识产权服务品牌机构培育力度。发挥全国知识管理标准化技术委员会作用，加快知识产权服务标准体系建设。继续举办"知识产权走基层、服务经济万里行"和知识产权服务品牌机构牵手经济发展等活动。

同志们！新思想引领新实践，新时代召唤新作为。让我们更加紧密地团结在以习近平同志为核心的党中央周围，不忘初心，牢记使命，奋力开拓知识产权事业改革发展新局面，为决胜全面建成小康社会、夺取新时代中国特色社会主义伟大胜利、实现中华民族伟大复兴的中国梦、实现人民对美好生活的向往继续奋斗！

以习近平新时代中国特色社会主义思想为指引 全面开启新时代知识产权司法保护新征程

——在第四次全国法院知识产权审判工作会议暨知识产权审判工作先进集体和先进个人表彰大会上的讲话

（2018 年 7 月 9 日）

最高人民法院副院长　陶凯元

同志们：

盛夏时节，第四次全国法院知识产权审判工作会议今天在美丽而富有活力的青岛隆重召开。会议的主要任务是：以习近平新时代中国特色社会主义思想为指导，深入学习贯彻党的十九大和十九届二中、三中全会精神，认真贯彻落实中央经济工作会议、中央政法工作会议和全国两会精神，共同谋划全面落实《关于加强知识产权审判领域改革创新若干问题的意见》，总结过去五年的工作，分析当前形势任务，统一思想认识，明确思路措施，奋力开启新时代人民法院知识产权审判工作新征程，实现新发展、推动新跨越。

最高人民法院党组对这次会议非常重视。周强院长专门对会议作出重要批示，充分肯定了十八大以来知识产权审判工作取得的重大成就，并对当前和今后一个时期知识产权审判工作的指导思想和工作思路作出重要指示。最高人民法院还专门研究决定对全国法院知识产权审判先进集体和先进个人进行表彰。刚才，我们隆重举行了表彰仪式，53 个先进集体和 102 位先进个人获得殊荣。这是最高人民法院时隔十年之后对全国法院知识产权先进集体和先进个人进行表彰，充分体现了最高人民法院党组对知识产权审判工作的充分肯定和高度赞许，对奋斗在知识产权审判岗位上的同志们的殷殷关怀和懃懃勉励。在此，我代表最高人民法院，向获奖的单位和个人表示热烈祝贺！希望你们再接再厉，再创佳绩。希望广大知识产权法官和其他工作人员以他们为榜样，见贤思齐，勤于精进，共同努力实现新时代知识产权审判工作新发展。

下面，我讲三个问题，供同志们讨论时参考。

一、开拓创新，知识产权审判工作实现历史性发展

党的十八大以来的五年，是人民法院知识产权审判工作取得历史性成就、发生历史性变革的五年。人民法院认真贯彻落实习近平总书记系列重要讲话精神，积极主动适应新形势新变化和经济发展新常态，深入贯彻实施国家知识产权战略和创新驱动发展战略，以严格保护、深化改革、完善制度、统一规则为着力点，不断推进知识产权审判体系和审判能力现代化，办成了多项长期以来想办而没有办成的大事，实现了历史性发展。

（一）发挥知识产权审判职能，司法保护知识产权主导作用更加凸显

五年来，各级法院积极履行知识产权审判职能，依法公正高效审理各类知识产权案件，审判质效不断提高，司法保护知识产权的主导作用更加凸显。一是审判效率不断提高。2013年至2017年，全国法院新收知识产权各类民事、行政和刑事案件81.3万件，审结78.1万件。其中，新收各类知识产权一审案件从2013年的10万件持续上升到2017年的21.3万件，案件总量翻了一番，年均增速超过20%；共审结各类知识产权一审案件68.3万件，年均增长19.4%。知识产权民事一审案件年均结案率94.24%。审结案件数量大幅上升，始终保持较高结案率。二是司法职能有效发挥。五年来，审结知识产权民事一审案件60.9万件，年均增长21.59%；审结知识产权行政一审案件3.1万件，年均增长21.82%；审结知识产权刑事一审案件4.3万件。成功审理“乔丹”商标争议系列行政纠纷案、迪奥立体商标行政纠纷案、王老吉加多宝知名商品特有包装装潢纠纷案、腾讯与奇虎公司不正当竞争与垄断纠纷案、琼瑶诉于正侵犯著作权纠纷案等一批重大、新型、疑难、复杂案件，受到社会高度评价和充分肯定。三是司法保护力度不断加大。积极合理适用知识产权临时措施，司法救济的及时性、便利性进一步提高。加大损害赔偿力度，不断提高损害赔偿计算的科学性和合理性，侵权代价和违法成本显著提升。大力倡导诚信诉讼，严厉制裁毁损、隐匿和伪造证据等行为，知识产权诉讼诚信体系建设日益加强。四是多元化纠纷解决机制不断完善。加强与知识产权行政管理部门、人民调解组织、仲裁机构、行业协会、专业调解组织的协调配合，创新纠纷解决方式，多元化纠纷解决机制进一步完善。

（二）深化知识产权司法改革，知识产权审判体制机制建设取得重大突破

五年来，人民法院立足国家战略，加强制度设计，不断改革和完善知识产权司法保护体制机制，知识产权审判体系现代化取得重大进展。一是知识产权法院体系建设取得历史性突破。2014年底，北京、上海、广州知识产权法院相继设立并创造性地开展工作，初步探索出一条中国特色知识产权专门化审判道路，赢得了人民群众和国际社会的积极评价。2017年8月，全国人大常委会听取周强院长关于知识产权法院工作情况的报告，充分肯定知识产权法院在服务创新发展、提升审判质效、推动司法改革等方面的积极作用。二是知识产权专门化审判体系建设不断深入。2017年以来，最高人民法院先后批准在南京等16个中心城市设立知识产权法庭，集中优势审判资源，跨区域管辖专利等技术类案件，审判专业化程度进一步提升。三是知

识产权审判“三合一”改革全面推进。2016年7月，最高人民法院发布《关于在全国法院推进知识产权民事、行政和刑事案件审判“三合一”工作的意见》，“三合一”改革取得阶段性成果。四是技术事实查明机制日益完善。发布技术调查官选任工作和参与诉讼活动的指导意见，构建以技术调查官、专家辅助人、专家陪审员、技术鉴定人为主体的多元化技术事实查明机制，技术事实认定的中立性、客观性和科学性不断增强。

（三）加大监督指导力度，知识产权法律适用标准更加明确统一

五年来，各级法院牢牢把握知识产权审判特点和规律，不断加强审判监督和业务指导，统一司法标准，确保公正司法。一是司法政策体系渐趋完备。2016年7月确立的“司法主导、严格保护、分类施策、比例协调”的知识产权司法保护基本政策深入人心。2017年4月，最高人民法院首次发布《中国知识产权司法保护纲要（2016—2020）》，系统提出知识产权司法保护工作的基本原则、主要目标和重点措施。二是司法解释工作稳步推进。先后发布关于知识产权法院案件管辖、专利纠纷案件审理、专利侵权判定、商标授权确权行政案件审理等5件重要司法解释，细化裁判标准，统一司法尺度。三是案例指导制度日益完善。创新案例指导工作方式，构建以指导性案例、十大案件、50件典型案件、案件年度报告为主体的知识产权案例发布长效机制，成立知识产权案例指导研究（北京）基地，积极探索中国特色知识产权案例指导制度。最高人民法院共发布指导性案例96件，其中知识产权指导性案例21件，所占比例居各类案件之首。四是司法调研工作成果显著。2015年3月，设立“最高人民法院知识产权司法保护研究中心”，并分别设立案例指导、国际交流、市场价值、科技创新四大基地。在北京大学等8所高校设立知识产权司法保护理论研究基地，在苏州等10市中级法院设立知识产权司法保护调研基地。专项调研成果丰富，研究深度和广度不断拓展。

（四）大力推进司法公开，知识产权司法公信力和国际影响力显著提升

五年来，各级法院以信息化建设为基础，全面深化司法公开，展示中国成就，介绍中国经验，中国知识产权司法保护的司法公信力和国际影响力显著提升，逐步树立起中国依法保护知识产权的负责任大国形象。一是审判公开不断深化。重大案件采用全媒体直播，邀请人大代表、政协委员、国际组织代表、驻华使节等旁听庭审，赢得国内外高度评价。扩大裁判文书的公开范围，提升公开及时性。采取发布知识产权司法保护状况白皮书、典型案例、年度报告、年鉴等形式，及时总结和展现各级法院知识产权司法保护的新成果、新规则、新经验。二是信息化建设深度发展。大力推进知识产权审判流程公开，推行网上办案，实现全程留痕，实时监督。开通网上立案、咨询、调解、接访，探索远程视频开庭，司法公开的信息化、数据化、精细化在知识产权审判领域持续推进。三是司法宣传更加灵活丰富。各级法院精心筹划“4·26世界知识产权宣传周”活动，2017年4月最高人民法院首次举办“中国法院知识产权司法保护成就展”，知识产权司法保护广东行、重庆行、浙江行等活动精彩纷呈，影响力不断扩大。四是司法国际交流合作不断深化。最高人民法院与世界知识产权组织签订合作备忘录，建立交流合作长效机制。依托“中国法院知识产权司法保护国际交流（上海）基地”，先后举办多个重要国际会议，宣传中国知识产权司法保护成就。进一步拓展国际交流合作空间，积极派员参加国际会议，邀请外国法官和学者来华交流，促进相互沟通与合作。通过各种对话平台，积极参与国际知识产权治理规则的制定和完善，中国法院对知识产权国际规则的塑造力明显增强。

(五)加强知识产权队伍建设,知识产权审判能力和水平明显提高

五年来,各级法院深入开展各项主题教育活动,坚定理想信念,展现良好风貌。按照政治过硬和本领高强的要求,努力打造优秀知识产权法官队伍,先后有34名知识产权法官被评为全国法院审判业务专家。大力开展审判业务培训,专业素养和司法能力进一步提升。认真落实"两个责任""五个严禁",强化对司法权行使的内部监督,自觉规范和约束司法行为,以公正高效廉洁的形象赢得了社会公众的信任和肯定。

回顾五年来知识产权审判工作的发展和进步,以下经验值得我们继续坚持。第一,党的绝对领导和中央高度重视是知识产权审判工作实现历史性飞跃的根本原因,也是知识产权审判工作始终沿着正确方向不断前进的根本保证。第二,围绕中心、服务大局是知识产权审判工作充分发挥职能作用的基本立足点。要始终把知识产权审判工作置于党和国家发展大局中来谋划,提升知识产权审判工作的针对性、主动性和前瞻性。第三,解放思想、改革创新是知识产权审判事业持续发展的不竭动力。要弘扬改革创新精神,注重改革的系统性、整体性、协同性,以钉钉子精神真抓实干,不断将改革推深做实。第四,司法主导、严格保护是知识产权审判工作的基本着力点。要充分发挥司法保护知识产权主导作用,更加严格保护知识产权,为创新提供更有力的司法支撑。第五,国际视野、世界眼光是知识产权审判发展的重要推动力。知识产权审判工作既要立足中国实际,又要具有全球思维和国际视野,深度参与国际知识产权治理规则的形成与塑造,并为之贡献中国经验和中国智慧。

同志们,五年来优异成绩和宝贵经验的取得,是习近平新时代中国特色社会主义思想科学指引的结果,是社会各界大力支持的结果,是广大知识产权干警敢为人先、勇于创新、攻坚克难、忘我工作的结果。在这里,我代表最高人民法院,对长期坚守并奋斗在知识产权审判岗位上的广大干警表示诚挚的慰问和崇高的敬意!

二、提升认识,准确把握新时代我国知识产权审判工作面临的新形势和新任务

党的十九大作出了中国特色社会主义进入新时代的重大政治判断,这是我国发展新的历史方位,是我们认清形势任务、谋划推进知识产权审判工作的新坐标。各级法院要充分认识新时代知识产权审判工作面临的新形势新任务,深刻理解新时代知识产权审判工作的新使命新课题,把握时代脉搏,牢记时代使命,勇担时代重任,牢牢抓住机遇,积极应对挑战,在全新的历史起点上开启新征程,做出新业绩。

当前,知识产权审判工作迎来了前所未有的重大发展机遇。一是党和国家对于知识产权审判工作的高度重视为知识产权司法保护行稳致远提供了根本保证。十八大以来,党中央对知识产权审判工作的重视程度、决策频度、措施力度均前所未有。十八届三中全会提出"探索建立知识产权法院",知识产权审判体系改革由此开启。十八届四中全会强调"完善知识产权保护制度"。2015年3月,中共中央和国务院联合发布《关于深化体制机制改革加快实施创新驱动发展战略的若干意见》,首次提出"实行严格的知识产权保护制度"。党的十九大进一步强调,"强化知识产权创造、保护、运用",明确了知识产权保护的枢纽作用。2017年11月20日,习近平总书记主持召开十九届中央全面深化改革领导小组第一次会议,审议通过了《关于加强知识产权审判领域改革创新若干问题的意见》。今年4月10日,习近平总书记在博鳌亚洲论坛2018年年会开幕式主旨演讲中深刻指出,"加强知识产权保护是完善产权保护制度最重要的内容,也是提高中国经济竞争力最大的激励”。习总书记把知识产权保护提升到了前所未有的高度，发出了知识产权保护的时代最强音。中央对知识产权审判工作高度重视，知识产权保护工作在国家战略中的地位作用日益提升，为我们充分发挥社会主义政治优势、体制优势，实现新时代知识产权司法保护工作新发展和新跨越，提供了坚强的政治保证和体制保证。二是知识产权审判领域改革创新为知识产权审判工作持续健康发展提供了强劲动力。今年2月6日，中共中央办公厅和国务院办公厅印发了《关于加强知识产权审判领域改革创新若干问题的意见》，这是中央首次专门针对特定审判领域进行顶层设计和重点规划，具有重要的里程碑意义。意见确立了新时代人民法院知识产权审判工作的指导思想、基本原则、改革目标和重点措施，夯实了知识产权司法改革创新的理论、制度、组织保障，描绘了新时代人民法院知识产权司法事业发展的宏伟蓝图，吹响了深化知识产权审判领域改革创新的“冲锋号”。上述改革举措为知识产权审判持续健康发展提供了动力源泉。新征程上知识产权审判领域改革大有可为，我们要按照中央改革部署，积极作为，勇于担当，着力补齐重大制度短板，推进关键制度改革取得实质性成果。三是世界新一轮科技革命和产业变革同我国转变经济发展方式的历史性交汇为知识产权司法保护职能发挥提供了广阔舞台。新一轮科技革命和产业变革蓬勃兴起，科技创新进入空前密集活跃期，新技术、新产品、新业态不断拓展法律边界，提出知识产权保护新问题。我国科技创新水平稳步提升，正在成为全球创新版图重构中日益重要的力量，正处于从点的突破向系统能力提升的重要时期。严格保护知识产权，创造更加有利于创新的法治环境，已是举国共识和万众期待。我国经济已由高速增长阶段转入高质量发展阶段，正处在转换发展方式、优化经济结构、转换增长动力的攻关期，必须更加坚定不移地严格保护知识产权，使创新和竞争成为推动发展的强大动能。科技经济发展为知识产权保护提出了新课题和新任务，为人民法院充分发挥知识产权司法保护职能创造了更加广阔的空间。四是我国日益走近世界舞台中央，为我国法院提升知识产权司法保护国际影响力奠定了坚实基础。全球治理体系和国际秩序加速演变，新兴市场国家和部分发展中国家快速崛起，国际力量对比发生深刻变化，全球治理体系变革成为大势所趋。我国综合国力和国际地位大幅提升，日益走近世界舞台中央，国际影响力、感召力和塑造力进一步增强。中国与世界的关系进入新阶段，国际社会期待中国参与和推动全球治理体系包括知识产权治理体系变革，期待听到中国声音、共享中国智慧。我国日益提升的大国地位为人民法院知识产权司法保护影响力的提升提供了坚实基础和强大后盾。我们要以更为宽阔的视野、更富进取的姿态，在国际知识产权治理中发挥建设性作用，努力提升人民法院对国际知识产权治理规则的塑造力和引领力。

我们也必须认识到，知识产权司法保护新征程上任务十分艰巨，挑战前所未有。一是新时代中国特色社会主义发展战略安排对知识产权司法保护确立了新目标。党的十九大对我国现代化建设作出新的战略安排。从现在到2020年，是全面建成小康社会决胜期；从2020年到2035年，基本实现社会主义现代化；从2035年到本世纪中叶，把我国建设成为富强民主文明和谐美丽的社会主义现代化强国。知识产权司法审判工作是国家现代化建设的重要组成部分，必须按照上述战略安排助推发展。为此，知识产权司法审判工作发展目标是：到2020年，司法保护体制机制更加完善，基本建成知识产权法院体系，为创新型国家建设和小康社会全面建成提供有力支撑；到2035年，基本实现知识产权审判体系和审判能力现代化，国际影响力和权威性大幅提升，成为当事人信赖的国际知识产权争端解决"优选地"；到本世纪中叶，全面实现知识产权审判体系和审判能力现代化，成为国际知识产权司法保护的示范者和引领者。二是新时代我国社会主要矛盾的历史性变化对知识产权司法保护提出了新要求。我国社会主要矛盾已经转化为人民日益增长的美好生活需要和不平衡不充分的发展之间的矛盾。社会主要矛盾在知识产权司法领域反映和体现为人民日益增长的对知识产权司法的新需求与司法审判工作发展的不平衡不充分之间的矛盾。广大创新创业者和社会公众对于知识产权司法保护质量和效率的需求越来越高，不仅要求其利益诉求获得保护，而且要求保护更及时更充分；不仅要求解决纠纷，而且要求明晰规则，有效实现实体正义和程序正义。三是新时代坚持和发展中国特色社会主义的基本方略为知识产权司法保护提出新任务。党的十九大明确了新时代坚持和发展中国特色社会主义的基本方略，即"十四个坚持"，对知识产权审判提出了新任务。坚持全面深化改革，要求勇当改革先行者和探索者，坚决破除一切不合时宜的思想观念和体制机制弊端，以创新的理念和方法破解难题、补齐短板，形成和完善中国特色知识产权司法保护制度。坚持新发展理念，要求严格保护创新和知识产权，以开放姿态推进知识产权司法工作，努力为世界知识产权保护贡献中国经验和中国智慧。坚持全面依法治国，要求全面落实司法责任制，进一步提高审判质效，充分发挥司法保护知识产权的主导作用，努力让人民群众在每一个知识产权司法案件中感受到公平正义。四是新时代我国所处国际环境变化为知识产权司法保护带来了新挑战。世界经济复苏缓慢，地缘格局重塑，大国关系敏感，一些国家保护主义和内顾倾向抬头，对我牵制和遏制力度加大，我国所处国际环境发生深刻变化。知识产权日益成为全球最重要的无形资产，在国际经贸斗争中的核心地位更加突出，争夺知识产权全球治理规则主导权的斗争更加激烈。"一带一路"和贸易强国建设深入推进，更高层次的开放型经济蓬勃发展，我国资本和技术输出的规模、质量和范围越来越大，迫切要求国际社会保护我国企业的知识产权。改革开放以来，我国知识产权发展用四十年的时间，完成了从以西方为师到中西平等交流、从外部倒逼到内生需求、从规则接受者到规则建设者的跨越。随着我国日益走近国际知识产权保护前沿和中心，需要以更长远的战略眼光、更坚定的战略定力、更持久的战略耐力，独立自主地决定适合国情、符合创新规律的知识产权保护政策和规则，在知识产权保护前沿和核心领域贡献中国智慧、发挥引领作用。

同时，我们必须清醒地认识到，人民法院知识产权司法保护还存在明显的短板和不足。一是司法能力不足的问题依然存在。不少知识产权法官的能力和水平与我国日益提升的经济发展水平不相匹配，对法律精神和司法政策的认识有待深化，机械司法、裁判标准不统一等现象在个别案件中时有出现。二是知识产权审判领域改革有待进一步深入推进。知识产权法院体系建设和审判机制建设仍需进一步加强，改革创新和补齐体制机制短板的任务依然繁重；司法改革过程中对职业化和专业化建设重视不够，审判队伍稳定受到影响。三是知识产权司法保护发展不平衡不充分的问题仍然突出。供给不充分、权益保护不充分、东中西不同地区司法保护能力发展不平衡等亟待解决。

同志们，我们要抓住并利用好极其难得的重大历史机遇，努力推动解决存在的短板和问题，化压力为动力，在新时代创造新业绩。

三、接续奋斗，奋力开启新时代知识产权审判工作新征程

从现在到2020年，是深入贯彻党的十

九大精神、决胜全面建成小康社会、实施“十三五”规划的关键期。从现在到党的二十大,是“两个一百年”奋斗目标的历史交汇期。做好当前和今后一个时期知识产权司法保护工作,总的思路和要求是:坚持以习近平新时代中国特色社会主义思想为指导,深刻把握新时代知识产权审判工作的新使命新任务,紧紧围绕“努力让人民群众在每一个司法案件中感受到公平正义”的要求,以《关于加强知识产权审判领域改革创新若干问题的意见》为基本遵循,以加快推进知识产权审判体系和审判能力现代化为目标,以改革创新和开放发展为动力,以完善知识产权诉讼制度、加强知识产权法院体系建设、加强知识产权审判队伍建设为重点,充分发挥司法主导作用,切实严格保护知识产权,大力提高审判质效,不断优化有利于创新的法治环境,全面开启新时代知识产权司法保护新征程,为实现“两个一百年”奋斗目标和建设知识产权强国、世界科技强国提供更加坚强有力的司法服务和保障。

为此,我们要顺应新形势、把握新要求、实现新作为,切实肩负起新时代知识产权司法保护新任务,做出新贡献,把知识产权司法审判工作有效融入进行伟大斗争、建设伟大工程、推进伟大事业、实现伟大梦想的实践当中。当前和今后一个时期,要更加注重和深入推进以下九个方面的工作:

(一)更加注重司法主导,全面提升知识产权司法权威

深刻认识新时代充分发挥知识产权司法保护主导作用的丰富内涵。中央《关于加强知识产权审判领域改革创新若干问题的意见》强调:“充分发挥知识产权司法保护主导作用”,既是对司法在知识产权保护体系中主导作用的充分肯定,又是对司法保护知识产权主导作用发挥程度、深度和广度的进一步期许。发挥知识产权司法保护主导作用要注重全面性。司法不仅要在知识产权民事保护领域发挥绝对的主导作用,更要在知识产权行政保护和刑事保护领域发挥应有的主导作用;不仅要在行政执法程序问题上通过司法监督发挥主导作用,更要在行政执法实体标准方面通过规则指引发挥主导作用;不仅要在知识产权纠纷的诉讼解决中发挥主导作用,更要在调解、仲裁等多元化纠纷解决机制中发挥引领作用。发挥知识产权司法保护主导作用要注重充分性。着力强化对知识产权授权确权行政行为和行政执法行为合法性的全面审查和深度审查。既要审查被诉行政行为的合法性,又要审查其是否明显不当,及时明确和统一法律标准,切实推动知识产权授权确权标准和行政执法标准与司法标准相一致。发挥知识产权司法保护主导作用要注重实效性。要改进裁判方式,强化裁判指引,促进知识产权行政纠纷的实质性解决,避免循环诉讼和程序空转。对于商标应否注册、撤销或者无效、专利应否授权或者无效、被查处的涉嫌侵权或者不正当竞争行为是否成立等能够得出明确结论的,应该在判决中给出明确指引;无法得出明确结论的,也应尽可能对解决相关争议应遵循的原则、标准或者应注意的问题作出明确提示,以方便行政机关依照判决意旨重新作出行政行为。案件审理过程中,发现有关行政机关、公证机关、仲裁或者调解机构等单位存在需要重视或者解决的普遍性问题的,要适时发出司法建议,促进有关单位规范行为、改进工作。

要着力强化民事诉讼在特定民行交叉纠纷解决中的引导作用。充分认识违反诚实信用原则以及损害他人合法在先权利的民事纠纷本质,强化此种情形下民事程序的优先和决定地位,转变行政程序当然优先或者必须前置的传统思维,善于运用诚实信用、保护在先权利、维护公平竞争、禁止权利滥用等原则作出公正裁决,引导后续行政纠纷得到正确解决。在先权利人以被告取得并行使注册商标权或者外观设计专利权损害其合法在先权利(注册商标专用权除外),直接向法院提起民事诉讼,经审查被告侵权的事实成立的,可以根据原告诉请和案件具体情况,判令被告停止使用被诉注册商标或者停止实施被诉外观设计。

(二)更加注重严格保护,切实增强知识产权权利人获得感

严格保护知识产权是时代时势所需、党心民心所向。严格保护知识产权,是党中央和习近平总书记多次强调和反复重申的政治要求,是全社会呼声最强烈、关注度最高的知识产权热点话题。严格保护知识产权,是推进中国速度向中国质量转变、中国制造向中国创造转变、中国品牌向世界名牌转变的关键措施,是完善产权保护制度最重要的内容,是提高中国经济竞争力的最大激励。严格保护知识产权,是知识产权司法安身立命的基础,是核心任务和关键使命。要切实加大知识产权司法保护力度,把违法成本显著提上去,把法律威慑作用充分发挥出来,增强权利人对于知识产权司法保护的获得感和安全感。

注重完善严格保护知识产权的司法机制。要认真贯彻中央关于完善产权保护制度依法保护产权的意见,更加注重完善知识产权保护机制,促进市场主体立恒心、增信心。完善和积极运用临时措施制度。充分发挥行为保全、财产保全、证据保全的制度效能,提高知识产权司法救济的及时性和便利性。依法及时受理和审查当事人的保全申请,不得违法拒绝受理或者无故拖延。兼顾及时保护和稳妥保护的精神,正确审查当事人的行为保全申请,合理平衡申请人与被申请人的利益。对于被申请人涉嫌即将侵害申请人发表权,非法披露申请人的商业秘密,网络环境下快速危及申请人产品、服务的正常运营或者严重危及申请人的商业信誉、商品声誉的,人民法院应及时作出行为保全裁定。完善和积极运用诉讼证据制度。尽快完善符合知识产权案件特点的诉讼证据制度,建立以诚信原则为指引、激励当事人积极提供证据的诉讼机制。积极运用现行法律及其司法解释规定的文书提供命令、证明妨碍等制度,对于无正当理由拒不执行文书提供命令或者存在故意妨碍证明行为的,依法作出不利于该方当事人的事实推定。该方当事人在该案后续诉讼程序中提交相应证据,意图推翻已经依法作出的事实推定的,不应予以支持。

依法保障权利人获得充分保护。要用足用好知识产权法律空间,依法保障知识产权人在其权利范围内获得充分和严格的保护。依法充分确定知识产权保护范围。知识产权的保护范围与其创新和贡献程度正相关。专利权保护范围的确定,要充分考虑专利文件撰写的客观局限,合理解释权利要求保护范围,实现专利权保护与其技术贡献相匹配。著作权保护范围的确定,要正确划分著作权范围与公共领域的界限,实现作品保护范围与其独创性范围相协调。商标权保护范围的确定,要考虑市场实际,使商标权保护的范围与其显著程度、知名度等相适应。妥善运用等同侵权、间接侵权等法律制度合理拓展知识产权保护空间。等同侵权和间接侵权是合理平衡专利保护范围的确定性与公平性的重要制度,是公平保护专利权的重要手段。对于关键共性技术、前沿引领技术、颠覆性技术创新等原创性成果,应妥当运用等同侵权,给予创新程度高的发明创造以更大的保护范围。专利领域中的帮助侵权以被帮助者利用侵权专用品实施了覆盖专利权利要求全部技术特征的行为为条件,既不要求被帮助者的行为必须构成法律意义上的直接侵权行为,也不要求必须将帮助者和被帮助者作为共同被告。切实保障权利人获得充分赔偿。坚持知识产权侵权赔偿的市场价值导向,充分发挥社会组织、中介机构在知识产权价值评估中的作用，建立尊重知识产权、鼓励创新运用的侵权损害赔偿司法认定机制。合理运用证据规则、经济分析方法等手段，努力实现侵权损害赔偿与知识产权市场价值的协调性和相称性，真正保障权利人恢复到无侵权行为时其应有的市场利益状态。权利人主张按照权利人损失或侵权人获益计算损害赔偿，同时有可供参照的合理许可费的，损害赔偿数额原则上不应低于可比较的合理许可费。根据商标法、种子法等法律有关惩罚性赔偿的规定，正确把握“恶意”和“情节严重”要件，积极支持权利人的惩罚性赔偿请求，提高侵权代价，充分发挥惩罚性赔偿对侵权行为的法律威慑力。

（三）更加注重激励创新，大力营造创新法治环境

创新是第一动力。创新只能在尊重知识、尊重人才、尊重创造、包容创新的环境中产生。创新越接近前沿，其风险和不确定性越高，越需要良好的创新环境。在经济高质量发展阶段，知识产权保护必须更加注重营造有利于创新的法治环境，通过法律手段推动创新创造精神、企业家精神和工匠精神蔚然成风。

以妥当的法律手段呵护创新。处理好知识产权权利保护的封闭性与利益保护的开放性之间的关系。知识产权法定主义要求司法原则上不能创设新的权利类型，但法律保护的正当利益则不受权利法定原则约束，具有灵活性和开放性。在维护知识产权权利法定和不抵触基本知识产权立法政策的前提下，可以综合考虑保护需求、产业发展需要、被诉行为正当性等因素，适时慎重承认和保护新类型创新利益，呵护初生创新顺利成长。处理好著作权客体的相对封闭性与权利的相对开放性的关系。著作权所保护的作品类型虽由法律明确规定，但权利内容却是相对开放的。同时，特定客体是否属于法定作品类型仍会因独创性标准的弹性而具有一定解释空间。要妥善运用著作权权利的兜底性规定和独创性裁量标准，对于确有保护必要、有利于产业发展的客体或者客体使用方式，可以根据最相类似的作品类型或者运用兜底性权利给予保护，保护新兴产业发展壮大。

注重激发和保护企业家精神。妥善运用知识产权法律制度中的保护限制和例外，合理确定法律责任边界，依法维护善意使用者的市场交易安全，降低创新者的法律风险，鼓励更多社会主体投身创新创业。对互联网、大数据、人工智能等领域，要妥善运用知识产权立法中的兜底性规定、反不正当竞争法的原则条款、法律目的条款等，适时慎重补充承认新类型创新权益，增强市场主体在未知和风险领域的创业创新活力和投资意愿，催生原创成果和前沿成果。

慎重对待新技术新商业模式。对于看不准、弄不清、有市场、受欢迎的新技术、新产品、新商业模式，在具体适用法律时，要以有利于促进创新、有利于公平竞争、有利于消费者的长远利益为指引，慎重对待、审慎处理。

（四）更加注重保护竞争，有效维护健康竞争机制

公平有序、充满活力的竞争机制是释放各类创新主体创新活力的重要保障。要更加注重保护竞争，依法制止各类垄断和不正当竞争，保障市场准入畅通、开放有序、竞争充分、秩序规范。

加大知名品牌保护力度。要以鼓励诚信竞争、遏制仿冒搭车为导向，根据商标的知名度与显著性，充分利用商标近似、商品类似、混淆可能性、不正当手段、恶意等裁量性因素，强化知名品牌保护，严厉打击不诚信的商标攀附、仿冒搭车行为，进一步净化市场竞争环境。充分利用现有法律手段，坚决遏制恶意抢注商标行为，有力规范商标注册秩序。加强在先权利保护，适度从宽解释在先权利范围，降低以不正当手段抢注商标的证明要求，便利在先权利人依法制止商标抢注。根据商标注册应有真实使用意图的精神，探索适用商标法第四条制止申请人囤积商标。

维护公平健康的市场竞争秩序。要深入理解新修订的反不正当竞争法的内在理念和精神实质，正确把握不正当竞争行为的界定，以扰乱市场竞争秩序、损害经营者或者消费者合法权益为本质要件，以违反法律和商业道德为核心标准。根据新法关于公共利益、经营者利益和消费者利益一体保护的精神，正确认识竞争关系的法律定位，竞争关系并非认定不正当竞争或者提起不正当竞争之诉的条件。从严把握一般条款的适用条件，对于法律没有明确规定的竞争行为，要综合运用道德评价、效能竞争、比例原则、竞争效果评估等方法，从多个角度对竞争行为的正当性进行评估，避免因“泛道德化”而过度限制竞争自由。对于网络环境下竞争行为正当性的判断，既要注意审查被诉竞争行为是否符合法律明文列举的行为类型，又要注意综合评估该行为对竞争的积极和消极效果，妥善处理好技术创新与竞争秩序维护、竞争者利益保护与消费者福利改善的关系。加强垄断纠纷案件审判工作，及时出台审理垄断民事纠纷案件的司法解释，防止市场垄断，激发全社会创造力和发展活力。正确认定垄断行为，善于运用经济分析方法，倡导竞争效果思维，将被诉行为对市场竞争机制造成实际或者潜在损害作为垄断行为的检验标尺。对于标准必要专利许可等领域，要兼顾市场充分有效竞争和知识产权保护，正确划定合法竞争与违法垄断之间的边界。对于网络和信息经济领域，要注意将创新和动态竞争纳入垄断行为分析过程，避免机械适用传统垄断行为分析方法。

（五）更加注重价值引领，积极弘扬社会主义核心价值观

社会主义核心价值观是中国特色社会主义法律体系的灵魂。社会主义核心价值观为良法善治提供价值引领，法治为社会主义核心价值观提供刚性保障。要更加重视价值引领，更加重视裁判的导向和保障功能，通过裁判弘扬社会主义核心价值体系，以法治力量为社会主流价值观提供保障。

积极将社会主义核心价值观纳入知识产权司法全过程。在知识产权审判中，要将社会主义核心价值观贯穿于法律解释和法律适用全过程，以核心价值观引导、校正、检验法律解释和法律适用结果，使裁判结果与社会主义核心价值观一致，增强司法的道德底蕴，提高公众对裁判的认同感，传播知识产权司法保护正能量。要在知识产权司法裁判中体现正确的价值导向，使符合社会主义核心价值观的行为得到倡导和鼓励，违背核心价值观的行为受到制约和惩处，以司法裁判的强制性引导全社会大力弘扬和践行社会主义核心价值观。

妥善审理涉红色经典作品著作权案件。秉承尊重历史、尊重法律、尊重权利、尊重经典的原则，依法审理好涉红色经典作品著作权纠纷，使裁判结果既尊重历史、符合法律，又契合国情社情民意。在侵权认定、报酬计算和判令停止行为时，要充分考虑涉红色经典作品产生的特殊时代背景，既要尊重历史，又要保护权利，更要有利传承。对于红色经典作品因历史原因形成的利用、传承行为产生的纠纷，不得判令停止表演或者演出红色经典作品。就加强“红色经典”和英雄烈士合法权益司法保护、弘扬社会主义核心价值观问题，最高人民法院专门下发了相关通知，各级法院要认真学习和深刻领会。

（六）更加注重国家利益和国际视野，不断增强知识产权司法保护国际影响力

知识产权司法保护已经成为国际交往和国际斗争中最为关注的核心领域。新时代知识产权司法保护必须更加注重国家利益和国际视野，更好地适应国际竞争和我国国际地位的新变化，更好地适应全面开放新格局的新特点，更加积极有效地运用知识产权法律制度，在参与、推动乃至引领知识产权国际保护和国际规则创制方面发挥更大的作用。

强化国家利益意识和国际视野。要强化国家利益意识，依法审理好涉外知识产权和竞争纠纷，确保案件处理结果符合国家内政外交政策和社会经济文化需求。要统筹协调好国际国内两个大局，实现知识产权司法保护与国际知识产权保护状况的协调和平衡，增强我国市场的竞争力和吸引力。根据我国国情和实际需要，深入研究国际前沿和先进规则，敢于和善于作出创造性的司法裁判，不断增强在知识产权国际治理规则中的引领力。

强化平等保护和高水平保护。根据国际条约和国内立法，依法践行国民待遇原则，平等保护中外知识产权权利人的合法利益，一视同仁、平等对待。依托自贸区知识产权法庭，打造自贸区知识产权司法保护新高地，既要依法促进高水平的贸易和投资自由化便利化，又要努力实现高水平的知识产权保护。

强化国际司法交流与合作。要进一步建立健全知识产权国际交流合作长效机制，增强国际交流和合作的针对性，既要注意互通信息、相互借鉴、取长补短，又要注意加强中国话语体系建设，讲好中国故事，传播中国声音，贡献中国智慧。要增强国际交流与合作的主导权，通过议程设定、内容选择等途径引导交流与合作，以我为主、为我所用。要充分发挥知识产权司法保护国际交流（上海）基地和各知识产权专门法院（庭）的积极性和窗口作用，展示中国知识产权司法新形象。

（七）更加注重改革创新，持续推进知识产权审判体系和审判能力现代化

改革创新是知识产权司法保护事业持续发展的动力，是推进知识产权审判体系和审判能力现代化的重要抓手。要按照中央改革部署，以敢于啃硬骨头、敢于涉险滩、敢于闯难关的担当和勇气，狠抓落实，紧抓快干，把各项改革措施做实做细做好，不断将改革推向深入，确保党中央的决策部署落地生根，开花结果。

进一步加强知识产权法院体系建设。知识产权法院体系建设是知识产权领域改革创新的重中之重。要加强现状分析和国际趋势研判，研究建立国家层面知识产权案件上诉审理机制。要研究在经济发展水平较高、创新保护需求较大、技术类案件数量较多、工作基础较好的地区适当增设知识产权法庭，有效满足创新活跃地区对于知识产权专门化审判的司法需求。在当前省以下人民法院内设机构改革的形势下，知识产权专门法庭的成立更具必要性和重要性。

全面完善知识产权案件审判机制。深入推进知识产权民事、行政和刑事“三合一”审判机制，切实把知识产权和反垄断行政执法案件、知识产权刑事案件纳入“三合一”审理范围，严格杜绝实质相同纠纷由不同审判庭审理造成裁判结果冲突，损害司法权威。前述行政和刑事案件虽然所占比重极小，但对于完善案件审理机制、增强顶层设计合理性和提高司法公信力极为重要。各级法院要从大局出发，打破部门利益藩篱，坚决破除机制弊端，严格落实知识产权“三合一”审判机制，有效解决制约知识产权司法保护发展的制度瓶颈。要根据知识产权案件审判的特殊性，比较分析域外经验，结合我国实际，研究制定我国知识产权案件审理特别程序法。

积极推进知识产权诉讼制度改革。总结北京知识产权法院速审机制经验，探索对事实相对清楚、权利义务相对明确的案件集中进行快审快办。研究和探索对一审知识产权民事案件适用简易程序，对商标授权确权一审行政案件实行主审法官独任审判的可行性。推进裁判文书繁简分流，简化常见简单案件裁判文书体例。强化疑难复杂案件裁判文书说理的针对性和适当性，处理好权威性和大众性、专业性和通俗性的关系，将司法理念和裁判理由以群众喜闻乐见、耳熟能详的方式表达出来。积极推进知识产权多元化纠纷解决机制建设，畅通诉讼与仲裁、调解的对接机制，探索案件调解前置程序改革试点，促使各类纠纷解决方式各得其所、各尽其能、多元共治、形成合力，进一步提升知识产权纠纷解决效率。

（八）更加注重监督指导，着力提高知识产权审判质效

监督指导是提高知识产权审判质效、维护司法统一的重要途径。随着司法责任制和知识产权审判体系改革深入推进，要更加注重加强审判监督指导，努力建立和完善新型司法监督指导机制。

加快构建新型司法监督指导机制。实行司法责任制并不排斥审判监督管理，但要改革和转变监管内容和方法，从微观管理向宏观管理转变，从终点管理向过程管理转变。完善专业法官会议制度，发挥其凝聚共识、统一裁判尺度、提供参考意见的功能作用。落实类案和关联案件强制检索报告制度，依托电子档案系统、中国裁判文书网、“法信”“智审”等平台，对类案与关联案件进行全面检索，制作类案与关联案件检索报告，运用大数据手段规范法官裁量权。

综合运用多元化审判指导手段。建立健全以司法政策为精神引领、以司法解释为规则指引、以典型案例为具体参考的多元化知识产权审判指导体系。正确理解“司法主导、严格保护、分类施策、比例协调”的司法保护基本政策精神，将之准确贯彻到每个案件的裁判过程。强化司法解释指引，及时制定和出台司法解释。完善知识产权案例指导制度，丰富知识产权指导性案例与公报案例、10大案件和50件典型案例等参考性案例构成的案例体系，倡导在裁判文书中援引典型案例的裁判规则作为说理依据。发挥最高人民法院知识产权案例指导（北京）基地的辐射和引领作用，继续推进建立覆盖全国的知识产权案例数据库建设，促进案例数据库的开放共享。

大兴调查研究之风。调查研究是谋事之基、成事之道。要树立问题导向，重点研究解决业界呼吁、国际承压的知识产权法律问题，跟踪研究知识产权前沿、热点和难点问题。要注重基础理论研究，深入研究知识产权案件上诉机制建设、知识产权案件审理特别程序法、知识产权与民法典制定等重要基础理论问题。要发挥最高人民法院知识产权司法保护研究中心、四个专项基地、审判理论研究会、调研基地、理论研究基地、调研联系点、基层示范法院等平台的作用，有针对性地确定调研课题和重点，发挥各自优势，确保调研实效。

（九）更加注重队伍建设，努力打造国际一流审判人才

人才是第一资源。功以才成，业由才广。《关于加强知识产权审判领域改革创新若干问题的意见》明确提出要“大力推进知识产权审判队伍正规化、专业化、职业化、国际化建设”，努力打造一支“政治坚定、顾全大局、精通法律、熟悉技术，并具有国际视野的知识产权法官队伍”。为实现这一目标，我再强调四点。

一是要把政治建设摆在首位。要把深刻学习领会习近平新时代中国特色社会主义思想作为首要的政治任务。要自觉用习近平新时代中国特色社会主义思想改造主观世界，提高思想认识水平和思维能力，跟上时代节拍，堪当时代重任。要旗帜鲜明讲政治，牢固树立“四个意识”，坚定“四个自信”，把讲政治与讲法治统一起来，把坚持党的领导与依法独立公正行使审判权统一起来，确保知识产权审判工作始终沿着正确方向前进。要充分认识知识产权审判工作的政治敏感性,妥善处理重大敏感案件,实现法律效果、社会效果和政治效果有机统一。

二是要加强正规化、专门化、职业化、国际化建设。客观规律和国内外经验表明,知识产权审判人才培养必须走正规化、专业化、职业化、国际化建设道路,培养专业作风、弘扬专业精神。各级法院要根据中央要求,会同党政机关和组织部门,制定知识产权审判专门人才培养和储备规划,优化培养路径,尽快建立形式多样的人员交流机制,细化培养方案。要进一步激发知识产权审判队伍的积极性、主动性和创造性,让知识产权法官干一行爱一行、专一行精一行,尽快向国际一流看齐。在司法改革过程中,要千方百计确保知识产权审判队伍的正规化、专业化、职业化、国际化,尽可能保留知识产权专业审判庭或者专门审判团队。

三是要增强适应新时代发展要求的本领能力。加强专业知识和专业能力培训,促使知识产权干警全面提高"八项本领"。着重提高知识产权法律政策能力,引导法官善于从法律视角和社会视角通盘考虑法理、公理、事理、情理,努力实现更好的法律效果和社会效果。充分运用专题培训、专题研讨、在职培养、交流挂职、庭审观摩等形式,打造学习型审判队伍,以适应知识迅速更新、实践快速发展的新形势。有针对性地加强中西部知识产权法庭和审判队伍建设,着力解决东中西部司法保护水平不平衡问题。

四是加强纪律作风建设。引导知识产权干警自觉践行"三严三实",不断增强政治定力、道德定力、抵腐定力,习惯在受监督和约束的环境中工作生活。抓好党风廉政建设和反腐败斗争,坚持无禁区、全覆盖、零容忍,抓早抓小、防微杜渐,发现问题及时纠偏;坚持刚柔相济,严管厚爱,共同发力,提高功效;坚持标本兼治,着力构建不敢腐、不能腐、不想腐的长效机制。

同志们,新时代赋予新使命,新征程呼唤新作为。不负历史机遇,奋进伟大时代,是我们的光荣,更是我们的责任。浩荡东风今又起,筑梦伟业正当时。让我们以时不我待、勇立潮头的历史担当,以永不懈怠、顽强拼搏的坚定意志,不忘初心、牢记使命、改革创新、担当作为,全面开启新时代知识产权司法保护新征程,奋力书写新时代建设知识产权强国和世界科技强国的重彩华章!

聚焦版权保护　助力产业发展

——在2018第七届中国国际版权博览会上的致辞

(2018年10月19日)

中共中央宣传部副部长　梁言顺

随着经济全球化、世界一体化进程的不断深入,中国与世界深度融合、相互激荡,包括版权在内的知识产权日益成为世界各国发展的战略性资源和体现国际竞争力的核心要素,同时也是中国建设创新型国家和文化强国的重要支撑。由国家版权局主办的中国国际版权博览会始于2008年,已在北京、成都、广州等地成功举办六届,已成为中国最具影响力的综合性国际版权专业展会,是向世界展现版权领域真实、立体、全面的中国,展示中国版权保护、版权事业、版权产业成就以及开展国际版权贸易、促进对外交流合作的重要窗口。

文化是一个国家、一个民族的灵魂。习近平主席强调，要坚持中国特色社会主义文化发展道路，推动中华优秀传统文化创造性转化、创新性发展，激发全民族文化创新创造活力。兴文化，离不开强有力的版权保护。多年来，中国政府一向重视知识产权的保护和发展。众所周知，正是由中国和阿尔及利亚提议，并经世界知识产权组织成员国大会一致通过，2001 年 4 月 26 日成为了世界上第一个“4·26 世界知识产权日”。2012 年在北京举办的世界知识产权组织保护音像表演外交会议推动缔结了《视听表演北京条约》，对于完善国际表演者版权保护体系，推动世界各国文化产业健康繁荣，促进传统民间表演艺术发展具有里程碑式的意义。党的十八大以来，党中央、国务院将包括版权在内的知识产权工作提高到了前所未有的高度，先后颁布了《关于深化体制机制改革，加快实施创新驱动发展战略的若干意见》和《关于新形势下加快知识产权强国建设的若干意见》等重要文件。目前，中国的版权工作已经取得了较大成就：初步建立起了既符合中国国情又与国际规则相衔接的版权法律体系，版权执法和维权力度不断加大，版权产业对国民经济贡献的比重持续增长，版权社会服务体系基本建立并不断优化，版权宣传培训工作成果显著，版权国际交流合作不断深入……中国版权事业走过了不平凡的发展历程，取得了不平凡的历史成就。

习近平主席在党的十九大报告中提出，要大力提升版权的创造、保护、运用，激发全民族创新创造活力，建设创新型国家。近年来，国家版权局全面落实党中央、国务院各项决策部署，把加快版权强国建设作为出发点和落脚点：研究制定《版权工作“十三五”规划》，推进版权工作理念创新、内容创新、方法创新；积极推动《著作权法》第三次修订工作，为互联网时代的版权保护提供更加有效的法律支撑；连续 14 年开展打击网络侵权盗版的“剑网行动”，建立健康有序的网络版权生态；持续推进软件正版化，推动软件产业健康快速发展；设立“中国版权金奖”，树立先进典型、鼓励创新创造；完善著作权登记制度，建立方便作品使用的综合版权交易平台；积极支持著作权集体管理组织、行业协会等中介组织发挥作用，建立网络环境下作品有序高效的授权机制；充分发挥新媒体平台传播优势，坚持提高版权新闻舆论传播力、引导力、影响力、公信力，让“保护版权、尊重创作”的理念成为社会共识。

江水浩荡，时代潮涌。2018 年，中国迎来改革开放 40 周年。改革开放——这一决定当代中国命运的“关键一招”，让中国融入广阔世界，让世界重新认识中国，中国和世界已经前所未有地融为有机整体。近年来，中国国家版权局不断加强与世界知识产权组织的交流，签订版权谅解备忘录，将合作关系提升到了新高度。在本届博览会上，国家版权局与世界知识产权组织将一道为双方评选的“中国版权金奖”隆重颁奖，并共同举办“中国国际版权论坛”；韩国应邀作为主宾国也带来了精彩的创意展示，充分展现了版权国际交流的丰硕成果。与此同时，中国与包括“一带一路”沿线国家在内的世界各国保持密切的版权交流合作，共同探索打击盗版跨境协作机制，促进优秀作品的有序传播机制，为版权创造与保护营造更加有利的国际环境。希望国内外版权界的朋友们可以通过博览会的平台，加强沟通、相互学习、共谋发展、互利共赢，推动更加有效地保护和使用版权，共同建设创新之路，更好造福各国人民。

中国依法严格保护知识产权

国家知识产权局局长　申长雨

改革开放以来，我国在保护知识产权上的态度是明确而坚定的，并为此付出了巨大努力，取得了明显成效。中国的知识产权制度在改革开放中不断发展完善，也为改革开放提供重要支撑。进入新时代，中国把加强知识产权保护作为扩大开放的一项重大举措，强调这是完善产权保护制度最重要的内容，也是提高中国经济竞争力最大的激励，再一次向世界传递了中国依法严格保护知识产权的鲜明立场和坚定决心。

一、中国的知识产权制度伴随改革开放不断发展和完善

党的十一届三中全会后，为了更好地利用外资，引进国外先进的技术、设备和管理，加快自身经济发展，邓小平同志作出了“专利法以早通过为好”的果断决策。1984年，全国人大常委会通过了专利法。次年4月1日，专利法实施的第一天，就收到来自海内外的专利申请3455件。专利法从起草到正式付诸实施充分说明，我国高度重视知识产权保护。

知识产权制度在改革开放中不断完善。中国知识产权制度建立伊始，就充分借鉴了国外的先进成功经验，中国也与世界知识产权组织和国外知识产权机构建立了良好关系，保持了密切联系。1980年，中国正式加入世界知识产权组织，之后相继加入了专利、商标、版权等领域的多个知识产权国际公约，在较短的时间内实现了中国知识产权制度与国际接轨。1992年，中国与有关国家签署关于保护知识产权的谅解备忘录，为履行其中的承诺，中国相继对专利法、商标法、著作权法进行了修订。2000年前后，中国为满足世贸组织关于《与贸易有关的知识产权协定》，又对相关知识产权法律制度进行了修订完善。目前，中国已经加入了几乎所有主要的知识产权国际公约，建立起了门类较为齐全的知识产权法律法规，全面履行知识产权保护职责。

知识产权事业始终得到党中央、国务院的高度重视。党的十八大以来，习近平总书记对知识产权工作作出了一系列重要指示，深刻揭示了知识产权发展的客观规律、丰富内涵和重要作用，进一步明确了知识产权的功能定位，赋予了知识产权新的时代内涵，对知识产权工作提出了新的具体要求，为知识产权事业发展提供了根本遵循和行动指南。习近平总书记主持召开中央全面深化改革领导小组会议，审议通过《知识产权综合管理改革试点总体方案》《知识产权对外转让有关工作办法（试行）》《关于加强知识产权审判领域改革创新若干问题的意见》等重要文件，对知识产权工作作出一系列重大部署。国务院常务会议研究建立了知识产权战略实施工作部际联席会议制度，批准成立了全国打击侵犯知识产权和制售假冒伪劣商品工作领导小

组，批复同意建立推进使用正版软件工作部际联席会议制度。党的十九届三中全会作出重新组建国家知识产权局的重要决定，实现了专利、商标、原产地地理标志等知识产权的综合管理，为知识产权事业发展作出了很好的顶层设计。

二、知识产权为我国经济社会发展提供了有力支撑

知识产权保护营造了良好的创新环境和营商环境。改革开放 40 年来，中国陆续制定出台并多次修订完善商标法、专利法、著作权法、反不正当竞争法等法律法规，建立起了符合国际通行规则、门类较为齐全的知识产权法律体系，为加强知识产权保护提供了有力的法律保障。同时，不断完善司法和行政保护工作机制，成立专门的知识产权法院和知识产权法庭，开展打击侵权假冒专项行动，加大知识产权保护力度。在严格的知识产权保护下，全社会创新创造热情持续迸发，商标申请量连续 16 年位居世界首位，发明专利申请量连续 7 年位居世界首位，中国已成为名副其实的知识产权大国。在世界知识产权组织发布的《2018 年全球创新指数报告》中，中国名列第 17 位，成为首个跻身全球前 20 位的中等收入经济体。

知识产权保护也营造了良好的营商环境，为外国企业在华创新提供了有效保障，极大地促进了中外企业正常技术交流合作。截至 2017 年底，中国累计设立外商投资企业超过 90 万家，实际使用外资 2 万亿美元；国外申请人在华申请发明专利累计超过 177 万件，年均增长 11.24%；累计商标注册申请超过 219 万件，年均增长 15.49%，充分体现了外商对中国市场和中国知识产权保护的信心。

知识产权运用有力促进了经济社会发展。40 年来，知识产权权益分配机制改革不断深化，知识产权运营体系不断健全，知识产权密集型产业得到培育壮大，有力促进了经济社会发展。2016 年，专利密集型产业实现利润总额 2.6 万亿元，同比增长 10.1%，成为产业转型升级的重要支撑；地理标志产品产值超过 1 万亿元，有力地支撑了特色产业和精准扶贫；专利、商标、版权质押融资总规模超过 1000 亿元，有效缓解了中小企业融资难问题；知识产权使用费进出口总额达到 333 亿美元，10 年内翻了两番；知识产权服务业健康发展，主营业务为知识产权服务的机构数量超过 2.6 万家；全国知识产权专业人才达到 15 万人，知识产权从业人员超过 50 万人；2 万多家企业完成国家知识产权管理规范贯标工作，高校、科研院所及重大项目知识产权管理不断加强，创新效率和成果转化效益持续提升。我国在众多领域研发掌握并成功运用了一批自主知识产权核心技术，加快了中国制造向中国创造转变、中国速度向中国质量转变、中国产品向中国品牌转变。

知识产权国际合作有力促进了对外开放。习近平总书记等党和国家领导人见证了一系列知识产权国际合作协议签署，在重大国际场合阐明中国依法严格保护知识产权的鲜明立场和坚定决心。我们积极参与世界知识产权组织框架下的多双边事务，推动知识产权国际规则朝着开放包容、平衡有效的方向发展。扎实推进与“一带一路”沿线国家知识产权国际合作，建立起常态化的合作机制。建立中美欧日韩、金砖国家、中非、中国—东盟、中国—维斯格拉德集团等小多边知识产权合作机制，与 23 个国家和地区开通专利审查高速路，越来越多的外国双方当事人把中国作为在全球发起知识产权诉讼的优选地，中国加快从知识产权国际规则的跟随者、学习者、遵循者向参与者、推动者甚至引领者转变，成为知识产权国际规则的坚定维护者、重要参与者和积极建设者。中国的知识产权发展成就也得到了国际社会的高度赞誉。美国前总统奥巴马表示，中方在保护知识产权等方面取得了良好进展。世界知识产权组织总干事高锐表示，中国1984年才颁布第一部专利法，短短三四十年时间，已经建立起了世界一流的知识产权制度体系，在知识产权保护领域取得了令人赞叹的成绩。

三、加快建设知识产权强国，服务社会主义现代化强国建设

谋划实施知识产权强国战略。中国特色社会主义进入新时代，知识产权事业发展也进入了新时代。按照党的十九大作出的“两步走”战略部署，在抓好现有各项部署的落实、确保到2020年《国家知识产权战略纲要》各项目标任务顺利完成的基础上，认真谋划面向新时代的知识产权强国战略纲要制定工作，使知识产权强国建设与知识产权战略实施接续推进、压茬进行。从2020年到2035年，力争经过15年的努力，基本建成知识产权强国，使我国知识产权创造、运用、保护、管理和服务跻身国际先进行列。从2035年到本世纪中叶，再奋斗15年，全面建成中国特色、世界水平的知识产权强国，使我国知识产权创造、运用、保护、管理和服务居于世界领先水平，为建设现代化经济体系和开放型经济新体制提供有力的制度供给和技术供给。

持续深化知识产权领域改革。按照中央全面深化改革的战略部署，积极推进知识产权领域改革创新。强化知识产权创造，贯彻落实新发展理念，坚持质量第一、效益优先，深入实施质量提升工程，加快建立高质量发展的指标体系、政策体系、统计体系和考核体系，推动知识产权事业高质量发展，并以此推动经济高质量发展。强化知识产权保护，探索构建集“严保护、大保护、快保护、同保护”于一体的知识产权保护工作体系，推动知识产权保护从不断加强向全面从严转变。特别是要加快推动知识产权基础性法律制度和新领域新业态知识产权保护制度建设，加快专利法等相关法律法规制修订工作，建立侵权惩罚性赔偿制度，营造良好的营商环境和创新环境。坚定不移实施知识产权同保护，依法有效保护在华外资企业合法的知识产权，吸引更多的外资企业来中国投资兴业。深化知识产权权益分配改革，破除影响知识产权效益实现的体制机制障碍，加速科技成果向现实生产力转化，促进知识产权运用从单一效益向综合效益转变。深入推进知识产权机构改革，建立高效的知识产权综合管理体制和运行机制，切实打通知识产权工作全链条，发挥各类知识产权的组合效应，更好地支撑创新发展。深化知识产权领域“放管服”改革，加快建设世界一流知识产权注册审查机构，提高知识产权注册审查质量和效率，更好地服务创新创业。

深入推进知识产权国际合作。知识产权不仅是创新驱动发展的“刚需”，也是国际贸易的“标配”。以习近平新时代中国特色社会主义外交思想统领知识产权国际合作，坚持多边主义，完善全球治理。积极参与世界知识产权组织、世界贸易组织等框架下的多双边事务，持续贡献更多中国智慧、中国方案。深化与“一带一路”沿线国家知识产权国际合作，促进沿线国家经贸往来和科技文化交流，努力将“一带一路”建设成为和平之路、繁荣之路、开放之路、创新之路、文明之路。深入推进知识产权周边外交，中美欧日韩、金砖国家、中非、中国—东盟等小多边合作，以及一系列双边合作，积极构建多边、周边、小多边、双边“四边联动、协调推进”的知识产权国际合作新格局，持续提升我国在知识产权国际事务中的话语权、影响力和应对各种纠纷的能力，在依法保护外资企业合法知识产权的同时，也让中国的知识产权在国外得到有效保护，更好地支撑扩大开放。当前，尤其要坚决反对某些西方国家对知识产权规则的滥用和以保护知识产权之名行贸易保护主义之实，切实维护国家利益和企业的正当权益。

总之，改革开放以来，我国的知识产权制度建设持续推进，知识产权保护力度不断加大，不仅有力促进了我国的创新发展和科技进步，而且有效保护了外资企业的合法知识产权。立足新时代，我国将继续完善知识产权保护制度，并与世界各国加强知识产权保护合作，全面推进中国知识产权保护的进步与完善。

加强植物新品种保护　推进品种创新

农业农村部种子管理局局长　张延秋

大家都知道，“好儿有好娘，好种多打粮”。种子是最基本的农业生产资料，植物新品种是创新的成果。植物新品种保护就是为了保护植物新品种权，鼓励品种创新，促进农业、林业的发展而建立的知识产权制度。植物新品种的培育需要大量的人力、物力、财力投入，尤其是育种人的智力投入，植物新品种经过审批确权后，就获得了植物新品种权，它与我们熟知的专利权、著作权、商标权一样，是农业领域最重要的知识产权之一，是农业知识产权制度框架的重要基石。完成育种的单位或者个人对其授权品种，享有排他的独占权。任何单位或者个人未经植物新品种权所有人许可，不得生产、繁殖或者销售该授权品种的繁殖材料，不得为商业目的将该授权品种的繁殖材料重复用于生产另一品种的繁殖材料。植物新品种保护首先从法律上明确了新品种的财产属性，其本质是通过建立合理的利益回馈机制，让育种者能够获得相应的利益，进而激发育种者的积极性和创造性，为品种创新提供源源不断的动能，促进农业、林业持续健康发展。

一、植物新品种保护概况

（一）植物新品种保护制度的历史起源

品种权是知识产权范畴。知识产权保护制度由来已久，最初的知识产权保护只是针对工业发明创造活动，没有考虑农业科研活动，特别是植物新品种培育。进入19世纪后，随着农业、育种业和种子贸易的发展，植物新品种权保护的重要性就越来越突出了。1833年9月3日，罗马教皇发布宣言称，要对涉及农业进步的技术和方法成果授予专有权，该宣言被认为是植物新品种保护制度的起源。第一次世界大战以后，人们意识到植物育种给社会带来的巨大潜在利益，以及传统知识产权保护方式对植物新品种保护的局限性，开始探索建立专门的植物新品种保护制度。1930年5月23日，美国植物专利法出台，将无性繁殖的植物品种纳入了专利保护范畴，并于1931年8月18日授予了第一个植物专利。到20世纪50年代，具有现代色彩的植物新品种保护制度首先在法国、德国、荷兰等西方国家诞生和普及，促进了农业发展和技术进步，取得了成功，植物新品种保护制度逐步建立，被世人认可。

（二）国际植物新品种保护联盟的成立及发展

为了在世界范围内建立统一的植物新品种保护制度，推进植物新品种保护的国际化，1957年，法国邀请联合国粮农组织、欧洲经济合作组织、保护知识产权联合国际局等政府间国际组织和12个国家召开了第一次植物新品种保护外交大会，随后几年，经反复磋商，拟定了《国际植物新品种保护公约草案》。1961年12月2日，第二次植物新品种保护外交大会在巴黎召开，并正式成立了国际植物新品种保护联盟（简称“UPOV”），比利时、法国、丹麦等国签订了《保护植物新品种国际公约》(简称“UPOV 公约”)。UPOV 是一个政府间的国际组织,总部设在瑞士的日内瓦。截至目前,UPOV 共有 75 名成员,包括 73 个国家和欧盟、非洲知识产权组织等 2 个国际组织。我国于 1999 年 4 月 23 日加入 UPOV,成为第 39 个成员。

根据 UPOV 统计数据,截至 2016 年年底,UPOV 成员中,欧盟累计授权品种 26 746 个,位居第一位,因为它包含 28 个欧盟成员国,等于说是这 28 个国家授权品种的总和;其次是美国,授权品种 25 188 个;中国位居第三位,农业和林业主管部门累计授权品种 9393 个;日本、荷兰分别位居第四、第五位,累计分别授权品种 9172 个、8307 个。可以说,中国也是品种权大国。

(三)植物新品种保护的国际经验

随着世界经济一体化进程加快和国际农产品贸易的发展,知识产权保护日益受到国际社会的关注和重视。尤其是发达国家,高度重视农业科技创新,充分利用自主知识产权维护农业竞争优势,推动农业发展。他们的主要做法有:

一是建立了较严格的植物新品种保护法律体系。美国、荷兰、法国、日本等种业发达国家,都建立了严格的植物新品种权保护制度,法律体系健全,涵盖了保护原始创新、扩大保护范围、延长保护链条,以及市场监管、质量控制、诚信体系建设等全链条、全方位。为保护与激励育种创新,推进种业发展,保护力度越来越大,范围越来越广。

二是建立了相对独立的植物新品种保护工作机构。这是绝大多数 UPOV 成员的基本做法。例如,德国品种管理局由联邦食品和农业部直接管理,下设品种部,负责植物新品种特异性、一致性和稳定性测试(简称“DUS 测试”)、品种区域试验和生产试验(简称“VCU 测试”)和植物基因资源库;还设有试验部,负责实验室、测试站管理。法国的品种研究和管理机构由农业研究所、农业部和种子种苗协会组成,统筹负责品种保护、品种登记和种子质量认证及监控,也是一个独立的植物品种检测服务机构。日本是在农林水产省下设立了国家种子种苗管理中心,全面负责植物新品种保护的测试工作;还设立了种子种苗课,负责植物新品种的登记审批等。相对独立的工作机构,不仅理顺了品种管理之间的关系,提高了工作效率,而且有利于审批、测试的公平公正。

三是建立了相对严厉的侵犯植物新品种权惩罚机制。知识产权保护是否严格,关键在执法,良好的市场环境、市场秩序也是欧美发达国家种业强大的重要因素之一。20 世纪 80 年代中期,美国先锋公司与一家种子公司产生品种权纠纷,胜诉后获赔 5000 万美元,对整个产业产生了极大的震动。2012 年,美国孟山都公司控告杜邦先锋侵犯专利权而获胜,获赔金额高达 10 亿美元。在美国,一旦发生知识产权纠纷,侵权公司除了支付高额的经济赔偿之外,按法律规定,还要把自己所有的育种材料拿出来供对方筛查,这相当于把自己的家底、商业秘密全部暴露给对方。严格的规定和执行,推动形成了较为健全的诚信体系,以及公平竞争的市场环境。

二、我国植物新品种保护的主要进展与成效

(一)我国植物新品种保护制度的建立和发展

1997 年 3 月 20 日,《中华人民共和国植物新品种保护条例》发布实施,农业、林业主管部门按照职能分工,分别负责农作物、林木植物新品种权申请的受理和审查,并对符合规定的植物新品种授予植物新品种权。1999 年,农业部、国家林业局分别发布了《中华人民共和国植物新品种保护条例实施细则(农业部分)》《中华人民共和

国植物新品种保护条例实施细则(林业部分)》,开始受理国内外植物新品种权申请;2000 年,《中华人民共和国种子法》颁布实施,进一步明确了植物新品种保护制度的法律地位。

在这里,我主要讲一下我们农业主管部门的植物新品种保护工作。

植物新品种保护制度建立实施以来,原农业部及相关部门先后出台了《农业部植物新品种复审委员会审理规定》《农业部植物新品种侵权案件处理规定》《农业植物品种命名规定》《最高人民法院关于审理植物新品种纠纷案件若干问题的解释》《最高人民法院关于审理侵犯植物新品种权纠纷案件具体应用法律问题的若干规定》等配套规章、规范性文件,累计发布了 10 批农业植物新品种保护名录,涵盖了 138 个植物属或种。2016 年实施的新修订《种子法》,将植物新品种保护相关内容单独列为一章,进一步提升了植物新品种保护的法律地位,并进一步加大了植物新品种权的保护力度,赋予县级以上农业主管部门侵权查处职能,增加了行政处罚条款,加大了侵权假冒行为的处罚力度,有力地推进了我国植物新品种保护工作不断深化。

(二)当前我国农业植物品种授权情况分析

截至 2017 年年底,农业部共授权 9681 个植物新品种,涉及 92 个植物属或种。

从授权品种的国别来看,绝大部分授权品种是我们自主选育的;境外品种仅占 5%,包括荷兰、美国、日本等 20 个国家或地区。

从作物种类来看,大田作物类品种最多,占比达 83.8%;其次是花卉,占 6.7%,再次是蔬菜,占 5.6%;果树、牧草、中草药、真菌等其他作物占比不到 4%。大田作物中,排名前五位的依次为玉米、水稻、小麦、大豆、棉花,尤其是玉米和水稻两种作物,每个作物授权品种均超过 3000 个,分别占授权总量的近 1/3。

从申请主体来看,目前依然是国内种业企业和科研院所为主体,分别约占申请总量的 42.3%和 39.1%。尤其是 2011 年《国务院关于加快推进现代农作物种业发展的意见》出台,也就是我们说的国务院 8 号文件,首次明确了企业的主体地位,企业育种创新积极性显著增强,企业申请新品种权的数量占比均超过 50%,逐渐成为商业化育种主体。据统计,品种权申请总量位居前十位的种子企业分别是北京金色农华种业科技股份有限公司、山东登海种业股份有限公司、中国种子集团有限公司、湖南隆平种业有限公司、安徽隆平高科种业有限公司、中种国际种子有限公司、吉林吉农高新技术发展股份有限公司、北京联创种业股份有限公司、北京奥瑞金种业股份有限公司、河南金苑种业股份有限公司。

(三)我国农业植物新品种保护工作进展

与欧美等发达国家相比,虽然我国植物新品种保护制度实施时间不长,仅仅 20 年,但是发展很快,当前,品种权申请总量已位居世界前列,授权品种总量位居全球第三位,成效举世瞩目。归纳起来主要有以下几个方面的进展。

一是建立了较为健全的工作体系。农业农村部种子管理局承担农业植物新品种授权、复审工作,组建了原农业部植物新品种保护办公室、原农业部植物新品种复审委员会,开展植物新品种保护的审查、测试、授权和复审工作;县级以上农业主管部门均设立了农业植物新品种保护行政执法机构,开展侵权和假冒品种权的行政执法;各级法院也建立了植物新品种权司法保护体系,2014 年,十二届全国人民代表大会常务委员会第十次会议表决通过在北京、上海、广州设立知识产权法院,管辖有关植物新品种等知识产权民事和行政案件,植物新品种保护工作体系得到不断完善和加强。

二是建立了较强大的技术支撑体系。在农业农村部科技发展中心设立了农业植物新品种保护受理大厅，实行受理、审查、咨询"一站式"办公服务；随着种业数据大平台建设的持续推进，在以往提交纸质申请材料的基础上，开发了品种权在线申请平台，通过农业农村部官网的"政务服务"板块可以快速登录；为做好DUS测试工作，在全国主要生态区建立了1个植物新品种测试中心和27个DUS测试分中心，拥有一支强大的专业测试队伍，发布了200多种农作物新品种DUS测试指南和16种农作物新品种DNA指纹图谱鉴定技术标准，建成了包含16 000多个品种的表型、图像和DNA指纹图谱的品种数据库。另外，2016年以来，建立了育种者自主开展自有品种DUS测试的新机制，鼓励有条件、有能力的申请者自行开展新品种DUS测试。

三是形成了重视支持品种权保护的良好氛围。近年来，随着创新驱动发展战略的深入实施和大众创业万众创新的蓬勃兴起，知识产权保护已经成为一种广泛的社会共识，不仅是大企业所需，而且受到小微企业、"草根"创客的欢迎。知识产权保护是创新创造的动力源，是企业发展的定心丸，得到了空前的重视。品种权保护也日益深入人心，人们逐渐意识到，只有申请了品种权保护，自己的权益才能得到保障，在育种上的投入才能得到回报。比如我们熟知的玉米品种"郑单958"，从育成至今，纵横种子市场近20年，位居全国玉米品种种植面积榜首，为国家粮食安全和农民增收做出了重大贡献。由于申请了品种权保护，选育单位河南省农科院获得了巨大的经济回报，品种权收益累计过亿元。再比如，新疆伊犁的农民育种家王洪勋，在抗寒苹果品种培育过程中，发现一株果肉呈鲜红色的变异高酸海棠苹果品种，命名为"洪勋一号"并成功申请了新品种权保护，其品种权许可和苗木销售收益达到近千万元。如果不申请品种权保护，育种者的合法权益就得不到有效保障。例如，选育出一批重大突破性品种的玉米自交系"昌7-2"，粗略估算，其产生的经济效益达数十亿元，然而，由于没有申请品种权保护，育种者无法得到许可费收益，教训也是很深刻的。2017年4月份开始，国家暂停植物新品种权收费，全社会品种权申请积极性空前高涨，2017年全年申请量达到3842件，同比增长50%以上，年申请量跃居国际植物新品种保护联盟首位，总申请量超过了2万件，呈现出加快发展的良好势头。

四是侵犯品种权者受到应有的处罚。按照《种子法》《植物新品种保护条例》规定，农业主管部门与人民法院各司其职，公安、工商等相关部门积极配合，加强沟通协调，强化品种权执法，规范了品种选育、种子生产经营和管理行为，品种权人的合法权益得到有效保护，侵犯品种权者受到应有的处罚。例如，2013～2014年，新疆新特丽种苗有限公司因侵害"先玉335"玉米新品种权发生纠纷，被诉种植侵权品种亲本"XT-25"1669亩，经新疆生产建设兵团农十二师中级人民法院、新疆维吾尔自治区高级人民法院生产建设兵团分院一审、二审后，最高人民法院最终裁决，新疆新特丽种苗有限公司停止侵权并赔偿敦煌种业先锋良种有限公司500万元以及因制止侵权行为所支付的合理开支3万元。这是侵犯品种权并获高额赔偿的典型案例，同时，"先玉335"是美国先锋国际良种公司在中国获得的授权品种，也体现了中国政府"一视同仁、平等对待"保护国内外植物新品种权的决心。再比如，2017～2018年，因北京丰桥国际种子有限公司未经许可生产授权品种"华耐B1102"大白菜种子、兰州丽勤种业有限责任公司未经许可销售授权品种"华耐B1102"大白菜种子发生的品种权侵权纠纷案，经甘肃省兰州市中级人民法院、甘肃省高级人民法院审理判决，两被告连带赔偿品种权人北京华耐农业发展有限公司经济损失40万元，分担一审、二审案件的受理费，承担鉴定费、保全费等费用。这种典型案例还有很多，今天就不一一列举了。

三、新形势迫切要求加快品种创新

纵观国内外，农作物品种上的每一次突破都推动了农业生产跨越式发展。中华人民共和国成立以来，农作物品种经历了7～8次更新换代，目前农作物良种覆盖率已达96%，品种对农业增产贡献率超过43%。优良品种培育与更新换代，为保障国家粮食安全、促进农业增效和农民增收做出了突出贡献。

(一)加强品种创新是当务之急

党的十九大做出实施乡村振兴战略的重大决策部署，我国农业农村发展进入了新的历史阶段，对农作物品种提出了新要求，迫切需要加快品种创新，推进新一轮农作物品种更新换代。

一是深入推进农业供给侧结构性改革的迫切需要。农业供给侧结构性改革对稳定粮食生产、推进结构调整等提出了新要求，按照稳粮、优经、扩饲的种植业结构调整布局，推进镰刀弯地区、北方农牧交错带结构调整，加快优势特色产业发展，迫切需要加快品种创新，推出一批绿色生态、优质安全、特色专用、高产稳产的新品种，满足农业供给侧结构性改革的新需要。

二是推进农业绿色发展的迫切需要。种业绿色发展是农业绿色发展的基础。目前，资源消耗型品种多、资源节约型品种少问题突出，迫切需要强化绿色发展理念，集中优势力量，加快培育推广节水节肥节药、适宜机械化和轻简化的绿色新品种，推动种业由产量数量型向绿色效益型转变，推进农业发展。

三是提升种业国际竞争力的迫切需要。当今世界种业竞争实质是科技竞争，全球正孕育着以组学技术、信息技术、基因工程等为核心的新一轮种业科技革命。保障国家粮食安全，建设种业强国，迫切需要重构种业科技创新体系，加快在战略基础研究、前沿引领技术等领域取得新突破，抓紧培育具有自主知识产权的优良品种，抢占种业科技制高点，赢得种业革命主动权。

(二)明确品种创新的总体思路与目标

总体思路是，要以习近平新时代中国特色社会主义思想为指导，以实施乡村振兴战略为总抓手，以推进农业供给侧结构性改革为主线，以建设现代化种业强国为目标，坚持产业主导、市场导向、企业主体、产学研用协同，构建新时代种业创新体系，全面提升种业科技创新能力、知识产权保护能力、企业竞争能力，加快培育推广一批绿色生态、优质安全、多抗广适、高产高效以及特殊专用新品种，推进品种大更换、质量大提升、产业大发展，支撑乡村振兴战略和农业农村现代化。

在发展目标上，力争到“十三五”末，基本完成新一轮农作物品种更新换代，良种覆盖率达到97%以上，品种对农业提质增效的贡献率超过50%。其中，水稻、小麦、玉米粮食生产功能区品种更换率超过60%；大豆、棉花、油菜籽、糖料蔗、天然橡胶等重要农产品生产保护区品种更新率超过40%；杂粮杂豆、蔬菜瓜果、茶叶、花卉、中药材等特色农产品优势区品种更新率超过30%。要在现有品种基础上，品种优质率提高10%以上；品种抗旱性、水分利用率明显提高，节水5%以上；肥料利用率大幅提高，化肥用量减少10%以上；抗病性、抗虫性明显增强，农药用量减少15%以上。

(三)品种创新的重点任务

一是加快种业科技变革。强化种业基础理论研究和颠覆性技术突破，创新分子改良理论与技术应用体系，完善杂种优势利用、双单倍体、染色体细胞工程与组合诱变、全基因组选择等关键技术，强化自主知识产权转基因、基因组编辑等基因工程技术研发，加强常规作物育种，推进常规作物品种杂交化。深化种质资源保护与利用，修订农作物种质资源管理办法，探索建立政府主导、社会参与的种质资源保护与利用体系，认定一批国家级种质资源库圃；加快第三次全国农作物种质资源普查与收集，开展种质资源精准鉴定、深度评价与新种质创制；鼓励社会资本参与种质资源鉴定创制与开发利用，形成资源有条件共享、利益按比例分配的种质资源保护与利用新机制。

二是全面推进良种重大科研联合攻关。深化水稻、小麦、玉米、大豆四大作物良种联合攻关，加快马铃薯、甘薯、油菜等优势特色作物良种联合攻关，联合开展种质资源、品种特性鉴定与品种试验示范，强化产学研用深度融合，打通种业上中下游链条，形成全产业链一体化的种业创新模式，加快高产稳产、绿色生态、优质专用、适宜全程机械化新品种研发。

三是做强做大种业企业。强化企业主体地位，发挥金融、社会资本作用，支持企业兼并重组、投资合作，整合优势资源，优化要素配置，提高企业育繁推一体化水平。扶持企业改善科研育种条件，引进优异育种材料，开展新品种、新技术、新方法研究，增强企业自主创新能力。

四是深化种业"放管服"改革。健全品种管理体系，建立健全多元化品种试验、DUS 测试体系，建立审定品种、登记品种后评价机制，撤销缺陷品种的审定、登记；加强标准样品管理，健全国家品种标准样品 DNA 指纹图谱数据库，推进 DNA 指纹图谱技术在品种权保护、品种审定和品种登记中的应用。加快种业大数据建设，整合品种审定、品种登记和品种权保护等信息，建立全国统一的种业大数据平台，强化物联网数据采集、互联网技术集成、大数据系统分析相统一，构建空天地一体化种业数据网络，实现品种管理数据化、信息化、智能化。培育第三方服务机构，大力发展第三方农作物品种 DUS 测试、品种试验、特性鉴定、种业智库以及基因测序、分子检测等专业化服务组织。

五是加快特色作物品种创新。支持开展果菜茶、食用菌、中药材、杂粮杂豆等特色作物地方品种提纯复壮和新品种引进、筛选、选育，根据地理标志农产品、休闲农业与乡村旅游发展需要，加大特色作物功能性品种、旅游观光品种研发力度，打造特色作物种业品牌，发展特色作物种业企业。

六是加大政策项目支持。实施现代种业提升工程，统筹建设农作物种质资源库圃、品种试验鉴定测试站等，支持优势企业承担种业项目，推动企业育繁推一体化发展。加大财政投入，做大做强现代种业发展基金，继续支持开展第三次全国农作物种质资源普查与收集，支持良种重大科研联合攻关，鼓励各地设立省级良种重大科研联合攻关专项、商业化育种专项，健全多元化投入机制。

四、加强植物新品种保护，为品种创新保驾护航

有恒产者有恒心，产权的有效保障和实现是经济社会持续健康发展的基础。习近平总书记在 2018 年海南博鳌亚洲论坛上指出，"加强知识产权保护是完善产权保护制度最重要的内容，也是提高中国经济竞争力最大的激励"。十九大报告强调，加快建设创新型国家，要强化知识产权创造、保护、运用。下一步，将紧紧围绕推动品种创新，进一步加强植物新品种保护工作，激励原始创新、提高保护水平、推动转化应用，加快提高种业自主创新能力和竞争力。

一是加快植物新品种授权进程。配合种业创新工作的开展，针对联合攻关品种、特色品种、自主测试品种等，创新审查机制，进一步完善快速审查模式。加强新技术、新手段的应用，强化专家会审、协作审查、DNA 鉴定等辅助审查作用，提高品种权审查效率。

二是加大品种权执法和监管力度。全面落实《种子法》和《植物新品种保护条例》，严厉打击侵犯品种权的违法行为。健全品种权纠纷调处机制，加大查处和打击力度。建立新品种保护维权服务平台，统一协调调查取证、检测鉴定、维权诉讼等环节，提高维权效率。强化种子企业、中介机构、生产商、经销商的信用评估和信息公开，建立黑名单制度，对列入“黑名单”的失信企业，加大实施市场性、行业性、社会性约束和惩戒，加大监督抽查力度，构建行业内诚信体系。为此，每年遴选十大维权典型案例，加大曝光、宣传力度，震慑侵权违法行为。

三是加快《植物新品种保护条例》修订。坚持问题导向，加快《植物新品种保护条例》及配套规章制修订，探索建立实质性派生品种制度，对简单修饰性品种的商业化行为加以限制，加大原始创新保护力度，提升保护水平和效率。针对维权取证难问题，探索拓宽品种权保护范围，将保护链条延伸至生产、繁殖、销售涉及的全过程，提高维权取证的效率。另外，要延长保护期限、扩大保护名录范围以及规范农民权利等。推动侵犯品种权等违法行为入刑，提高维权执法效率。

四是积极推进国际合作。继续加强与UPOV及其成员之间的多边、双边合作，积极参与相关国际标准与规则制定，探索建立DUS测试报告互认机制和优良品种引进长效机制。支持种业企业走出去，在境外设立研发中心、分支机构，在境外申请植物新品种权；鼓励种业企业引进来，鼓励境外企业在境内建立品种研发中心、申请植物新品种权。

为知识产权提供司法保护

最高人民法院知识产权审判庭原庭长　宋晓明

真正释放出知识产权司法保护的强大势能和威慑作用，为建设知识产权强国和世界科技强国，提供更加坚强有力的司法保障。

中国正在不断释放出更加严格保护知识产权的信号，知识产权保护环境正在逐年变好。在密集采取的保护知识产权的一揽子措施中，司法保护成为主导力量。

2017年11月，十九届中央全面深化改革领导小组第一次会议审议通过了中国首个针对知识产权审判领域改革创新的纲领性文件，即《关于加强知识产权审判领域改革创新若干问题的意见》（下文简称《意见》），明确要求“以完善知识产权诉讼制度为基础，以加强知识产权法院体系建设为重点，以加强知识产权审判队伍建设为保障”。这是中国知识产权保护事业发展的重要里程碑。

目前，中国已在北京、上海、广州设立知识产权法院，在南京等地设立16个知识产权专门审判机构，对打击侵犯知识产权的态度更加坚决。司法发挥出保护知识产权的主导作用。

2018年4月，在博鳌亚洲论坛2018年年会开幕式上，国家主席习近平发表主旨演讲，深刻指出“加强知识产权保护是完善产权保护制度最重要的内容，也是提高中国经济竞争力最大的激励”。

进入新时代，司法作为保护知识产权的主导力量使命光荣、责任重大。

一、开创知识产权审判工作崭新局面

党的十八大提出“实施创新驱动发展战略”。十八大以来，人民法院知识产权审判紧紧围绕党和国家发展大局，深入贯彻实施创新驱动发展战略，以加强知识产权司法保护为导向，以完善知识产权专门化审判体系为重点，以打造过硬知识产权审判队伍为保障，改革创新，锐意进取，知识产权司法公信力和国际影响力明显提升，知识产权审判体系和审判能力现代化进程深入推进，开创了我国知识产权审判工作的崭新局面。

一是知识产权审判质效稳步提升。2013 年至 2017 年，全国法院新收知识产权民事、行政和刑事各类案件 813 564 件，审结 781 257 件。2017 年全国法院新收知识产权民事、行政、刑事案件 23 万余件，审结 22 万余件，分别同比增长 33.50% 和 31.43%，审结案件数和结案率大幅上升，再审率和改判发回重审率双双下降。各级法院高度重视重大、疑难、复杂和新类型案件的审理工作，注重通过司法裁判明确法律标准和行为准则，彰显司法公信和权威。比如，依法审理涉及无人飞行器技术、交互式电视应用技术等高新技术案件，加强关键核心技术和基础前沿领域技术成果保护；对“老干妈”“LV”等中外商标给予驰名商标保护，制裁恶意抢注、搭车模仿等商标侵权行为，推动品牌经济发展；在北京奇艺世纪科技有限公司诉某公司侵害作品信息网络传播权纠纷等案件中加强著作权保护，充分发挥知识产权审判对文化建设的引导和保障作用。

二是知识产权审判体系日趋完善。知识产权专门化审判体系建设不断加强。北京、上海、广州三地的知识产权法院自 2014 年底设立以来，初步探索出中国特色知识产权专门化审判道路，赢得群众和国际社会的积极评价，成为我国知识产权保护领域的重要里程碑。2017 年以来，最高人民法院批准在南京等 16 个中级法院内设专门审判机构，跨区域管辖专利等技术类知识产权案件，进一步推动审判机构专门化、审判人员专职化和审判工作专业化。2017 年 8 月，全国人大常委会听取最高人民法院院长周强关于知识产权法院工作情况的报告，充分肯定知识产权法院在提升审判质效、统一裁判尺度、推动司法改革等方面的积极作用。知识产权审判“三合一”改革全面铺开。在全国 6 个高级法院、95 个中级法院和 104 个基层法院试点推行知识产权民事、行政和刑事案件审判“三合一”模式和经验的基础上，2016 年 7 月，最高人民法院发布《关于在全国法院推进知识产权民事、行政和刑事案件审判“三合一”工作的意见》，构建“三级联动、三审合一、三位一体”的集中型立体审判模式。技术事实查明机制不断完善。《知识产权法院技术调查官选任工作指导意见(试行)》《关于知识产权法院技术调查官参与诉讼活动若干问题的暂行规定》等文件正式出台，初步形成技术调查官、专家辅助人、技术鉴定人相互协调的多元化技术事实查明机制，技术事实认定的中立性、客观性和科学性得以不断增强。

三是知识产权裁判尺度日益统一。2017 年 4 月，最高人民法院首次发布《中国知识产权司法保护纲要(2016—2020)》，总结过去 30 年知识产权司法保护的成功经验，系统地、创新性地提出知识产权司法保护工作的基本原则、主要目标和重点措施，为知识产权审判事业发展夯实了制度、组织、经验和理论基础。此外，及时发布《关于北京、上海、广州知识产权法院案件管辖的规定》《关于审理专利纠纷案件适用法律问题的若干规定》《关于审理侵犯专利权纠纷案件应用法律若干问题的解释(二)》《关于商标法修改决定施行后商标案件管辖和法律适用问题的解释》《关于审理商标授权确权行政案件若干问题的规定》等 5 件重要司法解释，细化裁判标准，统一司法理念、尺度和规则。

四是知识产权司法越来越公开透明。大力推进庭审同步录音录像和庭审网络直播。“乔丹”商标争议行政纠纷系列案、王老吉与加多宝不正当竞争案、迪奥公司香水瓶立体商标申请驳回复审行政纠纷案全程庭审直播，30多家境内外媒体进行了报道。扩大裁判文书公布范围，及时发布全部可以公开的裁判文书，最高人民法院裁判文书依法上网率100%。发布《中国法院知识产权司法保护状况》《最高人民法院知识产权案件年度报告》《中国知识产权司法保护年鉴》，权威展现我国知识产权司法保护新成果、新经验。举办"中国法院知识产权司法保护成就展"，集中展示30年来知识产权审判成果，提升全民知识产权保护意识，努力营造全社会参与和支持知识产权司法保护的环境和氛围。

五是知识产权审判能力继续增强。深入开展习近平新时代中国特色社会主义思想教育，牢固树立"四个意识"，引导知识产权法官坚定理想信念，坚守法治信仰。加强与高校、研究机构合作，大力开展知识产权审判业务培训和科学技术知识培训，着力提高法官庭审驾驭能力、法律适用能力和裁判文书能力。按照知识产权法官队伍正规化、专业化、职业化、国际化的要求，打造一支政治坚定、顾全大局、精通法律、熟悉技术，并具有国际视野的知识产权审判队伍。

二、破解体制机制问题刻不容缓

当前，知识产权司法保护工作面临新形势：内有创新驱动发展战略稳步实施，人民群众的知识产权司法保护需求愈发旺盛；外有知识产权引发的国际贸易摩擦频频发生，知识产权规则主导权的争夺愈发激烈。

党的十九大要求"强化知识产权创造、保护、运用"。为此，知识产权司法保护工作必须以破除体制机制弊端、调整深层次利益格局的胆识和担当，从真正破解制约知识产权司法保护的体制机制问题入手，实现新的更大飞跃。

一是破解阻碍知识产权审判质效提升的体制机制难题，刻不容缓。比如，知识产权案件二审法院分散，影响裁判标准统一。专利、垄断等案件具有特殊的专业性、高度的复杂性和敏感的政策性，新型疑难复杂案件众多。现行审理体制下，该类案件的二审分由各高级人民法院负责，裁判结果冲突的现象屡见不鲜。目前，我国实行的是民事侵权程序与行政无效程序"二元制"，即知识产权侵权纠纷由民事诉讼程序解决，而知识产权有效性问题由行政无效程序解决，这影响了诉讼效率，成为制约科技创新的司法体制性难题。

二是破解阻碍知识产权司法保护力度增强的体制机制难题，刻不容缓。比如，"举证难、赔偿低"问题，一定程度上影响了司法保护作用的发挥。知识产权侵权损害具有无形性、不确定性和因果关系复杂性的特点，加之侵权行为隐蔽，现行《民事诉讼法》关于举证制度的规定也尚不完善，知识产权权利人证明他人侵权及因侵权受到损失的难度较大，需要付出更高的证明成本和维权代价。司法实践中，赔偿数额的确定也常因缺乏可靠证据而较为困难和复杂。

三、充分发挥知识产权司法保护主导作用

2017年11月审议通过的《意见》，是党中央对全面深化知识产权审判领域改革创新做出的重大部署，对人民法院知识产权审判工作提出了更高要求，也提供了重大历史机遇。而习近平主席在博鳌亚洲论坛的主旨演讲，照亮了知识产权司法保护的新征程，为知识产权审判领域改革创新和知识产权司法事业发展指明了前进方向。

《意见》紧紧围绕充分发挥知识产权司法保护主导作用这"一条主线"，立足审判体系和审判能力"两个维度"，聚焦审判机构、诉讼制度、审判队伍"三个要素"，提出了"充分发挥知识产权审判激励和保障创新、促进科技进步和社会发展的职能作用"

的指导思想，知识产权审判体系现代化和知识产权审判能力现代化的“两个现代化”改革目标，以及完善知识产权诉讼制度、加强知识产权法院体系建设和加强知识产权审判队伍建设“三管齐下”的改革方略。

《意见》还要求，协同推进审判体系现代化与审判能力现代化。改革过程中，既要聚焦外部构架的完善，也须关注内生动力的激发，不能顾此失彼。要注意积极营造拴心留人的良好环境，最大限度地激发广大法官的积极性、主动性和创造性，以高水平的审判能力对知识产权法院体系形成强有力的支撑，确保体系运转顺畅，产生良好社会效应。

一分部署，九分落实。要把狠抓落实作为重大的政治责任，聚焦党中央的决策部署，聚焦人民法院知识产权审判工作的差距不足和体制机制短板，聚焦深化知识产权审判领域改革中的新情况新问题，真正把功夫下到出实招、办实事、求实效上，以“钉钉子”精神把知识产权审判的各项工作做实做细做好，不断将改革推向深入，切实把改革的成效体现在办案质效上，体现在司法公信力提高上，确保党中央的决策部署落地见效，为增强我国经济创新力和竞争力提供强大助力。

沧桑巨变：知识产权与改革开放四十年

国家知识产权局知识产权发展研究中心主任　韩秀成

前言

2018 年 4 月 10 日，习近平总书记在博鳌亚洲论坛 2018 年年会开幕式上发表重要主旨演讲，强调“加强知识产权保护。这是完善产权保护制度最重要的内容，也是提高中国经济竞争力最大的激励。”当今世界，知识产权已经成为激励和保护创新、开发利用知识资源和规范市场经济秩序的基本制度，是国家发展的战略性资源和核心竞争力。面对人类历史的滚滚长河，知识产权制度作为一个新生事物，是近代世界商品经济和科学技术发展的产物，从产生、发展、成熟到今天不到四百年的历史。而中国探索建立和实施现代知识产权制度，迄今只有四十年。短短四十年间，知识产权事业在改革开放波澜壮阔的伟大历史进程中，创造了一个又一个奇迹和辉煌，实现了极大飞跃，成就举世瞩目。今天的中国已成为名副其实的知识产权大国，并且以坚实的步伐向知识产权强国目标迈进。在改革开放这一宏大的历史背景下，以专利制度的建立、成长与成就为线索，探究中国知识产权事业四十年巨变，具有重大而深远的现实意义和历史意义。

一、观念之变

观念反映出一个国家、地区、组织或个人的价值认同。在特定历史时空下，观念的演进所带来的思想解放，将释放出改天换地的强大力量，从而决定和塑造一段历史的进程。新中国成立以来，特别是改革开放四十年来，我国深刻经历了“两个转变”，即农业文明向工业文明转变，计划经济向市场经济转变。这两个转变，其间贯穿着对人的智力创造成果不断进行产权化、市场化和资本化的一条清晰主线，凸显出国人随着对以专利为代表的知识产权认识不断深入，从对知识产权陌生、排斥，到逐步接受直至视为战略核心资源这一观念的根本性转变。

改革开放之初，知识产权在我国仍是一片空白。社会各界对这一新生事物缺乏基本了解。相当一部分尚未跳出计划经济思维的人，更是将其视为洪水猛兽，普遍抱着戒备和排斥的态度。

提出建立专利制度引发激烈争论。粉碎“四人帮”之后，国家工作的重心迅速转移到经济建设上来。建立专利制度问题，随即被提上党中央国务院的研究日程。早在 1978 年 3 月，中央主要领导同志即指示原国家科学技术委员会研究提出我国的专利管理办法，并统一管理专利工作。1978 年 7 月，党中央在批复外交部、对外贸易部、对外经济联络部的一份报告中提出“我国应建立专利制度”。在这一背景下，国务院于 1980 年 1 月批准成立中国专利局。然而，几乎就在同一时刻，围绕“中国该不该要专利制度”的一场大争论也随之爆发。有关工业部门的领导同志上书党中央、国务院，激烈反对建立专利制度，批评在中国搞专利法是“妄图以西方一个模式来解决我国科技发展问题”，认为这在实际上只能保护外国垄断公司的利益，而专利制度是资产阶级手中的工具，掩盖着企业主对科技人员的“超级剥削”，在社会主义中国建立实施专利制度是一个原则、方向和理论性的问题。甚至有的同志干脆说，“实行专利制度，将使成果推广更为困难”，“将是技术领域的一个大倒退”，“实行专利制度会造成许多技术领域被外国人独霸的局面”。

构建专利制度的进程一度搁浅。对于是否实行专利制度的争论，异常激烈，不可开交。1980 年 10 月，国务院召开专利问题座谈会，来自二十多家部委和其他单位的五十多名专家领导参会，有的同志强调，“专利法的目的是垄断，有专利法使独创更难”。同年 11 月，原国家科学技术委员会和原中国专利局召开全国性的专利法讨论会，65 个部门、一百多名专家和领导参加，还有三百多人列席，会上有 5 个部门单位的同志提出反对意见。1981 年，原国家科学技术委员会和原中国专利局将专利法草案第 11 稿上报国务院，当国务院法制局将草案送有关部门征求意见时，立即遭到有关单位同志强烈反对。这些同志对草案逐条进行否定，致使国务院无法批准，专利法被迫搁浅。中国的知识产权之路刚一启程便遇上挫折，主张实行专利制度的同志以及中国专利局的同志，内心蒙上了一层厚厚的阴影，感到前途未卜。

中国专利法经历波折后终于诞生。围绕专利制度建立问题，始终存在激烈争论，双方僵持不下。在关键时刻，党中央着眼改革开放大局，赞同建立和实施包括专利在内的知识产权制度。邓小平同志在关键时刻果断作出“中国需要建立专利制度”“专利法以早通过为好”的指示。这为我国建立专利制度一锤定音。1982 年国务院召开专门会议决定，我国应该建立专利制度。随后，第五届全国人民代表大会第五次会议批准的《关于第六个五年计划的报告》明确提出，要制定和施行专利法。1983 年 8 月，经过二十多次研究修改的专利法草案经国务院常务会议审议通过。1984 年 3 月，《中华人民共和国专利法》经第六届全国人民代表大会第四次会议庄严表决通过。就这样，具有中国特色的中华人民共和国第一部专利法，历时 5 年，冲破重重阻力，经受阵阵剧痛，终于问世，从此开启了中国专利事业光辉征程。

回顾“四个十年”历史，社会各界对专利等知识产权的认识逐步加深，知识产权从被坚决拒绝到坐冷板凳，又一跃成为社会焦点热点，成为先进的文化理念和市场法宝，这中间经历了一个不同寻常的历程。

专利制度建立后，给当时对知识产权普遍无知或意识淡漠的我国社会带来了巨大冲击。我国专利法的颁布，意味着科技大锅饭、无偿占有他人智力成果历史的终结。1987 年，河南巩县站街减速机厂申请的“DFM－120 型蜂窝煤成型机”专利授权时，仿冒侵权者多达 46 家，形成了一个巨大的侵权包围圈。侵权者们堂而皇之地在产品上标注“专利产品”，甚至有企业公然在报纸上大张旗鼓进行广告宣传。这是无知，还是向法律挑战？面对权利人的警告，有的侵权者理直气壮地说，“我们一不是偷他们的技术图纸，二不是买他们的机器测绘仿制，跟他们没有任何关系，他干他的，我干我的，井水不犯河水，谁也管不着！”有的侵权者干脆说，“什么专利法不专利法的，他能蒸馍，就不让我蒸馍？”对此，法律是无情的，违法必究，河南省专利管理机关视情节轻重一一给予制裁，勒令相关企业停止侵权，并给予权利人赔偿。这是我国专利法实施后发生的第一件涉及面广且影响最大的案件。对案件的严肃处理震动了神州大地，给人们上了生动一课。这在当时具有重要的历史性意义。

社会主义市场经济体制建立初期，自主研发能力逐步增强，但全社会知识产权意识依然淡薄，远不知知识产权武器的力量，更不善于知识产权武器的运用。时间进入 20 世纪 90 年代，我国处于经济体制转轨时期，人们对市场经济的观念、机制和规则不够了解、不够适应，对专利保护的内涵认识不清、重视不够，导致高新技术大量流失。一是不申请专利造成大量高新技术流失。20 世纪 90 年代中期，我国每年取得国家级重大科技成果达 3 万多项，但中国专利局受理的全部国内发明专利申请只有 1 万余件。国家高技术研究发展计划（“863”计划）民用 5 个领域全部通过鉴定的 1200 多项成果中，申请专利的仅 200 多项。在大量高新技术成果没有申请专利的情况下，通过发表论文、成果鉴定、学术期刊和公开使用等方式在国内外公开，等于无偿奉献给了全世界和竞争对手。二是只申请国内专利而造成高新技术流失。资料显示，截至 2000 年 2 月，国家知识产权局共受理国内发明专利申请 135 098 件，这些申请专利的技术内容都要向全世界公开；而同一时期，我国向国外申请的发明专利累计只有 3000 多件，向国外申请的比例仅有 2.2%。世界知识产权组织《2017 年世界知识产权指标报告》披露，中国向国外申请专利占其国内申请的比例，2016 年也只有 4%，而美国、日本、德国以及印度、墨西哥、马来西亚、南非、巴西等国居民向国外申请专利占其国内申请的比例分别是 42.3%、42.28%、42.66%、47.5%、45.2%、42.5%、28.9%、27.3%。巨大反差说明，我国高新技术无形资产出现了惊人的国际大流失。三是中途放弃专利造成高新技术流失。专利法实施 15 年，专利申请量年年大幅增长，但专利放弃量也在不断增长。当时华中理工大学调查发现，武汉四所大学专利放弃率高达 70%，这其中很大一部分，只因不愿意缴纳专利费、转让不出去而无端放弃。航天部株洲南方集团 1993 年放弃 20 多项专利，可 1994 年搞股份制改革试点时，对专利技术价值评估，几项专利技术估值高达 2400 万元。遗憾的是，经查这些专利因为未缴年费已经放弃，巨额资产付诸东流。类似的事例很多，可谓触目惊心。

“入世”后，我国对外贸易发展迅速，在国际分工中扮演愈加重要的角色，“危”“机”并存的现实，倒逼知识产权观念的大大增强。发达国家从维护其根本利益和长远利益出发，把知识产权国际规则的变革与国际贸易、科技、文化活动以及建立国际经济新秩序紧密联系起来，通过强化以专利为主要内容的知识产权保护，维护自身优势。同时，更加严格地实施高技术出口控制，遏制新兴国家特别是我国的发展。在这一背景下，随着 2001 年中国正式加入世界贸易组织，我国遭受的涉外专利侵权诉讼日益增多，在美国“337 条款调查”中，我国连续多年成为第一涉案国，涉案数最高的年份涉案占比高达 40%以上。国外企业倾向使用组合手段保护其权利，索要的专利费用和赔偿额越来越多，动辄数以亿计。更加严重的是失去了广阔的市场，损害了信誉和品牌价值，也损害了国家利益。2018 年，美国制裁中兴事件更是深刻警醒，没有关键核心技术的知识产权，就没有话语权，就要被动挨打。从传统产业到高新技术产业，专利、商标和版权等纠纷案件涉及的产业和部门越来越多。通过对我国某个行业或技术优势企业提起诉讼，对我国某些产业的发展和国家经济安全构成威胁。以2003年华为技术有限公司（以下简称华为）与思科之争为典型案例，迫使华为走上依靠专利的转型扩张的成功之路。华为是少之又少的成功典型，而我国大多数企业是吃尽了苦头，教训深刻。在不断吃到技术短板、专利侵权苦头的情况下，我国各界特别是企业群体深刻认识到，必须研发并掌握关键核心技术的知识产权，而且必须进行国内外充分有效的专利布局。只有这样，才能在国际和国内竞争中处于优势地位，立于不败之地。

知识产权作为国家的重要战略资源，提上了党中央的重要议事日程，成为国家发展的总体战略。2006年，郑成思、吴汉东两位教授走进中南海，在中央政治局第31次集体学习会上讲解“国际知识产权保护和我国知识产权保护的法律和制度建议”。这是中央领导集体第一次集中学习知识产权，在我国知识产权发展史上具有重大标志性、引领性的意义。在国家的大力倡导下，知识产权文化开始萌芽，“崇尚发明创新，尊重知识产权”的理念日益形成。一是“谈知识产权、论知识产权”成为热点话题和焦点问题，学习、尊重知识产权日益成为社会公众的一种社会风尚。国家知识产权局调查显示，社会公众对知识产权战略的认知率，由2008年的3.7%提升至2017年的85.3%。二是“有知识产权、用知识产权”成为成长发展的利器，国家提出知识产权战略、创新驱动发展战略，行业和产业建立联盟、制定标准，企业谋发展路径、精心布局，以期知识产权创造价值，提升核心竞争力。三是“学知识产权、懂知识产权”成为重要技能，大批高校、科研院所纷纷设立知识产权专业、培养知识产权人才，以专利为主体的知识产权教研机构、代理机构、运营机构、诉讼机构及专家人才如雨后春笋般诞生。2017年，知识产权服务机构达到3.5万家；开设知识产权专业的高校累计71家、成立知识产权学院（系）的高校累计32家。国家知识产权局的一项调查显示，我国知识产权保护社会满意度由2012年的63.69分提高到2017年的76.69分，进步明显。国家知识产权局知识产权发展研究中心发布的《2017年中国知识产权发展状况评价报告》显示，知识产权环境发展指数从2010年的100提升至2017年的241.2，知识产权环境改善步伐加快，全社会的知识产权意识在快速提高。

二、制度之变

制度是根基，法制是最根本的制度。面对三千年未有之变局，面对三百年未认清之知识产权，面对新中国三十年的风云激荡，唯有完善法制，才能治国兴邦、长治久安，专利制度应运而生。

改革开放之初，建立专利制度无异于自我革命，面对知识产权法制领域的一穷二白，改革的先行者们承受着巨大的压力，披荆斩棘，筚路蓝缕，以一往无前的精神毅然破除各种时弊和羁绊，在中华大地上创立起比较完备的现代知识产权法律体系。

放眼看世界，积极学习和借鉴他国经验，保护和激励创新的专利制度终得建立。专利制度的基本规范集中体现在专利法中。在党中央和国务院的关心支持下，原国家科学技术委员会对数十个国家有关资料深刻研究后，国务院批准原国家科学技术委员会副主任武衡同志带队访问世界知识产权组织，并赴13个国家对专利制度进行了深入详尽的实地考察。考察得出的结论是：在我国建立专利制度是改革开放的必然趋势，对促进我国科学技术的发展，为我国经济走向世界有着重要意义。在此基础上，原国家科学技术委员会向国务院提出《关于我国建立专利制度的请示报告》。我国1984年3月12日颁布的专利法，奠定了专利制度五个方面的重要基础。一是鼓励和调动发明创造的积极性。《专利法》第 1 条开宗明义：制定这部法律的目的在于保护发明创造专利权，鼓励发明创造，促进科学技术的发展，适应社会主义现代化建设的需要。这是专利法的基本作用。二是合理调整发明创造的利益关系，促进社会发展与进步。在专利制度以公开换保护，超过保护期限或失效的专利将进入公有领域，对经济社会的发展与进步有利。三是形成尊重知识、尊重智力成果、公平竞争机制的有力保障，保护专利权是专利法的核心内容，通过保护促进公平竞争，推进科技进步与创新。四是促进技术信息的快速有效传播、先进技术的引进，能够避免重复研究和开发，节约研发经费和时间，大大加快科技创新步伐。五是促进发明创造的推广应用，推动科技成果的转化，有利于改革开放和发展。专利法历经多次修改，这五方面的内容始终是基本原则和主体。

专利制度在探索中不断改进完善。制度体系的建立不是一蹴而就的，而是踏踏实实、一步一个脚印积累起来的。当国际上以专利制度为核心的知识产权制度进入更高水平的保护阶段，我国采取了积极的应对措施，比较重大的变革主要体现为两次专利法的修改。第一次修改专利法是 1992 年，从扩大专利保护范围、延长专利保护期限、增加对专利进口商品的保护、完善专利申请和审批程序以及重新规定对专利实施强制许可条件等方面作了重大修改。特别是将食品、药品和用化学方法获得的物质纳入保护范围。这不仅是国内深化改革、扩大开放和促进经济社会发展的需要，也顺应了知识产权保护国际化发展趋势。对于我国当时科技发展水平来讲，这是一次重大的实质性修改，很大程度上是出于美方的压力，落实《中美政府关于保护知识产权的谅解备忘录》的承诺。经过这次修改，我国的专利法保护水平已经与国际标准相协调，基本达到《TRIPS 协议》保护标准。第二次修改专利法是 2000 年，从取消全民所有制单位对专利权“持有”规定、职务发明的界定引入合同优先原则、增加有关许诺销售规定、增加诉前临时措施和发挥行政执法优势等方面作了重大修改。这次专利法修改不仅仅局限在国际贸易需要，也不再单纯是兑现国际承诺，更多的是开始关注国内建设社会主义市场经济发展的需要，体现了我国社会主义改革深化的必然要求，已经从“被动修改”向“主动修改”过渡。这是我国知识产权事业发展的一个里程碑，对推动我国科技进步和创新发展产生了重大而深远的影响。

进入新世纪以来，中国特色社会主义市场经济进入新的高速发展阶段，科技日新月异，经济突飞猛进，作为市场资源配置重要制度的知识产权作用日益凸显，激励和保护创新的法制环境不断得到完善和优化。

总结改革开放以来以及发达国家的历史经验，我国从国家发展的大局出发，颁布实施了知识产权战略。2008 年，以《国家知识产权战略纲要》颁布为标志，中国知识产权制度“走向战略主动”，开始从被动跟随执行国际规则进入根据国家发展需要主动参与和影响国际规则制定，我国知识产权制度融入社会发展的自觉性、主动性不断增强。这一时期，我国知识产权制度的发展路径与之前两个时期相比出现显著变化，表现为知识产权制度已经成为我国国家治理体系中极为重要的一环，成为最高决策层推动国家发展的重要战略。同年，我国主动对专利法进行了第三次修改，内容主要涉及强化专利权保护、合理平衡专利权人和社会公众合法权益、增加对遗传资源保护、增加国家专利行政管理机构职责以及适度调整专利权授权标准等，并把一些多年来以行政法规形式存在的专利规则上升为法律。专利法第三次修改是在基本没有外部压力的情况下，充分考虑国内经济社会发展实际需求的主动性修改，专利法更加适合国内经济发展需求。这一次专利法的修改，标志着我国知识产权制度更加成熟和完善。

新时代对知识产权工作提出新要求，对专利法作出新修改成为迫切的需求。2014年我国启动专利法第四次修改工作，2018年全国人大将专利法修改工作列入立法计划。此次专利法的修改被称为全面修改，涉及法条33项。这次修改重在强化专利行政执法和司法保护，引入惩罚性赔偿措施，让侵权者付出沉重代价。修订草案写明："人民法院可以根据专利权的类型、侵权行为的性质和情节等因素，确定给予十万元以上五百万元以下的赔偿。"这次法律修改将使我国专利保护进入更加严格、更加有力的时代，将具有里程碑的意义。在专利制度保障促进下，全社会的创新活力必将竞相迸发。世界知识产权组织和美国康奈尔大学等机构发布的《2018年全球创新指数报告》显示，我国创新指数国际排名从2009年第43名跃升至2018年第17名，是唯一进入20强的中等收入经济体，"中国的快速发展为其他中等收入经济体提供了可借鉴的发展方案。"世界知识产权组织总干事弗朗西斯·高锐表示，中国跻身全球创新20强，标志着创新多极化格局的到来。在未来，我国创新驱动发展经济的高质量发展，在严格有效的知识产权制度的保障下，将会迈出更大、更加有力的步伐。

三、动力之变

事物的发展由内因决定，并受外因影响。外部与内部压力同是发展的动力。我国专利制度的孕育、建立和不断完善，既有应对外部国际压力的因素，更是推动改革开放和实现"四个现代化"、建设创新型国家的内生需求和战略抉择，是全面建成社会主义现代化强国，实现中华民族伟大复兴中国梦的必然要求。

必须承认，四十年前我们建立知识产权制度，很大程度上直接源于外部的压力。我国改革开放之初，要不要马上建立专利制度，虽有内在需求，但毕竟还不是十分紧迫。以美国为首的发达国家站在政治、道德和贸易的制高点，出于从发展中国家谋取重大利益的战略考量，向大门初开的中国施加强大压力，迫使我国尽快建立专利制度，以构建有利于发达国家市场经济和国际贸易规则得以实施的法制基础和环境。

国际格局的风云变化，改革开放步伐的加快和对外交往的深化，很大程度上为我国专利制度的诞生注入了催生剂。1979年1月，中美正式建交，时任国务院副总理的邓小平应邀正式访美，中美关系进入升温期，交往日趋频繁。中美这两个不同意识形态和社会制度的国家因为核心利益走到一起，求同存异，有合作更有斗争，有博弈更有竞争，双方产生了三大争议，即我国台湾地区问题、人权问题和知识产权问题。我国台湾地区问题和人权问题都是涉及我国政治主权、核心利益的根本性问题，没有让步余地。现实看，只有经济属性较强的知识产权问题可以谈，这形成了我国建立专利制度的外在动力。在国际贸易中，以美国为首的发达国家的政府和跨国企业，在与我国交往和贸易的过程中，必谈知识产权保护问题，强烈要求其知识产权必须得到强有力保护。针对美国的一再施压，中美进行了多轮知识产权谈判，1979年双方签订《中美贸易关系协定》，提出双方要保护对方的专利权、商标权、版权等知识产权，成为两国签订的第一份涉及知识产权的主权国家协定。专利等知识产权制度在这种外部环境压力下逐步建立起来。

围绕知识产权保护，中美两国争端频发，我们边谈边调，在摸索中不断完善制度，提高保护水平。在实施专利制度的实践中，国际压力一直居高不下，随着我国经济社会发展，国内需求也在逐渐增强。我国在知识产权以及贸易领域，虽然处于被动挨打的局面，但是巨大的量变在我国的发展中不断产生积极的变化，主要有3个标志性事件。一是1992年签订的《中美政府关于保护知识产权的谅解备忘录》（以下简称备忘录），这是对我国知识产权立法影响重大的一个双边协议。备忘录开宗明义，第1条即强调中国政府将按照中国专利法提供四项条件水平下的保护，中国政府应向立法机关提交第1条规定保护水平的议案，尽最大努力使修改后的专利法于1993年1月1日前通过并实施。备忘录要求专利权应授予所有化学发明，包括药品和农业化学物质，不论其是产品还是方法。这对我国药品行业的发展产生了巨大影响。二是1995年签订的《中美知识产权磋商协议》，以《有效保护及实施知识产权的行动计划》作为附件，这对我国知识产权执法，特别是行政执法，影响巨大。三是1999年中美两国政府就中国加入世界贸易组织达成双边协议，签署《中美知识产权协议》，成为我国加入世界贸易组织具有决定性意义的事件。这意味着中美两国自1996年知识产权协议履行问题产生争议（美国将中国列为301条款"唯一重点国家"）导致的多年重要谈判和争端告一段落。美方代表巴尔舍夫斯基表示，"中国加入世界贸易组织对国际社会'极其重要'。作为世界上人口最多的国家，中国入世将使这一机构成为'真正的世界贸易组织'。"2001年我国加入世界贸易组织，仅仅两年后的2003年，我国当年共受理专利申请308 487件，比上年增长22.1%，其中，发明专利国内申请量达5.7万件，首次超过国外发明专利申请量（4.9万件）；国内外职务申请首次超过非职务申请，国内发明专利职务申请占国内申请总量四成多，同比增长26.1%，国内发明专利职务申请（34 731件）同比增长53.2%。入世虽然使我国面临高水平、高标准知识产权压力，但压力变动力，国内对专利的需求和创造力大幅攀升。

近十年来，我国经济社会发展突飞猛进，在转变经济发展方式、实现创新驱动发展的新形势下，加强知识产权工作已经成为我国自身发展的需求。国家知识产权战略在我国入世后不断深化改革、扩大开放的进程中应运而生，对解放生产力、释放创造力，支撑中国特色社会主义市场经济的持续快速发展，产生了巨大推动作用。从外部压力转向内部需求，从政府推动转向市场驱动，这是知识产权发展动力的根本性转变。

需求拉动创新，知识产权战略与创新驱动发展逐步进入良性发展轨道。2008年是改革开放30周年，我国经济在高速发展的同时也面临前所未有的挑战，越来越强烈地显现出对创新驱动的内生需求。在此背景下，我国颁布《国家知识产权战略纲要》与《全国专利事业发展战略（2011—2020年）》，开始将知识产权作为决定国家经济发展的战略性资源，将知识产权政策与创新政策高度融合。随着战略的深入实施，专利等知识产权作为激励创新的基本保障、国家的战略性资源和竞争力的核心要素，作用更加凸显。在2007年到2017年的十年间，国内有效发明专利拥有量从9.6万件增长到135.6万件，每万人口发明专利拥有量由0.6件增至9.8件；有效注册商标量从235.3万件增至1492万件；全国著作权登记量由13.8万件上升到274.8万件；全国法院新收知识产权一审案件量由2.2万件增至21.3万件。庞大的知识产权拥有量和向市场的投放，反过来成为创新经济发展的强劲动力。据国家知识产权局统计，"十二五"期间，仅120项中国专利金奖项目就实现新增销售额6221亿元，新增利润1317亿元。"十三五"开局的2017年，第十九届中国专利奖中的25项金奖，从实施之日起到2016年底，新增销售额939亿元，新增利润96亿元，新增出口额244亿元。《2017年中国知识产权发展状况评价报告》显示，中国知识产权综合发展指数多年来保持较高增速，在包括经济合作与发展组织（OECD）34个国家、金砖5

国和新加坡在内的共40个国家中，中国知识产权发展水平排名由2012年的第19位上升至2016年第10位。

双轮驱动发展，知识产权在供给侧结构性改革中不断发力。知识产权在支撑我国创新驱动发展和创新型国家建设方面，逐步实现由政府推动为主向市场驱动为主的重大转变。市场驱动的主要发力点在供给侧结构性改革，发挥市场在资源配置中的决定性作用，通过知识产权等制度和政策工具，使市场要素实现最优配置，提升经济增长的质量和数量。实践证明，知识产权特别是专利，对我国这样大的经济体量和市场的发展，至少发挥着制度和技术两大供给支撑作用。一方面，我国通过完善现代产权制度、知识产权保护制度和促进知识产权转化运用的体制机制，正在逐步构建更加公平公正、开放透明的法治和市场环境，打造良好的创新和知识产权文化环境，持续激发全社会的创新创造活力。另一方面，通过专利制度特别是专利信息的深度分析运用，源源不断地创造高质量专利，为产业实体经济发展提供技术供给和有力支撑。具体看，“三个布局”得以稳步推进，即通过行业布局解决发展不充分的问题；通过区域布局解决发展不平衡的问题；通过海外布局推动我国产业迈向全球价值链中高端。积极发挥知识产权两个供给作用，由政府推动向市场驱动转变、由传统要素向创新要素转变、由国内竞争向全球竞争转变，使我国市场经济愈发活跃。《中国知识产权发展报告2015(蓝皮书)》显示，2008～2013年，知识产权对我国经济增长的平均贡献度为23.29%。国务院发展研究中心有关成果显示，2008～2013年，专利对经济增长的贡献率平均达到29.51%。这意味着“经济增长模式的改变，也是经济增长质量的提高”。

随着市场在资源配置中的决定性作用不断凸显，知识产权作为保护和激励创新的基本制度，逐渐回归本原。企业是市场经济的主体，也是创新的主体，更是知识产权的主体。与国家知识产权战略相呼应，越来越多的企业有了自己的知识产权战略。企业知识产权战略，既是国家体系中的基础战略，更是自身发展的核心战略。企业的知识产权数量和质量、结构和布局、产出和效益，已经成为衡量企业甚至产业核心竞争力的重要标准。围绕知识产权，在激烈的国内外市场竞争中，我国越来越多的企业开始积极主动地构建和实施全球化的竞争战略、市场化的运用战略和一体化的管理战略。国家知识产权局统计数据显示：2017年，我国发明专利授权量排名前10位的企业(不含港澳台地区)依次为国家电网公司(3622件)、华为技术有限公司(3293件)、中国石油化工股份有限公司(2567件)、京东方科技集团股份有公司(1845件)、中兴通讯股份有限公司(1699件)、联想(北京)有限公司(1454件)、珠海格力电器股份有限公司(1273件)、广东欧珀移动通信有限公司(1222件)、中国石油天然气股份有限公司(1008件)、中芯国际集成电路制造(上海)有限公司(862件)。2018年上半年，国内发明专利授权量和拥有量中，企业所占比重分别达到63.8%和67.2%；国内企业有效发明专利5年以上维持率达到71.2%。2018年上半年，提交PCT国际专利申请100件以上的国内企业达到17家；前5个月，马德里商标国际注册申请2228件，同比增长80.69%，位列马德里联盟第三位。这表明，我国国内企业创新主体地位继续巩固，企业海外知识产权申请数量稳步提升。这其中的典型代表首推华为，作为我国内地首家跻身世界百强的科技类公司，在2018年《财富》世界500强排行榜中排名第72位。今天成就的取得，与其成功实施知识产权战略并及时有效进行全球布局是分不开的。前文提到的2003年与思科公司之争，将华为推向专利强企之路。2011年，华为起诉摩托罗拉知识产权侵权一案，则使华为跻身全球手机移动终端巨头。华为年报显示，2007～2017 年研发投入累计 3940 亿元；2017 年研发创新投入 897 亿元，占其销售收入的 14.9%；累计获得专利授权 74 307 件，其中中国专利 64 091 件、国外专利 48 758 件，90%以上为发明专利。欧盟发布的 2017 年全球企业研发投入排行榜中，华为以 103.63 亿欧元占全球第六、中国第一。世界知识产权组织《2017 年全球知识产权活动报告》显示，华为国际专利申请量居第一位。以上鲜活的数据和实例充分说明，我国企业正逐步成为市场主体和知识产权主体，这是创新和市场经济的发展要求，也是知识产权制度的本原。

积极主动作为，在助力大国外交中不断增强知识产权国际规则制定权和话语权。随着产业规模和能力的持续提升，我国已经形成完整的工业体系，是全球唯一拥有联合国产业分类中全部工业门类的国家（41 个工业大类、191 个中类、525 个小类），成为"世界工厂"。据世界银行统计，中国在 2015 年工业增加值超过了美国和日本的总和，2017 年超过了美国、日本和德国制造业增加值总和。专利、商标等工业产权领域的知识产权，已成为世界贸易的重要组成部分，一个国家核心竞争力的重要组成部分，也是世界话语权的重要内容。在此背景下，我国主动从国家战略和外交层面积极作为，努力扩大对外知识产权交流与合作。我国重视在联合国、世界知识产权组织、世界贸易组织、上海合作组织、亚洲太平洋经济合作组织和亚洲开发银行等国际组织发挥负责任的作用，在"一带一路"国际合作高峰论坛、博鳌亚洲论坛、中非合作论坛、金砖国家峰会、东盟与中日韩（10＋3）领导人会议等多边场合大力推动知识产权合作，与发达国家、发展中国家的知识产权交流与合作，都取得显著成效。目前，我国已与全球 63 个国家、地区和国际组织签订了多双边合作协议、谅解备忘录等 171 份。《2017 年全球知识产权活动报告》显示，中国成为通过世界知识产权组织提交国际专利申请的第二大来源国，逐渐逼近长期处于领先地位的美国；PCT 申请是前 15 名中仅有的两个中等收入国家之一。这一切都表明，在知识产权外交方面，我国正在掌握更大的战略主动权，对全球的影响力持续提升。这种能力的需求和不断提升，毫无疑问地成为我国知识产权制度发展的内在动力。

四、目标之变

美国、日本和韩国等发达国家的发展历史和经验表明，在从制造大国向创造强国迈进过程中，制定明确的知识产权战略及目标，极为重要。在技术创新和产业变革中，抓住发展机遇的关键是掌握大批关键核心技术的知识产权，有目标、有计划、有步骤地掌握和积累形成强大的知识产权优势，在经济全球化、知识产权全球化的背景下，只有如此，才能形成有利于本国发展的国际利益分配格局，才能立于竞争的不败之地。改革开放四十年来，我国对知识产权从开始摸索时的认识感性、目标模糊，到实战实践中逐渐理清发展的目标思路，再到制定明确的战略目标，经历了一个深刻变化的过程。

改革开放之初，我们的目的是在于引进技术、解放生产力。至于知识产权怎么定位、目标为何，并不清楚，也无暇顾及，毕竟一穷二白，白手起家，对于后来的发展很难想象。

以市场换技术，为改革初期的发展注入了动力，但终究没有激发专利创造，也未能形成清晰的专利工作目标思路和成果。改革开放之初，我国颁布技术合同法，提出并实施"以市场换技术"的发展策略。新技术与外来资本带来先进管理经验，劳动力综合水平提升，我国经济发展持续稳定增长。与此同时，工业领域的一些主管部门、企业迷信技术，不相信也不申请保护技术权益的专利权。国家对专利创造尚没有清晰的发展思路，很多引进的新技术都是国外已经或者即将淘汰的。日本一位著名科技专家曾讲，“日本转让给中国的技术都是落后5年到10年的技术”。由于重技术不重视专利，长期使用大量外汇高价引进的新技术，并未带来我国专利创造数量和质量的明显提高。1985年底，国内职务发明专利已达9411件的情况下，企业专利申请仅为1126件，这与数以百万计的庞大企业群极不相称，更与国外90%的专利来源于企业的状况形成鲜明对比。《关于加强企业专利工作的规定》印发后，1986年12月到1989年5月，我国企业专利申请量仍然仅有11 024件，不及国外一个跨国公司一年的申请量。事实证明，长时间的“市场换技术”政策，没有对专利创造形成促进，甚至还有了一定的延滞作用。

保护知识产权，是确保市场经济良好发展的基础。直到加入WTO之前，仍未形成明确的发展目标。保护专利权是知识产权保护的核心内容，也是知识产权发挥作用与否的关键一招。党的十四大提出了“建立社会主义市场经济体制”的改革目标，党的十四届三中全会作出《关于建立社会主义市场经济体制若干问题的决定》历史性决议，确定以建立市场经济为目标、加强法律制度建设，强调引入竞争机制，保护知识产权，实行技术成果有偿转让。这一决定对我国市场经济建设提出更高要求，但知识产权如何保护、保护到何种水平，并未达成基本共识，因此，也就没有形成基本的思路和目标。随着国内外形势的变化，在20世纪末新一轮机构改革中，在大幅缩减机构的背景下，党中央决定将中国专利局更名为国家知识产权局，列入行政序列，主管专利和涉外知识产权工作。这一重大决策，表明我国对专利等知识产权的地位、作用有了新的更高的认知。这为后来的知识产权事业的发展，明确提出长远奋斗目标，创造了重要条件。

入世数年后，量变集聚引发质变，我国自身发展和国际定位更加明晰，建设创新型国家的目标更加明确，党的十九大作出分两个阶段建成社会主义现代化强国的战略安排，不断实现赶超发达国家的目标，2017年经济总量已达美国的三分之二，居世界第二。在这种格局下，知识产权主动服务国内外两个大局，适时研究提出分阶段建成中国特色、世界水平的知识产权强国目标，实践和战略意义重大。

2008年，提出把我国建成知识产权水平较高国家的明确目标。党的十七大提出，要提高自主创新能力，建设创新型国家，并明确要求“实施知识产权战略。进一步营造鼓励创新的环境。”2008年6月，我国发布《国家知识产权战略纲要》，明确提出“到2020年，把我国建设成为知识产权创造、运用、保护和管理水平较高的国家”。对于更能鼓舞人心的“知识产权强国”奋斗目标，虽然没有达成共识，未能写进《国家知识产权战略纲要》，但在国家的重要政策性文件中，首次明确提出知识产权事业的奋斗目标，这已经是很大的进步了。党的十八大明确提出创新驱动发展战略，将创新摆在国家发展全局的核心位置。由此，国家知识产权战略实施进入高质、高速发展阶段，知识产权创造、运用、保护、管理水平快速提升，我国成为名副其实的世界知识产权大国。2017年，我国全年发明专利申请量达到138.2万件，同比增长14.2%，连续7年居世界首位；PCT国际专利申请受理量5.1万件，同比增长12.5%，排名跃居全球第二；受理商标注册申请574.8万件，同比增长55.72%，连续16年居世界第一。按照每万人口统计，2017年专利申请量达到25.4件，商标申请量达到38.8件，著作权登记量达到19.9件。这为下一步明确提出更高的奋斗目标奠定了重要基础。

明确提出“建设知识产权强国”的宏伟目标。随着我国经济和知识产权事业的快速发展，2014年国务院印发《深入实施国家知识产权战略行动计划(2014—2020年)》,明确提出建设知识产权强国的新目标,我国知识产权事业进入高水平发展新的历史阶段。2015年国务院印发的《关于新形势下加快知识产权强国建设的若干意见》提出,"建设中国特色、世界水平的知识产权强国","到2020年,在知识产权重要领域和关键环节改革上取得决定性成果"。2016年国务院印发的《"十三五"国家知识产权保护和运用规划》再次强调,"加快建设知识产权强国"。这些因素均有力地促进了知识产权数量、质量、效率的提高。至此,知识产权强国建设进入国家总体布局,成为新形势下建设社会主义现代化强国不可或缺的重要方面。按照国家的总体部署,目前有关部门正在加紧研究知识产权强国建设问题,谋划知识产权强国建设纲要的中长期战略目标,从而与《国家知识产权战略纲要》无缝衔接、压茬推进。

扎实开展"两个一百年"知识产权强国建设目标的研究设计,精准对标新时代社会主义现代化强国建设宏伟蓝图。在新时代,我国在大力提升创新能力、掌握核心技术的同时,已将知识产权列为国之利器,为中国经济高质量发展、建设世界强国注入强大动能。十九大以来,党中央国务院在新时代中国特色社会主义建设中,对知识产权服务经济社会发展、助力"两个一百年"奋斗目标实现提出更高的要求,给予更多的期待。十九大报告提出,"加快建设创新型国家","倡导创新文化,强化知识产权创造、保护、运用"。习近平主席在2018年博鳌亚洲论坛演讲时强调,将加强知识产权保护作为扩大开放的四个重大举措之一。党中央一系列重大决策部署为我国知识产权事业的科学发展指明了方向,为实现知识产权强国建设目标提供了根本遵循和组织保障。为贯彻中央部署,适时研究提出"两个一百年"知识产权强国建设目标,已是责无旁贷的重大历史课题。

结语

知识产权事业发展面临重大历史机遇和挑战。习近平主席在金砖国家工商论坛上发表讲话时指出,未来十年将是世界经济新旧动能转换的关键十年,将是国际格局和力量对比加速演变的十年,也将是全球治理体系深刻重塑的十年。他强调,中国将继续敞开大门搞建设,加强知识产权保护,加大执法力度,提高违法成本,鼓励企业间正常技术交流合作,保护所有企业合法知识产权。习主席的重要论断指出了我国知识产权事业发展的新机遇,我国将在推动国际知识产权规则变革中发挥更加积极的建设性作用。

知识产权事业发展面临更加复杂的新形势。从国内看,我国知识产权事业伴随着改革开放,取得了长足进步和历史性成就。但我们也必须看到,我国发展面临的形势比较复杂,人民日益增长的美好生活需要和不平衡、不充分发展之间的矛盾将在较长一个时期存在,在改革开放中诞生的知识产权事业,起步晚、底子薄、基础弱,全社会知识产权的意识能力还严重不足,从制度和战略层面对市场经济创造力、生产力的释放还不够充分,知识产权大而不强的情况还将长期存在,知识产权文化建设、环境建设还存在严重短板。从国际看,当今世界处在新一轮大发展、大变革、大调整时期,全球经济面临的不稳定、不确定因素显著增加,以美国为首的发达国家对我国知识产权横加指责,不断挑起争端。特别是今年以来,美国依据所谓"301调查",污称中国"窃取"美国知识产权,指责中国强制"美国企业转让技术",实施典型的单边主义和贸易保护主义,向中国发起规模巨大的贸易战,并以发达经济体为重点,在全球范围试图建立遏制中国发展的"知识产权联盟",霸凌主义浓厚。这种现象不是偶然的,而是全球化发展、国际秩序调整和大国博弈的必然结果。在这一严峻复杂的形势下,我们对国家未来的发展既要充满自信、保持定力，又不能掉以轻心、盲目自大，必须站在国家核心利益、国家发展大局和事业科学发展的高度，认真科学做好谋划、布局和应对。

新时代赋予新使命，需要新担当新作为。当今的中国，正在向世界展现一个开放、包容、负责任、积极参与全球治理体系改革和建设的大国形象，正在为构建人类命运共同体而发挥着更大的作用。在不断实践和发展新时代中国特色社会主义伟大进程中，在以习近平总书记为核心的党中央正确领导下，我们完全有能力在已经取得知识产权辉煌成就的基础上，提出更加宏大、更加壮阔、更加鼓舞人心的知识产权宏伟蓝图，在更高水平、更高层次上，更加充分运用好知识产权制度，大踏步进入知识产权高质量创造时代；通过更加严格、更加有效的保护，营造良好的知识产权文化，形成良好的知识产权保护环境，让全社会发明创新的活力竞相迸发，让创新主体更加自觉、更加充分、更加有效地运用知识产权，推动我国快速迈进知识产权强国和科技强国的行列，为我国经济高质量发展，建成富强、民主、文明、和谐、美丽的社会主义现代化强国，提供基础性强有力支撑。

中国知识产权法律变迁的基本面向

中南财经政法大学知识产权研究中心名誉主任　吴汉东

中国知识产权法律与改革开放并肩前行。从20世纪80年代到90年代初，先后颁布了《商标法》(1982年)、《专利法》(1984年)、《著作权法》(1990年)、《反不正当竞争法》(1993)等法律法规，建立了知识产权法律的基本框架。自新世纪以来，修订、完善法律规范，建构公共政策体系，倡导创新文化养成，中国知识产权法治建设出现新的局面。中国仅用了三十余年的时间走完了西方国家知识产权法律发展上百年的历程，其法治建设成就举世瞩目。时任世界知识产权组织总干事阿帕德·鲍格胥博士在回顾该组织与中国合作时指出，“在知识产权历史上，中国完成所有这一切的速度是独一无二的”[1]。从法律移植到法律生成的过程中，知识产权在中国出现本土性、时代性和国际性的诸多问题并产生相互冲突。中国知识产权法律变迁，首先是对外来制度进行“内化”和“吸收”，实现移植法律与本土国情的契合性；同时，致力于制度创新以推动创新发展，保持法律与时俱进的先进性；此外，积极融入经济全球化体制之中，遵循甚或推动国际保护规则的普适性。以上既是本土化、现代化和一体化的知识产权法律问题，也是知识产权与创新发展和国际贸易有关的重大国内、国际话题，有必要在中国语境下作出学术解读。综观中国知识产权法律变迁，无论是思想建构还是实践导向，都有别于“西方中心主义范式”和“国际主流学术思想”，而是在吸收世界法治文明成果的基础上注重本土理论创新和制度变革，逐步从移植、引进走向自立、创新，展现了本土化、现代化、一体化发展的基本面向。

一、知识产权法律本土化问题及其克服

法律移植是近现代各国特别是发展中国家知识产权立法活动的重要路径。对外国法制或国际规则的制度引进，需要立法者作出理性选择，但更需要整个社会进行制度吸收和文化改造，即在“法律本土化”

[1] 参见国务院新闻办公室：《1994年中国知识产权保护状况》(白皮书)。

运动中使外来法律在本土环境得以内化生成。不同时期的不同国家对知识产权制度的接纳，有着不同的历史背景、社会条件和环境构成。一些发达国家知识产权法律虽然也是“制度舶来品”，但实质上却是“法律变革和广义立法的一种表达方式”。[❶] 在法律制度的历史上，发达国家是知识产权法律最早的推行者，也是最大的受益者。对于发展中国家而言，知识产权立法及其变动往往受到外部压力的影响，而不完全是基于自身发展需求。因此，包括中国在内的发展中国家在法律移植时，必须进行本土改造，让外来的知识产权法律经过合理处理和嫁接，继而在本国被理解和消化，使其能融于木国社会运行机制和国民精神理念之中。外来法律和本土国情的契合性，即是法律本土化问题。

知识产权法律本土化目标，在于实现预期的法律效益和政策目标，避免出现“法律移植中的递减效应”。[❷] 这种递减效应的成因，既有法律价值理念、法律原则、法律规范内容等法律因素，也有经济技术水平、市场环境、文化环境等社会因素。中国知识产权法律本土化，存在着中国问题的特殊性：一是制度经验积累欠缺。一般而言，在不出现外来压力的干扰下，一国根据自身发展状况和内生制度需求来移植法律是最为适宜的。在知识产权法制史上，发达国家根据本国的不同发展阶段的不同发展需要，曾对知识产权制度作出选择性安排，无论是保护对象、保护方式还是保护水平的相关立法，其法律变迁是长达数百年的渐进过程。而对发展中国家而言，知识产权法律移植的同时也是知识产权保护标准一体化的节点。在现代国际贸易体制中，所有国家都必须按照国际公约规定高水平地保护知识产权，因而发展中国家已丧失了制度成长的必要准备期和过渡期。在缺乏制度理性沉淀和制度经验积累的情况下，知识产权法律移植有可能产生法律实施效益不足的“制度化风险”。[❸] 二是法律精神构造不足。知识产权文化既是一种具有“个人本位”“权利本位”的私法文化，也是一种“尊重知识、崇尚创新、诚信守法”的创新文化。法律本土化一个重要方面就是本土法律精神构造，即以法律文化为法律制度奠基。[❹] 发达国家知识产权法治经验表明，以私法精神作为法律制度构造的基础，从而达到私权理念与私法制度的高度契合。而发展中国家在法律移植之初，多数民众对知识产权法律的关注是松散的，且是出于自身利益的考量来作出反应的，例如对盗版、假冒等侵权行为的容忍态度以及存在的侵权复制品消费群体。这说明本土传统文化对外来法律往往缺乏认同，从而导致知识产权法律与现行社会的脱节或背离。在知识产权法律移植中，我们引进了制度规范、法治模式的“硬件”系统，但需同时植入制度经验、法律精神的“软件”系统，才能达致法律本土化的目标。

中国在知识产权法律移植并本土改造的过程中，并没有照搬照抄“西方中心主义范式”和简单沿袭“国际主流学术思想”，而是立足本国实际情况，能动地进行制度转化。《专利法》发展是整个知识产权制度变迁的缩影。1984 年《专利法》，经过 1993 年、2000 年、2008 年三次修改，其立法和修法动因，既有中美知识产权谈判和加入世界贸易组织的外来压力，更有建立专利制度促进科技创新的内生动力。《专利法》渐次扩大授权范围、逐步简化授权流程、不断提高授权标准，表现了审慎、理智的立法立场。进入 21 世纪后，一方面利用国际公约的弹性条款和开放性条款，增列遗传资源

❶ 刘星. 重新理解法律移植——从“历史”到“当下”[J]. 中国社会科学，2004(5)。

❷ 宋志国. 我国知识产权法律移植中的递减效应原因分析[J]. 政治与法律，2006(5)。

❸ 杨雪冬. 风险社会理论述评[J]. 国家行政学院学报，2005(1)。

❹ 信春鹰. 法律移植的理论与实践[J]. 北方法学，2007(3)。

来源披露制度、新规药品专利强制许可制度，在生物多样性、公共健康等领域进行立法突破；另一方面，将“提高创新能力”确定为立法宗旨，完善了专利运用和创新成果转化制度，表现了专利法服务创新发展战略的制度张力。总的来说，中国知识产权法律本土化改造，是以具有自身特色的思想认知为基础，以社会政策、环境和文化为支撑，其间既有先进思想指导，也有制度能动转化和法律精神再造。法律本土化是对世界法治文明的理性追求过程，也是本土法律理论和实践创新的自我实现过程。

进入新时代以来，习近平总书记对知识产权问题发表了一系列重要讲话，将知识产权保护作为扩大对外开放的重大举措，从产权法律制度到营商政策环境两个方面阐述了知识产权保护的重要意义。在2018年4月10日博鳌亚洲论坛开幕式上，习近平总书记发表主旨演讲，强调“加强知识产权保护”，既是“完善产权保护制度最重要的内容”，也是“提高中国经济竞争力最大的激励”；明确指出，知识产权是国际贸易和技术交流合作的法律秩序，中国坚定“保护在华外资企业合法知识产权”，同时“希望外国政府加强对中国知识产权的保护”。习近平重要讲话深刻阐述了知识产权法律的基本属性，鲜明表达了中国知识产权保护的基本立场，对新时代中国知识产权工作提出新的要求，是先进的理论指导和科学的实践引领。改革开放以来，中国知识产权法律本土化，以社会主义法治思想和新发展理念为理论基石，表现了中国自己的思想认识和实践导向。

（一）法律属性认知

将知识资源私权化，强调私人权利、私权制度和私法精神的契合性、一致性，是西方国家知识产权法律的要义和主旨。在中国，对于知识产权本质属性和功能的概括和认识，具有本土自身的体验，诸如“知识财产”（法学）、“无形资产”（管理学）、“信息产权”（经济学）、“政策工具”（政策科学）、“世界贸易规则”（国际贸易学）等，[1]从不同学科对知识产权蕴意进行了多维解读。知识产权既是知识财产私有的权利形态，也是政府公共政策的制度选择，这是关于知识产权认识的基本范畴。“知识产权的多重属性是相互融合的”[2]，全面认识和把握知识产权的上述属性，对于知识产权制度的建构、运行和创新具有重要意义：将知识产权界定为私权，意味着知识产权与财产所有权处于同样的私权地位，为民事主体提供了获取财产的新方式；对知识产权作为政策工具的认识，有助于从政策科学层面考察知识产权战略实施和制度运行的效果。可以认为，知识产权法律赖以建构的基础，是知识产权的私权性。从科技革命到知识革命，不仅孕育了“知识—财富”的新财产观，也催生了新的产权形态即知识产权。知识产权是知识经济发展的产物，在立法层面表现为法律本土化的制度需求。同时也应看到，知识产权保护表现了强烈的国家利益本位和政策立场。国家利益本位是为国家主体存在和发展的有益需要，包括国家主体意义上的利益以及本土范围的产业利益、企业利益和社会成员利益；其政策立场是为私人产权制度中的价值目标取向，即通过知识产权促进知识创新，增加国民福祉。

（二）法律价值目标塑造

法律理想的价值观选择和法律目标的现实化表现，是法律本土化运动的重要问

---

[1] 郑成思．知识产权若干问题再析［J］．中国法学，1996(6)；刘春田．知识财产权解析［J］．中国社会科学，2003(4)；易继明．知识产权的观念：类型化及法律适用［J］．法学研究，2005(3)；曹新明．知识产权法哲学理论反思——以重构知识产权制度为视角［J］．法制与社会发展，2004(6)；吴汉东．知识产权的多元属性及研究范式［J］．中国社会科学，2011(5)。

[2] 吕炳斌．知识产权的权利属性新探［J］．行政与法，2009(2)。

题。在知识产权法律产生、发展和变革的过程中，有早期的"秩序优先"价值，也有现今的"正义优先"价值，这些都反映了不同时期不同国家知识产权法律的价值目标追求。发展中国家在知识产权本土化过程中，其法律价值实现往往存在诸多障碍，表现在观念意识层面、规范设计层面以及制度运行层面等。对于这些障碍性因素如果不予克服，将会导致法律价值实现不能，出现"制度失灵"问题。在中国的学术思想和立法实践中，知识产权法律被视为是价值理性和工具理性相统一的产物。从理性主义出发，知识产权法律价值主要是正义、效率和创新，概为立法者理性主义的法律追求。其中，正义价值是伦理理性，效率价值是经济理性，创新价值是科学理性。❶ 中国知识产权法律本土化改造，深刻地体现了伦理、经济和科学的理性主义追求，即保障知识权利的正义秩序，发挥知识传播的效率功能，维系知识成果的创新活力。秉持上述法律价值目标，中国知识产权立法形成"保护专有权利"与"促进知识传播"的二元宗旨，既尊重和保护权利，但又合理限制权利，防止权利滥用，从而达到各方主体之间的利益平衡。基于理性主义认识所构建的正义、效率和创新的法价值体系，是知识产权法律建构与运行的重要思想基础。

（三）法律运行机制构建

法律运行是指法律按照一定的意图和特有方式的运动状态，即从创制到实施再到实现的运动过程。❷ 具言之，法律运行以法律创制为起点，以法律实施为主要节点，以法律目标实现为终点。知识产权运行作为法律运行的特殊形态，是一个立法、执法、司法、守法的法治动态过程；同时也是经济社会运行的发展状态，包括知识产权创造、运行、管理、保护和服务等各个环节。❸ 在中国，知识产权是建设创新型国家的制度基础和法律保障，其运行机制既强调知识产权的法治状态，又注重知识产权的事业发展。从发展中大国到知识产权大国，法律本土化经验可概括为三个方面。

一是知识产权运行的战略引领。在现代国家的法律体系中，知识产权具有保护知识创新、促进产业发展的重要作用，以至于被称为"创新之法"和"产业之法"。构建知识产权运行机制，实现法治运行与社会运行的相互促进，并达致预期的制度目标，需要国家在战略层面作出总体安排和长远谋划，这即是包括法律实施、政策推进和文化养成的知识产权战略问题。知识产权战略就是通过规划、执行、评估等战略举措，谋求创新发展战略目标实现而采取的全局性、整体性规划和安排，这种战略是"总政策目标"的集中体现，在特定的历史时期始终具有较强的总括性和稳定性。❹ 2008 年《国家知识产权战略纲要》的颁布和实施，是中国知识产权制度建设最具时代意义和国际影响的一件大事，标志着知识产权运行在中国开始走向战略主动，知识产权法律本土化改造由此出现战略突破。国家战略的有效实施，使得知识产权法律与本土国情更加契合，并为中国发展以及与世界的合作带来新的发展能量。这一做法对发展中国家具有带动示范作用，对发达国家产生震动影响，受到国际社会的高度评价。世界知识产权组织总干事高锐认为，"中国将知识产权上升为国家战略，其经验值得

---

❶ 有关正义、效率、创新的法价值理念，可分别参见：沈宗灵．法、正义、利益[J]．中外法学，1993(5)；罗伯特·考特，托马斯·尤伦．法与经济学[M]．张军，等译．上海：上海三联书店，1994：13；林炳辉．知识产权制度在国家创新体系中的地位和作用[J]．知识产权，2001(3)。

❷ 张文显．法理学[M]．北京：高等教育出版社，2003：213。

❸ 2008 年国务院公布实施的《国家知识产权战略纲要》，对知识产权运行提出了"激励创造、有效运用、依法保护、科学管理"的指导方针。

❹ 吴鸣．公共政策的经济学分析[M]．长沙：湖南人民出版社，2004：5。

其他国家特别是发展中国家学习。”❶可以认为，知识产权战略以新发展理念为指导，深刻地展现了中国知识产权运行的发展方向。

二是知识产权运行的政策实施。中国知识产权政策发展，具有本土资源意义上的政策思想和政策主张，具有服务创新发展目标和配置法律规范的重要功能。公共政策是政府主体制定的关于公共事务管理的规范性文件，通常表现为一系列的法令、条例、规章、规划、计划、措施、项目等构成的统一性、关联性的制度系统。在知识产权政策体系中，本体政策主要是与知识产权创新、运用、保护、管理相关的政策文件，包括战略纲要、发展规划、年度推进计划等；关联政策涉及创新成果产权化、知识产权产业化、对外贸易“知识化”等相关政策措施，包括科技发展规划、成果转化措施、产业发展目录、企业促进办法等；支持政策表现为财政、金融、税收、人才扶持辅助等政策手段，包括质押融资、税收优惠、人才奖励等。❷ 中国知识产权运行的重要经验，就是建立一个比较系统且更为有效的公共政策体系。在公共政策的体系建构中，中国“强化知识产权在经济、文化和社会政策中的导向作用”，“加强产业政策、区域政策、科技政策、贸易政策与知识产权政策的衔接”。❸ 上述政策性文件具有专门化和多层次的特点，尽管存在着政策协调性不够、可操作性不强的问题，但总体来说，中国注重借鉴创新型国家的政策发展经验，有效发挥本土社会制度优势和公共政策力量，为知识产权战略实施提供了必要的政策基础。

三是知识产权运行的环境治理。社会环境是保障知识产权良好运行的外部条件和内生基础，主要包括法治环境、市场环境、文化环境等。在国家现代化治理体系中，有三个具有支柱作用的基本要素，即制度、行为和信念。就知识产权环境治理而言，上述要素表现为提供法则和制度规范的法治环境、形塑行为样态和交易方式的市场环境、养成法治价值共信和创新价值共识的文化环境。在治理环境构成中，首先是法治环境，涉及一整套制度安排和治理体制、机制构成，是作用和塑造知识产权治理能力的基础性要素，旨在为知识产权运行提供内容规范和法治保障。知识产权法治环境的本土改造目标是“和谐善治”。“和谐”作为法律的终极价值，在治理语境下是一种科学有效的目标系统，表现了治理环境中配合适当、协调有序的理想状态。❹ 在中国，形成一体化的知识产权法律体系和以知识产权为导向的公共政策体系，实行专利、商标“二合一”的知识产权集中管理模式，构建司法裁判、行政执法、行业仲裁、第三方调解、企业自治的知识产权“多元共治”体系等，这些或是对世界先进治理经验的有益借鉴，但更多是知识产权本土化治理的成功探索。其次，市场运行体制和市场运作环境的治理，也是知识产权环境治理的当然内容。面对知识产权产业化、商品化以及资本化所形成的知识经济市场，应发挥市场配置资源的主体作用，其基本规则是“保护知识产权、公平竞争、维护市场秩序”；同时，要规范政府的经济治理行为，其基本原则是“适当调控，有限参与，有效监督”。❺ 总之，知识产权市场环境治理是以法治经济为目标选择。此外，文化养成是知识产权运行机制的基础工程。知识产权文化应是被法律化的主体即

---

❶ 世界知识产权组织总干事：中国国家知识产权战略值得推广[EB/OL]. [2018-05-06]. http://news. Xinhuanet. com/20111l/09/c_111156450. htm。

❷ 张鹏. 知识产权公共政策体系的理论框架、战略要素和建设方向研究[J]. 知识产权，2014(12)；刘华等. 知识产权公共政策的模式选择与体系构建[J]. 中国软科学，2009(7)。

❸ 国家知识产权战略纲要[M]. 北京：知识产权出版社，2008。

❹ 易继明. 构建集中统一的知识产权行政管理体制[J]. 清华法学，2015(6)。

❺ 顾功耘. 经济法治的战略思维[J]. 法制与社会发展，2014(5)。

社会成员的共同信仰和追求。它首先是法治价值共信。在知识产权语境下，法治共信具体表现为“保护知识产权，维护市场秩序”。基于这一法律认同，形成法治思维定式和法治行为方式，以此构建知识产权法治秩序的生成基础。同时它也是创新价值共识。知识产权法律以基于创新所产生的社会关系为主要调整对象，体现了尊重创新、保护私权的主旨，创新是知识产权主体的行为动因和目标追求。

二、知识产权法律现代化趋势及其应对

从传统国家走向现代国家，是人类社会文明发展的必然选择。“现代化”主要指自工业革命以来出现的一个世界性的变革过程，这一过程以知识化、工业化为社会发展动力，以法治化、市场化为社会环境构成，上述既定特征的呈现和完善表明社会实现了从传统走向现代的转变。[1] 知识产权法律是近代科学技术和商品经济发展的产物。在科技革命兴起并作用于社会生产的过程中，非物质性的知识产品与物质性的工业产品都具有同等的商品价值。科学技术在社会生产中的广泛应用，既提供了新的投资机会和新的产品形式，也提出了保护知识产权的制度需求。知识产权制度与企业法人制度是法律创新的产物，被称为“现代产权制度建立的标志”。[2] 制度创新一般是指立法主体或政策主体通过新的制度构建和安排，以满足科技创新需求的创制性活动，包括产业制度、产权制度、企业制度、经济管理制度、市场交易制度、权利保障制度等各种规范的构建和革新。习近平在谈及知识产权问题时，多次强调“提升产权意识”、知识产权保护是“完善产权保护制度最重要的内容”、“加强新兴领域和业态知识产权保护制度建设”，[3]明确指出了知识产权的产权制度属性。

现代知识产权法律以产权（私权）为中心构建了基本制度框架：一是产权界定，为创新活动进行产权制度配置，实现知识财产私权化；二是产权运作，为创新产业发展提供产权交易制度，实现产权商品化流动；三是产权保护，为创造性成果提供产权保障，以维护知识市场秩序。可以认为，知识产权作为现代产权制度的核心构成，在国际上被视为人类社会现代化进程中的制度创新。

知识产权法律是国家现代化发展的一种制度标志，必须保持制度本身的时代先进性和促进社会发展的进步性，这即是知识产权法律现代化问题。知识产权法律经历了从工业革命到知识革命的不同时期，始终关注科学技术的发展，深刻地表现了制度创新本质和知识创新功能，其法律变迁的历史就是人类社会创新发展的过程。当下知识经济时代就是知识产权时代，科学技术发展需要新的观念突破、新的理论建构、新的制度设计。现代知识产权法律的重大变革，即是回应新知识、新技术带来的挑战。自 20 世纪下半叶以来，以微电子技术、生物工程技术与新材料技术为代表的“新技术革命”得以出现，各国立法者不得不“修纲变法”，探索法律保护的新路径：一是沿用“传统保护法”，即改造传统知识产权规则对新技术给予保护，从“电子版权”“电子商标”到“药品专利”“化学物质专利”等，使得知识产权法律在规范内容方面有许多变革和创新；二是采用“相关保护法”，即融通工业产权法与《著作权法》的若干规则，设计出或此或彼的“工业版权”制度来保护半导体芯片；三是创设“特别保护法”，即将知识产权向“信息产权”扩充，对一些新的信息产品，如“未公开的信息”“信息数据库”等，给予准专利或其他专有权利

---

[1] 关于“现代化”问题，可参见：罗荣渠. 现代化新论[M]. 北京：商务印书馆，2004。

[2] 刘凤朝. 论技术创新与制度创新的互动——以知识产权制度的创立和发展为例[J]. 科学技术与辩证法，2000(2)。

[3] 引自习近平在 2017 年中央财经领导小组第 16 次会议上的讲话. 博鳌亚洲论坛 2018 年年会开幕式上的主旨演讲。

的保护。[1]

肇始于20世纪80年代直至现在依然深入发展的"知识革命",是新技术革命的继续和深入。其中,信息技术和基因技术是最具影响力的时代技术,它不仅改变人类的生产、生活和交往方式,而且引发知识产权法律的深刻变革。其主要问题是:(1)主体资格的突破。在私法制度中,主客体二分法是一个基本原则,主体为法律意义上的"人",既包括具有自然属性的人(自然人),也包括法律拟制的人(法人),他们皆为"法的人格者"。[2] 而客体则是人以外不具有意思能力的物体,既包括物质产物(物),也包括精神产物(智力成果)。主客体认定标准本已分明,但这一界限现在却发生动摇。从基因时代到智能时代的一个重要变化,就是主体类型可能突破,身份认定更加复杂,诸如"克隆人"、智能机器人,将以"类人主体"的方式出现,成为能够表现人类独特性的拟人化物体。民事主体制度的改造,在近代是为法律拟制,即法人取得主体资格;而在当代,人类智慧拟制的"克隆人"特别是机器人能否视为主体,这是知识产权法律乃至整个私法制度面临的难题。[3] (2)客体范围的扩充和限制。知识革命的出现,创造出新的知识产品,极大地丰富了知识产权客体范围。在知识产权法律现代化进程中,著作权客体经历了从传统到现代的不断演进,从"印刷作品""模拟作品""数字作品",以至当下人工智能的生成作品,无论是考量独创性的思想表达外观,还是基于自然人独创或人机合作的人格主义基础,该类作品都具有"可版权性"。专利权客体更是对高新技术成果作了直接回应,从微生物、动植物品种到基因物质都进入了专利保护的范围,而人工智能的生成发明,包括遗传编程、人工神经网络、机器科学家等,也成为了"可专利性"主题。[4] 在讨论客体利用方式不断拓展的同时,我们更应关注高新技术专利的排除领域,从反思的现代性出发,仅对先进技术提供知识产权保护是不够的,在保持技术信任的同时还必须防范其可能带来的风险。例如,"不可专利性主题"应明确指向违反公共秩序或某些不宜授权的发明,包括基因技术中克隆人的方法、人的胚胎的商业利用、人体基因序列的简单发明,智能技术中"杀人机器人""机器偏见""黑箱算法"等。(3)权利保护规则的发展。知识革命在带来新的知识产品的同时,也要求法律制定新的保护规则。在信息技术领域,基于网络传播和数据存储技术的发展,著作权权项内容不再局限于复制权、发行权等传统类型,从而催生了信息网络传播权、数据库作者权;著作权侵权认定原则和规则也发生变化,从"技术中立原则"到"诱导侵权原则",网络服务提供商的间接侵权责任得以确立。与此同时,在侵权责任的合理界定方面,则创制了诸如"避风港规则""服务器标准"等。在基因技术领域,《专利法》开放了"可专利性主题",使之扩展到"阳光下人类制作的任何成果",这一变化几乎成为专利立法现代化的主流。应该看到,相关法律变革既有权利范围扩大,例如,基因发现与基因技术发明具有同等的创造性意义,法律将前者列入保护范围之内,因此"专利权能授予发明而不能授予发现"的传统规则已然改变;[5]同时也有相关利益的合理分

---

[1] 日本学者认为"信息与知识产权具有同质性",参见:北川善太郎. 著作权市场的模式[J]. 王福珍,译. 著作权,1999(4);"知识产权法可以称为'信息保护法'",参见中山信弘. 多媒体与著作权[M]. 张玉瑞,译. 北京:专利文献出版社,1997:3。

[2] 北川善太郎. 日本民法体系[M]. 李毅多,等译. 北京:科学出版社,1995:56。

[3] 吴汉东. 人工智能时代的制度安排与法律规制[J]. 法律科学,2017(5)。

[4] 熊琦. 人工智能生成内容的著作权认定[J]. 知识产权,2017(3);季冬梅. 人工智能发明成果对专利制度的挑战[J]. 知识产权,2017(11)。

[5] Joseph M Reisman. Physicians and Surgeons as Inventors: Reconciling Medicial Process Patents and Medical Ethics[J]. Berkeley Technology Law Journal, 1995,10(2):355-403。

配，基于基因信息对基因技术的本源性价值，法律对基因信息提供者构建了知情同意和利益分享机制。应该强调的是，上述问题并不是知识产权法律变革的全部内容，但也许是法律现代化改造的重点和难点。

知识产权法律现代化，在国际社会是与工业文明相伴而生的制度文明，在发展中国家则是法律本土化基础上的制度跨越。法律现代化，是一个现代制度体系不断成长、成熟的长期过程，更是与工业化、市场化等现代化要素相互作用、促进的发展过程。围绕高新技术的知识产权法律变革，既要着眼制度的先进性甚至是超前性，又要考量制度的合理性、可行性。与知识产权发祥地欧美等国的法律进程不同，中国在知识产权法律现代化发展方面有着自己的理论智识和实践经验。

（一）法律现代化的多元性问题

在法律发展的历史上，资本主义制度为知识财产私权化奠基，从英国《自由大宪章》到法国《人权宣言》，都确立了知识产权秩序的宪法基础。正如学者所言，"所有知识产权法律都是其所处社会和经济政治环境的产物"[1]。知识产权本是西方地缘环境中产生的制度文明，一般认为，英国 1623 年制定《垄断法规》（专利法），1709 年制定《安娜法令》（著作权法），法国 1857 年制定《制造标记和商标的法律》（商标法），是为近代知识产权法律的开端。在现代性观念的操纵下，这种欧洲中心主义的地方性知识得以神圣化并在全球制度构建中推而广之，从而成为社会历史进步的一个"标准样板"，即知识产权法律是现代国家推动精神生产、智力创造和知识经济发展的制度安排。毋庸置疑，世界贸易组织及其《知识产权协定》在全球范围内提供了有关知识产权的共同规则，包括统一性的国际保护体系与有效性的争端解决机制。不同发展程度的国家和民族作为缔约方必须接受知识产权国际规则，但这并不能排斥各国特别是发展中国家对知识产权理解和诠释的"话语权力"，[2]即在现代化大趋势下有着多元性的不同发展样态。可以认为，对知识产权法律的解读不能是一种理论模式，其赖以存在的思想基础是人类共信的法律价值观念和法律信仰，它不应是"西方中心主义"，当然也不是狭隘的民族主义。在这里，单一的现代性被多元的现代性所取代，知识产权法律的现代化被认为是文明间相互碰撞、交流、对话的结果。多元现代性并非否认单一现代性的存在价值，而是在于发挥现代性的反思能力，继而克服现代性的理性局限性。[3] 中国知识产权法律的现代化，一方面要摒弃本土自身的历史背负，从法律的本土化到现代化，必须解决法律、政策、文化等制度理性欠缺的问题，才能实现现代法治的历史性跨越；另一方面又要防止制度文明导入的制度风险，诸如法律政策、工业制度乃至科学技术的运用，既是一种进步，也可能是一种风险。[4] 法律现代化的过程也是制度风险防范的过程。可以认为，中国在吸收全球共同制度文明成果和法律规则的同时，一直致力于努力探寻适合本土文化语境和发展需要的现代化知识产权制度，包括法律适用规范体系和政策运行体系，这对于发展中国家在国际社会构建多元现代模式是有着示范意义的。

（二）法律现代化的阶段性问题

知识产权法律现代化是现代国家制度文明建设的重要任务。知识产权法律现代化置身于社会变革和时代变迁之中，它是

---

[1] Alison Firth. The Prehistory and Development of Intellectual Property Systems[M]. London: Sweet & Maxwell, 1997: 3。

[2] 吴汉东，等. 知识产权的共同规则与自主话语[J]. 中国社会科学，2011(5)。

[3] 徐清飞. 多元现代性与法制现代化——基于当下中国的话语与视角的分析[J]. 政法论坛，2007(5)。

[4] 成伯清. "风险社会"视角下的社会问题[J]. 南京大学学报，2007(2)。

整个历史时期的发展过程，而不是一次性运动的结果，各国法律政策的决策者必须处理好知识产权立法的时代性要求与本国阶段性选择的关系。知识产权法律现代化并不能一蹴而就，对这一过程可在不同阶段采取不同的推进力度和速度。2005年联合国报告援引“千年项目”专家意见，提出了一个适用不同国家知识产权保护的调整方案，发展中国家在遵守国际公约最低保护标准的基础上，可以根据自己的发展阶段和发展水平来选择不同的知识产权制度。[1] 上述建议蕴含着阶段性选择的两个原则：一是与“最低保护标准”相一致的原则。“最低保护标准”是国际公约的基本原则，为各缔约国提供了知识产权保护的统一标准，其功用在于克服各缔约国之间法律规则的差异性。换言之，缔约国对知识产权法律的选择，在保护标准上可以超出但不得低于公约规定。因此，阶段性选择是有限制的。二是与本土科技、经济发展水平相一致的原则。科技、经济发展水平，是一国选择知识产权法律的社会条件。所谓阶段性选择，就是实现法律的本土化与现代化的协调，知识产权法律保护水平的选取不能落后或超出某一历史阶段的科技、经济发展水平。由此可见，阶段性选择是有条件的。发展中国家处于不同发展阶段并有着不同发展能力，不能一概而论。从长远发展战略观察，发展中国家如果科技、文化产业条件得到满足，较高水平的知识产权保护将有助于当地的发展和进步。[2] 近40年来，中国知识产权法治建设，先后经历了“法律初建”（从20世纪80年代初到90年代初）、“法律发展”（从20世纪90年代初到21世纪初）、“法律完善”（从21世纪初到现在）的不同阶段，[3]基本完成了法律框架草创以至法律现代化初成的历史任务。可以说，从现代化目标指引下的本土化到本土化基础上的现代化，无一不是阶段性的选择和谋划。

（三）法律现代化的风险性问题

在知识革命时代，法律和政策的“科学理性”得到全面的弘扬，而以人的发展和社会和谐为核心的“价值理性”却遭到某种忽视。贝克认为，现代社会中的重要知识原则就是“科学理性”，正是这种表面“全知全能”、实则“片面垄断”的工具理性，造成了现代社会的诸多问题。“工具理性和技术的蚕食耗尽了日益现代化的本质”，“人类社会充满生机的关系成为工具理性”。[4] 这即是整个法律发展特别是知识产权法律现代化过程中的风险问题。知识问题是现代性风险的根本成因，工业文明、科技文明一方面带来社会的发展进步，另一方面也潜伏着对社会可能的危害。例如，与信息社会安全有关的网络技术风险，与人类社会安全有关的基因技术风险，与生物多样性有关的生态风险，与文化多样性有关的文化风险，与自然人基本权益相关的人工智能风险，等等。概言之，人类正在或已经面临着威胁其生存的由社会所制造的风险。现代化正在成为它自身的主题和问题，因此变得具有反思性。[5] 在风险社会的语境下，上述技术性风险与制度化风险形成共生状态，后者可能是对高新技术应对无措的“制度缺失”，也可能是对高新技术应对有误的“制度失败”。知识产权法律在其现代化过程中，既要保持时代性、先进性，也要注重安全性、稳妥性，应该警惕“工具理性”“科学理性”的越位，防止“价值理性”

---

[1] Calestous Juma, Lee Yee - Cheong, et al. Innovation: Applying Knowledge in Development[M]. London: Earthscan, 2005: 25。

[2] 英国知识产权委员会（CIPR）.《整合知识产权与发展政策》；国家知识产权局条法司. 专利法研究（2003）[M]. 北京：知识产权出版社，2003：109。

[3] 吴汉东. 中国知识产权法制建设的评价与反思[J]. 中国法学，2009(1)。

[4] 乌尔里希·贝克. 世界风险社会[M]. 吴英姿，译. 南京：南京大学出版社，2004：103 - 110。

[5] 乌尔里希·贝克. 风险社会[M]. 何博闻，译. 南京：译林出版社，2004：16。

"社会理性"的缺位。中国知识产权法律的时代构建,致力于坚持新发展观的核心理念,强调人本主义的"创新发展"、公平正义的"共享发展"、人与自然和谐的"绿色发展"等,以此保持知识产权法律现代化的正确方向。就制度设计而言,知识产权应在法律保障发展与法律控制风险两个方面发力:一方面,发挥激励知识创新的制度功能,诸如授权客体的扩展和权利保护的加强,即是促进高新技术发展的法律机制表现。另一方面,也要发挥防范技术风险的制度功能,例如规定权利客体的排除领域,限制权利行使范围,禁止权利滥用等,这些无一不是消解高新技术潜在风险的法律规范举措。

(四)法律现代化的非现代性问题

现代知识产权法律的保护对象是新知识、新技术,其对智力成果私权化进行了精心的制度设计和严格的强力保护。应该指出的是,这一制度可以对智力创新给予激励和保障,却无法对智力源泉提供涵养和庇护,质言之,知识产权关注的是智力成果的新颖性和创造性,但忽视了知识产品的本源性。在现代化语境下,现代知识占据主流地位而成为知识产权保护的中心,而传统知识是一种地方性知识,是特定人群在特定社会环境中发展起来的特定知识类型,表现出鲜明的文化多样性;❶遗传资源作为"人类自然遗产",与现代基因信息产权相区别而存在,它是传统部族独有的具有稀缺性的物质资源,记载有生物多样性的"遗传密码信息"。❷ 没有传统文化和遗传资源的供给,人类精神生产活动将成为无源之水、无本之木。这即是知识产权法律现代化运动必须考虑的非现代性问题。长期以来,传统知识和遗传资源处于权利真空状态,由此导致了东西方国家的利益失衡。正如一些学者所指出的那样,发展中国家的智力源泉搁在了公共领域,而发达国家的智力创造成果被紧紧掌握在私人公司手中。❸ 将传统知识和遗传资源作为知识产权的"新客体"似不可能,这是因为它们缺乏知识产权保护的基本要素,或权利主体难以特定,或授权条件不能具备,或保护期限无法起算等,这些都与知识产权法律保护私人创新、现代创新的理念不符。中国知识产权界曾与国际社会讨论一个新的权利制度即"传统资源权"。❹ 这种制度保护的是"传统"型财产、"本源"性财产,这种财产为现代化的"知识财产"提供了创造性源泉,这即是与知识产权有关的文化多样性和生物多样性保护制度。❺ "传统资源权"没有颠覆现代知识产权法律的制度根基,但却是维系传统文化与资源大国优势的制度创新。尽管国际社会对这一制度的权利架构存有争议,但其生成是对法律现代化运动中的非现代性问题的有效应对,它不仅反映了一种新的利益格局的形成,同时也昭示着未来知识产权法律的某种变局。

三、知识产权法律一体化格局及其选择

知识产权国际保护是现代知识产权法律的重要构成,自从19世纪80年代以来,以《保护工业产权巴黎公约》(1883年)、《保护文学艺术作品伯尔尼公约》(1886年)、《知识产权协定》(TRIPs协定)(1994年)等国际公约为制度基础,以世界知识产权组织(WIPO)、世界贸易组织(WTO)等

---

❶ 李发耀. 多维视野下的传统知识保护机制实证研究[M]. 北京:知识产权出版社,2008:自序。

❷ 徐海根,等. 外来物种入侵·生物安全·遗传资源[M]. 北京:科学出版社,2004:342-343。

❸ Anupam Chander, Madhavi Sunder。The Romance of the Public Domain[J]. California Law Review, 1995,92(5):1348-1353。

❹ 龙文:《论传统知识财产权利的实现形式》。国家知识产权局条法司编. 专利法研究(2004)[M]. 北京:知识产权出版社,2004。

❺ 吴汉东. 文化多样性的主权、人权与私权问题分析[J]. 法学研究,2007(6);吴汉东. 关于遗传资源客体属性与权利形态的民法学思考[J]. 月旦民商法杂志,2006(12)。

国际组织为制度运行平台，知识产权领域形成了国际性法律规则和秩序。在知识产权国际保护体系的协调和规制下，缔约方各自建立的知识产权法律，逐步走上了一体化、趋同化、国际化的道路。

在知识产权国际保护体系中，WTO 及其"TRIPs 协定"发挥了主导作用。现代知识产权法律一体化格局，有以下三个特点：首先是国际法律体系与国际贸易体制的一体化。知识产权保护是国际经贸体制的重要组成部分，在 WTO 框架下成为缔约方必须遵守的"贸易规则"。这就是说，任一缔约方在国际贸易体制内享有无差别的最惠国待遇，但同时需要承诺对知识产权提供充分、有效的保护，并保证知识产权执法措施与程度不至于变成合法贸易的障碍。[1] 其次，以此为基础，继而实现法律保护标准在缔约方之间的一体化。根据国际公约的"最低保护标准原则"，各缔约方根据其本国法提供知识产权保护不能低于该公约规定的最低标准。"最低保护标准"即"一致性标准"，涉及知识产权对象、取得、内容以及保护等基本规范，是各缔约方国内立法的准据规则。正是这一原则的普遍适用，导致了知识产权法律一体化的格局形成，即在知识产权保护领域，国际法高于国内法、内国法同于内国法、国内法服从国际法。最后，法律一体化的另一表现是国际保护法律制度从实体规则到程序规则的一体化。以往国际公约主要规定知识产权国际保护实体内容，缺乏有约束力的执法措施和有效力的争端解决机制，以至于被称为"软法"。[2] "TRIPs 协定"强化了执法程序和保护措施，规定了司法复审、民事程序、损害赔偿、临时措施、边境措施等；同时，设计了磋商、斡旋、裁定、上诉、执行的纠纷调处程序，为知识产权保护"安上了 WTO 争端解决机制的牙齿"[3]。在 WTO 贸易体系及其执行机制和争端解决机制的约束之下，知识产权保护既是高水平的知识产权保护，也是高效率的知识产权保护，这即是知识产权法律一体化的实质要义。

进入新世纪以来，是为"后 TRIPs 时代"。WTO 缔约方对于知识产权利益的协调和分享，表现了新的政策立场并提出新的权利主张。在围绕"TRIPs 协定"的国际磋商未能取得成功的情况下，国际社会出现了绕过"TRIPs 协定"的双边主义以至单边主义，使得知识产权法律一体化格局发生新的变化：(1)多样化。在知识产权国际立法中，WTO、WIPO 继续发挥主导作用，但在主导机制之外，"知识产权造法活动日趋活跃，参与主体复杂、利益取向多元，规范多样化"的特征愈加明显。[4] 许多国际组织、国际机构正在并已经扮演重要角色，因而出现一个多元的立法机制，包括国际人权组织、联合国经发组织、教科文组织、粮农组织、世界卫生组织等的立法活动，许多都与知识产权保护有关。目前，知识产权保护话题不仅与国际贸易相关，而且与国际人权、生物多样性、文化多样性、可持续发展、气候变化、公共健康等问题挂钩。知识产权国际秩序成为国际秩序中的重要组成部分，因而为诸多国际机构、组织所关注。可以认为，传统的主导立法机制依然存在，新的多元立法机制已然出现，从而形成知识产权国际立法的"两个中心，多种渠道，南北对弈，趋向平衡"的格局。[5] 应该承认，这种格局能够多方面、多维度地反映各主权国家、各非国家机构、知识产权主体以及社会公众在知识产权领域的不同立场、

---

[1] 参见世界贸易组织《知识产权协定》(TRIPs，1994 年生效)序言。

[2] 古祖雪. 国际知识产权法[M]. 北京：法律出版社，2002：62 - 63。

[3] Tuan N Samahon. TRIPs Copyright Dispute Settlement after the Transition and Moratorium：Nonviolation and Situation Complaints Against Developing Countries[J]. Law & Policy in International Business，2000，31(3)：1051 - 1059。

[4] 杨静. 自由贸易协定知识产权条款研究[M]. 北京：法律出版社，2013：1。

[5] 刘筍. 知识产权国际造法新趋势[J]. 法学研究，2006(3)。

观点和利益诉求，是对 WTO 和"TRIPs 协定"主导知识产权国际保护制度的补充和矫正，因而多样化格局是健康的、有益的。(2)碎片化。在知识产权多边磋商机制停滞不前的情况下，区域或双边机制却日益活跃，世界贸易组织的一些缔约方签署了若干区域自由贸易协定，如《跨太平洋伙伴关系协定》(TPP 协定)、《区域全面经济伙伴关系协定》(RCEP 协定)以及 300 多个双边自由贸易协定。上述区域和双边自由贸易协定含有"TRIPs - plus"条款，这是一种高水平保护知识产权的附加条款，诸如延长保护期限、增加权利内容、限制合理使用、强化执法措施等。"TRIPs - plus"条款是对国际规则的重要补充，但也弱化甚至动摇了 WTO 和"TRIPs 协定"的权威地位。区域和双边自由贸易协定并不是封闭的，根据 WTO"最惠国待遇原则"，这些协定的任何"优惠、利益或好处"，当然包括附随义务和责任，都可能波及和影响其他缔约方。(3)单边化。在"后 TRIPs 时代"，缔约方之间的知识产权纠纷，或是诉诸于 WTO 多边争端解决机制，或是依照区域和双边自由贸易协定解决，这些并没有改变知识产权法律一体化的格局。而单边主义的做法，是将其国内法凌驾于国际贸易规则即国际法之上，以对抗、报复代替磋商、仲裁，其实质是"逆全球化"的贸易保护主义行为。近年来，美国根据其《1988 年综合贸易与竞争法》、1930 年《关税法》等国内法规定，以与知识产权相关的"不公平贸易"为由，发动"301 调查"和"特别 301 调查"(针对作为贸易对手的国家)、"337 调查"(针对进入美国市场的企业)、"恶名市场调查"(针对外国电商和实体市场)。对缔约方国家之间的知识产权纠纷采取以我为主的单边主义报复，是不符合开放合作的国际大势和争端解决的国际贸易规则的，这一问题引起受制裁国家和整个国际社会的关注和批评。

多样化、碎片化、单边化是"后 TRIPs 时代"影响知识产权法律一体化格局的重要因素，其根本原因是国际力量对比发生深刻变化。在"关贸总协定"的多边谈判机制中，知识产权曾是一个"展现南北国家清晰分野的领域"。❶ 这种二元对立的划分，即是将知识产权世界简单地划分为发展中国家与发达国家两大阵营，一边是主张严格保护的多边知识产权机制，另一边则寻求知识产权保护的例外规则、排除领域和过渡期。但是上述分类已经过时，各缔约方保护知识产权的国际立场悄然发生改变，在不同的议题上通常形成不同的利益集团。在传统知识、遗传资源乃至地理标志保护方面，不再是发达国家与发展中国家"南北矛盾"的简单划分，而是所谓的"新世界"国家与"旧世界"国家之间的利益冲突。新旧两个世界中既有发达国家，也有发展中国家。❷ 美欧之间的利益冲突和政策分歧，使得发达国家在知识产权国际保护领域出现不同声音。更有甚者，美国曾是知识产权法律一体化进程的引领者和推动者，而今出于其"利益优先"的考量，屡屡成为世界贸易规则的局外者。这不仅影响到"TRIPs 协定"实施的有效性和权威性，也给未来知识产权法律变迁带来了种种变数。当然，对知识产权国际格局带来最大影响的因素，是"新兴市场国家和一大批发展中国家快速发展，国际影响力不断增强"，这是"近代以来国际力量对比中最具革命性的变化"。❸ 以中国、印度、巴西为代表的新兴经济体，其科技、经济水平迅速提高，竞相以知识产权作为本国创新发展的

---

❶ Peter K Yu。Intellectual Property Negotiations, the BRICS Factor and the Changing North - South Debate, in Rostam Neuwirth, A lexandr Svetlicinii and Denis De Castro Halis, eds., The BRICS - Bavuyers' Guide to Global Cooperation, Cambridge: Cambridge University Press, 2017: 123 - 147。

❷ 董炳和. 地理标志知识产权制度研究[M]. 北京：中国政法大学出版社，2005：6。

❸ 引自习近平在中共中央政治局第二十七次集体学习时的重要讲话。

基本方略，提出了完善知识产权国际保护制度的诸多主张，从而改变了知识产权国际秩序的动力结构。就知识产权保护标准而言，新兴经济体与欠发达国家的立场存有差异，而与发达国家维护“TRIPs协定”的主张更为接近，他们力求“将本国价值理念和国家战略融入既有制度并做出有利于本国的新的制度安排”❶。国家实力以及国家间实力的比较，是国际知识产权秩序形成的决定性因素，新兴经济体成为知识产权全球版图重构的重要力量。

面对深刻复杂的世界局面，习近平全球治理法治思想意蕴深厚，其中，“构建人类命运共同体”“走和平发展道路”“构建以合作共赢为核心的新型国际关系”“推动国际秩序与全球治理体系朝着更公平合理的方向发展”等重要思想，不仅是中国对外交往和参与全球治理的先进理念指导，也是中国参与知识产权全球治理体系建构和应对知识产权国际制度变革的方向引领。在“后TRIPs时代”，我们不应限于遵守“TRIPs标准”、实施“TRIPs协定”，而要站在参与知识产权全球治理的高度，重新认识知识产权法律一体化的格局变化及其路径选择。

(一)维护“TRIPs标准”与推动“体制转换”的一致立场

以WTO为主导的国际贸易体系和以“TRIPs协定”为中心的国际知识产权保护体制，在推进经济全球化和维护知识产权国际秩序方面发挥了重要作用。尽管“TRIPs协定”存在不尽合理、不尽公平的制度弊端，以致被称为“最受争议的国际条约”，但毫无疑问也是“20世纪最重要的知识产权协定”。❷“TRIPs标准”为知识产权法律一体化提供了最重要的基础，时至今天，新兴经济体已普遍接受“TRIPs标准”，不仅将这一标准作为国内立法的根据，而且作为参与区域和双边知识产权合作的基准。与此同时，新兴经济体还推动“国际体制适当转换”。国际体制概念是国际关系学者于1982年提出的，其意指参与者预期集中于一个给定问题领域的原则、标准、规则和决策程序。❸在国际关系理论中，“体制转换”是在权利约束既定的情况下，国家和非国家参与者采用的使国际体制更精确地反映其利益而演化的策略，即通过条约协商、立法动议、规则制定等活动，从一个国际舞台转向另一个而改变现状的努力。可以说，“体制转换”为国家和非国家参与者提供了产生“反体制标准的机会”。❹“体制转换”在知识产权国际秩序建构中屡见不鲜：20世纪50年代的美国，通过“体制转换”在联合国教科文组织体制下制定并加入《世界版权条约》，长期拒不参加WIPO管辖的《伯尔尼公约》；20世纪80年代以来，美国等发达国家将知识产权国际立法的重心，从WIPO转向WTO而建立以“TRIPs协定”为核心的新秩序。就现阶段而言，相对于WTO、WIPO等传统体制而言，包括中国在内的发展中国家，可以利用生物多样性、文化多样性、公共健康、国际人权和发展等多个国际论坛来创建具有道义优势的新体制，以推动知识产权国际保护制度的变革。此外，也可以通过区域和双边自由贸易协定的知识产权条款设计，克服“TRIPs标准”的制度局限，例如对高新技术客体的保护和对传统知识、遗传资源的保护等。无论是在世界贸易组织框架，还是在“体制转换”的区域或双边场合，我们都应从构建“人类命运共同体”

---

❶ 吴志成，董柞壮. 国际制度转型与中国的应对[J]. 当代世界，2016(5)。

❷ Peter Drahos, John Braithwaite. Intellectual Property, Corporate Strategy, Globalization: TRIPs in Context[J]. Wisconsin International Law Journal, 2002, 20(3): 452。

❸ Stephen D Krasner. Structural Causes and Regime Consequences: Regime as Intervening Variables[J]. International Organization, 1982, 36(2): 185-205。

❹ Laurence R Helfer. Regime Shifting: The TRIPs Agreement and New Dynamics of International Intellectual Property Lawmaking[J]. The Yale Journal of International Law, 2004, 29(1): 10-17。

的基本理念出发，致力于“建立平等相待、互商互谅的伙伴关系，营造公道正义、共建共享的安全格局，谋求开放创新、包容互惠的发展前景，促进和而不同、兼收并蓄的文明交流”❶。这就是说，反对制度强加、规则主导的霸权行为，共商共建共享知识产权国际保护体系。

（二）发展中大国与知识产权大国的共同角色

我国是一个发展中大国，在中国加入WTO的谈判过程中，国际社会曾就中国究竟是发展中国家还是发达国家的地位问题存有争议。中国以发展中国家身份加入WTO，既是中国的正确政治选择，也反映了中国当时的经济社会发展水平。尽管“入世”以来中国经济取得了长足的进步，在世界创新体系中占有重要位置，但人均收入和经济社会发展综合指标依然不高，总体仍处于发展中国家行列。这就说明，坚持发展中国家立场，反映广大发展中国家的利益与意志，是中国参与知识产权全球治理的基本角色定位。同时，我国也是一个发展中新兴大国，在世界政治、经济、科技、文化、教育等方面居于重要地位。2016年，中国新发明专利的数量已占全球总量的68.1％，版权产业的贡献率占到国民生产总值的7.33％，注册商标量十多年位居世界第一，成为名副其实的知识产权大国。“负责任大国”的外交政策，正在由“韬光养晦、有所作为”转向“奋发有为”“积极有为”。在知识产权外交方面，秉持合作、避免对抗的原则，与美欧发达国家“求同存异”，与新兴经济体“合作共赢”，对欠发达国家“普惠包容”。在知识产权保护领域，应从国际规则的遵循者、跟随者转变为参与者、建设者、维护者，其重大的举措包括：推动知识产权全球治理体系改革，扩大发展中国家在国际事务中的代表性和发言权；在知识产权国际规则制定中，提出更多中国方案、贡献中国智慧；促进南北对话和南南合作，妥善解决知识产权国际争端。

（三）中国“FTZ”与国际“FTA”“WTO”“WIPO”的互动机制

在“后TRIPs时代”，WTO和WIPO提供了多边主义的合作平台，“TRIPs协定”与其他知识产权国际公约统领着各缔约方关于知识产权保护的最低标准。作为区域和双边自由贸易协定，也将知识产权条款作为其重点议题，因此，知识产权法律一体化格局呈现出一个双边、区域主义和多边主义之间循环往复的过程。在这种情况下，我国参与知识产权全球治理已经形成了一种互动性、关联性的运作机制，即国内自由贸易区（FTZ）—国际自由贸易区（FTA）—世界贸易组织（WTO）、世界知识产权组织（WIPO）的立体网络。其中，FTZ是联结知识产权国内制度与国际制度的试验园区和重要纽带。自由贸易试验区旨在先行先试，主动与国际贸易规则接轨，实行准入前国民待遇和负面清单，以营造国际化、市场化、法治化的营商环境；FTA是我国实现知识产权政策主张、法律方案的谈判场所和重要平台。双边和区域机制以合作共赢为主题，通过国际对话机制，推动知识产权国际保护的制度创新。WTO、WIPO的多边机制是我国参与知识产权全球治理和应对知识产权国际事务的最终舞台和权威机构。经济学家普遍认为，多边贸易体制优于双边或区域自由贸易协定。❷对于知识产权制度而言亦是如此，WTO、WIPO认定的知识产权保护标准才具有全球范围的普适性。中国适用和参与的上述机制并不是相互孤立的，而是有着相当的关联性，它们是一种互动机制，共同服务于我国参与知识产权全球治理的总体战略。

---

❶ 习近平．携手构建合作共赢新伙伴同心打造人类命运共同体——在第七十届联合国大会一般性辩论时的讲话［N］．人民日报，2015-09-29(2)。

❷ 世界银行．全球经济展望（2005）［M］．北京：中国财政经济出版社，2005：125。

中国知识产权法律变迁，是一场理论创新、制度创新和实践创新的过程，表现了本土化、现代化、一体化的基本面向。知识产权法律生成在中国具有不同于以往大国所具备的历史情境、社会环境和国际场景，对此，我们无法简单依赖西方国家的理论工具作出诠释，也不可能借用他国经验模式进行复制。概言之，中国知识产权法律理论与实践有着自己的发展道路，这即是法律移植与世界文明的空间交汇，法律本土化与现代化、一体化的时间承接。中国知识产权法律制度的理论智识和实践经验，既是属于中国的，也是归于世界的。

全国知识产权工作概况

专利工作

第一章 法律事务

1. 法制建设

专利法律法规修改取得实质性进展。2018年12月5日,《中华人民共和国专利法修正案(草案)》(以下简称《专利法修正案(草案)》)通过国务院常务会议审议。2018年12月23日至29日,《专利法修正案(草案)》由全国人大常委会进行了第一次审议。2018年9月6日,国务院第23次常务会议审议通过《专利代理条例(修订草案)》,修订后的《专利代理条例》自2019年3月1日起施行。积极准备《专利法实施细则》修订。

专利规章修改稳步推进,加快《专利代理管理办法》等规章的修改工作。推进职务发明制度调研论证,围绕国有无形资产监管政策等问题从不同角度总结实践经验,为职务发明法律制度完善提供具体建议和支撑。

深入推进地方专利立法指导协调机制。聚焦知识产权综合立法、“一带一路”知识产权工作与地方立法相结合等重点问题,充分发挥机制作用,推进地方立法进程,促进各地交流研讨。

2. 审查标准与政策

完善专利审查标准。针对社会反映强烈、迫切期待解决的问题进行专题研究,扎实推进《专利审查指南》常态化修改工作;深化新领域新业态创新成果知识产权保护制度研究,继续完善现行专利制度保护措施,提出《专利审查指南》修改建议。

出台政策保障专利复审和无效案件的审理质量和效率提升。制定复审无效案源分配办法,发布涉及复审无效业务的业务指导和质量保障工作方案,修订涉及复审无效业务的专利审查质量保障手册,提出有关加强复审案件前后审沟通交流的建议。

3. 行政复议和行政诉讼

2018年,共收到行政复议申请1013件,共审结780件行政复议案件。除复审、无效案件的行政应诉案件外,参加行政应诉案件共167件,其中法院受理的一审案件为127件。

第二章 申请及审查

1. 专利的申请、审查及授权

(1)专利申请。

2018年,我国发明专利申请量为154.2万件,同比增长11.6%。其中,国内发明专利申请139.4万件,占总量的90.4%,同比增长11.9%;国外在华发明专利申请14.8

万件，占总量的9.6%，同比增长9.1%，实现“十三五”以来最快增速。

国内发明专利申请中，职务发明专利申请120.2万件，占86.2%，同比增长15.2%。国内发明专利申请中企业所占比重达到64.3%，较2017年提升1.1%；有专利申请的国内企业较2017年新增6.0万家，对国内发明专利申请增长的贡献率达到73.2%，国内企业创新活跃度进一步提升。

2018年，我国实用新型专利申请量为207.2万件，同比增长22.8%；外观设计专利申请量为70.9万件，同比增长12.7%。

(2)专利审查。

2018年，共审结三种专利申请335万件，同比增长31%。其中发明专利结案80.8万件，实用新型专利结案187.4万件，外观设计专利结案66.7万件。受理三种专利申请优先审查案件3.5万件，其中发明专利申请优先审查案件2.6万件，同比增长39.3%；实用新型专利申请优先审查案件8035件；外观设计专利申请优先审查案件374件。

深入实施专利质量提升工程。通过编辑新领域新业态客体审查和创造性审查的典型案例集，制定试点领域PCT国际阶段检索规范等方式，形成一批可推广应用的成果。强化双监督、双评价质量管理工作机制，推动《审查质量保障手册》落到实处。持续加强审查能力建设，从规范公知常识使用、提升检索质量和通知书效能三方面，强化审查意见通知书的证据支撑。建立知识产权保护中心案件审查质量管理工作机制，建成实用新型智能辅助审查系统和中国专利质量系统。2018年专利审查质量用户满意度指数为85.1，首次达到85以上。PCT国际专利申请审查意见问题率降至1%以下。有效应对非正常专利申请。针对申请增长异常地区重点开展申请质量专项排查，优化工作模式，增加人力资源配置，对新受理专利申请集中开展申请质量排查工作，按月形成申请质量监测报告，有效遏制低质量申请流入审查环节，节约审查资源。

强化审查过程管理，充分利用信息化手段，多措并举压减审查周期。在发明专利申请量增长较快的情况下，专利审查周期保持稳定，高价值专利审查周期压减10%。从发明专利申请优先审查请求同意之日起到首次结案的平均周期低于6个月，较2017年进一步缩短。

专利审查力量进一步增强。2018年7月，国家知识产权局专利局专利审查协作北京中心福建分中心正式启动运行，为进一步压减专利审查周期，促进知识产权信息服务和人才集聚奠定了基础。

(3)专利授权。

2018年，授权发明专利43.2万件，同比增长2.9%。其中国内发明专利授权34.6万件，占总量的80.1%。国内发明专利授权中，职务发明专利授权32.3万件，占93.3%，同比增长6.3%；非职务发明专利授权2.3万件，占6.7%，同比下降0.9%。

2018年，授权实用新型专利147.9万件，同比增长52.0%；授权外观设计专利53.6万件，同比增长21.1%。

(4)有效发明专利拥有量。

截至2018年年底，已授权并维持有效的发明专利拥有量为236.6万件，同比增长13.5%。其中，国内发明专利拥有量166.2万件，占总量的70.2%，同比增长17.6%；国外在华发明专利拥有量70.4万件，占总量的29.8%，同比增长4.9%。截至2018年年底，我国每万人口发明专利拥有量(不含港澳台)达到11.5件。

2. PCT国际专利申请

2018年，共受理PCT国际专利申请5.5万件，同比增长9.0%。其中，5.2万件来自国内，同比增长9.3%。自1994年起累计受理PCT国际专利申请31.3万件。

2018年，共完成国际检索报告5.2万件，同比增长17.6%。自1994年起累计完成PCT国际检索报告28.1万件。共完成国际初步审查报告451件。

2018年收到进入中国国家阶段的国际专利申请9.3万件，同比增长7.7%，其中发明专利申请9.2万件，实用新型专利申请1197件。自1994年起收到进入中国国家阶段的国际专利申请累计111.1万件。

3. 专利复审及无效宣告

2018年，受理专利复审请求3.8万余件，同比增长11%。其中，涉及对驳回发明专利申请决定不服的复审请求为2.9万件，占当年受理总量的76.3%；涉及对驳回实用新型专利申请决定不服的复审请求为8733件，占当年受理总量的23%；涉及对驳回外观设计专利申请决定不服的复审请求为447件，占当年受理总量的1.2%。自1985年以来，共受理专利复审请求21.5万件。

2018年，受理专利无效宣告请求5235件，同比增长15%。其中涉及发明专利权的无效宣告请求为1387件，占当年总量的26.5%；涉及实用新型专利权的无效宣告请求为2166件，占当年总量的41.4%；涉及外观设计专利权的无效宣告请求为1682件，占当年总量的32.1%。自1985年以来，共受理专利无效宣告请求5.5万件。

2018年，专利复审请求结案共2.8万件，其中涉及发明专利申请2.3万件，涉及实用新型专利申请4815件，涉及外观设计专利申请327件。截至2018年年底，专利复审请求结案18.1万件。

2018年，专利无效宣告请求结案4217件，其中涉及发明专利1069件，涉及实用新型专利1743件，涉及外观设计专利1405件。截至2018年年底，专利无效宣告请求结案5.5万件。

通过积极推进短周期案件管理试点等工作措施，专利复审及无效案件审查周期进一步优化。2018年，复审案件结案周期平均为11.1个月；无效案件结案周期平均为5.1个月。以优先审查程序结案的复审案件57件，平均结案周期为6.7个月（比全部案件平均周期短4.4个月）；无效案件88件，平均结案周期为4.4个月（比全部案件平均周期短0.7个月）。

通过制定复审、无效案源分配办法，保证优先审查案件及时推送，关联案件集中分配。创新审理模式，初步构建起包括优先/特快审查、关联案件集中审理、巡回审理、远程审理、侵权确权案件联合审理、当庭宣布审查结论等模式，138件案件当庭宣布结果。截至2018年年底，已在广东、江苏、四川、山东、辽宁等10个省（市）建设了11个巡回审理庭，在广东第一巡回审理庭、中国（长沙）知识产权保护中心审理庭、中国（深圳）知识产权保护中心审理庭3个地点开通远程审理。上线复审、无效立案及流程管理系统，实现了复审案件的自动立案，无效案件和中间文件的自动预审。继续大力推广电子请求，在多地对相关人群开展培训。2018年12月，复审电子请求率为87%；无效电子请求率为64%。

第三章　战略推进和保护运用

1. 战略推进

（1）国家知识产权战略的协调推进。

进一步发挥联席会议机制作用，加大战略实施统筹协调力度。印发《国务院知识产权战略实施工作部际联席会议办公室关于调整联席会议成员的通知》，调整完善了联席会议工作机制。组织召开国务院知识产权战略实施工作部际联席会议第三次全体会议，会议审议并原则通过了《2018年深入实施国家知识产权战略 加快建设知识产权强国推进计划》《国家知识产权战略实施十年评估报告》和《研究制定知识产权强国战略纲要有关考虑》，研究部署了知识产权战略实施重点工作。印发《2018年深入实施国家知识产权战略 加快建设知识产权强国推进计划》，明确了六大重点任务和109项具体措施，组织各成员单位按职责分工推进落实。认真做好2017年战略实施工作总结，向国务院上报《2017年深入实施国家知识产权战略 加快建设知识产权强国工作总结报告》。举办2018年国家知识产权战略实施工作研讨培训班。

高质量完成国家知识产权战略实施十年评估。按照《〈国家知识产权战略纲要〉实施十年评估工作方案》，组织完成了部门自查、地方评估、专题评估、国际咨询、公众调查、调研座谈等工作，共形成31份部门自查报告、32份地方评估报告、12份专题评估报告、1份国际咨询报告、1份社会调查报告。在此基础上，形成《国家知识产权战略实施十年评估报告》和《国家知识产权战略实施十年评估专家组报告》。

组织开展《国家知识产权战略纲要》实施十年宣传表彰工作。举办国家知识产权战略颁布实施十年座谈会。举办国家知识产权战略实施十年成就宣传展，制作知识产权战略实施十年宣传片(中英双语)，出版《一项兴国利民的国家战略〈国家知识产权战略纲要〉颁布实施十周年纪念文集》，组织中央主要新闻媒体围绕《国家知识产权战略纲要》实施十年开展报道。评选出100个国家知识产权战略实施工作先进集体和100个国家知识产权战略实施工作先进个人。相关表彰决定在《人民日报》全文刊登，先进事迹分批次在《中国知识产权报》等媒体进行了宣传。

强化服务支撑，进一步提升战略研究和信息工作水平。加强国家知识产权战略研究基地建设，组织基地开展12项专题研究和4项应急性研究，编发《信息速递》34期。会同联席会议成员单位开展知识产权发展状况统计调查，编制发布《2017年中国知识产权发展状况评价报告》。编发《工作简报》8期、《工作动态》13期。评选表彰2018年战略信息工作先进个人和优秀战略信息，举办2018年国家知识产权战略信息工作培训班。

(2)行业知识产权战略的协调推进。

深入开展重大经济科技活动知识产权评议工作。组织完成2017年重大经济科技活动知识产权分析评议工程示范项目验收评审工作。继续加强知识产权服务机构培育，遴选出示范创建机构30家、示范机构18家。委托专利审查协作北京中心、专利审查协作广东中心、专利审查协作湖北中心、专利审查协作天津中心、中国专利技术开发公司、知识产权出版社有限责任公司开展“重点领域知识产权分析评议报告发布”工作，并达到预期效果。

继续组织开展“知识产权走基层 服务经济万里行”活动。选定山东济南、日照、德州，吉林通化，江苏镇江，上海浦东作为活动举办地，确定专利审查协作北京中心、专利审查协作湖北中心、中国专利技术开发公司、知识产权出版社有限责任公司作为主协调部门，组织开展各类分项活动超过60余场，取得良好效果。

(3)区域知识产权战略的协调推进。

推进区域知识产权战略实施。制定2018年地方战略实施工作要点框架，形成《2018年全国地方知识产权战略暨强国建设实施工作要点汇编》；梳理各地方2017年战略实施工作总结材料，形成《关于对2017年全国地方知识产权战略暨强国建设实施工作要点总结情况的说明》；开展全国地方知识产权战略实施十年评估总结，形成《全国地方知识产权战略实施十年评估情况总结的报告》和《评估报告摘要汇编》。

推进知识产权区域布局工作深入实施。召开区域布局工作汇报会和交流会，对试点地方进行全面深入调研，形成调研报告上报。加快推进布局成果落地指导地方布局试点工作，形成《以知识产权为核心的资源配置导向目录：理论、方法与应用》《以知识产权为核心的资源配置导向目录范本》《以知识产权为核心的资源配置导向目录编制规范》《知识产权区域布局研究报告(2019)》《知识产权区域布局工作管理规范》《知识产权区域布局工作培训教材》《知识产权区域布局工作技术手册》。加强试点地方工作能力培养，先后组织两期区域布局系列培训，共培训 140 余人次。完成第一批知识产权区域布局试点预验收，指导地方为正式验收做好准备。开展布局长效机制建设探索和区域布局试点促进项目，形成知识产权区域布局长效机构建设初步方案。

推进重点区域、重点产业知识产权工作开展。开展 2017 年东北老工业基地知识产权政策落实情况总结，整理形成东北老工业基地 2017 年工作总结及 2018 年重点工作。启动中德（沈阳）高端装备制造产业园知识产权促进项目，支持和推动产业园知识产权保护体系建设。加强对东北地区的专利资源分析，形成《东北地区专利资源分布研究报告》。梳理形成《〈长江经济带创新驱动产业转型升级“十三五”知识产权工作方案〉2016—2017 年工作绩效及 2018 年工作计划》。召开国家自主创新示范区知识产权工作座谈会和国家自主创新示范区资源分析研讨会，指导形成《国家自主创新示范区资源分析报告》。完成《“一带一路”知识产权资源分析报告》。

2. 政策研究

（1）宏观管理类课题统筹。

统一发布国家知识产权局软科学研究项目、专利战略推进工程项目、专利专项项目申报指南，进一步规范立项程序。围绕实施国家知识产权战略和加快建设知识产权强国中的重点问题，新设立 39 项软科学研究项目。开展 2017 年立项课题的结题评审工作，共结题 30 项。开展第十届全国知识产权优秀调查研究报告暨优秀软课题成果征集活动，共评出一等奖 10 篇、二等奖 15 篇、三等奖 20 篇。利用国家知识产权局学术委员会平台、《中国知识产权年鉴》及《知识产权工作动态》等共享课题研究成果。

（2）政务信息工作。

围绕贯彻落实党中央、国务院有关知识产权工作重大决策部署、深入实施知识产权战略、深化知识产权领域改革、强化知识产权创造、保护、运用以及关注解决国内外知识产权热点问题等，及时组织编写报送信息，为党中央、国务院掌握相关工作进展情况提供了信息支持。全年编发《知识产权局简报》34 期、《知识产权局信息》45 期，《知识产权工作动态》25 期，被中央办公厅、国务院办公厅、中央和国家机关工委采用 29 篇/次，得到有关领导同志批示 8 篇/次。

3. 严格保护

（1）全国知识产权保护社会满意度调查。

持续推进全国知识产权保护社会满意度调查工作，形成《2017 年度知识产权保护社会满意度调查报告》《2017 年度专利保护社会满意度调查报告》，积极加强相关宣传工作和对满意度调查结果的利用。调查结果显示，2017 年知识产权保护满意度分数为 76.69 分，较 2016 年提升 4.31 分。继续组织开展 2018 年知识产权保护社会满意度调查工作。加强与国家发展改革委等相关部门的沟通，将知识产权保护社会满意度纳入全国营商环境评价指标体系。启动中国企业海外知识产权保护状况调查，组织完成调查指标体系设计和调查问卷编写工作，启动对相关国家的调查工作和专家深度访谈工作。

（2）知识产权海外维权援助。

持续完善海外知识产权信息平台。“智南针”网站完成日常更新信息 400 余条，新增国外知识产权诉讼案例 32 篇，海外知识产权理论文章 60 余篇，目前汇集 189 个国家或地区 1400 余部知识产权法律法规，20 多个重点国家知识产权环境概览，近 30 本知识产权实务指引，350 余家海外和涉外知识产权服务机构等相关内容。进一步扩充网站内容，新增专利审查高速路 PPH 专题、美国 337 调查专题、大数据专题和海外商标注册专题。持续完善“智南针网”微信公众号，推出多期独家策划。目前“智南针”网站累计注册会员达 1 万，累计访问量 1341 万次。着力提升企业知识产权意识和保护运用能力。组织智南针沙龙“海外专利快速授权——PPH 攻略”专场，为企业海外知识产权布局提供宣传、交流和咨询服务；举办战略性新兴产业“走出去”企业知识产权保护培训班，提高企业知识产权保护意识和维权能力。

(3)知识产权保护体系建设。

知识产权快速协同保护不断深化。2018 年，先后批复建设 9 家知识产权保护中心，保护中心总数量达到 23 家，服务覆盖 16 个产业；研究制定《知识产权保护中心建设与运行工作手册》，推动知识产权保护中心建设规范化。知识产权快速维权中心数量达到 20 家，快速维权工作覆盖范围进一步扩大。持续强化知识产权举报投诉与维权援助工作机制，加强跨地区举报投诉案件转办协作，拓宽知识产权维权援助与举报投诉渠道，知识产权维权援助与举报投诉网络覆盖全国大部分城市。

知识产权诚信体系建设取得重要进展。38 个部委联合印发《关于对知识产权(专利)领域严重失信主体开展联合惩戒的合作备忘录》，全国信用信息共享平台(二期)知识产权局子平台基本建成。国务院办公厅印发《知识产权对外转让有关工作办法(试行)》(国办发〔2018〕19 号)，知识产权对外转让审查工作机制建立健全。

知识产权纠纷仲裁调解工作取得新突破。完成天津等 8 家第三批纠纷调解试点地区的项目验收，试点期间共创建和培育 20 家调解组织，组建一支约有 370 名专兼职调解员的人才队伍，成功调解案件 5700 余件，确定首批 29 家知识产权仲裁调解机构开展能力建设。

专业市场知识产权保护更加规范。确定北京红桥市场等 49 家市场为第五批知识产权保护规范化市场培育对象，完成对第四批知识产权保护规范化培育市场的中期验收并组织开展第三批知识产权保护规范化市场认定工作。

(4)专利行政执法。

2018 年，全国专利行政执法办案总量 7.7 万件，同比增长 15.9%。其中专利纠纷办案 3.5 万件(包括专利侵权纠纷办案 3.4 万件)，同比增长 22.8%；查处假冒专利案件 4.3 万件，同比增长 10.9%。进一步完善专利执法指导体系，制定《专利标识标注不规范案件办理指南》，发布《2017 年度专利行政执法十大典型案例》，组织召开部分省市参加的地方执法工作座谈会，完成专利侵权判定咨询专家库建设，为地方执法办案提供有力的指导，有效增强地方执法办案的规范性和协调性。持续强化执法办案力度，推动知识产权执法协作机制建设，开展“一带一路”沿线省(区、市)执法协作交流活动，指导晋冀鲁豫地方执法协作。国家知识产权局联合农业农村部等部门印发《关于加强农村假冒伪劣食品治理的指导意见》，开展打击农村假冒伪劣食品集中专项整治行动。针对电子商务领域、全国重点展会等领域开展执法维权“雷霆”专项行动，严厉打击各类侵犯知识产权行为。2018 年，国家知识产权局集成电路布图设计行政执法委员会办结首例集成电路布图设计专有权侵权纠纷案。组织起草《集成电路布图设计审查与执法指南》，推动建立集成电路布图设计保护规范。

4. 运用促进

(1)知识产权强省强市、省部合作会商。

制定印发《2018 年全国专利事业发展战略年度推进计划》，加强分类指导，明确强省试点省年度工作目标和任务。与广东、陕西、江苏三省开展知识产权合作会商，联合印发年度工作要点，谋划开展一系列重大知识产权合作项目。开展强省建设试点经验和典型案例凝练总结工作，初步形成 60 条入围试点经验和典型案例。开展 2017 年专利事业发展战略绩效考核工作，形成绩效评价报告，并在《2017 年全国专利实力状况报告》中公布。按照高质量发展的要求，开展专利导航城市创新发展质量评价工作，印发并组织实施2018年国家知识产权示范城市工作计划，切实指导各城市做好专利质量提升、知识产权运营、知识产权保护等重点任务，确保强市建设工作扎实推进、取得实效。新增知识产权强市创建市和示范城市7个，强县试点示范县85个。

（2）知识产权强企建设。

谋划知识产权强企建设顶层设计，加强优势示范企业培育，新增国家知识产权示范企业232家，国家知识产权优势企业862家。大力推行企业知识产权管理国家标准，超过3万家企业开展贯标工作，约1.8万余家企业通过认证审核并获得认证证书。推动中科院以及广东等地高校启动科院组织、高等学校知识产权管理规范贯标工作。联合工业和信息化部继续实施中小企业知识产权战略推进工程，组织20个中小企业知识产权战略推进工程试点城市（含35个中小企业集聚的园区）持续推进中小企业知识产权工作，支撑中小企业创新发展。

（3）标准认证。

召开全国知识管理标准化技术委员会年会，增选调整部分专业委员，审议通过地理标志标准化分技术委员会组建方案。制定创新管理知识产权管理规范国家标准，开展《创新过程—知识产权管理指南》国际标准研究制定工作，制定完成专利价值分析指标体系国家标准（征求意见稿）。会同国家认监委共同印发《知识产权领域认证管理办法》，并开展政策解读工作。加强对新设立4家知识产权认证机构的监管。

（4）中国专利奖评选。

推动专利奖评选模式创新，在组织模式、评选方式等方面进行改革，顺利完成第二十届中国专利奖评选工作，评选出中国专利金奖30项，中国外观设计金奖10项；中国专利银奖59项，中国外观设计银奖15项；中国专利优秀奖695项，中国外观设计优秀奖61项。积极推动各省设立省政府专利奖，目前全国已有19个省份设立省政府专利奖。

（5）知识产权运营服务体系构建。

批复宁夏、上海、湖北、河南等地建设智能装备制造产业知识产权运营中心，知识产权国际运营、高校知识产权运营、知识产权交易运营等平台，推进汽车产业知识产权运营中心、南方知识产权运营中心建设，在区域性、产业性、功能性平台建设上做出新探索。会同财政部支持新一批8个重点城市开展知识产权运营服务体系建设，指导8个城市完成实施方案编制印发工作，使各项工作稳步推进。印发《国家知识产权局办公室关于进一步规范知识产权运营服务试点信息报送 加强绩效管理的通知》，完善信息报送内容，初步建立绩效评价机制，完成2017年度重点城市知识产权运营服务体系建设和城市知识产权运营基金绩效评价报告。

（6）专利质押融资。

印发《关于引入专利质押融资保证保险 完善专利质押融资风险补偿机制的通知》《关于抓紧落实专利质押融资有关工作的通知》《关于进一步推动知识产权金融服务工作的意见》等系列文件，加强引导和过程督导。探索知识产权资本化新模式，引导各地开发具有本地特色的知识产权金融产品，并逐步推广落地运营。2018年专利质押融资金额885亿元，同比增长23%，质押项目5408项，同比增长29%。

（7）展会工作。

国家知识产权局担任首届中国国际进口博览会筹委会成员单位，积极做好博览会相关工作，会同相关单位在博览会期间举办第十五届上海知识产权国际论坛暨全球知识产权保护和创新发展大会。加强对大连专交会业务指导，共设置"'一带一路'国际合作"等18个展区，吸引世界各地共1500家单位、6100项专利技术参展，展览展示规模层次明显提升，交易合同金额近50亿元。

(8)专利代理行业体系建设。

开展专利代理行业改革试点政策评估，全面总结试点成效、分析问题。确定在北京、江苏、浙江、山东、广东、四川等6个省(市)共52家专利代理机构开展贯标试点工作。组织开展2018年专利代理人考试，2.7万名考生参加考试，参考科次数为6.4万科次，参考率61.9%。优化专利代理机构设立审批流程，审批时间缩短至10个工作日以内。

(9)服务业集聚区建设和品牌机构培育。

批复安徽合肥高新区、辽宁大连高新区设立国家知识产权服务业集聚发展试验区，完成杭州高新区、青岛崂山区、武汉东湖高新区3家试验区验收，转入示范区建设。遴选产生第四批全国知识产权服务品牌培育机构56家，目前共遴选4批201家全国知识产权服务品牌培育机构。在湖南、云南、辽宁、甘肃举办全国知识产权服务品牌机构牵手区域经济发展系列行动。

(10)支撑产业转型升级和区域经济发展。

组织开展专利导航试点验收。深化导航试点工程实施效果，开展产业规划类、企业运营类专利导航项目。加强专利导航工作研究和推广，设计并开发面向各专利导航产业发展实验区的专利导航服务平台。编制区域布局指导书籍和应用工具，构建区域布局试点工作推进指导体系。开展试点地方现场验收，梳理汇总第一批试点工作成果。选定7家单位推动健全评议制度建设、推广评议工作指南以及形成一批精品项目等工作。面向产业集聚区举办6期重点领域知识产权分析评议报告发布会。确定第二批知识产权分析评议服务示范机构18家和第五批知识产权分析评议服务示范创建机构30家。推动形成《知识产权分析评议服务 服务规范》国家标准。完善《重大经济科技活动知识产权评议办法》。

第四章　公共服务

1. 专利信息公共服务

(1)专利信息公共服务系统。

2018年，新一代地方专利信息服务中心检索及分析系统新增11个试点地方局，试点范围进一步扩大至24家，新增企业注册用户近7000个，有效推进全国专利信息公共服务体系服务能力升级。地方专利信息服务中心检索及分析系统整体平稳运行，新增注册用户42万人，累计注册用户量达到105.8万人，系统功能持续优化，为公众提供更为便捷易用的检索及分析功能，不断提升公众使用体验度。升级知识产权保护中心相关系统，全流程实现保护中心发明、实用新型、评价报告和复审无效业务的审查周期要求，为全国已批复的23家保护中心和20家快速维权中心提供高效的信息化建设和运维支持。

(2)专利数据开放。

国家专利数据中心数据服务管理进一步完善，持续为区域中心、地方中心、合作单位提供专利数据更新及下载服务。专利数据服务试验系统自2014年上线以来运行稳定，持续向社会公众提供中、美、欧、日、韩专利数据的免费更新和下载服务，2018年，系统注册用户达到1.4万个，同比增长16%，用户累计下载数据总量超过300TB，同比增长60%以上。

(3)专利信息传播利用。

进一步深化对全国专利信息传播利用工作的指导。组织召开2018年专利信息传播利用工作交流会，编写并发布《全国专利信息传播利用2017》白皮书，指导全国专利信息传播利用工作均衡有序发展。发布并实施《2018年度全国专利信息传播利用工作计划》，实现对基地、人才、帮扶等工作的重点指导和培育。汇编形成第一版《全国知识产权系统文献资源联合目录(2018)》，共收集全国知识产权系统内文献资源1162条，包括238个数据库、471种文献数据、405份研究报告、57种期刊。面向全国120家专利文献服务网点开展2期业务培训班，提升网点的专利文献支持、专利信息咨询、公共教育等基础公共服务供给能力。推进专利信息传播利用基地能力建设，开展综合、特色能力培育项目，助力企业创新创业。实施专利信息筛选及主动推送、专利信息助力创新创业、专利信息帮扶、企业专利信息能力建设、专利信息利用与专利运营等信息利用项目共计五大类26个，覆盖全国22个省、自治区、直辖市。加强人才培养与使用，举办2期全国专利信息人才培训班，实施11项专利信息人才项目。加强高校知识产权信息服务中心建设，开展高校国家知识产权信息服务中心指导项目、培训课程体系开发项目，助力高校成果转化。继续开展海外知识产权制度环境研究发布工作，目前已发布75个国家和4个区域组织的知识产权制度环境报告，公众可免费阅览和下载。

2. 专利费用减缴政策落实

2018年8月起，停征专利登记费、公告印刷费、著录事项变更费和传送费等收费项目，专利年费的减缴期限由自授权当年起6年内延长至10年内，增加发明专利申请实质审查退费政策，当事人一年只交一次证明材料即可全年享受费用减缴政策。全年减少收费减缴证明文件311.9万份，减少专利收费58.6亿元，有效减轻申请人、特别是中小企业的实际负担。

3. 文献出版

（1）专利文献资源。

全年共配置各类文献资源149种，其中专利资源6种，非专利资源143种，为专利审查、信息公共服务、宏观管理及相关研究等工作提供了基础保障；保持与31个国家（地区）或组织开展专利文献交换，向6个PCT国际检索与初审单位赠予中国专利文献。

截至2018年年底，累计拥有551种专利文献资源，包括著录项目191种、全文图像167种、全文文本83种、专题数据18种、辅助检索72种、其他类20种。著录项目覆盖104个国家（地区）或组织，全文图像覆盖103个国家（地区）或组织，全文文本覆盖36个国家（地区）或组织。目前，国家知识产权局专利文献总量近1.2亿件。专利文献数据监检测工作水平不断提升，专利文献数据加工和分类检测工作通过ISO 9001质量管理体系监督审核。

（2）专利文献分类。

全年文献分类量共计444.3万件，其中发明专利申请分类量164.7万件，实用新型专利申请分类量220万件，IPC再分类59.4万件。继续针对全部领域发明专利新申请同时开展CPC和IPC分类。组织开展分类表和分类定义的翻译及更新工作，确保分类结果的有效性。举办“专利分类基础知识及应用”专题公益讲座3期，共吸引社会各界1358人次参加。

（3）专利文献出版物。

全年出版发明、实用新型和外观设计专利公报文献共402.3万件，其中发明公布157.5万件，发明授权43.2万件，实用新型147.9万件，外观设计53.6万件。利用刊物平台推广文献研究成果，编辑刊发公开出版物《专利文献研究2018》；编辑刊发内部刊物《专利文献研究》6期、《专利文献研究》增刊2期；编译刊发《国外知识产权资讯》20期、《国外知识产权资讯专刊》6期。

（4）文献服务。

围绕审查工作需求持续开展优质高效的文献提取与咨询服务；持续开展面向审查的技术动态跟踪与信息推送服务；开展“2018年文献资源与服务宣传月”活动，加强数据库使用管理和培训，全年组织各类非专利数据库培训16次，累计培训4900余人次。

围绕“倡导创新文化，强化知识产权创

造、保护、运用”，发挥对外服务和文化宣传的窗口作用，助推知识产权强国建设。利用政府网站、“专利文献众享”微信公众号、微信群、电子邮件等推送专利文献相关知识、资讯，面向社会公众在线提供咨询、文献传递等服务。大力宣传知识产权文化及我国知识产权事业发展成绩，知识产权陈列馆全年接待国内外团体参观 44 批次 1200 余人次。全年围绕专利质量提升、知识产权保护、知识产权运用等主题举办公益讲座 12 个专题 54 期，高层讲堂 2 期，中小学知识产权教育课堂 1 期，首次举办英文公益讲座。社会公众参加讲座直播 3.4 万人次，较去年同期增长 13%；讲座视频点播 3.2 万人次，较 2017 年同期增长 1.6 倍。参与讲座直播用户遍布全球 18 个国家（地区），海外用户参与人次较去年增长 57%。公益讲座通过 ISO 9001 质量体系认证，社会公众满意度达 97%。

第五章　宣传、人才培养和学术活动

1. 宣传

2018 年，知识产权宣传工作以习近平新时代中国特色社会主义思想为指导，全面贯彻落实党的十九大精神，紧密围绕事业发展大局，统筹抓好对内对外宣传，为知识产权强国建设营造良好氛围。

全力做好习近平总书记关于知识产权工作重要指示的宣传报道。围绕总书记博鳌亚洲论坛 2018 年年会开幕式主旨演讲、致 2018 年“一带一路”知识产权高级别会议贺信等，通过新华社、《人民日报》、中央电视台等中央主流媒体海内外渠道密集发声，组织知识产权报纸、官微、网站开辟专题专栏，实现全方位解读。

着力做好知识产权专题宣传和品牌活动宣传。紧扣庆祝改革开放 40 周年和《国家知识产权战略纲要》实施 10 周年主线，做好全国局长会、知识产权保护高层论坛、中国专利奖、中国国际商标品牌节等重大活动宣传报道，主办或参与主办相关展览 4 场，组织策划专题、专栏报道 10 余个，通过历史图片、数据图表、文献实物、跟踪报道等方式，多方位、多角度、多层次展示知识产权事业发展成就和宝贵经验。继续开展“知识产权 竞争未来”主题采访活动，深入挖掘各地典型案例。组织中央主流媒体跟踪报道“地理标志精准扶贫”西部宣讲，集中展示地方发展成就。

联合中宣部等共 20 个部门在全国范围内开展知识产权宣传周活动。组委会各成员单位单独或联合开展活动 50 余次，各地组织开展各类活动逾万项次，直接参与人数超过 300 万人次，相关新闻报道近万条，覆盖人群超亿人次。各项活动紧扣“倡导创新文化 尊重知识产权”主题，注重面向企业、女性创新创业者和大中小学生等特定群体，增强宣传活动的指向性和针对性。首次通过《人民日报》的“脸书”“推特”官方账号向全球近 5000 万网民推送，实现知识产权外宣手段的突破性创新。

进一步拓展知识产权大宣传工作格局。与新华社、《人民日报》、中央电视台等中央主流媒体建立更深层次联系，各中央主流媒体原创报道量超 900 篇次，总字数近 60 万字，形成知识产权在主流媒体的宣传声势。统筹传统新兴、线上线下、系统内外等各层级、各方面媒体，打造“一网一报两微四刊”宣传主阵地，实现重大活动宣传同步联动，政府网站刊发政务信息近 7000 条，国家知识产权局政务微信公众号关注人数超过 13 万人，增长率超过 65%，单篇文章最高阅读量达 6.9 万次。推动实现专利、商标、地理标志宣传资源初步整合，第三季度例行新闻发布会上首次集中发布相关数据。举办 10 场新闻发布会，发布 2017 年中国知识产权发展状况，回应中美经贸摩擦相关关切，其中在国新办举办 4 场，有关负责同志出席 5 场，场次、规格均创历史新高。《知识产权》杂志出版“庆祝改革开放 40 周年专刊”，回顾知识产权事业伴随改革开放发展的辉煌历程，讲述党的十八大以来知识产权事业取得的巨大成就，彰显知识产权学术研究与智库建设的最新进展。

进一步加强知识产权对外宣传工作。国家知识产权局党组印发进一步加强知识产权对外宣传的政策文件，建立健全外宣工作机制。按照中宣部的统一安排，申长雨局长首次接受境外媒体专访，得到中宣部高度肯定，相关报道被包括美国、加拿大和我国港澳媒体在内的 20 多家境外媒体广泛转载，产生良好传播效果。申长雨局长在 2018 年 4 月国新办新闻发布会上就 2017 年中国知识产权发展状况，回答路透社、《联合早报》《日本经济新闻》等境外媒体提问，树立严格知识产权保护新形象。贺化副局长在国新办组织召开的《关于中美经贸摩擦的事实与中方立场》白皮书新闻发布会上回答记者提问，引导舆论，传递强化知识产权保护的声音。与美国全国广播公司、日本共同社、法新社等多家境外媒体建立联系机制，积极扩大国际“朋友圈”。邀请境外媒体参与报道 2018 年“一带一路”知识产权高级别会议等重大活动，通过《人民日报》“脸书”“推特”官方账号向全球网民推送相关信息，与《中国日报》等媒体合作，向各国驻华使馆、境外公众传递中国知识产权新进展，国际传播渠道更加畅通。

继续推进全国中小学知识产权教育试点示范工作。组织开展首批全国中小学知识产权教育示范学校和第四批全国中小学知识产权教育试点学校评定工作，在昆明、长春、长沙、重庆等地举办 4 期知识产权教师师资培训班，培训教师超 600 人，委托华中师范大学编制《全国中小学知识产权教育指南》，参与举办全国青少年科技创新大赛，推动知识产权教学水平进一步提高和公众知识产权意识持续提升。

开展形式多样、受众广泛的普法宣传活动。积极参与司法部、国家网信办、全国普法办联合举办的“我与宪法”优秀微视频作品征集展播等普法宣传活动，获得优秀组织奖，专利审查协作江苏中心获优秀奖。

2. 人才培养

(1)全国知识产权人才工作。

牵头落实《关于深化人才发展体制机制改革的意见》“加强创新成果知识产权保护”及《国家中长期人才发展规划纲要(2010—2020 年)》“实施知识产权保护政策”，强化人才创新创业激励机制，以知识产权保护政策的制定和实施为核心，加快形成激发人才创造活力的知识产权保护制度优势。

实施《知识产权人才“十三五”规划》。制定实施《知识产权人才“十三五”规划》2018 年度推进计划。进一步发挥领军人才等高端人才引领作用，支撑“一带一路”建设、京津冀协同发展、长江经济带发展等国家发展战略，以知识产权保护、创新创业等为主题，在北京、天津等地举办 10 期高端引领人才工程系列培训班。

持续推动中国特色知识产权智库体系建设。召开多次知识产权智库建设工作领导小组办公室会议，围绕《国家知识产权局关于加强知识产权智库体系建设的意见(审议稿)》和《中国特色知识产权新型国家智库建设方案(审议稿)》展开研讨与修改，加强沟通协调，完善督促机制。举办国家知识产权智库建设工作研讨班、青年论坛等，推动智库建设工作持续向前发展。组织举办中国特色知识产权新型国家智库建设培训班，邀请知名专家及地方知识产权局、各审查协作中心、高校智库、民间智库等代表，围绕知识产权强国建设纲要、知识产权智库建设与国家经济和创新发展、知识产权政策与管理研究的时代使命等议题建言献策。

加强国家知识产权培训基地建设工作。对 26 家全国知识产权培训基地开展总结考核工作，举办 2018 年国家知识产权培训基地研讨班。指导推动重庆建立产教融合发展联盟，为长江经济带发展提供了有利的人才、科技和信息支撑。全年共委托培训基地开展各类知识产权人才培训班50余期，培训5000余人次。

制定印发《2018年全国知识产权人才专业能力提升培训计划》，涵盖重点培训项目、知识产权保护培训项目、紧缺人才培训等，共举办培训230余期，培训1.3万余人次。安排82期专门面向知识产权运营、专利导航、专利执法人才的高端培训，培训知识产权紧缺人才6000余人次。

在上海举办首次知识产权人才国际研讨会，各国代表120余人参加会议，为推动知识产权人才培养和学科建设国际化起到良好的促进作用。落实国家专业技术人才知识更新工程，培养知识产权急需紧缺人才1万余人，岗位培训专业技术人员5000余人。开展知识产权保护远程精品系列课程录制工作。推动知识产权专业学位建设相关工作。举办2018年国家知识产权专家咨询委员会高级研讨班。

积极落实国家知识产权局党组"加快建设一批知识产权保护中心"重点工作要求，高效组织完成对北京、南京、宁波、佛山等12个保护中心人员的预审服务培训，为推进保护中心建设奠定人才基础。

2018年，中国知识产权培训中心共培训约29万人次。其中，举办面授培训班83期，培训人员9000余人次。举办远程教育培训班760期，培训人员27.1万人次，分站总数173个，上线课程272门，其中面向移动终端的微课程38门。WIPO远程教育中文平台全年培训1.9万人次。

中国知识产权研究会积极开展有针对性的实务培训。全年自主举办10期培训，培训1200余人次。培训内容涵盖互联网环境下知识产权保护、专利成果转化与运营管理、专利申请与审查、专利运营助推企业转型升级、知识产权海外预警与风险应对、商标行政与司法保护等实务内容。

(2)干部教育培训挂职工作。

2018年，共选派局领导9人次、司局级干部23人次参加调训班的学习，21名司局级干部参加专题研修工作。继续组织司局级领导干部参加中组部中国网络干部学院在线学习。举办两期司级领导干部学习贯彻党的十九大精神轮训班，国家知识产权局全局100余名司级领导干部参加培训。

2018年，共选派260名干部进行挂职交流，其中向中国(北京)知识产权保护中心、国家专利导航产业发展实验区、国家实验室等创新主体派驻知识产权专员29人。

(3)局内人才培养工作。

稳步推进《国家知识产权局贯彻落实〈知识产权人才"十三五"规划〉行动计划》(以下简称《行动计划》)落实工作，印发2018年度《行动计划》主要工作实施计划和全局人才教育培训工作计划。印发《国家知识产权局专利审查人才能力提升计划实施方案(2018—2020年)》等9份专门人才能力提升计划实施方案，全面开展专门人才能力提升计划实施工作。首次将人才工作考核纳入领导班子年度考核工作，进一步强化各部门单位的人才观念和责任意识。

完成国家知识产权局68名第四批高层次人才结业考核工作。先后与苏州工业园区独墅湖图书馆、对外经贸大学等国家知识产权培训基地和高校合作，开展10期主题多元、内容丰富的中高端人才专题培训班，累计参训人数近700人，培训18 000余学时。充分利用新媒体手段，发挥碎片化学习的"随时、随地、随身"优势，依托国家行政学院高端课程资源，引进中高端人才"云课堂"，积极协助开设处级领导云课堂分课堂以及各直属单位、各审查协作中心云课堂分课堂，增强人才培养培训的灵活性。立足事业发展的实际，紧密围绕知识产权保护和专利质量提升两大主题，组织开展中高端人才发展研究平台10项课题研究工作。首次采用微信"问卷星"等信息化手段开展培训课程评估，实现意见建议的实时统计和汇总，提高了干部教育培训评估的客观性、及时性和准确性。

着力加强审查业务培训统筹，推进新审查员入职培训标准统一，以"统一培训课程、统一授课师资、统一考试模式、统一颁发证书"为抓手，全面规范新审查员入职培训。发布《专利局新审查员入职培训调整方案》，扩大新审查员入职培训范围，覆盖全部专利审查协作中心。开展专利局、商标局、国防专利审查中心以及代办处等新入局人员培训，共计培训 132 人。积极扩充 SIPOLeMS 在线课程资源，及时共享教研成果。制定《国家知识产权局专利局新入职人员考试组织实施管理办法》，规范考试组织管理。

继续开展审查业务培训师资库建设工作，提升教师的能力素质和业务水平。完善《国家知识产权局专利局审查业务培训局级师资认证管理办法（试行）》等相关文件及工作流程，全年组织开展局级师资认证 3 次，新认证局级师资 59 名、局级后备教师 16 名。

完善外语培训体系，推进规范化、层级化、体系化、网络化的外语培训体系建设，优化外语班语种结构，开设英、日、韩、德、法、西班牙 6 个语种 14 个班，切实提高专利审查员外文文献阅读能力及国际专利申请审查能力。组织第十三期脱产高级外语人才培训班学员参加公派出国留学人员考试，全部考试合格，继续举办第十四期北京语言大学脱产高级外语人才培训班，并首次组建临时党支部，加强培训班的党建工作。举办第十一期高级在线英语培训班，面向中高端人才、外派国际化人才库人才、国际型审查人才等开展培训，共计 120 余人次。加大高端小语种人才培训力度，首次委托法语联盟举办小语种人才（法语）语言能力高级研修班。

进一步加强审查员实践基地管理，首次开展针对 13 家审查员实践基地的年度考核以及有效期考核工作，引导实践基地为审查员专业技术实践工作提供更好的平台和更优质的服务。全年派出审查员参加专业技术实践、实习、调研总计 950 人次，强化审查员专业技术水平，促进提升专利审查质量和审查效率。审批学术会议 50 余个，知识更新讲座 100 余个。首次开展审查员精品实践项目，聚焦大型国企、央企及行业领军型企业，选派多个团组集中进驻企业开展实践培训。推进企业专利实务教学研究工作，设计开发《高价值专利培育》等 5 门课程，并赴北京、上海和深圳 3 家实践基地开展课程巡讲。

专利局各发明审查部门单位依据《新审查员在岗培训标准（试行）》，继续做好对新审查员的审查业务指导和独立审查上岗的评估工作，共计有 1101 名审查员通过独立审查上岗评估。

为推动建立素质高、视野广的核心法律人才队伍，2018 年举办两期国家知识产权局核心法律人才培训班，培训人员超过 150 人次。面向培养对象发布 5 期实践任务，30 余人参与。

（4）涉外培训工作。

全年共执行中长期和短期出国（境）培训 10 个项目，其中中长期项目 8 项、短期项目 2 项，包括赴美国卡多佐法学院的"美国知识产权法律体系研究"项目、赴美国乔治华盛顿大学的"美国知识产权制度发展趋势研究"项目、赴西班牙阿利坎特大学的中长期出国培训项目等。推荐 16 人次参加中国年轻行政人员长期培养支援项目（JDS）、日本政府（文部科学省）青年领导者奖学金（YLP）项目、中欧口译培训、清华—天普法学硕士项目等各类奖学金和其他培训项目选拔，选派 100 余人次参加 2018 年度中长期、短期和各类奖学金项目培训。邀请外国专家来国家知识局培训交流，共计 70 余名学员参训。选派 28 人参加留学基金委访问学者项目。

选拔国家知识产权局涉外教师 84 人。举办涉外教师培训班、外派国际化人才能力提升培训班、国际经济形势专题培训班，参训人员共计 150 余人次。修订更新涉外培训课程46门，开发机械、化学、电学领域创造性案例课程6门。组织涉外教师共计34人次参与沙特专利局审查员培训班等7项涉外培训班的授课工作。组织涉外教师共计16人次担任第二次“一带一路”知识产权高级别会议联络员。

举办国际培训班及研讨会27期，参会人员1500余人次，接待来自30多个国家、地区和国际组织的外宾180余人次，邀请外教来华授课21人次。

3. 学术活动

组织开展2018年度专利专项研究项目，完成11项重大专项课题、16项一般课题和13项专利分析普及推广项目课题。研究内容涉及专利审查效率变革、高价值核心专利培育以及新一代人工智能、大数据、区块链等重点产业专利分析，研究成果更具前瞻性和影响力，为实现专利事业高质量发展和相关产业改革创新提供决策参考。

组织举办3期中国专利学术论坛，28场技术说明会，营造浓厚学术氛围，全面促进审查员技术素养和法律素养的提升。组织举办7期专利分析方法培训班和9场专利分析成果宣讲会，切实提升创新主体对专利信息分析和运用的能力。

编辑印发《审查业务通讯》12期、《学术观察》8期，出版《产业专利分析报告》系列丛书，着力发挥平台的辐射作用，提高研究成果的共享效率。组织举办2018首届中国互联网知识产权大会，世界知识产权组织、日本贸易振兴机构等组织机构驻华代表，多名国内外知名知识产权专家，国家知识产权局、有关部委和地方政府、地方知识产权局领导及行业、产业、企业代表参会，反响强烈。

组织召开国家知识产权局专利分析与预警项目十周年表彰会，确定突出贡献奖4项、优秀课题10项、优秀研究人员20名、优秀组织奖10项。

完成2017年度专利战略推进工程18个项目研究与结题评审。启动2018年项目申报、立项，确定涉及新医药技术、信息技术和其他领域的23个项目作为2018年度专利战略推进工程支持项目。

发布《2017年知识产权发展状况评价报告》，进一步完善报告评价体系，突出知识产权保护与运用成效评价，得到《人民日报》等多家主流媒体和新媒体的关注报道，形成影响广泛的成果品牌。

第六章　港澳台交流

2018年，按照中央涉港澳和对台方针政策及知识产权强国建设的总体部署，稳妥开展港澳台交流合作。

1. 与港澳特区的交流

全面贯彻“一国两制”方针，充分发挥港澳在知识产权强国建设中的独特作用，积极支持特区知识产权部门开展工作，通过组织人员往来、联合举办研讨交流活动等形式，务实深入开展涉港澳知识产权工作。

2018年4月，指导深圳市知识产权局和深圳市中级人民法院联合举办“2018年粤港澳大湾区知识产权保护论坛”。

2018年9月，港澳台办公室与香港特区知识产权署和澳门特区经济局在甘肃省敦煌市共同举办“2018年内地与香港特区、澳门特区知识产权研讨会”，甘绍宁副局长出席会议并做主旨发言。来自内地、香港特区和澳门特区的代表180余人参加研讨会，会议围绕“加强知识产权保护，支撑创新发展”“加强知识产权运用，实现知识产权价值”和“加强知识产权服务，支持企业‘走出去’”等进行深入交流和研讨。

2018年10月，派员赴香港特区、澳门特区进行业务对接，帮助特区知识产权部门解决实际工作中的具体问题。

2018年12月，何志敏副局长率团赴香港特区参加“2018年亚洲知识产权营商论坛”并致开幕辞，分享内地知识产权工作的最新成果，介绍内地加强知识产权保护、营造一流营商环境方面的工作部署。

专利审查协作广东中心积极参与粤港、粤澳和粤港澳大湾区知识产权工作，继续为香港特区知识产权署提供人员培训。

继续为澳门特区经济局提供专利检索和审查方面的协助，就进一步深化和拓展内地与澳门特区知识产权领域交流保持密切沟通。

2. 与台湾地区的交流

落实《海峡两岸知识产权保护合作协议》，继续以知识产权交流促进两岸经济融合发展，有效维护两岸同胞的知识产权权益。

2018 年 12 月，派员赴台湾地区参加第 11 届两岸专利论坛，增进两岸专利领域民间交流。

第七章 国际合作

2018 年，继续广泛深入开展对外交流合作，扎实推进与“一带一路”沿线国家知识产权合作，积极构建多边、周边、小多边、双边“四边联动、协调推进”的知识产权国际合作新格局。全年共签订知识产权多、双边合作协议、会议纪要、联合声明、工作计划、谅解备忘录等 36 份。

1.“一带一路”知识产权交流合作

2018 年 8 月，国家知识产权局会同国家版权局、商务部、北京市人民政府，联合世界知识产权组织（WIPO）举办 2018 年“一带一路”知识产权高级别会议。习近平主席为会议发来贺信，李克强总理会见出席会议的世界产权组织总干事等主要外宾，王勇国务委员出席会议开幕式、宣读习近平主席贺信并致辞。近 60 个“一带一路”沿线国家知识产权机构、国际及区域组织的主要负责人或高级代表以及部分驻华使馆代表参加会议。会议通过《关于进一步推进“一带一路”国家知识产权务实合作的联合声明》，确定 8 个务实合作项目，正式开通“一带一路”知识产权合作网站。

持续通过开展人员往来和培训、云专利审查系统推广和数据交换，以及联合举办研讨交流活动等形式，与“一带一路”沿线国家在知识产权能力建设、信息互联互通和政策与制度研讨交流等方面加强交流合作。

截至 2018 年年底，与“一带一路”沿线 40 多个国家和区域组织建立知识产权合作关系。实现中国有效专利在柬埔寨登记生效，与老挝签署认可中国发明专利审查结果的协议。

2. 参加政府间机制性对话和磋商谈判

积极参加区域全面伙伴关系协定、中国—挪威、中国—摩尔多瓦等自贸协议知识产权章节谈判，完成中国—巴拿马自贸区知识产权章节谈判。积极参加中欧经贸高层对话、中法高级别经济财金对话、中国—加拿大经济财金战略对话、中以创新委员会等双边对话和磋商。积极参加中欧地理标志保护谈判。

3. 与世界知识产权组织（WIPO）的合作

（1）WIPO 平台知识产权治理和国际规则制定。

牵头组织协调有关部门参加 WIPO 及国际植物新品种保护联盟（UPOV）等国际组织的各类会议，包括发展与知识产权委员会（CDIP），专利合作条约（PCT），商标、工业品外观设计和地理标志法律常设委员会（SCT），知识产权与遗传资源、传统知识和民间文学艺术政府间委员会（IGC）等会议。积极参与知识产权国际规则的磋商谈判，提交多份中国提案。

2018 年 10 月，申长雨局长率中国政府代表团出席 WIPO 第 58 届成员国大会系列会议并发言，呼吁各方进一步加强合作，共同推动全球知识产权体系发展。

（2）与 WIPO 双边合作。

继续加强与 WIPO 合作，更好地帮助国内企事业单位利用 WIPO 全球服务体系。

2018年2月，与WIPO在陕西省西安市联合举办知识产权与可持续发展研讨会。

2018年3月，与WIPO共同在北京主办中国国家知识产权战略实施十周年评估国际研讨会。

2018年6月，分别在北京和上海举办WIPO人力资源推介会，进一步加强人力资源交流合作。

2018年7月，举办PCT高级巡回研讨会，继续在华推广PCT体系。继续与WIPO联合开展中国专利金奖评选活动。加强在技术创新支持中心（TISC）方面的合作，年内共确定两批19家试点单位。资助"一带一路"沿线国家学员参与世界知识产权组织—同济大学硕士生培养项目。支持WIPO中国办事处在华开展工作。

4. 多边合作

（1）中美欧日韩五局合作。

在中美欧日韩五局合作中发挥更加积极的作用。推动第11次中美欧日韩知识产权五局（IP5）局长会批准项目评估结果及各项目下阶段工作计划，进一步优化IP5结构和资源配置，提高合作效率。

2018年4月和6月，何志敏副局长赴美国分别参加第19次和第20次中美欧日韩知识产权五局副局长会议，听取各工作组项目进展汇报，形成提交五局局长会审议的项目报告。

2018年6月，申长雨局长赴美国参加第11次中美欧日韩知识产权五局局长会议及相关活动，与各局局长和产业界代表进行深入交流。

派员参加相关工作组会议和"专利可授权客体"等主题的国际研讨会等活动。在陕西省西安市举办中美欧日韩知识产权五局统计工作组会议。

（2）金砖国家知识产权合作。

2018年3月，在四川省成都市主办第十届金砖国家知识产权局局长系列会议。金砖五局首次共同发布《金砖五局关于加强知识产权领域合作的联合声明》，通过《金砖知识产权合作运行指南框架》，为合作运行机制提供了指导。正式启用由国家知识产权局牵头建设的金砖国家知识产权合作网站，首次举办面向五国企业和代理机构的研讨会。

2018年9月，申长雨局长出席在瑞士日内瓦召开的金砖五局局长非正式会议。

作为主席局在北京主办金砖国家专利审查及信息研讨班、金砖五局协调小组会议等活动。

（3）中日韩合作。

继续深化中日韩合作，积极推动完成中日韩三边合作机制的调整和优化。

2018年5月，在中日韩领导人会议期间，知识产权合作内容被纳入领导人联合宣言。

2018年12月，在湖北省武汉市主办第18次中日韩知识产权局局长会议系列活动，就三局合作和民间机构合作等交换意见，签署《第18次中日韩三局局长会议会谈纪要》。

（4）中蒙俄合作。

中蒙俄知识产权交流合作不断深化发展，合作领域进一步拓展。

2018年10月，在江苏省苏州市主办第6届中蒙俄知识产权研讨会及三局局长会，在巩固现有合作基础上，将合作领域拓展至商标和地理标志领域。

（5）中国—东盟知识产权合作。

继续加强与东盟国家知识产权合作，签署《2018—2019年度中国—东盟知识产权合作工作计划》。

2018年9月，申长雨局长赴新加坡参加第9届中国—东盟知识产权局局长会和中国—东盟创新与知识产权商业化论坛等活动，与新加坡知识产权局续签两局合作计划；赴泰国与泰国知识产权厅举行会谈，就尽快升级中泰知识产权合作协议达成共识。

5. 双边合作

（1）与欧洲专利局（EPO）的合作。

实现与EPO全面战略伙伴关系的良好开局。两局在深化传统合作项目基础上，加强在新技术领域交流，实现务实合作全面立体化发展。

2018年9月，申长雨局长与EPO新任局长安东尼奥·坎普诺斯在慕尼黑举行中欧第十二次局长会，签署两局2019年合作计划。

（2）与欧盟知识产权局（EUIPO）的合作。

继续深化与欧盟知识产权局（EUIPO）的战略合作伙伴关系。

2018年9月，申长雨局长在瑞士日内瓦会见EUIPO代理局长克里斯蒂安·阿尔尚博，签署两局合作谅解备忘录修订案。

（3）与欧亚专利局（EAPO）的合作。

与欧亚专利局保持良好的合作态势。2018年9月，申长雨局长访问欧亚专利局，签署两局合作谅解备忘录和2019～2020年度双年度工作计划。派员为EAPO及其成员国审查员授课并参与相关培训交流。

（4）与美国的交流与合作。

稳步推进与美国专利商标局间的交流合作，继续以开放的姿态保持与美国各界的交流沟通。

（5）与欧盟及欧洲国家的交流与合作。

持续深化与欧洲各国知识产权机构的友好合作，推动中欧知识产权合作持续健康稳定发展。

2018年4月，在习近平主席见证下，中国国家知识产权局与奥地利联邦交通、创新和技术部签署合作谅解备忘录。双方关于延长专利审查高速路（PPH）合作的意向书被列入高访成果。

2018年4月，张茂于副局长赴俄罗斯参加金砖国家知识产权与区块链技术研讨会，赴匈牙利与匈牙利知识产权局举行会谈，续签PPH合作协议。

2018年6月，何志敏副局长赴捷克参加中国—维斯格拉德集团知识产权联合研讨会，赴乌克兰与乌克兰经济发展和贸易部签署合作谅解备忘录，建立正式合作关系。

2018年6月，廖涛副局长赴丹麦、塞尔维亚、荷兰进行工作访问，与丹麦专利商标局、塞尔维亚知识产权局就知识产权公众意识提升等进行交流，参加欧洲专利局有关活动。

2018年7月，甘绍宁副局长赴英国、法国进行工作访问，就专利信息统计和国民经济核算体系等进行交流。

2018年9月，申长雨局长赴俄罗斯参加第22届知识产权国际研讨会，并与俄罗斯联邦知识产权局举行局长会谈，签署数据交换有关协议；赴德国访问德国专利商标局，就深化中德两局合作深入交换意见。

2018年10月，时任国家知识产权局党组书记、副局长刘俊臣赴芬兰、瑞典和冰岛进行工作访问，与瑞典专利与注册局、冰岛工业与创新部分别签署合作谅解备忘录。

2018年11月，何志敏副局长赴挪威、波兰进行工作访问，与挪威工业产权局签署合作谅解备忘录，建立正式合作关系；参加第2届欧盟外观设计大奖有关活动并访问波兰专利局。

国家知识产权局领导在华会见英国、丹麦、俄罗斯、奥地利、芬兰、瑞士等国知识产权机构负责人。在华举办第七次中瑞（士）副局长会暨第五次产业界圆桌会、中芬知识产权圆桌会等活动，赴荷兰、意大利、奥地利举办中国专利制度巡回研讨会。

（6）与周边地区及亚洲国家的交流与合作。

持续深化与周边及亚洲国家的友好合作，推动同地区主要国家知识产权机构务实合作。

2018年3月，申长雨局长赴柬埔寨出席首批中国有效专利在柬登记生效活动；访问柬埔寨商务部和工业及手工业部，签署关于中国专利在柬埔寨生效的谅解备忘录及会谈纪要；赴老挝与老挝科技部签署认可中国专利审查结果的合作协议，正式建立合作关系。全年共有 34 件中国授权发明专利在柬埔寨直接登记生效。

2018 年 10 月，申长雨局长赴以色列参加中以创新合作联合委员会第四次会议，并与以色列司法部总司长和以色列专利局局长举行会谈。

2018 年 10 月，申长雨局长赴韩国、日本参加第 24 次中韩知识产权局局长会、第 25 次中日知识产权局局长会，分别签署会谈纪要和中日两局《关于延长 PPH 试点的联合意向性声明》。

2018 年 11 月，贺化副局长赴韩国、马来西亚进行工作访问，与韩国特许厅、马来西亚知识产权局等机构，就知识产权保护、产业发展、战略实施等进行深入交流。

国家知识产权局领导会见柬埔寨、新加坡、印度尼西亚、老挝、越南、吉尔吉斯斯坦等国知识产权机构负责人，巩固与巴基斯坦和海湾阿拉伯国家合作委员会合作，推进与格鲁吉亚、亚美尼亚、阿塞拜疆的交流合作。

（7）与非洲国家的交流与合作。

中非知识产权合作内容被纳入《中非合作论坛—北京行动计划（2019—2021）》。

2018 年 5 月，何志敏副局长赴埃及、苏丹进行工作访问，与埃及专利局签署升级版合作谅解备忘录，与苏丹知识产权注册局签署合作谅解备忘录，正式建立合作关系，分别举行中埃、中苏知识产权圆桌会。

2018 年 7 月，局党组成员、直属机关党委书记肖兴威赴津巴布韦、南非、摩洛哥进行工作访问，分别与非洲地区知识产权组织、津巴布韦知识产权局、南非公司知识产权注册局、摩洛哥工业和商业产权局举行会谈，举办中摩知识产权圆桌会。

2018 年 11 月，与 WIPO 在广州共同主办面向非洲法语区国家的中非知识产权制度与政策高级研讨会。非洲知识产权组织（OAPI）总干事，以及 17 个 OAPI 成员国、摩洛哥、突尼斯等国知识产权局局长或高级代表共 50 余人参加会议。

（8）与拉丁美洲国家的交流与合作。

积极保持与拉丁美洲国家知识产权机构的经常性对话和交流，持续加强各领域合作。

2018 年 4 月，何志敏副局长赴牙买加、哥斯达黎加进行工作访问，与牙买加知识产权局就两局未来合作达成一致，两局首次签署会议纪要，与哥斯达黎加国家注册局签署新的合作谅解备忘录。

2018 年 6 月，申长雨局长率团访问古巴工业产权局，签署两局合作谅解备忘录。

与阿根廷工业产权局签署 PPH 合作协议，与墨西哥工业产权局续签两局合作谅解备忘录并更新未来三年的工作计划。

（9）与北美洲和大洋洲国家的交流与合作。

2018 年 6 月，申长雨局长率团访问加拿大知识产权局，签署两局 2018～2019 年度合作工作计划及续签 PPH 协议。

2018 年 9 月，申长雨局长在京会见澳大利亚知识产权局新任局长迈克尔·施瓦格。

6. 面向发展中国家的培训援助

为 155 名来自周边和“一带一路”沿线国家的知识产权官员和审查员提供短期培训，分享知识产权制度、政策、战略实施和审查等方面的信息和经验。为 20 个“一带一路”沿线国家的 35 名学员提供知识产权法律硕士学位教育。继续为沙特知识产权局专利审查员举办审查业务培训班。举办知识产权制度和政策培训班，来自阿根廷、巴西、厄瓜多尔、古巴、秘鲁等 9 个国家的知识产权官员参加。先后在四川省成都市和云南省昆明市为澜沧江—湄公河流域国家的 60 名知识产权官员和审查员举办两期培训班。来自“一带一路”沿线 22 个国家的 25 名官员参加在河南省郑州市举办的知识产权培训班。

7. 审查业务合作

继续拓展专利审查高速路对外合作，启动与捷克、智利、巴西、欧亚专利局、马来西亚的PPH试点，与阿根廷签署PPH合作协议，PPH合作伙伴增加到28个。稳步推进WIPO、中美欧日韩五局、金砖五局和各双边机制下的审查业务合作，启动中美欧日韩五局PCT协作式检索和审查试点项目，发布《中美欧日韩五局专利生命周期图》，通过外观设计五局质量管理研究等项目。

8. 信息化合作

与26个国家、地区和组织广泛开展数据交换。在金砖五局合作机制下就共同数据列表达成共识，推动数据共享使用。云专利审查系统新增哥斯达黎加、埃及、乌克兰3家用户，总数达49家。与WIPO、韩国分别签署安全网络协议，完成WIPO多边优先权合作和中韩双边优先权合作的基础设施向双边专有网络切换。开通与韩国特许厅的外观设计优先权电子交换业务。

9. 专利文献合作

推动12项分类修订提案接受WIPO审议，9项获得通过。获得WIPO授权，与欧洲专利局共同牵头IPC新建索引部项目。选派30位分类员、审查员赴EPO参加联合专利分类(CPC)实习，举办2期中欧分类培训研讨活动。首次邀请金砖国家用户参加专利文献利用讲座。

10. 与知识产权业界和相关机构的交流

保持与全球知识产权业界和产业界的密切沟通。局领导会见日本弁理士会、韩国专利律师协会、美国知识产权人组织、国际知识产权保护协会等行业协会，以及阿斯利康、罗氏、宝马、爱立信、美光等跨国企业的高管及代表。

（国家知识产权局办公室）

商标工作

第一章 法律事务

1. 法制建设

积极推进商标法律法规修改工作。开展商标法律制度重构课题研究。《奥林匹克标志保护条例》完成修订。全面停止著名商标行政认定，推动清理废止涉及著名商标的地方性法规、政府规章、规范性文件。启动《商标代理监管暂行办法》起草工作。开展规范商标非正常申请的研究论证，形成草案初稿。

2. 审查标准与政策

细化商标审查标准。制定《含县级以上行政区划地名的普通集体商标和证明商标的审查标准》；针对代理机构申请商标注册、商标注册同日申请和遏制恶意注册等问题，出台多项审查指导意见。

不断优化商标审查工作规程。制定《重大不良影响商标发现报告处置规则(试行)》《商标异议审查追回程序规定》《关于商标变转续申请审查工作指导及质量监督管理办法》《商标国际注册后续业务审查质量管理监督办法》《集体商标和证明商标(含地理标志)提前审查或暂缓审查办法》。

第二章 申请及审查

1. 商标的申请、审查与注册

(1)商标申请。

2018年，我国商标申请量为737.1万件，同比增长28.2%，与前两年相比增速有所放缓。其中，商标网上申请655.5万件，占申请总量的89%，较2017年增长4%。国内商标申请712.7万件，占总量的96.7%，同比增长28.7%；国外在华商标申请24.4万件，占总量的3.3%，同比增长16.5%。集体商标(包括地理标志集体商标)申请量1337件。证明商标(包括地理标志证明商标)申请量1850件。服务类商标申请量达249.2万件,占总量的33.8%。

从申请商标指定使用的商品或服务类别看,申请量最大的前三个类别依次为第35类(广告、商业经营、商业管理、办公事务等,申请量92.5万件),第25类(服装、鞋、帽,申请量58.9万件)和第30类(咖啡、茶、谷类食品、糕点、糖、鲜酵母、食盐、香辛料等,申请量42.6万件)。

2018年,特殊标志登记申请量为1579件。

(2)商标审查。

2018年,完成商标审查804.3万件,同比增长89.15%,商标注册申请驳回率(包含部分驳回)为40.8%。完成异议案件6.9万件,同比增长8.5%;异议成立率(包括部分成立)为40.8%,较2017年增长6.5个百分点。

商标审查质量和审查效率进一步提升。不断完善商标审查管理体制,严格落实审查质量管理制度,建立跨部门督查质检机制,按季度形成审查质量评价报告。商标注册审查周期不断缩短。制定《2018年商标审查任务分配表》,压实审查任务,提前52天实现2018年商标注册平均审查周期缩短至6个月内的目标。

商标注册合法性审查全面加强。建立并落实重大不良影响商标快速处理工作机制,制定实施《重大不良影响商标发现报告处置规则(试行)》,对商标局全体干部和各商标审查协作中心工作人员1600多人进行商标合法性审查集中培训,坚决依法打击涉及重大不良影响商标的恶意申请注册行为。

商标审查力量进一步加强。济南、郑州两个商标审查协作中心挂牌运行,为进一步缩短审查周期夯实了队伍基础。商标图形智能检索系统在各审协中心全面测试,为进一步缩短审查周期提供了技术支撑。

(3)商标注册。

2018年,商标注册量为500.7万件,同比增长79.3%。其中国内商标注册479.7万件,占总量的95.8%,同比增长80.6%;国外在华商标注册21.1万件,占总量的4.2%,同比增长54.8%。

(4)有效商标注册量。

截至2018年年底,我国商标累计注册量2230.8万件,有效注册商标量1956.4万件,同比增长31.1%。其中,国内有效注册商标1804.9万件,占总量的92.3%,同比增长32.8%;国外在华有效注册商标151.5万件,占总量的7.7%,同比增长14.3%。平均每5.8个市场主体拥有一个有效商标。

(5)地理标志商标。

2018年,新核准注册地理标志商标961件,同比增长80.6%;累计注册地理标志商标4867件,与2017年年底相比,增幅24.6%。

在已核准注册的4867件地理标志商标中,水果地理标志商标(1015件)数量最多,约占20.85%,蔬菜地理标志商标(838件)约占17.22%,家禽牲畜地理标志商标(694件)约占14.26%,粮油地理标志商标(597件)约占12.27 %,水产品地理标志商标(421件)约占8.65%,茶地理标志商标(370件)约占7.60%,中药材地理标志商标(258件)约占5.30%,工艺品地理标志商标(187件)约占3.84%,其他487件约占10.01%。

已注册地理标志商标数量居于前五位的省域分别为山东(679件)、福建(443件)、湖北(416件)、四川(331件)和江苏(298件),这5个省的地理标志商标数量占全国的44.52%。已注册地理标志商标数量居于前五位的地市分别为山东济宁(129件)、福建漳州(127件)、江苏淮安(125件)、山东潍坊(94件)、福建宁德(72件)。

截至2018年年底,共核准注册国外地理标志商标178件,占全国已注册地理标志商标总量的3.7%,与2017年年底相比增长95.6%。排名前三位的国家分别为法国(121件)、意大利(23件)、美国(14件)。

截至2018年年底,拥有地理标志商标

数量最多的是法国波尔多葡萄酒行业联合委员会(117件),单一主体拥有地理标志商标数量超过10件的还有淮安市淮阴区畜禽产业协会(34件)、涟水县农副产品营销协会(24件)、洪泽县洪泽湖农产品协会(23件)、金湖县农副产品营销协会(20件)、勐海县茶叶技术服务中心(17件)、平和县特产协会(15件)、静宁县苹果产销协会(13件)、云霄县食品快检中心(12件)、奇台县农村经济合作组织协会(11件)、寿光蔬菜瓜果产业协会(11件)。

2. 马德里商标国际注册申请

据世界知识产权组织初步统计,2018年共收到中国马德里商标国际注册申请6900件(WIPO PR/2019/830),位列全球第三位。截至2018年年底,我国申请人马德里商标国际注册有效量为3.1万件,同比增长23.5%。

2018年中国马德里商标国际注册申请量前十的商品和服务类别为第9类(科学仪器、计算机、数字存储媒介等)、第7类(机器、机床、马达等)、第25类(服装、鞋、帽)、第35类(广告、商业经营、商业管理、办公事务等)、第1类(工业用化学品、化学试剂、肥料等)、第12类(汽车、火车、运载工具零部件等)、第5类(药品、婴儿食品、卫生用品等)、第11类(照明设备、微波炉、冰箱等)、第42类(科学技术服务、工业分析与研究等)和第30类(咖啡、茶、谷类制品、糕点、糖、鲜酵母、食盐、香辛料等);2018年马德里商标国际注册中国申请人指定次数前十的缔约方为印度、美国、日本、韩国、澳大利亚、英国、欧盟、俄罗斯、越南和德国。

2018年6月21日,马德里商标国际注册网上申请系统正式上线运行,实现了商标国际注册网上申请、电子通知、网上补正、在线支付、网上受理的全程电子化,网上申请比例升至82%。同时,京外审协中心和受理窗口开展马德里商标国际注册的受理和审查工作也在稳步推进。

3. 商标评审

2018年,受理各类商标评审案件申请32.2万件,同比增长53.0%。其中,受理驳回复审申请28.0万件,同比增长56.4%,占当年受理总量的87.1%;受理涉及双方当事人的复杂案件申请4.2万件,同比增长33.5%,占当年受理总量的12.9%;受理无效宣告案件3.1万件,同比增长35.3%,占当年受理总量的9.6%;受理撤销注册商标复审案件8151件,同比增长29.9%,占当年受理总量的2.5%;受理不予注册复审2066件,同比增长22.1%,占当年受理总量的0.6%。

2018年,审理裁定各类评审案件26.5万件,同比增长52.6%。其中,裁定驳回复审案件23.5万件,同比增长57.1%,占当年裁定总量的88.7%;裁定复杂案件3.0万件,同比增长22.5%,占当年裁定总量的11.3%;裁定无效宣告案件2.2万件,同比增长20.0%,占当年裁定总量的8.3%;裁定撤销注册商标复审6831件,同比增长40.8%,占当年裁定总量的2.6%;裁定不予注册复审1511件,同比增长25.7%,占当年裁定总量的0.6%。

自1983年以来,共受理评审案件129.5万件。截至2018年年底,案件申请裁定103.9万件。

为应对案件申请量上行压力,努力提高商标评审质量和效率,确保评审案件法定审限。以占全年评审案件85%以上的商标驳回复审案件为突破口,优化审理流程,简化申请文书,压缩审理周期。自2018年9月1日起,提起驳回复审(不含马德里国际注册领土延伸申请驳回复审)申请的,可不再提交驳回通知书/部分驳回通知书与主体资格证明材料,进一步简化商标评审案件申请材料。2018年,驳回复审案件平均审理周期压缩到在7个月以内(法定时限为9个月)。

自2017年12月28日起,商标评审裁决文书全面即时公开系统正式上线运行,所有裁决文书，除依照有关规定不予公开的情形，全部自动公布，主动接受社会监督。2018年，通过不断优化和升级系统功能，实现了公开裁文中点击注册号可同步查看商标图样。

第三章　战略推进和保护运用

1. 战略推进

深入推进国家知识产权战略实施。制定《商标局关于落实〈2018年深入实施国家知识产权战略 加快建设知识产权强国推进计划〉的分工意见》，积极参与《国家知识产权战略纲要》实施十年评估工作，配合启动知识产权强国建设纲要研究制定工作。参与“十三五”国家知识产权保护和运用规划实施中期评估工作，派员赴安徽、黑龙江、重庆等地参与评估工作。积极参与重大经济科技活动知识产权评议相关政策的制定工作。

积极推进商标注册便利化改革，不断优化营商环境。出台《商标注册便利化改革三年攻坚计划（2018—2020年）》。以“大幅缩短商标注册周期”为主要目标，从提高审查效率、完善审查机制、简化申请程序、合理调整规费、强化技术支撑、压缩纸质档案存量、推动法律修改等各个方面，对商标改革工作进行了整体性设计，提出了到2020年，我国基本建成优质、便捷、高效的商标注册体系，达到世界第一梯队的领先水平的目标。

着力健全品牌培育服务体系，支撑品牌强国建设。积极推进商标品牌创业创新基地建设，起草《关于建设商标品牌创业创新基地的指导意见》。指导广州按照批复的基地建设工作方案扎实推进国家商标品牌创新创业（广州）基地建设，指导广西、湖南、江苏、浙江、山东等有关地方积极筹备双创基地建设事宜，赴南宁、崇左、钦州等地开展商标品牌创业创新基地调研。注重发挥企业在商标品牌建设中的主体作用，开展“企业商标品牌战略工作指南”课题研究，鼓励企业制定符合自身发展特点的商标品牌战略，引导企业通过商标品牌竞争取得市场优势，提升企业自身的品牌价值。

完善商标品牌评价机制。支持第三方研究机构开展2018年商标品牌价值评价研究项目，由中国人民大学中国商标品牌研究院发布《中国商标品牌发展报告（2017）》和《2017沪深上市公司商标品牌价值排行榜》。

统筹推进产业区域品牌建设，助力经济高质量发展。制定《含县级以上行政区划地名的普通集体商标和证明商标的审查标准》，召开全国市场监管部门产业集群区域品牌建设现场经验交流会，总结推广区域品牌建设典型地市经验。积极落实《国家工商行政管理总局 广西壮族自治区人民政府关于推进广西建设商标品牌强区的合作框架协议》，参与筹备并积极参与中国—东盟商标品牌论坛，展现近年来推进商标品牌战略取得的丰硕成果。配合工业和信息化部推进“中国制造2025”系列工作，推动出台《制造业知识产权战略实施三年行动计划（2018—2020年）》等相关文件。

2. 政策研究

完成“商标大数据分析”课题研究，得出改革成为我国商标增长的主要推动因素、企业注册商标行为总体较为理性等研究成果，为深入实施商标品牌战略、深化商标便利化改革提供了有力的理论和数据支持。完成“企业商标品牌战略工作指南”课题研究，为企业实施商标品牌战略和政府制定相关政策，提供了有益的参考。完成“非物质文化遗产与地理标志关系”课题研究，组织开展“商标异议中权利冲突解决机制研究”“网络环境下商标使用对授权确权的影响”“道地药材与地理标志关系”以及“商标代理监管”课题研究。

3. 严格保护

（1）着力打击商标非正常申请。

持续加大在商标确权环节打击恶意抢

注行为的力度，在审查和异议环节累计驳回非正常商标申请约 10 万件，引起社会广泛关注和好评。同时，向社会公布典型案例，约谈代理机构，加强警示规范和正面引导，有效维护了正常的商标注册秩序。

(2)切实加大商标行政保护力度。

加大对地方商标监管执法工作的指导力度，加强商标侵权案件转办、督办，向地方执法机关转办"一正""维多利亚的秘密"等涉嫌商标违法案件。部署开展 2018 打击商标侵权"溯源"专项行动，以驰名商标、地理标志、涉外商标和老字号商标为重点，以"打源头、打窝点、打链条"为目标，切实加强对商标侵权商品源头追溯力度，对商标侵权商品生产、销售、注册商标标识制造等环节开展全链条打击，有效防范和遏制商标侵权地域性、行业性风险。在"溯源"专项行动期间，全国工商和市场监管部门共排查案件线索 9953 条，立案查处 2848 件，已办结案件 2560 件，案件违法经营额 4437 万元，罚没金额 9082 万元，移送司法机关 50 件，捣毁制假售假窝点 115 个。整顿规范商标使用管理秩序，组织开展打击使用未注册商标违反《商标法》禁用条款行为"净化"专项行动。各地按照商标局下发的商标违法使用案件线索排查清单，对 3.86 万条驳回商标的实际使用情况逐一进行了现场检查，对未注册商标违法使用行为开展集中整治。专项行动期间，共立案查处未注册商标违法使用行为案件 44 件，涉案金额 80 万元；责令改正 440 户；将 261 户排查清单中未在注册地址经营的企业列入异常经营名录。2018 年，全国工商和市场监管部门共查处商标违法案件约 3.1 万件，同比增长 3.53%；案值 54 573 万元，同比增长 49.33%；罚没金额 51 420 万元，同比增长 9.31%。其中，查处商标一般违法案件 2760 件，同比下降 12.24%；案值 3059 万元，同比下降 4.29%；罚没金额 2074 万元，同比下降 24.16%。查处商标侵权假冒案件 2.8 万件，同比增长 5.37%；案值 51 514 万元，同比增长 54.47%；罚没金额 49 346 万元，同比增长 11.37%。

(3)积极推进商标监管方式创新。

推进商标跨区域跨部门执法协作，提升打击商标侵权假冒违法行为合力。深化商标信用监管，充分发挥国家企业信用信息公示系统作用，推动形成对商标失信行为的协同监管和联合惩戒，提升商标违法成本。推进商标"双随机一公开"监管，配合市场监管总局对抽查清单中涉及商标业务的检查事项进行重新梳理，制定抽查工作指引，指导各地加强对商标违法行为和代理违法行为的检查。落实行政执法与刑事司法衔接机制，加强信息共享、案情通报、案件咨询，共依法向司法机关移送涉嫌商标侵权犯罪案件 236 件，移送涉嫌犯罪嫌疑人 197 人。探索推进商标大数据监管。配合市场监管总局信息中心推进商标数据开放及分析应用系统建设工作。

4. 运用促进

(1)商标品牌富农工作。

牵头深化商标品牌富农工作，积极指导各地深入开展运用地理标志精准扶贫工作。组织"地理标志精准扶贫"西部宣讲活动并成功完成广西、新疆和四川站宣讲，累计近万人参与活动。举办贫困地区地理标志运用水平提升培训班，支持乡村振兴战略实施，助力脱贫攻坚，社会反响良好。编纂并发布《地理标志商标注册申请 15 问》，指导提高地理标志商标申请水平，助力地理标志精准扶贫和区域经济发展。

(2)商标质权登记。

在全国批准设立 78 个质权登记受理点，极大地便利了企业办理质权登记，降低企业融资成本。2018 年，共办理商标质权登记 1405 笔，涉及担保债权 339.3 亿元人民币，其中地方受理点办理 1067 笔，涉及金额 207.3 亿元人民币，分别占比为 75.9%和 61.1%。地方受理点根据本地经济结构特点，灵活支持小微企业通过商标质押获取小额贷款的业务特色，切实帮助小微企业解决“融资难，融资贵”的问题。

(3)商标代理监管规范。

加强商标代理机构信用监管平台建设，商标代理机构备案及变更全程实现电子化。严厉打击商标代理机构不正当竞争等违法行为，积极协调将知识产权代理纳入“双随机”定向抽查工作计划，汇总梳理八类商标代理机构涉嫌违法行为并在中国商标网予以通告，约谈涉嫌违规代理机构。加强与地方执法部门的沟通与协调，及时向涉案地执法部门转办26件代理机构涉嫌违法行为线索，督促地方依法进行调查处理。截至2018年年底，在商标局备案的商标代理机构总数为3.7万家。2018年共收到商标代理机构备案申请1.3万件，核准备案7436家；收到变更申请2755件，核准变更2507家；收到注销申请161件，核准注销115家。

第四章　公共服务

1. 商标信息公共服务

2018年，商标网上申请的接收时间由“08:00至16:30”延长为“08:00至20:00”，系统开放日为法定工作日、节假日(除国庆、春节七天长假及系统维护日外)。商标网上服务系统全面上线，集网上查询、申请、发文、公告、缴费、注册证明公示六大功能为一体，实现商标注册申请全程电子化，有效提高了“互联网＋”政务服务水平，真正做到“数据多跑路、群众少跑腿”。商标网上申请量655.5万件，占总申请量的近90%，商标电子发文累计达986万件，网上服务系统用户协议的用户量为4.5万个，其中代理机构1.7万家，直接申请人2.8万名。

2. 商标注册便利化改革

(1)商标申请手续和流程简化优化。

2018年，商标业务文书由416种精简到57种，申请人提交一份证明材料可同时办理多项商标业务，商标变更续展书式审查环节取消，商标纸质档案同比减少约30%。改进商标注册证发文方式和内容版式，向商标注册申请人直接寄发商标注册证。

(2)商标业务下放。

2018年，累计在全国批准设立166个地方商标受理窗口，满足申请人多样化需求，地方商标受理窗口共受理商标注册申请13.4万件，后续业务申请3270件，合计约13.7万件。地方商标受理窗口和京外商标审协中心受理大厅业务受理范围分别扩大至24项和25项。

(3)加强公众互动交流。

2018年8月1日商标咨询电话语音平台正式上线运行，实现了“一号对外”和“一站式服务”，全年共接听咨询电话32.5万次，其中人工服务20.5万次。及时答复社会公众在线咨询问题，全年共答复网上公众留言8128条。

(4)商标档案改革进展顺利。

首次通过清理销毁无效商标档案和超期证据材料等手段优化档案存储空间，完成358万件商标档案的清理优化工作，腾出库房空间约1800平方米。大力推行网上申请，精简业务材料，有效降低新增档案数量。

第五章　宣传推广

注重与媒体合作扩大影响力。与《中国市场监管报》(原《中国工商报》)、《中国知识产权报》等媒体合作，开辟专版宣传我国商标工作进展情况及地方运用地理标志精准扶贫典型案例，发布2017商标侵权十大典型案例及《中国商标品牌战略年度发展报告(2017)》。组织中央媒体跟踪报道“地理标志精准扶贫”西部宣讲；举办商标网上服务系统全面上线启动仪式，近10家中央媒体参加并进行报道。

积极开展形式多样的宣传活动。配合国家发展改革委举办“5·10中国品牌日”活动，参加中国品牌发展国际论坛政策对话活动。召开商标改革宣传工作座谈会,发挥新媒体作用,合力推进商标宣传工作。分别在北京、山东济南、江苏南京、浙江杭州举办商标注册便利化改革集中宣讲活动,共有来自企业、商标代理机构以及地方市场监管(知识产权)部门的相关人员约1300人现场聆听宣讲,近10万人次观看网络直播,取得良好社会效益。编写设计"纪念改革开放40周年——我国商标事业光辉征程"宣传片,开展"走进商标审查协作中心"专题报道。

多渠道宣传商标知识。设计制作微信版"商标知识微课堂:小明与商标的故事",在全国工商和市场监管部门微信公众号、《中国知识产权报》等媒体以及部分新媒体进行推送。在各地方商标受理窗口发放《商标注册申请指南》,进一步提高全社会知识产权保护意识。

充分发挥中国商标网门户网站作用。及时发布工作信息和便利化改革政策解读,公布全国省市县商标主要统计数据、商标代理机构备案名单等数据,全年共发布工作动态近200条、通知公告近100条。及时根据商标注册申请手续、流程变动情况,在中国商标网上更新相关内容,共更新业务指南约30条、常见问题解答10余条。

广泛开展志愿服务。商标志愿者服务组共参加商标法律宣传、专题培训、项目评审、企业专项援助等志愿服务活动12场,其中故宫知识产权保护专项服务、东城区老字号企业商标保护专项服务等活动受众超过百人,受到服务单位的广泛好评。

第六章 人才培养

组织举办全系统商标行政执法培训班,各地92名业务骨干参加培训。支持各地工商和市场监管部门开展商标执法办案培训,先后派员为上海、山东、河南、湖南、安徽、陕西、新疆等省(区、市)以及中华商标协会、中国广告协会等组织的商标业务培训班授课。

加强对地方地理标志和普通集体证明商标注册、运用和管理工作的培训指导。举办贫困地区地理标志运用水平提升培训班,60名基层业务骨干参加培训;应内蒙古、江苏、新疆、浙江、海南、安徽、吉林等地政府及工商市场监管部门、高校和京外审协邀请,共派员实地培训授课36人次。

对各商标审协中心新聘用审查员开展10期理论与操作技能培训。针对审查实践中存在的共性问题,多次开展审查文书写作、合法性审查等专题培训。全年组织2次独任审查任职资格考核,授予42人独任审查任职资格。

第七章 港澳台交流

在《海峡两岸知识产权保护合作协议》框架下,继续处理台湾权利人协处案件和台湾申请人优先权通报的工作。

第八章 国际合作

加强多边合作、参与构建更加公平合理的国际规则。加强与世界知识产权组织合作。派员参加第58届成员国大会,商标注册商品与服务国际分类尼斯联盟专家委员会第28次会议,商标国际注册马德里体系法律发展工作组第16次会议、商标、外观设计与地理标志法律常设委员会第40次会议等。派员赴WIPO担任审查员、短期翻译。协调举办世界知识产权组织亚太地区品牌与商标保护高级别圆桌会议并就商标议题发言,派员参加中国—东盟商标品牌论坛、中非知识产权制度与政策高级研讨会、中蒙俄知识产权研讨会并就商标议题发言,以视频方式在意大利地理标志全球论坛发言。加强商品服务分类国际交流,积极参加商标五方会谈年会,共同举办商标五方会谈分类专家会议,向商标五方会谈共提交360项商品和服务新增提案,翻译审核1639个商品项目。

做好与主要国家和地区商标领域的双边合作。参加中欧地理标志保护协定谈判，就中欧、中俄、中加知识产权工作组研提意见，并派员参加中俄第二轮投资障碍贸易磋商，就商标议题阐述我国法律制度和实践，树立我国保护商标专用权的良好形象。继续加强与欧盟、日本等国家（地区）商标主管机关、驻华使馆或知识产权机构的联系，回复各国商标案件来函，协助解决有关案件，妥善接待来访团组。

（国家知识产权局商标局）

反垄断与反不正当竞争工作

2018年，全国竞争执法系统围绕新修订《反不正当竞争法》的实施，认真开展反不正当竞争执法重点行动，依法履职，强化案件查办，为维护公平竞争的市场秩序做出了积极贡献。

一、突出执法重点，狠抓案件查处

全面部署执法重点行动。2018年，是机构改革业务融合、人员整合的第一年，也是新《反不正当竞争法》正式实施的第一年。2018年5月，市场监管总局发布《关于开展反不正当竞争执法重点行动的公告》，并下发《关于进一步加强反不正当竞争执法工作的意见》，决定自2018年5月至10月，在全国范围内开展反不正当竞争执法重点行动，重点围绕网络交易、农村市场、医药、教育等行业和领域，集中整治社会关注度高、反映强烈的市场混淆、商业贿赂、虚假宣传以及涉网不正当竞争等突出问题，开展执法工作，切实维护公平竞争市场秩序。各地认真贯彻落实，不断强化执法办案力度。2018年，全国市场监管部门共查处各类不正当竞争案件1.49万件，罚没金额5.67亿元。*

组织跨区域重大案件查办。组织召开涉及26个省（市）的重大案件部署会，针对江中集团、百威英博、宝洁、深圳景田、方太厨具、今麦郎等知名企业反映的侵权线索，组织跨区域查办案件，加强打击混淆不正当竞争行为，积极为企业发展营造公平的竞争环境，反不正当竞争执法保护知识产权的作用得到有效发挥。

二、加强宣传培训，形成社会共识

深入贯彻落实全国工商和市场监管部门贯彻实施新修订《反不正当竞争法》电视电话会议精神，加大对新修订《反不正当竞争法》的普法宣传工作，普及公平竞争的法律知识，加大氛围营造工作力度，努力营造全社会共同关注支持和参与的反不正当竞争良好舆论氛围。召开专题新闻发布会、接受集体采访、开展在线访谈，宣传各地新修订《反不正当竞争法》实施第一案等典型案例，对《反不正当竞争法》的法律适用多方式、多层次开展立体宣传；通过《人民日报》官方微信等主流媒体、网络媒体对反不正当竞争执法工作进行多角度、全方位宣传；2018年11月1日在《中国工商报》推出专门版面，发表“公平为基、奋进笃行”的文章，取得了良好社会效果。

分别在天津、珠海、深圳举办3期新修订《反不正当竞争法》专题培训，从省局的分管领导到竞争执法的业务处长、系统的专家型人才到执法骨干，层层进行培训，将法律修改的重要内容和精神实质贯彻到全系统；积极支持各地培训，多次派员赴地方帮助指导，现场说法，答疑解惑，不断加强法律知识的学习宣讲，提升基层执法人员的学法用法水平。

---

* 2018年12月26日，《中国工商报》更名为《中国市场监管报》。

三、开展国际交流，拓展合作空间

大力拓展反不正当竞争执法国际合作的范围，并积极深化合作的深度，注重吸收其他国家和地区的执法经验，促进我国反不正当竞争执法能力和水平的快速提升。

一是认真做好国际合作常规工作。接待国际货币基金组织、美国大使馆知识产权专员、欧盟商会、冰岛使馆、瑞士联邦经济总局、OECD经济部等相关机构来访约10次；提供相关外事活动背景情况及表态口径等约15件；就中国与挪威等国家自贸区协定、中国与欧亚经济联盟经贸合作协议等相关协议竞争章节研提意见；研究与蒙古等国家重新签订竞争执法备忘录等事宜。

二是积极参加各类国际会议。参加中欧知识产权合作组会议、第七届“知识产权、标准与反垄断法”国际研讨会、2018年知识产权与竞争法交大论坛——数字治理的法律与政策国际会议、2018医疗技术产业战略国际大会等国际会议，介绍新修订《反不正当竞争法》修订情况、实施情况，增加公众知晓度；赴加拿大渥太华参加中加知识产权工作组第一次会谈，赴日本参加美国乔治梅森大学主办的竞争政策培训，赴韩国参加中韩知识产权交流会等，积极宣传我国反不正当竞争执法成果，交流执法经验。

三是加强与欧盟有关司局、有关专门机构的合作。经与欧盟竞争总司协商一致，在第17届中欧竞争周中首次加入反不正当竞争专门研讨环节，欧盟公正与消费者总司派执法官员与我方负责同志，分别介绍欧盟和我国对不正当竞争行为的规制立法、执法情况。同欧盟驻华代表团、欧盟竞争总司、欧盟公正与消费者总司积极沟通，共同研究探讨反不正当竞争执法领域的合作形式、合作机制等具体问题。加强中欧知识产权保护项目（IPKey）保持工作的联系沟通，启动赴欧盟相关成员国反不正当竞争执法培训交流工作。

（国家市场监督管理总局价格监督检查和反不正当竞争局）

版权工作

2018年，国家版权局以习近平新时代中国特色社会主义思想和党的十九大精神为指导，深入贯彻落实全国宣传思想工作会议精神，坚持守正创新、稳中求进，推进各项版权工作全面提高。

一、不断加大打击侵权盗版力度

（一）加强工作部署，开展“剑网行动”

一是召开全国版权执法监管工作会议，传达中央领导同志重要批示精神，对打击侵权盗版工作进行部署。二是开展“剑网2018”专项行动，自2018年7月开始，会同国家互联网信息办公室、工业和信息化部、公安部开展第14次打击网络侵权盗版专项行动，利用国家版权监管平台技术手段，运用分类监管、约谈整改、行政处罚、刑事打击等多种措施，集中整治网络转载、短视频、动漫等领域侵权盗版多发态势，重点规范网络直播、知识分享、有声读物等平台版权传播秩序，深入巩固网络影视、网络音乐、电子商务平台、应用商店、网络云存储空间等领域专项整治成果，维护清朗的网络空间秩序，营造良好的网络版权环境。在“剑网2018”专项行动期间，各级版权执法监管部门删除侵权盗版链接185万条，收缴侵权盗版制品123万件，查处网络侵权案件544件，其中查办刑事案件74件、涉案金额1.5亿元，有效震慑了网络侵权盗版行为。

（二）狠抓案件查办，强化督查指导

一是加大案件查办力度。全国各级版权行政管理部门坚持党对版权工作的领导，紧紧抓住关系人民群众根本利益的突出版权问题，相继查处了一批涉案金额大、社会影响严重的大案要案。2018年，各级版权执法监管部门共查办侵权盗版案件2500余件，移送司法机关追究刑事责任102件，捣毁盗版窝点203个，收缴盗版制品377万件，案件信息公开1301件。二是加大案件督办指导力度。会同全国“扫黄打非”办公室、公安部、最高人民检察院等部门联合挂牌督办了北京“10·17”销售盗版电子出版物案等48起侵权盗版大要案件。会同国家互联网信息办公室、工业和信息化部、公安部、最高人民检察院、全国“扫黄打非”办公室对江西、广东、天津等10省(市)打击侵权盗版专项行动开展情况和挂牌督办重点案件情况进行现场督查，有效解决地方案件查办瓶颈问题，强化版权、文化执法、扫黄打非、通信、网信、公安、检察等部门的工作合力与协同效应。及时对北京、黑龙江、湖北等地关于立案标准、案件管辖等问题进行研究回复，为多地案件办理提供协调、指导；与公检法等部门密切配合，及时解决案件查办过程中遇到的问题。

(三)紧盯重点领域，强化重点监管

一是规范网络音乐版权秩序。约谈华纳、索尼、环球三大国际唱片公司和国内大中型唱片公司，推动建立符合国际规则的网络音乐授权、合作模式；推动腾讯与网易达成音乐作品转授权合作，实现双方独家音乐作品99%以上向对方开放转授权。二是开展网络转载专项整治。指导各地查处一批违法转载案件，依法取缔、关闭一批非法新闻网站(网站频道)及自媒体账号。集体约谈趣头条等13家网络服务商，要求有关互联网媒体和媒体平台完善内部版权管理，建立用户管理制度，加强对侵权行为的处置，主动做好执法协助工作。截至2018年12月，13家网络服务商已签约的各类版权合作单位累计超过4300余家，今日头条、趣头条、网易号等共对124 436个侵权自媒体账号进行封禁，对19 882个违规自媒体账号进行降级等处理；趣头条、百度百家号、网易号等共对475 332篇侵权内容进行删除或拦截；搜狐新闻、新浪看点、今日头条、百度百家号等建立了账号信用分制度或黑名单制度，网络转载版权秩序得到进一步规范。推动30多家主流财经媒体发起成立“中国财经媒体版权保护联盟”，共同抵制未经授权擅自转载新闻作品的行为，推动实现常态化监控和维权、市场化交易等。三是开展短视频专项整治。约谈抖音短视频、快手、西瓜视频等15家企业，责令其进一步提高版权保护意识，切实加强内部版权制度建设，全面履行企业主体责任。经过整改，15家短视频平台共下架删除各类涉嫌侵权盗版短视频作品57万部，短视频版权保护环境取得显著改善。四是进一步规范电商平台版权秩序。及时回应权利人诉求，多次约谈拼多多等电商平台，要求其切实履行企业主体责任，建立完善版权相关制度；推动阿里巴巴集团与京版十五社反盗版联盟就图书版权保护计划签订合作协议，对重点图书线上盗版销售进行事前主动防控。推动拼多多平台与京版十五社反盗版联盟和少儿出版反盗版联盟就图书版权保护签订合作协议，共同保护权利人的合法权益。五是开展重点作品版权预警保护。公布7批72部重点作品版权保护预警名单，对春晚节目、世界杯赛事节目及《舌尖上的中国》第三季、《红海行动》等院线优秀国产电影进行重点预警保护，要求相关网络服务商对重点作品采取预警保护措施。

(四)提升执法效能，完善激励机制

一是加大案件查办补贴力度。对2018年所有挂牌督办案件予以办案经费补贴，对部分2017年督办案件追加经费补贴，切实解决地方办案部门实际困难。二是对查处侵权盗版重大案件予以奖励，印发《国家版权局关于奖励2017年度查处侵权盗版重大案件的决定》，对2017年度在查处侵权盗版案件工作中做出突出贡献的212家有功单位、249名有功个人进行奖励。三是完善群众举报投诉快速反应机制，鼓励社会力量参与打击侵权盗版工作，广泛收集案源和案件线索，提高案件线索核实和案件查办效率。联合全国“扫黄打非”办公室对10名举报侵权盗版行为的有功个人进行了奖励。

二、持续推进软件正版化工作

（一）加强工作部署，科学指导工作

2018年3月，组织召开推进使用正版软件工作部际联席会议第七次全体会议，专题研究部署2018年工作任务。2018年8月，对各地区软件正版化工作进展情况进行通报，对成效显著的地区提出表扬，对存在问题的地区点名批评，推动各地进一步提高思想认识、落实工作责任。同时，推广部际联席会议印发的《正版软件管理工作指南》，科学指导各级党政机关和企事业单位规范正版软件采购和使用管理工作，落实软件正版化工作相关政策要求，推进软件正版化工作规范化。

（二）创新工作模式，强化督促检查

充分发挥技术手段优势，利用国家版权监管平台和软件检查技术工具，大幅提高监管效率。通过政府购买服务方式，委托第三方专业机构参与督查，有效解决督查人员不足问题。2018年4月至11月，组织11个督查组，对20家中央和国家机关、16个省（市）软件正版化工作进行督查，共督查单位374家，检查计算机5.04万台。其中对福建、重庆、四川、云南、甘肃、青海6个省（区、市）的省级政府机关软件正版化工作进行了全覆盖督查，对督查发现的典型经验和存在的问题进行了通报，推动政府机关和企事业单位进一步落实软件正版化工作主体责任。

（三）推动使用国产软件，开展相关试点工作

推进软件正版化与信息化、信息安全相结合，大力倡导使用国产软件，实现安全、发展两促进。在宁夏西吉县、湖北云梦县开展国产软件应用试点，推进使用国产操作系统软件取得预期效果。

（四）巩固工作成果，夯实工作基础

会同推进使用正版软件工作部际联席会议各成员单位，加强统筹协调、服务指导和督促检查，推进软件正版化工作取得新成效，有效夯实软件正版化工作基础。一是中央和省级机关软件正版率超过90%，突击安装正版软件比例同比大幅下降16.77%，党政机关软件正版化成果得到巩固。二是在巩固中央企业和大中型金融机构软件正版化工作基础上，推动省属国有企业总部基本实现软件正版化。三是党政机关和国有企业大范围使用国产软件，国产办公软件使用比例超过55%，促进了软件产业快速发展，进一步保障国家信息安全。2018年，软件产业总值达到6.31万亿元，同比增长15.1%。

三、持续完善版权社会服务

（一）推进全国著作权登记工作

一是著作权登记继续保持快速增长势头。2018年，全国著作权登记总量突破345万件。其中，作品登记量超过235万件，软件著作权登记量突破110万件，呈高速增长之势。二是建立著作权登记信息统计和公示查询系统。要求各地登记机构使用国家版权监管平台报送作品登记信息，对作品重复登记情况进行全面核查通报。在国家版权局官方网站设立著作权登记信息统计和公示查询系统，将适时向社会公众公示作品登记主要信息。

（二）加强版权行政审批及监管工作

一是依法加强对著作权集体管理组织

的监管。召开著作权集体管理组织工作会议，审核5家集体管理组织年检报告，指导中国音像著作权集体管理协会领导班子换届相关工作；督促指导、妥善协调解决集体管理组织与相关利益方之间的矛盾与纠纷。二是依法加强对涉外著作权认证机构、国际著作权组织在华常驻代表机构的监管，规范备案制度。召开涉外著作权认证机构在华代表处通气会，规范其在我国境内开展各项涉及版权的活动。依法对涉外著作权认证机构在华代表处年检报告进行审核；对美国电影协会北京代表处变更地址、商业软件联盟（美国）北京代表处的临时活动进行审核。三是加强行政监管制度建设。草拟《关于加强对著作权集体管理组织依法监管的通知（征求意见稿）》和《关于加强对境外著作权认证机构常驻中国代表机构管理的意见（征求意见稿）》，为依法加强对著作权集体管理组织、涉外著作权认证机构驻华代表处的监管提供制度保障。

四、着力促进版权产业发展

（一）举办第七届中国国际版权博览会

2018年10月，在苏州市举办第七届中国国际版权博览会。本届版博会举行了开闭幕式、中国版权金奖颁奖仪式、国际版权论坛等多项活动，40余个国家（地区）及世界知识产权组织等50余个国际版权行业组织、机构共计300余家单位参展，成为推动国际版权产业互动交流、促进中国版权产业发展的重要平台和中国版权“走出去”的重要窗口。

（二）评选颁发2018年中国版权金奖

为表彰在版权发展与保护方面做出突出贡献的个人和单位，建立长效版权激励机制，国家版权局申请设立的“中国版权金奖”于2016年获批纳入政府常设评比达标表彰活动序列。经过申报和评选，在第七届中国国际版权博览会上颁发了6个作品奖、5个保护奖、5个推广运用奖和4个管理奖共计20个中国版权金奖，有力促进了版权创作、保护、运用。

（三）规范全国版权示范创建工作

根据中共中央第5号文件精神，对全国创建示范活动予以全面清理，按照要求对已开展的全国版权示范创建工作进行自查。完成《关于清理全国版权示范创建工作情况的自查报告》《创建示范活动清理情况汇总表》《拟保留或合并的创建示范活动基本信息表》，并分别报送有关部门，提出保留全国版权示范创建活动的工作建议。

（四）开展系列版权产业调研工作

开展中国版权产业对国民经济贡献的调研工作，发布2017年中国版权产业对国民经济贡献的调查报告，推动具备条件的地方开展相关调查。调查显示，2017年中国版权产业的行业增加值为60 810.92亿元人民币，占全国GDP的7.35%。发布2018年中国网络版权产业发展报告，完成“中国版权交易现状与发展趋势”等课题研究。系列调查研究成果为科学制定版权产业发展政策发挥了积极作用。

五、广泛开展版权宣传培训

（一）加强主题宣传

一是做好“4·26知识产权宣传周”主题宣传活动。围绕世界知识产权组织2018年度宣传主题，通过制作中日韩三国版权公益宣传片、出版版权宣传特刊、制作布设宣传海报等，充分利用全媒体宣传，全方位提升版权社会影响力。二是举办“2018中国网络版权保护大会”。大会发布《中国网络版权保护年度报告》《年度打击侵权盗版十大案件》等，围绕“保护创作，推进运用”主题进行深入研讨交流，有效提升网络版权执法监管影响，取得良好社会反响。三是举办第十届全国大学生版权征文活动。全国大学生版权征文活动自2008年至今已连续举办十届，成为“版权进校园”的名牌活动。本届征文活动共评审出优秀论文奖 123 个、优秀指导老师奖 20 个和优秀组织奖 16 个。四是发布相关年度报告、文献。编辑出版《中国版权年鉴 2017》，评选发布"2017 年中国版权十件大事"，发布《2017 年中国网络版权保护年度报告》《中国版权年度报告(2017)》《2017 年软件正版化工作汇编》等，从不同角度宣传版权工作，扩大版权工作影响。

(二)做好全媒体宣传

一是做好国家版权局中文网信息发布工作。全年发布信息 1500 余条，制作多个专区进行专题宣传，其中"软件正版化"专题获"2018 · 政府网站特色栏目"奖。二是扩大国家版权局微博影响。微博账号关注人数达 118.9 万人，全年发布信息 456 条，比上年增长 210%。截至 2018 年 11 月中旬，"版权执法监管""版权宣传周""软件正版化"等微博话题阅读量均超百万。三是提高其他新媒体平台宣传作用。国家版权局微信公众号全年发布 63 期 77 条图文消息，关注人增至 3.2 万人，同比增长 163%。国家版权局"头条号"全年发布信息 479 条，关注人达 107.8 万人，同比增长 191%。国家版权局"百家号"借助百度分发渠道，影响力不断扩大。

(三)加大版权对外宣传

一是利用国家版权局英文网站，通过线上、线下、文字、视频等不同方式有针对性地开展宣传，全年发布信息近百条，制作"4 · 26 版权宣传""2018 版权国际交流"等专题。二是通过与周边国家合作，开展针对特定群体的版权宣传，与日韩共同设计、制作以知名动漫形象为主人公的宣传海报和视频，将"保护版权、繁荣创作"的理念植入民心。三是利用来访、出访、举办和参加国际会议等机会，主动做好版权对外宣传，发出权威声音，讲好中国版权制度建设与版权保护的故事，争取国际舆论的支持，营造我国版权涉外工作良好局面。

(四)做好版权培训工作

一是开展版权执法培训。分别在成都、西安、长春举办 3 期全国版权执法监管工作培训班，对 31 个省(区、市)556 名版权执法监管工作人员进行培训，实现全国所有地市级版权执法监管部门全覆盖培训，有力提升基层版权执法监管工作水平。二是举办 5 期软件正版化工作培训班，累计培训相关工作人员 1176 名。三是举办版权媒体热点问题研修班，对《人民日报》、新华社等 50 多家中央主流媒体新闻记者进行培训。通过对不同对象分类培训，不断提高版权从业人员工作能力。

六、大力拓展版权国际交流合作

(一)加强国际版权多边话语体系建设

一是继续巩固和加强与世界知识产权组织等国际组织的良好合作关系，积极参加相关委员会会议，参与重要国际版权条约磋商，合作举办"2018 国际版权论坛"等会议，推广版权优秀案例示范点，开展国际版权人才培训。二是采用多种方式推动《视听表演北京条约》早日生效，经过不懈努力，批准或加入的国家增加到 23 个，再有 7 个国家批准、加入条约即可生效。三是参加由商务部牵头的世界贸易组织(WTO)第七次对华贸易政策审议和我国对其他成员贸易政策审议工作，参加亚太经合组织(APEC)知识产权专题会议，参加外交部牵头的海牙国际私法会议"判决项目"会议，积极应对有关版权事务。

(二)加强版权双边、区域交流合作与应对水平

巩固中欧、中英、中日、中韩版权交流合作关系，与墨西哥正式建立版权双边合作框架，与欧盟、英国、日本、韩国进行政府间版权工作会谈以及举办研讨会；配合商务部完成中国与欧亚经济联盟经贸合作协议签署相关工作，推进《区域全面经济伙伴关系》知识产权谈判工作及中日韩、中国与巴拿马、中挪自贸协定等自贸区谈判进程，配合商务部、文化部等开展中欧、中日等工作组谈判，应对美"301调查"和中美贸易摩擦，争取有利于我国发展的版权国际环境。推动《海峡两岸知识产权保护合作协议》的具体落实，执行香港特别行政区海关与国家版权局"打击网络盗版合作互助安排"，推动海峡两岸、内地与香港在版权领域的沟通合作。

（三）妥善处理其他涉外版权事务

一是积极配合首届中国国际进口博览会版权相关工作，及时提供会展所需版权信息，协调中国版权保护中心、上海市版权局进驻会展，配合做好版权服务，及时化解版权纠纷和争议，维护我国版权保护良好形象。二是妥善处理全国打击侵犯知识产权和制售假冒伪劣商品工作领导小组办公室、我国驻韩国使馆转来的韩国公司版权纠纷事宜。三是妥善处理朝鲜驻华使馆关于处理侵权图片来函，迅速约谈主要网络服务商，要求其主动采取措施，全面清查、处理侵权图片。

（四）做好相关国际版权课题研究工作

有针对性地开展版权国际应对宏观策略研究，版权国际应对具体问题研究和图书馆、档案馆、教研机构的限制与例外，以及民间文艺的版权保护等版权国际热点问题调研工作，进一步提升我国国际版权应对能力。

（中央宣传部版权管理局办公室）

农产品地理标志工作

一、农产品地理标志工作概况

（一）规范开展审查评审

一是严格审查申报材料。在申报材料的齐全性、规范性、科学性上下功夫，严格审查把关，有针对性地对部分机构专职人员进行一对一的指导和培训，抓住关键点和共性问题进行纠正完善，得到了评审专家的一致认可。二是规范开展专家评审。专家评审工作是农产品地理标志登记程序中一个关键和重要的环节，为提高农产品地理标志核查员业务水平，每次评审会选用不同省份核查员并将其分配到不同的行业专家组协助评审，以便他们更好地学习掌握专业知识，从不同角度了解不同类别产品特性，从而更加有效、有针对性地指导地方工作。2018年，全年召开5次全国农产品地理标志登记专家评审会，新公告颁证农产品地理标志281个。截至2018年年底，全国累计登记农产品地理标志2523个。

（二）切实加强证后监管

对山西、陕西、江西、安徽、湖北、湖南6个省份30个获证产品120个样品进行了跟踪监测。监测结果显示，质量安全指标合格率100%。

（三）着力加强人员培训

2018年，举办了3期全国农产品地理标志培训班，培训内容涵盖品牌建设、知识产权、技术难点以及评审共性问题等方面，参训人员近400人。此外，派员对黑龙江、黑龙江农垦、内蒙古、吉林、江西、四川、海南、西藏、中国农村专业技术协会举办的农产品地理标志培训班进行授课和现场答疑，参训人数近1200人。

（四）积极推进国际合作

全面参与中欧、中美、中格（格鲁吉

亚）等双（多）边地理标志和知识产权磋商对话，全程参加中欧地理标志协定谈判，截至2018年年底双方已进行了20轮谈判，35个地理标志农产品进入首批中欧互认产品清单。2018年，针对首批中欧互认产品技术文本修改工作举办了1期培训班。

（五）全方位加强品牌宣传

一是通过展览宣传。在第十六届中国国际农产品交易会期间，成功举办了农产品地理标志专展及第四届全国农产品地理标志品牌推介会，18个产品获得农交会金奖。二是通过活动宣传。在"世界知识产权宣传周"期间，举办"全国知识产权宣传周暨北京鸭农产品地理标志发布会"。发布会将"北京鸭"地理标志证书颁发与标志授权签约活动相结合，较好地提升了企业知识产权保护意识。中央电视台农业频道做了专题新闻报道。此外，组织省级工作机构参加"2018中国品牌价值评价信息发布暨第二届中国品牌发展论坛"活动。三是通过媒体宣传。首部反映农产品地理标志的纪录片《源味中国》于2018年2月至3月在CCTV-4播出，7集节目每集首播平均收视率为0.43%～0.65%，收视份额为2.16%～3.19%，在中央电视台纪实类节目中表现出色。据统计，累计有5509万人次通过CCTV-4收看《源味中国》，扩大了宣传，提升了农产品地理标志的认知度。

二、评选和认定

（一）国家示范样板

对岚县马铃薯、黑山褐壳鸡蛋、延寿大米、泰来绿豆、余干辣椒、大泽山葡萄、汝阳红薯、大围山梨、富川脐橙、梁平柚、四川泡菜、唐家河蜂蜜、贵州绿茶、大荔冬枣、庆阳苹果、泾源黄牛肉等16个国家级农产品地理标志示范样板进行了验收授牌。

（二）农交会金奖

扎兰屯黑木耳、北京鸭、安溪铁观音、烟台苹果、富川脐橙、凤翔苹果、肇州糯玉米、梁平柚、汝阳红薯、黑山褐壳鸡蛋、普洱咖啡、王桥花果芋、大围山梨、云和雪梨、梁子湖大河蟹、纳溪特早茶、沁水刺槐蜂蜜、泾源黄牛肉等地理标志农产品获得第十六届中国国际农产品交易会金奖。

（三）品牌价值评价

蒙阴蜜桃、东宁黑木耳、中宁枸杞、贵州绿茶、乌兰察布马铃薯、科尔沁牛、眉县猕猴桃、三亚芒果、柴达木枸杞、洪泽湖大闸蟹、孝感香米、富川脐橙、章丘大葱、丹棱桔橙、滕州马铃薯、大荔冬枣、大连裙带菜、昌邑大姜、吉县苹果、文登西洋参、北镇葡萄、平阴玫瑰、福安巨峰葡萄、九三大豆、瓜州枸杞、浦江葡萄、洛南核桃、苦水玫瑰、乐安竹笋等地理标志农产品入选"2018中国品牌价值评价信息发布"榜单。

（农业农村部科技教育司）

林业植物新品种保护工作

一、林业植物新品种保护法规与政策

与有关部门联合修订《中华人民共和国植物新品种保护条例》及实施细则，参与修订最高人民法院《关于审理植物新品种权纠纷案件具体应用法律问题的规定》，起草完成《林业植物新品种特异性、一致性、稳定性测试中近似品种确定规则》。

二、林业植物新品种审查和授权

2018年，林业植物新品种申请量、审查量大幅上升。全年共受理新品种权申请906件，同比增长45%；完成358个申请品种的特异性、一致性、稳定性DUS现场审查；对218件实审材料进行补正；授权405件，授权总数1763件。研制林业植物新品种信息管理系统(2.0)，完成798份申请品种受理信息录入，218份申请人变更等信息录入，启动405个授权品种信息的整理、翻译和上报工作，编辑出版《中国林业植物授权新品种(2017)》。

三、林业植物新品种权行政执法

按照全国打击侵犯知识权和制售假冒伪劣商品工作领导小组办公室的要求，参加全国打击侵权假冒工作现场考核，分别对天津、内蒙古进行检查，现场打分；组织开展全国林业系统植物新品种行政执法工作评分活动，根据各省(区、市)报送的2017年度林业植物新品种行政执法材料进行部门考核打分；落实《国务院关于新形势下加强打击侵犯知识产权和制售假冒伪劣商品工作的意见》，研究印发《国家林业局科技发展中心关于继续开展打击侵犯林业植物新品种权专项行动的通知》；在浙江杭州举办林业植物新品种行政执法培训班，各省林业系统行政执法人员、林业测试机构技术人员等100多人参加培训。

四、林业植物新品种测试体系建设

加快推进林业植物新品种测试中心、3个分中心、2个实验室和5个专业测试站的条件能力建设。完成对杜鹃花属、山茶、油茶、绣球属植物品种田间测试能力建设，集中测试种属达到9个，组织月季、一品红测试站开展102个新品种测试工作；完成金合欢属、爬山虎属等11项测试指南编制，新启动紫薇属、梓树属、紫藤属等10项测试指南编制(修订)工作。共发布测试指南标准48项，在编测试指南89项。

五、林业植物新品种宣传应用

2018年，充分利用报刊、网络等媒体，结合"知识产权宣传周"等，多渠道、多层次扩大林业植物新品种动态、政策法规的宣传面和普及率。在"4·26知识产权宣传日"，利用《中国绿色时报》专版宣传以林业植物新品种为主的林业知识产权成就，在中国林业网、中国林业知识产权网专题宣传林业知识产权工作相关政策及成就。围绕"林业知识产权保护与管理""林业植物新品种保护""林业植物新品种行政执法"等主题举办培训班，邀请国内权威专家进行授课，全面了解、掌握国家知识产权保护战略实施进展情况、林业知识产权保护与管理主要措施及现状、林业植物新品种应用与实施、林业植物新品种权行政执法有关法规和办法等，提升广大学员对知识产权相关新政策、新知识的了解和把握，提升林业知识产权保护和管理能力。

六、国际合作交流与履约

派员参加国际植物新品种保护联盟(UPOV)理事会和技术工作组系列会议，参加第十一届东亚论坛和农业创新高级培训；与欧盟新品办、日本开展双边合作，研讨交流植物新品种已知品种数据库构建技术以及相关合作事项；组织开展林业植物新品种测试跟踪研究，出版国际植物新品种保护联盟有关测试技术文件翻译材料；通过参加系列会议，开展国际合作交流，有力提升林业植物新品种保护水平。

(国家林业和草原局科技发展中心)

海关知识产权工作

2018年，全国海关认真贯彻落实习近平新时代中国特色社会主义思想和党的十九大、十九届二中全会、十九届三中全会精神，牢固树立"四个意识"，坚定"四个自信"，坚决做到"两个维护"，在全国打击侵犯知识产权和制售假冒伪劣商品工作领导小组和国务院知识产权战略实施工作部际联席会议的组织领导下，紧扣国家创新驱动发展战略，加快创新型国家建设，营造良好营商环境，推动经济高质量发展，提升海关知识产权保护执法水平，在落实机构改革部署、深入推进通关一体化。提升服务企业水平等各个方面均取得明显成效。

一、2018年中国海关查获侵权嫌疑货物情况

2018年，全国海关共采取知识产权保护措施4.97万次，实际扣留进出境侵权嫌疑货物47 219批次，同比增长146.03%，涉及货物2480万件，如图1所示。共有5个集体、2个个人获得全国打击侵犯知识产权和制售假冒伪劣商品工作先进表彰；4个集体、4个个人获得国家知识产权战略实施工作先进表彰；4个集体、4个个人获得国家版权局2017年度查处侵权盗版重大案件三等奖。

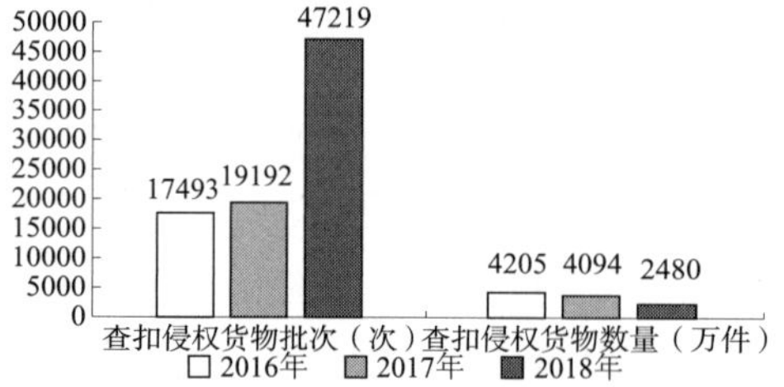

图1　2016～2018年中国海关扣留侵权嫌疑货物统计

主要呈现以下特点：

——以侵犯商标专用权货物为主，专利权执法成效显著。2018年，全国海关查获的侵权嫌疑货物涉及商标专用权、专利权、著作权、奥林匹克标志和世界博览会标志等多种类型的知识产权，其中扣留涉嫌侵犯商标权的货物高达2398.19余万件，占扣留侵权嫌疑货物总数的96.70%。扣留涉嫌侵犯专利权货物61.98万件，价值人民币6170.18万元，同比分别增长89.77%和60.48%。

——执法模式仍以海关依职权主动查扣为主。2018年，全国海关在货运渠道扣留侵权嫌疑货物1745批次。其中，采取依职权保护措施1692批次，约占货运渠道扣留总批次数的96.96%，涉及侵权嫌疑货物1980.27万余件，约占货运渠道扣留侵权嫌疑货物总数的99.07%；依申请扣留侵权嫌疑货物53批次，约占货运渠道扣留总批次数的3.04%，涉及侵权嫌疑货物471.37万余件，约占货运渠道扣留侵权嫌疑货物总量的0.93%。

——行邮渠道查获侵权货物批次增幅明显。全国海关共在行邮渠道查扣侵权嫌疑货物45 529批次，同比增长156.33%，涉案侵权嫌疑货物数量283 768件，如图2所示。每批次查获侵权货物件数由2017年的49.7件/批，降低为6.23件/批，这一情况与跨境电商渠道化整为零销售侵权货物的上升态势相符。

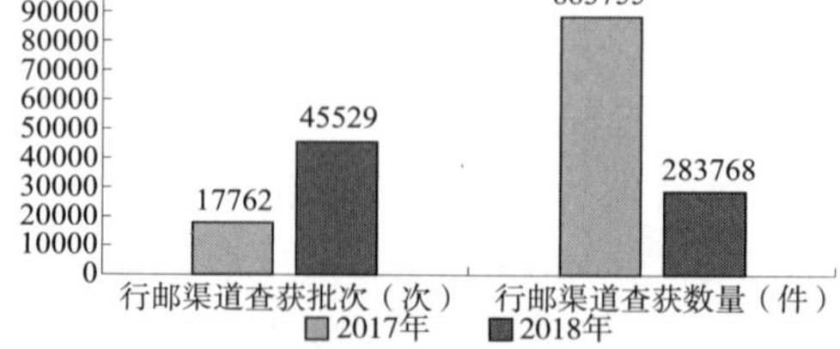

图2　行邮渠道查获侵权货物情况

——进口环节查获侵权案件增长明显，但侵权货物的查发仍集中在出口环节。

全国海关共在出口环节扣留侵权嫌疑货物1720批次，占货运渠道全部扣留批次的98.57%，扣留侵权嫌疑货物2439.13万件，约占全部扣留货物数量的98.35%；进口环节共扣留侵权嫌疑货物25批，占货运渠道全部扣留批次的1.43%。值得关注的是，2018年全国海关在进口环节扣留的侵权嫌疑货物数量为12.51万件，同比去年增长76.9%，已连续十年呈增长态势。

——东部沿海地区海关仍是海关执法主战场，中西部海关执法成效大幅提升。2018年全国海关扣留的侵权嫌疑货物中，宁波、杭州、江门、广州、上海、深圳、厦门、天津、昆明、南京等海关合计扣留2362.9万件(见图3)，约占扣留总数量的95.27%。昆明、乌鲁木齐等中西部地区海关查获侵权嫌疑货物批次和侵权货物数量，分别同比增长23.19%和54.09%。

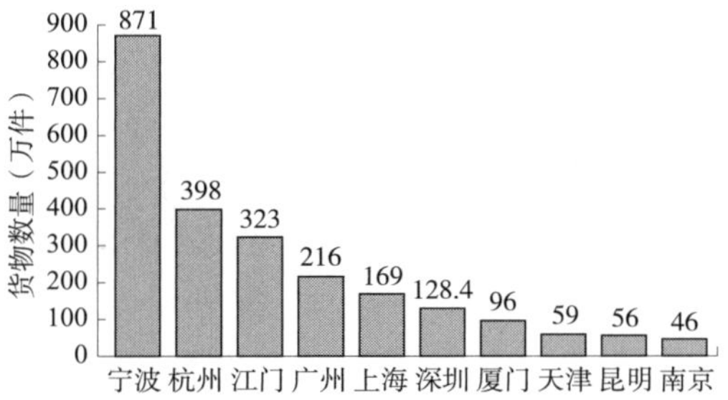

图3　查扣侵权货物数量前十位的海关

——扣留侵权嫌疑货物主要涉及轻工产品、鞋、电子产品等商品类别。2018年全国海关扣留的侵权嫌疑货物以轻工产品、鞋类、电子产品、化妆品等为主(图4)，其中，扣留的轻工产品、电子产品类货物的数量有较大幅度增长。全国海关全年共扣留侵权存储介质等电子产品货物173.29万件，是2017年同期的13.7倍。

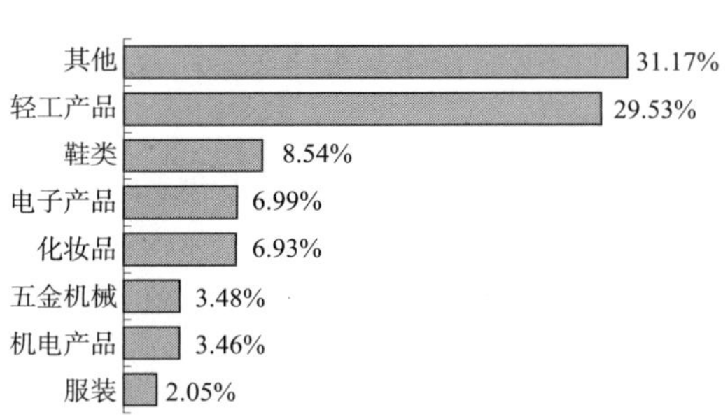

图4　2018年查获的主要侵权商品

二、落实机构改革任务，完善知识产权保护职能设置

将出入境检验检疫管理职责和队伍划入海关总署，是以习近平同志为核心的党中央做出的英明决策。全国海关提高政治站位，增强大局观念，充分认识机构改革的重大意义，以强烈的政治责任感和历史使命感，认真落实中央机构改革部署。2018年4月18日，海关总署机关实现集中办公，4月20日，2.4万余名新转隶人员在一线旅检、查验和窗口岗位统一上岗、统一着海关制服、统一佩戴关衔，统一以海关名义对外开展工作；全国306个对外开放口岸统一使用"中国海关"标识。知识产权海关保护机构、职责平稳顺利完成调整。

——推进职能调整。在海关总署层面，知识产权海关保护职能从政策法规司调整至综合业务司，具体职责包括组织全国海关实施知识产权海关保护相关工作，实施国家知识产权战略；组织、指导、监督全国海关开展知识产权执法活动，部署开展专项工作；办理知识产权海关保护备案及总担保；承担国家及海关系统对外知识产权海关保护多双边国际合作项目；承担与各知识产权行政、司法部门及有关行业协会的合作；研究、解决执法疑难问题，提出制定、修改知识产权海关保护法律法规规章制度的建议；开展知识产权海关保护对外宣传等。各直属海关层面，知识产权保护职能从法规部门相应调整至综合业务部门。

——完善机构设置。机构改革后，全国各直属海关均在综合业务处(法制综合处)设立知识产权相关业务职能科室，全国各隶属海关设立从事知识产权工作的基层科室，具体承担知识产权海关保护的一线执法工作，如法制科、综合业务科等。青岛海关隶属黄岛海关设立专职负责知识产权保护的知识产权科，全国设有知识产权科的隶属海关增至两个（另一个为杭州海关隶属义乌海关）。

——改革效果初显。机构改革后，全国海关通关流程和环节大幅精简优化，原报关、报检共 229 个申报项目合并精简至 105 个，企业和群众获得感大幅提升，得到地方政府、广大进出口企业、人民群众的好评。海关“管得住、通得快”的通关管理机制进一步完善，知识产权海关保护工作在继续坚持公开透明、依法行政、有效打击进出口侵权违法行为的同时，进一步加强顶层设计、统筹协调、改革创新。知识产权海关保护在落实国家创新驱动发展战略、营造良好营商环境、推动经济高质量发展等方面的作用进一步提升。

三、深入推进通关一体化，构筑全国海关打击侵权网络

2018 年，全国海关围绕全面深化通关一体化改革，建立健全侵权风险管理体系、提升侵权风险防控水平、强化区域海关执法协作，不断完善全国一体联动的打击侵权网络。

——建立健全侵权风险管理体系。围绕“两中心”❶“三制度”❷，全国海关建立了更加高效顺畅的“中心—现场”式运行架构的侵权风险管理体系。一是全面掌控侵权态势，根据不同渠道、不同行业、不同运输方式的侵权风险特点，开展全国海关知识产权执法情况分析，适时下达全国性知识产权执法专项布控指令。二是聚焦区域风险特性，针对性地调整侵权监控侧重点，密切关注侵权货物口岸漂移、市场采购贸易方式侵权多发等风险点，逐步形成常态监控机制。三是选定重点品牌、跨境电商等开展专题防控分析，成立全国海关快件与跨境电商渠道侵权风险防控工作小组，加强对寄递和跨境电商零售渠道侵权风险的防控工作。全国海关共扣留跨境电商渠道侵权嫌疑商品近 2000 批次，扣留侵权嫌疑商品 30 多万件。

——区域海关执法联动更加顺畅。配合全国通关一体化改革进程，全国海关不断深入推进区域海关执法合作，强化直属海关之间执法联动，建立重大案件、重大侵权风险信息的快速反应和案件联动查发机制，防范侵权假冒口岸漂移。上海、南京、杭州、宁波海关利用长三角海关区域执法合作机制，促进信息分享、共同研判、联动查处，查获多宗侵权案件。青岛海关与南京海关通过建立侵权风险查控合作机制，成功查获出口侵权汽车配件。海口海关根据深圳海关下达的全国通关一体化报关单布控指令，成功查获出口侵权箱包、服装等。拱北海关和厦门海关建立侵权案件打击快速反应和联动机制，成功查获侵权运动鞋。江门海关与广州海关共享风险信息，同步下达一体化报关单布控指令，查获大量侵权假冒干电池。

——全国海关知识产权执法效能全面提升。海关总署组织青岛、厦门等 5 个知识产权保护执法经验丰富的海关对乌鲁木齐、郑州等内陆、边关地区的 23 个海关进行集中授课，就服务企业、案件经营、执法联动、对外宣传等知识产权保护执法内容开展经验交流，提升全国海关知识产权综合执法能力。乌鲁木齐海关加大对出口“一带一路”国家地区侵权货物的查处力度，查获侵权嫌疑货物 97 批次，同比增长 86%；长沙海关在中欧班列上首次查获出口侵犯专利权货物；武汉、沈阳海关在行邮渠道分别查获侵权物品 1971 批次、1359 批次。

四、加强知识产权综合治理，优化跨境贸易营商环境

全国海关多措并举，积极推动与公安

---

❶ 设立上海、黄埔和青岛三个全国覆盖的集中风险防控中心和设立京津、上海和广州三个全国覆盖的集中税收征管中心。

❷ 实施“一次申报、分步处置”“税收征管方式改革”和“协同监管”三项制度。

机关、司法机关和其他知识产权行政执法部门协作，构筑全方位知识产权保护体系，保持打击进出口侵权行为的高压态势，维护公平有序的贸易秩序，提升跨境贸易便利化水平，营造良好营商环境。

——构筑联防联控体系。海关总署深入推进“两法”衔接工作，提升刑事打击力度，会同公安部对出口集成电路、运动鞋等全国性重大侵权案件进行联合督办。全国海关全年共向公安机关通报线索近千条，公安机关经营扩案并立案查处百余宗。天津、南京、上海、杭州、宁波、北京、黄埔等海关查办的侵权案件获评中国外商投资企业协会优质品牌保护委员会2017～2018年度知识产权十佳保护案例及“两法”衔接典型案例。

——提升综合治理水平。海关总署就“定牌加工”执法疑难问题与最高人民法院进行专题研讨，会同市场监管总局等8部门部署开展了2018网络市场监管专项行动（“网剑行动”），加强互联网领域侵权违法打击力度。南京海关隶属金陵海关在中国（南京）知识产权保护中心设立“金陵海关知识产权案件证据开示室”，为涉外知识产权维权提供备案信息查询、个案研讨等援助。北京海关、广州海关隶属南沙海关分别与当地知识产权主管部门、人民法院签订深化知识产权保护合作备忘录，广泛开展知识产权保护执法合作。

——加强外资品牌保护。2018年，中国海关查处的涉及境外权利人的侵权案件共涵盖43个国家和地区的5874项知识产权。上海海关以中国首届中国国际进口博览会为契机，查处侵犯进口博览会21家参展商的知识产权案件37起，查获的商品类型涵盖汽配、电子产品、日用消费品等，合计30万件。厦门海关查获出口至菲律宾侵权拖鞋15.6万双，涉及“NIKE”“asics”等10多个品牌。深圳海关查获出口至韩国的侵权太阳眼镜、运动鞋服9.3万件，涉及“Rayban”“Dior”等10个品牌。

——培塑自主知识产权。在2017年工作的基础上，中国海关继续坚持对内倡导创新文化，培育出口知识产权优势企业，2018年全年保护国内自主知识产权企业的315项知识产权。继续开展出口知识产权优势企业知识产权保护专项行动（“龙腾”行动），立案查处涉嫌侵犯国内企业自主知识产权货物385批，查获侵权嫌疑货物309万件。天津海关查获侵犯“TAIHAI”“TH图形”商标权的连杆轴瓦、活塞、喷油泵13.1万件；大连海关查获侵犯“ZWZ”商标权轴承654套；青岛海关查获侵犯“SME”商标权安全锤3.8万个；宁波海关查获侵犯“WEICHAI”商标权滤清器1800个；昆明海关查获侵犯“云天化图形”商标权铵化肥产品53.9万千克；北京海关查获侵犯专利权原料药2500千克。根据企业反映的数据，行动共挽回企业直接经济损失1.6亿元人民币，近六成重点保护企业销售额明显增长；企业创新活力进一步迸发，283家重点企业共新增知识产权2600多项；企业的维权意识和维权能力得到明显提升，共计127家行动重点企业增加了维权投入，新增专业维权人员约516人，新增维权资金1851万元人民币。

五、推动工作机制创新，完善高效的知识产权保护体系

海关总署通过完善顶层设计，加强科技支持，推动全国海关工作创新，进一步夯实知识产权海关保护工作基础，为企业维权创新提供优质服务。

——完善顶层设计。推动修改《知识产权海关保护条例》，取消海关知识产权备案收费。组织召开知识产权执法疑难问题研讨会，就定牌加工、专利权保护、自贸区知识产权保护等疑难问题提出执法指导意见，提升全国海关执法统一性和规范性。运用大数据思维加强海关知识产权保护，借助互联网企业在日常运营中生成、累积的网络交易数据，实现各领域打击侵权假冒执法联动，形成线上线下综合治理的打

假新模式。

——加强科技支持。全国海关树立科技兴关理念，充分利用科技手段开展知识产权保护。海关总署在全国海关推广“知识产权海关保护备案移动查询系统”，提高查获侵权货物时效性与准确性；加快“知识产权海关保护执法系统”升级改造，推进知识产权海关保护案件办理无纸化进程。厦门海关开发上线运行全国首个知识产权海关保护 APP 平台，将知识产权海关保护的关口前移。广州海关顺利完成“知识产权案件信息推送平台”UC 端的案件办理结果推送功能开发，在海关内部强化办案部门与现场监管部门工作衔接，提升案件办理效率。

——创新工作机制。深圳海关研创“调查前置、定向确权、多种结案方式并行”的专利侵权办案模式，实现专利权保护职责清晰、流程科学、标准明确。拱北海关联合横琴七弦琴国家知识产权运营平台、中山(灯饰)知识产权快速维权中心，推动三方平台联动，实现海关知识产权保护、自贸创新与地方产业发展的深度融合。杭州海关、黄埔海关深化跨境电子商务领域侵权治理，将知识产权侵权风险管控从线上回溯至线下，形成跨境电子商务领域侵权治理闭环。

六、提升服务企业水平，扩大知识产权保护制度红利

中国海关坚持打击侵权和促进创新相结合，把为企业提供优质知识产权保护服务作为转变职能、简政放权的重要抓手。着力提升企业维权能力，降低维权成本，促进行业自律，构建新型“亲”“清”政企关系。

——企业维权成本持续降低。2018 年，海关总署实施知识产权备案申请快速审核机制，全年新增知识产权海关保护备案 11 488 项，同比增长 24.9%，全年免收备案费约人民币 920 万元。提升案件办理效率，鼓励各地海关在扣留之日起 30 个工作日内作出行政处罚决定并提出货物处置意见，降低企业维权时间成本。试点开展第三方为知识产权企业提供总担保、个案担保等延伸服务，减轻企业维权资金压力。

——推动行业组织自律管理。海关总署推动引导企业成立出口知识产权优势企业维权联盟，加强行业自律与规范管理。杭州海关与义乌国际品牌联盟、南京海关与江苏省进出口商会、青岛海关与地方机电协会、深圳海关与电子烟行业协会、拱北海关与珠海打印耗材协会紧密合作，引导和规范行业内企业健康发展。北京、厦门、黄埔、长沙等海关分别加强与世界轴承协会、中国外商投资企业协会优质品牌保护委员会、地区行业协会的联系，在执法协作、培训交流等方面开展合作。

关企合作进一步深化。全国海关立足关区实际，探索关企合作新路径。黄埔、杭州海关与阿里巴巴集团共同探索构建海关反侵权数据库平台；广州、深圳、上海、拱北、青岛等海关协助企业梳理知识产权状况，结合企业实际提出知识产权保护综合策略；天津、南京、海口、长沙、厦门、江门、济南等海关优化升级企业联络员制度，指定专人为重点企业提供“一对一”定制培塑服务；重庆、兰州、乌鲁木齐等海关进一步深化关企合作常态化机制，拓展与企业在风险防范、异地维权、通关便利以及双向培训等方面的合作。

七、拓展打击侵权国际、区域合作，积极参与全球治理

——开展跨境联合执法。2018 年中国海关与俄罗斯海关合作开展了为期四个月的“世界杯足球赛知识产权保护联合执法行动”，查获侵犯国际足球联合会及赞助企业相关知识产权的案件 165 个，查扣相关侵权货物约 68.3 万余件，涉及商品主要为球类、服装鞋帽、箱包及皮革制品等。按照海关总署的统一部署和要求，广东分署巩固粤港、粤澳海关知识产权保护多层级合作联络机制，组织省内海关与香港海关举行联合执法行动 3 次，共查扣侵权嫌疑

货物186批次，涉及侵权嫌疑货物60万件，案值人民币超196万元；组织省内海关与澳门海关举行联合执法行动2次，共查获侵权货物28批次，涉及侵权嫌疑货物5万件，案值人民币53万元。

——积极参与全球治理。在多边框架下研究和制定知识产权保护国际规则，参加世界海关组织、国际刑警组织开展的打击假药的多边联合执法行动；组织召开中欧、中俄、中日韩知识产权海关保护工作组会议，策划和推动与欧盟、日韩海关的双边打击侵权假冒执法行动；参与总署对非洲英语国家开设的“海关现代化管理”高级培训班，帮助有关国家海关构建知识产权保护法律制度，提升知识产权执法人员业务水平。

——构建国际知识产权保护合作机制。2018年7月16日在李克强总理与欧洲理事会主席图斯克、欧盟委员会主席容克的见证下，签署《中欧海关知识产权合作行动计划（2018—2020）》，参与中国—挪威、中国—摩洛哥、中国—巴拿马等双边自贸协定以及《区域全面经济伙伴关系协定》（RCEP）知识产权谈判，建立与各主要贸易国家海关的双边合作机制，继续加强与“一带一路”沿线国家和地区的知识产权保护交流，推进构建知识产权海关保护国际合作网络。

八、强化知识产权宣传，营造社会共治氛围

中国海关围绕弘扬“尊重知识、崇尚创新、诚信守法”为核心的知识产权文化观念，开展一系列宣传活动，介绍海关在打击侵权、促进创新、综合治理等方面所采取的措施和取得的成效，营造“打击侵权、人人有责”的社会共治氛围。

——回应社会关切激发创新活力。全国海关聚焦社会关切的热点、焦点内容，在“4·26知识产权宣传周”“8·8海关法制宣传日”等海关重要宣传节点，开展形式多样的宣传活动。北京、成都、宁波、深圳、武汉、江门海关以召开新闻发布会的形式向社会公众通报知识产权保护工作情况，介绍海关在培塑企业、助力创新等工作中的举措和成效；拉萨、南昌、沈阳、湛江、郑州、济南海关开展知识产权送法下乡镇、下企业活动，拱北、杭州海关走进高校开展知识产权主题校园普法活动，南京、太原、乌鲁木齐海关充分发挥12360海关服务热线的作用，组织在线访谈、知识产权专家接访日等活动，解答知识产权保护热点疑难问题，提升社会公众对海关知识产权保护的认知和参与度。

——依托传统媒体扩大宣传影响。青岛、杭州、厦门海关充分发挥知识产权保护展示中心的宣传主阵地作用，开展常态化知识产权海关保护宣传和公益培训，先后组织“一带一路与知识产权保护”“创新的力量”“世界杯足球赛知识产权保护”“自贸区科技与自主创新”等主题展示，全年接待国内外参观嘉宾9600余人次；中央电视台新闻频道、中央电视台财经频道对“中俄海关知识产权联合执法行动”中查获侵犯“世界杯”相关知识产权货物的案件进行了报道；各地方电视台、报纸、互联网站等媒体均制作了海关知识产权保护新闻专题，对中国海关知识产权执法情况进行了报道。

——开拓“指尖”传媒延伸宣传触角。全国海关积极开拓微信、微博、微视频、微直播等“指尖”传播新媒体，延伸宣传触角，形成扩大宣传效果的“矩阵效应”。黄埔、厦门海关先后组织“黄埔海关邀你走进打假现场”“直击国门维权最前沿”主题微直播活动，集中展示海关知识产权保护执法现场、典型案例等，浏览点击量累计超过30万人次；长沙、汕头海关创作海关知识产权保护动漫微视频，展现侵权仿冒行为的危害和中国海关开展知识产权保护的职能与成效；呼和浩特海关通过微信公众号、微信等推送“知识产权有奖知识竞赛等你来战”活动。

（海关总署综合业务司）

科技创新知识产权工作

2018年,科技部继续完善和落实适应创新驱动发展要求的科技创新政策法规体系,加强知识产权保护,积极营造良好创新生态。实施中央财政科技计划(专项、基金等)的全流程知识产权管理,引导支持科研院所、高等学校、企业创造和运用知识产权。机构改革中,科技部加强区域创新体系建设和成果转化,设立成果转化与区域创新司,负责提出科技知识产权创造的相关政策措施建议,促进产学研深度融合, 年来各项工作取得积极进展。

一、完善科技计划知识产权管理

贯彻落实党的十九大精神,进一步强化国家科技计划实施过程中的知识产权管理和分类评价制度,完善基础研究、应用研究、市场导向等不同类型项目知识产权分类评价管理的模式。不断制定完善科技计划管理配套细则,进一步明确过程管理、验收、评估工作中的知识产权管理和评价举措。进一步扩展、深化对重大专项的知识产权分析工作。

二、推动企业知识产权的应用和产业化

促进高等学校、科研院所的创新成果向企业转移,缩短产业化周期。深入开展各类知识产权试点、示范工作,全面提升知识产权运用能力和应对知识产权竞争的能力。目前146家国家试点联盟集中了5000多家企业、高校和科研机构,发挥了良好的示范带头作用。支持高校和科研机构通过校企联合建立研发机构、开展科技人员交流、开放实验室、建设大学科技园等多种方式,对接企业和产业需求,推动科技成果转移转化。

三、充分发挥技术市场的作用

各地方、各部门加快出台具体落实措施,技术转移转化中介机构加快发展,各类技术交易市场超过1000家。建立健全技术转移服务业专项统计制度,完善技术合同认定规则与登记管理办法。6500多家众创空间服务创业团队40万家,创业就业人数超过140万人。50家专业化众创空间加速汇聚创新资源,有力支撑实体经济转型升级。1824家星创天地培训农村创业人才4.9万人次,孵化企业2.3万家。国家科技成果转化基金设立21支子基金,子基金总规模达313亿元,放大倍数超过4倍。2018年,高新技术企业达到18.1万家,科技型中小企业突破13万家,全国技术合同成交额为1.78万亿元。8个国家科技成果转移转化示范区和435个国家技术转移机构成为促进成果转化的重要力量。

四、在国家科技奖励评审中强化知识产权相关要求

把拥有知识产权作为提名国家科学技术奖的重要条件之一,明确规定核心技术发明点必须取得知识产权授权,并规定凡存在知识产权等方面争议的,在争议未解决前不得提名参加国家科学技术奖的评审。在国家技术发明奖和科技进步奖提名书首页中,将授权发明专利数量和授权的其他知识产权数量列为必填项目;在提名书正文中,专门设置了主要知识产权和标准规范等目录,并要求提供相关知识产权证明文件;在评价指标体系中,把候选项目的技术创新性作为重要内容,并以项目获得的知识产权作为其技术创新性的重要证据。在《国家科学技术奖励条例》及其实施细则中,均把剽窃、侵夺他人科学技术成果的侵权行为列为撤销奖励的情形之一。

五、加强科技创新领域国际合作

深入开展包括知识产权合作在内的国际科技合作，目前与我国建立科技合作关系的国家达 160 个，参加国际组织和多边机制超过 200 个。"一带一路"国际科学组织联盟成立。支持约 700 名相关国家青年科学家来华开展短期科研，筹备建设首批"一带一路"联合实验室。推动与东盟、南亚、阿拉伯国家、中亚、中东欧 5 个区域共建技术转移平台。推动与菲律宾、印度尼西亚等 8 个国家共建科技园区。国际大科学计划和大科学工程稳步推进，发布实施牵头组织国际大科学计划和大科学工程方案，成立专家咨询委员会，开展项目培育和规划编制。国际热核聚变实验堆（ITER）、地球观测组织（GEO）、平方公里阵列射电望远镜（SKA）等一批大科学计划深入推进。

（科学技术部成果转化与区域创新司）

公安机关保护知识产权工作

2018 年，公安部切实贯彻落实党中央、国务院关于加强产权和知识产权保护、营造良好营商环境等系列战略部署，组织全国公安机关履行刑事打击职能，坚持以理念创新、机制创新和手段创新提升对各类侵犯知识产权犯罪的防范打击能力，逐步探索建立起数据引领、集约打击、部门联动的常态化打假新格局。

一是持续高压严打。坚持打击主业，组织全国公安机关连续开展打击"食药环"犯罪百日行动、打假"利剑"行动、打击侵犯知识产权犯罪"春雷"行动、打击假药犯罪"云鹊"行动、打击涉烟经济犯罪集中行动等系列专项行动，以专项打击行动引领全年公安工作，延续高压严打态势。2018 年全国共破获各类制售伪劣商品和侵犯知识产权犯罪案件 1.9 万余起，抓获犯罪嫌疑人 2.8 万余人，涉案价值 98.7 亿元；挂牌督办一批重特大案件，明确专人予以全程督导，确保案件办实、办铁。2018 年 12 月，再次部署开展跨年度并贯穿 2019 全年的全国打假集中行动"春季攻势"，始终保持最强打击力度。

二是创新数据实战。针对互联网环境下知识产权犯罪活动复杂形势，持续开展"信息化建设、数据化实战"的积极探索，更加注重数据引领侦查，依托实战全力构建情报导侦、协同侦控、集约打击的作战格局，实现超前监测、主动出击、精准打击和有效防控。研发打击侵犯知识产权犯罪情报研判平台，为各地公安机关线索研判、深挖扩线提供数据支撑。在打击假药犯罪"云鹊"行动中，组织各地实施数据化研判扩线、集约化循环打击，先后发起三个波次收网行动，形成近年来假药领域最强一轮严打攻势。在持续打击涉烟经济犯罪中，会同国家烟草专卖局集中研判发现跨地域涉烟犯罪线索，组织各地公安机关开展落地侦控，共查获假烟、走私烟 1299 万条、烟叶烟丝 3194 吨，以务实行动和战果服务，保障烟草行业中央税收。

三是强化协作联动。深入推进与市场监管总局、海关总署、国家知识产权局等相关行政执法部门的协作配合，全力投入专项整治，着力完善重大线索通报、案件信息共享、政策法律会商等合作制度，提升协作效能，形成打假工作合力；会同烟草、海关等部门紧密协作，共同推动完善应对涉烟、走私经济犯罪高发的长效、常态机制。持续深化与阿里巴巴、腾讯、京东等电商平台企业合作，打通电商数据共享应用通道，对网上涉假线索开展排查。不断完善与外商投资企业、民营企业等中外企业的沟通协作。

四是深化国际合作。打击侵犯知识产权犯罪，事关国家科学发展和人民群众健康安全，也事关维护我国形象。工作中，我们按照“以合作促共识、以合作谋共赢”的工作思路，持续推进知识产权领域常态化合作格局。2018 年 5 月，经商外交部、商务部同意，派出工作组赴美国参加 2018 年中美知识产权刑事执法会晤，双方围绕进一步巩固和深化双边执法合作，特别是构建更有弹性、更灵活、更有创造性的合作机制等进行探讨并达成共识。同时，更加积极主动参与联合执法，2018 年，应国际刑警组织邀请，连续参与打击互联网假药犯罪“盘古”第十一次联合行动、打击非法物品贩运“链条”行动，发挥主导作用，并围绕重点跨国案件与国际刑警及相关国家警方进行联合研判，取得积极成效和反响。

五是同步教育宣传。结合“3・15”“4・26”“5・15”等重要时间节点，围绕重点案件筹划集中宣传报道，全面展示打假成果，营造舆论声势，推动形成全社会知识产权保护共识。同时，积极派员参加国际刑警组织举办的全球知识产权执法大会、全球反假冒大会，以及国际商标协会举办的国际商标协会第 140 届年会等国际会议，分享中国公安机关打击侵犯知识产权犯罪的经验与成效，努力实现打击跨国知识产权犯罪的全球化。此外，通过会同国际刑警组织举办培训班、论坛等方式，积极拓展合作平台，顺畅沟通交流渠道，营造互动互信共赢的良好局面。

（公安部经济犯罪侦查局）

知识产权司法保护工作

2018 年，人民法院在以习近平同志为核心的党中央坚强领导下，坚持以习近平新时代中国特色社会主义思想为指导，全面贯彻落实党的十九大、十九届二中全会、十九届三中全会及中央政法工作会议精神，深入学习贯彻习近平总书记系列重要讲话精神，牢固树立“四个意识”，坚定“四个自信”，坚决做到“两个维护”，坚持稳中求进工作总基调，不忘初心、牢记使命，忠实履行宪法和法律赋予的审判职责，勇于担当作为，紧紧围绕“努力让人民群众在每一个司法案件中感受到公平正义”的目标，深化知识产权审判领域改革，强化审判监督指导，积极发挥司法保护知识产权的主导作用，为实现“两个一百年”奋斗目标、实现中华民族伟大复兴中国梦提供有效司法保障。

一、加强司法保护，发挥审判职能作用

习近平总书记在庆祝改革开放 40 周年大会上的讲话中强调，实施创新驱动发展战略，完善国家创新体系，加快关键核心技术自主创新，为经济社会发展打造新引擎。加强知识产权保护，是提升我国科技创新能力、加快推动经济高质量发展的必然选择。一年来，各类知识产权案件数量急剧增长，新类型、重大疑难案件大幅增加，案件审理难度增大。人民法院始终坚持以执法办案为第一要务，将案件审判工作作为各项工作的重中之重，坚持以民事审判为主导，行政审判和刑事审判并驾齐驱，严把事实认定关、法律适用关，明确司法政策导向，依法公正高效审理各类知识产权案件。2018 年，人民法院共新收一审、二审、申请再审等各类知识产权案件 334 951 件，审结 319 651 件（含旧存，下同），比 2017 年分别上升 41.19%和 41.64%。

（一）加强民事审判工作，保障经济社会持续健康发展

一年来，人民法院准确把握全面深化改革对司法保护知识产权提出的新目标和新

要求，坚持公正司法，加强知识产权民事审判工作，加大知识产权保护力度，保障知识产权权利人利益的充分实现。2018 年，地方各级人民法院共新收和审结知识产权民事一审案件 283 414 件和 273 945 件，分别比 2017 年上升 40.97% 和 41.99%。其中，新收专利案件 21 699 件，同比上升 35.53%；商标案件 51 998 件，同比上升 37.03%；著作权案件 195 408 件，同比上升 42.36%；技术合同案件 2680 件，同比上升 27.74%；竞争类案件 4146 件（含垄断民事案件 66 件），同比上升 63.04%；其他知识产权民事纠纷案件 7483 件，同比上升 44.60%。地方各级人民法院共新收和审结知识产权民事二审案件 27 621 件和 26 288 件，同比分别上升 26.60%和 28.08%；共新收和审结知识产权民事再审案件 223 件和 221 件，同比分别上升 189.61%和 301.82%。

2018 年，最高人民法院新收知识产权民事案件 913 件，审结 859 件，比 2017 年分别上升 81.51% 和 74.24%。其中，新收和审结二审案件 24 件和 21 件；新收和审结申请再审案件 798 件和 759 件，比 2017 年分别上升 76.55% 和 71.72%；新收提审案件 77 件，审结 65 件。

一年来，人民法院审结的具有较大社会影响的知识产权民事案件有：无锡国威陶瓷电器有限公司、蒋国屏与常熟市林芝电热器件有限公司、苏宁易购集团股份有限公司侵害实用新型专利权纠纷案；优衣库商贸有限公司与广州市指南针会展服务有限公司等侵害商标权纠纷案；北京百度网讯科技有限公司与北京搜狗科技发展有限公司等侵害发明专利权纠纷案；北京微播视界科技有限公司与百度在线网络技术（北京）有限公司等侵害作品信息网络传播权纠纷案；北京德农种业有限公司、河南省农业科学院与河南金博士种业股份有限公司侵害植物新品种权纠纷案；佳能株式会社与上海慕名电子科技有限公司侵害发明专利权纠纷案；3M 公司与上海源嘉塑胶有限公司等侵害发明专利权纠纷案；动视出版公司、华夏电影发行有限责任公司侵害著作权、侵害商标权、擅自使用知名商品特有名称及虚假宣传案；北京中融恒盛木业有限公司与左尚明舍家居用品（上海）有限公司等侵害著作权纠纷案；等等。

（二）加强行政审判工作，监督促进知识产权行政执法

人民法院严格准确适用新修订的《行政诉讼法》及其司法解释，强化对知识产权授权确权案件的司法审查力度，加强对行政执法行为的司法监督，支持行政机关依法行政，进一步规范知识产权行政执法。2018 年，地方各级人民法院共新收知识产权行政一审案件 13 545 件，比 2017 年上升 53.57%。其中，专利案件 1536 件，同比上升 76.15%；商标案件 11 992 件，同比上升 51.20%；著作权案件 17 件，与 2017 年持平。审结一审案件 9786 件，同比上升 53.15%。地方各级人民法院新收知识产权行政二审案件 3565 件，审结 3217 件，比 2017 年分别上升 304.2% 和 180.72%。其中，维持原判 2708 件，改判 446 件，发回重审 9 件，撤诉 45 件，驳回起诉 1 件，其他方式结案 8 件。

2018 年，最高人民法院新收和审结知识产权行政案件 642 件和 581 件，比 2017 年分别上升 64.19% 和 41.02%。其中，新收申请再审案件 537 件，审结 484 件，比 2017 年分别上升 55.20%和 32.24%；新收提审案件 99 件，审结 89 件。

2018 年，人民法院审结的具有较大社会影响的知识产权行政案件有：克里斯蒂昂迪奥尔香料公司与国家工商行政管理总局商标评审委员会商标申请驳回复审行政纠纷案；深圳市快播科技有限公司与深圳市市场监督管理局、深圳市腾讯计算机系统有限公司著作权行政处罚纠纷案；埃意（廊坊）电子工程有限公司与王贺、姚鹏、国家知识产权局专利复审委员会实用新型专利无效行政纠纷案；广州市希力电子科技有限公司、济南千贝信息科技有限公司与上海波克城市网络科技股份有限公司、国家工商行政管理总局商标评审委员会商标异议复审行政纠纷案；安迪士公司与国家工商行政管理总局商标评审委员会及宁波市北仑博发美发用品用具有限公司商标异议复审行政纠纷案；国家工商行政管理总局商标局与安徽华源医药股份有限公司等商标行政纠纷案；国家工商行政管理总局商标局与腾讯科技（深圳）有限公司商标申请驳回复审行政纠纷案；等等。

（三）加强刑事审判工作，坚决制裁侵犯知识产权犯罪

人民法院充分发挥刑事审判职能，有力震慑侵犯知识产权犯罪行为，努力维护知识产权良好的法治环境。2018 年，地方各级人民法院共新收侵犯知识产权罪一审案件 4319 件，同比上升 19.28%。其中，侵犯注册商标犯罪案件 4117 件，同比上升 20.20%；侵犯著作权罪案件 156 件，同比下降 7.69%。

地方各级人民法院共审结侵犯知识产权罪一审案件 4064 件，同比上升 11.59%；涉及侵犯知识产权的生产、销售伪劣商品罪案件 1434 件，同比上升 30.36%。在审结的侵犯知识产权罪一审案件中，假冒注册商标罪案件 1852 件，同比上升 9.78%；销售假冒注册商标的商品罪案件 1724 件，同比上升 15.39%；非法制造、销售非法制造的注册商标标识罪案件 305 件，同比上升 17.31%；假冒专利罪案件 2 件；侵犯著作权罪案件 136 件，同比下降 20%；销售侵权复制品罪案件 6 件，同比上升 50%；侵犯商业秘密罪案件 39 件，同比上升 50%。

地方各级人民法院共新收涉知识产权的刑事二审案件 683 件，同比上升 28.14%；审结 668 件，同比上升 23.70%。

2018 年，人民法院审结的具有较大社会影响的知识产权刑事案件有：李功志、巫琴犯非法制造注册商标标识罪案；巨石在线（北京）科技有限公司、黄明犯侵犯著作权罪案；等等。

2018 年的知识产权司法保护工作呈现出五个重要特点。

案件的数量增幅较大。2018 年，人民法院新收知识产权民事、行政和刑事案件数量达到 334 951 件，比 2017 年增加 97 709 件，同比上升 41.19%。其中，知识产权行政一审案件和民事一审案件呈大幅上升态势，增幅分别达到 53.57%和 40.97%。广东新收知识产权行政一审案件同比上升 77.78%；北京新收知识产权一审案件 52 463 件，同比上升 47.40%。北京、上海、江苏、浙江、广东五省（市）人民法院收案数量仍然保持高位运行，新收知识产权民事一审案件 185 337 件，占全国法院新收知识产权民事一审案件的 65.39%。其中，上海法院新收知识产权民事一审案件同比上升 49.77%；江苏法院新收知识产权民事一审案件同比上升 45.48%；浙江法院新收专利一审民事案件比 2017 年上升 79.53%。其他一些省（区、市）人民法院新收的各类知识产权案件同比也呈迅猛攀升态势，如甘肃的上升 290%，贵州的上升 157.22%，青海的上升 155%，陕西的上升 89.4%，天津的上升 82.3%，四川的上升 67.57%，广西的上升 40.05%。河北法院新收知识产权一审案件同比上升 156.44%；黑龙江法院新收知识产权民事一审案件同比上升 130.71%。此外，海南法院受理各类知识产权案件数量同比上升 156.16%，青海法院受理的上升 155%。山西法院受理知识产权一审案件同比上升 65.6%，其中著作权案件上升 199%，受理知识产权二审案件同比上升 155%。

案件的影响显著提升。通过各类案件的公正高效审理，形成一批在国内外具有重大影响的判决，人民法院的知识产权审判越来越受到社会广泛关注。例如最高人民法院公开开庭审理并当庭宣判克里斯蒂昂迪奥尔香料公司与国家工商行政管理总局商标评审委员会商标驳回复审行政纠纷案，充分彰显平等保护中外权利人合法利益的原则，强调履行国际公约、加强国际合作的价值追求，强化对行政程序正当性的要求，也体现及时救济和全面保护的精神，对于宣传中国知识产权司法保护成果，努力将中国法院打造成为当事人信赖的国际争端解决"优选地"具有示范意义。公正审理一批诉讼标的额巨大、社会关注度高的涉及知名企业品牌利益保护和市场份额的商标纠纷案件、涉及著名影视文化作品互联网传播的著作权纠纷案件。例如上海市高级人民法院审理的浙江吉利控股集团有限公司等诉威马汽车科技集团有限公司等侵害商业秘密纠纷案，诉讼标的额达 21 亿元；广东省高级人民法院审结涉及 2.6 亿元"天价罚单"的深圳市快播科技有限公司诉深圳市市场监督管理局行政纠纷二审案，均引起社会高度关注。上海浦东新区人民法院审理的刘三田诉周梅森等著作权侵权纠纷案，涉及知名反腐文艺作品《人民的名义》，也具有较高的社会关注度。

审理的难度不断加大。随着我国市场经济的发展和创新驱动发展战略的实施，涉及复杂技术事实认定的技术类案件或者其他类型新颖的案件越来越多，使知识产权审判不断面临新挑战。例如北京市高级人民法院审结了西安西电捷通无线网络通信股份有限公司与索尼移动通信产品（中国）有限公司 WAPI 标准必要专利侵权纠纷案、捷豹路虎有限公司与江铃控股有限公司汽车外观设计专利无效行政案以及首例声音商标"嘀嘀"商标申请驳回复审案等。上海知识产权法院审结的武汉市汉阳光明贸易有限责任公司诉上海韩泰轮胎销售有限公司纵向垄断协议、滥用市场支配地位案，系纵向垄断协议纠纷案。该院还受理了多件涉及基因技术或基因数据案件，如 DNA 吉诺特克股份有限公司诉上海市人类基因组研究中心等侵害发明专利权纠纷案，涉及侵害人类基因测试技术专利；复旦大学附属华山医院诉弗林特侵犯人类遗传资源信息专属持有权案，涉及人类基因数据的归属问题；等等。此外还有上海浦东新区人民法院审结的优酷信息技术（北京）有限公司申请上海千杉网络技术发展有限公司诉前停止侵害知识产权案，系针对视频聚合平台不正当竞争的诉前禁令案等。

审判的质效稳步向好。一是结案数量显著提升。2018 年，海南法院审结各类知识产权案件比 2017 年上升 161.76%；河北法院审结知识产权一审案件 2608 件，同比上升 156.44%；湖南法院审结各类知识产权案件 9545 件，同比上升 69.08%；北京法院审结知识产权一审案件 49 596 件，同比上升 56%；天津法院审结各类知识产权案件 4410 件，同比上升 68.3%；四川法院审结各类知识产权案件 7331 件，同比上升 67.34%。二是服判息诉率持续向好。上海法院在案件收结总量大幅提升的情况下，一审案件服判息诉率达 94.13%；新疆法院知识产权申诉信访率为零。三是案件调撤率大幅上升。宁夏法院审结的各类知识产权案件调撤率达 92%；辽宁法院审结的知识产权一审案件调撤率达 74.87%；江西法院审结的各类知识产权案件调撤率达 69.81%；山东法院审结的知识产权民事一审案件调撤率达 68.7%；黑龙江法院审结的知识产权民事一审案件调撤率达 66.2%；安徽法院审结的知识产权案件调撤率达 61.86%。大量案件调撤结案及服判息诉，社会效果良好。

保护的力度持续加强。人民法院坚持以市场价值为导向解决赔偿低问题，加大对知识产权侵权行为的惩治力度，提升侵权人的违法成本，使赔偿数额与知识产权市场价值相适应，有效维护权利人的合法利益。例如在涉及知名品牌"老板"电器的商标权及不正当竞争纠纷上诉案中，浙江省高级人民法院根据侵权人在另案中提交的销售数量证据、侵权网站上的产品售价并参照权利人上市公司年报中的营业利润率，认定侵权获利已经超过权利人诉讼请求的赔偿数额，遂全额支持了权利人 1000 万元的诉讼请求，体现了加大知识产权保护力度的价值导向。在发挥民事审判主渠道作用的同时，人民法院始终注重发挥刑事打击的威慑作用。例如湖北省高级人民法院审理的何伟等六名被告人侵犯假冒注册商标罪、销售假冒注册商标的商品罪一案，涉案金额近 1600 万元，侦查阶段系公安部重点督办案件，社会关注度高、法律适用疑难，最终判决主犯何伟犯假冒注册商标罪，判处有期徒刑七年，侵犯销售假冒注册商标的商品罪，判处有期徒刑二年，合并执行有期徒刑十年，并处罚金 371 万元，充分彰显了知识产权刑事保护的能力及水平。

二、完善审判体系，创新司法改革模式

2018 年是全面贯彻党的十九大精神的开局之年，是中国改革开放 40 周年。知识产权日益成为全球最重要的无形资产、国家利益的核心要素和大国博弈的重要工具。世界正处于大发展、大变革、大调整时期，国际知识产权治理体系面临发展和变革。人民法院锐意改革、勇于创新，积极推进知识产权司法体制机制改革，推动知识产权司法体系和能力向现代化迈进。

（一）设立最高人民法院知识产权法庭

推动成立最高人民法院知识产权法庭，健全中国特色知识产权司法保护体系。2018 年 2 月，中央全面深化改革委员会将此确定为 2018 年改革重点工作。最高人民法院党组高度重视知识产权法庭组建工作，周强院长主持会议进行专题研究，提出“高起点、高标准、高水平、国际化”的知识产权法庭建设要求。10 月 26 日，第十三届全国人大常委会第六次会议审议通过《关于专利等知识产权案件诉讼程序若干问题的决定》。12 月 3 日，最高人民法院审判委员会第 1756 次会议讨论通过《最高人民法院关于知识产权法庭若干问题的规定》，进一步明确知识产权法庭案件审理范围、诉讼程序衔接等问题。知识产权法庭是最高人民法院派出的常设审判机构，行使专利、垄断等技术性上诉案件的审判职能。在较短时间内，最高人民法院知识产权法庭顺利完成办公场所选址装修、人员选调录用、办公办案系统升级、后勤保障措施到位等一系列组建工作，并于 2019 年 1 月 1 日起正式收案。最高人民法院知识产权法庭的成立，是以习近平同志为核心的党中央从建设知识产权强国和世界科技强国的战略高度作出的重大决策部署，是全面深化司法改革、推进公正司法的重大改革举措，是新时代深化改革开放的重要标志，是我国 40 年持续改革开放的重大成果，是严格保护知识产权、服务创新驱动发展战略、营造国际一流营商环境的重大制度创新，在我国法治建设和人民司法事业发展史上具有非常重要的意义。

（二）深入稳步推进知识产权法院建设

贯彻落实全国人大常委会关于周强院长报告知识产权法院成立四年来工作情况的审议意见，继续加强对北京、上海、广州知识产权法院的指导，不断提高知识产权法院工作水平。三家知识产权法院各项工作扎实推进，进展顺利，取得显著成效。一方面，审理社会影响大、关注度高的重大案件，确立裁判规则，促进裁判标准统一，为行业发展提供重要指引；加大知识产权侵权赔偿力度，推进诉讼诚信建设，赢得社会各界高度评价。另一方面，作为司法改革的先行者和探索者，落实司法责任制，法官员额化、机构精简化、管理扁平化，形成法官主导、人员分类、权责明晰、协同合作的审判新模式，尝试审判委员会直接开庭审理案件，实现院、庭长办案常态化；探索案件繁简分流和裁判文书改革，建立技术调查官制度，努力创造可复制、可推广的改革

经验。召开知识产权法院体系建设座谈会，总结知识产权法院、知识产权法庭设立以来的经验，研究完善知识产权法院体系。

（三）完善跨区域管辖知识产权专门审判机构建设

为贯彻落实国家知识产权战略，进一步优化知识产权案件管辖格局，整合知识产权审判资源，最高人民法院 2017 年批复在南京、苏州等 11 个市设立跨区域管辖的知识产权专门机构，在此基础上，2018 年批复在天津、郑州、长沙、西安、南昌、长春、兰州、乌鲁木齐 8 个市设立知识产权法庭。其中，天津、郑州、长沙、西安、南昌、长春 6 家知识产权法庭已全部揭牌成立并开始正式运行。上述法庭的设立对进一步推进完善知识产权保护机制，统一知识产权司法裁判尺度，提升审判质量，维护市场秩序和市场主体合法权益，实施创新驱动发展战略，具有重要意义。最高人民法院将加强对跨区域管辖部分知识产权案件专门审判机构进行业务指导，继续探索优化知识产权审判资源配置，优化管辖布局。

（四）继续全面推进“三合一”改革工作

2018 年，最高人民法院进一步巩固“三合一”改革工作成效，赴多个省（市）开展调研，并在郑州、重庆召开全国部分法院推进知识产权审判“三合一”工作及知识产权刑事审判工作调研座谈会，就知识产权刑事审判工作中存在的问题进行深入调研，根据调研情况撰写了《关于全国法院推进知识产权审判“三合一”工作情况的调研报告》《全国法院知识产权刑事审判工作调研报告》。报告强调各级法院知识产权庭要充分认识知识产权审判“三合一”机制的内在规律，知识产权司法保护围绕一项知识产权权利展开，知识产权民事审判构成了“三合一”的基本内核，是知识产权行政审判和刑事审判的基础。知识产权民事审判决定了知识产权审判“三合一”的管辖格局，必须以民事案件管辖为中心点，集聚起行政案件和刑事案件的管辖。要把“三合一”机制改革作为人民法院在新时代充分发挥知识产权司法保护主导作用的瓶颈和突破口，按照中央的决策和最高人民法院的部署大力推进落实。2018 年，全国已有 17 家高级法院、113 家中级法院和 129 家基层法院实行了“三合一”。同时，最高人民法院始终高度重视打击侵权假冒保护知识产权工作，认真履职，积极配合，全面贯彻落实党中央、国务院关于打击侵权假冒工作的决策部署。最高人民法院在全国打击侵犯知识产权和制售假冒伪劣商品工作领导小组办公室的组织领导下，参与各种文件草拟、材料汇总、会签文件、督办案件、现场考核等工作，圆满完成了各项工作任务，荣获“全国打击侵权假冒工作先进集体”荣誉称号。湖南法院构筑知识产权民事保护、行政执法监督、刑事打击三位一体的知识产权全方位保护格局，审结了株洲市天元区人民检察院提起抗诉的被告人项芳相、上官宗赏非法制造、销售非法制造的注册商标标识罪案，将被告人项芳相的刑罚主刑由缓刑改判为实刑，有力震慑了知识产权犯罪。在全国打击侵权假冒工作座谈会上，上海浦东新区人民法院介绍推进“三合一”审判机制建设工作经验，受到充分肯定，成为全国法院全面推进知识产权审判“三合一”改革工作可复制可推广的“浦东经验”。

三、统一裁判标准，强化审判监督指导

统一裁判尺度，保证知识产权法律适用的统一，增强法律适用的稳定性和可预见性，是知识产权法治建设的必然要求。2018 年，人民法院在统一司法裁判标准上做文章、下力气，严格履行审判监督职责，正确把握知识产权审判特点和规律，规范上下级人民法院审判业务关系，努力提高知识产权审判质量和效率。

(一)召开全国审判工作会议,全面总结部署当前工作

2018 年 7 月,最高人民法院在青岛召开第四次全国法院知识产权审判工作会。周强院长对此次会议作出重要批示。会议表彰了过去五年在知识产权审判工作中涌现出来的全国法院先进集体和先进个人。10 个法院代表在会上做了经验交流。陶凯元副院长在会上深入总结了过去五年的工作,分析了当前面临的形势任务,部署了今后一个时期知识产权审判任务。会议确立了知识产权司法审判工作"三步走"的发展目标,明确了未来五年的工作思路,提出了"九个更加注重"的工作部署。会议要求,更加注重司法主导,全面提升知识产权司法权威;更加注重严格保护,切实增强知识产权权利人获得感;更加注重激励创新,大力营造创新法治环境;更加注重保护竞争,有效维护健康竞争机制;更加注重价值引领,积极弘扬社会主义核心价值观;更加注重国际视野,不断增强知识产权司法保护国际影响力;更加注重改革创新,持续推进知识产权审判体系和审判能力现代化;更加注重监督指导,着力提高知识产权审判质效;更加注重队伍建设,努力打造国际一流审判人才。会议精神对今后一个时期全国知识产权审判工作具有重要指导意义。

(二)加强司法解释的研究制定工作

发布《最高人民法院关于知识产权法庭若干问题的规定》,进一步明确了知识产权法庭的机构性质、受案范围、诉讼程序、审判权力运行机制、程序衔接等内容;发布《最高人民法院关于审查知识产权纠纷行为保全案件适用法律若干问题的规定》,对于保全案件的申请主体、审查程序、保全必要性、申请有错误的认定及申请错误赔偿诉讼的管辖、保全措施的解除、申请费等问题作出了更为明确具体的规定;起草完成技术调查官参与诉讼活动司法解释,并提交审委会讨论通过;加快推进专利授权确权行政案件审理司法解释起草工作。通过上述措施,深入贯彻落实中央《关于加强知识产权审判领域改革创新若干问题的意见》,确保中央批准的《关于设立知识产权法庭的试点方案》和全国人大常委会《关于专利等知识产权案件诉讼程序若干问题的决定》落地见效,进一步丰富和发展了中国特色知识产权诉讼制度,对于健全知识产权专门化审判体系,提高知识产权审判质量和效率,统一司法裁判标准,服务创新驱动发展战略和知识产权战略具有重要意义。抓紧研究起草反不正当竞争法适用和商业秘密保护司法解释,回应国际关切。分别在南京和上海召开了两次"商业秘密司法保护法律研讨会",研究完善商业秘密保护制度,厘清商业秘密保护的法律思路,为商业秘密司法解释出台奠定基础。

(三)完善司法政策,完成全国人大交办工作

制定下发《最高人民法院关于加强"红色经典"和英雄烈士合法权益司法保护弘扬社会主义核心价值观的通知》,起草《最高人民法院办公厅关于修订著作权法时纳入"加强红色经典司法保护弘扬社会主义核心价值观"相关内容的函》《关于加强红色经典知识产权司法保护有关情况的报告》,强调严格依法保护红色经典传承和英雄烈士合法权益,倡导讲品位、讲格调、讲责任,教育和引导社会公众尤其是广大青少年自觉抵制"低俗、庸俗、媚俗",抵制历史虚无主义,规范传播行为,维护社会公共利益。报送《最高人民法院关于研究落实全国人大常委会著作权法执法检查报告以及审议意见情况的报告》,认真完成全国人大执法检查交办的工作任务,围绕执法检查提出的问题,结合审判工作实际,在大力降低维权成本、缩短诉讼周期、提高侵权赔偿数额等方面提出了改进工作的切实措施和意见。

(四)积极参与法律的编纂修订和起草工作

积极参与《民法典》《专利法》《著作权法》《反不正当竞争法》《商标法》及《商标法实施条例》《植物新品种保护条例》等法律法规的修订工作。结合审判实际,及时组织专项研究和论证,认真总结审判实践中形成的司法政策和经验,有针对性地提出修法建议。在北京召开全国部分法院《著作权法》修订座谈会,围绕《著作权法》修订草案送审稿修改稿中作品的分类、著作权的权利内容、权利的限制、著作权合同、集体管理、相关权的规定、法律责任以及与国际公约和其他法律的协调等问题进行了广泛和深入的讨论。在充分论证的基础上向司法部提交了《最高人民法院关于著作权法的修改意见》,受到高度评价。

(五)加强审判调研和案例指导工作

开展知识产权前沿热点问题专题调研。最高人民法院于 2018 年 11 月在杭州召开《关于知识产权民事诉讼证据的若干规定(稿)》征求意见座谈会,就知识产权民事诉讼证据司法解释进行调研,开展知识产权诉讼特别程序问题研究。开展商标恶意注册问题的调研。根据当前国际关注、社会反映强烈的商标恶意注册问题,会同国家知识产权局商标局开展联合调研,提出法律规制恶意抢注商标行为的措施建议。开展反垄断民事诉讼问题调研。为完善反垄断民事司法制度,加大反垄断法实施力度,及时制止垄断行为,召开纪念《反垄断法》实施 10 周年座谈会,总结反垄断民事审判经验,为《反垄断法》的修改以及相关司法解释的制定打好基础,为维护公平健康的市场竞争机制做出贡献。开展著作权与外观设计专利权权利冲突调研。在北京和昆明举办研讨会,起草外观设计和著作权冲突调研报告,就著作权与外观设计专利权之间的竞合与权利冲突问题,凝练出具有操作价值的审判指导意见。开展商业模式创新成果的司法保护调研。2018 年 4 月,最高人民法院知识产权司法保护研究中心召开了“商业模式创新成果的司法保护问题研究”成果论证评审会,邀请有关部门领导和专家教授担任论证评审专家,对课题成果进行论证评审,并对报告进行充实、调整和修改。全国各地法院也积极开展调研工作。北京市高级人民法院于 2018 年 4 月 20 日发布《北京市高级人民法院侵害著作权案件审理指南》,明确提出著作权审判中应当坚持“加大保护、鼓励创作、促进传播、平衡利益”的基本审理原则,总结侵害著作权案件的审理思路,对北京互联网法院审理网络著作权案件以及北京法院著作权审判工作具有积极的指导意义,对首都文化产业的发展和创新发挥了积极的推动作用。北京市高级人民法院于 2018 年 9 月 20 日向社会发布了《关于为北京加强全国科技创新中心建设提供司法保障的意见》,主要规定涉及创新发展技术及相关案件的审理规则和要求,提出破解制约知识产权审判发展的体制机制障碍的具体措施。广东省高级人民法院于 2018 年 4 月制定出台的《关于审理标准必要专利纠纷案件的工作指引》(以下简称《指引》)研究探索标准必要专利领域案件的审判思路和方法,受到广泛关注。《中国知识产权(英文版)》、全球知名知识产权专业媒体对该《指引》进行了专题报道和深入解读。美国高通公司、华为技术有限公司将广东作为标准必要专利纠纷案件管辖优选地。上海市高级人民法院出台《关于加强知识产权司法保护的若干意见》,推行“便利当事人举证、提高赔偿数额、缩短审判周期”举措,得到社会各界充分肯定。四川省高级人民法院出台《关于侵害信息网络传播权纠纷案件审理指南》《关于商标权侵权纠纷案件审理指南》等意见,统一全省法院裁判标准。浙江省高级人民法院针对知识产权诉讼中电子证据审查认定标准不一的现状,研究知识产权诉讼中电子证据的审查与认定问题。山东省高级人民法院完成最高人民法院重大调研课题“新形态创新成果的知识产权保护研究”，完成“关于加强知识产权司法保护的调研”，完成《关于〈中华人民共和国反垄断法〉的调研报告》和“商标侵权案件证明标准”课题的调研工作。天津市高级人民院完成最高人民法院司法研究重大课题“中国知识产权司法保护战略研究”和司法案例研究课题“互联网新型不正当竞争法律规制案例研究”。

发挥研究基地作用，加强案例指导和研究。人民法院经过多年的探索和积累，建立了独具特色的“典型案例、指导性案例、案件年度报告、案例指导研究基地”四位一体的知识产权案例指导制度体系。最高人民法院陶凯元副院长于 2018 年 4 月主持召开最高人民法院知识产权司法保护研究中心工作座谈会暨知识产权司法保护理论研讨会，并发表讲话，强调要进一步统一思想，凝聚合力，推动知识产权理论研究方法、研究视角和研究成果的不断创新和转化运用。各个理论研究基地和调研基地代表纷纷发言，为新时期进一步发挥该中心在知识产权司法保护理论研究方面的作用，加强该中心理论研究工作献言献策。最高人民法院对近年来中国知识产权司法保护经典案例进行总结，以中英文双语出版《中国知识产权司法保护经典案例集》，积极宣传知识产权司法保护成就，受到广泛关注。《最高人民法院知识产权审判案例指导》(第十辑)即将出版。编辑出版《知识产权司法实务新型疑难问题解析：专利、商标与著作权热点问题》《知识产权司法实务新型疑难问题解析：知识产权司法保护与产业发展》《知识产权司法解释理解与适用(最新增订版)》，并通过每月编辑并发送《知识产权审判动态》及业务汇报等形式，畅通对下级法院知识产权审判的业务指导与交流机制。重庆市高级人民院于 2018 年 12 月编辑出版了第七辑《中国知识产权审判研究》，发表各类文章 52 篇，共计 65 万余字，该书为审判理论专业委员会的连续出版物，作为中国审判理论研究丛书的重要系列，具有重要影响。2018 年重庆市高级人民法院与西南政法大学共联合举办四场“中国知识产权法官讲坛”。广西壮族自治区高级人民法院于 2018 年 3 月印发《2011—2016 年广西高院知识产权典型案件裁判文书集》，供知识产权审判人员学习参考；制定形成《外观设计专利侵权纠纷裁判指引》，统一全省法院外观设计专利侵权纠纷案件的裁判尺度。

四、深化司法公开，促进司法公正高效

2018 年，人民法院知识产权审判工作坚决贯彻落实党中央全面深化改革和全面依法治国重要决策部署，积极推进司法公开，构建开放、动态、透明、便民的阳光司法机制，取得显著成效。

(一)加大宣传力度，提升司法影响力

结合 2018 年世界知识产权日“变革的动力：女性参与创新创造”的主题，充分展现新时代知识产权女法官的风采，最高人民法院于 2018 年 4 月 27 日组织召开“知识产权女性座谈会”，思考新时代知识产权女性如何将智慧与担当化作创新的动力。会议以习近平新时代中国特色社会主义思想和党的十九大精神为指导，邀请了全国人大代表、全国妇联、女法官协会及知识产权保护领域的女科技创新工作者、女学者、女记者及各地法院的知识产权女法官，共同畅谈心得，交流新时代知识产权事业的使命与担当。会议代表畅谈交流心得，发言热烈。陶凯元副院长作了题为《内外兼修，以温柔的正义和司法的智慧为改革创新巨轮的扬帆起航倾注一往情深》的主旨发言，座谈会上播放了由陶凯元副院长作词的《知识产权之歌》音乐短片，描绘的知识产权人的心声、使命和情怀，令人动容。江苏省高级人民法院继续维护并运营好官方微信公众号“江苏知产视野”，增强知识

产权审判业内外影响力，并在江苏省高级人民法院新浪官方微博、微信公众号等知识产权领域专业媒体同步开设专栏，定期公布全省法院审结的疑难复杂案件，及时传递知识产权司法保护的最新资讯，提升全省法院知识产权审判在业内外的影响力。“江苏知产视野”设立以来，共刊登182期170余个典型案例，近10篇文章资讯，取得良好成效。

（二）解读“两会”报告，全媒体直播访谈

在全国“两会”期间，为了积极回应人民群众对知识产权审判工作的关切，2018年3月16日，围绕《最高人民法院工作报告》中的知识产权内容，最高人民法院知识产权庭宋晓明庭长及王闯、林广海副庭长受邀就“充分发挥知识产权司法保护主导作用”相关问题参与全媒体访谈直播活动，同时邀请北京知识产权法院副院长宋鱼水通过视频连线参与访谈直播。在访谈中，结合周强院长的工作报告，从人民法院积极发挥知识产权审判职能、服务保障创新发展国家战略，加大监督指导力度、确保法律适用标准统一，深化知识产权领域司法改革、完善审判体制机制，推进司法公开和交流、提高中国司法国际影响力，加强知识产权队伍建设、提升审判能力和水平五个主题，结合翔实的数据与场外嘉宾的精彩点评，全面介绍过去五年来知识产权审判工作的进展情况，对《最高人民法院工作报告》中关于“充分发挥知识产权司法保护主导作用”的内容进行了全方位、立体化、深层次的解读。30余家媒体并机直播，社会反响热烈，取得了良好的社会效果。

（三）开展“4·26”主题活动，掀起宣传高潮

自2009年起，最高人民法院以“4·26世界知识产权日”为契机，紧紧围绕知识产权司法公正公开的主题，突出知识产权司法保护的热点和亮点，不断总结和完善知识产权司法保护宣传的方式方法。九年来，全国法院的知识产权宣传活动逐步体系化、规模化，形成品牌效应。陶凯元副院长在2018年知识产权宣传周活动新闻发布会上介绍了2017年人民法院知识产权司法保护的总体情况，以及2018年的工作设想，通报创新亮点；发布《中国法院知识产权司法保护状况（2017年）》中英文版、2017年中国法院十大知识产权案件和50件知识产权典型案例，发布《最高人民法院知识产权案件年度报告（2017）》。来自中央和地方的20余家媒体对新闻发布会进行了报道，舆论反响热烈。各地法院结合本地实际开展形式多样的“4·26”宣传活动。

（四）加强司法公开，有力保障司法公正

积极推进裁判文书公开。探索移动互联环境下司法公开的新途径，强化知识产权审判对中国裁判文书网、中国审判流程信息网、中国庭审公开网等平台的广泛应用，推进知识产权司法公开的信息化、数据化、精细化，提升审判工作透明度，对于适宜公开的裁判文书及时、全面上网，定期通报文书上网情况，并逐渐提高裁判文书的公布范围和公布效率。最高人民法院知识产权审判庭裁判文书上网率达100%。推行审判流程公开和网上办案。强化案件审判流程管理，加强科技法庭建设，大力推进庭审同步录音录像和庭审网络直播，创新庭审公开形式，拓展庭审公开范围，保障当事人的知情权、监督权，提高司法公开的智能化水平，提升审判质量和效率。安徽法院依托司法公开三大平台，做到裁判文书“应上尽上”，庭审直播“应播尽播”。亳州市中级人民法院开展万名公民旁听庭审活动，广泛邀请社会各界人士旁听知识产权案件庭审；铜陵市中级人民法院对适宜采用巡回法庭形式开庭的案件，直接到被告住所地、商场等场所开庭审理，面对面开展普法宣传。

五、开展交流合作，服务国际国内大局

知识产权法律制度具有很强的国际共通性和交互影响性，人民法院要积极参与国际和区域知识产权交流与合作，建立和完善知识产权司法保护对外信息沟通交流机制，加深世界各国对中国知识产权司法保护制度及保护状况的全面、客观了解，提升中国在国际知识产权舞台上的参与权、话语权、主动权，注重营造良好贸易投资环境和树立负责任大国形象。根据中国国情和发展需求开展知识产权司法保护，坚持知识产权的地域性和独立性原则，借鉴国外有益司法经验和制度规则。

（一）加强国际区际协作交流

加强国际司法交流。人民法院重视加强与国际组织及世界各国的交流，展示我国知识产权司法保护的成果以及知识产权法官的风貌。2018 年 11 月，陶凯元副院长应世界知识产权组织总干事高锐先生邀请，率团赴瑞士日内瓦参加世界知识产权组织举办的首届知识产权法官论坛和法官顾问委员会首次会议。会上，陶凯元副院长以“坚定不移加强知识产权司法保护，携手共创知识产权美好未来”为题，发表了本次法官论坛唯一的一场主旨演讲，反响积极热烈。世界知识产权组织在其官方网站上大幅引用了此次演讲的重点语段。世界知识产权组织及其总干事高锐先生表达对中国知识产权事业的大力支持与高度认可。此次出访，积极宣传了中国知识产权司法保护取得的历史性成就，正面回应了各方关切，最大限度地争取了国际社会对于中国知识产权保护情况的理解和认同，同时，也发出中国声音，贡献中国智慧和中国方案。在京召开与欧盟反垄断执法机构联合举办的中欧反垄断司法研讨会。欧盟普通法院院长积家、法官萨瓦斯、欧盟反垄断执法机构及欧盟委员会驻华机构代表出席了本次研讨会。研讨会举办期间，陶凯元副院长、宋晓明庭长先后会见了欧盟普通法院院长积家一行。欧盟商会发布《欧盟企业在中国建议书》，高度评价中国专设知识产权法院这一举措。此外，最高人民法院还派员参加中美首届数字经济论坛、国际商标协会第 140 届商标年会法官会议、2018 年中日韩及东盟国家知识产权司法保护高级论坛、第八届 OECD/KPC 亚太法官竞争法研讨会、国际商会知识产权委员会 2018 年秋季会议；继续参与海牙《承认与执行外国民商事判决公约》的谈判工作，参加于海牙召开的第四次特委会会议；派员参加商务部中欧知识产权工作组第 21 次会议。中欧双方承诺加强知识产权对话，深化知识产权保护合作。2018 年 11 月，中欧知识产权合作项目中国知识产权法官代表团访问德国、比利时、卢森堡。加强与欧盟机构所在地的知识产权政策制定者和司法机构的交流，有助于欧盟成员国了解中国知识产权司法保护的力度及平等保护境内外权利人的态度，提高我国知识产权司法保护的国际影响力；有助于学习、借鉴域外知识产权立法与司法先进经验，进一步加强我国知识产权审判体系建设，完善知识产权司法保护体制机制，提升知识产权审判专业水平。

加强区际司法交流。一是港澳互访交流。2018 年 10 月，应香港特别行政区终审法院和澳门特别行政区终审法院邀请，陶凯元副院长率 8 人代表团赴港澳特区访问交流。首次在香港举办两地法官审判专题研讨会。通过研讨，两地法官产生诸多法律人的共鸣。代表团还参访港澳特区司法机构，落实内地与港澳特区法官互访机制，参加内地与香港、澳门知识产权审判专题研讨会。与香港律政司签订《关于内地与香港特别行政区法院相互认可和执行民商事案件判决的安排》，就知识产权民事判决的认可和执行问题作出规定，积极服务粤港澳大湾区建设。二是海峡两岸互访交流。应台湾“中华法学会”邀请，2018 年 5 月 15 日至 21 日，宋晓明庭长以中国法官

协会常务理事名义率中国法官协会知识产权代表团一行12人，赴台湾地区考察知识产权专门法院的设立与运行情况，以及知识产权审判“三合一”、技术调查官等知识产权司法保护相关制度。在考察团全体成员的共同努力下，考察交流取得积极成效，达到预期目的。2018年12月13日，宋晓明庭长会见了应中国法官协会邀请来访的台湾“智慧财产法院”法官熊诵梅一行，双方就知识产权领域的惩罚性赔偿制度、专利诉讼代理、技术调查官的来源及构成等问题进行了深入交流。

（二）通过举办知识产权司法审判高级研究班，加强与世界知识产权组织合作

2018年8月21日至24日，最高人民法院与世界知识产权组织共同在国家法官学院举办了首届知识产权司法审判高级研究班。此次高级研究班是世界知识产权组织近年来组织的最为重要、规格最高、研讨内容最为深入的一次司法培训活动。首席大法官、最高人民法院周强院长高度重视，专门会见了世界知识产权组织副总干事王彬颖、总法律顾问弗里茨·庞德科及研究班学员和讲师代表。此次研究班成员包括7名讲师、24名正式学员、15名观察员，由来自中国、美国、德国、澳大利亚、比利时、韩国、新加坡、菲律宾、越南、泰国、摩尔多瓦、巴西、拉脱维亚、马来西亚、南非等15个国家的40余名高级法官共同组成，全程使用英语授课、交流。周强院长指出，中国法院与世界知识产权组织交流密切，合作富有成效，此次研究班的成功举办是双方合作的重要成果，对于加强各国法官交流、促进各国知识产权司法保护将产生积极推动作用。此次培训活动的成功举办标志着最高人民法院与世界知识产权组织的合作迈上新台阶，拓展了对外宣传中国知识产权司法保护成就的渠道，切实推动中国知识产权审判队伍国际化进程。

六、提升司法能力，推进审判队伍建设

过硬队伍建设始终是人民法院知识产权审判工作的根本所在。各级法院知识产权司法审判队伍自觉提高政治站位，提升职业能力素养，着力锻造一支政治坚定、顾全大局、精通法律、熟悉技术并具有国际视野的知识产权司法审判队伍，为新时代知识产权司法审判工作提供坚强有力的组织保障。

（一）加强思想政治建设，提高思想政治水平

党的政治建设是党的根本性建设，知识产权审判队伍必须深刻领会党的政治建设对人民法院党的建设的重要意义，坚持党对政法工作的绝对领导，不断坚定政治信仰、提高政治觉悟、提升政治素养和政治能力，增强政治定力，严守政治纪律和政治规矩。最高人民法院于2018年初，在北京知识产权法院召开了以“光荣与梦想·使命与担当”为主题的恳谈会，陶凯元副院长与大家分享对知识产权司法保护事业的情怀、理想与追求，引发干警的强烈共鸣。2018年6月，赴革命老区延安开展了“以追求延安足迹，弘扬延安精神”为主题的党日活动，使党员们深受教育。2018年10月至12月，举办“庆祝改革开放40周年摄影展”，以精彩的影像生动展现知识产权司法保护工作及知识产权审判队伍良好的精神风貌。

（二）加强审判业务建设，提高审判工作司法能力

《关于加强知识产权审判领域改革创新若干问题的意见》明确提出要“大力推进知识产权审判队伍正规化、专业化、职业化、国际化建设”。建立一支高素质的知识产权法官队伍，是知识产权司法保护事业持续发展的根本保障。2018年，最高人民法院知识产权审判庭在国家法官学院以及地方法院共组织知识产权培训班30余场。举办最高人民法院“知识产权审判庭党支部大讲堂”活动3次，就专利审查若干法律

适用问题、知识产权刑事审判、数据环境下的商标权保护、网络服务运营商的法律责任等专题举办讲座，收到了良好效果。同时，地方法院积极开展培训工作，如福建省高级人民法院于 2018 年 8 月 14 日至 23 日在华东政法大学举办 60 人参加的审判能力提升班，着力提升知识产权法官的专业水平。

（三）加强党风廉政建设，确保队伍清正廉洁

2018 年，全国法院知识产权审判部门严格落实从严治党、从严治院、从严治庭、从严管理，大力加强知识产权审判队伍纪律作风建设，聚焦“四风”问题新动向，聚焦人民群众反映最强烈的突出问题，立查立改，常抓常严，久久为功。各级审判部门积极教育引导干警恪守司法良知，严格规范司法行为，不断改进司法作风，同时加大司法廉洁风险防控力度，抓紧构建和完善与新型审判权力运行机制相适应、与司法责任制相配套的管理监督机制。严肃查处以案谋私和充当司法掮客的行为，以最坚决的态度、最有力的举措，坚决清除队伍中的害群之马，做到真管真严、敢管敢严、长管长严。

（最高人民法院知识产权审判庭）

检察机关保护知识产权工作

2018 年，全国检察机关以习近平新时代中国特色社会主义思想为指导，认真落实党中央、国务院有关知识产权的重大决策部署，按照《深入实施国家知识产权战略行动计划（2014—2020）》的目标要求，充分履行各项检察职能，以办案为核心，依法惩治侵犯知识产权犯罪，保护权利人合法权益，全面提升知识产权司法保护品质，积极推动国家创新驱动发展战略加快实施。

一、依法惩治侵犯知识产权犯罪，充分发挥法律震慑作用

一是依法从严批捕起诉侵犯知识产权犯罪案件，加大惩治力度。2018 年，检察机关共批准逮捕涉及侵犯知识产权犯罪案件 3306 件 5627 人，同比均上升 31.7%；提起公诉 4458 件 8325 人，同比分别上升 21.3%和 22.3%。其中，批捕假冒注册商标罪，销售假冒注册商标的商品罪，非法制造、销售非法制造的注册商标标识罪等侵犯商标权犯罪 3100 件 5266 人，起诉 4136 件 7741 人；批捕侵犯著作权罪、销售侵权复制品罪等侵犯著作权犯罪 107 件 174 人，起诉 145 件 304 人；批捕假冒专利罪 1 件 1 人，起诉 3 件 4 人；批捕侵犯商业秘密罪 28 件 53 人，起诉 27 件 56 人；批捕数罪或他罪中含侵犯知识产权行为 70 件 133 人，提起公诉 147 件 220 人。

二是充分发挥诉讼监督职能，做到不枉不纵。检察机关充分发挥监督立案、刑事抗诉等法律监督职能，及时纠正有案不移、有案不立、以罚代刑、裁判不公等问题。2018 年，经检察机关建议，行政执法机关移送涉嫌知识产权犯罪案件 343 件 464 人。经检察机关监督，公安机关立案侦查侵犯知识产权犯罪 189 件 237 人。向公安机关书面提出纠正违法意见 211 件次，公安机关已纠正 165 件次；提出刑事抗诉 55 件，法院已改判 38 人。

同时，检察机关注重恪守客观公正，依法履行监督撤案职能，保护权利人不受不当追诉。2018 年，经检察机关监督，公安机关撤销涉嫌侵犯知识产权犯罪案件 131 件 148 人，其中侵犯商标类犯罪案件 121 件 138 人，侵犯著作权类犯罪案件 5

件5人，侵犯商业秘密罪案件4件4人。例如广东省检察机关在办理某公司涉嫌销售假冒注册商标的商品一案中，准确认定涉案公司对商标享有在先使用权，不构成犯罪，依法监督撤案。检察官还考虑到被扣押服装季节性特点，加快审查，53天即办结本案，使服装得以应季出售，为公司避免上千万元损失，为经济发展提供有力司法保障。

三是积极引导侦查取证，为公正司法奠定良好基础。对于重大、有影响、疑难复杂的侵犯知识产权犯罪案件，检察机关聚焦取证及时性、合法性，积极指派业务骨干引导侦查取证，细致审查证据，补充完善证据体系，确保案件质量。例如北京市检察机关在办理某侵犯著作权案件中发现，公安机关立案以后，个别行政执法人员仍存在取证不合法的情况，遂拟定补充侦查提纲，引导侦查人员调取全部现场取证视频、重新进行勘验，通过及时补正，解决了证据合法性问题。再如山东省检察机关在办理某假冒注册商标案中，发现扣押清单上仅以箱、袋作为计量单位，无法全面反映侵权品牌数量和侵权产品数量，检察官遂引导侦查人员调取涉案物流单据、银行账户明细，同步录制清点扣押物品视频等，进一步完善案件证据体系。

四是挂牌督办一批重大侵犯知识产权犯罪案件，及时精准打击犯罪。2018年，最高人民检察院挂牌督办了江门“1·19”假冒注册商标案等10起重大侵犯商标权案件；联合中宣部版权管理局、全国“扫黄打非”工作小组办公室、公安部治安管理局，对天津冯某某涉嫌利用网盘传播侵权作品案等22起案件予以挂牌督办，并于10月派员赴四川、福建现场督导案件办理。不少地方检察机关也对辖区内的重大侵犯知识产权犯罪案件挂牌督办，如上海市检察院挂牌督办章某某等涉嫌侵犯著作权案等10起案件。

二、多管齐下，推动知识产权社会治理水平不断提高

一是最高人民检察院对检察机关贯彻落实科技创新和产权保护“两个意见”情况进行专项检查。2016～2017年，最高检先后制发《关于充分发挥检察职能依法保障和促进科技创新的意见》和《关于充分履行检察职能加强产权司法保护的意见》(以下简称“两个意见”)，要求加强知识产权保护。2018年6月，最高人民检察院组织召开座谈会，了解各地贯彻执行情况、相关典型案例、办案数据，并对部分地区作了重点调研。各地高度重视，主动作为，将贯彻执行“两个意见”融入当地经济社会发展大局，在保障和促进科技创新及加强知识产权司法保护方面取得积极成效。例如吉林省检察机关开展“双千”服务活动，全省三级院检察长与1050户重点民营企业、1058个重大项目加强服务保障联系，为企业和项目解决科技创新、产权保护各类问题1450余个。

二是积极制发检察建议，促进依法行政，预防和减少知识产权犯罪。一方面，针对办案中发现的问题促进行政执法机关堵漏建制、规范执法。例如四川省检察机关在办理某销售假冒注册商标的商品案中，发现当地市场和质量监督管理局扣押登记存在瑕疵，检察机关调查核实后向该局制发检察建议，该局组织全员专题学习，并对相关执法人员诫勉谈话。另一方面，针对办案中发现的企业管理漏洞，帮助完善管理制度，防止企业再次被侵害。例如山东省检察机关在办理某侵犯商业秘密案中，检察官结合案件反映出的问题先后多次到被害单位走访调查，与主管人员座谈，制发检察建议，帮助企业建立长效保密机制，受到企业欢迎。

三是积极会同其他单位督导检查打击侵权假冒工作。按照全国打击侵犯知识产权和制售假冒伪劣商品工作领导小组办公室统一部署，最高人民检察院派员带队赴山西、湖南、湖北等地对打击侵权假冒工作进行现场考核，并对全国检察机关打击侵权假冒犯罪工作情况进行部门考核。

三、各地检察机关创新工作机制，不断提高知识产权保护水平

一是提出具体要求和措施，改进办案方式方法。例如湖北省检察院制发《关于充分发挥检察职能依法服务和保障创新驱动发展的实施意见》，提出对各类市场主体依法平等保护。福建省检察机关建立涉企案件社会影响评估机制，对涉及规模大、就业人口多的非公有制企业，全面评估办案对企业经营活动可能产生的影响，审慎把握办案节奏。江西省吉安市人民检察院建立“双保险监督”制度，对涉及侵犯知识产权的刑事或民事判决，一律实行上报备案制度，由市、县两级检察机关双层审查，严把质量关。

二是在办案中主动延伸职能，引导非公经济良性有序发展。例如浙江省检察机关在办理某公司假冒注册商标案中发现，被告单位系成立时间不长、规模较小、没有创立自主品牌的民营企业，后续难以发展壮大，且不排除再犯可能。本案判决后，检察机关主动走访被告单位，引导其树立品牌意识，并帮助咨询相关事宜，最终促成企业注册设立自有品牌，步入良性发展轨道。

三是积极主动作为，努力提高法律服务质量。例如广东省深圳市人民检察院注册成立深圳市知识产权法律保护研究中心，成为从事非营利性社会服务活动的公益性、开放性社会组织，工作内容覆盖与知识产权相关的民事、行政与刑事法律保护，会员单位数量扩大到 23 家，研究力量和范围得到有效加强和扩展。

（最高人民检察院第四检察厅）

全国知识产权社团工作

中国知识产权研究会（第七届）

理　事　长　田力普

副 理 事 长（按姓氏笔画排序）

马小航　王宏祥　刘建波　刘春田　朱雪忠　何盛宝　吴汉东　张　平　张　勤　张雪红　张景利　李国华　李明德　李顺德　杨　哲　杨宗仁　杨铁军　陈文彤　周中琦　林广海　俞思瑛　徐志武　聂玉栋　陶鑫良　高　峰　黄　峰　曾祥麦　谢商华

秘　书　长　赵志彬

副 秘 书 长（按姓氏笔画排序）

马秀山　李　剑　段玉萍　赵　颖　谢小勇

一、始终坚持把党的领导摆在研究会各项工作首位

一是认真学习贯彻习近平新时代中国特色社会主义思想和十九大精神。根据中共国家知识产权局直属机关党委统一安排，领导班子成员分别参加了短期集中学习培训。2018 年以来，主要负责同志先后三次进行专题辅导。2018 年，先后多次组织党员干部认真学习习近平总书记对中央和国家机关推进党的政治建设和关于开展警示教育的重要批示精神，认真学习习近平总书记在博鳌亚洲论坛开幕式上的讲话精神、对“一带一路”知识产权高级别会议的贺信、在首届中国国际进口博览会上的讲话精神等。

二是着力加强党支部建设。完成党支部换届选举，进一步健全组织，明确分工。目前，党支部共有 10 名党员，设有 3 名支委，划分2个党小组。2018年以来，按照国家知识产权局局党组扩大会议精神，以及国家知识产权局党建和党风廉政建设工作会议部署，制定年度党建和党风廉政建设工作计划，明确具体责任人和组织方式，按照计划逐项推进落实。2018年，党支部活动经费、制度落实，党支部的战斗堡垒作用进一步增强，党员先锋模范作用发挥明显。

三是狠抓党风廉政建设。2018年4月13日，召开党建和党风廉政建设专题会议，总结工作，部署任务。元旦春节期间、五一端午期间、国庆中秋期间，及时传达国家知识产权局直属机关纪委有关通知精神，教育党员干部严格遵守中央八项规定要求，引导党员干部牢固树立法纪观念和廉洁从政意识。制定出台司法鉴定中心廉洁风险防控管理制度，用制度筑起风险防控的牢固"屏障"。

四是持续开展主题教育活动。领导班子成员先后5次讲授专题党课，年内先后开展4次主题党日活动。2018年6月中旬，组织全体党员干部职工，实地感受改革开放四十年给城乡建设带来的巨大变化。2018年7月20日，赴怀柔庙上村"第一党支部"开展主题党日活动。2018年9月29日，组织党员干部赴燕山脚下老革命根据地，开展"忆党史、谈巨变、抒情怀"主题活动。2018年10月25日，邀请国家知识产权局直属机关纪委副书记进行党课辅导；邀请办公室有关领导开展"读一本书、讲一本书"活动，通过多种方式，阐释、理解、消化"不忘初心、牢记使命"主题。目前，中国知识产权研究会干部职工"四个意识"牢固，"四个自信"坚定，工作干劲十足，思想追求上进，内部氛围良好。

二、持续强化研究会工作的顶层设计

2018年初，在广泛征求商标、版权、司法等有关部门单位意见建议的基础上，拟定第七届理事会发展规划、分支机构管理办法等。2018年5月10日，组织召开第七届二次常务理事会，听取工作报告，审议发展规划。加强与网络知识产权委员会、国防知识产权委员会对接交流。2018年5月11日，指导国防知识产权委员会主办第四届国防知识产权军民融合论坛。2018年5月15日，以"智能互联：知识产权技术供给与法律保障"为主题，联合有关部门举办首届中国互联网知识产权大会。

三、扎实推进研究会各项工作高质量发展

一是精心承办各项重要活动。2018年6月5日，协助承办纪念《国家知识产权战略纲要》颁布实施十周年座谈会。2018年7月5日，牵头落实2018"知识产权走基层、服务经济万里行"山东日照站活动。2018年内，承接国家知识产权局办公室，原规划司、管理司、保护司等多项工作，每项工作都做到高起点部署和高质量完成。2018年8月上旬，协调国家知识产权局办公室、全国政协提案办开展"网络环境下的知识产权保护"重点提案调研，为全国政协办公厅开展相关工作提供有力支撑。2018年10月中旬，以"新时代知识产权社会组织的职责与使命"为主题，在云南举办2018年全国知识产权研究会工作交流会议暨研究会秘书长沙龙，与会同志分享经验，交流心得，积极为知识产权强国建设背景下的研究会工作发展建言献策。

二是突出《知识产权》杂志学术地位。在征求专家学者和广大读者意见建议的基础上，重新设计杂志封面，在中宣部组织的中央期刊主要负责人培训班上得到充分肯定。为聚焦知识产权热点问题，先后5次派员参加有关学术会议，挖掘选题，联系学者，邀约稿件。在第九期编发"纪念改革开放四十周年"专题。

三是认真组织课题研究和信息编制。年内对《研究会通讯》和《知识产权竞争动态》进行全面调整，突出专业性、时效性、实用性、可读性，贴近热点、焦点、难点，提高

“内参”价值。创编《知识产权管理决策参考》和《高校知识产权信息》。举办“大数据时代的知识产权保护与立法研究”“中美贸易中的知识产权问题研究”“促进经济高质量发展的知识产权关键政策研究”等专家研讨会，2018 年共承担 28 个各类研究课题，承接国家知识产权局有关部门 16 个委托工作项目。

四是提升服务会员的能力水平。主动与会员沟通，发放调查问卷，调研培训需求，开展实务培训。2018 年，自主举办 10 期培训，培训 1200 余人次。举办的互联网环境下知识产权保护实务、专利成果转化与运营管理实务、专利申请与审查实务、专利运营助推企业转型升级、知识产权海外预警与风险应对实务、商标行政与司法保护实务等培训，受到广大会员一致好评。

五是拓展司法鉴定工作业务。围绕司法鉴定和咨询工作，先后 4 次开展专项调研。同时与国家知识产权局专利审查协作北京中心、知识产权发展研究中心签署战略合作协议。2018 年，无论是咨询业务和业界影响均有明显改进，司法鉴定业务不断拓展，影响力日益扩大。

六是开展国际学术交流。2018 年，接待美国知识产权法律协会（ALPLA）代表团、日本知财学会和韩国产业财产权法学会代表团来访。2018 年 11 月上旬，组团参加中日韩知识产权学术研讨会，回顾过去五年的合作历程，签署《中日韩三国知识产权非政府组织国际学术合作基本协定书》，围绕各国知识产权制度最新进展情况，以及人工智能及数据保护、知识产权文化及知识产权教育等议题进行深入研讨，交流学术观点。

四、努力加强研究会自身建设

2018 年，通过调整部门设置，充实干部队伍，明晰职责分工，促进研究会工作高效运转。中国知识产权研究会领导班子保持与干部职工经常性谈心谈话，虚心听取意见建议。重点围绕落实中央八项规定精神，加强对研究会廉政风险点排查。及时建立健全各项规章制度，区分行政管理、业务管理、党务管理三类，制修订 46 项规章制度，努力做到以制度管人，照规章办事。开展“制度落实年”活动，建立周办公例会制度。改版上线研究会网站和微信公众号，重新设计网站相关版块，使浏览更加方便，信息发布更为及时。

（中国知识产权研究会）

中国专利保护协会

会　　长　孟凤朝

副 会 长　（按姓氏笔画顺序排列）

王小川　王　宇　王　军
王明文　王　晔　王雄姿
元英进　龙传红　付炳锋
白　韦　白　莉　巩月琼
曲　阳　朱　兵　刘喜鹊
江海涛　许开华　苏　静
杜吉洲　李学锋　李　勇
李　彬　肖　彪　吴　鸣
邱则有　宋柳平　张　帆
张贵民　张　娜　张雪红
陈　伟　陈　培　陈梓平
陈媛青　林诗美　林　焘
季　节　周　奇　周　炜
郑永锋　郑泰强　郑晓琴
赵　杰　胡柏剡　侯玉奇
耿文军　徐　炎　郭小明
彭支援　董友梅　谢海楠
靳晓东　赖贞澄　解辰阳
裴振江　戴厚良

副会长兼秘书长　马维野

2018 年，中国专利保护协会围绕深入实施创新驱动发展战略和国家知识产权战略，以创新和拓展企业服务、加快协会发展和服务能力建设为着力点，较好完成全年工作计划。

一、走访调研会员企业

1. 专题调研

就《专利法》及《专利法实施细则》修改过程中存在的问题尤其是立法机关和社会公众提出的新关切，如专利行政执法、外观设计制度完善等组织专题调研，了解社会各界特别是创新主体的实际需求，收集典型案例，撰写调研报告，提供给立法机关作参考。

2. 细则修改专题论证和意见征求

就审查流程、审查质量提高、《专利法》修改配套问题开展专题调研论证，并根据修改情况适时征求专家或企业意见，了解各界反馈，为进一步完善修改方案提供参考。

3.《电子商务法》和基本法调研

为了进一步落实此前我会参与的新模式、新业态知识产权保护研究工作的工作成果，协助国家知识产权局开展了面向电商领域企业调研。同时，以实际问题为导向，调研了知识产权法律体系运行过程中存在的各类法律和社会问题。

4. 会员需求调研

2018 年，维权事务部走访了位于北京、杭州、苏州、无锡、广州、深圳、贵阳等地的会员企业，实地了解会员企业存在的维权需求和存在的现实问题，现场进行咨询、答疑，并后续针对一些无法现场作答的问题为会员企业提供了相关资料，与国家知识产权局相关部门进行了必要沟通，解决了针对知识产权权利人以不适当的方式主张自身权利、知识产权申请和审查流程问题、国防知识产权保护与军民融合等政策衔接和对口单位联络等方面的服务。

5. 国际合作中的调研

中国专利保护协会在国际合作工作过程中，借助于中美、中欧、中日等互访惯例的机会，调研和了解了美国、欧洲和日本在行政执法、外观设计、技术秘密保护等问题上的实施现状和制度设计情况，为广大会员提供美国、日本和欧洲最新法规政策的宣讲，并针对美国 3M 公司、日本三得利公司等深入了解了其知识产权管理和相关问题的处置方式，以便于更好地为会员提供服务。

二、培训服务的规范化、科学化、制度化

2018 年，协会共主办各类培训活动 10 次，报名参加人员达 1000 余人次。举办地区涉及北京、南京、广州、深圳等大城市，对会员企业重点关注的中国专利奖申报和高价值专利培育方面的培训更同时在多地举办。

中国专利保护协会不仅组织协会工作人员对外开展培训工作，还邀请了多名来自外国知识产权局专家、中国商务部和国家知识产权局的资深专家、国际知名律所律师、德温特国际专利数据库专家进行专题报告和课程讲解。培训内容囊括范围较广，涉及会员企业面临的专利复审无效和国际申请实务问题、国际知识产权动态和中美贸易争端面临的知识产权问题、中国专利奖申报和高价值专利培育、专利检索和分析实务。

培训对象涵盖各企事业单位的有关领导、知识产权管理人员、技术研发管理人员、专利代理和服务机构相关从业人员和律师等，参训学员对中国专利保护协会举办的培训均表现出了强烈的学习热情。

2018 年，中国专利保护协会主办的具体培训有：

2018 年 4 月，在北京、广州、南京分别举办了中国专利奖申报及高价值专利培育培训班；2018 年 4 月，在北京举办了美国知识产权 301 条款应对策略培训班；2018 年 9 月，在北京举办了专利检索与分析系列培训班；2018 年 10 月，在北京举办了欧洲专利申请及海外专利布局能力提升培训班；2018 年 11 月，在北京举办了专利复审无效审查实务及案例分析培训班；2018 年 11 月，在深圳举办了专利侵权判定及无效

宣告案例分析培训班。在开展常规培训的同时，还根据多家企事业单位、行业协会自身发展的需求，为其提供了有针对性的培训课程设计或课程培训，例如中国铁建、吉林大学、中国内燃机工业协会、冶金知识产权研究会、中国纺织业联合会、美的、格力的高价值专利培育系列培训。

为了帮助企事业单位知识产权管理人员学习和掌握知识产权管理实务，通过走访、调研、研讨，进行思维碰撞，取他人之长补己之短，进而提高企业经济效益，培训咨询部还举办了知识产权管理能力提升培训四川班，赴成都、绵阳、遂宁与当地的知识产权特色企业交流。

三、拓展企业对外交流合作

1. 中国专利保护协会主办的国际交流活动

2018 年 3 月，在浙江省舟山市举办第十二届中日企业合作知识产权论坛暨舟山招商引资（智）对接活动，中国专利保护协会会长孟凤朝、舟山市副市长傅良国、浙江省知识产权局副巡视员杨春民到会并致辞。来自日本的索尼、富士通、古野电气、佳能、三菱电机、村田制作所、东丽、大赛璐等企业的代表及来自中国的海尔、吉利、比亚迪、苏泊尔、海正、晨龙、绿叶、横店东磁等企业的代表发表主旨演讲并与其他演讲者及现场观众进行了互动交流。150 多名企事业单位知识产权工作人员参加了会议。

2018 年 5 月，为应对美国对中国的“301 调查”，配合中国专利保护协会法律顾问参加“301 调查”听证会，在北京组织了“301 调查”听证座谈会。商务部世界经济研究所安佰生所长到会并分享了商务部对“301 调查”的看法及应对，汉王、绿叶、超凡、路浩等企业及机构的代表参加会议。

2018 年 5 月，受外交部国际司委托，中国专利保护协会在北京组织了医药产业交流会，来自天士力、天狮、正大天晴、绿叶制药、成都地奥、四环制药以及中国生物医药知识产权国际运营平台钨石咨询的专家以及外交部国际司相关人员参加了交流。

2018 年 10 月，与美国知识产权所有人协会（IPO）在北京共同组织中美企业知识产权交流会，IPO 会员企业埃克森美孚、飞利浦、礼来、壳牌、赛诺菲、强生、3M、百时美施贵宝、Immersion、谷歌、美敦力、应用材料公司等十几家企业及部分美国知识产权律所的专家与中国企业进行了交流。

2018 年 10 月，与法国专利商标代理人协会（CNCPI）在北京共同组织欧洲专利申请及海外专利布局培训班，由法国专利商标代理协会专家为中国企业人员介绍欧洲及法国专利申请、布局策略及风险防范等内容。40 多家企业的代表参加了培训。

2018 年 11 月，与欧洲专利局（EPO）商讨 2019 年上半年中欧专利质量伙伴会议事宜。

2. 协助国家知识产权局开展的国际活动

2018 年 3 月，协助举办中国有效专利在柬埔寨登记生效推介会。

2018 年 3 月，协助邀请企业参加第十届金砖国家知识产权局局长会暨金砖国家知识产权研讨会。

2018 年 9 月，协助组织中日专利制度研讨会。

2018 年 10 月，协助组织中芬知识产权研讨会。

3. 组织会员赴国（境）外开展学习考察、交流研讨工作

2018 年 6 月，组织中国企业（华为、腾讯、格力、大疆、绿叶制药、贸促会专商所、钲霖知识产权代理公司等）知识产权管理人员赴美国参加 IP5 五局系列会议，进行知识产权访问交流活动，并与当地知识产权局、相关协会进行交流。

2018 年 11 月，与外观部沟通确定并组织企业代表参加外观设计五局合作 ID5 会议及商标五局合作 TM5 会议。

2018 年 11 月，协助企业办理参加五局合作全球案卷任务组产业界系列会议报名工作。

四、专利运营工作

先后受山东省和东营市知识产权局委托，承担山东省专利奖评选工作和东营市高价值专利评选工作。制定工作方案，成立评审组，组织有关领域专家，对参评专利进行专利质量、技术先进性及发展前景、知识产权运用和保护等方面的评分评价工作，按时保质保量完成委托方的工作任务，受到委托方的高度认可。

五、积极承接委托事项，为政府和企业提供服务

2018 年，中国专利保护协会承担了众多来自国家知识产权局和地方知识产权局的政策研究、实证研究和调查类工作，通过发放调查问卷、深入访谈等方式了解会员单位需求和意愿，将其融合到相关研究成果中，以报告的形式提交到相应的政府政策制定部门和机构，充分发挥行业协会架设企业—政府桥梁纽带作用。

2018 年下半年，中国专利保护协会制定和发布的《2018 人工智能技术专利深度分析报告》取得了社会的广泛好评，被诸多媒体竞相报道。

继续承担 2018 年专利代理服务满意度调查工作，已赴贵州、成都、深圳等地走访调研，收集问卷 648 份。

2018 年 8 月，协助国家知识产权局条法司开展行政许可事项摸底调查工作，收集并汇总近 1000 份问卷，并形成《专利代理行业行政许可事项调查报告》。

继续支持《知识产权资产管理》杂志社（IAM）举办 2018 年 IPBC 亚洲知识产权商业论坛，为会员提供免费的与世界顶级企业知识产权专家交流的机会。

六、协助广大会员单位维权

中国专利保护协会在地方知识产权行政执法、展会维权、侵权判赔、技术秘密认定等方面为广大会员单位提供了与相关行政管理部门之间的大量沟通和协调工作，圆满地为会员解决了相应的维权诉求。

2018 年开始，中国专利保护协会具体落实与京东集团关于线上平台的知识产权纠纷处理问题，为京东集团提供侵权咨询意见，服务质量得到了京东集团、知识产权投诉人以及被投诉人的一致认同。

2018 年，中国专利保护协会知识产权纠纷人民调解委员会的工作从制度建设与工作流程梳理以及案源开拓方面取得了宝贵经验。

制度建设与工作流程梳理方面，中国专利保护协会维权事务部通过设立筛选兼职调解员的办法，逐步完善调解员的工作分配制度，突出各会员单位复合型人才集聚的优势，依托广大兼职调解员开展了大量卓有成效的调解工作。

案源开拓方面，中国专利保护协会维权事务部积极与北京市知识产权局联络，完成与北京知识产权法院的对接，派驻常驻值班人员到北京知识产权法院接收案源，现场回应原告提出的诉求。同时积极协调其他行业社会团体将其会员出现的知识产权纠纷导入到中国专利保护协会的人民调解委员会。

调解过程中，得到了广大会员单位参与调解的专家的大力支持。参与过实际案件调解工作的调解员均表示收获良多，机会难得。调解过程也验证了中国专利保护协会维权事务部制定的工作流程的可操作性，为确保 2019 年取得更好的效果提供强有力的支持。

七、加强自身建设，促进协会发展

一是加强会员联系和发展工作，会员数量进一步增加；重视会员个性化服务，通过整合社会资源，拓展会员服务领域，提高

会员服务能力。

二是创新会员发展思路，为吸引更多的会员加入，先后与冰狗网、隆天知识产权代理公司、中科院等单位开展战略合作，拓宽业务范围和服务渠道，吸引更多会员加入中国专利保护协会大家庭。

三是加强中国专利保护协会制度建设，按照建立现代社会组织的要求，完善以中国专利保护协会章程为核心的内部管理制度，修订和制定了《中国专利保护协会员工考勤管理制度》《中国专利保护协会会议制度》《中国专利保护协会会员管理办法》《中国专利保护协会项目管理办法》《中国专利保护协会差旅管理办法》等一系列工作制度和财务制度，进一步完善了人、财、物及业务工作管理制度，强化合同、项目、预算等制度的实施及工作流程的规范化，强化以绩效考核为核心的激励约束机制，调动职工积极性。

（中国专利保护协会）

中华全国专利代理人协会

会　　长　杨　梧

副 会 长　林柏楠　马　浩　王宏祥　姜建成　李　勇（港专）　任　虹　陈　浩　胡　杰　吴大建

秘 书 长　徐媛媛

常务理事　（按姓氏笔划排序）

马　兰　马　浩　王文庆
王达佐　王宏祥　叶学军
田玉兰　龙　淳　任　虹
刘小红　刘　芳　刘孟斌
庄英菊　汤建武　汤茂盛
许宗富　闫俊芬　余　刚
吴大建　张建成　张　明
张敬强　李卫东
李　勇（港专）
李　勇（金杜）　李　柯
李雁翔　李　毅　杨　梧
陆锦华　陈　浩　岳泉清
林柏楠　范严生　哈庆华
姜建成　胡建平　胡　杰
赵志远　赵　洪　党晓林
徐冬涛　徐　平　徐申民
徐　宏　袁庆云　郭晓东
高尚梅　尉伟敏　程　伟
董建林　戴巨龙　戴晓翔
蹇　炜　魏征骥
宋建华（特邀）

2018年，中华全国专利代理人协会在局党组的正确领导下，在局领导的指导、各职能部门的关心以及协会全体员工的全力配合下，紧密围绕局中心工作，充分发挥对专利代理行业的领导、引导、指导和服务的职能，以提高专利代理质量为重点，以加强自身建设为保障，各项工作稳步扎实推进，顺利完成了全年各项任务。

一、重要工作进展情况

（一）坚决贯彻中央及局党组工作部署，加强党的建设

一是深入学习贯彻中央精神，坚持以习近平新时代中国特色社会主义思想为指引，深入学习贯彻党的十九大精神，准确把握新时代知识产权事业发展新目标。二是坚决贯彻局党组各项工作部署。认真贯彻落实局党组各项工作部署以及局领导的各项重要批示精神，以实际行动确保把各项工作部署落到实处，确保把重点工作任务落实到位。三是扎实开展党建和党风廉政建设工作。坚定不移全面从严治党，严格执行中央八项规定，持之以恒纠正“四风”，不断推动党建及党风廉政建设工作向纵深发展。截至目前，中华全国专利代理人协会党支部共组织学习活动12次；开展讲党课活动5次；党小组开展学习活动24次，支部委员会会议12次。

(二)加强自律监督,维护有序竞争的行业秩序

进一步充分发挥中华全国专利代理人协会的自律监督职能,维护行业有序竞争的秩序,促进行业诚信体系建设。一是开展不正当竞争行为自查工作,遏制专利代理机构不正当竞争行为,维护行业有序竞争秩序。二是建立专利代理人执业宣誓制度,首次开展专利代理人执业宣誓活动,督促执业专利代理人"不忘初心、践行誓言",共同营造良好的行业氛围,同时协助广东、山东、福建、辽宁等省(市)代理人协会开展专利代理人执业宣誓活动。三是编制行业自律案例汇编,通过案例强化对代理机构和代理人的警示教育作用。四是加强对专利代理机构规范化建设的指导,举办专利代理机构管理经验交流会,推广代理机构管理制度范本,提升代理机构内部管理水平。五是完善不诚信信息披露机制,首次通过中华全国专利代理人协会网站、微信公众号、全国专利代理公共平台曝光不诚信的行为,增强规范执业的行为自觉。

(三)全方位加强培训扩大队伍,提升专利代理服务质量

一是加大培训力度,提高核心业务服务质量。全年举办各类业务交流培训共44期,培训学员3924人次。根据《专利代理行业上岗培训管理办法》,协助上海、广东、厦门、湖南四个地方协会举办7期专利代理人上岗培训班,培训学员953人。二是拓宽培训思路,引导机构多元发展。聚焦行业热点,引导专利代理机构向多元化发展。围绕原产地地理标志、反垄断相关问题开展两期业务拓展系列讲座,培训学员100人。三是做好诉讼代理人相关工作,提升诉讼代理能力。组织开展6期诉讼代理人面授培训班,培训学员340余人。利用远程教育培训平台,开展免费网络课程,培训学员1400余人。四是丰富远程教育培训课程,按需开展线上线下培训。系统在线课程达到54个,提供课时160个。内容涵盖审查与代理业务交流、高层次人才培养、诉讼业务提高等方面,其中2018年新增课程8个,新增课时18个。

截至2018年11月26日,全国执业专利代理人共18 817人,专利代理机构共2155家,分别比上年同期增加14.7%和19.9%。

二、年度工作目标完成情况

(一)做好行业各项工作,服务于专利事业发展大局

做好行业服务,加强行业宣传与文化建设。一是继续做好诉讼代理人推荐、管理、监督工作。组织完成诉讼代理人年度考核工作;组织完成3批诉讼代理人集中申报工作;做好诉讼代理人个案申报审批工作。向北京知识产权法院推荐技术调查官,推动专利代理人参与审判实践,发挥行业积极作用。二是继续实施专利代理职业责任保险方案,做好保险续保工作,截至2018年11月,全国共529家代理机构的7343名代理人办理了投保手续。三是做好中小专利代理机构EAC系统升级改版、推广工作,截至2018年11月,共完成5期新用户推广培训、5期业务提高培训,累计387家专利代理机构、12家企业、大专院校的642人次参加。截至2018年11月,EAC系统正式用户达591家,与2017年相比增加83家。四是在中华全国专利代理人协会网站新增支付宝在线支付功能,为会员提供更优质的服务。五是对中华全国专利代理人协会的门户网站和公众号进行升级优化,目前协会公众号关注人数达14 082人。六是优化培训服务工作。制定《文明服务行为准则和规范用语》,增强服务意识,提升服务水平。经调查,全年交流培训服务满意度达97.6%。七是做好《专利代理》发行工作,全年共发行期刊32 800册。通过国家新闻出版广电总局学术期刊认定,《专利代理》杂志学术影响力不断提升。与超星签订合作协议，利用多媒体平台不断扩大行业社会影响力。八是加强行业文化建设。继续开展扶贫倡议活动，积极调动4家专利代理机构出资援建了桑植县的5个扶贫项目。九是组织会员单位开展公益服务，目前已为第33届全国青少年科技创新大赛获奖的三项成果提供了该服务。

深化对外交流，提升国际影响力。一是参加第58次WIPO成员国大会、AIPPI NGO协调会议、全球知识产权从业者协会第10次网络峰会等国际知识产权NGO的活动和会议，FICPI执行委会议，发出中国专利代理行业的声音。二是加强对外交流，全年共接待日本、韩国、法国代理人协会代表团来访3次，接待外宾共计约30人。三是举办第五届多国代理人协会会长会，提升我国专利代理行业的国际影响力。四是通过举办第九次中日外观设计制度培训班，协办“2018年专利合作条约（PCT）高级巡回研讨会”“中美欧日韩五局合作成果推介培训班”“中芬知识产权研讨会”等，开展对国际化专利代理人才的培养工作。五是筹备组建FICPI国际工作委员会，制定《中华全国专利代理人协会国际工作委员会章程》。

支撑标准贯彻和实现机制运行管理。一是加强贯标咨询工作。截至2018年11月，中规（北京）认证有限公司已签署认证合同近5200家，已完成初次认证审核企业数量近3700家，完成监督审核与再认证近1800家，颁发证书超过3000张，审核业务覆盖全国29个省（市）。注重质量把控，规范审核活动，完善《审核指导文件汇编（内部文件）》，加强案卷管理。二是加强外联工作。截至2018年11月，已成立20个分支机构，以便更好地服务于各地认证企业，提高工作效率。三是加强人才建设，截至2018年11月，已培养国家专职注册审核员共130名。注重对于审核员以及审核组长的能力建设。四是加强廉政建设，开展修德律己教育活动，签订《廉洁从业承诺书》。五是加强信息化建设，实现线上任务传达、审核案卷下载、排期、组员选择、审核方案制定、审核进度查询等日常审核工作，有助于提高工作效率、减少人力成本。

（二）加强秘书处内部建设，提高综合能力

一是加强人事管理，完善内部人才培养机制，继续加强干部队伍建设。二是做好记账、结账、报税、预算编报等财务管理工作，配合审计署开展预算执行情况检查工作。三是做好文件上报、存档、政府采购等日常综合管理实务。四是开展办公地址搬迁工作，做好制定搬迁的工作方案，办公区域的规划、设计、装修，组织实施、协调现场搬运等工作。五是做好安保保密工作，认真贯彻落实保密工作各项要求，加强安全保卫保密工作。六是举办中华全国专利代理人协会成立三十周年系列宣传活动，以三十周年活动为契机，营造有利于行业发展的文化氛围。

（中华全国专利代理人协会）

中华商标协会

会　　　长　马　夫
副 秘 书 长　吴东平　臧宝清　南　平

2018年，中华商标协会在国家知识产权局的指导下，按照《“十三五”国家知识产权保护和运用规划》等文件任务分工要求，紧紧围绕国家商标品牌战略中心工作，积极推进商标品牌建设，开拓工作思路，创新工作方式，稳步推进各项工作，取得显著成绩。

一、积极作为，努力适应脱钩新形势

2018年1月，中华商标协会在北京召开第四届会员代表大会，选举产生了第四届理事会和监事会，召开第四届理事会第一次会议，选举产生了第四届理事会领导机构，为适应新形势、顺利完成转型打下基础。2018年8月，在唐山召开了第四届理事会第二次会议，增补了理事会成员。

2018年3月，中华商标协会与原国家工商总局正式脱钩，明确了国家知识产权局作为协会的业务指导单位，党组织关系转入中央国家机关工委。脱钩后，中华商标协会与国家知识产权局、民政部、中央和国家机关工委以及北京市外事办公室等主管部门积极沟通，主动建立联系，及时请示有关事项，实现了各项工作的平稳过渡。

二、助推发展，商标品牌建设取得新成果

（1）发起组织中国商标50人论坛。为促进商标领域政策研究、学术交流和实务提升，中华商标协会发起组织非官方、非营利性商标智库——中国商标50人论坛，成员包括商标领域具有影响力的行政官员、法官、学者、律师等，先后召开两次会议，就《商标法》修改等大家普遍关注的焦点问题，结合理论与实务开展讨论，提出专业意见和建议，为深入实施商标品牌战略营造良好氛围。

（2）稳步推进中国商标品牌研究工作。2015年，经原国家工商总局批准，中华商标协会和中国人民大学共同发起组建了中国商标品牌研究院，旨在开展与商标品牌相关的基础理论研究及实务应用研究。2018年，商标品牌研究工作取得新进展：一是完善评价指标体系，编制发布《2017沪深上市公司商标品牌价值排行榜》，为企业完善发展路径、提升商标品牌价值提供了富有实践意义的数据建议；二是编撰发布《中国商标品牌发展报告（2017）》，梳理商标品牌发展脉络，展望商标品牌发展方向，为我国商标品牌事业的持续发展提供智力支持和理论动力；三是成立中国商标品牌实验室，首次发布《中国地理标志商标品牌价值评价体系与标准》，开展全国及区域地理标志商标品牌价值的评估及排名工作，并首先以陕西省延安市地理标志商标品牌作为试点，发布《2018延安地理标志商标品牌价值排行榜》，提高社会公众对地理标志产品的认知度和重视度；四是积极承接原国家工商总局、国家知识产权局相关课题，围绕商标注册、使用、保护和管理等各方面开展理论研究。

（3）及时回应商标品牌热点问题。举办CTA沙龙，召集业内专家对稻香村老字号商标纠纷、商标品牌运用、打假维权等业界和社会关注的商标热点问题进行集中探讨，为商标品牌工作实践提供理论指导；在2018年中国国际大数据产业博览会上主办“大数据与知识产权保护论坛”，聚焦大数据发展，探讨知识产权保护面临的新挑战和新机遇；与北京市高级人民法院知识产权庭举办“立体商标法律问题研讨会”，对立体商标问题进行专题探讨，并联合编辑出版《法官解析商标典型案例》，为相关诉讼提供借鉴。

（4）积极开展商标品牌精准扶贫。邀请抚远、同江、泰和、皋兰和桑植等贫困地区代表免费参加商标品牌节，并免费提供中华品牌商标博览会展位；策划地理标志系列专题宣传，在商标品牌节期间举办“发现地标之美”专题论坛和展览，推广地理标志产品，为地理标志企业健康发展搭建平台。

三、务实创新，成功举办中国国际商标品牌节

经国家市场监管总局批准，由中华商标协会、河北省工商行政管理局、唐山市人民政府共同主办的第十届中国国际商标品牌节于2018年8月31日至9月3日在河北省唐山市举行，围绕“创造 保护 运用”主题，举办了中国商标年会、中华品牌商标博览会等一系列主题活动。本届商标品牌节具有以下突出特点：一是参与人数众多，社会影响力进一步提升。共有4000余名代表参会参展，外宾涵盖42个国家和地区。

据沃民高新科技(北京)股份有限公司提供的数据统计,本届商标品牌节媒体传播覆盖人群达9600万人次,满意率达97.2%,商标品牌节国内外影响力进一步提升。二是商标年会紧扣热点,内容设置更加专业。中国商标年会设置23个论坛,紧紧围绕我国经济发展新形势和商标品牌领域热点问题,就商标恶意注册规制、商标品牌价值评价、地理标志商标保护、老字号品牌发展等话题展开讨论,集思广益寻求解决之道,为商标品牌战略深入实施建言献策。三是品牌博览会提升档次,宣传效果进一步凸显。中华品牌博览会更名为中华品牌商标博览会,严把参展标准,提高参展门槛,展览面积共13000平方米,分为品牌商标展、地理标志展和河北商标品牌展三大展区,汇集526家来自全国各地的品牌企业,产业覆盖范围广泛,宣传推广效果突出,充分展示了自主品牌的形象和文化,有效促进了企业打造高层次品牌的积极性。四是主题活动众多,内涵更加丰富。发布"改革开放40周年40件商标大事",回顾我国商标法律制度发展历程,宣传商标品牌建设取得的成果;举办"中华商标创意设计大赛",引导商标设计走独创化和专业化道路,推动我国商标设计创作水平提升;举办"发现地标之美"系列主题活动,助力商标品牌精准扶贫。

四、立足根本,服务会员增加新举措

会员是协会的发展之本,2018年,中华商标协会深挖内部潜力,丰富服务会员举措。一是在2018年初即发布中华商标协会全年培训活动计划,全年分别在北京、成都、宁波等地举办了11期培训班,来自全国工商和市场监管部门的执法干部、商标代理人、律师及企业法务人员2200余人参加培训,促进从业人员业务水平和专业素质提升。二是完善主管部门与会员的定期沟通机制,与国家知识产权局商标局、商标评审委员会合作开展"商标注册便利化改革政策解读"宣讲活动,就商标注册改革新举措、信息化建设及案件审理工作新动向等会员关心的问题进行解读,促进商标主管部门与会员企业的沟通。三是中华商标协会领导带队走访恒源祥(集团)有限公司、国美酒业有限公司和中国贸促会专利商标事务所等20余家会员单位,听取会员意见和建议,了解会员需求,反映会员心声。四是在商标品牌节期间举办副会长单位品牌文化展、会员商标文化展,促进会员之间的交流,提高会员的影响力和知名度。五是搭建会员维权平台,组织成立中华商标协会商标海外维权委员会和中华商标协会品牌商标维权联盟,发布《中华商标协会会员企业商标国际抢注预警报告》,畅通品牌商标权利人维权渠道,维护会员单位合法权益。

五、履职尽责,行业自律取得新进展

一是每年举办商标代理人业务培训考试,提高商标代理机构和商标代理人的从业素质和服务水平。二是中华商标协会拟颁布实行《中华商标协会商标代理行业道德规范》《中华商标协会商标代理服务规范》《中华商标协会商标代理机构会员单位信用信息管理办法》和《商标代理行业自律公约书》,树立行业规范和标准。三是商标代理分会在会员范围内开展"商标服务金牌示范单位""优秀商标代理机构"表彰活动,发布"2017—2018优秀商标代理案例""十大商标恶意注册典型案例",通过示范警示作用,推动行业服务水平和自律意识提升。四是发挥商标代理分会纪律和规则委员会作用,积极、妥善处理会员投诉,规范商标代理市场行为。五是开展商标代理监管课题研究,探索对商标代理机构监管的可行性措施,促进商标代理行业健康有序发展。

六、搭建平台,桥梁纽带作用进一步发挥

一是在首届中国国际进口博览会期

间，与上海市工商行政管理局共同举办“贸易与商标品牌保护分论坛”，就进口贸易中的商标品牌保护热点问题——平行进口中的商标法律保护进行深入探讨，推动进口商品商标保护意识的提升。二是举办第三届“商标行政执法与司法保护联动高层论坛”，促进商标行政执法与司法保护的衔接，营造良好的知识产权保护环境。三是组织全国商标协会联席会，2018 年 5 月在北京召开会议，签署《中华商标协会与地方商标协会合作备忘录》，加强与各地商标协会的联系，推动地方商标品牌建设工作。四是与北京市房山区政府合作，开展北京市商标品牌创新示范区（房山）创建活动，合作建设“商标通”互联网服务平台，面向社会提供“一站式”互联网知识产权服务。

七、多方联系，国际、区域交往与合作不断加强

中华商标协会通过多种方式、多种渠道，与国际组织、各国政府知识产权主管机关、民间组织以及国外企业和代理机构加强联系。一是积极参与商标品牌国际活动，参加世界知识产权组织（WIPO）外观设计和地理标志常设委员会（SCT）年度会议、国际商标协会（INTA）年会、欧洲商标权人协会（MARQUES）年会，在 INTA 年会上举办中国论坛及“中国之夜”招待会，在 MARQUES 年会上举办“中华商标协会”论坛。二是主动与各国知识产权组织加强联系，派团赴日本、巴西、阿根廷、荷兰及英国，访问当地知识产权机构，考察调研商标注册、管理等相关情况，与当地相关商标组织建立和加强联系；与 INTA 在北京共同举办恶意注册问题圆桌讨论会。三是利用商标品牌节平台促进国际交流，主办国际商标律师论坛，为国内企业普及国外商标知识；世界知识产权组织、国际商标协会、欧洲商标权人协会、日本弁理事会等国际机构组织继续在商标年会举办论坛，带来各国知识产权发展最新动态。四是进一步促进海峡两岸商标交流，与海峡两岸商务协调会在银川市共同举办第 13 届海峡两岸商标研讨会，来自两岸企业和商标代理组织的代表近 120 人参加，共同研讨双方关心的商标品牌保护有关问题。

八、创新形式，宣传工作开创新局面

一是加强网站、微信等新媒体建设，不断充实栏目内容，全面宣传商标法律法规，及时报道商标品牌热点事件。截至 2018 年 11 月底，中华商标协会官网浏览量 137 195 人次，微信订阅人数 2.4 万人，杂志社微信订阅人数 4.8 万人，杂志社微信在知识产权领域公众号排名中保持在前十名，在商标品牌领域名列前茅。二是充分发挥《中华商标》杂志、《中国商标年鉴》专业期刊的宣传作用，开设“一带一路”商标品牌战略实施、商标密集型产业专栏和高端访谈，与中国知网建立数据库、专家库、案例库，从全局高度记录商标权利保护和工作全貌；开设企业家精神和“中华好商标”、区域品牌影响力专栏，编纂制作中国商标品牌史料荟萃纪念册，讲好中国故事，促进中国品牌文化的对外宣传。三是与《中国工商报》合作，在商标节期间编辑出版《每日看点》，通过会议报道、会议花絮、精彩访谈等形式对商标节当天的主要活动进行多角度的综合报道，受到参会人员的好评。

九、凝心聚力，党建工作水平得到新提升

2018 年，中华商标协会以党的十九大精神、习近平新时代中国特色社会主义思想为引领，按照中央国家机关工委协会党建部总体要求，并结合协会工作实际，以落实全面从严治党为主线，全面推进协会党建工作水平。一是认真贯彻落实党的十九大、十九届二中、三中全会精神，严肃党内政治生活，强化党内监督，持续推进“两学一做”学习教育常态化制度化。二是严格落实“三会一课”制度。三是重视加强党员干部党性教育。组织参观展览、开展主题党日活动、学习警示教育通报，让协会党员干部接受党性党风廉政教育等，坚定理想信念。四是重视加强协会党员干部学习，积极参加机关工委培训班。五是及时办理党组织关系转移。中华商标协会现有党员 15 人，党组织关系已全部转入中央国家机关工委，切实做到党的组织和党的工作全覆盖。

（中华商标协会）

中国版权协会

名誉理事长 柳斌杰
理事长 阎晓宏
副理事长 万　捷　于慈珂　石　村　刘春田　吴汉东　陈　丹　邱文友　殷忠民　童之磊　葛　珂
秘书长 孙　悦
副秘书长 张有立　王　旗　曾　晋

2018 年，中国版权协会深入学习贯彻习近平新时代中国特色社会主义思想和党的十九大精神，结合协会工作实际，秉承服务会员、服务版权事业的宗旨，坚持正确导向，不断改进、创新工作内容与方法，围绕国家版权工作大局，努力提高服务能力。中国版权协会团结了全国版权学术界、产业界的广大代表，充分发挥联系政府和产业界的桥梁和纽带作用，在行业服务、行业自律、行业交流、行业维权等方面做了大量工作。

一、加强组织建设、党风廉政建设、规章制度建设

中国版权协会根据国家有关社团管理规定，以及中央巡视组，原新闻出版广电总局人事、党务、纪检等部门的有关管理要求，采取多项措施加强协会组织建设，促进协会健康有序发展。中国版权协会现有会员单位 453 家，其中常务理事单位 152 家、理事单位 301 家，会员单位涵盖版权相关党政机关、行业协会，版权学术组织，出版企业，互联网、软件企业，影视传媒企业，版权服务、实业企业等多个领域。

针对中央巡视组和原新闻出版广电总局关于整顿检查国家版权局属社团的工作部署，中国版权协会领导高度重视，专门召开理事长会议研究贯彻落实措施，认真梳理存在问题，积极开展自查自纠，切实做到立行立改，加强完善管理制度。认真贯彻执行中央八项规定精神，严格遵守党政机关干部（含离退休干部）兼职取酬的规定，现党政机关和事业单位在协会兼职的有关领导均未在协会取酬。

加强党建工作，发挥党组织政治核心作用。积极开展支部各项建设，坚持开展“两学一做”学习教育活动；在夯实组织建设基础上，严格落实原新闻出版广电总局人事、党务、纪检等工作要求，认真开展学习党的十九大会议精神相关活动，明确党组织在协会中的功能定位，发挥党组织在协会的政治核心作用；充分发挥党员先锋模范带头作用，深入开展各类党建活动，不断提高全体党员党性修养，促进党建工作和协会业务工作的深度融合；坚持正确的政治方向，积极发展党员，支部工作展现出了生机活力，取得健康平稳的发展。

根据原新闻出版广电总局工作要求，中国版权协会修订完善了《财务管理制度》《合同管理制度》《工资及劳务报酬管理制度》《报销管理制度》《差旅费管理制度》《内部审计管理规定》《行政管理制度》及《文件管理制度》等各项制度，重新制定《内部控制制度》，细化了管理办法。在制度落实方面，严格按照社会组织分类标准和具体办法开展业务，明确内部分工，落实相关工作责任人，并编制了《中国版权协会管理制度汇编》，加强日常和财务管理，明确各项制度要求，确保协会工作有序开展。

按照《中国版权协会章程》规定，会员代表大会每 5 年举行一次，第五届理事会于 2018 年 1 月已届满。中国版权协会于 2018 年 9 月已向主管单位呈文，申请召开

第六次全国会员代表大会，选举产生新一届理事会，完成换届工作。

根据工作需要，按照《中国版权协会章程》，中国版权协会于 2018 年 11 月召开理事长会议，通过了关于增补、调整常务理事和理事决议，并增补协会副秘书长。

2018 年，中国版权协会整体经营情况良好，协会不断提升服务水平，得到广大会员单位的认可与支持，95%以上的会员单位按时交纳了 2018 年会费。

二、围绕版权中心工作，积极开展培训、研讨等相关工作

2018 年，中国版权协会继续秉承服务会员、服务版权事业的宗旨，努力提高服务会员单位的能力，着力为会员及版权产业服务。

培训工作是中国版权协会为会员单位提供的一项重要服务内容，协会每年举办一至两期面向会员的免费培训班，邀请立法、司法、行政、教学等单位的领导和专家，以及版权产业界的领军人物，围绕版权产业的热点、难点问题，结合版权工作的实际情况，为会员单位组织培训和讲座。2018 年 9 月，中国版权协会在山东省枣庄市举办版权实务培训班，中国版权协会理事长阎晓宏、华东政法大学教授王迁、全国审判业务专家林子英、中信出版集团副总编孔彦、腾讯研究院版权研究中心秘书长田小军等著名专家学者担任授课老师，就新时代版权发展基本趋势、版权典型案件、企业知识产权保护及版权保护前沿问题等对会员进行专题培训，共有 93 家会员单位的 136 人参加。

中国版权协会定期组织全国版权协会联席会议，加强与各省、市版权协会的沟通。2018 年 7 月，中国版权协会组织部分省、市版权协会在西安举办“全国部分省市版权协会联席会议”。会上讨论了中国版权协会的工作规划及各省、市协会相关工作事项，极大地增强了协会间的相互了解，促进了协会间的交流与合作。

在国家版权局的指导下，中国版权协会每年定期举办中国版权年会，已连续举办十届。在改革开放 40 周年、《国家知识产权战略纲要》实施十周年之际，中国版权协会于 2018 年 12 月 1 日在武汉东湖宾馆举办了第十一届中国版权年会。年会以“新时代助力文化发展”为主题，举办首届“远集坊”论坛，十二届全国人大教科文卫委员会主任委员柳斌杰、著名历史学家阎崇年、中国出版集团公司总裁谭跃、湖北省文联主席熊召政、当当创始人李国庆、金山办公软件 CEO 葛珂、雅昌文化(集团)有限公司董事长万捷、百度副总裁梁志祥等重量级嘉宾致辞或演讲。第十一届中国版权年会上，中国版权协会邀请社会各界卓越人士汇聚一堂，包括年会特邀嘉宾、中国版权协会会员单位负责人、部分版权协会负责人、获奖代表、版权产业界代表、教学科研代表、法律事务代表、新闻媒体代表等。年会中颁发了由中国版权协会评选的各奖项，柳斌杰、阎崇年获得中国版权事业终生成就者称号，白京兆、毕飞宇、江波、刘恒、刘昕、王斌、王亚民、张良成、赵东亮九位获得中国版权事业卓越成就者称号，湖南广播电视台、江苏凤凰出版传媒股份有限公司、上海阅文信息技术有限公司等 44 家单位获得中国版权最具影响力企业奖，陕西广电影视文化产业发展有限公司、中国中医药出版社、恐龙园文化旅游集团股份有限公司等 27 家单位获得中国版权新锐企业奖。中国版权年会评选相关奖项是为在版权事业发展过程中取得突出成绩、做出突出贡献的个人和企业设立的，旨在弘扬版权从业人员和企业的开拓创新精神、艰苦奋斗历程和成功经验，推动我国版权事业的进步和发展。

2018 年 11 月 8 日，首届中国国际进口博览会打击侵权假冒论坛在上海举办，中国版权协会协办。论坛以“合作创新共创”为主题，旨在系统宣介中国打击侵权假冒工作成效，交流借鉴国际经验，提升侵权假冒社会共治和全球协同治理水平。国家市场监督管理总局副局长甘霖、中国外商投资企业协会会长陈德铭、中国版权协会理事长阎晓宏、世界知识产权组织中国办事处主任陈宏兵等嘉宾致辞或演讲。

由中国版权协会、中国文化产业发展集团共同主办的首届中国文化 IP 及创新设计展于 2018 年 9 月在全国农业展览馆举办。该展会是国内首个基于“文化 IP”的交流平台，阎崇年、王亚民、吴文辉、陈刚、张凌云、张云帆、陈彦、肖玢等嘉宾分别在展会首日的“2018 中国文化 IP 发展高峰论坛——优秀内容创作 赋能运营传播”做了主题演讲。

中国版权协会举办了 2018 中国首届嗨未来儿童有声阅读计划发布会，让 2～12 岁儿童通过听书的方式爱上听书，收获知识，为中国少年儿童持续不断输出知识性儿童有声内容，让正版的好内容陪伴孩子度过七彩童年。

三、积极协助国家版权局推进各项版权工作

受国家版权局委托，中国版权协会在推进政府机关软件正版化工作方面主要做了如下工作：一是组织培训，中国版权协会于 2018 年分别在鄂尔多斯、成都、广州、北京承办了四期软件正版化培训班，来自全国 31 个省（区、市）的政府办公厅、工业和信息化厅、财政厅、发展改革委、版权局等部门的千余名公职人员参加了培训；二是承担软件政府机关正版化全覆盖督查的技术服务工作，根据国家版权局关于开展政府机关软件正版化督促检查的工作安排，中国版权协会 2018 年在国家版权局的指导下，对福建、甘肃、青海、云南、重庆、四川等六省（市）的 254 家省级政府机关的 33446 台计算机正版软件使用情况进行了检查，并根据实地检查结果，向国家版权局提交了该六省（市）使用正版软件检查工作报告和有关检查数据资料。

受国家版权局委托，中国版权协会承担编写《中国版权年度报告（2017）》的任务，并承办了“2017 年中国版权十件大事”评选活动。《中国版权年度报告（2017）》汇总了 2017 年版权行业相关信息，如法律法规、工作概况、统计资料、典型案例、奖项评选、版权相关图书等。“2017 年中国版权十件大事”评选活动由中国版权协会面向社会征集备选材料，组织专家进行评选，并在各大媒体上对评选结果进行宣传，扩大版权工作影响，提升全社会版权意识。

四、开展国际及我国台湾、香港等地区版权交流

中国版权协会与台湾著作权保护协会形成了互访机制，并已在北京、西安、银川等地已成功举办了九届海峡两岸版权保护研讨会。2018 年中国版权协会本着积极推动海峡两岸版权交流的目的，应台湾著作权保护协会邀请，经批准，由中国版权协会理事长阎晓宏带队，赴台湾参加 2018 海峡两岸版权交流活动。活动期间，代表团拜访了台湾著作权保护协会，举行主题为“新媒体应用下两岸著作权”的研讨会。代表团还拜访了当地著作权保护组织，与台湾著作权权利人交流会谈，并参观了当地文创园区。台湾地区是大陆版权贸易重要输出地，此行通过交流进一步增进海峡两岸版权保护的沟通与了解，推动建立有关协调机制，携手促进海峡两岸版权保护的发展，推动两岸版权贸易乃至思想文化交流，为两岸经济社会发展服务。

围绕小网站跨国网络侵权盗版问题展开研讨和经验分享，加强国际交流合作、联手打击跨国侵权，中国版权协会于 2018 年 2 月主办“北京国际网络版权监测研讨会”。中国版权协会理事长阎晓宏、国家版权局版权管理司司长于慈珂、商务部条约法律司司长陈福利出席会议并讲话，中国版权协会版权监测中心副主任、冠勇科技董事长吴冠勇进行了主题发言。来自 WIPO 中国办事处、

美国电影协会、日本国士馆大学、日本内容产品海外流通促进机构、韩国著作权委员会等国际知名行业协会、著作权集体管理组织、国内各大网站及版权相关单位的40余人出席了会议。

香港海关助理关长黎流栢一行四人于2018年3月拜访中国版权协会，双方就内地和香港的版权现状进行了深入交流，并参观了中国版权协会版权监测中心。

2018年4月，中日韩联合版权宣传活动正式启动。中国版权协会是该活动的中方执行单位。活动推介了《中日韩版权保护宣传片》，三个国家的知名动漫形象“孙悟空”“柯南”“啵乐乐”，携手为版权保护代言。此举旨在将“保护版权、繁荣创作”的理念植入人心，进一步加强互联网领域版权保护，提升公众，特别是青少年群体的版权保护意识。

日本内容产品海外流通促进机构(CODA)专务理事后藤健郎一行三人于2018年6月访问中国版权协会，CODA希望可以与协会进行全方位合作，包括两个协会组织间的交流、两国版权保护的宣传及如何促进两国版权产业发展，并实现中日两国权利人和内容产品的互访交流。

韩国GMCP音乐公司CEO金美罗一行于2018年8月访问中国版权协会，双方就跨国音乐版权保护问题进行了深入的探讨和交流。

五、二级委员会工作情况

根据会员的实际需求，中国版权协会下设三个具有活力、面向社会和市场的二级委员会：版权监测中心、艺术品版权工作委员会、软件工作委员会。

版权监测中心启动版权监测服务，监测保护作品覆盖院线电影、电视剧、综艺、体育赛事、音乐、有声书、新闻资讯、网络文学、漫画等多个领域。其中包括《红海行动》《唐人街探案2》《李茶的姑妈》《我不是药神》《无双》《复仇者联盟3：无限战争》等院线热映的国产和进口优秀影片。2018年1月至11月，版权监测中心累计监测社区论坛、视频平台、音频平台、搜索引擎、网盘、影视移动应用、新闻资讯网站、网络文学平台、中小网站等各类互联网平台超过10万个，监测保护作品近50万个，向各类平台发布版权预警函超过2.6万封，监测盗版侵权链接近680万条，发送下线函超过50万封，下线盗版侵权链接近400万条，持续为国内外视频、音频、图片、文字等各领域作品版权方保驾护航。

艺术品版权工作委员会提供的“中国艺术品鉴证备案服务”是通过高新技术和行业资源推出的为艺术品建立“身份证”信息的服务，鉴证备案面向全球征集艺术家的艺术品，至今已有4000余位知名艺术家加入鉴证备案行列，6000余位藏家送检艺术作品，10万余幅作品进入鉴证备案数据库，全面保障了艺术家权益。艺术品版权工作委员会与雅昌艺术网于2018年共同组织举办了“鉴证备案当代书画拍卖专场”，参拍作品由艺术品版权工作委员会进行版权备案，雅昌文化(集团)有限公司进行技术备案，保证作品的真实性、唯一性，拍卖全程由中国版权协会艺术品版权工作委员会对其监督。这种专场拍卖模式为净化艺术品交易市场、保障艺术家及艺术品爱好者的合法权益提供了新思维、新模式。2018年度鉴证备案拍卖专场已组织4场，有效保护了艺术家及收藏者的合法权益。艺术品版权工作委员会在2018年举办多起大型版权活动，具体包括“艺术品版权保护高峰论坛”“艺术设计IP授权产业高峰论坛”等；在艺术品版权工作委员会提倡发起下，成立了“青年设计师联盟”，旨在通过聚合优质设计机构和青年设计师，搭建多元化、多品类、国际化的设计交流及创作运营平台，以具有国际视野的设计标准和观念来影响艺术设计发展的方向，推动文化和经济创意产业的发展。艺术品版权工作委员会成立的专家顾问委员会，截至2018

年8月31日，聘请了42位国内知名艺术家和艺术机构领导作为专家顾问。同时，艺术品版权工作委员会为会员提供全方面的版权维权服务，与多家知识产权机构达成了版权维权合作，跨地区多维度地为我国艺术品版权构筑版权保护和贸易服务平台。

软件版权保护委员会旨在充分发挥行业组织在维护会员权益、促进产业发展，协助推进使用正版软件等工作的协调和组织保障作用。在“推进使用正版软件工作部际联席会议”办公室的指导下，软件版权保护委员会于2018年6月，在国家版权局举办了“推进自主基础软件创新发展研讨会”，围绕进一步加强软件版权保护，探讨在新形势下如何推动国内基础软件产业发展，中国版权协会理事长阎晓宏、工业和信息化部信息化和软件服务业司司长谢少锋、国家版权局版权管理司司长于慈珂、副司长段玉萍、国务院机关事务管理局政府采购中心副主任赵绪选、中国工程院院士倪光南、金山办公软件CEO葛珂出席会议并发言。2018年11月，软件版权保护委员会在北京故宫博物院举办了“中国传统文化与数字化科技融合创新研讨会”，会上发布了《新时代中文版式应用》倡议书，通过文化与技术相融合，实现传统文化赋能现代科技，现代科技助推传统文化，故宫博物院院长单霁翔、中国版权协会理事长阎晓宏、国家版权局版权管理司司长于慈珂、工业和信息化部信息化和软件服务业司司长谢少锋、故宫博物院副院长冯乃恩、故宫研究院古文献研究所所长王素、原国家新闻出版广电总局数字出版司副司长冯宏声、金山办公软件CEO葛珂、清华大学美术学院教授赵健等出席研讨会并发言。

六、举办“远集坊”讲座

秉承坚持正确导向，倡导平等交流，碰撞思想火花，汇集八方智慧的主旨，邀请社会各界卓越人士阐述有益于祖国繁荣发展、社会和谐进步的真知灼见，运用传统媒体与新媒体，进行广泛传播，惠及更多的读者，努力为经济、社会、文化发展提供智力支持与服务。中国版权协会和国家版权创新基地在2017年共同创立了一个文化交流平台，取名“远集坊”。

“远集坊”讲座自2017年9月29日首期开讲，至2018年10月7日，一年零八天内，共举办了17期，阎崇年、王文章、雷军、柳斌杰、谭跃、王亚民、沈鹏、黄强、朱永新、郝林海、郑渊洁、黄书元、郑欣淼、刘珺、罗振宇、王秦丰、吴为山17位主讲嘉宾带来了高屋建瓴、别开生面的精彩演讲，200余位特邀嘉宾光临“远集坊”并与主讲嘉宾积极互动，发表了他们的真知灼见。

中国版权协会对17期“远集坊”讲座进行了回顾与总结，并在征求各位主讲嘉宾的同意后，携手中信出版社，出版了《远集坊：名家论中华文脉与创新精神》一书。书中收录了“远集坊”全部十七讲，从书中可以看到各位主讲嘉宾从不同的角度，阐述了他们深入研究问题的观点与心得。书中同时收录了各位主讲嘉宾在“远集坊”的演讲视频，将阅读与视听融为一体。

版权是文化领域的核心竞争力，也是文化发展的基础性资源和战略性资源。版权涉及的行业很广，不仅包括传统的书报刊、影视、艺术、表演等文化领域，还包括计算机软件、建筑外观设计、纺织品、陶瓷、家具等领域。中国版权协会的会员单位分布在各行各业，特点不同，需求不同，会员单位对协会的诉求很多，协会服务能力尚显不足，这是差距，需要正视、改进和提高。

总体来看，这几年中国版权协会拥有一些好的发展条件，也处于一个好的发展阶段。中国版权协会通过搭建版权相关服务平台，并在以往的工作上不断进行创新，聚集了一大批有影响力、有实力、有活力的优秀会员，成为推动协会不断发展的强劲动力。在各会员单位的大力支持下，在版权界同仁的大力帮助下，在协会同志们的共同努力下，中国版权协会在 2018 年的各项工作取得了一定成绩，开拓了发展的新局面。

（中国版权协会）

中国音乐著作权协会

主　　　席　赵季平
副　主　席　屈景明　雷　蕾
终身名誉主席　王立平
名 誉 主 席　傅庚辰　谷建芬　阎　肃（已故）
常 务 理 事　王世光　刘文金　刘春田　那日松　宋小明　张丕基　张亚东　李海鹰　陈晓光　柯肇雷　唐建平　徐沛东

一、会员发展

2018 年中国音乐著作权协会（以下简称音著协）发展新会员数为 506，其中词作者 169 人、曲作者 305 人、继承人 25 人、其他 1 人、出版公司 6 家，会员总数达 9413。音著协会员构成比例如图 1 所示。

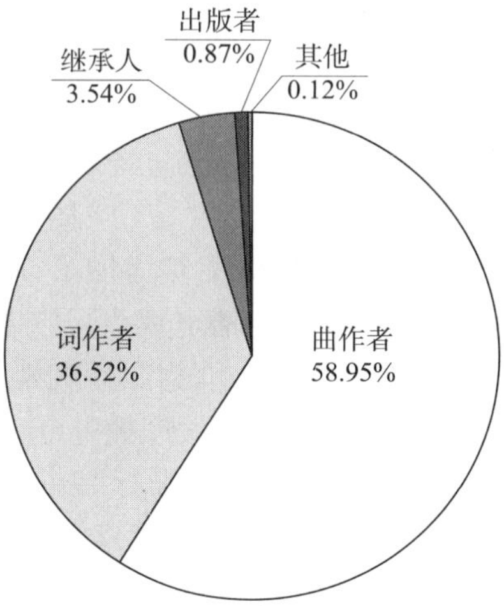

图 1　会员构成比例

在新发展的会员中，较有影响力的个人会员有张天宇、王啸冰、李春、胡帅、郝雷、唐恬、崔凯、吴丹、杨臣刚、胡臻、高阳、刘一澜、黄铂、雷立、那仁朝格、方柏深、李瑜哲等，较有影响力的公司会员有酷亚音乐（深圳）有限公司、北京梦织音传媒有限公司等。

二、音乐作品资料管理

作为中国大陆地区唯一的音乐作品著作权集体管理组织，音著协通过全球最大的中文音乐作品版权信息系统 DIVA（Documentation Innovation Visionary Art）对海量的音乐作品进行管理。DIVA 可凭借其强大而完善的数据库处理会员信息、作品资料及版税分配等工作内容。当会员加入音著协时，音著协会在 DIVA 系统中为每一名会员建立一个专属的权利人识别编码，其中包含会员的姓名、身份证号码、住址、入会身份（词曲作者、继承人或其他著作权人）等个人信息，以及该会员公开发表的音乐作品名称和该音乐作品的详细权利信息，包括音乐的词曲作者、权益人、权利归属和权利比例等内容，这些都是附着在一首音乐作品上的重要法律信息。2009 年 2 月 1 日，音著协成为国际标准音乐作品编码（International Standard Musical Work Code，ISWC）机构在中国大陆的唯一代理机构，负责 ISWC 在中国大陆地区的登记、发放和管理等工作。在数字音乐和网络环境下，ISWC 是一首音乐作品在世界范围内被有效给予辨识、版权保护的“身份证号码”。

截至 2018 年年底，DIVA 数据库作品总数为 943 万余首，音著协登记作品数达 42.6 万余首。其中，原创作品约 33.5 万首，影视作品约 7.6 万首，改编作品 8000 余首，填词 5000 余首，申请 ISWC 作品约 14.3 万首。

自 2013 年启动电子登记以来，共登记音乐作品 2.8 万余首。电子登记形式大大提高了新作品的登记效率，有效地增进了会员作品信息的更新与收集。

由于音著协是中国大陆地区唯一的音乐作品著作权集体组织，提供的版权归属证明具有重要的参考价值，因此自 2017 年起，音著协开始接受执法部门的委托，完成对侵权音乐作品版权信息的鉴定工作。2018 年，音著协为无锡市版权局、张家港市“扫黄打非”工作小组办公室、北京市文化市场行政执法总队、沧州市文化市场行政执法大队等单位提供相关音乐作品版权信息 6500 余首，为司法机关最终认定非法经营等侵权行为提供了有效帮助。

三、音乐作品许可使用工作

2018 年，音著协许可使用费总收益突破 3 亿元人民币，达到 3.16 亿元（含海外收益人民币约 824 万元），如图 2 所示，创历年收入新高，较 2017 年增长 46.2%。1993～2008 年，音著协许可收入如图 3 所示。

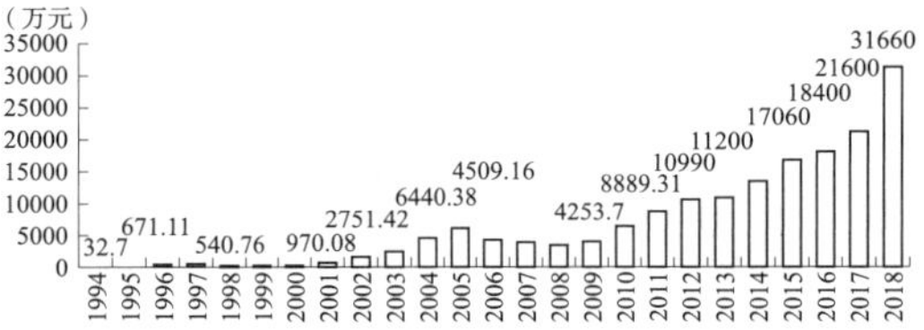

图 2　1993～2018 年许可收入

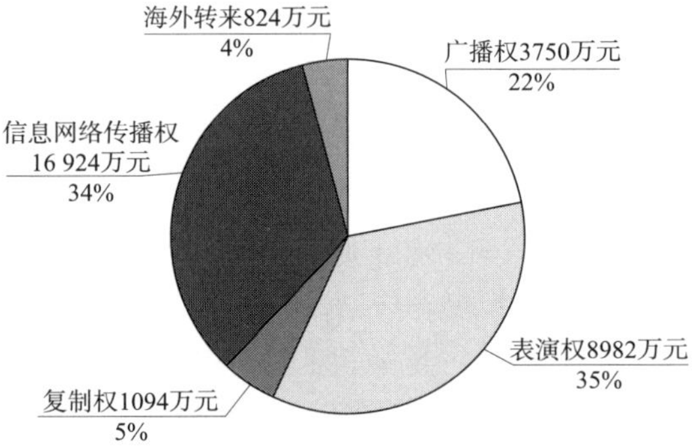

图 3　2018 年许可收入构成

1. 表演权许可工作

2018 年，音著协收取表演权许可使用费金额约 8975 万元，较 2017 年增长 19.7%。

现场表演方面。2018 年，演出市场著作权许可收费平稳增长，且更加规范，许可收费金额约 600 万元人民币，较 2017 年增长 29%。

背景音乐方面。以主题公园等为新增许可收费重点，继续按照“公证—诉讼—宣传”的思路开展工作，但是由于存在音乐服务公司的恶意竞争，且公开场所多改为播放海外音乐而导致公证取证难度越来越大、诉讼判赔金额仍然普遍偏低、媒体宣传还不能遍地开花等困难，2018 年许可收费金额与 2017 年相比基本持平。

2. 广播权许可工作

2018 年，音著协收取广播权许可使用费金额约 3750 万元，由于受到多家电视台组织机构改革影响，整体许可收费金额较 2017 年略有下降，但是实际许可覆盖面较 2017 年有所增长。

广播权许可工作主要有三项内容：

（1）经过多轮谈判，音著协分别与中国广播电影电视社会组织联合会下的电视版权委员会、广播版权委员会达成了 2016～2020 年度许可使用费标准增长方案，这是自 2010 年广播电视组织向音著协交纳音乐广播权许可使用费以来，双方首次就收费标准的提升问题达成一致。

（2）全力推进对侵权广播电视组织的诉讼。

（3）强化对广电行业的服务，增加行业间互动。

截至 2018 年年底，已与音著协达成许可收费签约的电视台 48 家、广播电台 66 家，共计 114 家，较 2017 年增加了 5 家，其中电视台 1 家（银川广播电视台），广播电台 4 家（银川广播电视台、承德广播电视台、哈密人民广播电台、西藏人民广播电台）。

2018 年，音著协继续推行“以诉促谈”的许可工作理念，发出律师函 2 封，催告函 636 封，提起诉讼 6 起，涉及广西广播电视台、成都广播电视台、厦门广播电视台、吉林广播电视台、济南广播电视台、南昌广播电视台等。

3. 复制权许可工作

2018 年，音著协收取复制权许可使用费金额约 1100 万元。

音乐类图书的著作权许可收费金额达

到人民币339万元，较2017年增长190余万元。在教科书法定许可方面，2018年5月音著协与辽海出版社签约，至此全国范围内九家出版涉音乐类教材的图书出版单位全部与音著协签署了音乐著作权许可合作协议。

影视、广告类音乐著作权许可方面，2018年许可收费总额约450万元，较2017年增长了约170万元，主要影视音乐许可作品有《红海行动》《一出好戏》《永远的战友》《李茶的姑妈》《天衣无缝》《天气预爆》等。

4. 信息网络传播权许可工作

2018年，音著协收取信息网络传播权许可使用费金额约1.69亿元，较2017年增长金额约1亿元，增幅约133%。

由于此前的许可授权协议到期，音著协与腾讯公司根据腾讯音乐的市场规模、音乐使用情况等因素，重新签订了音乐著作权许可使用协议，许可使用费实现大幅增长。自此，音著协通过“数字音乐主渠道合作模式”，与包括腾讯、网易、阿里、酷狗、酷我、Apple Music、荔枝FM、陌陌、今日头条、爱奇艺、花椒直播等在内的众多数字音乐服务提供商、APP应用等主要网络音乐平台均达成了音乐许可合作协议。

针对网络侵权行为，在提起民事诉讼之外，音著协也采取向行政机关、运营平台投诉的维权方式。2018年音著协先后两次向国家版权局投诉六间房、一直播、蜻蜓FM、好唱、快手、音悦台、9158、美拍、斗鱼9个网络平台，合计投诉侵权歌曲共计95首；在苹果商店进行维权投诉的APP约110家，与侵权使用者和苹果APP商店往来的邮件约1250封，下架APP数量约40个；在安卓平台商店投诉维权的APP共10家，与侵权使用者和安卓平台商店往来的邮件约150封，下架APP数量1个。

音乐平台之外的其他网络许可，所涉使用方式包括H5页面、直播或短视频、网络宣传片、网络节目、网络翻唱、网络剧等。

四、音乐作品许可使用费分配

2018年音著协共进行11次分配，涉及许可收入金额约1.7亿元，扣除增值税后约为1.6亿元（见表1），管理费比例约占17%。

表1　2018年音著协许可使用费分配

期数	分配号	扣税后许可金额（万元）	参与分配金额（万元）
第一期	M172（2017下半年复制权使用费）	462	384
	P161（2016现场表演许可使用费）	404	323
第二期	B161（2016年互联网使用费A）	1792	1566
	K161（2016年卡拉OK许可使用费）	2969	2375
	2016机械表演许可使用费分配	1231	994
	P162（2016年背景音乐许可使用费）	1314	1062
第三期	M181（2018年上半年复制权使用费）	465	390
	P163（2016年广播权许可使用费A）	1886	1509
	B163（2016年互联网使用费B）	2744	2374
第四期	P164（2016年广播权许可使用费B）	1990	1654
	O171（2017年海外协会转来使用费）	714	678

注：金额保留到“万”位。

五、音乐作品诉讼维权工作

2018 年，音著协共办理民事诉讼案件 116 件。通过诉讼方式获得判赔、调解及和解金额计人民币 1.125 亿元，待执行款人民币 32 万余元，诉讼花费总支出为人民币 45 万余元。

重点案例如下：

谭咏麟银河岁月 40 载巡演金华站侵权案；

蔡琴《琴暖羊城》经典金曲演唱会侵权案；

A-LIN 声呐世界巡回演唱会广州站侵权案；

上海“欢乐谷”侵权案；

无锡苏宁易购（聚丰园店）侵权案；

南京中央商场（新街口店）侵权案；

四川永辉超市（银泰城店）侵权案；

江苏凤凰少年儿童出版社有限公司侵权案；

珠海广播电视台侵权案；

广州市广播电视台侵权案；

济南广播电视台侵权案；

苏州市广播电视总台侵权；

中国电信“爱音乐”侵权案；

中国移动“咪咕音乐”侵权案；

武汉“斗鱼”网络科技有限公司侵权案；

“小米音乐”侵权案；

北京“快手”科技有限公司侵权案。

六、信息宣传工作

2018 年，音著协继续通过网站、微信公众号、理事工作简报、《会讯》、年报等形式，向会员、使用者、政府、社会公众通报具体工作，主动做到公开、透明。

在常规工作之外，音著协就许可、维权等各方面工作中的重点内容，通过内外部平面、网络等媒体进行报道，扩大影响，包括：音著协诉短视频平台“小咖秀”侵权案、音著协诉珠海广播电视台侵权案、苏宁易购门店背景音乐侵权案、音著协诉“上海欢乐谷”背景音乐侵权案、音著协诉中国电信“爱音乐”网站侵权案、音著协诉斗鱼直播侵权案、广深港高铁获得音著协著作权许可、音著协为首届中国国际进口博览会使用音乐保驾护航等。

2018 年 3 月 15 日，音著协与日本远藤实歌谣音乐振兴财团在北京共同举办了“中日著作权研讨会”，促进了两国著作权保护方面的交流。

七、国际事务

2018 年，音著协与土耳其音乐著作权协会、哈萨克斯坦音乐著作权协会、乌克兰音乐著作权协会签订了相互代表协议。至此，音著协已与 70 余家音乐著作权集体管理组织建立了相互代表关系。

（中国音乐著作权协会）

中国发明协会

顾　　　问　袁隆平
理　事　长　潘云鹤
党委书记、常务副理事长兼秘书长
余华荣
党委副书记、副理事长　唐大立　钱为强
名誉副理事长　王永民　包起帆　曹培生
副　秘　书　长　宣增培　张　松　张德喆

一、重要工作进展情况

（一）认真贯彻落实十九大精神，加强党组织在中国发明协会工作中的领导作用，扎实推进自身党建工作

2018 年，中国发明协会全面贯彻党的十九大精神，贯彻习近平新时代中国特色社会主义思想，贯彻党中央关于加强社会组织党建工作的决策部署，落实中央“两个全覆盖”的重要指示精神，坚持“以党立会、以党促会、以党兴会”的指导原则，按照中央和国家机关工委、中国科学技术协会关于加强社团党建工作的总体部署要求，以落实党建“两个全覆盖”为重要抓手，提高党建工作的针对性与实效性，推动党建工

作制度化、规范化、科学化；着力加强中国发明协会党委的建设，发挥协会党组织政治核心、思想引领和组织保障作用，充分发挥广大党员的作用，调动广大会员和发明人的积极性、主动性、创造性，以党的建设统领各项工作不断向前发展。

2018年，中国发明协会扎实推进自身党建工作，落实全面从严治党要求、加强党风廉政建设，深入学习贯彻党的十九大精神和中央各项决策部署，认真学习习近平总书记系列重要讲话精神，强化党员干部践行“四个意识”的自觉性，同时扎实开展“两学一做”学习教育活动，坚决落实“三会一课”，召开党员领导干部民主生活会，以实际行动落实全面从严治党部署要求，切实把党风廉政建设责任制落实好，进一步推进党风廉政建设工作。

（二）党的建设工作得到加强

中国发明协会把学习贯彻党的十九大精神和习近平新时代中国特色社会主义思想作为当前和今后一个时期首要的政治任务来部署安排，认真组织落实。认真抓“两个全覆盖”落实，以党建促会建，促进各项工作上台阶，上水平。中国发明协会党委按照“一方隶属，参加多重组织生活”原则，要求党员积极参加党委的各项活动，接受党委的教育、管理和监督，充分发挥党员在各个领域的先锋模范作用。在各项工作中，坚定不移地加强党对协会的全面领导。

中国发明协会党委在全国秘书长工作会上对协会系统党建工作进行安排部署，提出具体要求，并在全年工作中督促落实。一是学习贯彻习近平总书记新时代中国特色社会主义思想，在中国发明协会以及各分支机构党的组织覆盖的基础上，认真落实习近平总书记“两个全覆盖”重要指示和中央部署，在政治上、思想上、行动上坚决与中央保持高度一致，着力加强“四个意识”；二是各省（区、市）发有协会都要成立党组织，并要认真开展工作，换届的同时，把党建同步落实；三是要求中国发明协会所属各分会尽快成立分会党组织，把各分会党组成立和开展工作情况作为年度检查报告工作的重要内容；四是中国发明协会机关支部围绕抓工作、促党建、上台阶要求，抓实落实各项工作。

积极开展党建活动，在工作中把党建工作落到实处。中国发明协会党委决定，凡组团到国外（境外）参加展会、外事工作访问交流等活动的团组，都须成立临时党支部或党小组，切实加强外事外访活动中的党建工作，把“两个全覆盖”落到实处，并负责监督践行落实。2018年5月，组织全体党员干部到中国宇航员培训中心、中国航天科技集团502所参观学习，亲身体验改革开放40年中国航天发展历程，收效很大。2018年11月，中国发明协会党支部组织全体员工参观“伟大的变革——庆祝改革开放40周年大型展览”，大家受到很好的教育。

（三）庆祝改革开放40周年百名做出突出贡献的杰出人才，中国发明协会有8位人才入选

2018年12月18日，庆祝改革开放40周年大会在北京人民大会堂隆重举行，习近平总书记在大会上发表重要讲话，党中央、国务院表彰了改革开放杰出贡献人员，授予100名同志“改革先锋”称号，颁授改革先锋奖章，其中有8名同志正在担任或曾经担任中国发明协会领导职务。

这8位正在和曾经担任中国发明协会领导职务的人员是袁隆平（现任中国发明协会顾问，协会发起人之一）、屠呦呦（长期担任过中国发明协会领导职务，中国发明协会发起人之一）、王永民（长期担任中国发明协会副理事长）、包起帆（长期担任中国发明协会副理事长）、王选（曾任全国政协副主席、中国发明协会副会长，已故）、王大衍（中国发明协会发起人之一，中国发明协会多次表彰，已故）、马云（现任中国发明协会副理事长）、李书福（现任中国发明协会副理事长）。

（四）成功举办第十二届“中国发明家论坛”暨第十届“发明创业奖”颁奖典礼

2018 年 4 月 24 日，第十二届“中国发明家论坛” 暨第十届“发明创业奖”颁奖典礼在北京举办，同期召开中国发明协会七届三次理事（扩大）会议。

中国发明家论坛以“改革开放四十年科技发展与发明创新”为主题，由中国发明协会、科技日报社、国家科学技术奖励工作办公室、中国知识产权报社共同主办，得到科技部、国家知识产权局、中华全国总工会、中国科学技术协会的大力支持。中国发明协会理事长潘云鹤院士主持了论坛和颁奖典礼。中国科学院院士、北京航空航天大学副校长房建成教授做论坛主旨报告。多位两院院士、国际知名学者、发明家、企业家出席会议，并与广大发明家、企业家、发明爱好者分享发明历程，交流创新理念。本届论坛着力解析国家促进发明创新的政策，奖励优秀发明家和特别贡献者，挖掘更多的发明人才，激励广大人民群众和发明人为建设创新型国家和世界科技强国做出新贡献。

同期召开的中国发明协会七届三次理事（扩大）会议审议并通过了《中国发明协会 2017 年度工作报告》。理事会一致认为，中国发明协会 2017 年在上级领导机关和主管部门的领导和大力支持下，经过全体会员和各地协会、社会各界的共同努力，圆满完成了 2017 年度的各项工作任务。会议审议并通过了《中国发明协会会士管理办法》和《中国发明协会章程修改意见》，把以习近平新时代中国特色社会主义思想为指导和社会组织中党的组织、党的工作“两个全覆盖”等增入章程总纲，将中国发明协会宗旨明确为国家创新驱动发展战略、军民融合发展战略、知识产权强国战略服务，推进一带一路和大众创业万众创新等重要内容。

（五）第十届国际发明展览会暨第三届世界发明创新论坛创多项历史新高

第十届国际发明展览会暨第三届世界发明创新论坛于 2018 年 9 月 13 日至 15 日在广东佛山潭洲国际会展中心盛大召开。本届展会的主题是“发明实现梦想、创新引领未来”，由中国发明协会和发明者协会国际联合会主办，佛山市人民政府承办，得到科技部、中国科学技术协会、中华全国总工会、国家知识产权局、中央军委装备发展部、中国民主同盟中央委员会、中国宋庆龄基金会、香港中文大学、澳门大学、科技日报社、广东省科学技术厅、广东省科学技术协会、广东省总工会、广东省知识产权局以及世界知识产权组织等单位支持。

第十二届全国人大常委会副委员长张宝文出席了活动开幕式并发表讲话，为首届第一批会士颁发证书，并宣布活动开幕。科技部王志刚部长、中国科学院白春礼院长、中国工程院李晓红院长、中国科学技术协会怀进鹏书记，国家知识产权局申长雨局长，也分别对办好本届国际展会和论坛作出批示，并表示祝福和祝贺。

展览面积历史最大。本届展会展览面积达 4 万平方米，参展的国内外发明创新项目 4000 多项，分为国际展区、军民融合展区、全国发明创新展区、粤港澳大湾区展区、青少年发明创新展区等，集中展示改革开放四十年以来我国科技、发明创新取得的重大成果。

参展国家历史最多。参展参会的外宾来自 60 个国家、地区和国际组织，外宾人数达 350 人。征集参展项目 253 个，组织国际展位 86 个，组织国际论坛、双边会谈、外宾考察等 10 余场活动。港澳台地区组团 300 多人参加展会论坛活动。

首邀诺贝尔奖得主。邀请诺贝尔奖获得者乔治・斯穆特和吕克・蒙塔尼出席展会论坛并发表重要演讲，为活动添彩。段崇智、闫楚良、方滨兴、李嘉强、刘科、陈克复等多位院士以及国内外嘉宾、知名专家、学者，在论坛大会上做主旨报告或专题演讲，共商世界科技发明创新、全球化技术创新与产业协作、“一带一路”倡议、构建人类命运共同体等共同关心的问题。

首次承办 IFIA 大会。由中国发明协会承办的 2018 发明者协会国际联合会(IFIA)大会于 2018 年 9 月 14 日举行。大会选举产生了新一届 IFIA 主席阿里瑞兹先生，还选举产生了包括中国代表在内的 21 名代表组成的 IFIA 执行委员会。

成果转化成绩突出。本届展会上，中国发明成果转化研究院与国内外合作方签订了筹建开放式磁共振应用国家重点实验室、生态环保厕所项目、5G 芯片射频技术项目、水分子的量子纠缠研究及应用实验室等项目落户佛山高新区的意向。

军队作为支持单位深度参与展会活动。本届展会，中央军委装备发展部作为展会支持单位，继续发布国防解密专利信息，组织军队有关单位和军工各大央企组团参展，表彰首批军民融合发展创新项目。

开展首届“最受欢迎发明之星”评选。参展人员参与度决定展会活动的影响力。2018 年中国发明协会首次开展“最受欢迎发明之星”评选工作，采取微信投票方式，使参与者长时间关注展会活动，扩大影响。本次活动最终在 73 名候选人中，筛选出 9 名获奖人员，其中成人组 6 人、青少年组 3 人。

成立中国发明协会法律服务中心。为了进一步强化法律意识，为发明人提供更加专业的法律服务，中国发明协会与合弘威宇法律事务所合作成立中国发明协会法律服务中心，在第十届国际发明展览会闭幕式上举行揭牌仪式，为发明人提供专业的法律服务。

与此同时，中国发明协会与中国发明成果转化研究院在佛山成功举办 2018 中国·佛山人工智能与智能制造国际大会，国内外人工智能优秀人才云集广东，共创人工智能美好明天。

第十届国际发明展览会暨第三届世界发明创新论坛得到了《人民日报》、新华社、中央电视台、《光明日报》《科技日报》《人民政协报》《中国科学报》《中国知识产权报》、新华网等中央媒体和地方媒体的大力支持，针对活动共发表媒体报道 200 余篇、影视报道 30 余次，其中中央电视台第 2、9、12 频道多次报道展会和论坛的盛况。

二、圆满完成年度主要工作情况

(一)奖励工作稳步推进，取得新突破

奖励工作是中国发明协会工作的重要抓手。2018 年中国发明协会奖励工作主要有以下几个方面：

组织“发明创业奖·项目奖”评选和“发明创业奖·人物奖”颁奖，新设“发明创业奖·成果奖”并开展首届评奖工作。

“发明创业奖·项目奖”作为中国发明协会品牌活动“发明展览会”的重要组成部分，受到广泛关注。在 1808 项参评项目中，评审组按照评审办法等相关规定，共评选出金奖 311 项，银奖 446 项，铜奖 493 项，专项奖 26 项。

共有 103 位同志获得第十届“发明创业奖·人物奖”奖项。其中，做出重大科学贡献的郭剑波院士、韩雅玲院士等 18 位同志被授予“当代发明家”荣誉称号，泉州市总工会泉州市职业技术协作中心等 8 个单位获得“伯乐奖”。

“发明创业奖·成果奖”是 2018 年首设的奖项，共有来自中国科学院、清华大学、北京理工大学等单位的 86 个项目获奖。成果奖采用提名制，原则上优中选优，从严掌握。从目前情况来看，首届“发明创业奖·成果奖”提名项目均来自国家部委研究机构、重点高校、各大科研院所、大型央企等，提名项目质量较高，为中国发明协会今后推荐国家级奖项申报储备大量优势资源。

“中国专利奖”推荐取得历史最好成

绩。中国发明协会共推荐 4 个有效项目参加“中国专利奖”评审，经过初期项目筛选、后期多轮辅导，4 个项目共获得金奖、银奖各一项、优秀奖两项的好成绩，所推荐的项目全部获奖，取得历史最好成绩。

“万人计划”推荐工作取得开门红。中国发明协会推荐的北京航空航天大学陶飞教授已成功入选国家“万人计划”。

2018 年共推荐“国家科学技术奖”10 个项目，但由于该奖励推荐评审程序进行了改革，加之适应经验不足，工作没跟紧，最终没有项目获奖。今后，中国发明协会将继续努力，争取在“国家科学技术奖”申报工作中取得新成绩。

（二）完成人力资源社会保障部和国家知识产权局委托的培训任务

人力资源社会保障部“新产品研发高级专业人才能力提升高级研修班”在中国发明协会主要领导的大力推进下，回归由协会承办。中国发明协会领导和工作人员倾注较大精力，邀请了包括院士在内的权威专家做培训教师。中国发明协会领导出席开班仪式并讲话。培训班为期 6 天，来自全国 15 个省（区、市）的 74 名学员参加了培训。

承办国家知识产权局“企业走出去知识产权战略研修班”项目。该培训项目有信阳和兰州两个培训班。2018 年的培训主要选择在革命老区和西部地区，培训对象以中小企业为主。培训班的师资阵容空前，中国科学院院士、中国机械工业集团有限公司中央研究院闫楚良，国家知识产权局专利局光电部处长陈海英，中国科学院兰州化学物理研究所环境材料与生态化学研究发展中心主任王爱勤等专家作为培训讲师，参培学员共 300 多人。

（三）组团出国、出境参加发明展有新突破

2018 年全年出国、出境参加发明展览会、会议 15 个，展出项目 211 项，参团 75 人次，比 2017 年有所增加。所到国家和地区有泰国、美国、瑞士、法国、罗马尼亚、韩国、印度、土耳其、塞尔维亚、克罗地亚、德国以及香港和澳门地区。中国发明协会选送的参展项目 90％以上均分别获得金、银、铜奖或专项奖。其中，组织了 15 个人、52 个项目顺利赴法国巴黎参展，获得 4 项金奖、19 项银奖、26 项铜奖及 3 项“列宾”荣誉奖。参展期间，中国驻法国大使馆科技公使衔参赞孙玉明同志亲自前往现场慰问参展团员并参观展览，对中国发明协会组展工作给予有力支持。

（四）外事工作硕果累累

出席美国国家发明家科学院年会。2018 年 4 月 3 日至 7 日，应美国国家发明家科学院（NAI）盛情邀请，余华荣书记一行赴美国出席美国国家发明家科学院第七届年会，并进行工作访问。访美期间，中国发明协会积极向中国驻美国大使馆领导汇报工作并请示指导，陈富韬公使衔参赞出席座谈会，并派秘书全程参与访美期间活动。余华荣书记在华盛顿五月花饭店国宴厅举行的午餐会上发表演讲，介绍了中国发明创新和科技发展以及中国发明协会工作情况，介绍了中国发明协会成立 30 多年来优秀发明人成就，演讲得到与会者高度赞扬。演讲结束后，美国国家发明家科学院主席桑博格向中国发明协会授予“中美发明创新合作”牌匾及“荣誉会员”牌匾。访美期间，访问了美国国家专利商标局并举行合作会谈，还与美国国家发明家科学院进行了工作会晤，签署了中美发明创新合作发展备忘录，双方将互相推荐院士、会士，在各自国家专利申请方面提供帮助服务等合作。

参加美国首届硅谷国际发明节。2018 年 7 月 2 日至 5 日，发明者协会国际联合会（IFIA）在美国加州硅谷举办首届硅谷国际发明节，由韩国发明振兴会（KIPA）承办。中国发明协会组织27个项目参加展会，获得了11项金奖、73项铜奖的好成绩。其中，芜湖圣大医疗器械技术股份有限公司总经理、中国发明协会理事商建忠先生的发明“商环环切吻合器”获得了展会大奖和IFIA杰出发明奖。

新能源“风光渔”合作项目不断推进。该项目于2015年盐城论坛上达成意向。2018年9月佛山第七届国际发明奖展览会期间，余华荣书记、佛山市常务副市长蔡家华、中国发明协会副理事长、北京怡海集团主席王琳达等与塞尔维亚总统办公室尼古拉秘书长进行了亲切友好会谈，中塞双方达成了友好合作发展协议。2018年10月，中国发明协会组团在塞尔维亚参展期间，尼古拉秘书长会见了协会宣增培副秘书长一行，并进行了友好座谈。目前中国发明协会已联系国内供应方国家电网、尚德、光合、安华、保利等企业，在与各方咨询联络及前期准备的基础上，拟适时组织考察团赴塞尔维亚进行实地考察，以促进、促成中塞合作项目的完成。

（五）与港澳台地区加强联系、紧密合作

中国发明协会与港澳台地区有关发明创新组织开展紧密交流与合作。在佛山第十届国际发明奖展览会上，港澳台地区组织300多名代表参展，参展项目数量和质量均大幅提升，港澳台地区与中国发明协会的合作和联系不断加强。

2018年7月13日至15日，第六届澳门国际创新发明展览会在澳门科学馆举行，中国发明协会领导参加开幕式。2018年7月16日，中国发明协会领导应邀访问香港中文大学，段崇智校长热情接待，双方商谈在科研成果产业化、培训、论坛等方面进行合作，进一步推动优势互补和共赢发展。2018年12月11日，香港创新科技成就大奖和亚洲国际创新发明大奖2018年度颁奖典礼举行，中国发明协会领导作为主礼嘉宾并发表讲话，希望加强和香港各界交流合作，为香港繁荣和粤港澳大湾区建设发展做出新贡献。2018年12月12日，中国发明协会领导拜访十三届全国人大常委会委员、香港特别行政区立法会政制事务委员会主席谭耀宗先生，并进行友好座谈，谭耀宗先生提议中国发明协会设立香港分支机构，进一步加强香港与内地发明创新和青少年的交流与合作。中国发明协会领导还应邀访问了香港城市大学，并与吕坚副校长进行了座谈，参观了该校纳米材料国家重点实验室。2018年12月13日中国发明协会领导应邀到香港理工大学参观交流，曾任香港理工大学副校长的吕新荣博士陪同。同日，中国发明协会领导又应邀到香港中文大学拜访段崇智校长，交流在香港成立国际发明创新联盟等事宜。

2018年11月24日至28日，中国发明协会接待了台湾发明协会来访。双方达成合作意向，一致赞同坚持一个中国原则和“九二共识”，促进两岸发明创新事业共同发展。

（六）积极探索军民融合发展新模式

中国重庆高新技术交会、中国（北京）军民融合技术装备博览会是由国家批准的国际性展会，中国发明协会作为主办单位之一，是经过党中央国务院批准的。2018年6月21日，由科技部、中国科学院、中国发明协会和重庆市人民政府共同主办的第十三届中国重庆高新技术交易会暨第九届中国国际军民两用技术博览会在南坪重庆国际会议展览中心隆重开幕，余华荣书记代表中国发明协会出席展会。活动期间，重庆市市长唐良智代表陈敏尔书记、中国工程院院长李晓红、中央军委科技委副主任辛毅中将、火箭军原副司令兼参谋长饶书元中将、西部战区副司令刘小午中将等领导同志与中国发明协会领导亲切交谈，共同探讨军民融合发展新思路、新举措。中国发明协会作为主办单位之一积极参与系列活动，同时共组织展位 36 个，100 多项军民融合项目参展，取得良好效果。

组织“首届军民融合发展创新大赛”。该赛事由中央军委装备发展部委托中国发明协会主办，从“发明创业奖”及五年来国际发明展览会总计两万多个项目中，初步遴选出民参军项目 387 项，通过中央军委装备发展部国防知识产权局组织的专家评审，最终确定获奖项目 30 项，其中金奖项目 10 项、银奖项目 20 项。

继续发布国防解密专利信息。在 2018 年佛山举办的第十届国际发明展览会期间，中央军委装备发展部继续发布国防解密专利信息，到目前为止共发布国防解密专利 3000 余项，脱密专利 4000 余项，有力地推动了军民融合发展战略的实施，促进军转民、民参军项目落实。

完成军方委托课题研究并签订合作协议。受中央军委国防知识产权局委托，中国发明协会还开展了有关课题研究并签订合作协议，按照协议要求承办首届军民融合创新发展大赛，深入开展军民融合技术创新交流工作。

(七)加大力度推进幼儿、少年和青年创新活动开展

发明创新从娃娃抓起。中国发明协会一直以来对青少年发明创新工作常抓不懈。

2018 年 8 月 3 日，中国发明协会学前创新教育分会成立大会暨中国下一代教育基金会“新儿童计划”启动仪式在中国儿童中心成功举办，第十届全国人大常委会副委员长、中国关心下一代工作委员会主任顾秀莲等领导出席。活动期间首次颁发“小小会员证书”，共为 76 名学龄前儿童颁发“小小会员证书”，小小会员都已经申请了国家专利，充分体现了中国发明协会对幼儿创新教育的重视。2018 年 8 月 27 日，中国宋庆龄基金会与中国发明协会在长沙共同举办第十四届宋庆龄少年儿童发明奖颁奖典礼，第十二届全国政协副主席、中国宋庆龄基金会主席王家瑞等领导出席。中国发明协会领导做了关于第十四届宋庆龄少年儿童发明奖评选的工作报告，并为获奖代表颁奖。2018 年 10 月 12 日至 15 日，第四届中国“互联网＋”大学生创新创业大赛全国总决赛在厦门大学举行，中国发明协会是发起单位之一，中央政治局委员、国务院副总理孙春兰，中国发明协会领导应邀出席了观摩冠军争夺赛、闭幕式、颁奖仪式等活动。2018 年 10 月 20 日至 21 日，第十三届全国高等职业院校“发明杯”大学生创新创业大赛暨大学生知识产权培训活动在山东理工职业学院举办，中国发明协会领导参加开幕式并讲话。2018 年 7 月 20 日至 27 日，第十六届全国中小学信息技术创新与实践活动（NOC 大赛）在内蒙古科技大学举办，中国发明协会领导出席闭幕式并为获奖选手颁奖。

三、中国发明协会创新发展和组织建设情况

(一)首届会士选举工作圆满完成

根据七届四次常务理事会决定，提出了首届第一批会士人选建议名单，召开了由部分常务理事和专家组成的评审会，经征求各方意见，评审出首届第一批会士 10 人，在佛山第十届国际发明展览会上颁发首届第一批中国发明协会会士证书。当选中国发明协会首届第一批会士的人员有袁隆平、段崇智、闫楚良、邹远东、徐士龙、王锡娟、黄嘉鸿、唐佩福、张衍国、王爱杰。证书由张宝文副委员长、潘云鹤理事长颁发。目前，首届第二批会士人选已经基本确定，综合考虑候选人的学术水平、社会影响力和对中国发明协会工作的贡献等多方面因素，选出符合中国发明协会章程和会士管理办法要求的优秀会士人选，提交会议审议。首届第三批会士人选也在酝酿中。

(二)参与主办2018浦江创新论坛

参与主办2018浦江创新论坛是中国发明协会工作的一大亮点，中国发明协会是文化论坛主办单位之一。以“新时代创新发展与供给侧结构性改革”为主题的2018浦江创新论坛于2018年10月30日在上海开幕。中共中央政治局委员、上海市委书记李强出席开幕式暨全体大会并做主旨演讲，科技部部长、党组书记王志刚在会上做主旨演讲，上海市委副书记、市长应勇致辞。论坛主宾国代表、葡萄牙驻华大使杜傲杰宣读了葡萄牙总理安东尼奥·科斯塔发来贺信，主宾省代表、广东省副省长黄宁生致辞。余华荣书记在文化论坛上发表题为《中国发明协会的创新使命》的演讲。论坛期间，中国发明协会领导与科技部王志刚部长、上海浦江论坛主席徐冠华、上海市政府领导同志、科技部贺德方司长、科技日报社房汉廷副社长、中国科学技术发展战略研究院胡志坚院长、科学技术部火炬高技术产业开发中心张志宏主任等进行沟通交流，就协会在浦江创新论坛多发挥作用进行深入探讨。

(三)会员和分支机构得到加强

在中国发明协会领导班子的高度重视下，会员工作取得新进展，通过各项活动宣传，争取有社会影响力的高质量的单位、个人会员加入协会，全年吸纳会员单位16个、个人会员368个。特别是个人会员中博士、硕士研究生以上有92人，占比25%，远高于往年。目前中国发明协会登记在册会员数为4000人左右，但实际上正常缴纳会员费的有效会员数约为600人，这是会员管理工作中需要解决的问题。

关于分支机构，目前中国发明协会共有分会13个：中国发明协会评审工作委员会、中国发明协会院士专家咨询工作委员会、中国发明协会非职务发明工作委员会、中国发明协会学前创新教育分会、中国发明协会中小学创造教育分会、中国发明协会高校创造教育分会、中国发明协会高职高专发明创新分会、中国发明协会发明方法研究分会、中国发明协会健康医药发明创新分会、中国发明协会生物酵素产业分会、中国发明协会产学研合作促进分会、中国发明协会发明成果转化研究院分会、中国发明协会社区发展创新创意分会。有发明创新创业基地6个：芜湖创新创业基地、华东创新创业基地、永康创新创业基地、云南创新创业基地、廊坊创新创业基地、粤港澳大湾区创新创业基地。

(中国发明协会)

国际保护知识产权协会(AIPPI)中国分会

会　　长　田力普
副 会 长　于　平　李玉光　许瑞表　龙传红　杨　梧　曾祥麦　林晓红　李　勇
秘 书 长　李　毅
副秘书长　宋建华　何训班

2018年，国际保护知识产权协会(AIPPI)中国分会积极开展了以下活动。

一、考察2020年AIPPI杭州大会会场及活动场所

2018年5月7日至8日，AIPPI会长马浩、会议和运营总监钦齐亚·佩楚泽洛(Cinzia Petruzzello)赴杭州考察了2020 AIPPI杭州世界知识产权大会会议主场馆——杭州国际博览中心，以及一些举办会议活动的场所，AIPPI中国分会龙传红副会长、李毅秘书长陪同访问。钦齐亚·佩楚泽洛具有筹办AIPPI世界知识产权大会的丰富经验，她对杭州国际博览中心的硬件条件表示十分赞赏。AIPPI中国分会与钦齐亚·佩楚泽洛就2020 AIPPI杭州世界知识产权大会的举办时间进行了深入详细的探讨，并在不久之后确定大会的举办时间为2020年9月26日至29日。

二、2018 AIPPI 中日韩三国分会交流会

2018年6月1日至3日，在三个国家每年轮流举办的AIPPI中日韩三国分会交流会在日本名古屋召开，来自中日韩三国的知识产权律师和代理人、日本特许厅的官员和原知识产权高等法院法官，以及AIPPI会长和秘书长共计120多位代表参加了此次交流会，其中来自中国分会的代表达51人，是三国分会中参会人数最多的。

2018年6月2日的开幕式上，AIPPI中日韩三国分会领导以及AIPPI会长马浩在开幕式上分别致开幕辞，龙传红副会长代表AIPPI中国分会在开幕致辞中简短介绍了过去一年来中国知识产权取得的成就和发展，特别是2017年发明专利申请继续保持增长态势，PCT国际申请达5.1万件跃居世界第二位，习近平总书记在博鳌亚洲论坛开幕式讲话中强调“加强知识产权保护，这是完善产权保护制度的最重要的内容”，中共中央办公厅、国务院办公厅《关于加强知识产权审判领域改革创新若干问题的意见》的主要内容，以及加强药品专利保护和药品注册相关数据的保护力度、探索建立专利链接制度和试点药品专利延长保护等措施要点。

本届交流会的第一个议题——中日韩三国知识产权法和实践的最新发展，代表AIPPI中国分会演讲的是深圳市中级人民法院知识产权法庭法官陈洋，他向听众介绍了“广东知识产权司法审判态势”。

借中午午餐的机会，AIPPI中日韩三国分会领导人共同协商2019年AIPPI中日韩三国分会交流会的时间和地点，代表AIPPI中国分会的是副会长龙传红和秘书长李毅。根据2019年AIPPI中日韩三国分会交流会主办方AIPPI中国分会的建议，三方同意地点定在广东省珠海市，时间为2019年5月31日至6月2日，由AIPPI中国分会秘书长李毅在本届会议结束前当场宣布。

下午交流会继续进行，第二个议题是部分外观设计保护，此议题也是2018年AIPPI坎昆世界知识产权大会的专题研究题目。第三个议题是标准必要专利在各国的最新实践，该议题是应AIPPI中国分会的建议设立的。中国贸促会专利商标事务所和柳沈律师事务所的会员分别代表AIPPI中国分会发言。

闭幕式由AIPPI日本分会副会长做总结发言，之后，主办方为参会代表们举行告别晚宴，中日韩三国律师和代理人欢聚一堂，共庆2018 AIPPI中日韩三国交流会学术研讨活动的成功举办，期待在后续举办的考察活动中进一步交流、建立、发展和巩固中日韩三国知识产权执业者之间的业务关系，期待来年在珠海举办的2019 AIPPI中日韩三国分会交流会上再相聚。

三、AIPPI事务局领导在北京拜访知识产权相关部门并举办研讨会

2018年6月4日至5日，AIPPI会长马浩、秘书长奥尔加·斯拉科娃和总报告人萨拉·马西森在北京分别拜访了最高人民法院、国家知识产权局、北京知识产权法院和世界知识产权组织中国办事处(北京)，并与中国国际商会中国国家委员会知识产权委员会共同举办了一场知识产权研讨会。AIPPI中国分会副会长龙传红、林晓红、李勇和秘书长李毅陪同访问。

AIPPI和AIPPI中国分会一行在最高人民法院受到知识产权庭林广海副庭长、李剑审判长的热情接待。双方交流了各自的近况和知识产权最新资讯，林广海副庭长表示将积极参与2018 AIPPI坎昆世界知识产权大会，对2020年在中国杭州举办AIPPI世界知识产权大会充满期待。

AIPPI代表团拜访国家知识产权局的

当天，恰逢《国家知识产权战略纲要》颁布十周年。国家知识产权局贺化副局长向代表团介绍了10年来实施《国家知识产权战略纲要》取得的成就和《专利法》修改的最新进展。AIPPI总报告人介绍了2017年、2018年AIPPI世界知识产权大会专题研究的决议和问卷内容。贺化副局长表示非常期待2020年即将在杭州举办的AIPPI世界知识产权大会，并表示国家知识产权局将予以全力支持。

AIPPI代表团在北京知识产权法院的访问交流，受到副院长陈锦川、审判一庭庭长姜颖、审判二庭庭长张晓津、审判二庭法官兰国红和审判四庭法官助理刘欣蕾的热情接待。代表团首先参观了北京知识产权法院的法庭和诉讼服务大厅等设施，对北京知识产权法院的贴心服务赞不绝口。随后的座谈中，双方就各自关心的问题进行了深入的交流和探讨。北京知识产权法院法官们对AIPPI在知识产权国际公约和各国法律协调方面所进行的工作表示赞赏，希望双方加强知识产权信息的沟通和交流。

应世界知识产权组织（WIPO）驻中国办事处顾问吕国良的邀请，AIPPI一行拜访了办事处并受到热情接待。这是AIPPI和AIPPI中国分会第一次拜访WIPO办事处。

2018年6月4日，国际商会中国国家委员会（ICC China）与AIPPI在北京共同举办国际知识产权保护及中国企业知识产权实务研讨会。AIPPI会长马浩，ICC China知识产权委员会副主席、中国铁道建筑总公司副总工程师王清明出席会议并致辞。AIPPI秘书长奥尔加・斯拉柯娃、总报告人萨拉・马西森、中国土木工程集团有限公司科技分部知识产权管理专员秦榕、百度在线网络技术（北京）有限公司专利事务部副总经理吴晓磊分别对AIPPI恶意商标注册决议、金钱救济量化决议、知识产权护航中国企业走出去、人工智能与知识产权保护等主题进行讲解。

四、2018强国知识产权论坛

2018年6月2日至3日，第五届强国知识产权论坛在北京国家会议中心开幕，论坛主题为“新时代下知识产权强国的理论、法律与最佳实践”。论坛邀请国内外知名知识产权业内人士致辞，并围绕专利、版权、商标、反垄断、知识产权服务业价值的实现、知识产权管理以及国际业务等主题召开平行分论坛。

AIPPI总报告人萨拉・马西森受邀参会并于2018年6月2日在开幕式上致辞，介绍了AIPPI的历史发展及AIPPI世界知识产权大会的情况。2018年6月3日在国际业务分论坛上，萨拉・马西森发表题为“跨国发明的发明权与发明人报酬协调案例”的主题演讲。

AIPPI是此次论坛的支持单位。AIPPI中国分会在会议筹备期间负责设计了会议手册中展示的AIPPI宣传页。另外在两天会议期间，AIPPI中国分会设计并布置了AIPPI展位，向与会人员宣传国际知识产权协会及AIPPI世界知识产权大会。

五、AIPPI中国分会2018年理事会

2018年5月15日，AIPPI中国分会举行理事会议，共16位理事参会。会议主要讨论事项如下：

（1）2018年AIPPI中国分会青年知识产权研讨会筹备工作。

（2）汇报2020年AIPPI杭州世界知识产权大会筹备进展及宣传安排。

（3）AIPPI合作参与2018年中国专利年会及中国商标节的相关情况介绍。

六、2018年AIPPI中国分会青年知识产权研讨会

2018年AIPPI中国分会青年知识产权研讨会于2018年7月6日至7日在北京平谷区成功举行。本次会议共吸引了

100多位来自知识产权代理机构和律师事务所的专业人员参会。会议形式仍然与往届保持一致，使用英语作为会议语言。

会议开幕式由AIPPI中国分会秘书长李毅主持，AIPPI中国分会会长田力普致辞，与大家分享了青年知识产权研讨会的发展历程，并对AIPPI中国分会理事及参会人员对此次会议的大力支持表示感谢。会议还邀请上海浦江企业知识产权合作交流促进中心秘书长洪涌清与大家分享上海地区的知识产权发展趋势以及相关国际论坛的举办情况。

2018年AIPPI中国分会青年知识产权研讨会内容主要分为八个时段，涉及商标和专利的热点问题，包括“部分外观设计专利申请与保护”“专利代理人眼中的人工智能”“在中国生物技术相关发明的专利保护所面临的挑战与机遇”“知识产权权利用尽的热点问题”“从诉讼角度看专利申请策略”“专利无效和诉讼程序中的证据问题”“标准必要专利热点问题”和“维持商标注册的商标使用的认定以及侵权诉讼中的商标使用认定”。演讲人从不同角度对这些问题进行深入分析，并与参会人广泛交流。

AIPPI会长马浩与AIPPI中国分会副会长龙传红参加了会议闭幕式。马浩会长在致辞中介绍了AIPPI的发展历史和基本情况，并向参会人展示了历届AIPPI世界知识产权大会的照片。龙传红副会长对参加此次会议的演讲人、主持人及参会人表示感谢，并鼓励AIPPI青年会员多交流学习，锻炼自己，积极参加AIPPI活动。最后，AIPPI中国分会秘书长李毅宣布会议圆满结束，期待明年与大家再聚。

七、国家知识产权局PCT课题研究

2018年，AIPPI中国分会受国家知识产权局条法司委托，承担了“PCT制度在中国的实施状况调查”课题研究，由分会PCT专业委员会具体负责该项工作，课题组成员包括PCT专业委员会共同主席陆弋、邹宗亮，委员马永利、江舟和黄淑辉。

2018年7月至8月，课题组在北京、珠海、深圳、潍坊和杭州分别通过对PCT申请大户单独探访和集体座谈，以及与代理所集体座谈形式展开调研工作，AIPPI中国分会秘书长李毅参加了在北京和深圳对PCT申请大户的深访和座谈，并向他们介绍AIPPI，鼓励更多的企业加入AIPPI成为会员。在北京和深圳的座谈会得到了中国贸促会专利商标事务所和中国专利代理（香港）有限公司深圳办事处的大力支持。

八、参加2018年中国专利年会并协助AIPPI组织专题论坛

2018年中国专利年会于8月30日至31日在北京盛大开幕。会议关注点提升为整个专利行业的新发展、新变化，主题是“专利，助推对外开放”。

AIPPI中国分会协助AIPPI在2018年中国专利年会上组织了一场“在全球范围内建立高价值专利组合”的专题论坛。AIPPI演讲团队由副总报告人约翰·欧夏率领，演讲人分别来自中国、美国、法国、日本、韩国、印度和俄罗斯。

AIPPI会长马浩参加了论坛，并在论坛结束时发表了简短的讲话，向与会者简要介绍AIPPI。

AIPPI展位工作由AIPPI中国分会负责。为期两天的会议期间，许多参会人来到AIPPI展位进行交流，其中国内参会人大多是第一次听说AIPPI，大家通过这次会议对AIPPI的协会性质、发展历史等有了初步了解，并对AIPPI的会议和活动产生兴趣，纷纷表示将争取参加2020年在杭州举办的AIPPI世界知识产权大会。

九、参加2018中国国际商标品牌节

2018年9月1日至3日，以“创造 保

护 运用”为主题的 2018 中国国际商标品牌节在河北省唐山市举行。为了让更多人了解 AIPPI，AIPPI 中国分会代表 AIPPI 参加商标节，布置了 AIPPI 展台，向与会者介绍 AIPPI 和 AIPPI 世界知识产权大会，解答关于协会的问题，重点宣传 2020 年 AIPPI 将在杭州举办世界知识产权大会。通过这种方式，能够让国内知识产权领域的从业者认识 AIPPI，吸引更多人参与 AIPPI 组织的活动，扩大 AIPPI 在中国的知名度和影响力。

十、国际工商知识产权 2018 论坛

国际工商知识产权 2018 论坛于 2018 年 9 月 18 日在北京国际饭店举行，AIPPI 作为主办方之一与中国贸促会、中国国际商会共同举办了此次论坛。AIPPI 会长马浩代表 AIPPI 在开幕式上致辞，受 AIPPI 委托，AIPPI 中国分会为论坛推荐姚冠阳和毛琎两位演讲人分别就“标准必要专利许可费问题”和“商业秘密权利基础的确立规则”发言，其中标准必要专利环节主持人由 AIPPI 中国分会龙传红副会长担任。

十一、2018 AIPPI 坎昆世界知识产权大会

2018 年 9 月 22 日至 26 日，2018 AIPPI 世界知识产权大会在墨西哥坎昆市召开，来自世界各国和地区的 1200 余名会员参加了本次大会，其中 105 人来自中国大陆地区，超过美国分会 98 人和日本分会 96 人排列第一位。2017 年 AIPPI 中国分会报名参加澳大利亚悉尼世界知识产权大会人数达 115 人，在所有参会国注册人数中第一次排列第二位。而墨西哥坎昆市路途遥远，从中国出发至少需转机一次方可到达，但是 AIPPI 中国分会的会员们参会热情仍然很高，最终首次排列参会国注册人数第一位。

2018 AIPPI 坎昆世界知识产权大会期间共举办了两次执委会和多场专题讨论会，AIPPI 中国分会副会长龙传红作为代理会长，参加了会长理事会；李毅作为 AIPPI 分会秘书长和司库参加了各国 AIPPI 分会秘书长/司库会议；另外 AIPPI 中国分会还指定了 10 位会员作为分会的代表参加了两次执委会。执委会通过了以下专题报告和常设委员会报告的决议：

（1）抵触专利申请；

（2）立体商标的可注册性；

（3）部分外观设计保护；

（4）知识产权侵权的共同责任；

（5）申请后提交补充数据；

（6）域外判决的执行。

（1）～（4）专题报告分别由中科专利商标代理有限责任公司的王新华、万慧达北翔知识产权集团的黄晖、原中国贸促会专利商标事务所的吴丽丽和永新专利商标代理有限公司的苗征代表 AIPPI 中国分会完成。另外，中咨律师事务所的黄革生和中国专利代理（香港）有限公司的熊延峰还分别代表 AIPPI 中国分会完成了第（5）和（6）两个决议的 AIPPI 常设委员会问卷。柳沈律师事务所的邵亚丽代表 AIPPI 中国分会完成的专利常设委员会关于“发明人奖励”的问卷，最终在 2018 坎昆世界知识产权大会上未能形成决议。AIPPI 中国分会四个专题报告的部分报告人或报告人代表，以及中国分会的部分执委会代表分别在坎昆参加了专题报告决议的讨论和投票，深度参与国际知识产权规则的制定，发挥中国对世界知识产权发展和协调统一的影响力。

2018 AIPPI 坎昆世界知识产权大会召开之前，AIPPI 中国分会应 AIPPI 总报告人的要求，与最高人民法院联系，邀请最高人民法院法官参加 AIPPI“市场调查结果的适用标准”论坛演讲，并最终协助最高人民法院知识产权庭审判长李剑顺利赴坎昆参加大会并发表演讲。另外，AIPPI 中国分会还协助百度在线网络技术（北京）有限公司的专利事务部副总经理吴晓磊赴坎昆，并在“人工智能知识产权问题”论坛发表演讲。在2018 AIPPI坎昆世界知识产权大会各项论坛筹备过程中，AIPPI中国分会向总报告人团队推荐了论坛题目和演讲人，最后北京三友知识产权代理有限公司的沈兰英被选为“知识产权维权的其他选择：刑事程序和行政程序”论坛以及“人格权的保护”论坛演讲人，上海专利商标事务所有限公司的陈斌被选为“人工智能知识产权问题”论坛的演讲人。

2018 AIPPI坎昆世界知识产权大会也为2020 AIPPI杭州世界知识产权大会的筹备拉开了序幕。在AIPPI中国分会的协调下，杭州市派出了由市政府陈玮副秘书长率领的包括杭州市贸促会等有关部门的9人代表团专程赴坎昆参加世界知识产权大会，并全程考察了大会的各项环节。2018年9月24日，AIPPI中国分会龙传红、林晓红两位副会长和李毅秘书长陪同杭州市代表团拜访了AIPPI事务局领导，与马浩会长、奥尔加·斯拉柯娃秘书长等事务局领导进行了专题交流，就2020 AIPPI杭州世界知识产权大会的筹备和宣传深入交换了意见。

另外，在AIPPI中国分会的协助和积极运作下，还促成了陕西省贸促会代表团、中国驻墨西哥大使馆经商参赞，以及中国贸促会驻墨西哥首席代表参加2018 AIPPI坎昆世界知识产权大会，为下一步2020 AIPPI杭州世界知识产权大会的推广奠定了坚实的基础。

在2018 AIPPI坎昆世界知识产权大会上，还专门布置了2020 AIPPI杭州世界知识产权大会展台，AIPPI中国分会许多参会会员还利用会议茶歇的时间积极热心宣传。

十二、AIPPI参加2018全球贸易与知识产权创新论坛

2018年10月15日至16日，“2018全球贸易与知识产权创新论坛”在厦门举办。本次论坛由世界贸易组织（WTO）、商务部国际贸易经济合作研究院主办，世界知识产权组织（WIPO）联合主办。国内外专家学者和工商界代表齐聚一堂，共同探讨推动全球贸易与知识产权创新发展的趋势、合作以及路径。

应WTO知识产权、政府采购和竞争司的邀请，AIPPI中国分会会员、柳沈律师事务所侯广律师受AIPPI委托参加了分论坛“新的数字技术创造、传播和贸易——当今知识产权制度的作用是什么?”的座谈，并发表了题为“信息通信技术领域中公平合理无歧视限制下的专利许可争议”的演讲。

十三、考察2020 AIPPI杭州世界知识产权大会设施

2018年12月8日至11日，AIPPI第二副秘书长蔡晓婷率AIPPI考察团访问杭州，这是继2018年5月7日至8日AIPPI会长马浩、会议和运营总监钦齐亚·佩楚泽洛访问杭州之后，AIPPI考察团的再次造访。考察团成员还包括AIPPI执行理事阿诺·霍尔德、AIPPI会议和运营总监钦齐亚·佩楚泽洛、AIPPI会议策划员安德莉亚·莫瑞里。AIPPI原会长马浩及AIPPI中国分会秘书长李毅陪同访问。

在杭州期间，杭州市谢双成副市长会见了考察团一行，并就2020 AIPPI杭州世界知识产权大会的组织、宣传、交通保障、场地服务等工作交换了意见，进一步推进筹备工作，取得了重要成果，杭州市政府副秘书长陈玮、杭州市贸促会王国珍会长陪同会见。考察团再次来到杭州国际博览中心和一些举办会议活动的场所，并走访了多家未来为参会人员提供住宿的目标酒店，与杭州国际博览中心等场地负责人进行了深入交流，为下一步工作奠定了基础。

十四、AIPPI 中国分会理事会

2018 年 12 月 18 日，AIPPI 中国分会在北京召开理事会议。会议由龙传红副会长主持，共 20 位理事出席。此外，这次会议还特别邀请 AIPPI 总报告人助理沈兰英，以及 AIPPI 中国分会承担 2018 年国家知识产权局两个课题研究小组的成员莅临参会。

会议上，李毅秘书长对近期 AIPPI 分会工作内容进行了总结，重点汇报了 2018 年 12 月初 AIPPI 考察团实地考察 2020 AIPPI 杭州世界知识产权大会之行的成果。另外，对 2019 年度工作整体计划进行安排，与各位理事讨论了 2019 年 AIPPI 中国分会青年知识产权研讨会议题、场地、人选等事宜，协调分配各项工作任务；就 2019 年度宣传 2020 AIPPI 杭州世界知识产权大会做出部署。

会议最后一项是颁奖环节。龙传红副会长代表 AIPPI 中国分会为 2018 年贡献卓越的理事单位颁发“特殊贡献奖”，林晓红副会长为个人颁发“杰出贡献奖”，获奖名单如下。

特殊贡献奖：(1)中原信达知识产权代理有限责任公司；(2)金杜律师事务所；

杰出贡献奖：(1)PCT 课题研究小组成员：陆弋、张嘹亮、吴锐、邹宗亮、江舟、黄淑辉；(2)新业态课题研究小组成员：楼仙英、黄海鸣、王俊、龚雯怡、杨恺盛；(黄海鸣代表小组成员领奖)

会议结束后，参会理事与课题小组成员共同合影留念。

十五、2018 年度 AIPPI 中国分会版权热点论坛隆重举行

2018 年 12 月 22 日，AIPPI 中国分会版权热点论坛(2018 年度)在北京成功举办。各界版权专家、学者、法官、企业代表、律师及会员 200 余人参加了本次论坛，共同对版权领域的热点、难点问题进行研讨，从理论和实践的维度进行了深入交流。

论坛开幕式由 AIPPI 中国分会秘书长李毅主持。AIPPI 中国分会会长田力普，中国知识产权法学研究会副会长、北京知识产权法研究会会长宿迟，国家版权局执法监管处处长赵杰，中国传媒大学政法学院副院长王四新分别致辞。AIPPI 原会长马浩、AIPPI 中国分会副会长龙传红出席会议。

AIPPI 中国分会版权专业委员会主席、北京韬安律师事务所首席合伙人王军，《中国知识产权》杂志编辑部主任李雪发布了 2018 年度中国版权行业十大热点案件。北京知识产权法院审判监督庭庭长张晓霞作为点评嘉宾对十大热点案件提出点评意见。北京韬安律师事务所王军律师、李燕蓉高级顾问共同发布了新书《中国影视娱乐产业经典案例指引》。

本次论坛共有四个研讨主题，主题一是关于“人工智能生成作品的著作权问题”，主题二是“音乐版权相关问题研究”，主题三是“版权热点问题研究”，主题四是“与版权相关问题研究”。

论坛闭幕式由 AIPPI 中国分会版权专业委员会主席、北京韬安律师事务所首席合伙人王军主持并总结。AIPPI 原会长马浩发表了感言，对论坛的主办方、参会嘉宾表达了诚挚的谢意，并表示各位演讲嘉宾的演讲都非常精彩、务实、有思想，最后表达了对中国版权保护的希冀与展望。

(国际保护知识产权协会中国分会)

地方知识产权工作概况

北京市

专利工作

一、专利申请授权量稳定上升

2018年,北京市专利申请量211 212件,同比增长13.60%。其中,发明专利申请量117 664件,同比增长18.65%。全市专利授权量123 496件,同比增长15.47%。其中,发明专利授权量46 978件,同比增长1.92%。PCT申请受理6527件。截至2018年12月,全市有效发明专利量241 282件,同比增长17.52%,万人发明专利拥有量112件。

二、加强知识产权顶层设计,首都知识产权政策环境不断优化

北京市知识产权局制定出台《北京市促进知识产权服务业发展行动计划(2018年—2020年)》,为北京市知识产权服务业发展绘制了蓝图。中关村管委会会同北京市知识产权局、原北京市工商局、北京知识产权法院等相关部门,研究制定《中关村知识产权行动方案(2018—2020)》,明确示范区未来3年知识产权工作重点。

三、践行高质量发展新理念,激发全社会创新活力

完成第五届北京市发明专利奖评选表彰的申报、评审等工作本次评审共评选出获奖项目36项,其中特等奖1项,一等奖5项,二等奖10项,三等奖20项。

四、加强知识产权保护,优化首都营商环境

贯彻落实《北京市进一步优化营商环境行动计划(2018年—2020年)》,实施最严格的知识产权保护。北京市知识产权局共受理专利侵权案件299件,同比增长22.0%;查处假冒专利案件1249件,同比增加29.6%;两类案件共1548件,同比增长28.0%。全年共对作出侵权处理决定和假冒专利处罚决定的19件案件进行信息公示。

北京市知识产权局组织执法人员进驻包括第五届中国国际服务贸易交委会、中国北京国际科技产业博览会、中国国际信息通信展览会等大型展会35个,执法检查300余人次,处理专利案件215件,有效保障展会正常交易秩序。

五、推进知识产权转化运用,构建知识产权运营发展新模式

北京市知识产权局指导海淀区成功申报财政部、国家知识产权局知识产权运营服务体系建设专项工作。北京市知识产权局与北京市财政局共同发布《北京市重点产业知识产权运营基金管理办法》。推动汽车产业知识产权运营中心建设工作,支持其与国家知识产权运营公共服务平台形成资源共享、业务协作机制。北京市知识产权局发布《北京市知识产权运营工作指南》,促进知识产权运营模式探索。

2018年北京市专利质押融资金额达119.95亿元。北京市知识产权局成功推

动专利质押融资保险在中关村落地。我国首支知识产权证券化标准化产品文科一期ABS在深交所成功获批，北京率先实现知识产权证券化零的突破。

六、聚焦重点区域，服务全国科技创新中心建设

北京市建立“三城一区”和中关村一区十六园知识产权工作联系人制度。研究制定北京经济技术开发区、未来科学城辖区的《2018年知识产权推进计划》。上线中关村知识产权大数据区域智能监测系统，为区域发展提供数据支撑和决策支持。为加强中关村知识产权服务业集聚区建设，组建中关村涉外知识产权服务业联盟，首批成员单位27家，聘请84位涉外服务专家。制定《“一区一特色”专项工程实施方案》，打造区域知识产权工作品牌。

举办京津冀知识产权协同发展高层论坛，签署《京津冀知识产权信息公共服务合作计划》。成立京津冀专业市场知识产权保护联盟，推进京津冀知识产权保护协同工作体系建设。实现北京知识产权保护公共服务资源服务京津冀创新发展，定点服务三地企业近6000家。

七、加强知识产权服务与管理，着力提升服务质量和能力

全国4批201家品牌培育机构中，北京市有41家，占比20%。截至2018年年底，北京市有专利代理机构560家，占全国25.5%；执业的专利代理人有7606人，占全国40.7%。目前，北京市共有62家专利代理机构在74个国家设立了295个境外联络处，国际化服务程度越来越高。北京大学等4所大学首批次挂牌成立高校国家知识产权信息服务中心。开展专利代理高级职称评审工作，拓展知识产权人才发展空间。

深入推进“放管服”改革，简化优化公共服务流程，精简整合后的公共服务事项正式进驻市政务服务中心，完成“一网通办”各项要求，统筹服务资源，统一服务标准，主动融入全市政务服务平台建设。加快专利权质押登记和专利实施许可合同备案办理，办理时限从7个工作日缩短为3个工作日。开通“专利申请优先审查推荐业务电子平台”，实现推荐业务“全程网上办”。选取昌平区、朝阳区和经济技术开发区试点开展北京市专利资助金申报的受理、审核工作，推动由单一地点办理变为多地就近办理。

八、加强知识产权国际合作，服务企业“走出去”

在中关村试运行知识产权国际注册政策和法律服务中心，指导创新主体加强知识产权国际注册。成功保障2018年“一带一路”知识产权高级别会议在京召开，协调蔡奇书记会见WIPO总干事高锐一行，探讨北京市与WIPO在北京科技创新中心建设等方面的合作。举办2018知识产权与创新大会、2018美国知识产权诉讼研讨会等，提升创新主体的涉外知识产权能力。积极开展知识产权海外预警和维权援助工作，有效支持创新型企业防范风险、应对海外纠纷。

（北京市知识产权局）

版权工作

2018年，北京地区作品自愿登记919 543项，比2017年增长13.58%，软件著作权登记量163 215项。

一、形式多样，多方参与，着力抓好版权普法宣传活动

（1）资源共享，务实合作，探索建立社会化维权服务新格局。2018年4月25日，首都版权产业联盟与中国文联举行签约仪式，正式就共同开展文艺工作者版权保护服务建立合作关系。

(2)加强交流,深化合作,助力《视听表演北京条约》早日生效。5 月 28 日,世界知识产权组织(WIPO)中国办事处、北京市版权局、北京市东城区政府联合主办了"知识产权保护促进视听产业发展论坛"。WIPO 副总干事王彬颖出席论坛。

(3)形式多样,内容丰富,全方位推进版权宣传。在"4·26 世界知识产权日"和"6·26《视听表演北京条约》签署纪念日",以投放广告的方式大力宣传版权保护理念,收效良好。主办 2018 第二届中国"网络文学+"大会平行主题论坛——"网络文学版权保护论坛"。积极参加第七届中国国际版权博览会、北京国际图书节、中国(深圳)国际文化产业博览交易会。

二、加强协作,攻坚克难,稳步推进软件正版化工作

(一)软件正版化工作取得的成效

2018 年,推进使用正版软件工作联席会议各成员单位各司其职,密切协作,坚持制度与技术并重,加强政策指导和督促检查,进一步巩固扩大了软件正版化工作成果,正版化率达到 95%,国产办公软件的覆盖率达到 66%。

(1)党政机关软件正版化工作不断规范,为迎接推进使用正版软件工作部际联席会议的全覆盖检查做好了充足准备。

(2)企事业单位软件正版化工作全面铺开。市属国企软件正版化工作常态化不断推进,医疗卫生系统按照三年工作计划有序推进;市属国企、医疗卫生系统发挥后发优势,按照国家版权局使用正版软件工作指南健全工作制度,运用技术手段,提高工作效率,软件正版化工作成效明显。

(3)软件版权保护环境持续改善。市使用正版软件工作联席会议加强软件采购源头管理,积极推进使用正版软件。目前,北京市的软件产业呈现出健康发展的良好态势,具有北京特色的软件正版化工作模式正在形成。

(二)主要措施

(1)创新宣传培训。利用户外宣传、内部宣传、版博会宣传三种途径进行软件正版化宣传。有条不紊地进行分类分级分层培训(国家机关、市属国企、医疗卫生系统等三类,市、区、乡镇等三级,新入职人员与老同志、管理人员与使用人员等多层),同时把课堂讲解与实地答疑、思想教育与业务培训相结合。

(2)严格检查考核。把完善考核流程作为确保检查考核公平的生命线,把细化考核标准作为提高检查考核科学性的坐标系,把严格评定结果作为推动软件正版化工作的指挥棒,积极探索检查考核新模式。

(3)强化结果运用。狠抓问责制度建设,把软件正版化考核结果与评先评优、打击侵犯知识产权和制售假冒伪劣商品工作绩效考核、信息化建设、平安北京建设紧密结合起来,提高各单位开展软件正版化工作的积极性、主动性。

(三)工作亮点

(1)健全规章制度。北京市以国家版权局《正版软件工作管理指南》为标准,加强国家机关、市属国企、医疗卫生系统软件正版化制度建设,建立软件正版化工作长效机制。

(2)应用技术手段。北京市目前软件正版化工作范围涵盖 118 个市级机关、16 个区、51 家国企总部的三级以上企业 1300 余家、22 家市属医院、17 家市卫生计生委直属单位以及区卫生计生系统相关单位,北京市版权局在培训时对国家版权局软件正版化检查工具进行重点讲解,并在年底检查中对检查工具进行应用,大大节省人力成本,加快检查时间。

(3)动用外部力量。2018 年北京市版权局发函要求联席会议各成员单位及市卫生计生委、市医管局等行业主管部门一起参与检查,确保软件正版化检查如期完成。

三、提升监测水平，聚焦大案要案，切实加强版权保护工作力度

（一）启动“剑网 2018”专项行动，展现首都版权保护新气象

2018 年 7 月 27 日，北京市版权局正式启动北京市“剑网 2018”专项行动。本次行动以网络转载、短视频、动漫、影视等领域为治理重点，细化了各阶段的工作任务和任务清单，综合协调市文化市场行政执法总队、市公安局、市通信管理局和市网信办，保证治理措施配套到位，形成了协同工作、齐抓共管的工作格局。

北京市版权局以网络主动巡查为主，结合权利人投诉举报，对“717 电影网”等数十家网站进行了全方位跟踪监测，并对涉嫌盗版的 10 519 部作品进行了权利认证，对涉嫌侵权的网站 IP 地址、服务器地址和侵权播放链接进行了摸底排查。与公安部门沟通协调后，将初步达到刑事立案标准的案件线索正式移送市公安局海淀分局。北京市版权局将继续全力推进案件的侦办工作，并将继续加大网络盗版惩治力度，持续盗版惩治的高压态势。

（二）积极引导规范，构建版权保护共同治理新格局

（1）集中约谈短视频平台。约谈首都地区 15 家短视频平台企业，要求各短视频平台企业努力提升短视频领域版权环境，积极构建健康有序的产业发展模式，形成合法合理的行业自律规范和共识，促进短视频健康有序发展。

（2）走访调研重点企业。分别针对影视、短视频、网络云盘、应用商店等重点领域，对互联网企业开展了走访调研工作，强调各互联网企业应当在以下三方面加大工作力度：牢固树立版权保护经营理念，继续履行主动审查义务；提高作品资源的版权利用水平；提升版权宣传教育力度。

（3）加大版权保护培训力度。北京市版权局在怀柔红螺寺和通州宋庄组织了艺术版权专项培训。北京版权保护中心从作品自愿登记的各环节进行了讲解，对《著作权法》相关概念进行了解释答疑，并对作品自愿登记申请注意事项进行了说明介绍。

（三）推进共识协力创新，推动首都版权保护行业自律新局面

（1）推进《信息网络传播权保护指导意见》修改工作。目前该意见修订稿草案全文共 22 条，已完成初稿。

（2）推进《关于规范应用市场版权秩序共同声明》签署工作。完成了《关于规范软件应用市场版权秩序共同声明》的初稿，下一步将积极争取实现软件应用市场版权保护的行业共识。

（四）科学部署主动监测，形成网络版权监测新态势

按照监测工作相关要求，完成对 20 家门户网站视频节目、文字作品、音乐作品、影视作品和综艺节目的经常性监测。以侵权链接下线比例和数量为依据，对重点网站主要在线作品的类别、数量、内容版权和传播情况进行经常性监测评估。

选取 2017 年 12 月 1 日至 2018 年 1 月 31 日时间段对今日头条进行专项跟踪监测。监测梳理信息 9100 万件，筛除广告、事实性报道、商品服务信息，对 8000 万件信息进行了著作权作品的认定，并最终完成《今日头条版权状况监测评估报告》。

对 2018 春节联欢晚会和平昌冬奥会网络版权进行监测，向 170 余家企事业单位发布《关于进一步加强 2018 年春晚和冬奥会互联网版权监管责任的通知》，实现了直播阶段的全网监测，维护了互联网版权秩序。

（五）固本培元开拓进取，获得首都版权调解事业新突破

2018 年，北京版权调解中心共受理权利人申请调解的各类著作权调解案件 323 起（其中行政调解案件 52 起），涉及争议金

额 27 500 余万元，经调解化解纠纷达成和解的案件 100 起，为权利人挽回经济损失累计 793 万余元；接受朝阳法院委托案件 2171 起，调解成功达成和解 159 起；自 10 月份开始接受北京互联网法院委托案件 505 起。受理案件类型多样化，涵盖计算机软件使用、美术作品使用、音乐作品改编、影视作品信息网络传播权、传统出版物等各个版权领域。

（中央宣传部版权管理局办公室）

司法工作

2018 年，北京法院在最高人民法院的指导下，不断发挥知识产权司法保护的主导作用，圆满完成了各项任务，为国家创新驱动发展战略实施和北京“四个中心”建设提供了坚实的司法保障。

一、知识产权案件收结案再创新高，知识产权审判工作面临新挑战

（1）收结案数量双双实现持续大幅增长。除知识产权刑事案件外，2018 年，北京三级法院共受理各类知识产权案件 59 094 件，同比增长 43%，其中知识产权民事案件共 41 580 件，占比 70.4%，知识产权行政案件共 17 514 件，占比 29.6%；共审结各类知识产权案件 55 935 件，同比增长 49%，其中审结知识产权民事案件 40 708 件，知识产权行政案件 15 227 件。

2018 年，北京三级法院共受理一审知识产权案件 52 463 件，同比增长 47.4%，审结一审知识产权案件 49 596 件，同比增长 56%，全年一审案件的结案收案比达到 95%。2018 年，审结二审案件 6251 件，全年二审案件的结案收案比达到 96%。

（2）疑难复杂与社会关注热点案件叠加频出。北京法院始终注重对疑难复杂案件的研究与审理，统一裁判尺度，引导行业健康发展。北京市高级人民法院审结了“西电捷通诉索尼”标准必要专利侵权纠纷案、“路虎诉江铃”汽车外观设计专利无效行政案、“四环医药”发明专利无效行政案、“华源”商标行政纠纷案以及首例声音商标“嘀嘀”商标申请驳回复审案、“红鞋底”单一颜色商标申请驳回复审案等一系列重大、新型、疑难、复杂案件。各基层人民法院也审结了一大批广受社会关注的新类型案件。

（3）知识产权审判格局发生重大变化。2018 年 9 月 9 日，北京互联网法院成立，按照《最高人民法院关于互联网法院审理案件若干问题的规定》，互联网法院与其他有知识产权案件管辖权的基层法院在案件管辖方面存在一定的交叉。

二、多措并举打造“四位一体”联动保护机制，全面加强知识产权保护

（1）发布为北京加强全国科技创新中心建设提供司法保障的意见，激励和保护创新。北京市高级人民法院于 2018 年 9 月 20 日向社会发布了《关于为北京加强全国科技创新中心建设提供司法保障的意见》，主要规定了涉及创新发展技术及相关案件的审理规则和要求，提出了破解制约知识产权审判发展的体制机制障碍的具体措施。

（2）发布侵害著作权案件审理指南，保护文化创意产业发展。2018 年 4 月 20 日，北京市高级人民法院发布《北京市高级人民法院侵害著作权案件审理指南》（以下简称《侵害著作权案件审理指南》），有效提高了北京法院著作权案件审判质效，对首都文化产业的发展和创新发挥了积极的推动作用。《侵害著作权案件审理指南》中关于涉及互联网著作权侵权判定的专门规定，对于北京互联网法院进行网络著作权案件审理亦起到了极大的指导作用。

（3）切实保护知识产权，营造公平透明的营商环境。北京法院在推进优化首都营商环境中发挥了积极作用。石景山区人民法院以法国“依云”矿泉水侵权案为契机，

召开了“涉知名品牌知产侵权案件审理情况”新闻发布会，持续打造“智护石景山”特色审判工作机制，为该区重点高新技术企业提供集法律咨询、风险预测与防控建议为一体的“定制化”司法服务。东城区人民法院妥善审结了泸州老窖公司、贵州茅台酒厂、小米科技公司、老凤祥公司等知名企业起诉个体经营者商标权侵权系列案件，通过司法裁判的指引作用净化了市场经营环境，维护了权利人的合法权利和知名品牌的市场竞争力。

（4）加大知识产权保护力度，合理确定赔偿数额。北京法院在实践中逐步探索出知识产权损害赔偿数额确定三原则。一是赔偿数额必须建立在证据支持的基础上，当事人及其代理人应当尽其可能积极举证。二是要依法确定赔偿数额。三是惩罚性赔偿应当有严格的适用条件。

三、创新工作机制保护创新发展，充分发挥知识产权司法保护的主导作用

（1）适时发出司法建议函，以点带面发挥知识产权司法保护的主导作用。北京法院将从知识产权审判中发现的知识产权保护工作中存在的普遍现象和突出问题，通过司法建议的方式及时向相关职能部门和企业提出意见建议，实现了以点带面的效果，使知识产权司法保护成果转化为服务社会管理创新的有效路径，联动社会各界形成知识产权保护合力。朝阳区人民法院向工业和信息化部、新浪公司、腾讯公司、国家互联网信息办公室等部门发出司法建议 6 篇，被回复或采纳 4 篇。

（2）建立沟通机制，实现司法保护与行政保护联动，逐步形成以司法保护为主导、行政保护相辅助的知识产权保护大格局。北京市高级人民法院通过对专利商标授权确权行为的司法审查，细化和完善授权确权审查标准，进一步促进知识产权行政执法行为的规范化。同时，多次与专利复审委员会、商标局和商标评审委员会举行座谈会并就相关问题出台会议纪要，建立了常态化的工作交流和沟通机制。

丰台区人民法院知识产权庭与北京市工商行政管理局丰台分局建立了“知识产权行政执法与民事审判联动机制”，与北京市工商行政管理局丰台分局商标科直接对接，牵头建立信息调取联络群。2018 年以来，丰台区人民法院到北京市工商行政管理局丰台分局调档次数比 2017 年同期下降 72%，实现了行政保护与司法保护联动合力的效果。石景山区人民法院筹备与市区两级知识产权局建立涉冬奥会知识产权保护联动机制。朝阳区人民法院参与铜牛电影产业园影视企业版权保护座谈调研会、新浪公司座谈会，走访调研国家文化产业创新实验区，开展以案说法、授课解惑、专题培训、走访调研等多种形式的活动。

（3）创新工作模式，在多元调解化解纠纷中坚持司法主导作用的发挥。丰台区人民法院及时对多元化调解工作进行总结，制作《知产庭多元调解工作规范（试行）》，实现专对专调解工作规范化、流程化管理。海淀区人民法院中关村法庭搭建律师调解、知识产权行业调解、人民调解员调解“三合一”诉前调解机制，并与该院立案庭共同打造“诉前调解 E 平台”，进一步提高诉调对接工作效率。

四、深化司法改革，完善工作模式，着力破解人案矛盾，提高知识产权案件审判质效

（1）落实人员分类管理，各司其职，各显其效。海淀区人民法院中关村法庭将审判大组分为两个类型：诉调对接与速裁组和专业化审判普通组，同时建立了分类人员分工流程表确定各类人员的工作职责以及流程分工和协作机制。

（2）实施案件繁简分流，简案速裁，难案精办。北京法院着手建立案件繁简分流工作机制，实现“简案快审，繁案精审”的工作目标。海淀区人民法院中关村法庭对于

速裁案件的审理采取速裁审理团队审理与速裁机制审理相结合的方法，2018 年速裁团队承担了中关村法庭超过 1/4 的简易速裁案件的审判工作，结案量高达 2411 件。海淀区人民法院民五庭进一步完善速裁机制，并制定《知产案件诉前调解工作规范》，规范工作流程。丰台区人民法院对于事实较为清楚的类型化案件，推进要素式审判模式及无争议事实确认机制，简化庭审程序，提高办案效率。北京市高级人民法院也有针对性地通过书面审理的方式，快速审结商标申请驳回复审二审案件，极大地提高了审判效率。

(3)借力网络科技手段，电子送达，远程审理。北京法院在运用网络技术提高审判效率、方便当事人方面进行了积极有益的尝试，并取得一定成效。北京互联网法院打造“全流程线上完成模式”，通过建设电子诉讼平台进行“网上审理”，立案、送达、调解、庭审等所有诉讼环节均在“线上”进行。采取多家公司“联合开发模式”，搭建“24 小时不打烊”的电子诉讼平台，打破时空阻隔，初步实现了互联网案件审判全流程在线进行。

西城区人民法院积极创新电子送达工作机制，在与京东公司建立诉讼文书电子送达及网络庭审工作机制的基础上，又与三大电信集团建立了电子送达合作机制。海淀区人民法院民五庭在审判实践中进一步发挥技术支持审判的作用，通过远程视频庭审提高审判效率。海淀区人民法院中关村法庭在诉前调解中首次利用互联网庭审技术成功调解案件。

（北京市高级人民法院知识产权审判庭）

检察工作

北京市检察机关深入贯彻落实《深入实施首都知识产权战略行动计划(2015—2020)》《北京市人民政府关于加快知识产权首善之区建设的实施意见》等重要文件，立足检察职能，全面履行审查、追诉、监督检察职责，严厉惩治侵犯知识产权犯罪。

一、打击侵犯知识产权犯罪案件办理情况

北京市检察机关站在服务首都经济社会发展大局的高度，充分认识产权司法保护的重要意义。全年共办理侵犯知识产权犯罪审查逮捕案件 150 件 285 人，审查起诉案件 129 件 204 人。

二、打击假冒侵权经验做法

(1)充分履行检察职能，依法严厉打击侵权假冒犯罪。

一是实行重点案件挂牌督办，提高办案效率，保证案件质量。成功办理全国“扫黄打非”办挂牌督办的北京“12·06”侵权盗版出版物案、北京“10·17”盗版网络电子出版物案等一批重大假冒侵权类案件。二是依法准确认定假冒侵权犯罪数额，破解法律适用争议难题。发布侵权假冒犯罪案件办案参考，促进全市执法标准统一，准确运用证据规则，依法认定犯罪数额，准确提高量刑档适用，对于无法查明实际销售价格案件，按照正品市场中间价计算；对于犯罪嫌疑人提出存在网络刷单等辩解要求减少起诉数额的，依法要求其提供有效线索，否则原则上按照销售账单认定犯罪数额。

(2)发布多类规范文件，助力假冒侵权类案件办理。

一是结合北京市检察工作实际，制定了《北京市检察机关办理经济犯罪案件产权保护工作办法》《北京市检察机关依法保障知识产权权利人刑事诉讼权利工作指南》等规范性文件。二是建立知识产权保护领域案例库，为相关案件办理提供案例参考。经过深入研究侵犯知识产权犯罪 475 件典型案例，撰写了 4 篇类案研究报告，系统整理了该类案件取证指引和审查要点，并选编了一批指导性案例。

(3)深入推进专业化建设，完善办案工作机制。

一是健全专业案件同步审查机制。落实《北京市检察机关专业同步辅助审查工作指南》，合理调配检察机关技术人员，将技术人员临时编入办案组，对多件侵权假冒类新型疑难案件同步提供专业意见。二是发挥提前介入机制作用。为应对假冒侵权专业领域案件取证困难而部分侦查人员专业性不足等现实问题，检察官第一时间介入侦查，及时准确引导取证，保证案件质量。三是深化与相关行政单位沟通协作。如，北京市检察院与北京市知识产权局、“双打”办等单位在行使职权时，密切沟通，实现了信息共享。推动并充分运用北京市“双打”领域“两法”衔接平台，检察机关针对做出不起诉的案件，及时移送相关单位建议进行行政处罚。四是建立全市知识产权领域办案人才库和全市经济犯罪检察领域专家库，针对注册商标、著作权、商业秘密等知识产权领域出现的新问题新案件，适时召开专家论证研讨会解决实务问题。

(4)延伸检察职能，拓宽对相关权利主体保护空间。

一是适时召开座谈会，深入了解企业刑事司法保护需求。北京市检察院召开了“加大知识产权保护力度、助力首都科技创新发展”主题座谈会，邀请多名来自中国版权保护中心、中国互联网协会调解中心、阳光诚信联盟的行业代表参会，健全沟通联络机制。二是合理制发检察建议，强化社会综合治理。海淀检察院以所办案件为切入点，帮助企业完善预防犯罪的内控机制，巩固案件办理的社会效果。将类案经验转化为企业风险防控策略，制发检察建议书，有效提高了企业防御被害的能力，提升了对知识产权保护的重视程度。三是强化普法宣传，扎实开展“法律进企业”活动。全市检察机关大力开展“检企联络”活动。截至2018年年底，已完成对32家企业的普法活动，彰显了检察机关对企业的保护力度，有助于企业提升被假冒侵权时的维权意识和能力。

（最高人民检察院第四检察厅）

天津市

专利工作

截至2018年年底，天津市有效专利达到168 879件，同比增长16.7%。其中，有效发明专利32 066件，同比增长12.11%；实用新型专利123 971件，同比增长19.5%；外观设计专利12 842件，同比增长3.7%。全市万人有效发明专利达到20.6件。

一、知识产权战略深入推进

2018年，天津市深入实施知识产权战略，加快推进知识产权强市建设，全面完成工作目标。组织协调市发改委等四部门制定并下发了《天津市关于在全面创新改革试验区域深入推进知识产权保护体制机制改革的实施方案》。完成《天津市知识产权“十三五”规划》中期评估工作。编制完成《2017年天津市知识产权发展水平监测报告》。

二、知识产权服务业发展水平不断加快

滨海高新区国家知识产权服务业集聚发展试验区建设紧凑高效，知识产权服务业集聚效果显著。印发《2018年国家知识产权服务业集聚发展试验区建设推动工作计划》，完成天津市全国专利代理人考试考点审核，1451人参加代理人考试。经过长

期引进和培育，天津市专利代理机构达到53家。优选了5家机构参评全国品牌机构，2家服务机构被遴选为全国品牌培育机构，全市市级服务品牌机构达到13家。

三、华北知识产权运营中心建设进一步完善

2018年，新增华北知识产权特色分中心5家，现有特色分中心13家。全年华北知识产权运营中心开展业务4934笔，完成运营合同收入2845万元，受托管理专利超15 000件；促成交易金额7744万元，技术入股企业数量13家，技术入股估值3400万元。

四、专利行政执法保护力度大力提升

2018年，天津市知识产权局共开展执法专项行动60多次，出动执法人员160多人次，开展专利保护宣传300多场次，检查商品超过2万件，查处假冒和纠正专利标注不规范行为超过500起。各区加强专利行政执法宣传，报送执法检查活动信息48篇。

五、知识产权强市建设得到有力推进

天津市知识产权专项资金项目申报系统于2018年3月30日完成验收工作，4月1日正式上线。《2017年专利统计分析报告》顺利完成，《2017年天津市专利实力报告》按时发布，全市有效专利达16.1万件。东丽区华明街成为天津市首家知识产权特色小镇。

六、全市知识产权保护协调工作进一步深化

实施了《天津市严格知识产权保护实施方案（2018—2020年）》，明确了实施最严格知识产权保护的九大任务和九大工作安排。2018年以来，共组织公安、检察、法院、商务、市场监管、版权、文化行政执法、海关等知识产权保护重点部门召开工作会议4次，联合研判重点案件7起，开展知识产权保护活动20余次。利用“4·26知识产权宣传周”契机，组织编制并由市政府新闻办发布《2017年天津市知识产权保护状况》白皮书，向全世界展示天津市知识产权保护成绩和良好营商环境。

七、知识产权强企工程得到大力实施

确定中国天辰工程有限公司等20家企业为2018年高价值专利培育项目并签订试点合同。2018年，2818家单位实现专利申请零突破，1378家单位实现发明专利申请零突破，全市专利企业数量突破1.2万家。完成知识产权管理规范贯标费用补贴资金核算，涉及88家单位，合计补贴资金268.6万元。全年推动组织3次知识产权管理规范贯标培训，培训近400人。全市取得知识产权管理规范认证的企业185家。

八、知识产权金融工作取得历史性突破

按照“征集需求、对接服务、业务指导、促进流转、政策引领”的工作模式，以促进科技型企业发展为核心，以解决科技型企业融资难问题为切入点，大力推动知识产权金融服务工作。2018年天津市38家企业累计专利质押登记51笔，贷款金额41亿元。2018年累计投保专利保险企业30家。

九、专利代办综合服务能力全面提升

按照“全面提高专利审查质量，全面提升服务能力”的目标，高质量完成各项受理业务工作，业务量较上年增长明显，全年受理专利新申请92 094件，其中电子专利新申请90 218件。代办处受理电子专利申请率为97.9%，收缴专利费用23.5万笔，金额1.08亿元，制作专利登记簿副本4394件，受理专利实施许可合同备案登记22件，受理专利权质押登记46件，对外发文13万件；办理专利权优先审查551件；远程票据业务4万笔。

（天津市知识产权局）

商标工作

2018 年，天津市商标拥有量快速增长，全市各类市场主体共向国家知识产权局商标局提出商标注册申请 64 234 件，同比增长 28.9%；核准注册商标 41 496 件，同比增长 54%；累计有效注册商标达到 196 319 件，同比增长 23.4%。

一、不断加强驰名商标工作力度

2018 年，天津市联众钢管有限公司等 3 家企业分别持有的“TUS”等 3 件商标被国家工商总局认定为中国驰名商标，全市驰名商标总量达 156 件。

二、持续开展自主品牌评选认定工作

2018 年完成了第三批“天津市重点培育的国际自主品牌”评选和认定工作。截至 2018 年年底，共有 47 家企业的 56 个品牌获得认定。天津市进一步完善支持措施，出台了《天津市国际自主品牌建设行动方案》，并继续对中小外贸企业进行境外商标注册、境外专利申请和各类认证的费用给予一定比例的资金支持。

三、重点加大老字号工作

2018 年 12 月，天津制定并实施了《天津市振兴老字号工作方案(2018—2020)》。举办 2018 中国(天津)中华老字号精品博览会、百年品牌传承创新交流座谈会，为老字号企业搭建宣传台，提升品牌知名度。支持老字号企业“走出去”，组织老字号企业赴山东、上海、北京、河北、浙江等地参加主题展会，通过现场展示展卖，宣传天津市老字号品牌，为当地消费者及代理商提供售卖洽谈平台。

四、继续开展天津市品牌产品认定工作

2018 年共认定 283 种天津市名片产品，其中新增 82 种，到期复评的有 201 种。

(天津市知识产权局)

地理标志工作

天津市积极推动地理标志资源挖掘工作，围绕粮食、蔬菜、水果、水产品等四大农产业，深入调研，组织各区局对涉农镇街和农村行业协会等有关单位展开宣传培训。同时，为强化地理标志保护产品和地理标志证明商标的保护，在全市开展了地理标志保护专项行动。截至 2018 年年底，天津市共拥有地理标志证明商标 25 件，地理标志保护产品 10 件。

2018 年，农业农村部批准天津市植物新品种 19 项，包括水稻、玉米、黄瓜和萝卜四类粮食和蔬菜作物，进一步巩固了天津市在育种方面的技术优势。市农科院育成一批提质增效蔬菜新品种，配制新品种杂交组合 8000 个，育成 6 个黄瓜新品种、2 个白菜新品种、4 个菜花新品种、2 个西瓜新品种、2 个甜瓜新品种、5 个芹菜新品种。与常规品质相比，新品种在外观、口感及商品性、抗病性、产量等方面都具有非常大的品种优势。

(天津市知识产权局)

版权工作

2018 年，天津市版权局将突出版权保护、加快产业发展、巩固软件正版化成果作为重点工作，在净化网络版权环境、保护权利人的合法权益、推进软件正版化长效机制建设、积极开展版权宣传等方面取得了显著成绩。

一、开展专项行动、严厉打击侵权行为

2018 年 7 月至 12 月，天津市版权局、网信办、通信局、公安局、文化市场行政执法总队成立专项行动协调小组，联合开展了打击网络侵权盗版“剑网 2018”专项行动。天津市承办国家版权局等 4 部门联合督办案件 4 件，其中天津百练教育科技集

团有限公司销售盗版培训教材案入选“2018 年度全国打击侵权盗版十大案件”。

(一)部署推进,行动迅速

8 月 3 日,天津市版权局会同市文化市场行政执法总队组织全市各区版权局以及相关单位负责同志召开专项行动动员部署会,在天津市多层次、广领域、全方位启动专项行动;8 月 21 日,市版权局等五部门联合组织召开市重点网站负责人版权保护工作培训会,并组成联合检查组对辖区内网站开展了 3 次检查;11 月 16 日,天津市版权局等 5 部门联合组织召开专项行动总结分析会,为后续工作总结经验、打好基础。

(二)协同配合,全面开展

各成员单位以网站、应用程序、自媒体、新闻聚合类平台为重点,开展网络转载、短视频、动漫等重点领域专项整治。加大对网络侵权盗版案件的行政处罚工作力度,督促互联网企业落实主体责任。

二、扎实推进软件正版化工作,不断巩固成果

2018 年,天津市共组织软件正版化培训 31 次,参训人数约 1500 人(次)。加强对市、区两级机关的工作督查,2018 年,共组织市、区两级管理部门对全市 70 家党政机关开展了工作督察。

2018 年 9 月,国家推进使用软件正版化第三督查组对天津市软件正版化工作进行督查,检查了 1778 台计算机,其中,操作系统正版率 96.57%,办公软件正版率 99.16%。督查组对天津市党政机关使用正版软件工作给予了充分肯定和高度评价。

三、加大版权保护力度,做好日常版权保护工作

2018 年,在市版权局政务网公布共 7 批重点影视作品预警名单,同时将预警名单通知市重点监管网站,并提出要求。加大网络版权监管力度,在日常工作中,天津市版权局指派专人对市重点监管网站进行点击浏览,查找有无涉及预警名单内容,要求其提供授权证明或断开链接、删除相关内容,净化了网络版权空间。2018 年上半年,针对 2022 年北京冬奥会会徽及冬残奥会会徽版权专项保护工作,天津市版权局与市文化市场行政执法总队成立联合检查组,开展了版权保护联合检查,同时公布举报电话、查找网上侵权线索,深入旅游景区、印刷复制单位、农贸市场等区域开展专项检查,打击侵权盗版行为,出色完成第一阶段的工作。

四、制定政策,推动版权质押贷款工作开展

2018 年 4 月,天津市版权局联合市金融工作局、人民银行天津分行、天津银监局制定了《天津市版权质押贷款实施指导意见》。天津市版权局会同市金融工作局等 4 家单位联合组织了版权质押贷款宣传推介会,并就质押贷款工作进行有益的尝试。为进一步推动该意见的实施,引导具有版权资源的企业通过加强版权资产管理,利用优质版权资源开展版权融资。2018 年天津市版权局开展了优秀版权单位推荐工作,全市各区及相关单位通过组织动员,初审上报 28 家参评企业。天津市版权局组织相关专家评审后,共向市金融机构推荐优秀版权企业 20 家。

五、做好社会服务,促进版权产业发展

2018 年天津市版权贸易品种数 447 种。版权贸易总数比 2017 年增加 84 种,增长 23.14%;版权引进 242 种,比 2017 年增加 16 种,增长 7%。新蕾出版社(天津)有限公司立项的《博物馆里的中国·藏在指尖的艺术》入选“2018 年经典中国国际出版工程”资助出版项目。天津人民出版社立项的《京剧知识词典》、天津人民出版社与五洲传播出版社立项的《中国特色社会主义为什么行》入选“2018 年丝路书香工程”重点翻译资助项目。

六、加大著作权法宣传，提高全社会维权守法意识

天津市版权局将版权宣传工作与开展版权管理、版权服务工作相结合。在开展管理与服务工作的同时，向著作权人、相关企业进行法规宣传、著作权法宣讲，使社会公众逐步树立“尊重知识、尊重创新”的意识。每年以“4·26 知识产权宣传周”和“12·4 全国法制宣传日”为平台，联合举办大型宣传咨询活动，召开著作权保护工作研讨会，深入园区、社区、企业张贴发放公益广告和材料，利用报刊、互联网等媒体进行宣传，形成了著作权法宣传教育的常态机制；在 2018 书香天津·春季书展期间，集中进行版权宣传，书展现场设立了咨询服务区，对著作权法进行宣传。

（中央宣传部版权管理局办公室）

司法工作

2018 年以来，天津法院坚决贯彻习近平新时代中国特色社会主义思想，坚持“司法主导、严格保护、分类施策、比例协调”知识产权司法保护基本政策，依法履行审判职责，不断加大知识产权的司法保护力度，各项工作扎实推进。

一、立足审判职能，司法保护知识产权主导作用更加凸显

2018 年，全市法院新收知识产权各类民事、行政和刑事案件 4952 件，比 2017 年全年多收 2236 件，同比增长 82.3%；审结 4410 件，比 2017 年全年多审结 1789 件，同比增长 68.3%。其中，新收各类知识产权一审案件从 2013 年的 764 件持续上升到 4171 件，案件总量增长 4 倍多；审结各类知识产权一审案件从 2013 年的 776 件持续上升到 3663 件，结案数增长近 4 倍。

知识产权审判精品战略效果进一步显现，2 件案件入选“2017 年中国法院知识产权司法保护 50 件典型案例”，1 件案件入选“天津法院 2018 年度十大影响性案例”。此外，依法审结爱玛、雅迪等电动车企业专利纠纷，希森美康株式会社、“长城葡萄酒”“中华铅笔”“六个核桃”系列商标侵权案件，依法保护港东公司商业秘密，成功促成天津烤鸭店与正阳春鸭子楼系列纠纷和解，受到社会各方面的高度评价和充分肯定。同时，先后完成最高人民法院 2016 年度司法研究重大课题“中国知识产权司法保护战略研究”和 2017 年度司法案例研究课题“互联网新型不正当竞争法律规制案例研究”；课题“互联网新型不正当竞争法律规制案例研究”被评为优秀课题。

二、深化司法改革，持续推动知识产权审判领域改革创新

（1）知识产权案件管辖布局不断优化。2018 年 3 月 1 日，华北地区第一家跨行政区域审理技术类案件的专门机构——天津知识产权法庭与天津市第三中级人民法院同时成立。

（2）知识产权审判“三合一”改革全面推进。在《天津市高级人民法院关于全面推进知识产权审判“三合一”工作的实施意见》的基础上，研究制定知识产权审判“三合一”工作机制运行规则，并在天津市委政法委协调下持续推进与市检察院、市公安局沟通联系，会签《关于办理侵犯知识产权刑事案件若干问题的意见》（津高法〔2018〕65 号），进一步规范了知识产权刑事案件的侦查、批捕和起诉的程序环节。

（3）深入推进知识产权审判标准化建设。出台《关于涉平行进口商标侵权纠纷案件的审判指引》和《关于适用简易程序审理部分知识产权民事纠纷案件的审判委员会纪要》，与之前发布的《天津法院侵害信息网络传播权纠纷案件审理标准》《关于侵害外观设计专利权纠纷案件的审判指南》

《关于知识产权案件技术事实查明相关问题的解答》《侵害商标权纠纷案件审理指南》《关于侵害发明、实用新型专利权纠纷案件的审判指南》构成系统业务指导体系，统一了裁量标准。

三、坚持开放发展，营造创新发展良好法治环境

(1)积极开展“知识产权保护宣传月”系列活动。召开全市法院知识产权审判新闻发布会，发布年度知识产权司法保护状况白皮书和典型案例。

(2)主动接受大众监督。精选典型案件进行公开庭审；重大案件采用全媒体直播，邀请人大代表、政协委员、知识产权审判技术咨询专家和法学院师生观摩；扎实推进知识产权裁判文书上网、庭审网络直播、审判流程公开等工作。

(3)司法宣传方式、内容更加丰富。深入分析2013年以来全市法院侵犯知识产权刑事案件特点、审理难点并提出对策建议，形成调研报告和信息简报；受邀参加天津市广播电台经济频道主办的《今晚有说法》栏目直播，展示了天津法院知识产权法官的良好形象。

四、加强队伍建设，打造知识产权司法保护天津品牌

注重审判指导工作和审判经验总结，制定并印发《2018年天津法院知识产权司法保护工作要点》。做好《天津知识产权审判》编纂工作，印发第15、16期《天津知识产权审判》。组织召开全市法院知识产权审判工作会议。圆满完成各项调研任务，圆满完成《法官智典——知识产权卷》的起草编撰工作。

（天津市高级人民法院知识产权审判庭）

检察工作

2018年以来，天津市各级检察机关认真贯彻落实市委市政府实施最严格的知识产权保护、打造知识产权保护高地的决策部署，充分发挥法律监督职能，完善行政执法与刑事司法衔接机制，严厉打击侵犯知识产权犯罪行为，加强对侵犯知识产权类案件的刑事司法保护力度，取得了积极成效。

一、严厉打击侵权假冒犯罪行为

2018年，天津市各级检察机关充分发挥法律监督职能，依法履行立案监督、审查批捕、审查起诉、诉讼监督职责，不断完善知识产权类案件办案机制，建立健全行政执法与刑事司法无缝衔接机制，依法监督行政执法机关移送涉嫌犯罪案件，纠正公安机关对移送的案件有案不立等违法行为，有效提升知识产权的刑事司法保护水平。全市检察机关共批准逮捕侵犯知识产权和制售假冒伪劣商品类犯罪案件130件202人，提起公诉167件332人，有效打击了该类犯罪。

二、开展侵权假冒领域行政执法与刑事司法衔接工作

一是不断深化市、区两级的“两法”衔接工作机制。天津市检察院与相关市直行政执法机关等部门积极沟通，通过会签系列文件在全市范围内建立起打击侵犯知识产权和制售假冒伪劣商品、食品、药品等的“两法”衔接机制。2018年天津市检察院与天津市政府法制办公室会签《关于进一步推进行政执法与刑事司法衔接工作的实施意见》，详细规定了联席会议、案件咨询和移送、重大案件情况通报、案件信息共享、检察机关查询行政处罚决定书等制度，整体规范和完善了“两法”衔接工作。

各区检察机关按照市检察院要求，建立健全与本辖区相关行政执法机关、公安机关的联席会议、案件咨询和移送、重大案件情况通报等制度，制定和出台相关工作细则。目前，各区检察机关已与辖区内相关部门会签了70余份“两法”衔接文件。

全市各级检察机关通过“两法”衔接机制，与行政执法部门、侦查机关的联系越来越紧密，进行联合执法、会商研究等工作，形成执法与司法合力，共同推动了一大批涉嫌犯罪的行政处罚案件得到刑事处理，带动了刑事监督工作整体水平的提升。

二是积极推动“两法”衔接信息共享平台的使用工作。“双打信息共享平台”是检察机关监督行政执法部门移送案件线索，监督公安机关立案的有效载体。上线运行以来，全市各级检察机关主动加强与本辖区公安、行政执法等部门的联系，积极推动平台规范化使用，全市各级检察机关、公安机关、行政执法机关按照各自权限统一在该平台进行网上移送、网上受理、网上监督，使该信息平台形成统一建设、统一维护、统一使用的大格局。全市各级检察机关还积极审查天津市行政执法监督平台录入的行政执法案件。2018 年全市检察机关利用该两个信息平台共审查行政处罚决定书 2000 余份。

三、开展检察机关“打击侵犯知识产权和制售假冒伪劣商品”典型案例评选

为加强业务指导和借鉴交流，总结经验并提升检察机关保护知识产权能力，开展 2018 年度全市检察机关“打击侵犯知识产权和制售假冒伪劣商品”典型案例评选活动，共评选优秀典型案例 10 件。入选案例办案程序规范，事实清楚，适用法律正确；办案效果好，体现检察机关严格保护知识产权，依法惩治侵犯知识产权犯罪的司法保护力度。这些案件的成功审理，既保护了国家重大科技项目的知识产权，也平等保护了中小企业的知识产权，服务创新型国家建设，切实维护了法律权威，具有良好的法律效果和社会效果。

（最高人民检察院第四检察厅）

河北省

专利工作

2018 年 11 月 3 日，河北省知识产权局正式挂牌成立，河北省知识产权管理体制和运行机制实现历史性重构，对商标、专利、地理标志、集成电路布图设计等知识产权实现统一管理。2018 年，河北省知识产权工作紧紧围绕全省经济社会发展中心工作，以贯彻落实创新驱动发展战略和国家知识产权战略为核心，以建设知识产权强省为目标，不断加强知识产权创造、运用、保护，全面推进知识产权各项工作，取得了显著成效。

一、专利申请和授权量质齐升

河北省专利申请和授权量快速增长，全年专利申请量为 83 785 件，授权量为 51 894 件，分别较 2017 年增长 36.7% 和 46.8%。截至 2018 年年底，河北省万人发明专利拥有量达到 3.32 件，较 2017 年年底增加 0.4 件。9 项专利获得第二十届“中国专利奖”优秀奖，50 项专利分获河北省专利一、二、三等奖和优秀奖。

二、严格专利权保护

深入开展 2018 年知识产权执法维权“雷霆”专项行动工作，处理专利行政执法案件 1353 件，结案 1239 件；向其他省、市知识产权局移送跨区域专利执法案件 299 件；发挥中国知识产权华北调度中心职能作用，开展京津冀打击假冒专利联合执法专项行动和省、市、县三级联合执法行动，促进京津冀知识产权执法合作。加强行业知识产权保护工作，新增国家级知识产权保护规范化培育市场 8 家，牵头成立了京津冀专业市场知识产权保护联盟；新设7家知识产权维权援助分中心和工作站，总数累计达到32家。

三、强化专利转化运用

建立"知识产权管理部门引导、知识产权服务机构指导、企业开展贯标认证"的工作模式，100家贯标企业全部通过第三方认证。今麦郎面品有限公司等6家企业获批国家知识产权优势示范企业，总数累计达到46家。选择10家企业开展重大经济活动知识产权评议试点工作，在能源、化工、材料、通信、生物等重点行业选择30家企业开展专利产业导航项目，形成40份对企业有价值的专利战略研究报告或评价报告。大力推进知识产权与金融产品的有机结合，引导企业采取知识产权质押、专利保险等方式实现知识产权的市场价值。借助"保、调、防、赔"四位一体专利保险模式，2018年河北省专利保险风险保障金额突破1亿元。

四、夯实专利工作基础

石家庄市被国家知识产权局批准列入国家知识产权示范城市，至此，河北省拥有国家级知识产权试点示范城市、园区、强县工程试点县累计达到17家。2家知识产权服务机构成功入选第四批全国知识产权服务品牌培育机构名录，1家成功入围国家知识产权分析评议示范创建机构，河北省的国家级知识产权服务品牌培育机构和分析评议机构达到8家。新认定河北工业大学、河北师范大学、石家庄铁道大学和邯郸职业技术学院4所大学为河北省第三批知识产权培训基地，全省累计已认定10家。强化知识产权远程教育平台建设，相继设立了6家远程教育分站。组织全省（含各设区、市）开展了93项"4·26知识产权宣传周"活动；在《中国知识产权报》《河北日报》《河北经济日报》以及长城网等媒体上刊登宣传稿件26篇，从多角度对河北省知识产权工作进行宣传报道。

（河北省知识产权局）

商标工作

2018年，河北省以服务高质量发展为重点，实现了商标工作的全面提升，全年新增注册商标14万件、地理标志商标50件、驰名商标26件，总数分别达50万件、119件、337件。

一、市场主体和社会公众的商标品牌意识进一步增强

以"4·26知识产权宣传周"等重要时间节点为契机，进行现场咨询、发放宣传资料，营造商标发展与保护氛围。组织各类培训，为企业讲解商标法律法规。开展入企走访，帮助企业查找商标发展中存在的问题，引导企业建立商标发展规划。

二、河北本土企业的影响力不断提升

河北省工商行政管理局和唐山市人民政府成功举办了2018中国国际商标品牌节，出席会议领导人数、参会人数和外宾人数均创历史新高。河北省142家企业参展，获得卓越贡献奖1个、商标领军人物1名、金奖25个、银奖54个；河北省工商行政管理局、河北省商标协会、唐山市工商行政管理局等29个单位荣获贡献奖。中央电视台、《人民日报》、河北电视台等30余家主流媒体予以报道，提升了河北自主品牌的知名度和美誉度。

三、地理标志商标工作取得突破性进展

各级工商和市场监管部门积极推进地理标志商标培育、注册和运用，深入挖掘，主动指导，调研督导推进，新增地理标志商标50个，是历年来最多的。"宽城板栗""晋州鸭梨"等一批地理标志品牌成为地方响亮名片，带动区域经济发展。

四、商标监管工作取得新成效

2018年，开展了保护注册商标专用权专项行动，按照国家工商总局的部署开展了"溯源"专项行动，共查处侵权假冒案件2664件，案值1217.53万元。起草《河北省奥林匹克标志保护规定（草案）》并配合河北省法制办完成了草案调研、征求意见及会审等工作。形成了河北省冬奥会知识产权执法维权工作方案，会同版权、海关、体育、残联等部门编制知识产权执法手册，设立了河北省（张家口冬奥）知识产权维权援助工作站，依据冬奥组委委托，接收侵犯冬奥会及冬残奥会相关知识产权的举报投诉。多次在全省范围内开展对侵犯奥林匹克标志和2022年冬奥会标志专用权行为的专项清理整顿，依法查处侵犯奥林匹克标志案件27起，罚款金额35万元。

（河北省知识产权局）

地理标志工作

2018年，河北省以服务质量强省战略为核心，以助力经济社会发展转向高质量发展阶段为目标，积极开展地理标志各项工作，取得明显成效。

一、地理标志产品申报工作有新进展

根据国家质检总局2018年第33号公告，对燕潮酩酒实施国家地理标志产品保护，至此河北省共累计对70种产品实施国家地理标志产品保护。此外，2018年，行唐大枣申报实施地理标志产品保护获国家知识产权局受理，华斯控股股份有限公司获核准使用肃宁裘皮地理标志产品专用标志。新获批的地理标志产品和专用标志申请企业将对促进地方经济转型发展，带动富民强县和农业增收产生促进作用。

二、积极挖掘培育优秀地理标志保护产品

河北省各级政府对地理标志工作的重视程度和积极性越来越高，多地将地理标志工作的考核指标制定到全年任务中。2018年，河北省新申报泥坑酒、玉田胭脂稻等产品；对已经受理的阜平大枣、鸡泽辣椒、滦南虾酱、滦南虾油、栾城羊羔酒、贯头山酒、故城龙凤贡面、黄骅梭子蟹、行唐大枣、黄骅小麦粉等10个产品提交专家评审会申请；在机构改革期间，各地政府积极努力培养、发掘和储备了泊头桑葚、成安棉花、漫河西瓜、阜城鸭梨、新乐甜瓜、邓庄山楂等一批地方特色产品。

三、地理标志产品助力精准扶贫

在新的历史条件下，河北省扶贫攻坚力度不断加大，通过开展"地理标志精准扶贫"活动，以地理标志工作为抓手，以地理标志工作精准对接、精准帮扶、精准破难为原则，努力做到"培育一个地标，带动一个产业，搞活一方经济，富裕一方百姓"，推动贫困地区升级发展。2018年在河北省质量监督局与对口帮扶的国家级贫困县康保县共同努力下，河北省积极发掘当地特色产品，培养了以康保莜麦、康保胡麻油、康保马铃薯、康保荞麦为代表的一批优秀地理标志产品，凸显了地理标志产品保护制度对促进地方产业、攻坚脱贫的工作成效，同时推动了国家、地方积极协作，充分发挥政策优势，创新了精准扶贫的工作方式。

四、开展地理标志产品日常监督检查工作

2018年一季度，在全省范围内开展了地理标志产品监督检查，严格遵照《地理标志产品保护规定》和《地理标志产品保护工作细则》，加强对地理标志产品生产、流通和专用标志使用等各环节规范管理，有效维护地理标志产品的特色质量和声誉，促进地理标志产品各项政策的有效实施，进一步推动了全省地理标志产品的概念普及和保护意识的提高。

（河北省知识产权局）

版权工作

2018年，河北省各级版权行政和执法部门不断提高版权服务水平，积极推进版权示范创建工作，进一步巩固政府机关和企事业单位软件正版化工作成果，严厉打击各领域侵权盗版行为，强化版权宣传培训，取得了显著成绩。

一、加大版权示范推进工作，优化版权登记环境，促进版权产业发展

一是积极开展版权示范调研工作。2018年4月至5月省版权局组织调研组对福建省德化县、广东省东莞市、江苏省张家港市和昆山市的版权示范创建工作进行了调研，赴山东省青岛市、即墨市考察学习版权示范创建工作经验。还先后对河北多单位开展调研，精心培育"百年巧匠"等6家企业作为省级示范单位和示范园区（基地）创建培育对象。二是扎实推进版权示范城市创建。7月5日，廊坊市召开创建全国版权示范城市工作推进会暨廊坊市政府部门使用正版软件工作会议，就创建全国版权示范城市工作进行再动员、再部署。三是优化版权登记环境。4月26日，河北省版权保护中心上线了"河北省版权信息数据库平台"（以下简称版权服务平台），优化版权登记环境。权利人可通过平台对多类作品进行在线登记、自主管理，确定版权归属，登记时限也由过去的30个工作日缩短到7个工作日。该平台还提供了多项增值服务。据统计，版权服务平台上线后共注册账户1556个，登记作品9782件，平台登记作品数量占全年所有登记数量11 871件的82.4%。四是拓展版权服务体系。9月19日和12月13日，省版权局、省版权保护中心分别在廊坊市和唐山市设立版权服务站，授予地区管理权限。据统计，2018年廊坊服务站登记量达到4832件，约占全省登记总量的40.7%，真正激活了服务站的潜在价值。五是积极为会员单位服务。7月，组织推荐了8家会员单位参选2018年度中国版权最具影响力企业、新锐企业。12月1日，在第十一届中国版权协会年会上，河北教育出版社有限责任公司荣获"2018年度中国版权最具影响力企业"称号；河北乐聪科技网络有限公司与河北精英动漫文化传播股份有限公司荣获"2018年度中国版权新锐企业"称号。

二、进一步巩固各级政府机关和企事业单位软件正版化工作成果

一是开展考核评议和督导检查工作。1月，省版权局组织了11个考核组，分别对全省11个设区、市及其所辖1个"回头看"县级政府、定州市政府和辛集市政府，以及97家省直单位2017年度软件正版化工作进行了考评。之后，印发了《关于政府机关软件正版化考核评议工作的情况通报》。6月中旬至8月上旬，省版权局组织人员，对全省9个设区、市和17个县级政府的49个市县机关、10家国有企业、6家金融机构、1家私营企业进行了督导检查，制发了《关于做好软件正版化整改提升工作的通知》。二是加大企业软件正版化推进力度。5月，召集三家广电企业，部署和推进2018年软件正版化工作；10月底，带领河北出版传媒集团等企业参加国家版权局组织的业务培训，指导各单位安装使用正版软件管理工具。5月，加快推进省国资委监管企业和委属事业单位软件正版化工作进程。四是创新性开展工作。石家庄市实现了所有事业单位的办公软件全覆盖。邯郸市、辛集市也完成了市级政府机关和事业单位（不含学校和医院）3年的办公软件全覆盖工作。衡水市部分市、县集中采购国产操作系统和国产办公软件，实现了国产操作系统的部分替代。

三、采取有力措施，严厉打击各类侵权盗版行为

一是召开版权工作会议。7月31日，

省版权局召开河北省版权工作会议，传达了全国版权执法监管工作会议的主要精神，部署了河北省“剑网 2018”专项行动的具体工作，通报了全省版权工作的进展情况。二是组织开展“剑网 2018”专项行动。8 月，河北省版权局会同省互联网信息办公室、省通信管理局、省公安厅等部门联合印发了《河北省版权局等关于开展打击网络侵权盗版“剑网 2018”专项行动的通知》。专项行动期间，全省主动监管网站 3000 多家(次)，处理涉嫌侵权盗版违规网站 22 个，注销违规网站备案 13 个，取消违规网站接入 15 个，列入“黑名单”管理 18 个，停止域名解析 4 个，先后查处了多起网络侵权盗版大案要案。三是开展出版物市场版权执法工作。全省各级“扫黄打非”和版权执法部门先后开展了环京 4 市等重点地区出版物市场专项整治、京冀毗邻地区联合督导检查、中小学校园周边文化市场专项检查、旅游旺季重点地区文化市场清理整治等系列行动。全省共检查印刷企业 2 万家次、出版物经营单位 8000 余家次、打字复印单位 800 余家次，收缴各类非法出版物总数 52 万多件。四是加大版权案件的查处力度。先后查处了多起侵权盗版案件，震慑了犯罪分子。

四、加强版权宣传、教育和培训等工作，提高公众的版权意识

一是重视版权保护宣传周宣传活动。4 月 20 日至 26 日，河北省开展了形式多样的版权保护宣传周活动。首先，登载主题宣传海报。对国家版权局和日本、韩国共同制作的版权宣传片进行宣传推广。其次，公布版权典型案件。对全省 2017 年度具有代表性的 10 起侵权盗版案件在《河北日报》、长城网新媒体、《河北青年报》等新闻媒体进行宣传报道。再次，召开版权信息数据库平台上线新闻发布会。二是注重日常宣传。充分利用《中国版权年鉴》等出版物的地位及影响，积极总结全省版权保护经验，通过文字、图片等形式，全面展示版权保护成果，不断扩大对外宣传。三是强化软件正版化工作培训。四是加强对外交流。10 月 19 日至 21 日，第七届中国国际版权博览会在江苏省苏州市举办，省版权局组织全省 23 家企事业单位的 236 件作品参展。五是宣传查案有功单位和个人。

（中央宣传部版权管理局办公室）

司法工作

2018 年，河北法院知识产权审判部门认真贯彻落实党的十九大会议精神，大力加强知识产权司法保护，积极服务保障“经济强省、美丽河北”建设，努力为创新驱动发展、“一带一路”建设、京津冀协同发展等国家战略保驾护航，知识产权司法保护工作取得了新的进展。

一、狠抓执法办案第一要务，努力实现结案均衡化

2018 年，全省法院共新收一审知识产权案件 2852 件，比 2017 年的 1013 件上升 181.54%；审结 2608 件，比 2017 年的 1017 件上升 156.44%，收结案数上升明显。在全省法院新收的 2852 件一审知识产权案件中，涉及专利权 500 件(发明专利 30 件、实用新型 245 件、外观设计 225 件)、商标权 628 件、著作权 1225 件、不正当竞争 41 件、植物新品种 5 件、特许经营 370 件。新收二审知识产权民事案件 256 件，比 2017 年的 206 件上升 24.27%；审结 250 件，比 2017 年的 206 件上升 21.36%。在新收的 256 件二审知识产权民事案件中，涉及专利权 44 件(发明专利 7 件、实用新型 21 件、外观设计 16 件)、商标权 72 件、著作权 90 件、不正当竞争 14 件、技术合同 15 件、植物新品种 4 件、特许经营合同 14 件。

二、认真贯彻中央决策部署，确保改革举措落地生根

河北省高级人民法院民三庭研究制定了河北省《关于加强知识产权审判领域改革创新若干问题的实施意见》，先后征求省直 16 家单位的意见和建议，经河北省委全面深化改革领导小组审议，以河北省委办公厅、省政府办公厅文件印发全省实施。河北省高级人民法院还制定了重点任务分工方案，细化分工，压实责任，确保中央和省委各项决策部署在全省法院得到不折不扣的贯彻落实。

三、认真传达贯彻全国知识产权审判工作会议精神

河北省高级人民法院民三庭及时召开全省知识产权审判工作会议，传达部署全国法院第四次知识产权审判工作会议精神，对河北省《关于加强知识产权审判领域改革创新若干问题的实施意见》进行专题解读。

四、充分发挥司法保护主导作用，着力破解审判难题

在审理允畅五金提起上诉的涉及台湾地区的知识产权侵权案件中，河北省高级人民法院民三庭充分发挥二审纠错功能，当事人专门从台湾地区寄来感谢信；在小米科技系列商标维权案件中，对于侵权情节较重的部分案件，全部支持原告诉请的赔偿数额，有效遏制了该类知识产权侵权案件的多发频发态势；大力倡导当庭宣判，如河北省高级人民法院民三庭审理的一起特许经营纠纷案件，庭审后当庭宣判，收到了良好效果。

五、高度重视知识产权类案审判，确保全省裁判尺度统一

2018 年审理了小米公司、允畅五金公司、源德盛公司、弘奇永和公司等多起系列案件。河北省高级人民法院民三庭对上述系列案高度重视。一是就审判标准、裁判尺度问题召开专门会议进行讨论，统一裁判尺度；二是重视开庭及组织调解的示范和普法作用；三是在考虑系列维权成本的基础上，进一步加大知识产权保护力度，对情节较重、侵权恶意明显的案件，从重确定赔偿数额。

六、不断强化调研指导，全面提升全省专业审判水平

通过微信群等信息化手段与有关中级人民法院进行沟通指导，及时解决知识产权审判中出现的新问题；对社会影响较大的关联案件，加强工作协调，积极利用裁判文书上网、内部数据库等便利条件，发挥案例指导的作用，统一裁判标准。

七、不断延伸审判职能作用，主动服务经济社会发展大局

为迎接"4·26 世界知识产权日"，全省法院积极开展知识产权系列宣传活动。河北省高级人民法院民三庭与新闻处共同举办知识产权司法保护新闻发布会，发布《河北法院知识产权司法保护状况（2013—2017）》白皮书，并向社会公布 2017 年度河北省知识产权司法保护十大典型案例；应邀与河北省知识产权局、河北省公安厅等单位在石家庄乐汇城广场共同举办知识产权保护大型宣传咨询活动。

八、不断加强审判队伍建设，提高审判业务能力

始终把政治建设放在首位，建立周学习制度；积极组织参加各项业务培训，先后组织全省对口部门的业务骨干到国家法官学院进行学习研讨；举办全省法院知识产权审判业务培训班，加强全省业务交流，统一审判标准；加强纪律作风建设，确保廉洁司法。2018 年，河北省高级人民法院民三庭荣获"国家知识产权战略实施工作先进集体"，受到国务院知识产权战略实施工作部际联席会议办公室的表彰；石家庄市中级人民法院民五庭荣获"全国法院知识产权审判工作先进集体”，全省两人荣获“全国法院知识产权审判工作先进个人”，受到最高人民法院的表彰。

（河北省高级人民法院知识产权审判庭）

检察工作

2018年，河北省检察机关充分履行检察职能，依法从重从快批捕、起诉一批侵犯知识产权刑事犯罪案件，实现刑事打击有力有效，打击侵权假冒工作效能明显提升，打击侵权假冒领域行政执法与刑事司法衔接联网运行加快推进，为新时代全面建设“经济强省、美丽河北”创造公正的法治环境、优质的服务环境，建设法制化营商环境，维护全省市场经济秩序稳定和社会和谐提供有力的司法保障。

一、统一思想认识，建立健全组织领导机构

省检察院成立了“打击侵犯知识产权和制售假冒伪劣商品专项行动领导小组”，设立了办公室，负责全省检察机关参加专项行动的组织领导、指挥、协调、调度及案件督办工作。制定印发了《打击侵犯知识产权和制售假冒伪劣商品年度工作安排》，各设区、市人民检察院均建立相应的领导机构和办事机构，制定了具体实施方案。坚持全省统一部署与区域整体推进、部门分工负责与强化协作、专项整治与日常执法相结合，集中时间、集中力量，统一开展专项行动。同时严格落实领导责任制，明确职责任务，把责任落实到每一个人、每一个岗位、每一个环节，确保各项工作落到实处。

二、认真履行职能，突出打击重点，严惩侵犯知识产权犯罪

充分发挥检察职能，牢固树立严格执法的理念，对公安机关提请批准逮捕、移送起诉的侵犯知识产权犯罪案件，适时介入侦查、引导取证，把好事实关、证据关、程序关和法律适用关，做到不枉不纵。在确保办案质量的前提下，切实加快办案进度，确保打击效果。同时，积极配合有关部门严厉打击在新闻出版、文化娱乐、高新技术领域侵犯著作权、商标权犯罪活动；突出打击印刷复制盗版图书、音像制品、软件以及假冒国际国内知名品牌的犯罪。在重点整治领域普遍开展查处重点产品的基础上，根据本地存在的突出问题，对知识产权侵权高发地区开展集中整治。

2018年全省检察机关共批准逮捕涉嫌侵犯知识产权犯罪案件85件118人，其中假冒注册商标犯罪案件29件38人，销售假冒注册商标的商品犯罪案件34件53人，非法制造、销售非法制造的注册商标标识犯罪案件12件15人，侵犯著作权犯罪案件7件8人，侵犯商业秘密犯罪案件3件4人。提起公诉75件134人，其中假冒注册商标犯罪案件47件72人，销售假冒注册商标的商品犯罪案件28件62人。

三、深化“两法”衔接，努力规范依法行政

依托全省“两法”衔接信息共享平台，深入推进打击侵权假冒工作。紧紧围绕服务全省经济和京津冀协同发展的部署，有效发挥“两法”衔接职能作用，切实加大主动移送、监督移送、监督立案的力度，进一步提升工作实效。认真落实案件咨询制度、大案要案通报制度、挂牌督办制度。着力规范案件移送行为，在细化刑事案件移送标准上下功夫。特别是对把握不准，是否移送立案的违法犯罪案件，结合司法实践研究制定统一标准，对同类情形遵照标准统一移送，防止发生以罚代刑。着力加强“两法”衔接信息共享平台运行和管理。完善网上移送、网上受理、网上监督机制，督促行政执法机关及时将涉嫌犯罪案件移交公安机关。

四、积极探索创新，不断建立完善知识产权保护长效机制

结合办案加强调查研究，在认真研究建立和完善全方位、多层次的预防打击侵犯知识产权犯罪工作机制上下功夫，实现打击和预防两个层面上的突破。省检察院建立了全省检察机关打击侵权假冒工作重大事项报告制度。通过对类案和典型个案的剖析，掌握侵犯知识产权犯罪的特点和规律，积极向当地党委、政府和相关企业提出强化管理、消除隐患、预防犯罪和建章立制的检察建议，促进企业管理和打击侵权假冒工作长效机制建设。加强横向合作，与公安、法院、海关等多部门密切配合，不断推动“两法”衔接，促进依法行政。

（最高人民检察院第四检察厅）

山西省

专利工作

2018 年，山西省有效发明专利 1.3 万件，比上年增长 11.2%；每万人发明专利拥有量 3.5 件。

一、政策体系不断完善

一是组织完成《山西省〈国家知识产权战略纲要〉实施十年评估报告》主报告以及 4 个分报告。二是会同山西省国税局出台《关于用好税收优惠政策助力专利技术研发转化的实施意见》，鼓励专利研发转化。三是与山西省高级人民法院联合印发了《关于建立知识产权司法审判与行政执法协调和多元化纠纷解决机制的意见》，加强知识产权保护机制建设。

二、加强知识产权保护

召开山西省知识产权工作推进会，制定并下发《关于开展 2018 年山西省知识产权执法维权“雷霆”专项行动的通知》等文件。加大专利行政执法力度，加强“12330”维权援助举报投诉平台建设。截至 2018 年年底，山西省共查处各类专利案件 206 件（比 2017 年增长了 67.4%），其中专利侵权案件 43 件（比 2017 年增长了 514%），假冒专利案件 163 件（比 2017 年增长了 40.5%）。

三、促进知识产权运用

一是组织评选首届山西省专利奖。二是积极引导专利成果转化运用，继续开展“专利推广实施资助专项”，引导项目承担单位加强专利研发和推广运用。

四、提高知识产权公共服务水平

一是加大知识产权人才培养力度，举办山西省专利代理人能力提升培训班、企业知识产权管理规范贯标培训班等多期培训。二是加强山西科技成果转化和知识产权交易服务平台的建设。三是加强知识产权文化建设，积极开展“4·26 知识产权宣传周”“中国专利周”等宣传活动，提高全社会知识产权意识。

（山西省知识产权局）

商标工作

2018 年，山西省全省商标申请 5.3 万件，累计有效注册商标 14.0 万件。

一、深入推进商标品牌战略，商标品牌创建工作成效明显

努力提高商标注册量，不断夯实商标品牌战略基础。进一步开展“一企一商标”“一村一品一商标”活动，依托国家知识产权局商标局太原、长治商标受理窗口，指导帮助市场主体注册商标。加强培育地理标志商标，助力富农惠农、精准扶贫。山西省地理标志证明商标增至57件。

二、进一步加大行政执法力度

继续以驰名商标、涉农商标、涉外商标、地理标志商标为重点，对商标侵权行为保持高压打击态势；加大检查力度，严厉打击制售假冒伪劣商品行为。全年共查处各类商标侵权假冒案件1146件，案值535.21万元，罚款862.33万元；移送司法机关3件，案值61万元，捣毁侵权窝点86个。

（山西省知识产权局）

地理标志工作

一、开展全面摸底调查，夯实工作基础

组织开展山西省范围内的大摸底大调查，按照产品、地域进行分类统计造册，为下一步的培育筛选工作打下坚实的基础。山西省现有地理标志保护产品26个，范围涉及食品、农产品、畜产品等领域，获准使用地理标志产品专用标志的企业有104家。

二、广泛宣传，扩大影响

在山西省知识产权局门户网站上创建山西地理标志产品专门网站，开通了山西地理标志产品微信公众服务平台，运用现代网络手段，向广大群众宣传地理标志产品和证明商标的保护知识。组织相关单位在农业博览会上进行地理标志产品现场展示。

三、成立山西省地理标志标准化技术委员会

山西省地理标志标准化技术委员会统一负责全省地理标志产品的管理标准、产品标准、技术规范等标准的制修订和审定工作。

四、严格监督检查获批地理标志产品

发挥地方政府保护办公室的作用，建立健全辖区内地理标志产品和证明商标的保护机制，以管理模式、产品特色质量、专用标志使用状况为重点，加强监督检查，严肃查处擅自使用或伪造国家地理标志保护产品专用标志等违法行为。

五、实施地理标志产品阶段培育战略

已形成实施保护一批、申报公示一批、培育储备一批的良好态势。针对晋祠大米、恒山北芪菇、恒山黄芪羊、大同黄花、阳高杏脯、繁峙大杏、陵川连翘、陵川潞党参等8个产品，已经成立了由当地县政府主要领导任组长的地理标志保护办公室，正在划定保护区域，确定产品特色指标，准备申报材料。清徐葡萄、娄烦土豆、长治八义窑红绿彩陶瓷、沁水老农蜂蜜、大寨黄金饼等产品被列为山西省地理标志产品保护推荐的重点对象。

（山西省知识产权局）

版权工作

2018年，山西省版权局致力于创新版权管理方式、加大版权监管力度、提高公众版权意识，扎实开展打击侵权盗版和软件正版化等重点工作，努力实现由管理执法为主向“放、管、服、效”并重的良性转变，取得了显著成果。

一、科学管理，突出重点，加强版权行政执法监管工作

山西省版权局将打击侵权盗版作为全年工作的重要任务，坚决保持对侵权盗版不法分子和违法行为的高压打击态势。切实发挥局“双打”领导小组办公室的职能作用，对全省版权领域“双打”工作进行部署，要求加强版权监管源头治理，开展大检查、大整顿、大治理工作，保持对生产、销售侵权盗版制品违法行为的高压打击态势。明确了打击侵权盗版工作的基本要求，要求狠打快打、聚焦重点、追根溯源、强力查办，确保各项行动落到实处，全面净化全省出版物市场。全省立案查办各类侵权盗版案件 53 起。认真组织开展全省版权执法人员培训，加强版权执法队伍建设，提高版权执法队伍素质。

二、重拳出击，聚焦难点，严厉打击网络侵权盗版违法行为

山西省版权局牵头，与省公安厅、省通信管理局、省互联网信息办公室于 2018 年 7 月起，在全省范围内联合开展了第 14 次打击网络侵权盗版专项治理“剑网行动”。全省共主动监管网站 100 余家。部分市组织互联网企业开展自查自纠，全面清理整顿，约谈网站负责人，认真查找、及时整改侵权盗版问题。处置国家版权局移转的涉嫌侵犯网上著作权案件线索 5 起。办结了涉及网络侵权盗版的案件 2 起，分别是“朔州那些事儿”微信平台案和歪歪视频案。分别给予了 3 万元和 1 万元罚款的行政处罚。另外，运城市还处置了涉嫌非法转载新闻作品的网站 2 家。

三、牢筑根基，提高意识，加大版权宣传教育力度

4 月 20 日至 26 日组织全省各级版权管理部门开展版权宣传“七进”活动，即版权宣传进媒体、进机关、进企业、进校园、进社区、进街头、进移动终端活动。

四、落实责任，逐步推进，落实软件正版化工作长效机制

(1)认真安排部署。下发了《山西省 2018 年推进使用正版软件工作计划》，突出重点工作。

(2)全面落实责任。对省直各单位软件正版化工作责任人信息数据库进行核实清理，督促各市建立健全软件正版化工作机构，确保各项工作精准对接、工作责任有效落实。

(3)开展自查整改。组织省级政府机关和各市推进使用正版软件领导小组对各项工作进行全面自查，全面加强使用正版软件工作长效机制建设，开展年度使用正版软件工作总结统计工作。

(4)加强专项整改。要求省经信委等 6 个省直机关和汾酒集团等 4 个省属国企，对照督查中发现的问题，着重做好各方面的工作，彻底解决软件正版化工作中存在的问题。

(5)分批稳步推进。加快推进全省省属国有企业和银行业金融系统使用正版软件检查整改工作。

(6)组织业务培训。山西省版权局组织全省省级政府机关使用正版软件工作责任人和具体负责人，开展了以软件正版化工作的新形势新任务、常用软件专业知识为主要内容的软件正版化工作培训。

五、转变思路，服务大局，加强版权公共服务体系建设

(1)建立版权工作机构。山西省率先在省转型综改示范区和部分版权密集型单位共 12 家建设全流程管理的版权专业工作机构。

(2)探索知识产权质押融资办法。与国家版权局和兄弟省市积极沟通，对国家版权局和部分省市版权质押融资工作相关情况进行了持续跟踪，与省科技厅等畅通联系渠道，与省金控集团就版权质押融资工作开展了良好对接，力求推动工作进展。

(3)帮助解决版权实务难题。加强对图书、报刊采编人员的版权法律知识培训，2018 年共有近千人参加了培训。为相关单位提供版权法律咨询服务。

(4)做好版权登记工作。努力发挥作品版权登记工作和版权贸易合同备案在厘清版权权属、化解版权纠纷、提供权利证据、避免版权侵权等方面的重要作用。完成作品版权登记 300 余件，完成版权贸易合同备案 53 件。

（中央宣传部版权管理局办公室）

司法工作

2018年山西法院知识产权审判部门在最高人民法院的监督指导下，学习贯彻中共中央办公厅、国务院办公厅印发的《关于加强知识产权审判领域改革创新若干问题的意见》，全面加强知识产权司法保护，严厉惩处侵害知识产权行为，公正高效地审理了一批知识产权纠纷案件，为贯彻实施创新驱动发展战略、促进全省品牌经济发展做出了应有的贡献。

一、案件审理情况

2018年全省共受理知识产权一审案件1362件，同比增长65.6%。其中著作权案件652件，同比增长199%；商标权案件515件，同比增长4.5%；专利权案件79件，同比增长9.7%；其他案件116件，同比增长3.6%。

2018年全省共受理知识产权二审案件199件，同比增长155%。其中著作权案件24件，同比增长100%；商标权案件115件，同比增长204%；专利权案件36件，同比增长200%；其他案件24件，同比增长71.4%。全省共审结198件，审结率为99.5%，其中调撤74件，调撤率为37.2%。

二、审判调研、指导工作开展情况

(1)出台《山西省高级人民法院关于审理卡拉OK著作权纠纷案件的若干意见》(晋高法发〔2018〕6号)，进一步规范山西省卡拉OK版权使用等著作权纠纷关联案件的审判工作。

(2)山西省高级人民法院制定了《山西省高级人民法院关于知识产权审判技术专家的管理办法(试行)》，选聘7名知识产权领域的技术专家，建立了全省知识产权审判专家库。选择确定太原钢铁公司等8家创新能力强、知识产权成果丰硕的山西省企业，作为全省法院知识产权调研基地。

(3)山西省高级人民法院与山西省工商行政管理局、版权局、知识产权局共同制定实施《司法审判与行政执法协调和多元化纠纷解决机制的意见》，推动建立知识产权多元化纠纷解决机制。

(4)山西省高级人民法院在2018年4月19日，召开了全省法院知识产权审判工作座谈会，对全省法院知识产权审判工作进行安排部署，并召开新闻发布会，向《人民法院报》、新华网、新华社山西分社、《山西日报》、山西电视台等20余家新闻媒体发布了山西省强化知识产权司法保护的重点措施。

(山西省高级人民法院知识产权审判庭)

检察工作

2018年，山西省检察机关结合本省实际情况，通过采取一系列措施，充分发挥检察监督职能，打击侵犯知识产权和制售假冒伪劣商品犯罪，优化营商环境，促进企业良性发展。

一、打击侵犯知识产权犯罪基本情况

2018年，全省检察机关共批准逮捕侵犯知识产权罪案件36件61人，起诉58件102人。其中，批捕假冒注册商标罪案件11件19人，起诉20件36人。批捕销售假冒注册商标的商品罪案件22件38人，起诉34件53人。批捕非法制造、销售非法制造的注册商标标识罪案件3件4人，起诉2件5人。起诉侵犯著作权罪案件1件2人，起诉侵犯商业秘密罪案件1件6人。

二、主要做法

(1)及时安排部署。结合山西省检察院《充分发挥法律监督职能优化营商环境实施意见》《“发挥侦查监督职能、优化营商环境”专项活动的实施方案》的工作要求，制定《全省检察机关开展“发挥侦查监督职能、优化营商环境”专项活动的实施意见》，为打击知识产权犯罪和制售假冒伪劣商品

犯罪提供了坚实的保障。

(2)明确打击重点,创新工作方法,拓宽监督范围。朔州市检察院突出打击链条式、产业化的侵犯知识产权犯罪,以及具有反复侵权、恶意侵权、网络侵权、有组织侵权等恶劣情节的犯罪,重点打击“黑作坊”“黑窝点”以及制售假冒伪劣药品、食品、农资等侵害民生民利的犯罪活动,严厉打击互联网侵权盗版和利用互联网、通信网络、电视网络销售假冒伪劣商品的侵权犯罪行为。大同市检察院积极完善行政执法部门与司法机关间有关案件咨询、督查督办等工作机制,规范行政执法证据的固定和移送,实现行政执法与刑事司法无缝衔接。完善涉嫌犯罪案件移送中有关涉案物品处置制度,探索建立涉案物品保管和有毒有害物品统一销毁处理制度。

(3)与“大学习、大调研、大落实、大提升”活动相结合,召开座谈会,开展送法入企活动。长治市检察院副检察长带队组成的刑事、民事、行政检察部门检察官小组深入长治市重点企业调研,并与长治市经济技术开发区管委会、企业家代表召开座谈会,在全市营造出服务企业发展的良好法治氛围。

(4)加强宣传报道,营造舆论氛围。忻州市检察院在依法办案的同时,组织干警积极广泛宣传知识产权保护等相关的法律、法规,在全国消费者权益保护日,通过微信公众号宣传全市检察机关重拳打击假冒伪劣所取得的成果,提高人民群众自觉抵制假冒伪劣商品、重视知识产权的意识,努力营造全社会参与打击侵犯知识产权犯罪和制售假冒伪劣商品犯罪的浓厚氛围。吕梁市检察院积极开展宣传,将扶贫攻坚工作同“双打”工作相结合,向群众宣传扶贫政策的同时积极宣传“双打”工作相关法律法规、政策措施、工作举措,并结合制售假冒伪劣商品犯罪、侵犯知识产权犯罪的典型案例,启发群众自觉抵制假冒伪劣商品、侵权行为,防止群众走上违法犯罪道路,在全社会营造良好氛围。

(最高人民检察院第四检察厅)

内蒙古自治区

专利工作

2018 年内蒙古自治区专利申请量 16 426 件,同比增长了 40.38%;专利授权量 9625 件,同比增长 53.48%。截至 2018 年年底,全区有效发明专利量 5076 件,每万人有效发明专利拥有量 2.01 件,突破了两件。2018 年全区 PCT 申请量 21 件,同比增长 31.25%。2018 年,全区有效注册商标已达 151 630 件,其中驰名商标 83 件,地理标志商标 124 件。

一、开展知识产权事业顶层设计,夯实工作发展基础

(1)局党组印发推进新时代知识产权事业发展意见。内蒙古自治区知识产权局党组印发《中共内蒙古自治区知识产权局党组关于深入学习贯彻党的十九大精神努力推进新时代自治区知识产权事业新发展的意见》(以下简称《意见》)。《意见》从三个层面对全区知识产权系统提出要求,一是深入学习贯彻党的十九大精神,为知识产权事业发展提供强有力的政治保证。二是层层传导全国局长会议精神,确保实现新年度知识产权工作高起点开展。三是紧扣重点工作谋篇布局,全面推动知识产权工作各项任务取得新发展。

(2)组织开展自治区知识产权战略实施十年评估工作。内蒙古自治区人民政府知识产权战略实施工作厅际联席会议办公室成立专家组,组织成员单位共同起草了

《内蒙古自治区知识产权战略实施十年(2008—2017)评估报告》,作为国家知识产权战略实施十年评估工作的重要组成部分刊发。

二、加大知识产权保护力度,营造公平竞争的市场环境

(1)完善知识产权政策体系建设。一是修订完善《内蒙古自治区专利促进和保护条例》(草案)。二是起草制定《内蒙古自治区知识产权对外转让工作实施细则》(试行),目前,已以自治区政府名义正式印发。

(2)深入开展打击侵权假冒专项行动。印发《2018 年全区工商和市场监管部门打击侵权假冒工作要点及任务分工》,协调组织开展了互联网领域侵权假冒治理、农村牧区和城乡市场结合部假冒伪劣、维护中国制造海外形象"清风"行动和红盾护农、红盾网剑、红盾质量维权等专项整治,先后查处了一批侵权假冒案件。2018 年 1—12 月,全区共查处侵权假冒案件 1242 件,案值 736.576 万元,罚没金额 873.847 万元;移送公安机关案件 3 件,案值 98 万元。

(3)深入开展保护注册商标专用权专项行动。印发《自治区工商局 2018 年保护注册商标专用权专项行动方案》,组织各地以辖区内的集贸市场、批发市场、商场等为重点单位,以群众反映强烈的食品、烟酒、化妆品等为重点商品,以侵犯驰名商标、涉外商标、地理标志、农畜产品商标和老字号商标为重点对象,进一步加大商标知识产权保护力度,严厉打击各类商标侵权违法行为,有效保护了企业和消费者的合法权益。1—12 月,全区共查处商标侵权案件 305 件,案值 219.68 万元,罚没金额 230.64 万元。

(4)深入开展打击商标侵权"溯源"专项行动。印发《全区工商和市场监管部门 2018 打击商标侵权"溯源"专项行动方案》,从 7—11 月在全区开展了打击商标侵权"溯源"专项行动。各地积极应对当前市场商标侵权行为的新特点,以"打源头、打窝点、打链条"为目标,切实加强对商标侵权商品源头追溯力度。全区共查处商标侵权案件 137 件,案值 93.49 万元,罚没金额 94.19 万元。同时,对商标局下发的涉及自治区各盟市的 65 条涉嫌商标侵权案件线索,及时指导各地进行了查处。

(5)深入开展知识产权执法维权"护航""雷霆"专项行动。制定并印发《内蒙古自治区知识产权执法维权"护航"、"雷霆"专项行动实施方案》,明确了工作目标、工作内容和实施步骤,对全区开展"护航""雷霆"专项行动进行了统一部署。截至 2018 年年底,全区共处理专利侵权纠纷 21 件,查处假冒专利案件 380 件。

(6)开展自治区、盟市、旗县(区)三级联合执法和执法督察。先后深入呼和浩特等 7 个盟市开展联合执法,强化专利行政执法工作的规范性,提升专利执法办案数量和质量。

(7)深入展会开展知识产权保护咨询服务。2018 年入驻"中国北方农业科技成果博览会""中国(满洲里)北方国际科技博览会"和"中国新丝绸之路·锡林郭勒草原畜牧业创新品牌展示交易会"设立知识产权执法维权咨询服务台。展会期间,对参展商品进行专利法律状态排查,查处假冒专利案件 8 件。同时向参展单位宣传知识产权保护方面的法规政策,为展会的顺利举办提供法律支撑。

(8)加强专业市场知识产权保护工作。2018 年继续在自治区范围内推进"知识产权保护规范化市场培育"工作。红星美凯龙乌海狮城商场被国家知识产权局列为第三批国家级知识产权保护规范化市场,截至 2018 年年底自治区有 8 家国家级专业市场。

(9)加强电子商务领域专利行政执法。2018 年度全国电子商务领域专利执法维权推进会暨"雷霆行动"启动仪式在浙江省杭州市举行。会上,内蒙古、黑龙江两省区知识产权局以及成都、深圳两家知识产权试点城市知识产权局与中国电子商务领域专利执法维权协作调度（浙江）中心共同签署《知识产权系统电子商务领域专利执法维权协作调度机制运行协调会议备忘录》，作为第三批电子商务领域专利执法维权协作调度成员单位加入全国电子商务领域专利执法维权协作体系。按照该备忘录要求，2018 年在电商平台处理侵权纠纷案件 3 件，净化了网络营商环境。

（10）探索行政与司法衔接的长效机制。2018 年 10 月，知识产权局与自治区高级人民法院联合印发了《专利民事纠纷诉调对接机制》。建立专利纠纷诉调对接机制，是整合行政资源、司法资源，快捷化解专利纠纷、保障当事人合法权益的有效路径和重要渠道，对预防和化解社会矛盾、维护社会稳定具有积极作用。

（11）积极推进知识产权调解工作。中国（内蒙古）知识产权维权援助中心被国家知识产权局确定为首批知识产权调解机构。

三、健全知识产权服务体系，提升知识产权服务能力

（1）深入推进企业知识产权托管工作。2018 年继续推进内蒙古企业知识产权托管工作，一是为深化专利服务、促进有效应用，在中国北方农业科技成果博览会和第六届中国（上海）国际技术进出口交易会展示知识产权托管企业专利技术和专利产品。二是为总结托管工作的成功经验与存在的问题，研究应对思路和举措，进一步推进自治区知识产权托管工作的全面覆盖和深入发展。2018 年启动全区企业知识产权托管实施情况调研工作。已在 7 个盟市进行了调研。三是开展知识产权托管工作宣讲。深入盟市，召开企业知识产权工作座谈会，并对企业知识产权托管工作有关政策和实施情况进行宣讲。四是在包头稀土高新区举办“外观设计专利质量提升培训班”。

（2）开展知识产权服务业统计调查。开展了全区知识产权服务业统计调查工作，向全区 116 家知识产权服务机构发放电子调查问卷，及时了解自治区知识产权服务业发展现状。

（3）完善专利信息传播利用体系，提升内蒙古专利信息传播利用能力。建成具有自治区优势特色的区域专利大数据集群，包括中蒙药、稀土、绿色农产品、沙产业等类目。以全部领域专利数据库为基础，建成了专利大数据体验中心，切实解决企业专利信息利用的实际问题。举办 2018 年全区专利信息传播与应用实务培训班，邀请相关专家对企业知识产权战略、专利信息分析与预警实务等方面的内容进行讲授。

（4）培育中小学知识产权教育试点学校。在德国纽伦堡国际发明展和美国发明展上，自治区知识产权试点学校通辽第五中学和赤峰红旗中学 7 名学生的 8 件作品获得金奖 1 项，银奖 6 项，铜奖 1 项。

其一，开展“知识产权进基层 · 进校园”活动，例如发放知识产权科普读物，组织专家为试点学校进行知识产权讲座；为通辽、赤峰国家级和自治区级试点学校授牌；对通辽第五中学和赤峰红旗中学知识产权教育工作开展情况进行调研；与国家知识产权局专利局呼和浩特代办处在通辽第五中学和赤峰红旗中学共同设立“校园工作站”。其二，组织知识产权师资培训。在赤峰举办自治区东部地区知识产权教育师资培训班，为东部地区 6 盟市知识产权试点学校教师及赤峰市知识产权教师 100 余人进行培训。组织国家级试点学校代表参加“2018 年全国中小学知识产权教育工作培训班”“西部地区中小学知识产权教育培训班”。其三，开展知识产权教育宣传培训。组织区内 24 所知识产权教育试点学校开展“全区校园知识产权宣传周活动”，为近万名青少年普及知识产权知识。组织

编写《内蒙古自治区中小学知识产权教育读本》(试用版),并已形成初稿。

(5)培育企业知识产权优势、示范企业。2018年推荐的12家国家知识产权优势企业和2家国家知识产权示范企业均通过评审。截至2018年年底,全区有国家级知识产权优势企业52家,示范企业8家。

(6)培育其他知识产权试点示范。开展2018年度国家知识产权强县工程、传统知识知识产权保护试点示范县评定工作。经考察调研,推荐自治区鄂温克族自治旗和根河市两县申报国家传统知识知识产权保护试点示范县。全区现有国家知识产权强县工程试点县6家,传统知识知识产权保护试点县1家。

国家知识产权示范园区复核和试点园区考核。组织包头稀土高新区积极筹备国家知识产权示范园区三年复核工作。对呼和浩特市和包头市开展试点示范城市工作的进展情况进行考核。考核结果是包头市为优秀,呼和浩特市为合格。

(7)积极指导盟市开展驰名商标申报、地理标志商标注册申请工作。一是有效指导盟市驰名商标申报工作。向商标局推荐报送“安澜及图”“食乐康”“草原王”“海德”等4件驰名商标认定申请。二是强化地理标志商标使用和注册。全面推广使用地理标志商标,应用行政指导规范工作,深入部分盟市旗县开展专题调研指导。2018年,全区新增注册商标36 744件,认定驰名商标3件,注册地理标志商标38件,创历年新增地理标志商标之最。截至2018年12月末,全区有效注册商标已达151 630件,其中驰名商标83件,地理标志商标124件。

(8)认真做好商标品牌专题调研,积极开展商标品牌宣传培训。一是赴部分盟市就“实施商标品牌战略、强化知识产权保护、扎实推动经济高质量发展”课题开展调研;赴兴安盟突泉县、科右中旗就商标品牌精准扶贫开展专题调研,起草了《突泉县商标富农精准扶贫工作方案》;起草了《实施商标品牌战略工作访谈》,参加了自治区政府网实施商标品牌战略工作访谈。二是举办全区商标国际注册与自主品牌国际化发展专题培训班。

(9)持续推进商标注册便利化工作。一是2018年,呼和浩特市、赤峰市、鄂尔多斯市三个商标受理窗口共受理商标注册申请2222件,鄂尔多斯市商标受理窗口办理注册商标质权登记30件,质押贷款3.78亿元,评估价值5.06亿元。二是争取商标注册受理窗口与质押登记点一体化。国家知识产权局商标局在乌兰察布市设立了商标注册申请受理窗口,开展商标注册申请受理业务;同意在呼和浩特市、赤峰市商标受理窗口开展商标专用权质权登记工作,实现商标受理与质权登记一体化建设。三是大力推进商标注册便利化改革,进一步扩大商标受理窗口受理业务范围,方便申请人就近办理多项商标业务,呼和浩特市商标受理窗口被商标局列为商标受理窗口扩大受理业务范围试点窗口,试点业务范围扩大到变更、续展、转让等23项受理业务。

四、聚集企业知识产权工作,深化知识产权转化运用

(1)运用企业专利权开展质押融资工作。2018年,开展融资业务10项,专利权质押融资金额19.5亿元,“十三五”以来,融资金额已累计达到52.44亿元。

引导金融和社会资本投向创新型企业。目前开展质押融资的企业主要分布于新能源、节能环保、大数据、生物科技、蒙中医药等产业。在引导金融机构的同时,公开融资信息,向社会资本推荐获得知识产权贷款的企业,推动各类资本联合融资。

通过质押融资提升企业的创新价值。开展融资工作以来,获得贷款的企业通过合理利用融资资金,加强内部技术研发、成果转化与专利保护工作。企业新研发或申

报专利的数量超过了以往3年的总量，由专利成果转化形成的产品销售收入达到了5600余万。

建立融资工作机制，优化融资环境。知识产权质押融资集聚了银行、担保、保险、企业、服务机构等多方资源，多方联动，一方面助力中小微企业的创新，另一方面建立了良好的协同工作机制和职责分工模式。

形成了良好的运营机制，解决多种融资难题。部分金融机构建立了科技贷运营机制，尝试了以专利、商标、软著、股权等多种无形资产并行作价，大幅降低了对房屋地产的依赖度，无形资产部分实现贷款的比例最高已达到100%。

(2)推行企业贯标工作提升企业知识产权管理能力。2018年，新增贯标企业31家，累计贯标企业达69家，新增通过外审认证企业21家，累计通过认证企业32家。

积极推动自治区贯彻《企业知识产权管理规范》标准工作，印发《关于开展2018年度企业知识产权管理规范标准化备案工作的通知》，规范贯标备案工作；在创新型企业中积极开展知识产权贯标，帮助企业建立知识产权管理制度和体系，培养知识产权管理人才。组织专家为贯标企业开展贯标咨询和培训20余场次，培养内审员200余人。

(3)开展重大项目知识产权分析评议。2018年，组织开展重点产业领域重大项目知识产权分析评议项目，完成了多篇报告，帮助政府和企事业单位在政策制定中有效规避决策中的知识产权风险、实现科学决策，帮助企业优化创新路线，带动自治区重点产业领域、优势产业领域的关键共性技术的研究与应用，提高企事业单位的创新效率和质量。

五、开展宣传培训和人才培养，创建知识产权事业发展良好环境

(1)组织“4·26知识产权宣传周”活动。“4·26知识产权宣传周”启动仪式上，各成员单位、知识产权服务机构、知识产权优势示范企业在现场举行了集中展示和宣讲咨询活动。组织开展了知识产权“进校园”、“进社区”、“进企业”、“进旗县”的“四进”服务活动。组织了知识产权在线“百题问答”，手机微信客户端吸引社会公众积极参与。据统计，全区各项活动总计达到191次(项)，是历次宣传周举办活动最多、覆盖范围最广、宣传效果最好的一次。

(2)组织开展各类知识产权专项培训。2018年加大各工作领域培训力度。面向企业组织“内蒙古企业知识产权国际化发展战略高级研修班”“自治区知识产权优势特色产业市场竞争策略研修班”；面向试点学校组织“自治区东部地区中小学知识产权教育工作培训班”“全区中小学知识产权教育师资培训班”。

(内蒙古自治区知识产权局)

版权工作

一、社会公共服务方面

一是建立自治区首个版权服务工作站。2018年4月21日上午，内蒙古自治区版权局向内蒙古知识产权服务中心颁授了“内蒙古自治区版权服务工作站”牌匾和“著作权登记委托书”，内蒙古自治区首家版权服务工作站正式授牌成立。二是推动版权公共服务向基层发展。制定印发了《内蒙古自治区版权局关于进一步加强作品著作权登记工作的通知》，鼓励支持各盟市开展作品登记业务，并通过设立“版权服务工作站”等方式对本地区的一般作品进行免费登记。截至2018年年底，全区12个盟市都已申请设立版权服务工作站。三是版权登记增量迅速。2018年内蒙古自治区著作权登记总量达到617件，相比2017年的299件，同比增长106%。10月19日至21日，第七届中国国际版权博览会(以下简称版博会)在苏州国际博览中心举办。内蒙古自治区历史上首次以参展省份的身份参展。自

治区各级版权管理部门、相关企业及版权服务机构 50 余人、394 件作品参加本届版博会。

二、版权执法方面

一是开展“剑网 2018”专项行动。连续 13 年会同网信、公安、通信管理等部门开展“剑网 2018”专项行动，制定印发《“剑网 2018”专项行动实施方案》及宣传方案，共办理案件 5 起，共处罚金 6 万元。二是开展打击侵权假冒工作。全区各级版权执法部门会同多个相关部门持续开展打击侵犯知识产权和制售假冒伪劣商品行动，2018 年共查处各类侵权案件 56 起，处没罚金 21.14 万元，有力净化了内蒙古自治区市场秩序，营造了良好的版权产业发展环境。

三、软件正版化方面

一是推进考核工作。2018 年上半年，内蒙古自治区版权局修订了软件正版化考核平时和年终三级指标，并报送自治区依法治区目标考核组（政法委列入）年度实绩考核指标体系。连续 4 年将软件正版化工作纳入厅局、盟市领导班子考核指标体系。从 6 月底开始，组织开展本年度软件正版化日常督查工作。本次督查共涉及区直机关单位 62 家、盟市级机关单位 70 余家、旗县级单位 123 家，查看文件 2700 余份，实地查看计算机近 13 000 台。二是完善工作机制。1 月份，组织完成 2017 年度软件正版化考核任务。2018 年上半年，先后完成并报送了《内蒙古自治区推进使用正版软件工作联席会议关于报送 2017 年软件正版化工作总结的报告》等文件，对软件正版化工作进行了一系列安排部署。5 月 16 日，组织召开自治区推进使用正版软件工作联席会议 2018 年第一次会议，会议通报了自治区 2017 年度软件正版化工作督查考核情况，总结了 2017 年内蒙古自治区推进使用正版软件工作，安排部署了 2018 年重点工作任务及日常督查考核工作，进一步明确了持续巩固政府机关软件正版化工作成果、加强侵权盗版执法监管、自上而下开展好宣传和培训、全面推进企事业单位软件正版化、做好软件正版化日常督查工作等五方面重点工作内容。

四、版权宣传培训工作方面

一是利用重要时间节点，开展版权宣传。2018 年 4 月初，内蒙古自治区版权局印发《开展 2018 年知识产权宣传周版权宣传活动的实施方案》和《内蒙古自治区版权局关于做好知识产权宣传周版权宣传活动的通知》，对全区宣传活动进行具体安排部署，同时在《广播电视宣传提示》开设 2 期“版权宣传专刊”。二是开展集中销毁侵权盗版及非法出版物活动。知识产权宣传周期间，自治区组织开展了侵权盗版及非法出版物集中销毁活动。各盟市（含满洲里、二连浩特市）文化市场综合执法队及各界代表共计 1 万余人先后参加活动。在活动中，自治区共销毁各类侵权盗版和非法出版物 39.4 万件，其中盗版书刊 19.6 万件、盗版音像电子出版物 6.3 万件。三是发挥主流媒体的作用。利用各级政府和相关部门门户网站等宣传平台，充分发挥主流媒体的舆论引导作用，做好重大执法行动的跟踪报道，邀请媒体参加重要活动，适时召开新闻发布会，组织开展在线访谈，发布打击侵权工作进展情况，保持宣传报道工作的常态化。四是发挥网络新媒体作用。利用各种新媒体技术，创新工作手段，丰富宣传载体，扩大宣传覆盖面，增强宣传效果。充分发挥“内蒙古自治区广播电视局”微信公众号作用，及时更新充实地方站内容，动态反映工作进展，提升版权整体影响力。五是加强户外、楼宇 LED 屏、公交车版权宣传。利用国家版权局提供的宣传素材，制作了 2 集版权宣传公益视频广告，确定了专门的版权宣传语，在全区公交车车尾广告屏上进行循环播放。印制版权宣传海报和易拉宝，在各盟市写字楼各显著位置摆放。六是开展宣传培训，加强版权人才队伍建设。2018 年 5 月 29 日，内蒙古自治区对推进使用正版软件工作联席会议成员单位和各被督查单位进行相关内容和技术培训，90 家单位共计 141 名有关人员参加了培训。7 月 31 日至 8 月 2 日，在鄂尔多斯市举办 2018 年自治区版权工作培训班，共涉及软件正版化、版权执法和公共服务等三方面内容，共 300 余人次参加培训。

（中央宣传部版权管理局办公室）

检察工作

2018 年，内蒙古检察机关通过依法履行侦查监督、审查起诉等职能，采取多项措施，扎实开展打击侵犯知识产权和制售假冒伪劣商品工作，为维护良好的市场经济秩序和自治区的创新发展提供有力的司法保障，保障了人民群众的合法权益。

一、充分发挥职能，严厉打击侵权假冒犯罪活动

自治区各级检察机关始终保持严厉打击的态势，严把事实关、证据关、法律适用关，以“零容忍”的态度严肃查办此类犯罪。对符合逮捕、起诉条件的犯罪嫌疑人坚决予以逮捕、提起公诉；对提请逮捕存在证据不足的，及时提出取证意见。2018 年全区共批准逮捕侵犯知识产权类案件 19 件 27 人，起诉 21 件 43 人。

自治区检察院要求各地及时对重点制假售假刑事案件予以挂牌督办，对督办案件的基本案情、采取强制措施情况和诉讼情况进行跟踪监督，督促各地侦监部门及时同当地公安机关和法院沟通协调，在案件定性、证据固定方面加强会商，及时引导取证，加大监督力度，依法追究犯罪嫌疑人的刑事责任，对违法犯罪分子形成有力震慑。同时，要求对情节严重、影响恶劣和直接损害群众切身利益的违法犯罪案件，适时提前介入，积极引导公安机关调查取证工作，加大对重大案件的协调力度，主动支持配合法院做好侵权和假冒伪劣案件的审理工作。2018 年，包头市检察机关针对大量侵犯知识产权犯罪的案件因取证不力而流失的情形，转变工作思路，积极发挥介入侦查作用，引导侦查机关按照侵犯知识产权的犯罪构成取证，取得了良好效果。

二、加强部门间的沟通协作配合，形成打击合力

自治区检察机关各部门相互分工合作，形成打击合力，确保打击实效。控申部门对受理的控告、举报、申诉认真梳理、甄别，及时向有关业务部门分流，防止线索流失。侦监部门对公安机关提请逮捕的案件，认真审查，符合条件的依法从重从快批捕。公诉部门对符合起诉条件的案件，及时提起公诉，形成了打击侵权假冒犯罪案件的高压态势。如鄂尔多斯市检察院侦监、公诉、控申等部门加强工作联系，通过控申部门受理群众举报，发现有案不移、有案不立、以罚代刑等侵犯知识产权和制售假冒伪劣商品犯罪线索，及时移送侦监部门，由侦监部门监督公安机关立案侦查。侦监处与公诉处修订了《鄂尔多斯市人民检察院关于加强捕诉衔接工作的意见》，对办理侵犯知识产权制售假冒伪劣商品案件未遂数额认定、疑难复杂案件探讨、补充侦查事项跟踪取证等，建立了衔接工作机制。

自治区各级检察机关积极建立与行政执法机关、公安机关之间的沟通协作机制。自治区检察院侦监处积极落实全区“双打”办各项工作部署，每月按时向自治区“双打”办报送检察机关查办案件统计报表，及时布置工作任务，报送相关工作总结。乌海市检察院切实把“双打”专项活动作为工作的重点，加强与行政执法机关的沟通协调。

三、积极开展法制宣传教育

全区各级检察机关采取各种形式开展普法宣传，引导群众尊重知识产权和抵制假冒伪劣商品。自治区检察院积极组织干警参加知识产权宣传周，通过“两微一端”平台，宣传检察机关的监督职能，配合科技厅开展知识产权宣传周各项宣传活动。鄂尔多斯市两级院在及时向上级院报送相关信息简报的同时，积极向各级新闻媒体投送稿件，宣传检察机关打击侵犯知识产权制售假冒伪劣商品工作取得的成绩。

（最高人民检察院第四检察厅）

辽宁省

专利工作

2018 年，全省三种专利申请量为 65 686 件，同比增长 31.7%，其中，发明专利申请量为 25 476 件，同比增长 24.3%；全省三种专利授权量为 35 149 件，同比增长 32.7%，其中，发明专利授权量为 7176 件；有效发明专利量为 37 505 件，增长 12.7%；每万人发明专利拥有量为 8.58 件；PCT 国际专利申请量为 386 件，同比增长 41.9%。

一、完善体制机制，统筹推进知识产权强省建设

按照辽宁省委机构改革部署，顺利完成辽宁省知识产权局重组，各市市场监管局加挂知识产权局牌子，实现商标、专利、地理标志、集成电路布图设计的集中统一管理，有效地提高了管理效能。县（市、区）市场监管局加挂知识产权局牌子，实现“知识产权全覆盖、有人管”的工作格局。

2018 年 12 月 12 日，省政府常务会议审议通过了《辽宁省专利奖励办法》，将辽宁专利奖从部门奖励升格为省政府奖励，进一步激发市场主体投身知识产权创造的积极性和主动性。开展了《辽宁省知识产权“十三五”规划》实施情况中期评估工作，进一步明确了规划重点任务和要求。研究制定了辽宁省《2018 年专利事业发展战略推进工作实施方案》，提出了 18 项战略推进目标和相关工作措施，推进辽宁省专利事业再上新台阶。

中国（辽宁）自由贸易试验区沈阳片区专门成立了集专利、商标、版权、地理标志综合行政管理于一体的自贸区知识产权局；大连片区设立了大连知识产权仲裁院，成立了知识产权法律服务专家组；营口片区市场监管综合执法与权益保障局加挂知识产权局牌子，在全国首推实施“16＋X”集成化监管执法模式，集中行使知识产权、工商等 16 个部门的相关行政职权；沈阳中德装备园与高校联办知识产权学院，不断加强知识产权人才建设。

二、提升知识产权创造质量，依法严格保护知识产权

发挥政策引领和激励作用，继续加大对“中国专利奖”支持力度，全省共有 14 项专利获得第二十届“中国专利奖”，其中，中国专利银奖 1 项、中国专利优秀奖 12 项、中国外观设计优秀奖 1 项。组织编制了《沈阳自创区知识产权状况报告》《大连自创区知识产权状况报告》和《辽宁涉及中美贸易摩擦企业知识产权状况报告》。沈阳科苑专利商标代理公司获批为全国第四批服务品牌机构。

三、促进专利高效运用，不断增强知识产权运用效益

2018 年，第十一届中国国际专利技术

与产品交易会（以下简称专交会）在大连成功举办，取得显著成果。国内外1500余家参展商携带相关领域的6100余项专利技术与产品集体亮相。辽宁展区布展总面积1428平方米，汇集了辽宁14个市200余家单位及个人的400余项专利技术。安排71场精彩纷呈的主题活动，60项专利项目现场路演，实现了专利展会从场地展会向综合展会的飞跃。与中国专利信息中心、锦州市人民政府、国家知识产权运营公共服务平台等签署协议，推动建立东北知识产权（锦州）大数据中心。与大连化学物理研究所和大连理工大学签署战略合作协议，推动建立了“辽宁省清洁能源知识产权运营中心”和“辽宁省高校知识产权运营中心”，探索高校院所专利运营转化新途径。

2018年，辽宁省实现知识产权质押51笔，质押金额21.19亿元。其中，专利质押融资40笔，质押金额12.8亿元；商标质押融资11笔，质押金额8.39亿元。

四、强化知识产权保护，营造良好的知识产权保护环境

《辽宁省知识产权保护办法》自2018年2月1日起施行，为加强辽宁省知识产权保护、促进全省经济社会发展提供了有力的法制保障。

2018年，组织开展“雷霆”执法专项行动38次，“双随机一公开”专利执法检查36次。查处专利行政案件1152件，同比增长10%，调处专利纠纷案件608件，查处假冒专利案件544件。“12330”知识产权维权援助与举报投诉1548件，办理维权援助申请160件，依法依规移交有关部门处理46件。

作为东北地区第一家，中国（沈阳）知识产权保护中心（以下简称沈阳保护中心）通过国家验收，沈阳保护中心将面向高端装备制造业，突出专利快速预审、快速审查、快速确权、快速维权，提供专利快速协同保护途径，构建专利“一站式”“快保护”机制。

五、提升知识产权服务水平，支撑辽宁实体经济创新驱动发展

2018年，辽宁省知识产权局与中国专利信息中心、国家知识产权运营公共服务平台和锦州市政府签订四方战略合作协议，构建专利信息服务人才培养体系、建设知识产权公共服务平台。成功举办了“4·26知识产权宣传周”等大型活动，协调省政府新闻办召开2017年辽宁省知识产权发展与保护状况发布会。承办2018全国知识产权服务品牌机构“牵手工业长子、服务创新辽宁”行动系列活动，沈阳经济区30余家知识产权代理服务机构参会，70余家企业与专利代理机构进行了对接洽谈活动。编撰《知识产权业务指南手册》，向企业、专利代理机构和知识产权管理部门等相关从业人员发放，普及知识产权业务及相关政策、专利申请和审查流程等专业知识。

2018年，省知识产权局与辽宁大学知识产权学院、大连理工大学知识产权学院和沈阳工业大学中德知识产权学院签订共建协议，加强知识产权专业学科建设。

六、拓展国内外知识产权交流与合作

2018年，省知识产权局积极开展“一带一路”知识产权交流合作。进一步加强了与俄罗斯、白俄罗斯等“一带一路”沿线国家和地区的知识产权交流合作，开展与相关国际组织的合作，促成了白俄罗斯国立大学与辽宁大学的深度合作。在沈阳中德装备园、大连海事大学和辽宁省先进装备制造业基地建设工程中心设立了3个辽宁知识产权国际交流合作基地；积极推进沈阳中德装备园知识产权保护示范区建设。

（辽宁省知识产权局）

商标工作

2018年，全省新增商标注册申请10.4

万件，有效注册7.4万件，有效注册商标总量31.6万件，增长26.5%。新增马德里商标国际注册申请20件，总量418件。新增地理标志商标7件，总量121件。

深化商标注册便利化改革。开展商标注册申请受理业务和注册商标专用权质权登记申请受理工作。辽宁省商标受理窗口达到10个。

2018年，全省知识产权系统围绕重点行业、重点区域深入开展商标专用权保护工作，相继开展了打击商标侵权“溯源”专项行动、打击使用未注册商标违反《商标法》禁用条款行为“净化”专项行动，取得了较好的工作成效。共查处各类商标侵权案件216件，案值237.28万元。

（辽宁省知识产权局）

地理标志工作

2018年，全省新增地理标志保护产品5个，总量75个，使用地理标志保护产品专用标志的单位共计317家。种植业农产品地理标志新登记5个，总量53个，涉及13个市45个县（市、区），产品种类包括粮油、蔬菜、食用菌、果品、花卉、中草药；水产品地理标志登记28个。

（辽宁省知识产权局）

版权工作

2018年，辽宁省积极发挥省政府使用正版软件工作领导小组办公室、省打击网络侵权盗版专项工作领导小组办公室、省打击侵权假冒工作领导小组主要成员单位职能，在版权工作上实现重点工作有新亮点，常规工作有新举措。

一、以“剑网2018”为主抓手，保持打击侵权盗版高压态势

（1）组织开展“剑网2018”专项行动。辽宁省版权局与相关单位共同研究制定了《辽宁省打击网络侵权盗版“剑网2018”专项行动实施方案》，自8月至11月在全省范围内组织开展第14次打击网络侵权盗版“剑网2018”专项行动，并组织召开了全省打击网络侵权盗版“剑网2018”专项行动工作部署会。

专项行动期间，全省将加强宣传造势、网络监管、查办案件三个重要任务贯穿始终。把整治的重点放在网络侵权多发领域，尤其加大对未经授权复制、表演、通过网络传播他人影视、音乐、摄影、文字等作品侵权行为的整治力度。一是积极发挥部门协同机制，组织协调网信、通信管理、公安部门，利用网络监测手段和技术，对在省内注册的短视频平台、动漫网站、新闻网站、视听网站、电子商务平台、应用商店等进行监管和巡查。市区两级文化执法部门确立了网络文化市场巡查制度，要求巡查人员在网络巡查时截屏记录，做好网络巡查台账，确保工作落实到岗，责任落实到人。二是组织开展短视频专项整治。各市执法人员重点对“抖音”等热门直播短视频平台进行远程勘验。三是开展网络游戏出版专项整治行动。沈阳等较大地市对现有运营的网络游戏运营单位、网络游戏宣传推广单位2家、网络游戏虚拟货币交易服务企业进行了全面巡查，巡查重点包括是否存在侵权和打违法擦边球行为。

9月中旬至11月上旬，省版权局联合省通信管理局赴各市对“剑网2018”专项行动推进情况进行督查，对5个市的11家重点网站进行了现场检查，对各网站负责人就年度“剑网”行动重点任务、要求，以及相关版权法律、法规进行了宣讲，并就规范使用作品进行了面对面的交流。

专项行动期间，全省共查处案件22起，行政罚款3.5万元，关闭侵权网站14个。

（2）全力开展国家版权局等部委挂牌督办案件具体督导工作，并积极查办督办省内重大案件。辽宁省版权局先后于9月和12月两次赴大连市，对国家版权局、公安部等五部委挂牌督办的大连“8@29”宋某发等团伙制售侵权盗版图书案进行调研督导。此外，省版权局、省“扫黄打非”办积极指导和督办沈阳市和平公安分局立案侦办“4·25”网络批销盗版医疗美容类图书案件、王某某销售盗版教材案、陈某擘等侵犯著作权案件等重大案件。2018年12月，为深入推动案件查办工作，省版权局及时将沈阳市公安局侦办的陈某擘等侵犯著作权案件向国家版权局申请予以挂牌督办。

(3)加强版权保护预警工作。根据国家版权局统一部署，2018年，及时部署和督导各市及省内主要网站，落实国家版权局包括中央电视台2018年春节联欢晚会在内的10批次重点作品版权保护预警工作。

(4)组织开展北京2022冬奥会会徽和冬残奥会会徽版权专项保护工作。1月至7月，组织全省开展北京2022冬奥会会徽和冬残奥会会徽版权专项保护工作，重点工作包括宣传普及北京冬奥会版权保护相关法律知识、制定应急预案、健全施行应急机制、加强日常监管和市场巡查。

(5)指导和督促全省各市做好打击侵权盗版案件日常工作。开放举报电话，畅通举报途径。据统计，2018年，全省共查办侵犯著作权案件52件(其中网络侵权盗版案件22件)，捣毁侵权盗版窝点56个。

(6)组织开展版权执法培训。12月6日至7日，省“扫黄打非”办、省版权局举办2018年全省“扫黄打非”业务培训班，共80人参加了培训。

二、全面巩固政府机关和企业软件正版化工作成果

(一)巩固和深化政府机关软件正版化工作成果

(1)召开省政府使用正版软件工作领导小组成员单位联络员会议，重点工作专门会商。(2)组织召开省、市政府机关软件正版化业务培训，强调国产化优先。(3)全面推进省直机关软件正版化考核评议。2017年5月，制定出台了《辽宁省政府机关使用正版软件工作考核办法(试行)》，将软件正版化工作考核纳入省政府对省直机关及各市、县政府“双打”考核重要内容。(4)开展市、县级政府机关软件正版化督导检查，强调主体责任。省政府使用正版软件工作领导小组派出检查组，于2018年5月下旬至11月下旬对各市、县级政府机关软件正版化工作进行了年度例行督查和调研。(5)开展政府机关软件正版化管理情况审计工作。省审计厅结合预算执行、经济责任等审计项目对省直部门正版软件采购、资金使用和资产管理情况实施审计。审计结果表明，全省软件正版化工作取得了良好成效，实现了工作机制健全、责任分工明确、软件采购规范、安装使用到位、软件台账齐全、资产管理有序。(6)及时调整更新责任人数据库，着力加强对基层的业务指导。及时调整和更新了省直80家省直机关的辽宁省政府机关软件正版化工作责任人数据库，统一建立了省政府机关软件正版化业务交流QQ群、专用工作邮箱以及专用微信工作群。

(二)扎实有序推进企业软件正版化工作

根据相关部署，以省属国有企业和新闻出版行业企业为重点，有计划、分层次推进企业软件正版化工作。(1)持续推进全省国有企业软件正版化工作。据统计，年内省属国有企业采购约530套WPS2016办公软件，各市属国有企业采购(升级)约410套办公软件。(2)全面巩固全省新闻出版广电行业软件正版化工作。通过培训、督查、调研等方式开展行业企业工作。(3)以宣传培训为抓手，持续推进企业软件正版化工作。年内，省版权局联合多成员单位先后举办了3期企业软件正版化培训班。通过各单位自查整改上报采购数据以及省版权局组织的

抽检验收，共有103家企业完成了通用软件正版化工作任务。

(三)进一步完善版权公共服务体系建设，提升版权管理服务能力

(1)梳理统计省内出版单位版权引进和输出情况，严格按要求上报2017年度版权贸易统计相关报表。(2)开展版权示范实地调研。(3)召开中国(辽宁)自由贸易试验区营口片区座谈会。(4)著作权登记量显著提升。2018年共办理作品自愿登记10 221件，较2017年同期增长13%；办理著作权合同备案登记6件。审核出版境外图书著作权合同登记409件。

(四)组织开展2018年版权保护宣传周系列活动

(1)2018年4月19日，在2017年辽宁省知识产权发展与保护状况新闻发布会上，权威发布2017年度辽宁省版权工作情况。(2)4月20日上午，省版权局参加2018年辽宁省暨沈阳市知识产权宣传周启动仪式。(3)4月23日，在第七届全民读书节开幕式主会场的公共活动区域设立版权宣传与咨询服务台，以宣教展示、定点咨询、发放资料等形式开展版权主题宣传活动。(4)组织全省广播电视媒体播放公益宣传片。(5)省版权局应邀参加了沈阳市文广局在沈阳宣和艺术馆举办的"5·18国际博物馆日"启动活动。

(五)组织辽宁展团参加第25届北京国际图书博览会

辽宁省版权局组织和指导辽宁展团精心准备、积极参加北京国际图书博览会。省内15家出版单位组成辽宁展团参展，举办了8场国际推广活动，共计达成各种合作意向162项，其中引进意向89项，输出意向73项；现场签约44项，其中引进签约24项，输出签约20项。

(中央宣传部版权管理局办公室)

司法工作

2018年，辽宁法院在最高人民法院民三庭的有力指导下，在辽宁省高级人民法院党组、分管院长的正确领导下，依法平等保护各类市场主体合法权益，加大知识产权司法保护力度，优化科技创新法治环境，加快实施创新驱动发展战略，较好地完成了2018年的知识产权司法保护工作任务。

2018年，辽宁法院受理知识产权一审案件旧存306件，新收5261件，审结5181件，未结386件；审结的一审案件中，判决1224件，不予受理4件，驳回起诉30件，调解撤诉3879件，指定或移送管辖44件。结案率达93.07%，调撤率达74.87%。

受理二审案件旧存76件，新收253件，审结304件，未结25件；审结的二审案件中，维持112件，发回改判57件，调解撤诉129件，驳回起诉5件，指令审理1件。结案率达92.40%，调撤率达42.43%。

审判方面，集中维权案件较多，之前集中在侵害商标权纠纷，如涉及"永和豆浆""老奶奶花生米""三环锁业"等企业商标，2018年逐渐向著作权，尤其是信息网络传播权纠纷案件过渡，涉及KTV播放的歌曲、网站转载文章、背景图片等。对于这些案件，赔偿金额的确定是难点。

辽宁省高级人民法院起草了《辽宁省关于加强知识产权审判领域改革创新若干问题的实施意见》，为支持创新驱动发展，提升知识产权司法保护力度和水平指明了方向，并以辽宁省委名义印发成文。

为贯彻落实《最高人民法院关于为自由贸易试验区建设提供司法保障的意见》，经请示最高人民法院，对辽宁省知识产权案件管辖进行了调整。具体调整内容为，除自由贸易试验区所在城市即沈阳、大连、营口外，辽宁省其余城市分为东部和西部两个片区，东部片区的知识产权民事一审案件集中由丹东市中级人民法院管辖，西部片区的知识产权民事一审案件集中由锦州市中级人民法院管辖。同时，沈阳市具有知识产权案件管辖权的基层人民法院由原来的沈河区人民法院变更为沈阳高新技术产业开发区人民法院；大连市具有知识产权案件管辖权的基层人民法院除原有的西岗区人民法院外，再增加大连经济技术开发区人民法院。另外，将基层人民法院管辖的知识产权民事一审案件标的额统一定为人民币 300 万元以下；中级人民法院受理标的额人民币 300 万元以上、1 亿元以下的知识产权民事一审案件。

为统一知识产权案件的裁判标准和尺度，辽宁省高级人民法院多措并举，探索个案示范、普遍指导与上下联动相结合。在个案示范方面，辽宁省高级人民法院通过对“永和豆浆”、音集协诉 KTV 等系列案件个案的改判，统一了全省知识产权侵权赔偿金额的标准。在普遍指导方面，构建严密指导体系和制度，一是加大对共性问题的指导力度，定期系统梳理、深入研判案件审理工作中存在的普遍性疑难复杂问题，下发指导意见。二是建立典型案例库，要求遵循“先例”“同案同判”，防止定性适用不当、处理畸轻畸重。三是加强案件质量检查，完善案件质量检查评定办法，规范检查评定程序，细化质量评定标准，推动以查促改，以评促进。在上下联动方面，辽宁省高级人民法院组织辖区各级人民法院召开了辽宁知识产权审判实务研讨会。

在“4·26 世界知识产权日”宣传活动期间，辽宁省高级人民法院向社会发布了辽宁法院 2017 年度知识产权案件审理的总体情况、主要特点和加强司法保护的主要举措，同时发布了席某某犯销售假冒注册商标的商品罪案件等 8 件知识产权司法保护典型案例。

（辽宁省高级人民法院知识产权审判庭）

检察工作

2018 年，辽宁省各级检察机关深入贯彻落实党中央、国务院及最高人民检察院的工作部署，提高认识，统一思想，健全机制，强化措施，主动加强与行政执法机关的沟通协作，探索改进“两法”衔接信息共享平台建设，全面扎实推进行政执法与刑事司法衔接，各项工作取得新进展。

一、工作部署

高度重视打击侵犯知识产权和制售假冒伪劣商品工作，将其纳入《2018 年侦查监督工作要点》作为全年重点工作。同时，全省各级检察机关认真学习并深入贯彻辽宁省打击侵权假冒工作领导小组办公室下发的《2018 年辽宁省打击侵犯知识产权和制售假冒伪劣商品工作要点》要求，明确工作目标，细化责任分工，提出具体要求和安排。大力推进行政执法与刑事司法衔接，加强“两法”衔接平台的建设和应用，确保打击侵犯知识产权和制售假冒伪劣商品工作取得实效。

二、主要措施及成效

（1）真抓实干，统领全省“双打”工作全局。2018 年，省检察院侦查监督部门结合“大调研”活动，将“两法”衔接工作作为调研重点内容，深入市县两级检察院，在全省范围内开展了三次大调研活动，督导案件办理、解答基层工作难题、传递先进地区经验做法，助推“双打”工作取得新的成果。2018 年 4 月以来，省市两级检察机关设立立案监督指挥中心，运用一体化办案机制开展立案监督工作，上下一体，有力地打击了犯罪，收效明显。省检察院在全省各市（分）检察院都设立专门的“双打”工作联络人，建立“双打”工作微信群，方便联系沟通工作，提高工作效率。

（2）认真履行检察职能，依法严厉打击

侵犯知识产权犯罪活动。全省检察机关通过认真履行工作职能的方式，持续推动全省打击侵权假冒工作的深入开展。依法及时批捕、起诉严重侵犯知识产权犯罪的案件。积极发挥监督职能，对办理侵犯知识产权犯罪案件中存在的有案不送、有案不立、有罪不究、以罚代刑的情况，及时予以监督纠正。对于有重大影响的案件，及时予以督办。2018 年，全省检察机关共批准逮捕侵犯知识产权案件 44 件 83 人，起诉 90 件 181 人。

(3)发挥行政执法与刑事司法衔接信息共享平台的作用，延伸检察工作触角。一方面，辽宁省三级检察机关积极推动侵权打假领域行政执法与刑事司法信息共享平台的建设和应用，省检察院要求全省各级检察机关充分应用已经建成的信息共享平台，做到对网上录入的案件凡录必审、认真核查、同步反馈，切实强化案件及时审查和有效办理。另一方面，要求有条件的地区探索建设新的“两法”衔接平台，实现行政处罚案件全覆盖，扩大立案监督审查范围。2018 年 3 月调研中，对市县两级“两法”衔接平台应用情况进行调查，对“两法”衔接平台检察院端口未开通、未使用等情况进行摸底排查，要求各级检察机关设立专人负责此项工作，有条件的地区添置专用电脑，并梳理未开通、未正常使用情况，敦促秘钥丢失、损坏地区及时补充，对于使用不畅通情况，商请省“双打”办协调解决。省检察院对各地的审核率进行网上巡查并适时通报，力争依托平台有效监督一批案件的移送。

(4)因地制宜，开阔思路，集思广益开展工作。大连地区两级检察院以“快速介入，准确把握，理顺方向，及时沟通”为工作原则，主动到公安机关、行政执法机关了解侵犯知识产权案件的发案动向，采取专人专办，提高介入质量和审查逮捕的效率。与法院、公安等部门建立要案、要情双向沟通机制，针对办案中出现的新情况、新问题展开研讨，解决司法实践中的实务问题。针对公安机关在侦查中遇到的疑难问题与公安人员认真分析，研究对策，确保侦查工作的顺利开展。鞍山地区两级检察院充分利用知识产权宣传周、法制宣传日等时间节点，通过设置展板、发放宣传单、现场咨询，以及利用互联网络平台等形式，开展法制宣传教育。

（最高人民检察院第四检察厅）

吉林省

专利工作

一、专利保护工作

出台《吉林省专利条例》，填补了吉林省专利立法的空白。做好专利侵权调处、假冒专利查处，全年共调处专利侵权纠纷案件和查处假冒专利案件 136 件，全部结案。

推进专利协同保护体系建设。建立中国知识产权维权援助松原和辽源分中心，实现知识产权维权援助全省各市州全覆盖。在“3·15 国际消费者权益日”“4·26 世界知识产权日”、中国专利周等重点时节进行维权援助。

二、专利代办业务工作

2018 年，长春代办处共受理审查专利申请 26 415 件其中，电子申请自动审查 23 068 件，电子申请人工审查 3347 件；办理向外申请保密审查 278 件，收缴专利费用 40 540 笔，金额 27 378 252 元；办理专利费用减缴备案审查 6007 件；办理通知书发放 27 093 件；出具专利登记簿副本 208 件；办理专利实施许可备案 6 件；为 49 个单位办理专利权质押登记 135 件，质押金额 54 388 万元。办理专利优先审查 311 件。

三、知识产权运用工作

（1）启动实施知识产权质押贷款。出台《吉林省知识产权质押贷款实施细则（试行）》，与银行、保险公司、知识产权服务机构签署战略合作协议，开展专利质押融资实务培训，扶持科技创新型企业专利权质押融资，实现融资 5.4 亿元。

（2）推进专利保险补贴政策。支持 44 户企业 199 件核心专利进行专利投保、续保，保额为 423.2 万元，补贴 21.16 万元。

（3）推动企业专利转化运用。完成 30 个专利转化项目的验收工作，新增销售收入 13.6 亿元。

（4）深入开展专利导航试点工程。完成 4 户企业专利导航验收工作，扶持长春新区 9 户科技创新型企业开展专利导航。

（5）做好知识产权试点示范工作。一是推动企业贯彻《企业知识产权管理》国家标准，新增贯标企业 12 户、国家知识产权优势企业 30 户。二是组织申报国家知识产权试点示范城市，新增临江、公主岭、梅河口市 3 市为国家知识产权强县工程试点县（市）。

（6）指导知识产权运营服务体系建设。促成长春新区与国家知识产权运营公共服务平台签订全面合作协议，指导长春新区筹建国家知识产权运营公共服务平台北方平台。

四、知识产权公共服务工作

（1）学校知识产权教育工作。吉林省知识产权局与吉林省教育厅联合举办了以“创意发明，改变生活”为主题的 2018 年吉林省青少年发明创造大赛。159 个申报项目分获金、银、铜奖。吉林省知识产权局与共青团吉林省委、吉林省科学技术协会联合举办了吉林省大学生创新技术和产品设计专利挑战赛活动。68 个项目获一、二、三等奖。承办了国家知识产权局主办的 2018 年全国中小学知识产权教育培训班，培训了 110 名教师。

（2）专利代理行业能力提升工作。举办 2018 年拟享受专利代理行业改革试点政策人员暨专利代理能力提升培训班。4 人经培训，考试合格后获证。2018 年，2 家知识产权服务机构入选国家知识产权局第四批全国知识产权服务品牌培育机构名单。完成专利代理人考试长春考点工作。29 人获证。

（吉林省知识产权局）

商标工作

2018 年，吉林省商标工作取得显著成效。截至 2018 年年底，有效注册商标、地理标志商标、马德里商标国际注册分别达到 16.6 万件、74 件、89 件。商标专用权质押 25 笔，质押融资 13.74 亿元。

（1）商标品牌建设工作。一是注册商标数量快速增长。截至 2018 年年底，全省有效注册商标 166 102 件，比上年增长 21.9%。二是推荐 3 件商标申请驰名商标保护。三是实施商标品牌国际化工程。举办全省出口企业马德里商标国际注册专题培训班。四是强化资金奖补扶持措施。申请商标品牌奖补资金 940 万元。

（2）商标行政指导服务工作。一是全面开展企业商标品牌提升服务行动。指导企业申请注册商标 555 件。启动实施年度千户小微企业商标知识培训计划，举办培训 28 期，培训企业 1645 户 1676 人。二是深化农产品和地理标志商标精准扶贫。召开全省系统地理标志商标精准扶贫经验交流现场会。

（3）商标行政执法工作。一是组织开展商标代理和商标印制机构“双随机一公开”抽查。二是组织开展“溯源”专项行动和使用未注册商标“净化”专项行动。在“溯源”行动中，对国家知识产权局转来的 65 件案件线索进行调查处理，将收集的 2

件案件线索上报国家知识产权局。三是协调组织指导商标专用权保护。向国家知识产权局推荐 5 个商标行政执法典型案例。转办省外企业商标侵权投诉 2 件，增进了执法跨区域协作。依法查处侵犯商标专用权行为，全年累计查处商标案件 233 件，案值 291.04 万元，罚没款 292.85 万元。

（吉林省知识产权局）

地理标志工作

积极组织申报、加快制定标准，推广使用标志、严格进行监管、不断加大宣传，提升吉林名优特色产品的市场竞争力。2018 年，全省有 3 个产品获得地理标志保护。截至 2018 年年底，吉林省地理标志产品总数达到 53 件。

（吉林省知识产权局）

版权工作

2018 年，吉林省各级版权管理部门采取切实有效的工作举措，重点针对执法监管、版权宣传、版权社会化服务等内容开展相关工作，各项工作取得明显成效，确保全年工作任务圆满完成。

一、加强组织协调，版权执法监管成效显著

（一）组织各类专项执法活动，开展重点领域的集中治理

吉林省版权局组织全省各级版权管理部门及文化综合执法部门开展了元旦、春节期间的集中治理。2018 年 7 月至 11 月，吉林省版权局联合多部门共同组织开展了打击网络侵权盗版“剑网 2018”专项行动，以网络侵权多发领域为重点目标，以加强案件查办为主要手段，通过集中治理和规范引导，巩固网络转载、网络文学、网络视频、网络音乐、电子商务平台及网络广告联盟等领域的专项整治成果。吉林省版权局继续开展对私人影院网络传播盗版电影行为的集中整治，开展定期巡查，查处典型案件，对 3 家私人影院侵权播放电影作品的违法行为作出行政处罚。本年度全省共立案涉网侵权案件 12 件，作出行政处罚 7 件，行政调解 2 件，关闭电脑服务器 3 台，约谈网站负责人 30 余次，行政罚款金额总计 11 万元。协调“扫黄打非”工作部门开展了“秋风 2018”专项行动，有力打击复制发行盗版出版物的违法行为。继续组织开展对省内印刷复制企业进行集中执法检查，规范印刷复制行为和市场秩序。

（二）强化对全省版权执法监管工作的统一领导，加大案件查处力度

省版权局严格落实版权执法工作月报制度，及时调度各市、县版权执法工作进展情况，组织全省各级版权执法机关开展案件查办工作，强化对各市、县级版权执法机关的指导，及时处理上级部门移转的案件，通过督办、转办等方式对各地查办案件工作进行督促检查。进一步完善落实版权执法案件信息公开制度，组织各级版权执法机关利用各类途径对本年度的行政处罚案件进行及时公开，加强社会监督，提高版权执法监管工作质量，全年共查处各类版权侵权案件 38 件，罚款总额超过 33 万元。

二、落实工作责任，持续推进软件正版化工作

（1）制定工作方案，安排部署全省软件正版化工作。吉林省推进使用正版软件工作领导小组办公室（省版权局）协调领导小组各成员单位，完善工作机制及各项制度，充分发挥领导小组的统一领导作用，形成整体工作合力。2018 年年初，省版权局牵头组织领导小组各成员单位的软件正版化工作联络员召开了 2018 年度软件正版化专题工作会议。制定印发了《吉林省 2018 年推进使用正版软件工作计划》。

（2）加强督促检查，完善软件正版化长

效工作机制。省版权局在上半年开展了省级政府机关软件正版化检查“回头看”，了解各有关部门对本单位存在问题的整改落实情况，提出指导意见和整改要求，定期调度进展完成情况，持续推动相关问题的整改。此外，省版权局及时了解各市、县级政府软件正版化牵头业务部门的工作开展情况，督促有关业务部门落实软件正版化工作主体责任，加强对本级党政机关单位软件正版化工作自查整改落实情况的检查和指导，积极推进全省各级政府机关建立软件正版化工作长效机制。

（3）落实整改采购要求，确保机关单位正版软件全覆盖。督促、指导各省级党政机关单位及各市、县级政府软件正版化工作牵头业务部门，统计正版软件实际需求，做好新增正版软件采购和软件升级工作。2018 年，全省各级党政机关单位共采购正版操作系统 7422 套，采购金额 997 万元；采购通用办公软件 8188 套，采购金额 484 万元。其中，采购国产办公软件 5931 套，采购软件的国产率达 72%，全省正版软件国产化程度不断提高。

（4）加强检查指导，平衡推进企业软件正版化。继续有重点地推进国有企业软件正版化。上半年，省版权局与省国资委组织联合检查组对 16 家省国资委监管企业的软件正版化整改落实情况进行现场工作检查，并向企业负责人反馈检查中发现的问题，就现场检查结果向各有关企业印发正式通报，提出明确整改要求和完成时限。吉林省版权局与省国资委协调组织有关国有企业与软件供应商召开软件采购洽谈会，为企业搭建软件采购谈判平台。

三、精心组织谋划，做好版权宣传培训工作

积极策划“4·26 世界知识产权日”版权宣传周集中宣传系列活动，及时安排部署全省各地的集中宣传工作。省版权局在动漫集团和吉林动画学院开展作品集中登记和版权知识宣讲活动；通过各类媒体公布 2017 年度打击侵权盗版十大案件；协调省电台、省电视台、网络电视台就第十八个世界知识产权日采写专题新闻报道；组织拍摄制作的版权公益宣传片《孕育》在省内各级电视台、省内各中心城市各影院、国内各相关网站、手机移动端 APP 上集中播放。

除在重要时间节点开展集中宣传外，加强在日常工作中的宣传普法和专题培训活动，提高社会公众的版权意识。本年度，省版权局分别在吉林市、四平市、延边州举办三期政府机关软件正版化工作培训，与省国资委共同举办企业软件正版化工作培训 1 期。组织全省各级版权执法骨干人员开展专题执法培训和业务研讨，配合国家版权局举办全国第三期版权执法骨干培训班。同时，全省各级版权管理部门充分利用“4·26 世界知识产权日”“3·15 国际消费者权益日”等重要节点对《著作权法》及相关知识进行重点宣传。

四、拓展服务手段，助推版权创意产业发展

制定印发了《加强新闻出版广播影视企业版权资产管理工作的实施意见》，指导新闻出版广播影视行业内的相关企事业单位建立版权管理制度，形成良性版权创造、保护和运用机制。2018 年上半年，启动开展了版权示范单位、版权示范园区（基地）的申报评选活动。指导长春市版权局在长春市版权保护协会、长春市图书馆等 4 家单位设立版权服务工作站，完善版权公共服务体系。成功组织吉林省相关单位参加第七届中国国际版权博览会。继续完善改进版权作品自愿登记工作，全年登记数量超过 2100 件，同比增长超过 100%。

（中央宣传部版权管理局办公室）

司法工作

2018 年，吉林法院知识产权审判工作

以习近平新时期中国特色社会主义思想为指引，积极推进知识产权审判领域改革创新，完善知识产权审判体制机制，审判质效得到明显提升。长春市中级人民法院知识产权审判庭被最高人民法院授予“知识产权审判先进集体”，吉林省高级人民法院薛淼、罗生智被授予“知识产权审判先进个人”称号。在最高人民法院的指导支持下，长春知识产权法庭正式成立，吉林省知识产权审判工作迈入新时代。

一、知识产权案件审判基本情况

2018年，吉林省各级法院共新收知识产权案件1511件，较2017年增长45件，创造知识产权案件收案数量新高，加上旧存56件，合计收案1567件，同比增加78件，增幅保持稳定。审结1333件，结案率为85%，较2017年有所下降。

在全部已收案件中，涉及著作权权属侵权及著作权许可使用合同纠纷案件1023件，占比65.28%，同比上升16.59%；涉及商标权纠纷案件306件，占比19.53%，同比下降23.73%，与2016年占比水平基本持平；涉及专利权及技术类纠纷案件65件，占比4.15%，同比上升1.25%；其他各类知识产权及不正当竞争案件共计173件，占比11.04%，增幅较为明显。

二、深化知识产权审判领域改革创新

为深入贯彻落实中共中央办公厅、国务院办公厅印发的《关于加强知识产权审判领域改革创新若干问题的意见》精神，进一步强化吉林省知识产权创造、保护、转化工作，服务和保障吉林全面振兴，吉林省委和省委政法委指示吉林省高级人民法院研究制定《吉林省法院关于推进知识产权审判领域改革创新的实施意见》（征求意见稿）。该征求意见稿提出：(1)将习近平新时代中国特色社会主义思想作为知识产权审判的指导思想。(2)认真贯彻落实习近平总书记视察东北重要指示精神和省委十一届三次、四次全会精神，提出在知识产权司法保护中注重营造良好的营商环境。(3)根据吉林地方商业标识和传统文化，提出依法保护具有吉林特点的商业标识及传统文化资源的商标性使用。(4)根据以长影集团为核心的吉林影视作品特点，提出妥善审理涉红色经典作品著作权案件。(5)根据吉林老工业基地历史形成的大批职务成果和非职务成果特色，提出妥善处理技术成果权属及职务发明人奖励、报酬案件。(6)针对知识产权赔偿数额认定难的具体问题，提出可参照《中华人民共和国侵权责任法》第20条之规定，由人民法院根据实际情况确定赔偿数额，不得因此拒绝裁判或驳回原告的诉讼请求。(7)根据知识产权案件证据特点，提出“适当分配举证责任；强化对行政管理执法过程中行政证据的应用；尊重全国企业信用信息公示系统查询结果的证据效力”等审判意见。(8)提出知识产权赔偿数额要符合知识产权市场价值，要实现侵权损害赔偿数额与知识产权市场价值的协调性和相称性，真正保障知识产权权利人被损害权益恢复到无侵权行为时其应有的市场利益状态。(9)建立符合吉林特色的知识产权司法行政沟通协调机制。在诉前引入行政调解机制，引导双方当事人进行调解，推动知识产权纠纷多元化解；对于已经进入诉讼程序的案件，适当引入行政执法机关的专业人员作为专家陪审员或专家辅助人，协助法院查清案件事实；及时向知识产权行政管理和执法机关通报违法信息，有效推进行政执法行为，保障知识产权管理体制的顺畅运行，推进知识产权全方位、立体化保护。(10)提出完善侵害知识产权刑事缓刑考验机制。(11)建立健全知识产权专门化审判体系。提出设立长春知识产权法庭，专门审理吉林省辖区内涉及专利、技术秘密、垄断等一审民事、行政纠纷案件和长春市辖区内的知识产权一审民事、行政、刑事案件；其他各中级人民法院设立知识产权审判合议庭，专门审理本辖区知识产权一审民事、行政、刑事案件。

（吉林省高级人民法院知识产权审判庭）

检察工作

2018 年，吉林省各级检察机关，按照吉林省打击侵权假冒工作领导小组的统一安排，以“务实、规范、创新、科学”发展检察总基调为统领，立足职能，全力开展打击侵犯知识产权和制售假冒伪劣商品工作，为维护市场经济秩序，促进吉林省经济社会健康发展做出了应有贡献。

一、基本情况

2018 年，全省检察机关共批捕假冒注册商标案 13 件 16 人，起诉 7 件 7 人；批捕销售假冒注册商标商品案 17 件 32 人，起诉 15 件 30 人；起诉销售假冒注册商标的商品案 28 件 55 人；批捕非法制造、销售非法制造的注册商标标识案 3 件 3 人，起诉 2 件 2 人；起诉侵犯著作权案 1 件 1 人。

二、工作措施

（1）以省检察院党组主体作用为先导，组织领导到位，形成全省“一盘棋”的工作格局。省检察院党组高度重视食品药品安全工作，并将之纳入服务社会发展大局和检察工作全局中谋划推进。省检察院检察长多次听取刑事检察工作安排，对食品药品专项监督这一重点工作，逐项面对面、跟进式听取汇报，并提出“老树开新花”的具体要求。2018 年年初，吉林省检察机关以“强化监督、维护公益、创新发展”工作总基调为指引，制定了《吉林省人民检察院 2018 年品牌创建总体规划》。其中，“两个专项立案监督活动”作为具体重点项目，按照整体工作部署和工作思路，结合全省立案监督工作实际，2018 年 4 月起，积极组织调研，并实行案件跟踪落实到人头，全省以上率下，对食药品安全犯罪专项工作立案监督。各级检察院均形成一把手靠前指挥、全局谋划、统一推进的局面。

（2）以吉林检察改革为契机，资源整合到位，着力解决制约工作发展的瓶颈性问题。全省各级检察机关积极适应司法改革要求，借力“捕诉合一”办案机制，对食品药品安全犯罪案件快捕快诉，成功办理了通化崔某、吉林于某芬等一批生产销售有毒有害食品案。围绕案源难挖掘、难突破的问题，通过采取主动出击扩大线索来源、建立完善长效工作机制等措施巩固专项工作成果，有力强化了立案监督工作力度。特别是 2018 年以来，以落实省检察院部署的“危害食品药品安全犯罪专项立案监督活动”为契机，各级检察机关聚焦治理重点难点，把专项治理与依法强化危害食品药品安全、破坏市场秩序、损害人民群众切身利益等重点问题治理有机结合起来，在充分利用现有监督线索来源渠道的同时，通过履行刑事检察、行政检察职责，切实回应人民群众、主动走访行政执法机关、积极推行专项执法检查，充分运用行政执法与刑事司法衔接信息共享平台等行之有效的途径，深挖监督线索，一举攻克了线索渠道难题，纠正解决了一批群众反映强烈的有案不立、以罚代刑的刑事案件。通化、松原等地成功监督了一批生产销售有毒有害食品犯罪案件，切实回应了百姓对舌尖安全的迫切期待。

（3）以实现“双赢、多赢和共赢”为根本，法律监督职能履行到位，着力提升执法认同度和社会公信力。近年来，吉林省检察机关始终秉持“突出重点、有节制、讲方式、重成效”的监督原则，紧紧聚焦省改革发展稳定大局，围绕工作目标，突出地域特色，深挖监督线索，涌现出一批高质量的立案监督案件。此外，各级检察机关通过少文来文往，多当面交流，充分发挥各自职能优势，共同提高执法司法水平，实现了立案监督工作的双赢、多赢和共赢。

（最高人民检察院第四检察厅）

黑龙江省

专利工作

一、知识产权综合实力

2018年，全省专利申请量34 582件，同比增长11.71%，全省授权专利19 435件，同比增长6.66%。截至2018年年底，全省有效发明专利22 252件，每万人发明专利拥有量达到5.873件。

2018年，商标申请量79 846件，商标注册量53 674件，国内有效商标注册量达到213 150件，同比增长29.51%。新注册地理标志商标13件，累计85件。新增国家地理标志保护产品5个，累计73个。

二、知识产权强省建设

(1)知识产权战略实施工作。制定实施《2018年深入实施黑龙江省知识产权战略加快建设知识产权强省工作安排》和《2018年专利事业发展战略推进工作实施方案》。2家单位被评为"国家知识产权战略实施先进集体"。

(2)知识产权试点示范城市和试点园区工作。支持哈尔滨国家知识产权示范城市建设和大庆、牡丹江、伊春国家知识产权试点城市建设。制定出台《黑龙江省知识产权试点示范园区管理办法》。哈尔滨高新区、齐齐哈尔高新区、佳木斯高新区(经开区)、安达经济开发区成为全省首批知识产权试点园区。

(3)企业知识产权工作。2018年，黑龙江省16家企业被认定为国家知识产权优势企业。国家知识产权示范、优势企业累计51家。新认定59家省专利优势企业，累计402家。19家企业通过贯标认证，累计32家。国家知识产权优势企业、省专利优势企业、贯标企业和361项企业发明专利授权、137项企业有效发明专利得到支持。

(4)高校、科研院所知识产权工作。确定10家单位为创新创造引领方向支持单位，5家单位为创新创造发展方向支持单位，3家单位为贯标试点方向支持单位。

三、知识产权保护

(1)知识产权行政执法和维权援助工作。省、市联合开展"净化""保民生""春风""秋雨""溯源"等专项行动。新增专利执法人员25人，全省知识产权局系统共有专利行政执法人员121人。2018年，共办结商标违法案件445件；共办理各类专利违法违规案件1470件。知识产权维权援助"12330"热线电话接听量702个，同比增长20.8%；举报投诉案件受理量70项，同比增长159%。

(2)2018年，2家单位被确定为第五批全国知识产权保护规范化培育市场。

四、知识产权运用

(1)知识产权运营服务体系建设工作。黑龙江省政府办公厅印发《黑龙江省知识产权对外转让审查细则(试行)》。省专利技术交易服务联盟成员达到60家，发布专利信息88期。全省专利实施许可合同备案57件，金额201.41万元。

(2)专利分析预警和知识产权评议工作。启动北斗卫星导航机器应用技术专利态势分析研究工作，累计完成15个技术领域的专利分析报告。开展专利密集型产业分析研究工作。向企业提供专利数据包定制化服务。

(3)知识产权质押融资工作。协同人民银行哈尔滨中心支行建立知识产权质押融资需求项目库，加强服务供给，推动项目对接。在黑龙江省知识产权公共服务(运营)平台搭建专利权质押备案模块,实现“互联网+知识产权”的“一站式”服务。全省专利权质押登记16件,融资金额2.7亿元;商标专用权质权登记9件,融资金额1.61亿元。

五、知识产权服务

(1)知识产权服务能力提升工作。制定印发《2018年知识产权服务能力推进计划》。哈尔滨市2家专利代理公司被评为第四批全国知识产权服务品牌培育机构。研究制定《黑龙江省专利代理行业发展规划(2018—2020年)》。2018年,新增专利代理分支机构3家,全省专利代理机构和分支机构达到26家,执业代理人105人。

(2)知识产权公共服务工作。哈尔滨专利代办处被评为“第十一届全省职工职业道德建设先进班组”和“省直机关青年文明号”单位。2018年,新增设佳木斯市、大庆市、鸡西市、绥化市4个商标受理窗口,省内商标受理窗口增至7个,商标注册便利化程度进一步提高。

六、知识产权宣传和培训工作

(1)知识产权宣传工作。广泛开展知识产权宣传活动,成功举办“4·26知识产权宣传周”、中国专利周、“知识产权龙江行”新闻采风活动。参与组织省直机关“知识产权与我同行”徒步大赛活动。举办新闻发布会1次。与黑龙江广播电视台共同创办《龙江名物志》栏目。在中省直媒体刊发稿件约160篇。

(2)知识产权培训和人才培养工作。制定印发《2018年全省知识产权人才专业能力提升培养计划》,全年共举办培训活动50余场次,培训各类人员超过3万人次。知识产权远程教育子平台注册总人数超3万人,连续4年被评为优秀单位。省知识产权人才库达到150人,其中国家知识产权人才18人。

(3)知识产权学科建设和中小学知识产权教育工作。东北林业大学成立“知识产权信息服务与研究中心”,大庆师范学院成立“大庆市法学会知识产权法学研究会”和“石油石化知识产权战略研究院”。新确定鸡西市第一中学等4所中小学为省级中小学知识产权教育试点学校,国家级试点学校3家,省级试点学校7家。

(黑龙江省知识产权局)

版权工作

一、软件正版化工作

制定《黑龙江省2018年推进使用正版软件工作实施方案》,并以省政府名义报国务院,将方案有关精神下发各市(地)人民政府,对软件正版化工作进行了总体部署。

组织通用软件厂商,举办了15期软件正版化培训班,对省、市、县三级党政机关负责软件正版化工作同志及技术人员进行全覆盖培训。7月,组织各地版权局主管局长、业务人员进行软件正版化工作培训。

下发《关于开展2018年度全省政府机关软件正版化自查自纠工作的通知》,明确自查形式、自查内容,要求省直各部门、各市(地)、县(市、区)政府落实自查工作,并根据自查情况开展考核评议工作。

召开2次推进使用正版软件工作联席联络员会议,严格贯彻落实预装正版操作系统软件的规定,严格审核需要购置的办公软件购置计划,从源头上防止盗版软件流入各级政府机关。

二、版权执法工作

(一)打击网络侵权盗版“剑网行动”

(1)制定工作方案。联合省网信办、省通信管理局、省公安厅制定《关于开展打击网络侵权盗版“剑网2018”专项行动的通知》,明确了任务、责任和工作重点。

(2)落实工作举措。一是紧紧抓住监管重点,变被动查办侵权投诉案件为主动监管网站,对省内有影响力的26家主要互联网媒体定期监控。二是组织各地根据本地区的网络分布情况，制定工作方案。三是加大宣传力度，利用报刊、政府机关官网大力宣传打击网络侵权、维护网络版权秩序的有关政策，公布投诉举报方式，发动权利人和群众维权投诉。

(3)案件挂牌督办。指导大庆市办结国家版权局、全国“扫黄打非”办公室、公安部、最高人民检察院联合督办的大庆市华兴书店销售侵权复制品案。

(二)打击侵犯知识产权和制售假冒伪劣商品专项行动

2018 年，黑龙江省各级版权行政管理部门加强对出版物市场的监管执法，打击各类侵权盗版行为。“双打”行动期间和节假日，开展市场巡查，加强日常监管。共查缴侵权盗版出版物 7751 件，对 8 起自媒体、出版物市场、软件等侵权盗版案件予以行政处罚。

三、宣传工作

联合省政府新闻办公室、省知识产权局、省工商局、省法院召开黑龙江省知识产权保护状况新闻发布会。发挥主流媒体宣传作用，在黑龙江卫视频道、东北网和局机关官方网站上滚动播放宣传字幕。2018 年 4 月 22 日，联合省“扫黄打非”办公室、哈尔滨市版权局等部门在哈尔滨中央大街中央商城门前设立版权保护宣传展板，现场开展版权法律法规咨询宣传活动，并发放宣传材料、海报 2000 余份。知识产权宣传周期间，深入哈尔滨华德学院、黑龙江大学、东北林业大学、哈尔滨理工大学、哈尔滨师范大学，开展普法讲座、现场咨询、张贴海报、发放版权宣传手册等活动。

四、组织参加北京国际图书博览会

组织全省 13 家图书出版单位参加第 24 届北京国际图书博览会。展会期间，共展出版物近 900 种，展示了黑龙江省新闻出版业的最新成果。

五、调解各种版权纠纷

调解各类著作权侵权纠纷 9 起，当事双方对调解结果满意；组织相关人员鉴定出版物 1100 余种 20 000 余册，其中侵权盗版 500 余册。

（中央宣传部版权管理局办公室）

司法工作

黑龙江省各级法院认真学习和贯彻党的十九大及十九届二中、三中全会精神，严格落实《中国知识产权司法保护纲要(2016—2020)》及《黑龙江省深入实施知识产权战略行动计划(2015—2020)》，加大知识产权的司法保护力度，号召全省法院干警不断提高大局意识和服务意识，充分发挥人民法院在知识产权司法保护中的保障作用。

2018 年，黑龙江法院共受理知识产权民事一审案件 1266 件(新收 1232 件，旧存 34 件)，同比增长 126.1%(2017 年收案 560 件)。结案 997 件，同比增长 89.5%(2017 年结案 526 件)。结案率为 78.8%，较 2017 年有所下降(2017 年结案率为 93.9%)，其中经调解、撤诉结案 660 件，调撤率为 66.2%，较 2017 年提升 15.1 个百分点(2017 年调撤率为 51.1%)。

从案件案由分布情况看，2018 年知识产权民事一审案件中权属、侵权纠纷占绝大部分，共收案 1176 件，占比 92.9%；合同纠纷 80 件；竞争及其他纠纷 10 件。权属、侵权纠纷中，涉及著作权 374 件，涉及商标权 465 件，涉及专利权 332 件，涉及植物新品种权等其他案件 5 件。

从案件地域分布看，收案数量占前五名的依次是哈尔滨地区 883 件、齐齐哈尔地区 95 件、绥化地区 80 件、大庆地区 55 件、牡丹江地区 52 件。

2018 年全年共受理知识产权民事二

审案件79件，结案79件，结案率为100%。其中发回改判12件，发改率15.2%；调解、撤诉19件，调撤率24.1%。

黑龙江省高级人民法院院长二级大法官石时态审理一起侵害商标权纠纷二审上诉案。二审庭审实况在黑龙江省电视台全程直播，案件当庭宣判，为在黑龙江省营造尊重知识产权、保护知识产权的社会氛围起到了显著的宣传和促进作用。

在“4·26世界知识产权日”期间，开展系列宣传活动。(1)黑龙江省高级人民法院知识产权庭于2018年4月20日召开新闻发布会，通报2017年黑龙江省法院知识产权司法保护情况，发布2017年度全省法院知识产权司法保护十大典型案例。近20余家媒体参加了发布会，新浪网和黑龙江省高级人民法院官方微博同步进行了视频直播。(2)为发挥知识产权审判的教学与示范作用，黑龙江省高级人民法院知识产权庭在“4·26世界知识产权日”期间积极参与黑龙江省法学会组织的“爱祖国 学法律 创和谐”法治文化基层行活动，走进黑龙江大学法学院，以一起真实的商标侵权案例为素材，举办了一场模拟法庭活动。(3)黑龙江省高级人民法院知识产权庭与黑龙江省法学会知识产权法学研究会、黑龙江大学知识产权研究中心联合举办了第七届黑龙江省知识产权司法保护论坛。(4)黑龙江省高级人民法院知识产权庭深入人流密集的商业区，向广大市民及商家经营者宣传诚信经营及知识产权保护的重要性，并制作发放《知识产权普法宣传册》。(5)邀请企业座谈，服务企业创新发展。召开“知识产权司法保护与企业创新驱动发展”座谈会，又深入九三粮油工业集团工厂及完达山乳业公司工厂调研走访。

为了充分发挥知识产权司法保护在企业发展和黑龙江省创新驱动发展中的保障作用，黑龙江省高级人民法院知识产权庭于2018年7月与黑龙江省工商业联合会共同组织召开民营企业知识产权司法保护与创新驱动发展座谈会，邀请黑龙江省内10余家“原字号”“老字号”以及在黑龙江省经济发展中具有较大影响力的民营企业代表参加座谈。2018年11月中旬，黑龙江省高级人民法院知识产权庭与黑龙江省工商业联合会有关同志组成调研组，深入走访企业，就黑龙江省民营企业知识产权保护情况开展联合调研。

按照最高人民法院《关于在全国法院推进知识产权民事、行政和刑事案件审判“三合一”工作的意见》要求，黑龙江省高级人民法院知识产权庭自2018年10月统一审理知识产权民事、行政和刑事案件，并进一步与同级检察机关协调程序及审级衔接问题。

2018年下半年，黑龙江省高级人民法院与省编办申请协调，在保留黑龙江省高级人民法院、各中级人民法院的知识产权审判部门原有名称的基础上，均加挂“知识产权审判庭”牌子。进一步规范审判机构建制，加强全省知识产权审判人员队伍建设，提升知识产权审判质效。

（黑龙江省高级人民法院知识产权审判庭）

检察工作

全省检察机关认真履行检察职能，充分发挥法律监督职责，积极参与专项行动，依法做好打击侵犯知识产权和制售假冒伪劣商品犯罪工作。

一、工作部署

黑龙江省人民检察院要求全省各级检察机关一定要从维护经济社会健康发展的战略高度，充分认识开展打击侵犯知识产权和制售假冒伪劣商品工作的重大意义，坚决把思想和认识统一到省委、省政府的领导和部署上，进一步树立政治意识、大局意识，切实增强责任感，将开展打击侵犯知识产权和制售假冒伪劣商品工作作为重要任务摆在突出位置，在各级党委、政府的组织下充分发挥法律监督职能，确保工作取得实效。

二、主要措施及成效

(一)加强组织领导，统筹进行推进

为将检察机关开展打击侵犯知识产权和制售假冒伪劣商品工作引向深入，省检察院确定了以下工作重点：一是加大对侵犯知识产权和制售假冒伪劣商品犯罪的打击力度，依法及时批捕、起诉严重侵犯知识产权和制售假冒伪劣商品的犯罪案件，保持对侵犯知识产权和制售假冒伪劣商品犯罪行为的高压态势。二是充分发挥监督职能，将打击侵犯知识产权犯罪和制售假冒伪劣商品专项行动与最高人民检察院部署开展的“危害食品药品安全犯罪专项立案监督活动”结合起来，强化对公安机关的立案监督、对行政执法机关移送涉嫌犯罪案件的监督。三是加强调查研究，结合执法办案，发现打击侵权假冒违法犯罪的新规律、新特点，深入分析研判，找准工作的切入点和着力点，积极完善打击侵权假冒工作的长效机制。四是加强统筹，做到与检察工作同规划、同部署、同检查、同落实，抓好战线管理，加强对下指导，充分发挥检察机关职能作用，积极配合牵头部门按领导小组的要求完成专项活动规定的各项工作。

(二)立足检察职能，打击相关犯罪

(1)高度重视，形成高压打击态势。全省检察机关始终将案件查办工作作为各项工作的重中之重，依法、公正、高效审查批捕、起诉侵犯知识产权犯罪案件，有效发挥刑事诉讼惩治和震慑的功能。2018 年，全省检察机关共受理审查逮捕涉嫌侵犯知识产权刑事犯罪案件 52 件 109 人，批准逮捕 41 件 74 人；受理移送审查起诉此类犯罪 50 件 131 人，提起公诉 46 件 76 人。

(2)专人专办，提高办案专业程度。知识产权案件专业性较强，黑龙江省部分地市检察机关为确保案件办理质量，加大知识产权保护力度，指定专人办理该类案件，取得了良好的办案成效。

(3)严审证据，准确区分罪与非罪。全省检察机关在办理侵犯知识产权和制售假冒伪劣商品犯罪案件时，严格遵循罪刑法定、疑罪从无的原则，既防止把一般的纠纷当作犯罪处理，也防止把已经构成犯罪的案件民事化处理，努力做到不枉不纵。在办案中严格按照最高人民法院、最高人民检察院、公安部联合发布的《关于办理侵犯知识产权刑事案件适用法律若干问题的意见》等工作要求，认真审查证据，准确认定相关法律问题。

(三)注重工作方法，强化衔接配合

(1)及时介入侦查，引导取证。全省检察机关针对侵犯知识产权和制售假冒伪劣商品刑事案件，坚持提前介入侦查、引导取证，从侦查方向、收集固定证据等方面对公安机关进行引导，依法从严从快进行诉讼，取得了法律效果、社会效果双赢，群众的满意度不断提升。

(2)强化精准发力，联合执法。全省检察机关针对案件特点，有针对性地积极与相关行政执法机关、公安机关协作配合，通过联合执法，强化打击、衔接配合工作力度，有力打击犯罪。黑河市人民检察院不断加大联合执法力度，在北安、嫩江、爱辉积极开展联合检查，大力查办非法销售伪劣保健品行为。通过派驻市场监督管理局检察室，建立“三联合”执法机制，全年共办理食品药品领域立案监督案件 6 件 7 人。

(最高人民检察院第四检察厅)

上海市

专利工作

2018年，上海以打造引领型知识产权强市为主线，聚焦深化改革开放、支撑科技创新和优化营商环境，深入推进实施知识产权战略。

一是知识产权创造实现提量增质。2018年，上海专利申请量150 233件，专利授权量92 460件，同比分别增长14.03%和27%；PCT国际专利申请量2500件，同比增长19.05%。截至2018年年底，上海万人发明专利拥有量47.5件。商标申请量40.89万件，同比增长18.9%；新增注册商标29.17万件，同比增长51.4%；截至2018年年底，上海有效注册商标总量114.93万件，同比增长30.8%。作品版权登记数261 642件，同比增长11.5%。植物新品种权授权12项（农业7项和林业5项）。

二是知识产权管理能级显著提升。重新组建由上海市市场监督管理局管理的上海市知识产权局，实现商标、专利、原产地地理标志的集中统一管理。上海市政府出台的《上海扩大开放100条》提出“加快建设开放共享、内外联动的高标准知识产权保护高地”的努力目标。上海市政府有关部门修订专利资助政策，加大对高质量专利、国际专利申请的扶持力度；建立重点商标保护名录管理制度，成立上海商标海外维权保护办公室。苏浙皖沪三省一市知识产权管理部门在沪共同签署《长三角地区知识产权一体化发展合作框架协议》。

三是知识产权保护力度持续加大。2018年，上海市公安机关共立侵犯知识产权案件341起，破案190起，抓获犯罪嫌疑人556人，涉案总值2亿余元。专利管理部门立案审理各类专利案件385件，同比增长22%，立案查处假冒专利案件121件，作出行政处罚决定11件；工商管理部门查处商标侵权违法案件1428件，没收各类侵权商标标识和商品共计16.04万件（只），罚款1520.68万元，移送涉嫌商标犯罪案件39件；文化执法部门收缴非法图书、音像制品等近14万件，办理版权行政处罚案件58件；城管执法部门查处涉及侵犯知识产权案件105起，查扣各类非法出版物4090件；上海海关查获侵犯知识产权案件374起，涉案商品545.57万件，案值6665.3万元。上海市知识产权联席会议办公室组织开展首届进博会知识产权保护“百日行动”，实现首届进博会知识产权保护“零投诉”。

四是知识产权运用效益不断显现。2018年，上海有关部门办理专利权质押融资82笔，融资额7.1亿元；完成专利实施许可合同备案66件，涉及合同金额1.04亿元；完成专利技术合同认定26项，涉及合同成交金额3.67亿元；82家企业的971件专利办理专利保险，投保额3950万元。上海在第二十届“中国专利奖”评选活动中有34个项目获奖。

五是知识产权服务体系日益完善。国家知识产权运营公共服务平台国际运营（上海）试点平台启动建设，致力成为全球知识产权跨境交易的枢纽站和国际知识产权金融创新的策源地。中国（浦东）知识产权保护中心正式运行，全年共受理专利预审案件454件，结案进审213件，通过快速审查授权154件。上海商标审查协作中心全年实审首审量突破120万件，并先后设立上海商标审协中心奉贤受理窗口、马德里商标国际注册义乌联络部。上海市知识产权服务行业协会揭牌成立，知识产权社会化治理与服务体系启动建设。

六是知识产权国际合作深入开展。上海市政府与世界知识产权组织签署《知识产权领域合作谅解备忘录补充协议》，在知识产权运用转化、人才培养、仲裁调解等方面深化合作；国务院知识产权战略实施工作部际联席会议办公室安排世界知识产权组织高级专家团在沪对中国地方层面实施国家知识产权战略十年情况进行考察评估；第十五届上海知识产权国际论坛暨全球知识产权保护和创新发展大会在沪举办；首批世界知识产权组织技术与创新支持中心项目落户上海。

（上海市知识产权局）

版权工作

2018 年，上海市版权局紧紧围绕上海建设全球卓越城市的发展目标，努力将版权工作置于创新驱动发展、营造国际一流营商环境的工作大局之中。

一、加强服务能力建设，完善版权公共服务体系

(1)推进作品自愿登记。截至 2018 年 10 月底，共完成作品登记 216 183 件，同比增长 11.37%。2018 年实现了杂技艺术作品登记“零”的突破，进一步丰富了登记类别。与浦东新区知识产权局建立完善工作合作机制，共同推进版权登记工作。协调落实保障作品版权登记保护应用平台的部分运营费用，保障平台有序运行。

(2)加强版权工作站联动。继续加强与 15 家版权服务工作站的联动，指导开展形式多样的版权公共活动。组织开展 2017 年度版权服务优秀项目评选工作，带动各工作站不断提升工作能级。

(3)推动自贸区版权服务中心筹建。作为国家级功能平台，自贸区版权服务中心主要为自贸区内的权利人和创新主体开展作品快速登记、版权管理监测、维权保护、人才培育等服务。

二、加强激励引导，持续推动版权产业发展

(1)开展版权示范培优。评出第六批 11 家上海版权示范单位和 1 家版权示范园区(基地)。培育、支持有条件的单位和园区(基地)申报“中国版权最具影响力企业”。组织召开工作交流会，引导示范单位进一步将版权融入具体经营管理之中。积极组织本市相关单位申报“中国版权金奖”，最终上海市公安局治安总队获“中国版权金奖”保护奖，上海歌舞团的舞蹈作品《朱鹮》获“中国版权金奖”作品奖。

(2)落实专项资金扶持申报工作。按时完成 2018 年度新闻出版专项资金(版权)的评审工作。积极发动版权企业申报新闻出版专项资金，最终评出 6 家单位的 8 个项目为本年度扶持项目，扶持资金共计 385 万元。同时，顺利完成 2016 年度新闻出版专项资金(版权)的审计、结项和绩效评价工作。

(3)实施版权“走出去”项目。组织全市 40 余家出版单位和民营文化工作室积极申报本年度版权“走出去”扶持项目，完成 2017 版权“走出去”扶持项目评审工作，最终评出 30 个优秀项目，资助金额共计 115 万元。

三、加强长效机制建设，巩固扩大软件正版化工作成果

(1)组织开展市级机关软件正版化全覆盖检查工作。市使用正版软件工作领导小组办公室组织部分成员单位及上海市数字认证中心有限公司组成督查组，对全市市级政府机关进行全覆盖督查，重点督查制度建设、责任落实、源头监管、日常管理等情况，并进行考核评议及限期整改工作。

(2)不断建立健全软件正版化工作机制。完善软件正版化工作责任、软件资产

管理等制度，建立软件正版化工作责任人数据库，明确各级政府机关软件正版化工作责任部门和责任人。通过国家版权监管平台，及时向国家推进使用正版软件工作部际联席会议办公室报送相关工作材料。

（3）接受中央督查组督导检查上海软件正版化工作。9月，中央督察组来沪对本市软件正版化工作进行了为期一周的督查，共抽查6家市级机关、4家上海国资企业，现场检查3188台计算机软件安装情况。

四、加强对重点作品、重点领域版权专项整治，做好版权主动监管与执法协调指导工作

（1）开展“剑网2018”专项行动。召开“剑网2018”专项行动动员部署会议，明确重点开展整治网络转载、短视频以及动漫作品等三项任务，提出了加大查处力度、强化主动监管、加强举报投诉、强化主体责任、加强宣传教育、加强信息沟通等六点工作要求。会同成员单位，继续通过版权案件协助取证、联合会商等制度，切实加大大案要案查处力度。自2018年开展“剑网行动”以来，共立案查处网络侵权盗版刑事案件6件，依法刑事拘留1人，逮捕3人，取保候审9人，移送起诉3人。

（2）加强网络版权主动监管。建立了涵盖所有重点领域的网络版权主动监管体系，涉及本市重点网站或相关互联网企业69家。利用互联网版权监测平台，围绕重点作品、重要活动进行主动监测，定期发布互联网版权侵权状况分析与对策报告。根据平台监测情况，向市文化执法总队移送9起重大网络侵权盗版线索，其中2起案件还涉及非法传播淫秽色情视频。

（3）推进网络版权自律工作。联合市网信办，积极引导8家上海知名网络媒体，共同发起成立“上海网络媒体行业版权自律联盟”。目前，上海互联网版权自律公约成员单位数量已扩充至30家。组织本市重点网站开展自查自纠工作。已有27家重点网站提交了自查自纠及整改报告。积极帮助出版社等传统行业进行网络维权，成功调处其与包括拼多多等在内国内重点电商平台之间的版权纠纷。

五、加强调查研究，科学指导版权工作的开展

（1）开展版权产业统计分析工作。继续与市统计局、上海海关、国家外汇管理局上海市分局加强对接，完成上海版权产业数据收集工作，并最终形成《上海版权产业统计报告（2016）》《上海版权产业分析报告（2016）》。2016年，上海版权产业的产业增加值为3153.75亿元人民币，比上一年增加179.88亿元人民币，占当年上海GDP比重为11.19%。

（2）完成版权贸易统计工作。2017年上海共引进图书版权1770种，录音制品112种，录像制品115种，电子出版物254种，电影3种，电视节目61种。共输出图书版权444种，电子出版物572种，电影2种，电视节目1150种。

（3）开展版权“大调研”。积极开展相关调研工作，共调研了30家企业、16家社会组织、7家行政机关、1家社会团体和1家事业单位。根据调研情况共梳理出问题43个，已解决16个，同时形成6项工作措施。

六、加强版权宣传培训，积极营造良好版权保护氛围

（1）做好版权重点工作的宣传。以“4·26知识产权宣传周”为重要平台，充分发挥市版权局门户网站及官方微信等主导作用，利用各种场合、媒体，不断创新宣传方式，做好版权重点工作的宣传，营造良好版权舆论氛围。4月，开展2017年度上海版权保护十大典型案件专家评选及发布活动，编印《上海2016年度十大版权典型案例》宣传手册。7月，与华东政法大学联合主办了短视频版权与竞争问题研讨会。

(2)树立正面典型,积极扩大版权保护社会影响力。完成2017年度查处侵权盗版案件有功单位及有功个人组织推荐及颁奖工作,本年度上海共有14家单位和20名个人获国家版权局表彰。卿某侵犯著作权案被国家版权局评为"2017年度全国打击侵权盗版十大典型案件"。

(3)强化版权教育培训。4月,召开上海市软件正版化工作会议,围绕软件正版化相关法律法规政策解读、国家软件正版化工作平台操作、正版软件台账日常管理、合法使用、有序流转等内容开展了重点培训和辅导。为帮助企业有效维权与举报投诉,组织召开座谈会。

七、做好版权行政审批及其他工作,提高依法行政水平

(1)行政确认事项有序进行。截至2018年11月2日,共完成各类行政审批工作1202件,其中,境外图书出版合同登记1082件,复制境外音像制品著作权授权合同登记52件,出版和复制境外电子出版物、计算机软件、电子媒体非卖品著作权授权合同登记68件。同时,积极做好"一网通办"工作。

(2)认真开展投诉咨询工作。全年共受理电话咨询近千次,处理侵权信访10余件,为企业、权利人提供指导,为权利人维权提供法律帮助。

八、加强交流与合作,不断提升版权影响力

(1)承办电影的经济及文化价值与版权保护高端论坛。

(2)组团参加第七届中国国际版权博览会。以"版权与科技、版权与文化、版权与生活"为主题,组织了7家上海优秀版权企业参加第七届中国国际版权博览会。上海市版权局获评最佳优秀组织奖,自贸区国际文化投资发展有限公司等4家参展企业获评优秀企业奖。

(3)全力保障首届中国国际进口博览会。制定了《知识产权保护与商事纠纷处理服务中心工作流程》《关于加强中国国际进口博览会版权保护的工作方案》等规章,制作版权宣传资料,主动向各国参展商宣传我国版权保护制度、作品登记制度等内容。建立重点市场联合巡查、联合会商等制度,开展每日定期巡馆、信息通报等工作,设立进博会版权保护热线。期间,共接到16起咨询,2起投诉,均成功予以解答与处理。同时积极配合国内各大媒体,进行进博会版权专题宣传,树立了良好的版权保护国际形象。

(中央宣传部版权管理局办公室)

司法工作

2018年,上海法院知识产权审判部门在上海市高级人民法院党组和各法院党组的领导下,充分发挥司法保护知识产权的主导作用,着力优化营商环境,为推动上海创新驱动发展,建成卓越的全球城市和具有世界影响力的社会主义现代化国际大都市提供良好的司法服务和有力的司法保障。

一、狠抓执法办案工作,知识产权司法保护成效显著

(1)收结案数量大幅增加,审判质效总体良好。

2018年,上海法院受理和审结各类知识产权案件的数量大幅上升,共受理22 680件、审结22 121件,同比分别增长43.46%和40.76%。受理一审知识产权案件21 363件、审结20 802件,同比分别增长49.71%和46.5%。其中,受理一审知识产权民事案件21 104件、审结20 539件,同比分别增长49.77%和47.12%;受理一审知识产权刑事案件235件、审结213件,同比分别上升43.29%和36.54%;受理一审行政案件24件、审结50件,同比分

别上升 60%和 233.33%。全市法院知识产权庭在案件收结总量大幅增长态势下，审判质效总体保持良好，同期结案率 97.51%；法官人均结案数 315.34 件，同比上升 45.66%；一审案件服判息诉率 94.13%，同比上升 3.34%；审限内结案率 98.94%，同比上升 0.92%。

（2）审理了一批影响重大和新类型案件。

一是大标的额案件不断涌现。如吉利公司等诉威马汽车公司等侵害商业秘密纠纷案，诉讼标的额达 21 亿元人民币；重橙公司诉二三四五公司侵害计算机软件著作权纠纷案、盛绩公司诉椰子互娱公司计算机软件开发合同纠纷案等案件，诉讼标的额都在 1 亿元人民币以上。二是有社会影响力的案件日趋增多。如老古公司、复旦大学出版社与南某某、上海老古公司侵害著作财产权纠纷上诉案，瑞基特·戈尔曼公司与张某某等侵害商标权纠纷上诉案，三韦公司诉逻兰公司纵向垄断协议纠纷案，汉阳光明公司诉韩泰轮胎公司纵向垄断协议、滥用市场支配地位案，刘某田诉周某森等著作权侵权纠纷案，陈某龙等不服上海市浦东新区知识产权局行政处罚决定案 3 起案件，优酷公司申请千杉公司诉前停止侵害知识产权案，王某可诉法国依视路集团域名权属纠纷案，印联公司、刘某等侵犯著作权罪案，梅龙镇酒家公司诉合园堂公司等侵害商标权及不正当竞争纠纷案等案件，上述案件社会关注度较高，社会影响较大。三是新类型案件持续增长。如加拿大 DNA 吉诺特克公司诉上海人类基因组研究中心等侵害发明专利权纠纷案，华山医院诉弗林特侵犯人类遗传资源信息专属持有权案，体娱公司诉中超联赛公司等纵向垄断协议、滥用市场支配地位纠纷案，西门子公司诉魅族、小米、金立等公司侵害发明专利权纠纷系列案件，光明乳业公司与美食达人公司侵害商标权纠纷上诉案。

（3）打造了一批有影响力的精品案件。

上海美术电影制片厂与电子工业出版社、曲某方著作权权属、侵权纠纷案，晨光公司诉得力公司等侵犯外观设计专利权纠纷案，天容公司诉昊华公司不正当竞争纠纷案等 3 件案件入选《最高人民法院公报》；易查无限公司、于某侵犯著作权罪案入选“2017 年中国法院知识产权司法保护 10 大案件”；拉菲罗斯柴尔德酒庄与保醇公司等侵害商标权纠纷案，华奇公司与圣莱科特公司恶意提起知识产权诉讼损害责任纠纷案，捷豹路虎公司与上海市浦东新区市场监督管理局、上海市浦东新区人民政府行政复议决定案等 3 件案件入选“2017 年中国法院知识产权司法保护 50 件典型案例”。另外，还有多起案件入选中国法院 2017 年度案例、“2017 年度中国版权行业十大热点案件”“2017—2018 年度知识产权保护十佳案例及‘两法’衔接典型案例”“2017 年度全国打击侵权盗版十大案件”等。

二、充分发挥司法职能，服务保障大局积极有为

（1）服务国家战略，优化营商环境。上海市高级人民法院出台《关于加强知识产权司法保护的若干意见》。上海知识产权法院发布《上海知识产权法院涉自贸区知识产权案件审判情况（2015—2017）》《上海知识产权法院营商环境建设典型案例》；浦东新区人民法院召开“聚焦‘一带一路’建设，服务保障自贸区发展”知识产权司法保护研讨会，发布《加强知识产权司法保护、服务保障中国（上海）自由贸易试验区建设五年情况》和五年典型案例，《自贸区知识产权司法保护精品案例集（中英双语版）》。

（2）做好进博会服务保障工作。上海市高级人民法院在 2017 年年初成立专题调研小组，并提出《加强中国国际进口博览会知识产权保护的建议》。上海市高级人民法院制定《关于加强知识产权审判服务保障中国国际进口博览会的实施意见》，上

海知识产权法院出台《关于设立专项审判团队服务保障中国国际进口博览会的实施意见》，普陀区人民法院出台《服务保障中国国际进口博览会实施方案》。上海市高级人民法院民三庭组织涉进博会专题专项培训，与上海大学联合举办"进博会参展企业知识产权司法保护座谈交流会"，听取参展企业意见。

（3）认真开展调研活动。上海市高级人民法院张斌副院长带领三级法院知识产权庭庭长先后赴浙江三级法院、广东法院、上海市知识产权局、中国国际进口博览局、中国（上海）自由贸易试验区管委会和上海市律师协会，对互联网在司法审判中的应用、加强知识产权司法保护力度、进博会知识产权司法保护相关事宜等方面开展调研。

三、落实司法改革任务，知识产权审判体制机制持续优化

（1）稳妥推进内设机构改革。根据上海市委政法委的统一部署安排，制定知识产权审判条线内设机构改革方案，撤销黄浦区人民法院、闵行区人民法院知识产权庭建制，办案人员全部划转徐汇区人民法院和杨浦区人民法院。

（2）完善"三合一"综合审判机制。上海市高级人民法院进一步深化知识产权民事、行政和刑事审判"三合一"工作，明确内设机构改革后浦东、徐汇、杨浦、普陀四家基层人民法院案件管辖区域。上海市高级人民法院与市检察院、公安局联合会签《关于调整本市知识产权刑事案件管辖的规定》，落实知识产权刑事案件指定管辖制度和案件范围。

（3）探索推进知识产权庭审方式改革。上海知识产权法院制定《远程视频审理案件操作规则（试行）》。浦东新区人民法院探索推行"书状先行"庭审模式。杨浦区人民法院制定《关于知识产权案件简易程序庭审方式和文书样式改革的实施细则》。

（4）完善技术事实查明机制。推动上海市高级人民法院知识产权技术专家库和上海知识产权法院技术咨询专家库"两库"合并，建立全市法院技术类案件技术事实查明共享机制，服务全市法院技术类知识产权案件审判。

四、积极开展国际交流和司法宣传工作，知识产权审判影响力日益扩大

（1）精心组织开展"4·26世界知识产权日"系列宣传活动。上海市高级人民法院召开新闻发布会，首次以中英文形式发布《2017年上海法院知识产权审判白皮书》《2014—2017年上海法院涉外知识产权审判白皮书》和"2017年上海法院知识产权司法保护十大案件"。全市法院知识产权庭开展系列案件审判庭审直播和公开宣判活动；上海知识产权法院与浦东新区人民法院分别发布知识产权审判工作白皮书和典型案例。

（2）建立与高校常态化交流合作机制。上海市高级人民法院与同济大学签署《关于加强知识产权法学教育和司法实践的合作框架协议》，强化理论研究、支持人才培养。

五、加强调研指导工作，知识产权审判水平稳步提升

（1）加强条线沟通。上海市高级人民法院建立条线沟通协调机制，定期召开庭长例会以及建立三级法院联络员制度。

（2）推进课题调研。上海市高级人民法院完成"涉进博会知识产权司法保护研究""知识产权犯罪量刑适用研究"以及与国家知识产权局专利复审委员会共同合作的"专利无效审查程序中止问题研究"课题；上海市高级人民法院知识产权二庭撰写的涉展会知识产权案件调研报告被《人民法院报》入选"2018年人民法院十大调研报告"；上海知识产权法院1项课题获评上海法院优秀重点调研课题；浦东新区人民法院、普陀区人民法院分别有1项课题获评上海法院优秀报批课题。浦东新区人民法院根据最高人民法院委托在上海市高级人民法院指导下撰写的《自贸区知识产权司法保护意见》，获得最高人民法院知识产权庭肯定。

(3)强化审判指导。上海市高级人民法院民三庭制定《关于以法定赔偿方法确定赔偿数额若干问题的解答》；印发《知产审判调研与参考专刊》。

六、加强专业化队伍建设，队伍素质不断提高

(1)加强专家型、复合型法官培养。崇明区人民法院院长朱丹被评为全国法院审判业务专家，上海市高级人民法院民三庭副庭长唐震、闵行区人民法院副院长李国泉被评为上海法院审判业务专家。上海知识产权法院知识产权一庭副庭长凌崧随最高人民法院代表团赴德国开展交流活动并作交流发言。

(2)注重拓宽培训交流渠道。选派优秀知识产权法官赴最高人民法院知识产权法庭工作，同时邀请最高人民法院法官对相关审判工作予以具体指导，并邀请来自国家工商行政管理总局、专利复审委员会、华东政法大学、同济大学、上海大学等业界、学界的专家和学者进行授课。

(3)涌现一批先进集体和个人。上海市高级人民法院民三庭、上海知识产权法院知识产权一庭、浦东新区人民法院民三庭、杨浦区人民法院民三庭荣获“全国法院知识产权审判工作先进集体”荣誉称号。

(上海市高级人民法院知识产权审判庭)

检察工作

上海检察机关充分发挥自身职能，全面加强知识产权司法保护、消费者合法权益保障，围绕侵权假冒犯罪惩治、工作机制完善等各方面卓有成效地开展具体工作，深化知识产权保护的检察保障，拓展创新路径。

一、加强审查逮捕、审查起诉，保持严打力度

针对侵权假冒案件专业性强，证据认定、法律适用问题较多的特点，重心前移，对重大有影响的案件提前介入，引导侦查取证，参与调查，全面阅看材料，提出取证建议，有效打击犯罪。2018 年上海检察机关受理知识产权审查逮捕案件 201 件 350 人，批准逮捕 157 件 262 人，受理审查起诉案件 233 件 431 人，提起公诉 205 件 321 人，并对全国“打黄扫非”办等中央机关重点关注的郑某某等人侵犯著作权案、章某某等人侵犯著作权案等 10 起案件挂牌督办。世界知识产权日前夕，上海市人民检察院就制售假冒伪劣商品、侵犯知识产权案件组织全市基层人民检察院开展集中公诉，将 11 件案件 17 名被告人集中起诉至法院，涉及侵权产品 401 525 件，犯罪所涉金额累计 771.5 万余元。

二、确立知识产权保护新措施，专业办案机制再升级

一是完善“三合一”办案机制。科学设置办案组织，设立知识产权案件刑事组和民事行政组，既相对分工，又强化刑事、民事、行政办案理念融合，进一步统一执法思路和执法尺度；加强知识产权检察一体化机制建设，对疑难复杂、新类型和诉讼监督等案件，建立市人民检察院、市人民检察院分院和基层人民检察院三级联动、共同会商机制，提升办案质效。二是完善技术事实调查机制。制定并落实承办人与被告人、权利人、鉴定专家和律师会见的“四见面”制度，促进检察官深入了解涉案技术领域发展情况和相关技术特性，科学判断技术对案件的影响程度，准确认定涉案技术事实。三是完善特邀检察官助理机制。规范特邀检察官助理适用条件和工作流程，邀请 7 位特邀检察官助理参与商标、著作权、专利、商业秘密等相关领域案件办理，

提高专业化办案水平。四是完善办案防泄密机制。制定并落实《侵害商业秘密案件保密工作指引》和律师保密承诺书，保障律师执业权利的同时，规范涉及商业秘密案件的阅卷程序、范围、场所等，防止商业秘密在诉讼过程中发生二次泄密。

三、探索知识产权保护提质增效

一是探索知识产权刑事案件量刑规范化。针对“三审合一”模式下，知识产权刑事案件刑罚轻缓化的情况，与上海市人民检察院第三分院，联合上海市高级人民法院就本市知识产权刑事案件刑罚适用进行具体商议，进一步明确和完善案件量刑标准。二是探索创设知识产权刑事案件合理赔偿机制。上海市人民检察院选择了虹口区人民检察院承办的一起中央部委联合督办、高度重视的侵犯教辅教材著作权案，对外发布起诉情况。在依法追究被告人刑事责任的同时，促成被告人向知识产权权利人进行刑事赔偿，双方达成和解，不仅权利人的合法权益得到弥补、降低了维权成本，被告人也获得了检察机关相对从宽的量刑建议。上海市人民检察院后续将推广该起探索对知识产权权利人赔偿的典型案例，总结经验、提炼规则，争取逐步在全市基层人民检察院推行知识产权权利人合理赔偿机制。

四、做好检务公开工作

一是夯实深化权利义务告知工作成果。要求全市检察机关在办理涉及知识产权的生产、销售伪劣商品类案件和侵犯知识产权案件审查逮捕、审查起诉阶段向权利人进行告知，权利人将能从案件审查逮捕阶段起就充分了解自身应有的诉讼权利和义务，参与案件诉讼的程度加深，检察办案程序进一步透明化、公开化。

二是发布年度知识产权检察白皮书。发布前，上海市人民检察院邀请政协委员、特约监督员，就白皮书内容进一步完善提出意见建议。向社会公众发布 2017 年度上海知识产权检察白皮书，通报本市知识产权犯罪特质、趋势及成因，并提出解决当前知识产权司法保护突出问题的建议。

（最高人民检察院第四检察厅）

江苏省

专利工作

2018 年，知识产权管理体制改革，江苏省政府知识产权联席会议、江苏省商标战略实施工作领导小组合并设立江苏省知识产权和商标战略实施工作领导小组。江苏省知识产权局由省科学技术厅的部门管理机构改为省市场监督管理局的部门管理机构，原省工商行政管理局商标管理职责及商标监督管理处 10 名人员编制、原省质监局原产地地理标志管理职责及标准化处（应对技术性贸易壁垒处）3 名人员编制划转至省知识产权局。江苏省 13 个设区、市将科学技术局（知识产权局）知识产权保护协调和专利管理职责划入市场监督管理局，保留知识产权局牌子。2018 年 10 月 19 日，江苏省政府与国家知识产权局召开合作会商会议，制定 2018～2019 年合作会商工作要点。

知识产权创造“逆势上扬”。2018 年，江苏全省专利申请量 600 306 件、授权量 306 996 件，同比增长 16.70％和 35.13％；发明专利申请量 198 801 件、授权量 42 019 件，PCT 专利申请量 5500 件，万人发明专利拥有量 26.45 件，保持全国前列。累计建成省、市高价值专利培育示范中心 132 家，在第二十届“中国专利奖”评选中，江苏获得金奖4项、银奖6项、优秀奖90项，创历史新高。江苏省政府对10位第二届江苏省专利发明人奖获奖者进行了表彰。

知识产权保护“多措并举”。《江苏省知识产权促进条例》列入江苏省人大常委会五年立法规划项目。江苏全省查处假冒专利案件7529件，处理专利侵权纠纷2127件。苏州知识产权保护中心获批建设，常州、南京知识产权保护中心正式运营，江苏(南京)知识产权仲裁调解中心、省知识产权纠纷人民调解委员会揭牌成立，京东集团知识产权保护与服务中心落户宿迁。

知识产权运用“亮点纷呈”。江苏省知识产权局联合中国银行、兴业银行、省再担保集团等8家金融机构启动“知识产权百亿融资”行动计划，搭建“互联网＋知识产权＋金融”服务平台，全省专利质押融资总额近40亿元。省知识产权运营母基金和3支子基金签约成立。苏州、南京国家知识产权运营服务体系试点建设取得积极进展。全省新增知识产权管理贯标企业3208家，总数超过1.2万家。新获批国家知识产权示范企业51家、优势企业190家，总数达481家。国家知识产权区域布局试点工作任务圆满完成，发布《2018年度江苏省知识产权密集型产业统计分析报告》，全省国家知识产权强市、强县、强区累计达104个。

知识产权宣传教育“有声有色”。开展“4·26世界知识产权日”、中国专利周、“5·10中国品牌日”等主题宣传，集中发布《江苏省2017年知识产权发展与保护状况》白皮书、知识产权十大典型案例。开展市县党政干部、国企厅级后备干部、民营企业家以及高校创新创业导师知识产权培训班，共计培训领导干部、高校教师、民营企业家1500余名。全省培训知识产权工程师6000余人次，637人取得专利代理人资格，累计评选知识产权高级职称240人，省知识产权领军和骨干人才489名。

知识产权国际交流合作“百花齐放”。争取世界知识产权组织2家技术与创新支持中心落户江苏，组织管理人员、专家等人员赴美国、德国等发达国家和俄罗斯、捷克等“一带一路”沿线国家交流学习。配合国家知识产权局在苏州举办第六届中蒙俄知识产权研讨会暨中蒙俄三局局长会。联合南京市政府高水平举办第三届紫金知识产权国际峰会。常州、镇江、苏州分别举办首届中国互联网知识产权大会、三江论坛、太湖论坛。聚焦国际贸易中知识产权风险防控和应对，积极开展“337调查”等重大问题的研究预警。

(江苏省知识产权局)

商标工作

2018年，江苏全省商标申请量483 987件，同比增长36.00%；商标注册量316 009件，同比增长98.21%；有效商标注册量1 179 674件，同比增长33.75%；马德里国际注册商标申请量808件，注册量544件，有效注册量达2796件。江苏全省拥有有效注册商标的企业219 117家，占全省企业总数的6.85%。其中，全省拥有有效注册商标的规模以上工业企业18 617家，占全部规模以上工业企业的40.24%；全省拥有有效注册商标的高新技术企业12 194家，占全部高新技术企业的55.36%；全省拥有有效注册商标的战略性新兴产业企业5002家，占全部战略性新兴产业企业的48.71%。

发布《江苏省商标品牌战略年度发展报告》《江苏省区域商标品牌发展指数报告》；制定《企业商标管理规范实施细则》及评价标准；举办企业品牌管理人才培训，累计培训5500人；研发江苏商标品牌数据分析系统，在全国率先实现商标数据与市场主体数据基本关联，初步做到省、市、县三级商标信息查询与风险预警。

江苏省、市、县三级联动开展“双打”“护航”“溯源”“净网”“雷霆”等执法行动，查处商标违法案件 1884 件，案值达 8584.85 万元，罚没款 3303.8 万元，督促查办侵犯“先锋”“樱花”“华为”等商标侵权案件 12 件。其中，“华为”商标保护专项行动查处侵犯“华为”商标专用权案件 40 件，拆除并销毁违法店招门头和相关标识。发布《2017 年度江苏省商标发展与保护状况》白皮书，组织并指导各地开展商标代理机构“双随机一公开”检查，集中查处商标代理机构违法行为。规范代理机构经营行为，制定并推广使用《商标委托代理合同（示范文本）》，引导商标代理机构贯彻《商标代理服务规范》地方标准。开展商标执法案件研究，组织编写《商标行政执法诉讼案件司法裁判标准与商标行政执法规范化》，形成《商标行政执法及诉讼案件研究报告》。公布十大商标典型案例，向国家知识产权局商标局推荐的 2 件案例入选全国十大商标典型案例。

江苏省工商行政管理局与新华报业集团共同举办江苏商标品牌紫金峰会，倡导成立“唱响江苏品牌宣传联盟”，拍摄《寻找江苏名片》宣传片；开展“改革四十华章，见证商标力量”寻找品牌江苏新名片行动；与省广播电台联合举办“我苏品牌秀”系列宣传活动；出版《倾听花开的声音》，讲好江苏商标品牌故事；指导江苏省商标协会举办“好 Logo 铸就好品牌”论坛等活动。

（江苏省知识产权局）

地理标志工作

2018 年，江苏省新增地理标志商标 31 件，地理标志商标总量达 298 件，有效地理标志产品总量达 91 件，其中淮安市地理标志商标 125 件。

江苏省工商行政管理局商标处党支部及各设区、市商标处所属党支部开展“走进薄弱村、共走脱贫路”活动，与 9 个薄弱村签订党建结对帮扶协议书。商标处与苏宁集团签订党组织结对共建，服务精准扶贫协议书，发挥商标职能作用，组织挂钩帮扶村特色农产品参加苏州品牌博览会。

（江苏省知识产权局）

版权工作

2018 年，江苏省版权局的各项重要工作稳步推进，省版权局版权管理处荣获国家版权局“2017 年度查处侵权盗版案件有功单位”一等奖。

一、系统谋划布局版权工作

2018 年 3 月 15 日，召开江苏省版权工作座谈会，省版权局局长从“坚持质量取胜，着力强化版权创造；坚持全面从严，着力强化版权保护；坚持价值导向，着力强化版权转化运用；坚持常态长效，着力推进软件正版化；坚持点面结合，着力强化版权宣传教育”五个方面明确了下步工作重点。

二、积极推动版权产业发展

（1）成功承办第七届中国国际版权博览会。由国家版权局主办，江苏省新闻出版广电局（版权局）、苏州市人民政府承办的第七届中国国际版权博览会，于 10 月 19 日至 21 日在江苏苏州成功举办。本届版博会展示面积达 26 000 平方米，参展单位和机构 300 余家。开幕式上，中宣部副部长梁言顺作书面致辞，世界知识产权组织（WIPO）和中国国家版权局举办了“中国版权金奖”颁奖仪式等 10 余项主题活动。

（2）扎实推进江苏省国家版权贸易基地筹建。会同江苏省版权协会分别与南京市建邺区、秦淮区、玄武区接洽并实地考察，通过可行性认证，贸易基地秘书处落地南京市。投资开发江苏版权服务平台，成立紫金山版权律师联盟。新增省级版权贸易基地 3 家，全年累计实现版权交易 19.8 亿元，同比增长 85%。

（3）促进优秀版权贸易输出。组织参加北京国际图书博览会，江苏展区与海外著名出版集团和版权代理机构共进行了160余场版权贸易洽谈活动，共实现非华语国家版权输出100项，凤凰集团荣获组委会颁发的“优秀版权贸易输出奖”。本届组委会在展场醒目位置专设“中国出版‘走出去’成果展区”，江苏70余种原创精品图书和外向型图书入选。

（4）推进全省版权示范创建。积极推动、指导全省版权示范创建工作，并推进各地在作品登记、软件正版化、版权执法、产业促进等领域的工作，先后命名了江苏如意通动漫产业股份有限公司等19家企业为省版权示范单位，财智科技园等2家园区为省版权示范园区（基地），命名了国信集团等6家国有企业为省版权示范单位（软件正版化）。

（5）开展江苏省版权产业经济贡献率调查。发布《2016年江苏省版权产业经济贡献率调查报告》，从产业增加值、从业人数、从业人员平均薪酬等三个方面分析了江苏省版权产业对国民经济的贡献。

（6）发挥省版权研究中心和版权培训基地作用。与南京理工大学、苏州大学联合建立的省版权研究中心、版权培训基地效能逐步得到体现。省版权研究中心承担了3个研究课题并通过了专家评审，省版权培训基地完成全省版权执法和作品登记等培训任务。

三、抓实软件正版化工作

（1）顺利通过国务院督查。国务院推进使用正版软件工作部际联席会议对江苏省部分省级机关和省属企业使用正版软件工作进行督促检查，省版权工作领导小组办公室充分发挥工作机制优势，加强统筹协调，在落实责任、组织培训和强化指导等三方面采取多项措施做好迎检工作。10家省级机关和省属企业顺利通过国务院督查，省公安厅、人社厅、国信集团等单位受到表扬。

（2）基本完成省属企业软件正版化工作。省版权局、省国资委于2018年年初印发省属企业软件正版化实施方案并召开部署会，要求各省属企业在2018年6月底前全面完成省属企业总部及二级、三级企业软件正版化。指导省属企业积极与软件厂商进行谈判，创新性提出“场地授权、购买服务”的模式，大大降低企业采购成本，同时对进展缓慢的企业进行催办、督办，21家省属企业已有19家完成整改，剩余2家正在完成采购程序，省属企业基本完成软件正版化工作，提前一年半时间完成预定目标。

（3）启动全省医疗卫生机构软件正版化工作。2017年12月，启动了全省医疗卫生机构软件正版化推进工作，要求全省各级医疗卫生机构在2018年年底基本完成计算机操作系统、办公软件、杀毒软件的正版化，并建立和完善软件正版化长效机制。2018年5月相关部门协同工作，下发了实施方案，推荐各地医疗卫生机构采取集中采购方式，尽量降低正版软件采购成本。2018年6月，在南京举办了全省医疗卫生机构软件正版化工作培训会，对软件正版化工作作出了具体部署。

四、加大版权执法力度

（1）执法工作成效明显。2018年，全省共立侵权盗版案件170起，其中刑事案件25起，行政处罚95起，行政调解50起，国家五部门挂牌督办1起，国家四部门挂牌督办2起，国家版权局挂牌督办2起，省版权局挂牌督办案件13起。

（2）深入开展专项行动。制定打击网络侵权盗版“剑网2018”专项行动工作方案，查办一批大案要案，切实规范了网络传播秩序。行动历时5个月，关闭网站19个，移送相关部门4起，关闭微信公众号5个，行政处罚12起，共没收违法所得10.98万元，罚款31.9万元。组织评选江苏省2017年度打击侵权盗版十大案件，较好发挥了查办典型案例的示范引导作用。

(3)扎实组织执法培训。省版权局组织一线版权执法人员参加了国家版权局在陕西西安和吉林长春举办的版权执法监管培训。组织参加在浙江金华举办的2018江浙版权执法监管工作交流会，举办全省版权执法骨干培训班。

五、提升公共服务水平

(1)加强人才队伍建设。为确保完成全年登记30万件的重点工作任务，面向社会公开招聘3名工作人员，并对全省新进作品登记工作人员进行岗前培训。举办全省作品登记培训班。委托南京理工大学知识产权学院完成基层版权工作站标准制定，委托江苏省版权协会开展版权工作站质量核验工作，提升版权工作站服务质量。

(2)稳步提升作品登记质量。全年完成作品登记302 175件。开展优秀版权作品申报认定工作，共评定优秀版权作品77件。通过“4·26世界知识产权日”系列宣传活动和举办各类座谈会、研讨会等活动，全面宣传作品登记工作。严控低质量作品登记，开展“作品登记质量年”活动。

(3)改进作品登记平台。一是优化云服务平台功能。对作品著作权登记平台现有云服务设备进行升级扩容，从技术上提升登记速度和效率。二是完善作品登记功能。组织技术力量对登记平台进行功能优化，保障作品登记工作顺利开展。同时，完成历史纸质档案的数字化工作，历史数据成功入库。

六、创新版权宣传方式

(1)贴近产业积极开展版权进园区活动。全省各地版权部门以“保护创作，推进运用”为主题，积极开展版权宣传进园区活动，深入到水晶、家纺、刺绣、壁纸、玩具等版权密集型产业基地、专业市场集中开展版权宣传活动。

(2)形式多样全方位开展版权社会宣传。制作《保护正版，为原创者点赞》宣传片，在全省电视台、电台、影院、网络、地铁和公交移动电视、户外大屏等平台播放，江苏新闻广播和江苏交通广播两个频道滚动播出自制的版权公益广告，版权保护公益海报也亮相于江苏有线电视1000多万用户的开机画面以及各公共场所。多媒体对全省“4·26世界知识产权日”版权宣传活动进行了专题报道。

(3)突出重点展示江苏版权工作成就。在“4·26世界知识产权日”前命名了一批省版权示范单位和示范园区，与省经信委启动了2018年度全省优秀版权作品评选，评选出了2017年度全省打击侵权盗版十大案件，公布了江苏省版权产业经济贡献率调查结果，并将相关内容制成展板在全省各地版权宣传活动中展出。

(中央宣传部版权管理局办公室)

司法工作

2018年，江苏法院认真贯彻落实党的十九大精神，继续坚持“力争把江苏法院打造成在国际上具有一定影响力的知识产权司法保护高地”的工作定位，以执法办案为工作重心，以最严格保护为工作原则，以改革创新为工作抓手，以提质增效为工作方向，为江苏高质量发展提供坚强有力的司法保障。

一、发挥司法保护的主导作用，最严格保护工作主线全面落实

2018年，江苏法院共审理各类知识产权纠纷案件19 938件，其中知识产权民事案件19 350件，刑事案件569件，行政案件19件；共审结各类案件16 926件，其中知识产权民事案件16 455件，刑事案件457件，行政案件14件。新收一审知识产权民事案件15 984件，同比上升45.48%；新收一审知识产权刑事案件433件，同比上升32.01%；新收一审知识产权行政案件10件，同比下降47.36%。

审结的沈某宁、沈某燕、沈某衡与经典拍卖公司、张某著作权权属、侵害著作权纠纷案入选“2017 年中国法院知识产权司法保护 10 大案件”；南通市粮棉原种场与江苏省高科种业公司植物新品种追偿权纠纷案、麦澜德医疗公司等与伟思医疗公司专利权权属纠纷案、宝高教育玩具公司等与金宝莱公司侵害其他著作财产权纠纷案、无锡市知识产权局与澄华公司专利侵权纠纷处理决定案等 4 件案例入选“2017 年中国法院知识产权司法保护 50 件典型案例”；天隆种业公司与徐农种业公司互诉侵害水稻“9 优 418”父本和母本品种权侵权纠纷案入选“2017 年农业植物新品种保护十大典型案例”；对新平衡公司等涉嫌侵权行为发布诉中禁令案、无锡市知识产权局与澄华公司专利侵权纠纷处理决定案等两案裁判文书入选全国法院首届“百篇优秀裁判文书”。

强化裁判的规范与引导功能。通过案件裁判，不断强化司法裁判的规则对类案裁判的借鉴。审结涉洋河驰名商标被恶意注册在牛奶纸品上及泛化使用纠纷案。审结周某晖诉余某等人关于《邪恶催眠师》作品改编权的著作权纠纷案。依法加大民事赔偿力度，对于存在恶意侵权、反复侵权情节的，积极适用惩罚性赔偿。审结涉巴洛克地板侵害商标权及不正当竞争纠纷案，全额支持了权利人主张的人民币 1000 万元赔偿额。审结涉莱顿汽车部件发明专利侵权案，各项赔偿合计人民币 1000 余万元。审结中讯公司诉比特公司恶意提起知识产权诉讼损害赔偿责任纠纷案，百世兴公司诉奥玛超市侵害商标权纠纷案。

2018 年，江苏法院新收涉外、涉港澳台地区一审知识产权民事案件 187 件。

二、继续深化知识产权审判“三合一”改革，最严格保护整体效果有效提升

在知识产权刑事审判中，加大对重点行业、重点领域的侵权打击力度，对食品药品犯罪以“零容忍”态度慎用缓刑，彰显知识产权刑事保护的威慑力。审结国家版权局挂牌督办的 BT 天堂网站影视作品的侵犯著作权罪案。

江苏省高级人民法院制定《江苏省高级人民法院关于知识产权犯罪的量刑指南》（试行），并选取南京铁路运输法院、南通市通州区人民法院开展试点。徐州市中级人民法院牵头与公安机关、检察院共同签署《徐州市知识产权犯罪案件证据收集指引》。

强化司法主导理念，妥善处理司法保护和行政保护之间的关系，切实监督和支持行政机关依法行政。2018 年，江苏省高级人民法院梳理并分析近五年审理的知识产权行政案件，向省政府报送《关于知识产权行政审判中涉行政执法和行政监管情况的报告》。2018 年，江苏省高级人民法院审结项某国诉涉吴江市场监管局行政处罚决定案，依法支持行政机关合法的行政处罚行为，保护地理标志的合理使用。

江苏省高级人民法院多次与工商、版权、专利等相关部门选取争议问题进行交流研讨，并通过不定期的工作会商等方式，督促行政机关调整执法思维，统一执法标准。苏州知识产权法庭与公安机关、检察机关、市场监督管理部门联合会签并发布了《关于办理侵犯商业秘密案件若干问题的意见（试行）》。盐城市中级人民法院牵头联合公安、检察等 10 家联席会议成员单位制定下发《盐城市知识产权司法与行政执法联动保护机制的实施意见》。

三、推进制度机制创新，最严格保护机制日益健全

2018 年，南京知识产权法庭共受理各类知识产权案件 1492 件，审结 1275 件，同比分别上升 18.9% 和 31.7%。苏州知识产权法庭受理各类知识产权案件 1800 件，审结 1733 件，同比分别上升 8.24% 和 23.35%。为优化知识产权管辖布局，南

京、苏州知识产权法庭在集中管辖基础上加强巡回法庭建设。2018年，南京知识产权法庭在江北新区、江宁经济技术开发区、南京经济技术开发区、中国（南京）软件谷分别设立巡回审判点，形成南京地区“一个中心，四翼环绕”的知识产权司法保护区域全覆盖格局。苏州知识产权法庭先后与无锡、南通、常州三地中级人民法院签署《知识产权司法保护合作共建协议》。

江苏省高级人民法院民三庭与江苏省生物医药功能材料协同创新中心签订《关于知识产权技术事实调查协作的框架协议》，发挥技术专家辅助知识产权案件审理的作用。南京知识产权法庭制定《技术调查官参与诉讼活动工作规则（试行）》等规范化文件，加强专职技术调查官的使用和管理。

2018年5月，江苏省高级人民法院下发文件，在全省范围内开展知识产权刑事案件适用简易程序工作，落实“简案快审、繁案精审”，从审判运行机制上化解人案矛盾。

四、加强调研和宣传，最严格保护环境不断优化

一是依托司法审判，加强专业调研，充分发挥调研的针对性、实效性和指导性。江苏省高级人民法院开展侵犯商标权纠纷案件相关问题、防范商业秘密诉讼泄露问题、专利案件裁判尺度问题、知识产权共同侵权问题等专题调研，完成最高人民法院委托开展的医药产业知识产权司法保护调研课题。无锡市中级人民法院撰写的《反映知识产权侵权纠纷呈现四大特点》等四篇专稿被江苏省委和省政府办公厅录用。徐州市中级人民法院连续两年中标最高人民法院司法大数据研究项目，调研成果《侵害作品信息网络传播权纠纷专题报告》被最高人民法院评为二等奖。

二是开展多渠道司法宣传，不断拓展司法公开的广度和深度。组织全省法院开展“4·26世界知识产权日”主题宣传。江苏省高级人民法院在南通家纺城召开新闻发布会。连续9年向社会发布《江苏法院知识产权司法保护状况》蓝皮书，以及江苏法院知识产权司法保护10大案例；连续6年发布《江苏法院知识产权案件年度报告》。召开江苏法院知识产权司法保障科技创新新闻发布会。

三是主动适应新媒体发展，增强知识产权审判业内外影响力。继续维护并运营好官方微信公众号“江苏知产视野”，并在江苏省高级人民法院新浪微博、微信公众号、“知产力”等知识产权领域专业媒体同步开设专栏。“江苏知产视野”设立以来，共刊登182期170余个典型案例，近10篇文章资讯，取得良好成效。

四是充分发挥司法能动作用，服务创新经济发展。江苏省高级人民法院制定《关于实施最严格知识产权司法保护，为创新经济发展提供高质量司法保障的意见（征求意见稿）》。南京知识产权法庭制定《关于加强知识产权审判领域改革创新服务保障具有全球影响力创新名城建设的若干措施》。

（江苏省高级人民法院知识产权审判庭）

检察工作

一、思想上高度重视，切实强化“双打”工作的组织领导

（一）制定“双打”工作要点

江苏省人民检察院深刻认识打击侵犯知识产权和制售假冒伪劣商品犯罪对于提高我国经济建设创新驱动发展能力的重大意义，研究制定了《2018年全省检察机关打击侵犯知识产权和制售假冒伪劣商品犯罪工作要点》，明确“双打”工作要求，努力维护社会主义市场经济秩序。定期向省“双打”办报送案件查处情况，切实将“双打”工作落到实处。

（二）纳入党组年度重点工作

省检察院党组将产权保护作为重点工作进行部署，制定了《省检察院贯彻落实省委省政府关于完善产权保护制度依法保护产权实施意见的项目化推进方案》，开展涉产权犯罪案件专题调研活动，并下发了《关于充分发挥检察机关职能作用服务保障民营企业发展的意见》，将破坏民营企业营商环境、侵犯民营企业产权等犯罪作为打击重点，建立健全涉产权案件办理机制，为民营企业发展保驾护航。

二、严厉打击侵权假冒犯罪，保障经济健康有序发展

全省检察机关积极发挥批捕、起诉职能，严厉打击侵犯知识产权和制售假冒伪劣商品犯罪。2018 年全省检察机关共批捕侵犯知识产权犯罪案件 198 件 298 人，同比上升 50％和 49％；起诉侵犯知识产权犯罪案件 437 件 964 人，同比上升 24.5％和 26.34％。

（一）提前介入重大疑难案件

对重大疑难复杂的侵权假冒犯罪，检察机关加强提前介入，引导侦查取证，确保办案质效。2018 年全省检察机关共提前介入 27 件侵权假冒犯罪案件。例如无锡市梁溪区人民检察院办理的廖某等人通过淘宝店销售假冒注册商标的商品案，公安机关查获假冒圣罗兰口红 1.3 万余支，货值人民币 51 万余元，鉴于案件犯罪手段隐蔽，犯罪地遍布全国多个省市，案情疑难复杂，检察机关第一时间派员提前介入并全程跟踪，最终该案得以顺利起诉。

（二）积极开展自行侦查

省检察院出台《江苏省检察机关退回补充侦查、自行侦查工作的指导意见（试行）》，进一步规范退查和自行侦查工作。全省检察机关在办理侵权假冒犯罪案件中，主动开展自行侦查，并强化法律监督。2018 年全省检察机关共自行侦查 3 件销售假冒注册商标的商品犯罪案件。

（三）建立专业化办案机制

全省检察机关积极组建专业化办案组，办理侵权假冒犯罪案件。省检察院建立检察办案组专业化培育机制，在全省选出 11 类 55 个办案组作为重点培育对象，其中包括 4 个知识产权办案组，进一步加强办案团队建设，提升办案质效。镇江市人民检察院与南京大学法学院等高校、研究机构加强合作，定期举办检察官高级研修班，邀请知名知识产权专家学者重点讲授发明、实用新型、外观设计专利以及著作权、商标权等专业知识，着力提升专业化办案能力。

三、强化内外协作，形成惩治侵权假冒违法犯罪合力

（一）积极参与专项整治工作

全省检察机关积极联合相关部门开展打击侵权盗版等专项整治活动。建湖县人民检察院、大丰区人民检察院等配合相关部门对学校周边书店、报亭等销售的辅导教材、报纸杂志、光盘碟片等进行检查，联合打击盗版活动。

（二）加强社会治安综合治理

一是主动进行风险排查研判，提出对策建议。全省检察机关在办理侵权假冒犯罪案件中，主动对犯罪原因进行分析、研判，及时提出预防犯罪的对策、建议，促进完善社会治理机制。二是强化法治宣传教育，增强法治意识。全省检察机关严格落实“谁执法谁普法”的普法责任，充分利用微博、微信、报刊、电视、网络等，加大对打击侵权假冒犯罪案件的宣传力度，并通过选取典型案例开展以案释法，提高公众的防范意识。常州市新北区人民检察院认真梳理近年来办理的侵犯商业秘密案件，针对案件中普遍存在的侵权者法律意识不

高、受害企业自我保护意识不强等问题，精心拍摄《保护知识产权，检察在行动》短视频，在该院新开通的抖音号“新检在线”播放，推出当日阅读量破36万，点赞数达到1000以上，并被《检察日报》抖音号转发，取得良好宣传效果。

（最高人民检察院第四检察厅）

浙江省

专利工作

2018年，浙江省深入实施知识产权强省战略，全力推进知识产权领域改革，重新组建省市场监督管理局（省知识产权局），坚持“市场有效、政府有为、企业有利、百姓受益”，完善知识产权保护机制，聚力高质量发展，强化知识产权创造、保护、运用和服务，着力优化知识产权生态环境，各项工作取得新进展。

一、专利创造水平量质齐升

全省发明专利授权量突破3万件，每万人发明专利拥有量达到23.6件，发明专利申请量占比提高了8个百分点，接近三分之一。PCT国际专利申请量达到1492件。开展2018年浙江省专利奖评选工作，评选表彰“连续化纳米分散维生素A微胶囊的制备方法”等浙江省专利金奖15项，优秀奖30项。5件专利获评第20届中国专利金奖，50多项专利获银奖、优秀奖，创历史最好成绩。围绕国家数字经济示范省建设和数字经济五年倍增计划，加快数字经济领域高价值专利创造，全省数字经济有效发明专利达到4.38万件，同比增长23.3%。

二、专利保护力度持续加大

全省审结知识产权民事一审案件28 276件，批捕侵犯知识产权类犯罪108件155人，审查起诉270件516人；查处专利违法案件14 089起，处理电商领域专利纠纷10.2万起。知识产权保护专项行动成效显著，牵头长三角、泛珠三角、东三省、京津冀等21省市开展互联网领域“云剑联盟”打假专项行动，首创运用大数据技术、互联网思维、政企深度合作打假新模式，得到时任国务院汪洋副总理的充分肯定；深入开展“网剑”、“雷霆”等专项行动。中国（浙江）知识产权保护中心获批建设，中国（宁波）知识产权保护中心、义乌小商品城知识产权快速维权中心通过验收。全省共有国家级知识产权保护中心2家、快速维权援助中心3家、维权援助中心5家，省级维权援助中心22家。诉调对接、仲调对接机制不断完善，知识产权人民调解工作快速推进。

三、专利运用水平不断提高

杭州市成功申报国家知识产权运营体系建设重点城市，知识产权运营体系建设重点城市达到2家。全省实现专利质押登记额79亿元、服务企业452家。启动省级企业运营类导航项目14个、专利导航产业发展实验区2个，首批17个专利战略推进项目通过验收并面向产业推广运用。推进发明专利竞价（拍卖）交易，累计成交科技成果476项、金额6.2亿元。浙江知识产权交易中心竞价拍卖专利技术76项，成交57项、金额1874.38万元。大力推进发明专利产业化工作，实施专利产业化项目2787项，每项专利平均新增产值3983.5万元、平均新增利润487.5万元。每千万研发经费发明专利授权量、高技术产业每件有效发明专利实现新产品销售收入等指标均位于全国前列。深化推进知识产权评议工作，获评 2017～2018 年度考核优秀单位。

四、专利管理成效逐步提升

全省 11 个地市全部进入国家知识产权试点示范城市序列，成为全国唯一实现设区市全覆盖的省份；67 个县（市、区）开展了知识产权示范县（市、区）创建工作。出台“服务民营经济高质量发展 20 项举措”，提出加强民营经济知识产权保护，支持民营企业加快技术创新、加快专利应用、实施标准化战略、实施品牌战略等工作举措，让好企业快速发展、迅速崛起。新获批国家知识产权示范企业 16 家、优势企业 72 家，新认定省级专利示范企业 154 家。全省累计 1010 家企业通过国家知识产权贯标认证，专利示范（知识产权优势）企业总量达 1016 家。

五、专利服务能力稳步增强

深化“最多跑一次”改革，专利优先审查初审实现全程网上办理，效率提升 50%；专利质押登记实现全流程网上服务。杭州高新区成功创建国家知识产权服务业集聚示范区，首批 4 家省级知识产权服务业集聚发展示范区启动建设。省知识产权（专利）信息公共服务平台二期启动建设，累计服务企业超过 10 000 家次。全省专利代理机构达 114 家，分支机构 98 家；新增国家知识产权服务品牌机构 2 家，累计 10 家。全省律师全年共代理知识产权诉讼案件 7636 件，办理知识产权非诉讼法律事务 2395 件。

（浙江省知识产权局）

商标工作

一、深化商标便利化改革

一是扩大并提升商标受理窗口建设。组织台州、宁波、温州、金华、湖州和义乌六个商标受理窗口人员轮训，增设衢州商标受理窗口；义乌市市场监管局获批同意在商标受理窗口开展马德里商标国际注册申请受理业务，商标便利化改革进一步落地升级。全年国内有效注册商标总数达到 198 万件，增长 28%，马德里体系国际注册商标有效量达 5236 件。二是继续推进商标质权融资。贯彻落实“最多跑一次”各项要求，指导鼓励企业通过质权登记扩大融资渠道，推进商标质权融资，全年办理质押登记 644 件，担保债权金额 82.2 亿元。进一步推进商标品牌示范评价，发挥示范带动效应，新评价示范乡镇 4 家，示范街道 17 个，示范企业 91 家。

二、商标行政指导助力企业品牌战略

一是行政指导做好省著商标废止后的顺利过渡。对杭州、湖州、绍兴、嘉兴、衢州等地开展针对省著名商标企业、省商标品牌示范企业的走访；下发《关于印有“省著名商标”字样商品包装使用期限的批复》（浙工商标〔2018〕26 号），正面回应社会需求，有效实现平稳过渡。二是积极协调实现企业品牌共存合作、实现共赢。成功调解浙江吉利控股集团有限公司和浙江亚太股份有限公司“亚太”商标纠纷案件，促使双方签署《商标战略合作协议》，开启诉至高院二审的商标法律纠纷，通过行政机关的介入调解，最终实现双方当事人和解并撤诉的先例。三是行政指导阻止恶意注册效果显著。及时调研处置“枫桥经验”、“良渚”文化标识及“浙江制造”、“品”字标等恶意抢注事项，规范品牌建设秩序。

三、商标监管执法助动市场规范

根据国务院“双打”工作重点任务要求和市场监管总局“溯源”行动、“净化”行动方案，部署商标监管执法保护工作，其中“溯源”行动共上报案件线索 266 条，接收案件线索 414 条；“净化”行动通过线上线下双线排查，与中国商标网商标信息比对、

关键词搜索核查等多种方法逐件排查，将申请人驳回商标纳入专项执法范畴。全年共查处商标违法案件4339件，罚没款9981万元，案值9832万元。

四、商标社会化提升品牌服务

组建浙江省商标品牌专家顾问团，通过组织开展基层法律普及、商标业务指导、小微品牌体检等，共同深化商标品牌服务，助力企业商标品牌战略。浙江省商标协会组建省商标品牌专家顾问团，开展商标品牌专题培训。以中国品牌日（5月10日）为契机，正式发布《2017年度商标品牌发展报告》，向社会宣传去年全省商标品牌发展情况；参展5月10日在上海举办的首届中国自主品牌博览会和在唐山举办的2018年度中国商标品牌节，助力企业走出去。

（浙江省知识产权局）

地理标志工作

一、地理标志商标显著增加

部署实施“地理标志商标助力强企富农三年行动计划”，明确到2020年底前全省新培育申报地理标志商标100件。2018年，地理标志商标达224件。截至2018年底，已有42家地理标志单位新申报注册地理标志商标，“衢州有礼”“金平湖”等集体商标也积极开展注册申报，样板经验进一步扩大。

二、培育发展机制更加健全

进一步完善全系统地理标志商标扶持培育工作机制，市场主体、行业协会、农业合作社等主体品牌意识进一步增强，工作积极性进一步激发，政府重视、部门联动、市场激活的农产品品牌发展机制进一步健全，服务供给侧结构性改革不断深化。

三、强企富农效应日益显现

地理标志商标带动特色产业发展效果显著，地理标志商标产品溢价效果进一步显现。“丽水山耕”品牌产品销售额超过40亿元，丽水市拥有农产品自主商标的企业达2378家，拥有有效农产品注册商标4239件，参与丽水山耕母子品牌运作的企业超过300家。

四、区域品牌助力发展有效提升

组织开展基层法律普及、商标业务指导、企业品牌体检等服务，深化对区域品牌服务，支持各地立足地理标志商标推进区域品牌建设，全面落实各市至少培育一件农产品区域公用品牌的目标，扶持培育一批省级商标品牌示范单位，精准发力，助力农业产业转型升级。11月，全国产业集群区域品牌工作现场交流会在丽水召开，来自全国各省市自治区直辖市的商标监管部门负责同志参会，共同走访调研了“丽水山耕”品牌建设情况，为全国提供践行“两山”理论的“浙江方案”。

（浙江省知识产权局）

版权工作

2018年，浙江省版权局认真组织开展打击侵犯知识产权和制售假冒伪劣商品专项行动，进一步推进政府机关党群系统软件正版化工作，举办以“保护创作，推进运用”为主题的版权系列宣传活动，努力提升版权服务水平，促进版权产业和版权事业的繁荣发展。

一、版权保护方面

（1）做好2017年度打击侵犯知识产权和制售假冒伪劣商品绩效考核的有关工作。起草上报了《关于2017年浙江省打击侵权盗版专项治理“剑网行动”工作情况的自评报告》《关于2017年浙江省政府机关软件正版化工作情况的自评报告》。

（2）制定并印发了《2018年浙江省版权行政执法工作方案》。工作方案明确要求各地要落实执法责任，严格执法程序，加大执法力度，同时重申了案件查处信息报送、信息公开的有关规定。

（3）做好2017年度查处侵权盗版案件有功单位和有功个人推荐工作。全省共有10家单位、6名个人分获有功单位及有功个人二、三等奖，浙江省版权局版权处荣获有功单位二等奖。

（4）组织开展“剑网2018”专项行动。及时印发了《浙江省打击网络侵权盗版“剑网2018”专项行动实施方案》，2018年7月28日在金华市对全省各市、县“剑网2018”专项行动进行了专门部署。2018年“剑网行动”重点任务，一是开展网络转载版权专项整治，二是开展短视频版权专项整治，三是开展重点领域版权专项整治。截至2018年10月底全省共立案查处侵权盗版案件36起，罚款29万元。

（5）举办了版权执法监管工作培训班。2018年7月23日至25日在金华举办了版权执法监管培训班，版权执法人员180余人参加了培训。

（6）认真做好浙江省人大代表建议答复工作。浙江省版权局主动与人大代表联系，听取意见建议，并就相关问题和工作给予书面答复。

（7）做好全国政协社会和法制委员会赴浙江开展网络知识产权的法律保护专题调研相关工作。2018年9月4日至7日，全国政协社会和法制委员会赴浙江开展网络知识产权的法律保护专题调研，浙江省版权局就相关问题进行了认真梳理。

二、推进使用软件正版化工作方面

（1）印发了《2018年浙江省推进使用正版软件工作计划》。2018年的工作重点是全面推进软件正版化工作规范化、常态化、制度化和信息化建设，进一步完善长效机制，加大督查力度，加强信息融合，强化技术手段，巩固扩大软件正版化工作成果，推动软件正版化工作再上新台阶。

（2）做好浙江省省级预算单位集中采购办公软件专项经费结算工作。

（3）召开了浙江省省、市、县三级软件正版化工作培训会。2018年8月28日，召开了省、市、县三级政府机关软件正版化工作培训会，全省83家省级单位和11个市、90个县区的政府机关相关负责人共250人参加了培训。

（4）做好对部分市政府机关软件正版化实地检查工作。2018年12月组织联合检查组对宁波43家市政府机关软件正版化工作进行全覆盖检查。

（5）做好政府机关软件正版化年度考核工作。2018年11月起对省级单位和设区、市软件正版化工作进行年度考核，考核结果计入考核总分。

三、版权宣传方面

（1）在全省组织开展知识产权宣传周版权主题宣传活动，明确活动主题为“保护创作，推进运用”。

（2）举办了浙江省第六届“知识产权杯”创意设计大赛活动。

（3）参与了长三角地区知识产权发展与保护状况新闻发布会。

四、版权服务方面

（1）设立了阿里巴巴版权服务工作站。2018年9月18日，浙江省版权局与阿里巴巴集团签约设立阿里巴巴版权服务工作站，在淘宝卖家市场为商家设立专门的版权登记服务模块。阿里巴巴的线上版权登记初审须在7个工作日内完成，浙江版权服务中心的登记终审须在20个工作日内完成，与传统登记模式相比，极大节约了商家的时间与精力。

（2）2018年8月23日至27日，组织浙江省出版单位参加第25届北京国际图书博览会。浙江省14家图书出版社参加了博览会，参展出版物达1000多种。

（3）举办浙江版权贸易图书展。2018

年9月22日至30日，由浙江省版权局和浙江省外宣办组织的浙江版权贸易图书展团与芬兰、瑞典两国出版界进行了交流。

(4)组团参加第七届中国国际版权博览会。2018年10月18日，第七届中国国际版权博览会在苏州市举行，浙江省版权局组织多家特色版权企业参展。

(5)2018年9月18日在浙江省杭州市召开了浙江省版权协会第二届四次会员代表大会，会上表彰了浙江教育出版社等10家先进会员单位，审议并通过了该协会2017年工作总结和财务收支情况报告，表决通过了该协会副会长、常务理事、理事及协会章程修改、办公用房购置等事项。

(6)作品自愿登记、著作权合同登记、备案等日常工作。2018年登记一般作品21 326件，核准登记出版境外图书合同591件，办理涉外图书、音像制品、电子出版物制作合同登记954件，计算机软件著作权合同备案212件。

（中央宣传部版权管理局办公室）

司法工作

2018年，浙江法院在最高人民法院的有力指导下，以执法办案为中心，以改革创新为抓手，以严格保护为导向，知识产权审判工作取得显著成效。

一、发挥审判职能，依法公正高效审理各类案件

2018年，浙江法院共新收知识产权民事一审案件28 276件，审结25 549件，分别同比上升27.37%和21.84%；新收知识产权民事二审案件1708件，审结1563件。在新收的知识产权民事一审案件中，著作权案件17 004件，同比上升22.66%；专利权案件4955件，同比上升79.53%；商标权案件5186件，同比上升12.47%；不正当竞争案件311件，同比下降17.94%；其他知识产权案件820件，同比上升13.89%。新收知识产权刑事一审案件257件，审结277件，收结案数均与2017年持平；对533人作出有罪判决并生效，有力地震慑了涉知识产权犯罪行为。新收和审结知识产权行政一审案件20件，同时审查执结了一批涉知识产权的非诉行政执行案件。

2018年浙江法院继续发挥审判职能作用，打造了一批具有代表性和引领性的案件。如浙江省高级人民法院顺利审结技术问题复杂、诉讼标的额高达5100万元人民币的新和成公司诉福抗公司等侵害技术秘密纠纷上诉案，适用惩罚性赔偿方式，判决三被告连带赔偿经济损失人民币3522万元，是全国第一起在商业秘密案件中进行惩罚性赔偿的案件，也是迄今判赔数额最高的商业秘密案件。又如，在涉及知名品牌“老板”电器的商标权及不正当竞争纠纷上诉案中，浙江省高级人民法院经审理，全额支持了权利人1000万元人民币的诉讼请求，体现了加大知识产权保护力度的价值导向。在三花公司与盾安公司系列专利纠纷重大案件中，承办法官引导双方达成一揽子和解协议，取得了良好的法律效果和社会效果。

在依法履职的同时，浙江法院注重延伸审判职能，共向行政机关、企事业单位发送司法建议十余条。如台州市中级人民法院针对商业秘密侵权案件频发的现状，向当地多家企业发送了《关于企业加强商业秘密保护的建议》。义乌市中级人民法院针对刑事案件中存在的问题，向当地公安机关发出司法建议。

二、深化改革创新，完善知识产权审判体制机制

浙江省高级人民法院于2018年11月发布《关于加强我省知识产权审判领域改革创新的实施意见》。

为贯彻落实中央司法体制改革任务，经最高人民法院批复同意，并与浙江省公安厅、省检察院协商一致，浙江省高级人民

法院印发了《关于推进知识产权审判“三合一”工作的实施方案》。据此，杭州、宁波、温州、金华、台州各地人民法院和浙江省高级人民法院自 2018 年 5 月 1 日起全面开展知识产权审判“三合一”工作，标志着浙江法院的“三合一”工作取得突破性进展。

针对杭州、宁波知识产权法庭集中审理全省专利技术类案件后异地送达、保全、执行等任务繁重、当事人诉讼不便等问题，浙江省高级人民法院指导两家法庭与辖区内其他中级人民法院就跨区域知识产权送达、保全、执行等协作事宜建立协作机制；指导两家法庭在专利技术类案件集中的地区设立巡回审判点。

浙江法院在积极运用科技手段提高审判质效方面走在全国前列。一是适用庭审改革新方式记录庭审过程，全省全年共有 19 462 件知识产权民事案件以录音录像替代书面庭审笔录。二是积极采用网络庭审方式审理案件，浙江省高级人民法院于 2018 年 6 月尝试通过网络方式公开开庭审理了三起侵害外观设计专利权纠纷案，是该院首次在民事案件审理中通过网络进行远程庭审，这在全国各高级人民法院中也属首次。三是深入探索网络案件审理新模式，如杭州互联网法院采用全球首创的“异步审理模式”，该院全年共采用该模式审结案件 400 余件。该院还于 2018 年 6 月 28 日正式上线运行全国首个电子证据平台。又如宁波两级法院试点建设“移动微法院”，依托微信小程序，打造了一个智慧审判平台。2018 年，宁波知识产权法庭共运用“移动微法院”审理案件 1050 件，进行送达、质证、调解、开庭等程序性事项 3845 次。目前“移动微法院”已在全省法院范围内推广使用。

三、坚持调查研究，加强知识产权审判业务指导

浙江法院坚持问题导向，积极开展调查研究并取得丰硕成果，共完成调研文章 60 余篇。浙江省高级人民法院联合宁波市中级人民法院、温州市中级人民法院等 6 家法院共同完成了 2018 年全省法院重点调研课题之一“关于知识产权电子证据的审查认定”；还与浙江省公安厅经侦总队、省检察院公诉处、省律协知识产权专业委员会成立联合课题组，就商业秘密保护问题开展专题调研。温州市中级人民法院完成了《2015—2017 年温州市知识产权刑事案件审理情况报告》及《关于温州地区知识产权刑事案件缓刑适用的调研报告》。丽水市中级人民法院完成了《关于构建全市知识产权司法保护机制的调研》。杭州互联网法院完成了《网络著作权司法保护调研报告》，其中重点部分被《最高人民法院简报》信息专刊第 9 期刊载。

2018 年 4 月 19 日，2018 年全省法院知识产权审判工作会议在宁波召开，会议紧紧围绕改革创新，对知识产权审判工作进行谋篇布局，取得了良好的效果。

为增强培训的针对性和有效性，浙江省高级人民法院分别面向新进人员与审判业务骨干举办培训班和研讨班，并根据研讨班研讨的疑难问题编发了《知识产权审判疑难问题解答（四）》。温州市中级人民法院面向知识产权司法执法人员及调解员举办审判业务培训班。

浙江省高级人民法院坚持和完善案件质量评查、二审改判分析机制，对 2017 年下半年和 2018 年上半年各中级人民法院判决上诉的案件中存在的问题进行分析汇总，下发《知识产权民事案件质量通报（第七期）》。

四、加强宣传交流，提升知识产权司法公信力和影响力

浙江省高级人民法院于 2018 年 4 月 19 日在宁波举行知识产权司法保护宣传周启动仪式并召开新闻发布会，介绍了浙江知识产权司法保护情况，公布了 2017 年浙江法院知识产权司法保护十大案件。一

是各级法院通过庭审直播、开展专题讲座、举办知识产权保护论坛、提供知识产权法律咨询等形式，回应社会公众对知识产权司法保护工作的关注。如德清县人民法院举办进村(社区)、进企业、进协会的“三进”活动。二是及时更新和丰富“浙江法院新闻网·知之汇”子网内容，2018 年共发布全省知识产权审判动态、案例分析、学术文章 40 余条，直播各类知识产权典型案件庭审 30 余件，目前网站点击量已逾 62 万次。三是深化与知识产权新媒体“知产力”的合作，开设“浙知析法”专栏。四是浙江省高级人民法院继续与“知产力”“知产宝”合作，于 2018 年 8 月 30 日成功举办第三届“三知论坛”。

五、加强队伍建设，提高知识产权司法能力

经过不懈努力，浙江知识产权司法保护工作获得了各界的广泛认可，涌现出一批先进集体与个人。如浙江省高级人民法院民三庭、杭州知识产权法庭、宁波知识产权法庭、金华市中级人民法院民三庭被评为“全国法院知识产权审判工作先进集体”，浙江省高级人民法院法官李臻、嘉兴市中级人民法院民三庭庭长徐瑾等 6 人被评为“全国法院知识产权审判工作先进个人”，义乌市中级人民法院法官叶飞被评为“全国优秀法官”。

（浙江省高级人民法院知识产权审判庭）

检察工作

2018 年，浙江省检察机关立足办案，强化监督，扎实履行对侵犯知识产权犯罪案件的批捕、起诉和诉讼监督职能，保持对此类犯罪的高压态势，积极为浙江省经济社会持续发展保驾护航。

一、基本情况

(1)严厉打击各类侵犯知识产权犯罪。2018 年，全省检察机关共批准逮捕侵犯知识产权刑事案件 108 件 155 人，共提起公诉 270 件 516 人。

(2)强化法律监督，保持对侵权假冒犯罪的高压态势。2018 年，全省检察机关对侵犯知识产权类犯罪案件监督公安机关立案 18 件 34 人；建议移送案件线索多起，如苍南县人民检察院建议市场监督管理局移送的林某某假冒注册商标案等；提起抗诉假冒注册商标罪刑事案件 1 件，二审抗诉后改判。

(3)挂牌督办一批重大侵权盗版案件。2018 年，浙江省检察机关集中精力，重点查办了一批情节严重、影响恶劣的侵犯知识产权案件。2018 年年初，省检察院对浙江金华黄某某等涉嫌销售盗版光盘案、浙江义乌马某某等涉嫌销售盗版图书案进行了挂牌督办，并持续跟进案件办理，并将案件办理情况及时向最高人民检察院报告。

二、主要措施

(1)健全和完善打击侵犯知识产权犯罪工作机制。2018 年，省检察院先后制定下发《浙江省人民检察院关于充分发挥检察职能加强产权司法保护的意见》《浙江省人民检察院关于充分履行检察职能依法保障服务民营经济健康发展的意见》，不断完善和创新工作机制。各地检察机关结合实际，陆续出台相关实施方案，如湖州德清县人民检察院牵头公安局、法院制定出台《关于建立德清县侵犯知识产权刑事案件办理联动机制的意见》，共同推动浙江省打击侵犯知识产权犯罪工作不断向纵深发展。

(2)加强司法联动，积极营造知识产权保护的法治化环境。2018 年 4 月会同浙江省高级人民法院、省公安厅制定下发《关于知识产权刑事案件有关事项的通知》，联合推动浙江省在杭州、金华、台州等五个地区试点知识产权“三合一”审判工作，积极探索符合浙江省实践的知识产权司法保护模式。会同省公安厅、省高级人民法院及省律协在全省开展办理侵犯商业秘密案件大调研活动，形成广泛共识。各地检察机关结合办案实际，以召开研讨会、统一知识产权案件证据标准等多种形式，实现司法机关保护知识产权工作的有机衔接，提高案件办理的效率。台州、湖州等地检察机关结合本地区实际，会同公安、法院等单位就办理知识产权案件的证据标准、案件移送标准等统一意见。

（3）多管齐下，切实提升办理侵犯知识产权犯罪案件专业化水平。省检察院成立了产权保护检察教研组，在义乌设立知识产权教研基地，加强对知识产权工作的研究和培训。2018 年 9 月在义乌举办了全省检察机关首期知识产权案件办案骨干培训班，就知识产权民事、刑事、行政执法及互联网知识产权保护等问题进行系统培训，有效提升干警办案素能。同时，通过深入开展检校合作、法检双向挂职锻炼、召开研讨会等多种形式，提高办理新型知识产权案件、处理专业问题的水平，力争培养造就一批擅长办理知识产权案件的专门型人才。如杭州市滨江区人民检察院在办结魏某非法获取计算机信息系统数据案后，以该案为视角，邀请了浙江工业大学、浙江工商大学、杭州市人民检察院、滨江区人民法院、滨江区公安分局、滨江区科技局、相关企业等领导、专家，举办了“涉企知识产权刑事案件研讨会”，各方围绕企业商业秘密保护进行了充分的座谈研讨，形成了知识产权犯罪的相关共识。桐乡市人民检察院在 2018 年 11 月邀请政府、人大相关领导及阿里巴巴等单位召开网络电商法治工作座谈会，共同研讨互联网电商法治工作。

（最高人民检察院第四检察厅）

安徽省

专利工作

2018 年，安徽省知识产权战线上的同志们，锐意改革创新，奋力攻坚克难，坚持机构改革和事业发展两手抓、两促进，创造性地完成了各项目标任务。

一、知识产权工作顶层设计取得突破

2018 年，安徽省人民政府印发《安徽省知识产权对外转让审查实施办法（试行）》；制定《2018 年安徽省知识产权战略实施工作要点》。组织完成了《安徽省知识产权战略实施十年评估报告》，安徽省 3 个集体、2 名个人获评国家知识产权战略实施工作先进集体和先进个人。制定并推进落实《2018 年安徽省专利事业发展战略推进工作实施方案》。圆满完成国家知识产权局组织的《“十三五”国家知识产权保护和运用规划》中期评估专项调研工作。完成“全创改”2018 年工作要点中有关知识产权领域改革任务。在省政府金融办指导下，省知识产权局与安徽国元信托有限责任公司、合肥高新区管委会、合肥高新融资担保有限公司合作，选择合肥高新区 3 家科技型企业开展知识产权信托交易试点，首期募集资金 2000 万，期限 2 年，在知识产权融资模式上率先实现新突破。

二、知识产权创造实现量质提升并进

通过推进知识产权强省建设，深入实施专利质量提升工程，培育高价值专利，实现专利申请量、授权量稳步增长。2018 年，全省共申请发明专利 108 782 件，同比增长 16.3%；获授权发明专利 14 846 件，同比增长 19.3%。截至 2018 年年底，安徽省拥有有效发明专利 61 475 件，同比增长 28.8%；每万人发明专利拥有量达到 9.83

件。申请 PCT 国际专利 295 件。出台国内首个专利质量地方标准——《专利质量评价技术规范》。每季度发布省内专利代理机构发明专利代理质量通报，推动全省专利质量稳步提升。

三、知识产权区域试点示范成效显著

2018 年，安徽省知识产权信托交易试点率先突破，全省知识产权授权许可、转让、作价入股、融资等运用纵深推进。全年安徽省共办理专利权质押贷款 830 笔，质押金额 64.9 亿元，同比增长 57.8% 和 32.7%，为中小企业和实体经济解决了融资难的问题。在推行知识产权试点示范企业工作方面，安徽省新增国家知识产权示范企业 17 家、优势企业 80 家，省级知识产权优势企业 160 家。共有国家知识产权示范企业 46 家、优势企业 206 家，省级知识产权优势企业 331 家，《企业知识产权管理规范》“贯标”企业 500 余家。6 月，马鞍山市正式获批为国家知识产权示范城市，成为继芜湖、合肥之后，第三个地级市国家知识产权示范城市。芜湖经济技术开发区顺利完成国家知识产权试点示范园区验收复核工作；10 月，安徽省科学技术厅、安徽省经济和信息化委员会、安徽省商务厅、安徽省知识产权局评选并确定了 8 家第三批省知识产权示范培育园区。

四、知识产权宣传教育工作扎实有效

在全省范围内建立起了一支覆盖全省 4000 余家科技型企业、共 5596 人组成的专利联络员队伍，企业专利联络员基本实现了高新技术企业全覆盖。同时，在专利代理人培养上也有新突破。合肥考点 156 人通过考试，在 2017 年的基础上再创新高，同比增长 47.2%。2018 年，全省企业知识产权联络员 5596 人，知识产权专员 104 人；开展 3 期全省企业专利信息与利用实战培训班；评选出 15 所首批省知识产权试点学校。安徽省已有全国中小学知识产权试点学校 5 家、省中小学知识产权试点学校 15 家，先后已有近 10 万余学生接受知识产权普及教育，为建设创新型知识产权强省提供有力的人才支撑。

五、知识产权保护力度进一步加大

坚持最严格的知识产权保护，加大知识产权行政执法，组织开展“护航”“双打”“雷霆”“清风”执法维权专项行动，积极查处假冒专利案件。2018 年，全省共出动执法人员 600 余人次，检查商业场所 260 余次，检查商品 2.2 万余件。查处专利案件 2615 件，其中专利纠纷案件 1181 件，假冒专利案件 1434 件，超额完成年度专利行政执法工作任务，较上年增长 17.3%。出具电子商务领域专利执法维权侵权判定咨询意见 846 份，较上年增长 19.3%；断开侵权电商链接上千条，有效地保证了专利权人的合法利益。办理涉外专利侵权纠纷案件 282 件，为有效利用外资推动知识产权协同保护做出贡献。构建多元化专利纠纷解决机制，省知识产权局、合肥市知识产权维权援助中心与合肥知识产权法庭建立专利纠纷案件诉调对接机制并成功调解多件专利纠纷案件。

六、知识产权公共服务能力不断提高

2018 年，完成首批 24 家品牌服务机构考核验收工作，确定 10 家为省级知识产权服务品牌机构。推荐安徽省 4 家服务机构入选第四批国家知识产权服务品牌培育机构。指导合肥高新区申报国家知识产权服务业集聚发展试验区并获批。合肥知识产权代办处全年办理 77.4 万件，较 2017 年度增加 28.7 万件。其中，完成专利电子申请受理 22 万余件；收缴专利费用 22.7 万多笔，金额约 1.05 亿元；专利权质押登记 802 笔；费减备案审核 2.78 万件。2018 年 3 月，合肥知识产权代办处被国家知识产权局表彰为先进代办处，被省政府表彰为优秀窗口单位。在业务工作上，2018 年安

徽省专利电子申请率为98.64%。为巩固电子申请推广工作成果，不断加大电子申请推广工作力度，及时统计分析各市年度专利电子申请率，并在省知识产权局官网上进行通报、点评。向广大发明人分发专利电子申请宣传册以及购买的《专利申请在线业务办理平台实用指南》《专利电子申请使用指南》等书籍。通过咨询窗口电话、专利联络员QQ群以及上门服务等方式为电子申请用户提供咨询服务，解决技术问题。设立服务窗口专门从事电子申请辅导工作，耐心细致地指导社会公众完成电子申请。

（安徽省知识产权局）

商标工作

大力实施商标品牌战略，严厉打击商标违法行为，加强商标管理工作的制度化、规范化、科学化、信息化建设，全社会的商标意识进一步增强，为知识产权强省建设提供有力支撑。

一、实施商标品牌战略，大力发展品牌经济

2018年，安徽省印发《2018年安徽省知识产权战略实施工作要点》和《2018年全省实施商标品牌战略工作要点》。通过深入实施商标品牌战略，全省商标工作实现了三个历史性突破。一是全省新申请商标注册量突破20万件，达20.11万件；二是新增商标注册件数突破10万件，达14.05万件；三是有效注册商标量突破40万件，达43.68万件。新申请马德里商标国际注册192件。印发《开展农村电商全覆盖巩固提升行动 加强农村电商商标注册与品牌建设工作实施方案》，引导农村电商注册商标2019件。全省纳入驰名商标保护的商标已达296件，万户市场主体注册商标拥有量达到981件。

二、加强商标行政执法，加大品牌保护力度

2018年商标权保护机制持续完善，以打击侵权假冒、保护商标品牌专用权为重点，组织开展了一系列保护商标权益专项行动，切实维护商标权利人和广大消费者的合法权益。建立了商标监管长效机制，有效实施对商标侵权行为的源头治理，2018年立案查处商标侵权假冒案件3693件，比2017年增长22%。查获侵权假冒商品案值2005万元，罚没金额1616万元。捣毁商标侵权假冒产品生产加工窝点106个，移送司法机关案件24件。6月，在全国商标监管工作座谈会上作经验介绍。7月，国家知识产权局通报表扬了安徽省2017年打击商标侵权“溯源”专项行动工作。

三、促进商标品牌运用，助力实体经济发展

2018年商标运用成果效益凸显，各级商标监管机关通过实地调研、逐一走访、企业年检、注册登记等途径，全面掌握辖区企业商标注册、产品业态、经营发展状况，及时了解新办企业和新上项目信息，制定切实可行的商标培育工作方案。出台印发《关于加强地理标志商标运用和保护的通知》等一系列政策文件，注重发展农产品商标，切实推进新农村建设，推进地理标志精准扶贫、商标富农工作。全省重点培育225个省级以上涉农电商品牌发展典型，其中网销金额超过百万元的121个，超千万元的32个。促进商标服务水平领先进位，全省累计办理商标质押2232件，贷款194.56亿元，受到了国务院深化民营和中小企业融资发展督导组的充分肯定。

四、加大商标宣传力度，提升商标工作关注度

2018年，安徽省知识产权局不断加强商标法律法规宣传培训工作，提高全社会

商标意识，增强商标管理干部的业务素质和监管能力。组织开展了“4·26知识产权宣传周”系列活动，在全省各市、县（区）设立现场咨询点、接受市民咨询，分发商标法律法规等宣传材料，悬挂宣传横幅、展示图板等。全省各地以创新为主题，纷纷采用召开座谈会、举办培训会和论坛、开展专家讲座等形式进行商标品牌建设和知识产权保护宣传。同时安徽省知识产权局商标工作人员积极利用新闻媒体开展商标品牌宣传，不断强化为企业服务意识，主动走访重点商标企业，开展行政指导，积极帮助企业解决在商标使用、管理、运作等方面存在的疑难问题，引导企业利用品牌效应提高综合竞争力。

（安徽省知识产权局）

地理标志工作

2018年，安徽省国家地理标志产品保护工作取得了明显成效，为传承传统文化、做强特色产业、引领品牌升级、助力精准扶贫、促进乡村振兴发挥了应有作用。

一、数量类别稳步攀升

持续推进全省国家地理标志保护产品培育和申报工作。2018年，共获批国家地理标志保护产品6个（总数已达78个）；受理地理标志产品保护公告待专家技术审查产品5个；报送国家知识产权局申请国家地理标志保护产品13个；国家地理标志保护产品初审13个。2018年获批国家地理标志保护产品中，种植类产品3个、养殖类产品1个、加工类产品2个，挖掘梳理66个产品列入安徽省2018～2020年国家地理标志保护产品申报计划，产品类别更加丰富。黄山区太平猴魁茶国家地理标志产品保护示范区经过两年多的创建，于2017年12月顺利通过专家验收批准，2018年3月获批为安徽省首个国家地理标志产品保护示范区。2个产品（霍山黄芽、高炉家酒）入选“中欧100＋100”地理标志产品互认互保名单。

二、标准制定日趋规范

安徽省坚持将地理标志产品标准制定率作为省政府质量考核指标，以此推动地理标志产品综合标准体系的健全和完善。截至2018年年底，安徽省获批的78个地理标志产品，已制定国家标准的8个，制定地方标准的45个，制定管理规范的12个，标准及规范制定率达到83.3%。

三、标志使用不断推广

2018年全省新增37个企业被核准使用地理标志产品专用标志。截至2018年年底，安徽省共有48个地理标志产品被442家企业申请使用了专用标志，地理标志产品专用标志使用率达61.5%，其中黄山8个、六安6个、安庆5个、宿州5个，分居全省前四位（宿州5个地理标志保护产品专用标志使用率为100%）。在企业使用地理标志保护产品专用标志方面，六安市124家、黄山市124家、阜阳市63家企业使用地理标志保护产品专用标志。

四、助力扶贫走出新路

认真落实安徽省《关于推进国家地理标志产品精准扶贫的指导意见》和《关于开展擦亮地标名片助力精准扶贫活动的通知》精神，加大指导扶持贫困县培育、申报地理标志产品保护力度。2018年安徽省国家级贫困县共申报地理标志产品7个，新增获批3个。截至2018年年底，安徽省共19个国家级贫困县，获批地理标志产品20个。据统计，2018年安徽省涉及扶贫项目地理标志产品38个，涉及贫困人口数524 949人，涉及地理标志产品领域贫困人口人均年增收金额达1820元。深入推进地理标志商标扶贫富农工作，印发《关于加强地理标志商标运用和保护的通知》。截至2018年年底，全省已投入运用的地理标志商标 121 个，地理标志商标使用经营户达 21.7 万个，年产值达 485.9 亿元，152.7 万农户和 50.5 万农村贫困人员增收受惠。

五、振兴乡村绩效明显

据统计，2018 年全省地理标志产品销售总额达 355.5 亿元，其中六安 141.8 亿元、亳州 62.8 亿元、淮北 42.7 亿元、阜阳 23.5 亿元、黄山 22.5 亿元、安庆 21.6 亿元、宣城 21.3 亿元、宿州 10.4 亿元。10 个地理标志产品远销国外。安徽省地理标志产品太平猴魁茶、宣纸、霍山黄牙、霍山石斛在 2018 中国品牌价值评价信息发布中，品牌价值分别为 236.51 亿元、178.34 亿元、70.56 亿元、55.37 亿元，为推动乡村振兴贡献了力量。

（安徽省知识产权局）

版权工作

2018 年，安徽省版权管理各部门坚持依法管理、优质服务，较好地完成了既定工作任务，为知识产权强国建设提供了有力的版权支撑。

一、版权执法监管依法开展

（1）开展“剑网 2018”专项行动。安徽省版权局与多相关部门共同印发《安徽省开展打击网络侵权盗版“剑网 2018”专项行动实施方案》，明确工作目标、重点、措施和要求，从 2018 年 7 月至 11 月开展安徽省打击网络侵权盗版“剑网 2018”专项行动。集中整治网络转载、短视频、动漫等领域侵权盗版多发态势，重点规范网络直播、知识分享、有声读物等平台版权传播秩序，深入巩固网络影视、网络音乐、电子商务平台、应用商店、网络云存储空间等领域专项整治成果，维护网络空间版权秩序。

（2）严厉查处侵权盗版违法行为。2018 年，安徽省立案查处 39 起版权案件。其中，国家版权局、全国“扫黄打非”办等多部门联合挂牌督办案件 4 起；刑事案件 8 起，办结 1 起；行政案件 31 起，全部办结。另外，责令停止侵权行为、主持调解、关闭网站或采取其他行政处理措施 14 起。安徽省 3 个集体和 18 名个人获得国家版权局“2017 年度查处侵权盗版案件有功单位”和“2017 年度查处侵权盗版有功个人”表彰。

（3）加强版权执法培训。2018 年 9 月 5 日至 6 日，安徽省版权局举办了安徽省版权执法监管工作培训班，全省共 90 余人参加。组织执法人员参加国家版权局在西安、长春举办的版权执法监管培训班。在全省文化市场综合行政执法人员资格认证培训班、“扫黄打非”工作培训班、全省编辑记者培训班等开展版权专题授课。

（4）巩固综合治理机制。安徽省版权局积极协调相关部门开展综合治理，跨地区、跨部门综合执法协调机制进一步健全。积极发挥权利人、社会团体、广大群众的“信息员”作用，强化打击侵权盗版社会共治。加大对大案要案和典型案件的宣传力度，对具有恶劣情节的违法犯罪分子和不履行主体责任的互联网企业进行曝光。加强版权行政处理结果的运用，对严重恶意侵权行为列入“黑名单”管理，推动版权行业失信市场主体联合惩戒。

（5）做好案件信息公开和信息报送工作。由专人每月按时向国家版权局和省“双打”办报送案件信息公开报表，并及时公开行政处罚案件信息。

二、软件正版化工作持续推进

（1）抓好政府机关软件正版化工作。2018 年，安徽省规范软件日常管理和采购源头管理，加强督促检查，重点推进省直机关所属单位软件正版化工作，督促市级政府机关开展“回头看”自查自纠，进一步强化制度建设，不断提高工作水平。全省各级政府机关单位新增各类正版软件 13 000 多套，采购资金 1350 多万元。

(2)加强企业软件正版化工作。2018年,安徽省重点推进省属企业及所属二级企业、新闻出版广电行业、诚信示范企业、村镇银行及民营企业软件正版化工作,全省共有80家各类企业完成了软件正版化整改工作,采购各类正版软件13 000多套,购置资金1100多万元。

三、版权公共服务和理论研究水平不断提升

(1)开展作品著作权登记。安徽省版权局督促指导省版权交易中心开展作品著作权登记工作。在作品版权密集地区设立多个作品登记服务点,并实现作品登记事项全程网上办理。2018年安徽省作品登记数量为20 225件,比2017年增长10 214件,同比增长102%。作品登记类型增长为16类,主要包括摄影作品、美术作品、文字作品及工程设计图、产品设计图等。

(2)推进版权示范创建。安徽省版权局梳理省内著作权重点企业,有针对性地培育帮助企业建立健全著作权保护工作制度,提高企业自觉守法及依法维权意识。2018年,全省共认定5家版权示范单位。截至2018年年底,安徽省已创建全国版权示范单位(基地)8家,全国软件正版化示范单位1家;省级版权示范单位15家。

(3)推动版权贸易发展。安徽省版权局组织多家安徽省内知名企业参加第七届中国国际版权博览会。在展会"金慧奖"评选中,安徽省版权局荣获"优秀组织奖";安徽少年儿童出版社和芜湖三只松鼠股份有限公司荣获"优秀企业奖"。2018年,安徽省版权输出共计452项。

(4)推进版权理论研究。完成全国政协在安徽关于"网络知识产权的法律保护"专题调研工作,在调研座谈会上汇报了安徽省网络版权行政保护状况。圈定课题"关于加强知识产权审判领域改革创新若干问题的意见",形成综合调研论证报告。

四、版权宣传活动广泛开展

(1)开展知识产权宣传周版权宣传活动。安徽省围绕"4·26世界知识产权日",开展知识产权宣传周版权宣传系列活动。宣传周期间,全省各级电视媒体播放版权公益广告2200余次,时长近2500分钟。

(2)举办知识产权博士论坛。安徽省版权局联合中国科大、省知识产权局、省版权保护协会等单位开展第十届中国科大知识产权博士论坛,开展中国科大墨子论坛版权登记仪式以及"版权 创新 发展"主题征文颁奖活动等。

(中央宣传部版权管理局办公室)

司法工作

2018年,安徽法院紧紧围绕"努力让人民群众在每一个司法案件中感受到公平正义"目标,牢牢把握司法为民、公正司法主线,充分发挥司法保护知识产权的主导作用,执法办案攻坚克难,司法改革夯实垒台,调研宣传蓄势而发,精品战略再结硕果。

一、聚焦第一要务,执法办案取得新进展

2018年,全省法院知识产权审判工作呈现"三增"态势。一是案件总量持续增长。共受理民事知识产权案件7069件,新收案件6571件,同比分别上升14.92%和14.09%。二是疑难复杂情况增多。新类型案件如以往鲜有的广播电视播放合同纠纷、互联网流量劫持引致的纠纷案件等时有出现,事实查明难度加大。三是涉案金额显著增长。安徽省高级人民法院受理首起标的额超过人民币1.3亿元案件;蚌埠市禹会区人民法院审理的吴某丰等人假冒注册商标罪案案值逾人民币4亿元。

全省法院凝心聚力,实现审判质效同进位同提升:一是审判质效再创新高。全年共审结案件6935件,同比增加1282件,增幅22.67%。二是精品战略再结硕果。审理案件分别入选“2017年中国法院知识产权司法保护50件典型案例”、全省法院参考性案例、全省法院服务和保障民营经济发展典型案例、“全省法院十大优秀裁判文书”等。三是多元化解持续发力。调撤案件4290件，调撤率61.86%，同比增加258件，同比上升6.3%。

(1)探索运用证据规则，力争破解“举证难”。安徽省高级人民法院审理美国花花公子公司与上海宝兔公司等侵害商标权纠纷案时，依据优势规则判定侵权责任，适当减轻权利人举证负担。合肥知识产权法庭制作知识产权《诉讼指导手册》《诉讼漫画导本》、诉讼引导小程序。蚌埠市禹会区人民法院在南京巨石健身公司诉蚌埠巨石健身公司侵害商标权及不正当竞争一案中及时就南京巨石健身公司的诉前财产保全及证据保全申请作出裁定，有效保护权利人诉讼权益。

(2)加大损害赔偿力度，打击侵权违法行为。亳州市中级人民法院形成《关于商标、著作权侵权纠纷中适用法定赔偿方法确定赔偿数额若干问题的会议纪要》，芜湖经济技术开发区人民法院全面施行《关于审理知识产权案件适用法定赔偿的裁判指引》。2018年以来，全省法院知识产权一审案件判赔数额由2017年的24 368元/件上升至41 204元/件，增幅达69.09%。

(3)加强产权保护，营造创新创业氛围。出台《安徽省高级人民法院关于充分发挥审判职能 为优化营商环境提供司法保障的意见》。合肥知识产权法庭在《屠龙破晓》手机游戏案中发出安徽省首个诉前禁令，社会效果良好。

(4)坚持繁简分流多元化解，因案制宜提升审判质效。亳州市中级人民法院对侵权事实明确、案情简单案件采取全程调解法与集中送达、集中开庭、集中审理、集中宣判“四集中”工作方法。阜阳市中级人民法院、宿州市中级人民法院引入人民陪审员参与知识产权案件审理；淮南市中级人民法院从高校、机关单位选任有更多技术背景的人民陪审员参与审判工作。铜陵市中级人民法院积极推行庭前会议制度。合肥市高新区人民法院依托信息化建设成果，制作“庭前未送达”“开庭未审结”“庭后未宣判”“上诉案件”四表，逐案归入台账，全面覆盖案件审理过程。该院还在科大讯飞公司与辰迅网络公司侵害商标权纠纷案中首次运用远程视频调解系统成功跨省调解；在江某与孙某、北京燕山出版社等著作权侵权纠纷案中首次利用远程开庭系统实现中国和瑞士远程视频庭审。强化多元化解，实现案结事了。六安市中级人民法院创新文书送达模式，通过“送达调解10分钟”释明民事审判程序，提前开展深度调解；“三不送”(节日期间不送达、上午不送达、有顾客不送达)讲求法理兼顾情理。淮南市中级人民法院积极促成KTV经营者同意加入中国音像著作权集体管理协会接受统一管理，化侵权纠纷为授权使用。

二、对标重点工作，落实改革有新举措

(一)贯彻落实《关于加强知识产权审判领域改革创新若干问题的实施意见》

安徽省高级人民法院完成《关于加强知识产权审判领域改革创新若干问题的实施意见》代拟任务，在保持与中央文件的衔接承继基础上结合省情，细化改革措施。该实施意见现已正式印发。合肥知识产权法庭、马鞍山市中级人民法院分别结合本地实际制定《关于加强知识产权审判领域改革创新若干问题的实施意见》《关于进一步加强知识产权审判服务创新驱动发展的实施意见》。

(二)坚持问题导向，聚焦热点深度调研

安徽省高级人民法院与合肥知识产权法庭联合开展专题研究，形成《网络环境下知识产权司法保护的调查与思考——以安

徽知识产权审判实践为视角》，报告上报全国政协后，为全国政协《关于网络环境下知识产权保护的调研报告》所吸收，并报送中共中央办公厅、国务院办公厅。安徽省高级人民法院形成《关于加强我省知识产权行政保护与司法保护的建议》。合肥知识产权法庭完成《关于侵害商标权纠纷民事案件司法统计分析》。安徽省高级人民法院《被许可人对专利独占许可前侵权行为的诉权探析》、芜湖经济技术开发区人民法院《拓展审判职能助力创新发展》《商标诉讼中法定赔偿的酌定因素及路径》等文章刊载于《人民司法》《人民法院报》《中国知识产权报》等刊物。

(三)合肥知识产权法庭建设进一步加强

2018年，合肥知识产权法庭新收各类知识产权案件1615件，同比增长170%。多种手段完善技术查明机制，制定《技术调查官管理办法(试行)》《智库专家管理办法(试行)》。积极参与长三角知识产权保护大格局构建。推进智慧法院建设，联合中国科学技术大学人工智能学院，开发知识产权诉讼引导和风险评估软件。

(四)监督指导工作进一步强化

安徽省高级人民法院定期分析审判数据形成态势分析报告；出台《安徽省法院院庭长案件监督管理办法》；召开全省法院知识产权审判工作座谈会；举办全省知识产权审判培训班。建立全省法院知识产权案件典型案例季报制度。

三、对接司法需求，拓展职能有新亮点

(一)推进司法公开宣传，擦亮安徽审判品牌

一是持续提升审判透明度，依托司法公开三大平台，做到裁判文书"应上尽上"，庭审直播"应播尽播"。亳州市中级人民法院开展万名公民旁听庭审活动；铜陵市中级人民法院对适宜采用巡回法庭形式开庭的案件，直接到被告住所地、商场等场所开庭审理。二是以"4·26世界知识产权日"为契机，常态化发布全省法院知识产权司法保护状况、十大典型案例及年度报告。三是举办第三届"皖江知识产权司法保护研讨会"，并首次举办"海螺杯"知识产权保护与应用征文活动。四是打造"网、电、展、刊、报"立体宣传网络。亳州市中级人民法院在"4·26世界知识产权日"组织开展法律宣传咨询活动。黄山市中级人民法院借助官方网站、微信、微博等网络新媒体平台宣传知识产权法律知识和知识产权审判情况。铜陵市中级人民法院在铜陵电视台《以案释法》栏目举办知识产权节目，在《铜陵日报》组织知识产权案例专版。

(二)加强交流凝聚共识，通力构建知识产权大保护格局

2018年，安徽省高级人民法院首次向省人大常委会作《关于全省法院知识产权审判工作情况的报告》。安徽省高级人民法院法官应邀为全省工商和市场监管系统打击知识产权侵权假冒综合执法能力提升培训班授课。合肥知识产权法庭组织召开"合肥知识产权法庭建设与发展座谈会"，并与市科技(知识产权)局签署了《合肥市专利纠纷司法与行政诉调对接协作机制的备忘录》。芜湖经济技术开发区人民法院与区知识产局联合出台《关于推进知识产权纠纷诉调对接工作的实施意见》，搭建知识产权纠纷第三方调解平台，定期与芜湖市工商行政管理局、芜湖海关、芜湖市文化委员会召开联席会议。参加第四次全国法院知识产权审判工作会议、全国法院科技创新与商业秘密司法保护研讨会，赴上海知识产权法院、吉林省高级人民法院考察调研。出席"新时代知识产权法治论坛""国际视角下新时代创新与保护的融合服务理念研讨会"。

（三）“请进来、走出去”，问计问需创新主体

以开展知识产权审判领域改革创新调研为契机，邀请科大讯飞等高新企业代表共同座谈，先后走访海螺集团、奇瑞集团、阳光电源、芜湖机器人等技术密集型企业，开展“贴心服务助台企”活动。蚌埠市禹会区人民法院在中恒蚌埠义乌国际商贸城设立知识产权法官工作室，芜湖经济技术开发区人民法院在芜湖高新技术服务创业中心设立知识产权巡回法庭，打通知识产权审判司法服务“最后一公里”。

四、对标看齐跟党走，队伍素质有新提升

营造比学赶超良好氛围。积极创造业务培训、学术研讨等学习交流机会，安排业务骨干赴国家法官学院参加知识产权专题研修班，坚持培训资源共享。继续推行法官讲坛制度“法官教法官”，并利用微信群等新媒体平台，拓展“八小时之外”学习渠道。大兴调查研究之风，鼓励法官带案思考、深入研究，积极促成成果转化。

持之以恒落实中央八项规定精神及安徽省委、省政府“三十条”，锲而不舍加大正风肃纪力度。签订廉政责任状，开展“讲严立”专题警示教育，坚持落实每月第一个星期五的“警示教育日”制度。深入学习宣传先进典型事迹，充分发挥先进典型的榜样引领作用。

（安徽省高级人民法院知识产权审判庭）

检察工作

2018 年，安徽检察机关充分发挥检察职能，依法严厉打击侵权假冒行为，积极加强知识产权保护，为推动安徽创新发展提供有力司法保障。

一、充分发挥检察职能，依法坚决打击侵权假冒行为

充分发挥审查逮捕、审查起诉、诉讼监督等职能，始终保持打击侵权假冒犯罪的高压态势。一是依法从严从快批捕起诉。全省检察机关共批捕侵权假冒犯罪案件 194 件 308 人，起诉 265 件 544 人。其中，批捕制售伪劣商品犯罪案件 92 件 145 人，起诉 133 件 228 人；批捕侵犯知识产权犯罪案件 102 件 163 人，起诉 132 件 316 人。二是强化刑事诉讼监督。综合运用立案监督、侦查活动监督等措施，及时监督纠正有案不立、有罪不究等现象。共监督公安机关立案 85 件，纠正漏捕 8 人，纠正漏诉 14 人。三是加强办案督导。对重大、复杂、疑难的侵权假冒案件，上级检察机关加大对下督导力度，确保办案质量和效率。

二、深化“两法”衔接，增强打击侵权假冒合力

积极推动行政执法与刑事司法衔接，促进增强打击侵权假冒违法犯罪合力。一是推动健全“两法”衔接机制。主动加强与省卫计委沟通，会签了《关于加强卫生计生行政执法与刑事司法衔接工作的实施意见》，进一步细化明确卫生计生领域“两法”衔接工作机制。二是积极推动“两法衔接”信息共享平台建设。加强与省卫计委的沟通协调，促进拓展完善卫生计生系统录入平台的信息内容，着力推动安徽省打击侵权假冒领域“两法”衔接信息共享平台扩大覆盖范围，发挥更大作用。三是积极加强工作衔接。各地检察机关借力“两法”衔接工作机制，主动加强同行政执法机关的沟通协作，积极通过走访行政执法机关、查阅卷宗、平台搜索等方式，摸排侵权假冒案件线索，共建议行政执法机关向公安机关移送涉嫌侵权假冒犯罪案件 221 件，公安机关已立案 180 件。

三、延伸工作触角，提升知识产权保护工作成效

在依法坚决打击侵权假冒犯罪的同

时，注重立足检察职能，主动延伸工作触角，积极助力知识产权保护。一是参与重点领域综合整治。积极响应安徽省打击侵权假冒工作领导小组部署，配合有关行政执法机关开展互联网售假，农资、成品油等重点领域侵权假冒行为的专项整治，合力治理人民群众反映强烈的侵权假冒顽疾。二是积极建言献策。各地检察机关针对办案中发现的知识产权保护领域存在的问题，主动向有关单位发出检察建议，促进其增强知识产权保护意识，完善知识产权保护制度，预防和减少侵犯知识产权行为发生。三是加强知识产权保护宣传。将打击侵权假冒工作作为法治宣传重点，利用世界知识产权日、法治宣传日等时机，开展形式多样的知识产权宣传活动，促进形成“保护知识产权、抵制假冒伪劣”的浓厚社会氛围。

（最高人民检察院第四检察厅）

福建省

知识产权工作

一是知识产权创造能力明显提升。2018 年，全省发明专利申请 37 216 件，同比增长 40.65%；全省发明专利授权 9858 件，同比增长 13.08%。截至 2018 年年底，全省共存有效发明专利 38 522 件，同比增长 24.24%；每万人口发明专利拥有 9.85 件，比上年同期增加 1.846 件，同比增长 23.06%。2018 年，福建省共有 22 项专利获得第二十届中国专利奖，其中中国专利金奖 1 项，银奖 2 项，优秀奖 15 项，中国外观设计银奖 1 项，优秀奖 3 项，获奖项目质量水平再创新高。全省新增注册商标 25.69 万件，同比增长 99.6%，截至 2018 年年底共有有效注册商标 97.27 万件；武夷山大红袍等 5 个地理标志商标产品列入“中欧 100+100”地理标志互认产品清单，德化白瓷入选“中泰 3+3”互认中方地理标志产品。

二是多元共治的知识产权大保护格局进一步完善。组织开展专利执法维权“护航”专项行动，2018 年，全省共办理专利行政执法案件 2978 件，同比增长 44.8%，进驻我省海峡两岸经贸交易会、中国国际贸易投资洽谈会等大型展会开展专利执法保护服务活动 20 余场次。同时，全省共立案查处商标侵权假冒案件 1288 件。积极对接国家知识产权局电商领域执法维权协作调度机制，对调度中心移交的电商领域专利侵权纠纷案件提供侵权判定咨询意见。在“知创福建”知识产权公共服务平台设立人大代表工作室、福州知识产权法庭法官联络工作办公室、知识产权检察法律服务中心，实现知识产权纠纷人民调解、行政处理、仲裁裁决及司法保护多元共治有效衔接。

三是知识产权转化运用和运营工作取得新成效。2018 年 6 月 18 日，举办福建省“一带一路”知识产权国际交流合作暨福建制造 2025 知识产权成果对接专题展及对接会，在首届数字中国建设峰会数字福建馆举办“知创中国”专题展，取得良好效果。福建知识产权军民融合工作列入全国首批试点，同时福建省被国家知识产权局确认为全国开展绿色专利试点工作的三个省份之一。大力推进知识产权金融服务，2018 全省专利权质押融资金额达 47 亿元，同比增长 46.9%，增强了中小企业创新创业动能。积极开展知识产权保险工作，为福建省国家知识产权示范企业和优势企业投保 2018 年度专利执行险，保额达 1815.6 万元。与人保财险福建省分公司建立小额专利权质押贷款保证保险合作关系，支持企业以“购买保证保险＋专利权质押”方式获得银行贷款。

四是便民利民的知识产权公共服务体系不断发挥积极作用。国家专利审查协作福建分中心于 2018 年 7 月正式启动运营。围绕“放管服”改革，大力建设运营“知创中国”和“知创福建”线上线下知识产权一体化公共服务平台，创新知识产权“大服务”＋“大保护”＋“大运营”新机制，构建多元参与、主动服务的知识产权治理新模式。面向全国引进中高端知识产权创新资源，快速吸引了一批全国中高端专业服务机构和代理机构及专业人才入驻，在加速公共服务一体化、大保护环境营造、多元价值实现方式等机制构建方面进行了一系列探索创新，提升了福建省知识产权中高端服务供给能力和水平。在双平台建设带动下，2018 年末全省专利代理机构达 46 家，较 2015 年数量翻一番，壮大了福建省专利代理行业。同时，双平台在促进知识产权纠纷多救济渠道有效衔接，推动知识产权金融服务、知识产权军民融合、“1＋10”专利导航产业发展创新计划实施、专利转化运营等全省知识产权重点工作方面发挥了重要的支撑作用，品牌效应和社会影响力不断扩大，全省知识产权治理体系进一步完善。

五是运用知识产权服务产业转型升级成效突显。以省市联动方式实施“1＋10”专利导航产业发展创新计划，由相关设区市政府提出产业需求，对全省 12 个产业领域和 103 家龙头骨干企业实施导航，为重点产业完善知识产权布局和转型升级提供创新路径指引，得到地方政府和广大企业的肯定和支持。同时，率先运用全球专利大数据资源，推动构建福建省自主知识产权竞争力产业导航大数据中心及相关产业数据分中心，面向全省企业提供创新方向引导及高质量的专利信息共享服务，为地方产业转型升级提供决策分析和路径指引。目前，产业导航大数据中心基础架构搭建工作已完成，其中半导体、数控一代、物联网、新材料等产业的导航节点已建立。组织开展福建省知识产权专员培育工作，已有 2700 多人列入专员库管理，推动首批 100 多名专员与省工商联建立挂钩联系，为各级工商联组织和会员企业提供知识产权公益服务。省知识产权远程教育平台共组织各类培训班 133 期，参训学员达 5.8 万人次，培训人次增长 34%。大力支持“知创中国 闽商领航”晋江企业家领航计划实施，为“晋江经验”增添知识产权要素。

（福建省知识产权局）

版权工作

2018 年，福建省积极实施版权发展战略，继续推进版权产业发展，努力提高版权监管水平，顺利完成年初确定的主要工作任务，为“再上新台阶、建设新福建”做出应有贡献。

一、加强版权行政监管

（1）深入推进软件正版化工作。召开省推进使用正版软件工作厅际联席会议第五次全体会议，总结 2017 年工作，部署 2018 年工作。召开省直机关软件正版化工作培训会，指导各单位开展督查准备工作。完成国家使用正版软件工作部际联席会议办公室对福建省 44 家省级政府机关软件正版化全覆盖督查。福建省省级政府机关操作系统软件和办公软件的正版化率分别达到 93.48% 和 93.17%。福建省正版化与信息化相结合的经验做法被国家版权局作为典型向全国推广。完善政府机关使用正版软件工作长效机制，强化软硬件采购源头管理，与省财政厅、审计厅联合制定《关于进一步加强计算机软硬件采购源头管理的通知》，会同省财政厅、省公共资源交易中心规范政府采购网上超市软件供应类厂商的销售行为。

(2)着力打击侵权盗版行为。组织全省开展“剑网2018”专项行动。召开全省版权执法监管暨“剑网2018”专项行动工作会议，部署专项行动工作任务。以网络转载、短视频、动漫、影视、音乐、电子商务平台、应用商店、云存储空间等领域和网络直播、知识分享、有声读物等平台为重点监管对象，开展版权专项整治；将全省有影响力、规模较大的233家网站纳入主动监管对象范围，要求其中100家重点互联网企业、网站开展版权自查自纠，建立健全版权管理机制。开展北京2022年冬奥会会徽和冬残奥会会徽版权保护工作，制定专项保护应急预案。2018年，全省共查办各类侵权盗版案件74起，其中涉及网络侵权盗版的案件50起，占比67.56%；线下侵权盗版案件24起，占比32.43%。国家版权局、全国“扫黄打非”办、公安部挂牌督办的“7·13”系列私服侵权案取得重大突破，相关涉案人员基本归案，案件已移交检察机关。全省10家单位和19名个人获评全国“2017年度查处侵权盗版案件有功单位”和“2017年度查处侵权盗版有功个人”荣誉称号。

二、加强版权公共服务

认真做好作品登记工作。新开发的“福建省作品自愿登记系统”投入运营，实现网上申报、在线审核、电子发证等全程无纸化运作，最大限度方便作品登记申请人，实现“一趟不用跑”。2018年1月至11月，全省共核准登记作品达到83 488件，已超过2017年全年登记数量(68 203件)，同比增长44.3%。其中美术作品68 685件，占总登记量82.3%；音乐作品8423件，占总登记量10.1%。

三、促进版权产业发展

(1)开展版权示范创建。在2015年、2016年开展省级版权示范单位和示范园区(基地)评定工作基础上(已有42家企业被授予“福建省版权示范单位”，2家单位被授予“福建省版权示范园区”)，继续开展第三批评定工作。共21家企业单位申报示范单位，1家企业申报示范园区(基地)。

(2)组织福建省原创动漫作品参评版权开发优秀项目。积极组织福建省原创动漫作品参加国家版权开发优秀项目评选，其中天翼爱动漫文化传媒有限公司获内容开发类银奖，厦门思倍旭公司和厦门漫际视界公司获内容开发类铜奖。

四、加强版权宣传培训

(1)开展版权宣传教育。组织开展知识产权宣传周版权宣传系列活动。全省各地统一开展以“护助少年儿童健康成长，拒绝有害出版物及信息”为主题的“绿书签2018”活动，共发放绿书签9万多份。协调全省电视台播出《申报版权保护版权用好版权》公益广告片，在全省126家影院播映版权知识公益宣传片，在福建电视台少儿频道播放版权知识系列动画片，在“5·18”海峡两岸经贸交易会上设立版权咨询服务台，为参展商和市民提供版权法律咨询等服务。

(2)组织参加征文比赛。组织福建省部分高校大学生参加征文比赛，其中集美大学陈慧《非人类摄制作品的法律保护》获得本科组二等奖。

(3)组织版权专业培训。组织省直相关单位、地市版权执法人员参加国家版权局软件正版化培训和行政执法培训，先后组织省直机关50人次开展软件正版化培训，组织市、县版权行政执法骨干30人次开展业务培训，赴各地市开展版权业务授课10余人次。

(中央宣传部版权管理局办公室)

司法工作

2018年福建法院以习近平新时代中国特色社会主义思想为指导，全面落实第四次全国法院知识产权审判工作会议精神，充分发挥知识产权司法保护主导作用，为科技创新和文化繁荣营造良好法治环境，为推动闽东北、闽西南两大协同发展区建设，实现福建高质量发展，落实赶超目标，建设新福建提供有力司法保障。

一、提升站位，充分发挥知识产权司法保护主导作用

2018年，全省法院共受理和审结各类知识产权案件8948件和8337件，同比分别上升3.96%和3.77%。其中受理和审结的民事一审案件分别为7902件和7418件，二审案件分别为623件和545件，再审审查案件均为15件，申请案件分别为8件和6件；受理和审结知识产权行政案件分别为15件和10件；受理和审结知识产权刑事案件分别为400件和350件。受理和审结的知识产权民事案件中，专利案件分别为699件和659件，商标案件分别为3001件和2765件，著作权案件分别为3887件和3724件，不正当竞争案件分别为138件和107件，其他知识产权案件分别为816件和722件。

妥善处理中美贸易摩擦背景下涉外知识产权纠纷。妥善审结中微公司诉维易科侵害专利权纠纷一审案，促成双方庭外和解并在美国和中国同时撤诉，取得良好的法律效果和社会效果。

大力营造公开透明的知识产权司法保护环境。一是不断强化审判公开。案件无法律规定的特殊情况，均实行庭审直播，以庭审公开促进庭审规范；通过观摩公开开庭及邀请人大代表旁听案件等形式，自觉接受监督，不断改进庭审风貌；规范裁判文书上网，建章立制，做到生效即上网。二是开展好“4·26知识产权宣传周”活动。全省各地法院召开新闻发布会，发布《知识产权司法保护状况》及知识产权司法保护典型案例，以观摩庭、法律咨询、座谈会、走访企业、知识竞赛、法治课堂等多种形式，开展知识产权司法保护宣传。福建省高级人民法院在“4·26世界知识产权日”当天进行公开审理并当庭宣判，取得良好效果。

二、凝心聚力，探索知识产权审判领域改革创新

（一）大力加强知识产权法庭建设

2017年9月，经最高人民法院批准，福建获批成立福州知识产权法庭，负责跨区域管辖全省涉技术类知识产权案件。

（1）建立合理高效的技术事实查明体系。合理利用现有审判资源，探索设立技术调查制度。实行技术调查先行模式；实行具有专门知识的人作证前置；根据专业建立专家库，作为技术调查补充。

（2）积极推进知识产权法庭信息化建设。依托互联网及内部局域网，采用审判辅助系统软件。目前，该系统软件已在案件庭前会议应用，效果明显。

（二）持续推进知识产权“三合一”审判

深入调研“三合一”审判工作，针对福建省实际，探索既符合改革要求又契合福建省情的“三合一”模式，福州、厦门、泉州三地在前期试点基础上已全面推开。厦门市中级人民法院与厦门市知识产权局等八部门联合起草《厦门市贯彻落实〈关于加强知识产权审判领域改革创新若干问题的意见〉的实施细则》。

三、精准发力，不断提升人才队伍素质能力

福建省高级人民法院知识产权庭被国务院知识产权战略实施工作部际联席会议办公室评为“先进集体”；福建省高级人民法院、福州市中级人民法院、泉州市中级人民法院知识产权庭被最高人民法院授予“全国法院知识产权审判工作先进集体”荣誉称号。

全省法院形成调研报告多篇，在各级各类刊物发表文章60余篇，多人次在全国法院学术论文讨论会上获奖。加强与高校及高科技企业交流互动。厦门市中级人民

法院与欧盟知识产权局 IP Key 中国项目、厦门大学知识产权研究院、中国反侵权假冒创新战略联盟联合举办了“中国新电子商务法——探索中国和欧盟知识产权未来合作”之中欧研讨会。

（福建省高级人民法院知识产权审判庭）

检察工作

2018 年，福建省检察机关按照最高人民检察院和福建省打击侵权假冒工作领导小组的工作部署，充分发挥检察职能，与有关部门协作配合，进一步加大对侵权假冒犯罪的打击力度和法律监督力度，不断完善“两法”衔接机制，稳步推进信息共享平台规范高效运行。

一、高度重视，始终保持打击侵权假冒犯罪的高压态势

始终把打击侵权假冒专项工作作为检察机关服务党和国家工作大局、保障民生的重要举措。从福建省实际出发，深入开展互联网领域、农村和城乡结合部市场专项治理，将“清风行动”、外商投资企业知识产权保护等作为专项工作重点，制定福建省检察机关 2018 年打击侵权假冒专项工作计划，切实加强对全省检察机关打击侵权假冒工作的领导和指导。2018 年，全省检察机关共批准逮捕侵犯知识产权犯罪案件 108 件 171 人，起诉 300 件 456 人。

二、健全机制，持续推进行政执法与刑事司法衔接

进一步完善侵权假冒领域行政执法与刑事司法衔接机制，推进信息共享平台规范高效运行。2018 年 4 月，福建省行政执法与刑事司法衔接信息共享平台参展首届数字中国建设峰会，各级检察机关积极督促相关部门在平台及时全面录入案件信息，并加强巡查以确保信息准确规范，参展期间福建省平台得到各界人士高度肯定；发挥考核导向和推动作用，福州市检察院、晋安区检察院、浦城县检察院积极协调有关部门将平台接入录入情况纳入综治考评，邵武市检察院将平台接入录入情况纳入政府依法行政绩效考评。进一步发挥信息共享平台功能作用，各地通过平台电子巡查、数据搜索、线上线下结合等方式深挖监督线索。截至 2018 年年底，福建省“两法”衔接信息共享平台共接入市场监管、文化、新闻出版广电、知识产权、海关等部门成员单位 520 家，共录入侵权假冒行政处罚案件信息 90 609 条，涉嫌犯罪案件信息 1217 条。

三、注重服务，积极参与知识产权保护社会治理体系建设

针对福建省民营经济总量大、非公经济活跃及侵犯非公企业知识产权犯罪案件多的特点，各级检察机关结合落实知识产权保护法治化的要求，在三个层面下功夫。一是把握“需求点”，深入研究经济发展态势和企业发展困难，从企业的现实需求出发，充分发挥打击犯罪、诉讼监督等职能作用，积极完善和实施知识产权保护制度。二是抓住“切入点”，以保护地域民族品牌为切入点，因地制宜开展打击侵犯知识产权犯罪工作，加大对反复侵权、恶意侵权行为的打击力度。三是找准“结合点”，加强对大数据时代侵犯知识产权新型犯罪研究，细化证据标准，完善案例指导机制，实现精准打击与有效服务相统一。

通过检察建议，促进社会治理法治化。结合执法办案，全面调查分析侵权假冒领域犯罪发案特点和规律，积极采取预防调查、检察建议等措施，向有关部门提出对策建议，协助发案单位及其主管部门健全管理制度。

四、积极探索，着力提升办理侵犯知识产权犯罪案件专业化水平

一是积极推进办理侵犯知识产权犯罪案件专业化建设。福州、厦门等地探索集

中办理侵犯知识产权刑事案件工作机制，分别指定福州市鼓楼区检察院集中起诉和厦门市思明区检察院集中批捕、起诉全市侵犯知识产权犯罪案件，厦门市思明区检察院抽调办案骨干组成知识产权办案组，打造专业化办案团队。二是积极创新知识产权保护机制。泉州市检察院发布“泉州知识产权快速维权六方协作机制”，将品牌权利人、执法主体和电子商务平台联合起来，共同打造企业、平台、行政、司法“四位一体”的品牌保护新格局，解决企业“维权难、维权慢、维权成本高”问题。依托该机制，知识产权侵权投诉快速处理，从最短3天缩短到24小时。三是积极提升知识产权人和社会公众的知识产权保护意识。厦门市思明区检察院总结知识产权刑事案件发案特点、规律，自编并发放《公司、企业防范刑事案件风险实用手册》3000余册，提出法律防范意见，增强商事主体的自我保护法律意识。

（最高人民检察院第四检察厅）

江西省

专利工作

一、不断加大专利保护工作力度

出台了《关于开展2018年江西省专利执法维权“雷霆”专项行动的通知》，明确了目标和任务分解。联合省普法办举办了“百万网民学法律”专利法专场知识竞赛活动，参赛人数达到26.9万人次。同时，积极参与江西省公共信用信息平台的建设，全省共出动执法人员577人次，核查经营主体293家次，查办知识产权（专利）案件545件，移送司法机关案件1件。知识产权“保护高地”建设成效初显。

二、专利申请量质取得新突破

2018年，全省申请专利86 001件，同比增长21.8%；专利授权52 819件，同比增长59.9%。其中，发明专利申请14 519件，增幅26.2%，授权2524件，增幅12.8%；万人发明专利拥有量2.4件，较2017年同期增长了0.44件；实用新型专利申请49 843件，增幅26.2%，授权34 796件，增幅97.6%；外观设计专利申请21 639件，增幅10.5%，授权15 499件，增幅17.6%。

三、积极创新专利质押融资模式

江西省知识产权金融工作形成了“政府+银行+保险”的新格局。依托南昌（国家）大学科技城，以国家级知识产权运营平台4000万元和南昌市配套2000万元专项资金为母基金，融资规模1.5亿元，用于开展生物医药、航空制造等装备制造业的专利布局、组建专利联盟等运营服务。

四、专利代理机构建设取得新突破

2018年，江西省专利代理行业发展良好，新增专利代理机构3家，全省专利代理机构首次突破40大关，达41家。

五、知识产权人才培养取得新突破

联合省教育厅批复在华东交通大学设立江西省知识产权学院。积极做好全国专利代理人考试组织协调工作，全国专利代理人考试南昌考点报名考生共计455人，报名审核通过410人，报名人数和报名审核通过人数首次突破400人，创历史新高。10人获得地方证。

六、富民强县示范县建设专项计划及知识产权试点工作稳步推进

切实开展富民强县项目验收工作，制

定了富民强县项目验收方案，对 2014～2016 年度 35 个项目进行验收，通过富民强县项目验收等方式，进一步督促、推动各市县完善知识产权工作体系，制定知识产权奖励政策，如樟树市出台了《樟树市知识产权战略纲要》，共青城市出台了《共青城市知识产权维权援助管理办法》等。积极推进九江市申报国家知识产权试点城市、鹰潭市申报国家知识产权继续试点城市；推荐章贡区等 9 个县（市、区）申报国家知识产权强县工程试点县（市、区）；高安市、樟树市 2 个县级市申报国家知识产权强县工程示范县（市、区）。

七、知识产权事业经费保障取得新突破

安徽省人民政府先后投入资金 3000 多万元，南昌市增加知识产权专项经费 900 万元。

（江西省知识产权局）

商标工作

一、商标注册稳步提升

2018 年江西省商标注册新申请 124 661 件，同比增长 18%，新注册商标 95 809 件，同比增长 119%；有效注册商标 299 862 件，同比增长 47%；新认定中国驰名商标 2 件；新增地理标志商标 18 件。截至 2018 年年底，全省中国驰名商标 163 件，地理标志注册商标 78 件，马德里商标国际注册 114 件，新增申请 8 件。

二、商标品牌培育工作稳步推进

（1）设立基层分局商标工作站。在辖区内有产业园区、创新创业孵化基地、专业市场集散地的基层分局，设立商标工作站，制定商标工作指导规范，采取“三书一卡”（商标注册建议书、商标品牌管理策略提示书、商标使用法律风险告知书、商标品牌工作联系卡）形式，提供商标注册、管理、运用和保护行政指导。

（2）开展商标品牌创新创业基地建设。推进商标品牌与地方经济融合发展，批复同意南昌高新技术产业开发区管委会建设商标品牌创业创新基地，打造商标公共服务平台。与江西师范大学签署《关于开展江西省商标品牌战略研究与服务合作协议》，支持江西省商标品牌协会与江西师范大学合作成立江西商标品牌研究院。支持和鼓励商标品牌设计、价值评估、注册代理、营销策划、法律服务等机构聚集发展，相互促进。推动产业集中度高、产业链条完整的园区、专业市场，创建商标品牌示范园区、专业商标品牌示范基地。以集团企业、规模以上企业、中国驰名商标企业为重点，推动商标品牌管理示范企业建设。

（3）分类指导企业实施商标品牌战略。建立商标指导服务重点企业名录，推行企业商标品牌定期联系机制，开展进产业园区、进重点企业活动，每年至少两次上门服务，指导企业结合各自特点制定和实施商标品牌发展战略，建立健全商标品牌管理体系，推动企业从技术创新、产品质量、营销策划、企业文化等方面高质量发展，提升企业商标品牌价值。推荐 6 件商标申请认定中国驰名商标，指导江西老字号联盟、江西文化产业协会、江绿集团、江西旅游集团等的商标品牌建设工作，打造知名品牌。

（4）采取多种形式服务企业商标品牌创建工作。实地指导“余干辣椒”地理标志商标的使用推广，协调当地政府为企业解决余干辣椒地标产品产业化推广等实际问题；派人专程同上饶市政府、抚州市政府领导到国家知识产权局商标局专题汇报地方商标品牌创建工作，帮助协调解决江西汉腾汽车、南城建昌帮、江西铜业集团、江西恒大集团、江中集团等在商标品牌创建工作中遇到的注册、“撤三”、抢注等难题；与省农业厅对接协作，专门就涉农商标品牌建设交流意见，建立省级农产品龙头企业商标品牌微信群（人数近 400 人），指导农产品商标注册和地理标志商标申请，解答商标使用疑难问题;推荐赣南脐橙、遂川狗牯脑茶、南丰蜜桔、婺源绿茶成为中国进入欧盟地理标志产品保护名单。

(5)推进公共区域品牌建设。推进江西区域品牌建设,对产业集群度高、产业链完整、区域特色鲜明的产业,培育区域公共商标品牌,采取“区域公共品牌+自有商标品牌”模式,通过龙头企业带动产业集群发展,以产业充分竞争推进产业集群“专、精、特”升级和提质增效,推动更多江西商标品牌走向全国。2018 年“江西米粉协会”“南康家具”“金溪面包”“余江木雕”等集体商标成功注册。

三、商标专用权保护力度显著

(1)加强商标监管区域协作,建立商标保护机制。参加华东六省一市商标行政执法协作网、中部地区 6 省商标行政保护、泛珠三角区域 9+2 商标保护协作网等区域协作,推进商标域外保护协作机制。

(2)积极开展“双打”工作。开展 2018 年元旦春节期间打击侵权假冒专项工作。对重点区域、重点商品进行排查。全省共出动执法人员 8500 余人(次),检查重点区域 1000 余处、经营主体 80 120 余户,查处商标侵权假冒案件 60 余起,罚没款 30.6 万元。

组织开展 2018 年打击商标侵权“溯源”专项行动和打击使用未注册商标违反《商标法》禁用条款行为等“净化”专项行动。以驰名商标、老字号商标、地理标志商标、外资企业商标为重点,收集整理相关企业商标被侵权案件线索和诉求。全省共排查商标侵权案件线索 131 条,立案 51 件,办结 39 件,案值 41.07 万元,罚没金额 85.48 万元。

(3)加强商标监管工作。对全省 50 家商标印制企业的商标标识印制、使用开展“双随机一公开”抽查检查工作;对全省 380 家商标代理机构违法代理行为进行整治;加强电商领域商标专用权保护。与网监部门合作,委托第三方对江西省 27 件高知名度商标进行监测,将可能侵权线索 22 177 条分派给商标权利人核查。2018 年,查处侵犯知识产权和制售假冒伪劣商品案件共立案 615 件,办结 648 件,案值 552.07 万元,罚没金额 925.36 万元(其中查处商标侵权假冒案件:立案 353 件,办结 357 件,案值 286.37 万元,罚没金额 517.4 万元)。移送公安机关案件 9 件,案值 254.16 万元。

(4)做好知名企业知识产权保护专项工作。针对江西江中制药(集团)有限责任公司大范围商标问题,由商标局牵头,协调公平交易局、注册局,成立帮助江西江中制药(集团)有限责任公司打假维权协调小组。

四、积极开展著名商标规章、规范性文件清理

根据国务院法制办公室、国家工商行政管理总局《关于开展涉及著名商标制度的地方政府规章和规范性文件专项清理工作的通知》(国法〔2018〕5 号)要求,组织开展对政府规章及规范性文件清理工作。报请省政府废止省政府规章 1 件,涉及省、市、县政府及部门规范性文件 57 件,已废止 17 件,宣布失效 1 件,拟废止 13 件,拟修改 26 件。

(江西省知识产权局)

版权工作

2018 年,江西省各级版权部门大力加强版权执法监管,扎实推进软件正版化工作,不断优化版权服务和社会宣传,版权工作势头良好,影响力日益提升。

版权执法工作显成效。2018 年,江西各级版权部门优化执法机制,创新方法手段,积极构筑联动联防体系,成效明显。一是推动版权执法规范化常态化,工作成绩突出。2018 年共办结版权案件 90 起,全省 15 家单位和 23 名个人获国家版权局查处

侵权盗版案件有功单位和有功个人奖励。在7月召开的全国版权执法监管工作会议上，江西省版权局作经验交流。二是大力开展“剑网2018”专项行动，重点案件取得突破。全年共查办网络版权案件45起，6起网络刑事案件移交公安机关。其中，新余每日网络科技有限公司侵权案，由国家五部门联合挂牌督办，已于11月正式判决；列入国家五部门督办的江西南昌“6·04”火课旗舰店侵犯著作权案，已于5月宣判；永新县“9·08”侵犯著作权案，涉案9人，判处2人实刑、5人缓刑并均处罚金，案件总罚金高达317万元，为近年来江西省以侵犯著作权罪判决刑期最长、罚金最高、个案判决人员最多的一起案件，有力地震慑了侵权盗版行为。三是创新方法手段，深化联动联防。与网监、公安等相关部门开展技术合作，对互联网网站进行有效监管，发现并移转下发案件线索11条。以查处大案、典型案件为抓手，引导各地各版权执法部门积极联动，及时总结、交流经验，一年一度的版权执法监管工作培训成为惯例，有效提高执法水平。积极申请、及时协调下拨办案经费，充分调动各级版权执法部门的积极性、主动性，形成齐抓共管、主动作为，共同打击侵权盗版的良好局面。

软件正版化工作出实招。2018年，根据国务院工作部署，江西省认真贯彻落实国家推进使用正版软件工作部际联席会议精神，扎实推进软件正版化工作。一是拟制《2018年江西省推进使用正版软件工作实施方案》，主体责任进一步强化。江西省使用正版软件工作领导小组办公室不定期召开专题会议、联席会议或以文件会签形式研究部署和推进全省软件正版化工作，各地各单位采取有效措施强化组织领导，落实第一责任人责任。二是开展全覆盖核查，督查考核机制逐步完善。3月，对全省所有省直机关单位软件正版化工作开展了一对一的全覆盖核查；5月，在全省通报了2017年软件正版化工作年度考评结果，对有问题的单位责令整改；7月，各设区、市开展市直政府机关软件正版化督查工作，各市督查不少于20家的市直单位，在核查软件台账的同时，上机检查不少于10%。9月26日至28日，抽查宜春、萍乡两地市直政府机关软件正版化督查工作的开展情况。9月上旬，对4家国有企业进行督查，推进国有企业全面落实软件正版化工作责任，软件正版化工作的全面督查考核机制已经形成。三是企事业单位软件正版化工作取得阶段性成果。截至2018年年底，省级国有出资监管企业集团本部软件正版化任务基本完成。

首届版权输出奖评选表彰工作完成顺利。2018年，推动并牵头组织了首届版权输出奖评选及表彰工作。根据《关于表彰首届江西省版权输出奖获奖项目的决定》，对2014～2016年实现版权输出的优秀图书、报刊、广播影视（含动漫）类项目进行了表彰，共有15个优秀版权输出项目获“首届江西省版权输出奖”。

版权示范工作有序推进。注重挖掘和培育一批自主创新和版权运用能力较强、示范作用发挥较好的版权企业，提供版权服务，促进版权产业发展。2018年，共有8家单位申报了省级版权示范单位。二十一世纪出版集团有限公司、江西凯天动漫有限公司、景德镇陶邑文化发展有限公司等3家单位获“中国版权最具影响力企业奖”。

版权贸易活动积极开展。2018年，全省共引进图书版权406件，输出图书版权336件。在参展第25届北京国际图书博览会暨第十六届北京国际图书节期间，达成版权输出协议70余项、输出意向逾200项、引进意向20余项。4家出版社入选“中国图书海外馆藏影响力百强出版社”，2家出版社成功入选国家丝路书香工程“外国人写作中国计划”24家战略合作伙伴。景德镇市版权局及相关知名陶瓷企业参展第七届中国国际版权博览会。江西省版权局获“金慧奖”优秀组织奖，景德镇逸品天合陶瓷有限公司、名镇天下陶瓷文化创意公司获优秀企业奖。

版权服务与社会宣传工作亮点纷呈。2018 年，江西省作品登记量达到 12 684 件，同比增长 22.85%，《并蒂雪莲》《红色基因》等一批喜迎十九大、纪念“三个九十年”的主题出版物，《丝游记》《东方的藏宝箱》等剧本，《共产党人》《家国情怀》等歌曲，《走进新时代》《绽放》等一批宣传贯彻十九大精神、庆祝改革开放 40 周年的作品，《名镇瓷毯》系列、南康春然系列家具、《样式雷三山五园长卷图系列》以及《美丽江西秀天下》《武宁好客气》《血染洪城》《湘赣边往事》《江西当代新诗编年纪事》等一批“讲好江西故事”的作品进行了版权登记。“4·26 世界知识产权日”期间，整理发布 2017 年度江西省版权执法十大典型案例；组织制作网络音乐版权保护专题宣传片，在全省各网络、100 多家影院累计播放宣传片 5348 小时，受众 50 余万人次；联合省妇联、省文联、省出版集团，围绕“新时代·新女性·新创造——版权保护促进文艺创新”的主题，全省女作家向全社会发出《版权保护倡议书》。继续开展高校版权知识巡回宣讲活动，继续唱响“江西版权保护宣讲会”品牌，先后深入多家高校、市县局、企业单位开展宣讲活动。在中国（赣州）第五届家具产业博览会期间，设立“版权服务工作站”，现场为企业办理版权登记，解决版权难题。5 月 9 日，中宣部《每日舆情汇报》“工作动态”栏目单条刊发《江西创新举措强化版权保护工作》，对江西版权保护工作予以肯定。

（中央宣传部版权管理局办公室）

司法工作

2018 年，江西法院全面学习贯彻党的十九大精神和习近平系列重要讲话精神，充分发挥司法保护知识产权主导作用，为贯彻实施国家知识产权战略和创新驱动发展战略、推动江西经济社会发展提供有力的司法保障。

一、切实履职、服务大局，营造良好法治化营商环境

（1）抓好执法办案第一要务。2018 年，全省各级法院共受理各类知识产权案件 1749 件，其中旧存 111 件，新收 1638 件，审结 1667 件，审结率 95.31%，调撤率 69.81%。从案件类型来看，知识产权合同纠纷案件 134 件，审结 123 件，审结率 91.79%，调撤率 29.85%；知识产权权属、侵权纠纷案件 1576 件，审结 1506 件，审结率 95.56%，调撤率 73.6%；不正当竞争纠纷案件 38 件，审结 37 件，审结率 97.37%，调撤率 52.63%；垄断纠纷案件 1 件，审结率 100%。其中，江西省高级人民法院共受理知识产权案件 143 件，审结 142 件，审结率 99.3%，调撤率 12.59%。从这 143 件案件类型来看，知识产权合同纠纷案件 1 件，审结率 100%；知识产权权属、侵权纠纷案件 133 件，审结 132 件，审结率 99.25%；不正当竞争纠纷案件 3 件，审结率 100%。

（2）服务国家和江西省委省政府战略实施。江西省高级人民法院民三庭代江西省委办公厅、省政府办公厅起草了《江西省关于加强知识产权审判领域改革创新若干问题的实施意见》。

（3）夯实集中管辖的体制基础。根据最高人民法院《关于同意南昌市中级人民法院内设专门审判机构并跨区域管辖部分知识产权案件的批复》，并经江西省编委批复同意，南昌知识产权法庭于 2018 年 7 月 5 日正式挂牌成立。

（4）推进法律适用统一。指导南昌铁路运输中级法院知识产权审判部门先后出台了《南昌铁路运输中级法院关于建立知识产权民事案件繁简分流工作机制的实施意见（试行）》《南昌铁路运输中级法院知产民事简案、类案审理流程及裁量规则（试行）》等多项制度；多次召集南昌市中级人

民法院民三庭、南昌铁路运输中级法院知识产权审判庭、景德镇市中级人民法院民三庭等知识产权审判口业务人员举办“特许经营法律问题研究”“新修订《反不正当竞争法》专题学习会”等研讨学习活动；强化对下级法院的监督指导。江西省高级人民法院审结的“一得阁”系列商标侵权案件获得了最高人民法院的高度评价。

二、加强案件管理，破解维权难题，充分实现知识产权市场价值

（1）落实司法责任制。一是按照“谁审理，谁裁判”的要求，完善案件评议与文书签发机制。二是落实院庭长办案。2018 年，江西省高级人民法院知识产权审判部门院庭长共审结案件 31 件，另担任审判长审理案件 160 余件。三是放权不放任。在还权合议庭同时，充分发挥法官会议咨询作用。

（2）提升案件质效。2018 年，江西省高级人民法院民三庭没有一件案件被最高人民法院发改或再审，审判质效保持较高水平。

（3）加大对恶意侵权的惩治。一是积极探索和版权、工商、专利在内的知识产权行政管理部门形成合力，通过专项打击行动、集中销毁侵权假冒商品、公开审判等方式，发挥警示教育作用。二是在案件审理过程中，对于具有重复侵权、恶意侵权以及其他严重侵权情节的，依法加大赔偿力度，有效遏制和威慑侵犯知识产权行为。如景德镇市珠山区人民法院审理的胡某某、北京中艺首藏公司、王甲、王乙侵犯著作权案，南昌铁路运输中级法院审理的南昌某果业公司诉万某、吴某、杜某等特许经营合同纠纷系列案。

三、提升自身定力，多措并举，增强司法保护的便民性和时效性

认真实施《江西省外商投资企业知识产权保护专项行动实施方案》，积极参与建立全省范围内的知识产权多元化纠纷解决机制。江西省高级人民法院积极引入高等院校专家力量，尝试建立“院校合作”机制，先后与南昌大学知识产权研究院、华东交通大学知识产权中心、江西财经大学法学院等多家院校畅通对接机制，选聘专家学者，为知识产权案件的审理提供智力支持。

四、突显裁判价值引领，延伸司法职能，增强人民群众获得感

南昌市中级人民法院在“4·26 世界知识产权日”举办论坛；景德镇市中级人民法院主动走访陶瓷生产企业，宣传相关法律；鹰潭市中级人民法院针对 KTV 著作权案件多发的特点，深入经营企业讲授音像著作权保护法律知识，并进行诉讼指导；南昌铁路运输中级法院与当地家具协会建立长效联络机制，指导家具经营者合法经营、健康发展；宜春市中级人民法院立足服务当地中医药、白酒等特色行业发展，多次针对案件审理中出现的问题向上述企业发出司法建议。

江西省高级人民法院民三庭于 2018 年“4·26 世界知识产权日”当天，公布近年来江西法院知识产权司法保护状况及典型案例。认真做好裁判文书上网工作，实现依法应当上网的裁判文书全部上网。2018 年，开展互联网庭审直播 113 件；组织开展“公众开放日”活动 15 次。

（江西省高级人民法院知识产权审判庭）

检察工作

一、基本情况

2018 年，江西省检察机关积极服务发展大局，致力于营造良好营商环境，不断加大对侵犯知识产权犯罪案件的办案力度，逐步提高办案质效，对侵权者和制假售假者给予了有力震慑，净化了市场经济环境。办案过程中严格规范涉案财产处置的法律程序，严肃查处侵害企业产权犯罪，推进产权保护法治化、常态化。2018 年，全省共批捕侵犯知识产权案件 58 件 78 人，审查起诉 90 件 167 人。

二、主要做法

（一）高度重视，精心组织

江西省检察机关高度重视加强知识产权司法保护和妥善处理涉产权案件的工作，认真按照省检察院产权保护工作方案要求，充分履行检察监督职能，强化知识产权司法保护力度，采取切实有力措施，促进全省经济社会发展环境改善。一是强化认识，提高政治站位。从讲政治、顾大局、谋发展、重自强的高度，充分认识检察机关不断优化发展环境和加强知识产权司法保护的重要意义，为营造良好的发展环境提供强有力的法治保障。二是加强协调，形成合力。省检察院与省公安厅、省市场监督管理局等单位，加强沟通联系，成立多项议事联席工作机构，定期沟通协调，加强对重点案件、线索的联合挂牌督办，通过对下指导、实时跟踪、定期通报，保障办案进度。三是优化配置，提升保护质效。全省市县两级检察机关充分利用司法责任制改革契机，认真落实捕诉一体化要求，构建专业高效、权责明晰的专业化办案组。充分发挥专业团队带头办案、带动办案、指导办案的作用，提高办案质效。

（二）以专项活动为契机、扎实开展调研，加大知识产权保护力度

省检察院结合检察职能和工作实际，制定《江西省人民检察院〈关于贯彻落实省委省政府关于完善产权保护制度依法保护产权的实施意见〉的工作方案》，建立由院领导挂帅、各业务部门具体分工负责的检察环节产权保护工作机制。抚州市方某某、童某某等九人涉嫌生产销售假冒他人注册商标标识案中，检察机关充分发挥职能作用，及时派员介入侦查，帮助侦查机关审查梳理证据，拟定案件定罪量刑的证据标准引导取证，审查逮捕阶段继续向侦查机关发出《审查逮捕案件继续侦查取证意见书》，引导取证，查明事实，对于案件的侦破起到了重要作用，严厉打击了制假售假犯罪行为，保护了多家知名烟草企业的注册商标权和正常销售市场，取得了很好的社会效果。

（三）充分发挥检察监督职能，促进依法公正处理侵犯知识产权案件

一是注重审判监督。吉安市检察院明确规定，对涉及侵犯知识产权的刑事或民事判决，一律实行上报备案制度，由市、县两级检察机关双层审查，“双保险监督”有力促进了相关案件的依法处理。如在景德镇市珠山区工甲、王乙、胡某某侵犯著作权案审查起诉过程中，围绕争议问题，两次退回侦查机关补充侦查，完善相关证据，相关审查结论均被法院采纳，取得了良好的法律效果和社会效果。二是强化立案监督和侦查活动监督。通过群众举报等渠道发掘线索，建议行政执法机关移送涉嫌侵权假冒案件 65 件 94 人，监督公安机关立案侦查侵权假冒案件 5 件 6 人，有力推动行政执法机关依法行政、公安机关依法立案侦查，有效保障产权所有人的合法权益。

（四）积极开展法制宣传教育，促进社会对知识产权工作的重视

新余市检察院依托“4·26 世界知识产权日”等契机，在大型商场、重点市场等人员密集区域，采用一对一法律咨询、发放法律知识宣传单等形式，提供维权指导，结合运用生动的案例进行现场说法，为企业和群众解答有关产权保护的法律问题，积极营造全面保护产权、服务经济发展的良好法制氛围。抚州市检察院利用志愿者活动日组织青年干警在城市主要街区发放制售假冒伪劣商品犯罪相关的法律知识小宣传册，及时曝光典型案例，教育群众，震慑犯罪。

（最高人民检察院第四检察厅）

山东省

知识产权工作

一、知识产权综合实力

2018年，山东共申请国内专利238 795件，其中，发明专利75 817件，实用新型专利139 615件，外观设计专利23 363件。共获得授权国内专利132 382件，其中，发明专利20 338件，实用新型专利94 249件，外观设计专利17 795件。申请PCT国际专利1751件，同比增长29.4%。截至2018年年底，山东共拥有有效发明专利87 362万件，同比增长17.1%。万人有效发明专利拥有量达到8.78件，较上年增加1.21件。

新增商标注册申请39.9万件，新注册25.3万件，拥有有效注册商标96.0万件，同比分别增长40.5%、79.4%、32.8%。新增马德里国际注册申请量2406件。全省马德里国际注册商标累计有效量6557件，同比增长112.3%。全省新增国家知识产权局认定驰名商标38件，全省共有行政认定驰名商标752件。

全省新增地理标志商标95件，共有地理标志商标678件，地理标志商标总量连续多年位居全国第一。

二、政策法规建设

出台《知识产权创新支持新旧动能转换的工作措施》，受到《人民日报》《中国知识产权报》的高度评价和广泛宣传。制定印发《山东省重点产业专利导航试点方案》，开展区域创新类、产业规划类、园区发展类、企业运营类专利导航项目。启动《山东省专利条例》和《山东省查处冒充专利行为暂行办法》修订。省政府办公厅印发实施《山东省知识产权军民融合试点工作实施方案》。

三、知识产权战略实施

发布《2017年山东省知识产权发展状况》（白皮书）。开展知识产权联盟监督管理工作。组织开展知识产权战略实施十年评估问卷调查工作。积极推进知识产权军民融合试点工作，山东成为国家首批9个知识产权军民融合试点省之一，烟台、青岛成为试点市。

四、知识产权保护

专利行政执法。制定《2018年山东省知识产权局系统执法维权“雷霆”专项行动工作方案》。开展知识产权执法保护“雷霆”“溯源”“净化”专项行动。2018年，全省共办理专利行政执法案件5092件，查处商标侵权违法案件1591件，移送司法机关5起，罚没款1456万元，全省公平交易系统查处不正当竞争案件567件。培育知识产权保护规范化市场19家，7家通过国家认定。加强知识产权保护跨部门跨区域执法协作，办理跨省域协查专利案件10余件。

知识产权保护中心建设。济南（新一代信息技术和生物医药）产业知识产权保护中心获批成立，国家级保护中心数量达到4家。烟台保护中心授权专利128件。潍坊中心挂牌运营。东营中心揭牌成立。中国宁津（健身器材和家具）知识产权快速维权中心获批设立。

知识产权维权援助工作。共接听知识产权投诉举报及维权援助咨询电话2800余次，受理知识产权举报投诉案件27件，提供维权援助12件。与省外维权中心协作办理跨省协作案件8件。

五、知识产权运用

知识产权运用。成立齐鲁知识产权交

易中心，建设线上交易系统和新旧动能转换专利库，入库专利 1 万余件。成功举办 2 场中科院专利成果拍卖会，共计 67 件专利成果被拍下。

知识产权质押融资。制定印发《山东省专利权“政银保”融资试点工作实施办法》，开展专利权“政银保”融资试点。四部门联合印发《关于支持民营企业发展 进一步加强知识产权质押融资工作的通知》。2018 年专利权质押登记 508 项，金额 59.4 亿元，同比分别增长 10.9%和 19.1%。

专利导航。组织召开专利导航项目调度会。重点围绕高端装备制造等 8 个重点产业开展产业类专利导航，出版《新旧动能转换之引擎—以现代农业为例》等重点产业专利导航系列丛书。

高价值核心专利培育。组织召开山东省关键核心技术知识产权品牌单位座谈会，公布第二批 15 项关键核心技术知识产权。制定出台《山东省核心技术专利（群）资金管理细则》。编制专利密集型产业评价标准、产业目录及专利密集型企业分类统计。

六、知识产权管理与服务

专利奖评选。组织开展第二十届中国专利奖的推荐申报工作，共推荐专利项目 95 个，获金奖 6 项，银奖 5 项，优秀奖 54 项，金银奖获奖数量创历史新高。省政府通报表彰第二届山东省专利奖一等奖 18 个，二等奖 21 个，三等奖 21 个。

知识产权优势企业培育。印发《山东省知识产权示范企业认定管理办法》。1993 家企业获得《企业知识产权管理规范》国家标准认证证书。国家知识产权示范企业达到 47 家，优势企业达到 357 家。

知识产权试点示范。国家知识产权强市创建市 4 个，知识产权示范城市 3 个，试点城市 8 个，国家知识产权试点示范园区 11 个，国家知识产权强县工程示范县 18 个、试点县 23 个，国家传统知识知识产权保护示范试点县 3 个。

知识产权服务业发展。开展“十三五”知识产权服务业发展规划实施情况中期评估。稳步推进知识产权信息服务站建设。国家知识产权服务品牌机构总数达到 6 家。开展《专利代理机构服务规范》贯标试点。专利代理机构、分支机构、执业专利代理分别达到 80 家、106 家和 620 人。建设山东省知识产权信息服务体系，建设知识产权信息传播利用站点 5 个，全国专利信息传播利用服务网点 5 家，全国专利信息重点促进单位 7 家。

知识产权服务平台建设。京外第四家商标审查协作中心—济南商标审查协作中心建成运营，全年审查商标 32 万件。建设山东省知识产权公共服务平台，签约入驻知识产权服务机构 20 余家，推进“一站式”知识产权综合服务。济南代办处搬迁至济南高新区，全年受理专利 2.9 万件，办理费减备案 5.4 万件。

七、知识产权宣传与培训

成功举办“知识产权走基层 服务经济万里行”活动，设济南、日照、宁津 3 个会场。持续加大对知识产权的宣传报道，广泛开展知识产权宣传周、专利周等宣传活动，开通政务微信公众号，加强与山东卫视融媒体、大众日报等主流媒体的合作。《人民日报》头版 2 次报道山东知识产权工作成绩，另有 1 次专题宣传知识产权质押融资的做法成效。制定年度知识产权人才培训计划，组织举办各类培训班 60 余个。广泛开展知识产权普及教育，全年培训 60 万人次。

（山东省知识产权局）

版权工作

2018 年，山东省版权管理部门以“版权突破”为抓手，创新思路，强化措施，圆满完成了各项工作任务，展示了新时代版权工作新局面。先后荣膺“国家知识产权战略实施工作先进集体”“全省干事创业好团队”等荣誉称号和“2017 年度查处侵权盗版案件有功单位”一等奖。

一、加大版权执法力度，打击侵权盗版取得新成果

(1)案件查办督办工作有了新突破。山东威海刘某等制售盗版光盘案被国家版权局评为“2017 年度全国打击侵权盗版十大案件”；山东滨州“11·22”涉嫌制售盗版图书案、山东济宁“10·19”王某某涉嫌侵犯影视作品著作权案被列入国家版权局、全国“扫黄打非”工作小组办公室、公安部和最高人民检察院四部门联合挂牌督办案件；山东青岛“8·01”涉嫌侵犯软件著作权案、山东菏泽“3·12”制售盗版图书案被列为国家版权局督办案件。2018 年山东省获得国家版权局重大侵权盗版案件办案经费补贴共计 46 万元。

(2)积极做好推荐 2017 年度查处侵权盗版案件有功单位及个人工作。2018 年 11 月 20 日，国家版权局正式公布查处侵权盗版案件有功单位及个人名单，山东省版权管理处等 15 家单位及省公安厅治安总队张继河等 37 名个人获奖，奖励金额 65.1 万元。

(3)开展打击网络侵权盗版“剑网 2018”专项行动。山东省版权局、山东省互联网信息办公室等于 2018 年 7 月至 11 月联合开展第 14 次打击网络侵权盗版专项治理“剑网行动”。“剑网行动”期间，全省共查处网络侵权盗版案件 27 起，其中已刑事移交的 4 起，关闭侵权网站 14 家，并列入“黑名单”管理，有效维护了全省网络版权环境。

(4)版权保护工作取得好成绩。2018 年 6 月 22 日，山东省版权局版权管理处荣获国务院知识产权战略实施工作部际联席会议表彰的“国家知识产权战略实施工作先进集体”荣誉称号。

二、长抓不懈，扎实推进软件正版化检查整改工作

(1)巩固党政机关软件正版化成果。一是完善体制机制，加强督导检查。2018 年 4 月 20 日，山东省版权局印发《关于在全省开展软件正版化检查工作的通知》，计划进行督导检查。2018 年 8 月 16 日至 24 日、12 月 5 日至 6 日省版权局组成督查组赴多地督查党政机关软件正版化工作，对 12 家市级政府机关、12 家区级政府机关进行检察，检查机器共计 240 台，同时召开软件正版化工作座谈会。2018 年 5 月 21 日，省软件正版化工作联席会议办公室印发了《2018 年山东省推进使用正版软件工作计划》，对工作作出具体分工，提出明确要求。二是启动实施 2018 年度新购计算机配置国产办公软件场地授权服务。山东省投入资金 200 万元继续采用新购计算机国产办公软件场地授权服务模式，为部分省直预算单位 2018 年度新购计算机统一配装国产办公软件。2018 年，正版 WPS 办公软件总安装量为 13 770 台。

(2)扎实推进企业软件正版化工作。2018 年 8 月 10 日，会同省国资委在济南召开省属国有企业软件正版化工作推进会。会议指出，2017 年以来各省属企业认真推进软件正版化工作，共有 28 家企业基本完成软件正版化检查整改任务。省属企业新增计算机采购正版办公软件 4300 余套，采购金额 490 余万元，同比分别增长 8.3%和 8.5%。集团企业所属二、三级企业软件正版化工作正在积极推进。

(3)顺利完成迎接国家督查组检查工作。2018 年 9 月，省软件正版化联席会议办公室印发《关于做好迎接国家软件正版化工作督查组来山东省检查的紧急通知》，要求省政府各部门、各直属机构，各省属企业高度重视，并以此次国家督查为契机，认真搞好自查整改。在此基础上，重点到被检查单位进行督导检查，提前安装网络版检测工具，确保了督查工作的顺利进行。10月中下旬，国家软件正版化工作督查组对山东省的6家省级政府机关和4家省属企业进行了督查，共抽查计算机1906台，操作系统、办公软件、防病毒软件正版化率分别达到了99.8%、94.3%和100%。

(4)批复同意开发建设正版软件大数据服务平台项目。作为全省软件正版化工作基础信息库，项目建成后，将有利于对正版软件数据实时监测，为各级版权行政主管部门管理和决策提供参考和依据。正版软件大数据服务中心落户威海市，由威海市及威海南海新区负责具体实施。

三、强化服务，健全版权社会服务体系建设

(1)著作权作品登记体系进一步健全，登记数量进一步增长，作品质量不断提升。建立起以版权保护与服务平台为依托、以版权服务站为支点的全省著作权作品登记社会服务体系。先后在全省建立了34家版权服务站，覆盖全省17市，直接受理著作权作品登记的初审和发证。2018年全省著作权作品登记达到84 500余份，比2017年同比增长0.93%，其中摄影作品41 236份，美术作品29 575份，文字作品7774份，类似摄制电影方法创作的作品1859份。

(2)成功举办"一带一路"国际版权贸易会，开拓版权"走出去"新路径。2018年5月29日至6月8日，由省版权局主办的"一带一路"国际版权贸易会，先后在匈牙利布达佩斯、罗马尼亚布加勒斯特、波兰华沙三地举办。省版权局组织25家省内优秀版权企业参展。

据统计，展会期间现场成交额40余万元，参展企业达成意向成交额达400余万元。同时，山东省展团还举办了齐鲁文化贸易海外展示中心尼山书屋落地揭牌仪式、《中国民间孤本年画精粹》系列丛书(6种)匈牙利版新书发布会、《中外文学交流史·中国-中东欧卷》波兰语版翻译出版座谈会等一系列主题活动。

(3)积极组织相关企业参加第七届中国国际版权博览会(以下简称版博会)。省版权局积极组织17家版权单位和机构参加国家版权局主办的第七届中国国际版权博览会，取得良好成效。本届版博会，山东展区现场成交额达60余万元，参展企业分别与我国河北、北京、杭州、宁夏、陕西和文莱、马来西亚等多地版权企业达成合作意向金额1000万元。

(4)做好涉外版权合同登记工作。加强图书、影视剧等涉外版权合同登记工作，开展图书选题合同登记备案工作。2018年，共办理引进图书版权合同315份，输出图书版权合同334份，与2017年同期相比均有增长。

四、加大版权宣传培训力度，扩大版权社会影响力

(1)实施版权公益宣传工程。2018年4月，版权公益宣传片《"剑网"在行动》《尊重新闻版权》《正好，正版好》和版权微电影《嘿！别动》制作完成，并将样片发给省电视台、各市文化广电新闻出版局和文化市场行政执法局，通过各种媒体形式进行宣传播放。版权微电影获国家广电总局2018年度"弘扬社会主义核心价值观　共筑中国梦"主题原创网络视听节目优秀奖。2018年共组织全省版权部门开展版权宣传活动28期、版权培训班10期，印发版权宣传册(页)、宣传手账7000余份。

(2)举办2018年全省"版权进校园"活动暨版权宣传培训班。2018年5月15日，山东省版权局在济南举行2018年全省"版权进校园"活动启动仪式暨版权宣传培训班，共150人参加活动；同时举办了版权宣传培训班。

(3)正式启动全省"版权进乡村"行动。2018年5月21日，山东省版权局在潍坊市举行2018年全省"版权进乡村"行动启动

仪式暨版权执法培训班，共 150 多人参加活动及培训班。“版权进乡村”行动开展以来，全省共组织活动 20 余次，宣传报道 12 篇，动员乡村版权创意产品登记 3000 余份。

五、多措并举，推进版权产业发展

（1）编印出版《山东省版权产业经济贡献》一书。依据 2016 年和 2017 年两次“山东省版权产业的经济贡献”项目调研成果，完成《山东省版权产业经济贡献》编辑出版工作。

（2）拟定《山东省加快推进山东省版权产业发展指导意见》初稿。依据两次版权经济贡献调研成果拟定《山东省加快推进山东省版权产业发展指导意见》初稿，目前正在进一步修改。

（3）批复设立山东大学版权教学科研基地及山东省版权研究中心。2018 年 2 月 24 日，山东省版权局批复在山东大学设立山东省版权教学科研基地。6 月 25 日在山东大学青岛校区举办挂牌仪式暨版权知识培训班，国家版权局版权管理司于慈珂司长出席会议并讲话，共 200 多人参加会议。2018 年 3 月 27 日，山东省版权局批复同意山东省区域文化产业研究院设立山东省版权研究中心。

（4）进一步推动版权示范创建工作。2018 年年初，山东省版权局印发《关于申报“版权示范单位”和“版权保护示范单位”的通知》，共收到申报版权示范材料 80 余份。2018 年 9 月 17 日，印发《关于公布山东省“版权示范单位、园区（基地）”和“版权保护示范单位、园区（基地）”的通知》，山东世博华创动漫传媒有限公司等 24 家单位被评为山东省版权示范单位、园区（基地），山东产权交易中心有限公司等 36 家单位被评为山东省版权保护示范单位、园区（基地）。已成功创建全国版权示范城市 2 个，全国版权示范单位、园区（基地）25 家，省级版权示范单位、园区（基地）255 家。

（中央宣传部版权管理局办公室）

司法工作

2018 年，山东法院认真贯彻习近平新时代中国特色社会主义思想和党的十九大、十九届二中全会、十九届三中全会精神，不断提升知识产权审判质效，为推动创新驱动发展战略、加快建设创新型省份提供了有力的司法服务和保障。

一、依法公正高效审理各类知识产权案件

2018 年，全省各级法院共新收各类知识产权民事一审案件 10 457 件，同比增长 32.1%。其中，商标权案件 4242 件，同比增长 12.8%；专利案件 1012 件，同比增长 11.2%；著作权案件 4159 件，同比增长 49.9%；不正当竞争等其他知识产权案件 1044 件，同比增长 50.2%。共审结各类知识产权民事一审案件 9628 件，同比增长 22.9%。其中，调撤结案 6619 件，同比增长 34.2%；调撤率 68.7%，同比增长 3.7%。山东省高级人民法院共新收各类知识产权民事二审案件 623 件，审结 569 件，同比分别增长 19.1%和 15.6%。

山东省高级人民法院审理的“微耕机”发明专利侵权案、“ORA”商标侵权案等 2 起案件入选最高人民法院“2017 年中国法院知识产权司法保护 50 件典型案例”。“垃圾处理器”发明专利侵权案被中国外商投资企业协会评选为“2017—2018 年度知识产权保护十佳案例”。2 篇法律文书在全省优秀裁判文书评选中分别获得一等奖、二等奖。东营市中级人民法院民三庭法官李敏撰写的 1 篇论文获全国法院系统第二十九届学术讨论会优秀奖。

山东省高级人民法院连续 17 年开展“4·26 知识产权宣传周”活动，召开新闻发布会，发布《2017 年山东法院知识产权司法保护报告》（白皮书）和十大案件。菏泽市中级人民法院与菏泽电视台联合制作

法治宣传节目《帮办说法》。潍坊市中级人民法院组织法官参加了潍坊人民广播电台《法治时空》栏目的节目录制。菏泽市中级人民法院、日照市中级人民法院、泰安市中级人民法院、潍坊市中级人民法院等一审民事知识产权案件人民陪审员参审率均达100%。

二、加强调研指导，有效提升知识产权司法保护水平

山东省高级人民法院承担最高人民法院重大调研课题“新形态创新成果的知识产权保护研究”顺利通过最高人民法院结项验收，完成了30余万字的调研报告；承担山东省社会科学规划审判研究专题调研——“关于加强知识产权司法保护的调研”，完成了4万字的调研报告，调研成果在《人民司法》发表；完成《关于〈中华人民共和国反垄断法〉的调研报告》和山东省高级人民法院“商标侵权案件证明标准”课题的调研工作，形成调研报告及证明标准指引。

通过召开全省中级人民法院知识产权审判庭庭长座谈会、赴部分中级人民法院专题调研等方式，对涉宏联国际商标侵权系列案等审判工作中的重大、疑难、群体性案件，集中统一裁判标准，取得良好效果。

及时明确全省法院知识产权审判工作重点。制定《2018年山东法院知识产权审判工作要点》。完成了《2017年全省知识产权一审案件情况及运行态势分析报告》《2017年二审知识产权案件改发情况及典型案件分析报告》。通过《知识产权审判要情》、知识产权法官微信群推送知识产权司法保护做法及典型案例，统一裁判标准。选派骨干法官赴部分中级人民法院及山东省法官培训学院进行专题授课，沟通审判情况，加强业务指导。举办知识产权司法保护座谈会。在第四次全国法院知识产权审判工作会议上作典型发言，介绍山东法院商业秘密案件审判经验。

三、深化改革创新，推动完善知识产权审判体制机制

（1）关于加强推动全省知识产权审判“三合一”工作情况。一是济南市中级人民法院推进“三合一”机制改革，建立知识产权司法保护的立体格局。二是东营市中级人民法院2018年4月出台了《东营市中级人民法院关于知识产权审判“三合一”工作中管辖问题的意见》。东营市法院、市检察院、市公安局联合签署发布了《东营市人民法院、东营市人民检察院、东营市公安局关于知识产权审判“三合一”工作中刑事司法保护问题的意见》。三是济宁市中级人民法院与济宁市检察院、市公安局座谈协调，共同签署了《关于在全市推进知识产权审判“三合一”工作若干问题的意见》。

（2）关于知识产权审判机制建设情况。青岛市中级人民法院建立完善四项知识产权司法保护机制。一是建立技术调查官制度，2018年4月首聘10名兼职技术调查官和30名技术咨询专家。二是针对青岛知识产权法庭跨域管辖的新形势新特点，2018年4月与烟台市知识产权局签订合作协议，成立全省首家跨地域知识产权纠纷诉调对接综合服务平台。三是2018年10月下旬与东营、烟台等5家中级人民法院签订协议，建立山东半岛六市知识产权司法保护协作机制。四是2018年10月与山东科技大学知识产权学院共建“青岛知识产权司法保护研究中心”“山东科技大学知识产权法律实践教学基地”。

四、精准服务经济社会发展大局

2018年7月，第四次全国法院知识产权审判工作会议暨知识产权审判工作先进集体和先进个人表彰大会在山东青岛成功召开。

青岛市中级人民法院先后发布《加强知识产权审判领域改革创新保障新旧动能转换重大工程的十项举措》《关于充分发挥知识产权审判职能服务保障新旧动

能转换重大工程的意见》。德州市中级人民法院制定实施了《关于充分发挥知识产权审判职能依法保障和促进科技创新的意见》。

对山东省知识产权局《2017年山东省知识产权发展状况》白皮书提出修改建议。德州市中级人民法院建立健全司法机关与行政机关的联动协调机制，建立定期沟通长效机制。东营市中级人民法院认真落实与市知识产权局和中国(东营)知识产权维权援助中心制定的《关于开展知识产权维权援助司法救济与行政救济对接工作暂行办法》。枣庄市中级人民法院与市知识产权局、市工商行政管理局、市文广新局等知识产权行政执法部门以及知识产权中介机构三方建立定期沟通联系机制。

与山东省知识产权局举办知识产权司法保护工作座谈会，并组织部分企业参加。各地中级人民法院建立健全企业走访联络机制。

(山东省高级人民法院知识产权审判庭)

检察工作

一、基本情况

2018年，山东省检察机关充分履行检察职责，依法严厉打击侵犯知识产权和制售假冒伪劣商品犯罪，不断加强与公安、行政执法机关的配合，推动相关领域严格规范执法，成效显著。在全国打击侵权假冒工作领导小组办公室对2018年度山东打击侵犯知识产权和制售假冒伪劣商品违法犯罪活动绩效考核工作中，山东检察机关的考核项均为满分。据统计，2018年，山东省检察机关共受理审查逮捕侵犯知识产权犯罪案件186件334人，逮捕117件175人；受理审查起诉侵犯知识产权犯罪案件278件587人，提起公诉233件475人；建议行政执法机关移送涉嫌侵权假冒犯罪案件81件85人，移送后公安机关已立案42件43人；监督公安机关立查涉嫌侵权假冒犯罪案件65件75人。

二、主要措施

(一)强化组织领导，确保专项工作深入开展

各级检察院党组始终把打击侵犯知识产权和制售假冒伪劣商品等严重破坏社会主义市场经济秩序犯罪活动作为工作重点摆上重要议事日程，定期听取工作汇报，全面掌握工作情况，确保了检察环节的打击效果。检察长对重要案件亲自督办、重大问题亲自过问、重点环节亲自协调；分管检察长靠前指挥，亲自研究部署，认真抓好各项工作落实。各级检察机关克服案多人少的突出矛盾，注重将执法力量向基层和一线倾斜，集中力量办理侵权假冒犯罪案件。积极向党委、人大汇报打击侵权假冒工作情况，争取广泛支持。结合检察机关的职责和工作实际，组织干警积极参加法律宣传、咨询活动，在城镇、乡村广泛宣传知识产权保护知识及有关法律、法规，帮助群众认清相关犯罪行为的危害，鼓励举报各类侵犯知识产权、制售假冒伪劣商品的违法犯罪行为，努力营造全社会参与打击侵权假冒犯罪行为的浓厚氛围。注重对打击侵权假冒犯罪案件的舆论引导，采取公开审查、检察宣告等形式，利用微博、微信等新媒体，加大对专项活动开展及重大、典型案件的宣传，有效提升了检察机关的执法形象和司法公信力。

(二)加强案件督办和交办

省检察院对挂牌督办的打击侵权假冒案件，安排专人负责，定期调取案件办理情况，对办案中遇到的困难和问题及时研究予以解决，确保督办有力。中央电视台3·15晚会曝光枣庄市6家企业生产大量山寨核桃露、杏仁露等饮品的食品安全事件后，省检察院立即向枣庄市检察院提出工作要求，明确在做好提前介入、审查逮捕的同时，通过参与联合执法、联席会议等形式，

加强对立案监督线索的排查，促进两个专项立案监督活动开展，及时形成《侦监要情专报》。

(三)加强部门衔接配合

主动加强与公安、工商、烟草、市场监管、食药监等行政执法机关协作对接，及时互通信息，确保部门的沟通协调，建立联合督办、共同调研、备案审查、双向咨询等工作机制，健全完善联席会议、信息共享、案情通报、案件移送等制度。加强与省政府法制办、省法院、省公安厅沟通协商，共同会签了《山东省行政执法与刑事司法衔接办法》，明确检察机关为“两法”衔接工作牵头单位，从制度上确保检察机关对行政处罚案件的调卷阅卷权，为建议行政机关移送和监督立案工作拓宽了线索来源渠道，有力助推了打击侵权假冒犯罪相关工作。

(四)坚持办案与制作检察建议相统一

办理侵权假冒犯罪案件时，不是就案办案，而是注重通过办案发现犯罪背后职能部门及企业可能存在的制度漏洞、监管缺位及风险隐患等问题，以点带面，加强沟通，及时制发检察建议，帮助职能部门堵漏建制、强化监管，帮助企业树立维权意识、防范化解风险，努力通过办案实现政治效果和社会效果最大化。

（最高人民检察院第四检察厅）

河南省

专利工作

一、统筹知识产权强省建设顺利推进

知识产权强省建设纳入《河南省国民经济和社会发展“十三五”规划》，写入政府年度工作报告。省知识产权战略实施工作联席会议办公室印发了《2018 年河南省知识产权强省试点省建设推进计划》。省人大教科委将《河南省专利保护条例》修订工作列入 2018 年重点事项，稳步推进修法工作。研究出台了《加强郑洛新国家自主创新示范区专利创造运用保护暂行办法》，拟定了《关于加强中国(河南)自由贸易试验区知识产权工作办法》等服务自贸区、自创区建设的配套政策，逐步构建了目标明确、思路清晰、措施具体、各级联动的知识产权强省建设新格局。

二、知识产权创造质量明显提升

充分发挥好专利奖获奖项目的示范作用，激励全社会加强关键前沿技术知识产权创造。2018 年第一届河南省专利奖共评审出获奖项目 49 项，省政府印发了《关于第一届河南省专利奖励的决定》予以表彰。据不完全统计，仅特等奖和一等奖建议项目近几年实施以来，累计实现销售额约 208 亿元，利润额约 19 亿元，出口额约 3.4 亿元，充分体现了专利对河南省经济的贡献度和对创新发展的引领。此外，2018 年在第二十届中国专利奖评审中，河南省 1 项发明专利获中国专利金奖，1 项外观设计专利获中国外观设计银奖，19 项专利获中国专利优秀奖，获奖数量再创新高。河南省还深入实施专利质量提升工程、高校知识产权综合能力提升工程、专利申请质量专项整治工作等，大力培育高价值核心专利，创新主体创新能力显著提升。仅 2018 年全省企业专利申请量就达 9.4 万件，在专利申请中的占比达 79.6%，高于全国 13 个百分点。

三、知识产权保护效果更加凸显

组织开展了“雷霆”、“护航”等执法专

项行动，不断加大展会等重点区域、电子商务等重点领域和关系国计民生的重点行业知识产权保护力度。2018年，全省共办理专利侵权假冒案件3612件，其中电商领域案件1606件。中国郑州(创意产业)知识产权快速维权中心在全国以最短的时间建成投入运行；河南省首家国家级知识产权保护中心——中国(新乡)知识产权保护中心获批并顺利筹建。组织协调建立郑洛新自主创新示范区、中国(河南)自由贸易试验区执法协作机制，跨区域执法协作机制进一步深化。建立127个产业集聚区知识产权维权援助工作站，初步构建了全省纵横联动、协调推进的知识产权大保护工作格局。

四、知识产权转化运用效益良好

开展专利质押融资巡讲和银企对接活动，积极搭建银企合作桥梁，与3家银行签订战略合作协议，征集企业融资需求300余项，全年全省实现专利权质押融资额超14亿元，为缓解中小企业融资困难、推动创新创业发挥了重要作用。构建知识产权运营服务体系，管理和使用首支规模为3亿元的重点产业知识产权运营基金，目前累计储备项目15个，首个投资项目已落地；国家知识产权运营公共服务平台交易运营(郑州)试点平台成功获批，正在研究制定平台运行管理机制；完善运营支撑体系，布局3家河南省高校知识产权运营管理中心建设试点单位；率先建立省级专利导航工作机制，布局建设专利导航实验区18家，培育对象5家，全年共完成各类专利导航项目31项，导航产业总产值超千亿元。

五、知识产权管理服务不断加强

与国家知识产权局专利审查协作河南中心加强合作交流，助力河南省知识产权事业发展。国家知识产权创意产业试点园区、国家知识产权服务业集聚发展示范区、国家专利导航(超硬材料)产业发展实验区等项目顺利推进，有效引领了相关产业快速发展。加大试点示范工作力度，国家知识产权试点城市、试点示范县区、试点示范园区和国家强县工程试点示范县区顺利通过考核。加强知识产权人才队伍建设。联合省委组织部、中国知识产权培训中心连续第11年举办县处级领导干部知识产权战略研究班。目前，全省共拥有国家级知识产权培训基地1个，省级知识产权培训基地9个，开设知识产权学院5家。全年新成立专利代理机构25家，备案分支机构17家，目前全省专利代理机构72家，分支机构38家。

(河南省知识产权局)

商标工作

2018年河南商标品牌建设工作以“放管服”为主线，以推进实施商标品牌战略为抓手，以总局推进商标注册便利化改革为契机，坚持一手抓品牌培育，一手抓监管维权，倾力做好宣传指导、组织协调、跟踪服务等工作，大力鼓励、引导、支持市场主体注册商标。全省商标品牌建设成效显著，实现三年行动计划圆满收官。

一、商标品牌建设情况

截至2018年年底，全省有效商标注册量为62.373万件，同比增加39.21%，超出三年行动计划目标22.373万件。驰名商标达到267件，超出三年行动计划目标17件，同比增加16件。地理标志达到73件，超出三年行动计划目标8件，同比增加11件。围绕“十三五”规划，加大特色优势产业和战略性新兴产业商标品牌培育力度，重点支持产业集聚区和工业园区自主商标品牌建设。全省新认定20个省级产业集群商标品牌培育基地，总数达到60个，助推商标密集型产业又好又快发展。

二、商标品牌管理和运用水平情况

以“让商标品牌立起来，响起来，强起来”作为促进发展思路，鼓励、引导企业不断增强商标品牌意识，提升商标品牌管理能力，自主商标品牌运用整体水平日益提升，企业核心竞争力日益增强。如，好想你健康食品股份有限公司坚持商标品牌领航企业发展，优化实施企业品牌战略，构建商标运用保护体系，健全完善工作制度，获得“中国商标金奖”（商标运用奖），商标品牌价值超百亿元，成为企业运用商标品牌做大做强的典范。

三、商标监管维权情况

以驰名商标、地理标志、涉外商标、老字号注册商标为重点，坚持日常监管和专项行动相结合，不断强化商标行政保护力度。推动打击商标侵权“溯源”专项行动向纵深开展。积极组织开展打击使用未注册商标违反《商标法》禁用条款行为“净化”专项行动。会同有关部门扎实推进农村假冒伪劣食品专项整治行动，等等。组织周密，措施得力，效果明显。全年共查处商标侵权假冒违法案件 996 件，案值 870.18 万元，罚没金额 989.36 万元，有力打击了商标侵权违法行为，营造了公平竞争的市场环境和安全放心的消费环境。

四、商标品牌公共服务情况

河南省局乘国家商标注册便利化改革之势，抢抓机遇，积极进取，精心筹建，完成了郑州商标审查协作中心从批复设立、规划建设到全面建成的一系列任务，2018 年 10 月 23 日正式挂牌运行，成为继广州中心、上海中心、重庆中心、济南中心之后全国第五个投入运营的京外中心。中心的建成进一步方便了申请人申请注册商标，在加快形成服务河南、辐射周边的商标注册、保护和运用工作体系等方面发挥了重要作用。同时，积极协调国家知识产权局商标局在河南省新设立了漯河商标受理窗口，全省商标受理窗口达到 9 个。至此，河南省在商标注册服务方面形成了“1 个中心＋9 个窗口”的布局，商标品牌公共服务能力和水平得到有效提升。

（河南省知识产权局）

地理标志工作

一、地理标志商标发展情况

2018 年地理标志商标工作紧盯 2016～2018 三年行动计划目标任务，深入贯彻落实《关于进一步加强地理标志商标培育注册、运用、保护的意见》，充分发挥各级政府及有关部门在培育发展中重要作用，引导全省各类涉农企业和农业合作社等积极注册、申请、运用地理标志商标，地理标志商标稳步发展。至 2018 年年底，全省地理标志商标达到 73 件，超出三年行动计划目标 8 件，同比增加 11 件。

二、地理标志商标管理情况

大力推广实施“公司（专业合作社、协会）＋商标＋农户”的经营模式，发挥农业龙头企业和农村经济组织的主体作用，指导商标注册人健全完善自我管理制度，严格按照相关法律法规等规范使用地理标志商标。加强监督管理，发现问题及时督促整改。引导企业、地理标志商标主体积极参加各类展销会、商贸洽谈会，不断提升地理标志商标品牌的示范带动效应，进一步增强河南省地理标志产品的知名度和市场竞争力。

三、地理标志商标运用情况

坚持商标富农、兴农，充分运用地理标志开展精准扶贫，助力脱贫攻坚。地理标志“培育注册一件商标，带动一个产业，富裕一方群众”的积极作用进一步凸显，有力提升农产品附加值，促进农民增收致富，推动农村区域经济发展。如，西峡县通过“西峡香菇”和“西峡猕猴桃”地理标志商标注册和有效运用，发挥品牌效应，带动农业产业化发展。目前，全县香菇种植农户 4 万多户，近 20 万人从事这一产业，年产鲜菇近 30 万吨，直接产值 30 亿元，综合产值 150 亿元以上，出口突破 12 亿美元，加工增加值 80 亿元以上。“西峡猕猴桃”种植农户 3000 多户，种植面积 13.5 万亩，年产 7 万多吨，出口创汇 1 亿多美元。

四、地理标志商标监管维权情况

坚持日常监管和专项行动相结合，不断强化注册商标专用权行政保护力度。围绕重点区域、重点市场、重要节点，以商标侵权“溯源”等专项行动为载体，持续强化地理标志注册商标专用权保护，有力打击了商标侵权违法行为，切实维护地理标志注册人和使用人的合法权益。

（河南省知识产权局）

版权工作

2018 年，河南省版权局牢固树立政治意识、大局意识、核心意识、看齐意识，团结一致、不断创新、依法行政、积极作为，各项工作不断取得新的成绩。

一、版权社会服务工作情况

（1）普法宣传工作深入广泛。2018 年，河南省版权局加强版权普法宣传力度，扩大宣传范围，创新宣传方法。“4·26 世界知识产权日”宣传周期间，在社区、学校采取多种形式宣讲国家政策，宣传典型案例。同时组织 18 个省辖市、10 个直管县开展版权宣传工作。

（2）作品登记和版权贸易合同审核工作重质提量。2018 年，河南省共受理各类作品著作权登记 1063 件和电话咨询 1000 余人次，审核登记出版单位从国外、境外引进版权贸易合同 163 件，为社会公众提供良好的公共服务。

（3）版权产业取得突破性发展。2018 年 10 月 19 日至 21 日，河南省版权局首次组织 19 家单位和机构，在苏州参加了第七届中国国际版权博览会。在第七届中国国际版权博览会闭幕式暨“金慧奖”颁奖仪式上，河南省版权局荣获“金慧奖”优秀组织奖，河南日报报业集团、河南广播电视台、河南省版权交易中心和河南大学出版社获“金慧奖”优秀企业奖。

二、版权执法监管工作情况

（1）加强版权日常监管执法工作力度。2018 年，河南省查办侵权盗版案件 53 起，其中国家版权局移转涉嫌侵权案件线索 7 起，国家版权局挂牌督办案件 3 起；发现涉嫌网络侵权案件 4 起，删除、屏蔽各类有害信息 1.6 万条，关闭侵权网站 12 家，查扣盗版图书 160 万余册，涉案码洋 4500 余万元。2018 年，河南省共获得 2017 年度查处侵权盗版案件有功单位一等奖 3 项 8 个单位，二等奖 4 项 10 个单位；有功个人一等奖 6 项 19 人，二等奖 6 项 25 人，三等奖 9 项 25 人。获奖总额达 49.3 万元。

（2）举办全省版权执法监管培训班。河南省版权局于 8 月 16 日至 17 日，在郑州召开了全省版权执法监管培训班，共 140 余人参加了培训。

（3）深入开展“剑网 2018”专项行动。通过有关媒体进行宣传报道，公布举报电话、邮箱，发动权利人和群众举报投诉。每月对辖区内所有互联网网站、APP 等进行全面监测清查一次。10 月 12 日，召开了河南省“剑网 2018”专项行动推进会。会议通报了“剑网 2018”专项行动主要工作任务和开展情况，并签订了《网络版权承诺书》。10 月 30 日至 11 月 1 日，国家“剑网 2018”专项行动及重点案件督查组对河南进行督查，先后对郑州市文广新局、大河网、猪八戒网进行了实地督查，听取了河南省“剑网 2018”专项行动及重点案件工作汇报。

（4）加大对大案要案的指导督办和查

处力度。河南省版权局对南阳市内乡县奥斯卡影城涉嫌盗录热播电影案进行督办，指导南阳市文化市场综合执法支队立即采取行动，暂扣了该影院放映设备服务器主板。成功侦破了新乡张某某通过微信销售盗版图书案、焦作沁阳聚视网络科技有限公司开发的“今日影视”“韩剧大全”“影视大全纯净版”“芝麻影视大全”APP 涉嫌传播淫秽色情视频和盗版电影等一批大案要案。

三、全省政府机关、企事业单位软件正版化工作情况

（1）制定河南省 2018 年软件正版化工作计划。制定《2018 年河南省推进使用正版软件工作计划》，并上报推进使用正版软件工作部际联席会议办公室。

（2）召开省推进使用正版软件工作联席会议。5 月 17 日、9 月 6 日，分别召开了两次河南省推进使用正版软件工作联席会议成员单位会议。

（3）迎接国家督查组的督查。9 月 17 日至 21 日，国家督查组对河南省软件正版化工作进行了为期 5 天的督查，先后对省政府办公厅、河南交通投资集团等 10 家单位进行了现场检查，共检查 1415 台计算机的软件安装情况。9 月 21 日，督查组在省政府召开了河南省软件正版化督查情况反馈会，肯定了河南省的相关工作成效。

（4）开展政府机关、企业软件正版化督查和培训工作。2018 年，先后对 18 个省辖市、10 个直管县（市）和省直机关、省管国有企业开展了软件正版化督查工作，并召开了 300 余人参加的软件正版化工作培训班，确保巩固扩大政府机关软件正版化工作成果和省管国有企业软件正版化工作的推进实施。

四、“双打”工作情况

2018 年，国家打击侵犯知识产权和制售假冒伪劣商品工作领导小组办公室对河南进行“双打”考核，考核内容中版权执法监管、软件正版化工作占 11 分，版权局得满分。

（中央宣传部版权管理局办公室）

司法工作

2018 年，河南法院以习近平新时代中国特色社会主义思想为指导，紧紧围绕“努力让人民群众在每一个司法案件中感受到公平正义”工作目标，聚焦执法办案第一要务，充分发挥知识产权司法保护主导作用，积极履职，主动作为，较好地完成了各项工作任务。

2018 年，全省法院受理各类知识产权案件 8628 件，结案 7677 件，审结率 88.98%。其中著作权类案件 2378 件；商标权类案件 4549 件；专利权类案件 1302 件；其他知识产权纠纷案件 399 件。正确处理商标权与企业名称权的冲突，依法打击“搭便车”“傍名牌”等不正当竞争行为，如河南省高级人民法院审理的洛阳杜康公司与陕西白水杜康公司侵害商标权纠纷案。

河南省高级人民法院结合河南省知识产权审判实际，拟订了《河南省贯彻〈关于加强知识产权审判领域改革创新若干问题的意见〉的实施细则》，该实施细则已于 2018 年 12 月 14 日经河南省委全面深化改革委员会全体会议审议通过。

2018 年 2 月 12 日，最高人民法院作出批复，同意设立郑州知识产权法庭。2018 年 3 月 2 日，郑州知识产权法庭正式挂牌成立。同时为进一步优化河南省知识产权案件管辖布局，2018 年 11 月向最高人民法院报送了《关于指定郑州航空港经济综合实验区人民法院和郑州市管城回族区人民法院管辖部分一审知识产权纠纷案件的请示》。

在“4·26 知识产权宣传周”期间，召开了河南法院知识产权司法保护状况新闻发布会，向社会通报了 2017 年全省法院知识产权司法保护情况，并发布了“知识产权司法保护十大典型案例”。郑州市中级人

民法院召开了“知产强国 知产强省”企业知识产权保护座谈会。平顶山市中级人民法院通过制作宣传展板，组织开展知识产权法制宣传，并走进河南城建学院等地，现场进行知识产权普法宣传教育活动。

2018 年 4 月 24 日，在新乡市举办了由河南省检察院、省公安厅、国家知识产权局专利协作中心、省工商行政管理局等知识产权行政部门及专家学者、高新企业代表参加的“加强知识产权司法保护　促进企业创新发展研讨会”。

审理了一批疑难复杂、社会关注度高的知识产权案件。反光材料公司与宋某超、睿明特公司、李某发侵害商业秘密案，被最高人民法院评为“2017 年中国法院知识产权司法保护 10 大案件”；河南金博士公司诉中国某种子集团、河南金娃娃公司侵害植物新品种权纠纷案，系玉米杂交本生产中因涉及交本和亲本关系问题而诉至法院的全国第一例案件。审理了商丘鑫苑置业公司、河南鑫苑置业公司与被上诉人鑫苑科技公司侵害商标权纠纷案，有效遏制了房地产市场中的“搭便车”现象。此外，“三全”“杜康”“金博士”等案例入选全省法院依法保护非公有制经济产权十大典型案例，“农夫山泉”“步阳防盗门”“南京同仁堂”“雷士照明”等众多知名企业通过诉讼成功实现了维权。

2018 年 6 月 13 日河南省高级人民法院民三庭申报的《中国(河南)自由贸易试验区知识产权保护问题研究》获得 2019 年河南省知识产权软科学指令性计划研究立项。以“强化知识产权的创造、保护和运用”为主题举办了河南省法学会知识产权研究会 2018 年年会。

(河南省高级人民法院知识产权审判庭)

检察工作

2018 年，河南省检察院以维护人民的利益为根本，严格按照《2018 年河南省打击侵犯知识产权和制售假冒伪劣商品工作任务及分工方案》的要求，切实履行法律监督职责，服务经济发展大局，积极开展打击侵权假冒工作。

一、继续深入开展对侵犯知识产权犯罪的专项立案监督活动

自开展“侵犯知识产权犯罪专项立案监督活动”以来，全省检察机关侦查监督部门切实履行法律监督职责，服务经济发展大局，把查办侵犯知识产权犯罪案件作为服务和保障经济持续健康发展的重要举措，取得了突出成效。2018 年，河南省人民检察院从全省侦查监督部门办理的已有生效判决的侵犯知识产权犯罪案件中，评选出十件法律效果好、社会影响大、指导性强的保护知识产权案件作为典型案例编发全省。此次评选活动充分展示了河南省检察机关保护知识产权工作成果，从而进一步引导全省侦查监督部门积极履行各项职能，加强对知识产权的司法保护。

二、从重从快，依法重点打击涉嫌侵权假冒的犯罪分子

2018 年，全省检察机关积极行动，在打击侵权假冒领域取得了一定的成效，批捕并起诉一批侵权假冒案件。打击各类商标和地理标志侵权、假冒行为，加大对侵权盗版案件的打击力度，打击制售、传播盗版产品的行为，依法保护著作权人的合法权益，维护公平的市场竞争秩序，并特别要求各级检察院对社会影响恶劣、群众反映强烈的案件，集中力量、集中时间、介入侦查、优先办理。各级检察院组织精干的办案力量，及时介入侦查活动，与公安机关密切配合，克服取证难，在取得关键证据上下功夫，坚决、及时地批捕和起诉了一批严重犯罪分子。2018 年，全省检察机关共批准逮捕涉嫌侵犯知识产权类犯罪案件 131 件 205 人，共提起公诉案件 166 件 292 人。

三、切实履行法律监督职能，加大立案监督力度，积极开展专项立案监督活动

一是内外联动，形成合力。全省多地检察机关通过主动上门走访、调研等方式，加强与工商、食药监、质检等行政执法机关的沟通协调，对排查出的侵权假冒案件线索和监督立案案件，建立专人负责制度，并建立跟踪监督机制。二是扎实开展立案监督活动。2018年，全省检察机关监督公安机关立案涉嫌侵犯知识产权类犯罪案件31件40人。

四、积极推进全省各级“两法”衔接信息共享平台的使用

一是规范信息平台使用管理。为推动信息录入工作，河南省人民检察院联合省“双打”办依据《河南省行政执法与刑事司法相衔接信息共享平台使用管理暂行规定》，对行政执法机关、公安机关、检察机关录入信息的范围、录入信息时限、案件办理、移交、信息平台的使用等方面进行了督查指导。二是对照侵犯知识产权和假冒伪劣案件行政处罚卷宗对平台信息进行审查。对已录入案件进行筛选，发现涉嫌犯罪线索及时移送，同时将未录入信息平台的案件作为监督重点，深入查找背后的以罚代刑、失职渎职案件线索。

（最高人民检察院第四检察厅）

湖北省

知识产权工作

武汉市获批国家知识产权运营服务体系建设试点城市。设立中国（武汉）知识产权保护中心和中国武汉（汽车及零部件）知识产权快速维权中心。全国首个国家知识产权运营公共服务平台高校运营试点平台落户湖北，平台完成知识产权交易105项，技术合同交易20多亿。重点围绕战略性新兴产业和省特色优势产业开展高价值专利的培育、转化和产业化工作，实施高价值专利71项，新增销售收入69亿元，新增利润7.4亿元。开展专利质押融资517项，总金额达到59.3亿元。省政府出台减免企业专利缴费政策，支持实体经济发展。设立全国首个大学生创新创业知识产权维权援助中心，省知识产权纠纷人民调解委员会正式成立。由武汉东湖新技术开发区承担的国家知识产权服务业集聚发展试验区建设工作通过国家知识产权局组织的验收，并成立武汉东湖新技术开发区知识产权服务业协会。承办第18次中日韩三国知识产权局局长会议，省知识产权工作影响力极大提升。成功举办题为“创新赢得未来”改革开放四十周年发明创新成就展，“中国·车都2018知识产权高峰论坛”，“光博会·知识产权国际论坛”。湖北首创商标受理信息化管理系统，10个商标受理窗口全面上线运行。全国首家自贸区商标受理窗口在中国（湖北）自贸区光谷正式启动运行。

（湖北省知识产权局）

版权工作

2018年，湖北省版权局有组织、有计划、有步骤地推进各项工作落实，取得初步成效。版权行政执法工作连续第四次、软件正版化工作连续第五次在国务院“双打”绩效考核中取得满分成绩。在全国2017年度查处侵权盗版案件有功单位、有功个人评奖活动中，湖北省共有23个单位、15名个人分别荣获有功单位和有功个人奖，奖金总额70.3万元。湖北省版权局版权管理处被省“双打”工作领导小组评为2017年先进集体，被局党组评为2017年全局考核优胜单位。

一、积极迎考，执法管理出实绩

全年全省各级版权行政执法部门累计立案查处侵权盗版案件54件，其中行政处罚40件，移送公安机关8件，涉及金额达1400多万元。严密组织“剑网2018”专项行动，重拳打击互联网领域各种侵权盗版行为。组织对“91资源网”“蓝光VR”“星楚影院”等网络侵权案件线索进行立案查处，有效遏制日益猖獗的侵权盗版行为。湖北省恩施土家族苗族自治州查办的赵某华等人侵犯游戏私服著作权案被评为“2017年度全国打击侵权盗版十大案件”。

二、严密组织，软件正版化做实功

5月下旬，组织召开了湖北省推进使用正版软件工作领导小组成员单位联席会议。审议通过了《2017年全省软件正版化工作检查情况通报》《2018年湖北省推进使用正版软件工作计划》《2018年湖北省软件正版化督查实施方案》等相关文件，对2018年工作目标、任务和推进措施等进行了专题部署。积极推进市级政府机关软件正版化全覆盖督查。省推进使用正版软件工作领导小组决定2018年在襄阳市、孝感市、十堰市、天门市等4个地市的187家市级政府机关进行软件正版化全覆盖督查。6月22日，召开全覆盖督查专题动员大会暨软件正版化工作联络员培训班，安排部署督查任务。积极推进云梦县国产软件试用试点工作。云梦县51家县级机关部门全部纳入试点范围，累计覆盖终端377台，其中单系统占实施总数比例75%。8月14日，推进使用正版软件部际联席会议办公室和国家版权局，在孝感市云梦县召开国产软件应用试点总结会，现场参观云梦县机关国产软件使用情况，并授予云梦县“全国国产软件应用试点县”称号。

三、注重创新，宣传教育出实招

“3·15国际消费者权益日”当天，由省版权局主办，省版权保护中心、华中国家版权交易中心有限公司和武汉斗鱼网络科技有限公司共同承办的主题为“拒绝侵权盗版　共享美好生活”的版权专题宣传活动在斗鱼直播平台正式开播。活动吸引了大批网友关注，直播热度一度突破30多万人次，累计发送弹幕500余条。在“4·26世界知识产权日”版权宣传周期间，版权局联合省电影局积极组织各院线、影院开展版权宣传活动。宣传周活动期间，全省共投入银幕2000多块，累计放映6万多场次，受到观影群众的一致好评。组织华中国家版权交易中心联合武汉地铁集团在地铁广告终端插播版权知识专题宣传片，版权宣传周期间共计播放288 848次，覆盖人流量805万人次，取得了良好社会效果。

四、夯实基础，业务培训求实效

建立完善总局轮训、省局培训、市州自训的三级教育培训体系，大力加强版权行政管理队伍建设，提升基层版权行政执法管理部门人员能力素质。6月份，举办了市级政府机关软件正版化工作全覆盖督查培训班，共200多名软件正版化工作人员参训，对下一步市级政府机关软件正版化全覆盖督查检查工作进行了具体部署，重点介绍了全覆盖督查的主要内容、检查形式和方法，对软件正版化工作信息管理平台及其检测工具的具体应用问题进行了探索研究，并提供了解决方案。

五、加强指导，产业发展谋实惠

认真组织开展版权示范创建活动，下发了2018年版权示范创建工作通知，完成了省级版权示范单位、版权示范园区的申报、资料收集整理，制定完善了验收考核评分细则，并对提交资料的申报单位、园区进行了初审。科学指导省版权保护中心完成了著作权登记系统二期升级维护项目，建立完善登记系统版权评级子系统评价指标模型并上线运行。2018 年全省作品登记近 3.09 万件，办理出版外国图书合同登记和著作权合同备案登记 438 件，合同金额达 5000 余万元。坚持“走出去”与“请进来”相结合，组团参加第七届中国国际版权博览会等对外交流活动，及时推广版权创新成果。10 月中旬，省版权局组织 18 家省内优秀版权企业参展第七届中国国际版权博览会，省版权局和深之度软件公司、城市礼物、弘安梯创等 4 家单位分别获得“金慧奖”组织奖和优秀企业奖。积极指导华中国家版权交易中心举办第四届华中国际版权高峰论坛。积极指导华中国家版权交易中心公司创新经营模式，拓展业务范围，实现盈利增效。积极指导华中国家交易中心在开展版权代理登记及增值服务等传统业务基础上，开发了全国首个点播影院版权发行平台，设立新型点播院线公司。积极争取设立湖北省影视引导基金，拟通过政府财政性资金投入，引导社会资本共计 2.5 亿元进入影视产业，推动影视产业跨越发展。

（中央宣传部版权管理局办公室）

司法工作

2018 年，湖北法院共受理各类知识产权案件 10 417 件。其中受理民事案件 10 321 件，刑事案件 92 件，行政案件 4 件；审结民事案件 9155 件、刑事案件 83 件和行政案件 4 件，结案率分别为 88.7%、90.2%和 100%。

湖北省高级人民法院知识产权审判庭、武汉知识产权审判庭被最高人民法院评为“全国法院知识产权审判工作先进单位”；湖北省 3 名法官及 1 名法官助理荣获“全国法院知识产权审判工作先进个人”光荣称号；湖北省高级人民法院知识产权审判庭被湖北省委评为“2015—2017 年度全省政法队伍先进单位”，被湖北省打击侵犯知识产权和制售假冒伪劣商品工作领导小组办公室评为“省双打工作先进集体”；1 名同志被国务院知识产权战略实施部际联席会议工作办公室评为“国家知识产权战略实施工作先进个人”。北京东道公司诉武汉东道公司商标侵权及不正当竞争纠纷案例分析获全国法院系统优秀案例评选三等奖。全省法院 5 名知识产权法官被评为全省审判业务专家。

一、坚持主动拓展职能，服务大局能力进一步提升

2018 年“4·26 知识产权宣传周”活动期间，湖北省高级人民法院继续召开湖北法院知识产权司法保护新闻发布会，公开发布湖北法院知识产权司法保护状况白皮书，并向社会公布湖北省 2017 年度审理的知识产权典型案例。

“4·26 知识产权宣传周”期间，湖北省高级人民法院知识产权审判庭应邀参加湖北省知识产权局举行的新闻发布会并全面介绍湖北省知识产权司法保护情况。就湖北省委省政府拟出台的《关于加强科技创新引领高质量发展的若干意见》等十余份重要文件提出书面意见，部分被采纳。积极服务自贸区建设，从知识产权审判角度，主动参与自贸区制度创新清单制定工作。

积极推行阳光透明司法，除涉及商业秘密、个人隐私和庭前调解的案件以外，其他所有案件一律公开开庭审理。推动裁判文书上网机制规范化、制度化、常态化。注重使用科技法庭等信息化手段，庭审全部使用科技法庭并同步录音录像。积极参加网络庭审直播。

坚持多措并举，多元化解效果进一步强化。湖北省高级人民法院知识产权审判庭连续 6 年保持了知识产权案件“零信访”记录。

二、坚持改革创新，审判体制机制进一步完善

一是积极加强武汉知识产权审判庭建

设。2018 年武汉知识产权审判庭被最高人民法院评为“全国法院知识产权审判工作先进单位”。

二是深入推进知识产权“三合一”工作。湖北省高级人民法院结合湖北实际，加强对全省法院“三合一”工作的指导。在何某等 7 名被告人犯假冒注册商标罪、销售假冒注册商标的商品罪一案中，针对公安及检察机关在案件办理及证据收集方面存在的问题，湖北省高级人民法院知识产权审判庭专门发出司法建议，“三合一”审判机制的巨大优势充分显现。

三是进一步发挥专家库智力支持作用。对于疑难复杂的技术案件，充分利用湖北省高级人民法院已组建的知识产权审判咨询专家库，查明相关技术事实，依法作出裁判，如武汉工程大学诉雷某等发明专利申请权权属纠纷。

三、坚持党建引领，履职尽责能力进一步增强

一是加强理论武装，提高政治站位。全省法院始终将思想政治建设放在第一位，确保审判工作正确的政治方向。持续开展纪律作风建设，狠抓反腐倡廉教育。

二是强化业务指导，提升专业能力。2018 年 9 月召开全省法院知识产权审判工作会议。湖北省高级人民法院知识产权审判庭两位副庭长分别赴鄂州市、武汉市中级人民法院授课，反响良好。2018 年共完成《湖北法院关于垄断案件审判工作有关情况的报告》等多份调研报告。大力支持法官参加国家法官学院培训。

三是积极对外交流，拓宽法官视野。2018 年，全省知识产权法官参加了 2018 年中国知识产权司法保护年度论坛、加强自贸区知识产权保护研讨会、最高人民法院商业秘密研讨会等多个学术研讨活动并作主旨发言或经验交流，多篇文章在《人民司法》《法律适用》《中国知识产权审判年度典型案例评析》等出版物发表。积极向最高人民法院申报，在中南财经政法大学成立“最高人民法院知识产权司法保护理论研究基地”。

（湖北省高级人民法院知识产权审判庭）

检察工作

2018 年，湖北省检察机关立足检察职能，深入开展打击侵犯知识产权和制售假冒伪劣商品工作，取得了突出成效。2018 年，共对涉嫌侵犯知识产权犯罪和制售假冒伪劣商品犯罪案件批准逮捕 161 件 304 人，提起公诉 181 件 372 人，监督立案 78 件 86 人，建议行政执法机关移送涉嫌犯罪案件 127 件 143 人。

一、高点站位、全局部署，凝聚打击侵权假冒合力

全省检察机关切实把打击侵权假冒工作摆在更加突出的位置。2018 年 3 月，湖北省检察院制定《关于充分发挥检察职能依法服务和保障创新驱动发展的实施意见》，指导全省检察机关从加强对科技创新的司法保护、营造支持企业良好创新法治环境等九个方面着力，充分发挥检察职能全力服务和保障创新驱动发展，促进湖北全面建成创新型省份。湖北省人民检察院专门召开全省三级检察机关电视电话会议，部署工作，成立工作领导小组，明确目标任务，层层压实责任。全省检察机关积极响应，迅速行动，全员参与，全力以赴，形成了服务创新发展的广泛共识和统一行动。

二、因地制宜、紧扣实际，开展专项活动效果突出

2018 年 3 月，湖北检察机关部署开展为期一年的“服务和保障创新驱动发展专项工作”。全省各级检察机关针对当前侵犯企业计算机软件、图形作品、创作作品等侵犯知识产权犯罪行为日益猖獗的情形加大惩治力度，依法严厉打击侵犯专利权、商标权、著作权等犯罪，加大对采用盗窃、利

诱、胁迫等非法手段侵犯创新主体商业秘密犯罪的打击力度，为企业营造安全稳定的经营环境，取得了良好的法律效果和社会效果。各地认真落实知识产权保护法治化要求，紧扣本地实际，开展创新性工作。如武汉市江岸区检察院依托集中办理知识产权案件优势，开展“保护知识产权”特色小专项；京山市检察院与市科技局协作开展“保护专利”专项活动等。

三、科技支撑、凝聚合力，信息化建设取得实效

全省各级检察机关认真履行侵权假冒工作信息平台牵头职责，注意统筹协调，建立完善联席会议、案件咨询、走访检查、统计通报、监督考核等制度，完善网上移送、受理和监督机制，实现从线索受理、分流查处、移送立案的全程同步监督，及时发现涉嫌侵权假冒的犯罪案件线索。截至 2018 年年底，平台联入行政执法机关 3677 家，上传行政处罚案件信息近 40 万件。目前该项工作已纳入法治湖北建设和政府绩效的考核体系，明确由省检察院负责考核评分。通过考核，全省侵权假冒行政处罚信息录入工作取得了很大进展，平台功能作用发挥显著。

四、联动企业、创新服务，提升打击侵权假冒工作司法水平

湖北检察机关注重提升办案效果，努力实现惩治犯罪与促进发展的有机统一。一方面，各地检察机关探索法律服务联络员等制度。如黄石市检察院在大冶湖国家高新技术开发区建立“点对面”知识产权保护工作站，为园区内 200 多家企业提供法律服务。另一方面，全省检察机关通过调研、走访、座谈、专题宣讲等多种形式，深入了解创新主体的司法需求。2018 年 3 月，省检察院率先召开服务创新驱动发展座谈会，邀请相关职能部门、高校、科研院所、企业代表当面问计问策。

五、多媒介入、强化宣传，营造打击侵权假冒工作良好氛围

全省各级检察机关广泛宣传开展打击侵权假冒工作做法成效。一是深入社区实地宣传。深入社区开展形式多样的普法宣传，近距离了解创新创业者的需求和创新创业环境现状。积极开展送法进社区活动，以发放法治宣传册、摆放宣传展板、解答问题的方式向群众普及知识产权法律法规。二是积极对接主流媒体，通过一系列的报道展示知识产权办案团队及个人的工作成绩和所办理的精品案件。三是充分利用新媒体平台，不断优化微信公众号、微博等平台上的法治宣传内容，提升公众对知识产权保护的关注度。

（最高人民检察院第四检察厅）

湖南省

知识产权工作

2018 年，湖南省知识产权系统大力推进知识产权强省建设，坚持“三抓三促”（抓服务，促专利量升质优；抓保护，促营商环境优化；抓运用，促产业创新发展）工作思路，知识产权创造、保护和运用水平不断提升，有力支撑了创新引领开放崛起战略实施和经济高质量发展。

一、强省建设卓有成效

开展了知识产权战略实施十年评估、“十三五”规划中期评估和《湖南省知识产权人才发展规划（2011—2020 年）》评估工作。成功申报国家知识产权军民融合试

点，成为全国首批试点省份，并以省政府名义出台了试点建设方案。“双打”工作连续3年纳入全省综治考核。发明专利申请增长率纳入省委、省政府绩效考核，株洲、益阳、永州、怀化4个市(州)获得真抓实干表彰。知识产权专家顾问培养等内容纳入芙蓉人才年度实施计划。知识产权战略实施专项工作成效明显，全年资助授权发明专利7909件，对258个项目予以立项。国家知识产权试点示范城市、县、园区、企业分别达到5个、10个、2家和101家，省级知识产权建设强县达到20个。

二、知识产权量升质优

2018年，全省专利申请94 503件，其中发明专利申请35 414件，分别同比增长23.87%和19.15%；专利授权量48 957件，其中发明授权量8261件，分别同比增长29.12%和4.45%；有效发明专利拥有量40 684件，万人有效发明专利拥有量5.93件，分别同比增长17%和16.34%。有效发明专利平均维持年限为5.01年，同比增长0.28年。新核准注册商标122 654件，累计有效注册商标达434 437件，同比增长35.86%。新注册批准地理标志商标20件、地理标志产品1个，总数分别达到145件、78个；新认定驰名商标7件，总数409件；新申请马德里国际商标167件，总数突破500件。获得第二十届“中国专利奖”27项，其中银奖2项、优秀奖25项。开展优秀专利申请文件评选，30件优秀专利申请文件获得表彰。

三、服务水平持续优化

启动全省知识产权综合服务平台建设，在湘江新区建设了专利大数据服务平台，在长沙、株洲、湘潭等8个国家级高新区建立了知识产权综合服务分中心。新设立国家商标受理窗口5个，总数达14个，实现市、州全覆盖。新增专利代理机构、商标代理机构22家、162家，代理机构总数分别达到98家、771家。组织专利代理人资格考试，127人通过考试。组织第七届知识产权竞答赛。组织开展第四期赴香港知识产权研修班等对外交流学习活动。举行知识产权宣传周、2017年知识产权保护状况新闻发布会等600多场次宣传活动，受众600多万人次。

四、保护力度日益加强

组织开展“护航”“雷霆”等专项行动，立案办理专利行政执法案件5226件，结案5128件。开展“红盾利剑”“溯源”“净化”等执法行动，查办各类侵权假冒案件4273件，案值超1.2亿元；其中商标侵权案件872件，案值800多万元。全省打击侵权假冒相关行政执法部门共立案3.4万余件，涉案金额超4.5亿元，捣毁制假售假窝点199个。与湖南省高级人民法院联合出台《关于建立知识产权纠纷诉调对接机制的意见》，建成“四调联动”的知识产权纠纷多元化解平台。申报并获得国家知识产权仲裁调解能力机构建设试点。推进专利侵权判定咨询中心建设，遴选知识产权维权援助专家78名。接受“12330”举报投诉1583起，维权援助案件87起；接受委托调解各类知识产权纠纷案件277件，诉讼标的2500余万元。为益阳三隆源农业科技公司等权利主体以及炎陵黄桃地理标志产品开展了专项维权行动。

五、运用效益显著提升

指导建立中小微企业知识产权托管运营平台和知识产权融资评估推荐平台，促成知识产权交易1500万元。湖南省运营基金已完成3个项目投资4505万元，长沙市运营基金进入备案和注册阶段。建立了“银行＋担保/保险＋评估处置机构＋政府”四方风险共担的知识产权质押融资新模式，建成初期规模1300万元的风险补偿资金池。全省专利质押1003件，同比增长70.87%，知识产权质押融资额30.11亿元。开展高校知识产权中心建设，促进高校知识产权转移转化，确定中南大学、湖南大学、湖南工业大学3所试点单位和长沙理工大学、湘潭大学2所试点培育单位。

（湖南省知识产权局）

版权工作

2018年，湖南省版权局创新版权行政管理，做实版权基础服务，不断加大版权行政执法和监管力度，进一步推进软件正版化工作常态化、规范化，服务版权产业发展。

一、积极开展调研，创新工作思路

3月份赴浙江、上海等省市学习考察作品登记、版权交易、协会建设等方面先进经验，调研回来后立即对湖南省版权登记工作的流程和档案管理进行优化完善。针对省内文创企业版权资产运营水平不高的问题，与湘潭大学组成课题组，撰写了《加强湖南省企业版权运营能力研究》的调研报告。另外，湖南省版权局还承担了国家版权局制定起草《国家享有著作权作品管理办法》的调研工作。

二、强化业务管理，强化版权服务

一是把版权服务作为一项基础性工作来抓，采取多项措施推进版权服务体系建设，努力提高作品登记等服务工作质量。一是推动行业协会组织建设，指导湖南省版权保护协会完成换届。2018年5月，推选出了新一届的协会会长、副会长及秘书长等领导，指导其完成审计年检等工作。二是进一步强化对版权社会服务的管理，加大对省、市两级版权登记受理点的业务考核和培训力度。截至12月中旬，全省共登记作品3426件，完成引进外国图书合同备案410件，办结境外委托印刷著作权授权书备案30件。三是积极推介湖南省的优秀版权企业和作品，组织马栏山视频文创园开展国家级的版权创新基地创建工作。推荐中南传媒、湖南广播电视台获评“2018年度中国版权最具影响力企业”。推介湖南电子音像社、金鹰卡通等3家企业的7部优秀动漫作品入选国家原创动漫作品版权开发优秀项目库，并获得扶持资金。指导中南传媒通过教材版权研发和文化“走出去”模式创新，承接中国援助南苏丹教育技术项目，在推进“一带一路”倡议、展示中华文化方面发挥了良好的示范作用。

三、加大执法力度，维护市场秩序

不断强化版权执法这一重要工作手段，加大版权纠纷调解力度，为版权产业发展创造良好市场环境。一是持续开展专项整治，先后就冬奥会版权保护、打击制售假冒伪劣商品和侵犯知识产权、打击网络侵权盗版开展专项整治，全省各级版权执法部门共出动1560人次，巡查网站、摊点和市场2965个，收缴或下线侵权盗版制品2.8万件，有效净化了市场。二是突出案件查办，全年各级版权执法部门共查处各类侵权盗版案件32件，其中查处了邵阳深度汽车影音网站侵犯音乐作品著作权案、长沙网盘影视网站侵犯影视作品著作权案等国家版权局交办的案件2起，以及国家版权局和全国“扫黄打非”办共同督办的重大案件3起。三是加强行政调解，妥善解决版权纠纷。调处潇湘电影集团与某作家版权纠纷、长沙电视台与某视频公司版权纠纷。对政府采购中未交付正版软件的供货商进行了约谈，要求合法合规经营并限期改正。因版权执法工作取得成效，全省10个执法单位和22名执法人员获评2017年度查处侵权盗版有功单位和有功个人。湖南省版权局版权管理处也因指导组织案件查处获评有功单位。

四、狠抓长效机制，推进软件正版化

把软件正版化工作常态化建设作为重点，强化部署，加大检查督促力度，确保各项管理措施有效落地，防止盗版软件使用

不反弹。一是做好统筹规划，落实监管职责。年初制订了《湖南省 2018 年推进使用正版软件工作计划》。年中召开了全省推进软件正版化工作联席会议联络员会议，研究落实各职能部门的分工，协调推动工作进度。7 月份联合省国资委开展省属国有企业软件正版化座谈会，汇总各企业的正版软件需求，组织集中采购以降低成本。协调省级审计部门继续将正版化工作纳入审计清单，对 2 家发现问题的省直单位进行通报并要求整改。二是加强技术保障，规范软件日常管理。通过服务外包方式，聘请技术公司帮助 46 家省直机关安装正版软件检查工具，在省监狱管理系统和长沙市直系统试点正版软件大数据管理系统，在日常管理中可以一键式清查未经授权的软件，各单位共清理卸载各类侵权盗版软件 2370 余套。三是狠抓督促检查，实现检查全覆盖。6 月至 9 月，派出两个检查组对 46 家省级单位的所有 6673 台计算机使用软件情况进行实地开机检查，对检查发现的问题，当场向被检查单位反馈，要求立行立改。将全覆盖检查的检查结果报告省人民政府，专门印发了工作通报，督促整改落实到位。

通过上述工作，2018 年以来各地各单位进一步强化使用正版软件的意识，共投入经费 3755 万元，采购正版软件 2.7 万套，正版软件使用比例显著提升。10 月，国家抽查组来湘检查正版化工作，对湖南省工作给予了充分肯定。

五、加强宣传培训，营造良好氛围

将版权社会宣传和版权企业宣传相结合，强化专业业务培训，努力营造良好的工作氛围。一是广泛开展社会宣传。在“4·26 世界知识产权日”期间，联合湖南省知识产权局发布了湖南知识产权保护白皮书，举办专题新闻发布会，介绍湖南版权执法和软件正版化工作的最新进展。二是开展版权宣传进企业、进高校活动。组织省内高校师生积极参与第十届全国大学生版权征文活动，其中中南大学多名学生分别获得此次征文活动的一、二等奖。指导长沙市举办了文创企业版权保护运营交流会。三是加大行业队伍建设力度，积极开展专题培训。组织部分市、州版权局参加了在北京举办的“2018 中国网络版权保护大会”。与湖南省文联组织“文艺作品著作权保护”研讨班，对 14 个市、州文联的干部进行著作权法知识专题培训。联合国家版权局在广州举办省直单位软件正版化培训班，46 家省级政府机关以及 20 余家党委、人大、政协及群团组织的工作人员参加了培训。联合湖南省“扫黄打非”办对市、县 200 余名基层版权执法人员进行网络版权案件查办技术培训，取得良好效果。

（中央宣传部版权管理局办公室）

司法工作

2018 年，湖南法院新收各类知识产权一审案件 9002 件，同比增长 16.55%；新收各类知识产权二审案件 361 件，同比减少 29.21%。其中知识产权民事一审案件 8827 件，同比增长 16.62%。知识产权刑事一审案件 105 件，同比增长 14.13%；知识产权行政一审案件 70 件，同比增长 11.11%。

2018 年，长沙知识产权法庭新收知识产权民事一审案件 5768 件，二审案件 88 件；知识产权行政案件 1 件；知识产权管辖案件 13 件。全年共审结知识产权案件 6019 件。受理知识产权民事一审案件数占全省法院的 65%以上。

2018 年，墨水品牌“一得阁”、中粮“长城”和“华夏”、“中化”化工、“雀友”麻将桌、“天堂”伞业、“冠生园”蜂蜜、“九牧”卫浴、“酒鬼酒”等国内品牌，以及“普拉达”“大嘴猴”等国外品牌在湖南提起了批量诉讼。法律问题和社会问题相互交织，形成了较大挑战。

一、坚持知识产权保护司法主导，服务创新驱动发展取得新成效

2018 年 3 月 1 日，长沙知识产权法庭在长沙梅溪湖智控中心挂牌成立，这是湖南成立的首个知识产权专门审判机构。

2018 年 1 月，湖南省高级人民法院与省知识产权局联合出台《关于建立知识产权纠纷诉调对接机制的意见》。

湖南省高级人民法院代拟了《关于加强知识产权审判领域改革创新若干问题的实施意见》。

湖南省高级人民法院通过创新“送法进校园”新形式，深入开展司法宣传工作，组成法官教师团队与中南大学法学院教授开展“双师”同堂授课模式，实现了法学教学中知识教学和实践教学的良好结合。岳阳市中级人民法院到岳阳职业技术学院，开展了主题为“鼓励创新创造，保护知识产权”的系列活动。

二、贯彻落实“严格保护”的司法政策

（1）以市场为导向，以防止重复侵权和持续侵权为目标确定赔偿额。在审理拓尔思公司与捷报公司著作权权属、侵权纠纷案中，判决侵权人赔偿权利人经济损失及制止侵权合理开支共计 50 万元，遏制侵权行为的再发生。

（2）稳妥适时适用临时措施。在腾讯公司诉摯娜公司等著作权权属、侵权纠纷的诉前行为保全系列案件中，法院迅速作出执行保全裁定，保护权利人的合法权益。

（3）持续推进“双打”工作。配合湖南省“双打”办和其他成员单位建立“两法”衔接平台，做好“两法”衔接信息共享平台信息录入工作，形成信息高度共享的大数据应用平台。

三、继续推进知识产权审判“精品工程”，发掘案件中的法律适用问题

（1）认真应对商标使用权出资纠纷中《商标法》与《公司法》交叉问题。如张家界茶业公司与张家界农科所商标权权属纠纷案。

（2）准确界定特许经营人的信息披露行为。如聂某花与中农华丰公司长沙分公司特许经营合同纠纷案。

四、加强知识产权审判，大力保护民营企业创新成果，营造鼓励创新的营商环境

（1）明确职务发明认定标准，保护企业经过自主研发获得的市场竞争优势。如远大公司专利权权属系列案，被评为“2018 年湖南法院十大典型案例”。

（2）合理界定权利保护范围，探索解决权利人举证难问题，为企业维权提供诉讼便捷。如“六个核桃”商标侵权案。

（3）促进技术转化，助力民营企业技术开发。如湘易康制药公司与久安药业公司技术转让合同纠纷案。

（4）加强调解，促进民营企业效益最大化。如千金药业公司诉药谷公司技术转让合同纠纷案。

五、知识产权司法宣传卓有成效

（1）做好做实“4・26 世界知识产权日”宣传活动。通过新闻发布会、湖南省高级人民法院官方网站等向社会公众发布典型案例和知识产权司法保护状况。

（2）主动对接企业和高新园区的司法需求，增强企业创新发展意识。深入高科技园区进行调研，通过编发案例、法治宣讲和巡回庭审等形式，延伸审判工作触角。深入知名企业一线走访。

（3）司法公开力度进一步加大。坚持裁判文书全面上网公开，文书上网率达 100%，一审案件人民陪审员参审率 50%以上。积极开展庭审视频直播。通过司法审判短信互动平台接受社会公众监督。

（湖南省高级人民法院知识产权审判庭）

检察工作

2018 年，湖南省各级检察机关依法履职，加大打击侵权假冒行为的力度，认真履行对侵权假冒刑事案件批准逮捕、审查起诉和依法对有关刑事诉讼活动实行法律监督的职责，确保依法、准确、及时、有效打击侵犯知识产权犯罪。突出打击互联网领域侵权假冒犯罪，链条式、产业化侵犯知识产权犯罪，以及具有反复侵权、恶意侵权、有组织侵权等恶劣情节的犯罪，加大对涉外知识产权犯罪的打击力度。坚持做到不枉不纵、宽严适当，最大限度地化解社会矛盾。加强对重点案件、新型案件的研究和督办，第一时间介入侦查，引导侦查机关全面收集固定证据，确保办案效率和质量，大力提升对知识产权的司法保护水平。2018 年，全省检察机关共批准逮捕涉嫌侵犯知识产权犯罪案件 67 件 111 人，起诉 102 件 299 人。

一、加大刑事司法保护，依法严厉打击侵权假冒犯罪

一是加强协作，完善监督模式。全省各级检察机关加强与公安机关、行政机关的协作配合，对侵犯知识产权和制售假冒伪劣商品案件及时了解进展情况，适时介入侦查、引导取证，依法快捕快诉。二是依法把关，确保案件质量。准确理解和适用法律，贯彻宽严相济刑事政策，严把事实关、证据关、程序关和法律适用关。细化侵权假冒犯罪案件审查逮捕质量标准，严格审查是否具备社会危险性条件。建立涉侵权假冒犯罪案件审查逮捕质量分析评查制度，对逮捕后撤案、不起诉、判无罪和公安机关提请复议复核、当事人提出申诉的案件实时监控、及时分析，有针对性地改进工作。严格依法把握起诉条件，保障涉案当事人及其委托人的诉讼权利。进一步推进刑事速裁程序、认罪认罚从宽制度的试点工作，对于轻微案件简化诉讼程序，加快诉讼进程，既依法严惩侵权假冒犯罪分子，又注重宽缓刑事政策的运用。三是强化监督，突出打击效果。湖南省各级检察机关充分发挥法律监督职能，对涉嫌犯罪案件不依法移送或者有案不立、有罪不究、以罚代刑、重罪轻判的，依法予以监督纠正，确保打击到位，做到不枉不纵。2018 年，全省检察机关共监督公安机关立案侵权假冒犯罪案件 45 件 73 人。

二、建立长效工作机制，最大限度遏制侵权假冒犯罪

一是推进平台建设，畅通信息渠道。湖南省检察机关通过走访执法部门以及通过“两法”衔接平台查询等方式，查阅涉及知识产权工作的案件，与执法部门就案件查办的相关情况进行沟通。2018 年，省检察院与省知识产权局经多次沟通，对目前湖南省“两法”衔接工作中存在的突出问题进行梳理后，形成书面报告共同向省政法委汇报，力求理顺关系，明确职责，积极推进“两法”衔接工作有序开展。

二是强化业务培训，提升办案素能。近年来办理侵害知识产权案件暴露出相关部门对制假、售假等违法行为存在不善监管的现象，针对行政执法职能广泛、知识产权案件罪与非罪界限难于把握、执法人员对知识产权犯罪法律掌握熟悉程度不够等问题，积极为行政机关开展知识产权类案指导，对刑事案件立案标准进行专题讲解，并帮助解决重大疑难案件的定性把握与移送等难题。2018 年上半年，长沙市检察院知识产权处联合知识产权局，对知识产权从业人员开展了“商业秘密司法实践”的专题培训。

三是加大法制宣传，聚焦产权保护。为提高全社会保护知识产权和拒绝伪劣商品的意识，检察机关充分利用广播、电视等各种新闻媒体，广泛宣传知识产权保护和辨别伪劣商品的基本知识，及时宣传保护知识产权和打击制售假冒伪劣商品专项行动。充分发挥行业协会自律机制，规范企业的知识产权行为，从而促进政府监管、企业自律、舆论监督、群众参与的知识产权保护体系的形成和完善。

（最高人民检察院第四检察厅）

广东省

知识产权工作

一、提高知识产权创造能力

（1）重要知识产权指标稳步增长。2018年，广东省专利申请量和授权量分别为793 819件和478 082件，同比增长26.44%和43.72%；其中，发明专利申请量和授权量分别为216 469件和53 259件，同比增长18.52%和16.44%；PCT国际专利申请量25 256件，同比下降5.87%，占全国总量的48.67%，连续17年保持全国第一。全省商标申请量和注册量分别为1 462 435件和940 624件，同比增长33.55%和82.99%；马德里商标国际注册申请量为1172件，同比增长22.98%。截至2018年年底，有效发明专利248 539件，同比增长19.20%；商标有效注册量341万件，占全国的18.89%，同比增长35.05%；全省获地理标志保护产品134个，已注册有效地理标志商标70件。全省万人发明专利拥有量22.25件，同比增长3.29件；万户市场主体注册商标拥有量2975.25件，同比增长20.6%。在PCT国际专利申请公布量全球20强中，有3家企业来自广东。截至2018年年底，全省通过贯标认证的企业累计达到6949家；全省国家知识产权优势企业215家，示范企业80家。

（2）推动高质量专利培育布局。奖励第五届广东专利奖80项；在第二十届“中国专利奖”评选中，广东获金奖10项、银奖26项、优秀奖214项。启动实施省重点产业、重点企业专利导航工程，对22个战略性新兴产业和技术领域全球专利态势进行分析及预警，对9个区域重点产业开展专利导航。依托高校布局建设首批6家广东省区域知识产权分析评议中心；“高水平大学重点建设高校”贯标试点全覆盖；建立“产学研＋知识产权服务”协同创新机制，广东省产学研高价值专利育成中心总数16家。

二、健全知识产权保护体系

（1）构建知识产权保护体系。全省建成（中国）广东、（中国）深圳、（中国）佛山3个国家级知识产权保护中心，灯饰、家电、家具、皮革皮具、五金、玩具、餐具炊具7个国家级知识产权快速维权中心和多个省级知识产权维权援助分中心。2018年，知识产权快维中心快速授权共计6488件，快速维权1817件。

（2）强化知识产权保护。2018年，全省市场监管部门受理各类专利案件6611件，结案6501件，同比增长12.70%和11.76%；查处各类商标违法案件3550件，案值5033.8万元；全省公安机关共立侵犯知识产权犯罪案件2994件；检察机关批捕涉知识产权犯罪案件3045件，起诉3150件；全省法院新收涉知识产权刑事一审案件3083件，审结2878件；知识产权民事一审案件80 941件，审结80 080件；知识产权行政一审案件80件，审结61件。第123届和第124届广交会共受理专利投诉案件551件，被投诉企业756家，认定涉嫌侵权企业324家。开展电子商务领域专利侵权判定咨询工作，处理电商领域各种专利纠纷1005件。

（3）完善多元纠纷解决机制。截至2018年年底，9个地市共建立15个知识产权调解委员会。省、市两级律协均设立律师调解中心，组建知识产权调解员库，参与知识产权调解工作。

三、增强知识产权运用水平

（1）举办2018广东知识产权交易博览

会。展示知识产权项目 2497 个，涉及专利 31.17 万件、商标 78.81 万件，促成知识产权投资意向 90 亿元，达成知识产权交易金额共计 10.42 亿元，比 2017 年增长 45%。

（2）建设知识产权运营体系。建设各类知识产权运营交易平台或服务机构 57 家，其中国家专利运营试点企业 15 家。全省已建成国家知识产权试点示范园区 11 家，省内知识产权转移转化、众创空间、专利技术创业孵化器、专利密集型产业集聚区等 20 家。

（3）推进知识产权金融服务。2018 年，全省专利质押融资额达 201.37 亿元，专利保险覆盖全部珠三角地市。广州、深圳获中央财政投入 4 亿元开展知识产权运营服务体系建设；省财政投入 4000 万元引导 8 市建立知识产权质押融资风险补偿金。

（4）开展知识产权军民融合工作。广东成为首批知识产权军民融合试点地方，广州开发区建立知识产权军民融合特色平台。

四、提升知识产权服务能力

（1）推进知识产权服务业集聚发展。创建国家知识产权服务业集聚发展示范、试验区 3 个，省级试验区 6 个。新建生物质能、海洋可再生能源开发产业等 10 个专利数据库，对外提供服务的专利专题数据库 58 个。建设全国首个省级商标维权援助服务体系平台，提供查询、检索、统计、分析和预警等公共服务。全省共有专利代理机构 336 家，分支机构 350 家，执业专利代理人 2213 人。

（2）推进省际知识产权合作。召开第十三届泛珠三角区域知识产权合作联席会议；与新疆喀什、青海省签署新一轮知识产权合作框架协议；与喀什、海南、甘肃、青海等地洽谈年度知识产权合作项目。

（3）深化粤港澳大湾区知识产权合作。落实粤港、粤澳保护知识产权合作项目 25 项和 16 项；制定《粤港澳大湾区规划纲要知识产权实施方案》；筹备成立粤港澳大湾区知识产权服务联盟；开展粤港澳大湾区知识产权情报交流、信息通报和联合执法行动。

（4）加强知识产权国际交流合作。承办 2018 年中非知识产权制度与政策高级研讨会；承办欧洲、北美、日、韩等国际知识产权巡回演讲；承办中日（广东）企业知识产权交流研讨会。

（5）培育知识产权文化。开展“4·26 知识产权宣传周”活动；召开广东省知识产权保护状况新闻发布会；组织“知识产权战略实施十周年”“知识产权支撑创新驱动发展”等专题宣传。

（6）建设知识产权人才队伍。在全省内范围遴选出广东省首批 15 人正高级职称知识产权研究人员；建设国家和省、市级知识产权培训基地 25 家；组建广东省中小学知识产权与创新教育专业委员会。

（广东省知识产权局）

版权工作

2018 年，广东省版权局深入推进版权的创造、保护和运用，创新工作理念和方法，版权工作取得新的突破。

一、版权执法监管取得新进展

以版权行政执法监管为手段，严厉打击侵权盗版违法行为，严格保护知识产权，激励创新创造，进一步优化法治化营商环境，推动经济高质量发展。一是长效机制进一步完善。建立了“黑白名单”制度、“广东省版权十大案件”评定公布制度等 10 余项制度，完善了广东省版权行政执法的制度体系。二是执法队伍业务水平进一步提升。组织了一期全省 2018 年度版权行政执法专题培训班，广东省版权执法一线队伍应对新形势新挑战的办案水平显著提升。三是版权执法专项行动成效显著。按照国家版权局等四部委要求，广东省版权局联合省通信管理局、公安厅、互联网信息办公室组织开展了“剑网 2018”专项行动，共查处网络侵权盗版案件 52 件，已结案 41 件，行政处罚 60.89 万元，移送司法机关 6 件，调解结案 7 件，关闭违规网站 42 个，收缴侵权盗版制品 8976 件，删除侵权盗版链接 15 340 条，网络传播秩序明显好转。三是查办重大案件成绩突出。2018 年广东省各地级以上市版权行政管理部门共查处版权侵权案件 224 宗，行政罚款 79.05 万元。广东省版权局版权管理处荣获国家版权局“2017 年度查处侵权盗版有功单位”一等奖(最高奖励)，广州市文化市场综合执法总队等 17 个单位(个人)荣获“2017 年度查处侵权盗版有功单位(个人)”荣誉奖励，广州市文化市场综合执法总队、雅昌文化集团分别荣获国家版权局与世界知识产权组织颁发的“中国版权金奖”之保护奖和推广运用奖。

二、软件正版化工作持续深入推进

强化突出重点，分类推进，以点带面，推进使用正版软件工作形势良好，进展顺利，成绩突出。一是党政机关软件正版化长效机制得到进一步强化。软硬件采购源头管理、日常使用管理、软件台账管理等制度得到贯彻落实。二是企事业单位软件正版化工作推进加速。医疗、教育等事业单位覆盖面逐步扩大；推荐完成 305 家大型企业为 2018 年广东省软件正版化工作重点推进单位，比 2017 年增长 91.8%。三是国有企业软件正版化成绩突出。省属国有企业一级单位已全面完成软件正版化，二、三级企业正全面推进中。

三、版权社会服务成效显著

突出版权工作的社会属性，大力推进版权社会服务工作理念创新、内容创新、方法创新，版权社会服务体系进一步完善。一是版权社会服务组织建设得到进一步强化。版权协会等中介组织队伍进一步壮大，中介服务快速拓展。全省设立版权登记代办机构 35 家，实现了全省 21 个地市全覆盖。2018 年全省共登记一般作品 53 126 件；软件著作权登记近 28 万件。二是展会版权工作再上新台阶。牵头广州、东莞市组织开展第七届中国国际版权博览会广东专题展览。广东省版权局和深圳市市场和质量监督管理委员会分别获得本届博览会“金慧奖”优秀组织奖，广州市朗声图书有限公司等 4 家企业获得“金慧奖”优秀企业奖。在广交会、文博会、漫博会等大型国际性展会上设立版权服务工作站，开展免费作品登记，强化版权保护，展会期间版权纠纷实现“零投诉”。三是版权宣传取得新成效。举办了“品时代经典，点版权风云”等多场大型版权宣传活动，版权保护宣传进社区、进企业、进校园“三进”工作进一步强化。四是版权产业发展步伐加快。

四、粤港版权交流继续深化

借助粤港澳大湾区建设的重大机遇，深化粤港在跨境保护、版权贸易、交流研讨等领域的合作，携手港澳共同探索版权合作新机制。与香港海关、香港知识产权署继续联手组织粤港两地中学生版权知识和版权保护互访交流活动及粤港版权产业企业交流活动，并邀请香港知识产权署组织香港版权产业界人士参加第十届漫博会版权保护促进交流论坛。为激励粤港企业版权的创造和运用，与香港知识产权署合作拍摄粤港澳大湾区版权品牌成功故事宣传片。

(中央宣传部版权管理局办公室)

司法工作

2018 年，广东法院知识产权审判工作以习近平新时代中国特色社会主义思想为指引，全面实施“司法主导、严格保护、分类施策、比例协调”的知识产权司法保护政策，充分发挥知识产权审判的职能作用，为全面深化改革和实施创新驱动发展战略提供了有力的司法服务和司法保障。

一、积极履行审判职能，有效回应知识产权司法保护需求

(1)民事审判在知识产权司法保护中的主渠道作用进一步发挥。2018年，全省法院新收一审知识产权民事案件80 941件，同比增长32.13%；新收二审知识产权民事案件16 853件，同比增长32.13%。全年共审结一审知识产权民事案件80 080件，同比增长42.32%；审结二审知识产权民事案件16 175件，同比增长36.26%。

(2)刑事审判惩治和震慑知识产权犯罪的职能作用进一步加强。2018年，全省新收涉知识产权刑事一审案件3083件，同比增长15.68%；全省审结涉知识产权刑事一审案件2878件，同比增长8.69%。其中，审结生产、销售伪劣商品罪918件1768人，非法经营罪846件1528人，侵犯知识产权罪1319件2326人。新收涉知识产权刑事二审案件574件，审结535件，同比分别增长28.99%、15.05%。

(3)行政审判对行政执法行为的审查监督职能进一步发挥。2018年，全省新收知识产权行政一审案件80件、审结61件，同比分别增长77.78%、52.50%。新收知识产权行政二审案件20件、审结21件，同比分别减少13.04%、12.50%。

(4)实施知识产权审判精品工程，打造广东知识产权审判品牌。华为公司诉交互数字公司滥用市场支配地位纠纷案作为广东唯一、全国四件之一的知识产权纠纷案件入选“改革开放四十周年40个重大司法案例”，该案还与2018年审结的国昌电器商店诉晟世欣兴公司、合时电器公司纵向垄断协议纠纷案入选“2008—2018年中国法院反垄断民事诉讼10大案件”。广东省高级人民法院民三庭还成功审结涉及2.6亿元人民币“天价罚单”的快播公司诉深圳市场监督管理局行政纠纷二审案等重大案件。

二、强化服务大局意识，主动服务创新驱动发展战略实施和粤港澳大湾区建设

(1)出台服务创新驱动发展若干意见，营造国际一流创新法治环境。广东省高级人民法院制定出台了《关于切实加强知识产权司法保护若干问题的意见》，指导全省法院知识产权审判工作。

(2)制定标准必要专利纠纷审判指引，促进广东省通信产业健康发展。广东省高级人民法院民三庭制定出台了《关于审理标准必要专利纠纷案件的工作指引》。该工作指引是标准必要专利领域首个专业、全面、规范的审判指导意见。

(3)加强相关法律问题研究，规范互联网空间竞争秩序。广东省高级人民法院民三庭在全省法院范围内开展了“网络游戏知识产权司法保护对策研究”专题调研。组织相关学者和企业代表就“网络浏览器屏蔽视频广告”相关法律问题进行研讨。

(4)推进知识产权市场价值研究，完善知识产权审判机制体制建设。广东省高级人民法院和广东省知识产权局牵头，各相关单位参与配合，对广东省知识产权体制机制中存在的相关问题进行调研，并由广东省高级人民法院民三庭执笔起草了《优化司法保护主导作用 共建知识产权保护体系——关于完善我省知识产权保护体系的调研报告》，呈报广东省委省政府供决策参考。

(5)加大司法公开力度，营造良好的知识产权保护法治环境。“4·26知识产权宣传周”期间召开了广东法院知识产权司法保护新闻发布会，发布广东省2017年度知识产权司法保护白皮书、十大案件等。《南方日报》《人民法院报》等主流媒体连续5天刊发介绍广东省法院知识产权审判服务广东实现“四个走在全国前列”、助力创新驱动发展的相关报道。邀请人大代表、政协委员现场观摩公开庭审，选取多个有典型意义的案件进行庭审直播。

三、强化对下指导工作，着力提升全省知识产权审判水平

（1）定期分析研判全省审判态势。广东省高级人民法院对全省知识产权审判工作大数据的分析通报作为常规对下指导方式，以情况通报形式下发全省法院。广东省高级人民法院民三庭还专门分析研究2017年度全省专利案件审判情况，形成《专利案件情况分析报告》，重点指导专利案件审判工作。

（2）加强对重点法院业务指导。广东省高级人民法院民三庭多次专程前往广州知识产权法院、深圳知识产权法庭召开业务交流会，有效统一上下级法院裁判尺度。

（3）加强对重大敏感案件的指导。广东省高级人民法院高度重视对下级法院重大敏感案件的审判指导，还指定专人跟踪指导。如深圳市中级人民法院审理的华为公司诉三星公司禁令案。

（广东省高级人民法院知识产权审判庭）

检察工作

2018年，广东省检察机关紧紧围绕建设国家科技产业创新中心、珠三角国家自主创新示范区、广深科技创新走廊等重大部署，以《广东省检察机关加强知识产权保护工作的意见》《关于充分发挥检察职能依法服务保障创新驱动发展战略的实施意见》《关于充分发挥检察职能服务保障经济高质量发展的意见》为行动指南，依法打击侵权假冒犯罪活动，努力营造良好的知识产权法治环境、市场环境、文化环境。

一、依法严厉打击侵犯知识产权犯罪活动

2018年广东省检察机关共批捕侵犯知识产权犯罪案件1342件2420人，起诉侵犯知识产权犯罪案件1335件2319人。各地积极探索，不断总结经验，形成了侵权假冒案件快速办理、精细化审查、重特大案件提前介入引导侦查等办案机制，在严打侵权假冒犯罪的同时，确保案件质量，提升打击效果。特别是围绕案件关键环节、重要细节，如重要物证、检验报告、物品账目清单等，采取提前介入或提供咨询等方式，为侦查机关提供指导意见。

二、着力加强对侵犯知识产权犯罪的法律监督

广东省检察机关共建议行政执法机关移送侵犯知识产权犯罪案件57件80人，监督公安机关立案31件31人，监督公安机关撤案23件25人。通过加强对知识产权行政处罚案件的备案审查，对涉嫌犯罪的及时提出移送公安机关的建议，并监督公安机关立案侦查，切实监督纠正执法、司法机关对侵权假冒犯罪案件有案不移、有罪不究、以罚代刑和借保护知识产权之名非法插手企业经济纠纷，违法查封、扣押、冻结和划拨企业财产，滥用强制措施等行为。

三、完善“两法”衔接提升打击侵权假冒工作质效

广东省检察机关积极推动行政执法与刑事司法相衔接工作，加强与知识产权局、质监局等有关行政执法部门的协调配合，建立起联席会议、信息通报、备案审查等工作机制，强化信息共享、案件移送、案件咨询，形成打击犯罪的合力。广东省检察院先后与公安厅、质监局、知识产权局、文化厅、新闻出版广电局等多家行政监管部门联签下发移送涉嫌犯罪案件标准，统一执法尺度，规范办案程序。

广东省建成了省市县三级联通的“两法衔接”信息共享平台，打造了案件移送、跟踪监控、预警提示、监督管理、案件查询、统计分析、执法动态、法规查询八项主要功能，要求行政执法机关将适用简易程序以外的侵权假冒行政处罚案件在作出行政处罚决定后10日内录入平台。截至2018年年底，共有23 677件侵权假冒案件。检察机关通过对平台录入案件的审查，发现涉嫌犯罪案件，并监督行政执法机关及时移送公安机关立案查处。如东莞二区院通过“两法”衔接信息共享平台发现陈某田等人假冒注册商标行政处罚案已达刑事追诉标准，遂向行政执法单位发出《建议移送涉嫌犯罪函》，后该案得到有罪判决。

四、加大知识产权保护正规化专业化职业化建设力度

广州市院及黄埔区院、南沙区院等多个单位成立知识产权专门办案组织，以专门力量办理知识产权案件，探索开辟知识产权保护专业化职业化道路。深圳市检察机关目前均已设立知识产权检察工作机构或专业办案组，分别配备检察官、检察官助理或书记员，专职办理知识产权刑事案件。江门两级院均成立专业办案组、研讨组，由办案组集中负责办理知识产权案件，由研讨组负责知识产权理论方面资料收集、整理、汇报，促进办案质量提升。

五、加强法制宣传教育营造保护知识产权良好社会环境

广东省人民检察院召开新闻发布会，通报广东检察机关知识产权保护工作情况，并公布2017年度广东检察机关知识产权保护十大典型案例，20多家中央和省级新闻媒体到场，广东电视台报道了现场情况，网络媒体纷纷转载，形成声势浩大的宣传效应，产生了较强的社会影响力。

（最高人民检察院第四检察厅）

广西壮族自治区

专利工作

一、发明创造工作有序稳步发展

截至2018年年底，自治区拥有发明专利21 109件，每万人发明专利拥有量为4.36件，同比增长14.49%。2018年，自治区共申请专利44 220件，其中发明专利申请20 299件。获专利授权20 545件，同比增长34.61%，其中发明专利获授权4328件。职务发明比重大幅提升，职务发明专利申请量、授权量和有效量占自治区发明专利申请总量、授权总量和有效总量比重均突破80%，大专院校发明专利授权量比重接近30%。

二、严格保护知识产权水平不断提升

制定印发《2018年广西知识产权（专利）执法维权“护航”专项行动要点》，明确2018年自治区知识产权（专利）法维权“护航”“雷霆”专项行动的七大重点任务。实施2018年广西知识产权（专利）执法体系建设与能力提升行动计划，专利行政执法体系进一步健全，自治区专利行政执法人员435人，新增92人。推动市场监管体系的改革与创新，积极推行专利行政执法“双随机一公开”工作。2018年自治区专利行政执法系统共出动执法人员476人次，检查各类商业场所176次，检查各类商品50 000余件，共办理各类专利案件909件，其中专利侵权纠纷案件66件，比2017年增长61%。进一步建立健全知识产权维权援助体系，在14个设区市知识产权维权援助中心建设实现全覆盖的基础上，推进重点行业和重点企业知识产权维权援助工作站建设，成立中国（广西）知识产权维权援助中心广西电力行业知识产权维权援助工作总站，自治区重点行业、重点企业知识产权维权援助工作站达到 77 家，培训知识产权管理人员 1200 余人次，各级维权援助中心受理维权援助与举报投诉案件 261 件，比 2017 年增长 301.5%。

三、统筹推进知识产权强区建设

充分发挥自治区知识产权战略实施工作厅际联席会议作用，制定出台《广西 2018 年地方知识产权战略实施工作要点》《2018 年全国专利事业发展战略推进计划（广西方案）》《自治区知识产权服务业三年行动计划（2018—2020 年）》，联合自治区商务厅印发《广西壮族自治区知识产权对外转让审查细则（试行）》，完成《广西知识产权战略纲要实施十年评估报告》。推进知识产权区域布局试点，编制发布知识产权区域与产业导向目录。2018 年 3 月 23 日，在《中国知识产权报》刊登了《摸清知识产权家底，重塑区域创新生态——突出特色，引导产业升级》长篇报道。大力开展知识产权试点示范，推进柳州高新区开展国家知识产权示范园区建设，加快建设南宁、柳州、桂林 3 个国家知识产权试点城市，组织专家赴安徽合肥、辽宁沈阳等地调研，学习借鉴国家知识产权示范城市申报与建设先进经验及做法。积极推进知识产权区域合作，不断完善东盟国家专利信息系统，协调组织出席香港知识产权署召开的“亚太经合组织工作坊”，参加第十三届泛珠三角区域知识产权合作联席会议和 2018 广东知识产权交易博览会，推动粤港澳大湾区与泛珠区域知识产权融合发展。

四、深入实施专利质量提升工程

（1）加大组织申报“中国专利奖”的力度。培训、指导各市、各部门提高申报“中国专利奖”的质量，共有 8 件专利获第二十届“中国专利奖”优秀奖，成为历年获奖最多的一次。（2）大力开展知识产权优势企业培育工作，提升企业知识产权管理水平。2018 年新增 3 家国家知识产权示范企业、34 家国家知识产权优势企业。广西已有 8 家国家知识产权示范企业、103 家国家知识产权优势企业，273 家企业通过企业知识产权管理体系认证。2018 年，自治区企业发明专利申请量、授权量和有效量分别占全区总量的 50.95%、45.61% 和 53.35%，比“十二五”时期末年分别提高了 13 个、1 个和 7 个百分点。（3）营造提高专利申请的政策环境，开展专利申请相关政策专项督查。按照“授权在先，部分资助”的原则，指导各市清理和调整专利申请资助政策。规范专利优先审查推荐工作，优先支持战略性新兴产业和广西重点产业的专利申请，审核办理专利加快审查 238 件。（4）提高专利代理质量。对广西本土 21 家专利代理公司开展相关核查工作，加大对专利代理机构提交非正常专利申请的监控力度，对涉嫌低质量专利申请的线索及时跟踪调查处理；加强专利代理人才培养，举办广西壮族自治区 2018 年专利代理行业改革试点政策人员培训班，以及 5 期专利代理人资格考试培训班，顺利完成 2018 年全国专利代理人资格考试广西考点相关工作，62 人达到全国和地方专利代理人资格考试分数线。

五、强化知识产权运用

承办广西发明创造成果展览交易会。组织 8 个展区，举办中国 · 广西粤港澳大湾区专利技术投融资对接会、专利报告会、广西青少年机器人大赛等丰富多彩的专题活动，集中展示自治区 650 多家企事业单位 1200 多项“高精尖”最新科技创新成果，涵盖企业、高等院校、科研院所、社会发明人和中小学生的最新发明创造成果。该展会吸引 4.6 万人次观展，人数之多创历史新高。完善知识产权运营体系，组织起草《广西壮族自治区专利权质押融资项目管理试行办法》，广西知识产权交易中心获评

"自治区级技术转移优秀示范机构"。推进知识产权信息利用服务。举办广西知识产权研究新成果发布会，发布了《2017年广西专利竞争力态势报告》《广西专利密集型产业统计监测报告(2017)》。2018年，自治区新登记质押专利项目184件，比2017年增长275%，新登记专利权质押融资金额达到15.25亿元，为2017年的11倍多。

（广西壮族自治区知识产权局）

商标工作

2018年12月，广西壮族自治区人民政府办公厅印发《广西实施商标品牌强桂战略三年行动计划(2018—2020年)》，为品牌发展提供了有力的政策支撑，品牌建设发展取得了新成效。2018年，自治区商标申请78 855件，有效注册商标47 436件，累计有效注册商标172 376件，同比增长35.15%，提前完成"十三五"规划目标。

一、开展商标品牌强桂战略大宣讲，品牌意识普遍提升

2018年5～6月，在自治区14个设区市巡回开展"广西实施商标品牌强桂战略大宣讲"共33场，参与主体3000余人，视频直播点击量达400万人次。成立企业品牌国际运用和管理人才培训(南宁)基地，推动商标品牌理论与实务研究，加强商标品牌战略人才培养。

二、完善服务体系，优化品牌发展环境

进一步推进商标注册便利化。在百色、贵港、钦州、防城港等地共增设了4个商标受理窗口和商标质权登记受理点，自治区商标注册申请受理窗口和商标质权登记申请受理点各达到了8个。2018年，通过自治区商标受理窗口办理商标注册申请4780件，商标专用权质押贷款41 505万元，提升了商标品牌运用能力。

开展"广西商标品牌创业创新基地"建设，建设广西壮族自治区级商标品牌创业创新基地3个。在经济园区或开发区等企业集聚区设立商标品牌服务指导站共6个。开展创建第二批广西实施商标品牌战略示范市、示范县(市、区)、示范企业活动，确定示范市1个、示范县(市、区)5个和示范企业20个。

三、举办中国—东盟商标品牌论坛，促进国际交流

由国家市场监督管理总局、国家知识产权局、广西壮族自治区人民政府共同举办，广西壮族自治区市场监督管理局承办的中国—东盟商标品牌论坛，是汇集了东盟9个国家230人的国际性会议。此次论坛有利于开展商标品牌领域的交流，促进各国间商标品牌保护与合作，推动广西品牌"走出去"。

四、强化商标品牌保护，营造良好市场营商环境

2018年，自治区工商和市场监管部门共查处商标违法案件762件，比2017年同期增加3.5%；案件总值1445.27万元，比2017年同期增加95.1%；罚没金额1358.55万元，比2017年同期增加183.34%。

（广西壮族自治区知识产权局）

地理标志工作

一、地理标志产品保护工作取得新成绩

2018年，广西壮族自治区新增"柳州螺蛳粉""姑辽茶""博白桂圆""南宁香蕉"等9个地理标志证明商标，同期新申请的"龙州桄榔粉""江州酸菜"等40多个地理标志商标已经国家知识产权局商标局受理。新增北海生蚝等3个地理标志保护产品，新申报的忻城糯玉米地理标志产品保护获国家知识产权局公告受理。推动横县茉莉花茶、横县茉莉花、昭平茶、融安金桔入选2017年中国品牌价值榜。指导西林

县按照国家地理标志产品保护示范区要求开展建设，2018 年年底已向国家知识产权局申请验收。

二、编印《广西品牌故事Ⅱ》图书，讲好广西品牌故事

集中力量继续组织和指导各地挖掘和梳理广西名优特产品品牌故事、地理标志品牌故事，编写广西品牌故事。2018 年 8 月，编印了《广西品牌故事Ⅱ》，重点介绍了宾阳县的古辣香米、上林云雾茶、东兴海鸭蛋、灵山荔枝、钦州牛大力、贵港大米等 33 个独具广西特色的地理标志产品品牌故事。组织广西地理标志商标品牌赴唐山参加中华品牌展示活动。开展“广西品牌神州行高铁展示”活动，充分宣传和展示了广西品牌，讲好了广西品牌故事，有效地提升了广西品牌影响力和知名度，取得了良好效果。

三、推动区域品牌建设，助力产业精准脱贫攻坚

重点指导了“柳州螺蛳粉”“陆川猪”“姑辽茶”等申报地理标志商标注册，助推了柳州螺蛳粉等产品标准化、品牌化、规范化、产业化发展。协调国家知识产权局商标局撤销四川隆昌县木星食品厂“六堡茶”商标注册，为梧州市申请地理标志商标工作扫清障碍。截至 2018 年年底，自治区共有地理标志商标 49 件，较 2017 年的 40 件增长了 9 件，增幅达 22.5%。

四、梳理特色资源，加大地理标志商标孵化培育力度

针对贫困地区名、优、特农产品丰富的特点，各市、县政府组织专门力量对本地的地理标志商标资源和公共区域品牌资源进行摸底调查，建立地理标志商标和公共区域品牌孵化库，对纳入地理标志商标和公共区域品牌孵化库的商标，落实责任单位和专项经费申请注册，规范管理，大力宣传推广，使地理标志商标和公共区域品牌发挥应有作用。

（广西壮族自治区知识产权局）

版权工作

2018 年，广西壮族自治区各级版权部门认真履行职责，积极主动作为，抓好版权执法、软件正版化、版权服务社会等各项工作，从多个方面促进广西版权事业的发展。

一、狠抓版权执法，打击侵权盗版

广西壮族自治区版权局向全区印发了广西“剑网 2018”专项行动方案，召开动员部署会，组织自治区版权部门以“剑网 2018”专项行动为抓手，以整治网络侵权盗版为重点，协同通信管理、公安、网信等部门，查处各类侵犯著作权的违法犯罪行为，提升知识产权保护水平。2018 年自治区共查办各类侵权盗版案件 156 起，当年办结 125 起，收缴各类侵权盗版制品 50 余万件，捣毁制售侵权盗版制品窝点 6 个，关闭网站 7 家，删除侵权链接 165 条。这些案件中有 33 起是网络侵权盗版案件，较 2017 年增长 37.5%。

在国家版权局 2018 年 11 月作出的表彰决定中，广西壮族自治区 6 家单位和 5 名个人被评为 2017 年度查处侵权盗版案件有功单位和有功个人，南宁市查办的“皮皮小说网”侵犯著作权案被评为“2017 年度全国打击侵权盗版十大案件”。

二、大力推进软件正版化工作

广西壮族自治区版权局牵头制定《2018 年广西推进使用正版软件工作计划》，明确领导小组各成员单位在 2018 年工作中的任务分工，从健全工作机制、加强计算机软硬件采购管理、强化年度考核与督促检查、抓好宣传培训等方面着手，加强对自治区软件正版化工作的部署；认真落实国家版权局关于扩大工作覆盖面的要

求，制定《广西推进企事业单位使用正版软件工作规划》，以自治区各事业单位、国有企业以及非国有重点行业上市企业、规模以上企业为重点，分三个阶段，力争到2023年年底前实现自治区企事业单位计算机软件的全面正版化。此规划的出台，开启了广西推进企事业单位软件正版化工作的新阶段。

广西版权局重视宣传培训，2018年先后组织自治区级机关单位、自治区级国有企业、各地市进行了三期软件正版化工作培训。据统计，自治区2018年共举办软件正版化工作培训班38次，1626家单位、3216人次参加培训。

在2018年的工作中，自治区版权局充分利用督查考核手段，促使全区各单位落实工作主体责任，促进工作的巩固和提高。先后对321家中直、区直驻邕机关单位，市、县机关单位以及自治区级国有企业进行了软件正版化工作督查考核，现场检查计算机6500余台。

三、版权服务社会工作成效明显

自治区版权部门积极开展版权宣传，做好版权服务社会工作，通过多种途径提升全社会版权保护意识，促进版权产业发展。

自治区版权局于2018年4月开展自治区首次版权保护优秀单位评选活动，评选出广西日报社等10家自治区版权保护优秀单位。组织自治区11家单位、16个版权项目参加“中国版权金奖”“2018年度中国版权新锐企业”评选，南宁峰值文化传播有限公司荣获中国版权协会授予的“2018年度中国版权新锐企业”称号。

自治区版权局在2018年“4·26世界知识产权日”全国知识产权宣传周期间举办了广西壮族自治区版权工作新闻发布会，向自治区内外媒体介绍广西2017年度版权工作情况，公布自治区十大版权保护典型案例、自治区十家版权保护优秀单位，还制作了三集动漫宣传短片，在广西电视台以及各市电视台滚动播出。自治区各市版权部门利用多种媒介，进行了全方位、立体化、多样态的宣传，积极推动版权进机关、进校园、进社区、进基层，取得了良好的宣传效果。

广西壮族自治区版权局积极提升版权服务社会能力，认真做好作品登记、涉外版权合同备案工作，促进版权产业发展。2018年自治区作品登记量同比增幅超100%，获得国家版权局通报表扬。自治区图书出版社共输出图书版权503种，引进图书版权368种。

（中央宣传部版权管理局办公室）

司法工作

2018年，广西壮族自治区高级人民法院民三庭被国家知识产权局授予“国家知识产权战略实施工作先进集体”荣誉称号；广西壮族自治区高级人民法院民三庭审理的中正公司与博白县农业科学研究所、王某金、刘某卓、中升公司侵害植物新品种权纠纷案被最高人民法院评为“2017年中国法院知识产权司法保护10大案件”，桂林市叠彩区人民法院审理的东院弥香客栈与玉山居客栈、张某擅自使用知名商品特有装潢纠纷案被最高人民法院评为“2017年中国法院知识产权司法保护50件典型案例”；南宁市中级人民法院民三庭被评为“全国法院知识产权审判工作先进集体”；广西壮族自治区高级人民法院民三庭周冕同志编写的案例分析《博白县农业科学研究所、王某金等诉中正公司侵害植物新品种权纠纷案——植物新品种权效力、权利用尽抗辩及赔偿数额的认定》获全国法院系统2018年度优秀案例分析二等奖。

一、依法履行审判职能，公正高效审结各类知识产权案件

2018年，自治区各级法院受理各类知

识产权和不正当竞争纠纷案件 2724 件，审结 2133 件，受案数量比 2017 年增长 40.05%。其中，审结知识产权民事案件 2103 件，刑事案件 23 件，行政案件 7 件。在审结的知识产权民事案件中，著作权纠纷案件 1199 件，商标权纠纷案件 585 件，专利权纠纷案件 148 件，技术合同纠纷案件 77 件，其他知识产权纠纷案件 94 件。

二、强化审判业务指导，完善知识产权案件审判机制

广西壮族自治区高级人民法院民三庭多次赴南宁、柳州、桂林等地法院进行调研和业务指导。2018 年 3 月，向全区法院印发《2011—2016 年广西高院知识产权典型案件裁判文书集》。广西壮族自治区高级人民法院民三庭制定形成《外观设计专利侵权纠纷裁判指引》，有效统一了外观设计专利侵权纠纷案件的裁判尺度。南宁市中级人民法院派员至海南、贵州等地调研知识产权审判“三合一”改革情况，制定了《南宁市中级人民法院关于开展知识产权民事、行政和刑事案件审判“三合一”试点工作的实施意见》；防城港市中级人民法院结合实际推进知识产权审判“三合一”改革，建立与公安机关、检察机关及知识产权行政执法机关的沟通联络机制，构建更加高效科学的知识产权综合保护体系。

三、全面推进司法公开，彰显知识产权司法权威和公正

一是高度重视司法宣传，增强知识产权司法公开实效。各级法院在“4·26 世界知识产权日”积极开展形式多样的宣传活动，通过召开新闻发布会、设置知识产权咨询台、发放宣传资料等方式，向社会公众宣传知识产权基本法律知识、典型案例等。广西壮族自治区高级人民法院组织召开“广西法院 4·26 国际知识产权日新闻发布会”，向新闻媒体和社会公众通报 2017 年广西壮族自治区知识产权司法保护工作情况并公布典型案例，针对热点问题回答记者提问。二是以强化庭审公开为核心，推进知识产权司法程序公开。严格执行公开审判制度，落实庭审旁听制度，推行庭审直播，采取网络视频直播或网络文字直播等方式对知识产权案件庭审进行直播。三是以强化裁判说理为核心，推进知识产权司法实质公开。积极、主动做好裁判文书上网工作。

四、积极延伸审判职能，服务社会经济发展大局

南宁市中级人民法院多措并举打造特色司法服务，开展送法进园区和法律咨询活动；柳州市中级人民法院诉前积极做好诉讼风险提示，诉后通过发出司法建议进行补救，积极开展专项调研，为促进柳州特色产业的良性发展出谋划策；梧州市中级人民法院坚持能动司法，针对受理大规模 KTV 商业维权案件情况，向梧州市文化新闻出版广电局及时发出司法建议，促进梧州市 KTV 行业健康发展；贺州市中级人民法院加强对本地商标、地理标志产品的司法保护，加大对“八步三华李”“平桂水生蔬菜”“富川脐橙”“昭平茶”等现代特色农业驰名商标、地理标志产品的司法保护力度。

（广西壮族自治区高级人民法院
知识产权审判庭）

检察工作

2018 年，广西壮族自治区检察机关认真落实打击侵犯知识产权和制售假冒伪劣商品工作领导小组的工作部署，充分发挥检察机关职能作用，为推进广西壮族自治区打击侵犯知识产权犯罪工作做出了积极贡献。

一、继续保持对侵犯知识产权犯罪活动的严打态势，做好对相关刑事案件的审查批捕、审查起诉工作

2018 年广西壮族自治区各级检察机

关继续保持对侵犯知识产权和制售假冒伪劣商品犯罪的打击力度，对于公安机关提请批准逮捕、移送审查起诉的相关案件，在注重对证据的审查，准确把握批捕、起诉条件的同时，坚决依法及时批捕、起诉严重侵犯知识产权犯罪案件。对重大、有影响的案件，加强与公安机关、人民法院的联系和配合，形成打击犯罪合力，保持对侵犯知识产权犯罪行为的严打高压态势。对监督移送和监督立案案件全部依法及时批捕、提起公诉，有力地打击和震慑了侵犯知识产权犯罪分子。

二、严格按照分工要求，积极与相关部门密切配合，确保依法查处涉嫌犯罪的刑事案件

（1）积极参与打击侵犯知识产权犯罪专项行动。自治区检察院派员多次走访了打击侵犯知识产权和假冒伪劣商品工作小组办公室、“扫黄打非”办和版权局以及质量技术监督、工商管理等部门，了解打击侵犯知识产权犯罪专项行动执法情况，及时解决专项行动中遇到的执法适法问题，增强执法合力。全区各市、县（区）人民检察院认真依法履行批捕、起诉职能，与公安机关、法院以及行政执法机关一起分工合作，有力打击侵权假冒犯罪案件。进一步加强与公安机关、行政执法机关的日常工作联系，及时掌握办案工作动态，对重大复杂案件提前介入，与公安机关、行政执法机关共同研究交流，在侦查取证、案件定性等方面给予适当的建议。在案件进入批捕、起诉环节后，多数基层人民检察院还相对集中办案骨干办理侵权假冒案件，尽量快捕快诉，加强跟踪引导和监督，保证批捕案件能诉能判。同时，为保证案件质量，对于不符合逮捕条件的，严格把关，依法不捕。

（2）牵头完善行政执法与刑事司法相衔接工作机制，通过座谈、授课等方式积极参与加强和创新社会治理。以开展专项立案监督活动为契机，走访相关行政执法机关，与主管领导和责任部门座谈沟通，调研了解查办移送涉嫌犯罪案件情况、“两法”衔接信息平台建设情况等，与行政执法机关达成工作共识。应各行政执法机关的邀请，自治区和各市检察院侦监部门负责人多人次到食药监、质监、渔政等部门给行政执法人员授课，宣传检察机关在“两法”衔接工作中的职能作用，就行政机关在查办案件中的证据收集、移送案件、职务犯罪预防等知识进行讲解，进一步强化“两法”衔接意识，理顺工作关系，完善衔接机制。

三、依法纠正以罚代刑、有案不立，监督行政执法机关依法移送涉嫌犯罪案件线索，监督公安机关立案侦查涉嫌侵权假冒犯罪案件

全区检察机关加强对行政执法机关和行政执法人员在办理涉嫌犯罪的侵权假冒案件过程中玩忽职守以及为犯罪活动充当“保护伞”的徇私舞弊不移交刑事案件、帮助犯罪分子逃避处罚等职务犯罪行为的监督，严肃查办相关执法人员、司法人员贪污受贿、滥用职权、徇私舞弊等职务犯罪行为，促进公正廉洁执法。

四、积极参与建立健全知识产权保护工作的长效机制

广西壮族自治区各级检察机关结合办案加强调查研究，积极向当地党委、政府和相关企业提出强化管理、消除隐患、预防犯罪和建章立制的检察建议，促进企业管理和社会治理创新，与公安机关以及其他行政执法机关就联席会议、情况通报、备案审查、查阅行政执法案件台账和案卷等方式加强沟通，达成共识，研究建立打击侵犯知识产权犯罪工作长效机制。

（最高人民检察院第四检察厅）

海 南 省

知识产权工作

一、海南省知识产权局挂牌成立

2018 年 10 月 30 日，海南省知识产权局举行挂牌仪式。新组建的海南省知识产权局，将省科学技术厅的知识产权管理职责、原省工商行政管理局的商标管理职责、原省质量技术监督管理局的原产地地理标志管理职责整合，由省市场监督管理局管理。

二、我国首单知识产权资产证券在上海证券交易所成功发行

2018 年 12 月 21 日，中国首单知识产权供应链金融资产支持专项计划(以下简称 ABS)在上海证券交易所成功发行，融资 4.7 亿元。第一单的成功发行为我国知识产权证券化提供了示范，为拥有知识产权的中小企业破解融资难、融资贵问题提供了全新融资模式，为知识产权证券的后续发行工作积累了经验，为建立海南知识产权交易中心创造了必要条件，标志着我国首单知识产权资产证券成功落地。

三、海南省首届知识产权宣传月活动在海口正式启动

2018 年 4 月 2 日，由海南省知识产权战略实施工作联席会议办公室和海口市知识产权联席会议办公室共同主办的海南省首届知识产权宣传月活动启动仪式在海口市京华城中心广场举行，正式拉开了全省知识产权宣传月系列活动的序幕。

海南省首届知识产权宣传月活动得到相关厅局的高度重视和大力支持。各单位紧扣“营造良好发展环境，加快知识产权强省建设”主题，共组织了宣传、咨询、培训、执法等近 50 项活动。知识产权宣传月系列活动的举办，大幅提升了全省社会公众的知识产权意识，为“十二大产业”迅速发展和“陆海空”重点领域科技创新提供知识产权支撑。活动启动仪式上，举行了海南省知识产权综合服务平台 1.0 版试上线活动。此外，海南省互联网产业知识产权联盟、海南省互联网协会和海南省知识产权协会三方签署协议，启动“海南省互联网中小企业知识产权战略推进工程”；举行了海南省青少年知识产权与创客教育基地、海南省青少年知识产权与创客实训基地揭牌仪式。活动启动仪式现场还安排了一系列内容丰富的活动，有“中国创新创业大赛(海南赛区)暨海南省‘科创杯’创新创业大赛”“全国青少年科技创新大赛”等活动中获奖的优秀发明创造作品展；有青少年创客体验活动，培养青少年创新意识和发明创造能力；有海口市旗袍协会艺术团黎锦旗袍秀演出，凸显 2018 年世界知识产权日的主题“变革的动力：女性参与创新创造”；还有现场知识产权有奖竞答等活动。

四、专利质量明显提高

截至 2018 年年底，海南省专利申请量达到 6451 件，授权量达到 3292 件，同比增长 46.05%和 57.97%。有效发明专利量为 2655 件，每万人发明专利拥有量达到 2.7 件，创历史新高。培育知识产权管理规范企业 173 家、国家级知识产权示范企业 7 家和国家级知识产权优势企业 31 家。知识产权服务体系日渐完善。目前已成立热带特色高效农业产业、南药产业、食品产业、医疗健康产业、旅游业、互联网产业等 6 家知识产权联盟。印发《海南省专利权质押融资暂行管理办法》，推动知识产权与金融融合。截至 2018 年 12 月底，全省专利权

质押融资额达5.2亿元，同比增长75.1%。

五、成功举办海南省首届知识产权五指山论坛

海南省知识产权局将2018年的“第三届知识产权与创新创业论坛”改名为“海南知识产权五指山论坛”，并将知识产权运营、证券化和信用担保作为活动主题。2018年6月25日，论坛邀请30多位国内外知名专家学者围绕活动主题发表演讲，为加快构建海南自由贸易区（港）知识产权运营服务体系建言献策。出席论坛的74名专家联合发布了《知识产权运营支撑海南自由贸易区（港）建设的海南共识》，提出了未来知识产权运营的发展纲领、目标定位、特色路径和对策措施等，加快推进知识产权运营和证券化，加速知识产权运用和产业化。

六、严厉打击商标侵权违法行为

2018年，海南省原工商系统坚持专项行动与日常监管相结合，切实开展了系列专项整治工作，进行商标快速维权，对侵权行为同时涉及省内多个市、县进行统一指挥，严厉打击。春节期间，组织多市、县监管执法力量，共查获假冒、仿冒“江小白”白酒3400多瓶，查办案件29件，案值3.56万元，罚没款11.23万元。2018年9月，组织儋州、东方、乐东等三个市、县监管执法力量统一出击，查获假冒“牛栏山”注册商标专用权的白酒12 858瓶，案值12.86万元。据统计，2018年全省查处商标违法案件242件，案值210.03万元，罚没款298.84万元，移送公安机关案件2件。

七、不断加大知识产权司法保护力度

2018年，海南省高级人民法院充分发挥司法主导职能，加大知识产权保护力度，严厉打击知识产权犯罪行为，扎实推进各项工作，主动为海南自由贸易区（港）知识产权保护提供司法服务和司法保障，不断完善知识产权审判“三合一”工作，落实类案参考制度，统一司法尺度和裁判标准。依法公正高效审理各类知识产权案件，树立裁判规则，化解社会矛盾。

2018年，海南省公安机关层层发动，多措并举，扎实开展专项打击整治行动，严厉查处知识产权违法犯罪行为，为维护海南市场经济的健康发展和民生安全做出了积极的贡献。截至2018年年底，全省公安机关共受理侵权涉假案件105件，立案84件，破获涉假案件31件，抓获犯罪嫌疑人55名。缴获各类假冒商品，涉案金额高达2242.62万元。其中，成功侦破一批有影响力的大要案件：“7·13”特大销售假冒注册商标商品案、海南黄某德非法经营烟案以及“4·8”销售伪劣卷烟专案。

八、海南省互联网产业知识产权保护工作扎实，产业发展态势良好

2018年，海南省互联网产业保持良好的发展势头。2018年全年营收突破600亿元，同比增长超过40%。特别是产业含金量最高的信息服务业，增速达到108.9%。全省拥有信息技术服务标准（ITSS）的企业15家，其中海口12家、澄迈2家、三亚1家。2015～2018年，软件著作权登记数累计883件。

九、海口海关加大知识产权保护

海口海关组织开展“中俄海关世界杯足球赛知识产权保护联合执法行动”“网剑行动”“龙腾行动”（2018）等专项行动，打击侵犯知识产权行为，在货运渠道查获出口环节涉嫌侵犯知识产权案件2宗，涉及国际名牌9个；衣服、箱包等1025件，红酒180瓶；在旅检渠道查获案件1宗，涉及侵权苹果手机17部。此外，海口海关还向海关总署推荐了9家本土企业，纳入海关总署出口知识产权优势企业重点保护名录。

2018年“4·26世界知识产权日”，海口海关在海南省贸促会向海南省外贸企业

宣讲海关知识产权边境保护法律知识。

十、加强农产品地理标志登记保护工作

2018 年保亭红毛丹、万宁东山羊、石山壅羊、昌江芒果、五指山五脚猪、澄迈山柚油、琼中山鸡等 7 个海南地域特色农产品被农业农村部登记保护，种植规模 21 869 公顷，养殖规模 160.37 万只。三亚甜瓜、陵水荔枝、陵水圣女果、保亭益智、琼海油茶、五指山蜘蛛等 6 个产品通过农业农村部专家评审并公示。省农业农村厅组织农产品地理标志企业参加第十六届中国国际农产品交易会，海南参展产品有五指山红茶、文昌椰子、万宁东山羊、三亚芒果、琼海番石榴、澄迈福橙、海南雪茄烟叶、白莲鹅、琼中绿橙、霸王山鸡等 10 个农产品地理标志产品，16 家农产品地理标志授权使用企业参展。海南省绿色食品办公室荣获“第十六届农交会农产品地理标志展团优秀组织奖”。

（海南省知识产权局）

版权工作

2018 年，海南省各版权管理部门认真组织实施《著作权法》及著作权相关法律法规，严厉打击侵权盗版，保护创新，积极开展版权保护宣传，营造版权保护氛围，大力鼓励版权创作，推动创新发展，为海南省创新发展助力。

一、扎实推进软件正版化工作

取得的工作成效如下。

（1）政府机关软件正版化进一步巩固。截至 2018 年年底，海南省各级政府机关持有操作系统软件授权 5.16 万套、办公软件授权 6.16 万套、杀毒软件授权 5.16 万套，实现了正版软件全覆盖。在此基础上，继续抓好源头监管，查缺补漏，并组织问题单位落实整改。

（2）金融机构软件正版化取得新的突破。截至 2018 年年底，实现海南财务、农垦财务等 2 家财务公司以及三亚惠民等 9 家村镇银行通用软件正版化，海口联合农商行等 7 家机构通用软件正版率继续保持 100%；金元证券等 4 家海南本地证券期货机构和 90 家证券期货分支机构，在核心业务系统软件和通用软件方面完成正版化。全省企业采购操作系统软件投入 244.21 万元、办公软件投入 219.39 万元、杀毒软件投入 109.69 万元，升级及维护操作系统软件投入 1020.55 万元、办公软件投入 84.97 万元、杀毒软件投入 33.43 万元。

（3）行业单位软件正版化正式启动。启动省属文化、旅游、勘察设计行业国有企事业单位软件正版化工作。9 月份印发通知，2018 年 9 月至 2021 年 6 月开展省属文化、旅游、勘察设计行业国有企事业单位软件正版化工作，将 40 家企事业单位纳入范围。12 月，举办培训班，解析国家政策，明确工作任务，提出工作要求。

采取的工作措施如下。

（1）持续开展督查和考核，完善长效机制。自 2015 年省政府办公厅出台《海南省政府机关使用正版软件工作考核实施细则》以来，按照该细则对全省政府机关开展督查和考核，有效巩固了政府机关软件正版化成果，防止盗版现象反弹。2018 年，厅际联席会议组织全省政府机关软件正版化工作督查 317 家次，检查计算机 2000 台次；完成对 89 家省直机关和 19 个市、县软件正版化工作考核，检查计算机 2245 台次；检查验收开展软件正版化的企业 10 余家次。除督查和考核外，通过加强业务培训和软件资产台账管理，实现软件正版化长效管理。全年组织举办软件正版化工作培训班 3 次，培训 300 多人次。同时，各市、县及各单位及时完善软件资产台账，做到实时更新。

（2）加强正版配置，规范预装管理。2018 年，省版权局组织完成市、县政府机关办公软件采购工作，由省财政出资 180

万元，为全省 27 个市（县、区）政府机关和参公事业单位提供金山办公软件场地授权，彻底解决市、县政府机关办公软件问题。此外，组织实施《海南省政府机关办公软件采购管理规定》《海南省政府机关计算机硬件采购管理规定》，督促各级政府机关严格落实《新购计算机须预装正版操作系统软件》规定，推动各市、县及各单位就新购办公计算机是否预装正版操作系统、采购单价是否超标等内容向版权部门备案。

（3）坚持问题导向，抓好落实整改。针对 2017 年部际联席会议对软件正版化工作督查和验收情况，省版权局发出近 20 份整改通知，督促省交通厅等 4 家省直机关和海南华盈投资控股有限公司等 8 家企业限期完成问题整改。同时，就部分省直机关和市、县单位授权底数不清、手续不全的问题，省版权局、省工业和信息化厅研究解决办法，由各级版权部门根据各单位软件申请文件和该单位电脑数量及已有软件情况，进行核实配发，并复函确认配发数量作为凭证。

二、严厉打击侵权盗版行为

（1）开展“剑网 2018”专项行动。2018 年 7 月 20 日，省版权局、省通信管理局、省公安厅、省网信办召开工作会议，启动海南省打击网络侵权盗版“剑网 2018”专项行动。7 月 26 日，海南省在主要媒体发布专项行动消息，公布侵权盗版举报电话。8 月 22 日，海南省下发《关于开展打击网络侵权盗版“剑网 2018”专项行动自查自纠的通知》。组织查处依美艾尔交友网（域名：ymeae. com）涉嫌侵权案件，下达责令改正通知书。

（2）开展出版物市场清理整顿。加强对复制印刷、新闻出版、歌舞娱乐、互联网等市场的监管力度，开展各类专项整治行动。组织开展“秋风 2018”专项行动，共出动检查人员 7163 人次，收缴非法出版物 56 834 本（张），检查书店、音像店、报刊亭（社）、印刷复制企业、文具店、流动摊贩、网站媒体等各类出版物单位 13 424 家次，取缔店档摊点 165 个（家），未发现非法网络报刊及非法网站。组织开展印刷复制发行暨内部资料性出版物专项督查，于每季度以及全国“两会”等重要时段，组成督查组对海口、三亚等市、县进行印刷监管随机集中督查，实现对重点市、县全覆盖。随机抽查 147 家印刷企业，对万乘印务有限公司等 21 家违规企业给予行政处罚。组织网上书店清理整治，共查处非法经营书店 25 家，已发现违规信息 3 条。

（3）开展侵权盗版及非法出版物集中销毁活动。9 月 26 日，海南省“扫黄打非”领导小组办公室在省图书馆广场前举行 2018 年海南省侵权盗版及非法出版物集中销毁活动，共销毁侵权盗版及非法出版物 27 万多件。

三、大力开展版权保护知识宣传

按照国家版权局和海南省知识产权联席会议的通知要求，组织开展形式多样的首届海南省知识产权宣传月版权宣传活动。参加在海口市京华城举行的宣传月启动仪式，现场发放著作权法知识小册子近百份，接受群众咨询近 70 人次。组织参加知识产权联合执法活动，对海口市内部分大型超市图书、音像制品专柜进行执法检查。连续一个月通过有线电视开机广告和网站弹窗投放著作权公益广告，提升公众著作权保护意识。组织省、市两级文化市场行政执法人员和歌舞娱乐场所从业人员，旁听省高级人民法院公开审理 76 件涉卡拉 OK 营业厅著作权纠纷系列案。各市、县版权行政管理部门通过展板、海报、条幅、宣传栏、小册子、绿书签等形式，开展版权法律法规宣传、案例分析，举行版权现场执法、版权作品展示等丰富多彩的版权宣传活动，取得显著成效。

四、积极做好版权社会服务工作

2018年，海南省共登记各类作品169件，审核备案涉外图书版权贸易合同168个，引进图书版权122种，输出图书版权3种。

（中央宣传部版权管理局办公室）

司法工作

2018年，海南法院充分发挥司法主导职能，加大知识产权保护力度，严厉打击知识产权犯罪行为，扎实推进各项工作，主动为自贸区（港）知识产权保护提供司法服务和司法保障。

一、积极履行审判职能，依法审理知识产权案件

2018年全省法院共受理知识产权案件853件（含旧存），审结835件，结案率为97.89%；与2017年受理333件和审结319件案件相比，增幅分别达156.16%和161.76%，案件总量大幅增长。全年无知识产权再审案件。

二、充分发挥案例指导作用，定期进行新闻发布

一是召开新闻发布会，发布知识产权司法保护状况白皮书。2018年4月24日，海南省高级人民法院组织召开了“海南法院知识产权司法保护新闻发布会”，在会上发布了《2017年海南法院知识产权司法保护状况》（白皮书）和《2017年海南法院知识产权十大典型案例》（白皮书）。二是落实类案参考制度，统一司法尺度和裁判标准。编辑《海南法院类案参考》，对同类案件起到指导和参考作用。

三、严厉打击食药犯罪，充分发挥司法震慑作用

一是加大打击力度，严格适用缓刑。要求全省法院对危害食品药品违法犯罪行为加大处罚力度，同时严把缓刑适用标准，采用“从业禁止”新型制裁方式。

二是建立有效沟通机制，形成打击合力。贯彻落实《关于〈食品药品行政执法与刑事司法衔接工作办法〉的实施细则》，海南省高级人民法院于2018年4月24日召开2018年度知识产权司法与行政保护座谈会暨联席会议，形成办理食品药品案件的长效沟通机制。

四、加快推进知识产权法庭建设，营造良好市场环境

为贯彻落实《海南省优化营商环境行动计划（2018—2019年）》。海南省高级人民法院组成调研组赴广州、深圳、上海、杭州等地实地考察，结合海南省实际情况提出了调研报告和工作方案。

五、建立知识产权专家库，助推知识产权审判专业化

海南省高级人民法院积极筹备成立全省知识产权专家库，并起草了《关于建立海南法院知识产权审判咨询专家库的工作衔接意见（试行）》。

六、加大司法宣传力度，营造良好社会氛围

海南省高级人民法院通过形式多样的宣传活动，及时报道打击侵权假冒案例，增强群众食药安全的防范和保护意识。精心挑选典型案例开观摩庭，营造司法保护氛围。开展“送法进企业”活动，加大对企业知识产权保护的宣传。到商品集散中心开展宣传活动，使知识产权保护深入人心。

（海南省高级人民法院知识产权审判庭）

检察工作

2018年，海南省检察机关精心部署，充分发挥检察职能，积极投入打击侵犯知识产权和制售假冒伪劣商品犯罪活动，共依法批捕侵犯知识产权和制售假冒伪劣商品案件 13 件 23 人，提起公诉案件 32 件 38 人，监督行政执法机关移送涉嫌犯罪案件 33 件，监督公安机关立案 16 件。

一、保持对“双打”案件的高压态势，从快从严审查犯罪案件

海南检察机关充分认识到打击侵权假冒既是政治责任，也是司法责任，不断强化责任意识，树立证据裁判意识，依法及时准确批准逮捕、提起公诉。如海口市院审查起诉王某松等人销售伪劣产品一案时，发现侦查机关遗漏了另外六人涉嫌销售伪劣产品的犯罪事实，经追诉至法院后，该六人均被判处有期徒刑，有力地震慑犯罪，维护司法权威。

针对食品药品安全的严峻形势，海南省检察机关先后开展了三次“危害食品药品安全犯罪专项立案监督活动”，取得明显成效，成功监督行政执法机关移送一批危害食品药品犯罪案件。

二、拓宽线索来源渠道，加强检察监督

全省检察机关不局限于在审查案件中发现监督线索，还通过人民群众控告申诉、行政执法机关移送线索、专项执法检查、行政执法与刑事司法衔接信息共享平台、网络媒体等多种方式和渠道发现监督线索。东方市检察院在走访东方市食品药品监督管理局时，发现东方市某医院涉嫌销售假药罪，而东方市公安局一直未立案调查，东方市检察院随即展开立案监督。

三、加强与公安机关、行政执法机关的协作配合

一是加强个案协作。通过召开公安机关、检察机关、行政执法机关三方研讨会解决个案中存在的案件移送、证据收集、检验鉴定、涉案物品等问题。二是形成执法司法合力。主动商请参加食药监等部门开展的环境保护督查、食品药品安全督查等专项执法活动。三是及时介入重大疑难案件的侦查工作。在公安机关办理危害食品药品案件时，引导侦查机关全面收集、固定证据。

四、延伸办案职能，扩大办案的社会效果

全省检察机关不止于就案办案，针对存在的问题提出检察建议，帮助相关单位建章立制，促进严格规范执法。如省检察院第一分院结合办案中发现的保健品市场管理不规范问题，专门与文昌市公安部门、食药监部门开展座谈，建议对文昌市保健品市场进行专项整治，促使文昌市食药监部门专门对文城镇保健品市场进行巡查和抽查，罚没一批不合格保健品。

（最高人民检察院第四检察厅）

重庆市

专利工作

2018 年，重庆市专利申请 72 121 件，同比增长 11.56%，发明专利申请 22 685 件，同比增长 17.56%；专利授权 45 688 件，同比增长 31.36%，发明专利授权 6570 件，同比增长 7.04%。全市有效发明专利总量达 27 932 件，每万人发明专利拥有量达到 9.08 件，较 2017 年增长 1.83 件。全市规模以上工业企业专利产品种类达到 17 659 类，专利产品产值达到 4201 亿元。

一、扎实推进重点产业知识产权服务

坚持聚焦新兴产业发展，以知识产权保护、专利大数据运用为重点，强化产业风险防控和路径引领，推动产业转型升级。围绕集成电路、生物医药等8个产业建立国家专利导航项目（重庆）研究和推广中心产业分中心，围绕新能源汽车、智能网联汽车、物联网等产业技术领域建立专利数据中心37个，围绕智能制造、电子信息、新材料等产业实施专利导航、重大研发项目技术创新专利导航计划、高价值专利培育等项目90个，组建智能制造产业领域知识产权联盟2个。汽车产业转型升级专利导航成果得到重庆市政府领导加快示范推广的批示。

二、不断强化知识产权保护和运用

深入推进打击侵权假冒工作，建立长江经济带11省、市联合协作执法机制，参与“一带一路”9省、市专利执法协作和“丝绸之路经济带”10省、区、市侵权假冒工作区域协作，知识产权行政执法、维权援助与法律服务人员队伍不断壮大。加强展会现场知识产权执法维权，实现智博会、高交会等大型展会知识产权保护“零投诉”。建立专业市场知识产权纠纷多元化解决机制，“保护知识产权、销售正版正货”承诺活动深入人心。中国重庆（汽车摩托车）知识产权快速维权中心通过验收并投入运营。市场主体运用专利、商标等知识产权实现质押融资9.3亿元。国家新一代专利检索系统登录量、检索功能使用量、分析功能使用量、文献浏览量等四大指标居全国前列。

三、逐渐完善区域知识产权资源布局

首批国家知识产权区域布局试点工作通过国家验收，建成知识产权可视化平台，智能网联汽车与新能源汽车、智能装备和机器人、通用航空、生物医药等产业知识产权导向目录在相关部门、区（县）和龙头企业得到推广运用。自贸区知识产权综合服务改革试点工作稳步推进，自贸区知识产权服务专区建成并接入自贸区网站。九龙坡继江北之后成为重庆市第二个国家知识产权示范城市，巴南、璧山、两江新区、空港工业园试点工作通过国家验收，南岸、巴南跻身国家知识产权示范创建城市行列。北碚、璧山、梁平等试点城市持续开展专利质量提升、专利助推产业转型升级等试点工作。推动涪陵、梁平、大足、铜梁、合川、九龙坡、江北建成国家区域专利信息服务（重庆）中心区县分中心，服务企业1200余家。进一步促进专利高质量发展，江北、涪陵等16个区县启动专利资助奖励政策修订工作。

四、大力营造知识产权文化氛围

立足大力弘扬“尊重知识、崇尚创新、诚信守法”的知识产权文化理念，不断创新工作方式，加大宣传力度。首次在重庆举办第十五届知识产权南湖论坛，参加人员规模历届最大。首次发布全市企业专利创新百强榜，建立与百强企业知识产权工作对接服务长效机制。组织开展知识产权宣传周、专利周等系列活动300余项，发布知识产权保护状况白皮书，举办中国知识产权名家讲坛和法官讲坛9期。开展知识产权进校园活动，认定首批市级中小学知识产权教育试点学校20所。不断加大知识产权人才培养力度，全年累计培训各类知识产权人员2万余人次。

（重庆市知识产权局）

商标工作

2018年，全市新增注册商标8.75万件，有效注册商标达到37.57万件。新增驰名商标8件，总量达到151件。马德里国际注册商标达到249件。“长安”“龙湖”“力帆”“太极”“宗申”“隆鑫”6件商标成功入选2018世界品牌实验室“中国500最具价值品牌”榜单。

一、不断优化商标品牌保护环境

深入开展重庆品牌战略专题调研，推动市政府出台《关于深入实施商标品牌战略　建设商标品牌强市的意见》，指导北碚区、大足区、永川区等地政府新出台支持商标发展的政策文件。加强商标代理机构监管，严厉打击虚假宣传、欺诈、不正当竞争等商标代理违法行为。引导商标代理机构建立健全服务收费事项公示制度，深入推行《重庆市商标注册申请代理合同示范文本》《商标代理机构规范代理指引》。全年新增商标代理机构（含律师事务所）156家，总量达728家。深化川、渝两地跨区域商标执法协作，将驰名商标、地理标志纳入双方重点商标保护名录，形成区域保护合力。深入开展打击侵权假冒工作、打击商标侵权“溯源”专项行动，以驰名商标、地理标志、涉外商标、老字号注册商标为重点，严厉打击商标侵权假冒行为，共查处各类商标违法案件245件，案值327万元，罚没532万元。璧山查获5件商标侵权大案要案，查处的烟花爆竹侵权案件涉案金额近百万元，罚没金额近150万元，涉嫌犯罪移送公安机关3人。秀山县查处的侵犯中石油“宝石花”商标案件，案值达224万元。

二、切实提升商标品牌运用水平

市工商局、市财政局联合出台《重庆市商标品牌奖励评审办法》，制定《重庆市商标品牌奖励评审计分细则》，首次开展商标奖励评审工作，对5名驰名商标权利人、5名地理标志商标权利人进行奖励，进一步激发了企业品牌创新热情。积极推进商标权质押融资工作，发挥江北区注册商标权质权登记申请远程受理点作用，商标权质押贷款登记3笔，金额1.07亿元，帮助企业解决融资难问题。飞马味精参加2018中国国际商标品牌节暨中华品牌商标博览会，宗申集团、小康工业、海扶医疗、金山科技等17家重庆知名品牌企业参加首届中国自主品牌博览会，提高重庆品牌知名度。重庆商标交易中心加强平台建设，累计完成商标交易2416件，交易金额6627万元。大力推动商标国际注册，开展“马德里国际商标注册促进内陆开放高地建设”课题调研，组织开展马德里商标国际注册专题培训会议。加强商标行政指导，引导企业通过马德里商标国际注册体系进行商标注册，参与国际竞争。

（重庆市知识产权局）

地理标志工作

2018年，重庆市新增地理标志16件，总量达到246件。深入推进地理标志富农行动，开展地理标志运用情况课题研究，《涪陵区地理标志发展运用专题调研》获评第七届市场监管优秀论文。积极助推脱贫攻坚工作，对口万州龙驹镇、石柱中益乡、酉阳车田乡三个贫困乡镇，积极打造当地特色农产品和地理标志品牌，提交农产品商标注册申请41件。全市33个区、县拥有地理标志商标，44件地理标志产品产值达1亿元，12个区、县地理标志总产值均超10亿元。70件地理标志商品销售范围覆盖全国，13件地理标志商品销往海外。其中，涪陵地理标志产业产值达到92.63亿元，占地区生产总值992.2亿元的9.3%。奉节县80家企业、专业合作社从事“奉节脐橙”销售及加工，带动6万户果农共计30万人致富。

（重庆市知识产权局）

版权工作

2018年，重庆市版权局深入学习贯彻习近平总书记关于知识产权保护的系列重要决策和指示，奋力、扎实、创新开展了一系列工作，取得了一定成效。重庆市版权局版权处连续4年荣获国家版权局表彰的打击侵权盗版有功集体，汤裕洁同志获国务院部际联席会议表彰的“国家知识产权战略实施先进个人”荣誉称号。国务院督查组对重庆市 47 个市级政府机关软件正版化进行为期 2 周的全覆盖检查,总体情况良好。

一、版权工作提升政治站位

在版权工作各个方面全面履行意识形态责任制,牢牢掌握意识形态工作领导权,出台《重庆市版权局作品登记审核通则》,对作品登记审核工作进行细化,并撰写综合调研报告。

二、软件正版化直击问题关键

落实专项工作经费。2017 年 11 月至 2018 年 10 月,重庆市开展了市、区(县)两级机关、企业的一轮检查(含 60 个市级机关、3 个区县的全覆盖检查及 10 个区县的抽查)和二轮复查,现场累计检查计算机 24 000台次,重点督查各单位软件正版化第一责任人落实情况、长效机制建设情况、相关材料报送情况和软件安装使用情况。通过重庆市正版软件资产管理及日常监督平台向各级机关发送整改信息 5000 余条,累计完成 28 万余字的点对点督查通报。

全面落实《关于进一步加强计算机软硬件采购源头管理的通知》,从经费、采购、资产、安全等各环节加强源头管理,在全市各级各部门强调落实严格遵循价格标准、合理制定采购计划、定期公布正版软件各项技术服务要求和供应商目录、加强资产管理、使用兼容性较好和自主可控的国产软件、提高业务系统对国产软件的兼容性等,推动重庆市软件正版化整体工作水平再上新台阶。

用好重庆市正版软件资产管理及日常监管系统,全年录入计算机信息 14 万余台,通过平台发送工作通知、督查通报、整改信息近万条。建立 QQ 工作群,强化软件正版化工作交流,指导各级各部门、企事业单位对本单位计算机、商业软件、OEM 软件、免费软件等基础数据的录入,加强动态监管和日常维护。

大力推动国产软件试点成效初显。重庆市加大督查力度、国产软件应用推广、正版软件资产管理平台等“三合一”联动工作机制;在智博会倡导组成国产操作系统和办公软件联合参展团;创新产品、服务、价格跟踪央采平台等“三个跟踪”机制,推动国产操作系统进入政府采购协议供货平台。

三、版权公共服务注重提质增效

全年作品登记 86 337 件,同比增长 14.2%。据抽样统计,已登记作品中有近一半是版权交易后或具有版权交易目的而申请确权的,交易成果金额约 3.4 亿元,通过作品登记解决版权纠纷 14 起,为权利人挽回经济损失 850 余万元。

与猪八戒网共同推进“酷版权开放平台”项目,引入可信时间戳、电子签章、智能识别等技术,实现“数字证书+纸质证书”双证发放模式,实现对数字作品的全方位综合版权服务,2018 年累计发放双证 9366 件。

在全市、区、县试点建设版权登记工作站,引导各区(县)结合本地具体情况和发展特色,重点围绕具有市场前景、产业价值、文旅融合紧密度高的版权资源和创作者,自愿向市版权局申报建设工作站,目前,“U 创空间”落户渝中区,已验收授牌。

四、版权“走出去”坚持开放引领

联合市商务委先后组织 70 余家文创企业参加东京动漫展、伦敦书展、法兰克福书展、科隆游戏展、美国 E3 游戏展、博洛尼亚国际童书展。引进版权作品 1500 余项,输出版权作品 300 余项,建成两江新区中日创意产业园,举办中韩(重庆)版权洽谈会,中英合作出版中国海外文物丛书,渝版幼儿图书销售欧洲市场,重庆出版集团向越南输出图书版权 80 多项。

五、版权新兴领域探索协同战略

正视新问题思考新办法，在重点企业探索创新维权新模式，形成《规范网络版权秩序　促进媒体融合发展》综合报告；与重庆日报报业集团一道认真贯彻落实中央关于传统媒体和新兴媒体融合发展战略，在"新闻生产及运营监管"平台的6大业务子系统中专设"版权保护"板块，自2016年10月运营以来，累计确权350余万条原创新闻作品（其中图片160余万张），确认网络侵权转载行为13.16万次，取证8.46万次，约谈17家涉嫌侵权单位，与百度签订400万元版权运用合同，与10余家报业单位商谈版权合作。

为中国（重庆）"长江杯"国际工业设计大奖赛、原创网络视听节目评比、"逐梦他乡"重庆人摄影大展、第三届世界最美童画国际巡展暨互访系列活动等重大活动开辟版权服务绿色通道，为400余件视频作品、800余件摄影作品、557件美术作品提供现场版权服务。

拓展版权服务范围，组织专家为30余家动漫企业开展版权创作、运用、保护和管理专题讲座；指导重庆演艺集团艺术营销、法务审计及五个下属部门防范版权法律风险；为全市服装行业、建筑勘察设计行业、非遗传承人强化版权保护意识，提升创新能力和品牌价值进行专题培训或辅导。

六、版权社会共治着眼长远发展

2018年"4·26世界知识产权日"宣传周活动期间，中外人士驻足观看；猪八戒网"酷版权开放平台"上线启动，并现场展示了创客设计开发版权衍生品；渝中区版权登记工作站暨"U创空间"版权产业成果展分会场特色鲜明，反响良好。网媒和纸媒23次原创报道宣传周活动。

举办版权作品登记、执法监管、软件正版化培训16期，参训单位覆盖各区（县）文化委、文化系统直属企事业单位、行业重点企业、版权中介机关、各区（县）党政群团机关600余家，累计参训人员1300余人次，邀请两江知识产权法庭、市公安局打假总队、国产操作系统和办公软件供应商、知名摄影家等各方力量设置精品课程8门。

市检察院、市文化委签署保护版权协作机制，标志着涵盖行政、公安、检察、法院，集监管、执法、公诉、裁判等各项职能为一体的重庆版权保护工作体系日臻完善。

协同地方法院开展版权案件公开庭审进园区、进企业、进社区活动，敲响企业和个人版权保护警钟。

（中央宣传部版权管理局办公室）

司法工作

2018年，重庆法院积极履行审判职能，继续加大知识产权保护力度，平等保护中外当事人合法权益，为重庆实施创新驱动发展战略和建设内陆开放高地提供了有力的司法保障与服务。

一、立足审判中心工作，典型案例成果丰硕

2018年，重庆市高级人民法院民三庭共受理一审、二审案件209件，其中新收181件，同比下降2.2%；审结179件，同比上升3.5%；结案率85.6%，同比下降0.5%；员额法官人均结案25.6件；被最高人民法院再审改判1件。

2018年典型案件工作取得新进展。3件案例入选"2017年中国法院知识产权司法保护50件典型案例"。评选了2017年重庆法院知识产权司法保护典型案例。

二、加强司法保障，延伸服务职能

（1）坚持服务大局，强化创新城市建设司法保护。重庆市委办公厅、市政府办公厅于2018年10月印发了重庆市高级人民法院草拟的《关于加强知识产权审判领域改革创新若干问题的实施意见》。重庆市高级人民法院出台《知识产权民事诉讼证

据指南》，与市司法局联合出台《办理知识产权保全证据公证指南》，修订《关于设立知识产权审判技术咨询专家的意见》《关于知识产权审判专家辅助人参与诉讼活动的意见》，完善技术事实查明机制。

（2）做好自贸区司法保障推进组工作，助力内陆开放高地建设。2018 年 6 月，中国（重庆）自由贸易试验区工作领导小组第三次会议上，审议通过了《中国（重庆）自由贸易试验区法治保障工作推进组成员单位、工作职责及任务分工》，设立中国（重庆）自由贸易试验区法治保障工作推进组。重庆市高级人民法院被赋予了牵头单位与责任单位的双重角色：一是牵头法治保障组相关工作。包括组织召开法治保障工作推进组会议；向各成员单位印发《关于报送工作计划及定期报送工作成果的通知》，建立每季度定期报送工作成果制度；修订印发《中国（重庆）自由贸易试验区法治保障工作任务推进计划表》。二是做好推进组的日常工作。及时提交推进组工作计划、工作总结，参加相关会议并撰写报告材料。三是做好支持协调工作。积极支持成立重庆自贸区商事仲裁中心、重庆自贸区国际商事调解中心。四是完成具体工作。开展铁路提单法律问题研究，该项研究是重庆市高级人民法院承担的重庆市 2018 年度全力攻坚突破的重大改革项目，相关的调研成果也分别在《法律适用》《法制日报》等刊物发表。与重庆海关召开座谈会。召开涉自贸区审判新闻发布会，通报重庆法院服务自贸区建设的相关情况，发布一系列涉自贸区典型案例等。

三、加强审判指导工作，统一司法裁判尺度

（1）召开条线审判工作会，把握审判运行态势。2018 年 10 月，在铜梁国家法官学院召开全市法院知识产权和涉外商事审判工作会。同时，每季度进行审判运行态势分析，把握收结案形势，总结工作经验。

（2）多管齐下，统一裁判规则。一是强化二审裁判指引功能。二是召开法官会议或条线法官联席会议，统一法律适用标准。

（3）围绕法院重点工作，加强调研指导。狠抓法院重点课题调研，指导审判实务。完成最高人民法院重点调研课题子课题"'一带一路'典型案例及其对国际争端解决机制的启示"、重庆市高级人民法院重点课题"餐饮行业特许经营机制研究"。

四、完善工作机制，持续提升审判质效

（1）立足审判核心，完善全庭月工作情况通报与案件审理情况报告制度。深化"月初报计划、月中催结案、月底促落实"机制，保证每月结案计划顺利完成。合理安排综合事务，建立登记台账。每月定期召开专题庭务会。

（2）深化典型案例培育机制，打造多层次、多类型典型案例。注重典型案例的培育、发布与适用。逐渐形成最高人民法院指导性案例—最高人民法院典型案例—重庆法院参考性案例—重庆法院典型案例的多层次案例格局。

（3）贯彻落实案件管辖新规定，确保相关工作有序推进、平稳过渡。及时调整涉外商事案件管辖，深化归口管理，加强对商事仲裁的监督与支持。

（4）助推智慧法院建设，"知识产权纠纷类案智能专审平台"初见成效。2018 年，该平台已成功受理涉及 KTV 著作权侵权纠纷案件 2864 件，审结 2527 件，结案率 88.2%，其中判决结案 1704 件，调解撤诉结案 823 件。

五、倡导多元纠纷化解，拓展横向交流协作

（1）扩大交流渠道，完善多元纠纷解决机制。与原重庆市工商行政管理局、市知识产权局、市仲裁委等多部门建立联络机制，拟订《仲裁问题梳理与解答（征求意见稿）》，加强对仲裁的指导监督。

(2)继续做好专委会各项工作。2018年4月,全国部分法院知识产权审判"三合一"工作推进会召开,最高人民法院调研、部署推进"三合一"工作机制。2018年12月出版《中国知识产权审判研究(第七辑)》,发表审判前沿、理论研究、案例分析及调研报告等各类文章52篇,共计65万余字。继续与西南政法大学联合举办"中国知识产权法官讲坛",2018年共举办4场讲坛。

(3)加大宣传力度,扩大知识产权和涉外商事审判影响力。持续做好"4·26世界知识产权日"主题宣传,召开知识产权司法保护新闻发布会,发布《重庆法院知识产权司法保护状况(2017)》白皮书。加强庭审直播,开展庭审进校园活动。

(重庆市高级人民法院知识产权审判庭)

检察工作

一、总体情况

2018年,重庆市检察机关受理侵犯知识产权犯罪案件55件127人,审结49件101人,起诉44件91人。全年打击侵犯驰名商标权犯罪42件83人,打击网络侵犯著作权犯罪1件5人。

二、主要经验和做法

(1)组建专业团队、提升办案水平。2018年1月,重庆市人民检察院从全市检察干警中精挑细选,决定组建知识产权公诉专业团队。专业团队参与成渝知识产权名人沙龙、创新发展论坛、互联网知识产权保护、中国知识产权实务讲坛研讨,和西南政法大学等专家学者、鉴定机构资深专家、外省公检法机关代表进行业务交流,在知产力、知产宝公司的大数据平台支持下,通过分析类案,梳理焦点问题,总结法律适用的疑难问题,提升办案专业水平。

(2)领导高度重视、出台保护产权方案。为深入落实《中共中央国务院关于完善产权保护制度依法保护产权的意见》和《重庆市完善产权保护制度依法保护产权工作实施方案》,重庆市政法委、发改委、市高院、市检察院、市公安局、市司法局、市工商局、市知识产权局、市工商联联合出台具体实施方案,要求进一步加大知识产权保护力度,加大对涉产权保护案件的法律监督力度,对涉及重大财产处置的产权纠纷申诉案件、民营企业和投资人申诉案件的审查力度。随后,市检察院下发《重庆市检察机关开展涉产权刑事申诉和国家赔偿案件办理工作专项督查活动方案》和《全市检察机关开展保护民营企业财产权、知识产权专项工作方案》,加强涉产权刑事申诉和国家赔偿案件办理工作,加大保护民营企业财产权、知识产权力度,营造稳定、公平、透明的营商环境。

(3)严厉打击侵权犯罪、服务民营经济。渝北区检察院服务民营经济"三步走":诉前充分听取企业诉求,积极与企业进行对接;诉中积极为企业追赃、挽损,最大程度地为企业挽回经济损失;诉后建立企业回访制度,针对企业经营过程中遇到的法律问题,提供精准帮扶。同时与辖区内企业建立法律咨询服务联系点,提供一对一法律服务。如滕某某案,滕某某等人未经宁波方太公司授权,将从其他厂家进货的柜门、柜体等组装成整体橱柜,张贴方太"BORCCI柏厨"商标,与消费者签订买卖合同,通过充分论证本案定性以及弥补证据,最终三名被告人均被判处有期徒刑,并处罚金。宁波方太公司工作人员专程赠送锦旗一面,称赞"打假维权先锋,服务民企尖兵"。该案的成功办理取得了良好的法律效果和社会效果。

(最高人民检察院第四检察厅)

四川省

知识产权工作

2018年，四川省知识产权工作大力倡导创新文化，强化知识产权创造、保护、运用，努力构建知识产权工作大格局，持续深化知识产权领域创新改革，加快建设引领型知识产权强省，知识产权各项任务取得明显成效，为四川经济高质量发展提供重要支撑。2018年，四川省专利申请152 987件；新增专利实施项目13 844项，新增产值1960亿元，新增利税232亿元；开展专利行政执法检查950次，立案受理专利案件5108件。四川省新增商标申请187 066件，新增注册商标约110 545件，新增地理标志商标82件。

一、主动适应发展新常态，知识产权强省建设迈上新台阶

四川是全国4个引领型知识产权强省试点之一。2018年，四川全面贯彻省委“一干多支、五区协同”发展战略，认真落实强省试点实施方案，科学制定年度推进计划，大力推进知识产权强市、强县建设，知识产权强省建设迈上新台阶。

一是大力推进知识产权强市建设。依托区域中心城市，建成一批区域性知识产权中心。大力培育成都、德阳、绵阳、宜宾、自贡、泸州等知识产权重点城市。国家知识产权试点示范强市达到10个。

二是大力推进知识产权强县建设。强化知识产权助力县域经济发展作用，推进县域知识产权与主导产业、特色产业融合发展，鼓励县区建设知识产权特色小镇。全省知识产权强县工程试点示范县（区、市）累计55个。

三是统筹区域知识产权协调发展。按照五大经济区空间布局，积极推进知识产权五区协同发展。发挥成德绵经济带在全省知识产权发展中的引擎作用，打造成德绵知识产权核心区和环成都经济圈知识产权先行区。推进川南经济区加快新能源、高端装备及化工等知识产权密集型产业培育。推进攀西经济区和川西北生态示范区围绕钒钛、稀土、水电、特色农业等产业，打造优势资源产业综合利用知识产权密集区。推进川东北经济区加强油气化工、汽车零部件、石墨烯、特色农产品加工等领域知识产权资源利用。

二、释放转型跨越新动力，知识产权改革创新取得新突破

加快建设中国知识产权改革发展先导区，知识产权创新改革取得新突破。7项知识产权领域创新改革成果先后纳入省政府推广支持的改革举措，其中“专利质押融资新模式”“一站式知识产权快维机制”“职务发明知识产权归属和利益分享制度改革”3项纳入国务院推广支持的改革举措。

一是系统布局知识产权军民融合试点。成功获批全国首批知识产权军民融合试点省（成都市获批试点市）。试点探索知识产权促进国防工业和地方经济发展在资本、技术、人才、创新、市场、产权保护等方面深度融合。启动2个知识产权军民融合特色小镇建设，有力支撑四川国家军民融合创新示范区创建。

二是积极稳妥推进知识产权目标导向创新。率先在全国研究制定8要素17项知识产权高质量发展指标，突出发展质量、发展效益为考核重点，建立科学、公正、公平的知识产权工作考核指标体系，结合四川省行政区规划设置和经济发展水平、知识产权工作基础，将21个市（州）分三类指

导，特别是从2018年起将专利申请量和发明专利申请量增幅（依据《四川省“十三五”知识产权保护和运用规划》测算）作为指导目标下达，不纳入考核，强力激发各市（州）知识产权发展活力，促进全省市（州）知识产权工作形成各具特色、竞相发展的新格局。

三是持续深化职务发明知识产权归属和利益分享制度改革。在全国率先探索职务发明知识产权所有权、使用权、处分权“三权共享”产权制度创新，科技厅、发改委、教育厅、财政厅、人社厅等8个省直部门联合发文，将试点单位从20家国有高校院所扩大到高等院校、科研院所、医疗卫生机构、科技型企业等45个单位，从确权模式、定价程序、收益分配、专业机构、内部管理、试错容错6个方面深化改革。新政实施以来，试点单位累计共享确权460余项，转化转移知识产权600余项，其中西南交通大学共享确权180项，累计注册成立60余家高科技创业公司，带动社会投资30亿元。

四是纵深推进放宽专利代理机构准入改革。成都市成为全国唯一开展专利代理行业进一步改革试点工作的城市，成都高新区成功创建国家知识产权服务业集聚发展示范区，知识产权服务业联盟加快建设。新政实施以来，46家代理机构和109人享受改革试点政策。成都、德阳、绵阳、攀枝花、泸州、自贡等地积极发展知识产权服务业。目前，全省有国家专利运营试点单位7家，知识产权运营机构人数531人、运营金额超过7000万元。培育国家知识产权分析评议服务示范机构1家、示范创建机构5家。2018年，新设立专利代理机构22家，累计94家，其中知识产权品牌服务机构10家，执业专利代理人464人，从业人员3.65万人，营业收入近40亿元。成功争取获批国家知识产权局专利代理机构贯标试点省（全国6个）。

三、聚焦产业发展新优势，知识产权密集型产业培育迈出新步伐

贯彻落实中共四川省委十一届三次全会关于“构建四川特色优势产业体系”的重大决策部署，着力优环境、搭平台、活金融、强主体，围绕四川“5＋1”万亿产业，知识产权密集型产业培育迈出新步伐。

一是着力搭建公共服务平台。国家知识产权局专利局专利审查协作四川中心全面投入运行。新一代地方专利信息服务中心检索及分析系统试点工作加快推进。挂牌全国首家国家知识产权国际合作基地（四川）。成功打造“全领域”“全链条”的“一站式”知识产权公共服务平台。成都中医药大学知识产权运营中心建成投运。推进成都国家知识产权运营服务体系建设重点城市建设。中国（绵阳）科技城军民融合知识产权运营平台建成投运。

二是着力创新金融服务。完善四川省知识产权运营基金“1＋1＋3＋N”联动机制，基金规模达到11.5亿元，储备项目超过50个，投资项目8个，涉金额2亿元。完善知识产权质押融资风险补偿机制、金融“四贴”资助资金和“天府知来贷”金融产品，推广支持专利权质押融资新模式。2018年，知识产权质押融资超100亿元。创立“平台＋机构＋企业＋金融＋产业”五位一体的知识产权运营新模式。聚焦知识产权主题，成功举办第二届天府知识产权峰会，发布四川省电子信息产业和食品饮料产业专利导航报告，推出高价值知识产权项目618个，现场签约高价值知识产权项目涉金额31.47亿元，知识产权质押授信签约授信总额16.5亿元，贷款4800万元。

三是着力培育知识产权优势企业。创新发布《四川创新指数》《四川省企业专利创新百强榜》《四川省“5＋1”现代产业专利分析报告》，完成全省3571家高新技术企业核心技术检索。攀枝花钒钛产业、自贡新材料产业等7个重点产业知识产权联盟加快建设。目前，全省国家知识产权示范优势企业189家(其中示范企业26家，优势企业163家)。加强11个省级知识产权示范百亿园区和36个省级试点园区建设，推进绵阳高新区申报国家知识产权示范园区，推进成都武侯新城、泸州高新区申报国家知识产权试点园区。实施专利质量提升工程，在全国率先召开知识产权行业诚信建设会，集中开展全省专利质量督查工作。

四、抢抓对外开放新机遇，知识产权开放合作展现新面貌

全面贯彻四川省委“四向拓展、全域开放”发展战略，抢抓全省掀起新一轮对外开放新高潮的历史性机遇，聚焦载体建设，全力打造内陆知识产权前沿。

一是着力塑造良好营商环境。中国(四川)知识产权保护中心建设启动，国家知识产权局专利局专利审查协作四川中心建成投运，中国成都(家居·鞋业)知识产权快速维权中心授牌运行，成都海宁皮革城被确定为国家知识产权保护规范化市场，保护知识产权举报投诉和维权援助中心实现21个市(州)全覆盖。联合省直多个部门制发《关于严格知识产权保护营造良好营商环境的意见》，创新知识产权综合执法、跨区域行政执法、侵权查处、纠纷大调解和仲裁、电商和展会专利执法维权、企业海外知识产权维权援助等工作机制，加强专利执法和维权援助，营造良好知识产权法治环境。2018年，全省共开展专利行政执法检查950次，出动执法人员1910人次，检查商业场所829个，检查商品152 812件，立案受理专利案件5105件，结案5096件，结案率99.8%。收案率、结案率同比上升63%和71.4%。其中查处假冒案件立案2068件，结案2068件，结案率100%；受理专利侵权纠纷案件3037件，结案3028件，结案率99.7%。全省受理专利纠纷案件982件，大部分案件通过调解结案，营造保护创新的良好市场秩序。

二是积极推进知识产权交流合作。成功举办“第十届金砖国家知识产权局长会议暨首届金砖国家知识产权研讨会”。与国家知识产权局国际合作司共同签署《关于共同建设国家知识产权国际合作基地(四川)的协议》。成功举办“德国知识产权金融培训班”和“2018年四川省出口型企业海外知识产权维权培训班”。

三是积极推进知识产权文化建设。讲好四川专利故事，厚植“鼓励创新、尊重创新”文化，成功举办创新者之夜·四川专利奖颁奖特别节目，承办2018中国(四川)非公有制经济发展论坛专题论坛。召开2018年四川省知识产权保护新闻发布会，发布《2017年四川省知识产权保护状况》白皮书和《2017年四川省知识产权保护典型案例》。全省开展知识产权宣传周和中国专利周主题宣传活动165项，举办“砥砺奋进的四川知识产权事业”成就展。2018年，全省共在各类媒体上刊登(播出)知识产权新闻2230篇(次)，其中在省级以上新闻媒体刊登(播出)941篇(次)；共制作专题、专版427个；开展集中宣传活动363场(次)。

四是积极推进知识产权人才队伍建设。大力实施《四川省“十三五”知识产权人才规划》，推进1个国家级、12个省级知识产权培训基地建设，推动高校学科建设，15所省内高校开设知识产权学院、专业等，或确立学科方向、纳入本科学科。加强远程教育，建成12个知识产权远程分站，注册学员1.78万人、培训11.49万人次。开设“天府知识产权大讲堂”，邀请知名专家定期讲座授课。2018年，全省共举办各类知识产权培训班、讲座378期，培训县级以上党政领导干部1968人次，公务员4785人次，企业知识产权管理人员、技术研发人员27 546人次。目前，四川省入选全国知识产权领军人才10人，入选国家知识产权局高层次人才13人。

(四川省知识产权局)

版权工作

2018年，四川省版权局紧紧围绕版权创造、运用、保护、管理和服务，全面实施版权战略，强化宣传教育培训，深入推进作品登记制度改革，依法开展版权执法监管，持续推进软件正版化工作，大力推动版权社会服务体系建设，有效促进版权产业发展，取得了一定的成效。

一、版权宣传培训工作

转发国家版权局办公厅《关于做好2018年全国知识产权宣传周版权宣传活动的通知》，对全省宣传活动进行全面部署，开展知识产权宣传周版权宣传系列活动。主要包括：一是召集成都、自贡等8市版权局及示范园区、单位等40余人，以“保护创作、推进运用，促进作品成果转换”为主题，就版权社会服务工作座谈。二是联合相关部门，举行2018年四川省知识产权保护新闻发布会，发布《2017年四川省知识产权保护状况》白皮书、《2017年四川省知识产权保护典型案例》《2017年度四川省打击侵权盗版典型案例》。三是积极组织参与省知识产权领导小组组织的系列宣传活动，参加在北京召开的2018中国网络版权保护大会，举办以“倡导创新文化　版权保驾护航”为主题的版权宣传周活动启动仪式。指导省版权协会与四川广播电视台旅游生活频率，在《970说法》广播节目中开展版权以案说法宣传活动。四是组织开展版权行政执法及“剑网2018”工作专项培训，全省21个市（州）版权局分管领导、执法支队负责人、执法骨干100余人，参加了全省“剑网2018”网络执法培训。

二、版权执法监管工作

在国家版权局评选的2017年度查处侵权盗版案件有功集体、有功个人奖项中，四川省相关单位获得12项集体、个人奖励，奖励经费达20万元；深入开展“剑网2018”专项行动，组织执法人员对国家版权局移交四川省的7条案件线索，1件投诉案件进行查处，特别是对涉嫌侵权的相关网站逐一远程勘验，确保证据完整；协调省通信管理局对涉嫌侵权网站备案信息进行核查；联系国家工业和信息化部、国家企业信用信息公示系统等监管平台，核验涉嫌侵权网站经营主体、所在地址、负责人信息，按照属地管理原则将案件移送所在地版权行政执法部门查处。重点跟踪巡查四川少年儿童出版社畅销的儿童读物《米小圈》在网上遭遇侵权盗版情况，主动联系陕西省版权局，帮助四川少年儿童出版社获得侵权赔偿25万元。同时加强跨地区协作，协助青海省版权局对藏文图书《普贤上师言教》进行版权鉴定，组织清理网上盗版图书，净化网络环境。

三、软件正版化工作

制定《2018年四川省正版化工作计划》，印发《关于开展软件正版化工作自查的通知》，组织开展省级部门和市、州正版化工作培训，开展软件正版化自查工作。9月下旬，组织4个联合督查组，对16个省级单位软件正版化工作进行抽查。要求省级有关部门（单位）务必站在国家信息安全的高度，认真重视软件正版化工作，集中组织开展问题整改“回头看”，各受检单位对存在的问题及时纠正，强化责任落实，充实调整领导机构、建立健全工作制度，及时开展自查整改，完善承诺书，规范制定台账档案，巩固四川省软件正版化工作成果。

四、版权社会服务工作

印发《关于进一步加强和改进作品登记工作促进成果转化的意见》，全省21个市（州）、183个县（市）区全部建立了版权登记服务工作机构，健全专兼职作品登记工作队伍，设立作品登记专项工作经费。成都市在22个县（市）区设立56个版权工作站，自贡、攀枝花、泸州、德阳、绵阳、乐山、眉山等地相继在版权示范园区（基地）与版权示范单位设立作品版权登记工作站。同时，指导省版权事务中心在新华文轩、四川画报社设立省版权工作站。截至11月底，全省作品登记总量17万件。推动版权作品成果转化取得新的进展，据不完全统计，截至12月底，全省版权交易金额达1亿元。其中，成都蓝顶艺术中心、画家村原创作品版权交易达3000万元，成都盒中闪电、泼克文化传媒动漫卡通版权交易达1000万元，自贡海天文化彩灯作品版权交易达1000万元；凉山文化广播影视传媒集团与第三方签署投资《彝海结盟》合作协议金额达1000万元。依托全省版权综合服务平台，实现了作品资源共享和优秀版权资源聚合，推动作品后续版权孵化运营交易，初步打通作品创作和成果转化通道。组织开展出版单位版权贸易工作，2018年四川省开展版权贸易工作1036项（引进图书774项、输出254项，引进游戏8项），贸易总量突破1000项大关，对开展版权贸易输出成绩突出的出版单位给予100万元补助。完成省版权协会换届并召开全体会员大会，推举新一届理事会及工作机构。

（中央宣传部版权管理局办公室）

司法工作

2018年，四川法院积极履行知识产权司法审判职责，深入贯彻“司法主导、严格保护、分类施策、比例协调”的知识产权司法保护基本政策，依法公正高效审理各类知识产权案件。全年共受理各类知识产权案件8613件，审结7331件，同比分别上升67.57%和67.34%。其中，受理民事案件8427件，刑事案件179件，行政案件7件；审结民事案件7169件，刑事案件155件，行政案件7件。有效发挥了知识产权审判激励和保护创新的职能作用。如3A合成物公司诉阿鲁克邦公司等侵害商标权纠纷案，高某军生产、销售假冒“国窖1573”等名酒案。

一、深化司法改革创新，增强知识产权司法保护的及时性、便利性和有效性

（1）深入推进知识产权审判“三合一”改革。四川省高级人民法院与原省工商行政管理局建立商标专用权保护协作机制，与省检察院、省公安厅、省知识产权局等6家单位建立了知识产权行政执法与刑事司法衔接机制，形成知识产权保护合力。

（2）创新建立类型化案件快审机制。四川省高级人民法院指导成都知识产权审判庭探索建立“基于‘两表指导、审助分流’的知识产权案件快速审判机制”，该庭知识产权类型化案件平均审结时间由2014年的146.7天压缩为2018年的104天。2018年，该项成果入选国家发展和改革委员会“全面创新改革实验百佳案例”，并作为四川独创经验，被列入国务院在全国推广的“第二批全面创新改革试验经验”。

（3）不断强化临时保护措施。2018年，全省法院在知识产权案件中采取财产保全37件，证据保全4件。如成都市中级人民法院根据腾讯计算机公司、腾讯科技公司的申请，依法在诉前裁定步步高公司等停止涉嫌不正当竞争的行为。

（4）不断优化知识产权案件管辖。2018年，该庭共受理各类知识产权案件4108件，同比增长44.04%，审结3137件；其中受理技术类案件908件，同比增长34.92%。

二、加大宣传力度，不断扩大知识产权司法保护的影响力

2018年4月，四川省高级人民法院召开新闻发布会，发布了《2017年四川法院知识产权司法保护状况》（白皮书）、《2017年四川法院知识产权司法保护十大典型案例》。各中级、基层人民法院通过开展法制讲座、座谈会、专题报道等多种形式，加大

知识产权司法保护宣传力度。

选取典型案例进行公开开庭审理，同步进行网络庭审直播。2019 年 2 月，四川省高级人民法院公开审理的孙某贤诉航美房地产公司侵害发明专利权纠纷案被评为“全国法院百场优秀庭审”。

2018 年 11 月，四川省高级人民法院接待了日本特许厅长官宗像直子一行来访，介绍交流四川知识产权司法保护最新成果。同时，四川省依法审理涉外知识产权案件，积极营造四川对外开放的良好营商环境。在“霍尼韦尔商标案”“山特商标案”中，法院依法保护外国企业商标权，两案入选外商企业优质品牌保护十佳案例。

2018 年 9 月，四川省高级人民法院向四川省第十三届人民代表大会常务委员会作了《关于加强知识产权司法保护服务创新开放发展的工作报告》。

三、加强队伍建设，提升知识产权司法保护能力和水平

(1)优化知识产权审判队伍。目前，四川省知识产权法官共 120 人，其中本科学历的占 59.17%，硕士、博士研究生学历的占 40.83%，队伍知识结构、年龄层次等不断优化。2018 年，四川省高级人民法院民三庭被评为“全国法院先进集体”“国家知识产权战略实施工作先进集体”“四川省政法系统先进集体”，成都知识产权审判庭荣获“全国法院知识产权审判工作先进集体”荣誉称号，并有 3 人被评为“全国法院知识产权审判工作先进个人”，1 人被评为“全国打击侵权假冒工作先进个人”。

(2)切实提升知识产权审判能力。一是举办全省法院知识产权培训班。二是出台《关于侵害信息网络传播权纠纷案件审理指南》《关于商标权侵权纠纷案件审理指南》等意见，统一全省法院裁判标准。三是发布案件改发分析报告。

(3)建立技术调查官制度。四川省高级人民法院在出台《知识产权审判技术专家管理办法(试行)》、公布《知识产权审判技术专家库专家名单》的基础上，于 2018 年 4 月与国家知识产权局专利局专利审查协作四川中心签订《共建合作协议》。2018 年，四川省有 10 余件专利等技术类案件引入技术调查官辅助法官查明技术事实。

(四川省高级人民法院知识产权审判庭)

检察工作

2018 年，四川省检察机关充分履行检察职能，建立健全打击侵权假冒领域工作机制，严厉打击侵犯知识产权和制售假冒伪劣商品犯罪，在维护市场经济秩序和司法公正等方面取得了较好成效。2018 年，全省检察机关共起诉侵犯知识产权罪案件 137 件 318 人。其中，假冒注册商标罪 58 件 150 人，销售假冒注册商标的商品罪 65 件 142 人，非法制造、销售非法制造的注册商标标识罪 7 件 12 人，侵犯著作权罪 5 件 11 人，侵犯商业秘密罪 2 件 3 人。

一、严厉打击侵权假冒违法犯罪行为

全省检察机关始终保持打击侵犯知识产权和制售假冒伪劣违法犯罪的高压态势，依法及时履行批捕、起诉职能，有力打击和震慑犯罪。针对公安机关立案侦查的重大、疑难、复杂违法犯罪案件，指派业务骨干提前介入，积极引导侦查取证，及时完善固定证据。成都市双流区人民检察院在办理林某某、马某等三人侵犯著作权案时，积极引导公安机关侦查取证，调取了日本株式会社 KADOKAWA 授权书声明及日本国立国会图书馆资料等书证，夯实了林某某等三人侵犯著作权的犯罪事实，并准确区分了三被告人在共同犯罪中的作用，确定其依托网站收取广告费用的非法经营数额，做到了精准指控，取得了良好的社会效果和法律效果。

全省检察机关还通过参与“雷霆”“闪电”“剑网”等打击侵犯知识产权违法犯罪

的专项行动，依法严惩相关违法犯罪行为，保障人民美好生活需求。

二、加强侵权假冒领域的法律监督

一方面，加大对公安机关办理侵犯知识产权和制售假冒伪劣商品犯罪案件立案和侦查活动的监督力度，着力纠正有案不立以及违法适用强制措施等问题。2018年，全省检察机关监督公安机关立案查处侵犯知识产权犯罪案件2件4人。另一方面，加大对知识产权执法监管部门移送涉嫌犯罪案件的监督力度，2018年，经检察机关建议，全省工商执法部门、质量技术监督执法部门、文化管理部门分别向公安机关移送涉嫌犯罪案件59件、9件、2件。

三、联合相关部门形成打击侵权假冒犯罪工作合力

四川省人民检察院联合省市场监管局、公安厅会签文件，确立工作目标，明确工作原则，明晰各部门职责，强调畅通信息共享渠道、强化案件和线索双向移送、加强案件查办协作配合、积极参与社会治理等。省检察院联合高级人民法院、知识产权局、省新闻出版广电局等部门出台了知识产权领域行政执法与刑事司法衔接联席会议制度、线索通报制度、案件移送制度等工作制度，推动了全省知识产权执法监管部门、公安机关、检察机关、人民法院协作配合，加大了对侵犯知识产权违法犯罪的惩处力度。

同时，积极参与知识产权保护社会综合治理。全省检察机关结合办案，调研分析知识产权执法监管中的漏洞，有针对性地向知识产权、工商、新闻出版等职能部门提出检察建议，推动健全知识产权执法监管机制，促进社会治理创新。

四、进一步加强与重点企业的联系，强化知识产权保护

全省检察机关特别是驰名商标、著名品牌和高新技术企业所在地的检察机关，及时了解企业在知识产权保护方面存在的困难和问题，提供知识产权法律、政策咨询，引导企业树立知识产权理念，健全知识产权侵权防范机制，不断提高企业自我维权的意识和能力。泸州市，成都市青白江区、龙泉驿区等地检察院充分发挥自贸区、经济开发区检察室的“阵地”作用，积极保护企业的知识产权。成都市龙泉驿区人民检察院成功办理陈某某等三人假冒注册商标案，有力地维护了全球第二大葡萄酒和烈酒生产企业保乐力加集团公司的合法权益。

（最高人民检察院第四检察厅）

贵州省

专利工作

2018年，贵州省专利申请量44 508件，专利授权量19 456件，同比分别增长28.60%和54.92%。其中，发明专利申请量14 992件，发明专利授权量2081件，同比分别增长7.97%和10.98%。贵州省有效发明专利拥有量首次突破1万件，达到10 099件，其中大数据领域有效发明专利1046件，占总量的10.36%；贵州省每万人有效发明专利拥有量2.82件，同比增长18.99%。PCT专利申请30件。全年查办专利案件5119件，同比增长27.52%。

2018年，贵州省获得第二十届“中国专利奖”优秀奖3项。评选出2017～2018年度贵州省专利奖13个，其中金奖2个、专利优秀奖10个、外观设计专利优秀奖1个。

2018年，贵州省在全国率先建立发明

专利所有权、运营权和收益权“三权分置、托管运营、收益分享”的知识产权运营模式。2018年年底，贵州省首批6家专利运营试点单位共托管运营发明专利1559件，帮助专利权人实现许可转让33件，获得收益150余万元，实施有效维权41件，按照《贵州省发明专利运营试点后补助方案》给予试点单位代缴年费补助24万元，新增1家知识产权运营平台。

2018年，贵州省探索建立“贷款＋保险＋财政风险补偿”的专利权质押融资新模式。对28家企业的专利权质押贷款给予贴息补助355万元，全年实现专利权质押贷款11.7亿元，创历史新高。支持拥有自主知识产权的企业通过资本市场直接融资。2018年，贵州省2家拥有自主知识产权的公司实现首发融资上市，共计融资11.83亿元；1家拥有自主知识产权的上市公司通过发行公司债融资2.85亿元；4家拥有自主知识产权的新三板挂牌公司实现增发融资，共计融资6.23亿元。

2018年，贵州省组织开展专利信息分析成果推介，举行磷石膏、电解锰渣综合利用领域专利分析成果宣讲与推介活动，向有关企事业单位定向推送专利技术8000余件，为政府及有关部门提供决策咨询建议。承担国家知识产权局课题“大数据产业专利分析”，掌握大数据产业关键技术领域专利分布状况。选择3D打印机、酱香白酒生产工艺等10个重点产品或关键技术领域，组织开展专利战略研究，助推企业转型发展、创新发展。对2747项省级科技创新项目进行“查重、查新、查专利”的初查工作，有效避免重复立项、指向不明造成的科技资源浪费。

2018年，贵州省积极完善知识产权政策体系，加强改革创新，不断优化工作机制，全面提升工作能力。制定完善《贵州省专利资助管理办法》，进一步规范贵州省专利资助，强化知识产权质量导向，鼓励发明创造，推动创新成果申请专利保护，促进知识产权运用。贵州省落实知识产权激励政策，对19家国家级和省级知识产权优势企业补助800万元，对924项获得授权的发明专利补助600万元，对156家通过《企业知识产权管理规范》认证的企业补助1560万元。

2018年，贵州省推进将知识产权纳入职称评定指标体系。起草《贵州省关于深化职称制度改革的实施意见》，要求在职称评审中注重考核专业技术人才工作绩效和创新成果时，增加技术创新、专利等评价指标权重，积极推进将知识产权纳入职称评定指标体系。

2018年，贵州省积极推进专利信息和数据资源免费开放，向企事业单位及社会公众推广运用“新一代专利信息检索分析系统”，发布11期“专利检索及分析系统功能介绍”，新增注册用户539个。

2018年，贵州省持续推进全国专利代理行业改革试点工作，组织开展专利代理能力提升和专利代理人考前强化培训，承办全国专利代理人资格考试贵阳考点工作，2018年贵阳考点报名人数613人，同比增长67.95%，其中42人获得全国专利代理人资格，同比增长82.61%。

2018年，贵州省在科技文化卫生“三下乡”活动期间，举办专利讲座、专利申请技能培训和高价值专利培训，提高科技人员申报知识产权保护的成功率。

（贵州省知识产权局）

商标工作

2018年，贵州省注册商标申请量73 389件，同比增长36.50%；商标注册量42 814件，同比增长82.28%；累计有效注册商标总数153 828件，同比增长36.93%。

2018年，贵州省开展著名商标制度的清理。开展涉及著名商标制度的政府规章和规范性文件专项清理工作，废止《贵州省著名商标认定和保护办法》《贵州省著名商标认定和保护办法实施细则》及《贵州省著名商标管理办法》。

2018 年,继续推进商标注册便利化改革,新增 1 个商标受理窗口,商标申请人在本省就能申请商标注册。截至 2018 年年底,贵州省已有贵阳、六盘水、遵义、安顺、铜仁、黔东南、黔西南 7 个商标注册申请受理窗口,市州覆盖率为 77.78%;各窗口受理商标注册申请 2738 件,累计受理商标注册申请 4860 件。推动在省内设立 6 个商标质权登记受理窗口,受理商标质权登记申请 7 件,融资金额 4.8 亿元。

2018 年,贵州省提升重点产业品牌影响力。突出贵州白酒整体商标品牌,重点打造以赤水河流域白酒产业带为核心的白酒产业集群,巩固提升全国优质酱香酒主产区地位,打造一批酒类重点品牌,发展酒类区域性品牌。推进"苗药"品牌建设,组织企业参加全国药交会,提升品牌知名度,增强产业发展软实力;指导福泉磷化工产业集群开展产业集群区域品牌建设试点,推进产业集群区域品牌发展。在贵阳、黔南州两个片区召开贵州省工业企业品牌培育宣贯会,确定 10 家省级品牌培育示范企业。

(贵州省知识产权局)

地理标志工作

2018 年,贵州省新增 36 个地理标志,其中国家地理标志保护产品 13 个、地理标志商标 18 个、农产品地理标志 5 个。贵州省地理标志保护产品累计达 298 个,其中中药材、茶等 12 个农村产业革命特色优势产业中获得地理标志保护产品 175 个。

2018 年,贵州省以区域品牌战略助推农村产业革命。以 14 个深度贫困县特色产业发展为重点,积极推动申请地理标志保护。推进农产品地理标志示范样板创建工作,授予贵州绿茶和水城猕猴桃"省级农产品地理标志示范样板"称号,其中贵州绿茶获得中国绿色食品发展中心授予的"国家级农产品地理标志示范样板"称号。2018 年,选择 15 个产品实施地理标志产业化促进工程,4 个已验收项目实施期内制定地理标志管理制度 18 个,73 家企业使用地理标志专用标志 1088 万余枚,产品销售单价平均提高约 20%。贵州省地理标志工作被国家知识产权局作为典型经验在全国推广。

2018 年,组织开展贵州省农产品地理标志资源普查审定,印发《贵州省地域特色农产品普查备案名录》,将 449 个农产品列入名录,向中国绿色食品发展中心上报 51 个农产品地理标志登记申报材料。落实知识产权激励政策,2018 年省财政安排省级知识产权专项资金对 24 家获得地理标志的企业(组织)奖励 48 万元,对地理标志产品产业化促进工程投入 680 万元。

2018 年,贵州省以商标富农助力乡村振兴。推进以酒、烟、茶、药、特色食品"五张名片"为重点的特色产业发展,指导推动农特产品商标、地理标志商标的申请注册与使用管理。支持"盘县火腿"申请地理标志证明商标,促进"盘县火腿"产业商标品牌发展。推动创建"兴仁薏仁米"地理标志商标产业园,发挥涉农商标、地理标志商标在促进农民增收、农业发展、农村进步中的积极作用。

2018 年,贵州省进一步创新宣传方式和手段,加强地理标志的宣传和推广。组织新闻媒体进企业、进乡村、访农户,实地采访地理标志助力产业发展情况,在《贵州日报》开设专栏系列报道地理标志商标精准扶贫成效,陆续报道了"威宁洋芋""都匀毛尖""思南黄牛""赤水金钗石斛"等 25 个地理标志商标,向中华商标协会推荐"兴仁薏仁米"地理标志商标参加"发现地标之美"主题活动。组织 21 家企业参加第十六届农交会农产品地理标志专展,宣传推荐农产品地理标志,贵州展团被中国绿色食品发展中心授予"第十六届农交会农产品地理标志展团最佳组织奖”。

（贵州省知识产权局）

版权工作

2018年，贵州省版权局的工作重点是提升版权服务水平和加强版权行政执法，持续巩固政府机关软件正版化工作成果。各项工作完成情况良好。

一、适应创新发展要求，提升版权社会服务水平

贵州省版权局与贵州广电传媒集团共同组建贵州省版权登记中心，2018年8月30日贵州省版权登记平台上线，平台实行“网上提交、线上审核”，极大地便捷了作品登记申请渠道；同时，登记平台建立了版权登记数字化体系，推出基于区块链技术的版权数字存证平台，固定了专门的登记机构，增加了专职平台工作人员。2018年贵州省作品登记数量大幅上升，达到1200余件。

二、开展版权执法，抓好案件查办，开展系列专项行动

把“剑网2018”专项行动作为版权行政执法工作的重要内容，高度重视专项行动的开展，多部门制定下发《贵州省关于开展打击网络侵权盗版“剑网2018”专项行动的通知》，对全省专项行动工作进行了部署。为加强专项行动的组织领导，贵州省版权、网信、通信管理和公安等四部门成立省打击网络侵权盗版“剑网2018”专项行动领导小组。还建立了多部门联动机制，分别明确了机构和人员负责“剑网2018”专项行动工作的开展，协调解决专项行动中可能出现的重大问题。同时，各地成立了相应的专项行动领导小组，协调指导本地区工作的开展。

贵州省版权局把强化版权保护宣传作为“剑网2018”专项行动工作重点，充分发挥舆论引导和监督作用。贵州省人民政府网站登载了《贵州省启动打击网络侵权盗版“剑网2018”专项行动》信息，版权局网站也及时登载了“剑网2018”专项行动相关信息，营造了良好的舆论氛围。省内各级版权、网信、通信管理、公安部门充分发挥各自专业优势，坚持日常检查和重点检查相结合，积极开展网络侵权重点领域网上巡查。省版权局利用贵州省CCDI“版权云”监测功能等新技术手段，对在贵州省注册备案的新闻网站、视听网站、出版网站、微博、微信等媒介进行了监管和巡查。省版权局还公布了网络侵权盗版举报投诉电话，对举报或转办案源，都认真查实查办。

贵州省版权局深入贯彻执行《著作权法》及相关法律法规，重点抓好版权行政执法，于2018年8月30日在贵阳市组织了全省9个市、州和5个直管县版权局50人参加版权行政执法培训。贵州省全年著作权行政处罚案件仅4件。

三、巩固政府机关软件正版化工作成果，推进企业软件正版化工作

有计划、有步骤地推进软件正版化工作。2018年初，贵州省政府调整了省推进使用正版软件工作领导小组组长。省版权局制定了《贵州省2018年推进使用正版软件工作计划》，经省政府同意上报推进使用正版软件工作部际联席会议。该计划对全省各级政府和各企业软件正版化工作进行了安排和部署。要求全省各级政府和省直部门制定本级政府、部门软件正版化工作计划；根据工作计划的安排，3月29日，省推进使用正版软件工作领导小组办公室组织召开了领导小组会议，部署全省全年软件正版化工作；严格正版化日常工作程序，落实正版化工作年度报告制度；按照工作计划和要求，指导、督促市（州）、县（区）政府机关对软件正版化工作进行常态化管理；健全软件正版化责任人数据库，及时更新和补充省、市（州）各级政府机关软件正

版化责任部门及负责人的相关信息；进一步明确市（州）、县（区）各级政府机关软件正版化工作责任部门和责任人，确保推进工作落到实处。

国家推进使用正版软件工作部际联席会议督查组于9月17日至21日对贵州省推进使用软件正版化工作进行了督查。督查组抽查了省政府办公厅等6家省级政府机关和盘江集团等4家省国资委监管企业总部共计614台计算机。省推进使用正版软件工作领导小组办公室要求省直机关各单位对本部门软件正版化工作进行一次全面自查，同时抓好受检单位整改工作的落实。此次督查，对推进各级政府机关和省属国有企业加强制度建设，建立长效机制，进一步落实软件正版化政策措施，健全督查考核和责任追究制度，层层落实责任起到积极作用。

继续有序推进企业软件正版化。省版权局联合省国资委发出了《关于推进使用正版软件工作的通知》，部署推进企业软件正版化工作。要求各单位做好整体规划，明确目标；组织开展企业软件正版化工作宣传培训和建立软件资产管理普及工作，建立健全使用正版软件工作长效机制。目前省属国有企业在已基本实现软件正版化的基础上巩固成果，建立了使用正版软件工作长效机制，开展使用正版软件工作体系建设和软件资产管理等相关工作，通过软件正版化工作提高了企业的信息化管理水平。

（中央宣传部版权管理局办公室）

司法工作

2018年，贵州法院共受理各类知识产权一、二审案件962件（旧存29件），同比增长157.22%（2017年同期受理374件），审结803件，结案率83.47%。其中，受理知识产权民事案件826件，占知识产权总收案数量的85.86%，审结682件；受理知识产权刑事案件119件，占知识产权总收案数量的12.37%，审结105件；受理知识产权行政案件17件，审结16件。

2018年，贵州省高级人民法院审理的贵州家有在线公司与家有购物集团侵害商标权纠纷案入选“2017年中国法院知识产权司法保护50件典型案例”；雷士商标侵权及不正当竞争纠纷案件被《中国知识产权》评为“2017年度全国法院知识产权典型案例”；贵州省高级人民法院审理的彭某侵犯商业秘密罪案件被最高人民法院评为“保护产权和企业家合法权益”（第一批）七大典型案例之一。

一、强化审判监督指导，确保司法裁判统一

贵州省高级人民法院制定下发了《贵州省高级人民法院关于审理侵犯商标权纠纷案件审理指南》。

为统一裁判尺度，提高案件审判水平，贵阳市中级人民法院建立了“院长—分管领导—团队负责人”的案件层级监督机制。

二、健全审判机制，加强知识产权领域改革创新

2018年5月，贵州省高级人民法院参加最高人民法院在重庆召开的知识产权刑事审判及推进“三合一”工作座谈会，向最高人民法院作《贵州法院关于推进知识产权审判“三合一”工作汇报》和《贵州法院知识产权刑事审判工作汇报》。此外，贵州省高级人民法院知识产权审判庭编写《贵州省高级人民法院关于在立案环节正确识别知识产权行政案件工作方案》《贵州省高级人民法院知识产权行政案件目录清单》《一审行政案件登记立案材料清单》，进一步推进知识产权审判“三合一”改革工作落实。

2018年7月，贵州法院在原有专家库基础上又遴选了多名专家加入知识产权审判咨询专家库，并在审判实践中首次尝试通过聘请专家为案件所涉专业性、技术性

等问题提供意见和咨询的方式，帮助查清案件事实，进一步提高案件审判水平。

三、加强司法公开，树立知识产权司法保护良好形象

2018年“4·26知识产权宣传周”期间，贵州省高级人民法院知识产权审判庭组织召开新闻发布会，发布《贵州法院知识产权司法保护状况（2017）》白皮书以及贵州法院2017年知识产权司法保护典型案例。

2018年，贵阳市中级人民法院在人民网等多家媒体上发布两起销售假冒注册商标商品罪的案件情况，并被贵阳电视台《平安贵阳》栏目报道。

为全面深化司法公开，贵州省高级人民法院狠抓知识产权裁判文书上网工作，建立信息员制度，指定专门人员负责知识产权裁判文书的上网工作，建立知识产权裁判文书上网季度通报制度。

四、延伸审判职能，积极服务经济社会发展大局

2018年5月，2018年中国国际大数据产业博览会在贵阳主办，贵州省高级人民法院知识产权干警受邀作为嘉宾作《“大数据”的法律保护》专题演讲。2018年4月26日，贵阳市中级人民法院知识产权法官深入中云文化大数据公司进行调研。

五、加强审判队伍建设，努力提升队伍素质

积极选派业务骨干参加最高人民法院组织的知识产权培训班培训学习。此外，还通过组织青年干警观摩案件庭审、召开专题学习交流会、展评优秀裁判文书等方式，磨炼知识产权审判法官的综合能力。2018年贵州法院2名法官被最高人民法院评为“全国法院知识产权审判工作先进个人”。

针对全省法院通报的违纪案件开展整改工作，加强审判工作管理，主动邀请纪检组长旁听庭审，对庭审活动进行监督，努力打造一支公正、高效、廉洁的审判队伍。

（贵州省高级人民法院知识产权审判庭）

检察工作

一、基本情况

2018年，贵州省检察机关审查逮捕受理侵犯知识产权犯罪案件129件284人，审查起诉受理侵犯知识产权犯罪案件237件510人。贵州省侵犯知识产权犯罪集中在假冒注册商标罪和销售假冒注册商标的商品罪，超过了总数的90%。

二、主要工作措施

（1）加强制度化建设，确保执行力度。贵州省检察院先后出台了《关于加强知识产权司法保护的二十条措施》《贵州省检察机关开展发挥检察职能作用依法保护企业家合法权益营造企业健康发展法治环境专项工作实施方案》《贵州省检察机关发挥检察职能作用依法保护企业家合法权益营造企业健康发展法治环境专项工作考评办法》等文件，对检察机关知识产权保护工作提出明确要求，为更好保护知识产权提供司法保障，为促进贵州经济发展和社会和谐稳定提供优质司法服务。

（2）实行规范化办案，提升案件质量。贵州省各级检察机关充分认识到加强知识产权司法保护的重要意义，进一步强化检察工作融入大局、服务大局、保障大局的意识，综合运用惩治、预防、监督、教育、保护等检察职能，加强对知识产权的司法保护。一是顺应以审判为中心，确保办案质效。按照以审判为中心、以证据为核心的要求，大力推进客观性证据审查运用工作。完善非法证据调查核实机制，严把案件事实关、证据关、程序关和法律适用关。二是适时提前介入，有效引导侦查。规范介入程序、范围和实践，着力实现有效引导侦查，确保

在最佳取证时间内固定、完善证据材料，防止因取证不力导致侵权假冒案件犯罪分子逃脱法律制裁。2018 年检察机关侦查提前介入案件 13 件，均取得良好的办案效果。三是加强协作配合，形成打击合力。与法院、公安机关密切配合，依法从快批捕、起诉，加强对侵权假冒违法犯罪案件证据收集、固定和罪与非罪界限等相关问题进行研究会商，消除认识分歧，提高案件质量。

（3）推进外部衔接工作，突出惩治重点。一是注重沟通协调。主动加强与市场监管等行政执法机关的沟通联系，监督其及时向司法机关移送涉嫌刑事犯罪案件。2018 年贵州省检察机关建议行政执法机关移送涉嫌侵权假冒案件 203 件 216 人，行政执法机关已移送 190 件 203 人，侦查机关已立案侦查 109 件 121 人，检察机关批准逮捕 12 件 13 人。二是积极参与专项活动。积极配合协助各成员单位集中开展重点商品、重点区域、重点领域打假治劣专项行动，深化文化市场整治，加强注册商标权保护，做好各项知识产权保护工作，引导执法人员规范执法，必要时提供法律咨询意见。如仁怀市人民检察院结合该地白酒企业众多的实际，建立完善打击侵犯企业商标权犯罪行为的工作机制，建立了与白酒行业监管部门的联动机制，服务白酒企业发展。三是努力研究治本之策，探索新形势下加强市场秩序监管的措施。安顺市检察机关建议主管部门不仅对涉案单位和个人的违法犯罪行为记录在案，涉案单位和个人在经营等申请方面受到限制，而且将相关记录纳入经济档案和个人信用体系。

（4）聚焦智慧检务，提高监督能力。持续提升运用检察大数据水平，利用大数据提升侦查监督信息化智能化水平。贵州省“两法”衔接信息共享平台顺利运行后，省检察院及时对行政执法机关传送到信息共享平台上的案件执法情况及公安机关处理情况进行了解，并进行监督。进一步加强与行政执法机关的联系，通过座谈、走访调研等形式，为行政机关讲解有关刑事立案标准、刑事证据收集等法律知识，增强行政执法机关发现立案监督案件线索的能力，规范监督范围，完善监督程序，推动立案监督工作取得新成效。

（最高人民检察院第四检察厅）

云南省

专利工作

一、推进知识产权战略实施

落实机构改革任务，原云南省知识产权局整体划入新组建的云南省市场监督管理局，加挂云南省知识产权局牌子。积极履行云南省人民政府知识产权战略实施工作联席会议办公室工作职责，组织完成《云南省“十三五”知识产权发展规划》中期评估工作，云南省 2 个单位和 2 名个人分别获国务院知识产权战略实施工作部际联席会议办公室先进集体、先进个人表扬。

二、提升专利数量质量

2018 年，云南省专利申请 36 515 件，同比增长 27.25%；专利授权 20 340 件，同比增长 42.94%；有效发明专利量 12 194 件，每万人发明专利拥有量 2.54 件，较 2017 年增加 0.33 件；通过国家知识产权局受理的 PCT 国际专利申请 80 件。

三、提高专利运用水平

组织开展 2018 年云南省专利奖评选工作，50 项发明专利获奖。组织开展第二十届“中国专利奖”评选推荐工作，云南省 6

个项目获中国专利奖优秀奖。推进专利质押融资工作，与中国建设银行云南省分行等6家金融机构共同签署《云南省知识产权融资运营合作框架协议》。深化昆明市、玉溪市国家专利质押融资试点工作，全年办理专利质押登记17件，金额1.75亿元。指导企业积极开展专利转化许可，云南驰宏锌锗股份有限公司与中国有色金属建设股份有限公司签订服务合同，实现6件烟化炉专利转让印度企业，合同金额450万元。

四、严格专利行政执法

检查超市、药店等商品批发零售市场45个，检查商品5万余件，其中专利产品4000余件，执法办案650件。加强展会知识产权保护，组织执法人员进驻第5届中国—南亚博览会，检查专利商品3700余件，执法办案8件。加强知识产权维权援助服务，建立“1中心6工作站”的知识产权维权援助服务网络，全年共受理举报投诉案件24件。组织开展知识产权保护规范化培育市场工作，云南康乐茶文化城被列入第五批国家知识产权保护规范化市场培育名单。

五、实施知识产权强企强县工程

一是推进知识产权强企。启动第二批云南省知识产权优势企业培育工作，遴选403家企业列入培育名单。开展云南省知识产权优势企业认定工作，新认定云南省知识产权优势企业40家，新增国家知识产权优势（示范）企业24家，全省累计国家级知识产权优势（示范）企业53家，省级优势企业119家。推行企业知识产权管理标准，全省近150家企业开展贯标认证工作，已通过贯标认证的企业有58家。推动园区企业知识产权发展，深化楚雄高新区和保山高新区国家知识产权试点园区工作，确定临沧工业园区等10个园区为首批省级知识产权示范园区。二是推进知识产权强县工程试点示范。昆明市盘龙区、呈贡区、安宁市被列为重点扶持的市（区）。全省23个知识产权强县工程试点示范县（市、区）共申请专利27 828件，占全省的76.21%；专利授权14 959件，占全省的73.54%；有效发明专利10 346件，占全省的84.85%。

六、强化知识产权人才培养及宣传培训

一是深化知识产权人才培养。首次启动云南省知识产权人才选拔认定工作，遴选认定知识产权领军人才10人、高层次人才20人、实务人才40人。二是加大知识产权宣传培训力度。组织开展2018年云南省知识产权宣传周活动，举行新闻发布会，发布云南省知识产权战略实施十年取得的重大成就。制定实施《2018年云南省知识产权千人培训计划》，组织完成11期培训，培训人数超过1400余人次。三是推进中小学知识产权教育。云南省知识产权局与云南省教育厅遴选44所首批云南省中小学知识产权教育试点学校。

七、完善知识产权服务体系

一是积极引导知识产权服务机构发展。与重庆猪八戒知识产权服务有限公司等签订战略合作框架协议。承办2018年全国知识产权服务品牌机构“牵手七彩云南服务创新发展”行动，全国20余家知识产权品牌服务机构到云南开展服务活动。积极组织推荐申报，昆明知道专利事务所被认定为全国知识产权服务品牌机构，云南滇创科技孵化器企业管理有限公司被列入第四批全国知识产权服务品牌培育机构。二是加强知识产权公共服务能力建设。依托国家知识产权局专利局昆明代办处，完善了专利申请、缴费、法律状态查询、专利许可合同备案等“一站式”专利公共服务，业务质量继续保持零差错，群众满意率100%。积极落实专利费用减缴政策，为各类创新主体减免专利申请费用1350多万元。落实专

利资助政策，拨付资助资金 250 万元。强化专利获权过程服务，受理审核专利申请优先审查请求 214 件。

（云南省知识产权局）

商标工作

一、推进商标申请注册

2018 年，全省各类市场主体共提交商标注册申请 10.3 万件，核准注册 7 万余件，有效注册商标总量达 27.7 万件。新增地理标志商标 56 件，累计注册地理标志商标达 245 件。审查上报驰名商标认定申请 8 件，获准认定 4 件，全省驰名商标总数达 125 件。

二、实施商标品牌战略

云南省知识产权局加强工作调研，掌握全省地理标志商标资源及运用情况，先后为涉农重点企业及行业“团结乡苹果”“滇雪”“临沧坚果”商标协调指导商标注册保护等工作。加快地理标志商标培育申报，编制《全省地标空白县推动地理标志商标培育申报工作三年计划表（2018—2020 年）》，推动“县县有地标”目标实现，全省地理标志商标空白县减少到 43 个。利用各类平台提升云南省绿色食品品牌商标知名度。推荐“勐海茶”地理标志商标参加中华商标协会等机构发起的“发现地标之美”主题活动，并在 2018 年中国国际商标节上，“勐海茶”进入中华商标品牌博览会的地理标志馆，作为全国范围内推荐评选的 10 件优秀地标产品之一进行展示。积极配合云南省发展改革委，遴选推荐云南白药、滇红、后谷咖啡、龙润集团等企业参加首届中国自主品牌博览会，提升云南省企业品牌知名度。推进马德里商标国际注册和保护，服务绿色品牌实施“走出去”战略。“文山三七”商标境外注册取得突破，目前已在德国、法国、缅甸和中国的台湾、澳门地区成功注册。

三、加强商标监管执法

组织开展保护商标专用权“溯源”和“净化”专项行动，查处案件 472 件，案值 725 万元。深入开展打击侵权假冒工作，立案查处案件 945 件，案值 1143 万元。加强对商标代理机构监管，开展“双随机一公开”抽查检查，发现问题并责令改正的有 6 家，并将检查情况通过国家企业信用信息公示系统（云南）进行公示。对被投诉较多的商标代理机构开展行政约谈 1 次，立案查处违法案件 1 件并移送公安机关。

四、落实商标注册便利化改革

积极依托昆明市、玉溪市、曲靖市 3 个商标受理窗口和商标专用权质权登记申请受理点，为商标申请人提供注册便利。2018 年，通过商标受理窗口共受理商标注册申请 2000 余件；通过昆明商标专用权质权登记受理点共办理商标专用权质权登记 5 件，被担保债权总额 7248 万元。落实商标局下放商标受理权限的要求，授权包括昆明在内的 31 个商标受理窗口开展商标续展、变更、注销、马德里商标国际注册等 23 项商标后续业务。2018 年，昆明商标受理窗口共受理商标变更申请 35 件、续展申请 12 件、转让申请 18 件。

五、加强商标知识宣传培训

举办了全省商标品牌战略培训班，云南省各级商标管理人员及企业工作人员共 100 多人参加培训。各州、市组织举办多期各类专题培训、座谈会，参加人员 1300 余人次。昆明市发布《2017 年昆明市知识产权促进和保护状况》白皮书，德宏州通过《云南经济日报》组织开展 2018 年度商标战略实施成果集中宣传。

（云南省知识产权局）

地理标志工作

2018年，云南省8个产品获批生态原产地产品保护，至此云南省获国家生态原产地保护的产品达36个；2个产品获得生态原产地产品受理公示；15个产品通过生态原产地产品保护技术审查；8个产品等待国家地理标志产品保护技术审查后，申报国家地理标志产品保护。14家企业申请专用标志使用获得批准，云南省累计获批使用专用标志的企业达154家。组织有关州(市)、县人民政府参加中国品牌建设促进会等部门开展的2018年中国品牌价值评价，云南省地理标志产品“普洱茶”品牌价值为657.33亿元，“昌宁红茶”品牌价值为49.77亿元，“龙陵紫皮石斛”品牌价值为43.39亿元，“保山小粒咖啡”品牌价值为4.20亿元。云南省累计获得批准的地理标志产品共计49个。

(云南省知识产权局)

版权工作

2018年，云南省在版权创作、运用、保护、管理和服务等方面积极作为，全面完成年度各项工作任务，在主要领域取得新突破、新进展。

一、版权宣传培训工作不断加强

一是整合网络资源，依托云南天之悦文化传播有限公司推出“云南版权”微信公众号，持续开展版权法规、知识线上宣传，全年共计发布宣传推文57期124篇。二是突出“保护创作，推进运用”年度主题开展宣传。4月20日至26日，世界知识产权日版权宣传周活动期间，全省各地组织了形式多样、丰富多彩的主题宣传活动，共向公众发放各类版权宣传品10万多份，现场参与群众近8万人；在昆明主会场，省版权局在云南财经大学组织开展版权宣传进校园系列活动，举办在昆高校学生作品创作征集比赛和主题文艺演出等系列活动。2018年，国家版权局网站刊载云南版权工作信息8篇。

培训工作突出针对性、实用性和可操作性，相继举办全省省级党政机关、全省边境州(市)县两级政府机关、省属国有企业、省属教育系统事业单位软件正版化工作培训班，突出政策辅导及《正版软件工作管理指南》应用，全年共培训500多人。此外，举办全省版权行政执法骨干工作培训班，州(市)、县两级版权行政执法人员共70余人参加。

二、版权执法监管力度不断加大

发挥版权侵权查处机制，强化事中事后监管，落实行政执法与刑事司法衔接制度，重点突出大案要案查处和重点行业专项治理，加大侵权行为惩治力度。组织协调全省版权行政执法队伍查办版权案件，全年共检查经营单位4.24万家次，立案调查238件，办结196件，警告410家，吊销许可证3家，罚款100.36万元，没收违法所得1.01万元、音像制品5.97万张(盘)、非法书刊3.33万册。坚持日常监管与专项行动相结合，下半年，重点开展网络版权执法工作。省版权局联合省网信办、通信管理局、公安厅、文化厅等部门在全省范围内开展第14次打击网络侵权盗版专项治理“剑网2018”专项行动，将网络作为履行版权监管职责重要阵地，不断净化网络版权环境。通过强化分类管理，加强重点领域监测监管，及时发现和查处侵权盗版行为，共查办重点版权案件19件，结案18件，作出行政处罚16件，其中网络案件14件，移送司法机关1件。此外，2018年完成音像制品版权鉴定57份。11月，原省新闻出版广电局版权管理处、昭通市新闻出版广电局荣获国家版权局“2017年度查处侵权盗版案件有功单位”三等奖，永善县文化市场综合执法大队张信荣获“2017年度查处侵权盗版案件有功个人”三等奖。

三、使用正版软件工作不断推进

推进云南省政府机关、省属国有企业、事业单位软件正版化工作。一是履行省推进使用正版软件工作联席会议办公室职责，召开 2 次联络员会议，制定全年工作计划，明确年度重点任务和职责分工，研究部署阶段性重点任务。二是云南省连续 6 年以全省场地授权方式集中采购国产办公软件的做法，得到国家部际联席会议办公室充分肯定并推为全国典型。三是持续推进政府机关、企事业单位软件正版化工作制度化、规范化、常态化和信息化，建立完善长效机制。巩固各级党政机关软件正版化工作成果，按计划推进 19 家省属国有企业集团公司及所属二、三级企业实现软件正版化，启动省属教育系统事业单位软件正版化工作。四是接受国家版权局“全覆盖”检查。10 月 8 日至 17 日，国家推进使用正版软件部际联席会议督查组对云南省 41 家省级政府机关软件正版化工作进行全覆盖检查。在国家督查组到来前，组织 4 个小组对被检单位进行为期 2 周的督导检查，共检查计算机 10 000 多台，查看台账资料 1000 多份。国家督查结束后，根据省政府阮成发省长批示和李玛琳副省长指示，针对存在的 5 个方面问题认真督导各单位进行整改，已于 2018 年年底前基本整改到位，结果上报国家版权局。

四、版权社会服务水平不断提高

以作品自愿登记和涉外著作权合同登记为重点的著作权登记工作规范化、标准化，全年共办理作品登记 322 件、涉外著作权合同登记 245 件，受理作品登记咨询 2600 多人次。工作中坚持服务宗旨，为全省权利人免费邮寄作品登记证书。

五、版权工作调研能力不断提升

按照“大调研”部署，积极开展版权工作调研。聚焦建立完善全省软件正版化工作长效机制这一关键开展调研，并形成调研报告；针对云南省版权行政执法工作现状，就进一步理顺全省版权执法体制机制、提高版权执法效能开展调研，并形成书面报告上报省政府。

（中央宣传部版权管理局办公室）

司法工作

2018 年，云南法院紧紧围绕服务大局任务，大力加强知识产权司法保护，促进创新性成果的转化应用，为建设知识产权强国和世界科技强国提供有力的司法保障。

全省法院全年共受理一、二审知识产权民事案件 3581 件（含旧存 598 件），审结 2853 件，结案率为 79.67%。其中，一审案件收案 3083 件（新收 2501 件，旧存 582 件），审结 2364 件；二审案件收案 498 件（新收 482 件，旧存 16 件），审结 489 件，结案率为 98.19%。在新收的 2501 件一审知识产权民事案件中，知识产权权属、侵权纠纷案件 2394 件，占 95.72%（著作权权属、侵权纠纷案件 1510 件，商标权权属、侵权纠纷案件 467 件，专利权权属、侵权纠纷案件 339 件，植物新品种权属、侵权纠纷案件 4 件，其他科技成果权纠纷案件 1 件，其他知识产权权属、侵权纠纷案件 73 件）；知识产权合同纠纷案件 91 件，占 3.64%（著作权合同纠纷案件 6 件，商标权合同纠纷案件 1 件，专利合同纠纷案件 20 件，技术合同纠纷案件 31 件，特许经营合同纠纷案件 33 件）；不正当竞争纠纷案件 14 件，占 0.56%；垄断纠纷案件 2 件，占 0.08%。

全年共受理知识产权刑事案件 52 件（含旧存 8 件），其中假冒注册商标罪案件 16 件，销售假冒注册商标的商品罪案件 32 件，非法制造、销售非法制造的注册商标标识罪案件 3 件，侵犯著作权罪案件 1 件；审结 38 件，结案率为 73.08%。

一、加强调研，推进知识产权审判“三合一”工作

2018年，云南省高级人民法院先后到昆明、红河、大理、普洱等地四家中级人民法院开展调研，与州市中级人民法院、检察院一起召开了云南高院跨区域“三合一”审判调研座谈会，并完成《关于云南省知识产权案件“三合一”审判开展情况的调研报告》。

2018年4月，昆明市中级人民法院知识产权庭与昆明市公安局、市检察院相关部门就涉知识产权类犯罪的法律适用问题进行会商研究，公安机关据此形成了《昆明市公安机关关于办理知识产权案件法律适用指引》。昆明市中级人民法院加强与昆明市知识产权局的工作联系，商定将昆明市中级人民法院知识产权庭的开庭现场作为专利保护的学习基地。

二、加强对下业务指导，提高全省知识产权审判质量

云南省高级人民法院和昆明、红河、大理、普洱等地四家中级人民法院，形成全省知识产权审判“以一领四”的精简构架。在知识产权审判实践中，云南省高级人民法院注重加强对下业务指导：一是到四个中级法院巡回审判、开示范观摩庭，庭审后尽可能组织座谈交流；二是从个案审判指导入手，对二审改判、发回重审的案件，二审承办法官与一审承办法官或审判长充分沟通，交流意见；三是加强云南省高级人民法院与四家中级人民法院知识产权法官的日常交流。

三、加大宣传力度，切实发挥知识产权司法保护的引领作用，增强社会公众知识产权保护和维权意识

2018年4月20日，在云南省政府举办的云南省知识产权宣传周新闻发布会上，云南省高级人民法院发布了2017年云南省知识产权司法保护情况及十大典型案例。开展裁判文书上网及庭审直播活动。

四、加强知识产权审判领域改革创新研究，推进知识产权审判体系和审判能力现代化

云南省高级人民法院代云南省委、省政府起草了《加强知识产权审判领域改革创新实施方案》，强调要深入推进云南省知识产权审判“三合一”工作，建立健全专业化审判机构，加强知识产权刑事案件证据审查；加强知识产权审判队伍建设，加大知识产权审判人才培养和储备，加大知识产权法官选拔任用和交流。

（云南省高级人民法院知识产权审判庭）

检察工作

2018年，云南省检察机关继续从严打击侵犯知识产权和制售假冒伪劣商品犯罪，不断满足人民日益增长的美好生活需要，保障云南省经济社会发展。

2018年，云南省检察机关批准逮捕侵犯知识产权犯罪案件34件60人，提起公诉44件73人；监督公安机关立案侵权假冒犯罪案件18件。2018年，全省“两法”衔接信息共享平台共录入行政处罚案件信息41 448件，移送公安机关512件，立案136件。同时，还针对一些重点领域，开展了诸如专项立案监督活动等一系列特色亮点工作，提升了打击侵权假冒工作的政治效果、法律效果和社会效果。

一是加强对下指导，助力基层疑难复杂案件办理。省检察院侦查监督处高度重视调查研究，多次深入基层一线指导办案，2018年先后前往楚雄禄丰，曲靖陆良、红河等多地指导十余起侵权假冒案件办理。

二是依托信息平台，积极推动平台升级提质增效。云南省信息共享平台建设自2008年建成至今，已实现省、市（州）、县（区）三级检察机关网络纵向联通，基本完成与市(州)级行政机关的横向联网,是解决有案不移、有案不立、以罚代刑等问题的有力措施。当前"两法"衔接信息共享平台已有用户 5000 余个,案件录入量已逾 90 000 件,庞大的数据运行需要稳定、高效的软硬件支持,但平台建成时间较长,现有功能已经不能满足实际运行的需要,迫切需要进行升级改造。2018 年 3 月起,省检察院侦查监督处积极推动"两法"衔接信息共享平台升级维护项目实施,完成信息共享平台的功能升级。2018 年 7 月,省检察院侦查监督处在昆明举办全省"两法"衔接信息共享平台培训班,全省检察机关、公安机关、行政机关近 200 名学员参加了培训。此次培训班针对平台升级维护,有效提高了用户对于平台升级维护的认知、应用水平,推动云南省"两法"衔接工作再上新台阶。

三是营造舆论氛围,加大产权和企业家权益保护。2018 年 6 月,省检察院召开新闻发布会公布《关于充分发挥检察职能依法保护产权和企业家合法权益的实施意见》,宣布将重点依法保护非公有制经济产权和经营权、知识产权等 6 个方面,充分发挥各项法律监督职能,营造公平公正的市场法治环境,保障各类产权主体特别是企业家的合法权益,为推动云南省经济社会健康发展提供更加优质的司法服务。该实施意见从解决云南省面临的实际问题出发提出了具体举措,既有宏观的指导,又对各项检察业务工作提出了具体的实体性、程序性要求,具有很强的实用性和可操作性。发布会上还发布了云南省检察机关办理的涉及假冒注册商标犯罪等 5 个典型案例。

(最高人民检察院第四检察厅)

西藏自治区

知识产权工作

2018 年,西藏自治区开展了各项工作,自治区知识产权创造、运用和保护水平逐步提高,全社会知识产权意识不断增强,知识产权工作环境得到改善,近五年发明专利申请同比增长保持在 35%以上,为加快推进创新西藏建设,推动经济社会又好又快发展发挥了积极的作用。

一、全力做好专利提质增量工作

一是大力实施发明专利提升计划,着力在发明专利的挖掘申报上下功夫,宣传知识产权法律法规和相关政策,加强对专利申报企业一对一指导,帮助企业做好专利特别是发明专利的挖掘和布局,使西藏自治区专利申请量和授权量持续大幅提升。2018 年 1 月至 10 月发明专利申请 354 件,发明专利授权 70 件,国内有效发明专利 604 件。二是为了保障和激励大众创业、万众创新,突出专利质量导向,修改完善《西藏自治区专利资助办法》,调整专利资助政策,专利资助的导向作用充分显现。2018 年共审核通过专利资助 63 件,资助金额 143 800 元,专利资助对创新、创业的激励作用充分发挥。

二、知识产权培训得到加强

一是为提升自治区企业和高校知识产权创造、运用、保护、管理和服务水平,支撑创新驱动发展和供给侧结构性改革,促进"大众创业、万众创新",自治区知识产权局联合中国知识产权培训中心在北京举办了"第十九期西藏知识产权培训班",邀请国家知识产权局有关部门负责人、北京知识产权法院法官和业内知名知识产权工作者授课。来自自治区各地市知识产权局、各园区管委会、部分区直有关单位、部分高新科技型企业从事知识产权工作及管理人员共30人参加培训，并组织到国家知识产权局和中关村考察调研。二是联合西藏农牧学院组织开展自治区第二次“知识产权进高校”活动，邀请国家知识产权局专利局资深审查员为农牧学院80余名师生作授予专利权的实质条件和专利信息资源等主题的讲座。通过各类培训，相关参训学员进一步加强了对知识产权重要性、必要性和合理性的认识，凝聚了做好知识产权工作的共识，对推进自治区知识产权工作、厚植创新创造沃土起到积极作用。上述多种不同形式的培训等工作，提升了创新主体专利信息利用和专利挖掘设计能力，指导了创新主体建立专利申请质量内部管理体系，从而促进创新主体系统性保护创新成果，提高专利质量。

三、知识产权环境持续优化

一是起草了《西藏自治区知识产权工作联席会议制度》(征求意见稿)，并完成了23家单位意见征集工作。二是与国家知识产权局有关部门积极沟通，协调相关筹备工作；先后调研考察国家知识产权局专利局专利审查协作四川中心、成都代办处和西宁代办处，完成代办处办公场所建设、人员招聘等工作，拟定专利缴费、商标注册和有关知识产权业务、政策咨询等工作合并到代办处，为办事群众提供最大限度的便捷。三是起草和发布实施国家知识产权局《专利优先审查管理办法》的通知，首次开展了专利优先审查工作。2018年共推荐8个涉及自治区特色产业和民生领域的优先审查专利，将上述专利审批时间缩短一半以上，进一步提高了服务效率，规范了优先审查案件推荐，有力支撑了自治区特色优势产业发展。四是为大力倡导创新文化，积极争取国家知识产权局支持，2018年分别在拉萨众创空间和拉萨市企业孵化器建立了知识产权工作服务站，为创新创业人员和有关企业提供专利申请、商标注册及知识产权领域政策、业务咨询，并依托工作站开展知识产权培训，进一步解决了“最后一公里”存在的问题。五是建立了“双随机一公开”抽查工作实施细则、抽查事项清单、执法检查名录库等，为进一步加强知识产权保护工作奠定基础。

四、知识产权服务能力有效提升

组织自治区企业首次向国家知识产权局申报了专利研究项目和专利战略推进工程项目。根据《国务院知识产权战略实施工作部际联席会议办公室关于评选推荐国家知识产权战略实施工作先进集体和先进个人的通知》要求，结合实际，在西藏自治区范围内认真组织开展推荐全国先进集体和先进个人工作，获批先进集体1个，推荐2件专利参与第二十届“中国专利奖”的评选活动。

五、知识产权宣传得到加强

积极组织开展“4·26知识产权宣传周”等活动，以“知识产权日”“科技下乡活动”“科技活动周”“5·15”打击经济犯罪宣传活动等为契机，开展形式多样、内容丰富的知识产权政策宣传、业务咨询以及现场短训等活动。活动期间共发放知识产权保护运用等各种宣传资料5000余册，咨询人数达300人次，培训200人次，营造了“人人重视知识产权、人人参与知识产权”的良好氛围，进一步提升了社会公众知识产权意识。

(西藏自治区知识产权局)

版权工作

2018年，西藏自治区版权局以《自治区版权局2018年工作要点》《2018年度全区推进软件正版化工作计划》为抓手，积极有序推进各项工作。

一、积极开展“双打”工作

制定工作计划。安排部署全区新闻出版广电系统“双打”行动工作，并研究制定工作计划，明确自治区新闻出版广电系统“双打”行动的工作目标和任务。

大力开展专项行动。一是进一步加强西藏自治区3月敏感期“扫黄打非”工作和新闻出版广播影视领域的“双打”工作。于2018年3月5日起在自治区范围内开展了第一阶段“扫黄打非”净化专项行动及净化专项行动督导检查工作。此次“净化”专项行动督导检查，分别深入自治区7个地市，覆盖65个县、61个乡镇，检查94家歌舞娱乐场所、90多家互联网服务场所、62家出版经营场所、113家印刷企业、30多个县级新华书店，共收缴违禁出版物53件、侵权盗版出版物5件，删除侵权盗版歌曲22首，现场整改221家，限期整改30家，停业整顿6家。二是积极开展“秋风2018”专项行动。全面启动以打击非法报刊、假媒体、假记者站、假记者和侵权盗版行为为重点工作内容的“秋风2018”专项行动，坚决封堵反动出版物入藏关口。强化出版物市场监管，清查网络有害信息，组织开展了年度侵权盗版及非法出版物集中销毁活动。三是主动做好“剑网2018”专项行动。截至2018年11月，自治区共关闭网站21家，删除侵权盗版链接31条，收缴侵权盗版制品1111件，受理处置网民举报信息2万余条。

积极协助开展“双打”督查。深入林芝、昌都两个市的11个县(区)直部门进行了专项督导检查，并形成专项报告报自治区“双打”办公室。

其他工作。多次参加打击侵犯知识产权和制售假冒伪劣商品工作领导小组工作会议，积极汇报“双打”各项工作开展情况，协助自治区“双打”办公室推进新闻出版广电系统“双打”各项工作。

二、推进版权公共服务

安排部署2018年版权工作。制定了《自治区版权局2018年工作要点》，并下发至各地(市)版权局，要求做好贯彻落实。

推动版权示范城市建设。制定《西藏自治区版权示范单位管理暂行办法》，在版权相对集中的部门征求意见和建议。

推进著作权作品自愿登记工作。进一步完善细化《关于尽快开展著作权作品自愿登记工作的方案》，印制了《作品自愿登记证书》和《著作权作品自愿登记宣传手册》，刻制了西藏自治区版权局作品自愿登记专用章。7月25日下午，召集西藏自治区版权局系统内著作权相对集中的6个单位，就作品自愿登记工作进行了安排部署。

做好“中国版权金奖”推荐工作。经过筛选评估，向国家版权局推荐了4部作品参加“中国版权金奖”评选，为参加第七届中国国际版权博览会打下坚实的基础。

推进版权执法。积极协助青海省版权局开展对西藏人民出版社出版的《蓝琉璃》藏文图书的侵权盗版案件查办工作。

落实平台建设。落实国家版权局监管平台建设，实现网络监管对接，发挥版权监督平台作用，运用技术手段，对侵权盗版进行监控取证。

三、深化软件正版化

制定《2018年度全区推进软件正版化工作计划》《西藏自治区推进企事业单位使用正版软件工作规划(2018—2021年)的通知》。

4月13日召开了自治区推进使用正版软件工作厅际联席会议。

进一步建立和完善了西藏自治区各地(市)级软件正版化责任人数据库，积极督促和指导县级建立和完善软件正版化责任人数据库。在反复核对无误的基础上，及时在版权监管平台上上报信息材料。

下发了《2018年度全区推进软件正版化工作计划》，安排部署2018年软件正版化工作。2018年，自治区累计检查机关103个，其中，自治区级3个，地(市)、县

100个；检查计算机603台；累计投入资金200.616万元，新更换非许可软件1502套，其中，WPS办公软件734套，Windows操作系统768套。

推进企业软件正版化工作，指导开展西藏自治区的企事业单位软件正版化工作。

积极协助西藏自治区版权局办公室共同推进新闻出版广电系统开展软件正版化工作。自治区新闻出版广电（版权）局系统于2018年又累计投入资金47万余元，采购正版Windows操作系统和WPS办公软件各150套，实现了新闻出版广电局系统正版软件全覆盖。

组织开展培训工作。西藏自治区累计投入资金10余万元，举办培训班4期，发放培训宣传资料1000余份，协调专家授课20余节，区（县）、市、自治区三级政府机关参训人员达500余人。

制作软件正版化宣传资料。制定《印制西藏自治区软件正版化工作文件选编的方案》，投入资金14万余元，印发《西藏自治区软件正版化工作文件选编》12 000册，实现了发放全覆盖。

积极开展督促检查。开展2018年度打击侵犯知识产权和制售假冒伪劣商品违法犯罪活动各项工作。同时，积极主动协助自治区"双打"办公室和"扫黄打非"办公室，组成联合督导组，先后深入林芝、昌都、那曲的20余县、市，开展软件正版化督导检查工作。

探索整体场地授权。2018年4月召开自治区推进使用正版软件工作厅际联席会议，讨论通过探索国产办公软件在西藏自治区新的授权方式要求，制定《西藏自治区政府机关金山办公软件整体场地授权推广实施方案》，并征求自治区政府办公厅等推进使用正版软件工作厅际联席会议成员单位的意见建议，并于2018年11月29日上午研究讨论了该实施方案。

四、做好版权宣传工作

开展"世界知识产权日"宣传。一是除从国家版权局官方网站下载以"保护创作，推进运用"为主题宣传海报外，西藏自治区还自主设计了具有西藏民族特色的主题宣传海报，并以藏、汉两种文字形式印刷各类宣传海报12 000张，分别发放给各市（地）新闻出版广电（版权）局和局属各单位。二是向西藏电视台等本地区媒体提供宣传报道的素材，在西藏卫视播放宣传周公益宣传短片。三是采取丰富多彩的宣传方式，开展知识产权宣传进校园、进社区、进电影院、进书店等版权宣传活动。

做好版权日常宣传。紧扣法制宣传节点，多措并举，推进西藏自治区版权宣传工作，通过开展日常版权宣传，提高全社会的版权保护意识。

（中央宣传部版权管理局办公室）

检察工作

西藏自治区检察机关不断提高政治站位，强化责任担当，充分履行检察职能，与有关部门密切配合，形成工作合力，深入推进打击侵权假冒工作，营造了良好的市场环境。

一是着力提高产权司法保护力度。认真落实最高人民检察院服务保障非公经济发展"18条意见"和自治区检察院"16条实施意见"，平等保护各类企业自主经营权和财产所有权，加大产权保护力度。2018年，自治区检察机关共受理提请审查逮捕生产销售伪劣商品犯罪案件1件1人，依法批准逮捕1件1人。拉萨市城关区人民检察院办理张某某涉嫌销售假冒注册商标案过程中，及时引导侦查取证，取得了较好的法律效果和社会效果。

二是严厉打击制假售假犯罪活动。全区检察机关深入开展"保障千家万户舌尖上的安全"和药品安全专项检查活动，依法起诉食品药品领域犯罪2件3人，有力保障了人民群众的身心健康。被告人王某、赵某于2016年5月至2017年1月，在拉萨地区生产、销售伪劣食品金额达96万余元，严重侵害消费者权益和社会公共利益，拉萨市城关区检察院依法起诉后，法院依法作出有罪判决。

三是深入推进"两法"衔接工作。以打击侵犯知识产权和制售假冒伪劣商品行政执法与刑事司法衔接信息共享平台为依托，以破坏环境资源犯罪、危害食品药品安全犯罪两个专项立案监督活动为抓手，主动走访行政执法机关，切实开展打击侵权假冒领域"两法"衔接工作。通过自治区打假侵权"两法"衔接平台审查行政处罚案件16件，建议税务机关移交刑事案件线索1件。

四是切实加强协调联动。各地积极探索设立派驻检察联络室。截至2018年年底，在林芝市人民检察院、山南市人民检察院、林芝市工布江达县人民检察院的积极沟通协调下，三地检察院驻食药监局检察联络室先后挂牌成立。以派驻检察联络室为平台，切实履行侦查监督职能，做好生态环境保护和食药领域行政执法和刑事司法的衔接工作，督促行政机关依法履职、及时移送涉嫌犯罪案件，监督公安机关的刑事立案及侦查工作，并逐步建立信息交流、案件信息共享、案件咨询、案件通报、联席会议等相关机制。

（最高人民检察院第四检察厅）

陕西省

专利工作

2018年，全省发明专利授权8884件，每万人口发明专利拥有量10.3件。实施知识产权运用工程，专利权质押合同登记505件，同比增长10.7%，质押金额28.8亿元，同比增长22.1%。航空航天产业知识产权运营基金首批投资2个项目共1500万元。实施知识产权强企工程。新增3家国家知识产权示范企业、1家国家知识产权优势企业。组织152家企业开展贯标工作，累计653家企业、高校、科研机构分别开展国家标准的实施工作。实施知识产权保护工程。全年共办理专利行政案件1061件，同比增长17.2%。联合相关部门积极探索自贸区知识产权跨部门执法协作机制。实施知识产权培训工程和知识产权文化建设工程。举办各类培训班280班次，培训5.4万余人次。举办知识产权宣传周启动仪式等9场大型知识产权宣传活动，各市县（区）共举行80余场相关知识产权宣传活动。新增37所省级中小学知识产权教育试点学校。完成15项重大经济活动知识产权评议项目，14个专利导航项目。实施知识产权服务能力提升工程。新增专利代理机构26家，执业专利代理人77人。指导支持在西安外国语大学建设"陕西省'一带一路'知识产权语言服务人才培养中心"。累计对17个产业开展培育发展工作。进一步完善工作合作机制。与40余家单位建立战略合作和重点联系机制。

（陕西省知识产权局）

版权工作

一、稳步推进软件正版化工作

一是制定印发了《陕西省2018年推进使用正版软件工作实施方案》，明确了目标任务，夯实了工作责任。二是积极配合国家推进使用正版软件工作部际联席会议督查组对全省软件正版化工作进行实地督查。三是加强人员培训，先后举办了省属国有企业和省级机关软件正版化工作培训班。四是对在2017年推进软件正版化工作中成绩突出的5家单位授予"2017年陕西省版权示范单位”，并予以通报表彰。

二、有效开展版权宣传教育

一是举办了以“保护创作，推进运用”为主题的世界知识产权日系列宣传教育活动。二是组织省内各广播电视台、视听网站、电影院、互联网出版机构网站播发版权公益宣传广告。三是通过省政府新闻办“2018年陕西省知识产权保护状况”新闻发布会，重点介绍全省版权工作的主要成绩。四是联合陕西广播电视台《陕西新闻联播》和《今日点击》两档栏目对全省版权保护情况进行了集中采访报道。五是组织侵权盗版及非法出版物集中公开销毁活动，展示全省打击侵权盗版、严格著作权保护的坚强决心。六是制作版权专题宣传片，集中展示全省版权保护、运用、管理、服务工作成效。七是组织省司法厅、省律协联合举办律师界版权保护座谈会。

三、着力推动版权产业发展

一是深入开展版权调研工作，撰写完成《陕西省新闻作品版权保护调研报告》，同时组织编写并出版《2015年陕西省版权产业的经济贡献》。二是有针对性辅导培育相关版权企业开展工作，取得良好成绩。10月19日，在2018年中国版权金奖颁奖典礼上，西安电视剧版权交易中心有限公司荣获“中国版权金奖”管理奖。陕西人民出版社有限公司、陕西文化产业（影视）投资有限公司获“2018年度中国版权最具影响力企业”荣誉称号，陕西广电影视文化产业发展有限公司获“2018年度中国版权新锐企业”荣誉称号。三是组织出版单位参加第25届北京国际图书博览会，向国外输出图书版权达成意向11种、签约15种，同时引进海外图书版权达成意向53种、签约10种。

四、不断完善版权社会化服务管理

一是积极探索并启动“陕西省版权公共服务工作站”试点工作，先后为铜川市文广新局、西安电视剧版权交易中心、陕西动漫产业平台管理中心等3个版权公共服务工作站授牌。二是大力开展作品登记工作，累计登记作品8000件，比2017年增长了62.6%。同时完成版权合同备案241件。三是深入开展作品登记和版权知识宣传“下基层、进校园”活动，受到广大师生的热烈欢迎，现场受理登记作品500余件。

五、依法组织指导版权行政执法

一是积极开展“双打”和“剑网2018”行动，联合印发了《陕西省打击网络侵权盗版“剑网2018”专项行动工作方案》，进行周密的安排部署。二是严厉打击侵权盗版违法行为，指导榆林市成功办理了2起计算机软件侵权案。指导西安市查处了西安市未央区纳兰书店通过拼多多平台销售盗版图书案、马翔08影院网站侵犯电影著作权案、西安市碑林区花钥叔点播影咖侵犯电影著作权案等多起案件，有效净化了版权市场环境。经国家版权局评选，全省共荣获“2017年度查处侵权盗版案件有功单位”三等奖3项、“2017年度全国查处侵权盗版案件有功个人”三等奖4项，取得了较好成绩。

（中央宣传部版权管理局办公室）

司法工作

2018年，陕西法院共受理知识产权案件3169件，结案3038件，结案率为95.9%，比2017年知识产权案件收案总数增加1495件，增长率为89.3%。陕西省高级人民法院收案275件，结案274件，增长率为108%，结案率为99.6%。全省法院受理案件中，民事一审案件收案2812件，结案2690件；民事二审案件收案306件，结案305件；刑事一审案件收案43件，结案35件；刑事二审案件收案6件，结案6件；行政案件收案2件，结案2件。其中，陕西省高级人民法院审理的山东登海先锋公司诉陕西农丰公司、山西大丰公司侵犯植物新品种权纠纷案，被最高人民法院选为指导案例；陕西省高级人民法院白水杜康公司诉洛阳杜康公司商业诋毁纠纷案入选“2017年中国法院知识产权司法保护50件典型案例”；活斯特公司诉天鼎公司、启帆公司等股份转让案入选最高人民法院中国应用法学研究所“人民法院案例”；西安市中级人民法院审理的吴某与陕西广电网络公司捆绑交易纠纷案被最高人民法院选为指导案例。

2018年2月，西安知识产权法庭正式成立，集中管辖技术性、专业性强的知识产权案件。

陕西省高级人民法院积极参与陕西省自贸区知识产权保护工作，加强与省知识产权局、省公安厅、西安海关等部门执法的协同性，会同省级有关部门起草《中国(陕西)自由贸易试验区知识产权纠纷多元解决办法》《中国(陕西)自由贸易试验区知识产权行政执法协作办法》等指导性文件，构建起自贸区知识产权多元化纠纷解决机制。

2018年9月，西安市中级人民法院率先成立速裁组，试行“简案快审、繁案精审”。经过几个月的实践，速裁组用1/5的审判力量审结了近一半的案件数量，有效提升了审判质率。

全省法院系统对符合上网要求的知识产权案件裁判文书100%上网公布，陕西省高级人民法院每年在“4·26世界知识产权日”前对重大知识产权案件进行集中公开宣判并通过网络进行直播，定期选取知识产权审判典型案件进入高校等单位开展公开庭审活动，与省内高科技企业进行座谈交流，征求企业对于知识产权司法保护的意见，提高对企业知识产权保护水平。西安市中级人民法院连续多年在“4·26世界知识产权日”举行新闻发布会，发布典型案件和知识产权保护白皮书。榆林市中级人民法院在“3·15国际消费者权益日”期间，对审理的知识产权案件通过微信公众号对外同步宣传，并制作了《3·15榆林中院通过给侵权人“说法”还权利人一个“说法”》和《3·15榆林法院在行动》等微信宣传文章。

陕西省高级人民法院定期组织各中级人民法院法官参加最高人民法院组织的知识产权培训交流，邀请专家学者授课培训，不定期组织全省三级法院知识产权法官座谈研讨，确保了全省法院系统裁判尺度的基本统一，提高了司法公信力。

（陕西省高级人民法院知识产权审判庭）

检察工作

2018年，陕西省检察机关充分发挥检察职能作用，不断加大司法打击力度，加强“两法”衔接，拓宽宣传渠道，深入开展打击侵权假冒工作，维护营商环境，取得了良好效果。

一、高度重视，精密安排部署

全省检察机关高度重视打击侵权假冒工作。2018年年初，打击侵权假冒和保护知识产权工作被省检察院列为工作要点之一，并被纳入对下级检察机关的工作考核之中。2018年3月14日，全省打击侵权假冒和保护知识产权工作领导小组工作会议召开后，省检察院党组迅速进行了研究部署，分解任务并督促相关业务处室落实。4月，省检察院发布了《陕西省检察机关服务优化提升营商环境12条措施》，将“依法保护知识产权，保障和促进科技创新”列为一项重要工作，要求各级检察机关依法惩治侵犯企业知识产权等各类产权犯罪，营造促进市场经济主体公平竞争、诚信经营的市场环境。全省检察机关将打击侵权假冒工作纳入推进社会综合治理、社会管理创新和公正廉洁执法重点工作之中。

二、认真履职，坚决依法打击侵权假冒刑事犯罪

陕西省检察机关充分发挥批捕、起诉

职能，对侵犯知识产权类刑事犯罪，坚持从上线到下线，从生产到运输再到销售环节，全方位全程依法严厉打击，有力震慑侵权假冒违法犯罪活动。2018 年，全省检察机关共批准逮捕涉嫌侵犯知识产权罪案件 37 件 69 人，起诉 48 件 73 人。一是坚持对侵犯知识产权类刑事犯罪案件适时提前介入，积极引导侦查取证，全面收集固定证据，从源头上确保案件证据的合法性、有效性。二是加强办案力量，抽调侦监、公诉业务骨干专门办理侵权假冒和知识产权相关案件，在办案工作中要优先办理，优先保障办案设施和办案力量，确保案件依法快捕、快诉。三是严格依法办案，准确适用法律，保证案件质量。近几年，利用移动互联网实施侵权犯罪现象日益凸显，该类案件技术含量高，隐蔽性强，链条化、网络化和跨区域化更为突出。为精准打击犯罪，全省检察机关认真学习相关司法解释，准确理解和把握立法精神实质，重视证据审查，提高案件质量。四是坚持对重大、复杂案件的督办制度，强化对下级检察机关办案工作的督导和指导，并要求对典型案例及时上报备查，掌握最新动向，坚持下级检察院分管检察长靠前指挥，确保强力推进。

三、密切配合，形成合力，加大打击侵权假冒犯罪案件的监督力度

陕西省检察机关充分加强与行政执法机关、公安机关的工作协调与配合，加强联系沟通，努力形成打击合力。一是继续落实省检察院与省“双打”办联合会签的《陕西省打击侵权假冒行政执法与刑事司法衔接工作实施办法（试行）》、与省知识产权局联合会签的《关于加强知识产权行政执法与刑事司法衔接工作的意见》，进一步完善打击侵权假冒犯罪领域的“两法”衔接机制。参与 2018 年陕西自贸区知识产权调研联合评审工作。二是在督促各市检察院分院按时录入所办理刑事案件信息的同时，对相关行政执法单位在信息平台录入的行政案件信息进行仔细查阅，充分发挥监督职能，从中发现是否存在有案不立、有罪不究的情形，要求在审查批捕和起诉工作中发现存在漏捕、漏罪、漏犯的，必须依法及时追捕、追诉。

四、加强宣传，努力营造保护知识产权的社会氛围

全省检察机关充分利用“两微一端”等新媒体平台，大力宣传侵权假冒产品的危害，充分调动群众参与打击侵权假冒产品犯罪的积极性，营造浓厚的社会舆论氛围；创新宣传形式，在传统宣传方式基础上，配合相关行政执法机关和部门，采取群众易于接受的宣传形式，确保宣传的良好社会效果；丰富宣传内容，注重结合典型案例开展以案释法，深度揭露犯罪的手段和伎俩，不断提高人民群众防范能力。

（最高人民检察院第四检察厅）

甘肃省

专利工作

一、深入实施知识产权战略，推进知识产权强省建设

制定《2018 年甘肃省深入实施知识产权战略加快建设知识产权强省推进计划》和《甘肃省 2018 年专利事业发展战略推进工作实施方案》并组织实施。推进知识产权强市、强县建设。甘肃省已有 7 个国家知识产权试点城市、1 个国家知识产权强县工程示范县、9 个国家知识产权强县工程试点县和 4 个传统知识知识产权保护试点县。推荐 5 个县区申报2018年度国家知识产权强县工程试点县。完成知识产权战略实施十年评估，编纂《甘肃省知识产权战略实施十年评估报告》。对甘肃省知识产权战略实施工作做出贡献的80家集体和56名个人予以表扬。

二、推进丝绸之路国际知识产权港建设

制定印发了《丝绸之路国际知识产权港建设总体方案》和《甘肃省知识产权局2018年度丝绸之路国际知识产权港建设工作任务分解表》；制定了2018～2020年丝绸之路国际知识产权港建设规划，知识产权保护中心、知识产权交易中心、数字文创版权交易平台、专利导航试点工程等重点工作任务正在逐步有序落实；举办了被列入敦煌文博会系列活动的2018年内地与香港、澳门特别行政区知识产权研讨会和丝绸之路国际知识产权港建设研讨会，搭建了丝绸之路沿线国家和地区的文化交流和知识产权合作平台；甘肃省获批成为全国首批知识产权军民融合试点地方；起草完成了《国家知识产权局 甘肃省人民政府知识产权合作会商议定书》。

三、提高知识产权创造能力

2018年，甘肃省专利申请27 882件，同比增长14%；专利授权13 958件，同比增长44.3%；有效发明专利6879件，每万人发明专利拥有量为2.62件；PCT国际专利申请37件。对2017年获得首件授权发明专利的企业发放奖补资金63万元，同时启动了2018年度甘肃省专利资助资金申报工作。

四、提升知识产权运用能力

2018年，甘肃省新增专利权质押融资26笔，质押专利89件，融资额7.3亿元。落实2017年度企业专利权质押融资贴息补助、评估费补贴及担保费奖励311.8万元。甘肃省专利权质押融资入选全国30项知识产权强省建设试点经验与典型案例。推进专利质押融资保证保险、专利侵权责任保险、专利执行保险、专利代理人职业责任保险等险种的投保或组合投保，扩大专利保险合作范围。2018年6月，与中国平安财产保险股份有限公司甘肃分公司签署战略合作协议。开展《甘肃省专利奖励试行办法》修订工作，增设了“甘肃省专利发明人(设计人)奖”。2018年甘肃省专利奖共产生50项，其中一等奖5项、二等奖20项、三等奖25项。制定了《2018年省知识产权计划项目评审工作方案》，立项77项，下达经费2000万元。

五、加强企业知识产权工作

落实2017年知识产权优势(示范)企业奖补资金1310万元。新认定2018年国家知识产权示范企业4家和优势企业22家，新认定省级优势企业27家。33家企业已备案开展知识产权管理规范国家标准认证工作，12家服务机构已备案为首批甘肃省企业知识产权管理规范国家标准认证咨询辅导机构。指导企业成立知识产权联盟、构建专利池，成立了甘肃省知识产权运营联盟和甘肃省核桃产业知识产权联盟。

六、加强知识产权保护

制定《甘肃省2018年知识产权执法维权“护航”专项行动方案》《甘肃省2018年专利执法维权“雷霆”专项行动实施方案》《集中开展农村和城乡结合部市场专利执法检查行动的通知》等文件，有步骤开展知识产权保护工作。新增5个知识产权维权援助中心分中心，全省知识产权维权援助中心分中心和工作站均增加到了10个，实现市(州)和重点县(区)知识产权维权援助体系全覆盖。接收移送侵权案件15件，移送电商案件236件。2018年全省知识产权系统共出动执法人员406人次，检查商场、商户等经营场所1026次，抽查商品69 911余件；共处理各类专利案件955件，较2017

年增长34.7%，其中专利纠纷案件350件，假冒专利605件；结案率97.59%，较2017年提高了1个百分点；办理展会专利案件29件，较2017年增长45%，办理电商案件305件，较上年增长177.27%。

七、提高知识产权服务能力

2018年，兰州代办处服务窗口共受理专利申请50 105件，同比增长16.9 %，电子申请率达到100%。省知识产权事务中心、甘肃合睿律师事务所成为全国知识产权服务品牌机构，省科技情报所获批成为全国知识产权分析评议示范创建机构。甘肃省知识产权服务能力明显提高。

（甘肃省知识产权局）

商标工作

2018年，甘肃省工商局认真贯彻落实全国市场监管工作会议精神，紧紧围绕省委省政府重大决策部署，以“转变作风改善发展环境建设年”活动为载体，围绕中心，服务大局，立足职能，找准定位，负重加压，借鉴创新，积极推进实施商标品牌战略，各项工作健康有序发展。

一、商标品牌战略顺利推进

2018年，甘肃省政府办公厅印发了《关于加强地理标志品牌和区域公用品牌培育助力产业扶贫的意见》，为推进品牌扶贫工作提供政策支持。甘肃省工商局联合甘肃省直12部门出台了《甘肃省关于加强商标国际注册推进品牌国际化工作的意见》，进一步完善了全省商标品牌战略政策支持，强化了各部门的协同，实现了借助商务部门资金扶持推进全省国际商标注册。印发了《2018年全省商标工作要点》，细化了工作目标考核指标，确定了年度1.5万件有效注册商标的目标任务，基层商标品牌建设路径进一步清晰。组织了全省商标监管执法业务培训班，突出了课程内容设置的实用急需，汇编下发了《商标注册便利化改革政策解读》等资料，进一步提升了基层商标工作业务能力。

二、商标业务建设有效加强

加大商标申请注册力度，指导全省各市（州）积极申请注册商标。截至2018年年底，全省商标申请件数达到30 665件，同比增长23.1%，注册件数21 193件，同比增长65.1%，累计有效注册量达到73 321件，同比增长37.1%。截至2018年年底，全省累计地理标志商标达到105件，中国驰名商标达到73件。进一步加强了商标品牌指导站建设，在全省新设立了202个指导站，每个指导站补助2万元，商标品牌发展基础得到夯实。全面推进商标受理窗口和质押申请受理点工作。2018年甘肃省在嘉峪关、武威、金昌、临夏州新增4个商标受理窗口，截至12月底，全省12个商标受理窗口共受理商标注册2317件，作用发挥日益明显。商标权质押贷款实现5.75亿元，同比增长77.5%，有力助推了企业发展。

三、商标专用权保护实施有力

制定了《2018年打击侵权假冒工作要点》，围绕元旦、春节、五一、中秋、国庆等重要时节，开展了“双打”工作；以驰名商标、涉外商标、地理标志商标、老字号商标为重点，制定方案并统一部署开展了打击商标侵权的“溯源”行动和打击未注册商标违反禁用条款使用的“净化”行动，进一步维护了公平有序的市场竞争环境。2018年，全省系统查办侵权假冒案件651件，罚没金额478.26万元，市场环境、营商环境和消费环境进一步好转。积极协调并配合中国兰州投资贸易洽谈会（以下简称兰洽会）组委会完成了第二十四届兰洽会侵权假冒商品检查工作，及时处理了消费者投诉。较好落实了全省商标发展保护情况（季度）通报制度，与北京市高级人民法院知识产权庭进行了交流座谈。先后完成了央视“大风车”“银通科技”“万侨鸿”“大禹节水”“安伯尔”“唏嘛香”“北家姓”等商标侵权有关信访件、案件协调转办、维权咨询等办理工作。

四、商标品牌基础不断夯实

2018 年，组织全省 67 家企业、42 种地理标志产品赴湖南省长沙市参加“金芒果地理标志产品国际博览会”“陇品入湘签约仪式”等活动，对树立甘肃省地标企业品牌形象，推广地标产品，助力精准扶贫发挥了积极的推动作用。积极发挥工商机关和商标协会的职能作用，组织甘肃省企业参加中国国际商标品牌节、兰洽会等商品交易会，努力推动全省名优产品走出甘肃、走向全国。完成了政协委员关于兰州牛肉面的两个提案，协调配合兰州商务部门保护了兰州牛肉拉面注册商标，推进了牛肉面品牌经济发展。全面参与协调了“‘一带一路’商标国际论坛”先期筹备推进工作。

（甘肃省知识产权局）

地理标志工作

一、积极推进地理标志保护与精准扶贫有机融合

为了总结全省地标工作取得的成绩和经验，进一步明确地标工作在推进精准扶贫、打赢全省脱贫攻坚战中的重要任务和主攻方向，2018 年 1 月，甘肃省质量技术监督局组织召开了全省地理标志保护工作推进会。会议确立了三年内实现地理标志保护产品总数翻一番的目标。

二、积极做好全省地理标志保护基础工作

启动全省地理标志保护“一县一品”行动计划，甘肃省质量技术监督局先后赴甘南、临夏、定西、金昌、酒泉、武威等地，对洮砚、广河羊肉、永昌胡萝卜、阿克塞羊肉、敦煌紫胭桃等产品开展调研，并对地标产品申报流程及相关政策进行了讲解。印发了《甘肃省质量技术监督局关于认真做好 2018 年地理标志保护产品申报工作的通知》，公布了 2018 年地理标志保护重点申报产品，对做好 2018 年地理标志保护产品申报工作提出了明确具体的要求。截至 2018 年 12 月，共完成景泰和尚头面粉、哈达铺当归、民乐粉丝、临洮紫斑牡丹等 4 个产品的初审、修改工作，并对皋兰软儿梨、广河羊肉、古浪枸杞、古浪羊肉、天祝白牦牛肉、榆中娃娃菜等 23 个产品进行了申报指导。

三、加大地理标志产品培育、申报力度

为夯实全省国家地理标志保护基础，年初印发了《甘肃省质量技术监督局关于报送 2018 年度第一批地理标志产品保护申报计划的通知》，集中征集地标产品申报计划，向全省各市（州）征集拟申报产品 90 个，为下一步培育、申报地标产品打下了基础。2018 年 2 月，国家质检总局发布公告，正式批准了秦安苹果为地理标志产品保护产品。甘肃省地理标志保护产品数量增加至 67 个。组织参加 2018 年中国品牌价值评价发布活动，甘肃省兰州百合、静宁苹果、秦安苹果、秦安花椒等 4 个产品荣登榜单。

（甘肃省知识产权局）

版权工作

2018 年，甘肃省版权管理工作以持续推进软件正版化工作和加强版权执法、抓好案件查办、开展系列专项活动为重点，同时做好日常行政管理并兼顾版权法律服务，以此带动全省版权行政管理工作的全面进步。

一、软件正版化工作推进

2018 年国家推进使用正版软件工作部际联席会议督查组对甘肃省省级政府机

关软件正版化工作进行了全覆盖检查，督查组检查认为："甘肃省委、省政府高度重视软件正版化工作，在省委、省政府的领导下，省推进使用正版软件工作领导小组牵头单位省新闻出版广电局（省版权局）积极主动做好各项协调服务和指导工作，省领导小组各成员单位相互配合、密切协作、齐抓共管，推进软件正版化工作取得显著成效。省级政府机关操作系统软件和办公软件的正版率分别达到97.98%和96.08%。"

甘肃省软件正版化工作措施如下推进。

（1）加快工作节奏，持续有效巩固。继续加快工作节奏，强化督促检查，以检查促整改。

（2）严格检查考核，强化管理手段。对省级党政机关软件正版化工作检查情况进行了通报，对正版率不足100%的单位提出了整改要求，对6家工作推进落实没有成效的单位提出了批评，通过与其相关责任领导电话沟通进行了整改督促。

（3）领导重视履职责，多重督促抓落实。积极组织由81家省级党政机关分管领导等参加的工作培训会；甘肃省版权局主管领导与问题突出单位多次进行电话沟通，进行工作督办；主管领导带队，对40家省级政府机关进行实地督导检查；针对复查中出现的盗版反弹问题，召集相关单位主管领导开展工作座谈会；核拨20万元资金编印《软件正版化工作手册》，用以指导工作有效开展；建立专门的软件正版化工作QQ群，传达政策、交流工作。

（4）企业推进明责任，分级考核加追责。以软件正版化工作领导小组办公室名义与省政府国资委联合召集省国资监管企业相关负责人召开软件正版化工作推进会议，明确建立领导小组考核主管单位、主管单位考核企业、企业考核员工的三级考核追责制度；软件正版化工作领导小组办公室（省版权局）与省政府国资委组成联合督查组，对国资监管企业集团及二级企业软件正版化长效机制、计算机正版软件安装使用两方面情况进行全面检查。

（5）事业单位建计划，积极部署促推进。制定并下发《2018年甘肃省推进使用正版软件工作计划》《甘肃省推进企事业单位使用正版软件工作计划》，分别对2018年软件正版化重点工作和甘肃省党政机关所属企事业单位软件正版化工作进行了全面部署。

二、强化版权执法，开展专项行动

（1）组织开展"剑网2018"专项行动。积极联合公安、网信、通信等部门下发"剑网2018"专项行动通知，制定工作方案，成立由省版权局专职副局长任组长、相关单位负责人为成员的"剑网2018"专项行动工作领导小组，以网络侵权多发领域为重点目标，以查办案件为重要抓手，在全省范围开展了为期半年的打击网络侵权盗版的"剑网2018"专项行动。各市、州按照省里的安排，积极组织开展专项行动，及时与相关部门沟通协作，加强对主要网站的监管，持续保持对侵权网站的高压打击态势。

（2）组织协调"双打"专项行动。积极协调审计、国资等厅局，协调局"扫黄打非"、印刷发行等处室依法开展了一系列打击侵权盗版专项行动，并配合国家"双打"考核组完成了对甘肃省著作权保护的"双打"考核各项工作。

（3）积极查办著作权侵权案件。针对国家版权局移转甘肃省通渭县司法局关于通渭文渊书店涉嫌侵犯北京某出版社著作权一案，甘肃省、市、县三级版权管理部门组成联合检查组，第一时间赴案发地调查取证，由通渭县文广局对被诉方通渭文渊书店作出没收非法所得、罚款、销毁经销盗版图书的行政处罚决定；针对国家版权局移转的网络侵权盗播案，省版权局联合省公安厅、网信办、通信管理局，按照职责权限，分工负责，积极调查，并将调查结果及时向国家版权局进行了反馈。

三、版权法律服务水平稳步提高

(1)法律服务水平稳步提高。通过压缩登记时限、提供免费登记、实施电子存档、联系使用渠道、强化监管保护等手段积极鼓励甘肃省作者积极创作作品。与此同时,甘肃省版权局注意强化诸如版权纠纷调解、咨询,涉外合同审核,合同签订指导等工作,积极为权利人服务、为版权产业单位服务。

(2)扎实开展“4·26 知识产权宣传周”系列活动。下发《关于做好 2018 年全省知识产权宣传周版权宣传活动的通知》,对版权宣传活动进行了安排部署。全省各地也按照省局部署,组织了多种形式的宣传活动。

(中央宣传部版权管理局办公室)

司法工作

甘肃法院始终将执法办案作为第一要务抓紧、抓细、抓实,司法行为更加规范,审判质效不断提高。2018 年,甘肃法院共受理各类知识产权案件 932 件,较 2017 年的 240 件增长了 288%,案件增量巨大。成功审理丰桥国际种子公司侵害植物新品种权纠纷案等一批疑难、复杂案件,加大了知识产权保护力度,优化了营商环境。

一、聚焦改革创新,推进审判体制机制完善

最高人民法院于 2018 年 10 月批复同意设立兰州知识产权法庭。

甘肃省高级人民法院民三庭起草并提交院审委会审议通过了《关于在全省法院推进知识产权民事、行政和刑事审判“三合一”工作的实施方案》,自上而下全面实行知识产权审判“三合一”。

甘肃省高级人民法院民三庭组织专门力量承担了《甘肃省关于加强知识产权审判领域改革创新工作的实施意见》的起草工作。

健全完善知识产权案件的诉调对接和多元化纠纷解决机制,与甘肃省知识产权局开展“专利财产保全司法监控平台”对接工作,切实解决专利类知识产权案件执行难问题。2018 年,针对专利审判工作进行了专题调研,并就调研中发现的问题,向相关行政主管部门发出了司法建议。

2018 年,甘肃省高级人民法院民三庭以已经建立的甘肃省知识产权审判咨询专家库为基础,继续构建以专家证人、专家咨询、专家陪审员、技术鉴定人为主体的多元化技术事实查明机制。

二、强化调研指导,促进知识产权审判适法统一

(1)加强类案指导的针对性,充分发挥司法调研服务审判、指导审判的作用。针对北京鸟人公司著作权权属、侵权纠纷系列案 133 件,甘肃省高级人民法院民三庭采取分别指导、统一答复的方式,在选择部分案件集中地区了解情况的基础上,经全庭讨论形成意见,统一答复全省法院,保证了类案的裁判尺度统一。

(2)建立组织协调机构,统一协调指导知识产权审判改革创新工作。甘肃省高级人民法院成立知识产权审判领域改革创新工作协调小组,在甘肃省高级人民法院民三庭(即知识产权庭)设立办公室,负责统一协调指导全省法院知识产权审判改革创新工作以及与省级知识产权保护部门的联系、协调工作,并负责相关人员的培训工作。

(3)建立定期报告制度,做好知识产权案件统计工作。要求全省各级人民法院做好知识产权案件的统计工作,并于每年 12 月底向甘肃省高级人民法院知识产权审判领域改革创新工作协调小组办公室报告全年知识产权案件审理情况、报送典型案例。

三、推进司法公开，营造知识产权保护法律环境

一是审判公开制度化。案件审理以公开开庭和网络直播为原则。通过发布年度知识产权司法保护状况白皮书、十大典型案例等形式，公开展示甘肃法院知识产权司法保护成果。二是司法宣传多样化。精心筹划“4·26 知识产权宣传周”系列活动。在以往新闻发布会、知识产权专题讲座、知识产权司法保护座谈会等规定动作的基础上，2018 年将宣传的重点放在了服务实体企业、营造良好营商环境上，通过走访兰石、和盛堂制药等企业单位，派员赴企业讲课等形式，紧扣企业需求、解决实际问题，受到企业的热烈欢迎。三是学习交流常态化。接待广州知识产权法院的考察学习来访，组织三级法院联合学习考察组赴知识产权审判工作先进地区和法院进行考察学习。

（甘肃省高级人民法院知识产权审判庭）

检察工作

2018 年，甘肃省检察机关按照甘肃省人民检察院、省委工作部署，认真贯彻《国务院关于新形势下加强打击侵犯知识产权和制售假冒伪劣商品工作的意见》和省政府“优化营商环境建设年”工作部署，抓住重要时间节点、重点领域，积极开展打击侵权假冒工作，进一步规范全省市场秩序，为经济社会安全稳定发展贡献检察智慧。

一、严厉打击侵犯知识产权和制售假冒伪劣商品违法犯罪

2018 年全省检察机关共批捕涉嫌侵犯知识产权犯罪案件 24 件 35 人，审查起诉 32 件 55 人。检察机关刑检部门积极探索完善重大侵权和假冒伪劣案件提前介入机制，帮助公安机关完善固定证据，引导侦查取证，确保案件质效。在严格依法的前提下从快批捕和起诉，为维护人民群众生产生活秩序、规范市场经济行为、保护企业自主创新活力和优化投资环境提供有力司法保障。

二、深化重点领域突出问题专项治理

2018 年继续开展“危害食品药品安全犯罪专项立案监督活动”，全省检察机关将打击食品药品领域的侵权假冒犯罪作为工作重点，共监督行政执法机关移送涉嫌犯罪案件线索 26 件 27 人，监督公安机关立案侦查 3 件 3 人。为切实保障人民群众“舌尖上的安全”，省检察院于 6 月初在兰州市部署开展“乳制品及饮用水专项调研活动”，共摸排发现乳制品、饮用水公益诉讼案件线索 29 件，立案 27 件，发出诉前检察建议 24 件。同时，省检察院多次派督导组赴定西、陇南、白银等地区开展调研，将整治农村市场，打击生产假冒伪劣商品违法犯罪，特别是农资打假活动相关专项活动任务进行了再安排再部署。

三、强化协作配合，形成打击合力

省检察院把挂牌督办作为加强对下指导的有力抓手，对挂牌督办的 21 起案件加强跟踪监督，确保打击效果。全省检察机关以推进“两法”衔接平台建设为契机，积极发挥法律监督职能，有效解决有案不立，以罚代刑的情况。与省食品药品监督管理局密切联系沟通，先后多次召开联席会议，对制售假药、劣药，生产有毒有害食品等重点民生领域案件进行立案监督，加强与公安机关密切配合，在案件督办、信息共享、重大案件会商、提前介入侦查、案件移送、检验鉴定等方面加强联系沟通，形成打击合力。基层人民检察院充分发挥派驻乡镇（街道）检察室“一线检察服务网络”的积极作用，与当地食品药品监督管理局联合开展执法检查，对食品经营企业、食品一条街、幼儿园、学校等重点对象进行专项检查，将行政执法和检察监督有效对接，形成工作合力。

四、发挥检察职能，加强产权司法保护

2018 年 4 月，充分利用检察职能加强产权司法保护，优化全省营商环境，省检察院制定了《甘肃省检察机关加强产权司法保护优化营商环境专项工作实施方案》，以产权保护为切入点，以专项行动为抓手，积极营造法治化营商环境。各级检察机关及时加强与本地企业和相关行政部门的协调联系，建立相应的工作机制。在省检察院两次督导的基础上，参与政法委优化营商环境工作督察，总结工作亮点、经验，查找问题不足，有针对性地提出工作建议，有效推动专项工作深入开展。

五、加强法治宣传，营造良好舆论氛围

全省检察机关将知识产权保护列入法治宣传重点，充分利用消费者权益保护日、世界知识产权日、法治宣传日等关键节点加强普法宣传。省检察院部署开展了“普法主题宣讲”基层行活动，深入全省 12 个地区开展产权保护主题宣讲，受众 2 万余人，发放宣传资料 3 万余份；利用门户网站、“两微一端”、检察内网等网络媒体以文字、图片、视频等多种方式，宣传打击侵权假冒相关法律法规，提高消费者识假辨假能力。

（最高人民检察院第四检察厅）

青 海 省

专利工作

2018 年，青海省知识产权局深入实施创新驱动发展战略和知识产权战略，扎实推进“一优两高”战略部署，不断提升专利创造、运用、保护、管理和服务能力和水平。

一、激励创新创造，促进专利高质量发展

实施专利质量提升工程，开展高价值专利培育。2018 年青海省共申请专利 4437 件，同比增长 39.5%；授权专利 2664 件，同比增长 68.6%；每万人发明专利拥有量 2.34 件，同比增长 17%。对 2017 年度 917 项授权发明和实用新型专利，给予财政资金补助 280 多万元。首次实施了青海省专利奖，对新能源、新材料等多个领域的 10 项获奖专利进行奖励。2 项发明专利荣获第二十届“中国专利奖”优秀奖。通过政策引导，进一步激发了创新主体的创造活力和竞争意识。

二、聚焦转化运用，支撑重点产业创新发展

一是在青海省技术交易市场推介有转化潜力的专利 140 项，为第四届青海省大学生创新创业大赛参赛者推荐“短平快”专利技术 248 项。全年共有 10 笔专利权许可转让交易，成交总额达 1865.72 万元。二是积极搭建银企对接平台，举办专利权质押融资工作座谈会和银企对接会，与担保公司和投资基金公司签署合作协议，有效推动了专利向金融资本转化，2018 年专利权质押融资总额为 1.16 亿元。三是促进专利信息利用。对 10 个拟立项的重大科技专项开展知识产权分析评议，为项目管理部门和承担单位提供了决策参考。启动了盐湖化工和光伏产业专利导航，促进优势产业健康持续高质量发展。为 3 家战略性新兴产业的企业实施专利信息利用帮扶，提升了专利信息利用和创新能力。

三、加大保护力度，营造良好营商环境

一是制定出台《2018 年青海省知识产权局执法维权“雷霆”专项行动工作方案》

等4项制度措施，完善专利行政执法制度。二是与青海省高级人民法院、西宁市中级人民法院分别签订《知识产权司法保护与行政执法衔接合作交流框架协议》，推进行政、司法有机衔接。三是重点针对食品药品、日用百货等流通市场开展专利行政执法检查14次，查处假冒专利案件30件，处理专利侵权纠纷23件，结案率达100%，不断加强专利行政执法常态化监管。四是在"信用青海"网站、"两法"衔接平台上定期公开公示专利行政处罚信息，实现执法数据信息共享。五是在2018中国（青海）藏毯国际展览会设立知识产权保护维权站，开启会展维权执法。六是处理6件电商领域专利案件，实现电商领域专利行政执法零突破。

四、深化"放管服"改革，提高管理服务质量

加强对专利代理服务机构跟踪监管，召开专利代理机构座谈会，组织服务机构入园进企开展培训17场。新建12个园区知识产权工作站，逐步规范园区知识产权工作。新开发"青海省专利补助网上申报系统"，进一步简化申报程序，提高了效率。培育国家级知识产权优势企业3家、省级知识产权优势企业3家、省级知识产权优势企业培育对象24家。

五、强化宣传培训，推动知识产权健康发展

一是围绕"4·26世界知识产权日"、中国专利周等重大知识产权活动日，开展专利创造运用、保护维权等各类活动20余场次，2000余人受益，营造了倡导创新文化、尊重知识产权的良好氛围。二是开展知识产权进校园之"进中学""进高校"系列活动，教育培训师生900余名。三是组织获得国家级和省级专利奖的项目参加科博会的展览展示，宣传推介优秀专利成果。四是利用各类媒体和手段宣传青海知识产权工作，共发布知识产权信息211条，被国家知识产权局采用13条，新闻媒体转载报道35篇。

六、加强合作交流，提高知识产权管理水平

广泛开展交流合作。与广东省知识产权局签订了《粤青知识产权工作合作框架协议》，与深圳、成都等5个省（市）知识产权局签订了《知识产权系统电子商务领域专利执法维权协作调度机制工作备忘录》。组织行政管理人员和企业、服务机构负责人分别赴青岛、海宁等地实地调研知识产权公共服务平台，学习借鉴先进管理模式和经验，提升了综合管理服务水平。

（青海省知识产权局）

商标工作

一、商标品牌的数量和质量实现了跨越式发展

2018年，青海省新注册商标5937件，较2017年增长了24%；青海省累计注册商标总数28 771件，较2017年增长了22%。认真开展中国驰名商标的培育和推荐工作，青海省中国驰名商标累计达到47件。立足青海丰富的农畜产品资源，加大地理标志证明商标的培育，地理标志证明商标累计达到36件。

二、商标品牌的影响力不断扩大

青海省市场监管部门坚持"走出去"，主动融入"一带一路"倡议，积极为青海省品牌商品走进国内外市场搭建平台，成为青海省实施品牌强省战略进程中的亮点。2018年，带领青海省两市六州多个县（区）和西宁国家级经济技术开发区的67家重点企业走出国门，参加了第十六届哈萨克斯坦—中国商品展览会，圆满完成了青海品牌商品在哈萨克斯坦的展示推介。青海省在展览会设置了健康保健产品、高原特色食品、工业及民族传统工艺品三大展区，共有 8 个大类 600 多个品种的产品参展，主要涉及牛羊肉、乳制品、毛纺织品、民族工艺品等。哈萨克斯坦和吉尔吉斯斯坦的 90 家商会、协会及工商企业到达展会现场参观、交流与洽谈，青海盐湖工业股份有限公司等 18 家企业分别作了推介，推介会共签署合作协议 13 份，销售代理协议 3 份，涉及合同金额达 7540 万元。通过此次参展活动，青海省向国内外展示了特色品牌商品，增强了青海品牌商品在国内和国际市场的竞争力。

三、商标品牌的知名度明显提高

2018 年，青海省市场监管部门积极争取青海品牌建设资金，在省内外各类媒体开设专题、专栏，广泛深入地宣传青海商标品牌工作和品牌产品，营造了浓厚的社会氛围。先后在中央电视台、青海卫视与《青海日报》《浙江日报》《三秦都市报》以及哈萨克斯坦等国内外电视、报纸等主流媒体开通专栏宣传青海品牌，并在高速公路设置大型广告牌，进一步提高了青海特色品牌的知名度和影响力。加大对青海省品牌企业的宣传力度，组织开展“大美青海”特色商标品牌宣传活动，完成了 10 集《大美青海特色地理标志品牌产品宣传片》的拍摄及播出工作。通过品牌资金“四两拨千斤”的作用，青海省商标品牌宣传取得了明显成果。

四、商标品牌带动力不断增强

通过加大对示范企业的支持和商标培育，青海知名品牌企业在改善民生、吸引人才、解决就业等方面发挥了积极作用。青海的知名商标持有企业，通过其商标的影响和作用，促进了整个产业的发展。如“盐桥”成为中国钾肥产业的支柱品牌，“三江源”商标成为冬虫夏草产业的领军品牌，“5369”商标成为高端牦牛肉的代表品牌，“互助”“天佑德”成为畅销全国的青稞酒品牌，“柴达木”“三江雪”“诺蓝杞”商标成为高原枸杞行业的领导品牌，“藏蜜”“青藏华峰”成为青藏雪域高原蜂蜜的优秀品牌，“昆仑山”“昂思多”成为高海拔矿泉水的高端品牌，“藏羊”“圣源”成为全国手工藏毯的龙头品牌，“八瓣莲花”“布绣嘎玛”成为青海民族工艺品的代表品牌。还有青海油菜籽产业的“弘大”商标，辣椒产业的“仙红”商标，牛肉干产业的“可可西里”“西北骄”商标，以及“赵”牌蚕豆等。这些极具青海产业特色的中国驰名商标，已逐渐成为青海品牌崛起的主要商业标志，提高了青海品牌产品的市场竞争力。

五、商标专用权保护工作见成效

印发了《青海省工商局关于新形势下加强打击侵犯知识产权和制售假冒伪劣商品工作的实施方案》，全省工商及市场监管部门以保护驰名、地方著名商标为重点目标，以打击商标品牌侵权行为为重点，加强了“反欺诈、打侵权、保权益”百日攻坚执法行动以及“净化”“溯源”等专项行动。2018 年查处商标侵权案 54 件，涉案案值 86.35 万元，上缴罚没款 98.59 万元。

（青海省知识产权局）

版权工作

2018 年，青海省版权局把握重点，认真谋划，精心实施，较好地完成了各项工作任务。

一、积极开展打击网络侵权盗版“剑网 2018”专项行动

青海省版权局制定下发了《青海省开展打击网络侵权盗版“剑网 2018”专项行动实施方案》，对全省开展“剑网 2018”专项行动作出了安排和部署，明确要求各市、州紧密围绕工作重点，积极组织开展网络转载版权专项整治、短视频版权专项整治、重点领域版权专项整治，查办网络侵权盗版案件。

二、开展集中销毁侵权盗版及非法出版物活动

2018年4月23日上午，青海省版权局会同省“扫黄打非”领导小组、西宁市“扫黄打非”领导小组在西宁举行青海省2018年侵权盗版及非法出版物集中销毁活动。会后，西宁市“扫黄打非”部门将现场5.1万件非法出版物运往销毁地点进行了集中销毁。据统计，全省销毁侵权盗版及其他各类非法出版物共计8.5万件。

三、全面推进软件正版化工作

制定印发了《青海省2018年推进使用正版软件工作实施方案》《青海省推进企事业单位使用正版软件工作规划（2018—2022年）》《关于推进省直机关所属事业单位使用正版软件工作的通知》，为进一步巩固扩大省、市（州）、县级政府机关软件正版化工作成果，建立健全政府机关软件正版化长效机制，全面推进青海省软件正版化工作规范化、常态化、制度化和信息化提出了明确要求。及时调整了青海省推进软件正版化工作领导小组成员。2018年3月，举办全省政府机关软件正版化工作培训班，对各市（州）、省级70家党政机关软件正版化工作责任人，就软件正版化工作相关政策措施、正版软件管理工作制度和台账、软件正版化工作检查和信息报送等进行了系统培训。4月，对70家省直机关软件正版化工作开展复查，并将复查情况向省政府主管领导进行了专报，印发了整改督办通知。5月，组织召开省直机关软件正版化工作会议，就切实做好国务院督查的各项准备工作作了动员部署，提出具体要求。8月，配合国务院督查组圆满完成了对青海省42家政府机关软件正版化工作督查任务，对69家省直机关正版软件采购工作进行审核把关。

四、加强宣传，提升公众版权意识

2018年4月23日，省版权局、省“扫黄打非”领导小组办公室联合在西宁新宁广场进行集中宣传咨询活动。现场悬挂横幅3条、展出展板12块，散发海报等宣传资料1000余份，集中展示宣传了青海省开展打击侵犯知识产权和制售假冒伪劣商品专项行动、推进全省政府机关软件正版化、版权保护工作取得的成果。另外，在厅属各单位及公共场所张贴版权宣传海报200余张，积极营造了以“尊重知识、崇尚创新、诚信守法”为核心的知识产权文化建设氛围，增强了公众的版权保护意识。同时，充分利用网络媒体进行广泛宣传。期间，青海民族文化网和公众微信号“大美青海多元文化”等网络平台全面跟踪报道了各项活动，起到了良好的宣传效果。

五、积极开展执法培训工作

为切实提高行政执法人员法律素质和水平，举办了全省文化新闻出版系统依法行政（版权执法）培训班、全省软件正版化工作培训班和省直机关软件正版化工作会议。同时，组织20余人次参加了由国家版权局举办的版权执法和软件正版化工作培训。应省旅发委、省交通运输厅、省农牧厅、三江源国家公园管理局、西宁市文广局、玉树州文体局的邀请，分别进行了软件正版化工作培训。2018年，全省共计800余人（次）参加了执法培训，有效提升了行政执法人员的执法能力和水平。

六、积极开展盗版出版物认定工作

根据省“扫黄打非”办公室、西宁市大通县科技文化和旅游体育局的申请，对多种图书共10 107册进行了鉴定，并出具了认定书。

七、认真开展版权服务工作

全年接待来人来电版权咨询400余人次，进行著作权作品登记75件。

（中央宣传部版权管理局办公室）

司法工作

2018年，青海法院共审结涉知识产权类案件92件，其中一审78件，二审14件。从案由分布来看，涉技术合同类纠纷案件8件，侵害知识产权类纠纷案件79件(其中侵害商标权纠纷案件70件)，涉知识产权权属纠纷案件3件，其他类型案件2件。从结案方式来看，撤诉或按撤诉处理61件，判决及改判16件(改判1件)，调解8件，发回重审2件，维持5件。

2018年青海省知识产权案件呈现以下特点：一是案件数量整体与发达省份相比较少，但与2017年相比增幅明显，增幅155%(2017年为36件)；二是案件类型较为单一，案涉法律关系相对简单，多为侵害商标权纠纷；三是当事人达成调解或经法院调解撤诉类案件居多，调撤率为75%；四是商标维权打假系列案件较多且多为省外民事主体赴青海省维权诉讼，如小米、永和豆浆、美的商标权维权诉讼系列案。

一、发挥司法保护主导力量

一是优化审判方式，加强庭前法律释明工作。二是积极探索多元化技术事实查明机制，发挥技术调查官优势作用。三是严抓裁判文书规范格式，大力提倡文书简化。四是在审判过程中注重“调解优先，调判结合”司法原则，把调解工作贯穿于诉讼全过程。

二、全面深化司法改革

一是研究起草了《办理知识产权刑事案件若干程序问题规定》和《知识产权行政案件管辖与归口规定》。二是研究起草了青海省《关于加强知识产权审判领域改革创新的实施意见》。三是经与青海省知识产权局协商一致，青海省高级人民法院、西宁市中级人民法院分别与青海省知识产权局签订了《知识产权司法保护和行政执法衔接合作交流框架协议》。

三、注重调查研究

先后分赴海东、西宁两市中级人民法院，对对口业务庭案件审理情况、审判队伍建设情况和四大类案件审理中的突出问题进行系统调研座谈；对涉网络、域名案件的审判难点进行归纳；完成《青海省知识产权战略实施十年评估报告》涉知识产权司法保护基础材料的撰写工作。

四、大力提升业务能力素质

一是青海省高级人民法院知识产权庭建立每周专题研讨学习制度。二是加强同各级法院及政府职能部门的工作交流，建立沟通联络工作机制，借助信息公开平台，加强信息交流和信息分享。三是依托法信、中国法律数字图书馆等网络平台积极开展业务学习。

五、加强审判信息化应用

一是依托青海法院数字法院业务应用系统、智能文书编写系统等软件，实现案件办理全程网络化。二是积极利用该系统网络资源碎片化搜索、同案推介、相关法律条文检索等功能，统一裁判尺度、准确适用法律。三是严格落实审判流程信息公开、庭审网络直播、裁判文书上网工作制度。

六、加大知识产权宣传力度

一是派员参加青海省知识产权保护维权培训班和2018年企业知识产权实务培训班，作了企业知识产权维权实务专题讲座。二是“4·26知识产权宣传周”期间在《青海法制报》以专刊形式对近年来审理的部分知识产权典型案例进行了报道。

(青海省高级人民法院知识产权审判庭)

检察工作

2018年，青海省检察机关认真履行法律监督职责，严格公正执法，依法规范办案，加强“两法”衔接，以维护人民群众的切身利益为出发点和落脚点，以保障市场秩序规范有序和社会公平正义为目标，圆满完成了检察环节打击侵犯知识产权和制售假冒伪劣商品的各项工作。

一、依法履行审查逮捕、起诉职能，严厉打击侵犯知识产权和假冒伪劣商品犯罪

2018年，全省各级检察机关切实履行检察职能，依法严厉打击各类侵犯知识产权和制售假冒伪劣商品犯罪，经审查，依法批准逮捕侵犯知识产权类和制售假冒伪劣商品类罪案件18件21人，同比分别下降10%和46.15%，其中制售假冒伪劣商品类罪案件9件10人，侵犯知识产权类罪案件9件11人；依法提起公诉侵犯知识产权类罪案件和制售假冒伪劣商品类罪案件67件91人，同比分别上升6.35%和7.06%，其中制售假冒伪劣商品类罪案件55件65人，侵犯知识产权类罪案件12件26人。通过上述案件的办理，有力震慑了侵犯知识产权和制售假冒伪劣商品犯罪分子，为保护知识产权，维护全省人民的生产、生活安全发挥了积极作用。

二、依法履行监督职能，加大对制售假冒伪劣商品犯罪的监督力度

省检察院高度重视“双打”工作，根据青海省人民检察院统一部署和省“双打”办要求，结合青海实际，扎实开展了“危害食品药品安全犯罪专项立案监督活动”。各地按照专项活动实施方案要求，拓宽思路，采取有力措施，主动出击，有计划、分步骤地稳步推进，取得了较好效果。2018年，监督行政执法机关移送涉食药类案件6件6人，监督公安机关立案涉食药类案件3件3人。

全省检察机关紧密结合“专项立案监督活动”，在办案中适时介入侦查，引导侦查取证，加大监督力度，促进规范执法，提高案件质量，一定程度上遏制了青海省危害食品、药品安全犯罪的多发势头，有效保护了老百姓“舌尖上的安全”，受到广大人民群众肯定。2018年，全省依法批捕生产、销售假药，生产、销售有毒有害食品罪案件8件9人，分别占批捕打击生产、销售伪劣商品类罪案件数和人数的88.9%和90%；依法起诉生产、销售假药罪、生产销售劣药罪、生产销售不符合安全标准食品罪案件44件50人，分别占全部起诉打击生产、销售伪劣商品类罪案件数和人数的80%和91%。

（最高人民检察院第四检察厅）

宁夏回族自治区

专利工作

深入实施知识产权战略。出台《宁夏回族自治区知识产权创造保护运用行动实施方案》。2家单位被评为“国家知识产权战略实施工作先进集体”，1人被评为“国家知识产权战略实施工作先进个人”。

知识产权质量进一步提升。2018年自治区申请专利9841件，其中申请发明专利2986件，授权专利5656件，有效发明专利2820件，每万人拥有发明专利4.13件。出台《宁夏回族自治区知识产权补助资金管理办法》，补助授权发明专利1152.5万元。1项发明专利荣获中国专利银奖，2项发明专利荣获中国专利优秀奖。打造知识产权强企，获批国家知识产权示范企业4家，国家知识产权优势企业6家。49家企业通过知识产权贯标认证。

知识产权实施运用。吴忠市中国智能装备制造产业知识产权运营中心获批。对10项专利实施运用良好的项目进行资助。知识产权质押融资额9200万。专利代理机构达到8家。

严格知识产权保护。强化各市知识产权局行政执法职责，推进执法重点和执法力量向基层下移。开展知识产权执法维权“护航”“雷霆”专项行动，办理专利纠纷案件88件，查处假冒专利案件31件，处理电子商务领域侵权投诉案件199件，涉案链接506个。建立知识产权维权援助志愿者队伍，开展活动10余次。

宣传知识产权文化。举办“4·26知识产权日”宣传周、专利周等大型宣传活动。培育自治区中小学知识产权教育5家示范学校、10家试点学校。

（宁夏回族自治区知识产权局）

商标工作

2018年商标注册2554件，自治区有效注册商标42 895件，地理标志商标23件，驰名商标55件，地理标志保护产品11个。15个服务业商标品牌化建设项目获得政府服务业发展资金支持50万元。积极推进“宁夏枸杞”地理标志证明商标注册。重点打击侵犯“中宁枸杞”“盐池滩羊”等驰名商标专用权的违法行为，发现跨省侵犯宁夏商标专用权线索50条，立案查处侵权假冒案件304件，办结301件，罚没金额232.51万元。修改制定“中宁枸杞”“盐池滩羊”“贺兰山东麓葡萄酒”地理标志证明商标使用管理办法。

（宁夏回族自治区知识产权局）

版权工作

2018年，宁夏回族自治区版权局紧紧围绕版权局中心任务，发挥岗位职能，加强版权监管保护力度，拓展版权宣传教育范围，打击侵权盗版和推进软件正版化工作，扎实开展版权公共服务，版权市场环境得到有效改善，版权管理和服务能力明显提高，版权工作的社会影响得到增强。

一、版权执法监管力度不断加大

2018年，自治区版权局认真履行版权执法监管职责，协调指导自治区版权执法机关开展版权侵权案件查处和执法监管工作，2个单位和5名个人获得2017年度查处侵权盗版案件有功单位及有功个人奖励，受到国家版权局表彰。一是加大打击侵权盗版查处力度。全年查办5起侵权盗版案件，行政处罚4.389万元，其中宁夏银川周某某等涉嫌侵犯网络游戏著作权案被国家五部门列为全国挂牌督办案件。二是“剑网2018”专项行动成效明显。2018年，自治区版权局与自治区网信办、通信管理局、公安厅等部门联合开展了“剑网2018”专项行动，对9名“快手”主播进行约谈，对违规账号进行处置，封停账号13个，其中永久封停账号7个，直播功能封停6个；禁言账号21个，其中封禁30天账号9个，封禁15天账号9个，封禁7天账号3个。移送公安部门7名，移交市场监管部门1名，刑事拘留违法“快手”主播1名，行政拘留违规“快手”主播1名。三是加强宣传，强化舆论引导。充分利用网站、微博、微信等渠道宣传有关法律法规和“剑网2018”专项行动，向社会公开了2017年8起典型侵权案件；公布了宁夏银川周某某等涉嫌侵犯网络游戏著作权案。四是举办自治区执法监管培训班，进一步加强了全区版权行政执法监管能力，提高了网络执法水平，参训人员60人。

二、软件正版化工作稳步推进

2018 年，认真贯彻落实《政府机关使用正版软件管理办法》，进一步巩固和提升了软件正版化工作成果。一是软件正版化工作取得新进展。在深化市、县(区)党政机关软件正版化工作整改的基础上，着力加强计算机软硬件采购源头管理工作，出台相关政策措施。自治区党政机关新采购正版操作系统15 283套，其中，国产操作系统 700 套；采购正版办公软件 15 216 套，其中国产办公软件 14 421 套，进口办公软件 795 套；采购国产杀毒软件 660 套，采购总金额 3515.4 万元。二是党政机关软件正版化不断规范。继续以“三查一推进”为抓手，对 13 个市、县(区)的 60 家党政机关软件正版化工作进行督查，检查计算机 325 台。推动了软件正版化工作主体责任的落实。截至 11 月底，各市、县(区)基本完成了使用正版软件工作。三是国产软件应用试点单位取得新进展。圆满完成了西吉县国产软件应用试点工作任务。7 月，国家推进使用正版软件工作部际联席会议办公室对试点工作进行了验收，并在全国国产软件应用试点工作总结会上，对西吉县试点工作给予高度评价和充分肯定。四是积极推进企事业单位软件正版化工作。2018 年，共推进 40 家区属事业单位、部门所属事业单位实现软件正版化。8 月，自治区版权局与自治区非公有制经济服务局联合举办民营企业软件正版化工作培训班，引导民营企业加快推进使用正版软件工作，70 余家企业参加培训。五是持续推进教育医疗系统软件正版化工作。联合自治区教育厅对自治区 8 家高等院校使用正版软件情况进行检查，为银川市第二中学等学校免费赠送国产一铭操作系统 80 套，进行国产操作系统使用试点。

三、版权社会服务水平不断强化

一是突出调研抓落实。通过实地调研、数据分析等多种方式，对自治区作品登记情况进行了调研，并形成调研报告。二是强化版权公共服务体系建设。规范作品登记、涉外著作权合同登记工作，作品登记数量持续增长，比 2017 年增长 10%；涉外著作权合同登记 44 件，比 2017 年增长 100%。三是着力提高社会版权法律意识。组织全区版权管理部门集中开展了“4·26 版权宣传周”“12·6 法制宣传日”系列活动，全年共印制宣传海报 1000 套 3000 张，分发自治区各市、县、区及中心城镇，在自治区各机关、街道、社区、书店等地进行张贴。通过电视台、新媒体多角度、多渠道开展知识产权的宣传报道在自治区各播出机构播放版权公益宣传片，提高了社会各界的版权意识。

（中央宣传部版权管理局办公室）

司法工作

2018 年宁夏法院高度重视知识产权司法保护，鼓励创新，充分发挥民事审判在保护知识产权和激励自主创新中的主导作用，取得了一定成绩。

2018 年，从案件类型来看，涉著作权、商标权纠纷案件占绝对多数，涉技术类纠纷案件同比上升幅度较大。相较往年，涉技术类及商标权纠纷案件数量上升较快，而著作权纠纷案件及不正当竞争纠纷案件变化不太明显。从地区分布来看，案件主要集中分布在银川地区。在新收案件数量持续增长的情况下，实现了结案数量大幅上升。宁夏法院 2018 年知识产权案件调撤率高达 92%，创近几年新高。

知识产权普法宣传力度逐渐增大。加强知识产权司法保护宣传工作，发布知识产权审判白皮书，联合银川市知识产权局在做好“4·26 世界知识产权日”集中宣传的同时，切实抓好常态宣传工作。

队伍建设不断加强，专业化水平不断提升，通过对知识产权法官的培训及专业知识和审判技能的强化训练，宁夏法院审判队伍知识产权司法保护能力不断提升。

（宁夏回族自治区高级人民法院知识产权审判庭）

检察工作

宁夏检察机关高度重视，精心组织，周密部署，严厉打击侵权假冒犯罪，健全“两法”衔接工作机制，广泛开展法制宣传教育，各项工作取得了新成效。

一、基本情况

2018 年，自治区各级检察机关共受理侵犯知识产权和生产、销售假冒伪劣商品犯罪案件审查逮捕 15 件 26 人，批准逮捕 5 件 7 人，审查起诉案件 17 件 20 人，审结起诉 13 件 16 人，监督公安机关立案 4 件 7 人，提前介入 3 件，纠正违法 2 件次。

二、主要做法

（一）高度重视，加强组织领导

自治区检察院高度重视打击侵犯知识产权和制售假冒伪劣商品工作，认真贯彻落实有关文件要求，2018 年年初，制定下发了工作计划，要求各市、县（区）人民检察院在进一步加大打击力度的同时更加注重健全该领域的“两法”衔接工作机制，特别是重点做好监督移送涉嫌犯罪案件有关数据的统计上报和三级（县级）信息共享平台的建设应用工作。

（二）突出重点，严厉打击侵权假冒犯罪

自治区检察机关充分发挥法律监督职能，及时督办构成犯罪的重大、有影响的知识产权侵权案件，针对侵犯知识产权犯罪行为的方式、特点，提出防范、遏制的建议，依法打击侵犯知识产权的犯罪活动。加强与行政执法部门、公安机关的协作配合，主动提前介入，及时指派侦监和公诉部门的办案骨干提前介入侦查取证活动，提出收集、固定、完善证据的意见和建议，把案件存在的疑点、重点、难点问题解决在提请批捕、移送起诉之前。

（三）健全“两法”衔接工作机制

依托“行政执法与刑事司法衔接”平台，发挥检察机关监督职能，自治区检察院从基本工作要求、法定职责、工作机制以及监督机制等四个方面为进一步加强和完善“两法”衔接工作机制提出具体要求，明确录入信息标准、范围和时限，并开创性地将“两法”衔接工作的落实情况纳入政府效能考核体系。石嘴山市检察院组织开展“两法”衔接工作培训会议，不断提升工作人员业务能力和水平。

（四）加强宣传，营造良好氛围，提高全社会保护意识

为更好地开展工作，与有关部门协作，采取多种形式，加大宣传力度，有针对性地开展富有特色的知识产权保护宣传工作。自治区检察院会同相关部门联合举行宣传周活动、知识产权知识讲座、上街设点宣传、制作宣传栏、有奖知识问答等灵活多样的活动。自治区各基层人民检察院充分利用主题宣传日活动，在本地区设立分会场，组织各相关单位积极参加，通过摆放展板、发放宣传材料、悬挂横幅标语，开展咨询服务，大力宣传知识产权。与自治区和各市新闻媒体以及有关部门合作，集中力量、创新方式，广泛开展保护知识产权宣传教育活动。

（最高人民检察院第四检察厅）

新疆维吾尔自治区

知识产权工作

2018年，新疆维吾尔自治区知识产权工作深入贯彻党的十九大、十九届二中全会和三中全会精神，实施知识产权战略，扎实推进知识产权强区建设。

一、完善知识产权政策体系

印发《自治区加快推进地理标志商标品牌发展助力脱贫攻坚三年行动方案(2018—2020年)》《2018年自治区知识产权战略实施推进计划》。印发《自治区限制出口技术中专利权、集成电路布图设计专有权对外转让审查规程》，建立审查工作机制，规范自治区知识产权对外转让审查工作。圆满完成国家知识产权战略实施十年地方评估工作。

二、提升知识产权创造水平

(1)坚持“数量布局，质量取胜”，专利创造实现新发展。2018年，自治区累计申请专利14 862件，同比增长4.22%；授权专利9658件，同比增长19.32%。截至2018年年底，有效发明专利拥有量5028件，同比增长12.8%。每万人发明专利拥有量2.06件，同比增长10.6%。PCT国际专利申请35件，同比增长169.2%。自治区企业专利申请量和专利授权量分别占自治区总量的46.2%和54.3%，企业专利创造主体作用进一步增强。摘获中国专利奖4项。评出自治区第三届专利奖35项，其中一等奖5项、二等奖11项、三等奖19项。

(2)实施“品牌强区”工程，打造商标品牌战略新格局。按照自治区商标发展实际，制定《推进商标品牌战略的实施意见》《关于推进实施商标品牌战略的意见》，在丝绸之路核心区建设和新一轮西部大开发战略中全面发挥商标品牌的保障作用。积极申请在乌鲁木齐市设立国家知识产权局商标局受理注册商标申请服务窗口，推进商标注册便利化。承办“地理标志精准扶贫”西部巡回宣讲，宣讲团赴6个地州巡回宣讲，召开现场会、座谈会12场次，走访地理标志产品种养植基地和龙头企业15家，取得良好的社会反响。

三、增强知识产权运用能力

(1)知识产权与金融融合度进一步“扩面、提量”。制定《自治区推进专利质押融资工作方案(2018—2020年)》，自治区专利质押融资金额达到4.1亿元，实现历史性突破。

(2)企业知识产权运用成效明显提升。发挥政府引导、市场主导作用，支持49个高质量专利实施项目，投入财政资金1335万元。2018年，自治区11家企业获得“2018年度国家知识产权优势企业”称号。

(3)知识产权服务业发展水平不断提升。支持国内知名知识产权服务机构在自治区设立分支机构，鼓励自治区知识产权服务机构与国内外知名机构建立战略合作、联合经营等，推动知识产权服务机构规范化、规模化发展。2018年自治区登记注册并在国家知识产权局备案的专利代理机构11家、商标代理机构383家(其中代理机构企业198家、律师事务所185家)。

四、助推知识产权服务业发展

(1)提高专利代办工作水平。推进代办处受理、咨询、传播“三个窗口”建设，加强对专利质量提升工程、电子申请推广及试点业务的宣传、培训与指导，助力代办业务实现连续52个月“零差错”。

（2）规范专利代理行业的管理。制定《自治区专利代理机构诚信档案管理暂行办法》，规范自治区专利代理机构和专利代理人执业行为。完善申请专利优先审查审核工作机制，建立审核流程，公开审核条件，规范专利优先审查审核工作，全年审核通过专利优先审查申请50余件。

（3）推进知识产权公共服务平台建设。在乌鲁木齐经济技术开发区建立知识产权“一站式”服务大厅；在甘泉堡经济技术开发区成立自治区首家园区知识产权服务工作站，进一步提升园区知识产权服务能力。

五、强化知识产权行政保护

2018年，自治区知识产权行政执法机关充分发挥行政保护时效性、专业性和综合性的特点，实施日常监管和专项检查相结合的事前、事中和事后行政保护措施，行政执法保护已经成为知识产权保护体系的重要力量。

（1）专利保护力度不断加强。印发《2018年“雷霆”执法专项行动实施方案》，深化重点领域专利执法专项行动。自治区共受理专利案件1222件（其中电商案件501件），结案1246件（含上年结转案件），出动执法人员870人次，检查商业场所194次，检查商品113 675件，严厉打击专利侵权假冒违法行为，有效地保护专利权人和消费者的合法权益，维护市场秩序。

（2）商标保护常态化。先后处理转办了乌鲁木齐乐达电子技术有限公司关于“生态”商标侵权行为的投诉、新疆尉犁小巴郎食品科技有限公司关于“小巴郎”注册商标使用请示、哈密市新哈果品有限公司关于注册商标“新哈”使用保护咨询等。开展打击商标侵权和打击使用未注册商标违反《商标法》禁用条款行为的“溯源”“净化”专项整治工作。2018年，自治区受理商标案件345件，结案333件，案值140万元，罚没款470.52万元，切实维护了权利人的商标专用权。

六、营造知识产权良好氛围

利用“4·26世界知识产权日”及宣传周活动契机，发挥舆论导向作用，推动知识产权文化建设。在“4·26知识产权宣传周”期间，举办2018年新疆大学发明创造优秀大学生评选活动、第七届新疆大学生知识产权主题演讲比赛和高校知识产权专题讲座，发布《自治区2017年度知识产权保护状况》，公布自治区2017年度保护知识产权典型案例。在新疆主要媒体对知识产权工作和专利维权等工作进行宣传报道，普及知识产权保护知识，有效推介“12330”知识产权维权援助服务热线，新成立知识产权维权援助分中心2个。积极进驻2018中国—亚欧博览会，并设立“12330”知识产权维权援助工作站，会同有关部门开展联合执法检查。

七、优化知识产权人才结构

举办新疆地厅级、县处级党政领导干部知识产权培训班2期，共培训领导干部90人次；组织系统内干部参加国家知识产权局各类业务培训50余人次；举办企业知识产权管理体系贯标辅导暨2018年企业知识产权管理体系内审员培训班，共70多名业务骨干通过内审员资格考试；举办2018年疆内企业知识产权保护与运用培训班，培训企业骨干80人次。发挥专利执法协同办案机制，抽调执法骨干10余人次协同处理跨区域专利侵权案件。

（新疆维吾尔自治区知识产权局）

版权工作

一、软件正版化工作

2018年，新疆维吾尔自治区不断健全软件正版化工作机制，加强制度建设，规范软件采购，建立软件台账，严格使用管理。各级党政机关基本建立了软件正版化工作责任制度，明确了责任部门和责任人；企事业单位软件正版化全面铺开。基本完成自治区国资委直管13家企业总部的软件正版化；推进所属二级企业及事业单位软件正版化工作取得积极进展；加大督导检查力度。自治区软件正版化领导小组办公室先后对13家自治区级事业单位进行了全覆盖检查；对自治区厅局级事业单位进行抽查，共检查了91家1010台计算机的通用软件（操作系统、办公软件、杀毒软件）安装使用情况，并对检查情况进行了反馈，提出整改时限，对伊犁州软件正版化工作进行了检查；加大版权执法工作力度。

二、版权执法工作

自治区版权部门通过主动监管查出立案的侵权盗版案件34件，办结29件，捣毁窝点3个，案件信息公开11件，总罚款金额15.6万元，其中图书侵权盗版案件12件，音像制品侵权盗版案件8件，其他侵权盗版案件14件。受理必能宝公司、欧特克公司、奥多比公司等3家软件公司的软件侵权投诉，向18家建筑设计企业发出《关于妥善应对侵权风险开展软件正版化工作的函》，督促这些单位及时完成软件正版化工作。指导各地、州开展版权执法，对石河子市执法支队办理的3件侵权盗版案件中出现的问题予以复函指导。向石河子市执法支队移交并协商解决1件软件侵权投诉案件。组织2017年度查处侵权盗版案件有功单位和有功个人评选推荐工作，6个集体和9名个人获有功单位三等奖和有功个人三等奖。根据国家四部委“剑网2018”专项行动通知要求，自治区版权局、自治区网信办、自治区通信管理局、自治区公安厅联合制定下发《关于在全区开展打击网络侵权盗版“剑网2018”专项行动的通知》，以网络侵权多发领域为重点，严厉打击网络转载、影视剧、短视频、动漫等领域侵权盗版行为，着力规范网络直播、知识分享、有声读物等平台版权传播秩序，进一步巩固网络影视、网络音乐、电子商务平台、应用商店、网络云存储空间等领域专项整治成果，以查处大案要案为重要抓手，通过集中整治和引导规范，有效运用分类监管、约谈整改、行政处罚、刑事打击等多种措施，有效整治互联网领域侵权盗版行为。

三、版权宣传工作

做好“4·26知识产权宣传周”版权宣传活动，通过电台、电视台等媒体开展广泛的宣传。委托文化传媒公司制作了30秒的动漫版权公益宣传片，在宣传周期间每天在新疆维吾尔自治区电视台循环播放4～6次，累计达385次192分钟；新疆维吾尔自治区人民广播电台根据新疆维吾尔自治区版权局提供的版权宣传标语制作了版权保护公益广告，同时在汉、维、哈、蒙、柯五种语言频率每天早、中、晚滚动播出，累计达432条次；在新疆维吾尔自治区少数民族公共文化网络出版平台每日推送版权宣传短片；自制5000个新疆维吾尔自治区版权保护宣传鼠标垫，免费向各地、州及广大市民发放。选送3起著作权侵权典型案件，其中2起入选“自治区2017年度十大侵犯知识产权典型案例”，在“4·26知识产权宣传周”新闻发布会上发布。发挥各地、州（市）版权部门的优势在宣传周期间开展了各具特色的宣传活动；加强版权宣传培训工作。

四、版权社会服务工作

积极筹措资金36万元支持地、州举办培训班，全年各地、州共举办软件正版化工作培训班16期，培训人数约2500人。举办了1期自治区级软件正版化工作培训班，邀请国家版权局版权专家授课，自治区党政机关、人民团体、事业单位以及各地、州（市）行署（人民政府）办公室、软件正版化工作领导小组办公室和自治区国资委直接监管企业及下属二级企业派人参加了培训班，参会逾300人。加强执法人员培训。

在自治区软件正版化工作培训期间，组织各地、州执法人员进行座谈，针对执法工作中遇到的困难进行指导，特别是对案件的上报作了进一步规范要求。组织各地、州文化市场稽查支队参加国家版权局举办的版权执法监管培训，有10个地、州派人参加；做好版权社会服务工作，热心服务群众，截至11月15日，共办理作品登记1100件，引进版权14件，全年接待咨询群众1000多人次。

（中央宣传部版权管理局办公室）

司法工作

2018年，新疆法院共办理一审知识产权民事案件667件，其中新收案件618件，旧存案件49件；新收案件中专利纠纷案件40件，商标纠纷案件339件，著作权纠纷案件184件，其他知识产权及不正当竞争纠纷案件55件。办理二审知识产权民事案件95件，其中专利纠纷案件18件，商标纠纷案件43件，著作权纠纷案件22件，其他知识产权及不正当竞争纠纷案件12件。新收案件数量总体较2017年基本持平。2018年共审结一审知识产权民事案件597件，结案率89.5%。在全部审结的案件中，以调撤方式结案的323件，调撤率达到54.1%。审结二审案件94件，结案率98.9%，以调撤方式结案42件，调撤率44.7%。共办理一审知识产权刑事案件10件，二审案件0件；一审、二审行政案件均无。审判质效总体良好，案件调撤率持续保持较高水平。自治区范围内受理的知识产权民事案件80%左右集中在乌鲁木齐市，昌吉州、伊犁州、巴州、克拉玛依市有少量案件，其他地区知识产权案件几乎没有。

一、服务创新发展大局，营造良好法治环境

（1）服务自治区发展战略大局。新疆维吾尔自治区高级人民法院完成了《自治区高级人民法院贯彻落实知识产权战略纲要及实施推进计划的评估工作报告》，并出台了《为自治区实施创新发展战略和丝绸之路经济带核心区建设提供司法服务和保障的若干意见》。

（2）积极稳妥推进“三合一”审判试点工作，努力实现知识产权审判模式的逐步优化。试点法院知识产权审判庭根据审判任务需要配齐配强审判力量，严格选拔审判业务骨干，确保参与知识产权审判的法官具有相应的审判业务能力和经验。

（3）采取多种宣传方式，继续深入推进知识产权司法保护。通过召开新闻发布会、通报知识产权司法保护状况、公布典型案例等方式回应社会热点问题关切；通过走进企业开展知识产权宣传活动，组织知识产权案件庭审观摩，让社会公众直观了解知识产权审判；“4·26知识产权宣传周”期间，积极参与自治区知识产权局等单位组织的座谈会、案例评审会及其他宣传活动。

二、加强知识产权司法保护情况调研和对下指导

（1）积极组织调研工作。新疆维吾尔自治区高级人民法院针对下级法院知识产权审判中存在的突出问题积极开展调研。对知识产权案件集中的乌鲁木齐市、昌吉州两地中级人民法院，选派业务骨干，以发改案件为载体，对庭审程序、案件事实查明、法律适用以及裁判文书制作提出意见和建议，提高审判质效。

（2）通过授课培训开展对下指导。新疆维吾尔自治区高级人民法院通过召开座谈会、个案讨论、电话、内部函等形式有针对性地进行对下指导。通过自治区法院民事审判培训班进行知识产权业务培训。通过研讨会方式，对乌鲁木齐市、昌吉州两地中级人民法院知识产权法官进行集中培训。

（3）取得良好的调研和研讨成果。新疆维吾尔自治区高级人民法院通过积极调

研，形成多项成果：《加强合作共同打击商标侵权行为的协调机制备忘录》《关于在乌鲁木齐市中级人民法院开展知识产权审判“三合一”试点工作的实施意见》《审理知识产权商标侵权案件关于证据认定方面的有关意见》。全区知识产权法官积极撰写典型案例及调研文章，在《新疆审判》等相关刊物上发表。

（新疆维吾尔自治区高级人民法院知识产权审判庭）

检察工作

2018 年，新疆维吾尔自治区检察机关依法严厉打击侵权假冒违法犯罪，打造法治化营商环境，为促进经济平稳健康发展与社会和谐稳定提供有力保障，不断提升打击侵权假冒工作水平。2018 年，新疆维吾尔自治区检察机关充分履行批捕、起诉职能，严惩侵犯知识产权和制售假冒伪劣商品犯罪，共批准逮捕侵权假冒犯罪案件犯罪嫌疑人 109 人，较 2017 年提升了 303%，提起公诉 45 件，较 2017 年提升 21.6%。经检察机关建议，行政执法机关已移送涉嫌侵权假冒犯罪案件线索 10 件，经监督公安机关已立案 4 件。

一、高度重视，周密部署

高度重视打击侵犯知识产权和制售假冒伪劣商品犯罪工作，并相继制定出台了《新疆检察机关依法平等保护非公有制经济健康发展 2018 年工作计划》《新疆维吾尔自治区人民检察院关于全面履行检察职能依法平等保护非公有制经济健康发展的实施意见》《关于加快推进全疆检察机关软件正版化工作的通知》等文件，以服务经济高质量发展为重大责任，立足检察职能助力自治区发展改革大局，要求全疆各级检察机关加强对知识产权的司法保护，依法惩治侵犯商标权、著作权、专利权，以及侵犯商业秘密的犯罪，强化对涉及知识产权案件的法律监督，推进知识产权领域行政执法与刑事司法衔接机制建设，建立行政执法与刑事司法优势互补、有机衔接的知识产权保护体系，积极开展打击侵权假冒犯罪各项工作。

二、推动跨区域跨部门协作

积极推动跨区域跨部门合作，加强统筹协调，建立区域间、部门间执法协作机制。通过与公安、食药监、监察、经贸、知识产权等部门联系和沟通，各单位进一步统一了思想，提高了认识，完善了线索通报、证据转移、案件协查等制度，加强了各地各部门间综合执法、联合执法。

积极推进行政执法与刑事司法衔接。明确了做好行政执法与刑事司法衔接工作既是新形势下促进行政执法部门依法行政，严格执法的现实需要，也是严厉打击经济犯罪，整顿和规范社会主义市场经济秩序的现实需要。努力实现信息共享、案情通报，及时移送涉嫌犯罪案件，有效避免有案不移、有案难移等情形的产生。

自治区人民检察院按照《全国打击侵权假冒行政执法与刑事司法衔接信息共享系统管理使用办法（试行）》的要求，加快推进新疆维吾尔自治区“两法”衔接平台建设，一期建设项目已于 2018 年 9 月 30 日完成。二期建设项目预计投入 560 万元，已经自治区人民检察院院务会审查通过。

三、加大宣传力度，营造良好氛围

制订宣传计划，同时结合办案加大宣传力度，通过自治区人民检察院“两微一端”等平台，结合“3·15 国际消费者权益日”“4·26 世界知识产权日”“5·15 打击和防范经济犯罪宣传日”等重要节点做好集中宣传工作，把新疆维吾尔自治区各级检察机关加强知识产权保护和打击制售假冒伪劣商品犯罪的措施和成效以各种形式呈现出来。充分发挥拓展“举报宣传周”的功能，对人民群众反映的涉及侵权假冒方面的线索统一归口，逐件落实。努力营造知识产权保护和打击制售假冒伪劣商品犯罪的良好环境。

（最高人民检察院第四检察厅）

新疆生产建设兵团

知识产权工作

一、实施知识产权战略和专利事业发展战略

按照兵团贯彻落实《国务院关于新形势下加快知识产权强国建设的若干意见》的实施意见及兵团各部门重点任务分工方案，认真落实知识产权强国建设、知识产权战略和专利事业发展战略的实施方案和配套措施。制定并实施《2018 年兵团知识产权战略推进计划》《兵团知识产权局 2018 年专利事业发展战略推进工作组织实施方案》，及时调整兵团知识产权战略实施领导小组成员，召开 1 次领导小组会议，完成兵团知识产权战略年度推进工作。2018 年与新疆维吾尔自治区知识产权局联合举办专利信息和知识产权贯标培训活动 2 次。兵团知识产权信息中心被评为“国家知识产权战略实施工作先进集体”，曲金丽被授予“国家知识产权战略实施工作先进个人”荣誉称号。

二、兵团专利申请、授权情况

2018 年，兵团专利申请量 1719 件，同比下降 2.16%；专利授权量 1321 件，同比增长 14.17%，其中发明专利 150 件，发明专利授权量下降 24.62%；每万人发明专利拥有量 2.36 件，同比下降 2.21%。新疆大全新能源有限公司的“基于改良西门子法的多晶硅生产方法及多晶硅生产设备”和十一师王文明的“混凝土抗压强度智能检测仪及其检测方法”等 2 项发明专利获得了中国专利优秀奖。

三、专利行政执法工作

根据兵团健全和转变“政”的职能要求，配合兵团编办做好向师市进行专利行政执法权的授权工作。根据兵团法制办的要求，为兵团知识产权局 14 名同志成功申领了兵团《行政执法证》和《执法监督证》；组织兵团 31 名同志参加了国家知识产权局举办的专利行政执法业务考试。积极组织开展兵地、兵师、兵团各部门的专利联合行政执法活动，以元旦、春节、“3·15”“4·26”、亚博会、质量月、专利周等为契机，开展专利行政执法活动 7 次，检查专利标识商品 121 件，查处专利假冒商品 3 件。各级积极实践行政执法和司法互补保护模式，全年兵团三级法院共收知识产权一审案件 15 件，结案 12 件。

四、企业知识产权工作

知识产权强企工程取得成效。组织 25 家兵团企业参加贯标培训，继续支持《企业知识产权管理规范》国家标准贯标项目，5 家企业获得项目资助，新疆大全新能源股份有限公司、新疆沃达农业科技开发有限公司通过贯标外审认定，获得由中知（北京）认证有限公司颁发的知识产权管理体系认证证书。新疆科农机械制造有限责任公司、新疆惠利灌溉科技股份有限公司、石河子开发区天佐种子机械有限责任公司、新疆正企生物科技有限公司、克拉玛依五五机械制造有限责任公司、沃达农业科技股份有限公司等 7 家兵团企业入选国家知识产权优势企业，兵团另有 11 家企业通过了“国家知识产权优势企业”和“国家知识产权示范企业”复审。组织召开“专利质押

融资和保险推进工作座谈会”，5 家金融保险单位、2 家知识产权服务机构和 15 家中小微企业建言献策，为兵团建立投贷联动有效模式提供了借鉴。

五、知识产权宣传工作

利用知识产权宣传周、“双创”活动周、诚信兴商宣传月、放心农资下团进连宣传周、消费者权益日、质量月等时机，兵团、师(市)充分利用广播、电视、网络新媒体、现场咨询、图片展、发放宣传材料等宣传知识产权战略，战略实施取得的成就，保护专利、商标、版权、新品种的法律法规，发布知识产权年度保护状况和典型案例等，集中造势，进一步提升全社会的知识产权意识，营造了知识产权保护的浓厚氛围。与新疆维吾尔自治区知识产权局、教育厅和兵团教育局联合举办第七届新疆大学生知识产权主题演讲比赛和 2018 年度新疆发明创造优秀大学生评选活动等主题活动。

六、中小学知识产权教育试点示范工作

联合兵团教育局持续推进中小学知识产权教育试点示范工作，举办兵团中小学知识产权教育试点示范工作经验交流会，组织第三批兵团中小学知识产权教育试点学校验收和第四批申报评审工作，第一师阿拉尔中学、第十师北屯中学等 10 所学校被评为兵团知识产权教育试点示范学校。组织开展全国兵团中小学知识产权教育试点示范的评选推荐工作，经与兵团教育局协商推荐 1 所学校参加全国中小学知识产权教育示范学校评选、4 所学校参加全国中小学知识产权教育试点学校评选。

七、知识产权人才工作

针对兵团知识产权人才短缺的实际，在全面落实“科教兴兵团战略”与“人才强兵团战略”的基础上，制定知识产权人才落实方案，知识产权人才培养工作紧跟兵团经济发展需求。与有关部门联合举办知识产权战略、知识产权贯标、专利信息检索、专利行政执法培训班 4 期，培训人数 200 名，其中一期由兵团党委组织部选调兵团 35 名处级干部参加，为兵团知识产权事业发展提供了人才保证。

八、专利信息服务工作

实现每月按兵团各级单位、月份、申请人类别对专利的申请和授权情况进行分类统计，为政府决策提供依据和参考。为兵团企业、高校和科研院所提供专利法律状态查询报告 80 份，提供专利信息咨询 270 余次。组织开展专利信息帮扶工作，深入企业调研，与新疆石大国利农业科技有限公司、阿拉尔市天典农机制造责任有限公司等 4 家企业签订帮扶协议，为企业提供知识产权培训、专利信息咨询、专利信息检索、文献传递、专利专题数据库建设及专利预警分析等服务，建立了“残膜回收机”“残膜回收一体机”“滴管一体机”及“生物降解材料”4 个专利专题数据库。开展专利信息检索与利用普及培训，利用学校教学平台培训大学生 5000 余人次。

（新疆生产建设兵团知识产权局）

司法工作

2018 年，兵团三级法院知识产权案件共收案 18 件，结案 15 件；其中一审收案 15 件，结案 12 件；二审收案 3 件，结案 3 件；调撤案件 4 件，调撤率 33.33%。2018 年，兵团三级法院进一步挖掘典型案件。中国音像著作权集体管理协会诉石河子市铭尚欢唱城著作权权属、侵权纠纷案，系兵团分院受理的第一起关于音像放映权的案件。

积极引导当事人选择委托调解、行业调解、专家调解、行政调解等方式解决各类知识产权纠纷。积极搭建化解知识产权纠纷诉调对接平台，鼓励当事人合理选择高效便捷的纠纷化解渠道。加强与公安、工商、知识产权局等部门及人民团体和其他有关社会组织的衔接联动，交流共享信息，形成保护合力，共同做好知识产权纠纷化解工作。不断提高庭审和裁判文书质量。加强互联网、电子商务、大数据等领域的知识产权保护规则研究，加快推进兵团各级机关、国有企事业单位软件正版化工作，推动完善相关规则。健全与完善知识产权政策法规，通过加强专利执法，严厉打击侵权假冒行为。加强专利行政执法维权绩效管理，优化知识产权保护工作体系，稳步推进知识产权维权援助体系建设。创新知识产权民事纠纷多元化解决机制，不断完善加强知识产权保护举措。

依法服务和保障国家和兵团重大战略实施，围绕兵团创新驱动发展战略的实施，妥善处理好经济发展新常态下创新驱动和结构性改革过程中的各类知识产权纠纷。起草《兵团关于落实加强知识产权审判领域改革创新工作的实施方案》，上报兵团政法委。

深化司法公开，营造良好氛围。利用“4·26 世界知识产权日”期间的宣传工作，将发布知识产权司法年度保护状况和典型案例常态化、制度化，积极营造良好的知识产权司法保护氛围。积极利用司法公开“四大平台”，扎实推进知识产权裁判文书上网、庭审网络直播、审判流程公开工作。

加大知识产权侵权行为惩治力度。兵团法院推进刑事案件量刑规范化工作，探索建立类案证据指引制度；强化与行政机关的互联互通，督促行政机关加强行政监管的主动性、前瞻性，增强行政执法行为的合法性、适当性；促进知识产权刑事案件办理程序规范化和执法理念日趋统一，知识产权行政执法标准与司法裁判标准日趋统一，不断完善知识产权司法保护体系，提高司法保护整体效能。

营造兵团参与国际竞争的开放创新环境。全面加强兵团法院司法宣传和公开服务平台建设，畅通对外合作交流渠道，增强兵团法院知识产权司法保护的影响力。

提升司法能力，建设过硬法官队伍。始终在思想上、政治上、行动上同以习近平同志为核心的党中央保持高度一致，确保知识产权审判工作正确的政治方向。新疆生产建设兵团第八师中级人民法院涉外知识产权审判庭和新疆生产建设兵团伊宁垦区人民法院孙星慧受到最高人民法院表彰，分别被评为“全国法院知识产权审判工作先进集体”和“全国法院知识产权审判工作先进个人”。

加强业务培训，针对审判工作中的重点、难点问题，有针对性地开展培训工作。适应“三合一”审判工作需要，培养能够熟练驾驭三类诉讼的复合型法官。坚定不移推进廉洁司法建设，确保知识产权法官公正司法、清正廉洁。

（新疆维吾尔自治区高级人民法院生产建设兵团分院知识产权审判庭）

检察工作

2018 年，新疆生产建设兵团检察机关牢固树立“四个意识”，始终聚焦新疆工作总目标，认真贯彻落实最高人民检察院、兵团“双打”工作领导小组的工作部署，结合兵团辖区实际，突出整治重点，切实履行法律监督职责，严惩侵权假冒犯罪，为服务兵团全面深化改革、建设法治化经营环境提供了有力保障。

一、坚持更高站位，统筹兼顾，周密安排部署

兵团检察院党组高度重视“双打”工作，结合最高人民检察院“两个专项”立案监督活动、兵团检察院“保障千家万户舌尖上的安全”检察公益诉讼专项监督活动，召开动员部署会议，提出进一步增强紧迫感和使命感，明确目标，压实责任，完善机制，细化措施，统筹力量，加强配合，上下联动，形成合力的工作要求，各级检察院侦监、公

诉、民事行政（公益诉讼）部门联合制定工作方案，确保“双打”工作稳步推进。

二、做实做好各项措施，推进工作纵深开展

一是抓协调强合力，坚持严打方针不动摇。如第七师检察机关兼顾打防结合的理念，侦监、公诉、民事行政部门主动与公安机关、第七师宣传部、卫生、工商等部门通力协作，通过联席会议明确检察机关和各有关单位在开展此项活动中的职责、任务和具体分工，强化检察机关的监督职责，强调在打击犯罪中，相关部门要密切配合检察机关履行审查逮捕、审查起诉工作，确保与卫生、食药、工商、质监等行政部门之间形成打击合力，集中时间和力量向侵犯知识产权和制售假冒伪劣商品犯罪“亮剑”。

二是坚持以制促治，用好检察建议，督促相关行政执法机关堵漏建制。如第一师检察机关在办理郑某、郑某某涉嫌生产、销售伪劣产品罪审查逮捕案件时，阿拉尔市检察院发现阿拉尔市质量技术监督局在对新农塑业农膜分公司生产农膜进行质量检测、监督时工作不细致、不严谨，由此反映出抽样检测机制不健全，质量监督把关不严等问题，及时制发《检察建议书》，建议该局严格执行各类产品的质量检测标准，做好产品生产、销售信息核实工作，杜绝不符合质量标准的产品流入市场；健全抽样检测机制，加大对农资乃至其他各类产品的抽样检测力度和密度，做到检测全面、结果精准；健全行政执法责任追究制度，督促执法人员严格落实岗位责任。收到文书后，阿拉尔市质量技术监督局高度重视，及时进行了整改。

三是用足“两法”衔接机制，广辟线索发现渠道。为解决线索发现难、立案监督难问题，各级检察院积极想办法，坚持监督常态化，定期、不定期 40 余次深入辖区知名企业“打假办”了解侵犯知识产权案件线索，或者主动与食药监管、卫生、农资推广等部门联系，登门查阅群众来信来访、控告举报和工作台账，拓宽线索来源渠道，上下联动，加大对执法的监督检查力度。

四是强化宣传和舆论引领，充分发动群众力量。各师检察机关均以开展全国知识产权宣传周活动和各类安全检查专项活动为契机，分别或者共同与公安、工商、司法、卫生、食药监等部门，向辖区职工群众开展法治宣传，同时通过“两微一端”等新媒体平台宣传知识产权和制售假冒伪劣商品犯罪法律知识，提高群众的认知水平，拓宽案件线索来源，最大限度打击此类违法犯罪活动。

（最高人民检察院第四检察厅）

香港特别行政区

知识产权工作

香港特区政府知识产权署（以下简称知识产权署）下设商标注册处、专利注册处、外观设计注册处和版权特许机构注册处。知识产权署的主要职责包括：就知识产权的政策和法例提出专业意见，并向特区政府提供知识产权方面的民事法律意见；增进公众对知识产权的认识和尊重；推动香港特区成为区域领先的知识产权贸易中心。

一、知识产权保护

香港特区有完善的知识产权保护制度，通过周全的法例、简便易用的注册系统、严厉的执法行动和公众教育计划，在有效保护知识产权方面，取得良好的效果。

（一）电子注册

知识产权署通过互联网提供电子注册及管理服务，其电子注册记录册可供公众随时免费查阅中英兼备的资料，而电子提交系统亦可供知识产权拥有人及代理人安全地提交申请，以及直接更改注册记录册上有关其注册及申请的资料。2018 年，以电子方式提交商标、专利和外观设计注册申请的比率分别为 69%、88%及 80%。

（二）商标申请

2018 年，商标注册处共接收 40 331 件商标注册申请，较 2017 年增加 7.2%。注册商标有 34 970 个。截至 2018 年年底，注册记录册上的注册商标数达 423 036 个。2018 年提出注册申请的国家和地区有 117 个，其中，排名前三的国家和地区为：中国香港（14 953 件），中国内地（7302 件），美国（4045 件）。

（三）专利申请

2018 年，专利注册处接收 15 986 件标准专利申请及 791 件短期专利申请，共授权 9651 项标准专利及 763 项短期专利。与 2017 年相比，授权数目分别增加 44.7%和 31.1%。

（四）外观设计

2018 年，外观设计注册处接收 2583 件申请，批准注册的外观设计有 4547 件，较 2017 年下降 1.2%。

（五）版权

根据《香港特区版权条例》，原创的文学、戏剧、音乐及艺术作品、已发表版本的排印编排、声音纪录、影片、广播、有线传播节目，以及表演者的表演，不论其作者及表演者属何居籍，均无须办理注册也可获得保护。

二、公众教育

知识产权署积极普及并推广知识产权贸易的价值及保护知识产权的重要性。2018 年，9 个商会合计超过 1100 个零售商参加“正版正货承诺计划”，涵盖逾 6600 个销售点。通过学校探访及互动剧场计划，与 186 所学校超过 49 500 名学生接触，提高年青人知识产权意识。

三、知识产权贸易

知识产权署与相关各方共同在香港特区推动知识产权商品化与知识产权贸易，并加强香港特区作为亚太区内的知识产权贸易中心的角色。知识产权署设有咨询服务、知识产权管理人员计划，并联合相关各方举办培训课程。知识产权署推广知识产权审核及尽职审查，并分享该领域的最佳实践。与律政司合作，推广以仲裁和调解方式解决知识产权争议。知识产权署在 2018 年 12 月公布香港特区知识产权贸易和管理工作所涉及的人力资源的统计调查主要结果，帮助不同行业组织识别特定培训需要，提升其在知识产权方面的人力资源配置效率。

四、与内地合作

知识产权署与内地（包括粤港澳大湾区）有关部门合作，推广知识产权保护、管理及贸易。

五、参与国际组织活动

知识产权署参加世界贸易组织辖下与贸易有关的知识产权理事会及世界知识产权组织的活动，代表中国香港参加亚太经合组织知识产权专家小组的会议。知识产权署在 2018 年 6 月与墨西哥和韩国的知识产权部门合办为期 2 天的工作坊，向从事创意产业的中小企业推广知识产权授权的最佳实践方法。

（国家知识产权局港澳台办公室）

（注：根据香港特别行政区知识产权署提供资料整理）

澳门特别行政区

知识产权工作

澳门特区知识产权工作由澳门特区经济局所属知识产权厅负责。2018年，澳门特区经济局持续优化内部工作业务流程管理，建立良好运作机制，提高对外服务水平，进一步提升公共行政的效能。

一、工业产权申请与授权

(一)商标申请与注册

2018年，澳门特区商标申请量继续保持快速增长，共受理16 474件申请，较2017年增加25%。其中，产品商标的申请量为10 281件，服务商标的申请量为6193件。2018年共注册商标14 424件。截至2018年12月31日，商标注册的累计申请总量为163 963件。

(二)专利申请与授权

1. 发明专利申请与授权

在澳门特区提交的发明专利申请与授权。2018年全年发明专利的申请共有55件，较2017年减少19.12%。2018年获授权的发明专利共29件。截至2018年12月31日，发明专利的累计申请总量为1595件。

内地发明专利延伸至澳门特区生效的申请与审批。2018年申请延伸至澳门生效的内地发明专利共有611件，较2017年增加38.55%。2018年获准延伸至澳门生效的内地发明专利共486件。截至2018年12月31日，内地发明专利延伸至澳门特区的累计申请总量为3510件。

2. 实用专利申请与授权

2018年实用专利的申请28件，较2017年增加55.56%，获授权的实用专利1件。截至2018年12月31日，实用专利的累计申请量为249件。

3. 设计/新型申请与授权

2018年全年设计/新型的申请共有208件，较2017年增加7.77%，授权的设计/新型共247件。截至2018年12月31日，设计/新型的累计申请总量为2174件。

(三)其他工业产权的申请与登记

2018年受理营业场所名称/标志的申请12件，获准登记共11件；受理请求发出药品及植物药剂产品保护补充证明书的申请1件；受理有关原产地名称或地理标记的申请2件。

二、优化行政服务

(一)跟进及完善“服务承诺计划”

2018年，“服务承诺计划”中11项知识产权服务项目指标全部达标，实际执行率均达到或高于目标比率的要求。

(二)继续优化电子卷宗的管理

2018年，澳门特区经济局持续优化工业产权注册申请卷宗的电子化信息管理，强化电子档案的服务功能，为工业产权的注册申请及查询服务提供有力的支撑和保障。

三、持续推行“送服务上门”的便民措施

为向澳门中小企业提供更多元化和便捷的服务，配合特区政府扶持中小企业发展和“送服务上门”政策，澳门特区经济局持续推行多项便民措施。

(一)支持商会为澳门企业提供内地商标申请咨询及对接服务

澳门特区经济局支持澳门连锁加盟商会免费提供内地商标注册咨询及申请对接服务，资助商会筹设内地商标注册咨询服

务中心，为澳门特区需要在内地注册商标的企业及个人提供申请流程及途径的相关咨询。澳门特区经济局分别于 2018 年 4 月和 10 月，举办 2 场专题讲座，增进澳门企业对内地商标注册情况的了解。

(二)上门为中小微企业及青年创业者办理商标注册申请手续

2018 年，澳门特区经济局继续与工商联及行业商会合作，为澳门特区中小微企业和青年创业者提供更便捷的服务。派员到各商会、社团宣传推广各项政策措施，讲解工业产权行政服务的注册申请流程和手续，并提供上门协助办理商标申请及提供有关知识产权的咨询和指导服务。

(三)支持推动澳门特区特色老店品牌传承和创新发展

澳门特区经济局与澳门连锁加盟商会组成联合工作组落实《澳门特色老店扶持计划》，上门为本澳老店商号办理商标注册申请手续，指导老店商号加强知识产权管理，鼓励老店商号在内地及邻近国家或地区做好相关的知识产权保护。

四、电子化建设

通过实施“知识产权公共服务电子化”计划，澳门特区经济局持续加强对知识产权的电子申请、资讯提供服务及资讯基础设施建设。

(1)推出工业产权网上申请——电子提交声明异议、答辩和延期服务功能。澳门特区经济局于 2018 年 9 月推出工业产权网上申请——电子提交声明异议、电子提交答辩、电子提交延期等服务功能。全年，通过商标注册电子申请系统提交的商标申请占总申请量的 53%，占比较 2017 年增加 3.5%。

(2)继续推广商标注册申请网上填表与提交备案服务。2018 年，通过商标注册申请网上填表与提交备案系统提交的商标申请占总申请量的 17.5%。

(3)优化工业产权资讯系统。2018 年，澳门特区经济局继续推进工业产权资讯系统的优化工作，满足社会发展和公众需求，为工业产权注册申请的审查和审批工作提供技术保障。

五、宣传与培训活动

(1)圣诞集市及元宵市场宣传知识产权。在 2018 圣诞集市摊位和 2018 年农历元宵市场摊位活动上，向售卖者讲解知识产权相关法律，并在现场进行联合巡查。

(2)持续开展校园知识产权宣传巡礼。为提高年青人尊重知识产权的意识，澳门特区经济局与澳门海关在学校开展校园巡回宣传活动，向青年学生宣传保护知识产权的重要性。此外，澳门特区经济局还应澳门大学及澳门理工学院邀请，派员为大学生讲解澳门特区的知识产权法律制度，营造尊重及保护知识产权的学术环境。

(3)庆祝“4·26 世界知识产权日”宣传活动。2018 年 4 月，应作曲家、作家及出版社协会邀请，澳门特区经济局参与协办庆祝“4·26 世界知识产权日”宣传活动，让公众了解知识产权在日常生活中的应用，提高公众尊重和保护知识产权的意识，扩大知识产权的社会影响力。

(4)出席“青年创业创新培育计划”活动。2018 年 5 月，派员出席“青年创业创新培育计划”活动，与青年创业人士交流知识产权保护、企业商标策略，以及知识产权对业务保障的作用等内容。

(5)配合开展保护知识产权的社区宣传推广工作。2018 年 9 月，澳门特区经济局派员参加社区宣传推广活动，现场向公众宣传知识产权的重要性，携手做好知识产权保护工作。

六、合作与交流

(一)与国家知识产权局的合作与交流

1. 专利工作

截至 2018 年 12 月 31 日，共请国家知识产权局代为检索和审查发明专利申请1035件，实用专利申请159件，共接收内地在澳门特区申请登记生效的发明专利申请3510件，其中获准生效3044件，占申请总量的86.7%。

2. 数据和文献合作

2018年，继续与国家知识产权局展开数据和文献合作，定期向国家知识产权局寄送澳门特区的各类专利数据和文献资料。

3. 协办内地与港澳知识产权研讨会

2018年9月，与国家知识产权局、香港特区政府知识产权署联合在甘肃省敦煌市举办2018年内地与香港、澳门特别行政区知识产权研讨会。

4. 加强内地与澳门特区的知识产权合作

2018年11月，接待国家知识产权局代表来访，就落实《内地与澳门特区关于知识产权领域合作安排》进行沟通。

（二）与泛珠三角区域知识产权机构的合作与交流

2018年11月，派员出席在广州市举行的第十三届泛珠三角区域知识产权合作联席会议和2018年广东知识产权交易博览会。

（三）粤港澳大湾区交流合作

2018年5月，接待广东省知识产权局代表来访，就建立粤港澳大湾区知识产权合作新机制、加强大湾区知识产权保护协作等工作进行交流。与广东省知识产权局等机构，联合举办"粤港澳大湾区知识产权与科技创新合作"相关活动；派员参加"粤港澳大湾区知识产权保护论坛""粤港澳大湾区特色老店/老字号品牌发展""粤港澳高端知识产权服务支持青年创业"和"粤港澳大湾区知识产权法律联盟成立仪式暨粤港澳大湾区知识产权法高峰论坛"等活动。

（四）粤澳合作与交流

2018年10月，粤澳知识产权工作小组第四次会议在广州举行，粤澳知识产权工作小组成员出席会议。会议总结了《粤澳知识产权合作项目（2016—2018年）》的执行情况，并讨论了《粤澳知识产权合作计划（2018—2020年）》。

（五）港澳合作与交流

派员参加2018年12月在香港举行的第八届亚洲知识产权营商论坛。与香港特区政府知识产权署共同持续完善粤港澳知识产权资料库（网址：www.ip-prd.net）。

（六）与欧盟在知识产权法律范畴的合作

落实第三期欧盟与澳门在法律范畴合作项目有关知识产权领域的内容，继续推动知识产权的相关宣传工作。

（国家知识产权局港澳台办公室）

（注：根据澳门特别行政区经济局提供资料整理）

台湾地区

知识产权工作

一、专利事务

（一）统计数据

2018年中国台湾地区"智慧财产局"发明专利申请共计47 429件请求实质审查，结案39 528件，待办量为46 443件。从结案状态来看，2018年授权30 585件、驳回8063件、其他880件，各占77.4%、20.4%及2.2%。2018年发明专利审查共发出41 889件审查意见通知书，其中发出第一次审查意见通知书件数36 930件，发出第二次(含以上)审查意见通知书件数4959件,发出最后通知书109件。发明专利审查周期逐年下降,2018年平均首次通知周期与平均审结周期分别为8.7个月和14.0个月。

2018年新型专利申请17 910件,结案19 482件,平均审结周期维持在2.4个月。核发新型技术报告1515件,报告平均制作周期为5.4个月。

2018年设计专利申请8082件,授权7530件,驳回614件。2018年设计专利申请平均首次通知周期为6.1个月,平均审结周期为7.4个月。

(二)审查人力现况

中国台湾地区"智慧财产局"目前从事专利审查的人员共计391人,约占总人数的47%。

(三)修订相关规定

以下修订目前正在审议中:

(1)将授权后分案的适用范围由发明专利扩大至新型专利,申请期限由授权后30日放宽至3个月。

(2)为提升无效案件审查效率制定相关配套措施。

(3)修正新型专利的更正期限,并且将更正案的审查方式由形式审查改为实质审查。

(4)将设计专利权期限由12年延长为15年。

(5)为解决档案储存空间不足问题,修正专利档案保存期限。

二、商标事务

(一)统计数据

2018年商标注册申请案受理共84 816件,创历年新高,办结86 135件,待办案件减少至45 697件。

2018年商标注册申请案受理以类别计共有110 074类,创历年新高,办结112 766类,待办案件减少至65 008类。

2018年商标注册申请的平均首次通知周期为5.0个月,平均审结周期为6.7个月。

(二)审查人力现况

中国台湾地区"智慧财产局"目前从事商标审查的人员共计85人,约占总人数的10%。

三、著作权事务

完成著作财产权不明著作申请案3件,包括音乐著作1件及文字著作2件。

四、两岸交流

2018年10月,中华商标协会与海峡两岸商务协调会在宁夏银川举办第13届海峡两岸商标研讨会,推动两岸商标品牌交流合作。

2018年12月,台湾工业总会与中华全国专利代理人协会在台北市共同举办第十一届两岸专利论坛,增进两岸专利领域民间交流。

(国家知识产权局港澳台办公室)

(注:资料来源于台湾地区"智慧财产局"年度报告)

国家知识产权局

专 利

1. 全国知识产权局局长会议召开。1月4日，2018年全国知识产权局局长会议在北京召开。

2. 国家知识产权局党组2018年扩大会议召开。1月15日，国家知识产权局党组2018年扩大会议在北京召开。

3. 申长雨会见世界知识产权组织副总干事。1月15日，申长雨局长在北京会见世界知识产权组织副总干事约翰·桑德奇一行。

4. 国家知识产权局机关党的建设和党风廉政建设工作会议召开。1月16日，国家知识产权局机关党的建设和党风廉政建设工作会议在北京召开。

5. 申长雨会见丹麦专利商标局局长。1月17日，申长雨局长在北京会见丹麦专利商标局局长苏恩·斯泰普·索伦森一行。

6.《国家知识产权战略纲要》实施十年评估工作总体评估专家组成立。1月22日，国务院知识产权战略实施工作部际联席会议办公室在北京召开会议，宣布成立《国家知识产权战略纲要》实施十年评估工作总体评估专家组。

7.《知识产权对外转让有关工作办法(试行)》审议通过。1月23日，中共中央总书记、国家主席、中央军委主席、中央全面深化改革领导小组组长习近平主持召开中央全面深化改革领导小组第二次会议。会议审议通过了《知识产权对外转让有关工作办法(试行)》。3月18日，国务院办公厅印发《知识产权对外转让有关工作办法(试行)》。

8. 国家知识产权局党组召开2017年度民主生活会。2月5日，国家知识产权局党组召开2017年度民主生活会。

9. 申长雨出席2018年北京市知识产权工作会议。2月6日，申长雨局长出席2018年北京市知识产权工作会议并讲话。

10. 申长雨会见吉尔吉斯斯坦共和国国家知识产权与创新局局长。3月14日，申长雨局长在北京会见吉尔吉斯斯坦共和国国家知识产权与创新局局长艾斯纳力耶夫·多萨利一行。

11. 申长雨会见非洲知识产权组织总干事。3月19日，申长雨局长在北京会见非洲知识产权组织总干事德尼·L. 伯乌苏一行。

12. 第十届金砖国家知识产权局局长会议在成都召开。3月26日，第十届金砖国家知识产权局局长会议在成都召开，申长雨局长主持会议，并与其他四局局长共同签署《金砖五局关于加强金砖国家知识产权领域合作的联合声明》。

13. 申长雨率团访问柬埔寨，首批中国专利在柬埔寨登记生效。3月29日，申长雨局长率团访问柬埔寨，与柬埔寨王国国务大臣兼工业及手工业部部长占蒲拉西举行高级别会议，并签署《中国国家知识产权局与柬埔寨王国工业及手工业部关于中国专利在柬生效的谅解备忘录》。同日，申长雨局长与占蒲拉西部长共同出席首批中国有效专利在柬埔寨登记生效证书颁发仪式，首批中国专利在柬埔寨登记生效。

14. 中国国家知识产权局与欧亚专利局专利审查高速路(PPH)试点启动。4月1日，中国国家知识产权局与欧亚专利局专利审查高速路(PPH)试点启动。

15. 申长雨率团访问老挝。4月2日，申长雨局长率团访问老挝，与老挝科技部部长、国家科学院院长波万坎·冯达拉院士举行会谈。同日，申长雨局长与老挝国家科技委员会主席、科技部副部长洪潘·因塔拉在老挝万象举行高级别会议，并签署《中华人民共和国国家知识产权局与老挝人民民主共和国科技部知识产权领域合作谅解备忘录》。根据该谅解备忘录，老挝对中国发明专利审查结果予以认可。

16. 申长雨会见奥地利专利局局长。4月11日，申长雨局长在北京会见奥地利专利局局长玛丽安娜·科尔普娃一行。

17. 2018年全国知识产权宣传周活动举办。4月20日至26日，2018年全国知识产权宣传周活动举办。4月20日，王勇国务委员出席2018年全国知识产权宣传周活动启动仪式并讲话。同日，2018中国知识产权保护高层论坛在北京举办，申长雨局长作主旨发言。

18. 商标行政执法与司法保护联动高层论坛在北京举行。4月23日，2018(第三届)商标行政执法与司法保护联动高层论坛在北京举行。

19. 申长雨发布2017年中国知识产权发展状况。4月24日，申长雨局长在国务院新闻办公室发布2017年中国知识产权发展状况。

20. 国家知识产权局举办开放日活动。4月26日，2018年国家知识产权局开放日活动在北京举办。

21. 第七次中日韩领导人会议联合宣言发布。5月9日，第七次中日韩领导人会议联合宣言发布，认为三国知识产权合作，包括知识产权局长政策对话，对推进区域知识产权体系建设具有重要作用，期待三国就此进一步加强合作。

22. 纪念《国家知识产权战略纲要》颁布实施十周年座谈会举行。6月5日，纪念《国家知识产权战略纲要》颁布实施十周年座谈会在北京举行。

23. 申长雨率团访问加拿大。6月8日，申长雨局长率团访问加拿大，与加拿大创新、科学与经济发展部副部长保罗·汤姆森和加拿大知识产权局局长乔安娜·贝丽斯举行会谈，签署《2018—2019年度合作工作计划》，并续签中加专利审查高速路(PPH)协议。

24. 首次全国专利代理人执业宣誓仪式举行。6月12日，中华全国专利代理人协会在北京举行首次全国专利代理人执业宣誓仪式。

25. 第十一次知识产权五局合作局长系列会议召开。6月13日至14日，第十一次知识产权五局合作局长系列会议在美国新奥尔良召开。

26.《关于表彰国家知识产权战略实施工作先进集体和先进个人的决定》印发。6月22日，国家知识产权局(国务院知识产权战略实施工作部际联席会议办公室)印发《关于表彰国家知识产权战略实施工作先进集体和先进个人的决定》，对一批国家知识产权战略实施工作先进集体和先进个人进行表彰。

27. 申长雨会见欧盟委员会农业与农村发展总司总司长。6月25日，申长雨局长在京会见欧盟委员会农业与农村发展总司普莱瓦总司长一行。

28. 修订后的《奥林匹克标志保护条例》公布。6月28日，李克强总理签署国务院令，公布修订后的《奥林匹克标志保护条例》。

29. 中国和马来西亚专利审查高速路(PPH)试点启动。7月1日，中国和马来西亚专利审查高速路(PPH)试点启动。

30. PCT协作式检索和审查(CS&E)试点启动。7月1日，中国国家知识产权局与美欧日韩四局PCT协作式检索和审查(CS&E)试点启动。

31. 首批能力建设知识产权仲裁调解机构确定。7月4日，国家知识产权局发布通知确定首批能力建设知识产权仲裁调解机构。

32. 专利、商标、地理标志统计数据首次集中发布。7月10日，国家知识产权局在北京举办2018年第三季度例行新闻发布会，首次集中发布专利、商标、地理标志统计数据。

33. 国家知识产权局与广东省人民政府知识产权合作会商举行。7月12日，国家知识产权局与广东省人民政府年度知识产权合作会商暨广东建设知识产权强省推进大会在广州举行。

34. 基于DAS2.0的中韩外观设计优先权文件电子交换服务开通。7月20日，国家知识产权局开通基于DAS2.0的中韩外观设计优先权文件电子交换服务。

35. 国家知识产权局与陕西省人民政府知识产权合作会商会议举行。7月24日，国家知识产权局与陕西省人民政府2018—2019年度知识产权合作会商会议在西安举行。

36. 首批13个知识产权军民融合试点地方确定。7月30日，国家知识产权局与中央军委装备发展部发布通知，确定首批13个知识产权军民融合试点地方。

37. 修订后的《奥林匹克标志保护条例》施行。7月31日，修订后的《奥林匹克标志保护条例》施行。同日，北京冬奥组委向国家知识产权局商标局提交首批奥林匹克标志和残奥会标志公告申请。

38.《"互联网+"知识产权保护工作方案》印发。7月31日，国家知识产权局印发《"互联网+"知识产权保护工作方案》。

39. 部分专利收费停征和调整。8月1日，国家知识产权局停征和调整部分专利收费。

40. 首起集成电路布图设计专有权侵权纠纷案件办结。8月16日，国家知识产权局顺利办结首起集成电路布图设计专有权侵权纠纷案件。

41. 申长雨会见多哥共和国工业与技术产权局局长。8月20日，申长雨局长在北京会见多哥共和国工业与技术产权局局长拉玛迪土·恩诺塔·库米一行。

42. 申长雨会见柬埔寨王国国务大臣兼工业及手工业部部长。8月27日，申长雨局长在北京会见柬埔寨王国国务大臣兼工业及手工业部部长占蒲拉西一行，双方举行第二次中柬知识产权高级别会议。

43. 2018年"一带一路"知识产权高级别会议开幕。8月28日，2018年"一带一路"知识产权高级别会议在北京开幕，国家主席习近平向会议致贺信。同日，李克强总理在中南海紫光阁会见来华出席"一带一路"知识产权高级别会议的世界知识产权组织总干事高锐和与会代表。同日，国务委员王勇出席会议开幕式，宣读中国国家主席习近平致会议的贺信并致辞。

44. 2018年"一带一路"知识产权圆桌会举行。8月29日，2018年"一带一路"知识产权圆桌会在京举行，通过《关于进一步推进"一带一路"国家知识产权务实合作的联合声明》。

45. 第九届中国专利年会在北京开幕。8月30日，第九届中国专利年会在北京开幕。

46. 2018中国国际商标品牌节举行。9月1日至3日，2018中国国际商标品牌节在河北省唐山市举行。

47. 申长雨局长率团访问新加坡。9月3日至4日，申长雨局长率团访问新加坡，与新加坡知识产权局局长邓鸿森举行双边会谈，并出席中新两局共同举办的中国—东盟创新与知识产权商业化论坛和新方主办的全球知识产权论坛等活动。

48. 第九届中国—东盟知识产权局局长会议在新加坡举行。9月5日，由中国国家知识产权局和东盟秘书处联合主办的第九届中国—东盟知识产权局局长会议在新加坡举行。

49. 申长雨率团访问泰国商务部知识产权厅。9月7日，申长雨局长率团访问泰国商务部知识产权厅，与泰国商务部知识产权厅厅长丹素普猜深入交流，并就尽快升级中泰知识产权合作协议达成共识。

50. 中国—东盟商标品牌论坛举办。9月13日，中国—东盟商标品牌论坛在广西南宁举办。

51. 申长雨率团访问俄罗斯联邦知识产权局。9月19日，申长雨局长率团访问俄罗斯联邦知识产权局，出席由俄方主办的第22届知识产权国际研讨会。

52. 申长雨率团访问欧亚专利局。9月20日，申长雨局长率团访问欧亚专利局，与欧亚专利局局长索里·特莱芙列索娃进行深入交流，并签署两局合作谅解备忘录和2019～2020年度工作计划。

53. 中欧两局第十二次局长会议举行。9月21日，中欧两局第十二次局长会议在慕尼黑举行。

54. 申长雨率中华人民共和国政府代表团出席世界知识产权组织成员国大会第58届系列会议，并访问世界知识产权组织。9月24日，申长雨局长率中华人民共和国政府代表团出席世界知识产权组织成员国大会第58届系列会议。同日，申长雨局长访问世界知识产权组织（WIPO），并与WIPO总干事弗朗西斯·高锐举行双边会谈。9月25日至26日，申长雨局长在WIPO成员国大会第58届系列会议期间出席多场外事活动。

55.《关于中美经贸摩擦的事实与中方立场》白皮书有关情况发布会举行。9月25日，国务院新闻办公室就《关于中美经贸摩擦的事实与中方立场》白皮书有关情况举行发布会，国家知识产权局相关负责人出席并回答中外记者提问。

56. 国家知识产权局重组后首次国家工作人员宪法宣誓仪式举行。10月9日，重新组建的国家知识产权局首次举行国家工作人员宪法宣誓仪式。

57. 申长雨《求是》撰文：中国依法严格保护知识产权。10月16日，申长雨局长《求是》撰文：中国依法严格保护知识产权。

58. 第六届中蒙俄知识产权研讨会在苏州举行。10月18日，第六届中蒙俄知识产权研讨会在苏州举行。

59. 国家知识产权局与江苏省人民政府知识产权合作会商会议举行。10月19日，国家知识产权局与江苏省人民政府在南京举办2018～2019年知识产权合作会商会议。

60. 申长雨访问以色列专利局。10月24日，中以创新合作联合委员会第四次会议在以色列耶路撒冷召开，会议由中国国家副主席王岐山与以色列总理内塔尼亚胡共同主持。申长雨局长率团参加会议，并应邀访问以色列专利局，与以色列司法部总司长埃米·帕尔默及以色列专利局局长奥费·阿隆举行会谈。

61. 中韩知识产权局局长会举行。10月30日，第24次中韩知识产权局局长会在韩国首尔举行。

62. 中日知识产权局局长会举行。11月1日，第25次中日知识产权局局长会在日本京都举行。

63.《知识产权相关会计信息披露规定》印发。11月5日，财政部与国家知识产权局印发《知识产权相关会计信息披露规定》。

64.《专利代理条例》公布。11月6日，李克强总理签署国务院令，公布修订后的《专利代理条例》。

65. 国家知识产权局党组学习习近平总书记在首届中国国际进口博览会开幕式上的主旨演讲。11月8日，国家知识产权局党组召开会议，传达学习习近平总书记在首届中国国际进口博览会开幕式上的主旨演讲精神和习近平总书记在民营企业座谈会上的重要讲话精神。

66. 国务院新闻办公室举行《专利代理条例》修改有关情况吹风会。11月13日，国务院新闻办公室举行《专利代理条例》修改有关情况吹风会。

67. 申长雨赴中共中央党校作形势与任务报告。11月16日，申长雨局长赴中共中央党校作形势与任务报告。

68.《关于对知识产权(专利)领域严重失信主体开展联合惩戒的合作备忘录》印发。11月21日，国家知识产权局会同国家发展改革委等共38个部门单位联合印发《关于对知识产权(专利)领域严重失信主体开展联合惩戒的合作备忘录》。

69. 商标网上服务系统全面上线。11月27日，商标网上服务系统全面上线。

70. 第十二届中国专利周活动举办。11月30日至12月6日，2018年第十二届中国专利周活动举办。

71. 专利分析和预警工作十周年总结表彰会召开。12月3日，国家知识产权局在北京召开专利分析和预警工作十周年总结表彰会。

72.《中华人民共和国专利法修正案(草案)》在国务院常务会议讨论通过。12月5日，李克强总理主持召开国务院常务会议，通过《中华人民共和国专利法修正案(草案)》。

73.“改革开放与知识产权事业发展”中外记者见面会举行。12月11日，国务院新闻办公室举行“改革开放与知识产权事业发展”中外记者见面会。

74. 中华全国专利代理人协会成立三十周年座谈会举办。12月12日，中华全国专利代理人协会成立三十周年座谈会举办。

75. 第18次中日韩知识产权局局长会议举行。12月13日，第18次中日韩知识产权局局长会议在武汉举行。

76. 专利法修正案草案提交十三届全国人大常委会第七次会议审议。12月23日，专利法修正案草案提交十三届全国人大常委会第七次会议审议。

77. 国务院常务会议部署提高知识产权审查效率等工作。12月24日，李克强总理主持召开国务院常务会议，部署提高知识产权审查效率等工作。

78. 第二十届中国专利奖颁奖大会举行。12月25日，第二十届中国专利奖颁奖大会在北京举行。

（国家知识产权局办公室）

商　标

1. 公布《商标注册用商品和服务项目申报指南》。1月2日，商标局公布《商标注册用商品和服务项目申报指南》，方便申请人在申请商标注册时申报商品和服务项目的类别及名称。

2. 发布 2017 年遏制恶意注册、打击商标侵权的工作成果。 1 月 9 日，商标局发布 2017 年遏制恶意注册、打击商标侵权的工作成果，公布了若干从严从快审理的大规模恶意抢注商标的典型案件，起到了较强的示范效应，受到社会公众的高度关注与好评。

3. 发布《关于公布可接受商品服务项目名称的通知》。 1 月 11 日，商标局发布《关于公布可接受商品服务项目名称的通知》，根据 2018 年 1 月 1 日起正式启用的尼斯分类第十一版 2018 文本对原公布的可接受商品服务项目名称进行了调整。

4. 发布《关于批准设立第五批商标受理窗口的公告》。 1 月 29 日，商标局发布《关于批准设立第五批商标受理窗口的公告》，批准北京市工商行政管理局丰台分局等第五批 18 个工商和市场监管部门设立商标受理窗口，1 月 30 日正式启动运行，开展商标注册申请受理工作。

5. 发布《关于延长商标网上申请系统开放时间的公告》。 1 月 30 日，商标局发布《关于延长商标网上申请系统开放时间的公告》。自 2 月 1 日起，将商标网上申请的接收时间由“08:00 至 16:30”延长为“08:00 至 20:00”，系统开放日为法定工作日、节假日（除国庆、春节七天长假及系统维护日外）。

6. 发布《关于进一步提高商标数字证书申请便利化的公告》。 1 月 31 日，商标局发布《关于进一步提高商标数字证书申请便利化的公告》，对商标数字证书发放规则进行调整。一是简化商标数字证书申请手续，取消纸质申请材料。二是缩短商标数字证书制作周期。三是增加发放商标数字证书数量。

7. 发布《关于开展商标文件电子发文试点的公告》。 2 月 2 日，商标局发布《关于开展商标文件电子发文试点的公告》，扩大商标文件电子发文试点范围。按照 2017 年注册申请量排序，在现有试点工作基础上增加 400 家商标代理机构。各商标受理窗口均在试点范围内。

8. 召开商标改革宣传工作座谈会。 2 月 6 日，商标局召开商标改革宣传工作座谈会，围绕进一步提高商标宣传工作的针对性、有效性，充分发挥新媒体在宣传中的重要桥梁作用进行座谈。来自工商总局相关司局，知识产权领域有影响力的 15 家微信公众号运营方代表共 50 余人参加座谈。

9. 发布《关于简化申请材料　优化工作流程 缩短审查周期的公告》。 2 月 7 日，商标局发布《关于简化申请材料 优化工作流程 缩短审查周期的公告》，进一步方便申请人办理转让、变更、续展等业务。

10. 发布《关于个别商标代理机构涉嫌违法行为的通告》。 2 月 9 日，商标局发布《关于个别商标代理机构涉嫌违法行为的通告》，对虚假宣传、伪造文件、虚构收费项目、采用其他不正当手段招揽业务等八类代理机构涉嫌违法行为予以通告。

11. 印发《商标注册便利化改革三年攻坚计划（2018—2020 年）》。 3 月 20 日，国家工商行政管理总局办公厅印发《商标注册便利化改革三年攻坚计划（2018—2020 年）》。

12. 发布《关于征求商标法修改意见的公告》。 3 月 20 日，商标局发布《关于征求商标法修改意见的公告》，广泛听取社会公众意见。

13. 发出《关于更新〈类似商品和服务区分表〉以外可接受商品和服务项目名称的通知》。 3 月 30 日，商标局发出《关于更新〈类似商品和服务区分表〉以外可接受商品和服务项目名称的通知》，将《类似商品和服务区分表》以外可接受商品和服务项目名称予以更新并对外公布。

**14. 发布 2017 年工商和市场监管部门查处

10大商标侵权典型案例。4月26日，商标局与《中国工商报》联合发布2017年工商和市场监管部门查处10大商标侵权典型案例。

15. 发布《商标注册便利化改革三年攻坚计划(2018—2020年)》。4月26日，《商标注册便利化改革三年攻坚计划(2018—2020年)》在国家知识产权局举办的新闻发布会上进行发布：2018年年底前商标注册审查周期缩短至6个月，赶超经合组织成员国(OECD)中实行在先权利审查国家的平均水平。到2020年，我国将基本建成优质便捷高效的商标注册体系，商标注册申请(包括国际注册审查)审查周期缩短至4个月以内。

16. 地理标志精准扶贫西部宣讲团首次宣讲在广西壮族自治区南宁市举行。5月14日，商标局地理标志精准扶贫西部宣讲团首次宣讲在广西壮族自治区南宁市举行。围绕全国地理标志商标助推扶贫情况、地方政府在运用地理标志精准扶贫和区域公共品牌的建设推广中的成功经验、相关职能部门在运用地理标志精准扶贫中所发挥的作用、地理标志商标注册业务培训等内容，对南宁、玉林、桂林及周边城市进行为期6天的宣讲。

17. 全国工商和市场监管部门商标监管工作座谈会在青海省西宁市举办。6月8日，全国工商和市场监管部门商标监管工作座谈会在青海省西宁市举办，总结打击商标侵权"溯源"专项行动工作经验，部署下一阶段工作任务。浙江、安徽、辽宁省工商局商标处负责人在会上介绍了商标监管执法及开展专项行动的经验做法。参会代表还就拟出台的商标代理监管暂行办法提出意见建议。

18. 马德里商标国际注册网上申请系统正式上线运行。6月21日，马德里商标国际注册网上申请系统正式上线运行，实现了网上提交申请、电子送达各种相关文书、网上提交补正回文、网上支付规费、与国际局电子通讯等全部流程的电子化。

19. 印发《开展打击使用未注册商标违反〈商标法〉禁用条款行为"净化"专项行动方案》。6月28日，国家市场监管总局办公厅印发《开展打击使用未注册商标违反〈商标法〉禁用条款行为"净化"专项行动方案》，决定自2018年6月至10月开展打击使用未注册商标违反《商标法》禁用条款行为"净化"专项行动，整顿规范商标使用管理秩序，净化商标品牌竞争环境，塑造良好营商环境。

20. 商标文件电子送达系统试点运行。6月30日，商标文件电子送达系统试点运行，试点对商标网上申请业务的67种商标文件，以电子送达方式发送至商标网上申请系统用户注册邮箱。

21. 新商标咨询电话语音平台系统上线。8月1日，新商标咨询电话语音平台系统上线，实现了一号对外、一站服务，力求通过语音咨询与人工咨询相结合、常规业务人工咨询与具体业务人工咨询相结合的形式，满足多样化咨询需求，提升公众满意度。

22. "商标网上服务系统"正式上线。9月1日，"商标网上服务系统"正式上线，该系统对商标网上申请系统进行全面升级改造，实现网上提交申请、网上接收文件全程电子化。

23. 济南商标审查协作中心正式启动运行。9月7日，济南商标审查协作中心正式启动运行，该中心是继上海、广州、重庆之后第四个投入使用的京外商标审查协作中心。

24. 发布《关于批准设立第六批商标受理窗口的公告》。9月20日，商标局发布《关于批准设立第六批商标受理窗口的公告》，批准北京市工商行政管理局通州分局等第六批 31 个工商和市场监管部门设立商标受理窗口，2018 年 9 月 20 日正式启动运行，开展商标注册申请受理工作。

25. 郑州商标审查协作中心启动运行。10 月 23 日，郑州商标审查协作中心启动运行，该中心是继上海、广州、重庆、济南之后，第五个投入使用的京外商标审查协作中心。

26. 发布《关于京外商标审查协作中心和部分地方商标受理窗口扩大商标受理业务范围的公告》。11 月 8 日，商标局发布《关于京外商标审查协作中心和部分地方商标受理窗口扩大商标受理业务范围的公告》，京外商标审查协作中心受理大厅业务范围扩大至 25 项，试点 36 个地方商标受理窗口商标受理业务范围扩大至 24 项。

27. 商标注册平均审查周期缩短至 5 个月 28 天。11 月 9 日，商标注册平均审查周期缩短至 5 个月 28 天，提前 52 天完成《商标注册便利化改革三年攻坚计划》中 2018 年底前将审查周期缩短至 6 个月的工作目标，比 2017 年缩短 2 个月，其他各项商标业务审查周期同步压缩。

28. 商标网上服务系统全面上线启动仪式在中国商标大楼举行。11 月 27 日，商标网上服务系统全面上线启动仪式在中国商标大楼举行。商标网上服务系统是在原“商标网上申请系统”基础上升级改造集合而成，具备网上查询、网上申请、网上发文、网上公告、网上缴费、商标注册证明公示六大功能，是商标服务载体和服务手段一次突破性变革。国家知识产权局局长申长雨、国家知识产权局副局长张茂于、有关司局负责人和商标局有关负责人共 50 余人参加了启动仪式。

29. 商标注册证明公示系统上线运行。11 月 27 日，商标注册证明公示系统上线运行，用于公示商标注册证和优先权证明、商标变更、转让、续展证明等证明类文件的基本信息。社会公众可以通过商标注册号、申请人名称、商标名称等条件进行检索，了解上述商标文件的内容和效力。

30. 发布《关于改变补发变更/转让/续展证明申请方式的公告》。12 月 11 日，商标局发布《关于改变补发变更/转让/续展证明申请方式的公告》，申请人在商标受理大厅直接办理的立等可取，通过邮寄办理的自商标局收到申请之日起 7 个工作日内完成。

31. 发布《关于启用尼斯分类第十一版 2019 文本的通知》。12 月 25 日，商标局发布《关于启用尼斯分类第十一版 2019 文本的通知》。根据世界知识产权组织的要求，尼斯联盟各成员国将于 2019 年 1 月 1 日起正式使用尼斯分类第十一版 2019 文本。

32. 商标数据库对社会公众免费开放。12 月 26 日，商标网上服务系统用户可登录商标网上服务系统中的“商标数据开放”栏目，免费下载约 3500 万件商标的基本信息。

（国家知识产权局商标局）

国家版权局

1. 周慧琳会见新加坡知识产权局局长邓鸿森一行。1 月 22 日，中国国家新闻出版广电总局副局长、中国国家版权局专职副局长周慧琳在京会见新加坡知识产权局局长邓鸿森一行。双方就推进《视听表演北京条约》早日生效、加强在世界知识产权组织（WIPO）框架下的沟通和交流、版权立法与制度等共同关注的版权问题交换了意见。

2.“数字时代下的著作权法修改”研讨会召开。1月30日，由中国法学会网络与信息法学研究会、中国社会科学院法学研究所主办的第九次网络与信息法治圆桌会议暨“数字时代下的著作权法修改”研讨会在北京召开。会议不定期地就网络信息法治发展中的重大问题进行讨论，本次圆桌会议聚焦数字时代下的著作权法修订。

3. 北京国际网络版权监测研讨会召开。2月26日下午，由中国版权协会主办的北京国际网络版权监测研讨会在北京召开。中国版权协会阎晓宏理事长在致辞中指出，经过多年的发展，中国大网站的守法意识相对比较强，版权保护成绩明显，但小网站侵权盗版不容忽视，就小网站侵权盗版和监测维权问题举行研讨，很有针对性和现实意义。来自WIPO中国办事处、国际知名行业协会、著作权集体管理组织、国内各大网站及版权相关单位的40余人出席了会议。

4. 推进使用正版软件工作部际联席会议第七次全体会议召开。3月2日，中宣部副部长、国家新闻出版广电总局(国家版权局)局长聂辰席在北京主持召开推进使用正版软件工作部际联席会议第七次全体会议。聂辰席强调，2018年是全面贯彻党的十九大精神的开局之年，是改革开放40周年，是决胜全面建成小康社会、实施“十三五”规划承上启下的关键一年，软件正版化工作面临着新形势新任务，迫切要求有新气象新作为，部际联席会议要以习近平新时代中国特色社会主义思想为指导，强化知识产权创造、保护和运用，努力开创新时代软件正版化工作新局面。会议审议通过了《2017年推进使用正版软件工作总结》和《2018年推进使用正版软件工作计划》。

5. 微博携手中国版权保护中心为原创内容开通版权认证。3月19日，微博正式与中国版权保护中心、平鳌科技达成合作，接入中国版权保护中心DCI体系，为平台原创内容开通版权认证。微博平台上的头条文章原创内容，将由中国版权保护中心提供基于DCI体系的数字作品版权登记。对于经过登记认证的微博原创内容，中国版权保护中心将为拥有其版权的用户提供盗版侵权监测及快速维权服务。

6. 2017 CPCC十大中国著作权人评选结果揭晓。3月22日，由中国版权保护中心主办、中华版权代理总公司协办、《中国版权》杂志社承办的2018 CPCC中国版权服务年会在北京首都大酒店开幕，2017 CPCC十大中国著作权人年度评选结果同时揭晓。全国政协委员、中国版权协会理事长阎晓宏，世界知识产权组织中国办事处主任陈宏兵、国家新闻出版广电总局规划发展司司长朱伟峰等出席开幕式，中国版权保护中心主任段桂鉴致开幕词。开幕式揭晓的2017 CPCC十大中国著作权人分别为：吴京、孙赫阳、中国科学院自动化研究所、北京梦之城文化股份有限公司、上海棠棣信息科技股份有限公司、中教易未来(北京)文化传媒有限公司、惟邦环球建筑设计(北京)事务所、北京小米移动软件有限公司、广州酷狗计算机科技有限公司、北京华彩世嘉网络科技有限公司。

7. 优秀原创动漫作品版权开发奖励计划启动。在3月22日开幕的“2018 CPCC中国版权服务年会”上，中国版权保护中心组织实施的“优秀原创动漫作品版权开发奖励计划”宣布启动。国家新闻出版广电总局规划发展司司长朱伟峰、中国版权保护中心主任段桂鉴出席启动仪式并共同启动了该项计划。

8. 中国九大原创节目登陆戛纳电视节。当地时间4月7日下午，集结《国家宝藏》《朗读者》《经典咏流传》《天籁之战》《声临其境》《跨界歌王》《明日之子》《功夫少年》《好久不见》九大中国原创节目亮相的中国原创节目模式推介会登陆法国戛纳电视节。这是中国电视人首次以“原创节目模式”的名义集体发声于戛纳电视节的主舞台。本场推介活动由中国广播电影电视社会组织联合会电视版权委员会和上海广播电视台联合发起。推介会现场，戛纳电视节电视节目板块负责人 Garaude(葛厚德)女士表示，在过去的几年中，中国一直是一个至关重要的节目消费国，但现在中国也已成为一个优秀节目内容的全球供应商。

9. 中墨正式建立版权双边合作框架。墨西哥当地时间 4 月 12 日，中国国家版权局与墨西哥文化部在墨西哥城签署版权合作谅解备忘录，这标志着中墨之间正式建立版权双边合作框架，开始展开常态化、机制化的版权交流与合作。这是中国国家版权局在全球范围内签署的第八个版权双边合作备忘录。中国国家版权局版权管理司司长于慈珂与墨西哥文化部下属的墨西哥国家版权局局长曼努埃尔·格拉·萨马罗分别代表双方在备忘录上签字。根据该备忘录，中国国家版权局版权管理司与墨西哥国家版权局将加强合作，围绕版权热点问题开展研讨，交流版权立法、执法、保护、争议解决等方面的信息和做法。双方将根据需要制定并执行年度工作计划，在版权领域开展具体的合作交流活动，充分发挥该备忘录的作用。

10. 各地“扫黄打非”部门一季度查处侵权盗版案件 460 余起。为加强知识产权保护，“扫黄打非”部门深入打击网上网下侵权盗版活动。据统计，1 月至 3 月，全国已查缴侵权盗版出版物 150 余万件，查处侵权盗版类案件 460 余起。4 月 12 日，全国“扫黄打非”办公室通报，今年以来，多地加大了侵权盗版刑事案件查办力度，各地加强文化市场检查，查办了一大批侵权盗版案件。除制售盗版出版物等传统侵权盗版类型外，还涉及网络文学、网络音乐、网络影视、网络游戏以及电影、计算机软件等多个领域的侵权盗版行为。全国“扫黄打非”办公室公布了三起新型侵权盗版典型案件，即四川泸州查处一起侵犯电影著作权案，北京查处一起销售侵权盗版政治理论类图书案件，江苏宿迁查处一起侵犯计算机软件著作权案。

11. 我国网络版权产值突破 6000 亿元。4 月 23 日，国家版权局网络版权产业研究基地在北京发布《中国网络版权产业发展报告(2018)》。报告显示，我国网络版权产业继续保持快速增长趋势，2017 年中国网络版权产业的市场规模为 6365 亿元，较 2016 年增长 27.2%。该报告依据世界知识产权组织关于版权产业的界定，将网络核心版权产业界定为，依托版权保护，依赖于网络技术和应用，完全地从事创造、生产与制造、表演、传播与展出、发行与销售内容产品的产业。

12. 世界杯赛事节目纳入重点作品版权保护预警名单。6 月 14 日，国家版权局公布 2018 年度第五批重点作品版权保护预警名单，2018 俄罗斯世界杯赛事节目入选。根据要求，相关网络服务商应对版权保护预警名单内的重点作品采取以下保护措施：直接提供内容的网络服务商未经许可不得提供版权保护预警名单内的作品；用户上传内容的网络服务商应禁止用户上传版权保护预警名单内的作品；提供搜索链接的网络服务商、电子商务平台及应用程序商店应加快处理预警名单内作品权利人关于删除侵权内容或断开侵权链接的通知。

13. 全国版权执法监管工作会议在北京召开。7 月 12 日，国家版权局在北京召开全国版权执法监管工作会议。这次会议是深化党和国家机构改革，中宣部统一管理新闻出版、版权工作之后召开的第一次全国性的版权工作会议。会议深入学习贯彻习近平新时代中国特色社会主义思想和党的十九大精神，传达中央领导同志的重要批示，分析研判当前版权执法监管工作面临的新任务新要求，研究部署"剑网 2018"专项行动等版权执法监管重点工作，推动版权执法监管工作实现新发展。中宣部副部长、国家新闻出版署署长、国家版权局局长庄荣文出席会议并讲话。国家版权局版权管理司司长于慈珂主持会议。会议通报了"剑网 2018"专项行动的具体部署。国家网信办、工业和信息化部、公安部有关部门负责同志就各部门开展"剑网"专项行动情况作了发言。来自全国 31 个省(区、市)和中心城市版权局、文化市场行政执法总队，以及各著作权集体管理组织等的 120 余名代表出席会议。

14. 2017 年中国出版业版权输出同比增长 24.1%。从 8 月 8 日举行的第二十五届北京国际图书博览会暨第十六届北京国际图书节新闻发布会上获悉，2017 年，全国出版业共输出版权 13 816 项，其中输出图书、音像制品、电子出版物等出版物版权12 651 项；版权输出总量较上年增长 24.1%，其中出版物版权输出增长 29.0%。从数据来看，中国出版业版权输出呈现以下几个特点：一是版权输出主要集中在北京、上海、广东等地区，其中北京版权输出超过 6600 项，占据全国版权输出的近半壁江山。二是版权输出对象地区主要集中在美国、英国、德国、韩国等发达国家和地区。三是对越南、泰国、印度尼西亚、印度、尼泊尔、吉尔吉斯斯坦、阿联酋、黎巴嫩、埃及等"一带一路"沿线国家版权输出增长较快，表现抢眼。

15. 第十四届海峡两岸图书交易会在我国台湾省台北市举行。8 月 17 日至 23 日，第十四届海峡两岸图书交易会(以下简称海图会)在台北主会场开展。海峡两岸约 300 家出版社、版权机构和图书馆参与了这场两岸图书交流嘉年华。海图会自 2005 年起在厦门和台北两地成功举办了 13 届，累计参展图书 800 余万册，实现图书销售采购 4.2 亿元人民币，达成版权贸易等业务合作项目 2360 项。

16. 2018 北京(国际)文创产品交易会开幕。8 月 24 日，2018 北京(国际)文创产品交易会(以下简称 2018 文交会)启动仪式在北京的全国农业展览馆开幕。在 13 000 平方米的场馆内，数百家文创企业和机构汇聚一堂，数万件精美展品亮相文交会六大主题展区。2018 文交会作为全国文化创意产业的交易平台，在运行机制、活动规模、品牌打造、展商服务、交易模式等五大方面进行了全面提升，紧抓产品发布、产品传播和产品交易三大环节，力争打造全国规模最大文创产品交易大会。本届文交会立足文创产品交易，搭建综合服务平台，助力文创产业发展。

17. 国家版权局约谈抖音等 15 家短视频企业，严打侵权盗版。9 月 14 日，针对重点短视频平台企业自查自纠情况和存在的突出版权问题，国家版权局在北京约谈了抖音短视频、快手、西瓜视频、火山小视频、美拍、秒拍、微视、梨视频、小影、56 视频、火萤、快视频、哔哩哔哩、土豆、好看视频等 15 家重点短视频平台企业。7 月起，国家版权局、国家互联网信息办公室、工业和信息化部、公安部联合开展打击网络侵权盗版"剑网 2018"专项行动，以短视频版权专项整治为重点，强化对短视频企业的版权监管。国家版权局要求相关短视频平台企业进一步提高版权保护意识，切实加强版权制度建设，全面履行企业主体责任。下一阶段，国家版权局将重点打击短视频领域侵权盗版行为，引导短视频平台企业规范版权授权和传播规则，强化行业自律，推动相关权利人组织与短视频企业建立版权保护合作机制，推动短视频行业健康发展，为广大网民提供风清气正的网络版权环境。

18. 2018 中国文化 IP 发展高峰论坛在北京成功召开。9 月 21 日，2018 中国文化 IP 发展高峰论坛在中国 IP 展开展首日成功举办。本次论坛以“优秀内容创作、赋能运营传播”为主题，邀请了诸多中国文化界学者、专家及知名企业家，围绕文化 IP 在博物馆文创、网络文学、共享设计、赛事节目以及软件办公等多个专题领域进行了研究成果和实践案例分享，共同探讨了何为文化 IP 最核心竞争力，以及如何应用文化 IP 赋能新时代运营传播等话题。论坛上，就如何更好地开发文化 IP，与会嘉宾普遍认为：要深挖中国传统文化精髓，将传统文化植根于内容创作中，对其进行与时俱进、符合现实主义价值观的创新性开发。此外，版权价值的挖掘服务、版权确权和维权服务、设计制作服务、授权交易服务以及供应链管理服务等作为文化 IP 产业生态链中的支撑层，也是此次论坛的主要议题。

19. 首个互联网企业版权资产管理应用示范成果花落京企。10 月 25 日，全国首个互联网企业版权资产管理应用示范成果揭晓，曾推出过《山海异闻录》《凹凸世界》等多款原创游戏及动漫作品的北京盖娅互娱网络科技股份有限公司（以下简称盖娅互娱），成为首个版权资产管理应用示范单位，中国版权保护中心主任段桂鉴为盖娅互娱合伙人兼总裁安安颁发了示范单位牌证。经过认真严格的评选，中国版权保护中心认为盖娅互娱版权资产存量丰富，具备较强的游戏、动漫类版权资产研发、发行及运营能力，在国内外行业市场中均具较强的竞争实力，通过版权资产管理的改善提升，达到了版权资产管理应用的示范目标。

20. 国家版权局约谈 13 家网络服务商，要求规范网络转载。9 月 29 日，针对网络转载版权专项整治中发现的突出版权问题，国家版权局在北京约谈了趣头条、淘新闻、今日头条、一点资讯、百度百家号、微信、东方头条、北京时间、网易新闻、搜狐新闻、新浪新闻、凤凰新闻、腾讯新闻等 13 家网络服务商，要求其进一步提高版权保护意识，切实加强版权制度建设，全面履行企业主体责任，规范网络转载版权秩序。下一阶段，各级版权执法部门将重点打击网络转载领域存在的各类侵权盗版行为，引导网络企业加强版权自律、规范版权管理，推动网络平台与权利人（组织）、版权相关联盟（协会）开展版权合作，探索符合网络使用需求和传播规律的转载授权模式，共同维护良好的版权秩序。

21. 国家版权局引导版权社会共治。11 月 9 日，在国家版权局的支持推动下，主要电商平台与两大反盗版联盟积极开展版权合作，合力遏制通过电商平台销售盗版图书等侵权行为。据国家版权局相关负责人介绍，在 10 月举办的第七届中国国际版权博览会期间，阿里巴巴集团与京版十五社反盗版联盟就图书版权保护计划签订合作协议。在 11 月中国国际进口博览会期间，拼多多平台与京版十五社反盗版联盟和少儿出版反盗版联盟就图书版权保护签订合作协议。今后将进一步加大网络版权保护工作力度，全力助推版权产业繁荣发展。一是不断加强打击网络侵权盗版工作，各地版权执法部门将持续加大对侵权盗版的行政处罚力度，做好与刑事司法的衔接工作，营造开放、规范、诚信、安全的网络交易环境；二是继续强化网络版权保护社会共治，充分发挥权利人组织的协调、统筹作用，进一步推动网络平台与权利人、版权相关联盟开展版权合作；三是大力推动网络企业全面履行主体责任。

22. 首届粤港澳大湾区知识产权拍卖成交额逾 600 万元。12 月 13 日，以“IP 商业价值实现 · 智慧解决之道”为主题的 2018 广州文化产业交易会 · 粤港澳大湾区版权产业创新发展（越秀）峰会（以下简称峰会）在广州越秀区举行。峰会期间，首届粤港澳大湾区知识产权创新产品拍卖会成为重头戏，促成成交额逾 600 万元。

23. 中国音像著作权集体管理协会版权收

费将采取新模式。12月17日至18日，国家版权局和欧盟委员会IP Key中国项目在广州联合举办了为期两天的“中欧数字环境下版权保护与许可研讨会”。中国音像著作权集体管理协会（以下简称音集协）副理事长兼代理总干事周亚平与参会各方分享了音集协的大数据著作权管理系统。通过这次中欧研讨会，首次亮相就引发关注的大数据著作权管理系统已经成为著作权领域的专家和卡拉OK行业所共同关注的新议题，若顺利落地，将会在实践中证明中国著作权集体管理制度设计的优越性，同时也会促使中国的著作权集体管理实践上升到新的水平。

24. 78个原创动漫项目获扶持。12月20日，由国家新闻出版署指导、中央文化产业发展专项资金支持的“优秀原创动漫作品版权开发奖励计划”在北京举行颁奖仪式。泡泡玛特、网元圣唐、北京紫媒等78个国产优秀原创动漫项目荣获“优秀原创动漫作品版权开发奖励计划”奖项，并获得中央文化产业发展专项资金支持。据了解，中国动漫作品的版权开发主要集中在授权许可与衍生品开发等方面，版权价值的开发推动中国原创动漫作品不断向前。

（中央宣传部版权管理局办公室）

农业农村部

1. 公众号上线运行。2月2日，“农业农村部植物新品种测试中心”公众号上线运行。

2. 召开农业植物新品种DUS测试工作会暨品种保护研讨会。3月13日至14日，农业植物新品种DUS测试工作会暨品种保护研讨会在福州召开。

3. 考察植物新品种测试（南京）分中心。5月6日，农业农村部韩长赋部长赴江苏省农业科学院调研指导工作时，考察植物新品种测试（南京）分中心，听取新品种保护的工作汇报。

4. 启动农业农村部植物新品种测试分中心评估工作。7月10日，印发《农业农村部植物新品种测试中心关于开展测试分中心评估工作的通知》，正式启动测试分中心评估工作。

5. 参加第十一届东亚植物新品种保护论坛年会。8月1日至2日，派员赴菲律宾马尼拉参加第十一届东亚植物新品种保护论坛年会及植物新品种保护国际研讨会。

6. 举办新品种DUS测试技术国际培训班。9月11日至14日，植物新品种DUS测试技术国际培训班（中欧IP Key项目）在上海举办。

7. 召开国际植物新品种保护联盟第52届蔬菜技术工作组会议。9月17日至21日，国际植物新品种保护联盟（UPOV）第52届蔬菜技术工作组（TWV）会议在北京召开。

8. 开设“品种权故事”专栏。10月11日，“品种权故事”专栏在《农村工作通讯》杂志正式开栏。

9. 开设品种保护与DUS测试课程。10月13日，植物新品种保护与DUS测试硕士课程首次在中国农业大学园艺学院开班。

10. 举办澜湄国家植物新品种保护国际研讨培训班。10月15日至19日，在海南儋州举办澜湄国家植物新品种保护国际研讨培训班。

11. 参加国际植物新品种保护联盟2018年秋季会议。10月28日至11月3日，派员赴瑞士日内瓦参加国际植物新品种保护联盟(UPOV)2018 年秋季系列会议。

12. 发布《关于启用新版农业品种权申请系统的通知》。 11 月 1 日,发布《关于启用新版农业品种权申请系统的通知》(品种办〔2018〕3 号),自 2019 年 1 月 1 日起全面实行网上申请品种权。

13. 发布《农业植物新品种保护十大案例》。 11 月 6 日,农业植物新品种保护工作通气会在陕西杨凌举办,会上发布《农业植物新品种保护十大案例》。

14. 举办中亚五国植物新品种保护与种业发展培训班。 12 月 3 日至 7 日,在陕西杨凌举办中亚五国植物新品种保护与种业发展培训班。

(农业农村部科技教育司)

国家林业和草原局

1. 2018 植物新品种保护国际研讨会在杭州召开。 1 月 7 日至 10 日,2018 植物新品种保护国际研讨会在杭州召开。来自东亚植物新品种保护论坛(EAPVPF)和国际植物新品种保护公约(UPOV)成员国的管理人员、新品种育种者、有关行业协会负责人、企业家代表等与国内同行一起,共同探讨植物新品种保护问题。

2. 国家林业和草原局科技发展中心派员赴林业植物新品种国家分子实验室开展督查。 1 月23 日,国家林业和草原局科技发展中心(植物新品种保护办公室)副主任龙三群带领新品种保护处、执法管理处有关人员赴中国林科院林业研究所,对国家林业和草原局植物新品种国家分子实验室工作进行督查。龙三群指出国家实验室是林业植物新品种测试体系重要组成部分,要做好技术和 UPOV 履约的支撑工作,积极研究新品种测试技术,高质量按期完成任务。

3. 植物新品种权拍卖。 3 月 31 日,第三届中国(国际)植物新品种新技术拍卖会在河北保定举办,落槌成交金额达 2768 万元。此次拍卖会共有 43 家单位提供了 88 个(项)植物新优品种及新技术,共计 166 个拍卖标的参与竞拍。最高的一个品种权转让标的起拍价高达 2000 万元。

4. 林业植物新品种分会成立。 3 月 31 日,中国野生植物保护协会林业植物新品种分会成立大会召开确定选举了分会理事长副理事长以及常务理事。

5. 召开植物新品种保护高峰论坛。 3 月 31 日至 4 月 1 日,在河北保定举办“以科技助力雄安”为主题的植物新品种保护高峰论坛。

6. 举办第三届植物新品种新技术拍卖会。 4 月 7 日至 8 日,在福建连城县举办木兰科含笑属种质资源保护利用与产业发展论坛,举行了“香妃”含笑新品种发布会。

7. 植物新品种绣球属 DUS 测试站通过测试能力评估。 4 月 17 日,国家林业和草原局科技发展中心龙三群副主任、执法处马梅调研员率专家组对上海市林业总站承建的绣球属新品种测试站测试能力进行评估。通过现场检查及评估打分,评估专家组一致认为测试站各项指标均满足了开展绣球属植物新品种测试要求,同意开展绣球属植物新品种的特异性、一致性、稳定性(DUS)测试工作。

8.《植物新品种 DUS 测试指南绣球属》标准研制项目通过审定。 4 月 17 日,国家林业和草原局植物新品种保护办公室组织专家组对上海市林业总站主编、上海辰山植物园等单位参编的《植物新品种 DUS 测试指南绣球属》标准项目进行了审定。上海辰山植物园黄卫昌副园长担任专家组组长、中国林科院张川红博士为副组长，经讨论和审查，专家审定委员会一致同意通过审定，并提出修改完善意见。

9. 开展2018年全国林业知识产权宣传周活动。4月20日，国家林业和草原局正式启动了全国林业知识产权宣传周系列活动。通过媒体集中报道、出版科技图书、举办培训和座谈会等活动，向公众普及和宣传林业知识产权知识，展示林业实施知识产权战略取得的新进展、新成就。

10.《2017中国林业知识产权年度报告》出版。4月20日，国家林业和草原局科技发展中心和知识产权研究中心编写的《2017中国林业知识产权年度报告》正式出版，该书全面总结了2017年林业知识产权工作的主要进展和成果。

11. 林业知识产权成就专版宣传。4月26日，国家林业和草原局科技发展中心在《中国绿色时报》做了题为“提升核心竞争力，林业知识产权者贡献了啥?”专版宣传。

12. 与日本植物新品种保护代表团进行会谈。4月27日，国家林业和草原局科技发展中心(植物新品种保护办公室)在北京与来访的日本植物新品种保护代表团进行会谈，双方就测试指南编制、已知品种数据库构建、植物新品种网上电子申请、国际植物新品种保护联盟(UPOV)电子申请，以及新品种特异性、一致性和稳定性(DUS)审查方式和DNA分子技术在品种鉴别上的应用等技术问题进行了交流和讨论。

13. 全国林业知识产权保护与管理培训班在长沙举办。4月28日至31日，全国林业知识产权保护与管理培训班在湖南长沙举办，各省(区、市)林业厅(局)、林业高等院校、科研院所和知识产权试点单位代表60余人参加了培训。

14.《木塑复合材料专利分析报告》出版。4月，国家林业和草原局知识产权研究中心编著的《木塑复合材料专利分析报告》由中国林业出版社出版发行。该报告全面收集了截至2017年11月10日的全球木塑复合材料专利文献2917件。

15. 参加森林遗传资源政府间技术工作组第5次会议。5月7日至12日，国家林业和草原局科技发展中心派员前往意大利参加森林遗传资源政府间技术工作组第5次会议。

16. 2018国际(延庆)植物新品种保护与维权论坛在北京举办。5月13日，国家林业局科技发展中心(植物新品种保护办公室)派员参加了在北京市延庆举办的2018国际(延庆)植物新品种保护与维权论坛，论坛主题为“新时代新品种保护的新路径”。

17.《关于继续组织开展植物新品种保护行政执法专项行动的通知》发布。5月15日，国家林业和草原局科技发展中心印发了《关于继续组织开展植物新品种保护行政执法专项行动的通知》(林技执字〔2018〕8号)，组织全国林业系统集中打击未经品种权人许可生产或者销售林业授权品种的繁殖材料，以及假冒林业授权品种、销售林业授权品种时未使用其注册登记名称的行为。

18. 贵州省林业厅到安顺市开展林业植物新品种权保护执法专项行动。5月，贵州省林业厅联合安顺市林业局、市林科所，深入安顺市西秀区双堡镇开展植物新品种权保护执法专项行动。此次专项行动通过听取汇报和现场抽查相结合的方式，提高了品种权人保护意识。

19. 多部门实施植物新品种权执法联合调研。6月5日至7日，国家林业和草原局配合最高人民法院、农业农村部组成联合调研组，赴江苏南京、浙江宁波等地就植物新品种权司法保护及行政执法等问题开展调研。

20. 林业生物安全与遗传资源管理培训班在银川举办。6月6日至9日，林业生物安全与遗传资源管理培训班在宁夏银川举办。来自全国30个省(区、市)从事林业转基因生物安全和林业遗传资源管理的科技主管人员、参加林业外来物种调查和研究项目的科研人员以及中国林科院、国际竹藤中心等单位的80余人共同参加了培训。

21. 林业系统知识产权先进集体和个人获表彰。6月22日，国务院知识产权战略实施工作部际联席会议办公室印发了《关于表彰国家知识产权战略实施工作先进集体和先进个人的决定》(国知战联办〔2018〕18号)，对国家知识产权战略实施工作100个先进集体和100名先进个人进行表彰。国际竹藤中心科技处、湖南省林业厅科学技术与国际合作处荣获“国家知识产权战略实施工作先进集体”荣誉称号，国家林业和草原局科技发展中心龚玉梅荣获“国家知识产权战略实施工作先进个人”荣誉称号。

22. 赴欧盟植物新品种保护办公室开展合作交流活动。6月24日至7月1日，国家林业和草原局科技发展中心(植物新品种保护办公室)副主任龙三群带队，中国林科院郑勇奇、张川红两位专家参加，赴法国和瑞士与欧盟植物新品种保护办公室(CPVO)、UPOV办公室开展合作交流活动。根据国家林业和草原局植物新品种保护办公室与CPVO签订的战略合作协议，2018～2020年双方将在植物新品种保护体系的管理、运行和培训等方面开展广泛合作，推动双方协同发展。

23. 中国林业科学院5个沙棘杂种无性系获得国家新品种授权。6月，中国林科院林业所张建国研究员主持、沙林中心相关科技人员等协作选育的“红棘1号”“红棘2号”“中棘1号”“中棘2号”“中棘3号”5个沙棘杂种无性系，正式获得了国家林业和草原局植物新品种权，这是我国第一批授权的具有独立知识产权的沙棘杂交新品种。

24. 国家林业和草原局印发《国家林业和草原局公开制售假冒伪劣商品和侵犯知识产权行政处罚案件信息工作实施细则》。根据《国务院批转全国打击侵犯知识产权和制售假冒伪劣商品工作领导小组关于依法公开制售假冒伪劣商品和侵犯知识产权行政处罚案件信息实施意见(试行)的通知》(国发〔2014〕6号)有关要求，为切实做好制售假冒伪劣林木种苗和侵犯植物新品种权行政处罚案件信息公开工作，7月3日，国家林业和草原局印发了《国家林业和草原局公开制售假冒伪劣商品和侵犯知识产权行政处罚案件信息工作实施细则》。

25. 赴河北农业大学调研新品种保护工作。7月10日至11日，国家林业和草原局科技发展中心(植物新品种保护办公室)副主任龙三群带领新品种保护处有关人员赴河北农业大学调研林业植物新品种保护工作。

26. 第十一届东亚植物新品种保护论坛在菲律宾召开。7月30日至8月3日，第十一届东亚植物新品种保护论坛在菲律宾马尼拉召开，来自东亚植物新品种保护论坛(EAPVF)成员国以及UPOV、CPVO、法国植物新品种保护办公室、日本JATAFF咨询公司(EAPVP秘书处挂靠机构)等机构的代表60余人参加了会议。国家林业和草原局科技发展中心(植物新品种保护办公室)派员参加了论坛会议，并就林业植物新品种保护的最新进展作了报告。

27. 陕西打击林业植物新品种侵权行为。7月至10月，陕西省林业厅开展打击侵犯林业植物新品种权专项行动。行动重点包括：对未经品种权人许可，生产或销售林业授权品种繁殖材料的行为；假冒林业授权品种的行为；销售林业授权品种时未使用其注册登记名称的行为进行重点查处打击。对各种林木、花卉博览会、交易会等侵权高发的专业市场进行检查，按照有关法律法规加强监管，严格查处有关违法行为。

28. 赴浙江、上海调研植物新品种保护工作。8月5日至7日，国家林业和草原局科技发展中心巡视员杜纪山一行赴浙江和上海调研植物新品种保护工作。在浙江期间，调研组实地查看了紫薇新品种现场实审全过程。在上海期间，听取了上海市园林科学规划研究院和上海植物园关于植物新品种保护与应用的汇报，考察了一品红新品种测试站。

29. 赴山东调研林业知识产权工作。8月24日至26日，国家林业和草原局科技发展中心巡视员杜纪山带领综合处、生物安全管理处有关人员赴山东省调研林业知识产权工作，先后赴山东省林科院、山东省泰安林科院、山东农业大学、山东省原山艰苦创业教育基地进行了实地考察并座谈交流。

30. 国际观赏植物和水果无性繁育育种者协会来华访问。8月29日，国际观赏植物和水果无性繁育育种者协会（CIOPORA）副主席 Wendy Cashmore 一行5人来华访问，与国家林业和草原局植物新品种保护办公室、农业农村部有关部门在北京举办研讨会，就加强植物新品种保护有关问题进行深入研讨。双方就扩大保护名录、引入国外 DUS 测试报告、对实质派生品种进行保护等重点议题进行了深入讨论和交流。

31.《中国林业植物授权新品种(2017)》出版。9月1日，国家林业和草原局植物新品种保护办公室编辑的《中国林业植物授权新品种(2017)》正式出版，该书整理汇编了2017年授权的160个林业植物新品种。

32. 林业植物新品种保护培训班在西安举办。9月5日至7日，国家林业和草原局科技发展中心（植物新品种保护办公室）在西安举办林业植物新品种保护培训班。各省（区、市）林业厅（局）、林业高等院校、科研院所和企业代表110人参加了培训。

33. 国家林业和草原局科技发展中心赴陕西韩城调研林业植物新品种保护工作。9月7日至8日，国家林业和草原局科技发展中心巡视员杜纪山同志带领新品种保护处有关人员赴陕西韩城调研林业科技工作。调研组先后赴韩城市国家花椒产业园、陕西香辛料检验检测中心有限公司、韩城市花椒科技服务中心进行实地考察并座谈交流。

34. 植物新品种 DUS 测试技术国际培训班在沪举办。9月11日至14日，植物新品种 DUS 测试技术国际培训班在上海举办。本次培训班由国家林业和草原局科技发展中心会同农业农村部主办，上海市林业总站和上海市农业科学院共同承办，来自林业、农业植物新品种测试机构的80余名代表参加本次培训班。来自欧盟植物新品种保护办公室（CPVO）技术处、荷兰园艺检测总署、法国国家品种与种子检测中心、法国育种和品种检测研究中心的4名 DUS 测试专家现场指导授课。

35. 欧盟植物新品种保护办公室（CPVO）专家来华交流。9月11日至16日，欧盟植物新品种保护办公室（CPVO）技术处主任格哈德一行5人来华就观赏植物特异性、一致性和稳定性（DUS）测试技术和管理经验进行交流。

36. 林业植物新品种测试方案座谈会在上海召开。9月13日，林业植物新品种测试方案座谈会在上海召开。国家林业和草原局科技发展中心龙三群副主任和有关处室人员出席会议，来自各林业植物新品种测试分中心、实验室和专业测试站的20余名测试技术专家参加了此次会议。

37. 中国林科院亚林所2项植物新品种 DUS 测试指南通过专家审定。9月26日至27日，国家林业和草原局科技司组织专家，对中国林科院亚林所主持的《植物新品种特异性、一致性、稳定性测试指南刚竹属》《植物新品种特异性、一致性、稳定性测试指南樟属》2 项行业标准项目进行专家审定。审定专家经听取汇报、质疑和认真讨论，一致同意 2 项标准通过审定，并提出了修改意见。

38. 国际植物新品种保护联盟会议在日内瓦召开。10 月 29 日至 11 月 2 日，国际植物新品种保护联盟（UPOV）年度会议在瑞士日内瓦 UPOV 总部召开，此次系列会议包括第 54 届技术委员会会议、第 75 届行政法律委员会会议、第 95 届顾问委员会会议和第 52 届理事会会议等。中国政府代表团由国家林业和草原局、国家知识产权局、农业农村部和中国林业科学研究院专家组成。UPOV 成员国，CIOPORA、AIPH、ESA 等相关国际组织（UPOV 观察员）的代表出席了会议。

39. 欧盟植物新品种办公室与中国开展植物新品种战略合作。11 月 15 日，欧盟植物新品种办公室启动与中国国家林业和草原局植物新品种保护办公室、中国农业农村部植物新品种保护办公室在植物新品种领域的战略合作。根据签署的战略合作协议，2018～2020 年开展的合作活动将致力于中国与欧盟在植物新品种体系运行和管理方面的协同发展，合作内容将包括对中国和欧盟植物新品种相关工作人员就特异性、一致性、稳定性（DUS）测试开展培训。

40. 参加国际植物新品种保护联盟（UPOV）第 49 届果树技术工作组会议。11 月 17 日至 26 日，国家林业和草原局科技发展中心派员前往智利参加国际植物新品种保护联盟（UPOV）第 49 届果树技术工作组会议。

41. 赴广西林科院调研林业知识产权工作。11 月 30 日，国家林业和草原局科技发展中心副主任龚玉梅、中国林科院科信所副所长王忠明赴广西林科院调研林业知识产权工作。调研组对依托国家发明专利"马尾松优良单株无菌外植体制备及初始芽诱导方法"与"一种繁育马尾松优良群体无性化组培苗的方法"组织实施的天敌昆虫赤眼蜂繁育基地进行了现场考察，并同广西林科院的有关领导、专家就林业知识产权工作进行座谈交流。

42. 加强植物新品种保护宣传。11 月，国家林业和草原局科技发展中心（植物新品种保护办公室）印制了《如何认识植物新品种》彩色宣传册，面向林业科研单位和社会公开发放。

43. 全国林业植物新品种行政执法培训班在杭州举办。12 月 4 日至 7 日，在浙江杭州举办了全国林业植物新品种行政执法培训班。各省级林业主管部门行政执法人员、林业测试机构技术人员等 100 多人参加了培训班。

44. 2018 新时代植物新品种保护高端论坛暨植物新品种申请与保护培训班在浙江海宁召开。12 月 27 日，2018 新时代植物新品种保护高端论坛暨植物新品种申请与保护培训班在浙江海宁举办。来自全国各地的 160 余位专家、学者、育种人参加了此次论坛和培训活动。

45.《木地板锁扣技术专利分析报告（2017）》出版。12 月，国家林业和草原局知识产权研究中心编著的《木地板锁扣技术专利分析报告（2017）》由中国林业出版社出版发行。

46. 筹备召开第十二届东亚植物新品种保护论坛。12 月，国家林业和草原局与农业农村部相关部门就筹备好第十二届东亚植物新品种保护论坛会议进行了协商，两部门将共同成立 2019 年东亚论坛秘书处，合理分工，通力合作，力争举办一届有影响力、高水平的东亚植物新品种保护论坛。

47. 筹备加入 UPOV 二十周年纪念活动。12 月，国家林业和草原局科技发展中心（植物新品种保护办公室）与农业农村部科技发展中心就举办我国加入 UPOV 二十周年纪念活动进行了协商，初步拟定举办纪念大会、国际研讨会、展览展示等活动。

48. 推进《中华人民共和国植物新品种保护条例》修订工作。国家林业和草原局植物新品种保护办公室积极配合全国人大和最高人民法院开展植物新品种保护相关调研座谈，多次参与《中华人民共和国植物新品种保护条例》的修订和相关司法解释的研讨工作。

49. 参与修订《关于审理植物新品种权纠纷案件具体应用法律问题的规定》。国家林业和草原局植物新品种保护办公室承办了专题座谈会，就最高人民法院《关于审理植物新品种权纠纷案件具体应用法律问题的规定》有关条款的修订工作进行座谈研讨。

50. 编印《林业知识产权动态》。2018 年编印了《林业知识产权动态》6 期，全年共发表动态信息 40 篇，政策探讨论文 6 篇，研究综述报告 6 篇，统计分析报告 6 篇。《林业知识产权动态》是国家林业和草原局科技发展中心主办，国家林业和草原局知识产权研究中心承办的内部刊物，旨在跟踪国内外林业知识产权动态、政策、学术前沿和研究进展。

（国家林业和草原局科技发展中心）

海关总署

1. 机构改革。4 月 20 日，出入境检验检疫管理职责和队伍正式划入海关总署，全国 307 个对外开放口岸统一使用“中国海关”标识。知识产权海关保护机构、职责平稳顺利完成调整。海关总署层面，知识产权海关保护职能从政策法规司调整至综合业务司；各直属海关层面，知识产权保护职能从法规部门相应调整至综合业务部门，全国各隶属海关设立了从事知识产权工作的基层科室。

2. 签署《中欧海关知识产权合作行动计划(2018—2020)》。7 月 16 日，第二十次中国欧盟领导人会晤期间，在李克强总理和欧洲理事会主席图斯克、欧盟委员会主席容克的见证下，海关总署署长倪岳峰与欧盟驻华代表团团长史伟签署了《中欧海关知识产权合作行动计划(2018—2020)》。

3. 开展“龙腾行动”。8 月 1 日至 11 月 30 日，海关组织开展出口知识产权优势企业知识产权保护专项行动(代号为“龙腾行动 2018”)，全国海关共查扣涉嫌侵犯国内企业自主知识产权的进出口货物 385 批，扣留侵权嫌疑货物 309 万件，案值人民币 6114 万元。根据企业反映的数据，行动共挽回企业直接经济损失 1.6 亿元人民币，近六成重点保护企业销售额明显增长。

4. 中俄海关开展“世界杯足球赛知识产权保护联合执法行动”。3 月至 6 月，中国海关与俄罗斯海关合作开展了“世界杯足球赛知识产权保护联合执法行动”，查获侵犯国际足球联合会及赞助企业相关知识产权的案件 165 起，查扣相关侵权货物约 68.3 万余件。

5. 取消知识产权海关保护备案收费。2017 年 11 月 1 日起，海关总署暂停收取备案费(原费用标准为 800 元/项)，2018 年 3 月 19 日正式取消收取知识产权海关保护备案费。

（海关总署综合业务司）

公 安 部

1. 公安部经侦局召开外资企业座谈会。2018 年 1 月 16 日，公安部经侦局召开外资企业座谈会，会同贸促会外商投资企业协会优质品牌保护委员会，以及“强生”“联合利华”“苹果”“施罗德”等18家外商投资企业代表交流知识产权刑事保护工作。

2. 开展“云鹊”集中行动。3月16日，公安部经侦局组织全国公安机关开展打击假药犯罪集中行动，代号为“云鹊”。

3. 公安部经侦局与美国移民海关执法局举行会谈。4月9日，公安部经侦局与美国移民海关执法局在北京举行会谈，就加强知识产权刑事执法合作进行交流。

4. 举办知识产权刑事保护培训班。5月8日至11日，公安部联合国际刑警组织在宁夏银川举办知识产权刑事保护培训班，各省（区、市）公安机关经侦、打假、食药侦部门和部分地方国际合作部门负责同志和业务骨干100余人参加培训。

5. 参加国际商标协会第140届年会。5月18日，公安部经侦局派代表团赴美国参加国际商标协会第140届年会，并赴华盛顿与美国司法部、联邦调查局、移民海关执法局、海关边境保护局等部门围绕双方重点合作案件开展交流。

6. 参加国际刑警组织打击非法物品贩运“链条”行动案件分析会。2018年6月19日至21日，公安部经侦局派员赴新加坡，参加国际刑警组织打击非法物品贩运“链条”行动案件分析会。新加坡、韩国、印度、泰国、越南、哈萨克斯坦、阿联酋等10余个国家的30余名代表参会。

7. 与英国知识产权局会谈。6月27日，公安部经侦局与英国知识产权局在北京举行会谈，就加强知识产权执法合作进行交流。

8. 参加2018中国知识产权刑事保护论坛。7月10日至13日，公安部经侦局组织全国公安机关经侦部门代表赴江苏苏州参加2018中国知识产权刑事保护论坛。

9. 参加国际刑警组织第十二届知识产权执法大会并作大会发言。9月24日，公安部经侦局派代表团赴阿联酋迪拜参加国际刑警组织第十二届知识产权执法大会并作大会发言。

10. 开展“春季攻势”。12月4日，公安部经侦局组织开展为期4个月的跨年度打假集中行动，代号为“春季攻势”。

（公安部经济犯罪侦查局）

最高人民法院

1.《著作权法》修订座谈会在北京召开。1月8日，最高人民法院知识产权审判庭在北京召开部分法院《著作权法》修订座谈会。最高人民法院知识产权审判庭庭长宋晓明出席会议并讲话。北京、上海、广东的三级法院知识产权法官参加会议。

2. 会见商业软件联盟（BSA）来访。1月26日，最高人民法院知识产权审判庭副庭长林广海会见软件联盟（BSA）高级副总裁兼法律顾问Jodie L. Kelley女士及商业软件联盟（BSA）中国区法律顾问宋思淼女士一行。

3. 召开北京知识产权法院主题恳谈会。1月31日，最高人民法院副院长陶凯元率领知识产权审判庭、政治部、研究室、审管办、新闻局等部门，前往北京知识产权法院，召开以“光荣与梦想 · 使命与担当”为主题的恳谈会。

4. 召开“保护红色经典 弘扬社会主义核心价值观”研讨会。2月27日，最高人民法院知识产权审判庭召开在司法审判中“保护红色经典 弘扬社会主义核心价值观”研讨会。中宣部、文化部、国家版权局、互联网协会、社科院、中国政法大学等单位应邀参加会议。最高人民法院知识产权审判庭庭长宋晓明出席会议并讲话。

5. 国务院新闻办公室就《关于加强知识产权审判领域改革创新若干问题的意见》召开新闻发布会。2月28日国务院新闻办公室举办新闻发布会，最高人民法院副院长陶凯元作题为《加强知识产权审判领域改革创新 优化科技创新法治环境》的讲话，就中共中央办公厅、国务院办公厅印发的《关于加强知识产权审判领域改革创新若干问题的意见》介绍了相关情况。

6. 两会期间参加直播访谈解读《最高人民法院工作报告》。3月，两会期间，最高人民法院知识产权审判庭庭长宋晓明、副庭长王闯和林广海参加直播访谈"最高人民法院工作报告——充分发挥知识产权司法保护主导作用"，从十八大以来知识产权司法保护的主要情况、充分发挥审判职能，服务国家战略、加大监督指导力度，确保法律适用标准统一、深化知识产权司法改革，完善审判体制机制等方面对最高人民法院工作报告进行了全方位、立体化、深层次的解读。30余家媒体并机直播，反响热烈，取得了良好的社会效果。

7. 召开"商业模式创新成果的司法保护问题研究"成果论证评审会。4月3日，最高人民法院知识产权司法保护研究中心在最高人民法院新闻发布厅召开了"商业模式创新成果的司法保护问题研究"成果论证评审会。

8. 召开启动知识产权宣传周新闻发布会，发布《中国法院知识产权司法保护状况(2017年)》、中国法院知识产权保护10大案件和50件典型案例。4月19日，最高人民法院召开启动知识产权宣传周活动新闻发布会。最高人民法院副院长陶凯元介绍了2017年人民法院知识产权司法保护的总体情况及2018年的工作设想。最高人民法院知识产权审判庭庭长宋晓明通报了《中国法院知识产权司法保护状况(2017年)》、中国法院知识产权保护10大案件和50件典型案例，并就中外媒体提问现场作答。发布会全程直播。

9. 最高人民法院知识产权司法保护研究中心工作座谈会暨知识产权司法保护理论研讨会在北京召开。4月23日，最高人民法院知识产权司法保护研究中心工作座谈会暨知识产权司法保护理论研讨会在北京召开。最高人民法院副院长陶凯元出席会议并讲话。法官、学者、仲裁界及文化界代表共60余人参加了会议。

10.《最高人民法院知识产权案件年度报告(2017)》摘要发布。4月25日，最高人民法院发布了《最高人民法院知识产权案件年度报告(2017)》摘要版。该报告从知识产权审判庭2017年审结的知识产权和竞争案件中精选了33件作为典型案件，并从中归纳出42个具有一定指导意义的法律适用问题，反映了最高人民法院在知识产权和竞争领域处理新型、疑难、复杂案件的审理思路和裁判方法，对于知识产权审判工作具有重要指导作用。

11. 最高人民法院副院长陶凯元公开开庭审理一起商标申请驳回复审行政纠纷案。4月26日，最高人民法院副院长陶凯元担任审判长公开开庭审理克里斯蒂昂迪奥尔公司与国家工商行政管理总局商标评审委员会商标申请驳回复审行政纠纷案，庭审过程全程视频直播，当庭宣判。

12. 知识产权女性座谈会在北京召开。4月27日，最高人民法院组织召开了知识产权女性座谈会，会议结合世界知识产权日"变革的动力：女性参与创新创造"主题进一步展现新时代知识产权女法官的风采。

13. 全国部分法院推进知识产权审判"三合一"工作及知识产权刑事审判工作调研座谈会在郑州、重庆召开。5月14日、23日，最高人民法院知识产权审判庭在郑州、重庆召开全国部分法院推进知识产权审判"三合一”工作及知识产权刑事审判工作调研座谈会，最高人民法院知识产权审判庭副庭长林广海作总结发言。

14. 最高人民法院下发《关于加强“红色经典”和英雄烈士合法权益司法保护弘扬社会主义核心价值观的通知》。5 月 14 日，最高人民法院下发《关于加强“红色经典”和英雄烈士合法权益司法保护弘扬社会主义核心价值观的通知》，要求各级人民法院正确审理涉及保护红色经典传承和英雄烈士合法权益纠纷案件，依法保护红色经典传承和英雄烈士合法权益，倡导讲品位、讲格调、讲责任，教育和引导社会公众尤其是广大青少年自觉抵制“低俗、庸俗、媚俗”，抵制历史虚无主义，规范传播行为，维护社会公共利益。

15. 会见国际保护知识产权协会（AIPPI）会长。6 月 4 日，最高人民法院知识产权审判庭副庭长林广海会见来访的国际保护知识产权协会（AIPPI）会长马浩一行。

16. 做客人民网，纪念《国家知识产权战略纲要》颁布实施十周年。6 月 8 日，最高人民法院知识产权审判庭副庭长林广海做客人民网，参加纪念《国家知识产权战略纲要》颁布实施十周年的在线访谈。

17. 第四次全国法院知识产权审判工作会议暨知识产权审判工作先进集体和先进个人表彰大会在青岛召开。7 月 9 日，第四次全国法院知识产权审判工作会议暨知识产权审判工作先进集体和先进个人表彰大会在青岛召开，陶凯元副院长发表题为《以习近平新时代中国特色社会主义思想为指引全面开启新时代知识产权司法保护新征程》的讲话。

18. 举办首届“知识产权司法审判高级研究班”。8 月 21 日至 24 日，最高人民法院与世界知识产权组织共同在国家法官学院举办了首届知识产权司法审判高级研究班。这是世界知识产权组织近年来组织的最为重要、规格最高、研讨内容最为深入的一次司法培训活动。讲师团和学员由来自中国、美国、德国、澳大利亚、比利时、韩国、菲律宾等 15 个国家的 40 余名高级法官组成。

19. 会见世界知识产权组织副总干事。8 月 22 日，中华人民共和国首席大法官、最高人民法院院长周强在最高人民法院会见了世界知识产权组织副总干事王彬颖、总法律顾问弗里茨·庞德科和世界知识产权组织首届“知识产权司法审判高级研究班”法官学员和讲师代表。

20. 向全国政协报告关于网络知识产权司法保护的相关情况。8 月 30 日，最高人民法院副院长陶凯元向全国政协社会和法制委员会作最高人民法院关于网络知识产权司法保护相关情况的报告。

21. 会见英国高等法院法官。8 月 31 日，最高人民法院知识产权审判庭副庭长王闯会见来访的英国高等法院法官柯林·柏斯一行。

22.“体育赛事直播节目相关法律问题研讨会”在北京召开。9 月 6 日，最高人民法院知识产权司法保护研究中心与中国知识产权法学研究会共同在北京举办了“体育赛事直播节目相关法律问题研讨会”。

23. 会见欧盟委员会竞争总司中国事务高级专家。9 月 18 日，最高人民法院知识产权审判庭副庭长王闯会见欧盟委员会竞争总司中国事务高级专家特本·陶夫特（Torben Toft）一行。

24. 会见国际商会知识产权委员会主席。9 月 20 日，最高人民法院知识产权审判庭副庭长林广海会见来访的国际商会知识产权委员会主席英格丽德·巴勒一行。

25. 在中国香港高等法院发表演讲。10 月 10 日，最高人民法院副院长陶凯元在中国香港高等法院发表题为《深化交流协作、加强知识产权司法保护，共创香港美好未来》

的演讲报告。

26.“商业秘密司法保护法律研讨会”在南京召开。10月18日，最高人民法院知识产权审判庭在江苏南京举办了“商业秘密司法保护法律研讨会”。最高人民法院知识产权审判庭庭长宋晓明出席会议，最高人民法院知识产权审判庭以及30余家法院、知识产权法庭的代表参加了此次研讨会。

27. 会见世界贸易组织秘书处知识产权、政府采购和竞争司司长。10月18日，最高人民法院知识产权审判庭副庭长林广海会见世界贸易组织秘书处知识产权、政府采购和竞争司司长安东尼·托伯曼一行。

28. 会见美国知识产权所有人协会(IPO)代表团主席。10月31日上午，最高人民法院知识产权审判庭副庭长林广海会见美国知识产权所有人协会(IPO)代表团主席亨利·哈达一行。

29.《关于知识产权民事诉讼证据规则的若干规定(稿)》征求意见座谈会在杭州召开。11月2日，最高人民法院知识产权审判庭在杭州召开《关于知识产权民事诉讼证据规则的若干规定(稿)》征求意见座谈会。最高人民法院知识产权审判庭副庭长林广海、浙江省高级人民法院审判委员会专职委员周根才出席会议并致辞。来自部分高级人民法院、知识产权法院、知识产权法庭的代表参加了此次会议。

30. 纪念《反垄断法》实施十周年座谈会在北京召开。11月16日，最高人民法院召开座谈会，纪念《反垄断法》实施十周年。最高人民法院副院长陶凯元出席座谈会并讲话。会上，最高人民法院知识产权审判庭庭长宋晓明通报《反垄断法》实施十周年人民法院审理垄断民事案件的基本情况。

31.《最高人民法院关于审查知识产权纠纷行为保全案件适用法律若干问题的规定》开始实施。11月26日，最高人民法院审判委员会第1755次全体会议讨论通过了《最高人民法院关于审查知识产权纠纷行为保全案件适用法律若干问题的规定》(法释〔2018〕21号)，对于保全案件的程序性、实体性规则，行为保全申请错误认定及反赔诉讼，以及同时申请不同类型保全的处理等问题作出规定。

32. 会见日本特许厅厅长。11月28日，最高人民法院知识产权审判庭副庭长王闯会见日本特许厅厅长宗像直子一行。

33. 会见“台湾智慧财产法院”法官。12月13日上午，最高人民法院知识产权审判庭庭长宋晓明会见应中国法官协会邀请来访的“台湾智慧财产法院”法官熊诵梅一行三人。

34. 完成外观设计和著作权冲突调研报告。12月16日，最高人民法院知识产权审判庭经在北京和昆明举办了两次研讨会后，形成了外观设计和著作权冲突调研报告。

(最高人民法院知识产权审判庭)

最高人民检察院

1. 参加中欧知识产权检察官最佳实践组研讨会。4月18日至22日，最高人民检察院派员赴西班牙参加中欧知识产权检察官最佳实践组研讨会。

2. 召开“检察机关加强知识产权司法保护”新闻发布会。4月25日，最高人民检察院召开题为“检察机关加强知识产权司法保护”的新闻发布会，并发布“2017年度中国检察机关保护知识产权十大典型案例”。

(最高人民检察院第四检察厅)

1. 全国知识产权局局长会议在京召开

1月4日，2018年全国知识产权局局长会议在北京召开。国家知识产权局局长申长雨传达了国务委员王勇关于全国知识产权系统认真学习贯彻习近平新时代中国特色社会主义思想和党的十九大精神、扎实做好知识产权工作的重要批示，并对落实王勇的重要批示提出了要求。会上，申长雨作了题为《深入学习贯彻党的十九大精神 奋力开创新时代知识产权事业改革发展新局面》的报告。他要求，全国知识产权系统要全面学习贯彻党的十九大精神，以习近平新时代中国特色社会主义思想为指导，加强党对知识产权事业的领导，认真落实党中央、国务院决策部署，紧扣我国社会主要矛盾变化，牢牢把握稳中求进工作总基调，坚持新发展理念，按照高质量发展要求，深入实施知识产权战略，深化知识产权领域改革，大力倡导创新文化，强化知识产权创造、保护、运用，加快知识产权强国建设，奋力开创新时代知识产权事业改革发展新局面。（王　康　孙　迪）

2. 2017年我国发明专利量质齐升　指标注重质量导向

1月18日，国家知识产权局在北京召开新闻发布会，公布了2017年主要工作统计数据及有关情况，并就相关问题答记者问。发布会上，国家知识产权局有关部门负责人表示，从今年开始，国家知识产权局将不再公布国内企业发明专利申请量排名，而是会继续公布国内企业发明专利授权量的排名，以进一步强化国家知识产权局注重质量导向、突出统计指标的引导作用。此次公布的数据显示，2017年，我国发明专利申请量为138.2万件，同比增长14.2%。共授权发明专利42.0万件，其中，国内发明专利授权32.7万件，同比增长8.2%。截至2017年年底，我国国内(不含港澳台)发明专利拥有量共计135.6万件，每万人口发明专利拥有量达到9.8件。（李　群）

3. 知识产权重点支持产业目录公开发布

1月23日，国家知识产权局发布了《知识产权重点支持产业目录(2018年本)》(下称《目录》)，明确了国家重点发展和亟需知识产权支持的十大重点产业。此举有利于各部门、地区找准知识产权支撑产业发展中的发力点，高效配置知识产权资源，有效引导市场主体高质量布局知识产权，协同推进产业转型升级和创新发展。

据悉，《目录》确定了现代农业产业、新一代信息技术产业、智能制造产业、新材料产业、清洁能源和生态环保产业、现代交通技术与装备产业、海洋和空间先进适用技术产业、先进生物产业、健康产业、文化产业等10个产业共62项细分领域。

据介绍，该《目录》中的产业主要是根据《国家创新驱动发展战略纲要》《国家信息化发展战略纲要》《“十三五”国家科技创新发展规划》《中国制造2025》《“十三五”国家战略性新兴产业发展规划》《“十三五”旅游业发展规划》《“健康中国2030”规划纲要》等党中央、国务院文件明确的重点发展方向确定的。（王　康）

4. 刘鹤出席世界经济论坛2018年年会并发表致辞,强调保护产权特别是知识产权

1月24日,中共中央政治局委员、中央财经领导小组办公室主任刘鹤在达沃斯世界经济论坛2018年年会上发表致辞时表示,中国坚持保护产权特别是知识产权,充分发挥企业家的重要作用。

刘鹤表示,今年是中国改革开放40周年,过去40年中国经济高速增长靠的是改革开放,未来推动经济高质量发展仍然要靠改革开放。中国坚持发挥市场在资源配置中的决定性作用,针对突出矛盾,保护产权特别是知识产权,充分发挥企业家的重要作用,鼓励竞争、反对垄断,完善宏观经济调控机制。中国要继续推动全面对外开放,加强与国际经贸规则对接,大幅度放宽市场准入,扩大服务业特别是金融业对外开放,创造有吸引力的国内投资环境。

(新华社)

5. 中国企业拥有美国专利数量10年增长十倍

美国研究机构发布的最新报告显示,在过去不到10年间,中国企业拥有美国专利数量增长了十倍。数据显示,2017年中国企业新增1.1241万件美国专利,比2016年增长了28%,这使中国首次跻身拥有美国专利数量最多的五个国家之一。2016年,美国专利商标局共授权专利32.0003万件,中国企业拥有其中的3.5%。

在中国企业所拥有的美国专利之中,大多数专利都集中于高科技行业,如数字数据处理与传输、半导体与无线通信等领域。同时,在快速成长的3D打印、人工智能以及无人机等产业,目前有许多中国企业在进行投资。报告称,过去10年间,中国一直将创新视为重要的目标之一。这让中国企业提交的中国专利申请数量不断增长,成为中国企业走向国际市场的重要基础。

(王　宇)

6. 2018年世界知识产权日主题为"变革的动力:女性参与创新创造"

2月7日,世界知识产权组织(WIPO)在其官网公布了2018年世界知识产权日主题——变革的动力:女性参与创新创造,并发布了宣传海报。

4月26日是第18个世界知识产权日。WIPO官网指出,女性推动着当今世界发生变革,塑造着我们共同的未来,今年世界知识产权日活动要庆祝的就是女性的研精毕智、求知若渴和锐意进取。在创意领域,无论是在电影、动画、音乐、时尚、设计、雕塑、舞蹈、文学、艺术,还是其他方面,女性都在重新塑造文化,探索意识和创意表达的极限,引领我们进入体验和认知的新世界。全球无数女性做出的不可或缺、令人振奋的贡献正在驱动世界发生变革。她们以"我能行"的态度,鞭策着我们每个人。她们的卓越成就好似一笔宝贵的财富,激励着今天怀有雄心的年轻女孩,成为未来的发明者和创造者。

(柳　鹏)

7. 中国有效发明专利可在柬埔寨登记生效

3月2日,国家知识产权局在北京召开新闻吹风会。国家知识产权局副局长何志敏出席并介绍了中国有效发明专利在柬埔寨生效的相关情况。

据介绍,2017年9月,中国国家知识产权局局长申长雨与柬埔寨国务大臣兼工业及手工业部部长占蒲拉西签署了关于知识产权合作的谅解备忘录,确认中国有效发明专利可在柬埔寨登记生效。经过半年的讨论和磋商,中柬双方已经就相关工作的具体流程达成一致。经中国国家知识产权局授权、维持有效,且申请日在2003年1月22日之后的中国发明专利都具备在柬埔寨生效的资格。有效发明专利在提交生效申请时,需提交登记申请表格、中国国家知识产权局出具的专利说明书和专利登记簿副本以及专利文件英文和高棉语翻译等材料，经柬埔寨工业及手工业部审查合格后即可在柬埔寨获得专利保护，并享有与相应中国专利同样的申请日和保护时限，即从中国申请日起保护 20 年。（柳　鹏）

8. 政府工作报告强调：强化知识产权保护，实行侵权惩罚性赔偿制度

3 月 5 日，第十三届全国人民代表大会第一次会议在北京人民大会堂开幕。根据会议议程，李克强代表国务院向大会作政府工作报告。在报告中他指出，加快建设创新型国家，把握世界新一轮科技革命和产业变革大势，深入实施创新驱动发展战略，不断增强经济创新力和竞争力。强化知识产权保护，实行侵权惩罚性赔偿制度。（新华社）

9. 2017 年我国 PCT 国际专利申请量排名跃居世界第二

3 月 21 日，世界知识产权组织（WIPO）公布消息称，2017 年，中国提交 PCT 国际专利申请量达 4.8882 万件，跃居全球第二。在 PCT 国际专利申请量前 15 的原属地中，中国和印度是仅有的两个中等收入国家。数据显示，在全球前 15 个原属地中，我国 PCT 国际专利申请年增长率达到 13.4%，是唯一取得两位数增长的国家。同时，自 2003 年以来，我国每年的增长率都高于 10%。WIPO 总干事弗朗西斯·高锐表示："中国对国际专利体系的使用大幅增加，表明随着中国经济继续迅速转型，中国的创新者日益把目光投向外面，期待将自己的创意传播到新市场。"（吴　珂）

10. 李克强在会见出席中国发展高层论坛 2018 年年会外方代表时强调：加大知识产权保护力度，提供便利营商环境

国务院总理李克强 3 月 26 日在北京会见出席中国发展高层论坛 2018 年年会的外方代表并同他们座谈。来自世界五百强企业的负责人、国际知名学术研究机构的专家学者、主要国际组织代表等近百人参加。

李克强强调，"中国制造 2025"是在开放的环境中推进的，对内外资企业一视同仁。我们不会强制要求外国企业转让技术，将进一步加大知识产权保护力度，严厉打击侵权行为。欢迎更多有竞争力的国际优秀企业来华合作，同中方共创共享发展机遇。（综　合）

11. 金砖五局签署知识产权合作联合声明

3 月 26 日，第十届金砖国家知识产权局局长会议在成都召开。中国国家知识产权局局长申长雨主持会议，并代表中国国家知识产权局与其他四局局长共同签署了《金砖五局关于加强金砖国家知识产权领域合作的联合声明》。这是落实《金砖国家领导人厦门宣言》中关于加强知识产权合作的具体措施。这是金砖五局首次以官方联合声明的形式明确传达出金砖知识产权合作目标和合作领域。声明指出，金砖五局将以推动金砖国家知识产权发展、为金砖国家知识产权用户和公众提供更好的服务以及提高金砖国家在全球知识产权体系发展中的发言权和代表性为目标，在法律法规、能力建设、知识产权意识提升、人员培训、知识产权信息、知识产权国际论坛协调、金砖合作机制建设等七大方面进一步开展信息交流及合作。与会各方一致认为，该声明的签署符合金砖五国的共同利益，有利于营造促进创新和可持续发展的环境，并推动知识产权在新兴经济体中的发展，将对金砖五局未来的合作发展产生重要且深远的影响。（孙　迪　邹碧颖）

12. 国务院办公厅印发《知识产权对外转让有关工作办法（试行）》

3 月 29 日，国务院办公厅印发《知识产权对外转让有关工作办法（试行）》（下称《办法》）。《办法》规定，对技术出口、外国投资者并购境内企业等活动中涉及国家安全的知识产权对外转让行为进行审查。审查类型包括专利权、集成电路布图设计专有权、计算机软件著作权、植物新品种权等知识产权及其申请权。转让行为包括权利人的变更、知识产权实际控制人的变更和知识产权的独占实施许可等三种主要情形。审查内容包括知识产权对外转让对我国国家安全和重要领域核心关键技术创新发展能力的影响。《办法》明确了两种审查工作机制。一是对于技术出口中涉及国家安全的知识产权对外转让审查，按照知识产权的不同类型进行归口管理，由相应的国家主管部门按照职责进行审查。二是对于外国投资者并购境内企业安全审查中涉及的知识产权对外转让审查，由相关安全审查机构根据拟转让的知识产权类型，征求国家相关主管部门意见，并按照有关规定作出审查决定。（新华社）

13. 知识产权军民融合试点工作扬帆起航

2月26日，国家知识产权局与中央军委装备发展部发布通知，决定共同开展知识产权军民融合试点工作。通知明确，双方将根据军民融合发展战略、创新驱动发展战略总体部署和重点区域发展战略布局，结合地方知识产权事业发展水平和军民融合发展对知识产权综合管理改革的需求，选择若干军民融合产业集聚、创新成果多，以及知识产权引领作用和推动供需结构升级成效显著的地方，在省、市两级分批次开展知识产权军民融合试点工作。试点期限为3年。（吴 珂）

14. 习近平出席博鳌亚洲论坛2018年年会

习近平出席博鳌亚洲论坛2018年年会开幕式并发表主旨演讲强调：加强知识产权保护是完善产权保护制度最重要的内容，也是提高中国经济竞争力最大的激励

4月10日上午，博鳌亚洲论坛2018年年会在海南省博鳌开幕。国家主席习近平出席开幕式并发表题为《开放共创繁荣 创新引领未来》的主旨演讲，强调加强知识产权保护是完善产权保护制度最重要的内容，也是提高中国经济竞争力最大的激励。对此，外资企业有要求，中国企业更有要求。今年，我们将重新组建国家知识产权局，完善执法力量，加大执法力度，把违法成本显著提上去，把法律威慑作用充分发挥出来。我们鼓励中外企业开展正常技术交流合作，保护在华外资企业合法知识产权。同时，我们希望外国政府加强对中国知识产权的保护。（新华社）

15. 重新组建国家知识产权局座谈会在京举行

4月10日上午，重新组建国家知识产权局座谈会在北京举行。国家市场监督管理总局局长张茅出席座谈会并讲话，总局党组书记毕井泉主持座谈会。国家知识产权局局长申长雨出席座谈会并代表局领导班子作表态讲话，局党组书记刘俊臣出席座谈会。

申长雨表示，要认真学习领会习近平总书记关于深化党和国家机构改革的重要讲话精神和十九届三中全会精神，牢固树立“四个意识”，不断增强“四个自信”，进一步把思想和行动统一到中央决策部署上来，不折不扣落实好党中央、国务院机构改革部署，确保中央政令畅通，令行禁止。要认真落实王勇国务委员重要指示和张茅局长的重要讲话要求，扎实做好国家知识产权局各项工作，确保机构改革任务按时高质量完成，推进知识产权强国建设不断取得新进展。要以机构改革为新的起点，按照中央提出的优化、协同、高效的原则要求，积极展现新时代新气象新作为，为建立统一开放竞争有序的现代化市场体系，营造稳定公开透明、可预期的营商环境提供更加有力的支撑，更好地服务国家创新驱动发展和高水平对外开放。（王 宇）

16. 国家知识产权运营公共服务平台国际运营(上海)试点平台将建立

4月10日，国家知识产权局函复上海

市人民政府，同意上海市建设国家知识产权运营公共服务平台国际运营（上海）试点平台。试点平台建设期为1年，经国家知识产权局组织验收后正式挂牌运行。

发函指出，试点平台建设要坚持国际化、市场化、专业化，立足上海、面向全国、辐射全球，发挥公共服务与市场化服务互补互促作用，服务国家“一带一路”建设，打造知识产权跨境交易的重要枢纽和国际知识产权金融创新的策源地，探索形成更多更好的知识产权国际运营试点经验。试点平台要与国家平台建立标准化、一体化的业务体系，形成资源共享和业务协作机制，避免重复建设。（综　合）

17. 王勇出席全国知识产权宣传周启动仪式时强调：强化知识产权创造保护运用，提升我国经济创新力竞争力

国务委员王勇4月20日出席2018年全国知识产权宣传周启动仪式时强调，要以习近平新时代中国特色社会主义思想为指导，全面落实党的十九大和十九届二中、三中全会精神，扎实推进知识产权机构改革，大力实施知识产权强国战略，全面提升知识产权创造保护运用水平，不断增强我国经济创新力和竞争力。

王勇指出，党的十八大以来，在以习近平同志为核心的党中央坚强领导下，我国知识产权事业发展取得历史性成就。站在新时代的起点上，知识产权在加快建设创新型国家、推动经济高质量发展中发挥更加重要支撑作用。他强调，要坚决贯彻落实党中央、国务院决策部署，以此次机构改革为契机，加快推进知识产权改革发展，打通知识产权创造、运用、保护、管理、服务全链条。持续加大知识产权保护力度，强化执法力量，大幅提高违法成本，不断优化创新和营商环境。积极推进知识产权国际交流合作，大力培育传播知识产权文化，在全社会营造尊重知识产权、支持创新创业的良好氛围。（新华社）

18. 2018年全国知识产权宣传周活动启动

4月20日，主题为“倡导创新文化 尊重知识产权”的2018年全国知识产权宣传周活动在北京启动。国务委员王勇出席宣传周活动启动仪式并作重要讲话。

据了解，宣传周活动期间，全国知识产权宣传周活动组委会各成员单位将单独或者多部门联合开展多场重点活动，其中包括，国家知识产权局和国家版权局在国务院新闻办公室联合召开中国知识产权发展状况新闻发布会，最高人民法院发布《中国法院知识产权司法保护状况（2017）》（白皮书），最高人民检察院将发布2017年度全国检察机关保护知识产权十大典型案例，司法部将在全国范围内组织开展知识产权法治宣传教育主题活动，农业农村部将分别组织召开中国—乌兹别克斯坦、中国—日本植物新品种保护交流与合作活动等。（吴　珂）

19. 第七次中日韩领导人会议联合宣言：推进区域知识产权体系建设

当地时间5月8日，国务院总理李克强出席第七次中日韩领导人会议并正式访问日本。期间，在5月9日发布的第七次中日韩领导人会议联合宣言中，三国领导人提出，我们认识到为保持经济持续增长繁荣，有必要建立重视创意、促进公平竞争的知识产权体系。我们认为三国知识产权合作，包括知识产权局长政策对话，对推进区域知识产权体系建设具有重要作用，期待三国就此进一步加强合作。

联合宣言发布当晚，李克强在东京与日本首相安倍晋三会谈后共同会见记者。“中日双方不仅要增强政治互信，更要深化务实合作。”李克强说，“两国在经济方面有着很强的互补性，我们一致认为两国可以在创新发展等诸多领域进行合作，既推动技术进步，又保护知识产权。”

5月10日中午，李克强在东京同安倍

晋三共同出席中日和平友好条约缔结 40 周年纪念活动暨欢迎李克强总理访日招待会并发表演讲。在演讲中李克强指出，中国将大幅度放宽市场准入，全面放开制造业，扩大服务业特别是金融业开放，以更大的力度保护知识产权，打造公平竞争的投资环境，与世界各国分享发展机遇。

（新华社）

20. 国务院推广复制广东、天津、福建自贸区改革创新经验，完善知识产权保护和运用体系

5 月 4 日，国务院印发《进一步深化中国（广东）自由贸易试验区改革开放方案》《进一步深化中国（天津）自由贸易试验区改革开放方案》《进一步深化中国（福建）自由贸易试验区改革开放方案》。其中明确提出，完善知识产权保护和运用体系。推进知识产权综合执法，建立跨部门、跨区域的知识产权案件移送、信息通报、配合调查等机制。建立包含行政执法、仲裁、调解等在内的多元化知识产权争端解决与维权援助机制，探索建立自贸试验区重点产业知识产权快速维权机制。探索互联网、电子商务、大数据等领域的知识产权保护规则。探索建立公允的知识产权评估机制，完善知识产权质押登记制度、知识产权质押融资风险分担机制以及方便快捷的质物处置机制，为扩大以知识产权质押为基础的融资提供支持。建立专利导航产业发展工作机制。深化完善有利于激励创新的知识产权归属制度。（新华社）

21. 纪念《国家知识产权战略纲要》颁布实施十周年座谈会在京举行

6 月 5 日上午，纪念《国家知识产权战略纲要》颁布实施十周年座谈会在北京人民大会堂举行。十二届全国人大常委会副委员长、国家知识产权战略实施十年总体评估专家组组长严隽琪出席会议并讲话。国家知识产权局局长、国务院知识产权战略实施工作部际联席会议副召集人、联席会议办公室主任申长雨等出席会议并发言。座谈会由国家知识产权局党组书记、副局长刘俊臣主持。会上，大家在发言中结合各自工作实际，畅谈了国家知识产权战略实施十年成就，展望了新时代知识产权事业发展美好前景，并就深入实施知识产权战略、加快知识产权强国建设、支撑经济高质量发展等提出意见建议。（孙　迪）

22. 2018 年高考试卷出现高分值知识产权内容

在 2018 年的高考中，语文全国Ⅱ卷实用类文本阅读题第 7 至 9 题，根据《2017 年中国专利调查报告》数据和摘自《中国知识产权报》等报刊的有关知识产权和专利转化运用的文章进行分析，分值高达 12 分；无独有偶，语文全国Ⅲ卷的实用类文本阅读中的材料三则谈到了版权的传播方式及价值实现。

“在我国，高考是聚焦全民视线的考核平台，在高考题中出现较高频次的知识产权素材，从一个侧面说明知识产权基础教育已经获得积极回应。借助高考题这个载体，创新文化的推行可以获得事半功倍的效果。”对于今年高考试题中频频出现的知识产权内容，华中师范大学知识产权研究所所长刘华在接受本报记者采访时表示，知识产权强国不仅包括国家在知识产权资源积累和技术创新掌控中的硬实力，也包括整个社会崇尚创新、尊重知识产权等文化层面的软实力。对知识产权价值认同的社会共识是知识产权制度更加有效运行的社会思想基础。（吴　珂）

23. 国务院部署积极有效利用外资的政策措施，其中提出：加大知识产权保护力度

经李克强总理签批，国务院 6 月 15 日发布《关于积极有效利用外资推动经济高质量发展若干措施的通知》（下称《通知》）。《通知》从六个方面提出积极有效利用外资的政策措施。《通知》强调，提升投资保护水平，打造高标准投资环境，加大知识产权保护力度。推进专利法等相关法律法规修订工作，大幅提高知识产权侵权法定赔偿上限，严厉打击侵权假冒行为。保护外商投资合法权益，完善外商投资企业投诉工作部际联席会议制度，建立健全各地外商投资企业投诉工作机制。 （新华社）

24. 全国首次专利代理人执业宣誓

66名新老专利代理人代表右手举拳，齐声向国旗庄严宣誓，这是不久前在北京举行的全国首次专利代理人执业宣誓仪式上的一幕。“这是专利代理行业三十余年历史上的第一次专利代理人宣誓仪式。”中华全国专利代理人协会会长杨梧介绍，以宣誓的形式提升专利代理人的职业使命感、工作荣誉感和社会责任感，培育和形成诚实守信、规范服务的执业精神是建立执业宣誓制度的初衷。“专利代理行业若想发挥更大作用，迫切需要凝心聚力、提高认识，切实加强专利代理行业自律，积极倡导建立以诚信服务为本、以追求质量为魂、以行业自律为根的行业文化理念，共同构建中国专利代理品牌。” （杨 柳）

25. 李克强在京出席中法企业家座谈会指出：中方将严格保护知识产权

6月25日，国务院总理李克强在人民大会堂与法国总理菲利普共同出席中法企业家座谈会。李克强表示，中方张开双臂欢迎法方企业加强对华高技术领域合作。中方将严格保护知识产权，绝不允许强制转让技术。 （新华社）

26. 我国公布修订后的《奥林匹克标志保护条例》

6月28日，国务院总理李克强签署国务院令，公布修订后的《奥林匹克标志保护条例》（下称《条例》），自2018年7月31日起施行。《条例》完善了奥林匹克标志确认和许可程序，规定权利人应当将奥林匹克标志提交国务院知识产权主管部门并由其公告。

根据修订后的《条例》，国务院市场监督管理部门、知识产权主管部门负责全国的奥林匹克标志保护工作。《条例》增设了奥林匹克标志有效期和续展程序，规定奥林匹克标志有效期为10年，期满可以续展。《条例》加强了对奥林匹克标志专有权的保护，规定未经许可为商业目的擅自使用奥林匹克标志，或者使用足以引人误认的近似标志，即侵犯奥林匹克标志专有权。同时，加大行政处罚力度，提高对侵犯奥林匹克标志专有权行为的罚款数额。

（新华社）

27. 中国首次发表《中国与世界贸易组织》白皮书指出：加强知识产权保护是中国的主动作为

6月28日，国务院新闻办公室发表《中国与世界贸易组织》白皮书。这是中国首次就这一问题发表白皮书。白皮书全文约1.2万字，除前言、结束语外，共包括四个部分。在第一部分“中国切实履行加入世贸组织承诺”中，白皮书就我国履行知识产权保护承诺的情况进行了专门介绍。其中指出，加强知识产权保护是中国的主动作为。加强知识产权保护是完善产权保护制度最重要的内容，也是提高中国经济竞争力最大的激励。中国推进知识产权保护，不仅符合自身发展需要，也有助于进一步完善法治化、国际化、便利化的营商环境。中国鼓励中外企业开展正常技术交流合作，依法保护在华外资企业合法知识产权，同时，希望外国政府加强对中国知识产权的保护。 （崔静思）

28. 国家知识产权局首次集中发布专利、商标、地理标志统计数据

7月10日，国家知识产权局在北京举办2018年第三季度例行新闻发布会。据

了解，这是国家知识产权局今年举办的第三场新闻发布会，也是国家知识产权局重新组建后，首次向社会集中发布专利、商标、地理标志的相关统计数据。记者从发布会上获悉，2018 年上半年，我国主要知识产权指标实现较快增长，呈现良好发展势头。其中，我国发明专利申请和授权量分别达到 75.1 万件和 21.7 万件，商标注册申请量 358.6 万件，新受理地理标志产品保护申请 10 个。（李　群）

29. 加快推进智能审查系统建设，提高知识产权审查质量效率

7 月 19 日上午，国家知识产权局在北京召开智能审查系统建设座谈会，研究运用人工智能、大数据等现代信息技术，提高专利、商标注册审查质量效率问题。国家知识产权局局长申长雨出席会议并讲话。

申长雨指出，知识产权注册审查是知识产权工作的源头，事关创新驱动发展战略实施和塑造良好营商环境，党中央、国务院高度重视，作出一系列明确指示和重要部署。国家知识产权局干部职工要认真学习领会习近平总书记关于提高知识产权审查质量和审查效率的重要指示精神，贯彻落实深化“放管服”改革有关缩短专利、商标审查周期部署要求，推动知识产权注册审查速度变革、效率变革、质量变革，更好地支撑经济社会发展。（孙　迪）

30. 中国成为全球人工智能专利布局最多的国家

7 月 13 日，清华大学中国科技政策研究中心发布《中国人工智能发展报告 2018》（下称《报告》）。

《报告》指出，2017 年，中国人工智能市场规模达到 237 亿元，同比增长 67%，人工智能企业数量达到 1011 家，仅次于美国的 2028 家。在专利申请方面，中国已经成为全球人工智能专利布局最多的国家，数量略微领先美国和日本，中、美、日三国人工智能专利数量占全球专利公开数量的 74%。从主要申请人来看，IBM、微软和三星在人工智能领域专利申请数量排名全球前三，中国国家电网公司近五年来在人工智能相关技术发展迅速，申请量在全球排名第四。此外，中国人工智能专利持有数量前 30 名的机构中，科研院所、大学和企业的表现相当，分别占比 52%和 48%。

（刘　斌）

31. 中国国际进口博览会打造知识产权保护“高地”

知识产权保护与商事纠纷处理服务中心“入驻”中国国际进口博览会现场，展前展中展后形成知识产权服务“一条龙”，即将在 11 月举行的中国国际进口博览会打造成知识产权保护的“高地”。据了解，中国国际进口博览局已经采取了多项措施为参展各方提供更加严格的知识产权保护服务。在展前，博览局主动对接参展方需求，制作知识产权宣传材料，通过呼叫中心提供咨询服务，做好风险防范和宣传指引。展中，场馆内设知识产权保护与商事纠纷处理服务中心，邀请相关知识产权部门、中国国际经济贸易仲裁委员会等机构的专家入驻，为参展商和采购商提供专业的知识产权、商事领域的法律咨询和纠纷调处服务。博览局还专门制定了《中国国际进口博览会关于参展项目涉嫌侵犯知识产权的投诉及处理办法》，规范服务中心工作程序，优化知识产权服务。（新华社）

32. 国家知识产权局停征和调整部分专利收费

国家知识产权局于 2018 年 8 月 1 日起停征和调整部分专利收费。此次停征和调整部分专利收费主要涉及三方面：一是停征专利收费（国内部分）中的专利登记费、公告印刷费、著录事项变更费（专利代理机构、代理人委托关系的变更），《专利合作条约》（PCT）专利申请收费（国际阶段部分）中的传送费。而对于缴费期限届满日在 2018 年 7 月 31 日（含）前的上述费用，应按原规定缴纳。二是对符合《专利收费减缴办法》（财税〔2016〕78 号）有关条件的专利申请人或者专利权人，专利年费的减缴期限由自授权当年起 6 年内，延长至 10 年内。对于 2018 年 7 月 31 日（含）前已准予减缴的专利，作如下处理：处于授权当年起 6 年内的，年费减缴期限延长至 10 年；处于授权当年起 7～9 年的，自下一年度起继续减缴年费直至 10 年；处于授权当年起 10 年及 10 年以上的，不再减缴年费。三是对进入实质审查阶段的发明专利申请，在第一次审查意见通知书答复期限届满前（已提交答复意见的除外）主动申请撤回的，可以请求退还 50％的专利申请实质审查费。（崔静思）

33．"互联网＋"推动知识产权保护方式变革

为深入贯彻习近平新时代中国特色社会主义思想和党的十九大精神，认真落实党中央、国务院关于加强知识产权保护的决策部署，针对突出问题，呼应群众需求，指导、推进加大执法力度，充分运用"互联网＋"，强化知识产权保护，创新知识产权监管方式，有效保护来自国内外权利人的合法权益，8 月 3 日，国家知识产权局印发了《"互联网＋"知识产权保护工作方案》（下称《方案》）。

《方案》将"互联网＋"作为深化知识产权保护方式改革的重要手段，创新执法指导和管理机制，发挥大数据、人工智能等信息技术在知识产权侵权假冒的在线识别、实时监测、源头追溯中的作用，最大限度减少对企业正常生产经营行为的影响，提升打击知识产权侵权假冒行为的效率、力度及精准度，科学推进知识产权严保护、大保护、快保护、同保护，增强知识产权领域治理能力。（安亚磊　樊妍洁）

34．首批 13 个知识产权军民融合试点地方确定

7 月 30 日，国家知识产权局与中央军委装备发展部发布通知，确定江苏省、福建省、山东省、湖南省、广东省、重庆市、四川省、陕西省、甘肃省、四川省成都市、上海市闵行区、山东省烟台市、湖南省长沙市为首批知识产权军民融合试点地方。试点自 2018 年 8 月起，为期 3 年。

通知要求，各试点地方要在 9 月底之前以所在地人民政府名义印发实施试点工作方案，并报国家知识产权局和中央军委装备发展部备案。各试点地方要建立试点工作协调机制，推动有关政策出台和项目实施；要加强对试点工作条件保障、人才队伍培养和保密工作环境建设，满足承接各项职责的软硬件要求；要加强资源整合和工作创新，搭建知识产权军民双向保护和运用的平台机制，满足军民融合产业创新发展的需求。（刘　斌）

35．2018 年中国专交会在大连开幕

8 月 24 日上午，2018 年中国国际专利技术与产品交易会在大连开幕。国家知识产权局局长申长雨，世界知识产权组织副总干事王彬颖，辽宁省委常委、大连市委书记谭作钧，辽宁省副省长王明玉等出席开幕式并致辞。开幕式由大连市人民政府市长谭成旭主持。

申长雨在致辞中指出，2018 年是改革开放 40 周年，也是《国家知识产权战略纲要》实施十周年。在今年的博鳌亚洲论坛开幕式上，习近平主席发表了重要主旨演讲，宣布了包括加强知识产权保护在内的一系列扩大开放重大举措，鼓励中外企业开展正常技术交流合作，具有十分重要的意义。为了促进知识产权的交易转化，近年来，国家知识产权局积极开展相关工作，形成了展会与平台、线上与线下、固定时间段和全天候互为补充的知识产权交易转化新格局，取得了良好效果。（王　康）

36. 习近平向2018年“一带一路”知识产权高级别会议致贺信

2018年“一带一路”知识产权高级别会议于8月28日在北京开幕，国家主席习近平向会议致贺信。

习近平指出，中国发扬丝路精神，提出共建“一带一路”倡议，得到有关国家和国际社会广泛认同和热情参与，取得了丰硕成果。我们愿同各方继续共同努力，本着共商共建共享原则，将“一带一路”建设成为和平之路、繁荣之路、开放之路、创新之路、文明之路，让丝路精神发扬光大。

习近平强调，知识产权制度对促进共建“一带一路”具有重要作用。中国坚定不移实行严格的知识产权保护，依法保护所有企业知识产权，营造良好营商环境和创新环境。希望与会各方加强对话，扩大合作，实现互利共赢，推动更加有效地保护和使用知识产权，共同建设创新之路，更好造福各国人民。（新华社）

37. 王勇在2018年“一带一路”知识产权高级别会议上强调：加强知识产权保护和运用 共同促进“一带一路”区域创新发展

2018年“一带一路”知识产权高级别会议于8月28日在北京召开，国务委员王勇出席开幕式，宣读中国国家主席习近平致会议的贺信并致辞。

王勇指出，习近平主席提出共同建设“一带一路”重大倡议五年来，沿线国家和地区在知识产权领域深化互信、凝聚共识，建立健全知识产权常态化合作机制，在知识产权法律政策、保护、审查以及人才培养等方面积极开展务实合作，取得了丰硕成果。

王勇表示，希望“一带一路”沿线各国和地区开展更加广泛、紧密、务实的知识产权合作，更好发挥知识产权制度对激励创新的支撑作用，加强知识产权保护和运用，加快形成创新发展新格局；完善知识产权法律法规，提高知识产权审查质量和效率，共同营造公开、透明、平等、高效的知识产权保护环境；积极探索数字化时代知识产权管理模式，更好促进创新成果的传播和应用；共同推动常态化合作机制建设，创造知识产权区域合作新局面，为促进“一带一路”区域创新发展和经济繁荣做出更大贡献。（新华社）

38. 第九届中国专利年会在京开幕

8月30日，以“专利，助推对外开放”为主题的第九届中国专利年会在京开幕。国家知识产权局局长申长雨、世界知识产权组织总干事弗朗西斯·高锐出席开幕式并致辞。国家知识产权局党组书记、副局长刘俊臣主持开幕式并致欢迎辞。

申长雨在致辞中指出，今年是改革开放40周年，也是《国家知识产权战略纲要》实施十周年。习近平主席在今年的博鳌亚洲论坛开幕式主旨演讲中，专门将加强知识产权保护作为新时代中国扩大开放的四大举措之一。日前，习近平主席在致2018年“一带一路”知识产权高级别会议的贺信中，又充分肯定了知识产权制度在促进共建“一带一路”中的重要作用。在此背景下举办此届专利年会有着特殊的意义。站在改革开放40年新的历史起点上，我们将备加珍惜中国知识产权事业取得的巨大成就和宝贵经验，坚定不移走中国特色知识产权发展道路，坚定不移做知识产权国际规则的坚定维护者、重要参与者和积极建设者，依法保护国内外企业的合法知识产权，让中国开放的大门越开越大。（吴　珂）

39.“网络环境下的知识产权法律保护”专题调研在皖、浙开展

9月3日至7日，全国政协副主席汪永清率全国政协社法委和民革中央联合调研组，就“网络环境下的知识产权法律保护”赴安徽、浙江开展专题调研。

汪永清指出，两省结合实际深入推动

网络环境下知识产权保护实践，积极探索创新，积累了不少好经验、好做法，以实际行动展示了中国加强知识产权保护的坚定立场，为经济社会文化发展营造了日益良好的创新环境、营商环境。互联网在我国不断发展和运用的丰富实践，对网络环境下知识产权保护提出了新挑战新要求，需要在积极实践基础上，深入探索体现互联网思维和特点的知识产权保护规则，推动创新发展和知识产权战略实施，为世界网络环境下知识产权保护贡献中国智慧。

（综　合）

40. 李克强出席2018年夏季达沃斯论坛开幕式时强调：保护知识产权就是保护和激励创新

9月19日，国务院总理李克强出席2018年夏季达沃斯论坛开幕式并发表特别致辞时指出："保护知识产权就是保护和激励创新。中国要实现创新发展，离不开一个尊重知识、保护产权的环境。中国已建立起完整的知识产权法律保护体系，成立了专门的知识产权法院。中国加入世贸组织以来，企业对外支付的知识产权费增长14倍。我们将进一步加强执法力量，实施更加严格、更有威慑力的侵权惩罚性赔偿制度，为各方面创新提供更加牢靠的保护。"

（新华社）

41. 国新办就《关于中美经贸摩擦的事实与中方立场》白皮书有关情况举行发布会：中国保护知识产权的态度鲜明而坚定

9月25日，国务院新闻办公室举行新闻发布会，介绍和解读《关于中美经贸摩擦的事实与中方立场》白皮书有关情况。商务部国际贸易谈判代表（正部长级）兼副部长傅自应对白皮书作简要介绍。商务部、国家发展改革委、工业和信息化部、财政部、国家知识产权局相关负责人出席并回答中外记者提问。发布会由国务院新闻办公室副主任、新闻发言人郭卫民主持。

在回答中新社记者关于知识产权保护相关问题时，国家知识产权局副局长贺化指出，美国政府指责中国知识产权保护不力的言论是毫无依据也是站不住脚的。这罔顾长期以来中国知识产权保护制度建设取得进步、中国创新能力快速提升以及中国已经成为知识产权大国等客观事实。

（王　宇）

42. 李克强：中国将以更大力度加强知识产权保护

当地时间10月16日中午，国务院总理李克强在海牙市立博物馆与荷兰首相吕特共同出席中国—荷兰经贸论坛并发表主旨演讲。李克强表示，没有知识产权保护，创新合作是不可持续的。中国将以更大力度加强知识产权保护，这也是中国自身经济转型升级的需要。我们决不允许强制转让知识产权。对于出现的侵犯知识产权的行为，将依法予以严厉惩处。

李克强指出，近年来，中国完善了近20部相关法律法规，查办了140多万件侵权假冒案件，成立了专门的知识产权法院。中国对外支付的知识产权费大幅增长，去年达286亿美元，其中支付给欧盟的占三分之一。中国决不允许强制转让技术，审批外商投资不以技术转让为前提。对于合资合作双方在互利共赢基础上开展的技术转让、技术合作，政府予以尊重。我们将实施更具威慑力、惩罚力的侵权赔偿制度，改善司法服务，健全与国际经贸规则接轨的创新保护体系。

（新华社）

43. 我国拟建立国家层面知识产权案件上诉审理机制

10月22日，《关于专利等案件诉讼程序若干问题的决定（草案）》提请全国人大常委会审议。草案规定，当事人不服专业技术性较强的民事、行政案件第一审判决、裁定的，应当向最高人民法院提起上诉。

据介绍，建立国家层面知识产权案件

上诉审理机制，是十九届中央全面深化改革领导小组第一次会议的重大部署，10月19日，中央批准最高人民法院设立知识产权法庭，统一审理全国范围内专业技术性较强的专利等上诉案件。

根据草案，当事人不服关于发明和实用新型专利、植物新品种、集成电路布图设计、技术秘密、计算机软件、垄断等专业技术性较强的民事案件第一审判决、裁定的，当事人不服关于专利、植物新品种、集成电路布图设计、技术秘密、计算机软件、垄断等专业技术性较强的行政案件第一审判决、裁定的，应当在法定期间内向最高人民法院提起上诉。（新华社）

44. 地理标志商标，打通精准扶贫“蜀道”

“地理标志商标对于促进绿色发展，壮大地方特色经济，实施精准扶贫具有重要作用。”国家知识产权局商标局副局长陈文彤介绍，我国西部12省市平均每万平方公里拥有地理标志商标2.1件，远低于东部地区的18.5件与中部地区的6.2件。

“地理标志是农民增收致富、区域经济发展的‘金钥匙’。”四川省工商局商标分局有关负责人表示，四川将争取到2020年实现贫困县新增地理标志90件，覆盖88个贫困县，进一步夯实四川地理标志品牌发展基础。（邹碧颖）

45. 习近平出席首届中国国际进口博览会开幕式并发表主旨演讲

首届中国国际进口博览会于11月5日在上海开幕。国家主席习近平出席开幕式并发表题为《共建创新包容的开放型世界经济》的主旨演讲强调：营造国际一流营商环境。中国将加快出台外商投资法规，完善公开、透明的涉外法律体系，全面深入实施准入前国民待遇加负面清单管理制度；对在中国境内注册的各类企业一视同仁、平等对待；保护外资企业合法权益，坚决依法惩处侵犯外商合法权益特别是侵犯知识产权行为，提高知识产权审查质量和审查效率，引入惩罚性赔偿制度。（新华社）

46.《知识产权相关会计信息披露规定》印发

11月15日，财政部与国家知识产权局印发《知识产权相关会计信息披露规定》，要求企业按照类别对确认为无形资产的知识产权相关会计信息进行披露。该规定旨在加强企业知识产权管理，规范企业知识产权相关会计信息披露，将于2019年1月1日起施行。

据了解，该规定适用于企业按照《企业会计准则第6号——无形资产》规定确认为无形资产的知识产权和企业拥有或控制的、预期会给企业带来经济利益的、但由于不满足《企业会计准则第6号——无形资产》确认条件而未确认为无形资产的知识产权的相关会计信息披露。（新华社）

47. 国务院公布修订后的《专利代理条例》

11月5日，国务院总理李克强签署国务院令，11月19日，公布修订后的《专利代理条例》(下称《条例》)，自2019年3月1日起施行。

《条例》改进了专利代理师执业准入制度，规定具有高等院校理工科专业专科以上学历的中国公民可以参加全国专利代理师资格考试；考试合格的，由国务院专利行政部门颁发专利代理师资格证；符合法定条件即可执业。《条例》改进了专利代理机构执业准入制度，规定专利代理机构的组织形式应当为合伙企业、有限责任公司等；从事专利代理业务应当具备法定条件，向国务院专利行政部门提出申请，提交有关材料，取得专利代理机构执业许可证；国务院专利行政部门应当自受理申请之日起20日内作出是否颁发专利代理机构执业许可证的决定。

《条例》完善了执业规范和服务监管，规定除法律另有规定外，任何单位和个人可以自行在国内申请专利和办理其他专利事务，也可以委托依法设立的专利代理机构办理；专利代理机构收费应当遵循自愿、公平和诚实信用原则，兼顾经济效益和社会效益；进一步明确了专利代理机构、专利代理师执业的行为规范及相应的法律责任；规定专利代理行业组织应当加强对会员的自律管理；要求管理专利工作的部门优化服务，改进检查监督方式，加强事中事后监管。（新华社）

48. 中共国家知识产权局党组召开会议审议通过知识产权服务民营企业创新发展若干措施

11 月 28 日，中共国家知识产权局党组召开会议，深入贯彻落实习近平总书记在民营企业座谈会上的重要讲话精神，落实党中央、国务院决策部署，审议通过《关于知识产权服务民营企业创新发展若干措施的通知》，聚焦知识产权服务民营企业创新发展提出若干有针对性的政策措施。局党组副书记、局长申长雨主持会议。

会议要求，一是要针对民营企业对营商环境的需求，实行严格的知识产权保护，会同有关方面深入开展专项行动，集中查办一批侵害民营企业知识产权的案件；运用互联网、大数据等手段，通过源头追溯、实时监测、在线识别等，着力提升打击知识产权侵权假冒行为力度和精准度；加强民营企业知识产权快速协同保护，完善快速授权、确权、维权“一站式”服务机制，为民营企业提供便捷、高效、低成本的维权渠道。二是要针对民营企业融资难问题，扩大知识产权质押融资覆盖面，推动风险补偿、补贴贴息等各类知识产权质押融资扶持政策向民营企业倾斜，降低融资成本；完善银行、保险、担保、基金等多方参与的知识产权质押融资风险分担机制，分担融资风险；认真了解民营企业知识产权融资需求，积极搭建银企对接平台，畅通融资渠道；引导知识产权运营基金加大对民营企业的投资力度。三是要进一步落实“放管服”改革要求，推进知识产权便利化服务，面向民营企业组织专利收费减缴及相关申请政策宣讲会，提高民营企业用好政策的能力；开展“千家民企面对面”活动，组织审查员走访民营企业，面对面提供服务；建设海外知识产权纠纷咨询指导机制，支持民营企业“走出去”；加强知识产权信息公共服务，完善专利数据服务试验系统，扩大专利基础数据开放范围，推进商标数据库逐步开放，便利企业获取知识产权信息。四是要针对民营企业创新发展需求，深入实施中小企业知识产权战略推进工程，加大政府购买服务力度，面向民营企业推广知识产权托管服务；推进专利导航、商标品牌培育、地理标志精准扶贫等工作，支持民营企业发展壮大；加强民营企业知识产权人才培养力度，面向民营企业开展多层次、精准化的知识产权培训。五是要针对民营企业知识产权意识提升需求，开展“知识产权竞争未来”等主题采访活动，宣传好民营企业的知识产权故事，营造良好知识产权环境。（陈明媛）

49. 国务院常务会议通过《专利法修正案(草案)》

国务院总理李克强 12 月 5 日主持召开国务院常务会议，决定再推广一批促进创新的改革举措，更大激发创新创造活力；通过《中华人民共和国专利法修正案（草案）》，有效保护产权，有力打击侵权。

为进一步加强专利权人合法权益保护、完善激励发明创造的机制制度、把实践中有效保护专利的成熟做法上升为法律，会议通过《中华人民共和国专利法修正案（草案）》。草案着眼加大对侵犯知识产权的打击力度，借鉴国际做法，大幅提高故意侵犯、假冒专利的赔偿和罚款额，显著增加侵权成本，震慑违法行为；明确了侵权人配合提供相关资料的举证责任，提出网络服务提供者未及时阻止侵权行为须承担连带责任。草案还明确了发明人或设计人合理分享职务发明创造收益的激励机制，并完善了专利授权制度。会议决定将草案提请全国人大常委会审议。（新华社）

50. 国新办举行中外记者见面会 知识产权领域代表与中外记者见面交流

12月11日，国务院新闻办公室举行中外记者见面会，国家知识产权局条法司原司长尹新天、中南财经政法大学原校长吴汉东、中华全国专利代理人协会会长杨梧、联想集团全球法务部知识产权总监陈媛青、中华人民共和国第一件专利申请的发明人胡国华等5位知识产权领域代表，围绕“改革开放与知识产权事业发展”这一主题与中外记者见面交流。国新办新闻局副局长袭艳春主持见面会。

中国知识产权制度走过40年发展历程，从无到有，日臻完善，取得了举世瞩目的成就。5位代表作为改革开放40年来知识产权事业发展的亲历者、参与者和见证者，分别畅谈了自己的体会和收获，并就《专利法》历次修改情况、知识产权制度的未来发展、专利代理行业发展变化、知识产权助力企业“走出去”、知识产权激励技术创新等问题，阐述了各自的见解。（王 宇）

51. 商标局发布2017年遏制恶意注册、打击商标侵权的工作成果

1月9日，商标局官网发布了2017年遏制恶意注册、打击商标侵权的工作成果，公布了若干从严从快审理的大规模恶意抢注商标的典型案件。

2017年以来，商标局多次召开专题会议研讨，并与美国、欧盟等发达国家和地区的商标主管机关举行会议，共同商讨如何遏制恶意注册行为。面对商标恶意注册行为日趋规模化、专业化的新形势，商标局坚持关口前移，优化审查分文流程，对典型恶意申请类型及相关案例进行梳理、汇总，采取提前审查、并案集中审查和从严适用法律等措施，大力遏制违反诚实信用原则、恶意攀附他人商标声誉、抢注知名度较高商标、侵犯他人在先权利、占有公共资源、反复抢注等恶意注册行为，驳回了一批恶意注册申请，具有较强的示范效应，形成强力威慑。（商标局）

52. 商标局改进商标注册证发放方式

1月10日，商标局发布公告称，为贯彻落实国家工商行政管理总局《关于大力推进商标注册便利化改革的意见》，本着简化手续、优化流程、提升服务的原则，从商标申请人实际需求出发，商标局对商标注册证的发放方式进行了改进。

根据公告，商标注册申请人自2017年1月1日起直接提交或网上提交的商标注册申请（不包括地方商标受理窗口接受的商标注册申请），该商标核准注册后，将直接向商标注册申请人寄发《商标注册证》，不再寄发《领取商标注册证通知书》（通过商标代理机构及地方商标受理窗口提交商标申请的，其商标注册证继续由代理机构和地方商标受理窗口代发）。商标注册证新的发放方式，自2018年1月11日起开始实施。（商标局）

53. 我国商标注册申请量突破500万大关

1月18日，国家工商行政管理总局召开新闻发布会。会上发布的数据显示，2017年我国商标注册申请量突破500万大关，达到574.8万件，比上年增长55.7%，申请量和增速均创历史新高。

截至2017年年底，我国商标累计申请量2784.2万件，累计注册量1730.1万件，有效注册商标量1492万件，连续17年位居世界第一；我国每万户市场主体的平均有效商标拥有量为1520件，与2011年的1074件相比显著增加。2017年，我国申请人提交马德里商标国际注册申请4810件，比2016年增长59.6%，在马德里联盟中排名第三；全国工商和市场监管部门以驰名商标、地理标志、涉外商标、老字号商标等为重点，强化商标专用权保护，全系统共查处商标违法案件3万件，比2016年下降5.1%。（商标局）

54. 商标局调整商标数字证书发放规则

1月31日，商标局发布公告称，为落实商标改革举措，满足广大商标代理机构数字证书使用需求，从简化商标数字证书申请手续、缩短商标数字证书制作周期、增加发放商标数字证书数量三方面对商标数字证书发放规则进行调整。

第一，简化商标数字证书申请手续，取消纸质申请材料，2月1日起，已提交数字证书申请的代理机构不需提交纸质材料，在网上申请系统提交用户注册申请后，审核通过即发商标数字证书；证书申请与新代理备案合并，3月1日起，新的商标代理机构网上提交备案申请时可同步勾选制发商标数字证书，无需再单独提交用户注册申请。第二，缩短商标数字证书制作周期，3月1日起，按周制作、发放新申请的商标数字证书，制作周期为1至2个月。第三，增加发放商标数字证书数量，3月1日起，日均网上申请量超过50件的商标代理机构可申请第二个商标数字证书，超过100件的商标代理机构可申请第三个商标数字证书，每家商标代理机构最多申请3个商标数字证书。（商标局）

55. 我国进一步深化商标注册便利化改革

2月7日，商标局发布公告称，为进一步方便申请人，创造良好营商环境，根据国家工商行政管理总局关于深化商标注册便利化改革切实提高商标注册效率的意见的要求，商标局决定进一步简化申请材料、优化相关工作流程，缩短商标变更、续展审查周期。

据了解，申请人以颜色组合或者着色图样申请商标注册的，提交商标注册申请时可不提交商标图样黑白稿；提交纸件申请的申请人在同时办理名下多件商标的变更申请时，在原规定只需提供一份变更证明文件的基础上，有关身份证明文件、委托书也只需提供一份；申请人办理名下多件马德里国际注册商标的注册人名称、地址变更业务时，可通过提交一份变更申请办理。

为了进一步提高商标审查效率，2月9日起，商标局将把现有商标变更申请的书审和审查环节合并，并从4月1日起将现有商标续展申请的书审和审查环节合并，取消书审环节发放不予受理通知书和受理通知书流程。同时，自2月14日起，提交网上申请的申请人在办理名下多件商标的变更申请时，网上申请系统将已填写的申请信息及已上传的文件自动带入下一件申请，减少重复填写和上传，提高网上申请的效率和便捷程度。此外，自4月1日起，商标局将在收到商标变更申请之日起一个月内完成对变更申请的首次审查；6月1日起，在一个月内完成对续展申请的首次审查。（王国浩）

56. 商标局在京召开商标改革宣传工作座谈会

为进一步提高商标宣传工作的针对性、有效性，充分发挥新媒体在宣传中的重要桥梁作用，2月6日下午，商标局在京组织召开商标改革宣传工作座谈会。

会议指出，目前商标注册审查周期已从法定9个月缩短到8个月，处于世界先进水平，2018年底前，将进一步缩短至6个月；电子发文试点工作稳步推进，日均电子发文1万余件，实现当日即时送达，2018年6月底前，全面实现对代理机构和受理窗口的电子发文；新版电子公告实现了商标公告数据全覆盖，商标数据进一步开放，2018年底前向社会开放全部商标数据。

会议强调，商标宣传工作对于广泛增进市场主体和社会大众对商标知识产权的认识具有积极作用，希望广大新闻媒体特别是新媒体多多关注商标工作，多多宣传便利化改革成效，在推动知识产权强国建设、提升中国品牌国际竞争力等方面凝聚共识，形成合力，为助力“双创”创造更加良好的营商环境营造好的舆论氛围。参会各媒体代表结合新媒体传播特点，就如何做好商标宣传工作、增强商标改革工作实效、提高商标局政府公信力提出了很多有建设性的建议。（商标局）

57. 商标局通告八类商标代理机构涉嫌违法行为

2月9日，商标局发布公告称，近期该局收到相关投诉，个别商标代理机构侵害委托人合法利益，扰乱商标代理市场秩序，涉嫌违反商标法、反不正当竞争法、广告法等法律法规。商标局及时指导涉案地执法机关依法查处，有力维护了商标申请人的合法权益。商标局进一步梳理、汇总了八类代理机构涉嫌违法行为予以通告，提醒公众谨防上当受骗。

第一，虚假宣传与国家工商行政管理总局、商标局的关系，宣称其经商标局批准、与商标局长期合作、有内部渠道、与国家工商行政管理总局通用律师等。第二，伪造虚假荣誉，宣称其被商标局授予相关荣誉称号，伪造商标局授牌、颁牌等；虚假承诺，承诺申请人通过其代理商标申请通过率百分之百或提供包过合同等。第三，虚假宣传注册程序、周期，宣称其代理申请商标可以快速受理、审查、取得注册证等。第四，伪造相关文件、信息，伪造商标申请审查流程信息误导商标申请人，或者伪造商标局文件、印章等提供虚假材料申请商标注册、分割、转让等。第五，采用其他不正当手段招揽业务，如诋毁其他代理机构，夸大其代理商标驳回复审成功率，欺骗申请人变更代理进行复审或诉讼，或者谎称申请人的商标在其他类别被抢注，诱骗商标申请人增加其他类别的商标申请。宣称其可以通过非正常手段处理在先权利申请障碍，还有的宣称其能提前获取尚未公开的商标申请审查结果，或者欺骗申请人商标被驳回，被撤销、被无效宣告。第六，虚构收费项目，假借商标局名义，收取商标申请费用之外“领取注册证费”“已注册商标登记费”“网上商标展示费”等，欺骗申请人。第七，团伙诈骗，欺骗申请人受让有关商标，另安排他人对上述商标提出撤销、异议、无效宣告等恶意申请，诱骗申请人支付高额费用后撤回相关申请。（商标局）

58. 商标局2018年商标审查工作会议在沪召开

3月13日，商标局在上海召开2018商标审查工作会议。据悉，此次会议是为了贯彻落实党中央国务院对商标工作提出的“大幅缩短商标注册周期”的决策部署，进一步推进总局党组关于深化商标注册便利化改革的决策部署，凝聚共识，坚定信心，确保2018年底前将商标注册审查周期从8个月压缩到6个月。

会上，商标局有关负责人对商标审查任务分配、审查管理和国际注册、商标后续业务等有关工作进行部署，对2018年的审查工作提出了明确目标。各商标审查协作中心主要负责人介绍了本单位审查工作情况，并对完善商标审查质量管控机制、加强商标业务研究指导的措施、完善京外中心过渡期商标审签工作和建立商标形审业务指导和监督机制等议题提出了意见和建议。

会议强调，要严格落实李克强总理在今年《政府工作报告》中提出的“大幅缩短商标注册周期”的目标，在提高审查效率上下功夫，坚持统一任务分配、统一工作制度、统一审查标准和统一质量考核的工作原则，压实责任，全力以赴，确保实现2018年底前将审查周期压缩至6个月的改革硬指标。（商标局）

59.《商标注册便利化改革三年攻坚计划(2018—2020年)》发布

3月20日,国家工商行政管理总局办公厅印发《商标注册便利化改革三年攻坚计划(2018—2020年)》(下称《计划》),提出要继续深化商标注册便利化改革,至2020年基本建成优质便捷高效的商标注册体系,达到世界第一梯队的领先水平:商标申请渠道多样,商标注册程序简化,商标规费结构合理,商标注册和管理全面信息化,商标审查协作中心布局合理,商标注册审查周期缩短至4个月以内。

《计划》明确了商标注册便利化改革工作七大重点任务,分别为:提高审查效率,缩短审查周期;完善审查机制,增强审查力量;简化申请程序,提升服务水平;合理调整规费,减轻企业负担;强化技术支撑,提升智能水平;压缩纸质档案存量,实现良性循环;推动法律修改,夯实改革基础。

(商标局)

60. 商标局开展商标注册便利化改革政策解读集中宣讲活动

4月3日至4日,由商标局主办的商标注册便利化改革政策解读集中宣讲活动在京举行。

宣讲活动中,来自商标局和商评委的多名专家和业务骨干将结合商标注册申请、变转续、实质审查、马德里国际注册、异议、撤销三年不使用、集体商标与证明商标及地理标志、评审受理和案件审理、信息化建设等环节对商标注册便利化改革政策进行重点突出、要点细致的解读。

商标局有关负责人表示,希望通过此次宣讲,凝聚更多改革力量,发挥商标代理机构桥梁作用,多方共同努力落实好《商标注册便利化改革三年攻坚计划(2018—2020年)》;规范代理行业秩序,倡导公平合理的行业内竞争,杜绝不良商标代理行为,商标主管部门与代理机构共同监督和规范代理行业秩序;畅通信息传递渠道,双方充分交流,多提建议,共同为全面提升商标注册公共服务水平、营造良好营商环境、服务社会经济发展贡献新的更大的力量。

(商标局)

61. 2018商标行政执法与司法保护联动高层论坛在京举行

4月23日,2018(第三届)商标行政执法与司法保护联动高层论坛在京举行。会议指出,要发挥商标行政执法和司法联动的叠加效应,加强知识产权全方位保护。

国家知识产权局有关负责人表示,发挥商标行政执法和司法联动的叠加效应,加强知识产权全方位保护,对营造良好的知识产权发展环境,推动知识产权强国建设,具有重要的现实意义。国家知识产权局将按照党中央、国务院的决策部署,继续推进商标监管保护前移,加强审查、异议各环节协调配合,严厉打击商标恶意抢注行为;加大对驰名商标、地理标志、涉外商标、老字号商标等的保护力度,重点打击商标侵权行为,持续推动商标监管执法跨部门、跨地域协作,加强行政执法与刑事司法衔接配合;严厉打击商标代理机构不正当竞争等违法行为,规范代理行业秩序,提升行业服务能力和水平。 (张海志)

62. 全国工商和市场监管部门商标监管工作座谈会在西宁举办

6月8日,全国工商和市场监管部门商标监管工作座谈会在青海省西宁市举办。会议指出,自2017年9月至2018年3月开展的打击商标侵权"溯源"专项行动成效显著,全国工商和市场监管部门共排查案件线索4418条,立案查处商标侵权案件2270件,违法经营额5000余万元。

据悉,商标局将进一步推进商标知识产权严保护、大保护、快保护、同保护,坚持监管关口前移,严厉打击商标恶意抢注行为;加大案件查处力度,以高知名度商标、地理标志、涉外商标和老字号商标为重点,以“打源头、打窝点、打链条”为目标，对商标侵权商品生产、销售、注册商标标识制造等环节开展全链条打击；加强商标使用行为监管，净化商标品牌竞争环境；加强商标代理机构监管，严厉打击商标代理机构不正当竞争等违法行为，规范代理行业秩序；进一步创新商标监管机制和方式方法，加快构建高效的商标监管体系；充分发挥国家企业信用信息公示系统作用，推动形成对商标失信行为的协同监管和联合惩戒；推进商标“双随机、一公开”监管，探索推进大数据监管。（商标局）

63. 我国首起声音商标授权行政案件一审有果

4 月 27 日，北京知识产权法院作出一审判决，认为经腾讯科技（深圳）有限公司（下称腾讯公司）长期、大量使用，QQ 软件在运行过程中新消息传来时的提示音“嘀嘀嘀嘀嘀嘀”已具有较高知名度与影响力，涉案第 14502527 号“声音商标 嘀嘀嘀嘀嘀嘀”商标指定使用在提供互联网聊天室、信息传送等服务上，能够起到标识服务来源的功能，据此撤销国家工商行政管理总局商标评审委员会（下称商评委）对涉案商标予以驳回的复审决定，并判令商评委针对腾讯公司就涉案商标所提复审申请重新作出审查决定。

腾讯公司于 2014 年 5 月 4 日向商标局提出涉案商标“声音商标 嘀嘀嘀嘀嘀嘀”的注册申请。2015 年 8 月 24 日，商标局驳回了该商标的注册申请，腾讯公司随后向商评委提出复审申请，但于 2016 年 4 月 18 日被商评委以缺乏独创性和显著性为由予以驳回。腾讯公司不服，继而向北京知识产权法院提起诉讼。

北京知识产权法院认为，一般情况下，声音商标需经过长期使用才能取得显著特征。腾讯公司涉案商标的“嘀嘀嘀嘀嘀嘀”声音之所以能成为一个典型的声音商标，重要的原因是该声音简明易辨，而且经过腾讯公司在 QQ 软件中长期和大量的使用，QQ 软件的活跃用户达到近十亿之众，社会公众听到该声音会自然联系到腾讯公司的产品和服务，从而产生区别产源的作用。（王国浩）

64. 2017 年度中国商标品牌战略发展报告发布

4 月 3 日，商标局官网发布《中国商标品牌战略年度发展报告（2017）》，报告系统记述了 2017 年度商标主管机构以及各级工商和市场监管部门在商标申请和注册、商标专用权保护、地理标志和农产品商标、国际注册与海外维权、商标评审等方面的最新进展和突出成绩，汇总了商标注册与管理改革中的重大事件，并对各类商标数据进行了统计分析。

据了解，为全面反映 2017 年商标工作取得的新成绩，展示商标品牌战略发展动态，进一步增强全社会商标品牌意识，更好地指导地方商标品牌工作，提高企业商标品牌创造运用能力，商标局与商标评审委员会共同编撰了《中国商标品牌战略年度发展报告（2017）》。

报告显示，2017 年，我国商标注册便利化改革纵深推进，商标专用权保护力度不断加大，商标申请量连续 16 年位居世界第一，商标品牌引领经济发展作用日益突出。截至 2017 年 12 月底，商标局共核准注册 3906 件地理标志商标，是 2007 年底（301 件）的 12.9 倍。2017 年，我国申请人提交马德里商标国际注册申请 4810 件，同比增长 59.6%，在马德里联盟中排名第三，这是我国年度申请量首次超过 4000 件，排名首次进入前三。2017 年，全国各级工商和市场监管部门共查处商标违法案件 3.013 万件，案值 36 544.63 万元，罚没金额 47 042.32 万元。（商标局）

65. 中国商标五十人论坛在京举行

6 月 28 日，中国商标五十人论坛第二次会议在京举行。会议指出,要进一步完善商标法律制度,加强商标知识产权保护,为建立统一开放、竞争有序的现代化市场体系提供更加有力的法律支撑,服务经济转型升级和高质量发展。

国家知识产权局有关负责人表示,要以商标法第四次修改为契机,深入贯彻落实十九大提出的"强化知识产权创造、保护、运用"总体要求,更好地服务国家商标品牌战略实施,服务我国经济转型升级和高质量发展;以问题为导向,解决在商标注册、保护、运用等方面存在的突出问题,研究界定相关核心概念,有针对性地修改法律条款;以国际经验为借鉴,以坚持中国特色为基础,吸收各国先进经验;以改善营商环境为目的,加大行政执法力度,统筹推进知识产权严保护、大保护、快保护、同保护各项工作,构建社会共治格局。

会上,来自国家知识产权局、人民法院、高校与科研院所、知识产权服务机构的代表50余人,围绕商标法修改展开深入研讨,为商标法修改建言献策。

（张海志　王国浩）

66. 2017年商标评审委员会在行政诉讼评审案件中的被诉率逐渐趋于稳定

6月19日,国家知识产权局商标评审委员会(下称商评委)发布2018年第2期《法务通讯》(总第72期),对近年来的商标评审案件行政诉讼总体情况进行总结分析显示,2015年至2017年,商评委在行政诉讼评审案件中的被诉率逐渐趋于稳定。

据了解,为更好把握商标行政诉讼司法动态,商评委在统计2017年行政诉讼败诉案件信息的基础上,就2017年度诉讼整体情况及败诉主要原因进行了归纳汇总形成总体情况分析。统计数据显示,2017年,商评委裁决各类商标评审案件总计16.89万件,全年共收到法院一审应诉通知9310件,案件被诉量占商评委年案件裁决总量的5.5%。2015年至2017年,商评委的评审案件被诉率连续3年保持在5%左右,表明近95%的商标评审裁决未进入司法程序而直接生效。

（王国浩）

67. 国家知识产权局开通马德里商标国际注册网上申请系统

为全面推动知识产权强国战略和商标品牌战略的实施,进一步落实深化商标注册便利化改革举措,更好地服务我国企业实施"走出去"战略,国家知识产权局商标局于6月21日正式向公众开放马德里商标国际注册网上申请系统,开通马德里商标国际注册申请全程电子化的通道。

据了解,申请人登录国家知识产权局商标网上申请系统,进入页面后点击"国际申请—国际注册申请",便可一键直达马德里商标国际注册申请业务办理。该系统覆盖了整个马德里国际注册新申请的全流程,包括网上提交申请、电子送达各种相关文书、网上提交补正回文、网上支付规费、实现与世界知识产权组织国际局的电子通讯,实现了马德里商标国际注册申请全程的电子化。

（王国浩）

68. 浙江宁波全国率先推出商标专用权保险

6月22日,浙江省宁波市举行商标专用权保险战略合作启动仪式,推出"商标+保险+维权+服务"创新模式,在全国率先推出商标专用权保险,投保企业遭遇商标被侵权最高可获赔50万元。

据了解,对于任何未经商标权人许可或授权的商标实施行为,在行政部门查处或司法部门判决构成商标侵权后,保险公司将负责赔偿企业在维权中产生的各种费用。参保企业年基准保费分为1万元、1.2万元和1.5万元3个档次,同时设置了企业销售额、商标类型两个系数,使保费与企业的被侵权风险联动。参保企业若遭遇侵权,一年累计赔偿最多分别可达30万元、40万元和50万元。

（王　欣）

69. 国家知识产权局部署开展打击商标侵权“溯源”专项行动

6月28日，国家市场监督管理总局向各省、自治区、直辖市工商局与市场监督管理部门印发《2018打击商标侵权“溯源”专项行动方案》(下称《方案》)。《方案》提出，为切实加强商标权保护，全面提升商标行政执法效率与水平，国家知识产权局决定自2018年6月至11月开展打击商标侵权“溯源”专项行动。

《方案》明确，要积极应对当前市场商标侵权行为的新特点，充分发挥商标行政执法优势，创新商标监管机制、方法和手段，推动商标行政执法跨部门、跨区域协作，以“打源头、打窝点、打链条”为目标，将以驰名商标、地理标志、涉外商标和老字号商标为重点，切实加强对商标侵权商品源头追溯力度，对商标侵权产品生产、销售、注册商标标识制造等环节开展全链条打击，有效防范和遏制商标侵权地域性、行业性风险，切实提升商标行政执法工作效能，着力营造公平竞争的市场环境好安全放心的消费环境。（商标局）

70. 我国部署开展打击使用未注册商标违反商标法禁用条款行为“净化”专项行动

6月28日，国家市场监督管理总局印发《开展打击使用未注册商标违反〈商标法〉禁用条款行为“净化”专项行动方案》(下称《方案》)，提出自2018年6月至10月开展打击使用未注册商标违反商标法禁用条款行为“净化”专项行动。

据此，此次专项行动分为线索排查、动员部署、组织实施、总结收尾4个阶段。《方案》提出，各地要充分认识将商标法第十条禁用标志作为商标使用行为的严重性，并将此次开展的专项行动作为年度商标的重点工作，根据当地情况制定切实可行的具体方案，确保行动取得成效。同时，各地要深入学习商标法关于禁止作为商标使用的标志的各项规定，对容易产生不良社会影响的商标使用违法行为要及时处置，并将专项行动与加强日常商标监管相结合，与开展双随机抽查相结合，持续加强市场主体使用商标行为的有效监管；加强跨区域执法协作，推动形成打击合力，及时对检查发现的其他涉嫌虚假宣传、违法广告等案件线索进行处理。（王国浩）

71. 国家市场监督管理总局加大打击制售假冒伪劣商品违法行为力度

8月1日，国家市场监督管理总局发布通知，针对网络购物平台上涉嫌销售侵权假冒商品问题，提出要有效履行市场监管部门的监管职责，保护消费者和商标权利人的合法权益，维护公平竞争的市场秩序和安全放心的消费环境，加大打击制售假冒伪劣商品违法行为力度。

根据通知，国家市场监督管理总局将对制售假冒伪劣商品违法行为实施全链条打击，在2018年度相关专项行动中，将包括“傍名牌”在内的制售假冒伪劣商品、其他商标侵权、相关虚假宣传和违法广告等违法行为，列为重点打击目标；同时，发现新的涉嫌重大违法线索，对生产、销售等相关环节进行全链条调查处理。各地市场监管部门将从调查网络交易平台(网站)入手，逐步摸查上、下游涉嫌假冒伪劣商品的违法生产经营者，并将违法线索及时移送相关属地监管部门；属地监管部门将对违法线索进行逐一排查，情况属实的将依法从严查处并及时向社会披露。（王国浩）

72. 商标局上线商标咨询电话语音平台系统

8月1日，商标局的商标咨询电话语音平台系统正式上线，新咨询电话号码同步启用。

据了解，该系统是为了贯彻落实国务院“放管服”改革要求，深入推进商标注册便利化改革，切实解决公众反映的咨询电话拨打难的问题。据商标局有关负责人介绍，此次上线的商标咨询电话语音平台系统可实现一号对外、一站服务，力求通过语音咨询与人工咨询相结合、常规业务人工咨询与具体业务人工咨询相结合的形式，满足多样化咨询需求，提升公众满意度。自8月1日起，商标局的商标咨询电话语音平台电话号码010－63218500正式启用，原业务咨询电话自9月1日起停用。

（王国浩）

73. 商标局明确商标使用证据提交问题

8月13日，商标局在中国商标网上发布关于提供商标使用证据的相关说明，明确了商标使用的具体表现形式，并列举了不被视为我国商标法意义上商标使用的情形。

根据说明，商标使用在指定商品上的具体表现形式主要有5种，包括：采取直接贴附、刻印、烙印或者编织等方式将商标附着在商品、商品包装、容器、标签等上，或者使用在商品附加标牌、产品说明书、介绍手册、价目表等上；商标使用在与商品销售有联系的交易文书上，包括使用在商品销售合同、发票、票据、收据、商品进出口检验检疫证明、报关单据等上；商标使用在广播、电视等媒体上，或者在公开发行的出版物中发布，以及以广告牌、邮寄广告或者其他广告方式为商标或者使用商标的商品进行的广告宣传；商标在展览会、博览会上使用，包括在展览会、博览会上提供的使用该商标的印刷品以及其他资料；其他符合法律规定的商标使用形式。

说明中列举了商标使用在指定服务上的5种具体表现形式。根据说明，商标注册信息的公布或者商标注册人关于对其注册商标享有专用权的声明、未在公开的商业领域使用、仅作为赠品使用、仅有转让或许可行为而没有实际使用、仅以维持商标注册为目的的象征性使用等情形，不被视为我国商标法意义上的商标使用。同时，如果当事人仅提交下列证据，将不视为我国商标法意义上的商标使用：商品销售合同或提供服务的协议或合同；书面证言；难以识别是否经过修改的物证、视听资料、网站信息等；实物与复制品。此外，说明中指出，不可抗力、政府政策性限制、破产清算、其他不可归责于商标注册人的正当事由等情形，属于连续三年不使用的正当理由。

（王国浩）

74. 商标网上服务系统上线运行

9月1日，商标局的商标网上服务系统将正式上线运行，可实现网上提交申请、网上接收文件全程电子化。

据了解，商标网上服务系统上线后，原商标网上申请系统所有用户可凭已申请的USB－KEY或数字证书登录商标网上服务系统，在选择接受商标网上服务系统用户使用协议后，使用商标网上服务系统，实现网上提交申请、网上接收文件。

对于通过商标网上服务系统提交的商标申请所产生的部分种类商标文件，商标局将采取电子文件方式送达，并同步发送短信和邮件提示，用户可自行下载打印，不再以纸质文件方式送达；以纸质文件方式提交商标申请的，商标文件仍以纸质文件方式送达。据悉，目前适用电子送达的商标文件共有67个种类，随着商标网上服务系统功能不断完善，商标局将逐步增加商标电子发文种类。

（王国浩）

75. 2018中国国际商标品牌节在河北唐山举行

9月1日至3日，以“创造 保护 运用”为主题的2018中国国际商标品牌节在河北省唐山市举行。来自世界知识产权组织、国家知识产权局有关部门、河北省以及唐山市有关部门代表，国内外知名企业家、知识产权专家学者、代理机构的2000余人相聚一堂，共话商标品牌事业发展。

国家知识产权局有关负责人表示，此

届商标品牌节聚焦新时代中国知识产权的创造、保护、运用，具有重要的现实意义，要进一步打通知识产权创造、运用、保护、管理、服务全链条，持续加大知识产权保护力度，不断优化创新和营商环境，大力推动发展以商标为支撑的品牌经济，让更多的优质产品流向市场，满足人们日益增长的美好生活需要。（李　群）

76. 中国—东盟商标品牌论坛在南宁举办

9 月 13 日，中国—东盟商标品牌论坛在广西南宁举办。会议总结了近年来我国实施商标品牌战略所取得的成绩和积累的经验，并围绕如何在商标品牌等知识产权领域开展更大范围、更高水平、更深层次、更宽领域的务实合作，共同营造公开、透明、平等、高效的知识产权保护环境，开创知识产权区域合作新局面，为促进中国—东盟区域经贸合作升级、推动区域和谐发展作出新的更大贡献进行了深入研讨。

此次论坛以“商标品牌战略与经济发展”为主题，是第 15 届中国—东盟博览会框架下的高层论坛之一。来自中国与东盟十国的知识产权主管部门官员、专家学者、企业代表，以及东盟秘书处、世界知识产权组织驻中国办事处代表约 200 人参加此次论坛，共同探讨在商标注册和保护领域加强交流合作的机制及路径，分享各国商标品牌发展方面的最佳实践经验。（舒天楚）

77.《2017 中国商标品牌年度发展报告》在京发布

10 月 31 日，中国人民大学中国商标品牌研究院对外发布了《2017 中国商标品牌年度发展报告》（下称《报告》）。《报告》显示，2017 年我国商标品牌政策供给主要以加强知识产权保护、深化商标市场制度改革、加强商标品牌的质量与创新为重点内容，我国对商标品牌发展愈加重视，商标品牌发展势头良好。

《报告》从商标品牌政策和工作解读出发，在全面总结 2017 年商标品牌建设的年度进展的同时，分析了全国商标品牌申请注册数量、商标品牌区域发展情况、商标品牌国际化发展状况、特定产地商标品牌发展、商标品牌服务环境等，全面系统地反映了 2017 年全国商标品牌的发展状况。《报告》显示，2017 年我国商标品牌发展迅速，全国范围内的市场主体参与商标品牌活动的积极性不断增强。2017 年全国的商标申请量达到了 553.898 万件，相比 2016 年同期增长 57.05%；商标有效注册量达到 265.6039 万件，同比增长 25.34%；商标累计有效注册量达到 1359.411 万件，同比增长 21.99%。2012 年至 2017 年，全国商标申请量呈现持续增长态势，申请量年增速始终保持在 15%以上。（李　群）

78. 商标授权确权行政案件法律问题研讨会在京举行

11 月 15 日，2018 年商标授权确权行政案件法律问题研讨会在京举行。来自国家知识产权局商标评审委员会（下称商评委）、最高人民法院（下称最高法）、北京市高级人民法院、北京知识产权法院的代表，结合最高法近年来审理的商标授权确权典型案例，围绕商标授权确权领域的热点问题展开交流研讨，并提出了诸多建设性意见和建议。

研讨会上，商评委有关负责人介绍了 2017 年商标评审案件审理及诉讼情况，法院有关负责人介绍了 2017 年商标授权确权案件审理情况及特点，并围绕商标近似性与可注册性判断、“在先权利”和“在先使用并有一定影响”的认定、商标恶意注册的规制、商标使用证据的把握和认定、“一事不再理”原则的适用、三维标志与声音商标的显著性判断等商标授权确权案件审理实践中的热点问题展开深入探讨，并就一些焦点问题达成共识。对于存在分歧的相关法律问题，与会代表进行了充分的交流，并提出诸多富有建设性的意见和建议。

（王国浩）

79. 商标网上服务系统全面上线

11月27日，国家知识产权局在中国商标大楼举行商标网上服务系统全面上线启动仪式，国家知识产权局局长申长雨出席启动仪式并讲话。他表示，商标网上服务系统全面上线是近年来商标注册便利化改革进程中具有里程碑意义的一件事情，是商标服务载体和服务手段一次突破性变革。

申长雨指出，要认真落实好党中央、国务院关于强化知识产权创造、保护、运用，提高知识产权审查质量效率的决策部署，进一步优化知识产权创造环境、强化知识产权保护力度、提高知识产权运用水平、提升知识产权服务质量。他强调，知识产权注册审查是知识产权保护的源头，事关创新驱动发展战略实施和营造良好营商环境，是知识产权工作的重中之重。要牢牢把握稳中求进工作总基调和高质量发展的要求，坚持质量第一效益优先，不断完善制度建设、改进业务管理、加强信息化建设，推动知识产权审查理念提升，管理手段优化，审查质量提高。

据悉，此次上线的商标网上服务系统，集网上查询、网上申请、网上发文、网上公告、网上缴费、商标注册证明公示6大功能于一体，可为社会公众提供全方位全流程服务。扫描商标注册证上的二维码，即可链接商标注册证明公示系统查验其内容和效力。

（王 宇）

80. 商标局开放商标数据库

12月25日，商标局发布公告称，根据商标便利化改革的总体部署，加快提升商标公共服务水平，商标局决定公开商标数据库，向社会免费公开现有全部存量商标的基本信息。

据悉，商标数据库将自12月26日开始面向社会公众开放，商标网上服务系统用户无需重复申请账户权限，直接登录商标网上服务系统中的“商标数据开放”栏目便可下载商标历史数据及增量数据。下一步，商标局将不断完善系统服务保障，并进一步在内容丰富度、更新及时性上下功夫，以期更好满足社会公众需求。

（商标局）

81. 摄影界为《著作权法》修改稿献言献策

2018年1月3日，中国摄影家协会与中国摄影著作权协会联合举行座谈会，就《著作权法》(修订草案送审稿修改稿)倾听摄影家的意愿和心声、征求摄影家意见，意在向国家有关部门反映摄影家的诉求，力争使修改后的《著作权法》能够准确反映和切实保障广大摄影家应有的权益。

（《中国新闻出版广电报》）

82. 黄坤明出席国家广播电视总局、国家新闻出版署(国家版权局)和国家电影局揭牌仪式并召开座谈会

2018年4月16日，中共中央政治局委员、中宣部部长黄坤明出席国家广播电视总局、国家新闻出版署(国家版权局)和国家电影局揭牌仪式并召开座谈会，强调要坚持以习近平新时代中国特色社会主义思想为指导，切实把思想和行动统一到党中央决策部署上来，用机构改革的新成效，激发宣传思想文化工作的新能量新作为。中宣部部务会成员、国家广播电视总局党组成员出席相关活动。

（新华社）

83. 全国法院2017年审理版权案件大幅增长

2017年，全国法院新收知识产权民事一审案件增幅达到47.24%。2018年4月19日上午，最高人民法院通报了2017年中国法院知识产权司法保护的整体情况。当天，“全国法院知识产权宣传周”活动正式启动。

据最高人民法院相关负责人介绍，

2017 年,全国法院审理的各类知识产权案件特别是著作权案件大幅增长。其中,涉著作权、商标和专利案件同比上升分别为 57.80%、39.58%、29.56%。从案件分布来看,北京、上海、江苏、浙江、广东五省市法院收案数量占全国法院案件总数的 70.65%。

知产案件呈现的一个特点是,新类型案件不断涌现,案件审理难度不断增大。从各地法院报送的案例来看,因抄袭他人网络游戏、网络商业模式运用、体育赛事直播等新型产业发展而引发的著作权纠纷或者不正当竞争纠纷越来越多,提出很多亟待解决的问题。

2017 年,人民法院也在不断提高知识产权司法救济的及时性、便利性和有效性。如"新华字典"商标侵权及不正当竞争纠纷案涉及未注册驰名商标保护,此案裁判确立了对"新华字典"这类兼具产品和品牌混合属性的商品名称是否具备商标显著特征的裁判标准。"茅盾手稿"著作权纠纷案涉及美术作品拍卖活动中著作权法、物权法、拍卖法三部法律交叉调整地带的相关主体权利义务关系问题,该案判决明确了不同主体权利的边界,体现了对物权人和著作权人合法权益平衡保护的司法精神。

(《中国新闻出版广电报》)

84. 中国版权产业占 GDP 比重达 7.33%

2018 年 4 月 23 日,国家版权局举办的 2018 年版权宣传周新闻发布会透露,2016 年中国版权产业的行业增加值为 54 551.46 亿元人民币,同比增长 9.0%,占 GDP 比重为 7.33%。

此外,中国版权产业除了产业规模有所扩大,还在推动社会就业、促进外贸出口方面发挥了积极作用。2006 年至 2016 年,中国版权产业的城镇单位就业人数从 762.92 万人增长至 1672.45 万人,占全国城镇单位就业总人数的比重也从 6.52%增长到 9.35%;商品出口额也从 1492.62 亿美元增长至 2 416.74 亿美元。

(中国新闻出版广电网)

85. 国新办举行 2017 年中国知识产权发展状况新闻发布会

2018 年 4 月 24 日,国务院新闻办公室在北京举行新闻发布会,国家知识产权局和国家版权局共同发布 2017 年中国知识产权发展状况。2017 年中国知识产权发展状况呈现出六大特点:知识产权创造量质齐升、知识产权保护更加严格、知识产权运用效益明显提升、知识产权重点领域改革不断深化和知识产权对外合作交流深入开展。

国家知识产权局局长申长雨,国家版权局新闻发言人、版权管理司司长于慈珂及国家知识产权局商标局负责人崔守东出席发布会并回答记者提问。

(《中国新闻出版广电报》)

86. 2018 中国网络版权保护大会在京召开

2018 年 4 月 26 日,国家版权局在北京举办以"保护创作,推进运用"为主题的 2018 中国网络版权保护大会。会上,国家版权局与全国"扫黄打非"办公室联合发布了"2017 年度全国打击侵权盗版十大案件",中国信息通信研究院发布了《2017 年中国网络版权保护年度报告》。

世界知识产权组织副总干事王彬颖为大会发来贺信。全国政协文化文史和学习委员会副主任、中国版权协会理事长阎晓宏在大会上致辞。国家版权局版权管理司司长于慈珂在大会上作了主旨演讲。当天下午,还举办了"新技术变革与网络版权创新""动漫与短视频网络版权保护及规范"和"新时代网络版权'她动力'"3 个分论坛。

(《中国新闻出版广电报》)

87. 国家版权局与中国版权协会、中国移动签署备忘录

2018 年 4 月 26 日,国家版权局版权管理司与中国版权协会版权监测中心、中国移动咪咕文化科技有限公司签署《网络版权保护合作备忘录》，就共同打击网络侵权盗版、探索网络版权保护新模式达成共识，将围绕联合推进网络版权执法落地、推动社会参与网络版权保护及行业自律、探索网络版权保护创新模式三大方面展开合作。此次三方的合作，是落实规划的又一成果。中国版权协会版权监测中心、中国移动咪咕文化科技有限公司将配合国家版权局版权管理司，着力扩大以“剑网行动”为代表的网络版权治理专项行动的覆盖面和影响力，探索版权执法监管新机制、构建网络版权保护新生态。

（《中国新闻出版广电报》）

88. 上海知识产权法院作出建院以来著作权案最高判罚

2018 年 5 月 31 日，上海知识产权法院就一起侵害计算机软件著作权纠纷案作出一审判决，判令被告上海某电动车技术公司立即停止侵害原告达索系统股份有限公司 CATIA V5 R20 计算机软件著作权的行为，并赔偿原告经济损失及律师费共计 900 万元。据悉，这是上海知识产权法院建院以来的最高判罚。

（《中国新闻出版广电报》）

89. 庄荣文在京会见世界知识产权组织副总干事王彬颖一行

2018 年 6 月 1 日下午，国家新闻出版署署长、国家版权局局长庄荣文在北京会见世界知识产权组织（WIPO）副总干事王彬颖一行。双方就进一步巩固和加强版权领域的合作，推进《视听表演北京条约》早日生效等进行了交流。中宣部出版局局长郭义强、国家版权局版权管理司司长于慈珂以及 WIPO 中国办事处主任陈宏兵等陪同会见。

会谈中，双方还就在上海国际电影节期间合作举办以“电影的经济及文化价值与版权保护”为主题的国际会议、续签合作备忘录，以及举办第七届中国国际版权博览会、颁发“中国版权金奖”等事宜进行了商讨。（《中国新闻出版广电报》）

90.“互联网内容平台的版权保护”研讨会在京举行

2018 年 6 月 15 日，由中国版权协会主办、中国版权产业网承办的“互联网内容平台的版权保护”研讨会在北京举行。来自政府部门、法院及产业界代表就当前环境下互联网内容平台版权保护与产业发展的热点和痛点问题进行探讨，其中快速发展的短视频产业的版权保护问题备受关注。

来自人民教育出版社、阅文集团、深圳迅雷集团、腾讯音乐娱乐集团的相关负责人分别介绍了目前在教材、网络文学、数字音乐等领域的版权保护情况。来自版权管理部门、权利人组织、互联网平台、司法界、专家学者等代表近百人参加了研讨会。

（中国知识产权资讯网）

91. 中英版权圆桌会议聚焦数字环境下版权执法面临的问题及挑战

2018 年 6 月 26 日下午，在中英版权政府间会谈结束后，由中国国家版权局和英国知识产权局共同主办的中英版权圆桌会议在北京举行。中英双方围绕版权政策制定新动态、版权执法活动和成果新进展、数字环境下版权执法面临的问题及挑战三个主题进行了研讨。这是自 2010 年签署《中英版权战略合作谅解备忘录》后，双方在备忘录的框架下进行的第四次高层互访和交流活动。国家版权局版权管理司副司长汤兆志主持会议。中国国家市场监督管理总局和英国驻华大使馆部分官员，来自著作权集体管理组织、相关行业协会、企业的 30 余位代表，共同分享了数字环境下中英版权执法的实践经验、具体案例，并探讨了在技术环境下，版权制度建设、权利管理、国际合作等重要问题。

（《中国新闻出版广电报》）

92. 杭州互联网法院首次确立区块链电子存证的法律审查方式

2018 年 6 月 28 日，杭州互联网法院对一起侵害作品信息网络传播权纠纷案进行公开宣判，首次对采用区块链技术存证的电子数据的法律效力予以确认，并明确了区块链电子存证的审查判断方法。

杭州互联网法院结合区块链技术用于数据存储的技术原理，以电子证据审查的法律标准为基础，对区块链电子存证的效力认定确立了如下审查方式：

（1）审查电子数据来源的真实性，包括第三方存证平台资质合规、产生电子数据的技术可靠、传递电子数据的路径可查；

（2）审查电子数据存储的可靠性，包括电子数据上传至公共区块链、各区块链存放内容相互印证、区块节点生成时间符合逻辑；

（3）审查电子数据内容的完整性，即电子数据 Hash 值能验算一致未被修改；

（4）审查电子证据与其他证据相互印证的关联度，从而对该种证据的法律效力及证明力予以确认。具体到本案，该院认为通过可信度较高的自动抓取程序进行网页截图、源码识别，能够保证电子数据来源真实；采用符合相关标准的区块链技术对上述电子数据进行了存证固定，确保了电子数据的可靠性；在确认 Hash 值验算一致且与其他证据能够相互印证的前提下，作出了该种电子数据可以作为本案侵权认定的依据。（杭州市互联网法院）

93. 国家版权局对网络转载等重点领域开展版权专项整治

2018 年 7 月 16 日，国家版权局、国家互联网信息办公室、工业和信息化部、公安部联合召开新闻通气会，通报启动打击网络侵权盗版“剑网 2018”专项行动有关情况。

此次专项行动自 7 月上旬开始，利用四个多月的时间开展三项重点整治：一是开展网络转载版权专项整治。二是开展短视频版权专项整治。一方面重点打击短视频领域的各类侵权行为；另一方面引导短视频平台企业规范版权授权和传播规则，构建良性发展的商业模式。三是开展重点领域版权专项整治。具体包括动漫领域版权集中治理，网络直播、知识分享、有声读物平台版权集中治理以及巩固“剑网行动”治理成果三个重点领域。专项行动鼓励社会各界向版权执法部门投诉举报，对经核实线索查处案件的举报人将予以奖励，同时将加大对大案要案和典型案件的宣传力度，坚决曝光不履行主体责任的互联网企业。（《人民日报》）

94. 中图公司与三单位共推数字阅读人工智能应用

2018 年 8 月 23 日，中国图书进出口（集团）总公司（以下简称中图公司）与中国联通、阅文集团、掌阅科技在北京进行战略合作签约。中图公司与三家单位在移动资讯、数字阅读、中国出版内容走出去、人工智能等领域开展深入合作。十三届全国政协文化文史和学习委员会副主任、中国版权协会理事长阎晓宏出席活动。

中图公司和三家合作单位还共同推动数字阅读领域的人工智能化应用。结合各方的软硬件优势，升级再造中国云数据中心，以技术、渠道、内容“三位一体”模式，开展“智慧冬奥”平台、智能阅读分发平台、智能“书联网”等项目。

（《中国新闻出版广电报》）

95. 北京互联网著作权纠纷有了“全程在线”法院

北京互联网法院 2018 年 9 月 9 日正式挂牌收案，集中管辖北京市辖区内应当由基层人民法院受理的第一审特定类型互联网案件，在审理方式上以“全程在线”为基本原则。

受理案件包括互联网著作权权属纠纷、互联网著作权侵权纠纷、互联网域名纠纷、互联网侵权责任纠纷、互联网购物合同纠纷、互联网服务合同纠纷等。

由北京互联网法院一审审结的涉互联网著作权权属纠纷和侵权纠纷知识产权类的案件，若当事人不服，可向北京知识产权法院提起上诉。（《中国新闻出版广电报》）

96. 2018年内地与香港特区、澳门特区知识产权研讨会在敦煌召开

2018年9月13日，2018年内地与香港特区、澳门特区知识产权研讨会在甘肃省敦煌市召开，研讨会由国家知识产权局港澳台办公室、香港特区政府知识产权署、澳门特区政府经济局联合主办，甘肃省知识产权局承办。

研讨会以“知识产权：推动创新、增长与繁荣”为主题，在为期一天半的会期当中，来自内地、香港特区和澳门特区知识产权界共计180余名代表围绕加强知识产权保护、支撑创新发展，加强知识产权运用、实现知识产权价值，以及加强知识产权服务、支持企业走出去等议题进行深入交流与研讨。（《中国新闻出版广电报》）

97. 2018中国版权年会在武汉召开

2018年12月1日，由中国版权协会主办的第十一届中国版权年会在湖北武汉召开，以“新时代助力文化发展”为主题的首届“远集坊”论坛同时举办。十二届全国人大教科文卫委员会主任委员、中国出版协会理事长柳斌杰，第十三届全国政协文化文史和学习委员会副主任、中国版权协会理事长阎晓宏，湖北省人大常委会副主任周洪宇出席并致辞。中国出版集团公司总裁谭跃等针对知识革命、区块链技术等问题进行了演讲。

与会代表认为，当前人工智能、区块链、5G技术正加速实现应用产品落地，用户和版权内容的连接更加智能和高效，与此同时，技术的飞速进步也让网络侵权盗版变得更加方便和快捷，内容产业界要注意新知识生产中的整个知识产权问题，同时要在法律层面上积极跟进，特别是要关注目前数据储存管理、处理分析数据成果的运用，并将这两项纳入著作权保护范围。

（《中国新闻出版广电报》）

98. 互联网企业发起短视频版权自律公约

2018年12月20日，在第五届中国互联网新型版权问题研讨会上，腾讯、百度、爱奇艺、搜狐、新浪、快手等公司共同发起中国网络版权产业联盟，并发布《中国网络短视频版权自律公约》。

该自律公约规定，联盟成员在短视频版权业务运营中，应该加强自律，严格遵守我国法律法规，尊重彼此知识产权，提倡正版，反对盗版。同时，应加强内容版权管理，大力鼓励支持内容原创，坚持先授权后传播的《著作权法》基本原则，规范内容版权管理使用制度，不滥用“避风港”规则。在加强维权管理方面，要完善版权投诉处理机制，认真履行法定的“通知—删除”义务，及时受理权利人的通知投诉，并快速移除相关侵权作品或断开相关侵权链接。此外，还应积极参与社会共治，对国家版权局发布的重点保护预警作品及权利人提交的热播、热映作品，应加强版权审核并及时处置。对涉嫌严重侵权的用户及时向版权执法部门进行举报，履行社会责任。

（《中国新闻出版广电报》）

99. AIPPI中国分会版权热点论坛举行

2018年12月22日，由国际保护知识产权协会（AIPPI）主办的中国分会版权热点论坛（2018年度）在北京举办。来自司法界、版权领域的专家、学者以及版权企业代表200余人，共同对人工智能生成内容是否受版权保护等热点、难点问题进行研讨，并从理论和实践的维度进行了深入交流。

论坛还就音乐版权相关问题，探讨了我国著作权集体管理如何进一步规范、涉综艺节目歌曲翻唱如何解决相关版权问题、如何完善演唱会音乐版权授权模式以及数字音乐产业链下的音乐版权交易如何公开透明、便捷、畅通等热点问题。

（《中国新闻出版广电报》）

100. 国家级5G新媒体平台在中央广播电视总台开建

2018年12月28日，中央广播电视总台与中国电信、中国移动、中国联通等在北京共同签署合作建设5G新媒体平台框架协议，将通过联合建设“5G媒体应用实验室”积极开展5G环境下的视频应用和产品创新。

根据协议，“5G媒体应用实验室”将在国内选取10个5G试点城市和相应的测试点，建立端到端的应用试验系统，全力推动5G核心技术在央视4K超高清节目传输中的技术测试和应用验证，研究制定基于5G技术进行4K超高清视频直播信号与文件传输、接收、制作技术规范等5G新媒体行业标准，引领5G新媒体技术应用。中央广播电视总台将持续探索媒体智能化应用，以大数据、人工智能技术为5G新媒体平台建设和业务生产赋能，努力打造自主可控、具有强大影响力的国家级新媒体平台。

（《中国新闻出版广电报》）

专　利

一、专利申请与授权状况

表 1　国内外三种专利申请年度状况(1985.4～2018.12)　(单位:件)

	年份	合计	发明	实用新型	外观设计
合计	1985～2013	13 116 641	4 334 586	4 635 503	4 146 552
	2014	2 361 243	928 177	868 511	564 555
	2015	2 798 500	1 101 864	1 127 577	569 059
	2016	3 464 824	1 338 503	1 475 977	650 344
	2017	3 697 845	1 381 594	1 687 593	628 658
	2018	4 323 112	1 542 002	2 072 311	708 799
国内	1985～2013	11 665 997	3 090 576	4 600 853	3 974 568
	2014	2 210 616	801 135	861 053	548 428
	2015	2 639 446	968 251	1 119 714	551 481
	2016	3 305 225	1 204 981	1 468 295	631 949
	2017	3 536 333	1 245 709	1 679 807	610 817
	2018	4 146 772	1 393 815	2 063 860	689 097
国外	1985～2013	1 450 644	1 244 010	34 650	171 984
	2014	150 627	127 042	7458	16 127
	2015	159 054	133 613	7863	17 578
	2016	159 599	133 522	7682	18 395
	2017	161 512	135 885	7786	17 841
	2018	176 340	148 187	8451	19 702

注:2016 年及之前数据为专利申请受理量,2017 年及 2018 年数据为专利申请量。

表 2　国内三种专利申请量(2018.1～2018.12)　(单位:件)

地区	2018 年		
	发明	实用新型	外观设计
全国总计	1 393 815	2 063 860	689 097
北京	117 664	70 507	23 041
天津	26 661	66 535	5842
河北	18 954	51 171	13 660
山西	9395	15 788	1923

续表

地区	2018 年		
	发明	实用新型	外观设计
内蒙古	3757	11 051	1618
辽宁	25 476	34 534	5676
吉林	10 530	14 520	1984
黑龙江	12 017	19 530	3035
上海	62 755	69 564	17 914
江苏	198 801	294 090	107 415
浙江	143 081	219 206	93 303
安徽	108 782	86 914	11 732
福建	37 252	96 220	33 138
江西	14 519	49 843	21 639
山东	72 764	135 461	23 360
河南	46 868	89 620	17 893
湖北	50 664	62 754	11 117
湖南	35 414	43 361	15 728
广东	216 469	367 938	209 412
广西	20 302	18 105	5817
海南	2127	3355	969
重庆	22 686	40 958	8477
四川	53 805	73 167	26 015
贵州	14 992	25 577	3939
云南	9606	23 655	3254
西藏	453	669	347
陕西	30 888	35 241	10 383
甘肃	6035	17 400	4447
青海	1287	2885	267
宁夏	2999	6403	458
新疆	3665	9473	1509
台湾	11 458	6676	1743
香港	1593	1553	1976
澳门	96	136	66
广州	50 189	79 727	43 385
长春	8405	10 442	1070
武汉	28 738	27 452	4321
南京	40 689	46 235	12 269
杭州	36 608	45 016	16 912
西安	24 338	24 725	8072
济南	13 632	19 001	2830

续表

地区	2018 年		
	发明	实用新型	外观设计
沈阳	10 152	11 786	1888
成都	37 927	44 075	16 942
大连	9924	10 291	1390
厦门	7914	17 849	6507
哈尔滨	9461	11 377	1545
深圳	69 979	100 993	57 664
青岛	21 829	34 719	4446
宁波	25 524	29 251	18 179
新疆建设兵团	514	1145	60

表 3 国外三种专利申请量(2018.1～2018.12) (单位:件)

国家和地区	2018 年		
	发明	实用新型	外观设计
合计	148 187	8451	19 702
安道尔	2	0	0
阿联酋	23	9	6
安提瓜和巴布达	30	0	0
安圭拉	3	0	2
亚美尼亚	2	0	0
安哥拉	1	0	0
阿根廷	9	3	0
奥地利	1029	35	72
澳大利亚	700	75	321
巴巴多斯	107	1	59
孟加拉国	1	0	0
比利时	831	41	107
保加利亚	13	1	3
布隆迪	1	0	0
百慕大群岛	95	8	2
巴西	96	16	40
巴哈马	4	0	0
伯利兹	2	0	0
加拿大	1105	80	160
刚果民主共和国	2	0	0
瑞士	3768	178	872
库克群岛	0	0	1

续表

国家和地区	2018 年		
	发明	实用新型	外观设计
智利	24	1	0
喀麦隆	1	0	0
哥伦比亚	10	0	4
哥斯达黎加	5	2	0
古巴	2	0	0
塞浦路斯	30	1	17
捷克	59	8	74
德国	15 427	871	1810
丹麦	935	28	194
多米尼加	1	0	0
阿尔及利亚	1	1	0
厄瓜多尔	0	1	0
爱沙尼亚	9	4	4
埃及	2	0	0
西班牙	405	31	143
芬兰	839	57	116
法国	4784	356	920
英国	2836	134	724
格鲁吉亚	0	0	3
根西岛	7	0	4
直布罗陀	2	0	0
希腊	23	0	4
克罗地亚	3	0	0
匈牙利	40	0	5
印度尼西亚	7	0	14
爱尔兰	391	18	25
以色列	977	43	114
印度	327	11	64
伊拉克	0	0	7
伊朗	6	1	0
冰岛	5	0	0
意大利	1827	122	713
泽西岛	1	0	0
约旦	0	4	3
日本	45 284	2345	4203
柬埔寨	1	0	0
圣基茨和尼维斯	1	0	0

续表

国家和地区	2018 年		
	发明	实用新型	外观设计
朝鲜	1	1	0
韩国	13 875	927	2481
开曼群岛	4442	128	441
哈萨克斯坦	3	0	0
老挝	0	1	0
黎巴嫩	2	1	1
列支敦士登	144	0	30
斯里兰卡	1	0	1
立陶宛	5	0	1
卢森堡	293	15	80
拉脱维亚	3	0	2
摩洛哥	1	0	1
摩纳哥	4	0	4
马里	5	2	2
缅甸	0	0	10
蒙古	0	0	1
马耳他	30	0	7
毛里求斯	5	0	0
墨西哥	55	4	19
马来西亚	66	12	43
荷兰	3412	113	317
挪威	279	10	35
尼泊尔	0	0	2
新西兰	146	1	103
阿曼	0	1	1
秘鲁	3	0	0
菲律宾	9	7	0
巴基斯坦	0	0	4
波兰	90	8	16
波多黎各	1	0	0
葡萄牙	50	2	5
卡塔尔	4	0	0
罗马尼亚	5	0	0
塞尔维亚	6	0	0
俄罗斯	195	37	29
沙特阿拉伯	164	1	13
塞舌尔	24	14	0

续表

国家和地区	2018年		
	发明	实用新型	外观设计
瑞典	2090	57	310
新加坡	1372	736	169
斯洛文尼亚	17	1	17
斯洛伐克	15	0	5
圣马力诺	5	0	0
叙利亚	1	0	0
泰国	92	14	71
突尼斯	1	0	0
土耳其	108	5	30
特立尼达和多巴哥	0	0	2
乌克兰	14	3	3
美国	38 859	1833	4557
乌拉圭	6	1	0
乌兹别克斯坦	0	0	1
英属维尔京群岛	92	16	37
越南	3	2	22
瓦努阿图	1	0	0
萨摩亚	34	8	3
也门	0	1	1
南非	57	3	15
赞比亚	1	0	0

表4 **国内外三种专利申请授权年度状况(1985.12～2018.12)** (单位:件)

	年份	合计	发明	实用新型	外观设计
合计	1985～2013	7 426 734	1 318 661	3 385 342	2 722 731
	2014	1 302 687	233 228	707 883	361 576
	2015	1 718 192	359 316	876 217	482 659
	2016	1 753 763	404 208	903 420	446 135
	2017	1 836 434	420 144	973 294	442 996
	2018	2 447 460	432 147	1 479 062	536 251
国内	1985～2013	6 657 817	735 738	3 357 057	2 565 022
	2014	1 209 402	162 680	699 971	346 751
	2015	1 596 977	263 436	868 734	464 807
	2016	1 628 881	302 136	897 035	429 710
	2017	1 720 828	326 970	967 416	426 442
	2018	2 335 411	345 959	1 471 759	517 693

续表

	年份	合计	发明	实用新型	外观设计
国外	1985～2013	768 917	582 923	28 285	157 709
	2014	93 285	70 548	7912	14 825
	2015	121 215	95 880	7483	17 852
	2016	124 882	102 072	6385	16 425
	2017	115 606	93 174	5878	16 554
	2018	112 049	86 188	7303	18 558

表 5 国内三种专利申请授权量(1985.12～2018.12) (单位:件)

地区	总累计			2018 年		
	发明	实用新型	外观设计	发明	实用新型	外观设计
全国合计	2 137 044	8 262 424	4 752 003	345 959	1 471 759	517 693
北京	300 444	425 039	116 846	46 978	59 219	17 299
天津	43 660	235 233	39 531	5626	44 683	4371
河北	31 124	190 918	61 107	5126	36 210	10 558
山西	18 973	68 456	14 693	2284	11 258	1518
内蒙古	6720	38 491	11 120	864	7530	1231
辽宁	56 464	219 226	38 350	7176	24 088	3885
吉林	21 349	67 992	14 578	2868	9493	1524
黑龙江	33 329	127 669	35 235	4309	13 066	2060
上海	152 207	372 958	188 642	21 331	55 581	15 548
江苏	248 985	1 048 643	1 034 697	42 019	200 333	64 644
浙江	178 188	1 047 808	863 750	32 550	172 451	79 620
安徽	72 309	319 628	90 259	14 846	55 445	9456
福建	47 032	295 765	173 501	9858	67 822	24 942
江西	13 987	121 569	69 575	2524	34 796	15 499
山东	124 204	672 352	151 728	20 338	94 249	17 795
河南	47 012	291 729	86 522	8339	59 417	14 562
湖北	64 265	243 039	61 975	11 393	44 350	8363
湖南	52 348	188 338	80 678	8261	29 132	11 564
广东	299 035	1 134 034	1 084 678	53 259	268 508	156 315
广西	24 934	67 221	26 282	4330	12 069	4152
海南	3739	10 011	5501	489	2052	751
重庆	34 533	191 413	73 696	6570	31 261	7857
四川	70 018	286 236	210 835	11 697	53 121	22 554
贵州	12 713	60 663	28 232	2081	13 980	3395
云南	17 457	70 648	21 811	2297	15 573	2470
西藏	435	1220	1340	73	384	298
陕西	55 864	152 278	68 248	8884	24 205	8390

续表

地区	总累计			2018 年		
	发明	实用新型	外观设计	发明	实用新型	外观设计
甘肃	9909	45 923	10 869	1280	10 696	1982
青海	1697	7166	2630	298	2143	227
宁夏	3571	17 031	3841	744	4489	425
新疆	6800	46 744	13 426	923	7375	1360
台湾	77 801	184 463	37 971	5828	5652	1455
香港	5795	12 188	29 348	496	1073	1573
澳门	143	332	508	20	55	50
广州	58 468	199 839	160 934	10 797	51 400	27 729
长春	16 273	37 841	7023	2416	7027	826
武汉	50 268	126 618	26 408	8807	20 238	3352
南京	65 812	129 080	47 350	11 094	26 828	6252
杭州	68 695	208 902	128 132	10 293	30 923	14 271
西安	48 917	110 220	48 802	8096	17 414	6578
济南	30 505	107 822	15 895	4889	13 563	2233
沈阳	23 194	70 307	14 841	2943	8363	1276
成都	48 214	172 810	159 517	8314	32 925	16 192
大连	18 947	61 899	8905	2614	7021	921
厦门	13 155	64 508	34 656	2216	13 887	5311
哈尔滨	27 297	65 654	16 979	3635	7379	1071
深圳	151 721	327 827	232 831	21 323	75 560	43 368
青岛	34 658	121 056	32 115	6498	25 218	3405
宁波	33 860	195 172	213 971	5302	23 428	16 047
新疆建设兵团	998	5356	459	146	1120	55

表 6　　**国外三种专利申请授权量(1985. 12～2018. 12)**　　(单位:件)

国家和地区	总累计			2018 年		
	发明	实用新型	外观设计	发明	实用新型	外观设计
安道尔	5	1	2	0	0	0
阿联酋	63	26	189	19	7	11
阿富汗	0	0	12	0	0	2
安提瓜和巴布达	4	0	3	0	0	0
安圭拉	0	2	0	0	0	0
阿尔巴尼亚	0	1	1	0	0	0
亚美尼亚	4	0	1	0	0	0
荷属安的列斯群岛	215	1	9	1	0	0
安哥拉	0	0	1	0	0	0
阿根廷	50	12	19	8	1	1

续表

国家和地区	总累计			2018 年		
	发明	实用新型	外观设计	发明	实用新型	外观设计
美属萨摩亚	1	1	0	0	0	0
奥地利	5895	307	950	629	29	81
澳大利亚	5541	578	3040	306	48	260
阿塞拜疆	2	1	0	0	0	0
波斯尼亚和黑塞哥维那	0	0	1	0	0	0
巴巴多斯	776	15	181	120	3	66
孟加拉国	0	1	4	0	0	1
比利时	5153	170	853	379	22	103
保加利亚	40	8	29	5	3	2
巴林岛	1	0	0	0	0	0
贝宁	0	0	1	0	0	0
百慕大群岛	568	108	104	114	2	0
文莱	28	37	28	0	4	0
巴西	769	115	487	44	15	19
巴哈马	141	19	48	9	0	0
白俄罗斯	8	0	6	0	0	0
伯利兹	9	57	12	4	1	0
加拿大	7922	542	1666	621	72	135
刚果民主共和国	0	1	13	0	1	0
中非	0	0	2	0	0	0
瑞士	27 052	1491	8967	1897	137	887
科特迪瓦	0	0	1	0	0	0
库克群岛	5	2	19	1	1	3
智利	89	6	4	13	0	0
喀麦隆	1	0	0	0	0	0
哥伦比亚	33	3	21	4	0	4
哥斯达黎加	4	0	1	2	0	0
古巴	108	0	2	4	0	0
库拉索	1	0	0	1	0	0
塞浦路斯	152	24	78	8	4	12
捷克	233	100	881	33	12	84
德国	104 080	5729	20 624	9664	737	1692
丹麦	6031	285	2098	431	22	138
多米尼加	5	3	4	0	0	0
阿尔及利亚	3	2	3	1	0	1
厄瓜多尔	4	1	6	1	0	1
爱沙尼亚	21	4	28	2	1	5

续表

国家和地区	总累计			2018 年		
	发明	实用新型	外观设计	发明	实用新型	外观设计
埃及	9	8	21	1	0	0
西班牙	2272	264	2110	181	22	177
埃塞俄比亚	0	1	1	0	0	0
芬兰	10 052	522	1912	695	68	117
斐济	0	8	1	0	0	0
福克兰群岛(马尔维纳斯群岛)	0	0	1	0	0	0
法国	38 142	1996	9915	2851	298	767
加蓬	2	0	0	0	0	0
英国	17 023	1017	7039	1333	87	821
格鲁吉亚	2	1	9	0	0	2
根西岛	2	0	3	2	0	3
直布罗陀	25	2	4	1	1	0
希腊	142	3	74	17	1	3
危地马拉	0	0	6	0	0	0
洪都拉斯	0	0	1	0	0	0
克罗地亚	59	5	6	2	0	0
海地	0	0	1	0	0	0
匈牙利	434	21	39	17	2	11
印度尼西亚	37	19	159	2	0	19
爱尔兰	1388	72	247	135	15	27
以色列	3358	286	791	386	32	91
印度	1424	73	455	102	9	57
伊拉克	0	3	11	0	0	7
伊朗	5	13	36	0	1	0
冰岛	150	1	1	2	0	0
意大利	12 956	924	8115	947	131	608
泽西岛	6	0	0	1	0	0
牙买加	3	0	0	0	0	0
约旦	7	5	11	1	0	2
日本	395 620	21 918	77 776	28 094	2138	4024
肯尼亚	1	0	1	0	0	0
吉尔吉斯斯坦	4	0	1	0	0	1
圣基茨和尼维斯	1	1	0	0	0	0
朝鲜	11	4	0	0	0	0
韩国	81 191	4990	25 885	8623	806	2386
科威特	6	0	4	0	0	0
开曼群岛	2881	414	1854	776	79	292

续表

国家和地区	总累计			2018 年		
	发明	实用新型	外观设计	发明	实用新型	外观设计
哈萨克斯坦	15	8	0	0	0	0
黎巴嫩	7	8	8	0	0	1
列支敦士登	928	14	657	78	1	38
斯里兰卡	7	2	25	0	0	1
利比里亚	2	0	1	0	0	0
莱索托	0	1	0	0	0	0
立陶宛	5	2	11	2	1	2
卢森堡	1293	136	576	166	12	85
拉脱维亚	32	4	11	3	1	0
摩洛哥	8	2	44	0	0	1
摩纳哥	71	9	21	3	0	0
摩尔多瓦	1	0	1	0	0	0
黑山	0	0	1	0	0	1
马达加斯加	3	0	0	1	0	0
马绍尔群岛	6	3	0	1	0	0
马其顿*	2	0	0	1	0	0
马里	5	10	14	1	2	4
缅甸	0	0	7	0	0	2
蒙古	5	3	1	0	1	0
马耳他	116	9	20	10	0	8
毛里求斯	71	28	44	1	0	0
马尔代夫	1	0	0	0	0	0
墨西哥	268	13	232	22	1	17
马来西亚	400	184	637	28	12	31
纳米比亚	2	0	0	0	0	0
尼日利亚	0	2	16	0	0	2
荷兰	29 579	640	5098	1924	87	355
挪威	2166	42	384	145	1	27
尼泊尔	0	2	2	0	0	1
新西兰	830	89	471	98	10	73
阿曼	2	1	1	0	1	1
巴拿马	229	9	42	0	0	0
秘鲁	4	2	0	1	0	0
巴布亚新几内亚	0	0	2	0	0	0
菲律宾	43	39	34	5	8	1
巴基斯坦	3	3	21	0	0	6
波兰	279	29	191	25	6	22

续表

国家和地区	总累计			2018年		
	发明	实用新型	外观设计	发明	实用新型	外观设计
波多黎各	7	1	4	1	0	0
葡萄牙	141	3	81	22	0	6
巴拉圭	0	0	3	0	0	0
卡塔尔	10	0	6	1	0	0
罗马尼亚	15	2	8	1	0	1
塞尔维亚	7	1	0	0	0	0
俄罗斯	1042	280	320	74	20	45
沙特阿拉伯	531	13	467	103	2	25
塞舌尔	69	46	38	9	5	0
瑞典	17 245	536	3627	1301	54	357
新加坡	3217	1341	1435	523	522	178
斯洛文尼亚	193	2	79	10	1	17
斯洛伐克	47	3	51	5	0	6
圣马力诺	6	3	2	1	0	0
塞内加尔	0	0	1	0	0	0
萨尔瓦多	2	0	0	0	0	0
叙利亚	1	1	3	0	0	0
斯威士兰	1	0	0	0	0	0
特克斯和凯科斯群岛	0	0	1	0	0	0
乍得	0	1	0	0	0	0
泰国	124	104	390	13	14	36
突尼斯	4	0	2	0	0	0
土耳其	435	78	485	53	4	11
特立尼达和多巴哥	3	0	4	0	0	2
坦桑尼亚	0	1	1	0	0	0
乌克兰	69	23	29	5	2	7
乌干达	0	0	2	0	0	0
美国	236 635	15 917	45 388	22 915	1688	4155
乌拉圭	15	2	1	2	1	0
乌兹别克斯坦	5	1	0	0	0	0
圣文森特和格林纳丁斯	9	0	0	0	0	0
委内瑞拉	42	0	8	0	0	0
英属维尔京群岛	1325	633	1483	90	15	53
越南	13	4	123	2	0	38
瓦努阿图	5	0	0	0	0	0
萨摩亚	45	130	57	12	13	3
也门	0	1	10	0	1	1

续表

国家和地区	总累计			2018 年		
	发明	实用新型	外观设计	发明	实用新型	外观设计
南斯拉夫	17	0	7	0	0	0
南非	737	36	147	39	5	15
赞比亚	1	1	0	1	0	0
津巴布韦	3	0	1	0	0	0

* 编者注：2019 年 2 月 12 日，北马其顿政府宣布正式更改国名“马其顿共和国”为“北马其顿共和国”，由于本书列明的是 2018 年的数据，故该书采用“马其顿共和国”，简称马其顿。

表 7　　国内外三种专利有效状况（2014. 1～2018. 12）　　（单位：件）

	年份	合计	发明	实用新型	外观设计
合计	2014	4 642 506	1 196 497	2 291 326	1 154 683
	2015	5 477 625	1 472 374	2 732 554	1 272 697
	2016	6 285 238	1 772 203	3 154 485	1 358 550
	2017	7 147 608	2 085 367	3 603 187	1 459 054
	2018	8 380 588	2 366 314	4 403 658	1 610 616
国内	2014	4 032 362	708 690	2 265 224	1 058 448
	2015	4 792 356	921 757	2 700 833	1 169 766
	2016	5 527 183	1 158 203	3 118 410	1 250 570
	2017	6 324 215	1 413 911	3 563 389	1 346 915
	2018	7 517 791	1 662 269	4 359 926	1 495 596
国外	2014	610 144	487 807	26 102	96 235
	2015	685 269	550 617	31 721	102 931
	2016	758 055	614 000	36 075	107 980
	2017	823 393	671 456	39 798	112 139
	2018	862 797	704 045	43 732	115 020

注：有效量：报告期末处于专利权维持状态的案卷数量。统计范围为：发明、实用新型、外观设计。与申请量和授权量不同，有效量是存量数据而非流量数据。

表 8　　国内三种专利有效量（2018. 1～2018. 12）　　（单位：件）

地区	2018 年			
	合计	发明	实用新型	外观设计
全国总计	7 517 791	1 662 269	4 359 926	1 495 596
北京	569 929	241 282	263 909	64 738
天津	168 879	32 066	123 971	12 842
河北	159 964	24 939	103 668	31 357
山西	52 849	12 983	34 782	5 084
内蒙古	29 496	5076	20 238	4182
辽宁	130 112	37 505	80 515	12 092
吉林	46 224	13 071	27 651	5502

续表

地区	2018年			
	合计	发明	实用新型	外观设计
黑龙江	68 588	22 252	39 603	6733
上海	383 928	114 967	214 787	54 174
江苏	954 415	212 394	589 946	152 075
浙江	901 447	133 605	513 682	254 160
安徽	256 482	61 475	165 100	29 907
福建	278 470	38 522	169 102	70 846
江西	119 286	11 015	74 620	33 651
山东	410 240	87 362	265 999	56 879
河南	215 598	33 524	146 704	35 370
湖北	202 961	48 644	129 562	24 755
湖南	165 460	40 684	93 061	31 715
广东	1 473 835	248 539	771 546	453 750
广西	65 627	20 986	33 569	11 072
海南	10 277	2655	5638	1984
重庆	140 064	27 932	88 577	23 555
四川	259 008	52 074	150 270	56 664
贵州	55 444	10 099	36 698	8647
云南	62 470	12 194	42 267	8009
西藏	2027	600	835	592
陕西	127 921	39 329	70 913	17 679
甘肃	34 903	6879	23 770	4254
青海	6958	1402	4677	879
宁夏	14 032	2820	10 226	986
新疆	31 853	5028	21 388	5437
台湾	102 146	55 765	38 095	8286
香港	16 262	4491	4371	7400
澳门	636	110	186	340
广州	264 512	48 380	141 882	74 250
长春	33 334	10 100	19 946	3288
武汉	114 833	37 032	66 682	11 119
南京	147 120	49 812	81 760	15 548
杭州	201 861	51 306	107 471	43 084
西安	102 009	35 383	53 465	13 161
济南	72 566	21 179	43 698	7689
沈阳	45 962	15 038	26 591	4333
成都	163 311	35 856	91 106	36 349
大连	38 343	13 009	22 431	2903

续表

地区	2018 年			
	合计	发明	实用新型	外观设计
厦门	72 913	11 320	44 456	17 137
哈尔滨	45 872	18 512	23 862	3498
深圳	463 511	119 023	223 486	121 002
青岛	104 358	26 270	64 454	13 634
宁波	168 502	23 910	86 706	57 886
新疆建设兵团	3864	747	2846	271

表 9　　国外三种专利有效量(2018.1～2018.12)　　(单位:件)

国家和地区	2018 年			
	合计	发明	实用新型	外观设计
合计	862 797	704 045	43 732	115 020
安道尔	8	6	1	1
阿联酋	162	73	20	69
阿富汗	2	0	0	2
安提瓜和巴布达	0	0	0	0
安圭拉	3	2	1	0
阿尔巴尼亚	2	0	1	1
亚美尼亚	3	2	0	1
荷属安的列斯群岛	28	28	0	0
阿根廷	47	36	4	7
美属萨摩亚	4	1	2	1
奥地利	5062	4381	220	461
澳大利亚	4370	2791	282	1297
阿塞拜疆	1	0	1	0
巴巴多斯	996	774	21	201
孟加拉国	1	0	0	1
比利时	4261	3678	137	446
保加利亚	42	26	6	10
百慕大群岛	518	398	44	76
文莱	12	5	7	0
巴西	726	452	76	198
巴哈马	89	81	1	7
伯利兹	41	11	21	9
加拿大	6377	5223	263	891
刚果民主共和国	14	0	1	13
瑞士	24 549	18 433	1297	4819
科特迪瓦	1	0	0	1

续表

国家和地区	2018 年			
	合计	发明	实用新型	外观设计
库克群岛	17	3	2	12
智利	69	67	1	1
哥伦比亚	32	18	2	12
哥斯达黎加	4	3	0	1
古巴	68	68	0	0
库拉索	2	2	0	0
塞浦路斯	132	84	6	42
捷克	656	164	51	441
德国	89 309	73 166	4428	11 715
丹麦	5280	4094	185	1001
多米尼加	6	1	1	4
阿尔及利亚	6	3	0	3
厄瓜多尔	6	3	0	3
爱沙尼亚	32	14	1	17
埃及	9	5	2	2
西班牙	2371	1380	118	873
埃塞俄比亚	1	0	0	1
芬兰	7499	6504	396	599
法国	31 263	24 928	1562	4773
英国	14 734	10 332	663	3739
格鲁吉亚	5	1	1	3
根西岛	5	2	0	3
直布罗陀	26	21	2	3
希腊	150	97	2	51
克罗地亚	10	8	1	1
匈牙利	186	154	12	20
印度尼西亚	77	22	7	48
爱尔兰	1645	1512	42	91
以色列	3023	2379	200	444
马恩岛	1	1	0	0
印度	1168	950	48	170
伊拉克	11	0	2	9
伊朗	17	2	10	5
冰岛	72	70	1	1
意大利	12 828	8607	605	3616
泽西岛	3	3	0	0
牙买加	2	2	0	0

续表

国家和地区	2018 年			
	合计	发明	实用新型	外观设计
约旦	9	5	2	2
日本	311 582	264 177	15 538	31 867
吉尔吉斯斯坦	2	1	0	1
圣基茨和尼维斯	1	1	0	0
朝鲜	5	3	2	0
韩国	73 973	56 443	3136	14 394
科威特	2	1	0	1
开曼群岛	6387	4488	292	1607
哈萨克斯坦	10	8	2	0
黎巴嫩	9	3	1	5
圣卢西亚	1	1	0	0
列支敦士登	813	604	10	199
斯里兰卡	5	3	0	2
立陶宛	11	4	3	4
卢森堡	1807	1311	83	413
拉脱维亚	22	17	2	3
摩洛哥	37	8	0	29
摩纳哥	30	24	2	4
摩尔多瓦	1	0	0	1
黑山	1	0	0	1
马达加斯加	1	1	0	0
马绍尔群岛	6	5	1	0
马其顿	2	2	0	0
马里	20	2	7	11
缅甸	22	2	9	11
蒙古	1	0	1	0
马耳他	134	109	8	17
毛里求斯	116	107	2	7
墨西哥	432	302	9	121
马来西亚	615	274	121	220
纳米比亚	1	1	0	0
尼日利亚	7	0	0	7
荷兰	20 522	17 854	470	2198
挪威	1441	1242	24	175
尼泊尔	1	0	0	1
新西兰	884	538	54	292
阿曼	3	1	1	1

续表

国家和地区	2018 年			
	合计	发明	实用新型	外观设计
巴拿马	71	57	2	12
秘鲁	4	3	1	0
菲律宾	93	60	19	14
巴基斯坦	14	1	3	10
波兰	325	201	20	104
波多黎各	8	7	0	1
葡萄牙	132	95	1	36
巴拉圭	2	0	0	2
卡塔尔	15	11	0	4
罗马尼亚	6	5	0	1
塞尔维亚	5	5	0	0
俄罗斯	757	488	128	141
沙特阿拉伯	656	493	4	159
塞舌尔	120	45	45	30
瑞典	13 495	11 046	349	2100
新加坡	5995	3616	1610	769
斯洛文尼亚	165	116	1	48
斯洛伐克	49	28	1	20
圣马力诺	1	1	0	0
萨尔瓦多	2	2	0	0
叙利亚	1	0	0	1
乍得	1	0	1	0
泰国	310	85	38	187
突尼斯	4	4	0	0
土耳其	512	277	33	202
特立尼达和多巴哥	6	3	0	3
乌克兰	60	31	6	23
美国	200 301	167 260	10 518	22 523
乌拉圭	11	10	1	0
乌兹别克斯坦	3	3	0	0
圣文森特和格林纳丁斯	1	1	0	0
委内瑞拉	4	4	0	0
英属维尔京群岛	1801	850	308	643
越南	102	13	1	88
萨摩亚	305	200	86	19
也门	4	0	1	3
南斯拉夫	2	2	0	0
南非	493	408	18	67

表 10　　国际申请业务进展统计表(1985.4～2018.12)　　(单位:件)

项　　目	总累计	2018 年
收到国际申请	313 984	55 243
进入中国国内阶段的国际申请(发明)	1 094 747	84 297
进入中国国内阶段的国际申请(实用新型)	7627	1019

二、专利行政执法

表 11　　2018 年各地区管理专利工作的部门专利执法统计表　　(单位:件)

地区	类别/时间	侵权纠纷		其他纠纷		查处假冒专利案件
		立案	结案	立案	结案	结案
合计	总累计	108 234	104 993	3301	3078	158 320
	2018	33 976	33 256	621	512	42 679
北京	总累计	1067	966	4	1	3740
	2018	297	304	3	1	1249
天津	总累计	535	529	8	8	2008
	2018	121	116	0	0	268
河北	总累计	2848	2691	164	163	2695
	2018	809	695	10	10	534
山西	总累计	98	68	9	3	400
	2018	43	35	0	0	163
内蒙古	总累计	74	70	0	0	2032
	2018	22	30	0	0	380
辽宁	总累计	1374	1351	77	75	2943
	2018	608	610	0	0	544
吉林	总累计	385	375	4	4	164
	2018	136	132	0	0	36
黑龙江	总累计	1225	1170	824	746	2308
	2018	383	368	247	182	840
上海	总累计	1046	1006	28	27	350
	2018	260	244	4	4	121
江苏	总累计	6630	6313	364	360	28 614
	2018	2078	1997	49	49	7529
浙江	总累计	46 298	46 282	403	403	5830
	2018	13 013	13 043	1	1	1720
安徽	总累计	2999	2778	73	53	4090
	2018	1162	1089	19	12	1434
福建	总累计	2158	2033	30	30	7024
	2018	1105	1047	4	4	1869
江西	总累计	738	568	5	2	2364
	2018	164	51	1	1	533

续表

地区	类别 / 时间	侵权纠纷		其他纠纷		查处假冒专利案件
		立案	结案	立案	结案	结案
山东	总累计	3864	3742	44	40	16 879
	2018	1475	1452	6	2	3611
河南	总累计	4183	3820	77	73	7793
	2018	1682	1736	8	8	1922
湖北	总累计	2495	2262	52	47	8311
	2018	781	708	6	6	2119
湖南	总累计	2504	2251	315	233	19 137
	2018	932	859	43	18	4251
广东	总累计	16 446	15 801	341	334	7789
	2018	3974	3868	153	149	2484
广西	总累计	185	177	1	1	2711
	2018	66	66	0	0	843
海南	总累计	25	14	4	4	383
	2018	6	2	1	1	91
重庆	总累计	1557	1532	54	54	1161
	2018	472	472	7	7	279
四川	总累计	5786	5760	351	350	5475
	2018	3037	3028	3	3	2072
贵州	总累计	228	197	2	0	14 253
	2018	17	21	2	0	5119
云南	总累计	256	231	0	0	1559
	2018	39	34	0	0	611
西藏	总累计	0	0	0	0	0
	2018	0	0	0	0	0
陕西	总累计	812	706	9	9	3358
	2018	190	150	0	0	871
甘肃	总累计	645	602	0	0	2253
	2018	350	327	0	0	605
青海	总累计	25	18	0	0	61
	2018	0	0	0	0	48
宁夏	总累计	198	186	51	51	127
	2018	37	31	51	51	31
新疆	总累计	1550	1494	7	7	2508
	2018	717	741	3	3	502

三、中国专利金奖

表 12　　中国专利金奖分布统计表　　(单位:件)

地　区	合　计	第二十届
合计	322	30
北京	80.2	7.2
天津	7.3	1.3
河北	5	0
辽宁	12	0
吉林	2	0
黑龙江	6	2
上海	18	1
江苏	20.7	2.7
浙江	12.7	2.7
安徽	6	0
福建	3	1
江西	1	0
山东	20.5	3.5
河南	10	1
湖北	11	1
湖南	16	0
广东	49.8	5.8
广西	1	0
海南	4	0
重庆	5	0
四川	7	0
贵州	2	0
云南	3	0
陕西	15	1
甘肃	1	0
青海	1	0
宁夏	1	0
新疆	1	0

注:金奖按专利权人所在地等比例划分。

(国家知识产权局战略规划司)

商　标

一、商标申请与注册

表 1　　**2018 年度商标申请与注册概况表**　　（单位:件）

<table>
<tr><th>项目</th><th>国内</th><th>国际</th><th>马德里</th><th>合计</th></tr>
<tr><td>注册申请</td><td>7 127 032</td><td>174 959</td><td>68 718</td><td>7 370 709</td></tr>
<tr><td>异议申请</td><td>86 798</td><td>29 169</td><td>461</td><td>116 428</td></tr>
<tr><td>续展申请</td><td>247 382</td><td>19 851</td><td>12 356</td><td>279 589</td></tr>
<tr><td>变更申请</td><td>434 643</td><td>32 942</td><td>12 501</td><td>480 086</td></tr>
<tr><td>转让申请</td><td>370 729</td><td>16 873</td><td>6651</td><td>394 253</td></tr>
<tr><td>注销申请</td><td colspan="2">16 949</td><td rowspan="2">12 811</td><td rowspan="2">110 725</td></tr>
<tr><td>撤销申请</td><td colspan="2">80 965</td></tr>
<tr><td>许可备案申请</td><td colspan="3">27 080</td><td>27 080</td></tr>
<tr><td>注册商标</td><td>4 796 851</td><td>129 336</td><td>81 208</td><td>5 007 395</td></tr>
<tr><td>审定商标</td><td colspan="2">4 722 077</td><td>35 696</td><td>4 757 773</td></tr>
<tr><td>核驳商标</td><td colspan="2">2 012 478</td><td rowspan="2">62 509</td><td rowspan="2">3 284 868</td></tr>
<tr><td>部分核驳商标</td><td colspan="2">1 209 881</td></tr>
<tr><td>异议裁定量</td><td colspan="3">66 295</td><td>66 295</td></tr>
<tr><td>变更注册商标</td><td colspan="2">565 093</td><td>16 432</td><td>581 525</td></tr>
<tr><td>转让注册商标</td><td colspan="2">402 148</td><td>6856</td><td>409 004</td></tr>
<tr><td>续展注册商标</td><td colspan="2">300 692</td><td>15 975</td><td>316 667</td></tr>
<tr><td>注销注册商标</td><td colspan="2">18 511</td><td rowspan="2">15 484</td><td rowspan="2">77 675</td></tr>
<tr><td>撤销注册商标</td><td colspan="2">43 680</td></tr>
<tr><td>许可合同备案办理</td><td colspan="3">42 821</td><td>42 821</td></tr>
<tr><td>补发商标注册证</td><td colspan="3">26 795</td><td>26 795</td></tr>
</table>

表 2　　**2018 年度各省级行政区商标申请与注册统计表**　　（单位:件）

省级行政区	申请件数	注册件数	有效注册量
北京	580 855	389 175	1 500 496
天津	64 234	41 496	196 319
河北	218 860	150 128	500 863
山西	52 648	33 873	139 977
内蒙古	59 090	40 354	153 468
辽宁	104 154	74 435	316 614
吉林	63 895	45 064	166 102
黑龙江	79 846	53 674	213 150

续表

省级行政区	申请件数	注册件数	有效注册量
上海	408 916	291 732	1 149 325
江苏	484 227	316 045	1 180 720
浙江	685 713	487 041	1 984 367
安徽	201 127	140 576	436 752
福建	396 538	256 911	972 726
江西	136 347	93 606	292 132
山东	398 902	252 830	960 070
河南	283 085	185 704	623 730
湖北	170 970	125 754	413 950
湖南	177 841	122 654	434 437
广东	1 462 435	940 624	3 410 021
广西	78 855	47 436	172 376
海南	31 148	17 274	74 605
重庆	133 952	92 694	377 407
四川	255 692	165 681	631 570
贵州	73 389	42 814	153 828
云南	103 036	70 456	277 256
西藏	10 289	7881	21 480
陕西	115 081	72 982	310 975
甘肃	30 665	21 193	73 321
青海	11 739	8491	31 209
宁夏	15 851	11 367	43 186
新疆	45 068	32 138	153 933
香港	167 548	145 348	509 970
澳门	1680	1212	6111
台湾	23 356	18 208	166 362
合计	7 127 032	4 796 851	18 048 808

注：申请件数、注册件数指 2017.12.16 至 2018.12.15 的商标统计情况，其他指截至 2018.12.15 的统计情况。

表 3　　2018 年度外国(地区)在华商标申请统计表　　(单位:件)

外国(地区)	外国(地区)申请件数	马德里申请件数	合计
阿尔巴尼亚	2	0	2
阿尔及利亚	28	1	29
阿富汗	49	0	49
阿根廷	290	1	291
阿联酋	430	35	465
阿曼	6	1	7
阿塞拜疆	24	5	29
埃及	82	12	94
埃塞俄比亚	2	0	2

续表

外国(地区)	外国(地区)申请件数	马德里申请件数	合计
爱尔兰	539	191	730
爱沙尼亚	39	127	166
安道尔	5	0	5
安哥拉	8	0	8
安圭拉	264	0	264
安提瓜和巴布达	14	0	14
奥地利	524	1122	1646
澳大利亚	5885	2258	8143
巴巴多斯	83	2	85
巴布亚新几内亚	2	0	2
巴哈马	111	24	135
巴基斯坦	180	0	180
巴拉圭	15	0	15
巴勒斯坦	8	0	8
巴林	7	0	7
巴拿马	84	6	90
巴西	427	0	427
白俄罗斯	27	178	205
百慕大群岛	324	10	334
保加利亚	36	133	169
比利时	4632	961	5593
冰岛	31	103	134
波多黎各	19	0	19
波斯尼亚和黑塞哥维那	4	1	5
波兰	479	468	947
玻利维亚	14	0	14
伯利兹	70	88	158
博茨瓦纳	45	0	45
朝鲜	9	24	33
丹麦	1161	787	1948
德国	7489	13 273	20 762
多哥	1	0	1
多米尼加	8	1	9
多米尼克	3	0	3
俄罗斯	1240	2755	3995
厄瓜多尔	45	0	45
法国	5559	6785	12 344
菲律宾	189	33	222

续表

外国(地区)	外国(地区)申请件数	马德里申请件数	合计
斐济	12	1	13
芬兰	851	1144	1995
刚果民主共和国	1	0	1
哥伦比亚	139	16	155
哥斯达黎加	26	0	26
格鲁吉亚	21	17	38
根西岛	10	0	10
古巴	3	7	10
哈萨克斯坦	38	107	145
海地	2	0	2
韩国	17 238	1112	18 350
荷兰	1930	2203	4133
荷属安的列斯群岛	2	0	2
黑山	0	42	42
洪都拉斯	2	0	2
吉尔吉斯斯坦	15	0	15
几内亚	4	0	4
加拿大	4458	72	4530
加纳	9	0	9
柬埔寨	15	1	16
捷克	238	328	566
津巴布韦	4	0	4
喀麦隆	52	3	55
卡塔尔	39	0	39
开曼群岛	6300	46	6346
科特迪瓦	20	0	20
科威特	25	0	25
克罗地亚	8	11	19
肯尼亚	27	5	32
库克群岛	31	0	31
库拉索	19	20	39
拉脱维亚	16	61	77
老挝	11	1	12
黎巴嫩	61	4	65
立陶宛	164	95	259
利比里亚	19	0	19
利比亚	15	0	15
列支敦士登	124	79	203

续表

外国(地区)	外国(地区)申请件数	马德里申请件数	合计
卢森堡	475	453	928
罗马尼亚	69	30	99
马达加斯加	2	0	2
马恩岛	84	7	91
马尔代夫	6	0	6
马耳他	109	37	146
马来西亚	2347	16	2363
马里	18	0	18
马其顿	0	33	33
马绍尔群岛	82	0	82
毛里求斯	66	4	70
毛里塔尼亚	3	0	3
美国	42 735	8201	50 936
蒙古	21	22	43
孟加拉国	22	0	22
秘鲁	63	0	63
缅甸	69	0	69
摩尔多瓦	12	19	31
摩洛哥	64	30	94
摩纳哥	96	145	241
莫桑比克	2	0	2
墨西哥	503	36	539
南非	274	0	274
尼泊尔	27	0	27
尼日利亚	39	0	39
挪威	569	480	1049
葡萄牙	397	212	609
日本	20 941	4799	25 740
瑞典	1433	1294	2727
瑞士	3814	4306	8120
萨尔瓦多	5	0	5
萨摩亚	607	0	607
塞尔维亚	27	103	130
塞拉利昂	1	0	1
塞内加尔	18	3	21
塞浦路斯	161	208	369
塞舌尔	1160	2	1162
沙特阿拉伯	128	1	129

续表

外国(地区)	外国(地区)申请件数	马德里申请件数	合计
圣基茨和尼维斯	14	0	14
圣卢西亚	0	3	3
圣马力诺	147	11	158
圣文森特和格林纳丁斯	1	0	1
斯里兰卡	39	1	40
斯洛伐克	37	115	152
斯洛文尼亚	26	125	151
苏丹	9	0	9
索马里	1	0	1
塔吉克斯坦	5	0	5
泰国	3082	71	3153
坦桑尼亚	13	0	13
特克斯和凯科斯群岛	5	0	5
特立尼达和多巴哥	63	0	63
突尼斯	5	14	19
土耳其	344	575	919
土库曼斯坦	4	7	11
瓦努阿图	45	1	46
危地马拉	12	0	12
委内瑞拉	50	0	50
文莱	7	0	7
乌干达	6	0	6
乌克兰	112	220	332
乌拉圭	53	0	53
乌兹别克斯坦	19	4	23
西班牙	1503	1114	2617
希腊	117	91	208
新加坡	3925	636	4561
新西兰	1517	501	2018
匈牙利	126	112	238
叙利亚	107	1	108
牙买加	6	0	6
亚美尼亚	18	14	32
也门	90	0	90
伊拉克	222	0	222
伊朗	247	54	301
以色列	509	257	766

续表

外国(地区)	外国(地区)申请件数	马德里申请件数	合计
意大利	3588	4892	8480
印度	586	52	638
印度尼西亚	856	8	864
英国	12 691	4456	17 147
英吉利海峡群岛	6	0	6
英属维尔京群岛	5082	69	5151
约旦	96	0	96
越南	224	104	328
泽西岛	32	0	32
乍得	1	0	1
直布罗陀	20	9	29
智利	400	0	400
合计	174 959	68 718	243 677

表 4　　2018 年度外国(地区)在华商标注册统计表　　(单位:件)

外国(地区)	外国(地区)注册件数	马德里注册件数	合计
阿尔及利亚	42	0	42
阿富汗	24	0	24
阿根廷	118	1	119
阿联酋	293	25	318
阿曼	11	0	11
阿塞拜疆	23	2	25
埃及	77	13	90
埃塞俄比亚	2	0	2
爱尔兰	284	292	576
爱沙尼亚	18	69	87
安道尔	1	7	8
安哥拉	3	0	3
安圭拉	40	0	40
奥地利	380	1152	1532
澳大利亚	4614	2822	7436
巴巴多斯	48	1	49
巴布亚新几内亚	1	0	1
巴哈马	97	40	137
巴基斯坦	105	0	105
巴拉圭	8	0	8
巴勒斯坦	8	0	8
巴林	9	1	10

续表

外国(地区)	外国(地区)注册件数	马德里注册件数	合计
巴拿马	32	9	41
巴西	317	6	323
白俄罗斯	29	183	212
百慕大群岛	172	2	174
保加利亚	29	156	185
比利时	507	1096	1603
冰岛	17	40	57
波多黎各	5	0	5
波兰	376	577	953
玻利维亚	2	0	2
伯利兹	64	24	88
博茨瓦纳	87	0	87
布基纳法索	3	0	3
朝鲜	11	20	31
丹麦	1151	1010	2161
德国	6215	15 816	22 031
多哥	6	0	6
多米尼加	20	0	20
俄罗斯	909	2657	3566
厄瓜多尔	28	0	28
厄立特里亚	1	0	1
法国	3819	7564	11 383
菲律宾	131	37	168
斐济	6	0	6
芬兰	660	1747	2407
哥伦比亚	95	9	104
哥斯达黎加	3	0	3
格陵兰岛	0	1	1
格鲁吉亚	7	25	32
根西岛	16	0	16
古巴	4	10	14
哈萨克斯坦	16	77	93
海地	8	0	8
韩国	14 413	1970	16 383
荷兰	1847	2684	4531
荷属安的列斯群岛	4	0	4
黑山	0	7	7
吉布提	1	0	1

续表

外国(地区)	外国(地区)注册件数	马德里注册件数	合计
吉尔吉斯斯坦	7	10	17
几内亚	2	0	2
加拿大	2786	73	2859
加纳	1	0	1
加蓬	1	0	1
柬埔寨	17	0	17
捷克	92	312	404
津巴布韦	1	0	1
喀麦隆	4	2	6
卡塔尔	39	0	39
开曼群岛	6337	18	6355
科特迪瓦	4	0	4
科威特	26	0	26
克罗地亚	20	27	47
肯尼亚	24	1	25
库克群岛	11	0	11
库拉索	10	97	107
拉脱维亚	18	59	77
老挝	11	0	11
黎巴嫩	64	12	76
立陶宛	51	109	160
利比里亚	1	0	1
利比亚	4	0	4
列支敦士登	142	156	298
卢森堡	369	760	1129
罗马尼亚	27	80	107
马达加斯加	1	0	1
马恩岛	193	10	203
马尔代夫	2	0	2
马耳他	33	35	68
马来西亚	1458	15	1473
马里	5	0	5
马其顿	1	16	17
马绍尔群岛	77	1	78
毛里求斯	54	8	62
毛里塔尼亚	6	0	6
美国	32 704	8108	40 812
蒙古	7	12	19

续表

外国(地区)	外国(地区)注册件数	马德里注册件数	合计
孟加拉国	18	0	18
秘鲁	46	0	46
缅甸	56	0	56
摩尔多瓦	0	16	16
摩洛哥	12	27	39
摩纳哥	19	109	128
莫桑比克	0	1	1
墨西哥	554	61	615
纳米比亚	49	0	49
南非	298	9	307
瑙鲁	4	0	4
尼泊尔	15	0	15
尼日尔	2	0	2
尼日利亚	35	0	35
挪威	238	550	788
葡萄牙	101	269	370
日本	15 365	5513	20 878
瑞典	1137	1745	2882
瑞士	2581	5254	7835
萨尔瓦多	2	0	2
萨摩亚	345	0	345
塞尔维亚	3	60	63
塞拉利昂	5	0	5
塞内加尔	13	0	13
塞浦路斯	109	296	405
塞舌尔	910	5	915
沙特阿拉伯	83	8	91
圣基茨和尼维斯	4	1	5
圣卢西亚	6	3	9
圣马力诺	16	16	32
圣文森特和格林纳丁斯	4	0	4
斯里兰卡	36	0	36
斯洛伐克	21	85	106
斯洛文尼亚	17	118	135
苏丹	20	0	20
所罗门群岛	1	0	1
塔吉克斯坦	1	0	1
泰国	1473	64	1537

续表

外国(地区)	外国(地区)注册件数	马德里注册件数	合计
坦桑尼亚	13	3	16
特克斯和凯科斯群岛	7	0	7
特立尼达和多巴哥	13	0	13
突尼斯	7	18	25
土耳其	264	963	1227
土库曼斯坦	8	36	44
瓦努阿图	14	0	14
危地马拉	8	0	8
委内瑞拉	26	0	26
文莱	6	0	6
乌干达	5	0	5
乌克兰	31	218	249
乌拉圭	17	0	17
乌兹别克斯坦	9	10	19
西班牙	1080	1381	2461
希腊	133	124	257
新加坡	2870	775	3645
新西兰	1232	540	1772
匈牙利	34	123	157
叙利亚	73	0	73
牙买加	2	0	2
亚美尼亚	12	13	25
也门	47	0	47
伊拉克	290	0	290
伊朗	252	77	329
以色列	483	318	801
意大利	2813	5852	8665
印度	351	138	489
印度尼西亚	582	2	584
英国	9445	6040	15 485
英吉利海峡群岛	29	0	29
英属维尔京群岛	3166	147	3313
约旦	46	0	46
越南	156	94	250
泽西岛	32	41	73
直布罗陀	1	11	12
智利	353	1	354
合计	129 336	81 208	210 544

表 5　　2018 年度按类申请和注册商标统计表　　（单位：件）

类别	申请				注册			
	国内	国际	马德里	合计	国内	国际	马德里	合计
1	85 021	2605	1461	89 087	61 195	2237	2064	65 496
2	40 688	970	437	42 095	29 630	696	550	30 876
3	247 234	13 626	3009	263 869	163 311	9343	3205	175 859
4	34 066	1298	566	35 930	26 328	854	772	27 954
5	245 267	9080	2588	256 935	158 205	6353	3244	167 802
6	89 245	2226	1185	92 656	64 887	1712	1520	68 119
7	131 693	4113	2506	138 312	95 813	3475	3069	102 357
8	49 353	1970	794	52 117	35 829	1551	960	38 340
9	402 230	14 471	7528	424 229	266 590	10 527	8691	285 808
10	108 302	4073	1785	114 160	75 195	2901	2065	80 161
11	176 503	4495	1945	182 943	125 509	3319	2324	131 152
12	88 215	3044	1532	92 791	65 070	2153	1622	68 845
13	12 170	390	119	12 679	8845	223	128	9196
14	111 099	3077	1212	115 388	78 002	2177	1529	81 708
15	27 073	702	155	27 930	18 900	475	217	19 592
16	142 317	5021	1820	149 158	101 946	4256	2628	108 830
17	38 956	1292	757	41 005	28 316	1086	1029	30 431
18	116 362	5202	1837	123 401	83 701	3828	2313	89 842
19	78 336	1149	700	80 185	63 210	943	917	65 070
20	170 832	3224	1344	175 400	141 940	2341	1695	145 976
21	141 965	4621	1409	147 995	113 296	3365	1824	118 485
22	25 237	815	288	26 340	19 041	684	370	20 095
23	17 210	440	154	17 804	11 806	265	178	12 249
24	87 315	2529	967	90 811	61 336	1965	1307	64 608
25	575 597	9719	3208	588 524	454 440	6507	3545	464 492
26	33 280	1023	332	34 635	25 110	788	435	26 333
27	42 245	1003	398	43 646	28 205	772	502	29 479
28	115 307	5028	1568	121 903	86 741	3730	2074	92 545
29	293 739	5054	1151	299 944	210 015	4055	1569	215 639
30	417 163	6814	1639	425 616	285 718	5726	2177	293 621
31	183 041	2229	664	185 934	133 574	1636	842	136 052
32	155 267	4195	1121	160 583	91 404	3129	1252	95 785
33	193 167	4291	1374	198 832	98 279	3041	1447	102 767
34	24 473	1002	256	25 731	17 543	672	290	18 505
35	906 439	13 672	4710	924 821	479 650	8987	4340	492 977
36	112 780	2642	1316	116 738	76 694	1888	1282	79 864
37	90 462	1827	1505	93 794	62 601	1509	1896	66 006

续表

类别	申请				注册			
	国内	国际	马德里	合计	国内	国际	马德里	合计
38	95 846	2273	1378	99 497	58 946	1874	1595	62 415
39	90 710	1721	935	93 366	66 147	1368	1152	68 667
40	61 154	1224	842	63 220	42 775	947	1155	44 877
41	290 571	6861	2932	300 364	180 373	5386	3401	189 160
42	244 772	6159	4547	255 478	153 819	4535	4865	163 219
43	336 313	3764	940	341 017	217 075	3005	1019	221 099
44	129 075	2559	1109	132 743	82 676	1858	1209	85 743
45	68 942	1466	695	71 103	47 165	1194	940	49 299
合计	7 127 032	174 959	68 718	7 370 709	4 796 851	129 336	81 208	5 007 395

注：由于不予受理件未电子化，以上数据不含不予受理量。

二、商标评审案件

表 6　　2018 年度商标评审案件统计表

项目	案件类型	数量(件)
评审案件申请量	驳回商标注册申请复审	280 511
	不予注册复审	2066
	异议复审	0
	撤销注册商标复审	8151
	无效宣告	31 447
	无效宣告复审	1
	总计	322 176
评审案件裁决量	驳回商标注册申请复审	234 699
	复杂案件	30 313
	总计	265 012
参与行政诉讼	一审	11 510
	二审	4120
	再审	420
	总计	16 050
行政复议	申请量	687
	结案量	732

（国家知识产权局商标局）

版　权

表 1　　2018 年全国版权合同登记情况统计表　　（单位：份）

	合计	图书	期刊	音像制品	电子出版物	软件	电影	电视节目	其他
合计	20 339	16 600	85	1877	420	1045	0	0	312
中国版权保护中心	1915	0	0	1823	0	92	0	0	0
北京	9300	9102	84	0	111	3	0	0	0
天津	484	447	0	0	37	0	0	0	0
河北	252	248	0	0	4	0	0	0	0
山西	53	53	0	0	0	0	0	0	0
内蒙古	2	0	0	0	0	0	0	0	2
辽宁	409	409	0	0	0	0	0	0	0
吉林	62	62	0	0	0	0	0	0	0
黑龙江	202	202	0	0	0	0	0	0	0
上海	1155	1024	0	54	77	0	0	0	0
江苏	1211	394	0	0	92	725	0	0	0
浙江	804	591	0	0	0	213	0	0	0
安徽	87	87	0	0	0	0	0	0	0
福建	102	98	0	0	0	4	0	0	0
江西	406	406	0	0	0	0	0	0	0
山东	249	249	0	0	0	0	0	0	0
河南	163	163	0	0	0	0	0	0	0
湖北	369	369	0	0	0	0	0	0	0
湖南	406	405	1	0	0	0	0	0	0
广东	528	120	0	0	99	0	0	0	309
广西	368	368	0	0	0	0	0	0	0
海南	168	168	0	0	0	0	0	0	0
重庆	294	294	0	0	0	0	0	0	0
四川	725	719	0	0	0	6	0	0	0
贵州	2	2	0	0	0	0	0	0	0
云南	245	245	0	0	0	0	0	0	0
西藏	0	0	0	0	0	0	0	0	0
陕西	235	232	0	0	0	2	0	0	1
甘肃	99	99	0	0	0	0	0	0	0
青海	0	0	0	0	0	0	0	0	0
宁夏	44	44	0	0	0	0	0	0	0
新疆	0	0	0	0	0	0	0	0	0

表 2 **2018 年全国作品登记分类情况统计表** （单位：件）

	合计	文字	口述	音乐	戏剧	曲艺	舞蹈	杂技	美术	摄影	建筑	影视	图形	模型	其他	录音	录像
合计	2 351 952	278 170	307	34 802	332	286	174	47	992 513	917 045	197	53 224	11 724	1470	39 886	8369	13 406
中国版权保护中心	244 150	15 778	5	2463	126	2	15	2	212 445	688	3	4290	829	4	6772	722	6
北京	919 543	82 059	0	15 548	2	0	0	0	199 443	615 756	0	593	543	80	2719	346	2454
天津	410	99	0	19	5	0	0	0	253	0	0	5	11	12	6	0	0
河北	11 871	7001	0	37	13	214	26	0	3394	925	0	96	37	64	45	0	19
山西	277	133	0	23	0	0	0	0	55	0	0	11	55	0	0	0	0
内蒙古	335	37	0	28	1	0	0	0	204	0	4	20	2	0	36	1	2
辽宁	10 224	3037	0	624	0	0	0	2	1639	348	0	3621	11	0	0	47	895
吉林	2146	565	0	64	67	0	0	0	631	0	0	102	12	11	674	0	20
黑龙江	585	374	0	119	0	0	0	0	88	0	0	4	0	0	0	0	0
上海	261 642	49 657	0	209	20	0	1	1	111 640	57 347	6	21 890	122	13	7862	4667	8207
江苏	302 175	48 996	202	607	22	18	55	12	170 040	66 867	7	13 214	997	3	3	1098	34
浙江	21 326	781	1	84	0	0	0	0	17 914	1577	0	47	3	0	862	0	57
安徽	20 225	774	2	117	8	4	0	0	4318	14 324	1	168	402	55	34	0	18
福建	96 181	2158	4	11 264	13	6	1	0	77 819	1475	79	2125	408	24	219	512	74
江西	12 672	5364	1	73	2	0	0	0	2871	2297	0	1375	43	2	2	162	480
山东	84 506	3265	21	282	3	1	1	0	10 384	69 489	4	626	303	59	68	0	0
河南	1063	511	0	39	2	0	3	1	376	0	0	121	3	0	7	0	0
湖北	30 998	5949	0	48	4	0	0	0	23 925	468	0	299	48	0	3	22	232
湖南	3928	826	0	42	1	0	0	0	1848	161	0	429	45	7	41	14	514
广东	53 126	4491	30	887	21	1	2	21	35 546	5755	3	1081	1480	11	2857	690	250
广西	842	170	0	63	8	0	0	0	275	96	41	10	121	18	14	0	26
海南	169	54	0	12	0	0	0	0	54	0	0	12	25	0	12	0	0
重庆	91 786	4768	0	638	0	0	6	0	60 538	5137	17	2598	283	14	17 615	76	96
四川	170 133	40 030	16	998	6	40	51	8	48 218	73 906	32	128	5593	1085	10	12	0
贵州	1144	84	0	57	5	0	9	0	531	102	0	44	299	2	11	0	0
云南	322	102	0	73	0	0	0	0	142	0	0	2	3	0	0	0	0
西藏	0	0	0	0	0	0	0	0	0	0	0	0	0	0	0	0	0
陕西	8037	837	0	106	3	0	0	0	6510	291	0	275	0	0	10	0	5
甘肃	158	49	2	9	0	0	2	0	86	0	0	6	0	0	4	0	0
青海	75	16	0	1	0	0	0	0	35	0	0	0	0	6	0	0	17
宁夏	502	91	13	184	0	0	0	0	162	0	0	28	24	0	0	0	0
新疆	1401	114	10	84	0	0	2	0	1129	36	0	4	22	0	0	0	0

表 3　　2018 年版权输出地汇总表　　（单位：项）

输出版权总数 / 版权购买者所在国家或地区名称	合计	图书	录音制品	录像制品	电子出版物	软件	电影	电视节目	其他
	12 778	10 873	214		743	19	1	928	
美国	1228	912			273			43	
英国	533	476			16			41	
德国	507	435	29		2			41	
法国	286	244					1	41	
俄罗斯	477	452	25						
加拿大	226	103						123	
新加坡	430	334			26			70	
日本	424	408	12		4				
韩国	587	512	2		73				
中国香港地区	805	535	115		45	1		109	
中国澳门地区	67	25				1		41	
中国台湾地区	1552	1449			59	1		43	
其他	5656	4988	31		245	16		376	

表 4　　2018 年版权引进地汇总表　　（单位：项）

引进版权总数 / 原版权所在国家或地区名称	合计	图书	录音制品	录像制品	电子出版物	软件	电影	电视节目	其他
	16 829	16071	125	192	214	114	15	98	
美国	5047	4833	27	104	42	22	3	16	
英国	3496	3317	26	11	99	11	1	31	
德国	881	844	9	15	2	4	2	5	
法国	1024	970	5	9	21	7		12	
俄罗斯	83	78	0			3		2	
加拿大	127	117				7		3	
新加坡	228	222	1	2		1		2	
日本	2075	1993	13	17	19	19	6	8	
韩国	124	120			1	3			
中国香港地区	266	236	23	6				1	
中国澳门地区	1	1							
中国台湾地区	824	798	12	1	5	6		2	
其他	2653	2542	9	27	25	31	3	16	

表 5 **2018 年全国版权执法情况统计表**

案件查处				收缴盗版品			
项目	上年度数量	本年度数量	同比增减(%)	项目	上年度数量	本年度数量(种)	同比增减(%)
行政处罚数量(件)	3552	3033	—14.61	合计	9 709 248	7 440 122	—23.37
案件移送数量(件)	442	203	—54.07	书刊	5 468 163	4 937 904	—9.70
检查经营单位数量(个)	636 864	522 135	—18.01	软件	365 423	240 968	—34.06
取缔违法经营单位数量(个)	4102	2361	—42.44	音像制品	1 393 489	1 195 203	—14.23
查获地下窝点数量(个)	155	203	30.97	电子出版物	169 552	197 044	16.21
其中:地下光盘生产线(条)	4	2	—50.00	其他	2 312 621	869 003	—62.42
违法经营网站服务器(个)	244	737	202.05	未分类项			
罚款金额(元)	10 024 793	16 155 654	61.16				

(中央宣传部版权管理局办公室)

集成电路布图设计

表 1　　2018 年集成电路布图设计登记申请统计表　　（单位：件）

地区	申请数量
合计	4431
国内	4346
东部地区	3362
中部地区	542
西部地区	376
东北地区	64
北京	302
天津	83
河北	10
山西	17
内蒙古	0
辽宁	63
吉林	0
黑龙江	1
上海	801
江苏	766
浙江	270
安徽	379
福建	162
江西	0
山东	29
河南	19
湖北	78
湖南	49
广东	939
广西	0
海南	0
重庆	37
四川	249
贵州	20

续表

地区	申请数量
云南	1
西藏	0
陕西	69
甘肃	0
青海	0
宁夏	0
新疆	0
台湾	2
香港	0
澳门	0
国外	85
美国	85

注:统计范围为向我国国家知识产权局提出集成电路布图设计登记申请的国内外申请人以及获得我国国家知识产权局登记发证的集成电路布图设计国内外专有权人。

表 2　　2018 年集成电路布图设计登记发证统计表　　(单位:件)

地区	发证数量
合计	3815
国内	3719
东部地区	2795
中部地区	520
西部地区	333
东北地区	61
北京	275
天津	59
河北	11
山西	12
内蒙古	0
辽宁	61
吉林	0
黑龙江	0
上海	824
江苏	610
浙江	210
安徽	414
福建	121

续表

地区	发证数量
江西	1
山东	21
河南	11
湖北	44
湖南	38
广东	664
广西	0
海南	0
重庆	20
四川	233
贵州	19
云南	1
西藏	1
陕西	59
甘肃	0
青海	0
宁夏	0
新疆	0
台湾	3
香港	7
澳门	0
国外	96
美国	96

注：统计范围为向我国国家知识产权局提出集成电路布图设计登记申请的国内外申请人以及获得我国国家知识产权局登记发证的集成电路布图设计国内外专有权人。

（国家知识产权局战略规划司）

农业植物新品种

1999～2018 年品种权申请与授权情况汇总表

表 1 **根据植物种类划分的统计表** （单位:件）

作物种类	植物种类	申请量	授权量	2017 年申请量	2018 年申请量	2018 年授权量
大田作物 申请量:21 402 授权量:9844	水稻	7286	3568	944	1151	636
	玉米	8407	3806	1086	1473	663
	普通小麦	2129	825	306	344	142
	大豆	1134	599	167	237	129
	甘蓝型油菜	376	214	20	40	15
	花生	341	133	60	62	16
	甘薯	158	59	24	36	3
	谷子	134	41	19	20	7
	高粱	111	50	3	27	1
	大麦属	147	70	21	16	1
	苎麻属	3	3	0	0	0
	棉属	614	354	37	65	52
	亚麻	6	4	0	0	0
	桑属	24	13	0	9	4
	芥菜型油菜	1	0	0	0	0
	绿豆	37	5	5	2	0
	豌豆	10	3	6	2	1
	橡胶树	14	8	2	4	1
	茶组	162	36	37	41	4
	芝麻	22	4	0	2	1
	木薯	7	0	0	7	0
	甘蔗属	83	40	11	14	6
	小豆	20	2	7	0	0
	燕麦	4	0	4	0	0
	烟草	10	6	0	3	1
	向日葵	124	1	34	25	1
	荞麦属	11	0	0	10	0
	白菜型油菜	8	0	1	3	0
	薏苡属	2	0	1	0	0

续表

作物种类	植物种类	申请量	授权量	2017 年申请量	2018 年申请量	2018 年授权量
大田作物 申请量:21 402 授权量:9844	蓖麻	13	0	0	8	0
	甜菊(甜叶菊)	4	0	2	1	0
	稷(糜子)	0	0	0	0	0
	大麻槿(红麻)	0	0	0	0	0
蔬菜 申请量:2373 授权量:693	大白菜	147	64	23	42	17
	马铃薯	176	69	30	25	12
	普通番茄	333	90	88	62	28
	黄瓜	161	80	39	33	14
	辣椒属	380	101	86	110	22
	普通西瓜	265	72	71	69	15
	普通结球甘蓝	99	36	13	19	2
	食用萝卜	44	11	12	15	5
	茄子	72	26	11	26	6
	蚕豆	25	13	3	4	3
	菜豆	44	7	16	10	1
	豇豆	22	7	7	5	0
	大葱	11	1	1	7	0
	西葫芦	66	28	11	16	13
	花椰菜	50	17	5	21	1
	芹菜	5	1	0	1	0
	胡萝卜	3	0	2	1	0
	甜瓜	134	41	38	30	12
	大蒜	9	5	2	2	0
	不结球白菜	92	13	15	44	8
	莲	35	5	0	16	0
	芥菜	17	2	4	10	2
	芥蓝	21	0	2	16	0
	莴苣	19	0	13	5	0
	苦瓜	29	4	17	1	4
	冬瓜	7	0	0	5	0
	菠菜	3	0	1	0	0
	南瓜	58	0	23	21	0
	丝瓜属	2	0	0	0	0
	青花菜	26	0	4	21	0
	洋葱	13	0	4	9	0
	姜	0	0	0	0	0
	茭白(菰)	0	0	0	0	0
	芦笋(石刁柏)	0	0	0	0	0

续表

作物种类	植物种类	申请量	授权量	2017 年申请量	2018 年申请量	2018 年授权量
蔬菜 申请量:2373 授权量:693	山药(薯蓣)	2	0	0	2	0
	菊芋	1	0	1	0	0
	咖啡黄葵	2	0	1	1	0
	甜菜	0	0	0	0	0
	苋属	0	0	0	0	0
	魔芋属	0	0	0	0	0
	芋	0	0	0	0	0
	荠	0	0	0	0	0
	蕹菜(空心菜)	0	0	0	0	0
	芫荽(香菜)	0	0	0	0	0
	韭菜	0	0	0	0	0
	紫苏	0	0	0	0	0
观赏植物 申请量:1848 授权量:702	春兰	5	0	5	0	0
	菊属	505	192	105	107	10
	石竹属	158	72	21	10	1
	唐菖蒲属	3	2	0	0	0
	兰属	80	26	14	9	3
	百合属	136	69	4	6	6
	鹤望兰属	0	0	0	0	0
	补血草属	4	3	0	0	0
	非洲菊	160	95	12	18	0
	花毛茛	19	0	5	12	0
	华北八宝	0	0	0	0	0
	雁来红	0	0	0	0	0
	花烛属	226	101	21	26	20
	果子蔓属	55	38	0	1	1
	蝴蝶兰属	314	78	61	57	12
	秋海棠属	27	11	5	5	2
	凤仙花	3	0	0	1	0
	非洲凤仙花	0	0	0	0	0
	新几内亚凤仙花	17	8	2	1	0
	万寿菊属	17	7	6	0	0
	郁金香属	0	0	0	0	0
	仙客来	0	0	0	0	0
	一串红	6	0	0	6	0
	三色堇	0	0	0	0	0
	矮牵牛(碧冬茄)	20	0	8	12	0
	马蹄莲属	19	0	7	12	0

续表

作物种类	植物种类	申请量	授权量	2017 年申请量	2018 年申请量	2018 年授权量
观赏植物 申请量:1848 授权量:702	铁线莲属	0	0	0	0	0
	石斛属	27	0	10	12	0
	萱草属	47	0	14	28	0
	薰衣草属	0	0	0	0	0
	欧报春	0	0	0	0	0
	水仙属	0	0	0	0	0
	石蒜属	0	0	0	0	0
	睡莲属	0	0	0	0	0
	天竺葵属	0	0	0	0	0
	鸢尾属	0	0	0	0	0
	芍药组	0	0	0	0	0
	六出花属	0	0	0	0	0
	香雪兰属	0	0	0	0	0
	蟹爪兰属	0	0	0	0	0
	朱顶红属	0	0	0	0	0
	满天星	0	0	0	0	0
	松果菊属	0	0	0	0	0
果树 申请量:1068 授权量:416	梨属	126	65	26	18	15
	桃	99	57	15	20	11
	荔枝	7	3	1	3	0
	苹果属	159	43	15	55	10
	柑橘属	111	53	14	23	9
	香蕉	31	13	2	11	2
	猕猴桃属	147	72	14	26	12
	葡萄属	154	62	13	46	8
	李	23	4	1	3	2
	草莓	141	32	56	19	2
	龙眼	0	0	0	0	0
	枇杷	11	8	2	1	8
	樱桃	18	3	4	9	2
	芒果	27	0	14	12	0
	杨梅属	3	1	3	0	1
	椰子	3	0	0	3	0
	凤梨属	6	0	1	4	0
	番木瓜	0	0	0	0	0
	木菠萝(菠萝蜜)	0	0	0	0	0
	无花果	2	0	0	1	0
	可可	0	0	0	0	0

续表

作物种类	植物种类	申请量	授权量	2017 年申请量	2018 年申请量	2018 年授权量
果树 申请量:1068 授权量:416	芭蕉属	0	0	0	0	0
	量天尺属	0	0	0	0	0
	西番莲属	0	0	0	0	0
	梅	0	0	0	0	0
牧草 申请量:24 授权量:3	紫花苜蓿	8	1	0	1	0
	草地早熟禾	4	0	0	0	0
	酸模属	4	0	1	0	0
	柱花草属	4	2	1	1	1
	结缕草	4	0	0	0	0
	狗牙根属	0	0	0	0	0
	鸭茅	0	0	0	0	0
	红车轴草(红三叶)	0	0	0	0	0
	黑麦草属	0	0	0	0	0
	羊茅属	0	0	0	0	0
	狼尾草属	0	0	0	0	0
	白车轴草(白三叶)	0	0	0	0	0
菌类 申请量:44 授权量:9	白灵侧耳	3	1	0	0	0
	羊肚菌属	5	5	5	0	0
	香菇	14	0	6	7	0
	黑木耳	4	3	0	1	3
	灵芝属	5	0	2	3	0
	双孢蘑菇	13	0	3	10	0
	金针菇	0	0	0	0	0
	蛹虫草	0	0	0	0	0
	长根菇	0	0	0	0	0
	猴头菌	0	0	0	0	0
	毛木耳	0	0	0	0	0
	蝉花	0	0	0	0	0
	真姬菇	0	0	0	0	0
	平菇(糙皮侧耳、弗罗里达侧耳)	0	0	0	0	0
	秀珍菇(肺形侧耳)	0	0	0	0	0
药用植物 申请量:12 授权量:4	人参	6	3	0	1	0
	三七	4	1	3	0	0
	枸杞属	1	0	0	1	0
	天麻	0	0	0	0	0
	灯盏花(短莛飞蓬)	0	0	0	0	0
	何首乌	0	0	0	0	0

续表

作物种类	植物种类	申请量	授权量	2017 年申请量	2018 年申请量	2018 年授权量
药用植物 申请量:12 授权量:4	菘蓝	1	0	0	1	0
	红花	0	0	0	0	0
	淫羊藿属	0	0	0	0	0
	金银花	0	0	0	0	0
	柴胡属	0	0	0	0	0
	黄芪属	0	0	0	0	0
	美丽鸡血藤(牛大力)	0	0	0	0	0
	穿心莲	0	0	0	0	0
	丹参	0	0	0	0	0
	黄花蒿	0	0	0	0	0
	砂仁	0	0	0	0	0
合计		26 771	11 671	3842	4854	1990

表 2 根据单位性质划分的统计表 (单位:件)

单位性质	申请	授权	2017 年申请	2018 年申请
国内企业	11 765	4500	1901	2355
国内科研	10 183	5292	1192	1565
国内教学	1887	868	265	365
国内个人	1095	423	130	216
国外企业	1693	567	314	326
国外科研	90	3	33	20
国外教学	38	13	4	6
国外个人	20	5	3	1
合计	26 771	11 671	3842	4854

表 3 根据地区划分的统计表 (单位:件)

	排名	地区	申请	授权	2017 年申请	2018 年申请
国内	1	北京	2913	1142	474	515
	2	河南	2272	875	344	490
	3	山东	1916	850	323	315
	4	黑龙江	1704	734	262	339
	5	江苏	1569	806	170	214
	6	安徽	1502	581	240	237
	7	四川	1305	805	89	149
	8	湖南	1139	499	190	246
	9	河北	1132	497	153	215
	10	吉林	1064	580	102	82
	11	广东	942	309	186	259

续表

	排名	地区	申请	授权	2017 年申请	2018 年申请
国内	12	云南	917	465	117	139
	13	辽宁	838	454	44	135
	14	浙江	759	330	126	131
	15	福建	665	262	122	138
	16	湖北	610	265	66	148
	17	广西	448	209	75	104
	18	上海	448	224	50	65
	19	内蒙古	368	167	47	43
	20	陕西	332	127	60	52
	21	天津	307	127	31	83
	22	甘肃	299	90	53	104
	23	山西	277	120	25	61
	24	江西	250	117	46	62
	25	贵州	249	136	28	32
	26	新疆	223	112	15	34
	27	重庆	217	106	23	36
	28	海南	129	49	16	49
	29	台湾	55	5	1	10
	30	宁夏	51	26	10	3
	31	青海	19	11	0	6
	32	西藏	11	5	0	6
国外	荷兰		572	253	74	101
	美国		557	158	102	109
	日本		175	40	68	44
	法国		137	21	50	20
	德国		99	29	31	21
	韩国		96	47	1	0
	瑞士		69	10	13	31
	意大利		34	5	2	12
	以色列		24	0	6	7
	西班牙		22	9	4	0
	新西兰		18	6	0	0
	澳大利亚		16	4	0	1
	南非		7	1	1	5
	比利时		6	2	0	0
	英国		3	1	1	0
	爱尔兰		1	0	0	0
	希腊		1	0	0	0

续表

	排名	地区	申请	授权	2017 年申请	2018 年申请
国外	智利		1	0	0	0
	新加坡		1	0	0	0
	捷克		1	0	1	0
	卢森堡		1	0	0	1
合计			26 771	11 671	3842	4854

表 4 **1999～2018 年国外植物新品种权申请情况统计表** （单位：件）

申请地区	植物种类	申请量
荷兰（572 件）	菊属	140
	花烛属	137
	蝴蝶兰属	56
	百合属	51
	马铃薯	33
	石竹属	28
	果子蔓属	26
	辣椒属	20
	秋海棠属	19
	马蹄莲属	14
	非洲菊	13
	普通番茄	8
	茄子	7
	萱草属	6
	普通结球甘蓝	3
	黄瓜	2
	莴苣	2
	洋葱	1
	胡萝卜	1
	柑橘属	1
	甜瓜	1
	苹果属	1
	普通西瓜	1
	梨属	1
美国（557 件）	玉米	416
	草莓	51
	葡萄属	39
	普通番茄	26
	辣椒属	11
	苹果属	7

续表

申请地区	植物种类	申请量
美国(557 件)	梨属	2
	柑橘属	2
	秋海棠属	2
	甜菊(甜叶菊)	1
日本(175 件)	菊属	22
	水稻	19
	新几内亚凤仙花	17
	草莓	15
	苹果属	15
	兰属	10
	梨属	9
	石竹属	8
	矮牵牛(碧冬茄)	8
	香菇	6
	石斛属	6
	柑橘属	6
	莴苣	5
	花毛茛	5
	葡萄属	5
	桃	4
	蝴蝶兰属	3
	马蹄莲属	2
	辣椒属	2
	大豆	1
	普通番茄	1
	甘薯	1
	洋葱	1
	山药(薯蓣)	1
	猕猴桃属	1
	甜瓜	1
	樱桃	1
法国(137 件)	玉米	127
	马铃薯	5
	苹果属	2
	草莓	2
	高粱	1
德国(99 件)	玉米	77
	菊属	5

续表

申请地区	植物种类	申请量
德国(99件)	马铃薯	5
	梨属	3
	樱桃	3
	李	2
	水稻	2
	苹果属	1
	秋海棠属	1
韩国(96件)	梨属	24
	菊属	22
	葡萄属	8
	苹果属	7
	玉米	6
	马铃薯	5
	猕猴桃属	5
	人参	4
	兰属	4
	甘薯	3
	桃	2
	水稻	2
	草莓	2
	唐菖蒲属	1
	普通结球甘蓝	1
瑞士(69件)	玉米	45
	莴苣	6
	青花菜	5
	普通番茄	5
	普通西瓜	4
	向日葵	2
	菠菜	1
	辣椒属	1
意大利(34件)	花毛茛	12
	草莓	10
	苹果属	4
	石竹属	3
	梨属	2
	葡萄属	2
	猕猴桃属	1

续表

申请地区	植物种类	申请量
以色列(24 件)	蓖麻	9
	矮牵牛(碧冬茄)	6
	非洲菊	4
	草莓	3
	普通番茄	2
西班牙(22 件)	石竹属	13
	柑橘属	4
	草莓	4
	向日葵	1
新西兰(18 件)	猕猴桃属	9
	苹果属	9
澳大利亚(16 件)	苹果属	9
	柑橘属	3
	大麦属	2
	李	2
南非(7 件)	柑橘属	7
比利时(6 件)	苹果属	4
	果子蔓属	2
英国(3 件)	葡萄属	1
	苹果属	1
	马铃薯	1
爱尔兰(1 件)	马铃薯	1
希腊(1 件)	猕猴桃属	1
智利(1 件)	葡萄属	1
新加坡(1 件)	凤梨属	1
捷克(1 件)	樱桃	1
卢森堡(1 件)	苹果属	1
合计		1841

（农业农村部科技教育司）

林业植物新品种

表 1　　1999～2018 年林业植物新品种申请量和授权量统计表　　（单位:件）

年份	申请			授权		
	国内申请人	国外申请人	合计	国内品种权人	国外品种权人	合计
1999	181	1	182	6	0	6
2000	7	4	11	18	5	23
2001	8	2	10	19	0	19
2002	13	4	17	1	0	1
2003	14	35	49	7	0	7
2004	17	19	36	16	0	16
2005	41	32	73	19	22	41
2006	22	29	51	8	0	8
2007	35	26	61	33	45	78
2008	57	20	77	35	5	40
2009	62	5	67	42	13	55
2010	85	4	89	26	0	26
2011	123	16	139	11	0	11
2012	196	26	222	169	0	169
2013	169	8	177	115	43	158
2014	243	11	254	150	19	169
2015	208	65	273	164	12	176
2016	328	72	400	178	17	195
2017	516	107	623	153	7	160
2018	720	186	906	359	46	405
合计	3045	672	3717	1529	234	1763

表 2　　1999～2018 年林业授权品种中不同植物类别授权量统计表　　（单位:件）

年份	林木	经济林	观赏植物	竹	木质藤本	其他	合计
1999	6	0	0	0	0	0	6
2000	3	0	20	0	0	0	23
2001	2	2	14	0	0	1	19
2002	0	1	0	0	0	0	1
2003	6	1	0	0	0	0	7
2004	6	4	5	0	0	1	16
2005	3	1	34	0	0	3	41

续表

年份	林木	经济林	观赏植物	竹	木质藤本	其他	合计
2006	5	0	3	0	0	0	8
2007	7	1	70	0	0	0	78
2008	10	6	19	1	0	4	40
2009	14	1	39	0	0	1	55
2010	10	6	10	0	0	0	26
2011	2	1	5	0	0	3	11
2012	27	20	113	0	2	7	169
2013	34	9	114	1	0	0	158
2014	24	13	121	1	0	10	169
2015	31	28	106	1	2	8	176
2016	44	40	104	2	3	2	195
2017	18	17	120	1	1	3	160
2018	62	99	238	2	3	1	405
合计	314	250	1135	9	11	44	1763

表 3　　1999～2018 年林业授权品种中不同申请国家的授权量统计表　　(单位:件)

排名	国家	授权总量	2018 年授权量	主要属种
1	中国	1529	359	蔷薇属、杨属、山茶属、杜鹃花属
2	荷兰	64	18	蔷薇属
3	德国	57	0	蔷薇属、大戟属
4	法国	31	1	蔷薇属
5	美国	31	16	大戟属、悬钩子属、越桔属
6	英国	30	4	蔷薇属
7	丹麦	8	6	蔷薇属
8	比利时	6	0	杜鹃花属
9	意大利	4	0	蔷薇属
10	日本	2	1	绣球属、铁线莲属
11	新西兰	1	0	蔷薇属
合计		1763	405	

表 4　　1999～2018 年各国授权品种的属(种)授权量统计表　　(单位:件)

属(种)	授权总量											
	中国	荷兰	德国	法国	美国	英国	丹麦	比利时	意大利	日本	新西兰	合计
蔷薇属	163	59	42	31	0	27	8	0	4	0	1	335
杨属	134	0	0	0	0	0	0	0	0	0	0	134
山茶属	96	0	0	0	0	0	0	0	0	0	0	96
杜鹃花属	79	0	0	0	0	0	0	6	0	0	0	85
芍药属	63	0	0	0	0	0	0	0	0	0	0	63

续表

属(种)	授权总量											
	中国	荷兰	德国	法国	美国	英国	丹麦	比利时	意大利	日本	新西兰	合计
核桃属	46	0	0	0	0	0	0	0	0	0	0	46
槭属	40	0	0	0	4	0	0	0	0	0	0	44
含笑属	40	0	0	0	0	0	0	0	0	0	0	40
柳属	38	0	0	0	0	0	0	0	0	0	0	38
牡丹	33	0	0	0	0	0	0	0	0	0	0	33
紫薇	32	0	0	0	0	0	0	0	0	0	0	32
木兰属	29	0	0	0	0	0	0	0	0	0	0	29
杏	26	0	0	0	2	0	0	0	0	0	0	28
大戟属	3	0	15	0	7	0	0	0	0	0	0	25
银杏	24	0	0	0	0	0	0	0	0	0	0	24
木瓜属	22	0	0	0	0	0	0	0	0	0	0	22
槐属	21	0	0	0	0	0	0	0	0	0	0	21
文冠果	21	0	0	0	0	0	0	0	0	0	0	21
其他	619	5	0	0	18	3	0	0	0	2	0	647
合计	1529	64	57	31	31	30	8	6	4	2	1	1763

表 5　　1999～2018 年林业授权品种中不同植物类别品种权人的授权量统计表　　(单位:件)

品种权人 / 植物类别	企业	科研院所	高等院校	个人	植物园	其他	合计
观赏植物	512	193	184	129	73	44	1135
林木	44	168	80	17	1	4	314
经济林	39	146	47	14	0	4	250
木质藤本	4	3	3	0	0	1	11
竹	0	8	1	0	0	0	9
其他	19	16	5	3	0	1	44
合计	618	534	320	163	74	54	1763

(国家林业和草原局科技发展中心)

海关知识产权保护

表 1　2018 年海关扣留货物的进出口流向统计表

进出口类型	批次	占比	商品数量(件/双)	占比
合计	47 222		24 800 277	
进口	213	0.45%	147 101	0.59%
出口	47 009	99.55%	24 653 176	99.41%

表 2　2018 年海关知识产权执法模式统计表

执法模式	批次	占比	商品数量(件/双)	占比
依职权扣留	47 169	99.89%	20 086 556	80.99%
依申请扣留	53	0.11%	4 713 721	19.01%

表 3　2018 年海关扣留货物的商品类别统计表

商品类别	商品数量(件/双)	占比
服装	509 458	2.05%
鞋类	2 118 753	8.54%
帽类	233 259	0.94%
箱包及皮革制品	271 170	1.09%
化妆、个人护理用品	1 719 016	6.93%
其他轻工产品	7 322 362	29.53%
汽车、摩托车	281 832	1.14%
手表	235 422	0.95%
玩具游戏	154 492	0.62%
通信设备	193 652	0.78%
存储介质	1 732 926	6.99%
其他机电产品	857 709	3.46%
五金机械	862 229	3.48%
珠宝首饰	46 039	0.19%
运动器具	117 718	0.47%
医疗器械	10	0.00%
药品	9028	0.04%
食品饮料	360 800	1.45%
烟草	43 344	0.17%
其他	7 731 058	31.17%

表 4　　2018 年海关保护的知识产权权利人来源情况统计表

国别(地区)	权利数	商品数量(件/双)
美国	1193	4 487 026
法国	975	1 446 321
德国	827	2 065 976
荷兰	745	1 175 019
意大利	615	927 861
瑞士	374	642 868
日本	345	1 784 386
中国	315	9 122 520
英国	247	262 385
韩国	168	1 350 293
卢森堡	108	106 100
瑞典	60	108 140
新加坡	41	145 977
挪威	29	3313
丹麦	26	19 564
加拿大	16	136 187
中国香港地区	16	190 300
巴西	14	202 024
中国台湾地区	13	48 413
奥地利	10	86 148
芬兰	7	16 560
英属维尔京群岛	5	5192
开曼群岛	4	154
印度	4	13 020
爱尔兰	3	29 232
列支敦士登	3	395
土耳其	3	2468
阿联酋	2	1658
巴巴多斯	2	849
萨摩亚	2	492
文莱	2	7763
西班牙	2	7860
印度尼西亚	2	323 400
澳大利亚	1	12 000
比利时	1	5000
古巴	1	4415
捷克	1	200
库拉索	1	5088
蒙古	1	120
墨西哥	1	50 400
新西兰	1	600
以色列	1	400
中国澳门	1	2054
阿尔巴尼亚	1	120

（海关总署综合业务司）

知识产权司法保护

表 1 2018 年全国法院受理和审结各类知识产权案件统计表

项　　目	2018 年
一、全国地方法院刑事案件	
新收侵犯知识产权罪一审案件(件)	4319
同比增长(%)	19.28
审结侵犯知识产权罪一审案件(件)	4064
同比增长(%)	11.59
假冒注册商标罪	1852
销售假冒注册商标的商品罪	1724
非法制造、销售非法制造的注册商标标识罪	305
假冒专利罪	2
侵犯著作权罪	136
销售侵权复制品罪	6
侵犯商业秘密罪	39
审结生产、销售伪劣商品犯罪(涉及侵犯知识产权)(件)	1434
新收涉知识产权刑事二审案件(件)	683
审结涉知识产权刑事二审案件(件)	668
二、全国地方法院行政案件	
新收一审案件(件)	13 545
同比增长(%)	53.57
新收专利案件(件)	1536
新收商标案件(件)	11 992
新收著作权案件(件)	17
审结一审案件(件)	9786
同比增长(%)	53.15
新收二审案件(件)	3565
审结二审案件(件)	3217
三、全国地方法院民事案件	
新收一审案件(件)	283 414
同比增长(%)	40.97
专利案件(件)	21 699
同比增长(%)	35.53
商标案件(件)	51 998
同比增长(%)	37.03
著作权案件(件)	195 408
同比增长(%)	42.36
技术合同案件(件)	2680
同比增长(%)	27.74

续表

项　　目	2018 年
竞争案件(件)	4146
同比增长(%)	63.04
其中垄断民事一审案件	66
其他知识产权案件(件)	7483
同比增长(%)	44.60
审结一审案件(件)	273 945
同比增长(%)	41.99
新收二审案件(件)	27 621
审结二审案件(件)	26 288
四、最高人民法院知识产权审判庭案件	
新收知识产权民事案件(件)	913
审结知识产权民事案件(件)	859
新收知识产权行政案件(件)	642
审结知识产权行政案件(件)	581

(最高人民法院知识产权审判庭)

表 2　　2018 年全国检察机关办理侵犯知识产权案件情况统计表

罪　　名	批捕(件)	批捕(人)	起诉(件)	起诉(人)
侵犯知识产权罪	3306	5627	4458	8325
假冒注册商标罪	1407	2646	1977	3770
销售假冒注册商标的商品罪	1424	2140	1835	3259
非法制造、销售非法制造的注册商标标识罪	269	480	324	712
假冒专利罪	1	1	3	4
侵犯著作权罪	102	167	140	292
销售侵权复制品罪	5	7	5	12
侵犯商业秘密罪	28	53	27	56
其他	70	133	147	220

注:“其他”是指数罪或他罪中涉及侵犯知识产权罪的情形。

表 3　　2018 年全国检察机关监督立案侵犯知识产权案件情况统计表

罪　　名	监督立案(件)	监督立案(人)
侵犯知识产权罪	189	237
假冒注册商标罪	51	58
销售假冒注册商标的商品罪	108	135
非法制造、销售非法制造的注册商标标识罪	27	41
假冒专利罪	0	0
侵犯著作权罪	3	3
销售侵权复制品罪	0	0
侵犯商业秘密罪	0	0

(最高人民检察院第四检察厅)

第二十届中国专利金奖获奖项目简介

专利名称：用甲乙酮系列混合溶剂分离丁烷与丁烯的方法
专 利 号：ZL00136535.5
专利权人：烟台大学
发 明 人：王文华 任万忠 许文友 陈小平 虞乐舜

在本专利技术之前，我国均采用德国伍德的吗啉溶剂体系进行碳四分离，如黑龙江石油化工厂是一个2万吨/年的生产装置，而后有抚顺石油化工二厂也采用过此技术，但该技术塔釜温度高（210℃左右），溶剂与碳四相容性差，不能处理丁烯含量低的碳四原料，且能耗大，溶剂损失大，此外德国伍德技术费用很高，为本专利技术的10倍，并且要求必须采用德国的塔内构件和填料，总投资是本技术的2～3倍。在本专利技术之前，有甲乙酮生产企业为减少投资，甚至取消了丁烯提浓工序，丁烯提浓工序取消后，进水合反应器的原料中丁烯含量低，丁烯转化率低，导致生产成本过高，没有经济效益，不得不停产。本专利技术的成功开发和工业化应用使得我国甲乙酮生产企业摆脱了国外的技术壁垒，得以迅速发展，自2001年的1.5万吨，到2014年达到43万吨，产量和技术水平都有很大提高。甲乙酮可以替代高毒性的苯系溶剂，应用于涂料行业，对于减少空气污染有重要意义。本专利采用低毒的甲乙酮和N-甲酰吗啉为溶剂，既不使用严重致癌且严重刺激眼睛的吗啉，也不使用能致癌且影响生殖系统、导致胎儿发育不良的乙腈，因此工人的操作环境有很大改善，保护了自然资源与生态环境。本专利技术各项指标均优于德国伍德技术，在某工厂有引进的德国技术的装置，也有采用本专利技术的装置，德国装置只能处理丁烯含量较高的原料，而本技术对各种丁烯原料均能适应，产品丁烯的浓度高，能耗也低。本专利技术已转让国内35家企业，共40套装置，合同约定的装置规模合计年处理碳四830万吨，已建成投产装置规模合计年处理碳四626万吨，若以每吨碳四新增价值800元计算，年新增价值约50亿元。主要应用于甲乙酮生产、MTBE生产、醋酸仲丁酯生产、丙烯生产、丁烯氧化脱氢制丁二烯等。

本专利技术替代了德国伍德的丁烯提浓技术，降低了丁烯提浓的投资和成本，使甲乙酮生产在我国迅速发展。在丁烯异构生成异丁烯再醚化生产MTBE的工业装置中得到广泛应用，为MTBE生产找了新的原料来源，也为碳四综合利用找到新的途径。在醋酸仲丁酯生产中得到广泛应用，拓宽了醋酸仲丁酯生产原料，并回收醋酸仲丁酯反应后未反应的丁烯，提高了醋酸仲丁酯企业的经济效益。用于丁烯裂解制丙烯，可以提高转化率和收率，分离得到异丁烷、正丁烷可分别用于烷基化、异丁烷脱氢、顺酐的生产等，提高了相关企业的经济效益。用于丁烯氧化脱氢生产丁二烯，作为合成橡胶的原料，拓宽了合成橡胶的原料来源，降低了原料成本。

在我国，大部分碳四馏分都作为民用

或工业燃料使用，附加值低，随着农村沼气、城镇天然气和家用电器的发展，碳四燃料需求量越来越小，这正好是碳四综合利用的机会，用碳四馏分生产高附加值的精细化工产品是碳四利用的发展方向，而只要有碳四的利用都必须进行碳四的分离，因此本技术的实用性强，推广范围广，未来仍有很好的应用前景。

专利名称：轻合金管材热态内高压成形方法
专 利 号：ZL200510010470.7
专利权人：哈尔滨工业大学
发 明 人：苑世剑　何祝斌

本发明专利及其相关发明技术的实施，实现了高性能复杂异形构件高效精确成形，成功应用于高推比航空发动机高温合金封严环、高功重比航空发动机高温合金隔热屏、载人航天宇航服生保系统铝合金异形管件的制造，推动了国防高端装备关键型号构件研制；大批量应用于高铁、地铁、高档运动型自行车复杂异形板/管件生产，累计销售额约9.3亿余元，新增利润2.3亿元。

面向新一代航空航天高端装备和新能源汽车等迫切需求的大尺寸复杂整体薄壁构件，针对材料难变形、复杂形状与高性能耦合带来的巨大技术挑战，本发明专利群通过工艺/装备一体化创新，发展出新一代成形制造技术，解决了高性能复杂整体薄壁构件无法成形的瓶颈难题，实现了一批国家重大需求和工业生产。由于突破了成形边界，显著提高设计界限，成功研制出关键型号构件，并实现了大批量生产，将引领并促进行业健康稳定地发展。

精密塑性成形是现代工业制造的关键技术，涉及机械、材料、力学等多个学科，是我国先进制造技术升级的重要支撑，从民用产品到军用装备，都离不开塑性成形制造。目前绿色制造浪潮席卷全球，“绿色”由制造理念上升为国家战略。《中国制造2025》明确提出“全面推行绿色制造”，努力构建高效、清洁、低碳、循环的绿色制造体系。

本发明专利的热态内压成形技术，由于适用的材料范围宽、结构复杂性高、综合性能好、成形效率高等优点，在实际生产中可以大量降低研制和生产成本，解决高性能复杂整体构件无法制造的难题，符合《中国制造2025》绿色制造的指导思想，对推动我国科技水平的提高具有重要的意义。

专利名称：咪唑-5-羧酸类衍生物、制备方法及其应用
专 利 号：200680000397.8
专利权人：深圳信立泰药业股份有限公司，惠州信立泰药业有限公司
发 明 人：郭建辉　安　东

阿利沙坦酯（Allisartan Isoproxil）为深圳信立泰药业股份有限公司联合研发、创新性设计和合成的全新结构的化合物，它是选择以血管紧张素Ⅱ受体1为靶分子，以降低毒副作用、提高疗效为目标，结合计算机辅助设计，针对性地设计和合成的全新结构的化合物，于2008年被列入国家“863”计划，2010年被列入“十一五”国家科技重大专项。公司在2013年独家获得原料药及制剂新药证书和生产批件，成为国家首个1.1类具有自主知识产权的血管紧张素Ⅱ受体拮抗剂类抗高血压创新药，其毒性低，降压效果一致性优于同类产品，且适合于长期服用。上市后即入选“2013年中国十大重磅处方药”。该产品在2014年8月开展市场推广以来，已经进入了全国多家二级、三级医院使用。

阿利沙坦酯（商品名“信立坦”）于2012年获得新药证书，用于轻、中度原发高血压的治疗，是唯一由国内自主研发、拥有自主知识产权（1.1类新药）的血管紧张素Ⅱ拮抗剂类降压药物；研发过程属于国家“863”计划以及新药创制重大专利重点支持的项目。阿利沙坦酯降压作用不依赖肝脏细胞色素P450酶，联合用药更安全；起效更快

更强;长期使用可降低血尿酸,具有靶器官保护作用,安全性更高;并获得2017年版《高血压合理用药指南》推荐。阿利沙坦酯片剂上市前和上市后在临床疗效及安全性方面做了大量的研究,并在多个全国顶级学术峰会获得专家的广泛认可。它的上市填补了我国在血管紧张素Ⅱ受体1选择性抑制剂类抗高血压创新药物研究和开发领域的空白。

阿利沙坦酯片(信立坦)成功上市,标志着我国抗高血压药物领域的研制水平迈进世界先进行列;同时也为我国高血压患者提供了一种新型、安全、有效的抗高血压药物,具有很好的行业示范作用和社会意义。

专利名称:变电所电源的快速切换方法

专 利 号:ZL200710020149.6

专利权人:国网江苏省电力有限公司常州供电分公司,国网江苏省电力有限公司,国家电网公司

发 明 人:龚 冰 徐雯霞 许建明 陆 政 陆怀谷 嵇建飞 倪 菁 曹 良 杜 健 张 伟 张红洁 朱海宇 严以臻

本专利在国内外首次提出变电所电源快速切换方法,对跨区电源进行不停电快速切换,避免在电源切换过程中,因穿越电流而导致保护误动,引起用户停电或设备损坏,确保在合解环操作过程中发生异常情况时,快速恢复原电源供电,将对用户的影响降至最低,并能满足系统灵活调整运行方式的需要,引领了行业的技术进步。

基于该专利技术研制的变电所电源快切装置,大大提高了我国电力设备继电保护的水平,使我国电力自动化设备制造企业占领技术制高点,目前我国电力自动化行业设备国产化率在99%以上,是所有自动化领域中国产化率最高的行业。同时也提高了我国电工装备企业国际核心竞争力,使“中国制造”在国际市场与ABB、SIEMENS等跨国企业的竞争中处于有利位置。

专利权人在现场安装以及调试过程中发现了现场校验项目流程、方法没有标准规范指导、相关校验装置,常规校验设备无法模拟所有试验项目。这些因素造成了某些缺陷和隐患在调试中不易被发现和纠正,影响了设备的安全可靠运行。专利权人结合多年的变电所现场运维经验,利用本专利技术研制了备用电源快速切换装置和自动投切装置智能校验系统,解决了传统的环路操作造成对外停电的问题,制定了行业标准《备用电源自动投切及快速切换装置检验规程》,指导、规范了备用电源自动投切及快速切换装置现场检验作业,对检验操作流程进行科学、合理的规范,确保了现场作业装置运行的安全、可靠。

专利名称:一种浓缩苹果清汁大容量罐群低温无菌贮存方法

专 利 号:ZL200910229390.9

专利权人:烟台北方安德利果汁股份有限公司,中国农业大学

发 明 人:倪元颖 张 辉 曲昆生 刘 萍 于东华 王 涛

本专利首次在果蔬加工行业内采用大容量罐群低温无菌贮存、无菌灌装液袋方法对浓缩清汁进行包装贮运,解决了大容量罐群的无菌贮存及无菌灌装等行业关键共性技术难题,推动了苹果加工业的技术进步和跨越式发展,大幅度提升了果汁品质,显著降低了加工成本,增强了国际市场竞争力;同时,专利技术对于饮料、乳品、制糖业等领域的大容量无菌贮存与灌装具有重要的借鉴意义,社会效益十分显著。

我国苹果年产量4000万吨以上,占世界总产量的40%以上。目前,我国现有浓缩果汁加工厂家50余家,浓缩果汁加工能力约100万吨,每年可加工苹果700万吨左右,果蔬加工为我国苹果产业的健康稳定发展提供了保障和龙头带动作用。本专

利提供的大容量罐群低温无菌贮存、结合无菌灌装液袋方法，可以直接应用到我国果汁领域的生产企业中，也可推广到其他大规模液体饮料的低温无菌贮存，如饮料、乳品、制糖业等领域无菌贮存和运输，提升了产品品质，降低了加工成本和能耗，提高了行业整体技术水平，进一步促进了果汁加工行业及相关行业的发展，为我国苹果及其他大宗水果种植业的可持续发展做出贡献。

本专利技术属于果蔬加工领域，涉及众多果农的利益。近年来，我国农产品加工业有了长足发展，已成为农业现代化的支撑力量和国民经济的重要产业，是国家支持“三农”的重要领域之一，是“十二五”和“十三五”发展规划重点支持的行业。

专利名称：一种连续化稳定维生素 A 微胶囊的制备方法

专 利 号：ZL201010101199.9

专利权人：浙江大学，浙江新和成股份有限公司，北京化工大学

发明人：尹　红　陈建峰　陈志荣　王洁欣　祁　勇　赵　宏　石立芳　仇　丹

本发明专利作为核心专利，构筑了具有我国自主知识产权的、产学研相结合的稳定的纳米级营养品产品的制备技术体系，为我国纳米级营养品的产业升级和技术进步提供关键支撑技术。

2016 年，以本专利为三大核心技术发明点之一的“重要脂溶性营养素超微化制造关键技术创新及产业化”项目获得了国家技术发明奖二等奖。在该项目中，以本发明技术为支撑，突破了改性淀粉乳化液喷雾造粒的技术，从而强化了包埋材料对营养素的阻氧保护作用，得到了稳定的超微化营养素产品。所述的超微化营养素产品涉及了类胡萝卜素（如 β-胡萝卜素、虾青素等）、维生素 A、维生素 E、维生素 D_3 等脂溶性营养素产品。该项目的实施建成了年产 10000 吨的超微化营养素制剂产品生产线，获得显著的经济效益。虾青素超微化制剂占据全球市场份额的 35%。该项目获 2015 年度中国轻工业联合会科技发明奖一等奖。

应用本发明技术使浙江新和成股份有限公司在维生素 A 微胶囊领域打破了帝斯曼、巴斯夫等全球营养品行业巨头企业的技术、市场垄断。2017 年，该公司更是在市场占有率方面超越了巴斯夫公司，让“新和成”这个属于中国的维生素 A 微胶囊品牌收获了来自全世界的认可，助力“中国制造 2025”。

专利名称：QR 码条码解码芯片及其解码方法

专 利 号：ZL201010189802.3

专利权人：福建新大陆电脑股份有限公司

发 明 人：郭　栋　刘荣生　王贤福　兰福生

本专利是中国人在物联网感知识别领域完全自主的二维码核心技术与二维码“中国芯”产品的核心知识产权之一。作为中国物联网产业关键基础元件的推广与规模应用，将极大地提高与带动中国物联网信息识别技术领域的技术水平与创新应用。项目实施后，极大地促进了整个国内市场二维码的技术发展与二维码应用范围，促进了扫码移动支付技术的成熟与推广，颠覆了人们的消费支付方式，改变了其生活方式。

本专利项目的实施，一方面将极大丰富新大陆公司的产品生产线，实现企业特色化、规模化经营，为公司提供新的利润增长点，增强企业竞争力；另一方面，具有我国自主知识产权的二维条码识读设备作为为现代科技的集大成者，其产品是国家积极扶持的高新技术产品，其研发有助于提高民族企业的设计制造水平，提高产品质量。

集成了本专利技术的二维码模组引擎产品、条码识读设备、数据采集设备整机产

品、移动职能终端、金融支付端末产品，采用具有自主知识产权的硬件结构设计，具备采用自主开发的智能图像识别技术采集二维码图并解码，产品解码精度达到国际同行业领先水平。项目实施后将为我国物联网产业的发展提供拥有自主知识产权的各类系列化二维码末端设备产品，对于推进我国条码的市场应用，将起到极大的推动作用；实施本项目，将在国内形成一个具有大规模的、高效益的、具有国际影响力的产业基地，由此将极大地推进民族工业向国际化的进程，提高我国在物联网关键设备领域的整体技术水平与在世界的话语权。

专利名称：一种多处理器系统及其同步引擎
专 利 号：ZL201010267931.X
专利权人：中国科学院计算技术研究所
发 明 人：陈　飞　曹　政　王　凯
安学军　孙凝晖

本发明专利的成功实施，实现了多处理器集成技术的自主创新，使我国在高性能计算机设计与研发方面摆脱了受限于进口计算设备关键性能指标的困境，计算系统的研发过程自主可控，打破了《瓦森纳协定》的设备和技术的封锁。同时，本专利研发技术的实施，能大幅度提高同步原语的执行速度，减少进程间的通信量，并简化同步原语的接口，不依赖于多处理器的Cache一致性，不依赖于处理器的特殊指令集；使得并行程序在使用同步原语时更加方便，具有使用简单、应用范围广、执行速度快的特点，从而为营造国产高性能计算机形象和信心做出贡献。

本发明专利的成功实施，突破了高性能计算系统在多处理器间高效并行计算技术瓶颈，保障了超算集群的整体计算性能。并具备具有使用简单，应用范围广特点。和中科曙光公司合作，从研发和制造角度保障了曙光5000A和曙光6000(星云)系列超算系统的成功实施，具有重大的社会效益。同时，该技术还站在世界TOP500的舞台，走出国门，极大鼓舞了中国超算事业的发展。

本专利的实施极大地促进了我国高性能计算应用水平的提高。其中，曙光5000A计算机的应用涵盖范围广、水平高，催生了多项国际一流的基础研究成果，支撑了多个国家和地方的重大工程项目。中科院上海生命科学研究院在曙光5000A的帮助下，构建出一张水稻全基因组遗传变异的精细图谱，同时揭示了水稻驯化起源于中国。该研究成果于2012年10月4日在《自然》发表，展示了中国古代农业文明的辉煌，也再次证明中国是世界文明的发源地之一。

由于其优异的性能，该专利技术已成为国产超算集群、国产商用服务器等产品研发过程中的关键技术。基于本专利技术的曙光5000A系列计算产品，为用户节约了大量的高性能计算软硬件投入。据测算，曙光5000A为宝钢研究院、上海核工院、中国商用飞机公司、上汽集团、中船708所等用户节约的成本就超过1.4亿元。大连电子政务统一平台选择曙光5000A高效能计算系统，通过集约化模式每年节省建设资金约1.5亿元，节省运维经费约5000万元。

专利名称：一种高性能隔热材料及其制备方法
专 利 号：ZL201010294784.5
专利权人：航天特种材料及工艺技术研究所
发 明 人：裴雨辰　张继承　邹军锋
张　鹏　张　昊　赵　宇
詹万初

本专利成果实现了对传统隔热材料的更新换代，具有耐高温、低成本、环保节能的特点。隔热材料制备技术作为武器型号的关键技术，其耐温、轻质、高效等特性都可能成为制约武器型号发展的瓶颈，本专利研制的隔热材料突破了1000℃的耐温极限，密度低、隔热性能佳，使武器型号的多项指标提升至一个新的台阶。目前，该产品已应用于我国多型武器装备型号，使得武器装备从亚声速、低超声速向超声速、高超声速发展成为可能，特别是在长征-5、火星探测器等空间工程领域上的成功应用，为我国载人航天事业发展提供了重要技术支撑。该项专利成果未来还有望应用于高速飞机、空天飞行器、高速列车等高科技装备。本专利成果为国家安全、国防事业的发展做出了重要的技术贡献，极大地促进了国家科技的进步与发展。

气凝胶隔热保温材料可以更轻的质量、更小的体积达到更好的隔热效果，这一特点赋予了该材料独特的节能环保特性。该气凝胶材料促进节能环保行业的发展意义在于：(1)减少热损失：在建筑墙体、石油管道等方面采用该材料进行保温防护，可以阻止近85%的热能损失，大大减少能源消耗。(2)节约材料：气凝胶的低密度和高效隔热可以有效减少使用厚度及重量(相同保温效果下，该材料的使用厚度是传统保温材料厚度的1/4～1/3)，有效节省使用空间。同时，该气凝胶对湿热等环境的稳定性也优于传统的岩棉类材料及常规的二氧化硅气凝胶材料，使用寿命大大提高，避免频繁更换造成的材料浪费。(3)安全保障：本专利成果可耐受1000℃以上高温，同时具有高效隔热性能，更兼具优异的阻燃性能(A级不燃)。因此，其作为建筑保温材料及设备关键部位的保护系统具有安全可靠的特性，避免了安全事故造成的人员伤亡或资产损失。(4)保护环境：利用本专利制备耐高温气凝胶材料过程中，采用超临界二氧化碳干燥工艺代替传统的乙醇超临界工艺和常压干燥工艺，极大地减少了有机溶剂(乙醇或烷烃类溶剂)的使用量，避免了溶剂释放对环境的污染。

目前，本专利成果已大规模应用于多型热电池的隔热保温，同时，也在建筑墙体隔热保温及冰箱保冷等方面获得推广，这对我国节能环保行业的发展起到了积极的促进作用。此外，气凝胶隔热材料还有望应用于集中供热、暖室、冷库、煤矿、化工、天然气管道、中央空调管道保温、蒸汽保温管道等保温保冷工程。气凝胶隔热材料的应用领域广泛且规模巨大，未来有望取得可观的经济效益和社会效益；同时，可推动我国环保节能领域的发展，真正通过科技创新实现可持续发展。

专利名称：一种用于电气设备的减震装置
专 利 号：ZL201010524100.6
专利权人：中国电力科学研究院有限公司，国家电网公司
发 明 人：程永锋　卢智成　朱祝兵　刘振林　钟　珉　王旭明　李　圣

基于本专利研制的减震装置性能优良、减震效率高、造价低廉，完全替代了日本的同类先进减震技术产品，在国内变电站工程中得到大范围应用，受到国外研究机构和学者的关注，海外项目方正在与我方商谈专利技术合作。基于本专利修订了1项国家标准，开展了1项行业标准的制定和报批，编制了1项中国电机工程学会团体标准，编制了6项国家电网公司企业标准，推动行业技术进步，引领电气设备抗震技术的发展，并确保行业领先地位。依据本专利的装置具有功能多重、结构小巧、安装简便等特点，以减震装置为输出产品，推动抗震新理念、新技术以及新加工工艺的应用和发展，进一步可带动减震装置设计加工、性能检测能力以及电气设备设计的提升，推动我国高端制造业的升级和进步。

按照《国家电网公司电网检修运维和运营管理成本标准》进行估算，目前已安装减震装置的变电站包括13个1000kV变电站(约15亿元/个)、12个750kV变电站(约9亿元/个)、2个500kV变电站(约4.2亿元/个)、7个330kV变电站(约1.4亿元/个)和6个220kV变电站(约0.6亿元/

个)，则安装减震装置可节省由于地震造成的设备维修以及更换费用324.8亿元。

减震产品应用效果先后在人民网、中国电力网、国家电网报、亮报等十多家主流媒体及行业内重要媒体获得报道。减震装置经历了2017年多次地震的考验：2017年8月8日九寨沟地震，甘肃330kV临江变电站地处6度区，减震设备运行正常；2017年8月9日新疆精河地震，地处5～6度的伊犁750kV、乌苏750kV变电站中电气设备未发生破坏，保持正常运行状态。专利产品性价比优越，打破国外减震装置的市场垄断，实现电气设备减震装置的国产化，市场占有率达95%以上，实现我国电气设备抗震技术的重大突破，引领电气设备抗震技术的发展与进步。依托本专利，研制了4种系列20余种型号的电气设备减震装置，实现电气设备抗震产品的差异化设计，满足所有电压等级的减震需求。专利产品已覆盖国内所有地震高烈度区的变电站或换流站，获得行业的广泛认同。

专利名称：混合容器

专 利 号：ZL201110056453.2

专利权人：主力智业(深圳)电器实业有限公司

发 明 人：李国基　刘春雨

本发明专利为原创性技术，其偏心技术为行业首创，开创了食物搅拌技术的新一代技术平台，颠覆了传统的同心和同轴技术，利用流体场中固体粒子在偏心类圆柱体容器中无序运动的规律，突破传统，创新设计出偏心扰流杯体，消除了搅拌容器中轴搅打盲区，提升了破壁效率。本发明专利属于基础性专利，解决了食物搅拌技术领域的关键性、共性的技术难题，获得了市场垄断地位，2015年在产品上开始实施。从2015年至2017年的产量及销售额、利润额、出口额，以及2015年许可给飞利浦使用，2017年许可给美的使用，可以看出该偏心技术的市场垄断地位及给主力带来的经济利益是非常显著的。关于美的使用该偏心技术的产品BL1206A，2017年中怡康数据显示销量排名第一，市场占比约34%。

厨房搅拌类产品发展已经超过一百年，在国外已经是家庭厨房必备的家电产品，国内近年一直保持着高速发展，根据中怡康数据统计，2016年搅拌机销售量已经超过1500万台，销售额达到43亿元，行业发展前景十分诱人。破壁料理机是在传统料理机上发展而来的现代化厨房家电，破壁机能够给将植物中的很多营养成分释放出来，帮助人们预防和控制慢性疾病，有利于人体健康，符合人们追求健康品味的生活习惯等，深受消费者喜爱，发展空间也让人期待。

主力偏心破壁机(搅拌机)，为在现有杯体与刀盘均为同心同轴的传统技术上做出的颠覆、重构，利用流体场中固体粒子在偏心类圆柱体容器中无序运动的规律，突破传统，创新设计了偏心扰流杯体，消除了搅拌容器中轴搅打盲区，提升了破壁扰流效率，为原创性的技术，该偏心技术为行业首创，开创了破壁机(搅拌机)偏心搅拌破碎的新一代技术平台，颠覆性的取消了传统的同心同轴技术，采用偏心扰流技术，属于基础性专利，解决了破壁机(搅拌机)领域的关键性、共性的技术难题，较大限度地提高了破壁粉碎扰流混合的效果，植物中的膳食纤维和植物生化素得到更充分更彻底的释放。在“CCTV-2财经频道的消费主张20171130消费测评：如何挑选破壁机?”这一期的节目中，偏心破壁机BL1602A的性价比均比其他品牌(包括国外品牌和国内其他品牌)的破壁机好。偏心技术将引领破壁机(搅拌机)行业的升级换代，避免行业因技术同质化导致的价格恶性竞争，引导行业进入技术升级的良性发展通道。

专利名称：一种蝉拟青霉菌株及其应用

专 利 号：ZL201110120603.1

专利权人:浙江泛亚生物医药股份有限公司
发 明 人:陈祝安 孙长胜 赵 伟 李 成

本专利成功获得稳定优质的蝉拟青霉菌株,实现了全过程工业化控制,自动灌装、自动接种,建成一条国内一流、国际领先、全自动化工业化规模化生产线,克服药用虫草类真菌人工栽培工业化生产的技术瓶颈,解决了高价值虫草菌的产业化生产世界难题,为现代中药领域做出重要贡献。

野生蝉花数量有限、价格昂贵,很难为广大群众的健康服务。参评项目蝉花虫草人工培养的成功,使得广大群众能用虫草治疗、保健身体,极大地提高群众的健康水平。以本专利为核心技术进行产业延伸,在江苏省淮安市建成虫草小镇,融合一、二、三产业,以虫草工厂为基础,以虫草培育所产生的菌质为无抗饲料和肥料原料,进行无抗健康产品的养殖及种植向一产延伸;同时,以虫草康养为基础建设的蝉之花虫草康养中心,成为保护生态、绿色发展,高效、生态系统稳定、一二三产业高度融合的康养小镇。本专利项目解决了采挖野生虫草造成资源枯竭、生态破坏,重金属难以控制等问题,维护了生态平衡,实现虫草可持续发展。本专利项目吸引两个院士工作站在企业建立科研平台,建成虫草菌株库,完成了虫草的全基因组的测序,对我国储备、保护优质的虫草菌株资源,具有重大的生态效益和战略意义。

本专利项目还推动了虫草文化的科普。企业建立了全球唯一的虫草专业类科普型博物馆,已接待各类来访者 60 余万人次,其中,“两院”院士 20 多位、国内专家学者 400 多位、外国专家 50 多位;组织科普讲座 1000 余场,举办学术研讨活动 10 多次,2015 年、2016 年、2017 年在平湖、沈阳连续承办了三届“世界虫草论坛”。现为国家 AAA 级旅游景区、国家虫草研发推广示范基地、国家虫草科普教育基地、国家金蝉花推广教育基地、浙江省工业旅游示范基地、浙江省中医药文化养生旅游示范基地、嘉兴市科普教育基地,可以说不仅提高国内人民对于中医药文化、虫草知识和文化的了解,同时在世界虫草界都有一定影响力。

专利名称:原油整形装置
专 利 号:ZL201110189280.1
专利权人:东北石油大学
发 明 人:刘 扬 王岩楼 刘晓燕 张传绪 刘立君 李福章 赵海谦 魏 胜 徐 颖

根据对比试验,加热输送能耗高,水力悬浮输送仅需要动力能耗,与加热输送能耗相比,全年节能率达到 30%以上。水力悬浮输送工艺在加热输送工艺基础上增加一个价格较低的整形装置即可,初投资很低,可操作性强,具有很好的经济效益和社会效益。大庆油田平均年耗气量约 $10\times10^8 m^3$,利用本专利的原油整形装置可以实现胶凝原油-气-水水力悬浮输送工艺,该工艺比同工况加热集输预期节能 30%以上,因此该项专利技术可使大庆地区每年 CO_2 减排 0.3 亿 m^3 以上。

油气集输系统包括集油、脱水、稳定和储运等环节,系统的任务是从井口收集油井产出液,并把它们输送到计量站、接转站、集中处理站进行计量、分离、净化等工作,最后输送到油库用于原油外输。该系统是一个复杂的多级网络系统,同时又是一个巨大的能量耗散系统。据统计,油气集输系统能耗一般占原油生产总能耗的 30%~40%,所消耗的热能和电能是油田节能的重点。其中集油部分能耗约占集输系统总能耗的 60%~80%,因此设法降低集油能耗是集输流程节能的关键。目前,国内各油田大多采用往管道中掺热水加热原油的输送工艺,确保产量的恒定及生产的安全性,但各油田集输原油的掺水温度通常高于 60℃,个别油田可达到 70℃以上,远远高于原油凝点,造成原油集输能耗的严重损失,致使 CO_2 排放量增加。

为降低油田工业的耗能量，实现原油不加热集输技术迫在眉睫。从20世纪七八十年代开始，我国胜利、中原、辽河、长庆、扶余、华北、江苏、河南、大庆等油田相继开展了不加热集油工艺试验研究。迄今，已成功研究了自然不加热集油、化学辅助、通球辅助、掺常温水辅助等若干不加热集油工艺，并在生产中应用。不加热集油技术已从初级阶段发展到基本成熟阶段，从温暖油田逐步推进到高寒地区油田，从物性好的低含蜡、低凝点、低黏度原油扩展到物性较差的高含蜡、高凝点、高黏度原油。虽然我国许多油田在不加热集油工艺技术研究方面取得了一些成果，但目前所进行的原油不加热集输中，油气水安全输送温度偏高，温度进一步降低时，管道被堵塞，无法安全输送。为进一步实现节能降耗，必须在集输方式上有所突破，进一步打破集输温度限制，减少集输中天然气的消耗。通过摸索、研究，提出了低温水力悬浮输送原油的集输工艺，使得原油在凝点以下不加热也不加任何药剂就能进行集输。本专利可实现这种集输方式，极大地简化工艺流程，降低原油生产成本，实现原油集输的工艺革命，该项技术的关键是原油整形装置的研制。本专利的发明使得低温的胶凝原油能够被整形成颗粒状，以实现胶凝原油的水力悬浮输送，达到节能降耗的目的。

专利名称：偏振敏感的分布式光频域反射扰动传感装置和解调方法
专 利 号：ZL201110237417.6
专利权人：天津大学
发 明 人：刘铁根　刘　琨　丁振扬　江俊峰　李定杰

本专利技术已经在天地伟业技术有限公司、南京昕天卫光电科技有限公司、重庆黄桷树光电科技有限公司、上海复旦智能监控成套设备有限公司、天津求实飞博科技有限公司、61062部队等多家单位和企业进行了成果转化，到目前为止已按照专利技术方案生产了多款扰动传感设备及系统。本技术已应用于克拉玛依市、福州市等城市的军用设施、平安城市、政法金融等工程项目建设，取得显著的经济和社会效益。如在东部战区福建某部营地布设光纤周界入侵报警系统一套，多年来，该系统一直稳定运行，长期监测，并对相关入侵行为模式进行识别分析和视频记录，避免对该营地入侵破坏的可能，受到用户的好评。

本系统在不同环境应用场合工作稳定，如在中国石油克拉玛依石化公司物资储运中心进行测试时，本系统传感光缆全部曝露于室外最低-25℃的环境中，但依然保持较好的工作性能。还测试了在山东省东营市胜利油田采油井周边松软土地地埋敷设下系统的报警性能，对破坏行为具有较高灵敏度和可靠性。根据五家企业提供的财务证明统计，本专利实施以来已累计生产相关设备及系统共计736台(套)，新增销售额50 255万元，新增利润7597万元。

本专利所述的偏振敏感的分布式光频域反射扰动传感技术，在水坝、油库、煤矿、化工、特种设备、重大基础设施、城市管廊的安全监测预警、诊断评价、风险评估有重大应用前景。通过本专利项目的成功实施可以实现此类安全监测产品在国家公共安全领域的批量推广和成功应用，有助于促进相关企业的技术升级和产品更新换代，增强企业的技术创新能力和市场竞争力。此外，本专利支撑的产品生产和推广应用，还将带动上游光源、光纤器件，以及下游相关应用领域的发展，从而带动相关产业链的整体发展，促进产业升级。

本专利的成功实施，能够带动光纤传感产业的发展，不仅可以提高自身产业的经济效益，还可以通过集群效应拉动周围产业发展，增加地方财政收入，解决社会劳动力就业，带动地方经济的快速发展。本专利及其专利群极大地支持了南京昕天卫光电科技有限公司的发展，继而在该公司的带动作用下，南京市浦口区已将光纤传感作为本地区优先发展领域，还专门成立光纤传感产业基地和协同创新中心，为该产业的持续发展助力。

专利名称：一种数据安全交换方法、装置、节点及系统
专 利 号：ZL201210417301.5
专利权人：中国人民解放军信息工程大学
发 明 人：陈性元　杜学绘　孙　奕　张红旗　王　超　曹利峰　夏春涛　毛　琨　张东巍

依据本专利共同研制了《基于互联网电子政务信息安全实施指南》国家系列标准，并进行专利推广应用；共同完成的项目《面向互联网开放环境重要信息系统安全保障关键技术研究及应用》获得2017年度国家科学技术进步奖二等奖。表中新增产值、新增利润为两个公司依据专利技术研发的数据安全交换产品所取得的直接经济效益。

本专利首次将密码认证技术用于安全交换，提出基于信息认证的数据安全交换方法，从理论上保证数据交换的安全性。创立基于可验证树的动态数据流交换验证方法，突破动态数据安全交换高效实时验证世界性难题，保证音视频动态数据流的安全交换。本专利成果实现了数据安全交换领域的原理创新，引领了数据安全交换技术发展的新方向。该专利技术提出的系统解决方案确保了交换来源可信、环境可信、内容可信、结果可信，既实现了文件等静态数据安全交换，又实现了视频流等动态数据安全交换，推动了信息交换与共享安全保障模式的重大创新。

本专利技术成果直接应用于北京奥运会、上海世博会、抗战胜利70周年阅兵、G20杭州峰会、郑州上合峰会和长征七号火箭首飞等重大活动安全保障，应用于金税、金盾、金财、金关等重大工程网络安全建设，为重大活动和重大工程的信息安全交换与共享提供强有力的技术保障。通过标准制定颁布、工程示范引领和专利应用推广，在我国信息化建设及互联网＋的发展中，发挥重要作用，做出重要贡献。

专利名称：一种激光薄膜的制备方法
专 利 号：ZL201210480267.6
专利权人：润坤(上海)光学科技有限公司
发 明 人：王占山　程鑫彬　沈正祥　张锦龙　马　彬　丁　涛　焦宏飞

本专利在国际上首次提出一种通过基板冷加工、基板刻蚀、基板超声波清洗、基板离子束清洗、电子束蒸发镀膜和缺陷激光预处理的全流程工艺控制，来降低缺陷密度、提高损伤阈值的激光薄膜制备方法。实验证明，采用本专利发明可以从激光薄膜制备的整个工艺流程上有效控制缺陷的产生，使激光薄膜的缺陷密度下降一个数量级，将激光薄膜的整体损伤阈值提高3倍，可以与现有的基板加工、清洗及薄膜制备工艺兼容，具有工艺重复性好、可控性强、效果明显等优点，完全可以应用于高功率/高能激光装置用薄膜器件的研制。

以本专利为核心形成的高损伤阈值激光薄膜器件制作技术及其产品，以点带面推动了我国强激光技术的发展，在激光惯性约束聚变重大工程、激光武器、激光雷达、引信、测距等型号装备以及国内多家研究单位的高功率激光装置上得到成功应用，满足了国家重大战略的相关需求。研制出系列高损伤阈值激光薄膜器件万余件、各类模块器件200余套，直接经济效益逾0.56亿元。中国工程物理研究院、中国航空工业集团等十余家用户单位使用项目组提供的激光薄膜、模块器件或单元技术产生的间接经济效益约4.7亿余元。以本专利为核心的高损伤阈值激光薄膜制备技术于2017年实现6项专利技术转让，获技术转移总投资1.56亿元(上海市政府投入0.44亿元，企业投入1.12亿元)，实现技术转移直接收益0.38亿元。

本专利的实施为我国独立自主开展高

端激光薄膜器件提供了技术基础，在此基础上，形成了高损伤阈值激光薄膜器件制作技术，推出了一系列可以满足国家重大需求的激光薄膜器件与模块器件，满足了神光系列超强激光装置建设与改造、10拍瓦超短超强脉冲激光器研制、激光输出功率达2万瓦的超高功率激光武器系统研制等国家重大激光工程建设和高功率/高能激光装置研制与生产的需要，打破了国外的技术封锁和高端器件的禁运，增强了我国在高功率/高能激光装备制造领域的自主创新能力，提升了相关产业的核心竞争力。

专利名称：一种聚合物稳定配向型液晶组合物及其应用

专 利 号：ZL201310042237.1

专利权人：江苏和成显示科技有限公司

发 明 人：宋晓龙　陈昭远

本专利针对目前传统负性液晶单体、可聚合化合物组合物所存在的稳定性不佳、驱动电压不够低等关键性、共性的技术难题，创造性地开发出一种全新的PSVA液晶组合物，使用全新的负性液晶单体、可聚合化合物、稳定剂的组合，并给出该组合物的在面板中的使用条件，为PSVA技术在液晶面板中的应用提供一种有效的材料设计和应用策略，解决了当前高世代线PSVA面板制造中长期存在的光学、电学、长期稳定性、制造良率等各项指标难以兼顾的关键共性问题。

本专利产品的聚合过程和结果具有优异的平行性，受控程度高，可用于TFT高世代面板生产线的大批量稳定量产，产业化具备显著的质量控制优势，降低面板不良所带来的巨大成本损失和效率浪费，实现节能减排的目标。PSVA模式使用了可聚合型化合物来控制液晶分子的排列方向：通过外加电场使液晶分子处于理想的排列状态，在保持此状态的同时进行UV曝光，使混合液晶中的可聚合型化合物聚合，从而“固化”住液晶分子的理想排列状态，减少污染、静电等问题。

PSVA－LCD用液晶材料正处于被国外垄断状态，通过本专利技术成果的实施，将拥有高性能PSVA－LCD用混合液晶材料，可替代进口，并逐步将重点产品打入国际市场，为我国PSVA－LCD用液晶材料发展打下坚实基础。作为信息产业中电子基础材料，其意义重大。根据国家发布的《电子信息产业调整和振兴规划》，明确把“突破集成电路、新型显示器件、软件等核心产业的关键技术”作为三大主要任务之一。该专利成果的实施可促进国内PSVA－LCD行业的发展和技术进步，打破面板用材料被国外垄断，我国液晶显示产业受材料制约的现状，推动我国形成完整的PSVA－LCD产业链。目前我国液晶材料产品以TN、STN为主，并实现了世界液晶材料四大供应商的地位，虽数量大，但单价低，产品档次相对较低。主要增长点为PSVA－LCD液晶产品，产品档次高，单价高，利润丰厚，市场增长迅猛。本专利成果转化产品，有利于提升我国的PSVA－LCD用液晶材料产品档次，并实现主流产品——PSVA－LCD液晶材料的国产化。

专利名称：低发散角近衍射极限输出啁啾光子晶体边发射激光器阵列

专 利 号：ZL201310106019.X

专利权人：中国科学院半导体研究所

发 明 人：郑婉华　刘　磊　渠红伟　张斯日古楞　王海玲

本专利的相关产品和技术已经在多家公司应用，近几年实现新增销售额14 242.61万元，新增利润4090.73万元；所研发的技术平台为中科院微电子所等研究所和大学提供技术支撑。该专利项目经济效益和社会效益显著。未来将继续开发光子晶体激光雷达系统、激光加工系统、微推光子晶体激光器模块、光纤陀螺模块及光子晶体激光合束模块等，进一步拓展应用领域。

本专利不仅能够继续推动半导体光子晶体激光器技术进步，而且可促进其他光电子器件的研发。开发的光子晶体材料与器件加工技术平台已经为中科院微电子所、中山大学、北京师范大学、北京理工大学等研究所和大学提供了技术支撑。其中中科院微电子所采用光子晶体激光模块后，认为较国外 Jenoptik 公司激光模块亮度提高 5 倍，烧蚀脉冲宽度从 1ms 减小到 0.2ms，微推进器比冲提高 20%（提高 100s），简化微光路设计，突破激光微推进器光源的技术瓶颈，提升微小卫星的整体性能。

本专利是微结构材料在重要功能器件中成功应用的典型案例，是一项我国高端半导体激光芯片技术实现跨越式发展的变革性技术。本专利发明所涉及的全部技术为团队独立自主完成，这种新型高性能低发散角半导体光子晶体激光器研制技术与现有半导体激光器技术兼容，适于广泛推广应用。一直以来，半导体芯片技术是国际发达国家如美国、日本等的垄断技术，基于本发明专利所研制的产品，未见国际上有相同报道。本发明技术的进一步推广和应用必将使我国半导体激光芯片在国际上占有一席之地，为进一步打破我国半导体激光技术“空芯化”的局面，提供自主创新的技术基础。

专利名称：采集时间控制模式下的多线程数据采集系统同步控制方法

专 利 号：ZL201310178987.1

专利权人：中国矿业大学（北京），彭苏萍，许献磊，杨峰，杜翠，彭猛

发 明 人：彭苏萍　许献磊　杨　峰　杜　翠　彭　猛

本专利项目专用数据采集设备的关键技术能够在我国 70%以上的矿区开采过程中适用，每年减少事故 20%，其经济效益非常显著。因此，该项目成果的推广应用，减少了安全事故发生概率，有助于社会稳定和国家、人民财产和生命安全，具有明显的社会意义。

以该专利为基础的探地雷达技术为有效检测城市道路路基隐患并治理道路塌陷事故提供了重要技术保障。北京等大中型城市地铁修建、地下管线铺设进入高速发展阶段，地下工程施工造成道路路面坍塌事故频繁发生，严重影响城市交通通畅和人们出行。以本专利为核心的相关技术解决了快速准确检测城市道路路基隐患并预警道路坍陷灾害的关键问题，在关键技术、理论方法等方面的研究有重要突破并在北京市道路工程成功应用，获得了显著的社会效益、经济和环境效益。

以该专利为基础的探地雷达技术有助于提升我国煤炭行业的国际形象。我国严峻的煤矿安全生产形势引起国际社会的广泛关注，直接影响着我国的形象，而煤矿高伤亡率也容易被国外某些势力所歪曲利用，对中国进行人权抨击。通过矿井灾害源超深探测探地雷达装备及技术方法对矿井地质构造和隐伏灾害源的探测，给煤矿企业，政府机构等提供有益的参考意见，较大程度上减少和预防了煤矿安全事故的发生，有助于提升我国煤炭行业乃至政府部分的国际形象。

专利名称：一种轨道车辆前端吸能装置

专 利 号：ZL201310488975.9

专利权人：中车青岛四方机车车辆股份有限公司

发 明 人：张永贵　马云双　龚　明　丁叁叁　田爱琴　王宝金　赵士忠　陈书翔　车全伟

本专利技术解决了列车轻量化与耐撞性能指标之间矛盾，以及列车大长细比、尖梭头型与吸能装置安装空间冲突的行业瓶颈问题。在国内轨道行业碰撞试验室（中南大学）完成了元件级、部件级和整车级碰撞吸能试验，在国际轨道行业权威试验室（美国交通技术研究中心（TTCI））完成了

世界上首次高速动车组列车级实车冲击试验，得到国内外轨道行业专家的高度评价，达到国际领先水平。

本专利技术在"复兴号"标准动车组上成功应用，显著提升列车被动防护技术水平，保障乘员生命安全；突破国外技术封锁，打造中国高铁品牌；引领带动碰撞吸能领域的技术全面发展；提高中国高速列车产品的技术含量和附加值；促进区域经济整体发展。目前"复兴号"中国标准动车组实际运营时速达 350 公里，已成为国内主型高速列车。2010 年专利权人生产的"和谐号" CRH380A 新一代高速动车组，在京沪高铁枣庄至蚌埠间的先导段联调联试和综合试验中，创造了最高运行时速 486.1 公里的实车运行记录；2016 年 11 月，更高速度等级列车在试验台上又创造了时速 605 公里的试验速度。在连续刷新动车组时速方面世界纪录的同时，被动安全技术也实现了同步跟进，成功解决了我国高速列车行业的被动安全设计难题，大幅提升了列车的碰撞安全性能，为我国高铁技术稳步持续发展打下了坚实的基础。

目前采用该碰撞吸能技术的大长细比高速列车首次在国际轨道行业权威试验室（美国交通技术研究中心（TTCI））完成列车级实车冲击试验，得到国内外轨道行业专家的高度评价，是我国自主创新能力的一次真实呈现，开启了我国高铁技术发展的新时代，提升了国家的形象和地位，具有深层的政治意义和时代感。中国在海外获得的第一项高铁订单——印尼高铁订单即为采用本技术的动车组。该技术为高速列车"走出去"打下坚实基础，对开拓国际市场，具有深远的意义，同时对泰国高铁、英国高铁等项目都起到了积极的推动作用。本专利技术的成功研制，推动了京津冀和长三角等区域经济的协同发展。同时，推动了以青岛为核心的动车产业生态区域，为打造轨道交通装备千亿级产业链做出积极贡献。

专利名称：一种轴向喂入式稻麦脱粒分离一体化装置

专 利 号：ZL201310718391.6

专利权人：江苏大学

发 明 人：李耀明　唐　忠　徐立章　孙　韬

基于本专利研发的履带式全喂入联合收割机系列产品，近三年累计销售 8.6 万台，实现新增销售收入 69.29 亿元、利润 8.99 亿元、创汇 6185 万美元。与日本久保田 PRO988Q 型履带式全喂入联合收割机相比，基于本专利研发的履带式全喂入联合收割机未脱净及夹带损失率降低 25%，按每台联合收割机每年收获 1500 亩、平均亩产 600 公斤计算，每台联合收割机每年可减少损失 675 公斤，销售的 8.6 万台联合收割机，每年可多收稻谷 5.8 万吨、增加效益 1.5 亿元（按稻谷 2.6 元/公斤计算机）。

基于本专利研发的履带式全喂入联合收割机系列产品，综合技术居国际先进水平，其中关键核心技术达到国际领先水平，整机主要技术性能指标明显优于国内外同类产品。研发产品实现了我国水稻机械化收获装备从劣到优的跨越，推动了联合收割机行业产品的升级换代，使我国高端履带式联合收割机市场保有量达到 60% 以上。本项目从关键理论突破、关键技术创新到关键装置开发，形成了完整的具有自主知识产权的技术创新体系。

本专利发明是联合收获技术的一次重大突破，研发的履带式全喂入联合收割机系列产品具有完全自主知识产权，使我国从根本上摆脱了长期依靠经验设计、低水平的模仿，走上了自主开发、科技创新的发展之路，使国产收获装备达到国际先进水平，提高了产品核心竞争力，将有力改变我国水稻收获高端产品不足、低端产品过剩的结构性矛盾；使高端履带式联合收割机从原来主要依赖进口（80%）发展为以民族品牌为主（70%）。项目的成功实施对提高企业核心竞争力，推动行业技术进步，保护、促进和振兴民族农业机械产业的发展都具有重要作用，符合国家“十三五”规划的发展方向和我国“三农”政策，还将对培育地方经济新的增长点和推动地方经济社会发展起到强有力的推动作用。

专利名称：一种基于宽波束造影成像及提取灌注时间强度曲线的方法
专 利 号：ZL201410081743.6
专利权人：西安交通大学
发 明 人：万明习　王弟亚　杨　萱　翟　宇　钟　徽　宗瑜瑾　李　勇　陈惠人　吴方刚　朱　磊　桑茂栋　吴宇鹏

本专利突破了国际现有技术限制，取得我国自主知识产权的核心技术创新。针对国际造影成像领域存在的前沿问题与国内技术和产业空白的重大需求，经过 20 年持续研究，逐步形成创新性的高对比广义解相关造影成像和高分辨灌注参量成像理论方法与成套关键技术。突破了国际现有技术限制，使我国取得本领域自主知识产权核心技术，核心技术指标居国际前列。本专利覆盖了高对比声驱动广义解相关造影成像、高信噪比 TIC 和灌注参量提取及高分辨快速成像所有核心技术，建立的以高对比、高分辨率及宽波束成像为目标的成像方法与技术体系，具有显著前瞻性，在现在和未来继续支撑本领域技术和产业发展。获得美国专利授权，突破国际知识产权限制，为我国设备进入国际市场提供知识产权保障。通过持续技术创新，解决了国际现有技术成像对比度与深部灵敏度低、参量提取精度和分辨率低的难题，对比度、信噪比、分辨率等核心技术指标居国际前列。

本专利系列设备被俄罗斯 Yaroslavl Railway Clinic 等欧美、东南亚、中东国外医院以及国内大批知名医院广泛用于肿瘤、心血管疾病等早期检查、疑难病例诊断、治疗评价等医学临床与前沿科学研究，作用显著，并且相关论文在 Ultrasound Obst Gyn、Sci Rep、Biomaterial 等一流刊物上获得发表。如中山大学附属第一医院将本专利设备用于肝肾肿瘤性质鉴别诊断、肝肾移植血管并发症检测、肿瘤射频消融治疗引导和评价。

本专利为国产超声设备成为国际高端设备发挥了关键推动作用，突破了常规超声成像无法分辨微血管及低速血流的限制，“首次使我国超声诊断设备具有了微泡造影与灌注参量成像新模式”。“经临床验证，上述产品整机性能与同档进口高端设备相当，造影/灌注成像对比度、分辨率和深部灵敏度更具优势”，极大地促进了我国高端超声成像设备的进步。依据 2015 年同类进口设备在我国市场的平均单价和专利权人产品的平均单价，国内采购成本大幅度降低，平均约 53 万/台；同时迫使进口高端机型逐年降价，每台平均降价约 5 万/年。

专利名称：腔体式微波器件
专 利 号：ZL201410225678.X
专利权人：京信通信系统（中国）有限公司，京信通信技术（广州）有限公司，京信通信系统（广州）有限公司，天津京信通信系统有限公司
发 明 人：刘培涛　苏国生　薛锋章　陈礼涛　卜斌龙

本专利成果转化所开发的新一代移动通信天线技术代表了信息技术的主要发展方向，推动我国移动通信技术和产业向世界先进水平跨越。本专利技术产品属于移动通信电调天线。从 2014 年 1 月至 2017 年 12 月，使用本专利技术的系列化产品已经广泛应用于全球 80 多个国家和地区超过 100 个运营商的移动通信网络中，在网运行的专利产品超过 280 万副，销售额累计已超 70 亿元，具有显著的经济效益。

本专利微波器件零件少、体积小，其扁

平化的结构方式特别适合多频天线的布局，大大简化了天线馈网，解决了天线多频化、小型化带来的紧凑型布局问题，推动了新一代无线宽带移动通信网络的发展。采用本技术的专利产品，体积和重量均实现大幅降低，以 LTE1.8G/2.1G 产品为例，双端口及四端口天线的体积重量较行业平均水平降低 50%以上。鉴于本专利技术的突出优势，采用本专利技术的产品已成为行业的标杆产品，本专利技术已引领了行业技术的发展方向。基于本专利的微波器件属于原创性技术，在小型化多系统共用天线方面具有明显的技术竞争优势，这为京信天线销售收入持续飙升、2015 年全球市场占有率超过 18%、连续八年全球排名前三奠定了基础。

本专利技术是我司自主研发并推广应用的第四代移相器技术，实现了专利产品的国产化，不仅打破了国际垄断，更使得京信在天线微波器件，尤其是移相器领域达到国际领先水平，振兴民族企业，助力中国梦实现；同时，国产化促使国外厂家的相关产品持续降价，间接为大幅降低通信网络建设成本做出贡献。

专利名称：光伏直驱系统及其控制方法

专 利 号：ZL201410318297.6

专利权人：珠海格力电器股份有限公司，珠海格力能源环境技术有限公司

发 明 人：董明珠　赵志刚　张雪芬　蒋世用　刘克勤　冯重阳

本发明提出一种全新的光伏直驱系统及其控制方法，取消稳压设备和采用负载内置的变流转换设备，由光伏能量直接驱动负载，通过光伏直驱系统，大幅降低因能量多次转换导致的能量损耗；同时通过采用基于能量平衡关系的三元换流技术，光伏单元、负载单元、电网单元独立控制联动调控，实现能量的双向流动和实时并网，有效提高光伏空调的自发自用率及系统的光伏利用率，大幅降低公共电网耗电，推动了国内外光伏供电系统技术的显著进步。

根据本专利提出的光伏直驱系统及其控制方法，格力电器研发了格力光伏多联机、光伏离心机等多个机组，共计 5 个大类、64 个型号的产品，累计销售 6000 余套，累计销售额 13 422 万元。本专利技术使光伏系统的效率显著提升，在产品的研发与销售方面起到关键性的作用，经济效益显著。此外，这些以本专利为重要技术点的机组，已经广泛应用于全球 23 个国家和地区，服务于 5000 多项工程，全面覆盖中东、北美及东南亚等气候区及工厂、学校、楼宇、农场等多种场所。

本专利将光伏能源及制冷行业结合起来，从开源的角度解决制冷行业节能逐步进入瓶颈的窘局，开拓了制冷行业发展新方向，为光伏产业及其他新能源产品开发了新的应用场景。同时，鉴于该专利为光伏能源对制冷设备或其他变频设备的直接驱动，对光伏产业或其他新能源产业提出新的要求，推动了光伏等新能源产业的技术升级，更好地与制冷设备及其他变频设备进行结合应用。本专利建立了一种制冷系统内部的小型直流微网原型系统；将其拓展至整个制冷系统应用的家居环境或建筑环境中，则可以实现光伏直流生态建筑，对孵化直流电气、直流微网及直流家居产业起到积极的推进作用。

专利名称：运载火箭贮箱总装环缝搅拌摩擦焊接的卧式装置及方法

专 利 号：ZL201410679615.1

专利权人：首都航天机械公司，中国运载火箭技术研究院，北京长征火箭装备科技有限公司

发 明 人：王国庆　邱　龙　高培涛　赵衍华　王德志　孔德跃　刘　亮

本专利项目的研制在国家支持的大型装备制造业领域范围内，落实了国家对于装备制造业进口设备国产化、自主研制、拥

有自主知识产权的要求。其已经成功应用于多个型号运载火箭的贮箱搅拌摩擦焊接。2016 年 6 月、2017 年 4 月长征七号火箭连续两次发射圆满成功，并将我国第一艘货运飞船“天舟一号”精确送入预定轨道，预示着我国载人航天工程空间实验室飞行任务首战告捷，标志着我国进入空间的能力大幅提升；研究成果成功应用于长征五号运载火箭的研制，是我国实施探月工程第三期、完成在月球表面取样返回任务的重要保障，是我国运载火箭的升级换代工程，代表了我国运载火箭科技创新的最高水平。2016 年 11 月 3 日长征五号首飞成功，标志着我国火箭运载能力进入国际先进行列，是我国由航天大国向航天强国迈进的重要标志，对增强国家经济实力、科技实力、国防实力、民族凝聚力具有十分重要的意义。

该专利项目成果还推广应用于现役 CZ-3A、CZ-3B、CZ-2F、CZ-7、CZ-5 等多个型号运载火箭的研制生产，特别是现役 CZ-3A 运载火箭箭体结构的批量生产，实现了我国长征系列运载火箭贮箱的精确、高效、绿色制造，提高了零部件制造精度和产品生产效率。该发明提高了我国运载火箭箭体结构的制造能力，成为满足我国“十三五”和“十四五”期间高强密度发射任务的要求的主力工艺装备。

该发明专利在我国某新型液体战略导弹型号中成功应用，解决了型号研制技术关键，为其首飞成功做出重要贡献，大幅提高了我国战略威慑力，对壮国力、扬国威具有不可估量的军事效益。

专利名称：冰箱
专 利 号：ZL201510264463.3
专利权人：青岛海尔股份有限公司
发 明 人：张 奎 费 斌 王 晶 程学丽 李春阳

本专利技术应用在青岛海尔冰箱有限公司生产的“精控微风道”“全空间保鲜”系列市场高端冰箱产品中，目前共有 10 个型号的冰箱应用该技术。本项专利技术是通过直接感知食物温度和分路气流控制，实现智能化按需冷却，精准控制温度，有效解决了冰箱内温度不均衡和温度波动大的难题，同时解决了箱体内温度可控的难题，满足食品多样性储存的温度差异化需求。

通过冷冻风机遮蔽装置，智能联动控制冷冻室出风口的风压及风速，达到快速冷冻恒温，同时在化霜时阻断传热，阻断化霜时产生的热气流入冰箱冷冻室，避免冷冻温度上升，温度波动幅度减少 5%，化霜时间减少 15%，维持冷冻食品的物性。肉类冻藏汁液流失率降低 15%，通过最大冰晶生成带制冷时间缩短 50%左右，防止肉类细胞冻裂引起的营养流失。这些技术的突破，解决了保鲜冰箱的关键技术，有效控制冰箱中食品的储存品质，减少营养损失和品质劣变，降低食品因储藏冷害和温控不当造成的腐烂损失 25%～30%，延长食品保鲜时间 2～3 天。截至 2017 年 12 月，共销售该类冰箱超过 47.4 万台，销售额约 44.88 亿元，带动海尔冰箱国内市场份额增长超过 50%。

该专利技术在行业首次实现了精确到每个隔层的定向降温控温功能；实现冰箱冷藏风道按需、分区域独立送风。通过即时传感模组，可以实时、快速地检测冰箱每个隔层的食物温度；通过专风流分配器按需送风，可根据需要向各隔层独立送风或组合送风，实现冷藏室隔层精确定向降温控温，实现冷量利用效率的最大化。

专利名称：一种风电场功率协同控制方法及其系统
专 利 号：ZL201510590051.9
专利权人：国电联合动力技术有限公司
发 明 人：褚景春 武春晓 潘海宁 李明辉

本专利采用基于风功率预测—风电机组—风电场系统的全局寻优控制方法，成功解决了风电场发电量整场协同寻优的技术难题，突破了风电场整场发电量提升的技术瓶颈。在非限电模式下风电场协同发电量提升1%，在限电模式下风电场协同发电量提升10%；降低了机组的疲劳寿命，机组平均寿命延长1年以上；风电场级实现了“毫秒”级通信，使场级功率响应速度提升5～10倍，场级功率控制精度提升3～6倍，成为国际上已见报道的场级功率调节的最高技术水平。

本专利技术通过风电场功率协同控制技术研究及系统研制，减少风电场尾流效应以及气象、地形及空间的影响和限制，根据风电场各类数据综合分析和判断，精确预测极限风速出现的位置和时间，更加合理地安排各机位机组的停开机及运行状态，提升风电场整场发电量，从而进一步提高风电场发电及盈利能力、降低度电成本，推进我国风电可持续发展进程，有效提高我国有限资源的利用率。本专利形成的产品可为我国提供超82亿千瓦时/年的绿色电力，相当于节约标准煤超288万吨/年、减排二氧化碳超719万吨/年、减排二氧化硫超22万吨/年、减排氮氧化物11万吨/年，保护和改善全国的生态环境成效显著。同时本专利提供的风电场功率协同控制方法及系统，实现了风电场各机组优化调度，也是对可再生能源有效利用的积极探索，对节能减排具有积极意义。

本专利技术解决了风电场在生产运营过程中容易被电力公司考核的行业难题，提升了风电电源在电力系统的对外形象和市场竞争，促进了区域新能源发展和环境保护，提高了风电在整个电源结构的占比。在此专利技术基础上衍生的新能源快速调频技术和无功动态跟随技术更是极大地支撑了风电企业向新能源智能化发展，在风电开发商建设友好型风电场的战略部署上发挥了积极作用，为推进现有行业格局的转型升级提供了重要技术支撑。

专利名称：一种一体式自拍装置
专　利　号：ZL201420522729.0
专利权人：源德盛塑胶电子（深圳）有限公司
发　明　人：李正良

本专利产品包括三脚架自拍杆、一体式铝合金自拍杆、迷你三代、雨燕、水滴、报喜鸟等产品，这些产品畅销全球，为企业创造了可观的经济收益。其中，以“让专业更时尚”为概念的三脚架自拍杆充满时尚个性元素，在推出后立即受到全球的关注并受到广大摄影爱好者的喜爱。日本、韩国、美国、意大利、德国、新加坡、中东迪拜及港澳台等发达国家和地区的摄影爱好者都给予源德盛极高的评价。至2017年底，本专利产品新增销售额达55 487万元，新增利润达1210万元，新增出口额达2837万元。

本专利项目克服现有技术之不足，将夹持装置一体式转动连接于伸缩杆的顶端，使用时无须临时组装，给使用者带来很大的方便；使用后直接将伸缩杆收容于载物台的缺口及夹紧机构的折弯部，不需额外占用空间，便于携带。参评专利权人通过多年研发和技术创新，拥有自主知识产权，与美国博通、我国台湾洛达等主流蓝牙芯片厂商密切合作，为客户提供便捷、定制化的一站式服务。并与三星、华为、小米、VIVO、OPPO等手机行业巨头达成战略合作。参评专利产品的实施应用将对推动科技创新、开拓新的经济增长领域、促进经济转型、增加就业、缓解社会矛盾、促进社会和谐起到显著的良性推动作用，是实实在在、利国利民的实事好事。

专利名称：煮饭器和用于煮饭器的盖体组件
专　利　号：ZL201520499692.9
专利权人：浙江苏泊尔家电制造有限公司
发　明　人：邱清山　刘一琼　刘　进

使用本专利技术的蒸汽球釜IH电饭

煲自2015年年底上市，累计销售28.7万台，使得苏泊尔1000＋、2000＋价位段产品的市场份额大幅上涨，丰富了高端产品线，提升了高端产品的质量。苏泊尔电饭煲产品的整体市占率提高到33%，以绝对的优势成为国内高端电饭煲领导品牌。2017年11月全新一代蒸汽球釜IH电饭煲上市，延续蒸汽的优势，以全新的工业设计，带动苏泊尔市场份额当月达历史新高37.7%。

中国制造的电饭煲已经取得长足的进步，但是仍然被诟病技术实力不强，不如国外高端品牌产品。苏泊尔公司持续创新，加强技术研究，研发具有新功能的差异化产品，推出毫不逊色于国外高端品牌的产品，对提升中国制造饭煲整体形象起到重要作用，有利于提高国内品牌产品的竞争力，打破高档电饭煲领域日韩品牌的垄断。

苏泊尔公司从20多年前以自主创新拉开中国电饭煲市场的第一次内胆升级开始，对其电饭煲产品先后进行了八次技术革新，推出超硬耐磨内锅、健康环保陶晶内锅等创新技术。2013年，推出了基于IH电磁加热技术的中高端新产品"球釜IH电饭煲"，并提出"柴火饭"概念。"IH球釜电饭煲"的上市，摆脱了该行业传统以"技术或口感"为营销核心的竞争困局。苏泊尔公司率先提出了基于消费者深度需求的概念模式。苏泊尔IH球釜电饭煲一经推出，立即受到市场的热烈欢迎，其他主流品牌也竞相跟随和模仿，纷纷推出类似概念产品。苏泊尔引发并激励一大批中国小家电企业转型升级的步伐，苏泊尔"蒸汽球釜IH电饭煲"推动整个产业的高端化进程。

专利名称：玩具搭建元件
专 利 号：201620237103.4
专利权人：深圳市优必选科技有限公司
发 明 人：刘乐锋　吴毓森　辛定凯　房远雄　陈新普

本专利已经实施在优必选Jimu机器人系列产品中，目前已推出探索者系列、发明家系列、迷你系列、丛林飞车系列及星际探险系列产品，深受国内外消费者喜爱。专利权人掌握益智编程教育Jimu机器人的核心技术，2016年推出的应用参评专利的最新Jimu机器人产品TankBot，是第二款登陆Apple Store零售店的Jimu机器人产品，目前在Apple.com和全球部分Apple Store零售店进行销售。本专利自2016年开始实施，累计销售专利产品247 625台，产品新增销售额169 267 617.12元，其中新增出口额95 527 767.18元，出口额占据总销售额的56.44%，新增利润67 974 944.83元。

对专利产品Jimu机器人通过动作设计和逻辑编程，赋予机器人全新的活力。Jimu积木机器人的编程应用、高转矩伺服舵机和关节卡扣式设计让玩家可以随心所欲地将Jimu积木机器人拆解、重构，拼出形态各异的机器人，让人有一种智能化变形金刚的错觉，耐玩度极高。玩家可通过Jimu积木机器人APP内特有的"动态搭建"图纸，完成搭建，运用内置蓝牙功能将APP与机器人相连接，就可用手机或平板轻松进行动作编程和操控，可激发玩家的无限创造力和想象力，动手能力也能大大提高。

参选专利产品Jimu机器人是一款聚焦当下STEM教育用户群体的智能编程机器人。学习编程对于儿童非常重要，因为它有助于形成解决问题和批判性思考的能力，这些能力不仅对他们的学业有用，对其职业生涯也有很大的帮助，是一次用机器人理念颠覆传统拼搭积木的革命。这十分符合苹果公司推行STEM教育的理念，因此双方从硬件到软件层面开展了合作，在全球范围内遴选STEM教育的候选者。近年来，专利权人与清华大学成立智能服务机器人联合实验室，与悉尼大学成立人工智能研究院，在人形机器人驱动伺服、步态运动控制算法、机器视觉、语音/语义理解、情感识别、U-SLAM(即时定位与地图构建)等领域深度布局,积极打造“硬件+软件+服务+内容”机器人生态圈,实现让机器人走进千家万户的梦想,专利权人正着力打造一条全球领先的自主机器人产业链,产研结合,将智能服务型机器人普及到全球每个家庭,努力为人类创造一种更智能、更人性化的休闲生活方式。

第二十届中国外观设计金奖获奖项目简介

专利名称:冰箱(SW)
专 利 号:ZL201230314746.1
专利权人:海尔集团公司、青岛海尔股份有限公司
设 计 人:杨发林　孙　福　赵　欣　张红霞　孙东光

海尔智慧窗冰箱以其艺术的设计、品质的工艺,缔造用户格调生活。海尔智慧窗冰箱定位高端,之前海尔因统帅品牌造成的乡土气得到很大改善,使海尔成功进行市场细分,树立良好企业形象。

海尔智慧窗冰箱的面市,有效推动了市场的发展,使高端冰箱产品进入大众视线。海尔智慧窗冰箱采用三层玻璃制成的透明中空门,对外层玻璃施以超精细印刷技术,使门体表面在亮灯状态下犹如魔法般变成透明的,在灯光灭掉后其又与冰箱外表面浑然一体。对中间层玻璃施以纳米级ITO真空镀膜,使玻璃导电且电阻值均匀,这样即使冰箱处于38℃的高温、85%的高湿环境下也不会出现凝露现象。同时,三层玻璃间充入氩气,配以超精端分子筛密闭封胶,通过3个波次近100项实验验证,最终完美地解决了冰箱的保温、凝露、变形、电阻率的控制、玻璃门的光折射等5项前所未有的行业技术难题,打造出划时代的智慧窗产品,引领行业。

海尔Smart Window冰箱突出产品工业设计的创意性,强调艺术感,它的诞生将使家电成为家居环境中的艺术品,带给消费者感官和心灵上的审美体验,让消费者享受独特工业设计所带来的随心自由与便捷。它强调以用户为中心的设计,致力于以技术革新和工业设计为支撑的品质与品味、性能与功能的完美融合。此外,海尔Smart Window冰箱要求制造材料、制造工艺等各个环节完全服务于设计品质的要求,从而要求厂商对消费者进行全方位的人性化关怀,促使各种设计讲究艺术、审美,更加人性化,引领设计趋势。随着海尔Smart Window冰箱的面市,有效推动了市场的发展,使高端冰箱产品进入大众视线,Smart Window冰箱作为冰箱行业的第一款透明门冰箱,引领冰箱行业,冲击国内外高端冰箱市场,使中国制造的高端冰箱为世界接受,也促进国内冰箱行业的科研热潮。

专利名称:水陆两栖飞机
专 利 号:ZL201330022393.2
专利权人:中航通飞研究院有限公司
设 计 人:卫　平　申蒸洋　李　欣　张庆云　彭新春　曾友斌　杨康智　熊　青　魏　猛　秦何军　温　庆　李　亮

作为我国三个“大飞机”之一的大型水陆两栖飞机AG600,是继大型运输机运20和C919大型客机后的又一重要型号,中国民航局副局长李健在AG600陆上首飞时的发言中指出:“AG600大型水陆两栖飞机作为我国首次研制的大型特种用途民用飞机,对民机产业发展具有重要意义。AG600飞机是继ARJ21-700、C919飞机之后,按照中国民用航空规章要求申请型

号合格证的又一大型飞机，是为满足我国森林灭火和水上救援的迫切需要，为国家航空应急救援体系研制的一种大型水陆两栖飞机，是航空工业进军这一领域的标志性型号，按照'水陆两栖、一机多型、民军兼顾、系列发展'的设计思想和原则，在满足森林灭火和水上救援要求的同时，具有兼顾改装成海洋环境监测、保护和远程运输补给等用途的可能性和灵活性，飞机总体技术水平和性能达到当前国际同类飞机的先进水平。AG600 大型水陆两栖飞机的研制是航空工业通飞首要研制目标，它既体现了国家意志，也是创新精神的一种体现。即使在世界范围，如此大型、复杂的水陆两用飞行器也是不多见的。"

"大飞机"项目是国家正在进行的一个战略性大工程项目，作为新时期国家建设的重大标志性工程，"大飞机"项目也是建设创新型国家的标志性工程，更是一个国家整体实力的重要标志。该项目对中国未来的社会、经济、民生及国防，特别是科学技术的整体推进，都有着非常重大的历史意义。党和国家领导人习近平、温家宝、张德江、汪洋等先后视察过中航工业通飞公司珠海基地，习近平主席在 2012 年 12 月视察中航工业通飞公司时登上了 AG600 的机头物理样机，并作出重要指示："你们这个产业，在科技创新方面，是一只很专业的队伍，希望你们再接再厉，在这方面发挥更大的作用，取得更大的成绩。"

AG600 大型水陆两栖飞机的研制进程，促进了国家应急救援航空装备体系建设的跨越式发展，填补了国内大型水陆两栖飞机的研制空白，形成了具有自主知识产权的水陆两栖飞机设计研发技术体系，全面提升了我国水面飞行器（包括水上飞机、水陆两栖飞机、地效飞机等）的设计和制造能力，促进通用航空产业和民机工业的大跨越。未来，按照"水陆两栖、一机多型、系列发展"的设计思路，通过系列化的发展和改进，在 AG600 完成设计定型、取得民用飞机适航许可证后，通过分布在东北、西南、东南等地民用机场的 20 架 AG600 飞机，即可实现对全国范围内主要森林的全覆盖，具备发现火情后最快 1 小时内到达森林火灾现场进行投水灭火的能力，从而大大提高森林灭火的效率，同时有效降低地面灭火人员的危险性。通过部署在渤海湾、东海、南海等主要海区的 AG600，能够实现对我国近海海域、钓鱼岛、日本海、西沙群岛、南沙群岛的全覆盖，未来在此海域的海上搜救任务通过 AG600 飞机都能够实现，从而有效降低海难事故的死亡率，提升中国的大国形象，为"一带一路"的快速推进提供海上航行的安全保障。

专利名称：柜机（15－35）
专 利 号：ZL201530466506.7
专利权人：珠海格力电器股份有限公司
设 计 人：鲍凯宁　李　莎　陈光宇　董亚西

2017 年 9 月，中国家用电器研究院和北京中轻联认证中心（CCLC）认证领御柜机获得"A＋性能"认证。这是我国首款获得认证的空调产品，成为空调行业名副其实的性能领跑者，创新节能科技，领跑绿色时代。该产品高效的性能特别适合用于寒冷地区、夏热冬冷地区制冷制暖需求，入选国家大战略"煤改电"项目。

因热空气上浮特性，使用常规热泵空调时房间下部人体活动区温度较低，房间上部空间热空气大量集聚，热量未能得到有效利用。而领御柜机所采用的分布式送风技术，可将热量输送到人体所需区域，暖从脚起，并可有效降低室内空气的温差，能源利用效率大幅度提升。使用领御柜机，达到室内设定温度所需的运行频率更低，从而耗电量大幅降低，与常规热泵空调对比，最少可省电 48%。一台 3 匹冷量的格力领御系列变频空调在北方寒冷地区，按制冷运行 1 个月、制热运行 4 个月、每天运转 8 小时计算，与同冷量的普通空调相比，一年可节约用电约 301 度，按每度电 0.6 元计算，节约电费约 180 元。

格力领御柜机设计越发精品化、艺术化、人性化，同时又一次体现了格力设计师、工程师的巨大创新力度，其突破传统思维，改变了消费者传统印象中的柜机，赋予品牌创新的力量。该产品一上市就受到多方关注，引领时下设计潮流；成功吸引了消费者的眼球，更成为消费者家庭环境的一道亮色，与家庭装修风格完美相匹配；领御柜机空调兼具实用性和艺术性，并具有精神象征意义。领御空调开机时，如鲜花般盛放，轻盈优雅，令人百看不厌，呈现出晶莹剔透的艺术品风格。该产品不仅具有出众的性能，更是对传统空调外观设计的颠覆，为同行业启迪了思想，开拓了新思路，这将是空调器的工业设计史上具有里程碑意义的一点。

专利名称:洗衣机
专 利 号:ZL201630032286.1
专利权人:无锡小天鹅股份有限公司
设 计 人:罗思明　唐雨生　金炅学

一款怀着匠心精神打造出来的洗衣机。我们并不满足于只是将衣服洗干净。洗衣机的本质在于解放人的时间，为人类带来更舒适的生活。在多维转桶的基础上，我们的洗衣机可以方便地投取衣物；洗涤中途可以随时开门，添加衣物而不受泡沫溢出的困扰；洗涤过程中前后翻转，打散衣物，解决了衣物缠绕的困扰。在结构和性能设计上，我们更是精益求精，搭载 MBS 减震系统和 V 形轴承球面转动导轨系统，实现多维转桶的同时保证震动和产品寿命高于常规洗衣机。小天鹅比佛利洗衣机 BEVERLY K 的上市，代表中国民族品牌洗衣机正在努力走向高端化与精品化，通过深入的技术创新，引导人民的洗衣消费习惯向高品质转变，爱衣服，更爱自己。同时，将洗衣机作为一种艺术品进行创造，不断提高人民的物质文化生活水平。

近年来每次提到高端家电，大家想到的都是日韩品牌、欧美品牌；每次有高科技突破产品上市，我们都不会想到是国产品牌。虽然这两年在洗衣机行业这种状况有改观，但是，国产品牌高端化的道路仍然很艰难。但是小天鹅比佛利本次推出的 BEVERLY K 洗衣机，自其概念机推出以来，就在展会上屡次备受关注，并且在大家仍然认为是概念机的时候，产品成功上市。这款定价 15 999 元的产品，直面高端市场，从上市起就被定位为与其他高端品牌在全球竞争的产品。未来几年，小天鹅公司计划在所有的 OBM 品牌国家推广该高端产品，树立其高端品牌形象。

作为一个具有 40 年历史的洗衣机制造企业，小天鹅公司一直在追赶国外品牌到全面超越国外品牌的道路上不断努力；在湖南卫视《了不起的中国制造》节目中，将中国洗衣机与外国洗衣机进行比较，小天鹅公司采用冷水洗涤技术的洗衣机在对衣物的保护、稳定性以及节能环保方面，都反超国外品牌，这是小天鹅公司的技术彰显，同时也是中国制造的实力演绎。

专利名称:军车整车
专 利 号:ZL201630134201.0
专利权人:东风汽车公司
设 计 人:陈建贤　郑贤文　宋景良
吴卫星　郑素霖　王　振
吴海涛　陈祥宇　张　杰
叶建伟　毛剑秋

东风“猛士甲”轻型步战车，代号为 EQ2100MCTFL1，是东风中型越野车平台进一步扩展和延伸的防护型车，以“猛士甲”概念迅速抢占国内中型防护型车辆市场份额，进一步满足部队的需求。其特点有:具备高机动性；基本的浮渡能力（加装辅助浮渡措施）；较强的防护能力、一定的防爆能力；一定的火力打击能力；战术互联网电台、北斗等信息通信能力。该产品可用于作战指挥、战场侦察、补给救护、反恐维和、治安防暴、武装押运、抢险救灾等。

东风“猛士甲”EQ2100MCTFL1轻型步战车在延续东风猛士“DNA”的基础上，凭借犀利的型面与不规则的造型打破传统形式，整体观感酷似凶狠的鳄鱼，十分威武霸气，细节比例不乏变化，耐人寻味。其犀利前卫的造型令人印象深刻，得到广泛好评，深化了国人对东风猛士品牌的认知，形成东风军车的品牌形象，奠定了东风军车自主研发和军车品牌构建的里程碑。东风军车品牌从此真正意义上具有从“经典车型”向“后代车型”辐射的“以点带面”的造型特征，成为贯穿东风军车品牌历史、承前启后的品牌基因。东风“猛士甲”EQ2100MCTFL1轻型步战车通过造型特征实现造型“DNA代码”的同源性，是以品牌“DNA进化”为设计机制的一次成功尝试。东风军车自主品牌需要更多时间来逐步积累车型和丰富车型谱系，继承和挖掘自己的品牌“DNA”，建立“有根可循”的自主品牌，沉淀自己的品牌故事。

同时，东风“猛士甲”EQ2100MCTFL1轻型步战车威武前卫的设计形象也成为业界军车设计的标杆，很好地诠释了功能与形式的结合，将勇猛的军人形象体现在战车上，也为东风公司第四代军车的预研做好过渡与准备。

专利名称:洗碗机(水槽式Q6)
专 利 号:ZL201630153681.5
专利权人:宁波方太厨具有限公司
设 计 人:茅忠群

在自行实施方面，方太水槽洗碗机系列产品自2015年上市以来，一直保持的高速的增长态势，2016年方太水槽洗碗机的整体回款达到3.36亿元，同比增长414%。2018年2月，中怡康监控数据显示，方太水槽洗碗机的零售额市场占有率高达40.2%，稳居市场占有率第一。自2016年9月正式上市销售以来，截至2018年4月，共发货(产量)26 223台，为公司新增销售额约8476.41万元，新增利润约2017.62万元。考虑到三槽产品的安装尺寸以及万元以上的价格，目前洗碗机(水槽式Q6)在水槽洗碗机产品线的量占比大约为10%，但作为未来三年的主推产品，围绕“岂止会洗碗，还能去果蔬农残”的核心价值主张，其在果蔬清洗体验上有着独特的优势，代表着未来水槽洗碗机的一大发展趋势。方太公司也将随着市场需求的提升，逐步加大洗碗机(水槽式Q6)的量比，进一步促进本外观设计专利的产品应用，提高经济效益。

洗碗机(水槽式Q6)的成功开发，更适合中国国情，深受中国顾客欢迎，有效地提升了我国洗碗机行业的整体技术水平。其开放式清洗系统的设计具有节水、节电的特点，生产工艺与传统水泵产品具有较高的兼容性，可以促进传统水泵企业的快速升级；解决了洗碗烦恼、果蔬农残威胁健康的问题，中国千亿级市场亟待打开，并提高了公众健康水平和生活质量，对预防亚健康起到积极作用。

洗碗机早在20世纪80年代，就已经进入中国市场，但受消费习惯、使用环境、消费者购买力等因素制约，在中国市场的表现始终不温不火。这一局面直到近两年才突然出现了较大改观。去年，洗碗机如同一匹黑马，跃马扬鞭冲进数十亿市场。根据中怡康数据显示，2017年洗碗机市场零售额达19.8亿元，同比增长104.8%。当前中国约有3.9亿个家庭，洗碗机潜在家庭用户超1亿。业内预计中国洗碗机市场未来几年会实现较大增长。中怡康统计了2017年各个月份的市场份额及不同产品销售均价和市场占有额。调查数据显示，本发明应用的水槽洗碗机的市场占有额已经达到42.2%，市场占有率排名第一。随着市场占有率和销售额的不断提高，洗碗机(水槽式Q6)必将带动整个行业的快速发展。洗碗机(Q6式水槽)除了在国内成功上市外，2016年还成功跻身伊朗市场。目前在北美洲、马来西亚、巴基斯坦等地的水槽洗碗机海外项目正在启动，确保该产品在海外市场的开拓。

专利名称：客车(GTQ6189BEVBT6)
专 利 号：ZL201630187746.8
专利权人：珠海广通汽车有限公司
设 计 人：陈义福 杨智勇 王国东

本客车造型外观设计专利已成功应用于我公司18米“中国红”纯电动BRT，该产品自2016年投入市场以来，备受行业关注，多次入围国内展览会。18米“中国红”纯电动BRT在设计功能及结构安全上经过不断完善，技术已成熟稳固，得到了多方认证和认可，目前已经批量投产，在北京等多个城市运营，并取得一致好评。

18米“中国红”纯电动BRT外观设计源于自然，倡导人与自然的和谐发展。圆润的海豚造型、葱郁挺拔的竹子、错落有致的鹅卵石，车身设计处处显示大自然欣欣向荣的生机，给乘客带来身在都市、犹在自然的体验。18米“中国红”纯电动BRT不但为市民提供了安全便利出行的选择方式，同时实现了零排放、零污染的绿色出行环保理念，产生了较大的社会效益。

18米“中国红”纯电动BRT不仅仅是给乘客带来一种新的出行方式，它更融入了人性化、智能化、安全的元素，切身为乘客打造舒适、健康的出行乘坐环境，处处尽显人文关怀文化。18米“中国红”纯电动BRT颠覆了传统公交车的设计理念，同时引领新能源汽车的科技应用发展方向，为同行业启迪了思想，开拓了新思路，同时始终贯彻“可持续发展”“绿色出行”等理念。

专利名称：室内轨道巡检机器人
专 利 号：ZL201630352487.X
专利权人：山东鲁能智能技术有限公司
设 计 人：慕世友 李子乐 傅孟潮
韩 磊 宋志峰 李运厂
张 斌 付崇光 赵亚博
张海龙

本外观设计从造型、色彩和材质方面打破了原有室内轨道机器人的呆板形象。造型设计方面，本外观专利采用流线型和折线等元素相结合，既有亲和力又不失现代感、科技感。配色上采用黑、白、红配色，结合ABS复合材料的应用，体现机器人安全可靠的特性，隐藏式的灯光设计，使照明灯与整体造型融为一体，整体感更强。

目前已对该室内轨道巡检机器人按照相关企标进行了多次性能测试，测试结果均满足室内环境运行要求及设计参数。自2015年4月至今，该产品在所属检修公司及17地市公司已经推广应用160多套，覆盖开关室、保护室、电容器室、GIS室等室内巡检，室内设备巡视效率提高60%，人员节支1600多万元，发现330多处缺陷，挽回经济损失6000多万元。该机器人能够持续工作，具有定位精度高、工作稳定性强、效率高等优点，保障了当地变电站室内设备的正常运行，可进行批量生产。

室内轨道式智能巡检机器人系统是电力机器人行业一大规模产业化产品。以此项目产业化收益为基础，专利权人已建成国内外最大的电力机器人产业化生产基地，并发起成立“山东省机器人产业技术创新战略联盟”，联合电力机器人上下游企业，形成电力机器人产业链，共享产业发展收益。截至2017年年底，该专利产品新增销售额已达1.5亿元，平均每年新增销售额0.6亿元以上，从而全面带动了电力机器人上下游产业链上机械加工、自动控制、计算机软硬件、人工智能等多个产业的发展。据不完全统计，中国现有110kV及以上变电站16 000多座，每座变电站有2～5个小室，未来需求超过20亿元，市场容量巨大，必将有效带动国内变电站智能机器人巡检系统相关产业的发展。

专利名称：手机
专 利 号：201630455768.8
专利权人：珠海市魅族科技有限公司
设 计 人：游荣旻 白永祥

本专利应用的产品魅族 Pro7 系列是继承魅族品牌优秀的品质以及制造工艺'集魅族文化传统于一身的产品，是魅族公司回归初心、专注时尚的一款代表性的产品。魅族 Pro7 的设计，正是源自以人为本，对消费者应用需求的精准把握，创造了一系列抓住用户"痛点"的新设计、新功能。同时，这些创新设计又被消费者充分感知，他们感受到了被尊重、被关注，进一步提升了对魅族品牌的忠诚度。魅族被评为 2017 年度中国手机全球十大畅销品牌，提升了品牌知名度；Pro7 系列手机的推出提升了企业品牌形象，受到消费者的追捧，提升了市场竞争力，取得了不俗的销售成绩。这将有利于将魅族品牌打造成为优秀的中国民族品牌。

本专利产品在海外市场上同样受到广大消费者的喜爱，有外媒点评魅族 Pro7 是中国手机的划时代之作，并称不少亚洲、欧洲的消费者都表示，希望未来能够看到更多的魅族手机出现在国外手机市场。国际上对于国内品牌的创新能力有了新的认识，有利于品牌向国际化发展。

背屏的设计理念来源是：调研发现有时候人们打开手机只是想看一眼时间，或者原本只是想看一个消息，却在不经意间花费很长时间看了无数消息。魅族公司的研发人员希望科技不仅能让用户连接到数字生活，同时也能使用户保持与现实生活的联系，不要成为那种忽略身边的家人朋友、只盯着手机屏幕的人，该专利手机背面显示屏，可称之为"窗"，这扇"窗"可以让用户通过随意一瞥就完成体验，而不像正面显示屏那样更容易令人沉浸在手机中，或者分散人们的注意力。因此，提出背屏的概念，正是倡导用户要保持健康的生活方式。

专利名称：吸油烟机（CG5610）
专 利 号：ZL201730035284.2
专利权人：杭州老板电器股份有限公司
设 计 人：任富佳　钟素萍　王　强

Robam－5610 吸油烟机外观设计遵循少即是多的设计原则，采用最基本的方和圆的几何形状，运用方中带圆的分割方式，表现了中国文化中方和圆对比的美学韵味。天圆地方的思想是我们传统文化的传承之一，方圆之美也是中国最传统的美学。简单的线条，棱角分明的造型，是方形最独特的艺术之美，没有太过烦琐的设计，只是外观体现着的方形简约的美感，就足以吸引消费者的眼球。而圆，是世界上最完美的几何图形，也是艺术作品中的最常见的图案之一。当方与圆相遇之时，方不再棱角分明而圆也凭借柔美的线条温暖了整个空间。

本项目产品市场单价达到 5600 元，消费者对于厨电产品侧吸系列认可的价位段已从 2016 年的 4800 元，提升至 5600 元，整体消费呈上升趋势。从消费者来看，厨电产品已由价格主导因素转移为功能性和美观性并行的因素，尤其是该产品的"颜值"，在做出最终决策时占据很大的分值。同时，产品的挥手感应控制受到消费者的极大青睐，其他品牌厨电公司陆续推出相应功能技术，成为新的产品技术点，引领消费习惯。

（国家知识产权局知识产权运用促进司）

2018年新增地理标志名录

序号	商标名称	注册人	注册号	类别	商品	国家(国内省、自治区、直辖市)
1	沱湖螃蟹	五河县沱湖螃蟹行业协会	14828183	31	螃蟹(活的)	安徽
2	太湖小黄花鸡	太湖县小黄花鸡养殖协会	16491298	31	活鸡	安徽
3	大陇葡萄	当涂县大陇葡萄产销协会	18082139	31	新鲜葡萄	安徽
4	潘集酥瓜	潘集区蔬菜协会	19066794	31	酥瓜	安徽
5	砀山黄桃	砀山酥梨营销管理协会	20126064	29	黄桃罐头	安徽
6	砀山黄桃	砀山酥梨营销管理协会	20126065	31	新鲜黄桃	安徽
7	利辛香椿	利辛县香椿协会	20516387	31	新鲜香椿	安徽
8	舒城油茶	舒城县油茶产业协会	21273039	31	油茶(植物)	安徽
9	舒城山茶油	舒城县油茶产业协会	21273040	29	山茶油	安徽
10	白泽四季葱	安庆市宜秀区白泽湖乡农村综合服务中心	21714498	31	葱(新鲜蔬菜)	安徽
11	白泽湖莲藕	安庆市宜秀区白泽湖乡农村综合服务中心	21714499	31	鲜藕	安徽
12	姑溪河大米	当涂县优质稻米产业协会	22047873	30	大米	安徽
13	霍山黄大茶	霍山县茶叶产业协会	22049749	30	茶叶	安徽
14	凤台平菇	凤台县刘集镇食用菌协会	22264615	31	平菇(新鲜蘑菇)	安徽
15	黄营灵枣	淮北市烈山区宋疃镇经济发展服务中心	22437494	31	鲜枣	安徽
16	潜山王河舒席	潜山县王河舒席竹业协会	22524541	27	席	安徽
17	段园葡萄	杜集区段园镇葡萄技术协会	23166804	31	新鲜葡萄	安徽
18	广德云雾茶	广德县种植业管理局	23243107	30	云雾茶(茶)	安徽
19	广德黄金芽	广德县种植业管理局	23243108	30	黄金芽(茶)	安徽
20	颍泉草莓	阜阳市颍泉区特色农产品服务中心	25228855	31	草莓(新鲜水果)	安徽
21	阜阳葡萄	阜阳市颍泉区特色农产品服务中心	25228857	31	新鲜葡萄	安徽
22	颍泉葡萄	阜阳市颍泉区特色农产品服务中心	25228858	31	新鲜葡萄	安徽

续表

序号	商标名称	注册人	注册号	类别	商品	国家(国内省、自治区、直辖市)
23	广德竹扇	广德县鼎鑫竹木工艺扇子协会	25565059	20	个人用扇(非电动);竹木工艺品(竹扇)	安徽
24	全椒龙虾	全椒县龙虾产业协会	25711593	31	小龙虾(活的)	安徽
25	安庆番鸭	安庆市大观区番鸭养殖专业技术协会	25958799	31	番鸭(活家禽)	安徽
26	枞阳萝卜	枞阳县萝卜种植协会	26081373	31	新鲜萝卜	安徽
27	怀宁龙尖	怀宁县茶叶协会	26081374	30	茶叶	安徽
28	宁前胡	宁国市种植业局	26755281	5	前胡(中药材)	安徽
29	苏玳 SAUTERNES	波尔多葡萄酒行业联合委员会	15615999	33	葡萄酒	法国
30	普瑟冈-圣埃米利永 PUISSEGUIN SAINT - EMILION	波尔多葡萄酒行业联合委员会	15616003	33	葡萄酒	法国
31	布拉伊-波尔多山坡	波尔多葡萄酒行业联合委员会	22958547	33	葡萄酒	法国
32	BLAYE - COTES DE BORDEAUX	波尔多葡萄酒行业联合委员会	22958548	33	葡萄酒	法国
33	弗朗-波尔多山坡	波尔多葡萄酒行业联合委员会	22958549	33	葡萄酒	法国
34	FRANCS - COTES DE BORDEAUX	波尔多葡萄酒行业联合委员会	22958550	33	葡萄酒	法国
35	卡迪亚克-波尔多山坡	波尔多葡萄酒行业联合委员会	22958551	33	葡萄酒	法国
36	CADILLAC - COTES DE BORDEAUX	波尔多葡萄酒行业联合委员会	22958552	33	葡萄酒	法国
37	卡斯蒂永-波尔多山坡	波尔多葡萄酒行业联合委员会	22958553	33	葡萄酒	法国
38	CASTILLON - COTES DE BORDEAUX	波尔多葡萄酒行业联合委员会	22958554	33	葡萄酒	法国
39	波尔多山坡	波尔多葡萄酒行业联合委员会	22958555	33	葡萄酒	法国
40	COTES DE BORDEAUX	波尔多葡萄酒行业联合委员会	22958556	33	葡萄酒	法国
41	优级格拉夫	波尔多葡萄酒行业联合委员会	22958557	33	葡萄酒	法国

续表

序号	商标名称	注册人	注册号	类别	商品	国家(国内省、自治区、直辖市)
42	GRAVES SUPERIEURES	波尔多葡萄酒行业联合委员会	22958558	33	葡萄酒	法国
43	格拉夫	波尔多葡萄酒行业联合委员会	22958559	33	葡萄酒	法国
44	GRAVES	波尔多葡萄酒行业联合委员会	22958560	33	葡萄酒	法国
45	HAUT-MEDOC	波尔多葡萄酒行业联合委员会	22958561	33	葡萄酒	法国
46	利斯特拉克-梅多克	波尔多葡萄酒行业联合委员会	22958562	33	葡萄酒	法国
47	LISTRAC-MEDOC	波尔多葡萄酒行业联合委员会	22958563	33	葡萄酒	法国
48	梅多克	波尔多葡萄酒行业联合委员会	22958564	33	葡萄酒	法国
49	MEDOC	波尔多葡萄酒行业联合委员会	22958565	33	葡萄酒	法国
50	拉朗德-波美侯	波尔多葡萄酒行业联合委员会	22958566	33	葡萄酒	法国
51	LALANDE DE POMEROL	波尔多葡萄酒行业联合委员会	22958567	33	葡萄酒	法国
52	索泰尔讷	波尔多葡萄酒行业联合委员会	22958572	33	葡萄酒	法国
53	SAUTERNES	波尔多葡萄酒行业联合委员会	22958573	33	葡萄酒	法国
54	波亚克	波尔多葡萄酒行业联合委员会	22958577	33	葡萄酒	法国
55	PAUILLAC	波尔多葡萄酒行业联合委员会	22958578	33	葡萄酒	法国
56	波尔多甜白	波尔多葡萄酒行业联合委员会	23114337	33	葡萄酒	法国
57	BORDEAUX CLAIRET	波尔多葡萄酒行业联合委员会	23114338	33	葡萄酒	法国
58	波尔多淡红	波尔多葡萄酒行业联合委员会	23114339	33	葡萄酒	法国
59	SAINTE-FOY BORDEAUX	波尔多葡萄酒行业联合委员会	23114340	33	葡萄酒	法国
60	波尔多山坡-圣马盖尔	波尔多葡萄酒行业联合委员会	23114341	33	葡萄酒	法国
61	COTES DE BORDEAUX SAINT-MACAIRE	波尔多葡萄酒行业联合委员会	23114342	33	葡萄酒	法国
62	波尔多气泡酒	波尔多葡萄酒行业联合委员会	23114343	33	葡萄酒	法国
63	CREMANT DE BORDEAUX	波尔多葡萄酒行业联合委员会	23114344	33	葡萄酒	法国

续表

序号	商标名称	注册人	注册号	类别	商品	国家(国内省、自治区、直辖市)
64	BORDEAUX HAUT BENAUGE	波尔多葡萄酒行业联合委员会	23114345	33	葡萄酒	法国
65	圣富瓦波尔多	波尔多葡萄酒行业联合委员会	23114346	33	葡萄酒	法国
66	上梅多克	波尔多葡萄酒行业联合委员会	23114347	33	葡萄酒	法国
67	布拉伊山坡	波尔多葡萄酒行业联合委员会	23114348	33	葡萄酒	法国
68	COTES DE BLAYE	波尔多葡萄酒行业联合委员会	23114349	33	葡萄酒	法国
69	布拉伊	波尔多葡萄酒行业联合委员会	23114350	33	葡萄酒	法国
70	BLAYE	波尔多葡萄酒行业联合委员会	23114351	33	葡萄酒	法国
71	波尔多上伯诺日	波尔多葡萄酒行业联合委员会	23114352	33	葡萄酒	法国
72	BORDEAUX MOELLEUX	波尔多葡萄酒行业联合委员会	23114353	33	葡萄酒	法国
73	优级波尔多甜白	波尔多葡萄酒行业联合委员会	23114354	33	葡萄酒	法国
74	BORDEAUX SUPERIEUR BLANC	波尔多葡萄酒行业联合委员会	23114355	33	葡萄酒	法国
75	优级波尔多	波尔多葡萄酒行业联合委员会	23114356	33	葡萄酒	法国
76	BORDEAUX SUPERIEUR	波尔多葡萄酒行业联合委员会	23114357	33	葡萄酒	法国
77	波尔多主山坡	波尔多葡萄酒行业联合委员会	23114358	33	葡萄酒	法国
78	PREMIERES COTES DE BORDEAUX	波尔多葡萄酒行业联合委员会	23114359	33	葡萄酒	法国
79	布尔	波尔多葡萄酒行业联合委员会	23114360	33	葡萄酒	法国
80	BOURG	波尔多葡萄酒行业联合委员会	23114361	33	葡萄酒	法国
81	布尔山坡	波尔多葡萄酒行业联合委员会	23114362	33	葡萄酒	法国
82	COTES DE BOURG	波尔多葡萄酒行业联合委员会	23114363	33	葡萄酒	法国
83	两海间-上伯诺日	波尔多葡萄酒行业联合委员会	23114364	33	葡萄酒	法国
84	ENTRE - DEUX - MERS HAUT - BENAUGE	波尔多葡萄酒行业联合委员会	23114365	33	葡萄酒	法国
85	两海间	波尔多葡萄酒行业联合委员会	23114366	33	葡萄酒	法国

续表

序号	商标名称	注册人	注册号	类别	商品	国家(国内省、自治区、直辖市)
86	ENTRE - DEUX - MERS	波尔多葡萄酒行业联合委员会	23114367	33	葡萄酒	法国
87	卡农-弗龙萨克	波尔多葡萄酒行业联合委员会	23114368	33	葡萄酒	法国
88	CANON FRONSAC	波尔多葡萄酒行业联合委员会	23114369	33	葡萄酒	法国
89	弗龙萨克	波尔多葡萄酒行业联合委员会	23114370	33	葡萄酒	法国
90	FRONSAC	波尔多葡萄酒行业联合委员会	23114371	33	葡萄酒	法国
91	韦雷-格拉夫	波尔多葡萄酒行业联合委员会	23114372	33	葡萄酒	法国
92	GRAVES DE VAYRES	波尔多葡萄酒行业联合委员会	23114373	33	葡萄酒	法国
93	波美侯	波尔多葡萄酒行业联合委员会	23114374	33	葡萄酒	法国
94	POMEROL	波尔多葡萄酒行业联合委员会	23114375	33	葡萄酒	法国
95	圣于连	波尔多葡萄酒行业联合委员会	23114376	33	葡萄酒	法国
96	圣朱利安	波尔多葡萄酒行业联合委员会	23114377	33	葡萄酒	法国
97	SAINT - JULIEN	波尔多葡萄酒行业联合委员会	23114378	33	葡萄酒	法国
98	圣乔治-圣埃米利永	波尔多葡萄酒行业联合委员会	23114379	33	葡萄酒	法国
99	SAINT - GEORGES SAINT - EMILION	波尔多葡萄酒行业联合委员会	23114380	33	葡萄酒	法国
100	巴尔萨克	波尔多葡萄酒行业联合委员会	23114381	33	葡萄酒	法国
101	BARSAC	波尔多葡萄酒行业联合委员会	23114382	33	葡萄酒	法国
102	圣爱斯泰夫	波尔多葡萄酒行业联合委员会	23114383	33	葡萄酒	法国
103	SAINT - ESTEPHE	波尔多葡萄酒行业联合委员会	23114384	33	葡萄酒	法国
104	卡迪亚克	波尔多葡萄酒行业联合委员会	23114385	33	葡萄酒	法国
105	CADILLAC	波尔多葡萄酒行业联合委员会	23114386	33	葡萄酒	法国
106	卢皮亚克	波尔多葡萄酒行业联合委员会	23114387	33	葡萄酒	法国
107	LOUPIAC	波尔多葡萄酒行业联合委员会	23114388	33	葡萄酒	法国
108	圣克鲁瓦蒙	波尔多葡萄酒行业联合委员会	23114389	33	葡萄酒	法国
109	SAINTE - CROIX - DU - MONT	波尔多葡萄酒行业联合委员会	23114390	33	葡萄酒	法国
110	德化窑瓷器	德化县陶瓷同业公会	16430031	21	瓷器	福建
111	德化玉瓷	德化县陶瓷同业公会	16430032	21	瓷器	福建
112	德化白瓷	德化县陶瓷同业公会	16430033	21	瓷器	福建

续表

序号	商标名称	注册人	注册号	类别	商品	国家(国内省、自治区、直辖市)
113	武平灵芝	武平县食用菌协会	16933217	5	灵芝	福建
114	周宁纯池小径笋	周宁县纯池镇果蔬协会	17411994	31	笋(食用植物根)	福建
115	周宁纯池小径笋	周宁县纯池镇果蔬协会	17411995	29	笋干	福建
116	张坂木雕	泉州台商投资区张坂雕艺协会	17733068	20	木雕工艺品	福建
117	连史纸	连城连史纸研究所	17939795	16	宣纸	福建
118	万前百年蔗	松溪县特色产品发展研究学会	18111629	31	甘蔗	福建
119	长泰坂里红曲酒	长泰县农产品流通协会	18496813	33	红曲酒	福建
120	永春香	永春县香制品同业公会	18749791	3	香;祭祀用香;香木;熏日用织品用香囊;干花瓣与香料混合物(香料)	福建
121	长乐石壁白萝卜	长乐市石壁蔬菜协会	18780070	31	萝卜	福建
122	古田红茶	古田县茶业管理局	18791721	30	茶	福建
123	屏南山茶油	屏南县油茶加工行业协会	18973861	29	山茶油(食用油)	福建
124	邵武和平鲤鱼	邵武市和平镇三农服务中心	19658607	31	鲤鱼(活鱼)	福建
125	邵武茶油	邵武市和平镇三农服务中心	19658609	29	茶油(食用油)	福建
126	邵武青云窑瓷器	邵武市肖家坊镇三农服务中心	19658610	21	瓷器	福建
127	沙县板鸭	沙县小吃同业公会	19840004	29	板鸭	福建
128	永安金线莲	永安市林竹产业发展局	19930547	5	金线莲(中药材)	福建
129	沙县玉露酒	沙县酒业协会	20074278	33	黄酒	福建
130	登高粉干	邵武市肖家坊镇三农服务中心	20238828	30	粉干(米粉)	福建
131	南路水仙	建瓯市南雅镇三农服务中心	20516889	30	茶	福建
132	永定早熟芋	龙岩市永定区特色产品协会	20730372	31	新鲜芋头	福建
133	永定烤烟	龙岩市永定区特色产品协会	20730375	34	烟草	福建
134	沙县冬酒	沙县夏茂冬酒协会	20747432	33	黄酒	福建
135	永定家酿糯米酒	龙岩市永定区农业产业化发展交流协会	20930553	33	糯米酒	福建
136	岵山荔枝	永春县岵山农业特产协会	20958799	31	荔枝	福建
137	政和天井洋大雪梨	政和县杨源乡“三农”服务中心	21124341	31	梨	福建

续表

序号	商标名称	注册人	注册号	类别	商品	国家(国内省、自治区、直辖市)
138	苏地杨梅	政和县东平镇“三农”服务中心	21125335	31	杨梅	福建
139	建宁黄花梨	建宁县黄花梨产业协会	21455657	31	梨	福建
140	宁化牛角椒	宁化县农学会	21455658	31	牛角椒	福建
141	宁化白扁豆	宁化县农学会	21455659	31	白扁豆	福建
142	邵武香菇	邵武市沿山镇三农服务中心	21481067	29	香菇	福建
143	将乐红糖	将乐县红糖技术协会	21552941	30	红糖	福建
144	蕉城畲家黄兔	宁德市蕉城区金涵畲族乡农业服务中心	21732997	31	兔子(活的)	福建
145	栖山毛边纸	将乐县龙栖山手工造纸协会	21776184	16	毛边纸	福建
146	沙县花柰	沙县夏茂镇农业服务中心	21776185	31	花柰	福建
147	松溪冬瓜	松溪县特色产品发展研究学会	21805001	31	冬瓜	福建
148	仙游甜柿	仙游县甜柿协会	21839177	31	新鲜水果(柿子)	福建
149	大凤粉干	南平市延平区南山镇“三农”服务中心	21965012	30	米粉(条状)	福建
150	高坪白笋干	南平市延平区西芹镇“三农”服务中心	21965013	29	笋干	福建
151	峡阳豆腐丸	南平市延平区峡阳镇“三农”服务中心	21965014	29	豆腐丸	福建
152	延平豆豉	南平市延平区南山镇“三农”服务中心	21965015	30	豆豉	福建
153	永定牛肉丸	龙岩市永定区客家特色食品开发交流协会	21981862	29	牛肉丸	福建
154	古田银耳	古田县食用菌产业管理局	22030066	31	银耳(鲜食用菌)	福建
155	七都寸金鱼	宁德市蕉城区七都寸金鱼协会	22048852	31	鳀鱼(活鱼)	福建
156	龙岩山麻鸭蛋	龙岩市新罗区畜牧兽医水产学会	22178759	29	鸭蛋	福建
157	长汀豆腐干	长汀县食品行业协会	22179624	29	豆腐干	福建
158	南靖东溪窑	南靖县陶瓷协会	22211741	21	瓷器	福建
159	顺昌干山白	顺昌县大干镇三农服务中心	22299613	30	大米	福建
160	莆田花蛤	莆田市花蛤行业协会	22301947	31	花蛤[贝壳类动物(活的)]	福建

续表

序号	商标名称	注册人	注册号	类别	商品	国家(国内省、自治区、直辖市)
161	大田金阳生姜	大田县梅山乡农业服务中心	22622060	31	生姜(新鲜蔬菜)	福建
162	浦城白鹅	浦城县临江镇“三农”服务中心	22750472	31	白鹅	福建
163	寿宁高山茶	寿宁县茶业协会	22780112	30	茶	福建
164	尤溪中仙银杏果	尤溪县中仙乡农业服务中心	22790203	31	未加工的银杏果	福建
165	泰宁上青游浆豆腐	泰宁县旅游食品行业协会	22790204	29	豆腐	福建
166	松溪版画	松溪县特色产品发展研究学会	22863255	16	版画	福建
167	莆田缢蛏	莆田市海洋与渔业协会	22972401	29	蛏干(加工过的蛏)	福建
168	永定牛肉干	龙岩市永定区鑫源种养技术交流协会	23025319	29	牛肉干	福建
169	永定茶油	龙岩市永定区鑫源种养技术交流协会	23025320	29	茶油(食用油)	福建
170	永定豆豉	龙岩市永定区鑫源种养技术交流协会	23025321	30	豆豉	福建
171	管密黄花梨	光泽县李坊乡三农服务中心	23335324	31	梨	福建
172	三明熏鸭	三明市熏味食品营销协会	23339751	29	熏鸭(家禽非活)	福建
173	屏南小种	屏南县茶业协会	23702418	30	茶	福建
174	邵武使君子	邵武市拿口镇三农服务中心	23741139	5	使君子(中药材)	福建
175	山下笋干	浦城县山下乡“三农”服务中心	23840689	29	笋干	福建
176	泰宁铁皮石斛	泰宁县铁皮石斛产业协会	23885833	5	铁皮石斛(药草)	福建
177	泰宁铁皮石斛	泰宁县铁皮石斛产业协会	23885834	31	铁皮石斛(新鲜的园艺草本植物)	福建
178	浦城白莲	浦城县临江镇“三农”服务中心	24118109	31	白莲(新鲜莲子)	福建
179	马铺巴戟天	云霄县食品快检中心	24341110	5	药用巴戟天根	福建
180	马铺沉香	云霄县马铺乡农村经济服务中心	24341111	5	药用沉香	福建
181	漳江口跳跳鱼	云霄县东厦镇农村经济服务中心	24341113	31	跳跳鱼(活的)	福建

续表

序号	商标名称	注册人	注册号	类别	商品	国家（国内省、自治区、直辖市）
182	漳江口竹蛏	云霄县食品快检中心	24341116	31	竹蛏（活的）	福建
183	七乡香芋	云霄县食品快检中心	24341117	31	新鲜芋头	福建
184	西林龙眼	云霄县食品快检中心	24341118	31	新鲜龙眼	福建
185	向北番薯	云霄县食品快检中心	24341119	31	新鲜地瓜	福建
186	云霄鸡爪松番薯	云霄县食品快检中心	24464841	31	新鲜番薯	福建
187	安溪龙门茭白	安溪县龙门镇茭白产业协会	24783585	31	新鲜茭白	福建
188	晋江紫菜	晋江市紫菜加工行业协会	25083948	29	紫菜	福建
189	深沪海鳗干	晋江市深沪小吃同业公会	25083949	29	海鳗鱼干	福建
190	深沪金枪鱼松	晋江市深沪小吃同业公会	25083952	29	金枪鱼松（鱼制食品）	福建
191	深沪梭子蟹	晋江市深沪小吃同业公会	25083953	31	梭子蟹	福建
192	平潭贝雕	平潭贝雕艺术研究院	25107732	20	贝雕（贝壳）	福建
193	岳坑大蒜	云霄县食品快检中心	25226349	31	新鲜蒜	福建
194	列屿青脚花蟹	云霄县食品快检中心	25226350	31	花蟹（活的）	福建
195	列屿青鱼	云霄县食品快检中心	25226351	31	青鱼（活的）	福建
196	列屿石斑鱼	云霄县食品快检中心	25226352	31	石斑鱼（活的）	福建
197	下坂牛肉丸	云霄县食品快检中心	25226353	29	牛肉丸	福建
198	七高漈石蛙	云霄县食品快检中心	25226354	31	石蛙（活的）	福建
199	磁灶陶瓷	晋江市磁灶商会	25470517	21	瓷器；陶器；日用瓷器（包括盆、碗、盘、壶、餐具、缸、坛、罐）；日用陶器（包括盆、碗、盘、缸、坛、罐、砂锅、壶、炻器餐具）；家庭用陶瓷制品；耐酸耐碱陶瓷器	福建
200	东山鲍鱼	东山县水产技术推广站	25665220	29	鲍鱼（非活）	福建
201	建瓯板鸭	建瓯市特色产品发展研究会	27595243	29	板鸭	福建
202	莆田缢蛏	莆田市海洋与渔业协会	22972400	31	缢蛏［贝壳类动物（活的）］	福建
203	天水花牛苹果	天水市果业产业化办公室	17259871	31	苹果	甘肃

续表

序号	商标名称	注册人	注册号	类别	商品	国家（国内省、自治区、直辖市）
204	民乐紫皮大蒜	民乐县大蒜行业协会	21018536	31	新鲜大蒜	甘肃
205	会宁马铃薯	会宁农产品协会	21733115	31	马铃薯（新鲜土豆）	甘肃
206	武山豆角	武山县蔬菜协会	21806551	31	豆角（新鲜蔬菜）	甘肃
207	靖远枸杞	靖远枸杞产业协会	21806791	5	枸杞	甘肃
208	景泰枸杞	景泰县土特产品行业协会	21886053	5	枸杞	甘肃
209	两当狼牙蜜	两当县蜂产品专业协会	23185514	30	蜂蜜	甘肃
210	会宁党参	会宁县中药材产业化发展协会	23307866	5	党参(中药材)	甘肃
211	会宁黄芪	会宁县中药材产业化发展协会	23307867	5	黄芪(中药材)	甘肃
212	会宁莜麦	会宁农产品协会	23307868	31	莜麦	甘肃
213	会宁扁豆	会宁农产品协会	23307869	31	新鲜扁豆	甘肃
214	会宁糜子	会宁农产品协会	23608345	30	小米	甘肃
215	会宁苹果	会宁县关川河流域果业协会	23608346	31	苹果	甘肃
216	会宁谷子	会宁农产品协会	23608348	30	小米	甘肃
217	会宁藜麦	会宁农产品协会	23608349	30	去壳的藜麦	甘肃
218	会宁板蓝根	会宁县中药材产业化发展协会	24217333	5	板蓝根（中药材）	甘肃
219	会宁甘草	会宁县中药材产业化发展协会	24217334	5	甘草(中药材)	甘肃
220	会宁牛蒡子	会宁县中药材产业化发展协会	24217335	5	牛蒡子（中药材）	甘肃
221	会宁荞麦	会宁农产品协会	24370368	31	荞麦（未加工的）	甘肃
222	静宁苹果	静宁县苹果产销协会	25643872	31	新鲜苹果	甘肃
223	静宁苹果	静宁县苹果产销协会	25643873	31	新鲜苹果	甘肃
224	静宁苹果	静宁县苹果产销协会	25643874	31	新鲜苹果	甘肃
225	静宁苹果	静宁县苹果产销协会	25643875	31	新鲜苹果	甘肃
226	静宁苹果	静宁县苹果产销协会	25643876	31	新鲜苹果	甘肃
227	静宁苹果	静宁县苹果产销协会	25643877	31	新鲜苹果	甘肃
228	静宁苹果	静宁县苹果产销协会	25643878	31	新鲜苹果	甘肃
229	静宁苹果	静宁县苹果产销协会	25643879	31	新鲜苹果	甘肃
230	静宁苹果	静宁县苹果产销协会	25643880	31	新鲜苹果	甘肃

续表

序号	商标名称	注册人	注册号	类别	商品	国家(国内省、自治区、直辖市)
231	静宁苹果	静宁县苹果产销协会	25643881	31	新鲜苹果	甘肃
232	静宁苹果	静宁县苹果产销协会	25643882	31	新鲜苹果	甘肃
233	静宁苹果	静宁县苹果产销协会	25643883	31	新鲜苹果	甘肃
234	甘南羊肚菌	甘南青藏源羊肚菌协会	26231325	29	干羊肚菌	甘肃
235	甘南羊肚菌	甘南青藏源羊肚菌协会	26231661	31	羊肚菌(新鲜的)	甘肃
236	灵台苹果	灵台县果业局	29026251	31	新鲜苹果	甘肃
237	敦煌李广杏	敦煌市林业技术推广中心	29976378	31	新鲜杏	甘肃
238	大沙天露茶	开平市大沙镇农业综合服务中心	20483539	30	茶	广东
239	埔田竹笋	揭阳市揭东区埔田镇竹笋协会	22212572	31	麻竹笋(新鲜蔬菜)	广东
240	阳春砂仁	阳春市砂仁协会	23025225	5	砂仁(中药材)	广东
241	恩平簕菜	恩平市农业科学技术研究所	23112647	31	簕菜(新鲜蔬菜)	广东
242	乐昌黄金柰李	乐昌市九峰镇果树专业技术协会	23243110	31	新鲜李子	广东
243	三水芦苞鱼干	佛山市三水区农林技术推广中心	24218697	29	鲩鱼肉干	广东
244	伦教香云纱	佛山市顺德区伦教香云纱协会	25299342	24	香云纱	广东
245	湛江鸡	湛江市农林牧渔地标产品协会	26755631	29	鸡(非活)	广东
246	湛江鸡	湛江市农林牧渔地标产品协会	26755631	31	活鸡	广东
247	德庆何首乌	德庆县农业技术推广中心	26983955	5	何首乌(中药材)	广东
248	德庆紫淮山	德庆县农业技术推广中心	26983956	31	山药(新鲜蔬菜)	广东
249	德庆巴戟	德庆县农业技术推广中心	26983957	5	药用巴戟	广东
250	增城丝苗米	广州市增城区农产品推广中心	26983958	30	大米	广东
251	增城桂味荔枝	广州市增城区农产品推广中心	26983959	31	新鲜荔枝	广东
252	增城糯米糍荔枝	广州市增城区农产品推广中心	26983960	31	新鲜荔枝	广东
253	增城荔枝	广州市增城区农产品推广中心	26983962	31	新鲜荔枝	广东
254	增城挂绿荔枝	广州市增城区农产品推广中心	26983963	31	新鲜荔枝	广东
255	派潭凉粉草	广州市增城区农产品推广中心	26983964	31	凉粉草(植物)	广东

续表

序号	商标名称	注册人	注册号	类别	商品	国家（国内省、自治区、直辖市）
256	增城乌榄	广州市增城区农产品推广中心	26983965	31	新鲜橄榄	广东
257	兴宁茶油	兴宁市茶油协会	27011161	29	茶油（食用油）	广东
258	湛江蚝	湛江市农林牧渔地标产品协会	27428376	31	蚝（活的）	广东
259	湛江沙虫	湛江市农林牧渔地标产品协会	27428379	31	沙虫（活的）	广东
260	湛江对虾	湛江市农林牧渔地标产品协会	27428380	31	对虾（活的）	广东
261	湛江沙虫	湛江市农林牧渔地标产品协会	27564336	29	沙虫干	广东
262	湛江蚝	湛江市农林牧渔地标产品协会	27564337	29	蚝干	广东
263	湛江硇洲龙虾	湛江市农林牧渔地标产品协会	27990794	31	龙虾（活的）	广东
264	湛江硇洲鲍鱼	湛江市农林牧渔地标产品协会	27991794	31	鲍鱼（活的）	广东
265	湛江硇洲鲍鱼	湛江市农林牧渔地标产品协会	27991832	29	鲍鱼干	广东
266	遂溪广藿香	广东省遂溪县农业技术推广中心	28845018	31	广藿香（新鲜植物）	广东
267	姑辽茶	扶绥县东门镇商会	17461151	30	茶；用作茶叶代用品的花或叶	广西
268	天峨六画山鸡	天峨县科学技术开发中心	18273434	31	鸡（活家禽）	广西
269	南宁香蕉	南宁市水果生产技术指导站	18574557	31	香蕉	广西
270	柳州螺蛳粉	柳州市螺蛳粉协会	19254463	30	米粉；方便粉丝	广西
271	南宁香蕉	南宁市水果生产技术指导站	20436280	31	香蕉	广西
272	博白桂圆	博白县桂圆产业协会	21886289	31	桂圆（新鲜水果）	广西
273	防城金花茶	防城金花茶产业协会	22974120	30	金花茶	广西
274	钦州坭兴陶	钦州市坭兴陶行业协会	25109239	21	日用陶器（包括盆、碗、盘、缸、坛、罐、砂锅、壶、炻器餐具）；家庭用陶瓷制品	广西
275	百色山茶油	百色市林业产业管理站	25441614	29	山茶油	广西
276	金沙贡茶	金沙县农产品质量安全监督检验站	14622235	30	茶	贵州
277	瓮安白茶	瓮安县茶产业发展办公室	16621636	30	茶	贵州
278	兴仁无籽刺梨	兴仁县无籽刺梨专业协会	20174710	31	无籽刺梨	贵州

续表

序号	商标名称	注册人	注册号	类别	商品	国家(国内省、自治区、直辖市)
279	纳雍玛瑙红樱桃	纳雍县农业技术推广站	20730626	31	樱桃	贵州
280	金谷福梨	福泉市农业技术推广站	20766062	31	梨	贵州
281	贵定刺梨	贵定县林业技术推广站	20974656	31	(刺梨)新鲜水果	贵州
282	纳雍高山茶	纳雍县农业技术推广站	21050008	30	茶	贵州
283	普安白及	普安县白及协会	21731095	5	白及(药用植物根)	贵州
284	普安薄壳核桃	普安县薄壳核桃协会	21731917	31	核桃[坚果(水果)]	贵州
285	黎平山茶油	黎平县农业产业协会	22229661	29	茶油	贵州
286	黎平雀舌	黎平县农业产业协会	22229662	30	茶	贵州
287	玉屏黄桃	玉屏侗族自治县黄桃协会	22350273	31	桃	贵州
288	威宁甜荞	威宁彝族回族苗族自治县农业区划中心	23327898	30	甜荞(人食用的去壳谷物)	贵州
289	威宁苦荞	威宁彝族回族苗族自治县农业区划中心	23327899	30	苦荞(人食用的去壳谷物)	贵州
290	思南晏茶	思南县茶桑局	23890216	30	茶	贵州
291	瓮安黄金芽	瓮安县黄金芽茶业协会	24619154	30	茶	贵州
292	毕节烤烟	毕节市烟草协会	24855123	34	烟草;烟丝;烟末	贵州
293	普安红茶	普安县茶叶协会	27707931	30	茶	贵州
294	琼中绿橙	琼中黎族苗族自治县农业技术推广服务中心	16303678	31	绿橙	海南
295	石山红芝麻	海口市秀英区农业技术服务中心	18652166	31	未加工的食用芝麻	海南
296	儋州黑皮冬瓜	儋州市农业产业协会	21732707	31	黑皮冬瓜(新鲜蔬菜)	海南
297	昌江芒果	昌江黎族自治县芒果协会	21854596	31	芒果	海南
298	儋州红南瓜	儋州市农业产业协会	22113391	31	新鲜南瓜	海南
299	东方甘薯	东方市农业服务中心	22384333	31	新鲜甘薯	海南
300	东方火龙果	东方市农业服务中心	22384335	31	火龙果(新鲜水果)	海南
301	东方甜玉米	东方市农业服务中心	22384352	31	玉米	海南
302	东方黑山羊	东方市畜牧兽医科学研究所	22402129	31	活羊	海南

续表

序号	商标名称	注册人	注册号	类别	商品	国家(国内省、自治区、直辖市)
303	东方乳猪	东方市畜牧兽医科学研究所	22402171	31	活猪	海南
304	东方凤梨	东方市农业服务中心	22402175	31	菠萝	海南
305	大坡胡椒	海口市琼山区大坡镇农业服务中心	22459431	30	胡椒(调味品)	海南
306	永兴佛手瓜	海口市秀英区永兴镇佛手瓜协会	22747398	31	佛手瓜(新鲜蔬菜)	海南
307	云龙淮山	海口市琼山区云龙镇农业服务中心	23995893	31	淮山(新鲜蔬菜)	海南
308	澄迈桥头地瓜	澄迈县桥头地瓜产销协会	24094519	31	新鲜地瓜	海南
309	三门坡荔枝	海口市琼山区三门坡镇农业服务中心	24854011	31	新鲜荔枝	海南
310	文昌椰子	中国热带农业科学院椰子研究所	25200587	31	椰子	海南
311	云龙莲雾	海口市琼山区云龙镇农业服务中心	25711620	31	莲雾(新鲜水果)	海南
312	安国祁菊花	安国祁菊花协会	19807457	30	菊花茶(茶叶代用品)	河北
313	安国祁菊花	安国祁菊花协会	19829509	5	菊花(中药药材)	河北
314	安国祁山药	安国祁山药协会	19829510	31	新鲜山药	河北
315	昌黎貉皮	昌黎县毛皮产业协会	19854918	18	貉皮	河北
316	隆化越夏西红柿	隆化县特色农产品开发协会	20518253	31	西红柿(新鲜蔬菜)	河北
317	大厂牛肉	大厂回族自治县清真肉类食品协会	20716896	29	牛肉	河北
318	大厂羊肉	大厂回族自治县清真肉类食品协会	20716897	29	羊肉	河北
319	鹿泉葡萄	石家庄市鹿泉区紫藤葡萄协会	20765218	31	新鲜葡萄	河北
320	馆陶黄瓜	馆陶县蔬菜服务协会	20765220	31	新鲜黄瓜	河北
321	安平白山药	安平县白山药科学技术服务中心	20765221	31	山药(食用植物根)	河北
322	藁城藁优麦	石家庄市藁城区农业科学研究所	20811805	31	小麦	河北
323	沙河四匹缯	沙河市手织布协会	20811807	24	四匹缯(布)	河北

续表

序号	商标名称	注册人	注册号	类别	商品	国家(国内省、自治区、直辖市)
324	隆化枸杞	隆化县特色农产品开发协会	20901222	5	枸杞	河北
325	平泉香菇	平泉县食用菌行业协会	21050479	31	新鲜香菇	河北
326	阜平香菇	阜平县农产品服务协会	21050482	31	新鲜香菇	河北
327	柏乡白山药	柏乡县农产品种植协会	21273984	31	山药(食用植物根)	河北
328	张北马铃薯	张北坝上马铃薯产业协会	21653447	31	马铃薯(新鲜土豆)	河北
329	里坦窝头	大城县里坦薛家窝头服务中心	21733117	30	窝头	河北
330	武邑老榆木木雕	武邑县特色产品服务中心	21733118	20	木雕家具	河北
331	霸州熏醋	霸州市调味品协会	21806792	30	醋	河北
332	井陉苹果	井陉县生态农业研发协会	21806794	31	苹果	河北
333	白洋淀河蟹	安新县白洋淀国家级农业科技园区协会	21933387	31	河蟹	河北
334	白洋淀莲藕	安新县白洋淀国家级农业科技园区协会	21933388	31	莲藕	河北
335	彭城磁州窑	峰峰矿区磁州窑陶瓷产业协会	22066415	21	瓷器;瓷、陶瓷、陶土或玻璃艺术品;茶具(餐具);花瓶	河北
336	永清胡萝卜	永清县蔬菜协会	22264616	31	新鲜胡萝卜	河北
337	大城驴肉	大城县农副产品服务中心	22367672	29	驴肉	河北
338	永清大蒜	永清县蔬菜协会	22457467	31	新鲜蒜	河北
339	武安山羊	武安市优质农产品协会	22457469	29	羊肉	河北
340	唐山大米	唐山市农业产业化龙头企业协会	23243109	30	大米	河北
341	清河山楂	清河县山楂生产技术服务协会	23243111	31	新鲜山楂	河北
342	南和金米	南和县汇华金米协会	23243112	30	小米	河北
343	山海关大樱桃	山海关果蔬协会	23792985	31	新鲜樱桃	河北
344	滦县花生	滦县花生种植协会	24293789	31	新鲜花生	河北
345	卢龙甘薯	卢龙县甘薯种植产业协会	24494228	31	新鲜甘薯	河北
346	卢龙粉条	卢龙县甘薯种植产业协会	25033318	30	粉条	河北
347	新乐西瓜	新乐市无公害蔬菜种植协会	25418821	31	新鲜西瓜	河北
348	晋州山楂	晋州市盛林山楂协会	25619785	31	新鲜山楂	河北

续表

序号	商标名称	注册人	注册号	类别	商品	国家(国内省、自治区、直辖市)
349	祖山柴胡	秦皇岛市中药材商会	25619786	5	柴胡(中药材)	河北
350	栾城草莓	石家庄市栾城区绿色农产品协会	25665784	31	新鲜草莓	河北
351	晋州葡萄	晋州市昆仑葡萄协会	25665785	31	新鲜葡萄	河北
352	滦南卤虾油	滦南县海产品加工协会	25689394	30	虾油	河北
353	滦南海米	滦南县海产品加工协会	25689395	29	海米(虾仁)	河北
354	井陉蓝莓	井陉县蓝莓种植协会	25761680	31	新鲜蓝莓	河北
355	乐亭扇贝	乐亭县扇贝养殖协会	25983952	29	扇贝	河北
356	魏县鸭梨	魏县鸭梨协会	26007483	31	新鲜梨	河北
357	乐亭桃	乐亭县晨升桃业协会	26008815	31	新鲜桃	河北
358	武邑红梨	武邑县冀康果树研究中心	26783671	31	新鲜梨	河北
359	滦南梁各庄花生	滦南县花生产业协会	27374447	31	新鲜花生	河北
360	磁县白莲藕	磁县种植科技协会	22771362	31	新鲜莲藕	河北
361	滦南闵庄陈醋	滦南县食醋酿造协会	27401452	30	醋	河北
362	延津黑豆	延津县果蔬专业技术协会	17263786	31	黑豆	河南
363	光山羽绒	光山县羽绒服装行业协会	18792684	22	鸭绒毛	河南
364	当阳峪绞胎瓷	修武县宁城工艺美术协会	18855751	21	瓷器;日用瓷器(包括盆、碗、盘、壶、餐具、缸、坛、罐);瓷器装饰品	河南
365	鲁山丝绸	鲁山县蚕业协会	19267455	24	丝绸(布料)	河南
366	西峡香菇	西峡县食用菌生产办公室	20989816	29	香菇(干食用菌)	河南
367	杞县大蒜	杞县大蒜行业联合会	22849183	31	新鲜蒜	河南
368	新密玉雕	新密市珠宝玉石首饰行业协会	24468784	14	玉雕艺术品	河南
369	辉县山楂	辉县市农产品发展交流协会	25300842	31	山楂	河南
370	辉县核桃	辉县市农产品发展交流协会	25300843	31	核桃	河南
371	延津红花	延津县果蔬专业技术协会	25834426	5	药用红花	河南
372	辉县山药	辉县市农产品发展交流协会	27235394	31	山药	河南
373	宝清大米	宝清县绿色产业办公室	19066651	30	大米	黑龙江
374	虎林红小豆	虎林市粮食行业协会	21321042	30	红小豆	黑龙江

续表

序号	商标名称	注册人	注册号	类别	商品	国家(国内省、自治区、直辖市)
375	虎林大豆	虎林市粮食行业协会	21321043	30	大豆	黑龙江
376	肇东小米	肇东市中参农业发展协会	21321044	30	小米	黑龙江
377	讷河橘红心大白菜	讷河市农业技术推广中心	21438746	31	白菜(新鲜蔬菜)	黑龙江
378	逊克大豆	逊克县农业技术推广中心	21685743	31	大豆(未加工的)	黑龙江
379	逊克大豆	逊克县农业技术推广中心	21685744	30	大豆(去壳的)	黑龙江
380	海伦大豆	海伦市农业产业化协会	22558270	30	大豆(已去壳)	黑龙江
381	逊克南瓜	逊克县农业技术推广中心	23819030	31	新鲜南瓜	黑龙江
382	肇源关防风	肇源县农业技术推广中心	25859239	5	防风(中药材)	黑龙江
383	乌伊岭北红玛瑙玉雕	伊春市北红玛瑙协会	26007558	14	玉雕艺术品	黑龙江
384	黑河马	黑河市家畜繁育指导站	27765901	31	马(活的)	黑龙江
385	宜昌百合	宜昌市百合产业协会	15367998	29	百合干	湖北
386	陨巴黄牛	竹山县畜牧技术推广站	16634806	31	黄牛(活的)	湖北
387	八宝油菜	松滋市绿生土特产业发展中心	17189441	31	油菜	湖北
388	神农架百花蜜	神农架林区百花养蜂协会	18213498	30	蜂蜜	湖北
389	陶河板鸭	武汉市新洲区汪集街陶河板鸭协会	18880305	29	板鸭	湖北
390	谷城香菇	谷城县食用菌协会	18922397	29	香菇(干食用菌)	湖北
391	枣北大尾绵羊	枣阳市琚湾畜牧养殖协会	18973064	31	羊(活的)	湖北
392	枣北大尾绵羊	枣阳市琚湾畜牧养殖协会	18973065	29	羊(非活的);羊肉	湖北
393	湾潭太白贝母	五峰中药材生产服务中心	19026753	5	贝母	湖北
394	长乐空心李	五峰腰牌果蔬专业技术协会	19026754	31	新鲜水果(李子)	湖北
395	袁冲香瓜	老河口市袁冲乡香瓜种植协会	19345430	31	香瓜	湖北
396	宜都皮油	宜都市春华苗木技术服务中心	19423165	4	皮油	湖北
397	宜都梓油	宜都市春华苗木技术服务中心	19423167	4	梓油	湖北
398	袁冲甜南瓜	老河口市袁冲乡香瓜种植协会	19578545	31	南瓜	湖北
399	监利龙虾	监利县龙虾养殖协会	19641318	31	龙虾(活的)	湖北
400	嘉鱼叉尾鮰	嘉鱼县高铁岭镇嘉联水产协会	20024332	31	活鱼	湖北
401	渡普青虾	嘉鱼县渡普松康水产协会	20024334	31	龙虾(活的)	湖北

续表

序号	商标名称	注册人	注册号	类别	商品	国家(国内省、自治区、直辖市)
402	祝站丝瓜	孝感市孝南区祝站镇鲜之源蔬果研究中心	20105993	31	丝瓜(新鲜蔬菜)	湖北
403	草市荸荠	荆州市荆州区土特产产销协会	20501082	31	荸荠(新鲜蔬菜)	湖北
404	枝江鱼糕	枝江市鱼糕协会	20686195	29	鱼糕(鱼制食品)	湖北
405	簰洲湾香米	嘉鱼县粮食行业协会	20988964	30	大米	湖北
406	枝江布鞋	枝江市布鞋协会	21018137	25	鞋	湖北
407	黄陂绿茶	武汉市黄陂区土特产协会	21156921	30	茶	湖北
408	长阳山羊	长阳土家族自治县现代草地畜牧业发展协会	21321842	31	山羊(活的)	湖北
409	秭归白花桃	秭归县农牧生物技术研究所	21456029	31	桃(新鲜)	湖北
410	白溢稻	五峰白溢寨贡米产业协会	21456037	30	米	湖北
411	香水村野茶	五峰香水茶叶专业技术协会	21456038	30	茶	湖北
412	房县笋干	房县旅游商品企业协会	21553417	29	笋干	湖北
413	房县黄花菜	房县旅游商品企业协会	21553418	29	黄花菜	湖北
414	潜江龙虾	潜江龙虾产业发展促进会	21732523	29	小龙虾(非活)	湖北
415	宜昌红萝卜	宜昌市三峡农牧生物技术研究所	21840677	31	萝卜(新鲜)	湖北
416	宜昌白萝卜	宜昌市三峡农牧生物技术研究所	21840678	31	萝卜(新鲜)	湖北
417	秭归薇菜	秭归县薇菜技术协会	22030519	29	薇菜(干蔬菜)	湖北
418	前坪李	宜昌市林产品专业技术协会	22283062	31	新鲜水果(李子)	湖北
419	涴市蒜薹	松滋市蒜苔产销协会	22477362	31	蒜薹(新鲜蔬菜)	湖北
420	郧阳核桃	十堰市郧阳区核桃专业协会	22604820	31	新鲜核桃	湖北
421	松滋油茶	松滋市绿生土特产业发展中心	22605079	31	油茶(植物)	湖北
422	阳新苎麻	阳新荆楚农副产品技术推广中心	22812502	22	苎麻纤维	湖北
423	傅家堰香蒜	五峰特色食用作物产业协会	22826275	31	新鲜大蒜	湖北
424	双柳打瓜	武汉市新洲区双柳街农业服务中心	22990122	31	打瓜(新鲜西瓜)	湖北
425	松滋大米	松滋市绿生土特产业发展中心	23148928	30	米(大米)	湖北

续表

序号	商标名称	注册人	注册号	类别	商品	国家(国内省、自治区、直辖市)
426	松滋八宝西瓜	松滋市绿生土特产业发展中心	23388108	31	西瓜	湖北
427	枝江蜂蜜	枝江市农民专业合作社联合会	23473776	30	蜂蜜	湖北
428	钟祥西瓜	钟祥市蔬菜产业协会	23528594	31	西瓜	湖北
429	钟祥柑桔	钟祥市蔬菜产业协会	23528595	31	新鲜柑橘	湖北
430	京山葛粉	京山县葛产品行业协会	23575573	30	葛粉	湖北
431	襄阳槎头鳊	襄阳市襄州区水产养殖协会	23936625	29	鱼(非活)	湖北
432	汈汊螃蟹	汉川市农产品发展协会	24046713	31	螃蟹(活的)	湖北
433	公安莲子	公安县农特产业服务中心	24420806	31	新鲜莲子	湖北
434	公安莲子	公安县农特产业服务中心	24420807	29	莲子	湖北
435	保康血耳	保康县食用菌协会	24617833	29	血耳（干食用菌）	湖北
436	保康白木耳	保康县食用菌协会	24617834	29	白木耳（干食用菌）	湖北
437	枣阳山葡萄	枣阳市农特产品协会	24617835	31	新鲜葡萄	湖北
438	枣阳枣	枣阳市农特产品协会	24617836	29	干枣	湖北
439	阳新鲫鱼	阳新绿源农业技术推广中心	24711589	31	鲫鱼(活的)	湖北
440	阳新鲫鱼	阳新绿源农业技术推广中心	24711590	29	鲫鱼(非活)	湖北
441	金沙辣椒	崇阳县路口镇高山蔬菜协会	24808154	31	新鲜辣椒	湖北
442	来凤藤茶	来凤县优质农产品产销协会	25031830	30	藤茶	湖北
443	来凤松花皮蛋	来凤县优质农产品产销协会	25031831	29	皮蛋(松花蛋)	湖北
444	七架山翡翠豆腐	保康县蔬菜协会	25252250	29	豆腐	湖北
445	蒲团淡水龙虾	华容区蒲团农产品协会	25469817	31	龙虾(活的)	湖北
446	长阳蜜柑	长阳巴人植物研究所	25493792	31	蜜柑	湖北
447	南漳芥菜	南漳县峡门口特色农产品协会	25621039	31	新鲜芥菜	湖北
448	南漳芥菜	南漳县峡门口特色农产品协会	25621040	29	腌制芥菜	湖北
449	巴东郡贡茶	巴东县经济作物技术推广站	26323461	30	茶	湖北
450	钟祥米茶	钟祥市特产协会	26327613	30	糙米茶;米茶	湖北
451	阳新狮子头猪	阳新县养猪协会	26696483	31	活猪	湖北
452	房县黄酒	房县黄酒协会	27794464	33	黄酒	湖北
453	岳阳兰花萝卜	岳阳县农业技术推广站	15665382	29	五香萝卜	湖南
454	湘西黄金茶	吉首市经果技术推广站	15887938	30	茶	湖南
455	沙湾香柚	洪江市沙湾香柚协会	17656119	31	柚子	湖南

续表

序号	商标名称	注册人	注册号	类别	商品	国家(国内省、自治区、直辖市)
456	浏阳夏布	浏阳市夏布生产工艺传承保护协会	17656120	24	夏布(苎麻布)	湖南
457	沅江芦笋	沅江市芦笋产业开发协会	17710815	29	加工过的芦苇笋	湖南
458	岳阳蜂蜜	岳阳县中蜂养殖协会	21141620	30	蜂蜜	湖南
459	枫木贡茶	涟源市枫木贡茶行业协会	21538474	30	茶;绿茶	湖南
460	靖州山核桃	靖州苗族侗族自治县山核桃专业协会	22740635	31	新鲜山核桃	湖南
461	平江面筋	平江县食品行业协会	22750288	29	食用面筋	湖南
462	南县小龙虾	南县小龙虾养殖协会	23023981	31	小龙虾(活的);龙虾(活的)	湖南
463	南县小龙虾	南县小龙虾养殖协会	23023982	29	小龙虾(非活);龙虾(非活)	湖南
464	凤凰生姜	凤凰县农副产品协会	23997230	31	新鲜生姜	湖南
465	安仁枳壳	安仁县奎源果农协会	23997323	5	枳壳(中药材)	湖南
466	南洲稻虾米	南县粮食行业协会	24394903	30	大米	湖南
467	南洲洞庭蟹	南县小龙虾养殖协会	24465098	31	蟹(活的)	湖南
468	新化黄精	新化县中药材协会	24981458	5	黄精(中药材)	湖南
469	桑植蜂蜜	桑植县蜜蜂产业协会	25081190	30	蜂蜜	湖南
470	新化红茶	新化县茶叶产业协会	25468550	30	茶	湖南
471	白溪豆腐	新化县白溪豆腐协会	25468551	29	豆腐;豆腐干;豆腐皮;豆腐丝	湖南
472	南县大米	南县粮食行业协会	27653879	30	大米	湖南
473	汨罗粽子	汨罗市粽子行业协会	28501235	30	粽子	湖南
474	伊通二道干豆腐	伊通满族自治县二道干豆腐行业协会	21080693	29	干豆腐(豆腐)	吉林
475	黄松甸灵芝	蛟河市黄松甸食(药)用菌协会	21840287	5	灵芝(中药药材)	吉林
476	大安芦苇湿地河蟹	大安市牛心套保芦苇湿地河蟹养殖协会	22510428	31	河蟹(活的)	吉林
477	长白山人参	吉林省参业协会	23473219	5	人参	吉林
478	长白山人参	吉林省参业协会	23473220	5	人参	吉林
479	长白山人参	吉林省参业协会	23742496	5	人参	吉林

续表

序号	商标名称	注册人	注册号	类别	商品	国家(国内省、自治区、直辖市)
480	梨树白猪	梨树畜牧业协会	24494225	31	活猪	吉林
481	长春大米	长春市大米协会	25298943	30	大米	吉林
482	大安大米	大安市弱碱米协会	26130787	30	大米	吉林
483	通榆向海大雁	通榆县向海大雁养殖协会	27012902	29	大雁(非活)	吉林
484	滨海白首乌	江苏省白首乌产业协会	15577246	30	白首乌粉制食品	江苏
485	东台灶猪	东台市地方特产行业协会	16260015	31	灶猪(活动物)	江苏
486	镇江锅盖面	镇江市锅盖面行业协会	18272858	30	面条	江苏
487	盐东羊角椒	盐城市亭湖区盐东羊角椒协会	18523744	31	羊角椒(新鲜蔬菜)	江苏
488	射阳大闸蟹苗	射阳县渔业行业协会	19265382	31	蟹苗	江苏
489	张庄草莓	盐城市盐都区张庄葡萄种植协会	19960781	31	草莓	江苏
490	西顺河红衣小花生	洪泽县洪泽湖农产品协会	20469101	29	加工过的花生	江苏
491	射阳海河西葫芦	射阳县海河镇农业技术推广服务中心	20532719	31	新鲜西葫芦	江苏
492	宜兴红	宜兴市茶叶协会	20686128	30	茶	江苏
493	白蒲黄芽菜	如皋市白蒲镇农业服务中心	20974826	31	黄芽菜(新鲜蔬菜)	江苏
494	建湖三伏酱油	建湖县食品百货经销商会	21017823	30	酱油	江苏
495	睢宁白山羊	睢宁县绿色农业发展协会	21050480	29	羊肉	江苏
496	如东泥螺	如东县食品行业协会	21470028	31	泥螺(活的)	江苏
497	栟茶竹蛏	如东县栟茶特色美食协会	21470035	31	竹蛏(活的)	江苏
498	富财圩螃蟹	南京市溧水区富财圩水产协会	21869999	31	甲壳动物(活的);螃蟹(活的)	江苏
499	金坛红香芋	常州市金坛区建昌红香芋协会	22402445	31	新鲜芋头	江苏
500	吴中大米	苏州市吴中区农技植保推广站	22740532	30	大米	江苏
501	灌云豆丹	灌云县同兴镇豆丹养殖协会	22799911	31	豆丹(可食用昆虫,活的)	江苏
502	大丰脊尾白虾	盐城市大丰区三龙镇淡水养殖专业技术协会	22940613	31	脊尾白虾(活的)	江苏
503	大丰大桥油桃	盐城市大丰区大桥镇油桃专业技术协会	23205222	31	新鲜桃	江苏

续表

序号	商标名称	注册人	注册号	类别	商品	国家(国内省、自治区、直辖市)
504	响水西兰花	响水县西兰花产业协会	23604689	31	西兰花	江苏
505	沙头西瓜	扬州市广陵区蔬菜产业协会	23885983	31	新鲜西瓜	江苏
506	如东泥螺	如东县食品行业协会	23885984	29	泥螺(非活)	江苏
507	宝应大米	宝应县粮食行业协会	24216692	30	大米	江苏
508	丁嘴金菜	宿迁市宿豫区丁嘴镇农业经济技术服务中心	24518163	31	黄花菜(新鲜蔬菜)	江苏
509	盐都草莓	盐城市盐都区草莓专业合作联社	25056066	31	新鲜草莓	江苏
510	宜兴萝卜	宜兴市蔬菜协会	25347058	31	萝卜	江苏
511	宝应中华鳖	宝应县渔业协会	25619353	31	鳖(活的)	江苏
512	宝应大闸蟹	宝应县宝应湖大闸蟹协会	25619354	31	蟹(活的)	江苏
513	涟水草鸡	涟水县农副产品营销协会	26032272	29	鸡(非活)	江苏
514	涟水草鸡	涟水县农副产品营销协会	26032273	29	鸡(非活)	江苏
515	涟水草鸡	涟水县农副产品营销协会	26032275	29	鸡(非活)	江苏
516	涟水草鸡	涟水县农副产品营销协会	26032277	29	鸡(非活)	江苏
517	阿湖葡萄	新沂市阿湖镇农业技术推广服务中心	26667253	31	新鲜葡萄	江苏
518	龙南客家锤鱼	龙南县水果蔬菜协会	16381611	29	锤鱼(鱼肉干)	江西
519	永修蜜桔	永修县农村经济作物技术指导站	17460749	31	新鲜桔	江西
520	永修香米	永修县农村经济作物技术指导站	17462100	30	米	江西
521	赣南茶油	赣州市油茶产业协会	18779998	29	食用油(茶油)	江西
522	崇义高山茶	崇义县高山茶协会	18959709	30	茶	江西
523	余江木雕	余江县雕刻同业商会	19111322	20	细木工家具;木雕工艺品	江西
524	遂川茶油	遂川县林业科技推广站	20089559	29	茶油	江西
525	龙南太平香菇	龙南县农林产品协会	20140739	29	香菇(干食用菌)	江西
526	龙南夹湖油茶	龙南县农林产品协会	20372057	29	食用茶油	江西
527	都昌蔓荆子	都昌县产品质量监督检验所	21273245	5	蔓荆子(中药材)	江西
528	都昌苏山白茶	都昌县茶叶产业协会	21273246	30	茶	江西

续表

序号	商标名称	注册人	注册号	类别	商品	国家(国内省、自治区、直辖市)
529	吉水蜜柚	吉水蜜柚协会	22129914	31	柚子	江西
530	珠络枇杷	安义县新民乡农业技术推广综合服务站	22229663	31	枇杷	江西
531	瑞金茶油	瑞金市茶油协会	22479509	29	茶油(食用油)	江西
532	全南荸荠	全南县蔬菜协会	22749906	31	荸荠(新鲜蔬菜)	江西
533	新余夏布绣	新余市夏布绣艺术研究所	23111541	26	绣花饰品;花哨的小商品(绣制品);花彩装饰(绣制品)	江西
534	修水金丝皇菊	修水县菊花协会	25005817	30	用作茶叶代用品的花或叶(菊花)	江西
535	奉新猕猴桃	奉新县果业办	25111026	31	猕猴桃	江西
536	都昌鄱湖小龙虾	都昌县水产科学研究所	25542093	31	小龙虾(活的)	江西
537	洋江萝卜	分宜县农副产品流通协会	25542437	31	新鲜萝卜	江西
538	朝阳红小豆	朝阳县农业技术推广中心	18681619	31	红小豆(未加工的)	辽宁
539	柳河沟香瓜	新民市柳河沟镇瓜果种植协会	21538966	31	香瓜	辽宁
540	新农寒富苹果	新民市新农村乡经济发展服务中心	21538968	31	苹果	辽宁
541	桓仁大榛子	桓仁满族自治县农副产品行业市场协会	22750076	29	加工过的榛子	辽宁
542	开原尖把梨	开原市农副产品协会	23024432	31	梨	辽宁
543	开原蓝莓	开原市农副产品协会	23528125	31	蓝莓	辽宁
544	东港蓝莓	东港市小浆果协会	26667254	31	新鲜蓝莓	辽宁
545	新民大米	新民市农业技术推广中心(新民市植保站)	28996194	30	大米	辽宁
546	新民血肠	新民市食品管理行业协会	28996195	29	血肠	辽宁
547	敖汉肉驴	敖汉旗畜牧技术服务中心	17154396	31	肉驴(活动物)	内蒙古
548	敖汉万年猪	敖汉万年猪产业协会	17164038	31	猪(活动物)	内蒙古
549	锡林郭勒草原牛肉	锡林郭勒盟肉类协会	19824201	29	牛肉	内蒙古
550	锡林郭勒草原羊肉	锡林郭勒盟肉类协会	19824202	29	羊肉	内蒙古

续表

序号	商标名称	注册人	注册号	类别	商品	国家(国内省、自治区、直辖市)
551	锡林郭勒草原红牛	锡林郭勒盟肉类协会	19824203	31	活牛	内蒙古
552	锡林郭勒肥尾羊	锡林郭勒盟肉类协会	19824204	31	活羊	内蒙古
553	锡林郭勒马	锡林郭勒盟传统乳制品协会	19824800	31	活马	内蒙古
554	锡林郭勒马奶	锡林郭勒盟传统乳制品协会	19824801	29	马奶	内蒙古
555	奈曼沙果	奈曼旗经济林协会	20702035	31	沙果	内蒙古
556	翁牛特小米	翁牛特旗小米协会	22558301	30	小米	内蒙古
557	通辽黄玉米	通辽粮食行业商会	22588761	31	玉米	内蒙古
558	固阳菜籽油	包头市固阳县土特产行业协会	22639850	29	食用菜籽油	内蒙古
559	固阳红皮小麦面	包头市固阳县土特产行业协会	22639851	30	面粉	内蒙古
560	固阳胡麻油	包头市固阳县土特产行业协会	22639852	29	胡麻油(食用油)	内蒙古
561	固阳黄芪	包头市固阳县土特产行业协会	22639853	5	黄芪(中药材)	内蒙古
562	库伦黄芪	库伦旗药材种植协会	22800421	5	黄芪(中药材)	内蒙古
563	阿鲁科尔沁驴肉	阿鲁科尔沁旗驴业协会	23076792	29	驴肉(肉)	内蒙古
564	赛罕南瓜	呼和浩特市赛罕区黄合少镇瓜菜协会	23307865	31	新鲜南瓜	内蒙古
565	四子王锦绣	四子王旗四子部落传统手工艺协会	23575572	24	锦绣(布料)	内蒙古
566	赤峰荞麦	赤峰农牧业产业化龙头企业协会	23769417	30	荞麦(加工过的)	内蒙古
567	赤峰牛肉	赤峰农牧业产业化龙头企业协会	23769418	29	牛肉	内蒙古
568	赤峰羊肉	赤峰农牧业产业化龙头企业协会	23769419	29	羊肉	内蒙古
569	赤峰绿豆	赤峰农牧业产业化龙头企业协会	23769420	31	绿豆	内蒙古
570	赤峰马铃薯	赤峰农牧业产业化龙头企业协会	23769421	31	马铃薯(新鲜土豆)	内蒙古
571	赤峰羊绒	赤峰农牧业产业化龙头企业协会	23769422	22	羊绒	内蒙古
572	赤峰小米	赤峰农牧业产业化龙头企业协会	23769423	30	小米	内蒙古
573	赤峰葵花	赤峰农牧业产业化龙头企业协会	23769424	29	加工过的瓜子	内蒙古

续表

序号	商标名称	注册人	注册号	类别	商品	国家(国内省、自治区、直辖市)
574	阿拉善玉雕	阿拉善珠宝玉石首饰行业协会	23937764	14	玉雕艺术品	内蒙古
575	赛罕亚麻籽油	呼和浩特市赛罕区亚麻籽油产业协会	24420812	29	亚麻籽油	内蒙古
576	四子王羊	四子王旗四子王农畜产品协会	24712364	29	羊肉	内蒙古
577	乌审大红糜子	乌审旗绿洲科技农牧业种养殖协会	24982170	31	糜子(未加工)	内蒙古
578	乌兰浩特大米	乌兰浩特农副产品发展协会	25007481	30	大米	内蒙古
579	察右前旗燕麦	内蒙古察右前旗特色农副产品协会	26130792	30	去壳燕麦	内蒙古
580	凉城燕麦	凉城县杂粮行业协会	26130793	30	去壳燕麦	内蒙古
581	凉城藜麦	凉城县杂粮行业协会	26130794	30	去壳藜麦	内蒙古
582	锡林郭勒牛肉	锡林郭勒盟肉类协会	26882503	29	牛肉罐头;牛肉片;牛肉;牛肉干	内蒙古
583	锡林郭勒牛	锡林郭勒盟肉类协会	26882504	31	活动物(活牛)	内蒙古
584	锡林郭勒羊	锡林郭勒盟肉类协会	27851789	31	活羊	内蒙古
585	海原回绣	海原县文化馆	19579048	26	绣花饰品;银线制绣品;绣金制品;花彩装饰(绣制品);花哨的小商品(绣制品);花边;鞋带;衣服饰边;花边饰品	宁夏
586	大武口凉皮	大武口区凉皮协会	21583368	30	凉皮(面粉制品)	宁夏
587	班玛藏雪茶	班玛县林业管理站	22299966	30	茶	青海
588	李鹊小麦	李鹊镇农副产品协会	16691832	31	小麦	山东
589	梅鹿山小米	新泰市石井特色农产品研究所	16795199	30	小米	山东
590	土安西瓜	东平县大羊土安西瓜协会	17117624	31	西瓜	山东
591	垦利莲藕	垦利县汇鑫农副产品服务中心	17626878	31	藕(食用植物根)	山东
592	平阳寺金针菇	邹城市太平镇食用菌协会	18054103	31	金针菇(鲜食用菌)	山东

续表

序号	商标名称	注册人	注册号	类别	商品	国家（国内省、自治区、直辖市）
593	海阳绿茶	海阳市茶叶协会	18510264	30	茶	山东
594	泗水元宝枫油	济宁市银春元宝枫研究所	19277366	29	食用枫油	山东
595	高集豆腐皮	东阿县高集镇生态农产品协会	19805752	29	豆腐皮（豆腐制品）	山东
596	高集烧鸡	东阿县高集镇生态农产品协会	19805753	29	烧鸡［家禽（非活）］	山东
597	烟台鲍鱼	烟台市水产研究所	20435932	31	鲍鱼（活的）	山东
598	烟台海参	烟台市水产研究所	20435933	31	海参（活的）	山东
599	莘县韭菜	莘县张寨镇无公害韭菜协会	20454227	31	韭菜（新鲜蔬菜）	山东
600	东阿黄河鳖	东阿县渔业协会	20563536	31	鳖（活的）	山东
601	菏泽斗鸡	菏泽市牡丹区斗鸡斗羊协会	20765219	31	鸡（活家禽）	山东
602	宝山苹果	青岛市黄岛区宝山镇农业服务中心	20824904	31	苹果	山东
603	昌乐小南瓜	昌乐县宝都街道农业综合服务中心	20901225	31	新鲜南瓜	山东
604	梁山酒曲	梁山酒曲协会	20960873	30	酒曲（曲种）	山东
604	邹城蘑菇	邹城市食用菌产业发展中心	21217177	31	蘑菇（鲜食用菌）	山东
606	杨庄西红柿	大王绿色蔬菜种植研究协会	21273982	31	西红柿（新鲜蔬菜）	山东
607	利津大米	利津县金河滩特色农副产品协会	21273983	30	大米	山东
608	丰城地瓜	即墨市地瓜产业协会	21349261	31	鲜地瓜	山东
609	费县西红柿	费县西红柿产业协会	21349263	31	西红柿（新鲜蔬菜）	山东
610	广饶肴驴肉	广饶县广饶街道特色农副产品协会	21510348	29	驴肉	山东
611	太平西瓜	济阳县太平镇果蔬协会	21510349	31	西瓜	山东
612	蓬莱海岸葡萄酒	蓬莱产区葡萄与葡萄酒商会	21539655	33	葡萄酒	山东
613	黄河滩西瓜	梁山黄河滩西瓜协会	21653448	31	西瓜	山东
614	大珠山板栗	青岛市黄岛区滨海街道办事处农业服务中心	21733024	31	新鲜栗子	山东

续表

序号	商标名称	注册人	注册号	类别	商品	国家(国内省、自治区、直辖市)
615	河口刺参	东营市河口区新户镇海参养殖协会	21806793	31	海参(活的)	山东
616	石都庄西红柿	济南市长清区万德镇石都庄西红柿协会	22048343	31	新鲜西红柿	山东
617	莱芜花椒	莱芜市花椒协会	22097174	30	花椒(调味品)	山东
618	边河小米	临淄区边河小米协会	22457468	30	小米	山东
619	莒县雪山小米	莒县果庄镇雪山小米协会	22478106	30	小米	山东
620	广饶蜜桃	广饶县大王镇特色农副产品协会	22494294	31	桃	山东
621	齐河牛肉	德州圣喜特色食品推广服务中心	22494295	29	牛肉	山东
622	金乡黑蒜	金乡县大蒜协会	22621415	29	黑蒜(加工过的蒜)	山东
623	文登大花生	威海市文登区宋村镇农业综合服务中心	22638554	31	新鲜花生	山东
624	广饶梨	广饶县大王镇优质梨协会	22688417	31	新鲜梨	山东
625	沂源金黄金桃	沂源县继发果业协会	22688419	31	桃	山东
626	北宋黄河滩莲藕	利津县北宋镇农业技术综合服务中心	22800445	31	新鲜莲藕	山东
627	北宋黄河滩蜜桃	利津县北宋镇农业技术综合服务中心	22800446	31	蜜桃	山东
628	滨州对虾	滨州市渔业协会	22942215	29	鲜虾	山东
629	夏津小磨香油	夏津地方特色产品联合会	22942312	29	芝麻油	山东
630	夏津桑黄	夏津县桑产业协会	22942313	5	桑黄(中药材)	山东
631	夏津小米	夏津地方特色产品联合会	23026534	30	小米	山东
632	潍坊黄须菜	潍坊市胜伟农产品技术服务中心	23243105	31	黄须菜(新鲜蔬菜)	山东
633	费县核桃	费县文江核桃研究所	23243106	31	新鲜核桃	山东
634	金乡辣椒	金乡县辣椒协会	23307870	31	新鲜辣椒	山东
635	东阿黄金梨	东阿县刘集镇特色农副产品协会	23307871	31	新鲜梨	山东
636	德州辣椒	德州市农业科学研究院	23388109	30	辣椒(调味品)	山东
637	东阿葡萄	东阿县农民专业种植合作社联合协会	23388110	31	新鲜葡萄	山东

续表

序号	商标名称	注册人	注册号	类别	商品	国家（国内省、自治区、直辖市）
638	东营面粉	广饶县粮食行业商会	23608347	30	面粉	山东
639	利津鲈鱼	利津县鲈鱼协会	23679576	29	鲈鱼（非活）	山东
640	招远花生	招远市勾山粮油作物推广服务中心	23937766	31	新鲜花生	山东
641	郓城猪肉	郓城县地方特产发展服务中心	23997228	29	猪肉	山东
642	郓城斗鸡	郓城县地方特产发展服务中心	23997233	31	鸡（活家禽）	山东
643	巨野甲鱼	菏泽市甲鱼养殖协会	23997322	31	甲鱼（活的）	山东
644	郓城黄牛	郓城县地方特产发展服务中心	23997326	31	黄牛（活动物）	山东
645	郓城烧鸡	郓城县地方特产发展服务中心	24217326	29	烧鸡	山东
646	郓城小尾寒羊	郓城县地方特产发展服务中心	24217327	31	小尾寒羊（活动物）	山东
647	新泰麻鸭蛋	新泰市宫里镇宫北村养鸭协会	24217328	29	麻鸭蛋（蛋）	山东
648	新泰珍珠油杏	新泰市青云街道外峪珍珠油杏研究所	24217330	31	新鲜杏	山东
649	郓城驴肉	郓城县地方特产发展服务中心	24217331	29	驴肉	山东
650	郓城青山羊	郓城县地方特产发展服务中心	24217332	31	青山羊（活动物）	山东
651	高唐蜂蜜	高唐县蜂寿君蜜蜂产业服务中心	24217336	30	蜂蜜	山东
652	香城花生	邹城市香城镇农业综合服务中心	24250286	31	新鲜花生	山东
653	联五西瓜	惠民县姜楼镇联五西瓜协会	24370369	31	西瓜	山东
654	莱州长寿梨	莱州市长寿岭果品研究所	24518108	31	梨	山东
655	肥城土豆	肥城市马铃薯产业协会	24518110	31	新鲜土豆	山东
656	滨州对虾	滨州市渔业协会	24518164	31	虾（活的）	山东
657	莘县鲁西白山羊	莘县畜牧产业发展协会	24712215	31	羊（活动物）	山东
658	巨野大蒜	巨野县青山大蒜辣椒产业协会	24712217	31	新鲜大蒜	山东
659	文登紫菜	威海市文登区水产养殖协会	25006032	29	紫菜	山东
660	宝山蓝莓	青岛市黄岛区宝山镇农业服务中心	25108517	31	蓝莓	山东
661	东阿西瓜	东阿县农民专业种植合作社联合协会	25419382	31	新鲜西瓜	山东
662	初村虾酱	威海火炬高技术产业开发区佳源渔业协会	25441700	29	虾酱	山东

续表

序号	商标名称	注册人	注册号	类别	商品	国家(国内省、自治区、直辖市)
663	东阿莲藕	东阿县陈集乡生态农产品协会	25542436	31	新鲜莲藕	山东
664	莱州海蜇	莱州市益生宝海蜇研究所	25619788	29	海蜇皮	山东
665	肥城绞瓜	肥城市孙伯镇农产品产销协会	25619789	31	新鲜绞瓜	山东
666	广饶葡萄	广饶县大码头镇特色农产品协会	25665783	31	新鲜葡萄	山东
667	高青龙虾	高青县渔业协会	25783293	31	龙虾(活的)	山东
668	垦利海蜇	东营景明渔业服务中心	25859240	29	海蜇皮	山东
669	垦利海米	东营景明渔业服务中心	25859241	29	海米	山东
670	垦利虾皮	东营景明渔业服务中心	25859246	29	虾(非活)	山东
671	垦利银鱼	东营景明渔业服务中心	25960280	31	银鱼(活鱼)	山东
672	垦利小龙虾	东营景明渔业服务中心	25960281	31	小龙虾(活的)	山东
673	高青甜瓜	高青县甜瓜产业协会	26081204	31	甜瓜	山东
674	李官黄金桃	临沂市兰山区李官镇黄金桃种植服务中心	26783672	31	新鲜桃	山东
675	薄梁杞柳	微山县鲁桥镇杞柳加工协会	26959842	20	柳条提篮编织物;柳编织工艺品;柳条制品	山东
676	薄梁杞柳	微山县鲁桥镇杞柳加工协会	26959843	31	杞柳(灌木)	山东
677	荣成地瓜	荣成市绿色食品协会	27991435	31	新鲜地瓜	山东
678	乳山刺参	乳山市水产技术推广站	29663966	29	海参(非活)	山东
679	乳山草莓	乳山市果茶蚕工作站	29663967	31	新鲜草莓	山东
680	乳山扇贝	乳山市水产技术推广站	30932474	31	扇贝(活的)	山东
681	莒县招贤·玫瑰	莒县招贤镇玫瑰花协会	25958694A	31	玫瑰	山东
682	潞城驴肉甩饼	潞城市甩饼协会	18458280	30	驴肉甩饼	山西
683	平陆苹果	平陆县果业局	23226187	31	苹果	山西
684	平陆玉露香梨	平陆县果业局	23226188	31	梨	山西
685	垣曲小米	垣曲县谷子种植协会	23937765	30	小米	山西
686	昔阳压饼	昔阳县饼业推广协会	24494227	30	饼(加工过的)	山西
687	运城苹果	运城市果业发展中心	25203355	31	苹果	山西
688	黄庵垴鸟接茶	昔阳县总商会	25254100	30	茶	山西
689	昔阳香核桃	昔阳县核桃协会	25689391	29	加工过的核桃	山西
690	临猗苹果	临猗县果业发展中心	26507386	31	新鲜苹果	山西

续表

序号	商标名称	注册人	注册号	类别	商品	国家(国内省、自治区、直辖市)
691	运城苹果	运城市果业发展中心	27681185	31	苹果	山西
692	白水豆腐	白水县私营企业协会	17258611	29	豆腐	陕西
693	天度苹果	扶风县天度镇农业综合服务站	18587809	31	苹果	陕西
694	澄城樱桃	澄城县果业管理局	18639240	31	樱桃	陕西
695	宁强香菇	宁强县食用菌产业开发中心	19304232	29	香菇(干食用菌)	陕西
696	潼关软籽石榴	潼关县农产品检验检测中心	20173013	31	石榴	陕西
697	安康富硒茶	安康市茶业协会	20203953	30	茶	陕西
698	镇坪腊肉	镇坪县食品药品检验检测中心	20640128	29	腊肉(腌制肉)	陕西
699	定边羊羔肉	定边县羊羔肉产业协会	21481639	29	羊羔肉	陕西
700	印台苹果	铜川市印台区果业管理局	21963811	31	苹果	陕西
701	淳化苹果	淳化县农副产品专业协会	21981427	31	苹果	陕西
702	旬阳狮头柑	旬阳县狮头柑协会	22215548	31	新鲜柑橘	陕西
703	旬邑马栏红苹果	旬邑县苹果产业协会	22283713	31	苹果	陕西
704	佛坪山茱萸	佛坪县中药产业发展领导小组办公室	22621714	5	山茱萸(中药材)	陕西
705	延安石雕	延安圣世华石雕艺术传习所	22740418	19	石雕	陕西
706	宝鸡苹果	宝鸡市果业蔬菜管理局	23148648	31	苹果	陕西
707	延安苹果	延安市果树试验场	23166443	31	新鲜苹果	陕西
708	留坝黑木耳	留坝县休闲农业协会	23295482	29	黑木耳(干食用菌)	陕西
709	留坝香菇	留坝县休闲农业协会	23295487	29	香菇(干食用菌)	陕西
710	延安苹果＋图	延安市果树试验场	23993874	31	苹果	陕西
711	绥德红枣	绥德县林业工作站	24293566	29	加工过的红枣	陕西
712	绥德红枣	绥德县林业工作站	24293567	31	鲜红枣	陕西
713	绥德山地小米	陕西省绥德县农业技术推广站	24293568	30	小米	陕西
714	绥德芝麻蜜甜瓜	绥德县科学技术局	24293569	31	甜瓜	陕西
715	勉县黑河猪	勉县畜牧兽医技术推广中心	25107199	31	猪(活动物)	陕西
716	华州皮影	渭南市华州区优秀民间艺术与非物质文化遗产研究保护中心	25444223	28	皮影戏玩偶	陕西
717	略阳黄精	略阳县中药协会	25689562	5	黄精(中药材)	陕西

续表

序号	商标名称	注册人	注册号	类别	商品	国家(国内省、自治区、直辖市)
718	阎良甜瓜	西安市阎良区农产品质量安全检验监测中心	25806746	31	新鲜甜瓜	陕西
719	甘泉樱桃	甘泉县瓜果蔬菜协会	26755582	31	新鲜樱桃	陕西
720	甘泉油桃	甘泉县瓜果蔬菜协会	26755583	31	油桃(新鲜桃)	陕西
721	甘泉青椒	甘泉县瓜果蔬菜协会	26755584	31	青椒(新鲜蔬菜)	陕西
722	杨陵葡萄	杨凌新集葡萄协会	28414174	31	新鲜葡萄	陕西
723	梁家河苹果	延川县旅游事业管理局	31857439	31	苹果	陕西
724	雅江木耳	雅江县农业技术推广和土壤肥料站	16527079	29	木耳	四川
725	雅江黄虎掌	雅江县农业技术推广和土壤肥料站	16527279	29	虎掌菌(干食用菌)	四川
726	雅江黑虎掌	雅江县农业技术推广和土壤肥料站	16527442	29	虎掌菌(干食用菌)	四川
727	宜宾酒	宜宾市酒类协会	16967098	33	白酒	四川
728	青川羊肚菌	青川县农业产业化发展中心	17515005	29	羊肚菌(干食用菌)	四川
729	彭县黄鸡	彭州市濛阳家禽业协会	19214069	29	鸡(非活)	四川
730	盐源跑山鸡	盐源县畜牧工作站	19579826	31	跑山鸡(活家禽)	四川
731	金堂羊肚菌	金堂县食用菌产业联合会	20023254	29	羊肚菌(干食用菌)	四川
732	木里牦牛	木里藏族自治县畜牧站	20435470	31	牦牛(活动物)	四川
733	高县山地乌骨鸡	高县畜牧站	20562266	31	鸡(活动物)	四川
734	新津韭黄	新津县农业技术推广中心	20577440	31	韭黄(新鲜蔬菜)	四川
735	宣汉脆李	宣汉县茶叶果树技术推广站	20731884	31	脆李(新鲜水果)	四川
736	南江魔芋	南江县名优产品流通协会	20764230	31	新鲜魔芋	四川
737	南江天麻	南江县名优产品流通协会	20764231	5	天麻	四川
738	广元山葵	广元市山葵产业研究会	21141586	29	山葵酸菜(腌制蔬菜)	四川
739	广元山葵	广元市山葵产业研究会	21141587	31	山葵(新鲜蔬菜)	四川

续表

序号	商标名称	注册人	注册号	类别	商品	国家（国内省、自治区、直辖市）
740	资中血橙	资中县果树站	21254594	31	血橙（新鲜水果）	四川
741	石渠白菌	石渠县农业技术推广和土壤肥料站	21566891	29	白菌（干食用菌）	四川
742	通江黑木耳	通江县名优产品流通协会	21652294	29	木耳	四川
743	通江香菇	通江县名优产品流通协会	21652295	29	香菇（干食用菌）	四川
744	通江空山核桃	通江县名优产品流通协会	21652296	31	新鲜核桃	四川
745	色达酸奶	色达县畜牧站	21804572	29	酸奶	四川
746	南江厚朴	南江县名优产品流通协会	21855599	5	厚朴（药用树皮）	四川
747	南江杜仲	南江县名优产品流通协会	21855600	5	杜仲（药用树皮）	四川
748	道孚大葱	道孚县农产品质量安全（质量检测）中心	21947183	31	大葱（新鲜蔬菜）	四川
749	道孚大蒜	道孚县农产品质量安全（质量检测）中心	21964264	31	大蒜（新鲜蔬菜）	四川
750	得荣蜂蜜	得荣县农业技术推广和土壤肥料站	21964557	30	蜂蜜	四川
751	蒲江丑柑	成都市蒲江地方名特产品保护促进会	22047928	31	丑柑（新鲜柑橘）	四川
752	雅安南路边茶	雅安南路边茶商会	22130150	30	茶	四川
753	华蓥葡萄	华蓥市葡萄协会	22130299	31	新鲜葡萄	四川
754	剑阁海椒	剑阁县供销合作社联合社	22301715	31	海椒（新鲜蔬菜）	四川
755	剑阁海椒	剑阁县供销合作社联合社	22301716	30	辣椒（调味品）	四川
756	青川魔芋	青川县魔芋协会	22402443	31	新鲜魔芋	四川
757	青川魔芋	青川县魔芋协会	22402444	30	魔芋粉	四川
758	朝天曾家山辣椒	广元市朝天区蔬菜产业发展中心	22478359	31	辣椒（新鲜蔬菜）	四川
759	朝天曾家山辣椒	广元市朝天区蔬菜产业发展中心	22478360	30	辣椒（调味品）	四川
760	朝天天麻	广元市朝天区蔬菜产业发展中心	22478361	5	天麻（中药材）	四川

续表

序号	商标名称	注册人	注册号	类别	商品	国家(国内省、自治区、直辖市)
761	通江黄牛	通江县名优产品流通协会	22492928	29	牛肉(肉)	四川
762	通江黄牛	通江县名优产品流通协会	22492929	31	黄牛(活动物)	四川
763	朝天曾家山甘蓝	广元市朝天区蔬菜产业发展中心	22524580	31	甘蓝(新鲜蔬菜)	四川
764	朝天曾家山莴笋	广元市朝天区蔬菜产业发展中心	22524581	31	新鲜莴苣	四川
765	金口河川牛膝	乐山市金口河区高山中药材种植协会	22542672	5	川牛膝(中药材)	四川
766	南江竹笋	南江县名优产品流通协会	22542917	29	竹笋(干菜笋)	四川
767	南江银耳	南江县名优产品流通协会	22574296	29	银耳(干食用菌)	四川
768	南江香菇	南江县名优产品流通协会	22574297	29	香菇(干食用菌)	四川
769	螺髻山乌骨鸡	普格县畜牧局畜牧站	22588272	31	鸡(活动物)	四川
770	螺髻山黑猪	普格县畜牧局畜牧站	22588273	31	猪(活动物)	四川
771	若尔盖唐古特大黄	若尔盖县阿西茸乡团结村中药材种植技术学会	22603869	5	药用大黄根	四川
772	朝天扯兜子花生	广元市朝天区蔬菜产业发展中心	22620694	31	新鲜花生	四川
773	若尔盖唐古特大黄	若尔盖县阿西茸乡团结村中药材种植技术学会	22620695	31	大黄(新鲜蔬菜)	四川
774	犍为生姜	犍为县榨鼓乡生姜协会	22621076	31	新鲜生姜	四川
775	通江魔芋	通江县名优产品流通协会	22621284	31	新鲜魔芋	四川
776	通江魔芋	通江县名优产品流通协会	22621285	30	魔芋粉	四川
777	通江天麻	通江县名优产品流通协会	22621286	5	天麻(中药材)	四川
778	盐边西瓜	盐边县果桑协会	22622448	31	新鲜西瓜	四川
779	开江贡米	开江县贡米种植协会	22655642	30	大米	四川
780	龙日扎琼马	四川红原诺尔纳格(牦牛)协会	23130910	31	马(活动物)	四川
781	盐源苹果	盐源县苹果研究所	23167678	31	苹果	四川
782	恩阳甘蔗	巴中市恩阳区地方名特产品保护促进会	23501015	31	甘蔗	四川
783	恩阳银杏	巴中市恩阳区地方名特产品保护促进会	23501016	31	银杏(坚果)	四川

续表

序号	商标名称	注册人	注册号	类别	商品	国家（国内省、自治区、直辖市）
784	恩阳猕猴桃	巴中市恩阳区地方名特产品保护促进会	23501197	31	新鲜猕猴桃	四川
785	恩阳葡萄	巴中市恩阳区地方名特产品保护促进会	23501198	31	新鲜葡萄	四川
786	恩阳芦笋	巴中市恩阳区地方名特产品保护促进会	23501199	31	芦笋（新鲜蔬菜）	四川
787	南江黄羊	巴中市南江黄羊科学研究所	23840449	29	黄羊肉	四川
788	金石井柑橘	犍为县金石井柑橘协会	23887013	31	新鲜柑橘	四川
789	会东松籽	会东县农特产品协会	23887741	31	新鲜松籽	四川
790	会东松露	会东县农特产品协会	23887742	31	松露（新鲜块菌）	四川
791	宣汉老君香菇	宣汉县经济作物技术推广站	23994631	31	香菇（鲜食用菌）	四川
792	盐源花椒	盐源县苗圃	24397377	30	花椒	四川
793	盐源花椒	盐源县苗圃	24397378	31	新鲜花椒	四川
794	峰岩乌骨鸡	叙永县枧槽冰雪乌骨鸡养殖协会	24420809	31	鸡（活家禽）	四川
795	峰城玉米	宣汉县农业技术推广站	24622005	31	玉米	四川
796	鹅溪绢	盐亭县鹅溪绢丝绸协会	24853371	24	绢（丝绸）	四川
797	宣汉桃花米	宣汉县种子管理站（宣汉县种子质量监督检验站）	24882294	30	大米	四川
798	宣汉黄金黑木耳	宣汉县经济作物技术推广站	25132856	29	木耳	四川
799	德格芫根	德格县农业技术推广和土壤肥料站	25226214	31	芫根（新鲜蔬菜）	四川
800	江安大白李	江安县果树站	25712132	31	李子（新鲜水果）	四川
801	江安大白李	江安县果树站	25736742	29	李子（果肉）	四川
802	江安黑山羊	江安县畜牧科技推广中心	25736745	31	羊（活动物）	四川
803	江安黑山羊	江安县畜牧科技推广中心	25736856	29	羊肉（肉）	四川
804	布拖黑绵羊	布拖县畜牧站	26079289	31	黑绵羊（活动物）	四川
805	布拖黑绵羊	布拖县畜牧站	26080388	29	黑绵羊肉（肉）	四川
806	石孔贡米	蓬安县石孔乡农业服务中心	26883785	30	大米	四川

续表

序号	商标名称	注册人	注册号	类别	商品	国家(国内省、自治区、直辖市)
807	苍溪脆李	苍溪县经济作物技术指导站	26884059	31	李子（新鲜水果）	四川
808	西河山羊	南部县西水山羊养殖协会	27011811	31	山羊(活的)	四川
809	合江冬草莓	成都市天府新区合江镇草莓协会	27679645	31	草莓	四川
810	天府云崖兔	成都市天府新区家禽养殖行业协会	27679712	31	活兔	四川
811	宝坻宽体金线蛭	天津市宝坻区泥鳅养殖业协会	19241177	31	水蛭(活的)	天津
812	洛扎粉丝	洛扎县特色豌豆粉丝协会	16238996	30	粉丝(条)	西藏
813	娘蒲娘亚牦牛	工布江达县农业技术推广站	19066776	31	牛(活动物)	西藏
814	娘蒲娘亚牦牛	工布江达县农业技术推广站	19578922	29	牛肉(肉)	西藏
815	昌都阿旺绵羊	西藏贡觉县畜牧站	20124969	31	绵羊(活动物)	西藏
816	康巴昌都香鸡	昌都市畜牧总站	21303622	31	鸡(活动物)	西藏
817	仲巴棕色盐山羊	仲巴县畜牧综合服务中心	21303752	31	羊(活动物)	西藏
818	霍尔巴绵羊	仲巴县畜牧综合服务中心	21320624	31	羊(活动物)	西藏
819	吉拉牦牛	仲巴县畜牧综合服务中心	21320625	31	牦牛(活动物)	西藏
820	边坝藏红麦	边坝县农业技术推广站	21361924	31	藏红麦(小麦)	西藏
821	曲水玛咖	曲水县农业技术推广站	21481395	5	玛咖（药用植物根）	西藏
822	尼木藏鸡蛋	西藏尼木县农业技术推广站	21610369	29	鸡蛋(蛋)	西藏
823	尼木藏鸡	西藏尼木县农业技术推广站	21623366	31	鸡(活动物)	西藏
824	朗县辣椒	朗县农业技术推广站	21731080	31	辣椒（新鲜蔬菜）	西藏
825	朗县辣椒	朗县农业技术推广站	21731118	30	辣椒(调味品)	西藏
826	波密菜籽油	西藏波密县农技推广服务站	21869715	29	菜籽油	西藏
827	林芝藏香猪	林芝藏香猪	22195250	29	猪肉(肉)	西藏
828	林芝灵芝	林芝市质量协会	22196063	5	灵芝(药草)	西藏
829	林芝天麻	林芝市质量协会	22211789	5	天麻（药用植物根）	西藏
830	墨脱竹编	墨脱县农技推广站	22384021	20	竹工艺品	西藏
831	墨脱茶叶	墨脱县农技推广站	22384068	30	茶	西藏
832	拉萨奶牛	西藏拉萨市城关区畜牧兽医站	22478513	31	奶牛(活动物)	西藏
833	尼木菜籽油	西藏尼木县农业技术推广站	22479959	29	食用菜籽油	西藏

续表

序号	商标名称	注册人	注册号	类别	商品	国家(国内省、自治区、直辖市)
834	安多多玛绵羊	西藏安多县农牧业科技服务站	22480354	29	羊肉	西藏
835	拉萨辣椒	西藏拉萨市城关区农牧业机械监理与技术推广服务站	22480756	31	辣椒(植物)	西藏
836	拉萨西红柿	西藏拉萨市城关区农牧业机械监理与技术推广服务站	22541698	31	新鲜西红柿	西藏
837	拉萨油桃	西藏拉萨市城关区农牧业机械监理与技术推广服务站	22542773	31	桃	西藏
838	边坝贝母	边坝县农业技术推广站	22558659	5	贝母(中药材)	西藏
839	墨竹工卡小油菜籽	墨竹工卡县农业技术推广站	22705320	31	小油菜籽(植物种子)	西藏
840	昌都獐子菌	昌都市卡若区农业技术推广站	22705779	29	獐子菌(干食用菌)	西藏
841	班戈色瓦绵羊	西藏那曲班戈县农牧科学技术服务站(西藏那曲班戈县动物卫生监督所)	22705886	31	绵羊(活动物)	西藏
842	察雅苹果	西藏察雅县农业技术推广站	22718185	31	苹果	西藏
843	拉萨牛奶	西藏拉萨市城关区畜牧兽医站	22865556	29	牛奶	西藏
844	苏格绵羊	西藏山南市浪卡子县农牧综合服务中心	22941454	29	绵羊肉(肉)	西藏
845	苏格绵羊	西藏山南市浪卡子县农牧综合服务中心	22972420	31	绵羊(活动物)	西藏
846	苏格绵羊毛	西藏山南市浪卡子县农牧综合服务中心	22972421	22	羊毛	西藏
847	日喀则绿麦草	西藏日喀则市农业技术推广服务中心	24806469	31	绿麦草(饲料)	西藏
848	日喀则牛奶	日喀则市畜牧技术推广服务中心	24806471	29	牛奶	西藏
849	日喀则青稞	西藏日喀则市农业技术推广服务中心	24806981	30	去壳大麦	西藏
850	东嘎土豆	日喀则市桑珠孜区农牧综合服务中心	25299322	31	新鲜土豆	西藏
851	聂荣查吾拉牦牛	西藏那曲聂荣县农牧业科学技术服务站(聂荣县动物卫生监督所)	25906244	31	牦牛(活动物)	西藏

续表

序号	商标名称	注册人	注册号	类别	商品	国家(国内省、自治区、直辖市)
852	聂荣查吾拉牦牛	西藏那曲聂荣县农牧业科学技术服务站(聂荣县动物卫生监督所)	25929822	29	牦牛肉(肉)	西藏
853	定结藏香猪	定结县农牧综合服务中心	25956977	29	猪肉	西藏
854	定结藏香猪	定结县农牧综合服务中心	25956998	31	猪(活动物)	西藏
855	桑桑酥油	西藏昂仁县农牧综合服务中心	25958813	29	酥油	西藏
856	定结鸡爪谷	定结县农牧综合服务中心	25982710	31	谷(谷类)	西藏
857	聂荣奶渣	西藏那曲聂荣县农牧业科学技术服务站(聂荣县动物卫生监督所)	26054765	29	奶渣(牛奶制品)	西藏
858	聂荣拉拉	西藏那曲聂荣县农牧业科学技术服务站(聂荣县动物卫生监督所)	26054779	29	奶酪	西藏
859	聂荣酸奶	西藏那曲聂荣县农牧业科学技术服务站(聂荣县动物卫生监督所)	26054948	29	酸奶	西藏
860	桑桑奶渣	西藏昂仁县农牧综合服务中心	26155785	29	奶渣(牛奶制品)	西藏
861	桑桑牦牛	西藏昂仁县农牧综合服务中心	26584119	31	牦牛(活动物)	西藏
862	呼图壁奶牛	呼图壁县动物疾病预防控制中心	17833307	31	奶牛	新疆
863	额敏也木勒白羊	额敏县也木勒白羊选育推广中心	19674512	31	活羊	新疆
864	AMARONE DELLA VALPOLICELLA	维罗纳的商业、工业、工艺贸易及农业会	11410692	33	葡萄酒	意大利
865	MOZZARELLA DI BUFALA CAMPANA	马苏里拉坎帕那水牛奶酪保护协会	21716595	29	奶酪	意大利
866	古典基安蒂	基安蒂葡萄酒协会	22781047	33	葡萄酒	意大利
867	独龙鸡	贡山独龙族怒族自治县独龙鸡养殖协会	16746959	31	鸡(活动物)	云南
868	易门板栗	易门县林业产业协会	17293315	31	新鲜板栗	云南
869	西双版纳菠萝	西双版纳傣族自治州农业科学研究所	17336957	31	菠萝	云南
870	西双版纳香蕉	西双版纳傣族自治州农业科学研究所	17460888	31	香蕉	云南

续表

序号	商标名称	注册人	注册号	类别	商品	国家(国内省、自治区、直辖市)
871	玉溪窑青花	玉溪窑发展研究中心	17742694	21	瓷器;日用瓷器(包括盆、碗、盘、壶、餐具、缸、坛、罐);瓷器装饰品	云南
872	攀天阁黑谷米	维西县生物资源研究及开发协会	18720377	30	大米	云南
873	元江芦荟	元江县热带经济作物产业发展品牌协会	19190612	31	食用芦荟	云南
874	宁洱黄心红薯	宁洱哈尼族彝族自治县磨黑镇农业服务中心	20336692	31	红薯(新鲜蔬菜)	云南
875	南华松茸	楚雄彝族自治州林业科学研究所	20593302	31	新鲜松茸	云南
876	姚安豌豆	姚安县农业技术推广中心	20594129	31	新鲜豌豆	云南
877	楚雄牛肝菌	楚雄彝族自治州林业科学研究所	20594708	31	新鲜牛肝菌	云南
878	弥渡大青菜	弥渡县农产品品牌协会	20899895	31	大青菜(新鲜蔬菜)	云南
879	弥渡酸腌菜	弥渡县农产品品牌协会	21109770	29	酸腌菜(腌制蔬菜)	云南
880	蒲缥甜大蒜	隆阳区蒲缥镇农业综合服务中心	21390623	29	腌制蒜	云南
881	镇沅黑山羊	镇沅彝族哈尼族拉祜族自治县畜牧工作站	21390671	31	黑山羊(活动物)	云南
882	姚安百合	姚安县前场果蔬协会	21390723	31	百合(新鲜蔬菜)	云南
883	元江金桔	元江县热带水果产业发展协会	21390832	31	金橘(新鲜水果)	云南
884	镇沅瓢鸡	镇沅彝族哈尼族拉祜族自治县畜牧工作站	21390958	31	鸡(活的)	云南
885	元江草果	元江县草果产业发展协会	21407049	30	草果(调味品)	云南
886	元江茉莉花	元江茉莉花产业协会	21597144	31	茉莉花(自然花)	云南
887	镇沅黑古陶	镇沅彝族哈尼族拉祜族自治县文化馆	21652400	21	陶器	云南

续表

序号	商标名称	注册人	注册号	类别	商品	国家(国内省、自治区、直辖市)
888	石屏杨梅	石屏县园艺技术推广站	22299436	31	杨梅	云南
889	福贡云黄连	福贡县云黄连草果种植协会	22621796	5	黄连(药用植物根)	云南
890	泸西高原梨	泸西县高原梨协会	22940758	31	梨	云南
891	无量山乌骨鸡蛋	南涧彝族自治县畜牧兽医学会	22940919	29	鸡蛋(蛋)	云南
892	诺邓黑猪	云龙县火腿产业协会	23007679	31	猪(活动物)	云南
893	弥渡大芋头	弥渡县农产品品牌协会	23148800	31	芋头(新鲜蔬菜)	云南
894	屏边荔枝	屏边苗族自治县热区开发办公室	23295512	31	荔枝	云南
895	屏边猕猴桃	屏边苗族自治县茶果站	23295513	31	猕猴桃	云南
896	江城黄牛	江城哈尼族彝族自治县畜牧工作站	23740579	31	黄牛(活动物)	云南
897	新平柑桔	新平彝族傣族自治县经济作物工作站	23741348	31	新鲜柑橘	云南
898	新平荔枝	新平彝族傣族自治县经济作物工作站	23742015	31	新鲜荔枝	云南
899	新平芒果	新平彝族傣族自治县经济作物工作站	23742029	31	新鲜芒果	云南
900	澄江蓝莓	澄江县经济作物工作站	24069143	31	新鲜蓝莓	云南
901	勐海茶	勐海县茶叶技术服务中心	24069544	30	茶	云南
902	勐海班章茶	勐海县茶叶技术服务中心	24395243	30	茶	云南
903	勐海南糯山茶	勐海县茶叶技术服务中心	24617693	30	茶	云南
904	勐海曼糯茶	勐海县茶叶技术服务中心	24617895	30	茶	云南
905	勐海贺开茶	勐海县茶叶技术服务中心	24618111	30	茶	云南
906	勐海老曼峨茶	勐海县茶叶技术服务中心	24618691	30	茶	云南
907	勐海帕沙茶	勐海县茶叶技术服务中心	24619557	30	茶	云南
908	勐海章朗茶	勐海县茶叶技术服务中心	24619621	30	茶	云南
909	勐海保塘茶	勐海县茶叶技术服务中心	25542055	30	茶	云南
910	勐海章家茶	勐海县茶叶技术服务中心	25542081	30	茶	云南
911	勐海曼兴龙茶	勐海县茶叶技术服务中心	25542123	30	茶	云南
912	勐海贺松茶	勐海县茶叶技术服务中心	25565343	30	茶	云南
913	勐海大安茶	勐海县茶叶技术服务中心	25565365	30	茶	云南

续表

序号	商标名称	注册人	注册号	类别	商品	国家(国内省、自治区、直辖市)
914	楚雄牛肝菌	楚雄彝族自治州林业科学研究所	25565366	29	牛肝菌(加工过的)	云南
915	勐海巴达曼迈茶	勐海县茶叶技术服务中心	25589386	30	茶	云南
916	勐海结良茶	勐海县茶叶技术服务中心	25589387	30	茶	云南
917	勐海班盆茶	勐海县茶叶技术服务中心	25592787	30	茶	云南
918	南华松茸	楚雄彝族自治州林业科学研究所	25592788	29	松茸(加工过的)	云南
919	南涧无量山红茶	南涧县无量山高原特色农产品品牌协会	26450753	30	红茶	云南
920	盈江昔马小耳朵猪	盈江县昔马镇农业综合服务中心	26640564	31	活猪	云南
921	缙云烧饼	缙云县缙云烧饼协会	16393682	30	烧饼	浙江
922	缙云烧饼	缙云县缙云烧饼协会	16393683	30	烧饼	浙江
923	庆元香菇	庆元县食用菌管理局	16539646	29	香菇	浙江
924	庆元香菇	庆元县食用菌管理局	16539647	31	新鲜蘑菇	浙江
925	庆元香菇	庆元县食用菌管理局	16539648	29	香菇	浙江
926	庆元香菇	庆元县食用菌管理局	16539649	31	新鲜蘑菇	浙江
927	奉化千层饼	宁波市奉化区溪口千层饼协会	18908362	30	千层饼(大饼)	浙江
928	平水珠茶	绍兴市柯桥区出口茶叶产业协会	19096983	30	茶	浙江
929	泰顺猕猴桃	泰顺县猕猴桃专业技术协会	23294342	31	猕猴桃	浙江
930	常山猴头菇	常山县食用菌办公室	23383181	29	猴头菇(加工过的)	浙江
931	常山猴头菇	常山县食用菌办公室	23383182	31	新鲜猴头菇	浙江
932	富阳葡萄	杭州市富阳区东洲葡萄研究所	24978801	31	新鲜葡萄	浙江
933	兰溪杨梅	兰溪市农产品营销管理中心	25542438	31	新鲜杨梅	浙江
934	松阳香榧	松阳县林业技术推广站	25783475	29	加工过的香榧	浙江
935	安吉白茶	安吉县农业局茶叶站	27427243	30	茶	浙江
936	玉环文旦	玉环市文旦研究所	27623687	31	新鲜柚子	浙江
937	大岙溪杨梅	温州市龙湾区农业产业联合会	31294516	31	新鲜杨梅	浙江
938	永川高粱酒	重庆市永川区酒类行业协会	20040685	33	高粱酒(白酒)	重庆
939	巫溪板角山羊	巫溪县畜牧兽医管理中心	20382826	31	板角山羊(活动物)	重庆

续表

序号	商标名称	注册人	注册号	类别	商品	国家(国内省、自治区、直辖市)
940	和林生姜	梁平县和林镇农业服务中心	20899311	31	生姜(新鲜蔬菜)	重庆
941	黔江猕猴桃	重庆市黔江区生态水果协会	21320442	31	猕猴桃	重庆
942	缙云山甜茶	重庆市北碚区缙云甜茶专业技术协会	21581904	30	茶	重庆
943	永川香珍	重庆市永川区食用菌行业协会	21869645	31	秀珍菇(鲜食用菌)	重庆
944	黔江脆红李	重庆市黔江区农产品质量安全管理站	22178481	31	李子(新鲜水果)	重庆
945	黔江肾豆	重庆市黔江区农产品质量安全管理站	22178482	31	花豆[豆(未加工的)]	重庆
946	黔江地牯牛	重庆市黔江区农产品质量安全管理站	22178483	31	新鲜蔬菜(地牯牛)	重庆
947	云阳纽荷尔	云阳县果品产业发展中心	22780129	31	脐橙(新鲜水果)	重庆
948	万州马铃薯	重庆市万州区白土镇农业服务中心	22863230	31	新鲜马铃薯(新鲜土豆)	重庆
949	万州马铃薯	重庆市万州区白土镇农业服务中心	22863231	30	马铃薯粉	重庆
950	云阳晚橙	云阳县果品产业发展中心	23294160	31	晚橙(新鲜水果)	重庆
951	铜梁砂糖李	重庆市铜梁区小林镇农业服务中心	23318703	31	砂糖李(新鲜水果)	重庆
952	奉节李	奉节县果品流通协会	24951661	31	李子(新鲜水果)	重庆
953	秀山毛尖	秀山茶叶协会	25833693	30	茶;茶叶;绿茶	重庆
954	平滩沟红梅	重庆市綦江区永新镇农业服务中心	28458245	31	新鲜红梅梅果	重庆
955	万州罗田土鸡	重庆市万州罗田土鸡专业技术协会	20274185	29	家禽(非活)	重庆
956	万州罗田土鸡	重庆市万州罗田土鸡专业技术协会	20274183	31	活家禽	重庆

(国家知识产权局商标局)

2018 年“中国版权金奖”获奖名单

2018 年 10 月 19 日，“中国版权金奖”颁奖典礼在苏州举行。“中国版权金奖”是中国国家版权局与世界知识产权组织(WIPO)开展的合作项目，每两年评选一次，是中国版权领域内评选的唯一国际性奖项，也是国内版权领域的最高奖项。2018 年“中国版权金奖”设有作品奖、推广运用奖、保护奖和管理奖四个奖项。

一、作品奖

1.《新华字典》(文字作品，著作权人：商务印书馆)

2.《平凡的世界》(类电作品，制作者：华视娱乐投资集团股份有限公司)

3.《朱鹮》(舞蹈作品，著作权人：上海歌舞团)

4.《红海行动》(类电作品，制作者：北京博纳影业集团有限公司)

5.《活着》(文字作品，作者：余华)

6.《鸡毛飞上天》(类电作品，制作者：杭州佳平影业有限公司)

二、推广运用奖

1. 北京华录百纳影视股份有限公司
2. 中国图书进出口(集团)总公司
3. 雅昌文化集团
4. 中国人民大学出版社有限公司
5. 江苏国泰新点软件有限公司

三、保护奖

1. 湖北省武汉市江岸区人民法院知识产权审判庭
2. 中国轻纺城花样版权登记管理保护办公室
3. 上海市公安局治安总队
4. 广州市文化市场综合行政执法总队
5. 北京联合信任技术服务有限公司

四、管理奖

1. 苏州市版权局
2. 中国音乐著作权协会
3. 中央电视台办公室版权和法律事务室
4. 西安电视剧版权交易中心有限公司

(中央宣传部版权管理局办公室)

2018 年中国版权十件大事

国家版权局在官网发布了国家版权局评选出的“2018 年中国版权十件大事”，涵盖版权管理、执法检查、版权产业、“剑网行动”等多个领域。

1. 中宣部统一管理全国版权工作

3 月，中共中央印发《深化党和国家机构改革方案》，中央宣传部对外加挂国家新闻出版署(国家版权局)牌子，著作权管理工作由中央宣传部负责。4 月 16 日，国家新闻出版署(国家版权局)揭牌仪式在京举行。党中央决定中宣部统一管理版权工作，充分体现了以习近平同志为核心的党中央对宣传思想和知识产权工作的高度重视，版权工作迎来重要发展新契机。

2. 网络音乐版权生态持续好转

2018年，国家版权局继续推动网络音乐版权秩序不断规范，先后约谈大中型唱片公司和网络音乐服务商，推动腾讯音乐、网易云音乐、阿里音乐等主要网络音乐服务商达成版权合作，各方将99%以上独家音乐作品开放授权，引起社会广泛关注和好评，国家版权局相关微博阅读量达4174万次。国家版权局指导各方完善授权模式，协调各方合作共赢，推动构建健康有序的网络音乐版权生态，取得进一步积极成效。

3."剑网2018"专项行动重点整治短视频版权秩序

7月至12月，国家版权局、国家互联网信息办公室、工业和信息化部、公安部开展"剑网2018"专项行动，针对新兴短视频领域中的版权问题多措并举、重拳出击，重点整治短视频领域各类侵权盗版行为。按照"剑网"行动要求，抖音短视频等15家短视频平台切实加强版权保护，积极履行企业主体责任，共下架删除各类涉嫌侵权盗版短视频作品57万部，短视频版权秩序得到显著改善。

4. 中国财经媒体版权保护联盟成立

为推动媒体融合发展、加强媒体版权保护，2018年，有关媒体行业协会在完善授权交易机制、加强行业版权自律、开展行业版权合作等方面开展了许多探索，推动版权保护、媒体融合向纵深发展。12月15日，30多家主流财经媒体发起成立"中国财经媒体版权保护联盟"，共同抵制未经授权擅自转载新闻作品的行为，提高对作品转载的议价能力，推动实现常态化监控和维权、市场化交易等。

5. 电商平台与反盗版联盟合力遏制网上销售盗版行为

10月21日，阿里巴巴集团与京版十五社反盗版联盟在第七届中国国际版权博览会期间，就图书版权保护计划签订合作协议；11月9日，拼多多平台与京版十五社反盗版联盟及少儿出版反盗版联盟在中国国际进口博览会期间，就图书版权保护签订合作协议。各方共同推动版权社会共治，切实履行企业主体责任，加强电商平台与权利人版权合作，构建从源头遏制各类侵权盗版行为的新模式。

6. 多地查处盗版案件保护金庸作品版权

10月30日，著名作家金庸先生逝世，引发社会各界怀念热潮，盗版金庸作品图书乘机牟利。北京、天津、浙江、河南、河北、广东等地版权执法部门集中查处了多起销售盗版金庸作品图书案件并移送公安机关立案侦查，有效保护金庸作品版权。其中，北京顺义查获盗版金庸图书18万余册；天津静海查获盗版金庸图书11万余册；浙江杭州查获盗版金庸图书2.7万余册；广东广州查获盗版金庸图书近2万册；河南郑州查获盗版金庸图书1万多册。

7. 北京互联网法院审理首起著作权案件

9月9日，北京互联网法院挂牌成立。"抖音短视频"案成为其受理的第一起案件，也是我国首个短视频平台帮助用户维权的案件。本案中，北京互联网法院认定涉案短视频符合著作权法的独创性要求，构成类电作品，对于短视频著作权纠纷类案件具有一定的借鉴意义。该案也凸显了在网络案件中，著作权案件占有较突出的比重。

8.2018年中国版权金奖颁发

10月19日，中国国家版权局与世界知识产权组织在苏州举办2018年中国版权金奖颁奖仪式。《新华字典》等6部作品获"作品奖"；北京华录百纳影视股份有限公司等5家单位获"推广运用奖"；北京联合信任技术服务有限公司等5家单位获"保护奖"；苏州市版权局等4家单位获"管理奖"。中国版权金奖作为我国版权领域最高奖项，用以鼓励和表彰在版权创作、运用、保护和管理中做出突出贡献的单位或个人，引起国内外广泛关注，收到良好社会反响。

9. 我国版权产业增加值突破 6 万亿元

12 月 25 日，中国新闻出版研究院发布了 2017 年中国版权产业的经济贡献调研结果：2017 年我国版权产业的行业增加值 6.08 万亿元人民币，占全国 GDP 的 7.35％。其中核心版权产业行业增加值为 3.81 万亿元人民币，占我国 GDP 的 4.61％。2017 年中国网络版权产业的市场规模达 6365 亿元人民币，同比增长 27.2％。调研结果显示，近年来我国版权产业呈持续增长态势，网络版权产业增长较快，版权产业对促进经济社会发展的重要作用日益凸显。

10. 版权司法审判规则不断完善

4 月，北京市高级人民法院颁布《北京市高级人民法院侵害著作权案件审理指南》，涉及基本规定、权利客体、权利归属、侵权认定、抗辩事由等 11 个方面问题。12 月，最高人民法院发布《最高人民法院关于审查知识产权纠纷行为保全案件适用法律若干问题的规定》，包括程序性规则、实体性规则、行为保全申请错误认定与处理、行为保全措施的解除等 4 个方面内容。国家和地方一系列司法相关规则的出台，对于提升包括版权在内知识产权案件的审判质量具有重要意义。

（中央宣传部版权管理局办公室）

2018年新登记农产品地理标志名单

序号	产品名称	所在地域	申请人全称	公告技术规范编号	登记证书编号
1	茶淀玫瑰香葡萄	天津	天津市滨海新区葡萄种植业协会	AGI2018-01-2244	AGI02244
2	南口供佛杏	河北	阳原县高墙乡农业综合服务中心	AGI2018-01-2245	AGI02245
3	张北马铃薯	河北	张北坝上马铃薯产业协会	AGI2018-01-2246	AGI02246
4	曲沃葡萄	山西	曲沃县葡萄协会	AGI2018-01-2247	AGI02247
5	娄烦山药蛋	山西	娄烦县同福种养协会	AGI2018-01-2248	AGI02248
6	清德铺红薯	山西	清徐县清德铺村红薯协会	AGI2018-01-2249	AGI02249
7	平顺连翘	山西	平顺县农业技术推广中心	AGI2018-01-2250	AGI02250
8	武乡小米	山西	武乡县良种推广服务中心	AGI2018-01-2251	AGI02251
9	汾州小米	山西	汾阳市农业技术推广站	AGI2018-01-2252	AGI02252
10	右玉燕麦米	山西	右玉燕麦产业协会	AGI2018-01-2253	AGI02253
11	五寨红芸豆	山西	五寨县农业机械技术推广站	AGI2018-01-2254	AGI02254
12	定襄糯玉米	山西	定襄县经济作物协会	AGI2018-01-2255	AGI02255
13	河套西瓜	内蒙古	巴彦淖尔市绿色食品发展中心	AGI2018-01-2256	AGI02256
14	河套蜜瓜	内蒙古	巴彦淖尔市绿色食品发展中心	AGI2018-01-2257	AGI02257
15	固阳马铃薯	内蒙古	固阳县农牧业研究中心	AGI2018-01-2258	AGI02258
16	喀喇沁青椒	内蒙古	喀喇沁旗农业产业联合会	AGI2018-01-2259	AGI02259
17	喀喇沁番茄	内蒙古	喀喇沁旗农业产业联合会	AGI2018-01-2260	AGI02260
18	喀喇沁苹果梨	内蒙古	喀喇沁旗农业产业联合会	AGI2018-01-2261	AGI02261
19	乌审草原红牛	内蒙古	内蒙古乌审旗农牧业产业化办公室	AGI2018-01-2262	AGI02262
20	乌拉特后旗戈壁红驼	内蒙古	乌拉特后旗绿色食品发展中心	AGI2018-01-2263	AGI02263
21	巴彦淖尔二狼山白绒山羊	内蒙古	巴彦淖尔市绿色食品发展中心	AGI2018-01-2264	AGI02264

续表

序号	产品名称	所在地域	申请人全称	公告技术规范编号	登记证书编号
22	河套黄河鲤鱼	内蒙古	巴彦淖尔市绿色食品发展中心	AGI2018-01-2265	AGI02265
23	大连大樱桃	大连	大连市农业技术推广中心	AGI2018-01-2266	AGI02266
24	大连苹果	大连	大连市农业技术推广中心	AGI2018-01-2267	AGI02267
25	大连栉孔扇贝	大连	大连市水产研究所	AGI2018-01-2268	AGI02268
26	林苗圃旱酥梨	江苏	宿迁市宿豫区顺河街道林苗圃优质农产品协会	AGI2018-01-2269	AGI02269
27	凤桥水蜜桃	浙江	嘉兴市南湖区凤桥镇农业技术服务中心	AGI2018-01-2270	AGI02270
28	黄岩东魁杨梅	浙江	台州市黄岩区果树技术推广总站	AGI2018-01-2271	AGI02271
29	金塘李	浙江	舟山市定海区农业技术推广中心站	AGI2018-01-2272	AGI02272
30	雁荡毛峰	浙江	乐清市种植业站	AGI2018-01-2273	AGI02273
31	江山绿牡丹茶	浙江	江山市茶叶技术推广中心	AGI2018-01-2274	AGI02274
32	景宁惠明茶	浙江	景宁畲族自治县惠明茶行业协会	AGI2018-01-2275	AGI02275
33	遂昌菊米	浙江	遂昌县中药材开发研究所	AGI2018-01-2276	AGI02276
34	仙居鸡	浙江	仙居县畜牧兽医局	AGI2018-01-2277	AGI02277
35	慈溪蜜梨	宁波	慈溪市梨业协会	AGI2018-01-2278	AGI02278
36	都督翠茗	安徽	巢湖市坝镇都督山茶叶产业协会	AGI2018-01-2279	AGI02279
37	旌德灵芝	安徽	旌德县农产品质量安全监管局	AGI2018-01-2280	AGI02280
38	水东蜜枣	安徽	宣城市宣州区文化旅游产业发展协会	AGI2018-01-2281	AGI02281
39	砀山黄桃	安徽	砀山县农产品质量安全监管中心	AGI2018-01-2282	AGI02282
40	黄山黑鸡	安徽	黟县黄山黑鸡产业协会	AGI2018-01-2283	AGI02283
41	秋浦花鳜	安徽	池州市贵池区水产技术推广中心	AGI2018-01-2284	AGI02284
42	龙岩斜背茶	福建	龙岩市新罗区茶叶协会	AGI2018-01-2285	AGI02285
43	安溪铁观音	福建	安溪县茶业总公司	AGI2018-01-2286	AGI02286

续表

序号	产品名称	所在地域	申请人全称	公告技术规范编号	登记证书编号
44	建宁通心白莲	福建	建宁县建莲产业协会	AGI2018-01-2287	AGI02287
45	建宁黄花梨	福建	建宁县黄花梨产业协会	AGI2018-01-2288	AGI02288
46	德化梨	福建	德化县农业科学研究所	AGI2018-01-2289	AGI02289
47	余干芡实	江西	余干县芡实产业协会	AGI2018-01-2290	AGI02290
48	黎川草菇	江西	黎川县食用菌行业协会	AGI2018-01-2291	AGI02291
49	玉山香榧	江西	上饶市玉山香榧研究所	AGI2018-01-2292	AGI02292
50	宜春大米	江西	宜春市休闲农业发展中心	AGI2018-01-2293	AGI02293
51	曹县芦笋	山东	曹县经济作物站	AGI2018-01-2294	AGI02294
52	茶坡芹菜	山东	沂南县芹菜产业协会	AGI2018-01-2295	AGI02295
53	五莲樱桃	山东	五莲县樱桃协会	AGI2018-01-2296	AGI02296
54	济宁百日鸡	山东	济宁市任城区济宁百日鸡养殖协会	AGI2018-01-2297	AGI02297
55	蓼兰小麦	青岛	平度市蓼兰镇农业服务中心	AGI2018-01-2298	AGI02298
56	即墨地瓜	青岛	即墨市农业技术推广站	AGI2018-01-2299	AGI02299
57	陕州苹果	河南	三门峡市陕州区园艺管理服务中心	AGI2018-01-2300	AGI02300
58	陕州红梨	河南	三门峡市陕州区园艺管理服务中心	AGI2018-01-2301	AGI02301
59	陕州石榴	河南	三门峡市陕州区园艺管理服务中心	AGI2018-01-2302	AGI02302
60	兰考蜜瓜	河南	兰考县农产品质量安全检测中心	AGI2018-01-2303	AGI02303
61	新县将军菜	河南	新县农产品质量安全检验检测中心	AGI2018-01-2304	AGI02304
62	临颍大蒜	河南	临颍县农产品质量安全检测中心	AGI2018-01-2305	AGI02305
63	郸城红薯	河南	郸城县农产品质量检测中心	AGI2018-01-2306	AGI02306
64	正阳花生	河南	正阳县农产品质量安全检测中心	AGI2018-01-2307	AGI02307
65	郏县烤烟	河南	郏县烟叶办公室	AGI2018-01-2308	AGI02308
66	鹿邑芹菜	河南	鹿邑县农产品质量安全检测站	AGI2018-01-2309	AGI02309

续表

序号	产品名称	所在地域	申请人全称	公告技术规范编号	登记证书编号
67	扶沟辣椒	河南	扶沟县农产品质量安全检测中心	AGI2018-01-2310	AGI02310
68	伊川小米	河南	伊川县农产品质量安全监督检测站	AGI2018-01-2311	AGI02311
69	清泉沟小米	河南	三门峡市陕州区农业技术推广站	AGI2018-01-2312	AGI02312
70	唐河绿米	河南	唐河县中绿天然富硒稻米研发中心	AGI2018-01-2313	AGI02313
71	项城白芝麻	河南	项城市农产品质量检验监测中心	AGI2018-01-2314	AGI02314
72	禹州金银花	河南	禹州市中药材生产办公室	AGI2018-01-2315	AGI02315
73	栾川山茱萸	河南	栾川县农业产业化龙头企业协会	AGI2018-01-2316	AGI02316
74	黄泛区黄金梨	河南	河南省黄泛区农场	AGI2018-01-2317	AGI02317
75	栾川核桃	河南	栾川县农业产业化龙头企业协会	AGI2018-01-2318	AGI02318
76	白水畈萝卜	湖北	咸宁市咸安区高桥白水畈萝卜协会	AGI2018-01-2319	AGI02319
77	闯王砂梨	湖北	通山县果树种植协会	AGI2018-01-2320	AGI02320
78	江夏光明茶	湖北	武汉市江夏区山坡街光明茶叶协会	AGI2018-01-2321	AGI02321
79	榛子薄皮辣椒	湖北	榛子乡辣椒协会	AGI2018-01-2322	AGI02322
80	云梦白花菜	湖北	云梦县农技推广中心	AGI2018-01-2323	AGI02323
81	远安香菇	湖北	远安县食用菌协会	AGI2018-01-2324	AGI02324
82	黄陂黄牛	湖北	武汉市黄陂区农业技术推广服务中心	AGI2018-01-2325	AGI02325
83	北湖鳙	湖北	荆州市荆州区马山镇农业技术服务中心	AGI2018-01-2326	AGI02326
84	浀水刁子鱼	湖北	松滋市农业技术推广中心	AGI2018-01-2327	AGI02327
85	樟树港黄瓜	湖南	湘阴县樟树镇农业服务中心	AGI2018-01-2328	AGI02328
86	樟树港辣椒	湖南	湘阴县樟树镇农业服务中心	AGI2018-01-2329	AGI02329

续表

序号	产品名称	所在地域	申请人全称	公告技术规范编号	登记证书编号
87	乌山贡米	湖南	长沙市望城区乌山无公害优质稻种植协会	AGI2018-01-2330	AGI02330
88	松柏大米	湖南	永顺县粮油作物技术服务站	AGI2018-01-2331	AGI02331
89	葛家鸡肠子辣椒	湖南	葛家镇农业综合服务站	AGI2018-01-2332	AGI02332
90	醴陵玻璃椒	湖南	醴陵市蔬菜作物站	AGI2018-01-2333	AGI02333
91	常德香米	湖南	常德市粮食行业协会	AGI2018-01-2334	AGI02334
92	通道黑老虎	湖南	通道侗族自治县经济作物工作站	AGI2018-01-2335	AGI02335
93	澧县双低油菜籽	湖南	澧县双低油菜产业协会	AGI2018-01-2336	AGI02336
94	永州异蛇	湖南	永州市异蛇生物产业协会	AGI2018-01-2337	AGI02337
95	辰溪稻花鱼	湖南	辰溪县农业技术推广学会	AGI2018-01-2338	AGI02338
96	梅江区清凉山茶	广东	梅州市梅江区茶叶协会	AGI2018-01-2339	AGI02339
97	武鸣砂糖桔	广西	南宁市武鸣区农业技术推广中心	AGI2018-01-2340	AGI02340
98	田林灵芝	广西	田林县农业技术推广中心	AGI2018-01-2341	AGI02341
99	龙胜红糯	广西	龙胜各族自治县农业技术推广站	AGI2018-01-2342	AGI02342
100	桂林葡萄	广西	桂林市水果生产办公室	AGI2018-01-2343	AGI02343
101	北流荔枝	广西	北流市农村经济经营管理站	AGI2018-01-2344	AGI02344
102	八步南乡鸭	广西	八步区畜牧饲料与草地监理站	AGI2018-01-2345	AGI02345
103	德保矮马	广西	德保县矮马保种繁育管理中心	AGI2018-01-2346	AGI02346
104	平果桂中花猪	广西	平果县畜牧技术推广站	AGI2018-01-2347	AGI02347
105	钦州石斑鱼	广西	钦州市水产技术推广站	AGI2018-01-2348	AGI02348
106	昌江芒果	海南	昌江黎族自治县芒果协会	AGI2018-01-2349	AGI02349
107	保亭红毛丹	海南	保亭黎族苗族自治县热带作物发展服务中心	AGI2018-01-2350	AGI02350
108	五指山五脚猪	海南	五指山市农业协会	AGI2018-01-2351	AGI02351
109	万宁东山羊	海南	万宁东山羊养殖协会	AGI2018-01-2352	AGI02352
110	石山壅羊	海南	海口市秀英区农业技术服务中心	AGI2018-01-2353	AGI02353

续表

序号	产品名称	所在地域	申请人全称	公告技术规范编号	登记证书编号
111	海南罗非鱼	海南	海南省水产流通与加工协会	AGI2018-01-2354	AGI02354
112	双流永安葡萄	四川	成都市双流区农业技术推广中心	AGI2018-01-2355	AGI02355
113	黑水大蒜	四川	黑水县农业畜牧和水务局土肥站	AGI2018-01-2356	AGI02356
114	修文猕猴桃	贵州	修文县猕猴桃产业发展局	AGI2018-01-2357	AGI02357
115	赫章樱桃	贵州	赫章县土肥站	AGI2018-01-2358	AGI02358
116	凯里平良贡米	贵州	凯里市大风洞镇农业服务中心	AGI2018-01-2359	AGI02359
117	务川白山羊	贵州	务川县仡佬族苗族自治县草地生态畜牧业发展中心	AGI2018-01-2360	AGI02360
118	镇巴树花菜	陕西	镇巴县园艺站	AGI2018-01-2361	AGI02361
119	镇巴香菇	陕西	陕西省镇巴县食用菌技术服务推广站	AGI2018-01-2362	AGI02362
120	镇巴黑木耳	陕西	陕西省镇巴县食用菌技术服务推广站	AGI2018-01-2363	AGI02363
121	宁陕猪苓	陕西	宁陕县农业技术推广中心	AGI2018-01-2364	AGI02364
122	宁陕天麻	陕西	宁陕县农业技术推广中心	AGI2018-01-2365	AGI02365
123	户县葡萄	陕西	西安市鄠邑区农产品质量安全检验监测中心	AGI2018-01-2366	AGI02366
124	天水连翘	甘肃	天水市中药材种植业协会	AGI2018-01-2367	AGI02367
125	临洮马铃薯	甘肃	临洮县农业技术推广中心	AGI2018-01-2368	AGI02368
126	平川甜瓜	甘肃	白银市平川区农业技术推广中心	AGI2018-01-2369	AGI02369
127	平川山羊肉	甘肃	白银市平川区畜牧兽医局	AGI2018-01-2370	AGI02370
128	武都崖蜜	甘肃	陇南市武都区电子商务中心	AGI2018-01-2371	AGI02371
129	沙坡头苹果	宁夏	中卫市苹果产业协会	AGI2018-01-2372	AGI02372
130	宁夏菜心	宁夏	宁夏蔬菜产销协会	AGI2018-01-2373	AGI02373
131	尉犁罗布麻茶	新疆	尉犁县农业技术推广中心	AGI2018-01-2374	AGI02374
132	吉木萨尔鸡	新疆	吉木萨尔县动物疾病预防与控制中心	AGI2018-01-2375	AGI02375

续表

序号	产品名称	所在地域	申请人全称	公告技术规范编号	登记证书编号
133	新疆兵团五团苹果	新疆兵团	新疆生产建设兵团第一师五团	AGI2018-01-2376	AGI02376
134	炮台甜瓜	新疆兵团	新疆生产建设兵团第八师一二一团	AGI2018-01-2377	AGI02377
135	达因苏牛肉	新疆兵团	新疆生产建设兵团第九师一六五团	AGI2018-01-2378	AGI02378
136	阳原鹦哥绿豆	河北	阳原县农业管理中心	AGI2018-02-2379	AGI02379
137	泽州黄小米	山西	泽州县高都镇农业技术服务中心	AGI2018-02-2380	AGI02380
138	兴县小米	山西	吕梁市杂粮行业协会	AGI2018-02-2381	AGI02381
139	固阳荞麦	内蒙古	固阳县农牧业研究中心	AGI2018-02-2382	AGI02382
140	库伦荞麦	内蒙古	库伦旗农产品质量安全监督管理站	AGI2018-02-2383	AGI02383
141	察右前旗甜菜	内蒙古	察右前旗农畜产品质量安全检验检测站	AGI2018-02-2384	AGI02384
142	本溪软枣猕猴桃	辽宁	本溪满族自治县农业技术推广中心	AGI2018-02-2385	AGI02385
143	兴城蜂蜜	辽宁	兴城市畜牧技术推广站	AGI2018-02-2386	AGI02386
144	大安黄菇娘	吉林	大安市农业产业化服务中心	AGI2018-02-2387	AGI02387
145	黑垦友谊西瓜	黑龙江	友谊农场绿色食品协会	AGI2018-02-2388	AGI02388
146	集贤大豆	黑龙江	集贤县农业技术推广中心	AGI2018-02-2389	AGI02389
147	佳木斯木耳	黑龙江	佳木斯市食用菌产业发展办公室	AGI2018-02-2390	AGI02390
148	呼兰马铃薯	黑龙江	哈尔滨市呼兰区农业技术推广中心	AGI2018-02-2391	AGI02391
149	万宝镇大米	黑龙江	哈尔滨市松北区稻米协会	AGI2018-02-2392	AGI02392
150	雁窝岛黑猪肉	黑龙江	黑龙江雁窝岛生猪养殖协会	AGI2018-02-2393	AGI02393
151	花园酥梨	江苏	宿迁市宿城区王官集镇农业经济技术服务中心	AGI2018-02-2394	AGI02394
152	海门大红袍赤豆	江苏	海门市作物栽培技术指导站	AGI2018-02-2395	AGI02395
153	启东沙地山药	江苏	启东市高效设施农业协会	AGI2018-02-2396	AGI02396

续表

序号	产品名称	所在地域	申请人全称	公告技术规范编号	登记证书编号
154	永康舜芋	浙江	永康市舜芋技术协会	AGI2018-02-2397	AGI02397
155	杨柳荸荠	安徽	庐江县白湖镇农业技术推广服务站	AGI2018-02-2398	AGI02398
156	黟县石墨茶	安徽	黟县农业技术推广中心	AGI2018-02-2399	AGI02399
157	桐城小花	安徽	桐城市小花茶叶开发工程指挥部办公室	AGI2018-02-2400	AGI02400
158	霍山黄芽	安徽	霍山县茶叶产业协会	AGI2018-02-2401	AGI02401
159	白莲坡贡米	安徽	怀远县科学种植养殖发展协会	AGI2018-02-2402	AGI02402
160	烟台大花生	山东	烟台市农业技术推广中心	AGI2018-02-2403	AGI02403
161	惠民蜜桃	山东	惠民县大陈年镇农业综合服务站	AGI2018-02-2404	AGI02404
162	柘山板栗	山东	安丘市柘山镇农业综合服务中心	AGI2018-02-2405	AGI02405
163	烟台苹果	山东	烟台市苹果协会	AGI2018-02-2406	AGI02406
164	洪山菜薹	湖北	武汉市洪山区洪山菜苔产业协会	AGI2018-02-2407	AGI02407
165	杨林沟芋头	湖北	汉川市杨林沟镇农业服务中心	AGI2018-02-2408	AGI02408
166	安福寺白桃	湖北	枝江市安福寺农业服务中心	AGI2018-02-2409	AGI02409
167	随州香菇	湖北	随州市食用菌协会	AGI2018-02-2410	AGI02410
168	松滋鸡	湖北	松滋市土特产品产销协会	AGI2018-02-2411	AGI02411
169	长沙绿茶	湖南	长沙市茶业协会	AGI2018-02-2412	AGI02412
170	江永香米	湖南	江永县桃川洞名特优新产品开发区管理委员会	AGI2018-02-2413	AGI02413
171	江垭峡谷鳙鱼	湖南	慈利县畜牧水产局	AGI2018-02-2414	AGI02414
172	顺德国兰	广东	佛山市顺德区国兰协会	AGI2018-02-2415	AGI02415
173	阳山西洋菜	广东	阳山县农业科学研究所	AGI2018-02-2416	AGI02416
174	德庆何首乌	广东	德庆县农业技术推广中心	AGI2018-02-2417	AGI02417
175	德庆巴戟	广东	德庆县农业技术推广中心	AGI2018-02-2418	AGI02418
176	阳山鸡	广东	阳山县畜牧技术推广站	AGI2018-02-2419	AGI02419
177	靖西大果山楂	广西	靖西市水果生产办公室	AGI2018-02-2420	AGI02420

续表

序号	产品名称	所在地域	申请人全称	公告技术规范编号	登记证书编号
178	大化白玉薯	广西	大化瑶族自治县农业技术推广站	AGI2018-02-2421	AGI02421
179	桂林罗汉果	广西	桂林市经济作物技术推广站	AGI2018-02-2422	AGI02422
180	七百弄山羊	广西	大化瑶族自治县畜牧管理站	AGI2018-02-2423	AGI02423
181	琼中山鸡	海南	琼中黎族苗族自治县山鸡养殖协会	AGI2018-02-2424	AGI02424
182	资中血橙	四川	资中县果树站	AGI2018-02-2425	AGI02425
183	天府龙芽	四川	四川省川茶品牌促进会	AGI2018-02-2426	AGI02426
184	石渠白菌	四川	石渠县农业技术推广和土壤肥料站	AGI2018-02-2427	AGI02427
185	乡城藏猪	四川	乡城县畜牧站	AGI2018-02-2428	AGI02428
186	乐至黑山羊	四川	乐至县畜牧兽医协会	AGI2018-02-2429	AGI02429
187	茅坪香桔	贵州	锦屏县农产品质量安全监管站	AGI2018-02-2430	AGI02430
188	安龙白及	贵州	安龙县植保植检站	AGI2018-02-2431	AGI02431
189	织金白鹅	贵州	织金县农产品质量安全监督检验检测站	AGI2018-02-2432	AGI02432
190	丹寨黑猪	贵州	丹寨县草地生态畜牧业发展中心	AGI2018-02-2433	AGI02433
191	六盘水乌蒙凤鸡	贵州	六盘水市畜牧技术推广站	AGI2018-02-2434	AGI02434
192	楚雄滇撒猪	云南	楚雄彝族自治州种猪种鸡场	AGI2018-02-2435	AGI02435
193	神木小米	陕西	神木市农产品质量监督检查站	AGI2018-02-2436	AGI02436
194	神木黑豆	陕西	神木市农产品质量监督检查站	AGI2018-02-2437	AGI02437
195	耀州花椒	陕西	铜川市耀州区农畜产品质量安全检验检测中心	AGI2018-02-2438	AGI02438
196	宝鸡蜂蜜	陕西	宝鸡市畜牧兽医中心	AGI2018-02-2439	AGI02439
197	灵台苹果	甘肃	灵台县果业局	AGI2018-02-2440	AGI02440
198	崇信苹果	甘肃	崇信县汇丰现代农业协会	AGI2018-02-2441	AGI02441

续表

序号	产品名称	所在地域	申请人全称	公告技术规范编号	登记证书编号
199	龙湾苹果	甘肃	景泰县农业技术推广中心	AGI2018-02-2442	AGI02442
200	崇信芹菜	甘肃	崇信县蔬菜协会	AGI2018-02-2443	AGI02443
201	清水半夏	甘肃	清水县经济作物工作站	AGI2018-02-2444	AGI02444
202	中卫硒砂瓜	宁夏	中卫市农业技术推广与培训中心	AGI2018-02-2445	AGI02445
203	泾源蜂蜜	宁夏	泾源县科技中心	AGI2018-02-2446	AGI02446
204	湟源胡萝卜	青海	湟源县农产品质量安全检验检测站	AGI2018-02-2447	AGI02447
205	湟源青蒜苗	青海	湟源县农产品质量安全检验检测站	AGI2018-02-2448	AGI02448
206	平安马铃薯	青海	海东市平安区农业技术推广中心	AGI2018-02-2449	AGI02449
207	乐都牦牛肉	青海	海东市乐都区绿色农产品开发协会	AGI2018-02-2450	AGI02450
208	温宿大米	新疆	温宿县农业技术推广站	AGI2018-02-2451	AGI02451
209	祁菊花	河北	安国市中药材标准化生产协会	AGI2018-03-2452	AGI02452
210	祁山药	河北	安国市中药材标准化生产协会	AGI2018-03-2453	AGI02453
211	代县小米	山西	代县雁丰农产品协会	AGI2018-03-2454	AGI02454
212	五寨马铃薯	山西	五寨县农业机械技术推广站	AGI2018-03-2455	AGI02455
213	灯塔葡萄	辽宁	灯塔市葡萄产业协会	AGI2018-03-2456	AGI02456
214	灯塔大米	辽宁	灯塔市农业技术推广中心	AGI2018-03-2457	AGI02457
215	辽西驴	辽宁	辽宁省家畜家禽遗传资源保存利用中心	AGI2018-03-2458	AGI02458
216	吉林长白山香菇	吉林	吉林省园艺特产协会	AGI2018-03-2459	AGI02459
217	吉林长白山黑木耳	吉林	吉林省园艺特产协会	AGI2018-03-2460	AGI02460
218	吉林长白山灵芝	吉林	吉林省园艺特产协会	AGI2018-03-2461	AGI02461
219	绥化鲜食玉米	黑龙江	绥化市鲜食玉米．速冻果蔬联合会	AGI2018-03-2462	AGI02462
220	白鹤草莓	上海	上海市青浦区白鹤镇农业综合服务中心	AGI2018-03-2463	AGI02463

续表

序号	产品名称	所在地域	申请人全称	公告技术规范编号	登记证书编号
221	新街女贞	江苏	东台市新街镇苗木协会	AGI2018-03-2464	AGI02464
222	建德西红花	浙江	建德市中药材产业协会	AGI2018-03-2465	AGI02465
223	淳安覆盆子	浙江	淳安县农业技术推广中心	AGI2018-03-2466	AGI02466
224	嵊州香榧	浙江	嵊州市香榧产业协会	AGI2018-03-2467	AGI02467
225	玉环文旦	浙江	玉环市文旦研究所	AGI2018-03-2468	AGI02468
226	黄岩蜜桔	浙江	台州市黄岩区果树技术推广总站	AGI2018-03-2469	AGI02469
227	黄石溪毛峰	安徽	青阳县种植业局	AGI2018-03-2470	AGI02470
228	泾县兰香茶	安徽	泾县茶业协会	AGI2018-03-2471	AGI02471
229	明光甜叶菊	安徽	明光市农业技术推广中心	AGI2018-03-2472	AGI02472
230	宁国山核桃	安徽	宁国市农产品质量监管局	AGI2018-03-2473	AGI02473
231	凤台淮王鱼	安徽	凤台县水产技术推广中心	AGI2018-03-2474	AGI02474
232	蓬华脐橙	福建	南安市蓬华镇农业服务中心	AGI2018-03-2475	AGI02475
233	河龙贡米	福建	宁化县河龙贡米协会	AGI2018-03-2476	AGI02476
234	晋江紫菜	福建	晋江市紫菜加工行业协会	AGI2018-03-2477	AGI02477
235	德化黑羊	福建	德化县农业科学研究所	AGI2018-03-2478	AGI02478
236	东乡甘蔗	江西	抚州市东乡区甘蔗行业协会	AGI2018-03-2479	AGI02479
237	浚县小河白菜	河南	浚县蔬菜协会	AGI2018-03-2480	AGI02480
238	温县铁棍山药	河南	温县四大怀药协会	AGI2018-03-2481	AGI02481
239	禹州丹参	河南	禹州市中药材生产办公室	AGI2018-03-2482	AGI02482
240	禹州半夏	河南	禹州市中药材生产办公室	AGI2018-03-2483	AGI02483
241	兰考红薯	河南	兰考县农产品质量安全检测中心	AGI2018-03-2484	AGI02484
242	宜昌猕猴桃	湖北	宜昌市农业科学研究院	AGI2018-03-2485	AGI02485
243	大金板鸭	湖北	武穴市农业技术推广中心	AGI2018-03-2486	AGI02486
244	金甲岭萝卜	湖南	衡阳市珠晖区农业产业化与技术推广服务站	AGI2018-03-2487	AGI02487
245	黔阳冰糖橙	湖南	洪江市农业技术推广中心	AGI2018-03-2488	AGI02488
246	浏阳黑山羊	湖南	浏阳市畜牧工作站	AGI2018-03-2489	AGI02489
247	白泥湖螃蟹	湖南	岳阳市云溪区陆城镇农业综合服务站	AGI2018-03-2490	AGI02490
248	江门牛大力	广东	江门市牛大力种植协会	AGI2018-03-2491	AGI02491

续表

序号	产品名称	所在地域	申请人全称	公告技术规范编号	登记证书编号
249	陈村年桔	广东	佛山市顺德区陈村花卉协会	AGI2018-03-2492	AGI02492
250	顺德鳗鱼	广东	佛山市顺德区水产商会	AGI2018-03-2493	AGI02493
251	都安旱藕	广西	都安瑶族自治县经作站	AGI2018-03-2494	AGI02494
252	桂林沙糖桔	广西	桂林市水果生产办公室	AGI2018-03-2495	AGI02495
253	凤山粳	广西	凤山县农业中心推广站	AGI2018-03-2496	AGI02496
254	宜州桑蚕茧	广西	河池市宜州区桑蚕茧丝绸产业循环经济示范区建设办公室	AGI2018-03-2497	AGI02497
255	澄迈山柚油	海南	澄迈县山柚油协会	AGI2018-03-2498	AGI02498
256	崇州重楼	四川	崇州高山中药材产业协会	AGI2018-03-2499	AGI02499
257	西昌葡萄	四川	西昌市经济作物站	AGI2018-03-2500	AGI02500
258	隆兴大米	四川	崇州市农业技术推广综合服务中心	AGI2018-03-2501	AGI02501
259	石林人参果	云南	石林彝族自治县经济作物站	AGI2018-03-2502	AGI02502
260	尼西鸡	云南	迪庆藏族自治州畜牧水产技术推广站	AGI2018-03-2503	AGI02503
261	朗县辣椒	西藏	朗县农业技术推广站	AGI2018-03-2504	AGI02504
262	措勤紫绒山羊	西藏	措勤县绒山羊良种扩繁殖场	AGI2018-03-2505	AGI02505
263	象雄半细毛羊	西藏	西藏自治区阿里地区良种场	AGI2018-03-2506	AGI02506
264	工布江达藏猪	西藏	工布江达县畜牧兽医站	AGI2018-03-2507	AGI02507
265	拉萨白鸡	西藏	拉萨市禽类良种研究保护推广中心	AGI2018-03-2508	AGI02508
266	斯布牦牛	西藏	西藏墨竹工卡县畜牧兽医站	AGI2018-03-2509	AGI02509
267	镇巴天麻	陕西	镇巴县农产品质量安全监测检验中心	AGI2018-03-2510	AGI02510
268	镇巴大黄	陕西	镇巴县农产品质量安全监测检验中心	AGI2018-03-2511	AGI02511
269	汉中银杏	陕西	汉中市银杏产业协会	AGI2018-03-2512	AGI02512

续表

序号	产品名称	所在地域	申请人全称	公告技术规范编号	登记证书编号
270	周至猕猴桃	陕西	周至县农产品质量安全检验监测中心	AGI2018-03-2513	AGI02513
271	麦积花椒	甘肃	天水市麦积区农产品质量安全监测中心	AGI2018-03-2514	AGI02514
272	古浪香瓜	甘肃	古浪县土门镇蔬菜产销协会	AGI2018-03-2515	AGI02515
273	平川苹果	甘肃	白银市平川区农业技术推广中心	AGI2018-03-2516	AGI02516
274	翠柳山羊肉	甘肃	景泰县畜牧兽医局	AGI2018-03-2517	AGI02517
275	平川黑驴	甘肃	白银市平川区畜牧兽医局	AGI2018-03-2518	AGI02518
276	吴忠亚麻籽油	宁夏	吴忠市农产品质量安全检测中心	AGI2018-03-2519	AGI02519
277	新疆兵团一八四团苹果	新疆兵团	新疆生产建设兵团第十师一八四团	AGI2018-03-2520	AGI02520
278	新疆兵团一七〇团沙棘	新疆兵团	新疆生产建设兵团第九师一七〇团	AGI2018-03-2521	AGI02521
279	合肥龙虾	安徽	合肥市渔业协会	AGI2018-04-2522	AGI02522
280	临沧坚果	云南	临沧市林业科学院	AGI2018-04-2523	AGI02523
281	镇巴花魔芋	陕西	陕西省镇巴县农业技术推广站	AGI2018-04-2524	AGI02524

（农业农村部科技教育司）

农产品地理标志相关评选和认定

1. 国家示范样板

对岚县马铃薯、黑山褐壳鸡蛋、延寿大米、泰来绿豆、余干辣椒、大泽山葡萄、汝阳红薯、大围山梨、富川脐橙、梁平柚、四川泡菜、唐家河蜂蜜、贵州绿茶、大荔冬枣、庆阳苹果、泾源黄牛肉等16个国家级农产品地理标志示范样板进行了验收授牌。

2. 农交会金奖

扎兰屯黑木耳、北京鸭、安溪铁观音、烟台苹果、富川脐橙、凤翔苹果、肇州糯玉米、梁平柚、汝阳红薯、黑山褐壳鸡蛋、普洱咖啡、王桥花果芋、大围山梨、云和雪梨、梁子湖大河蟹、纳溪特早茶、沁水刺槐蜂蜜、泾源黄牛肉等地理标志农产品获得第十六届中国国际农产品交易会金奖。

3. 品牌价值评价

蒙阴蜜桃、东宁黑木耳、中宁枸杞、贵州绿茶、乌兰察布马铃薯、科尔沁牛、眉县猕猴桃、三亚芒果、柴达木枸杞、洪泽湖大闸蟹、孝感香米、富川脐橙、章丘大葱、丹棱桔橙、滕州马铃薯、大荔冬枣、大连裙带菜、昌邑大姜、吉县苹果、文登西洋参、北镇葡萄、平阴玫瑰、福安巨峰葡萄、九三大豆、瓜州枸杞、浦江葡萄、洛南核桃、苦水玫瑰、乐安竹笋等地理标志农产品入选 2018 年中国品牌价值评价发布榜单。

（农业农村部科技教育司）

法律、法规、规章

中华人民共和国电子商务法

（2018年8月31日第十三届全国人民代表大会常务委员会第五次会议通过）

第一章　总　　则

第一条　为了保障电子商务各方主体的合法权益，规范电子商务行为，维护市场秩序，促进电子商务持续健康发展，制定本法。

第二条　中华人民共和国境内的电子商务活动，适用本法。本法所称电子商务，是指通过互联网等信息网络销售商品或者提供服务的经营活动。法律、行政法规对销售商品或者提供服务有规定的，适用其规定。金融类产品和服务，利用信息网络提供新闻信息、音视频节目、出版以及文化产品等内容方面的服务，不适用本法。

第三条　国家鼓励发展电子商务新业态，创新商业模式，促进电子商务技术研发和推广应用，推进电子商务诚信体系建设，营造有利于电子商务创新发展的市场环境，充分发挥电子商务在推动高质量发展、满足人民日益增长的美好生活需要、构建开放型经济方面的重要作用。

第四条　国家平等对待线上线下商务活动，促进线上线下融合发展，各级人民政府和有关部门不得采取歧视性的政策措施，不得滥用行政权力排除、限制市场竞争。

第五条　电子商务经营者从事经营活动，应当遵循自愿、平等、公平、诚信的原则，遵守法律和商业道德，公平参与市场竞争，履行消费者权益保护、环境保护、知识产权保护、网络安全与个人信息保护等方面的义务，承担产品和服务质量责任，接受政府和社会的监督。

第六条　国务院有关部门按照职责分工负责电子商务发展促进、监督管理等工作。县级以上地方各级人民政府可以根据本行政区域的实际情况，确定本行政区域内电子商务的部门职责划分。

第七条　国家建立符合电子商务特点的协同管理体系，推动形成有关部门、电子商务行业组织、电子商务经营者、消费者等共同参与的电子商务市场治理体系。

第八条　电子商务行业组织按照本组织章程开展行业自律，建立健全行业规范，推动行业诚信建设，监督、引导本行业经营者公平参与市场竞争。

第二章　电子商务经营者

第九条　本法所称电子商务经营者，是指通过互联网等信息网络从事销售商品或者提供服务的经营活动的自然人、法人和非法人组织，包括电子商务平台经营者、平台内经营者以及通过自建网站、其他网络服务销售商品或者提供服务的电子商务经营者。本法所称电子商务平台经营者，是指在电子商务中为交易双方或者多方提供网络经营场所、交易撮合、信息发布等服务，供交易双方或者多方独立开展交易活动的法人或者非法人组织。本法所称平台内经营者，是指通过电子商务平台销售商品或者提供服务的电子商务经营者。

第十条 电子商务经营者应当依法办理市场主体登记。但是，个人销售自产农副产品、家庭手工业产品，个人利用自己的技能从事依法无须取得许可的便民劳务活动和零星小额交易活动，以及依照法律、行政法规不需要进行登记的除外。

第十一条 电子商务经营者应当依法履行纳税义务，并依法享受税收优惠。依照前条规定不需要办理市场主体登记的电子商务经营者在首次纳税义务发生后，应当依照税收征收管理法律、行政法规的规定申请办理税务登记，并如实申报纳税。

第十二条 电子商务经营者从事经营活动，依法需要取得相关行政许可的，应当依法取得行政许可。

第十三条 电子商务经营者销售的商品或者提供的服务应当符合保障人身、财产安全的要求和环境保护要求，不得销售或者提供法律、行政法规禁止交易的商品或者服务。

第十四条 电子商务经营者销售商品或者提供服务应当依法出具纸质发票或者电子发票等购货凭证或者服务单据。电子发票与纸质发票具有同等法律效力。

第十五条 电子商务经营者应当在其首页显著位置，持续公示营业执照信息、与其经营业务有关的行政许可信息、属于依照本法第十条规定的不需要办理市场主体登记情形等信息，或者上述信息的链接标识。前款规定的信息发生变更的，电子商务经营者应当及时更新公示信息。

第十六条 电子商务经营者自行终止从事电子商务的，应当提前三十日在首页显著位置持续公示有关信息。

第十七条 电子商务经营者应当全面、真实、准确、及时地披露商品或者服务信息，保障消费者的知情权和选择权。电子商务经营者不得以虚构交易、编造用户评价等方式进行虚假或者引人误解的商业宣传，欺骗、误导消费者。

第十八条 电子商务经营者根据消费者的兴趣爱好、消费习惯等特征向其提供商品或者服务的搜索结果的，应当同时向该消费者提供不针对其个人特征的选项，尊重和平等保护消费者合法权益。电子商务经营者向消费者发送广告的，应当遵守《中华人民共和国广告法》的有关规定。

第十九条 电子商务经营者搭售商品或者服务，应当以显著方式提请消费者注意，不得将搭售商品或者服务作为默认同意的选项。

第二十条 电子商务经营者应当按照承诺或者与消费者约定的方式、时限向消费者交付商品或者服务，并承担商品运输中的风险和责任。但是，消费者另行选择快递物流服务提供者的除外。

第二十一条 电子商务经营者按照约定向消费者收取押金的，应当明示押金退还的方式、程序，不得对押金退还设置不合理条件。消费者申请退还押金，符合押金退还条件的，电子商务经营者应当及时退还。

第二十二条 电子商务经营者因其技术优势、用户数量、对相关行业的控制能力以及其他经营者对该电子商务经营者在交易上的依赖程度等因素而具有市场支配地位的，不得滥用市场支配地位，排除、限制竞争。

第二十三条 电子商务经营者收集、使用其用户的个人信息，应当遵守法律、行政法规有关个人信息保护的规定。

第二十四条 电子商务经营者应当明示用户信息查询、更正、删除以及用户注销的方式、程序，不得对用户信息查询、更正、删除以及用户注销设置不合理条件。电子商务经营者收到用户信息查询或者更正、删除的申请的，应当在核实身份后及时提供查询或者更正、删除用户信息。用户注销的，电子商务经营者应当立即删除该用户的信息；依照法律、行政法规的规定或者双方约定保存的，依照其规定。

第二十五条 有关主管部门依照法律、行政法规的规定要求电子商务经营者提供有关电子商务数据信息的，电子商务经营者应当提供。有关主管部门应当采取必要措施保护电子商务经营者提供的数据信息的安全，并对其中的个人信息、隐私和商业秘密严格保密，不得泄露、出售或者非法向他人提供。

第二十六条 电子商务经营者从事跨境电子商务，应当遵守进出口监督管理的法律、行政法规和国家有关规定。

第二十七条 电子商务平台经营者应当要求申请进入平台销售商品或者提供服务的经营者提交其身份、地址、联系方式、行政许可等真实信息，进行核验、登记，建立登记档案，并定期核验更新。电子商务平台经营者为进入平台销售商品或者提供服务的非经营用户提供服务，应当遵守本节有关规定。

第二十八条 电子商务平台经营者应当按照规定向市场监督管理部门报送平台内经营者的身份信息，提示未办理市场主体登记的经营者依法办理登记，并配合市场监督管理部门，针对电子商务的特点，为应当办理市场主体登记的经营者办理登记提供便利。电子商务平台经营者应当依照税收征收管理法律、行政法规的规定，向税务部门报送平台内经营者的身份信息和与纳税有关的信息，并应当提示依照本法第十条规定不需要办理市场主体登记的电子商务经营者依照本法第十一条第二款的规定办理税务登记。

第二十九条 电子商务平台经营者发现平台内的商品或者服务信息存在违反本法第十二条、第十三条规定情形的，应当依法采取必要的处置措施，并向有关主管部门报告。

第三十条 电子商务平台经营者应当采取技术措施和其他必要措施保证其网络安全、稳定运行，防范网络违法犯罪活动，有效应对网络安全事件，保障电子商务交易安全。电子商务平台经营者应当制定网络安全事件应急预案，发生网络安全事件时，应当立即启动应急预案，采取相应的补救措施，并向有关主管部门报告。

第三十一条 电子商务平台经营者应当记录、保存平台上发布的商品和服务信息、交易信息，并确保信息的完整性、保密性、可用性。商品和服务信息、交易信息保存时间自交易完成之日起不少于三年；法律、行政法规另有规定的，依照其规定。

第三十二条 电子商务平台经营者应当遵循公开、公平、公正的原则，制定平台服务协议和交易规则，明确进入和退出平台、商品和服务质量保障、消费者权益保护、个人信息保护等方面的权利和义务。

第三十三条 电子商务平台经营者应当在其首页显著位置持续公示平台服务协议和交易规则信息或者上述信息的链接标识，并保证经营者和消费者能够便利、完整地阅览和下载。

第三十四条 电子商务平台经营者修改平台服务协议和交易规则，应当在其首页显著位置公开征求意见，采取合理措施确保有关各方能够及时充分表达意见。修改内容应当至少在实施前七日予以公示。平台内经营者不接受修改内容，要求退出平台的，电子商务平台经营者不得阻止，并按照修改前的服务协议和交易规则承担相关责任。

第三十五条 电子商务平台经营者不得利用服务协议、交易规则以及技术等手段，对平台内经营者在平台内的交易、交易价格以及与其他经营者的交易等进行不合理限制或者附加不合理条件，或者向平台内经营者收取不合理费用。

第三十六条 电子商务平台经营者依

据平台服务协议和交易规则对平台内经营者违反法律、法规的行为实施警示、暂停或者终止服务等措施的，应当及时公示。

第三十七条 电子商务平台经营者在其平台上开展自营业务的，应当以显著方式区分标记自营业务和平台内经营者开展的业务，不得误导消费者。电子商务平台经营者对其标记为自营的业务依法承担商品销售者或者服务提供者的民事责任。

第三十八条 电子商务平台经营者知道或者应当知道平台内经营者销售的商品或者提供的服务不符合保障人身、财产安全的要求，或者有其他侵害消费者合法权益行为，未采取必要措施的，依法与该平台内经营者承担连带责任。对关系消费者生命健康的商品或者服务，电子商务平台经营者对平台内经营者的资质资格未尽到审核义务，或者对消费者未尽到安全保障义务，造成消费者损害的，依法承担相应的责任。

第三十九条 电子商务平台经营者应当建立健全信用评价制度，公示信用评价规则，为消费者提供对平台内销售的商品或者提供的服务进行评价的途径。电子商务平台经营者不得删除消费者对其平台内销售的商品或者提供的服务的评价。

第四十条 电子商务平台经营者应当根据商品或者服务的价格、销量、信用等以多种方式向消费者显示商品或者服务的搜索结果；对于竞价排名的商品或者服务，应当显著标明“广告”。

第四十一条 电子商务平台经营者应当建立知识产权保护规则，与知识产权权利人加强合作，依法保护知识产权。

第四十二条 知识产权权利人认为其知识产权受到侵害的，有权通知电子商务平台经营者采取删除、屏蔽、断开链接、终止交易和服务等必要措施。通知应当包括构成侵权的初步证据。电子商务平台经营者接到通知后，应当及时采取必要措施，并将该通知转送平台内经营者；未及时采取必要措施的，对损害的扩大部分与平台内经营者承担连带责任。因通知错误造成平台内经营者损害的，依法承担民事责任。恶意发出错误通知，造成平台内经营者损失的，加倍承担赔偿责任。

第四十三条 平台内经营者接到转送的通知后，可以向电子商务平台经营者提交不存在侵权行为的声明。声明应当包括不存在侵权行为的初步证据。电子商务平台经营者接到声明后，应当将该声明转送发出通知的知识产权权利人，并告知其可以向有关主管部门投诉或者向人民法院起诉。电子商务平台经营者在转送声明到达知识产权权利人后十五日内，未收到权利人已经投诉或者起诉通知的，应当及时终止所采取的措施。

第四十四条 电子商务平台经营者应当及时公示收到的本法第四十二条、第四十三条规定的通知、声明及处理结果。

第四十五条 电子商务平台经营者知道或者应当知道平台内经营者侵犯知识产权的，应当采取删除、屏蔽、断开链接、终止交易和服务等必要措施；未采取必要措施的，与侵权人承担连带责任。

第四十六条 除本法第九条第二款规定的服务外，电子商务平台经营者可以按照平台服务协议和交易规则，为经营者之间的电子商务提供仓储、物流、支付结算、交收等服务。电子商务平台经营者为经营者之间的电子商务提供服务，应当遵守法律、行政法规和国家有关规定，不得采取集中竞价、做市商等集中交易方式进行交易，不得进行标准化合约交易。

第三章 电子商务合同的订立与履行

第四十七条 电子商务当事人订立和履行合同，适用本章和《中华人民共和国民法总则》《中华人民共和国合同法》《中华人民共和国电子签名法》等法律的规定。

第四十八条 电子商务当事人使用自动信息系统订立或者履行合同的行为对使

用该系统的当事人具有法律效力。在电子商务中推定当事人具有相应的民事行为能力。但是，有相反证据足以推翻的除外。

第四十九条 电子商务经营者发布的商品或者服务信息符合要约条件的，用户选择该商品或者服务并提交订单成功，合同成立。当事人另有约定的，从其约定。电子商务经营者不得以格式条款等方式约定消费者支付价款后合同不成立；格式条款等含有该内容的，其内容无效。

第五十条 电子商务经营者应当清晰、全面、明确地告知用户订立合同的步骤、注意事项、下载方法等事项，并保证用户能够便利、完整地阅览和下载。电子商务经营者应当保证用户在提交订单前可以更正输入错误。

第五十一条 合同标的为交付商品并采用快递物流方式交付的，收货人签收时间为交付时间。合同标的为提供服务的，生成的电子凭证或者实物凭证中载明的时间为交付时间；前述凭证没有载明时间或者载明时间与实际提供服务时间不一致的，实际提供服务的时间为交付时间。合同标的为采用在线传输方式交付的，合同标的进入对方当事人指定的特定系统并且能够检索识别的时间为交付时间。合同当事人对交付方式、交付时间另有约定的，从其约定。

第五十二条 电子商务当事人可以约定采用快递物流方式交付商品。快递物流服务提供者为电子商务提供快递物流服务，应当遵守法律、行政法规，并应当符合承诺的服务规范和时限。快递物流服务提供者在交付商品时，应当提示收货人当面查验；交由他人代收的，应当经收货人同意。快递物流服务提供者应当按照规定使用环保包装材料，实现包装材料的减量化和再利用。快递物流服务提供者在提供快递物流服务的同时，可以接受电子商务经营者的委托提供代收货款服务。

第五十三条 电子商务当事人可以约定采用电子支付方式支付价款。电子支付服务提供者为电子商务提供电子支付服务，应当遵守国家规定，告知用户电子支付服务的功能、使用方法、注意事项、相关风险和收费标准等事项，不得附加不合理交易条件。电子支付服务提供者应当确保电子支付指令的完整性、一致性、可跟踪稽核和不可篡改。电子支付服务提供者应当向用户免费提供对账服务以及最近三年的交易记录。

第五十四条 电子支付服务提供者提供电子支付服务不符合国家有关支付安全管理要求，造成用户损失的，应当承担赔偿责任。

第五十五条 用户在发出支付指令前，应当核对支付指令所包含的金额、收款人等完整信息。支付指令发生错误的，电子支付服务提供者应当及时查找原因，并采取相关措施予以纠正。造成用户损失的，电子支付服务提供者应当承担赔偿责任，但能够证明支付错误非自身原因造成的除外。

第五十六条 电子支付服务提供者完成电子支付后，应当及时准确地向用户提供符合约定方式的确认支付的信息。

第五十七条 用户应当妥善保管交易密码、电子签名数据等安全工具。用户发现安全工具遗失、被盗用或者未经授权的支付的，应当及时通知电子支付服务提供者。未经授权的支付造成的损失，由电子支付服务提供者承担；电子支付服务提供者能够证明未经授权的支付是因用户的过错造成的，不承担责任。电子支付服务提供者发现支付指令未经授权，或者收到用户支付指令未经授权的通知时，应当立即采取措施防止损失扩大。电子支付服务提供者未及时采取措施导致损失扩大的，对损失扩大部分承担责任。

第四章 电子商务争议解决

第五十八条 国家鼓励电子商务平台

经营者建立有利于电子商务发展和消费者权益保护的商品、服务质量担保机制。电子商务平台经营者与平台内经营者协议设立消费者权益保证金的，双方应当就消费者权益保证金的提取数额、管理、使用和退还办法等作出明确约定。消费者要求电子商务平台经营者承担先行赔偿责任以及电子商务平台经营者赔偿后向平台内经营者的追偿，适用《中华人民共和国消费者权益保护法》的有关规定。

第五十九条 电子商务经营者应当建立便捷、有效的投诉、举报机制，公开投诉、举报方式等信息，及时受理并处理投诉、举报。

第六十条 电子商务争议可以通过协商和解，请求消费者组织、行业协会或者其他依法成立的调解组织调解，向有关部门投诉，提请仲裁，或者提起诉讼等方式解决。

第六十一条 消费者在电子商务平台购买商品或者接受服务，与平台内经营者发生争议时，电子商务平台经营者应当积极协助消费者维护合法权益。

第六十二条 在电子商务争议处理中，电子商务经营者应当提供原始合同和交易记录。因电子商务经营者丢失、伪造、篡改、销毁、隐匿或者拒绝提供前述资料，致使人民法院、仲裁机构或者有关机关无法查明事实的，电子商务经营者应当承担相应的法律责任。

第六十三条 电子商务平台经营者可以建立争议在线解决机制，制定并公示争议解决规则，根据自愿原则，公平、公正地解决当事人的争议。

第五章 电子商务促进

第六十四条 国务院和省、自治区、直辖市人民政府应当将电子商务发展纳入国民经济和社会发展规划，制定科学合理的产业政策，促进电子商务创新发展。

第六十五条 国务院和县级以上地方人民政府及其有关部门应当采取措施，支持、推动绿色包装、仓储、运输，促进电子商务绿色发展。

第六十六条 国家推动电子商务基础设施和物流网络建设，完善电子商务统计制度，加强电子商务标准体系建设。

第六十七条 国家推动电子商务在国民经济各个领域的应用，支持电子商务与各产业融合发展。

第六十八条 国家促进农业生产、加工、流通等环节的互联网技术应用，鼓励各类社会资源加强合作，促进农村电子商务发展，发挥电子商务在精准扶贫中的作用。

第六十九条 国家维护电子商务交易安全，保护电子商务用户信息，鼓励电子商务数据开发应用，保障电子商务数据依法有序自由流动。国家采取措施推动建立公共数据共享机制，促进电子商务经营者依法利用公共数据。

第七十条 国家支持依法设立的信用评价机构开展电子商务信用评价，向社会提供电子商务信用评价服务。

第七十一条 国家促进跨境电子商务发展，建立健全适应跨境电子商务特点的海关、税收、进出境检验检疫、支付结算等管理制度，提高跨境电子商务各环节便利化水平，支持跨境电子商务平台经营者等为跨境电子商务提供仓储物流、报关、报检等服务。国家支持小型微型企业从事跨境电子商务。

第七十二条 国家进出口管理部门应当推进跨境电子商务海关申报、纳税、检验检疫等环节的综合服务和监管体系建设，优化监管流程，推动实现信息共享、监管互认、执法互助，提高跨境电子商务服务和监管效率。跨境电子商务经营者可以凭电子单证向国家进出口管理部门办理有关手续。

第七十三条 国家推动建立与不同国家、地区之间跨境电子商务的交流合作，参与电子商务国际规则的制定，促进电子签名、电子身份等国际互认。国家推动建立与不同国家、地区之间的跨境电子商务争议解决机制。

第六章 法律责任

第七十四条 电子商务经营者销售商品或者提供服务，不履行合同义务或者履行合同义务不符合约定，或者造成他人损害的，依法承担民事责任。

第七十五条 电子商务经营者违反本法第十二条、第十三条规定，未取得相关行政许可从事经营活动，或者销售、提供法律、行政法规禁止交易的商品、服务，或者不履行本法第二十五条规定的信息提供义务，电子商务平台经营者违反本法第四十六条规定，采取集中交易方式进行交易，或者进行标准化合约交易的，依照有关法律、行政法规的规定处罚。

第七十六条 电子商务经营者违反本法规定，有下列行为之一的，由市场监督管理部门责令限期改正，可以处一万元以下的罚款，对其中的电子商务平台经营者，依照本法第八十一条第一款的规定处罚：(一)未在首页显著位置公示营业执照信息、行政许可信息、属于不需要办理市场主体登记情形等信息，或者上述信息的链接标识的；(二)未在首页显著位置持续公示终止电子商务的有关信息的；(三)未明示用户信息查询、更正、删除以及用户注销的方式、程序，或者对用户信息查询、更正、删除以及用户注销设置不合理条件的。电子商务平台经营者对违反前款规定的平台内经营者未采取必要措施的，由市场监督管理部门责令限期改正，可以处二万元以上十万元以下的罚款。

第七十七条 电子商务经营者违反本法第十八条第一款规定提供搜索结果，或者违反本法第十九条规定搭售商品、服务的，由市场监督管理部门责令限期改正，没收违法所得，可以并处五万元以上二十万元以下的罚款；情节严重的，并处二十万元以上五十万元以下的罚款。

第七十八条 电子商务经营者违反本法第二十一条规定，未向消费者明示押金退还的方式、程序，对押金退还设置不合理条件，或者不及时退还押金的，由有关主管部门责令限期改正，可以处五万元以上二十万元以下的罚款；情节严重的，处二十万元以上五十万元以下的罚款。

第七十九条 电子商务经营者违反法律、行政法规有关个人信息保护的规定，或者不履行本法第三十条和有关法律、行政法规规定的网络安全保障义务的，依照《中华人民共和国网络安全法》等法律、行政法规的规定处罚。

第八十条 电子商务平台经营者有下列行为之一的，由有关主管部门责令限期改正；逾期不改正的，处二万元以上十万元以下的罚款；情节严重的，责令停业整顿，并处十万元以上五十万元以下的罚款：(一)不履行本法第二十七条规定的核验、登记义务的；(二)不按照本法第二十八条规定向市场监督管理部门、税务部门报送有关信息的；(三)不按照本法第二十九条规定对违法情形采取必要的处置措施，或者未向有关主管部门报告的；(四)不履行本法第三十一条规定的商品和服务信息、交易信息保存义务的。法律、行政法规对前款规定的违法行为的处罚另有规定的，依照其规定。

第八十一条 电子商务平台经营者违反本法规定，有下列行为之一的，由市场监督管理部门责令限期改正，可以处二万元以上十万元以下的罚款；情节严重的，处十万元以上五十万元以下的罚款：(一)未在首页显著位置持续公示平台服务协议、交易规则信息或者上述信息的链接标识的；(二)修改交易规则未在首页显著位置公开征求意见，未按照规定的时间提前公示修改内容，或者阻止平台内经营者退出的；(三)未以显著方式区分标记自营业务和平台内经营者开展的业务的；(四)未为消费者提供对平台内销售的商品或者提供的服务进行评价的途径，或者擅自删除消费者的评价的。电子商务平台经营者违反本法第四十条规定，对竞价排名的商品或者服务未显著标明“广告”的，依照《中华人民共和国广告法》的规定处罚。

第八十二条 电子商务平台经营者违反本法第三十五条规定，对平台内经营者在平台内的交易、交易价格或者与其他经营者的交易等进行不合理限制或者附加不合理条件，或者向平台内经营者收取不合理费用的，由市场监督管理部门责令限期改正，可以处五万元以上五十万元以下的罚款；情节严重的，处五十万元以上二百万元以下的罚款。

第八十三条 电子商务平台经营者违反本法第三十八条规定，对平台内经营者侵害消费者合法权益行为未采取必要措施，或者对平台内经营者未尽到资质资格审核义务，或者对消费者未尽到安全保障义务的，由市场监督管理部门责令限期改正，可以处五万元以上五十万元以下的罚款；情节严重的，责令停业整顿，并处五十万元以上二百万元以下的罚款。

第八十四条 电子商务平台经营者违反本法第四十二条、第四十五条规定，对平台内经营者实施侵犯知识产权行为未依法采取必要措施的，由有关知识产权行政部门责令限期改正；逾期不改正的，处五万元以上五十万元以下的罚款；情节严重的，处五十万元以上二百万元以下的罚款。

第八十五条 电子商务经营者违反本法规定，销售的商品或者提供的服务不符合保障人身、财产安全的要求，实施虚假或者引人误解的商业宣传等不正当竞争行为，滥用市场支配地位，或者实施侵犯知识产权、侵害消费者权益等行为的，依照有关法律的规定处罚。

第八十六条 电子商务经营者有本法规定的违法行为的，依照有关法律、行政法规的规定记入信用档案，并予以公示。

第八十七条 依法负有电子商务监督管理职责的部门的工作人员，玩忽职守、滥用职权、徇私舞弊，或者泄露、出售或者非法向他人提供在履行职责中所知悉的个人信息、隐私和商业秘密的，依法追究法律责任。

第八十八条 违反本法规定，构成违反治安管理行为的，依法给予治安管理处罚；构成犯罪的，依法追究刑事责任。

第七章 附 则

第八十九条 本法自 2019 年 1 月 1 日起施行。

专利代理条例

（1991 年 3 月 4 日中华人民共和国国务院令第 76 号发布
2018 年 9 月 6 日国务院第 23 次常务会议修订通过
2018 年 11 月 6 日经国务院令公布 2019 年 3 月 1 日起施行）

第一章 总 则

第一条 为了规范专利代理行为，保障委托人、专利代理机构和专利代理师的合法权益，维护专利代理活动的正常秩序，促进专利代理行业健康发展，根据《中华人民共和国专利法》，制定本条例。

第二条 本条例所称专利代理，是指专利代理机构接受委托，以委托人的名义在代理权限范围内办理专利申请、宣告专利权无效等专利事务的行为。

第三条 任何单位和个人可以自行在国内申请专利和办理其他专利事务，也可以委托依法设立的专利代理机构办理，法律另有规定的除外。

专利代理机构应当按照委托人的委托办理专利事务。

第四条 专利代理机构和专利代理师执业应当遵守法律、行政法规，恪守职业道德、执业纪律，维护委托人的合法权益。

专利代理机构和专利代理师依法执业受法律保护。

第五条 国务院专利行政部门负责全国的专利代理管理工作。

省、自治区、直辖市人民政府管理专利工作的部门负责本行政区域内的专利代理管理工作。

第六条 专利代理机构和专利代理师可以依法成立和参加专利代理行业组织。

专利代理行业组织应当制定专利代理行业自律规范。专利代理行业自律规范不得与法律、行政法规相抵触。

国务院专利行政部门依法对专利代理行业组织进行监督、指导。

第二章 专利代理机构和专利代理师

第七条 专利代理机构的组织形式应当为合伙企业、有限责任公司等。

第八条 合伙企业、有限责任公司形式的专利代理机构从事专利代理业务应当具备下列条件：

（一）有符合法律、行政法规规定的专利代理机构名称；

（二）有书面合伙协议或者公司章程；

（三）有独立的经营场所；

（四）合伙人、股东符合国家有关规定。

第九条 从事专利代理业务，应当向国务院专利行政部门提出申请，提交有关材料，取得专利代理机构执业许可证。国务院专利行政部门应当自受理申请之日起20日内作出是否颁发专利代理机构执业许可证的决定。

专利代理机构合伙人、股东或者法定代表人等事项发生变化的，应当办理变更手续。

第十条 具有高等院校理工科专业专科以上学历的中国公民可以参加全国专利代理师资格考试；考试合格的，由国务院专利行政部门颁发专利代理师资格证。专利代理师资格考试办法由国务院专利行政部门制定。

第十一条 专利代理师执业应当取得专利代理师资格证，在专利代理机构实习满1年，并在一家专利代理机构从业。

第十二条 专利代理师首次执业，应当自执业之日起30日内向专利代理机构所在地省、自治区、直辖市人民政府管理专利工作的部门备案。

省、自治区、直辖市人民政府管理专利工作的部门应当为专利代理师通过互联网备案提供方便。

第三章 专利代理执业

第十三条 专利代理机构可以接受委托，代理专利申请、宣告专利权无效、转让专利申请权或者专利权以及订立专利实施许可合同等专利事务，也可以应当事人要求提供专利事务方面的咨询。

第十四条 专利代理机构接受委托，应当与委托人订立书面委托合同。专利代理机构接受委托后，不得就同一专利申请或者专利权的事务接受有利益冲突的其他当事人的委托。

专利代理机构应当指派在本机构执业的专利代理师承办专利代理业务，指派的专利代理师本人及其近亲属不得与其承办的专利代理业务有利益冲突。

第十五条 专利代理机构解散或者被撤销、吊销执业许可证的，应当妥善处理各种尚未办结的专利代理业务。

第十六条 专利代理师应当根据专利代理机构的指派承办专利代理业务，不得自行接受委托。

专利代理师不得同时在两个以上专利代理机构从事专利代理业务。

专利代理师对其签名办理的专利代理业务负责。

第十七条 专利代理机构和专利代理师对其在执业过程中了解的发明创造的内容，除专利申请已经公布或者公告的以外，负有保守秘密的义务。

第十八条 专利代理机构和专利代理师不得以自己的名义申请专利或者请求宣告专利权无效。

第十九条 国务院专利行政部门和地方人民政府管理专利工作的部门的工作人员离职后，在法律、行政法规规定的期限内不得从事专利代理工作。

曾在国务院专利行政部门或者地方人民政府管理专利工作的部门任职的专利代理师，不得对其审查、审理或者处理过的专利申请或专利案件进行代理。

第二十条 专利代理机构收费应当遵循自愿、公平和诚实信用原则，兼顾经济效益和社会效益。

国家鼓励专利代理机构和专利代理师为小微企业以及无收入或者低收入的发明人、设计人提供专利代理援助服务。

第二十一条 专利代理行业组织应当加强对会员的自律管理，组织开展专利代理师业务培训和职业道德、执业纪律教育，对违反行业自律规范的会员实行惩戒。

第二十二条 国务院专利行政部门和省、自治区、直辖市人民政府管理专利工作的部门应当采取随机抽查等方式，对专利代理机构和专利代理师的执业活动进行检查、监督，发现违反本条例规定的，及时依法予以处理，并向社会公布检查、处理结果。检查不得收取任何费用。

第二十三条 国务院专利行政部门和省、自治区、直辖市人民政府管理专利工作的部门应当加强专利代理公共信息发布，为公众了解专利代理机构经营情况、专利代理师执业情况提供查询服务。

第四章 法律责任

第二十四条 以隐瞒真实情况、弄虚作假手段取得专利代理机构执业许可证、专利代理师资格证的，由国务院专利行政部门撤销专利代理机构执业许可证、专利代理师资格证。

专利代理机构取得执业许可证后，因情况变化不再符合本条例规定的条件的，由国务院专利行政部门责令限期整改；逾期未改正或者整改不合格的，撤销执业许可证。

第二十五条 专利代理机构有下列行为之一的，由省、自治区、直辖市人民政府管理专利工作的部门责令限期改正，予以警告，可以处 10 万元以下的罚款；情节严重或者逾期未改正的，由国务院专利行政部门责令停止承接新的专利代理业务 6 个月至 12 个月，直至吊销专利代理机构执业许可证：

（一）合伙人、股东或者法定代表人等事项发生变化未办理变更手续；

（二）就同一专利申请或者专利权的事务接受有利益冲突的其他当事人的委托；

（三）指派专利代理师承办与其本人或者其近亲属有利益冲突的专利代理业务；

（四）泄露委托人的发明创造内容，或者以自己的名义申请专利或请求宣告专利权无效；

（五）疏于管理，造成严重后果。

专业代理机构在执业过程中泄露委托人的发明创造内容，涉及泄露国家秘密、侵犯商业秘密的，或者向有关行政、司法机关的工作人员行贿，提供虚假证据的，依照有关法律、行政法规的规定承担法律责任；由国务院专利行政部门吊销专利代理机构执业许可证。

第二十六条 专利代理师有下列行为之一的，由省、自治区、直辖市人民政府管理专利工作的部门责令限期改正，予以警告，可以处5万元以下的罚款；情节严重或者逾期未改正的，由国务院专利行政部门责令停止承办新的专利代理业务6个月至12个月，直至吊销专利代理师资格证：

（一）未依照本条例规定进行备案；

（二）自行接受委托办理专利代理业务；

（三）同时在两个以上专利代理机构从事专利代理业务；

（四）违反本条例规定对其审查、审理或者处理过的专利申请或专利案件进行代理；

（五）泄露委托人的发明创造内容，或者以自己的名义申请专利或请求宣告专利权无效。

专利代理师在执业过程中泄露委托人的发明创造内容，涉及泄露国家秘密、侵犯商业秘密的，或者向有关行政、司法机关的工作人员行贿，提供虚假证据的，依照有关法律、行政法规的规定承担法律责任；由国务院专利行政部门吊销专利代理师资格证。

第二十七条 违反本条例规定擅自开展专利代理业务的，由省、自治区、直辖市人民政府管理专利工作的部门责令停止违法行为，没收违法所得，并处违法所得1倍以上5倍以下的罚款。

第二十八条 国务院专利行政部门或者省、自治区、直辖市人民政府管理专利工作的部门的工作人员违反本条例规定，滥用职权、玩忽职守、徇私舞弊的，依法给予处分；构成犯罪的，依法追究刑事责任。

第五章 附 则

第二十九条 外国专利代理机构在中华人民共和国境内设立常驻代表机构，须经国务院专利行政部门批准。

第三十条 律师事务所可以依据《中华人民共和国律师法》、《中华人民共和国民事诉讼法》等法律、行政法规开展与专利有关的业务，但从事代理专利申请、宣告专利权无效业务应当遵守本条例规定，具体办法由国务院专利行政部门商国务院司法行政部门另行制定。

第三十一条 代理国防专利事务的专利代理机构和专利代理师的管理办法，由国务院专利行政部门商国家国防专利机构主管机关另行制定。

第三十二条 本条例自2019年3月1日起施行。

本条例施行前依法设立的专利代理机构以及依法执业的专利代理人，在本条例施行后可以继续以专利代理机构、专利代理师的名义开展专利代理业务。

奥林匹克标志保护条例

（2002年2月4日中华人民共和国国务院令第345号公布
2018年6月28日中华人民共和国国务院令第699号修订）

第一条 为了加强对奥林匹克标志的保护，保障奥林匹克标志权利人的合法权益，促进奥林匹克运动发展，制定本条例。

第二条 本条例所称奥林匹克标志，是指：

（一）国际奥林匹克委员会的奥林匹克

五环图案标志、奥林匹克旗、奥林匹克格言、奥林匹克徽记、奥林匹克会歌；

（二）奥林匹克、奥林匹亚、奥林匹克运动会及其简称等专有名称；

（三）中国奥林匹克委员会的名称、徽记、标志；

（四）中国境内申请承办奥林匹克运动会的机构的名称、徽记、标志；

（五）在中国境内举办的奥林匹克运动会的名称及其简称、吉祥物、会歌、火炬造型、口号、“主办城市名称＋举办年份”等标志，以及其组织机构的名称、徽记；

（六）《奥林匹克宪章》和相关奥林匹克运动会主办城市合同中规定的其他与在中国境内举办的奥林匹克运动会有关的标志。

第三条 本条例所称奥林匹克标志权利人，是指国际奥林匹克委员会、中国奥林匹克委员会和中国境内申请承办奥林匹克运动会的机构、在中国境内举办的奥林匹克运动会的组织机构。

国际奥林匹克委员会、中国奥林匹克委员会和中国境内申请承办奥林匹克运动会的机构、在中国境内举办的奥林匹克运动会的组织机构之间的权利划分，依照《奥林匹克宪章》和相关奥林匹克运动会主办城市合同确定。

第四条 奥林匹克标志权利人依照本条例对奥林匹克标志享有专有权。

未经奥林匹克标志权利人许可，任何人不得为商业目的使用奥林匹克标志。

第五条 本条例所称为商业目的的使用，是指以营利为目的，以下列方式利用奥林匹克标志：

（一）将奥林匹克标志用于商品、商品包装或者容器以及商品交易文书上；

（二）将奥林匹克标志用于服务项目中；

（三）将奥林匹克标志用于广告宣传、商业展览、营业性演出以及其他商业活动中；

（四）销售、进口、出口含有奥林匹克标志的商品；

（五）制造或者销售奥林匹克标志；

（六）其他以营利为目的利用奥林匹克标志的行为。

第六条 除本条例第五条规定外，利用与奥林匹克运动有关的元素开展活动，足以引人误认为与奥林匹克标志权利人之间有赞助或者其他支持关系，构成不正当竞争行为的，依照《中华人民共和国反不正当竞争法》处理。

第七条 国务院市场监督管理部门、知识产权主管部门依据本条例的规定，负责全国的奥林匹克标志保护工作。

县级以上地方市场监督管理部门依据本条例的规定，负责本行政区域内的奥林匹克标志保护工作。

第八条 奥林匹克标志权利人应当将奥林匹克标志提交国务院知识产权主管部门，由国务院知识产权主管部门公告。

第九条 奥林匹克标志有效期为10年，自公告之日起计算。

奥林匹克标志权利人可以在有效期满前12个月内办理续展手续，每次续展的有效期为10年，自该奥林匹克标志上一届有效期满次日起计算。国务院知识产权主管部门应当对续展的奥林匹克标志予以公告。

第十条 取得奥林匹克标志权利人许可，为商业目的使用奥林匹克标志的，应当同奥林匹克标志权利人订立使用许可合同。奥林匹克标志权利人应当将其许可使用奥林匹克标志的种类、被许可人、许可使用的商品或者服务项目、时限、地域范围等信息及时披露。

被许可人应当在使用许可合同约定的奥林匹克标志种类、许可使用的商品或者服务项目、时限、地域范围内使用奥林匹克标志。

第十一条 本条例施行前已经依法使用奥林匹克标志的，可以在原有范围内继续使用。

第十二条 未经奥林匹克标志权利人许可，为商业目的擅自使用奥林匹克标志，或者使用足以引人误认的近似标志，即侵犯奥林匹克标志专有权，引起纠纷的，由当事人协商解决；不愿协商或者协商不成的，奥林匹克标志权利人或者利害关系人可以向人民法院提起诉讼，也可以请求市场监督管理部门处理。市场监督管理部门处理时，认定侵权行为成立的，责令立即停止侵权行为，没收、销毁侵权商品和主要用于制造侵权商品或者为商业目的擅自制造奥林匹克标志的工具。违法经营额5万元以上的，可以并处违法经营额5倍以下的罚款，没有违法经营额或者违法经营额不足5万元的，可以并处25万元以下的罚款。当事人对处理决定不服的，可以依照《中华人民共和国行政复议法》申请行政复议，也可以直接依照《中华人民共和国行政诉讼法》向人民法院提起诉讼。进行处理的市场监督管理部门应当事人的请求，可以就侵犯奥林匹克标志专有权的赔偿数额进行调解；调解不成的，当事人可以依照《中华人民共和国民事诉讼法》向人民法院提起诉讼。

利用奥林匹克标志进行诈骗等活动，构成犯罪的，依法追究刑事责任。

第十三条 对侵犯奥林匹克标志专有权的行为，市场监督管理部门有权依法查处。

市场监督管理部门根据已经取得的违法嫌疑证据或者举报，对涉嫌侵犯奥林匹克标志专有权的行为进行查处时，可以行使下列职权：

（一）询问有关当事人，调查与侵犯奥林匹克标志专有权有关的情况；

（二）查阅、复制与侵权活动有关的合同、发票、账簿以及其他有关资料；

（三）对当事人涉嫌侵犯奥林匹克标志专有权活动的场所实施现场检查；

（四）检查与侵权活动有关的物品；对有证据证明是侵犯奥林匹克标志专有权的物品，予以查封或者扣押。

市场监督管理部门依法行使前款规定的职权时，当事人应当予以协助、配合，不得拒绝、阻挠。

第十四条 进出口货物涉嫌侵犯奥林匹克标志专有权的，由海关参照《中华人民共和国海关法》和《中华人民共和国知识产权海关保护条例》规定的权限和程序查处。

第十五条 侵犯奥林匹克标志专有权的赔偿数额，按照权利人因被侵权所受到的损失或者侵权人因侵权所获得的利益确定，包括为制止侵权行为所支付的合理开支；被侵权人的损失或者侵权人获得的利益难以确定的，参照该奥林匹克标志许可使用费合理确定。

销售不知道是侵犯奥林匹克标志专有权的商品，能证明该商品是自己合法取得并说明提供者的，不承担赔偿责任。

第十六条 奥林匹克标志除依照本条例受到保护外，还可以依照《中华人民共和国著作权法》、《中华人民共和国商标法》、《中华人民共和国专利法》、《特殊标志管理条例》等法律、行政法规的规定获得保护。

第十七条 对残奥会有关标志的保护，参照本条例执行。

第十八条 本条例自2018年7月31日起施行。

司法解释

最高人民法院关于知识产权法庭若干问题的规定

法释〔2018〕22 号

（2018 年 12 月 3 日最高人民法院审判委员会第 1756 次会议通过，自 2019 年 1 月 1 日起施行）

为进一步统一知识产权案件裁判标准，依法平等保护各类市场主体合法权益，加大知识产权司法保护力度，优化科技创新法治环境，加快实施创新驱动发展战略，根据《中华人民共和国人民法院组织法》《中华人民共和国民事诉讼法》《中华人民共和国行政诉讼法》《全国人民代表大会常务委员会关于专利等知识产权案件诉讼程序若干问题的决定》等法律规定，结合审判工作实际，就最高人民法院知识产权法庭相关问题规定如下。

第一条 最高人民法院设立知识产权法庭，主要审理专利等专业技术性较强的知识产权上诉案件。

知识产权法庭是最高人民法院派出的常设审判机构，设在北京市。

知识产权法庭作出的判决、裁定、调解书和决定，是最高人民法院的判决、裁定、调解书和决定。

第二条 知识产权法庭审理下列案件：

（一）不服高级人民法院、知识产权法院、中级人民法院作出的发明专利、实用新型专利、植物新品种、集成电路布图设计、技术秘密、计算机软件、垄断第一审民事案件判决、裁定而提起上诉的案件；

（二）不服北京知识产权法院对发明专利、实用新型专利、外观设计专利、植物新品种、集成电路布图设计授权确权作出的第一审行政案件判决、裁定而提起上诉的案件；

（三）不服高级人民法院、知识产权法院、中级人民法院对发明专利、实用新型专利、外观设计专利、植物新品种、集成电路布图设计、技术秘密、计算机软件、垄断行政处罚等作出的第一审行政案件判决、裁定而提起上诉的案件；

（四）全国范围内重大、复杂的本条第一、二、三项所称第一审民事和行政案件；

（五）对本条第一、二、三项所称第一审案件已经发生法律效力的判决、裁定、调解书依法申请再审、抗诉、再审等适用审判监督程序的案件；

（六）本条第一、二、三项所称第一审案件管辖权争议，罚款、拘留决定申请复议，报请延长审限等案件；

（七）最高人民法院认为应当由知识产权法庭审理的其他案件。

第三条 本规定第二条第一、二、三项所称第一审案件的审理法院应当按照规定及时向知识产权法庭移送纸质和电子卷宗。

第四条 经当事人同意，知识产权法庭可以通过电子诉讼平台、中国审判流程信息公开网以及传真、电子邮件等电子方式送达诉讼文件、证据材料及裁判文书等。

第五条 知识产权法庭可以通过电子诉讼平台或者采取在线视频等方式组织证据交换、召集庭前会议等。

第六条 知识产权法庭可以根据案件情况到实地或者原审人民法院所在地巡回审理案件。

第七条 知识产权法庭采取保全等措施，依照执行程序相关规定办理。

第八条 知识产权法庭审理的案件的立案信息、合议庭组成人员、审判流程、裁判文书等向当事人和社会依法公开，同时可以通过电子诉讼平台、中国审判流程信息公开网查询。

第九条 知识产权法庭法官会议由庭长、副庭长和若干资深法官组成，讨论重大、疑难、复杂案件等。

第十条 知识产权法庭应当加强对有关案件审判工作的调研，及时总结裁判标准和审理规则，指导下级人民法院审判工作。

第十一条 对知识产权法院、中级人民法院已经发生法律效力的本规定第二条第一、二、三项所称第一审案件判决、裁定、调解书，省级人民检察院向高级人民法院提出抗诉的，高级人民法院应当告知其由最高人民检察院依法向最高人民法院提出，并由知识产权法庭审理。

第十二条 本规定第二条第一、二、三项所称第一审案件的判决、裁定或者决定，于2019年1月1日前作出，当事人依法提起上诉或者申请复议的，由原审人民法院的上一级人民法院审理。

第十三条 本规定第二条第一、二、三项所称第一审案件已经发生法律效力的判决、裁定、调解书，于2019年1月1日前作出，对其依法申请再审、抗诉、再审的，适用《中华人民共和国民事诉讼法》《中华人民共和国行政诉讼法》有关规定。

第十四条 本规定施行前经批准可以受理专利、技术秘密、计算机软件、垄断第一审民事和行政案件的基层人民法院，不再受理上述案件。

对于基层人民法院2019年1月1日尚未审结的前款规定的案件，当事人不服其判决、裁定依法提起上诉的，由其上一级人民法院审理。

第十五条 本规定自2019年1月1日起施行。最高人民法院此前发布的司法解释与本规定不一致的，以本规定为准。

最高人民法院关于审查知识产权纠纷行为保全案件适用法律若干问题的规定

为正确审查知识产权纠纷行为保全案件，及时有效保护当事人的合法权益，根据《中华人民共和国民事诉讼法》《中华人民共和国专利法》《中华人民共和国商标法》《中华人民共和国著作权法》等有关法律规定，结合审判、执行工作实际，制定本规定。

第一条 本规定中的知识产权纠纷是指《民事案件案由规定》中的知识产权与竞争纠纷。

第二条 知识产权纠纷的当事人在判决、裁定或者仲裁裁决生效前，依据民事诉讼法第一百条、第一百零一条规定申请行为保全的，人民法院应当受理。

知识产权许可合同的被许可人申请诉前责令停止侵害知识产权行为的，独占许可合同的被许可人可以单独向人民法院提出申请；排他许可合同的被许可人在权利人不申请的情况下，可以单独提出申请；普通许可合同的被许可人经权利人明确授权以自己的名义起诉的，可以单独提出申请。

第三条 申请诉前行为保全，应当向被申请人住所地具有相应知识产权纠纷管辖权的人民法院或者对案件具有管辖权的人民法院提出。

当事人约定仲裁的，应当向前款规定的人民法院申请行为保全。

第四条 向人民法院申请行为保全，应当递交申请书和相应证据。申请书应当载明下列事项：

（一）申请人与被申请人的身份、送达地址、联系方式；

（二）申请采取行为保全措施的内容和期限；

（三）申请所依据的事实、理由，包括被申请人的行为将会使申请人的合法权益受到难以弥补的损害或者造成案件裁决难以执行等损害的具体说明；

（四）为行为保全提供担保的财产信息或资信证明，或者不需要提供担保的理由；

（五）其他需要载明的事项。

第五条 人民法院裁定采取行为保全措施前，应当询问申请人和被申请人，但因情况紧急或者询问可能影响保全措施执行等情形除外。

人民法院裁定采取行为保全措施或者裁定驳回申请的，应当向申请人、被申请人送达裁定书。向被申请人送达裁定书可能影响采取保全措施的，人民法院可以在采取保全措施后及时向被申请人送达裁定书，至迟不得超过五日。

当事人在仲裁过程中申请行为保全的，应当通过仲裁机构向人民法院提交申请书、仲裁案件受理通知书等相关材料。人民法院裁定采取行为保全措施或者裁定驳回申请的，应当将裁定书送达当事人，并通知仲裁机构。

第六条 有下列情况之一，不立即采取行为保全措施即足以损害申请人利益的，应当认定属于民事诉讼法第一百条、第一百零一条规定的“情况紧急”：

（一）申请人的商业秘密即将被非法披露；

（二）申请人的发表权、隐私权等人身权利即将受到侵害；

（三）诉争的知识产权即将被非法处分；

（四）申请人的知识产权在展销会等时效性较强的场合正在或者即将受到侵害；

（五）时效性较强的热播节目正在或者即将受到侵害；

（六）其他需要立即采取行为保全措施的情况。

第七条 人民法院审查行为保全申请，应当综合考量下列因素：

（一）申请人的请求是否具有事实基础和法律依据，包括请求保护的知识产权效力是否稳定；

（二）不采取行为保全措施是否会使申请人的合法权益受到难以弥补的损害或者造成案件裁决难以执行等损害；

（三）不采取行为保全措施对申请人造成的损害是否超过采取行为保全措施对被申请人造成的损害；

（四）采取行为保全措施是否损害社会公共利益；

（五）其他应当考量的因素。

第八条 人民法院审查判断申请人请求保护的知识产权效力是否稳定，应当综合考量下列因素：

（一）所涉权利的类型或者属性；

（二）所涉权利是否经过实质审查；

（三）所涉权利是否处于宣告无效或者撤销程序中以及被宣告无效或者撤销的可能性；

（四）所涉权利是否存在权属争议；

（五）其他可能导致所涉权利效力不稳定的因素。

第九条 申请人以实用新型或者外观设计专利权为依据申请行为保全的，应当提交由国务院专利行政部门作出的检索报告、专利权评价报告或者专利复审委员会维持该专利权有效的决定。申请人无正当理由拒不提交的，人民法院应当裁定驳回其申请。

第十条 在知识产权与不正当竞争纠纷行为保全案件中，有下列情形之一的，应当认定属于民事诉讼法第一百零一条规定的“难以弥补的损害”：

（一）被申请人的行为将会侵害申请人享有的商誉或者发表权、隐私权等人身性质的权利且造成无法挽回的损害；

（二）被申请人的行为将会导致侵权行为难以控制且显著增加申请人损害；

（三）被申请人的侵害行为将会导致申请人的相关市场份额明显减少；

（四）对申请人造成其他难以弥补的损害。

第十一条 申请人申请行为保全的，应当依法提供担保。

申请人提供的担保数额，应当相当于被申请人可能因执行行为保全措施所遭受的损失，包括责令停止侵权行为所涉产品的销售收益、保管费用等合理损失。

在执行行为保全措施过程中，被申请人可能因此遭受的损失超过申请人担保数额的，人民法院可以责令申请人追加相应的担保。申请人拒不追加的，可以裁定解除或者部分解除保全措施。

第十二条 人民法院采取的行为保全措施，一般不因被申请人提供担保而解除，但是申请人同意的除外。

第十三条 人民法院裁定采取行为保全措施的，应当根据申请人的请求或者案件具体情况等因素合理确定保全措施的期限。

裁定停止侵害知识产权行为的效力，一般应当维持至案件裁判生效时止。

人民法院根据申请人的请求、追加担保等情况，可以裁定继续采取保全措施。申请人请求续行保全措施的，应当在期限届满前七日内提出。

第十四条 当事人不服行为保全裁定申请复议的，人民法院应当在收到复议申请后十日内审查并作出裁定。

第十五条 人民法院采取行为保全的方法和措施，依照执行程序相关规定处理。

第十六条 有下列情形之一的，应当认定属于民事诉讼法第一百零五条规定的“申请有错误”：

（一）申请人在采取行为保全措施后三十日内不依法提起诉讼或者申请仲裁；

（二）行为保全措施因请求保护的知识产权被宣告无效等原因自始不当；

（三）申请责令被申请人停止侵害知识产权或者不正当竞争，但生效裁判认定不构成侵权或者不正当竞争；

（四）其他属于申请有错误的情形。

第十七条 当事人申请解除行为保全措施，人民法院收到申请后经审查符合《最高人民法院关于适用〈中华人民共和国民事诉讼法〉的解释》第一百六十六条规定的情形的，应当在五日内裁定解除。

申请人撤回行为保全申请或者申请解除行为保全措施的，不因此免除民事诉讼法第一百零五条规定的赔偿责任。

第十八条 被申请人依据民事诉讼法第一百零五条规定提起赔偿诉讼，申请人申请诉前行为保全后没有起诉或者当事人约定仲裁的，由采取保全措施的人民法院管辖；申请人已经起诉的，由受理起诉的人民法院管辖。

第十九条 申请人同时申请行为保全、财产保全或者证据保全的，人民法院应当依法分别审查不同类型保全申请是否符合条件，并作出裁定。

为避免被申请人实施转移财产、毁灭证据等行为致使保全目的无法实现，人民法院可以根据案件具体情况决定不同类型保全措施的执行顺序。

第二十条 申请人申请行为保全,应当依照《诉讼费用交纳办法》关于申请采取行为保全措施的规定交纳申请费。

第二十一条 本规定自2019年1月1日起施行。最高人民法院以前发布的相关司法解释与本规定不一致的,以本规定为准。

其他规范性文件

国家发展和改革委员会　科学技术部　公安部 国家知识产权局关于在全面创新改革试验区域深入推进知识产权保护体制机制改革的通知

发改高技〔2018〕16 号

北京市、天津市、河北省、辽宁省、上海市、安徽省、湖北省、广东省、四川省、陕西省人民政府：

为贯彻落实习近平总书记在中央财经领导小组第十六次会议上关于加强知识产权保护的有关重要讲话精神，进一步深化知识产权保护制度改革，经研究，决定在8个全面创新改革试验区域部署一批改革举措，力争在知识产权保护方面取得实质性突破，营造激励创新的良好氛围。现将有关事项通知如下：

一、抓好知识产权保护改革成果的复制推广。各改革试验区域要认真落实《国务院办公厅关于推广支持创新相关改革举措的通知》（国办发〔2017〕80 号）要求，切实抓好“专利快速审查、确权、维权一站式服务”改革举措的复制推广工作，缩短专利审查周期，提升知识产权维权效率，降低企业维权成本，激发企业创新的动力与活力。

二、积极探索知识产权综合管理改革。各改革试验区域要结合本地区实际情况，推动形成权界清晰、分工合理、责权一致、运转高效的知识产权综合管理体制，打通知识产权创造、运用、保护、管理、服务全链条，实现各类知识产权的综合效益。扎实推进知识产权强省、强市建设，在优势产业集聚区建设一批知识产权保护中心，努力创建知识产权保护示范区。

三、积极探索知识产权保护新机制。各改革试验区域要细化知识产权行政裁量标准，优化行政执法调查取证制度和执法程序，通过依法没收、查封、扣押、销毁侵权产品等手段，严厉打击严重恶意侵权、反复侵权等恶性违法行为。

四、积极探索建立知识产权行政执法与刑事司法衔接新机制。各改革试验区域要加快建立知识产权侵权纠纷行政调解前置、调解协议司法确认和证据互认制度，加强侵犯知识产权涉嫌犯罪案件的移送和立案查处工作。强化知识产权行政、刑事保护工作专门力量建设，突出对新技术、新业态知识产权保护，建立防范、维权和惩治侵犯相关专利权、商业秘密的一体化工作机制。各区域间、各区域与其他地方间要探索协调联动的工作机制，加强对跨地区侵犯知识产权违法犯罪活动的防范和打击。

五、继续落实国务院授权先行先试的知识产权保护改革举措。各改革试验区域要结合国务院批复的试验方案，抓紧推进知识产权保护相关改革举措的先行先试，加快形成可复制推广的改革成果。其中，京津冀区域要重点抓好知识产权服务一体化改革工作，加快建立跨区域立案协作、委托取证、案件协办、联合执法、案件移送与结果互认机制。

六、新增改革举措要纳入全面创新改革试验重点任务。各改革试验区域要把推进知识产权综合管理改革、探索知识产权保护新机制、建立知识产权行政执法与刑事司法衔接新机制等 3 项改革举措，作为 2018 年度全面创新改革试验重点改革任务，力争明年上半年取得实质性突破，年底前形成一批可向全国复制推广的改革成果。

七、研究制定、细化落实工作方案。各改革试验区域要针对上述各项改革举措，逐一制定具体实施方案，逐一明确预期成果，逐一分解改革试验任务，逐一明确具体责任单位和责任人；要强化督促检查，建立工作台账，及时研究解决落实过程中出现的新情况新问题。

国家发展和改革委员会
科学技术部
公安部
国家知识产权局
2018 年 1 月 4 日

国家认证认可监督管理委员会　国家知识产权局关于联合发布《知识产权认证管理办法》的公告

（2018 年第 5 号）

根据《中华人民共和国认证认可条例》《认证机构管理办法》，国家认监委、国家知识产权局联合制定了《知识产权认证管理办法》，现予以发布。

国家认证认可监督管理委员会
国家知识产权局
2018 年 2 月 11 日

知识产权认证管理办法

第一章　总　　则

第一条　为了规范知识产权认证活动，提高其有效性，加强监督管理，根据《中华人民共和国专利法》《中华人民共和国商标法》《中华人民共和国著作权法》《中华人民共和国认证认可条例》《认证机构管理办法》等法律、行政法规以及部门规章的规定，制定本办法。

第二条　本办法所称知识产权认证，是指由认证机构证明法人或者其他组织的知识产权管理体系、知识产权服务符合相关国家标准或者技术规范的合格评定活动。

第三条　知识产权认证包括知识产权管理体系认证和知识产权服务认证。

知识产权管理体系认证是指由认证机构证明法人或者其他组织的内部知识产权管理体系符合相关国家标准或者技术规范要求的合格评定活动。

知识产权服务认证是指由认证机构证明法人或者其他组织提供的知识产权服务符合相关国家标准或者技术规范要求的合格评定活动。

第四条　国家认证认可监督管理委员

会(以下简称国家认监委)、国家知识产权局按照统一管理、分工协作、共同实施的原则,制定、调整和发布认证目录、认证规则,并组织开展认证监督管理工作。

第五条 知识产权认证坚持政府引导、市场驱动,实行目录式管理。

第六条 国家鼓励法人或者其他组织通过开展知识产权认证提高其知识产权管理水平或者知识产权服务能力。

第七条 知识产权认证采用统一的认证标准、技术规范和认证规则,使用统一的认证标志。

第八条 在中华人民共和国境内从事知识产权认证及其监督管理适用本办法。

第二章 认证机构和认证人员

第九条 从事知识产权认证的机构(以下简称认证机构)应当依法设立,符合《中华人民共和国认证认可条例》《认证机构管理办法》规定的条件,具备从事知识产权认证活动的相关专业能力要求,并经国家认监委批准后,方可从事批准范围内的认证活动。

国家认监委在批准认证机构资质时,涉及知识产权专业领域问题的,可以征求国家知识产权局意见。

第十条 认证机构可以设立分支机构、办事机构,并自设立之日起30日之内向国家认监委和国家知识产权局报送相关信息。

第十一条 认证机构从事认证审核(审查)的人员应当为专职认证人员,满足从事知识产权认证活动所需的相关知识与技能要求,并符合国家认证人员职业资格的相关要求。

第三章 行为规范

第十二条 认证机构应当建立风险防范机制,对其从事认证活动可能引发的风险和责任,采取合理、有效的防范措施。

第十三条 认证机构不得从事与其认证工作相关的咨询、代理、培训、信息分析等服务以及产品开发和营销等活动,不得与认证咨询机构和认证委托人在资产、管理或者人员上存在利益关系。

第十四条 认证机构及其认证人员对其从业活动中所知悉的国家秘密、商业秘密和技术秘密负有保密义务。

第十五条 认证机构应当履行以下职责:

(一)在批准范围内开展认证工作;

(二)对获得认证的委托人出具认证证书,允许其使用认证标志;

(三)对认证证书、认证标志的使用情况进行跟踪检查;

(四)对认证的持续符合性进行监督审核;

(五)受理有关的认证申诉和投诉。

第十六条 认证机构应当建立保证认证活动规范有效的内部管理、制约、监督和责任机制,并保证其持续有效。

第十七条 认证机构应当对分支机构实施有效管理,规范其认证活动,并对其认证活动承担相应责任。

分支机构应当建立与认证机构相同的管理、制约、监督和责任机制。

第十八条 认证机构应当依照《认证机构管理办法》的规定,公布并向国家认监委报送相关信息。

前款规定的信息同时报送国家知识产权局。

第十九条 认证机构应当建立健全人员管理制度以及人员能力准则,对所有实施审核(审查)和认证决定等认证活动的人员进行能力评价,保证其能力持续符合准则要求。

认证人员应当诚实守信,恪尽职守,规范运作。

第二十条 认证机构及其认证人员应当对认证结果负责并承担相应法律责任。

第四章 认证实施

第二十一条 认证机构从事认证活动，应当按照知识产权认证基本规范、认证规则的规定从事认证活动，作出认证结论，确保认证过程完整、客观、真实，不得增加、减少或者遗漏认证基本规范、认证规则规定的程序要求。

第二十二条 知识产权管理体系认证程序主要包括对法人或者其他组织经营过程中涉及知识产权创造、运用、保护和管理等文件和活动的审核，获证后的监督审核，以及再认证审核。

知识产权服务认证程序主要包括对提供知识产权服务的法人或者其他组织的服务质量特性、服务过程和管理实施评审，获证后监督审查，以及再认证评审。

第二十三条 被知识产权行政管理部门或者其他部门责令停业整顿，或者纳入国家信用信息失信主体名录的认证委托人，认证机构不得向其出具认证证书。

第二十四条 认证机构应当对认证全过程作出完整记录，保留相应认证记录、认证资料，并归档留存。认证记录应当真实、准确，以证实认证活动得到有效实施。

第二十五条 认证机构应当在认证证书有效期内，对认证证书持有人是否持续满足认证要求进行监督审核。初次认证后的第一次监督审核应当在认证决定日期起12个月内进行，且两次监督审核间隔不超过12个月。每次监督审核内容无须与初次认证相同，但应当在认证证书有效期内覆盖整个体系的审核内容。

认证机构根据监督审核情况作出认证证书保持、暂停或者撤销的决定。

第二十六条 认证委托人对认证机构的认证决定或者处理有异议的，可以向认证机构提出申诉或者投诉。对认证机构处理结果仍有异议的，可以向国家认监委或者国家知识产权局申诉或者投诉。

第五章 认证证书和认证标志

第二十七条 知识产权认证证书（以下简称认证证书）应当包括以下基本内容：

（一）认证委托人的名称和地址；

（二）认证范围；

（三）认证依据的标准或者技术规范；

（四）认证证书编号；

（五）认证类别；

（六）认证证书出具日期和有效期；

（七）认证机构的名称、地址和机构标志；

（八）认证标志；

（九）其他内容。

第二十八条 认证证书有效期为3年。

有效期届满需再次认证的，认证证书持有人应当在有效期届满3个月前向认证机构申请再认证，再认证的认证程序与初次认证相同。

第二十九条 知识产权认证采用国家推行的统一的知识产权认证标志（以下简称认证标志）。认证标志的样式由基本图案、认证机构识别信息组成。知识产权管理体系认证基本图案见图1所示，知识产权服务认证体系的基本图案见图2所示，其中AB-CDE代表机构中文或者英文简称：

图1 知识产权管理体系认证基本图案

图2 知识产权服务认证基本图案

第三十条 认证证书持有人应当正确使用认证标志。

认证机构应当按照认证规则的规定，针对不同情形，及时作出认证证书的变更、暂停或者撤销处理决定，且应当采取有效措施，监督认证证书持有人正确使用认证证书和认证标志。

第三十一条 认证机构应当向公众提供查询认证证书有效性的方式。

第三十二条 任何组织和个人不得伪造、变造、冒用、非法买卖和转让认证证书和认证标志。

第六章 监督管理

第三十三条 国家认监委和国家知识产权局建立知识产权认证监管协同机制，对知识产权认证机构实施监督检查，发现违法违规行为的，依照《中华人民共和国认证认可条例》《认证机构管理办法》等法律法规的规定进行查处。

第三十四条 地方各级质量技术监督部门和各地出入境检验检疫机构(以下统称地方认证监管部门)、地方知识产权行政管理部门依照各自法定职责，建立相应的监管协同机制，对所辖区域内的知识产权认证活动实施监督检查，查处违法违规行为，并及时上报国家认监委和国家知识产权局。

第三十五条 认证机构在资质审批过程中存在弄虚作假、隐瞒真实情况或者不再符合认证机构资质条件的，由国家认监委依法撤销其资质。

第三十六条 认证人员在认证过程中出具虚假认证结论或者认证结果严重失实的，依照国家关于认证人员的相关规定处罚。

第三十七条 认证机构、认证委托人和认证证书持有人应当对认证监管部门实施的监督检查工作予以配合，对有关事项的询问和调查如实提供相关材料和信息。

第三十八条 违反有关认证认可法律法规的违法行为，从其规定予以处罚。

第三十九条 任何组织和个人对知识产权认证违法违规行为，有权向各级认证监管部门、各级知识产权行政管理部门举报。各级认证监管部门、各级知识产权行政管理部门应当及时调查处理，并为举报人保密。

第七章 附　　则

第四十条 本办法由国家认监委、国家知识产权局负责解释。

第四十一条 本办法自2018年4月1日起施行。国家认监委和国家知识产权局于2013年11月6日印发的《知识产权管理体系认证实施意见》(国认可联〔2013〕56号)同时废止。

财政部 国家知识产权局关于印发《知识产权相关会计信息披露规定》的通知

财会〔2018〕30号

国务院有关部委、有关直属机构，各省、自治区、直辖市、计划单列市财政厅(局)、知识产权局，新疆生产建设兵团财政局、知识产权局，财政部驻各省、自治区、直辖市、计划单列市财政监察专员办事处，有关中央管理企业：

为加强企业知识产权管理，规范企业知识产权相关会计信息披露，根据相关企业会计准则，我们制定了《知识产权相关会计信息披露规定》，现予印发，请遵照执行。

财政部　国家知识产权局

2018 年 11 月 5 日

知识产权相关会计信息披露规定

为加强企业知识产权管理，规范企业知识产权相关会计信息披露，根据相关企业会计准则，制定本规定。

一、适用范围

本规定适用于企业按照《企业会计准则第 6 号——无形资产》规定确认为无形资产的知识产权和企业拥有或控制的、预期会给企业带来经济利益的、但由于不满足《企业会计准则第 6 号——无形资产》确认条件而未确认为无形资产的知识产权（以下简称“未作为无形资产确认的知识产权”）的相关会计信息披露。

二、披露要求

企业应当根据下列要求，在会计报表附注中对知识产权相关会计信息进行披露：

（一）企业应当按照类别对确认为无形资产的知识产权（以下简称无形资产）相关会计信息进行披露，具体披露格式如下：

项目	专利权	商标权	著作权	其他	合计
一、账面原值					
1. 期初余额					
2. 本期增加金额					
购置					
内部研发					
企业合并增加					
其他增加					
3. 本期减少金额					
处置					
失效且终止确认的部分					
其他					
二、累计摊销					
1. 期初余额					
2. 本期增加金额					
计提					
3. 本期减少金额					
处置					
失效且终止确认的部分					
其他					
4. 期末余额					
三、减值准备					
1. 期初余额					
2. 本期增加金额					
3. 本期减少金额					
4. 期末余额					
四、账面价值					
1. 期末账面价值					
2. 期初账面价值					

为给财务报表使用者提供更相关的信息，企业可以根据自身情况将无形资产的类别进行合并或者拆分。

（二）对于使用寿命有限的无形资产，企业应当披露其使用寿命的估计情况及摊销方法；对于使用寿命不确定的无形资产，企业应当披露其账面价值及使用寿命不确定的判断依据。

（三）企业应当按照《企业会计准则第 28 号——会计政策、会计估计变更和差错更正》的规定，披露对无形资产的摊销期、摊销方法或残值的变更内容、原因以及对当期和未来期间的影响数。

（四）企业应当单独披露对企业财务报表具有重要影响的单项无形资产的内容、账面价值和剩余摊销期限。

（五）企业应当披露所有权或使用权受

到限制的无形资产账面价值、当期摊销额等情况。

（六）企业可以根据实际情况，自愿披露下列知识产权（含未作为无形资产确认的知识产权）相关信息：

1. 知识产权的应用情况，包括知识产权的产品应用、作价出资、转让许可等情况；

2. 重大交易事项中涉及的知识产权对该交易事项的影响及风险分析，重大交易事项包括但不限于企业的经营活动、投融资活动、质押融资、关联方及关联交易、承诺事项、或有事项、债务重组、资产置换、专利交叉许可等；

3. 处于申请状态的知识产权的开始资本化时间、申请状态等信息；

4. 知识产权权利失效的（包括失效后不继续确认的知识产权和继续确认的知识产权），披露其失效事由、账面原值及累计摊销、失效部分的会计处理，以及知识产权失效对企业的影响及风险分析；

5. 企业认为有必要披露的其他知识产权相关信息。

三、实施与衔接

本规定自 2019 年 1 月 1 日起施行。企业应当采用未来适用法应用本规定。

国家知识产权局关于知识产权服务民营企业创新发展若干措施的通知

国知发管字〔2018〕32 号

各省、自治区、直辖市知识产权局，新疆生产建设兵团知识产权局，国家知识产权局机关各部门，专利局有关部门，局直属有关单位：

为深入贯彻习近平总书记关于民营经济发展的重要指示和党中央、国务院决策部署，发挥知识产权在创新驱动发展中的基本保障作用，大力支持民营经济提质增效、创新发展，现将知识产权服务民营企业创新发展有关事宜通知如下。

一、依法严格保护民营企业知识产权。采取多种方式加强民营企业知识产权保护，会同有关方面深入开展专项行动，集中查办一批侵害民营企业知识产权的案件，形成知识产权保护高压态势。运用互联网、大数据等手段，通过源头追溯、实时监测、在线识别等，着力提升打击知识产权侵权假冒行为力度和精准度。深入调研民营企业在知识产权执法保护方面遇到的困难和问题。加快建立知识产权领域信用联合惩戒机制。

二、加强民营企业知识产权快速协同保护。各知识产权保护中心要在服务企业名录中，进一步扩大民营企业占比，完善快速授权、确权、维权一站式服务机制，大幅提升重点产业民营企业知识产权创造和保护效率。各知识产权维权援助中心要主动作为、上门服务，实施首问负责制，每月至少开展一次民营企业上门服务活动，提供快速反应、快速处理、快速反馈的知识产权维权援助服务。

三、扩大民营企业知识产权质押融资覆盖面。充分发挥知识产权增信增贷作用，推动风险补偿、补贴贴息等各类知识产权质押融资扶持政策向民营企业倾斜，降低融资成本。完善银行、保险、担保、基金等多方参与的知识产权质押融资风险分担机制，分担融资风险。认真了解民营企业知识产权融资需求，以项目推介会、银企对接会等形式搭建银企对接平台，畅通融资渠道。2018 年底前，各省（区、市）和副省级城市至少举办 1 场知识产权质押融资对接活动。各知识产权运营服务体系建设重点城市 2018 年知识产权质押融资额增幅应超过20%，其中中小民营企业项目数占比超过50%。

四、引导知识产权运营基金服务民营企业创新发展。中央财政引导支持的各重点产业知识产权运营基金要加快投资进度，2018年新增投资超过2亿元。将民营企业投资比例纳入基金绩效评价指标，投向民营企业占比应超过80%。各类知识产权运营基金要发挥专业优势，加强投后管理和服务，推动民营企业知识产权提质增效。

五、深入实施中小企业知识产权战略推进工程。各中小企业知识产权战略推进工程试点城市知识产权局要完善行业性组织、知识产权服务机构、企业共同参与的知识产权托管工作体系，加大政府购买服务力度，面向民营企业推广知识产权托管服务。各地方知识产权局组织专利代理援助服务，鼓励专利代理机构为困难民营小微企业提供免费专利代理服务，2018年援助企业数增幅20%以上。面向民营企业加大知识产权优势示范企业培育力度，提高国家知识产权优势示范企业中民营企业占比。推动知识产权贯标辅导、认证等支持政策向民营企业倾斜，引导更多民营企业贯彻实施GB/T 29490—2013《企业知识产权管理规范》，优化完善知识产权管理体系。积极推进专利导航、商标品牌培育、地理标志精准扶贫等工作，支持民营企业发展壮大。

六、支持知识产权服务业发展。营造良好的公平竞争环境，激发知识产权服务行业的民营经济活力，在市场准入、审批许可、行业监管等方面，对国有、民营知识产权服务机构一视同仁。压减专利代理机构审批时间至10天，加强专利代理事中事后监管。各知识产权服务业集聚区要着力推进知识产权服务品牌培育工作，打造一批规模化、国际化、品牌化的知识产权服务机构，促进知识产权服务业高质量发展。

七、推进知识产权便利化服务。各专利代办处受理窗口要面向民营企业组织专利收费减缓及相关申请政策宣讲会。每年至少组织2场政策宣讲活动，让专利收费减缓、专利优先审查绿色通道、专利审查高速路等政策更多惠及民营企业。各有关地方知识产权局要协调专利审查协作中心、商标审查协作中心开展“千家民企面对面”活动，组织审查员走访民营企业。各专利审查协作中心分别派出审查员100人次以上，各商标审查协作中心分别派出审查员20人次以上，围绕专利、商标获权、维权、用权等专业问题，面对面答疑解惑，问计于企，问需于企，助推民营企业提高知识产权质量效益。建设海外知识产权纠纷应对机制，持续完善海外知识产权信息平台，编制发布海外知识产权维权实务指引，支持民营企业“走出去”。

八、加强知识产权信息公共服务。完善专利数据服务试验系统，扩大专利基础数据开放范围，推进商标数据库逐步开放，便利企业获取知识产权信息。发挥知识产权信息服务平台作用，提高民营企业专利信息获取利用能力，开展民营企业帮扶行动。

九、加大民营企业知识产权人才培养力度。积极开展民营企业知识产权培训。支持国家知识产权培训基地大力培养民营企业知识产权人才。各地方知识产权局要加强民营企业知识产权人才培训，面向民营企业领军人才、管理人才、实务人才和创新创业人才开展多层次、精准化知识产权培训。2018年底前，各省（区、市）面向民营企业培训100人次以上，各知识产权强省试点省、示范城市面向民营企业培训200人次以上。

十、提高民营企业知识产权意识。积极倡导创新文化，将民营和中小微企业作为重点群体，加大知识产权宣传力度。利用纪念改革开放40周年等重大活动契机，面向民营和中小微企业组织开展培训、研讨等宣传活动，宣传知识产权法律法规及方针政策。加强民营企业扶持政策宣讲，以开辟专题、专栏、专版等形式，通过传统媒体和新媒体开展广泛宣传报道，营造良好知识产权舆论氛围。做好典型案例宣传报道，开展“知识产权　竞争未来”等主题采访活动，组织中央媒体对民营和中小微企业运用知识产权提升企业竞争能力的典型案例进行专题报道，讲好民营和中小微企业的知识产权故事。

各地方知识产权局要高度重视，加大政策落实力度，着力解决民营企业知识产权难点、痛点问题。国家知识产权局将加强政策执行考核评价，将其纳入知识产权强省、强市、强县建设等年度重点考核内容。各省（区、市）知识产权局要将采取的工作措施、取得成效、存在问题、下一步工作计划以及有关意见建议等，于年底前报国家知识产权局。

国家知识产权局
2018 年 12 月 7 日

国家版权局等关于开展打击网络侵权盗版“剑网 2018”专项行动的通知

国版发电[2018]1 号

各省、自治区、直辖市版权局、通信管理局、公安厅（局）、网信办，北京市、天津市、上海市、重庆市、西藏自治区文化市场行政执法总队：

为深入贯彻习近平新时代中国特色社会主义思想和党的十九大精神，根据党中央、国务院关于建设网络强国、加强产权保护的决策部署，国家版权局、工业和信息化部、公安部、国家互联网信息办公室（以下简称“国家版权局等四部门”）定于 2018 年 7 月至 11 月联合开展第 14 次打击网络侵权盗版专项治理“剑网行动”（以下简称“剑网 2018”专项行动）。现将有关事项通知如下。

一、工作目标

以网络侵权多发领域为重点目标，以查办案件为重要抓手，通过集中整治和引导规范，有效运用分类监管、约谈整改、行政处罚、刑事打击等多种措施，集中整治网络转载、短视频、动漫等领域侵权盗版多发态势，重点规范网络直播、知识分享、有声读物等平台版权传播秩序，深入巩固网络影视、网络音乐、电子商务平台、应用商店、网络云存储空间等领域专项整治成果，维护清朗的网络空间秩序，营造良好的网络版权环境。

二、工作重点

一是开展网络转载版权专项整治。以网站、应用程序、自媒体、新闻聚合类平台为重点，严厉打击未经授权转载新闻作品的侵权行为；严厉打击未经授权摘编整合、歪曲篡改新闻作品的侵权行为；坚决整治自媒体通过“洗稿”方式抄袭剽窃、篡改删减原创作品的侵权行为；着力规范搜索引擎、浏览器、应用商店、微博、微信等涉及的网络转载行为。集中查处一批违法转载案件，依法取缔、关闭一批非法新闻网站（网站频道）及微博账号、微信公众号、头条号、百家号等互联网用户公众账号。

二是开展短视频版权专项整治。严厉打击短视频平台和短视频作品上传者未经授权复制、表演、通过网络传播他人影视、音乐、摄影、文字等作品的侵权行为；坚决整治短视频作品上传者以合理使用为名对他人作品删减改编并通过网络传播的侵权行为；坚决整治短视频平台以用户上传为名滥用“避风港”规则的侵权行为，并要求平台企业注明作品来源。将抖音短视频、快手、西瓜视频、火山小视频、快视频、美拍、秒拍、微视、梨视频、小影、56视频、火萤、哔哩哔哩等短视频应用程序列为本次行动重点监管对象,着力强化对短视频平台企业的版权监管。

三是开展重点领域版权专项整治。严厉打击未经授权通过网站、应用程序、互联网用户公众账号、视频字幕组传播动漫的侵权行为,严厉打击未经授权使用他人动漫形象制作传播游戏、玩具、文具、服装等动漫衍生品的侵权行为;着力整治网络直播、知识分享、有声读物等平台未经授权复制、表演、通过网络传播他人文字、音乐、口述等作品的行为;进一步加强对网络影视、网络音乐、电子商务平台、应用商店、网络云存储空间等领域的版权监管,突出打击通过网络销售教材教辅、少儿出版物、音乐和影视移动存储介质以及使用聚合链接、设置境外服务器等手段的侵权行为。

三、工作措施

(一)大力查办案件。坚持线上线下相结合,畅通投诉举报渠道,强化案件线索核查,加强网上巡查,及时固定证据。版权行政执法监管部门要发挥优势,强化运用约谈、预警等工作手段,加大对网络侵权盗版案件的行政处罚工作力度;对人民群众意见强烈、社会危害大的侵权盗版分子,要一律依法从严查处,依法吊销其备案资格或相关行政许可资质;要加大刑事打击工作力度,对涉嫌构成犯罪的,根据"两法衔接"机制及时移交公安机关立案查处。

(二)强化主体责任。版权行政执法监管部门要建立健全与辖区内互联网企业的指导协调工作机制,督促企业履行违法犯罪线索报告责任,督促电子商务平台企业和电信运营商强化版权监管义务,督促网络服务提供商履行"通知—删除"等法定处置责任。要求网站、应用商店在显著位置设立举报投诉窗口,明确专人负责举报受理和快速处理,对群众举报、版权行政执法监管部门通报的侵权盗版信息应迅速核查删除。对为侵权盗版行为提供帮助的网络服务提供商,依法追究其相关行政、刑事责任。

(三)加强社会共治。积极发挥权利人、社会团体、广大群众的"信息员"作用,强化打击侵权盗版社会共治。加大对大案要案和典型案件的宣传力度,坚决曝光具有恶劣情节的违法犯罪分子,坚决曝光不履行主体责任的互联网企业。充分发挥中国新闻媒体版权保护联盟等版权自律组织的作用,进一步引导传统媒体与商业网站开展版权合作,完善网络转载版权许可付酬机制。积极运用电信运营商、版权监测机构的技术优势,提高对网络侵权盗版信息的发现、研判、处置效率。

四、工作要求

(一)加强组织领导。各级版权、通信、公安、网信部门要进一步加强配合,因地制宜制定工作计划,明确任务和责任分工。版权行政执法监管部门负责专项行动的牵头工作,具体负责组织梳理网上侵权信息,搜集案件线索,查处违法行为,移送涉嫌犯罪案件,提请通信主管部门予以暂时停止网络接入直至关闭网站;开展版权监管工作,组织专项行动的宣传工作。通信主管部门协助开展网络侵权盗版案件调查取证工作,协助提供查处网络侵权盗版案件涉及网站的备案信息;对经版权行政执法监管部门、公安机关查处且侵权盗版情节严重的网站、应用程序依法吊销电信业务经营许可证或者注销ICP备案,并通知相关接入服务商停止为其提供网站接入服务;组织开展行业自律活动。公安机关要加大对涉嫌侵犯著作权犯罪案件的立案查处工作,及时受理版权执法监管部门移送的涉嫌犯罪案件,进一步加大对网络侵权盗版犯罪案件的刑事打击力度。互联网信息内容主管部门负责指导、协调、督促有关部门加强网络内容管理,有效利用各种手段加强对网络内容的监管。

(二)开展督导检查。国家版权局等四

部门将围绕重点整治任务对各地开展督导检查，重点检查移转的案件材料的办理情况，并将督查情况特别是发现的问题进行通报。各地版权行政执法监管部门也要联合相关部门组成督查组，对本辖区专项行动开展情况进行督导检查，重点督查案件查办的情况，并对督查中发现的问题及时通报、限期整改。

（三）及时报送材料。各省、自治区、直辖市版权局，北京市、天津市、上海市、重庆市、西藏自治区文化市场行政执法总队要汇总本地办案信息，填写工作统计表，按月报送国家版权局，并于本通知下发后 15 日内报送本地区“剑网 2018”专项行动工作通知，12 月 10 日前报送专项行动工作总结，遇重要情况、重大案件和阶段性进展随时报送。

国家版权局

工业和信息化部

公安部

国家互联网信息办公室

2018 年 7 月 20 日

国家版权局办公厅关于 2017 年全国著作权登记情况的通报

国版办发[2018]3 号

各省、自治区、直辖市版权局，新疆生产建设兵团版权局，中国版权保护中心：

2017 年，各地版权行政管理部门和著作权登记机构高度重视著作权登记工作，全面贯彻落实国家版权局相关文件精神，采取有效措施，积极宣传、重点拓展、改善服务，各类作品和软件的创造、创新能力极大提升，登记数量持续增长，全国著作权登记工作取得新进展新突破。现将 2017 年全国著作权登记情况通报如下：

一、总体情况

2017 年，全国著作权登记总量达2 747 652 件，其中，作品登记 2 001 966 件、计算机软件著作权登记 745 387 件、著作权质权登记 299 件，相比 2016 年的 2 007 698 件，同比增长 36.86％。

二、作品登记有关情况

根据对全国 31 个省、自治区、直辖市和中国版权保护中心的作品登记信息统计，2017 年，全国共完成作品登记 2 001 966 件，相比 2016 年(1 599 597 件)作品登记量提升了 402 369 件，增长率为 25.15％。

全国作品登记量总体是呈现稳步增长趋势。其中登记总量增长较快的分别是北京市 809 586 件，占登记总量的 40.44％；江苏省 286 596 件，占登记总量的 14.32％；上海市 234 658 件，占登记总量的 11.72％；中国版权保护中心 159 189 件，占登记总量的 7.95％；四川省 140 271 件，占登记总量的 7.01％；山东省 83 722 件，占登记总量的 4.18％。以上登记量约占 2017 年全国登记数量总量的 85.62％。相较于 2016 年，北京市、江苏省作品登记量的增长突破了 100 000 件；河北省、云南省、安徽省、宁夏回族自治区、广西壮族自治区作品登记增长率均超过了 100％；四川省、陕西省、江西省、河南省、贵州省和广东省的作品登记量增长率均达 50％以上。

从作品类型来看，登记量最多的是摄影作品 734 998 件，占登记总量的 36.71％；其次是美术作品 653 820 件，占登记总量的 32.66％；第三是文字作品 480 640 件，占登记总量的 24.01％；影视作品 45 171 件，占登记总量 2.26％；以上类型的作品登记量占全国登记总量的 95.64％。录像制品 38 045 件，占登记总量 1.90％；音乐作品

11 619 件，占登记总量的 0.58％；图形作品 8 007 件，占登记总量的 0.40％；录音制品 4714 件，占登记总量 0.23％。模型、戏剧、曲艺、建筑等共计 24 952 件，共占登记总量 1.25％。

三、计算机软件著作权登记有关情况

根据中国版权保护中心计算机软件著作权登记信息统计，2017 年，全国共完成计算机软件著作权登记 745 387 件，同比增长 82.79％，登记数量继 2016 年达到 40 万件后，连续跨过 50 万件和 60 万件整数关口，一举突破了 70 万件。

从计算机软件著作权登记的地区分布情况来看，2017 年东部地区登记软件 569 781 件，约占全国登记总量 76.44％；中部地区登记软件 78 872 件，约占全国登记总量的 10.58％；西部地区登记软件 76 331 件，约占全国登记总量的 10.24％；东北部地区共登记软件 19 867 件，约占全国软件登记总量的 2.67％。从上述地区登记量增长情况来看，东部地区以 85.20％的增速处于全国的领跑位置，超过了中部地区 82.77％、西部地区 69.02％以及东北部地区 75.26％的登记增速。

从地区登记量情况来看，2017 年全国登记量较多的省市依次为：广东省、北京市、上海市、江苏省、浙江省、福建省、四川省、山东省、湖北省和安徽省。上述地共登记软件 607 035 件，约占全国登记总量的 81.44％。其中，广东省登记软件 219 860 件，约占全国总量的 29.50％。

从热点类别软件登记情况来看，2017 年，游戏软件、金融软件、APP、教育软件、医疗软件、物联网软件、地理信息软件、云计算软件和信息安全软件登记数量均较上一年度有不同程度提升。其中，APP 登记 154 977 件，约占全国软件登记总量的 20.79％，相比其他类别软件登记数量最高；金融软件登记 38 248 件，同比增长 133.95％，是增长最快的类别之一。另外，地理信息软件登记 17 780 件，同比增长 75.78％，增速较上一年度提升约 50 个百分点，呈现出高速增长的发展态势。

四、著作权质权登记有关情况

根据中国版权保护中心著作权质权登记信息统计，2017 年，全国共完成著作权质权登记 299 件，同比下降 5.38％；涉及合同数量 269 个，同比下降 6.27％；涉及作品数量 1 053 件，同比下降 1.03％；涉及主债务金额 297 448 万元，同比下降 6.45％；涉及担保金额 300 798.2 万元，同比下降 7.51％。

计算机软件著作权质权登记 233 件，同比下降 10.73％；涉及合同数量 233 个，同比下降 10.73％；涉及作品数量 987 件，同比下降 2.18％；涉及主债务金额212 279.5 万元，同比下降 24.76％；涉及担保金额 212 578.7 万元，同比下降 26.79％。

作品（除计算机软件之外）著作权质权登记 66 件，同比增长 20.00％；涉及合同数量 36 个，同比增长 38.46％；涉及作品数量 66 件，同比增长 20.00％；涉及主债务金额 85 168.5 万元，同比增长 137.83％；涉及担保金额 88 219.5 万元，同比增长 152.91％。

希望各地版权行政管理部门和著作权登记机构在进一步贯彻落实《关于进一步规范作品登记程序等有关工作的通知》《关于规范作品登记证书的通知》《关于规范电子版作品登记证书的通知》的基础上，结合本地区、本部门实际，关注著作权登记工作的发展趋势和增长点，充分利用国家版权监管平台，不断提升著作权登记工作规范化、标准化、信息化水平，加强著作权登记工作队伍建设，妥善解决作品登记工作中存在的普遍性问题，全面提升著作权登记工作的效能，使著作权登记工作再上新台阶。

国家版权局办公厅

2018 年 2 月 13 日

关于印发《2017 年推进使用正版软件工作总结》和《2018 年推进使用正版软件工作计划》的通知

国版函[2018] 4 号

各省、自治区、直辖市人民政府，推进使用正版软件工作部际联席会议各成员单位：

《2017 年推进使用正版软件工作总结》和《2018 年推进使用正版软件工作计划》已经推进使用正版软件工作部际联席会议第七次全体会议审议通过，现予印发，请认真贯彻执行。请各省（区、市）制定本省（区、市）2018 年推进使用正版软件工作计划，并于 2018 年 4 月 30 日前报送至部际联席会议办公室。

推进使用正版软件工作部际联席会议
国家版权局 代章
2018 年 3 月 23 日

2017 年推进使用正版软件工作总结

2017 年，推进使用正版软件工作部际联席会议（以下简称“部际联席会议”）认真贯彻落实党的十九大精神和党中央、国务院的决策部署，加强统筹协调、服务指导和督促检查，推进使用正版软件工作取得了新的成效。

一、取得的成效

2017 年，部际联席会议各成员单位各司其职，密切协作，坚持制度与技术并重，加强政策指导和督促检查，进一步巩固扩大了软件正版化工作成果。

（一）软件正版化工作取得了新的进展。2017 年，各级党政机关共采购操作系统、办公和杀毒软件 127.7 万套，采购金额 6.12 亿元，采购国产办公软件的套数和金额同比分别增长 73.97%和 65.58%；中央企业和金融机构共采购操作系统、办公和杀毒软件 245.11 万套，采购金额 21.45 亿元，采购国产办公软件的套数和金额同比分别增长 59.98%和 48.09%；全国累计推进 37 667 家企业实现软件正版化。2017 年，部际联席会议共督查单位 389 家、检查计算机 26 989 台。党政机关和大中型企业带头使用正版软件，起到了很好的示范引领作用，激发了软件企业的研发动力，促进了软件创新能力不断增强，带动了全社会软件版权保护水平不断提高，软件著作权登记量大幅增长。2017 年，软件著作权登记量达到 74.54 万件（同比增长 82.79%），软件和信息技术服务业收入达到 5.5 万亿元（同比增长 13.9%）。

（二）党政机关软件正版化不断规范。各级党政机关认真贯彻落实国务院办公厅印发的《政府机关使用正版软件管理办法》等相关政策措施，按照部际联席会议编制的《正版软件管理工作指南》，不断健全软件正版化工作机制，加强制度建设，规范软件采购，建立软件台账，严格使用管理。各级党政机关软件正版化工作年度报告制度落到实处，129 家中央和国家机关、31 个省（区、市）政府按期向国家版权局报送了 2017 年度软件正版化工作年度报告。各省（区、市）进一步完善了党政机关计算机软硬件采购源头管理相关规定。30 个省（区、市）出台了党政机关软件正版化工作考核办法，并开展了软件正版化考评工作。各级党政机关基本建立了软件正版化工作责任制度，明确了责任部门和责任人。辽宁、吉林、黑龙江、宁夏等省(区、市)政府主要负责同志率先垂范,带头签署使用正版软件承诺书。一些省(区、市)采用场地授权方式为党政机关集中统一采购国产办公软件,不仅有效从源头上防止了盗版办公软件流入党政机关,还有效提高了财政资金的使用效益。

(三)企事业单位软件正版化全面铺开。在巩固中央企业和大中型金融机构软件正版化工作基础上,推进小型金融机构和地方企事业单位软件正版化工作取得积极进展。中央企业、大中型金融机构、大中型新闻出版广电企事业单位基本实现软件正版化。2017 年,各省(区、市)制定了推进企事业单位软件正版化工作规划和实施方案,全面部署推进地方企事业单位软件正版化工作,共推进 6 135 家企业实现软件正版化;北京、天津、河北、内蒙古、上海、江苏、浙江、安徽、福建、山东、湖北、广西、重庆、云南、陕西等 15 个省(区、市)成效明显,共推进 5 210 家企业实现软件正版化,共采购操作系统、办公和杀毒软件 6.45 亿元。北京、江苏、宁夏启动了医疗卫生系统软件正版化工作;重庆启动了文化教育卫生系统软件正版化工作。

(四)软件版权保护环境持续改善。部际联席会议加强软件市场监管,积极推进使用正版软件,促进了软件版权保护环境持续改善,为软件产业发展提供了良好的市场环境。国家版权局会同有关部门开展的“剑网 2017”专项行动,严厉打击软件侵权盗版行为,查处了一批软件侵权盗版案件。工业和信息化部持续开展的新出厂计算机预装正版操作系统软件监管工作,推动新出厂计算机预装正版操作系统软件比例稳步提高。国家工商总局依法稳步推进涉嫌垄断案件的调查,加大对软件行业等重点领域的竞争执法力度,维护了软件市场公平竞争秩序。银监会指导银行业金融机构妥善解决与软件企业的合同纠纷,促成一些银行机构与境外软件企业达成和解,维护了银行机构的合法权益。

二、主要措施

(一)部门密切协作,加强工作部署。为贯彻落实国务院领导同志重要批示指示和全国打击侵权假冒工作领导小组会议精神,部际联席会议召开了第六次全体会议,对 2017 年推进使用正版软件工作进行了部署。部际联席会议各成员单位根据职责分工,各司其职,狠抓工作落实。国务院国资委、银监会、证监会、保监会、全国工商联根据部际联席会议工作部署,组织召开了专题会议并印发通知,进一步细化工作要求,全面部署中央企业、银行业金融机构、证券期货业经营机构、保险企业、民营企业软件正版化工作。部际联席会议围绕源头监管、使用管理、考核评议等关键环节,推进各地各部门补齐制度短板,完善长效机制,巩固工作成果。

(二)完善资产管理,规范软硬件采购制度。财政部将中央和国家机关正版软件采购经费纳入了 2017 年度财政预算;联合有关部门完善软件资产管理制度;指导有关集中采购机构持续做好正版软件政府采购工作。国管局进一步完善资产管理绩效考评指标体系,连续五年将软件资产正版化率作为重要考评指标,并增加了软件国产化率的考核;研究修订中央国家机关软件资产管理办法和配置标准;建立了各类软件的采购技术指标和服务标准。中直管理局进一步调整完善软件采购平台,丰富软件产品种类;推进软件正版化工作与信息化建设有机结合,推动中直机关巩固软件正版化工作成果。

(三)强化督促检查,推进责任落实。部际联席会议办公室组织了 11 个督查组,对辽宁、吉林、黑龙江、浙江、湖北、宁夏 6 个省(区、市)的全部省级政府机关进行了全覆盖督查,对北京、河北、山西、内蒙古、福建、海南、四川、西藏、青海、新疆 10 个省(区、市)进行了抽查,重点抽查了省级机关和省(区、市)国资委监管企业。国务院国资委推动中央企业开展了软件正版化工作全面自查,加强企业软件资产管理。国管局对中央国家机关本级通用办公软件正版化、软件资产管理情况进行了专项检查。银监会共抽查了573家银行业金融机构软件正版化工作。证监会对各交易所、各证监会下属单位进行了全覆盖督查,对证券、期货和基金经营机构进行了抽查。保监会对6家保险企业进行了现场检查。全国工商联推动省级工商联组织联合督查组对民营企业软件正版化工作进行了督查,并指导省级工商联结合重点工作推进民营企业软件正版化工作。

(四)聚焦产业发展,正版化信息化同步推进。工业和信息化部通过推动软件企业享受税收优惠政策、开展中国软件名城提升行动、利用"核高基"等专项支持软件关键核心技术研发、组织举办中国国际软件博览会等多种方式指导软件产业发展。国务院国资委要求中央企业积极稳妥推进核心信息系统软硬件安全可控,积极推进使用国产软件。银监会共通报12期基础软硬件缺陷信息,妥善处置信息安全风险事件;组织银行业金融机构开展终端设备国产操作系统软件的开发和应用推广,引导银行业使用国产软件。证监会积极推进软件正版化工作与网络安全工作相结合。保监会积极推进部署信息化项目建设时,同步推进软件正版化工作。部际联席会议办公室会同有关部门,与泰国商务部知识产权厅共同举办中泰软件版权合作论坛,推动金山、中望、一铭等软件企业在"一带一路"沿线国家发展,与泰国、印度、波兰等30余国的企业签署投资、合作、销售协议;在宁夏盐池县、西吉县,贵州黔西县,山西平顺县,湖北云梦县开展了国产软件应用试点工作。

(五)加强宣传培训,营造良好氛围。部际联席会议办公室会同有关部门,授予22家企业"全国版权示范单位(软件正版化)",充分发挥先进典型的示范引领作用;编制了《软件正版化在中国(2017)》和《软件正版化在中国(英文版)》,系统全面展示软件正版化工作成果。商务部通过多双边交流机制、知识产权海外交流活动,加强对外宣传软件正版化工作成果,及时回应外方关切。部际联席会议各成员单位共举办软件正版化工作培训班12期,指导各地共举办培训班2 622期,累计培训人员26万余人。部际联席会议各成员单位通过会议、简报、网站、微博、微信等方式,及时发布软件正版化工作成果。

(六)加强工作指导,推广典型经验做法。部际联席会议积极指导各地抓好源头监管和考核评议,推广各地可复制、可推广的经验做法。源头监管方面,黑龙江要求纳入政府采购序列的各级党政机关和事业单位在采购计算机办公设备时必须落实办公软件采购经费,不一并采购办公软件的要经版权部门审核同意;云南以全省场地授权方式,集中采购国产办公软件;浙江采用场地授权方式,为省级预算单位集中采购国产办公软件;山东采用场地授权方式,为部分省级机关2017年度新采购计算机统一配装国产办公软件。考核评议方面,内蒙古将软件正版化工作纳入了盟市党政领导班子考核指标体系;浙江将软件正版化工作纳入了"平安市县"和建设法治政府的考核指标;湖北将软件正版化工作纳入了党政机关年度工作绩效考核和新闻出版广电(版权)行业年度工作责任考核;江苏将软件正版化纳入省级行政事业单位国有资产管理绩效考核;安徽将软件正版化纳入诚信示范企业评选指标。

三、存在的问题

(一)工作进展不平衡。一些地区仍存在思想认识不到位,工作机制不健全,推进措施不扎实等问题,工作进展滞后。一些单位软件正版化工作相关制度可操作性不强,职责分工不明确、要求不具体。一些单位源头监管把关不严，采购预装了不适用的正版操作系统软件的计算机现象比较普遍。

（二）一些党政机关使用盗版软件出现反弹。一些单位软件使用管理不规范，日常监管不严，没有做到常态化、规范化，采购的正版软件没有“真装真用”。一些单位为迎接检查突击安装正版软件现象非常明显。有的单位使用盗版软件反弹情况比较严重。

（三）部分地区企业软件正版化进展较慢。一些地区对推进企业软件正版化工作重视程度不够，推进力度不大。一些企业使用正版软件意识不强，落实主体责任不到位。有的企业使用盗版软件情况比较严重。

（四）正版化与信息化结合不紧密。一些单位信息系统完全基于特定软件建设，兼容性差，只能依赖特定软件实现正版化，软件采购选择性小、成本高，增加了软件采购成本，不利于形成公平竞争的市场环境，阻碍了软件正版化推进工作。

推进使用正版软件是贯彻新发展理念、强化知识产权保护、加快建设创新型国家的重要举措，对倡导创新文化、增强经济创新力和竞争力、保障信息安全具有重要意义。2018年，部际联席会议要全面深入贯彻落实党的十九大精神，以习近平新时代中国特色社会主义思想为指导，强化知识产权创造、保护和运用，进一步健全长效机制、加强源头监管、强化督促检查，坚持制度与技术并重，正版化与信息化同步推进，持续深入推进使用正版软件工作，巩固扩大工作成果，开创新时代推进使用正版软件工作新局面。

2018年推进使用正版软件工作计划

2018年是全面深入贯彻落实党的十九大精神的开局之年，是改革开放四十周年，是决胜全面建成小康社会、实施“十三五”规划承上启下的关键一年。推进使用正版软件工作部际联席会议要以习近平新时代中国特色社会主义思想为指导，强化软件知识产权创造、保护和运用，进一步加强制度建设，强化督促检查，完善长效机制，坚持制度与技术并重，正版化与信息化同步推进，巩固扩大工作成果，努力开创新时代推进使用正版软件工作新局面，为加快建设创新型国家作出新贡献。

一、健全长效机制，规范软件使用管理

（一）加强统筹协调和服务指导。推进中央和国家机关及各地各部门进一步完善长效机制，抓好计算机软硬件采购源头监管、督促检查和考核评议等关键环节，确保软件正版化工作政策措施落地生效。（国家版权局牵头，部际联席会议各成员单位按职责分工负责）

（二）完善软件资产管理制度。修订完善中央和国家机关通用办公软件配置标准，从制度层面规范软件资产管理工作。（财政部、国管局、中直管理局按职责分工负责）

（三）加强软件资产管理绩效考评。继续做好中央国家机关软件资产配置计划管理和绩效考评工作。严格审核中央国家机关通用办公软件资产配置计划，与采购管理相结合，定期核实采购数据。（国管局牵头）

（四）推广正版软件管理工作指南。指导中央和国家机关及各地各部门以落实部际联席会议印发的《正版软件管理工作指南》为抓手，坚持制度与技术并重，建立健全正版软件管理制度和正版软件管理台账。（国家版权局牵头，部际联席会议各成员单位按职责分工负责）

二、加强源头监管，规范计算机软硬件采购

（五）规范计算机软硬件采购流程。推进中央和国家机关及各地各部门新采购计算机时，采购预装适用的正版操作系统软件的计算机，严格审核需要购置的办公软件和杀毒软件的购置计划，从源头上防止盗版软件流入党政机关。（财政部、国管

局、中直管理局按职责分工负责）

（六）优化党政机关软件采购服务。做好2018年中央和国家机关软件采购服务，指导各地改进采购工作。进一步丰富协议供货软件产品种类，根据实际需要扩大软件联合采购范围。（财政部、国管局、中直管理局按职责分工负责）

（七）继续推进中央企业软件集中采购。发挥集中采购优势，帮助中央企业降低正版软件采购价格，节约信息化建设成本。（国资委牵头）

（八）研究探索金融机构软件集中采购模式。做好金融机构软件采购服务指导，研究行业集中采购方式方法，帮助行业机构降低正版软件采购价格，节约信息化建设成本。（银监会、证监会、保监会按职责分工负责）

三、密切协调配合，巩固扩大企业软件正版化成果

（九）巩固中央企业软件正版化成果。制定并印发中央企业软件正版化年度工作通知，重点要求中央企业健全长效机制，巩固现有成果，防止反弹。（国资委牵头）

（十）持续推进金融机构软件正版化。进一步完善监管制度，推进金融机构软件正版化工作规范化。加大推进中小金融机构软件正版化工作力度，补齐金融机构软件正版化工作短板。（银监会、证监会、保监会按职责分工负责）

（十一）加快推进地方国有企业、民营企业软件正版化。推动各省（区、市）企事业单位软件正版化工作规划落到实处。指导省级工商联结合“四好”商会建设等重点工作，加快推进民营企业软件正版化工作。（国家版权局、国资委、全国工商联按职责分工负责）

（十二）积极推进行业软件正版化。加强与相关主管部门协调配合，推进上市企业、出口企业，以及教育、卫生、铁路、邮政、烟草、旅游、勘察设计等行业软件正版化工作。（国家版权局牵头，部际联席会议各成员单位按职责分工负责）

四、强化督促检查，推进落实主体责任

（十三）开展中央和国家机关软件正版化工作督促检查。随机抽查30家中央和国家机关软件正版化工作开展情况。（国家版权局牵头）

（十四）开展地方政府软件正版化工作督促检查。对10个省（区、市）软件正版化工作进行抽查，重点抽查省级机关和省（区、市）国资委监管企业。对6至9个省（区、市）省级政府机关软件正版化工作进行全覆盖督查。对2017年督查发现问题较多的地区和单位开展“回头看”。指导各省（区、市）督查本省（区、市）党政机关和企业软件正版化工作。（国家版权局牵头）

（十五）开展企业软件正版化工作督促检查。开展中央企业，银行业、证券期货业、保险业，民营企业软件正版化工作督查，督促企业落实软件正版化工作主体责任。（国资委、银监会、证监会、保监会、全国工商联分别牵头，部际联席会议办公室做好服务和配合工作）

（十六）继续优化督查方式方法。发挥第三方专业机构和技术手段优势，扩大督查深度和广度。推广使用软件检查工具，通过技术手段提高督查效率。（部际联席会议各成员单位按职责分工负责）

五、软件正版化与信息化同步推进，保障信息安全

（十七）软件正版化与信息化结合。推动中央和国家机关及各地各部门信息化建设与软件正版化同步进行，信息系统兼容国产操作系统软件、国产办公软件等国产软件，采购的计算机软硬件兼容国内外主流操作系统软件。倡导使用国产软件，助推信息系统自主安全可控。（国家版权局牵头，部际联席会议各成员单位按职责分工负责）

（十八）软件正版化与信息安全结合。推进中央和国家机关及各地各部门软件正版化与信息安全融合发展，相互支撑，相互促进，防范信息系统和基础设施建设信息安全风险。（国家版权局牵头，部际联席会议各成员单位按职责分工负责）

（十九）开展知识产权风险防范研究。开展信息系统知识产权风险防范研究，重点研究开源操作系统软件知识产权风险防范。（工业和信息化部牵头）

（二十）开展国产软件应用试点。巩固国产软件应用试点工作成果，适度扩大国产软件应用试点工作范围。指导具备条件的地区开展国产软件应用试点工作。研究探讨软件正版化工作中推动民族软件产业发展措施。（国家版权局牵头，部际联席会议各成员单位按职责分工负责）

六、加强市场监管，维护软件市场公平竞争秩序

（二十一）严厉打击软件侵权盗版行为。将打击软件侵权盗版行为纳入 2018 年打击侵权假冒工作和打击网络侵权盗版“剑网 2018”专项行动。（国家版权局牵头）

（二十二）依法查处软件行业垄断和不正当竞争行为。继续加大对软件行业等重点领域的竞争执法力度，严厉查处垄断和不正当竞争行为，维护软件市场公平竞争市场秩序和消费者合法权益。（国家工商总局牵头）

（二十三）持续做好年度预装正版操作系统软件监管和统计工作。加强对新出厂前正版操作系统软件预装的监督管理，继续扩大报送企业范围，不断提高预装率。（工业和信息化部牵头）

七、做好宣传培训，营造良好氛围

（二十四）积极做好宣传培训。加强软件正版化工作责任人培训。及时发布软件正版化工作成果。推广典型经验做法。（部际联席会议各成员单位分别牵头）

（二十五）加强国际交流合作。充分利用现有多双边知识产权磋商和交流机制，加大推进使用正版软件工作对外宣传力度，进一步做好国际应对工作。指导国内软件企业在“一带一路”沿线国家发展。（商务部、国家版权局按职责分工负责）

中国法院2018年度十大知识产权案件

案例1　迪奥尔公司立体商标国际注册行政纠纷案

克里斯蒂昂迪奥尔香料公司与国家工商行政管理总局商标评审委员会商标申请驳回复审行政纠纷案

[最高人民法院(2018)最高法行再26号行政判决书]

一、案情摘要

涉案申请商标为国际注册第1221382号商标,申请人为克里斯蒂昂迪奥尔香料公司(以下简称迪奥尔公司)。申请商标的原属国为法国,核准注册时间为2014年4月16日,国际注册日期为2014年8月8日,国际注册所有人为迪奥尔公司,指定使用商品为香水、浓香水等。

申请商标经国际注册后,根据《商标国际注册马德里协定》《商标国际注册马德里协定有关议定书》的相关规定,迪奥尔公司通过世界知识产权组织国际局(以下简称国际局),向澳大利亚、丹麦、芬兰、英国、中国等提出领土延伸保护申请。2015年7月13日,国家工商行政管理总局商标局(以下简称商标局)向国际局发出申请商标的驳回通知书,以申请商标缺乏显著性为由,驳回全部指定商品在中国的领土延伸保护申请。在法定期限内,迪奥尔公司向国家工商行政管理总局商标评审委员会(以下简称商标评审委员会)提出复审申请。商标评审委员会认为,申请商标难以起到区别商品来源的作用,缺乏商标应有的显著性,遂以第13584号决定,驳回申请商标在中国的领土延伸保护申请。迪奥尔公司不服,提起行政诉讼。迪奥尔公司认为,首先,申请商标为指定颜色的三维立体商标,迪奥尔公司已经向商标评审委员会提交了申请商标的三面视图,但商标评审委员会却将申请商标作为普通商标进行审查,决定作出依据的事实基础有误。其次,申请商标设计独特,并通过迪奥尔公司长期的宣传推广,具有了较强的显著性,其领土延伸保护申请应当获得支持。

北京知识产权法院及北京市高级人民法院均未支持迪奥尔公司的诉讼主张。主要理由为:迪奥尔公司并未在国际局国际注册簿登记之日起3个月内向商标局声明申请商标为三维标志并提交至少包含三面视图的商标图样,而是直至驳回复审阶段在第一次补充理由书中才明确提出申请商标为三维标志并提交三面视图。在迪奥尔公司未声明申请商标为三维标志并提交相关文件的情况下,商标局将申请商标作为普通图形商标进行审查,并无不当。商标局在商标档案中对申请商标指定颜色、商标形式等信息是否存在登记错误,并非本案的审理范围,迪奥尔公司可通过其他途径寻求救济。迪奥尔公司不服二审判决,向最高人民法院申请再审。最高人民法院裁定提审,并再审判决撤销一审、二审判决及被诉决定,判令商标评审委员会重新作出复审决定。

二、典型意义

最高人民法院依法公开开庭并当庭宣判迪奥尔公司立体商标行政纠纷一案，平等保护了中外权利人的合法利益，进一步树立了中国加强知识产权司法保护的负责任大国形象。最高人民法院在本案中指出，作为商标申请人的迪奥尔公司已经根据马德里协定及其议定书的规定，完成了申请商标的国际注册程序，履行了我国《商标法实施条例》规定的必要的声明与说明责任，在申请材料仅欠缺部分视图等形式要件的情况下，商标行政机关应当充分考虑到商标国际注册程序的特殊性，本着积极履行国际公约义务的精神，给予申请人合理的补正机会，以平等、充分保护迪奥尔公司在内的商标国际注册申请人的合法权益。最高人民法院通过本案的司法审查程序，纠正了商标行政机关关于事实问题的错误认定，强化了对行政程序正当性的要求，充分体现了司法保护知识产权的主导作用。此外，优化国际商标注册程序，是我国积极履行包括马德里协定在内的国际公约义务的重要体现。本案通过为国际商标申请人提供及时有效的司法救济，全面保护了境外当事人的合法权利。

案例 2 "PTC 加热器"实用新型专利侵权纠纷案

无锡国威陶瓷电器有限公司、蒋国屏与常熟市林芝电热器件有限公司、苏宁易购集团股份有限公司侵害实用新型专利权纠纷案

[最高人民法院(2018)最高法民再 111 号民事判决书]

一、案情摘要

蒋国屏是名称为"一种 PTC 发热器的导热铝管及 PTC 发热器"实用新型专利(即本案专利)的专利权人。无锡国威陶瓷电器有限公司(以下简称国威公司)为本案专利的独占实施被许可人。国威公司、蒋国屏以常熟市林芝电热器件有限公司(以下简称林芝公司)生产、销售的空调 PTC 加热器侵害其专利权为由，提起诉讼，要求停止侵权行为，赔偿其经济损失及合理支出共计 1500 万元。江苏省南京市中级人民法院一审认为，被诉侵权产品落入本案专利权利要求 2 的保护范围，判决林芝公司等停止侵权行为，酌定林芝公司赔偿国威公司、蒋国屏经济损失和合理开支共计 100 万元。国威公司、蒋国屏和林芝公司均不服，分别提起上诉。江苏省高级人民法院二审认为，被诉侵权产品缺少本案专利权利要求 2 的隐含技术特征，不落入专利权利要求 2 的保护范围。遂判决撤销一审判决，驳回国威公司、蒋国屏的诉讼请求。国威公司、蒋国屏不服，向最高人民法院申请再审。最高人民法院裁定提审本案。最高人民法院再审认为，二审判决关于本案专利权利要求 2 保护范围的解释有所不当，被诉侵权产品落入本案专利权利要求 2 的保护范围。遂判决撤销二审判决，判决被申请人赔偿申请人经济损失共计 937 万余元。

二、典型意义

本案再审判决创新了侵权损害赔偿认定机制，在损害赔偿认定方面具有典型性和指导性。对于可以体现出被诉侵权产品销售金额的证据，通过侵权产品销售总金额、利润率、贡献度计算出被诉侵权产品因侵权获得的利润；对于不能体现出被诉侵权产品具体销售金额的证据，依照法定赔偿确定损害赔偿数额。本案通过合理运用证据规则、经济分析方法等手段，特别是充分考虑了涉案专利对被诉侵权产品利润的贡献度等因素，终审改判侵权人赔偿权利人经济损失及合理开支近 950 万元，通过司法裁判努力实现侵权损害赔偿与知识产权市场价值的协调性和相称性，充分体现了严格保护知识产权的司法政策，切实保障了权利人获得充分赔偿。

案例3 “优衣库”侵害商标权纠纷案

优衣库商贸有限公司与广州市指南针会展服务有限公司、广州中唯企业管理咨询服务有限公司、优衣库商贸有限公司上海月星环球港店侵害商标权纠纷案

［最高人民法院（2018）最高法民再396号民事判决书］

一、案情摘要

广州市指南针会展服务有限公司（以下简称指南针公司）与广州中唯企业管理咨询服务有限公司（以下简称中唯公司）为涉案商标的共有人，该商标核定使用商品为第25类。优衣库商贸有限公司（以下简称优衣库公司）与迅销（中国）商贸有限公司（以下简称迅销公司）共同经营“优衣库”品牌，在中国各地设有专营店。2012年11月3日，株式会社迅销向商标局申请G1133303号商标领土延伸。优衣库公司销售的高级轻型羽绒系列服装上使用该标识。指南针公司、中唯公司依据涉案注册商标专用权，在北京、上海、广东、浙江四地针对优衣库公司或迅销公司和不同门店提起了42起商标侵权诉讼。根据法院查明的事实，中唯公司和指南针公司分别持有注册商标共计2600余个，其中部分商标与他人知名商标在呼叫或者视觉上高度近似。指南针公司、中唯公司曾在华唯商标转让网上公开出售涉案商标，并就诉争商标转让费向迅销公司要价800万元。上海市第二中级人民法院一审判决优衣库公司停止侵权，驳回其他诉讼请求。指南针公司、中唯公司、优衣库公司均不服，提起上诉。上海市高级人民法院二审判决驳回上诉，维持原判。优衣库公司不服，向最高人民法院申请再审。最高人民法院再审期间查明，迅销公司就涉案注册商标向商标评审委员会提出了无效宣告申请。经商标无效程序，法院一审、二审，涉案商标被宣告无效。最高人民法院提审后判决撤销一、二审判决，驳回指南针公司和中唯公司全部诉讼请求。

二、典型意义

“申请注册和使用商标，应当遵循诚实信用原则。”针对当前社会上部分经营主体违反诚实信用原则大规模注册与他人知名商标近似商标，有目标有预谋利用司法程序企图获得不正当利益之行为，最高人民法院在判决中指出，指南针公司、中唯公司以不正当方式取得商标权后，目标明确指向优衣库公司等，意图将该商标高价转让，在未能成功转让该商标后，又分别以优衣库公司、迅销公司及其各自门店侵害该商标专用权为由，以基本相同的事实提起系列诉讼，在每个案件中均以优衣库公司或迅销公司及其门店的一家分公司作为共同被告起诉，利用优衣库公司或迅销公司门店众多的特点，形成全国范围内的批量诉讼，请求法院判令优衣库公司或迅销公司及其众多门店停止使用涉案商标并索取赔偿，主观恶意明显，其行为明显违反诚实信用原则，对其借用司法资源以商标权谋取不正当利益之行为，依法不予保护。最高人民法院鲜明地表达了恶意取得并利用商标权谋取不正当利益之行为不受法律保护，对建设健康有序的商标秩序，净化市场环境，遏制利用不正当取得的商标权进行恶意诉讼具有典型意义。

案例4 “陆风越野车”外观设计专利权无效行政纠纷案

江铃控股有限公司与国家知识产权局专利复审委员会、捷豹路虎有限公司、杰拉

德·加布里埃尔·麦戈文外观设计专利权无效行政纠纷案

[北京市高级人民法院(2018)京行终4169号行政判决书]

一、案情摘要

涉案专利系名称为“越野车(陆风E32车型)”、专利号为ZL201330528226.5的外观设计专利,专利权人是江铃控股有限公司(以下简称江铃公司)。针对涉案专利,捷豹路虎有限公司(以下简称路虎公司)、杰拉德·加布里埃尔·麦戈文(以下简称麦戈文)以涉案专利不符合2008年修正的《中华人民共和国专利法》(简称2008年《专利法》)第23条第1款、第2款为由分别提出无效宣告请求。国家知识产权局专利复审委员会(以下简称专利复审委员会)认为,涉案专利与对比设计在整体视觉效果上没有明显区别,涉案专利不符合2008年《专利法》第23条第2款的规定,遂以第29146号无效宣告请求审查决定,宣告涉案专利权全部无效。江铃公司不服,提起行政诉讼。北京知识产权法院一审认为,涉案专利与对比设计在前车灯、进气格栅、细长进气口、雾灯、贯通槽、辅助进气口、倒U形护板、后车灯、装饰板、车牌区域及棱边等部位存在不同的设计特征,其组合后形成的视觉差异对SUV类型汽车的整体外观产生了显著的影响,足以使一般消费者将涉案专利与对比设计的整体视觉效果相区分。相比于相同点,上述不同点对于涉案专利与对比设计的整体视觉效果更具有显著影响,故涉案专利与对比设计具有明显区别。据此,判决撤销被诉决定,并判令专利复审委员会重新作出无效宣告请求审查决定。专利复审委员会、路虎公司和麦戈文均不服一审判决,提起上诉。北京市高级人民法院二审认为,从整体上观察,涉案专利与对比设计在车身前面和后面形成的视觉效果差异在整体视觉效果中所占的权重要明显低于两者之间相同点所产生的趋同性视觉效果的权重。涉案专利与对比设计相比,二者之间的差异未达到“具有明显区别”的程度,涉案专利不符合2008年《专利法》第23条第2款规定的授权条件,应当予以宣告无效。判决撤销一审判决,并驳回江铃公司的诉讼请求。

二、典型意义

本案是一起社会关注度高、案情疑难复杂的汽车外观设计专利无效行政案件,受到了国内外及社会各界的广泛关注。二审法院依法宣告涉案专利权无效,体现了中国法院对于中外权利人合法利益的平等保护,彰显了中国加强知识产权保护、塑造良好营商环境的决心。同时,本案也是一起充分体现知识产权司法保护,明晰规则,引导和激励创新作用的典型案例。二审判决指出,判断具体设计特征对整体视觉效果的影响权重,应当基于一般消费者的知识水平和认知能力,从外观设计的整体出发,对其全部设计特征进行整体观察,在考察各设计特征对外观设计整体视觉效果影响程度的基础上,对能够影响整体视觉效果的所有因素进行综合考量。在判断具体特征对整体视觉效果的影响权重时,不能仅根据直观的视觉感知或者根据该特征在外观设计整体中所占比例的大小即贸然得出结论,而应当以一般消费者对设计空间的认知为基础,结合相应设计特征在外观设计整体中所处的位置、是否容易为一般消费者观察到,并结合该设计特征在现有设计中出现的频率以及该设计特征是否受到功能、美感或技术方面的限制等因素,确定各个设计特征在整体视觉效果中的权重。该案的裁判结果,对中国汽车产业汽车外观设计领域的发展具有重要的导向作用。

案例5 “伙拍小视频”侵害作品信息网络传播权纠纷案

北京微播视界科技有限公司与百度在线网络技术（北京）有限公司、百度网讯科技有限公司侵害作品信息网络传播权纠纷案

［北京互联网法院（2018）京0491民初1号民事判决书］

一、案情摘要

北京微播视界科技有限公司（以下简称微播视界公司）是抖音平台的运营者。百度在线网络技术（北京）有限公司、百度网讯科技有限公司（合称百度公司）是伙拍平台的运营者。汶川特大地震十周年之际，2018年5月12日，抖音平台的加“V”用户“黑脸V”响应全国党媒信息公共平台（以下简称党媒平台）和人民网的倡议，使用给定素材，制作并在抖音平台上发布“5·12，我想对你说”短视频（以下简称“我想对你说”短视频）。经“黑脸V”授权，微播视界公司对“我想对你说”短视频在全球范围内享有独家排他的信息网络传播权及独家维权的权利。伙拍小视频手机软件上传播了“我想对你说”短视频，该短视频播放页面上未显示有抖音和用户ID号水印。微播视界公司以“我想对你说”短视频构成以类似摄制电影的方法创作的作品（以下简称类电作品）、百度公司上述传播和消除水印的行为侵犯了微播视界公司的信息网络传播权为由，提起诉讼。北京互联网法院一审认为，“我想对你说”短视频构成类电作品，百度公司作为提供信息存储空间的网络服务提供者，对于伙拍小视频手机软件用户提供被控侵权短视频的行为，不具有主观过错，在履行了“通知—删除”义务后，不构成侵权行为，不应承担相关责任，判决驳回微播视界公司的全部诉讼请求。

二、典型意义

本案为2018年度“中国十大传媒法事例”之一，引发了各界的广泛关注。本案涉及短视频节目能否得到著作权法保护、给予何种程度保护等一系列新类型法律问题的解决，对人民法院如何在著作权司法实践中平衡好创作与传播、权利人与网络服务提供者以及社会公众的利益关系，提出了新的挑战。与传统类型的电影作品相比，短视频时间较短，是否具备著作权法对保护客体提出的“独创性”要求，是本案双方当事人争议的焦点。人民法院在本案中充分贯彻合理确定不同领域知识产权的保护范围和保护强度的司法政策，根据著作权关于文学艺术类作品在作品特性、创作空间等方面的特点，充分考虑“互联网＋”背景下创新的需求和特点，合理确定了本案短视频节目独创性的尺度，正确划分了著作权范围与公共领域的界限，充分实现了保护知识产权与促进创新、推动产业发展的和谐统一。

案例6 “郑单958”植物新品种侵权纠纷案

北京德农种业有限公司、河南省农业科学院与河南金博士种业股份有限公司侵害植物新品种权纠纷案

［河南省高级人民法院（2015）豫法知民终字第00356号民事判决书］

一、案情摘要

“郑单958”玉米杂交品种是由母本“郑58”与已属于公有领域的父本“昌7－2”自交系品种杂交而成。“郑58”和“郑单958”的植物新品种权人分别为河南金博士种业股份有限公司（以下简称金博士公司）和河南省农业科学院（以下简称农科院）。农科院与北京德农种业有限公司（以下简称德农公司）签订《玉米杂交种“郑单958”许可合同》及补充协议，许可德农公司在一定期限内销售“郑单958”玉米杂交种并约定许可费用，但德农公司为履行合同而进行制种生产过程中涉及第三方权益时应由德农公司负责解决。德农公司根据农科院的授权，在取得《农作物种子经营许可证》后，开始在甘肃省大量生产、销售“郑单958”。金博士公司认为德农公司未经许可，以商业之目的擅自使用“郑58”玉米自交系品种生产、繁育“郑单958”玉米杂交品种的行为，构成侵权并提起诉讼，要求德农公司停止侵权、赔偿金博士公司4952万元，并要求农科院承担连带责任。郑州市中级人民法院一审判决德农公司赔偿损失及合理开支4952万元，农科院在300万元内承担责任，驳回金博士公司其他诉讼请求。德农公司和农科院均提起上诉。河南省高级人民法院二审查明，农科院和金博士公司实行相互授权模式，德农公司接受许可生产过程中涉及第三方权益时应由德农公司负责，与农科院无关。故判决维持一审法院关于赔偿和合理支出的判项，撤销一审法院关于农科院承担连带责任的判项。

二、典型意义

本案是在玉米杂交种生产中涉及杂交种和其亲本的关系问题而引发的植物新品种侵权纠纷。该案涉及的“郑单958”玉米杂交种，因是由母本与父本自交系品种杂交而成，只要生产繁育“郑单958”玉米杂交种，就必须使用母本“郑58”玉米自交系品种。在生产繁育“郑单958”玉米杂交品种时，不仅要得到“郑单958”杂交品种权利人的许可，还要得到母本“郑58”自交系品种权利人的同意。法院考虑到加强植物新品种权保护有助于推动国家“三农”政策，德农公司已经取得“郑单958”杂交品种权人的授权许可，并已支付相应的使用费，为生产“郑单958”杂交品种花费了大量的人力物力，若禁止德农公司使用母本“郑58”自交品种生产“郑单958”玉米杂交品种，将造成巨大的经济损失。因培育“郑单958”玉米杂交品种仍需要使用母本“郑58”自交系品种，通过支付一定的赔偿费能够弥补金博士公司的损失。综合以上因素，法院对金博士公司要求德农公司停止使用“郑58”自交系品种生产“郑单958”玉米杂交品种的请求未予支持。但根据侵权人的主观过错、获利情况、不停止使用“郑58”自交系品种生产至保护期满的继续获利情况等因素，对权利人请求的4952万元的赔偿数额和合理支出予以全额支持，较好地平衡了各方当事人的利益。

案例7 “金山毒霸”不正当竞争纠纷案

北京猎豹网络科技有限公司、北京猎豹移动科技有限公司、北京金山安全软件有限公司与上海二三四五网络科技有限公司不正当竞争纠纷上诉案

[上海知识产权法院(2018)沪73民终5号民事判决书]

一、案情摘要

上海二三四五网络科技有限公司（以下简称二三四五公司）系2345网址导航、2345王牌浏览器的经营者，其中2345网址导航在中国网址导航市场中排名前列。北京猎豹网络科技有限公司、北京猎豹移动科技有限公司、北京金山安全软件有限公司（以下简称三被告公司）共同经营金山毒霸软件，并通过以下六类行为将终端用户设定的2345网址导航主页变更为由北京猎豹移动科技有限公司主办的毒霸网址大全：(1)通过金山毒霸的“垃圾清理”功能变更浏览器主页。(2)通过金山毒霸升级程序的“一键清理”弹窗，默认勾选“立即锁定毒霸网址大全为浏览器主页，保护浏览器主页不被篡改”。无论用户是否取消该勾选，浏览器主页均被变更。(3)通过金山毒霸的“一键云查杀”“版本升级”“浏览器保护”等功能变更浏览器主页，并针对不同浏览器进行区别对待。(4)通过金山毒霸的“安装完成”弹窗，默认勾选“设置毒霸导航为浏览器主页”。无论用户是否取消该勾选，浏览器主页均被变更。(5)通过金山毒霸“开启安全网址导航，防止误入恶意网站”弹窗，诱导用户点击“一键开启”变更浏览器主页。(6)通过金山毒霸的卸载程序篡改用户计算机注册表数据以变更浏览器主页。二三四五公司以上述行为构成篡改主页、劫持流量等不正当竞争行为为由，提起诉讼。上海市浦东新区人民法院一审认为，三被告公司在发挥安全软件正常功能时未采取必要且合理的方式，超出合理限度实施了干预其他软件运行的行为，不仅违反了诚实信用原则和公认的商业道德，还违反了平等竞争的原则。遂判决三被告承担停止侵权行为并赔偿经济损失的法律责任。上海知识产权法院二审判决驳回上诉、维持原判。

二、典型意义

公平有序、充满活力的竞争机制是释放各类创新主体创新活力的重要保障。随着互联网技术的不断发展，网络环境下的市场竞争行为日趋激烈，流量成为经营主体在互联网空间中的重要争夺目标。本案涉及网络环境下竞争行为正当性的判断。法院认为，安全类软件在计算机系统中拥有优先权限，但经营者对该种特权的运用应当审慎，对终端用户及其他服务提供者的干预行为应以“实现功能所必需”为前提。以保障计算机系统安全为名，通过虚假弹窗、恐吓弹窗等方式擅自变更或诱导用户变更其浏览器主页，不正当地抢夺流量利益的行为，不仅损害了其他经营者的合法权益，也侵害了终端用户的知情权与选择权，有违诚实信用原则和公认的商业道德。人民法院在本案既注意审查被诉侵权行为是否符合法律明文列举的行为类型，也充分注意综合评估该行为对竞争的积极和消极效果，妥善地处理好了技术创新与竞争秩序维护之间的关系。

案例8 涉及快播公司著作权行政处罚案

深圳市快播科技有限公司与深圳市市场监督管理局、深圳市腾讯计算机系统有限公司著作权行政处罚纠纷案

[广东省高级人民法院(2016)粤行终492号行政判决书]

一、案情摘要

深圳市腾讯计算机系统有限公司(以下简称腾讯公司)从权利人处获得涉案24部作品信息网络传播权的独家许可之后，又将其中13部作品的信息网络传播权以直接分销或版权等值置换等方式非独家许可第三方使用。根据腾讯公司提交的合同显示，该13部作品的分销或者置换价格总计为人民币8671.6万元。2014年3月18日，腾讯公司向深圳市市场监督管理局(以下简称市场监管局)投诉称，深圳市快播科技有限公司(以下简称快播公司)侵害了其享有的涉案作品信息网络传播权，请求予以查处。市场监管局向深圳市盐田公证处申请证据保全公证。公证书显示，在手机上登录快播客户端搜索涉案24部影视作品，每一部影视作品首选链接均为“腾讯视频”，点击“腾讯视频”旁的下拉选项，均有其他链接(多数伪造成乐视网、优酷、电影网等知名视频网站)；点击其他链接播放具体集数，视频显示的播放地址均是一些不知名的、未依法办理备案登记的网站。2014年6月26日，市场监管局作出深市监稽罚字〔2014〕123号《行政处罚决定书》，决定：一，责令立即停止侵权行为；二，处以非法经营额3倍的罚款共26 014.8万元人民币。快播公司申请行政复议，广东省版权局于2014年9月11日作出《行政复议决定书》，维持市场监管局的行政处罚决定。快播公司起诉至深圳市中级人民法院，请求判令撤销《行政处罚决定书》。深圳市中级人民法院驳回快播公司的诉讼请求，广东省高级人民法院维持一审判决。

二、典型意义

本案社会关注度高。腾讯公司、快播公司均为互联网领域受众较多的企业，案件涉及的处罚金额亦高达26014.8万元，受到社会各界的高度关注。案件的法律适用不仅涉及知识产权民事、行政以及破产等多部门法的交织，程序及实体问题繁杂，还涉及著作权民事侵权行为是否同时损害公共利益、如何认定互联网企业存在非法获利以及非法经营额的计算等法律问题的适用。该案的判决起到了惩处侵权、净化版权市场的良好社会效果，对于促进依法行政与加强知识产权保护、规范互联网市场的竞争秩序均有积极的导向作用。

案例9 "新百伦"诉中行为保全司法制裁案

晋江市青阳新钮佰伦鞋厂、郑朝忠，莆田市荔城区搏斯达克贸易有限公司因新百伦贸易(中国)有限公司与深圳市新平衡运动体育用品有限公司等侵害商标权及不正当竞争纠纷拒不履行诉中行为保全裁定被处法定最高限额司法制裁案

[江苏省高级人民法院(2017)苏司惩复19号复议决定书；(2018)苏司惩复4号复议决定书]

一、案情摘要

美国新平衡体育运动公司(以下简称新平衡公司)享有第4207906号"NEW BALANCE"、第G944507号注册商标专用权。该公司相关运动鞋的装潢设计已由多个生效民事判决、行政处罚决定书认定为知名商品特有装潢。新平衡公司授权原告新百伦贸易(中国)有限公司(以下简称新百伦公司)在中国境内非独占地使用相关知识产权生产销售New Balance运动鞋，并对侵犯新平衡公司知识产权的行为单独或与其共同提起诉讼。2014年，郑朝忠在美国成立名为"USA New Bai Lun Sporting Goods Group Inc"公司，其将该公司名称翻译为"美国新百伦体育用品集团有限公司"。该美国公司授权国内郑朝忠个人独资的深圳市新平衡运动体育用品有限公司(以下简称深圳新平衡公司)、郑朝忠经营的个体工商户晋江市青阳新钮佰伦鞋厂(以下简称新钮佰伦鞋厂)及莆田市荔城区搏斯达克贸易有限公司(以下简称搏斯达克公司)等生产销售涉案被控侵权运动鞋并进行宣传。新百伦公司认为深圳新平衡公司等被告的行为侵犯其商标权并构成不正当竞争，向苏州市中级人民法院(以下简称苏州中院)提起诉讼。

新百伦公司在起诉时，申请了诉中行为保全，要求深圳新平衡公司等被申请人立即停止在其官网上使用涉案商标，立即删除其官网、微信、微博等有关虚假宣传的内容。苏州中院作出(2016)苏05民初537号行为保全裁定书，责令深圳新平衡公司等被申请人立即停止生产、销售涉案鞋类产品，立即删除其在官网、微信、微博等虚假宣传的有关内容等，并向相关被申请人送达。在涉案被申请人拒绝履行生效裁定后，苏州中院又通过直接送达和邮寄送达的方式向被申请人送达了《告知书》，告知其应立即履行生效裁定及拒不履行的法律后果。深圳新平衡公司、搏斯达克公司、新钮佰伦鞋厂、郑朝忠仍未履行。苏州中院据此作出(2017)苏05司惩001号决定书，决定对深圳新平衡公司处以100万元罚款；对搏斯达克公司处以50万元罚款；对新钮佰伦鞋厂处以10万元罚款；对郑朝忠处以 10 万元罚款。新钮佰伦鞋厂、郑朝忠以及搏斯达克公司不服罚款决定，分别向江苏省高级人民法院申请复议。江苏省高级人民法院分别作出（2017）苏司惩复 19 号、（2018）苏司惩复 4 号复议决定书，驳回新钮佰伦鞋厂、郑朝忠以及搏斯达克公司复议请求，维持苏州中院（2017）苏 05 司惩 001 号决定书。

二、典型意义

行为保全措施对知识产权权利人及时制止侵权行为、获得司法救济具有积极的作用。人民法院在审理涉及侵犯商标权和不正当竞争纠纷案件中，依据当事人的申请作出诉中行为保全裁定。在被申请人拒不履行诉中行为保全裁定的情况下，人民法院又依据民事诉讼法关于妨害民事诉讼措施的相关规定，对被申请人的行为进行了罚款。本案法院作出的行为保全裁定及罚款决定、复议决定，不仅彰显了我国平等保护中外当事人合法权利及维护司法权威的立场，且通过详细的说理阐明了知识产权诉讼中采取行为保全措施的审查条件，包括担保数额等考量因素的法律适用，也表明了人民法院对拒不履行生效裁定依法坚决予以制裁的鲜明态度。

案例 10　非法制造注册商标标识罪案

被告人李功志、巫琴非法制造注册商标标识罪案

［广东省深圳市中级人民法院（2018）粤 03 刑终 655 号刑事判决书］

一、案情摘要

涉案“HUAWEI”“SΛMSUNG”商标核定使用在第 9 类包括手机用液晶显示屏在内的商品上。经查明，2016 年 8 月起，被告人李功志、巫琴等人未经商标权人授权，加工生产假冒“三星”“华为”注册商标的手机玻璃面板，将排线贴附到手机盖板上。被告人李功志是该工厂的日常管理者，负责对工厂的机器设备进行调试以及对员工进行管理。被告人巫琴协助李功志管理工厂，每加工完成一个手机玻璃面板收取客户 1～1.8 元不等的加工费。2016 年 11 月 21 日 20 时许，民警抓获被告人李功志、巫琴，并当场查获假冒“三星”手机玻璃面板 10 100 个、“华为”手机玻璃面板 1200 个、销售单据 16 张及送货单 2 本。按被害单位报价计，所缴获面板共计价值人民币 648 000 元。广东省深圳市宝安区人民法院一审根据被害单位出具的价格说明，以非法经营数额作为量刑标准作出认定。深圳市中级人民法院二审对此予以纠正，认为在无法查明实际销售价格和市场中间价格的情况下，应按照刑法规定的销售伪造、擅自制造两种以上注册商标标识数量予以量刑处罚。二审法院据此判决李功志犯非法制造注册商标标识罪，判处有期徒刑二年，并处罚金人民币 5 万元；判决巫琴犯非法制造注册商标标识罪，判处有期徒刑一年，并处罚金人民币 6000 元。

二、典型意义

本案涉及非法制造注册商标标识罪案件中经营数额认定的证据采信标准。明确了相关司法解释中关于市场中间价认定标准的适用，对涉及知识产权犯罪中非法经营数额证据的认定标准具有示范性作用。

（最高人民法院知识产权审判庭）

检察机关 2018 年度保护知识产权典型案例

案例 1 山东祁某康等五人假冒注册商标、销售非法制造的注册商标标识案

一、案件事实

2017 年 4 月至 2018 年 1 月，被告人祁某康在被告人王某印的教授下，掌握了制作假酒方法，后又经王某印介绍，多次从被告人邢某志处购买洋河大曲青瓷、海之蓝、泸州老窖等假冒包装材料，后在德州市武城县其父祁某国住处、德州市德城区其家中自行灌装假酒，祁某国明知系假冒注册商标酒水仍帮助灌装。被告人王某印明知被告人祁某康系自行灌装假冒注册商标的酒水而教授其制作方法，还帮助其运输相关假冒包装材料。在此期间，祁某康等人共生产假冒洋河大曲青瓷、海之蓝、泸州老窖等酒水价值 17 万余元，累计销售共计 10 万余元。

另查明，2016 年 11 月至 2018 年 1 月，被告人张某平生产假冒牛栏山二锅头、海之蓝、泸州老窖、五粮液、剑南春等白酒，被告人王某印明知被告人张某平生产的各类酒水为假冒注册商标的商品而予以居间介绍。张某平出售给祁某康上述白酒总销售金额达 3.5 万余元。2017 年 3 月至 2018 年 1 月，邢某志多次将洋河大曲青瓷、海之蓝、泸州老窖和五粮液等白酒的假冒包装材料 1100 余箱出售给被告人祁某康，销售金额达 6 万余元。

二、诉讼过程

2017 年 12 月 16 日，山东省德州市公安局经济技术开发区分局立案。2018 年 1 月至 3 月，祁某康等五人先后被刑事拘留、逮捕。2018 年 6 月 11 日，德州经济技术开发区人民检察院以被告人祁某康、王某印、张某平、祁某国四人涉嫌假冒注册商标罪，被告人邢某志涉嫌销售非法制造的注册商标标识罪提起公诉。9 月 7 日，德州经济技术开发区人民法院作出判决，认定被告人祁某康、王某印、张某平、祁某国犯假冒注册商标罪，分别判处有期徒刑三年到八个月不等，并处罚金 5 万元至 5000 元不等；被告人邢某志犯销售非法制造的注册商标标识罪，判处有期徒刑八个月，并处罚金 5000 元。同时判决没收扣押在案的工具、假酒等物品。被告人均未提出上诉，判决已生效。

三、评析意见

本案涉及注册商标数量多、涉及面广、取证难度大，为确保既打击生产、销售者，又打击提供假冒包装材料者，检察官积极全面引导证据收集，着力解决取证方向、法律适用等疑难复杂问题，增强了指控力度，保护了消费者和企业的合法权益。检察机关还主动向食品安全领域延伸监督触角，及时提出检察建议，提高社会治理效果，确保人民群众“舌尖上的安全”。

(一)引导侦查取证，夯实定罪细节

检察官在审查逮捕中发现，虽然张某平与祁某康供述互相印证，但因缺少客观证据，认定张某平涉嫌假冒注册商标罪事实不清，证据不足。检察官提出从“泸州老窖”制作时间、包装颜色、胶带粘贴方式等方面取证的思路，来证明从祁某康处扣押的假酒中是否有张某平提供的假酒。后侦查人员查实了部分假冒注册商标的白酒系张士平制作，涉案金额达 3 万余元。

(二)细致审查研判，纠正提捕不当罪名

侦查机关对邢某志以假冒注册商标罪提请逮捕，检察官经审查认为，现有证据无

法证实邢某志直接将非法制造的注册商标标识用在商品上，证实邢某志涉嫌假冒注册商标罪事实不清、证据不足。但本案现有证据可以证实，邢某志明知是非法制造的他人注册商标标识仍然故意销售，存在主观故意；邢某志仅向祁某康销售的假冒包装材料涉案价值已达 6 万余元，且涉及多种商标标识，涉嫌销售非法制造的注册商标标识罪。检察机关后以涉嫌销售非法制造的注册商标标识罪作出批准逮捕决定、提起公诉，得到法院判决采纳。

(三)延伸检察职能，提升社会治理效果

办案中，检察官发现相关行政职能部门执法监管范围仅限于大中型生产企业，对小作坊监管不力，遂向德州经济技术开发区综合执法监管部发出检察建议，建议对白酒安全实行全程监管，一是查处隐蔽的小作坊；二是加强与质检、公安、卫生防疫等部门协调配合，加大对违法行为的处罚力度；三是加大宣传力度，提高群众法律意识和防范意识。该部采纳检察建议，及时改进工作方法，在生产、流通领域加大巡查力度，联合相关部门开展整治活动，实现监管全覆盖，取得了较好的社会治理效果。

案例 2　祥天公司、史某明等假冒注册商标、销售假冒注册商标的商品案

一、案件事实

2015 年 9 月至 2017 年 5 月，被告单位祥天公司法定代表人史某明，在明知未经 RUWH 注册商标所有人和机械轴承公司(以下简称人和公司)许可的情况下，擅自生产带有 RUWH 商标的轴承，并销售给被告单位德菱电梯部件公司(以下简称德菱公司)，销售数量共计 80 万余个，销售金额为 97 万余元。2017 年 5 月 27 日，宁波市市场监督管理局执法人员从祥天公司仓库内查获尚未销售的假冒轴承 6000 余个，货值金额 7000 余元。2017 年 2 月至 5 月间，德菱公司法定代表人杜某海在明知祥天公司向其供货的轴承为假冒注册商标商品的情况下，仍向祥天公司购买轴承共计 29 万余个，并由德菱公司二次加工成铁挂轮后销售给盼成金属制品公司、云鹤机电技术公司，共计销售 24 万余个，销售金额 30 万余元。2017 年 5 月 25 日，宁波市市场监督管理局执法人员从德菱公司内查获尚未销售的假冒轴承 5 万余个，货值金额 6 万余元。

二、诉讼过程

浙江省宁波市公安局鄞州分局于 2017 年 6 月 14 日对本案立案侦查。8 月 27 日，宁波市鄞州区人民检察院以祥天公司、史某明涉嫌假冒注册商标罪，德菱公司、杜某海涉嫌销售假冒注册商标的商品罪提起公诉。11 月 26 日，宁波市鄞州区人民法院作出判决，认定祥天公司、史某明犯假冒注册商标罪，分别判处祥天公司罚金 20 万元，史烈明有期徒刑三年、缓刑四年，并处罚金 10 万元；德菱公司、杜某海犯销售假冒注册商标的商品罪，分别判处德菱公司罚金 15 万元，杜某海有期徒刑三年、缓刑三年，并处罚金 8 万元；判决扣押在案的轴承等均予以没收。一审判决后，被告单位及被告人均未提出上诉，该判决已生效。

三、评析意见

一些不法企业通过仿冒手段，减省了相对较高的研发投入、市场推广费用等，从而获得不该得的利益，但该低端复制模式不仅不利于被告企业的长远发展，而且给正常的市场经济秩序带来严重冲击，直接侵害了知识产权所有人的合法权益，阻碍了民族创新能力的提升，必须依法予以严惩。此案的成功办理在行业领域内起到了警示作用，取得了良好的普法宣传效果。

（一）发挥监督职能，依法追诉单位犯罪

侦查机关移送审查起诉后，检察官经审查认为祥天公司、德菱公司均系依法设立，上述轴承业务均以公司名义开展，相关单据、发票均以两家公司名义开具，相应货款均打入对应的对公账户内，系单位整体意志支配下的为单位谋取利益的行为，应评价为单位犯罪，两家公司的行为已分别涉嫌假冒注册商标罪、销售假冒注册商标的商品罪。宁波市鄞州区人民检察院遂对上述单位进行追诉，后得到法院判决认可。

（二）促使涉案双方矛盾化解，确保办案整体效果

检察官在办案中注重做好矛盾化解工作，对被告人从法律角度进行分析说理，使被告人摒弃了避重就轻的侥幸心理，深刻意识到侵权行为的违法性及给被侵权单位带来的严重影响，表现出了较好的认罪、悔罪态度，并最终与被侵权单位就民事赔偿达成调解协议，如约向被侵权单位赔偿了48万元，获得了被侵权单位谅解。

（三）延伸司法触角展现司法温度，引导非公经济良性发展

两家被告单位均系成立时间不长、规模相对较小的民营企业。为做好企业扶持工作，宁波市鄞州区人民检察院在本案判决之后走访被告单位，积极引导鼓励被告单位负责人树立品牌意识，提升产品质量，并帮助被告单位咨询商标注册事项。通过多方努力，被告单位祥天公司最终注册了自有轴承品牌，企业竞争力得以提升，公司迈进良性发展轨道。检察机关充分发挥了助力小微企业发展的积极作用。

案例3 浙江张某伟、楚菲化妆品公司假冒注册商标、侵犯著作权案

一、案件事实

2016年底以来，被告单位楚菲化妆品公司（以下简称楚菲公司）经该公司法定代表人、被告人张某伟决定，伙同他人在未经注册商标所有人许可的情况下，生产假冒第990446号“Vaseline”、第212780号“MAYBELLINE”、第834258号“M. A. C”等商标的化妆品谋取非法利益，后被查获。经联合利华（中国）投资有限公司、欧莱雅（中国）有限公司及化妆艺术有限公司鉴定，由该公司生产的标有“Vaseline”“MAYBELLINE”“M. A. C”商标字样的化妆品均属假冒。经认定，被查扣的标有上述商标字样的化妆品涉案价格总计40万余元。

同期，被告人张某伟还伙同他人在未经著作权人许可的情况下，在楚菲公司内生产出售带有“LAKME”美术作品图样的化妆品谋取非法利益。经认定，被查扣的标有“LAKME”美术作品图样的化妆品涉案价格总计39万余元，被查扣的化妆品数量为18万余个。

二、诉讼过程

2017年8月30日，浙江省义乌市公安局接举报后对该案立案侦查。同年10月17日，义乌市公安局会同该市市场监督管理局前往楚菲公司查获大量假冒侵权商品，并于同日将张某伟刑事拘留，后义乌市人民检察院对其批准逮捕。义乌市人民检察院于同年2月9日以涉嫌假冒注册商标罪、侵犯著作权罪对张某伟、楚菲公司提起公诉。同年3月19日，义乌市人民法院认定被告单位犯假冒注册商标罪，判处罚金21万元；犯侵犯著作权罪，判处罚金20万元；数罪并罚，决定执行罚金41万元；认定被告人张某伟犯假冒注册商标罪，判处有期徒刑三年四个月，并处罚金21万元；犯

侵犯著作权罪，判处有期徒刑三年八个月，并处罚金20万元；数罪并罚，决定执行有期徒刑五年六个月，并处罚金41万元。该判决已生效。

三、评析意见

本案是一起长期通过电商平台等途径接受海外订单生产假冒化妆品的案件，被告单位及被告人依托阿里巴巴诚信网、义乌小商品市场等平台接单，生产假冒“Vaseline”“MAYBELLINE”“M.A.C”“LAKME”等国际知名品牌的化妆品，不但给被侵权人造成了损失，也损害了义乌作为国际商贸城市的声誉。检察机关依法严惩侵犯知识产权犯罪行为，将数十万件侵权产品拦截在国门之内，护航“一带一路”节点城市的经济秩序，维护了我国尊重和保护知识产权的国际形象。

（一）彰显法律监督，全面评价侵权行为

侦查机关以张某伟、楚菲公司涉嫌假冒注册商标罪移送审查起诉。检察官经审查发现涉案品牌“LAKME”在中国境内未申请注册商标，但“LAKME”标识作为美术作品在国家版权局进行了美术作品登记。因此，尽管该部分事实不构成假冒注册商标罪，但张某伟以营利为目的，未经该美术作品著作权人许可，将该美术作品使用在化妆品外包装上进行复制、出售，非法经营额达39万余元，涉嫌侵犯著作权罪。义乌市人民检察院遂将案件退回公安机关补充侦查，最终将该部分事实提起公诉，并获得法院判决认可。

（二）完善部门衔接，形成打击合力

为研究如何更好地打击侵犯知识产权犯罪、形成保护知识产权的营商环境，义乌市人民检察院多次以联席会议的形式与法院、公安、市场监管局、海关等多家单位进行交流探讨，形成统一意见，制定了《关于建立电子商务领域知识产权联合保护工作机制的若干意见》，形成知识产权联合保护的长效机制。

（三）拓展宣传途径，营造优质营商环境

义乌市人民检察院以护航、保障民营经济健康发展为目标，积极开展知识产权犯罪预防等方面的法治宣传。检察官先后前往义务国际商贸城、“中国网店第一村”青岩刘村等地开展犯罪预防现场宣传活动，联合多个执法部门开展知识产权宣传月活动，依托本土“义乌购”电商平台开通“检察官说法”版块，以案例评析的方式向市场经营户剖析身边的真实案例，普及相关法律知识，提供法律咨询和建议。目前，义乌市人民检察院已初步形成一套立体化、全方位的知识产权保护模式。同时，检察官针对侵犯知识产权案件互联网犯罪多、涉罪外国人追究难等特点，撰写《刑事检察白皮书——知识产权专辑》，对保护知识产权提出针对性分析和建议，受到公安、海关、市场监管等部门一致认可。

案例4　广东宋某等二人假冒注册商标案

一、案件事实

被告人宋某于2015年6月至2017年5月，未经“恒洁”“HEGLL”注册商标权利人许可，在其位于广东省开平市水口镇的中洁洁具厂内生产假冒上述注册商标的卫浴产品，并先后销售给俞某某、张某某、段某某等人，销售金额为6.3万元。其间，被告人卢某明知宋某在工厂内生产假冒上述产品，仍接受宋某的雇请，负责安排生产、发货等工作。2017年5月25日，侦查人员将被告人宋某、卢某抓获，还查获一批假冒“恒洁”“HEGLL”注册商标的水龙头、花洒、地漏等卫浴产品成品、配件及包装箱等，经鉴定价值22万余元。经审查认定，被告人宋某、卢某假冒注册商标的非法经

营数额共 28 万余元。

二、诉讼过程

本案由广东省江门市公安局于 2017 年 5 月 25 日立案侦查，后被告人宋某、卢某被逮捕。江门市新会区人民检察院于同年 11 月 27 日以二人涉嫌假冒注册商标罪提起公诉。江门市新会区人民法院于 2018 年 6 月 15 日作出判决，以假冒注册商标罪判处被告人宋某有期徒刑三年，缓刑三年，并处罚金 18 万元；判处被告人卢某有期徒刑一年二个月，缓刑一年二个月，并处罚金 5 万元。同时判决扣押在案的假冒注册商标物予以没收、销毁，但未对宋某、卢某的违法所得判决追缴或责令退赔。

江门市新会区人民检察院及时提出抗诉，江门市中级人民法院于 2018 年 11 月 7 日作出判决，采纳了检察院的抗诉意见，增加追缴宋某、卢某违法所得 6.3 万元，依法予以没收，上缴国库。

三、评析意见

对侵犯知识产权犯罪的打击不仅要体现在对行为人判处应有的刑罚，还要综合运用涉案财物、违法所得的追缴没收、责令退赔等财产处置手段，切实提高其犯罪成本和刑罚震慑力。江门市新会区人民检察院通过积极履行审判监督职能，对知识产权刑事案件漏判追缴违法所得的判决提出抗诉，纠正了错误判决，在严惩知识产权犯罪、维护司法公正方面具有典型意义。

（一）细致审查判决结果，及时发现漏判

一审判决后，检察官立即对判决进行全面审查，发现该判决没有追缴二人的违法所得。江门市新会区人民检察院认为应当追缴违法所得，遂决定通过抗诉手段对法院漏判予以纠正。

（二）严格对照法律规定，找准提抗依据

针对法院漏判追缴违法所得是否属于法律适用错误，能否作为提抗理由等问题，检察官仔细对照法律规定，明确提抗依据：一是《刑法》规定“犯罪分子违法所得的一切财物，应当予以追缴或者责令退赔”。二是司法解释规定“追缴或者责令退赔的具体内容，应当在判决主文中写明”。检察官随即以一审法院法律适用存在错误等建议提请抗诉。该抗诉意见得到了上级检察院的支持，并被江门市中级人民法院采纳。

（三）准确贯彻立法精神，实现足额追缴

二审中，辩护人提出的违法所得数额应当在销售金额基础上扣除成本的辩护意见，检察官依据现有立法规定和精神予以反驳，明确指出《刑法》规定的追缴对象是违法所得的一切财物，立法原意是“不让犯罪分子通过实施犯罪获得任何收益”。最终，检察官的意见得到江门市中级人民法院采纳，将销售金额认定为违法所得并足额追缴。

案例 5　北京李某仓销售假冒注册商标的商品案

一、案件事实

索吉瑞科技公司（以下简称索吉瑞公司）系经营医疗器械的公司，李某仓系实际控制人。2016 年 4 月至 2017 年 3 月，李某仓担任索吉瑞公司总经理期间，先后从他人处购进假冒“GYRUS”牌高频电刀附件 114 支，并以公司名义对外销售，销售金额 14 万余元，库存金额近 3 万元。李某仓于 2018 年 7 月 9 日接民警电话通知到案，到案后如实供述自己的犯罪事实。

二、诉讼过程

李某仓因涉嫌销售假冒注册商标的商品罪于 2018 年 7 月 9 日被北京市公安局通州分局刑事拘留，后被逮捕。10 月 22 日，北京市通州区人民检察院以索吉瑞公

司、李某仓涉嫌销售假冒注册商标的商品罪提起公诉。同年 11 月 9 日，通州区人民法院作出判决，认定索吉瑞公司、李某仓犯销售假冒注册商标的商品罪，判处索吉瑞公司罚金 15 万元；判处李某仓有期徒刑一年，并处罚金 8 万元。判决已生效。

三、评析意见

“GYRUS”是英国乃至世界知名商标，其产品是全球先进的医疗器械和耗材。为体现平等保护，通州区检察院积极履职，多措并举，为案件成功办理发挥重要作用。

(一)通过“两法衔接”机制开展立案监督

该案最初由通州区相关行政执法机关发现并承办，由于售出的产品不具备鉴定条件，执法人员欲将其作为行政违法案件处理，并已对李某仓行政罚款 65 万元。通州区人民检察院依托行政执法与刑事司法衔接工作机制，开展立案监督，成功监督行政执法机关向侦查机关移送该涉嫌犯罪案件，北京市公安局通州分局予以刑事立案。

(二)察微析疑，追究单位犯罪

本案最初仅移送李某仓一人涉嫌犯罪，但检察官发现李某仓经营的索吉瑞公司有合法业务，售假行为源于正品购物渠道出现问题，为维护客源，开始购置假货用于销售，且获利金额用于单位运营，遂认定销售假货的行为体现了单位意志，追诉索吉瑞公司构成单位犯罪。

(三)以货源审查确定犯罪数额，解决认定难题

本案最大的难题是销售数额认定问题。这类案件由于销售数额难以查实，实践中往往以查扣的数额进行认定，打击力度大打折扣。检察官确立了将非法来源的货品均认定为假货的基本思路，认为本案中查扣的假冒电切环均来源于北京华康友联廖某某和北京国邦互利王某某处，而这两处均非授权销售点，故通过调取索吉瑞公司的电子销售记录，最终确定其销售假货的金额。

(四)延伸服务保障职能，促进检企良性互动

通州区人民检察院没有就案办案，而是助力北京城市副中心建设打造优质、高效、开放的营商环境，结合办案积极拓宽涉知识产权法律服务渠道和形式，如依法保障公司知情权、研究解决案件办理关键问题、促进公司提高自身的证据意识等，为后续办理知识产权犯罪案件提供范本。

案例 6　河北孟某辉等三人非法制造注册商标标识案

一、案件事实

2017 年 6 月初至 7 月，被告人孟某辉在未经“hp”(惠普)注册商标权利人授权许可的情况下，提供电子模板，委托被告单位丰彩印刷公司印刷带有注册商标“hp”商标标识的包装盒面纸及不干胶防伪标，该公司经营厂长、业务负责人、被告人潘某坡安排公司车间进行制版并印刷。之后，被告人孟某辉先后通过物流公司将部分伪造的商标标识发往广州等地。同年 6 月，被告单位海赫荣达印刷公司受被告人孟某辉委托，由该公司业务员被告人李某君安排，将上述印刷带有注册商标“hp”商标标识的包装盒面纸制作成包装盒。

经审查，被告人孟某辉非法制造注册商标标识共计 111 万余件；被告单位丰彩印刷公司、被告人潘某坡非法制造注册商标标识 103 万余件；被告单位海赫荣达印刷公司、被告人李某君非法制造注册商标标识 3 万余件。

二、诉讼过程

河北省廊坊市公安局安次分局于 2017

年6月22日对孟某辉等人立案侦查，后孟某辉等人被采取逮捕、取保候审等强制措施。2018年4月9日，河北省廊坊市安次区人民检察院以被告单位海赫荣达印刷公司、丰彩印刷公司、被告人孟某辉、李某君、潘某坡涉嫌非法制造注册商标标识罪提起公诉。同年9月19日，安次区人民法院以犯非法制造注册商标标识罪判处被告人孟某辉有期徒刑四年六个月，并处罚金6万元；判处被告人潘某坡有期徒刑三年，缓期执行四年，并处罚金5万元；判处李某君有期徒刑六个月，缓期执行一年，并处罚金1万元；判处丰彩印刷公司罚金10万元，判处海赫荣达印刷公司罚金2万元。判决已生效。

三、评析意见

本案涉案商标标识数量巨大，被告单位及被告人的行为严重侵害了惠普公司的合法权益。检察机关充分履行检察职能，在侦查机关移送的犯罪事实基础上，严把质量关口，经过全面细致审查，最终增加认定犯罪事实、追诉遗漏犯罪单位，展现了检察机关打击侵犯知识产权犯罪的决心和力度。案件的成功办理，打击了犯罪分子的嚣张气焰，改善了保护知识产权的营商环境。

（一）坚持平等保护理念，优化投资环境

中国惠普公司是一家中美合资的高科技企业，检察机关坚持诉讼地位和诉讼权利平等、法律适用和法律责任平等、法律保护和法律服务平等，平等保护知识产权权利主体的合法权益。在本案中，检察机关严格审查每一起犯罪事实，全力查清侵权产品的全部去向，最大限度地挽回惠普公司的损失。

（二）严把案件质量关，确保案件质效

在审查起诉阶段，检察官不限于公安机关移送审查起诉认定的犯罪事实，而是揪住多个疑点不放，和公安机关密切配合，查清被告人孟某辉的上线和下线、销售和未销售的侵权产品数量等。经过两次退回补充侦查，全面厘清了被告人在案件中的地位、作用和涉案商标数量等，为之后开庭工作打下了坚实的基础。开庭时，被告人均当庭认罪，取得了良好效果。

（三）全面细致审查，让漏犯无处遁形

针对此类案件中容易发生漏犯的特点，检察官加大审查力度，特别是做好讯问被告人、询问涉案人工作，从被告人供述、关键证人证言中发现疑点和线索，确定追诉漏犯的突破口，经审查认为潘某坡所在的丰彩印刷公司、李某君所在的海赫荣达印刷公司涉嫌单位犯罪，后依法予以追加起诉，做到不枉不纵。

案例7 上海陈某堂等十三人销售非法制造的注册商标标识系列案

一、案件事实

“Dole”“SWEETIO”“Zespri”“Zespri 4030”均系在我国依法注册的商标，核定使用商品为第31类新鲜水果、新鲜蔬菜等，且均在有效期内。被告人陈某堂等人明知系假冒上述品牌的水果贴标，仍大量购入并分别在上海市沪南路2000号上海农副产品批发市场、龙吴路3188号华新镇西郊国际农产品教育中心等地的水果店内以及网络上销售。丁某建、祝某良、季某伟等人也分别按此作案手法销售大量上述品牌的水果贴标。

2017年5月25日，公安机关捣毁涉案的六个窝点，抓获上述十三名被告人，查获印有上述品牌商标的贴标近120万件。

二、诉讼过程

本案由上海市公安局浦东分局立案侦查，2017 年 6 月，上海市浦东新区人民检察院以涉嫌销售非法制造的注册商标标识罪先后对陈某堂等十三名犯罪嫌疑人批准逮捕，并于 9 月 11 日提起公诉。2018 年 1 月 11 日，浦东新区人民法院作出判决，认定上述十三名被告人的行为均构成销售非法制造的注册商标标识罪，判处被告人丁某建、祝某良、陈某堂、季某伟有期徒刑二年八个月至八个月不等，并处罚金 9000 元至 1000 元不等；判处其余九名被告人有期徒刑二年八个月至拘役五个月不等，并处缓刑、罚金 4000 元至 1000 元不等。上述判决均已生效。

三、评析意见

本案是上海检察机关在知识产权保护领域探索行政执法与刑事司法协同保护机制的重要成果，形成了知识产权严保护、大保护的刑事司法新模式。

（一）有效的案件线索发现机制

浦东新区人民检察院在该区知识产权局派驻检察官办案组，将对知识产权权利人的检察保护延伸至行政执法前端。派驻检察官在日常值班中得知“Zespri”权利人前来反映上海农副产品批发市场等农贸市场上出现大量冒牌“Zespri”品牌的猕猴桃，对权利人造成了很大损失。此类案件往往因为取证难、案值小难以追究刑事责任，而行政处罚对侵权人的打击力度和震慑作用有限，检察官遂立即与行政执法人员一同听取权利人诉求，发现冒牌猕猴桃的数量和金额难以达到假冒注册商标罪的追诉标准，但是大量的商标标识可能构成注册商标标识类犯罪，于是检察官迅速会同上海市公安局浦东分局侦查人员确定侦查方向。

（二）准确的案件引导取证

为更好地指控犯罪，检察官第一时间介入侦查，引导侦查人员围绕定罪的关键环节进行侦查取证。一是该案涉及多种商标，需收集固定每种商标的权利人证明、商标真伪鉴定证明、鉴定人授权委托书等证据。通过反复与权利人沟通，确定商标真假的甄别标准，完善商标权属证明。二是妥善解决管辖问题。检察官发现部分涉案店铺的地址不在辖区内，但上述店铺有通过网络销售的行为，遂引导侦查人员通过网络销售记录查找辖区内的买家，解决案件管辖权问题。三是查明网络销售数量。检察官在批捕过程中发现根据网络销售记录可以查明涉案人已销售数额，故要求侦查人员在继续侦查过程中进一步固定网络销售记录，查明全部销售金额。四是追诉上游犯罪，瓦解非法产业链条。检察官通过细致审查，在案件中发现非法产业链条上家的线索，立即向公安机关制发《补充移送起诉通知书》，要求追诉相关人员，增强了打击力度。

（三）高效的案件诉讼进程

检察机关的前期工作夯实了全案证据，提升了诉讼效率。审查起诉阶段，检察官在细致审查案件事实和证据、充分听取辩护人意见后，在一个月内将六起案件十三名被告人全部审查终结，并向法院提起集中公诉。庭审前，公诉人制作详细的出庭预案；庭审中，公诉人紧紧围绕犯罪事实，对案件量刑情节、数额认定以及文字商标“相同性”的判断等庭审焦点进行了深入分析、有力指控。所有被告人均当庭自愿认罪，并均被判有罪。

（四）全面的案件办理效果

浦东新区人民检察院着力推动创新社会治理。针对办案中发现的某些网络平台在结案后仍销售假冒注册商标标识、网络平台运营商未及时处理售假商户等问题，及时与有关部门及电商平台沟通，督促遏制售假行为，以进一步扩大工作成效。该系列案件的办理，对相关农贸市场商户起到了教育、警示作用，增强了商户的知识产权保护意识，有效遏制了此类犯罪。同时，也获得了权利人的高度认可，新西兰驻上海总领事馆总领事，权利人公司事务总监等一行专程至浦东新区人民检察院致谢。

案例 8 广东卡门实业公司销售假冒注册商标的商品监督撤案案件

一、案件事实

卡门实业公司（以下简称卡门公司）自2013 年 3 月开始在服装上使用“KM”商标，并于 2014 年 10 月 30 日向商标局申请注册该商标在服装、帽子等范围内使用，被驳回后，于 2016 年 6 月 14 日再次申请在服装、帽子等范围内使用“KM”商标，2017年 2 月 14 日仅被核准在睡眠用眼罩类别使用。卡门公司继续在服装、帽子等产品上使用“KM”商标，并逐渐发展为行业内较有名气的企业。

锦衣堂企业文化发展公司（以下简称锦衣堂公司）在 2015 年 11 月 20 日向商标局申请注册“KM”商标，使用在服装等类别范围，被驳回后于 2016 年 11 月 22 日再次申请在服装等范围内使用“KM”商标，2018年 1 月 7 日被核准，后锦衣堂公司授权京津联行房地产公司（以下简称京津联行公司）使用该商标。2018 年 5 月，京津联行公司向全国多地工商部门举报卡门公司在服装上使用“KM”商标，并以卡门公司涉嫌假冒注册商标罪向广东省佛山市公安局南海分局报案，南海分局于同年 5 月 31 日立案，经侦查发现卡门公司在佛山市南海区里水镇卡门物流仓库存放约 9 万件涉嫌假冒“KM”商标的服装。

二、诉讼过程

广东省佛山市公安局南海分局于 2018年 5 月 31 日以卡门公司涉嫌销售假冒注册商标的商品罪立案侦查，卡门公司于同年 6 月 8 日向佛山市南海区人民检察院提出不服公安机关立案决定，申请检察机关监督撤案。南海区人民检察院于同年 6 月11 日立案，于 6 月 13 日向公安机关发出《要求说明立案理由通知书》。同年 6 月 18日，南海区人民检察院收到《立案理由说明书》，经审查，认为卡门公司对商标具有在先使用权，本案属于经济纠纷，不构成犯罪。同年 8 月 3 日，南海区人民检察院要求公安机关撤销案件，并将扣押的货物发还卡门公司。2018 年 8 月 10 日，佛山市公安局南海分局撤销立案，并将扣押的货物发还卡门公司。

三、评析意见

对于涉及民营企业的案件，检察机关积极发挥职能作用，根据涉案企业的经营模式及产品特点，把握办案时效和工作节奏，督促公安机关及时将不当扣押的货物发还民营企业，最大限度降低对企业正常生产经营活动的不利影响，为民营经济发展提供强有力的司法保障。

（一）办案不偏不倚，主动多方听取意见

一是南海区人民检察院及时向公安机关发出《要求说明立案理由通知书》，还多次听取了涉案单位卡门公司及其律师的申诉意见，并积极联系锦衣堂公司征询意见，全面了解“KM”商标争议的始末。二是主动联系广州市工商行政管理局、佛山市南海区市场监督管理局的行政执法人员，听取对卡门公司“KM”商标使用权的意见。三是借用“外脑”，破解办案难点。本案的难点在于认定卡门公司对“KM”商标是否具有在先使用权。南海区人民检察院咨询资深民事法律专家，详细了解商标的认定、近似商标的区分、如何判断在先使用权等，对本案认真研判，最终认定卡门公司在锦衣堂公司取得“KM”注册商标之前已开始使用“KM”商标，并一直沿用“KM”商标，且卡门公司在全国各地有近600家门店，具有一定的影响力，符合《商标法》第59条第3款的规定，对“KM”商标具有在先使用权。

(二)探索监督事项案件化办理模式，改“关门监督”为“公开监督”

南海区人民检察院通过召开两次公开听证会，让办案民警、行政执法人员及卡门公司代理律师等充分表达各自看法，并听取了京津联行公司的意见，这种方式受到各方一致好评，提升了法律监督的实效，增强了法律监督的刚性，树立了检察机关公正执法的良好形象。南海区人民检察院在会议召集、会场布置、议题讨论方面亦作了积极探索，令流程具有仪式感，为监督事项案件化办理提供了可供参考的样本。

(三)与时间赛跑，为民营企业发展保驾护航

检察官考虑到卡门公司快速消费品行业的商业模式及扣押服装应季性的特点，加快审查，把握时效，仅用53天即办结本案，使扣押的服装仍能应季出售，避免了卡门公司上千万元的损失。

案例9　北京赵某广等七人侵犯著作权、窝藏案

一、案件事实

2015年初至2016年9月，被告人赵某广伙同赵某本、邢某彬等人，未经著作权人许可，将其文字作品批发零售到北京市朝阳区等多地。其中分别批发给图书经销商张某辰和王某霞2万册、1.6万册。2016年9月，北京市文化市场行政执法总队在北京市通州区和朝阳区共查获八个存书仓库，现场起获涉案书籍共计360多万册，其中赵某广五个仓库，涉案书籍356万余册；张某辰和王某霞各一个仓库，涉案书籍分别为1万余册、4000余册。经鉴定，起获书籍中，328万余册为非法出版物，9000余册为侵权复制品。

2016年11月，被告人苏某学、张某明二人在赵某本的联系下，明知赵某广被公安机关追捕，仍然将赵某广藏匿于河南省开封市某地。

二、诉讼过程

北京市公安局通州分局于2016年9月对赵某广、赵某本、王某霞、张某辰以非法经营案立案侦查，于同年11月19日对张某明、苏某学以窝藏案立案侦查，后视不同情况对上述人员适用刑事拘留、逮捕、取保候审等强制措施。北京市公安局通州分局于2017年1月10日将赵某广、赵某本、邢某彬、王某霞涉嫌侵犯著作权罪，张某辰涉嫌非法经营罪，赵某本、张某明、苏某学涉嫌窝藏罪一案移送审查起诉。同年7月4日，北京市通州区人民检察院以被告人赵某广、赵某本、邢某彬、张某辰、王某霞涉嫌侵犯著作权罪，被告人苏某学、张某明涉嫌窝藏罪提起公诉。2018年1月30日，通州区法院作出判决，认定被告人赵某广犯侵犯著作权罪，判处有期徒刑六年六个月，并处罚金150万元；被告人赵某本犯侵犯著作权罪，判处有期徒刑四年，并处罚金30万元；被告人张某辰、王某霞、邢某彬犯侵犯著作权罪，分别判处有期徒刑三年三个月、三年、二年六个月，并处罚金。被告人苏某学、张某明犯窝藏罪，判处有期徒刑一年，缓刑一年。同时，判决扣押在案的非法出版物予以没收。一审判决后，被告人赵某广、赵某本、王某霞提出上诉，2018年4月24日，二审维持原判。

三、评析意见

本案系全国最大盗版儿童绘本案，是全国扫黄打非办等多部门联合督办案件。本案涉及国内外著作权人100多万人，出版社50多家，盗版书360多万本，系新中

国成立以来涉案书籍数量最多、码洋最高、范围最广、著作权人最多的盗版儿童绘本案，且绘本的印刷质量和安全性方面均存在严重问题。北京市通州区人民检察院在办案中的表现可圈可点。

（一）积极引导取证，完善证据体系

本案系家族犯罪，通过嫌疑人互相指认固定证据难度较大，通州区人民检察院通过引导侦查机关向房东、聘请的员工取证，调取涉案人员微信聊天记录、银行交易记录等证据弥补证据缺陷，还拟制了 72 项补充侦查提纲，起获盗版书籍新增 160 多万本。本案在定非法经营罪还是侵犯著作权罪，零口供的赵某本是构成侵犯著作权罪还是窝藏罪，参与作案人员是从犯还是主犯等方面存在争议，通州区人民检察院充分发挥自身业务优势，引导侦查机关紧扣犯罪的法律特征、法定情节收集证据，为检察机关下一步对三名被告人改变定性奠定了基础。

（二）科学合理鉴定，破解犯罪认定难题

一是通过抽样取证对众多涉案图书进行鉴定。本案涉案图书众多，经依法采取抽样方法进行鉴定，通州区人民检察院认为涉案图书系批量包装、同类存放，且上述抽样取证进行鉴定的方式符合法律规定，遂将 42 万余册未鉴定书籍一并计入涉案书籍数量。二是在涉案作品种类众多且权利人分散的情况下认定涉案图书“未经著作权人许可”。本案涉及国内外 50 多家出版社、上百万名著作权人，其中包括大量国外的著作权人，在穷尽手段无法逐一查找著作权人的情况下，调取了侵权图书均为非法出版物的鉴定意见及部分著作权证明材料，以此认定犯罪事实。

（三）充分运用专家智库，凸显专业化办案优势

针对抽样鉴定意见的证据效力等关键问题，办案检察官依托北京市人民检察院搭建的专家智库平台，咨询法学专家及相关图书行业专业人员，查阅北京、上海两地数百件案例及相关资料，将学术理论与实践经验相结合，最终将上述疑难问题妥善解决，有效加强了案件审查的专业理论深度。

（四）依托信息技术，保障庭审指控有力

针对本案中涉案侵权物数量多、种类多、权利人多的特点，办案检察官充分利用统计软件，将涉案侵权物的数量、种类、权利人等信息进行整理，利用专案组成员的技术背景，建立数据比对模型，对涉案八个仓库的侵权出版物进行充分比对，有力反驳被告人辩解，并将上述成果在出庭时以可视化的方式向合议庭展示，有效地指控犯罪，促使主犯当庭认罪，取得良好庭审效果。

（五）推动类案办理，全面发挥案件效果

针对该类案件中反映出参与人员多、作案时间长、通州区印刷厂较为集中的现象，通州区人民检察院督促相关部门对通州区所有印刷厂、装订厂进行大排查，排查出舒某某等人侵犯知识产权类案件 6 件 8 人，目前已有 5 件 6 人被追究刑事责任。

案例 10　上海李某雁侵犯著作权案

一、案件事实

《机动战士高达》系日本株式会社万代创作的作品，后株式会社万代又根据该作品制作、生产了立体的高达系列拼装玩具，并在市场上销售。2016 年至 2017 年 9 月，被告人李某雁在未经权利人许可的情况下，采用拆分权利人销售的《雪崩能天使》《蓝异端》等高达玩具原作品并仿制模板、图纸的方式，在广东省汕头市海达玩具厂内生产、复制上述高达玩具，并冠以“龙桃子”品牌销售给林应达(另案处理)。被告人李某雁共生产《雪崩能天使》玩具 2.8 万余个(单价 111.8 元)、《蓝异端》玩具 3000 余个(单价 73 元)、《独角兽》玩具 2000 个(单价 165.2 元),非法经营数额合计 379 万余元。2017 年 9 月 28 日,侦查机关从上述玩具厂内扣押《蓝异端》玩具 3000 余个、生产模具 3 套。经鉴定,被告人李某雁生产的上述玩具与株式会社万代的作品基本相同,构成复制关系。

二、诉讼过程

本案由上海市公安局奉贤分局于 2017 年 9 月 14 日接报案后立案侦查,后对李某雁采取逮捕强制措施。2018 年 5 月 28 日,奉贤区人民检察院以被告人李某雁涉嫌侵犯著作权罪向上海市闵行区人民法院提起公诉。同年 6 月 26 日,闵行区人民法院作出判决,认定被告人李某雁犯侵犯著作权罪,判处有期徒刑三年六个月,并处罚金 190 万元,同时判决没收查获的侵犯著作权的玩具商品及模型、模具,追缴违法所得。一审判决后,被告人提出上诉,2018 年 10 月 10 日上海市第三中级人民法院二审裁定驳回上诉、维持原判。

三、评析意见

本案专业性强,涉及立体作品著作权的保护,被告人作案手段隐蔽,在生产的玩具产品中夹杂一些自己设计的内部零件、拼接方法等来掩盖侵权事实。检察机关高度重视该新类型案件,由奉贤区人民检察院检察长带领办案骨干组成办案组办理,充分运用专家力量,着力解决是否构成复制关系等疑难问题,明确了侵犯著作权罪中“复制发行”与销售侵权复制品罪中“销售”的区别,与法院在立体作品从保留原作品的基本表达、与权利人作品构成实质性相似等方面来认定复制行为方面形成共识。

(一)借助“外脑”会商论证,精准解决案件疑难问题

在审查起诉阶段,检察官发现被告人李某雁反复辩解称其“龙桃子”玩具内部零件及拼接方法与高达系列玩具有差异,不构成复制关系。被告人李某雁的辩护人亦提出类似观点。因此,“龙桃子”玩具产品是否具有独创性,与权利人的高达系列玩具产品是否构成复制关系成为本案争议的核心问题。奉贤区人民检察院邀请专家、学者共同会商,经过论证,一致认为李某雁的“龙桃子”玩具未脱离《机动战士高达》系列拼装玩具作品躯干结构、整体造型的基本特征,虽然在武器、背包上存在细微差别,但并没有体现行为人创作的个性化特征,保留了原作品的基本表达,与原作品构成实质性相似,而内部零件及拼接方法不影响体现在外部的立体艺术造型,故属于侵犯著作权罪中的复制行为。上海市人民检察院第三分院也认为“龙桃子”玩具与权利人作品呈现的差异性不足以体现行为人的美学智慧创造,不属于新的作品。

(二)聚焦庭审核心问题,有效指控犯罪

在庭审阶段,检察官聚焦庭审核心问题,通过多媒体示证以及现场对比出示李某雁复制的玩具与正品高达玩具模型,直观地向法庭展示了被告人李某雁的“龙桃子”玩具在肢体设计、结构比例安排、整体形象呈现以及视觉效果等方面与《机动战士高达》系列拼装玩具基本无差别,有力反驳了被告人李某雁关于其在产品中有新的创作等辩解,有效地指控犯罪。在庭审结束后,权利人代表对于检察机关严厉打击侵犯知识产权犯罪、对涉外知识产权平等保护等给予高度评价。

(三)复盘总结典型案例,形成指导性的认定规则

在二审阶段,检察机关围绕上述核心问题进行有效应对,最终获得法院终审裁

决的支持。案件生效后，检察机关又邀请政法院校的学者、司法机关承办人员等对该案进行复盘总结，对本案中涉及的作品独创性的判断、刑法意义上“复制发行权”的认定等疑难问题再次研讨，由专家进行深入点评，并形成典型案例刊发于《人民检察》，对类似案件的办理形成了具有指导意义的判断标准、认定规则。

案例 11 广东龙某卫等侵犯著作权案

一、案件事实

2017 年 6 月始，被告人龙某卫受雇于他人（另案处理），在未经著作权人多益网络公司许可的情况下，到泰国协助他人架设、运营私服游戏《歪歪神武》。2017 年 9 月，被告人李某加入《歪歪神武》的运营。期间，二人负责通过 QQ 与玩家沟通，进行游戏推广，并联系游戏充值平台管理员将玩家充值金额转至指定银行账户。

2017 年 9 月始，被告单位机械牛网络公司和被告人程某，在明知《歪歪神武》运营方利用互联网运维私服游戏的情况下，仍通过“派爱支付”平台与《歪歪神武》私服网站进行连接，为《歪歪神武》提供玩家充值通道和支付结算，并按比例收取手续费。经鉴定，《歪歪神武》游戏程序对著作权人自主研发的《神武》游戏程序进行了非法复制。经核算，2017 年 9 月 28 日至 2018 年 1 月 23 日，被告单位机械牛网络公司为《歪歪神武》支付结算玩家充值金额共计 362 万余元。

二、诉讼过程

本案由广东省广州市公安局黄埔分局侦查终结，于 2018 年 6 月 15 日移送审查起诉。同年 12 月 5 日，广州市黄埔区人民检察院以被告人龙某卫、李某涉嫌侵犯著作权罪，被告单位机械牛网络公司、被告人程某涉嫌帮助信息网络犯罪活动罪提起公诉。同年 12 月 25 日，广州市黄埔区人民法院判决，被告人龙某卫犯侵犯著作权罪，判处有期徒刑二年，并处罚金 2 万元；被告人李某犯侵犯著作权罪，判处有期徒刑一年六个月，并处罚金 1 万元；被告单位机械牛网络公司犯帮助信息网络犯罪活动罪，判处罚金 3 万元；被告人程某犯帮助信息网络犯罪活动罪，判处有期徒刑十个月，并处罚金 1 万元。该判决已生效。

三、评析意见

本案系一起跨国网络侵犯知识产权犯罪案件，具有手法隐蔽、跨境作案、产业化经营等特点。办案过程中，黄埔区人民检察院充分发挥法律监督职能，灵活运用电子证据，有效严惩犯罪，切实维护企业合法权益，为建设广东省营商环境改革创新试验区注入一剂司法“强心针”。

（一）走访挖掘侵权线索，破解侵权发现难

《歪歪神武》运营者组建多个 QQ 群用于和玩家交流、发布游戏动态，形成相对封闭的“圈子”，外人难以发现，涉案人反侦查意识强，频繁通过变换游戏网站域名逃避侦查。黄埔区人民检察院对驻区企业进行“全覆盖式”走访服务时获悉多益网络公司自主研发的《神武》游戏源代码被盗，检察官遂提醒该公司可能存在被侵犯著作权的情况。该公司随即发现网络上出现与《神武》极其相似的《歪歪神武》。在检察官的引导下，该公司通过安排员工试玩《歪歪神武》、触发代码访问充值地址、对比游戏连续运行图、源代码等方式，将被侵权的事实予以固定，并将相关证据移交侦查机关。

（二）向专业人员借力，破解网络犯罪侦破难

《歪歪神武》运营者刻意将私服架设、游戏运维、玩家充值、结算等各个环节隔断，相互间以虚拟身份联络，侦查一度陷入

困境。检察官提前介入引导侦查,充分运用专家智库,向相关专业人士咨询源代码应用、内测修复等问题,扫除技术盲点,同时,会同侦查人员通过技术手段从聊天记录中获知《歪歪神武》整体运作流程、资金流向以及人物关系。

(三)巧妙运用关联证据,破解跨境取证难

《歪歪神武》运营者至泰国租用位于韩国的服务器用于架设、运维私服游戏,又通过远程控制软件 TeamViewer 经我国香港、台湾服务器跳转实现后台控制。案发后,该私服游戏停止运营,涉案的计算机等设备被丢弃在境外。针对实物证据难以收集的问题,检察官从大量电子证据入手,通过其他关联证据构建完整的证据体系,结合被告人供述、酒店订单、论坛广告等证据,论证被告人的主观犯意。串联 QQ 群信息、域名回访、玩家证言等证据,核实被告人的客观行为。从数千条聊天记录和转账记录中锁定违法所得,明确犯罪数额。最终本案在境内完成了取证工作,破解了跨境取证难题,有力指控了犯罪。

(四)准确适用法律,破解链条打击难

一是追诉关联犯罪。在办理被告人龙某卫、李某涉嫌侵犯著作权案过程中,检察官细致审查《歪歪神武》上下游产业的证据,发现被告人程某有帮助《歪歪神武》完成支付结算的行为,遂向侦查机关制发《应当逮捕犯罪嫌疑人通知书》,对涉嫌单位犯罪的机械牛网络公司也及时进行追诉。同时,检察官通过筛查交易记录,确认本案的犯罪数额为 362 万余元,比最初认定的犯罪数额增加了 300 多万元,做到了罚当其罪。二是依法准确定性。检察官认为本案被告人龙某卫、李某利用计算机和互联网通过境外服务器传播网络游戏,应当认定为刑法上的复制发行行为。而被告人程某及其公司虽然明知运维私服游戏是违法犯罪行为,但对运维游戏私服具体是否侵犯著作权、侵犯商业秘密、非法经营或其他信息网络类犯罪并不明确,认定程刚及其公司涉嫌帮助信息网络犯罪活动罪更为准确。检察官的上述意见获得法院认可。三是善用认罪认罚规定。本案如被告人认罪,将有利于庭审顺利推进,取得较好的庭审效果。为此,检察官在讯问被告人时向被告人开示案件证据、宣讲法律政策,促使被告人当庭认罪伏法。

案例 12 江西中艺首藏公司、胡某泉等三人侵犯著作权案

一、案件事实

2016 年起,传承匠心公司先后得到相关著作权人的授权,生产、销售由中国工艺美术大师张松茂创作的三顾茅庐等陶瓷美术作品衍生品。其间,传承匠心公司委托被告人胡某泉为其生产,传承匠心公司的工作人员被告人王某 1、王某 2 负责销售。2017 年前后,被告人王某 1、王某 2 先后从传承匠心公司离职,共同出资成立了被告单位中艺首藏公司,王某 1 为公司法定代表人,王某 2 为公司股东并负责销售。在未得到任何著作权人授权的情况下,王某 1 委托被告人胡某泉生产仿冒张松茂的陶瓷美术作品。2017 年 3 月至 6 月,中艺首藏公司从胡某泉处购进署名为“张松茂”的三顾茅庐系列瓷板画、西厢记瓷板画等作品,并向胡某泉支付购货款 25 万余元,其中牡丹荷花宝月瓶 1 件(进货价为 8000 元)、三顾茅庐系列瓷板画 1 件(进货价为 6500 元),胡某泉尚未进行生产和发货。

其间,被告人王某 1、王某 2 利用从传承匠心公司获取的客户信息,对外销售上述署名为“张松茂”的陶瓷美术作品,销售额合计 82 万余元。

二、诉讼过程

江西省景德镇市公安局于 2017 年 8 月 11 日接报案后立案侦查，后对三名被告人采取取保候审、逮捕等强制措施。2018 年 8 月 22 日，景德镇市珠山区人民检察院以被告人胡某泉、王某 1、王某 2，被告单位中艺首藏公司涉嫌侵犯著作权犯罪提起公诉。同年 12 月 28 日，珠山区人民法院作出判决，认定被告人胡某泉、王某 1、王某 2 犯侵犯著作权罪，分别判处有期徒刑三年，缓刑四年，并处罚金；认定被告单位中艺首藏公司犯侵犯著作权罪，判处罚金 42 万元。

三、评析意见

本案系“瓷都”景德镇市近年来首例侵犯国家级工艺美术大师陶瓷美术作品著作权案件。张松茂是国家级工艺美术大师，享受国务院特殊津贴，其作品价值不菲，也正因如此，不法分子企图仿制其作品谋取利益。本案涉案金额高，假冒作品流向市场对以艺术陶瓷为支柱产业的景德镇市场影响重大，严重扰乱了陶瓷市场经济秩序。

（一）厘清控辩双方争议，准确认定涉案罪名

司法实践中，关于销售侵权复制品罪与侵犯著作权罪的适用有诸多争议。本案中，辩护律师提出被告人的行为构成销售侵权复制品罪。检察机关认为，被告人胡某泉以张松茂原作为蓝本，组织描图工、填色工、填字工流水线作业进行临摹，落款有张松茂监制、设计字样。临摹不属于《著作权法》中规定的“印刷、复印、拓印、录像、翻录、翻拍”等复制形式之一，因此被告人制作、销售的陶瓷美术作品不能认定为复制品，而是属于假冒他人署名的美术作品，被告人的行为属于制作、出售假冒他人署名的美术作品的行为，应当认定为侵犯著作权罪，不能认定为销售侵权复制品行为。检察机关对本案定性的观点最终被法院采纳。

（二）全面细致审查案件，追加起诉单位犯罪

本案在公安机关移送检察机关审查起诉时，只认定被告人王某 1、王某 2 个人销售假冒他人署名的美术作品数额达 70 多万元，但是未对两被告人成立的中艺首藏公司的侵权行为同时予以追究。为全面、准确指控犯罪行为，检察机关引导公安机关对该公司对外销售的其他 100 多万元作品进行核实，最终确定该部分作品为非侵权作品。检察机关认为，被告人王某 1、王某 2 并不是为专门从事侵犯著作权违法犯罪活动而成立公司，且该公司成立后不是以实施犯罪活动为主，应当追加认定中艺首藏公司构成单位犯罪，将王某 1、王某 2 作为直接负责的主管人员追究刑事责任。

（三）有针对性引导取证，确保出庭指控有力

一是被侵权人报案所称的被侵权的陶瓷作品类别众多，但原作创作年限较长，被侵权人仅能提供部分作品的原始图片或作品登记证书，而被告人中艺首藏公司从被告人胡某泉处购进、对外销售的作品名称与原作者标注的内容、名称差异较大。为确定被告人制作、销售的作品为被侵权人创作的美术作品，检察机关多次联系被侵权人及相关部门，在查阅大量原始资料后，最终找到全部作品的原始图片。同时，在检察机关的引导下，公安机关找到作品买家，提取已销售作品的画面、署名等证据，认定被告人、被告单位制作、销售的作品为假冒张松茂原作画面、署名的美术作品，为出庭指控犯罪打下扎实基础。二是被告人胡某泉在侦查、审查起诉阶段始终拒不认罪，辩解不知王某 1、王某 2 离开原任职的传承匠心公司，自己只是按照一贯模式销售瓷器作品给传承匠心公司的采购代表王

某1。而被告人王某2只负责公司销售，从不与被告人胡某泉直接发生往来，无法证明胡某泉明知二人离开原任职公司、无著作权人的授权。为此，在检察机关的引导下，公安机关调取到传承匠心公司工作人员证言、胡某泉给传承匠心公司供货的作品类别、单价、收货人等证据，查明被告人胡某泉给传承匠心公司、中艺首藏公司的供货价格、类别、交货方式等存在巨大差异，足以认定胡某泉明知或应当知道二人离开原公司且无授权。检察机关在被告人胡某泉零口供的情况下对其提起公诉。最终，在大量证据面前，胡某泉当庭认罪。

案例13　湖南彭某成等三人侵犯商业秘密案

一、案件事实

2015年初，时任三一集团下属的三一港口公司智能研究院院长彭某成、副院长张某文与三一集团负责港口设备销售的营销人员刘某某、方某某等人商量成立一家公司，生产、销售集装箱正面吊运机、堆高机等三一港口公司同类港口设备，并邀请技术人员蒋某强等人作为股东参加。2015年4月2日，湖南智上重工有限公司(以下简称湖南智上)注册成立，被告人彭某成为实际控制人；被告人张某文任技术负责人；被告人蒋某强为技术人员，主要负责集装箱正面吊运机的总体设计。

2015年初，张某文违反公司规定，安排蒋某强等技术人员利用工作之便，从服务器上下载三一港口公司采取了保护措施的包括涉案正面吊运机整套技术图纸在内的相关文件，并安排蒋某强利用业余时间，对上述拷贝的图纸通过简单修改，更换图纸编号和“三一重工股份有限公司”的标志，以掩盖使用三一港口公司图纸的痕迹。其间，彭某成对蒋某强修改图纸进行技术指导。2015年4月，湖南智上成立后，蒋某强即将修改后的图纸交湖南智上用于生产正面吊运机。同年7月初，被告人蒋某强从三一港口公司离职后入职湖南智上，正式作为设计吊运机的核心技术人员负责技术工作。同年12月，湖南智上正式生产出正面吊运机用于销售，至案发，共销售12台，获取净利润264万余元，给三一港口公司造成损失384万余元。

二、诉讼过程

2016年8月23日，湖南省长沙市公安局直属分局依法对彭某成等人涉嫌侵犯商业秘密案立案侦查。后彭某成、张某文被批准逮捕，蒋某强被取保候审。2017年3月20日，长沙市公安局直属分局以涉嫌侵犯商业秘密罪将彭某成、张某文、蒋某强移送长沙市人民检察院审查起诉(长沙市人民检察院知识产权检察局成立后，对全市知识产权刑事案件集中管辖)。同年9月20日，长沙市人民检察院将本案移交长沙县人民检察院办理。10月20日，长沙县人民检察院以涉嫌侵犯商业秘密罪对被告人彭某成、张某文、蒋某强提起公诉。2018年4月20日，长沙县人民法院作出一审判决，以犯侵犯商业秘密罪判处被告人彭某成有期徒刑三年六个月，并处罚金50万元；判处被告人张某文有期徒刑三年，并处罚金25万元；判处被告人蒋某强有期徒刑二年，缓刑二年，并处罚金5万元，同时禁止被告人蒋某强在缓刑考验期内到研发、生产、销售集装箱正面吊运机等与三一港口公司2015年4月前生产同类产品的单位工作。一审判决后，被告人彭某成、张某文、蒋某强提出上诉，并提交了认罪认罚申请。2018年11月22日，长沙市中级人民法院对本案进行不公开开庭审理，鉴于二审期间彭某成、张某文、蒋某强认罪态度好，认罪认罚，并当庭向权利人三一集团公司道歉，以及对于三名上诉人有关自首情节的重新考量，二审对彭某成、张某文、蒋某强三人减轻处罚，以犯侵犯商业秘密罪判处彭某成有期徒刑二年一个月，并处罚金 50 万元；判处张某文有期徒刑二年，并处罚金 25 万元；判处蒋某强有期徒刑一年，缓刑一年，并处罚金 5 万元。

三、评析意见

三一集团作为国内机械装备制造行业的龙头民营企业，其产品享誉世界，一些核心技术处于全球领先地位，这都得益于企业的不断创新和对知识产权的保护。该案系其单位员工离职后对其商业秘密的侵犯，不仅损害了三一集团的市场占有量，更是对企业创新动力的严重挫伤。而技术类商业秘密案件由于存在先进技术的复杂性、审查认定时分歧大等情况，使得权利人在维权时常常遭遇困难。检察机关采取专业化案件专业化办理的方式，及时全面引导侦查，筑牢案件证据基础；以化解矛盾、修复社会关系为目的，提升办案效果。

（一）构建“大控方”工作格局，多举措完善证据体系

一是以审判为中心，倡导“大控方”的构建。长沙市人民检察院知识产权检察局从本案立案开始即指派检察官提前介入，围绕鉴定意见的审查、证据链条的完善、辩护理由的反驳等，多方位向侦查机关提出侦查取证要求，确保了案件的顺利办结。二是向专业领域汲取力量，提升出庭效果。为确保案件质量，检察官从介入案件开始，就广泛查阅与涉案相关技术信息文献资料，实地查看权利人生产涉案产品的过程和实物，向权利人单位的有关技术人员了解被侵权产品的研发过程及相关技术信息，并向同行业相关技术人员了解其行业内该技术信息的整体状况。针对侵权人就有关商业秘密认定关键点和同一性鉴定提出的异议，检察官向鉴定人员一一请教。正是对涉案技术秘密的深入了解，才使得检察官能够对侵权人的辩解作出准确预判和从容应对。三是以自行补充侦查为抓手，主动弥补指控证据薄弱环节。检察官在详细制定退回补充侦查提纲的同时，进行“亲历性”审查，围绕犯罪构成要件，主动听取涉案人员的意见，自行补充与商业秘密认定及合法来源等方面相关的关键证据，为指控提供有力支撑。

（二）正视损失认定分歧，择优适用计算方法

“侵权损失数额”既是侵犯商业秘密罪的构成要件，直接关系到量刑幅度，又是司法认定的难点。检察官结合本案侵权人的侵权手段、同一性鉴定意见、侵权人的销售人员系来自权利人的销售团队等案件事实和证据材料，客观公正地选取从权利人损失的角度予以计算，该计算方式得到法院采纳，为同类案件的办理提供了可资借鉴经验。

（三）创新出庭方法，注重审判质效

一是一审围绕举证、质证做文章，确保庭审效果。虽三被告人对基本犯罪事实予以供述，但对于有关情节细节、各自所起作用，以及行为性质，彭某成始终存在辩解，其辩护人也为其进行无罪辩护。检察官抓住争议焦点，制作详细的预案，并进行视频示证，不但提高了庭审效率，也让合议庭更好地了解案件症结。同时，检察官申请鉴定人员出庭，对被告人及辩护人针对技术信息及相关鉴定意见提出的异议作出专业的答辩和解释，为审判人员提供判断依据。最终，起诉书指控的事实被法院全部采信。二是积极面对二审新情况，注重社会关系修复。一审宣判后，三被告人以量刑过重为由上诉。二审开庭前，适逢《刑事诉讼法》修订，新增了认罪认罚制度，上诉人提交了认罪认罚申请。关于是否允许上诉人在二审中提出认罪认罚在司法实践中存在争议。检察官认为当事人对于检察机关起诉书指控的基本事实以及一审法院认定的事实并无异议，只是在有关自首及量刑问

题上存在异议，二审期间上诉人提交认罪认罚申请既是其权利，也是其悔罪表现。检察官及时将三名上诉人的悔罪表现向权利人单位予以通报，三名上诉人当庭向权利人单位赔礼道歉，权利人单位对二审判决结果亦无异议。案件的办理，取得了政治效果、法律效果和社会效果的有机统一。

案例14　风行公司侵害作品信息网络传播权纠纷抗诉案

一、案件事实

《天天向上》《快乐大本营》《百变大咖秀》《我们约会吧》《我是歌手》是湖南卫视制作播出的综艺节目。经授权，快乐阳光公司取得了上述综艺节目的独家开发经营权和信息网络传播权。2013年12月31日，快乐阳光公司就上述综艺节目分别出具《授权书》，将2014年度湖南卫视电视播出的上述综艺节目的视频内容独家授权给奇艺公司，授权性质为独家信息网络传播权，含转授权和维权权利。授权期限为二年，即自2014年1月1日至2015年12月31日。

2013年6月30日，快乐阳光公司与风行公司签订《许可协议》，约定快乐阳光公司将其享有信息网络传播权的湖南卫视电视节目内容，以非独家方式授予风行公司使用，授权内容为2013年湖南卫视播出的自有版权节目，授权期限一年，自2013年5月1日至2014年4月30日。协议签订生效后，风行公司向快乐阳光公司支付全部合作款项后5个工作日内，快乐阳光公司须向风行公司提供快乐阳光公司签字盖章的授权书原件，授权风行公司使用协议约定之节目内容。协议附有一份附件《授权书》(以下简称空白、骑缝授权书”)，内容为快乐阳光公司授予风行公司通过其网站和手机客户端软件对湖南卫视在本授权期限内制作播出的自有版权节目进行互联网点播，授权期限自2013年5月1日至2014年4月30日，该授权书落款处无签字、无盖章、日期空白，但与《许可协议》连在一起、盖有快乐阳光公司和风行公司的骑缝章。空白、骑缝授权书后另附有一份内容一样的《授权书》，该授权书为复印件，落款处盖有快乐阳光公司公章，日期空白，不带快乐阳光公司和风行公司的骑缝章。2014年1月起，风行公司在其经营的风行网及风行PC客户端、IPAD客户端、手机客户端等渠道，分别转播上述综艺节目的不同期数，播放页面未见他人上传的痕迹。

2014年1月10日，快乐阳光公司将风行公司起诉至湖南省长沙市中级人民法院，要求确认上述《许可协议》已解除。长沙市中级人民法院经审理查明，2013年12月3日，快乐阳光公司以电子邮件的形式向风行公司发出《解除合同及删除节目视频的通知函》，函中载明风行公司第一次、第二次付款均出现迟延情形，且第二次付款迟延超过30日，依据协议约定，快乐阳光公司通知风行公司自2013年12月31日起解除《许可协议》。长沙市中级人民法院认定，因风行公司迟延付款，快乐阳光公司享有解除权，于2015年3月17日判决确认快乐阳光公司与风行公司的《许可协议》于2013年12月31日解除。风行公司不服并上诉至湖南省高级人民法院，湖南省高级人民法院于2015年8月27日作出判决：驳回上诉，维持原判。

二、诉讼过程

2014年1月、5月，奇艺公司分别就上述综艺节目先后向北京市海淀区人民法院起诉了十件案件，请求判令风行公司停止播放相关节目并予以赔偿。海淀区人民法院经审查认为，风行公司提交的《许可协议》的授权内容仅包括2013年度涉案节目，不包括2014年度涉案节目，奇艺公司是2014年度涉案综艺节目的独家信息网络传播权人，风行公司未经许可提供涉案综艺节目的在线播放服务，侵犯了奇艺公司享有的信息网络传播权，于2014年7月至8月分别对该十案作出判决，判决风行公司承担停止侵权、赔偿损失的法律责任。

风行公司不服一审判决，向北京市第一中级人民法院提起上诉，请求法院撤销原审判决，发回重审或依法改判。北京市第一中级人民法院经审查认为，风行公司获得授权内容的期限应为2013年5月1日至2014年4月30日，故风行公司播放涉案综艺节目并未超出其获得授权的范围。一审判决的相关认定有误，故该院于2015年1月至2月对十案作出二审判决，改判撤销一审判决，驳回奇艺公司的全部诉讼请求。

奇艺公司不服二审判决，向北京市高级人民法院申请再审，请求撤销二审判决，支持其全部诉讼请求，北京市高级人民法院于2015年12月裁定驳回再审申请。

奇艺公司向北京市人民检察院第一分院申请监督，第一分院经审查认为，二审法院认定的基本事实缺乏证据证明，且有新证据足以推翻原判决，提请北京市人民检察院抗诉。

2017年6月30日，北京市人民检察院审查后以“现有新的证据足以推翻原判决”为由，向北京市高级人民法院提出抗诉。北京市高级人民法院作出民事裁定，指令北京市第一中级人民法院再审。北京市第一中级人民法院经过审理，完全采纳了北京市人民检察院的抗诉意见，于2018年6月27日对该十案作出再审判决，依法改判了奇艺公司与风行公司侵害作品信息网络传播权纠纷十件案件。

三、评析意见

该系列案件是著作权民事侵权领域经检察机关法律监督后予以改判的典型案例，是检察机关高度重视知识产权专业化办案工作、实现精准监督和类案监督、积极履行知识产权检察监督职能的重要体现，彰显了检察机关对知识产权的司法保护力度。考虑到著作权侵权案件的办理具有专业性强、权属情况复杂、媒体关注度高等特点，检察机关多管齐下、扎实工作，确保了监督实效。

（一）对事实证据“全问诊”，将“另案情况”作为审查本案新的争议焦点

该系列案件中，由于《许可协议》及附件《授权书》对授权内容约定不一致，一审法院和二审法院均将其作为案件焦点进行审理，一审法院认为应以合同正文确定授权内容，二审法院认为授权书对于理解和解释合同条款能够起到重要作用，故作出了不同的事实认定，最终作出了完全相反的判决。检察官受理该系列案件后，通过向当事人调查核实案件情况、上下级院一体联动等多种方式全面审查案件证据，对风行公司的授权内容作出了全面判断，进一步厘清了案件事实。检察官发现，快乐阳光公司在2014年1月已在湖南省长沙市中级人民法院起诉风行公司，要求确认《许可协议》于2013年12月31日解除，该案在一、二审法院审理过程中尚未作出生效判决。但《许可协议》是否解除将直接影响到风行公司是否取得合法授权，影响到奇艺公司的诉讼请求是否可以实现。鉴于此，检察官及时调整了思路，认为案件的焦点不在于《许可协议》及附件《授权书》对授权内容约定应如何认定，而是应首先查明长沙市中级人民法院审理的案件结果，判断《许可协议》的效力。

（二）经联席会议“共把脉”，以另案生效判决认定作为本案“再审新证据”

经审查，长沙市中级人民法院判决确认《许可协议》已于2013年12月31日解除，湖南省高级人民法院判决予以维持，且风行公司未在六个月内向法院申请再审。因此，风行公司在2014年播放涉案节目没有合法授权，本案二审判决结果与之相悖。如何正确认定“新的证据”是准确启动再审程序、确保监督实效的关键。针对另案生效判决能否作为“现有新的证据足以推翻原判决”，检察机关通过召开检察官联席会议的形式，聚焦证据认定和法律适用进行深入研判，从以下两个方面进行了综合分析：一是当事人提供的新的证据，是否能够证明原判决、裁定认定基本事实或者裁判结果错误。二是当事人逾期提供证据是否具有正当理由。该系列案件中，湖南省高级人民法院2015年8月27日民事判决形成于原审庭审结束之后，判决确认的《许可协议》是否已解除将直接影响到风行公司是否取得合法授权，影响到奇艺公司的诉讼请求是否可以实现。因此，该民事判决符合本案再审新证据的条件，检察机关决定予以采纳。

（三）为程序与实体“双开方”，另案情况应当作为本案“中止审理”必要条件

检察机关在办理监督案件过程中，不仅对生效裁判结果进行实体审查，还充分尊重程序的独立价值，对审判程序进行了审查。在该系列案件二审判决作出时，快乐阳光公司起诉风行公司，要求确认《许可协议》解除一案尚未作出生效判决，而《许可协议》的法律效力对该系列案判决结果将产生实质性影响，因此，该系列案的审理应以另案情况对《许可协议》效力的认定为依据，符合应当中止审理的条件。该系列案中，二审法院明知存在上述情况却未予中止审理，直接依据法律效力处于不确定状态的《许可协议》作出了二审判决，属于审判程序违法，并直接导致了该系列案实体处理结果的错误。检察机关一方面在对该系列案件的抗诉书中明确指出了“应中止而未中止导致裁判结果错误”的程序问题，另一方面还将该问题纳入了向北京市高级人民法院发送的年度诉讼监督通报中，建议对需要中止的案件严格按照《民事诉讼法》的规定进行审查，树立程序监督与实体监督并重的理念，实现了个案和类案监督并举的良好效果。

（最高人民检察院第四检察厅）

公安机关2018年度打击侵权假冒犯罪典型案例

案例1　湖北“12·28”制售假冒汽车配件案

2018年1月，湖北省武汉市公安局经侦支队组织120余名警力，成功捣毁一个面积达6000余平方米的大型汽车配件生产车间，查封2条生产线，缴获假冒“雪铁龙”“标致”“法雷奥”等品牌汽车前大灯总成成品1000余个、半成品4000余个，包装材料2万余套。

2017年11月，武汉市公安局经侦支队根据权利人公司反映的线索，经过一个多月的大量细致工作和深度经营，逐步发现一个武汉本地网上接单、网下生产，通过“互联网＋微商异地销售”的方式，向全国多个省市销售假冒品牌汽车配件的犯罪团伙，并于2018年1月16日开展集中收网行动，一举破获全案。经查，2014年以来，犯罪嫌疑人万某纠集其16名亲属，在武汉市新洲区一农村设立制假窝点，大肆生产假冒各类名牌汽车大灯总成，主要通过微信朋友圈发布广告的方式招揽生意，向各地汽配市场销售，涉及全国15个省份。

案例2　天津"12·2"侵犯商业秘密案

2018年2月，根据权利人公司举报，天津市公安局经侦总队指挥北辰分局经侦支队破获"12·2"侵犯商业秘密案，抓获犯罪嫌疑人4名。

经查，建科机械（天津）有限公司（以下简称建科公司）系专业从事装备、配套软件研发及生产的科技创新型企业，掌握行业内90%以上核心技术，拥有专利近400项，国内市场占有率达85%。2016年10月，该公司车间主任绪某伙同同事，窃取公司相关图纸后交给绪某的妻弟张某。张某在山东济南注册成立五环筋工机械有限公司，租用济南偏远郊区废旧仓库，利用建科公司相关图纸、技术，先后生产同类"智能化钢筋加工机器人"10台，并销售至山东、河北、河南、江苏、浙江、宁夏、新疆等7个省区的10家路桥施工单位。经天津知识产权服务中心鉴定，建科公司产品中"数控立式钢筋弯曲中心"等3项技术信息"不为公众所知悉"，涉案侵权产品中相关技术信息与建科公司商业秘密具有"同一性"；经评估机构评估，建科公司因商业秘密被侵犯造成经济损失2072万元。目前，案件已被移送检察机关审查起诉。

案例3　山东河南"3·13"跨境制售假冒箱包鞋服案

2018年9月，山东、河南、广东、安徽、上海、福建、河北、辽宁、天津、广西、重庆等11个省（区、市）公安机关围绕"3·13"跨国制售假冒品牌箱包鞋服案，开展联合收网行动，捣毁犯罪窝点93处、制假流水线258条，缴获假冒"LV""BURBERRY""GUCCI""NIKE"等品牌的箱包鞋服等商品17万件、制假皮革1.4吨、商标标识菲林片200余张。

2018年3月，山东省公安机关根据海关部门移送的跨境邮寄侵权产品线索，从邮寄人电话号码入手，发现一家专门通过互联网招揽跨境运输业务的物流公司，顺线深挖梳理出邮寄包裹来自全国20余个省市，境外买家涉及25个国家40余个城市的特大售假网络。在公安部的统一组织下，办案单位逐步研判出50余个指向明确、互有关联的犯罪团伙，涵盖从菲林制作、商标印制、五金生产、皮革裁剪到产品加工、物流运输、批发销售等全产业链。待时机成熟后，公安部调度涉案地公安机关开展统一收网行动，一举侦破全案。

经查，2016年以来，犯罪嫌疑人李某等人分别在山东即墨、广东中山设立10处工厂加工生产各类侵权产品，其五金配件、商标吊牌及商标标识菲林片等则分别由广州、青岛、德州等地不法分子分工负责生产和印制，假冒成品最后通过微信朋友圈、微商销往各地。侦查发现，该售假网络中负责国际物流的王某等人在青岛设立公司，通过邮政EMS或邮政小包发往境外客户，年均获利达200万元。而销往境外的侵权商品主要由河南杨某通过美国iOffer小额批发平台开设的16家网店向境外国家客户销售。

案例4　浙江"10·16"制售假冒低压电器产品案

2018年10月，根据权利人公司举报线索，浙江省乐清市公安局与江西省上饶市公安机关密切协作，联合破获"10·16"制售假冒品牌低压电器产品案，缴获假冒浙江正泰电器股份有限公司"正泰"品牌电器产品2万余只，捣毁制假窝点5处、销售网店10余家。

经查，2017年以来，为规避打击处理，犯罪嫌疑人陈某注册成立一家电器生产企业，采用生产和贴牌分离的方法，组织生产假冒"正泰"品牌同型号空白未贴标交流接触器，后通过物流运往江西省上饶市，并指挥犯罪嫌疑人骆某等人在上饶市设立加工窝点，将接收到的空白未贴标交流接触器贴上“正泰”品牌商标，按照网店接单，由上饶市物流点统一批发销往全国各地。据向权利人了解，涉案交流接触器主要用于电动机，是电力拖动和自动控制系统中应用最普遍的一种低压控制电器。作为控制元件，其可用于控制工厂设备、电热器、工作母机和各种电力机组等电力负载，其作用是不仅能接通和切断电路，还具有低电压释放保护功能。该案中犯罪团伙假冒的交流接触器因各电子元件无法保证质量，极易对电源线路造成短路，可能烧坏供电线路或接触器本身以及控制电器设备，进而造成电气安全事故。

（公安部经济犯罪侦查局）

国家版权局2018年度打击侵权盗版十大案件

案例1　北京环球天下教育科技有限公司传播盗版电子出版物案

一、基本案情

2018年8月，根据权利人投诉，北京市文化市场行政执法总队对北京环球天下教育科技有限公司侵犯文字作品著作权案进行调查。经查，该公司于2017年6月至2018年8月期间，未经权利人剑桥大学出版社许可，通过网站向公众提供《剑桥雅思考试全真试题》等9种出版物的PDF格式下载阅读服务。2018年8月，北京市文化市场行政执法总队对该公司作出罚款22.5万元的行政处罚。

二、案件评析

本案系侵犯出版发行机构著作权的典型案件。版权执法部门高度关注网络环境下的侵权盗版行为，对侵犯国外出版发行机构著作权的违法行为依法严厉查处，体现了中国政府履行国际承诺、严格保护知识产权的坚定立场和鲜明态度。

案例2　上海“3D播播VR”APP传播3D盗版影视作品案

一、基本案情

2018年7月，根据权利人投诉，上海市文化市场行政执法总队对“3D播播VR”APP侵犯电影作品著作权案进行调查。经查，上海乐欢软件有限公司自2015年12月起经营“3D播播VR”APP，未经权利人许可，向公众提供《环太平洋2：雷霆再起》《黑豹》等25部电影作品的观看服务。2018年10月，上海市文化市场行政执法总队对该公司作出罚款25万元的行政处罚。

二、案件评析

本案系VR新型行业侵犯著作权的典型案件。当事人系VR产业头部企业，著作权保护意识淡薄，通过信息网络传播3D类侵权影视作品。版权执法部门积极关注新兴产业版权保护，不断拓展执法领域，对查处新型案件做了有益探索。

案例3　江苏无锡“紫薯影院”微信公众号传播盗版影视作品案

一、基本案情

2018年6月，根据权利人投诉，江苏省无锡市版权局对“紫薯影院”微信公众号侵犯电影作品著作权案进行调查。经查，无锡佳酷信息技术有限公司通过其运营的“紫薯影院”微信公众号及相关网站，向公众提供侵权影视作品在线播放服务吸引用户，并通过诱导购物、与第三方联合运营游戏、小说等多种经营模式获利。2018 年 7 月，江苏省无锡市版权局对该公司作出罚款 12 万元的行政处罚。

二、案件评析

本案系利用微信公众号传播侵权影视作品的典型案件。近年来，侵权盗版分子利用微信、微博等社交平台，淘宝、闲鱼等电商平台，以及网盘等存储平台传播盗版作品的现象多发，严重损害了权利人的合法权益，破坏了网络版权秩序。版权执法部门严厉打击通过各类平台从事侵权盗版的行为，对加强网络平台治理、促进产业健康发展具有积极意义。

案例 4 天津百练教育科技集团有限公司销售盗版培训教材案

一、基本案情

2018 年 6 月，根据权利人投诉，天津市文化市场行政执法总队联合各区执法队对天津百练教育科技集团有限公司侵犯文字作品著作权案进行调查，检查该集团六个校区，现场查获《经济法》等大量涉嫌侵权图书。经权利人认定，有 31 种 169 本图书系侵权盗版。2018 年 8 月，天津市文化市场行政执法总队对该公司作出没收侵权图书、罚款 10.36 余万元的行政处罚。

二、案件评析

本案系教育培训机构侵犯他人著作权的典型案件。近年来，部分教育培训机构缺乏基本著作权意识，肆意使用盗版教材教学，不仅严重损害权利人合法权益，也给教育培训行业带来不良影响。本案对各类教育培训机构树立版权意识、维护图书市场经营秩序具有示范意义。

案例 5 北京“8·08”销售盗版少儿图书案

一、基本案情

2016 年 4 月，根据举报线索，北京市文化市场行政执法总队会同北京市公安局治安管理总队、西城公安分局和通州公安分局成立专案组，对赵某某等销售盗版少儿图书案进行调查，共查获盗版少儿图书 360 万余册，涉案码洋达 9100 万元。2018 年 1 月，北京市通州区人民法院以侵犯著作权罪，判处赵某某有期徒刑六年六个月，并处罚金 150 万元；判处赵树某有期徒刑四年，并处罚金 30 万元；判处其余被告人有期徒刑三年三个月至二年六个月不等，并处罚金。

二、案件评析

本案系销售侵权盗版少儿图书的典型案件。本案是近年查办的数量最大、案值最高、涉及面最广、涉少儿图书种类最多、社会影响最恶劣的销售侵权盗版图书案，极大地震慑了不法分子，规范了出版物市场版权秩序。

案例 6 广东龙某某等运营网络游戏私服案

一、基本案情

2017 年 6 月，广东省广州市公安局黄埔区分局对龙某某等侵犯网络游戏著作权案进行调查。经查，龙某某等未经权利人许可，赴泰国利用计算机和远程控制软件架设、运营私服游戏《歪歪神武》。2017 年 9 月起，机械牛网络科技（苏州）有限公司明知该运营方运维私服游戏，仍通过“派爱支付”平台与私服网站进行连接，为其提供玩家充值通道和支付结算服务，共支付结算玩家充值金额 362.6 万余元，并按比例收取手续费。2018 年 12 月，广东省广州市黄埔区人民法院以侵犯著作权罪，判处龙某某和李某有期徒刑二年和一年六个月，并处罚金；以帮助信息网络犯罪活动罪，判处机械牛网络科技（苏州）有限公司罚金3万元，判处法人代表程某有期徒刑十个月，并处罚金1万元。

二、案件评析

本案系跨国网络侵权犯罪案件，具有手法隐蔽、跨境作案、产业化经营等特点。办案部门充分利用技术手段，破解了跨境取证难题。同时，准确适用2015年11月实施的《刑法修正案（九）》有关为利用信息网络实施犯罪提供技术支持或帮助的、情节严重的予以刑事处罚的规定，对帮助信息网络犯罪行为进行惩戒，具有重要的示范意义。

案例7　江苏淮安“BT天堂”网传播盗版影视作品案

一、基本案情

2016年7月，根据权利人报案，江苏省淮安市公安局、淮安市版权局和文化市场综合执法支队成立专案组，对“BT天堂”网侵犯影视作品著作权案进行调查。经查，2015年以来，袁某某以营利为目的，通过网络购得“BT天堂”网站域名、服务器及虚拟主机后，未经权利人许可，将大量影视作品的种子文件链接发布在该网站上供网民点击下载以赚取广告收入。2015年5月至2016年7月，网站发布影视作品资源24 737个，非法获利140万余元。2018年12月，江苏省淮安市中级人民法院以侵犯著作权罪判处袁某某有期徒刑三年，并处罚金80万元。

二、案件评析

本案系利用P2P技术提供非法链接传播侵权影视作品的典型案件。当事人主观故意明显，法制意识淡薄，大肆侵犯影视作品信息网络传播权，国内外影响广，涉案作品数量大，非法经营额高。本案的查办在网络影视传播领域产生了重要影响。

案例8　四川成都伍某某等制售盗版教辅案

一、基本案情

2017年11月，四川省成都市公安局天府新区分局对伍某某等制售盗版教辅案进行调查。经查，2015年8月起，伍某某以营利为目的，伙同他人盗印《生物化学基础》等盗版教辅共计1.6万余册。2018年11月，四川省成都市双流区人民法院以侵犯著作权罪，判处伍某某有期徒刑四年六个月，并处罚金40万元，禁止其四年内从事图书、期刊销售经营活动；判处高某某有期徒刑三年六个月，并处罚金20万元；判处蒋某某有期徒刑三年，并处罚金五万元；判处其他被告人有期徒刑、缓刑，并处罚金。

二、案件评析

本案系侵犯复制权、发行权构成侵犯著作权罪的典型案件。由于制售盗版图书数量、违法经营额较大，办案检察机关在向法院提出量刑建议的同时，建议对侵权人适用“从业禁止”，取得了良好的法律效果和社会效果。

案例9　浙江嘉兴段某某等制售盗版图书案

一、基本案情

2017年3月，根据举报线索，浙江省嘉兴市公安局、版权局会同海盐县公安局、版权局对段某某等制售盗版图书案进行调查。专案组赴北京、山东、河南等地，在当地公安、版权部门配合下，共出动警力200余人次，抓获以段某某等为首的生产销售盗版图书团伙16人，捣毁犯罪窝点2个、印刷厂1家，查扣各类盗版图书50余万册，涉案金额200余万元。2018年8月，浙江省海盐县人民法院以侵犯著作权罪，判处段某某、孙某某有期徒刑三年，并处罚金五万元；判处其他14名被告人有期徒刑缓刑不等，并处罚金。

二、案件评析

本案系打击盗版团伙的典型案件。该案涉及犯罪人数众多，涉及制作、印刷、销售等多个环节，侵权盗版图书数量巨大，性质恶劣。版权行政执法与公安部门加强跨区域执法协作，密切配合，对侵权盗版全链条进行有效打击，取得了积极成效，受到媒体广泛关注。

案例10 江西永新陈某某等销售盗版教辅案

一、基本案情

2016年9月，根据日常巡查线索，江西省永新县版权行政执法部门发现多个书店涉嫌销售盗版教辅资料且数量较大，立即移转公安部门立案查办，共抓获犯罪分子9人，捣毁销售窝点6个，捣毁生产窝点1个，缴获盗版图书10万余册，涉案盗版图书码洋1000余万元，成功追缴涉案财物200余万元。2018年7月，江西省永新县人民法院以侵犯著作权罪，判处陈某某有期徒刑五年，并处罚金80万余元；判处赵某有期徒刑二年一个月，并处罚金43万余元；判处五名被告人有期徒刑缓刑或拘役，并处罚金50万元至7.8万元不等；判处两名被告人罚金。

二、案件评析

本案是加强打击侵权盗版"两法"衔接的典型案件。版权行政执法人员根据日常巡查发现的线索，及时移转公安机关深挖彻查，最终成功破获该起跨地区、多省份的侵权盗版图书"窝案"，在版权执法加强两法衔接、强化区域执法协作方面积累了成功经验。

（中央宣传部版权管理局办公室）

2018年度海关知识产权保护典型案例

案例1 青岛、天津、北京、昆明、大连海关"龙腾"行动查办侵权系列案

一、案情介绍

为深入贯彻落实党的十九大报告和习近平总书记系列重要讲话中关于加强知识产权保护、促进企业自主创新的部署要求，增强我国企业核心竞争力，促进供给侧结构性改革，为企业"走出去"保驾护航，海关总署继2017年开展了首次代号为"龙腾"行动的出口知识产权优势企业知识产权保护专项行动后，于2018年8月1日至11月30日继续部署开展"龙腾"行动(2018)。

行动期间，海关积极回应企业需求，突出打击重点，加强风险分析，强化区域合作，立案调查涉嫌侵犯自主知识产权货物385批，扣留侵权嫌疑货物309万件，案值人民币6114万元。此次行动共挽回企业直接经济损失人民币1.6亿元，部分企业市场占有率大幅提高，权利人获得感大大提升。

青岛海关针对本地机动车零配件类商品出口侵权频发的现状，摸排行业情况，将输往"一带一路"沿线国家(地区)的机动车零配件作为重点监控目标，查获山东临沂某公司出口的侵犯"SME"商标专用权安全锤38 400个。

天津海关先后查获侵犯“TAIHAI”“TH图形”商标专用权的连杆轴瓦、活塞、喷油泵等机动车配件13.1万件,有效保护了国内权利人的合法权益,促进了民族产业健康发展,正如权利人武汉泰海机械有限公司表示,“海关连续查获假冒产品,是对我们自主知识产权企业权益的最好保护和支持”。

北京海关针对专利侵权案件隐蔽、专业性强的特点,经过耐心查办,一举查获申报出口至印度的侵犯重庆博腾制药科技股份有限公司专利权原料药共计2500公斤。

昆明海关主动服务关区内出口知识产权优势企业,查获出口至越南的侵犯“云天化”商标专用权磷酸氢二铵化肥产品539 000公斤。

大连海关针对地区传统优势行业——轴承行业实施风险分析研判,并对申报出口至东南亚部分国家及我国台湾地区的轴承实施风险布控,查获侵犯“ZWZ”商标专用权轴承654套。

二、评选理由

(一)该系列案是海关促进创新、助力经济高质量发展的典型案例

“龙腾”行动(2018)持续加大对国内企业自主知识产权保护力度,支持国内企业“走出去”,实施创新发展战略。该系列案的查办帮助自主知识产权企业提高了市场占有率,提升了国际贸易竞争力,极大增强了企业的获得感。

(二)该系列案是海关突出重点、促进产业健康发展的成功实践

汽车配件、药品、农药类产品关系到消费者的生命、财产安全,属于涉及民生的敏感商品,同时也是“龙腾”行动(2018)的执法重点。该系列案的查办保护了消费者的人身、财产安全以及权利人合法权益,同时对该行业内的不正当竞争者形成了有力震慑,促进了相关产业健康发展。

(三)该系列案是海关推动企业自发形成知识产权保护长效机制的生动实践

海关“龙腾”行动大大增强了企业的维权意识和创新积极性,通过系列案件的查办,企业积累了维权经验,坚定了维权信心,小米科技有限责任公司、珠海格力电器股份有限公司等180余家企业在海关的指导下,共同发起倡议,成立了出口知识产权优势企业委员会,形成以企业为主体的自主知识产权保护长效机制。

案例2 天津、南京、黄埔、福州、拉萨海关开展中俄海关2018年世界杯知识产权保护联合执法行动系列案

一、案情介绍

中俄海关于2018年3月1日至6月30日期间开展了为期4个月的2018年世界杯足球赛知识产权保护联合执法行动。行动期间,全国海关共查获进口自/出口至俄罗斯的侵犯国际足球联合会及赞助企业相关商标的案件165宗,商品68.3万余件。

天津海关结合中俄海关联合执法行动的开展,将足球类商品作为重点目标商品,提升打击侵权实效性。2018年4月在出口货运渠道查获的58 000个橡胶足球,侵犯了世界杯赞助商阿迪达斯有限公司的著作权,此案是“中俄海关联合执法行动”期间全国海关查发的足球类侵权商品数量最大的一起案件。2018年3月,阿迪达斯有限公司刚刚完成本案所涉著作权海关备案,4月海关就有所斩获,阿迪达斯有限公司对海关的高效执法表示称赞。

南京海关强化物流特点分析、突出精准执法,对欧美等出境目的国实施重点监控,将商品查缉范围从日常生活用品向商务物品、礼品扩展,先后在寄往欧洲和美国的86个出境邮包中查获涉嫌侵犯国际足球联合会著作权的“大力神杯”89个。

黄埔海关加强对世界杯主题商品针对性的布控和查验，针对即将举行的世界杯比赛，重点查缉违法使用国际足球联合会及赞助企业相关商标的运动服饰、足球等侵权货物，严厉打击出口侵权假冒商品违法行为，先后查获 6 批侵犯国际足球联合会及俄罗斯世界杯赞助企业商标专用权的球衣、运动裤、运动鞋、足球等货物共计 1.4 万件。

福州海关根据福州关区对俄罗斯直接出口货物较少的特点，将出口非洲地区侵权高发的拖鞋及配件等足球周边商品、衍生产品作为关注重点，查获侵犯世界杯"RUSSIA 2018""FIFA WORLD CUP"商标及 2018 俄罗斯 FIFA 世界杯官方会徽标识的塑料拖鞋带面 34 200 条。

拉萨海关隶属吉隆海关查获侵犯俄罗斯世界杯赞助企业阿迪达斯有限公司"adidas 及图形"商标专用权的袜子 480 双，案值虽小，但充分体现出海关打击侵犯知识产权、营造良好营商环境的决心。

二、评选理由

（一）该系列案是中俄全面战略协作伙伴关系在海关行政执法领域的体现

在双方的共同努力下，中俄关系已提升至全面战略协作伙伴关系新阶段，在中俄总理定期会晤委员会海关合作分委会工作机制下，双方海关每年召开知识产权工作组会议，制定当年工作计划。2018 年世界杯期间的中俄海关联合执法行动是《中俄海关知识产权工作组第七次会议纪要》《中俄海关知识产权保护工作组 2017—2018 年度工作计划》的重要内容，也是中俄全面战略协作伙伴关系在海关行政执法领域的体现。

（二）该系列案是海关聚焦热点主动发力开展专项执法的重要成果

海关针对 2018 年世界杯期间不法商家"蹭热度"生产销售侵权货物的风险，将重点监控的出境目的国从欧美、拉美扩展到"一带一路"沿线国家、地区；将商品布控范围从体育用品、服装向箱包扩展，从日常生活用品向商务物品、礼品扩展，在保持对货运渠道高压打击态势的同时，也重点关注邮递渠道侵权嫌疑物品的布控和查验。该系列案的成功查处，保护了国际足球联合会和世界杯赞助企业的合法权益，为赛事的顺利进行营造了良好的外部环境。

（三）该系列案是海关重视社会宣传，提升企业及公众知识产权意识的成功实践

在查发侵权案件的同时，海关充分利用各级各种媒体，多渠道多维度广泛宣传，中央电视台"今日说法"和"新闻直播间"、《经济参考报》《法制日报》、全国打击侵权假冒工作领导小组办公室微信公众号、中国打击侵权假冒工作网等 20 多家国家级和地方级媒体对黄埔海关、宁波海关、福州海关查获的俄罗斯世界杯"RUSSIA 2018"足球案等侵权案件进行报道，有效提升了社会各界的知识产权保护意识。

案例 3　广州、江门、拱北、海口海关在全国通关一体化模式下合作查获侵权货物系列案

一、案情介绍

2018 年，全国海关在全国通关一体化模式下，加强跨关区布控、执法联动、信息交换，有效整合海关监管执法力量，与地方知识产权相关执法部门协同，形成了打击侵权行为的强大合力，防范侵权假冒货物口岸漂移。

广州海关与江门海关通过开展跨关区执法协作，共同研判权利人提供的情报信息，同步下达预定式布控指令，广州海关隶属南沙海关、江门海关隶属外海海关和高沙海关，共查获 7 个集装箱共计 423.4 万粒侵犯"SUNWATT 及图形（指定颜色）"商标专用权的电池。为开展溯源打击，江

门海关利用与地方知识产权行政执法部门的信息共享机制，及时将所掌握的未报关但涉嫌侵权的电池情况通报市场监管部门，在当事人厂房内查扣了另一批即将申报出口的电池，共计 4 个集装箱。权利人向法院提起民事诉讼后，两关积极协助地方法院和广州知识产权法院调取证据材料、查封扣押涉诉货物，落实知识产权保护协作机制，取得良好成效。

拱北海关根据情报线索，获悉珠海某公司拟从广州海关隶属花都海关申报出口侵权嫌疑货物一批，并从拱北海关隶属横琴海关口岸出口至我国澳门（地区）。掌握情况后，拱北海关及时下达布控指令，成功查获该公司出口的侵犯“HUAWEI”“HUBLOT”“Cartier”“CHANEL”等 22 个商标专用权的手表、手机电池等货物共 1.9 万件。

海口海关与深圳海关加强跨关区布控协作，根据深圳海关的布控指令，海口海关隶属美兰机场海关在空运渠道查获一批侵犯“Supreme”著作权和“LV”“CHANEL”“PUMA”“BUBERRY”“PLAYBOY”等商标专用权的出口服装、鞋靴等货物 1052 件。

二、评选理由

（一）该系列案是全国通关一体化改革后，各海关防范侵权假冒货物口岸漂移、开展跨关区合作查获的典型案例

全国通关一体化后，企业可以自主选择申报、进出口口岸。部分侵权假冒货物的生产者在生产窝点制假后，会采取“回避就近口岸、迂回绕道通关”的方式申报出口。针对这一态势，跨关区联动执法协作因其在信息共享、联合执法等方面的优势，日益成为打击口岸漂移等情形的重要合作手段。

（二）该系列案是海关在“大监管”理念下成功查发的侵权案件

在拱北海关与海口海关联合查获的侵权假冒货物案件中，海关积极发挥协同作战的成功经验，强化情报—风险—查验部门的联动协同配合，打破关区管理“藩篱”，充分发挥多环节内部执法合力，取得了较好的执法效果。

案例 4　南京、长沙、南宁、青岛、石家庄、乌鲁木齐海关查获出口至“一带一路”沿线国家侵权货物系列案

一、案情介绍

2018 年是“一带一路”倡议提出五周年，也是“一带一路”建设处于扎实推进的关键时期。中欧班列是“一带一路”倡议实施的有力支撑，2011 年 3 月首列中欧班列成功开行，中欧班列迅速发展，截至 2018 年年底，海关监管中欧班列开行10 752列，其中 2018 年监管的中欧班列比上一年增长六成。为确保中欧班列的规范健康发展，避免中欧班列成为侵权违法分子运输侵权货物的新通道，中国海关采取针对性措施，加强服务和监管，有效拦截侵权货物的跨境流通。

南京海关在对宜春市某公司通过铁路出口到乌兹别克斯坦的鞋帮进行查验时，发现侵犯“ecco”商标专用权鞋帮 17 980 双，侵犯“BOSS”商标专用权鞋帮 17 600 双。海关扣留后立案调查，确认上述鞋帮侵犯了 ECCO SKO A/S 公司、德国雨果博斯商标管理有限公司的商标专用权。

长沙海关根据权利人的申请，扣留了浙江某企业通过中欧班列出口至白俄罗斯的一批电动平衡车 297 辆，该批电动平衡车未注明品牌、型号，涉嫌侵犯纳恩博（北京）科技有限公司的外观设计专利权。

南宁海关加强与“一带一路”沿线国家的国际合作，与越南谅山海关建立了定期互访机制，并根据越南方面通报的侵权线索，开展风险分析，先后查获侵犯“Panasonic”商标专用权的电吹风 3185 个，侵犯

"HONDA"商标专用权的摩托车轮毂 340 个，侵犯"NIKE""adidas"商标专用权的背包、运动鞋等侵权商品共计 3665 件，是海关开展跨国合作的成功案例。

青岛海关通过对历年案件查获情况及重点航线、商品和货源地等进行交叉比对，对高风险企业输往"一带一路"沿线国家（地区）的轴承类商品予以重点布控，查获侵犯"NTN"商标专用权轴承 12 000 个。

石家庄海关以"一带一路"沿线国家为重点出口区域，全面加强对侵权嫌疑货物查处力度，一举查获保定某商贸公司向伊朗出口的侵犯"VIVA"商标专用权自行车 904 辆。

乌鲁木齐海关查获某公司出口至哈萨克斯坦的侵犯"FAG"商标专用权轴承 8499 套，该批侵权货物申报价格与正品价格基本一致，外包装整齐、清楚，有一定的隐蔽性，海关在进行风险研判和实际查验时，存在一定的难度。

二、评选理由

（一）该系列案是海关落实"一带一路"倡议，服务国家经济发展大局的体现

海关提高政治站位，严厉打击出口侵犯知识产权货物行为，强化对重点区域、重点渠道、重点商品、重点国别和地区的知识产权保护工作，维护"中国制造"的国际形象。该系列案的查办彰显了海关贯彻共建"一带一路"倡议、落实国家重要战略的执行力。

（二）该系列案是中国海关与"一带一路"沿线国家和地区海关开展执法协作的典型案例

中国海关除了开展中美、中欧、中日韩、中俄海关知识产权合作之外，积极鼓励各直属海关发挥地缘优势，开展与"一带一路"沿线国家和地区海关的交流与合作。南宁海关与越南海关加强执法协作，互通侵权线索，接到越南方面通报后，快速反应，立即实施风险布控和机动查验，积极推动侵权案件成功查办。

（三）该系列案是海关服务新兴业态发展、助力经济健康发展的成功范例

长期以来，知识产权海关保护的工作重心主要集中在沿海、沿边地区，中欧班列的开行在拓展国际贸易新通道、降低外贸出口运输成本的同时，也给侵权货物出口申报的口岸漂移提供了可能。近年来，为构建知识产权保护全国海关一盘棋，沿海、沿边、内陆海关齐发力，取得积极成效。该系列案的查处展示了中国海关扶持中欧班列这个新兴重要外贸通道发展，也展示了其防范知识产权风险、打击侵权假冒的决心和能力。

案例 5　黄埔海关、拱北海关跨境电子商务零售进出口专项行动查获侵权货物系列案

一、案情介绍

近年来，随着国际电子商务行业的迅猛发展，传统商业销售模式正在发生变化，跨境电商作为新生业态进入前所未有的发展阶段。跨境电商的发展在为人们生活带来便利的同时，也带来一系列问题，给海关安全防控、风险管理带来挑战。

黄埔海关积极支持国家贸易新业态发展，结合国家市场监管总局、海关总署等 8 部门联合部署的"2018 网络市场监管专项行动（网剑行动）"，开展跨境电商零售进出口知识产权专项行动，全年累计查获 28 宗跨境电商渠道侵权案件，截获涉嫌侵权包裹 916 批次，涉嫌侵权商品 30.6 万件。此类侵权案件的共同特点是包装箱中均附有伪造的 POS 单、购物小票、保修凭证等材料，贸易方式为跨境电商零售进出口，涉及的商品有手表、服装、箱包、鞋帽、烟酒等。其中，2018 年 9 月 29 日，黄埔海关在对东莞某进出口贸易有限公司出口至香港（地区）的跨境电商商品进行查验时，在车辆中部正常申报的商品中发现了夹藏的615台使用“apple”“sumsang”“HUAWEI”等商标的手机，涉嫌侵犯苹果公司、三星株式会社、华为公司的商标专用权。黄埔海关将该案移交东莞市公安局，东莞市公安局对该案进行刑事立案侦查。

拱北海关针对跨境电商零售进出口渠道化整为零逃避海关监管，侵犯知识产权等违法行为混迹其中、侵权行为更加隐蔽、高发易发等现象，在跨境电商出口国际邮包查验过程中，坚持“同屏比对＋人工查验”相结合的方式，共采取知识产权保护措施59批次，查获侵权案件29宗，涉及“LV”“GUCCI”“adidas”“NIKE”在内的61个国内外知名品牌，有效解决贸易碎片化、监管分散化等问题，促进跨境电商平台的净化。

二、评选理由

（一）该系列案是规范新兴贸易业态健康发展的重要成果

近年来，跨境电子商务等新兴贸易业态迅猛发展，侵权风险增加。针对跨境电商贸易物流通关速度快、商品品种繁杂、清单对应海量信息等特点，海关坚持发展的眼光和“创新、包容、审慎、协同”的理念，深入研究业态发展新规律，充分发挥大数据监控分析对碰优势，全面提升跨境电商零售进出口渠道知识产权风险防控水平。该系列案是海关打击跨境电子商务领域侵权行为的积极探索和良好实践，具有很好的示范作用。

（二）该系列案是跨境电商领域“两法”衔接的典型案例

海关与公安机关在案件通报、情报交流、案件协查等方面建立了密切的协作配合机制，该系列案中海关及时向公安部门通报线索、移送案件，打破地域和部门界限，积极配合公安部门迅速清查侵权货物，收集固定证据，持续推动案件由查办跨境电商侵权物品向深挖源头窝点扩展，实现了行政执法与刑事司法的有效衔接。

案例6　上海海关进博会期间查办侵犯参展商知识产权货物系列案

一、案情介绍

2018年，世界上首个以进口为主题的大型国家级展会——首届中国国际进口博览会（以下简称进博会）在上海成功举办。进博会的成功举办，展示了中国政府坚定支持贸易自由化和经济全球化、主动向世界开放市场的决心。作为进博会主办地海关，上海海关量身定制了“沟通协调、信息共享、快速维权、咨询服务”的多元化知识产权海关保护机制，为进博会提供全面优质的监管服务，并组织专项行动查处了一系列侵犯参展商知识产权的案件。

2018年11月2日，进博会开幕前3天，广州某公司向海关申报出口一批风幕机，数据分析发现该批货物系电器产品且出口目的地符合侵权高风险特征。经查验发现标有“National”标识的风幕机501台，货物本身及外包装均印有“National”字样，与申报的品牌信息不符，且货物摆放顺序较为杂乱，与正品有明显不同。经权利人确认，该批货物为侵犯其商标专用权的货物。

上述案件仅是上海海关保护进博会知识产权累累硕果的一个缩影。专项行动期间，上海海关合计查处侵犯参展商知识产权案件37起，其中海运渠道18起，空运快件渠道19起，查获的商品类型涵盖滤清器等汽车配件、涡轮增压器等机械设备、耳机等电子产品、榨汁机等家用电器、儿童电动车等玩具以及防尘口罩、防毒面具、运动鞋等生活用品，合计30余万件。其中1起案件已由公安机关立案处理。

二、评选理由

(一)该案是知识产权海关保护服务国家战略的典范

中国国际进口博览会是迄今为止世界上第一个以进口为主题的国家级展会,是我国推动新一轮对外开放的国家战略部署。上海海关与中国国际进口博览局建立合作机制,推动博览局向海关总署申请完成进博会会徽、吉祥物等6项知识产权海关保护备案。针对进博会展商数量多、涉及知识产权范围广等特点,派员入驻国家会展中心(上海)内的"一站式"服务中心,对接维权举报、咨询服务等需求,为国家会展中心(上海)有限责任公司、参展商做好参展商品知识产权海关备案状况的核实确认,建立快速反应渠道,提供海关解决方案,为参展企业合法授权货物提供进出口全流程便捷通关服务,全力保障办展需求。

(二)该案是海关保护外资品牌,营造良好营商环境的典型案例

通过与外商投资企业或行业协会密切配合,开展信息交流,鼓励权利人积极向海关提供侵权假冒信息,利用数据平台进行风险研判,严密监控查获了30余万件侵犯进博会参展商知识产权的商品,包括3M公司、松下电器产业株式会社、罗伯特·博世有限公司等21家知名企业获得保护。在国际贸易摩擦频发的背景下,海关一视同仁有效保护外商投资企业合法权益,打造更好的营商环境,增强企业在华参展和投资信心,为进博会顺利举办营造良好氛围,推动形成全面开放新格局。

(三)该案是丰富知识产权保护手段,建立展会长效保护机制的有益探索

展会监管是知识产权海关保护的新兴领域。上海海关立足进博会知识产权海关保护工作"永不落幕"地开展,并延伸贯穿至"365天",除了在进博会集中展示期间全力做好服务保障工作,对进博会相关知识产权的保护进一步延伸至会期前后,着力研究2019年第二届进博会知识产权保护方案,进一步强化打击侵权行为的力度、优化服务合法贸易的水平,让更多企业借助进博会这一舞台分享中国发展红利。

案例7　深圳海关查获出口侵犯"空心对管轴键盘"专利权货物案

一、案情介绍

"龙腾"行动(2018)期间,深圳海关积极回应大量高新知识产权企业的专利权保护诉求,组织专家对重点企业拥有的专利权进行分析研究。探索"专利权海关保护深圳模式",启动前置调查,对专利权稳定性较好、侵权事实基本成立的部分专利权进行侵权风险分析,下达布控指令,开展主动保护。

2018年9月29日,深圳海关隶属蛇口海关根据布控指令对某公司申报出口至韩国的一批机械键盘实施查验。经与权利人代表现场勘验比对,其中某公司生产的6027个机械键盘(K660型,有线),涉嫌侵犯深圳市晶泰电子有限公司"空心对管轴键盘"专利权;同时还发现另有相类似的机械键盘(CK801型,有线)1003个、机械键盘(CK801－Ⅱ型,有线)1000个,也涉嫌侵犯该专利权。涉案货物价值从人民币94.6万元增加到129.56万元。

海关立案调查后,收发货人承认侵犯权利人的专利权并寻求和解。2018年10月18日,权利人向蛇口海关提交撤回保护申请书,并提交了权利人与收发货人的和解协议,双方签订相关专利的许可协议,权利人的合法权利得到有力保护。

二、评选理由

(一)该案是海关保护中小企业合法利益,支持民营经济发展的典范

民营经济是推动我国发展不可或缺的力量,也是我国创新型经济发展的主力军

之一。大力支持创新型民营企业和中小企业发展，有利于增强经济发展内生动力、推动创业创新。本案权利人是具有自主知识产权的中小型民营企业，企业员工 65 名，注册资本仅 50 万元，而侵权企业规模是权利人的 3 倍。权利人作为机械键盘行业中的创新者，虽然产品广受消费者好评，但自身规模小，流动资金少，尚处于初创期，无法承担高昂的维权费用，一直不断地遭到国内外同行业大企业的抄袭仿冒。海关根据权利人提供的证据依法启动依职权保护，侵权行为立即得到了遏制，凸显了海关在保护中小民营企业健康成长中的作用。

（二）该案是通过海关知识产权保护实现企业创新利益的典范

为了在激烈竞争中脱颖而出，权利人投资近百万元，历时数年研发了本案中的“空心对管轴键盘”专利，这一专利技术极大延长了键盘的使用寿命，在机械键盘行业具有里程碑式的意义。然而，该专利技术自问世以来就不断地被行业内其他企业恶意模仿利用，权利人在技术研发方面的投入无法得到应有的回报，创新利益严重受损。本案的查获不仅及时制止了侵权行为，同时对行业内侵犯该专利权的行为起到震慑作用。

（三）该案是海关通过内外协同共同打击专利侵权的典范

保护知识产权、营造公平市场环境、降低企业经营成本、保护企业合法权益是政府各部门的共同职责。该案中，权利人先后通过向知识产权主管部门举报、提起民事诉讼等途径进行维权，并取得了地方市场监督管理部门认定侵权行为成立的处理决定和法院的胜诉判决。深圳海关以“龙腾”行动（2018）为契机，发掘并培塑权利人，将其作为关区重点出口优势知识产权企业，进行一对一的帮扶。深圳海关协助权利人向海关总署申请知识产权海关保护备案，指导其整理法院、其他行政机关关于侵权认定的相关材料，与知识产权研究会对涉案专利权的性质和行业地位进行会商，通过内外协同，为海关知识产权行政执法行为的合法性、合理性打下了坚实的基础。本案对海关在当前新形势下如何加强对专利权的主动保护有很好的借鉴意义。

案例 8　厦门海关建立风险模型查获出口侵权鞋类产品系列案

一、案情介绍

2018 年 3 月 23 日，厦门海关接权利人举报，该举报称一集装箱内装有侵权货物即将出口。厦门海关迅速行动，实时跟踪物流信息，排查到集装箱柜号对应的出口货物是北方某外贸综合服务公司申报出口的。在对该票报关单进行风险分析时，厦门海关运用舱单系统、综合业务系统、“天眼查”“船讯网”等内外部大数据综合分析，筛查到与该嫌疑货物同航次的 3 票提单货物，与该柜货物为同一境外收货人。厦门海关立即对上述 4 个高风险侵权集装箱进行关联锁定，启动紧急布控查验程序。经查验发现上述 4 个集装箱中均装有涉嫌侵权拖鞋，涉及“NIKE”“adidas”“havaianas”等十余个品牌共计 15.6 万双拖鞋，经权利人确认均为侵权产品。

在案件查办过程中厦门海关对上述系列案的申报手法、航线特点、物流走向进行全面分析，总结提炼风险要素设置参数，构建“高风险企业侵权特征模型”。几日后厦门海关运用该模型再次查获宁化县某公司采用类似侵权手法出口 6 个集装箱的侵权运动鞋。这两起系列案共查扣侵权嫌疑鞋类产品约 20 万双，为厦门海关有史以来查获数量最多的鞋类侵权案件。

二、评选理由

（一）该系列案是海关开拓多系统、多维度综合分析路径的良好示范

在该系列案中，厦门海关综合运用HZ2011平台、舱单分析系统、情报系统等多系统对同船风险线索进行快速关联处置，将单一风险线索第一时间与同船报关单、舱单数据、物流数据开展多维度交叉对比，筛选同船高风险侵权货物并进行延展性风险处置，突破以往针对单票报关单进行分析处置的模式，显示了海关运用大数据、由点到面开展综合风险分析和处置的能力。

（二）该系列案的查办是海关构建模型、实施智能化监管的成功案例

厦门海关自主开发了“风险布控辅助系统”，率先将上海“大数据云平台”技术应用于侵权风险防控，定制“进出口行为异常”“高风险航线”“风险企业识别”等15个数据分析模型，上架到云平台。在该系列案中，厦门海关运用云上工具运算得出的数据，结合人工分析，加工形成侵权预定式布控指令，实现“人工”+“智能”有机结合，确保在持续压缩货物整体通关时间的情况下，实现“管得住、通得快”。

（三）该系列案的查办是海关建立关联企业图谱、实现“由案及企、由企及案”的有益探索

建立侵权“影子企业”建档处置机制，定期对查发的侵权案件进行联合研判、成果追踪、特征提炼，从企业注册信息、法定代表人、收发货人等角度对侵权企业关联性进行精准画像，对每家涉案企业的“影子企业”继续数据排查，建立关区“侵权影子企业关联数据库”，通过风险布控等手段前置对侵权风险关联“影子企业”的防控处置，实现对关联企业侵权行为的有效防控。

案例9　杭州海关查获出口假冒“LV”商标围巾案

一、案情介绍

2018年3月，权利人向杭州海关反映，在东南亚、中亚等国家出现假冒“LV”品牌围巾，很有可能是从义乌出口的。海关高度重视，密切关注相关商品侵权动态。3月16日，线索显示一批“LV”围巾刚刚到达义乌托运部。为避免打草惊蛇，海关第一时间商定处置方案，通过精准布控将该批货物成功捕中。经查验，查获出口至柬埔寨的侵犯“LV”商标专用权围巾9000条。

案件查获后，杭州海关迅速组织对该批围巾的报关行、货代公司等进行突击调查，第一时间掌握了社交软件原始接单记录等重要证据。最终，杭州海关结合单证流、货物流、资金流、社交流多管齐下，最终锁定了在柬埔寨长期从事围巾生意的采购商黄某和义乌市场上假冒围巾的销售店铺。

因涉案金额较大，涉嫌犯罪，杭州海关依法将案件移送至义乌市公安局。随后，海关、公安共同成立专案组深入调查，借助大数据等技侦手段深挖该售假店铺的上下游生产商、批发商、销售商，成功挖出生产厂家及下游的销售链条。该案有生产、批发、零售等各环节共计6人被追究刑事责任，两条通过铁路运输和海运进行跨国制售假违法犯罪活动的链条被彻底斩断。

二、评选理由

（一）该案是海关发挥职能优势、营造良好营商环境的生动实践

该案告破后，杭州海关以中国海关知识产权保护展示中心（义乌）为普法宣传主阵地，开办知识产权保护专题展示项目。通过以案说法，进一步强化警示震慑作用，在义乌市场外籍采购商和外贸从业人员等群体中引起强烈反响，对净化义乌小商品市场与相关行业产生良好的示范效应，是

海关发挥独特职能优势，打造公平、透明、高效、可预期的营商环境的生动实践。

（二）该案是海关服务地方经济、持续推动创新发展的典型案例

义乌是全球最大的小商品集散基地，义乌的发展和营商环境汇聚着全球的目光。在从严打击侵权的同时，杭州海关积极引导义乌小商品市场经营户走发展自主知识产权的“创新之路”，量身打造二十多条扶持举措，努力营造“尊重知识、鼓励创新”的良好氛围，助力义乌小商品借“一带一路”倡议的东风扬帆远航。

（三）该案是海关与公安部门深化“两法”衔接的又一成果

近年来，杭州海关不断加强与公安机关的合作，深化“两法”衔接，已建立起一套“风险同析、情报共享、线索互通、重案联办”的合作机制，成功查办了一批大案要案。该案中，杭州海关成功拦截假冒围巾后，与义乌市公安局共同研判调查方向，公安机关及时介入，与海关成立专案组进一步深挖扩线，最终实现覆盖进出口、销售、制造等全领域的打击效果。

案例 10　宁波海关进口环节查获侵犯“高露洁”商标专用权牙刷案

一、案情介绍

2018 年 11 月 30 日，高露洁棕榄公司向宁波海关反映：在肯尼亚发现一批标有“Teeclean Double Action”标识的牙刷，涉嫌侵犯其知识产权。高露洁棕榄公司就该批牙刷涉嫌侵权向有关国家海关提出知识产权保护申请，但未得到积极回应。

宁波海关积极回应高露洁棕榄公司关切，宣讲了知识产权海关保护的模式，结合企业实际，引导企业及时在海关总署对合法知识产权进行备案以获得海关主动保护。权利人立即向海关总署进行“Colgate Double Action”商标的备案，同时密切关注该批牙刷的动向并与宁波海关保持联系。期间，海关总署完成相关权利审核备案，为直属海关启动主动保护程序奠定了坚实的基础。宁波海关立即行动，与风险管理、通关、查验、物流等部门及时沟通，实时掌控侵权货物的新情况和新动向。

2018 年 12 月 8 日，宁波海关一举查获某公司申报进口自肯尼亚、标有“Teeclean Double Action”标识的牙刷 384 箱 461 760 个，涉嫌侵犯高露洁棕榄公司“Colgate Double Action”商标专用权。

二、评选理由

（一）该案是海关关注进口环节侵权态势积极实施保护的典型案例

中国是全球第二大经济体、第一大制造国、第一大出口国，号称“世界工厂”，中国海关查获的侵权货物案件大部分发生在出口环节。近年来，随着中国政府保护知识产权、打击侵权违法活动的力度不断加强，知识产权环境不断优化，侵权违法活动有向其他国家和地区转移的趋势，海关在进口环节查获侵权货物数量逐年增加。本案是中国海关密切关注国际贸易中侵权违法发展的新特点、新趋势，在进口环节严密监管，全方位加强执法的生动范例。

（二）该案是海关推进改善民生，保护人民群众健康安全的直接体现

牙刷是平常生活中每日使用的清洁用品，假冒伪劣的牙刷会对口腔造成直接伤害，攸关民众的健康安全。海关高度关注关系国计民生的侵权假冒问题，着力加强与生活消费品行业的权利人沟通合作，不断丰富执法手段，在进口环节强化风险分析，对影响人民群众生命健康安全的违法行为予以重点打击。

(三)该案是中国海关坚定保护外商投资企业在华合法权益,优化营商环境的典型案例

习近平总书记在多个场合指出,“凡是在我国境内注册的企业,都要一视同仁、平等对待”,“中国将保护外资企业合法权益,坚决依法惩处侵犯外商合法权益特别是侵犯知识产权行为”。为有效保护外商投资企业知识产权,全国打击侵权假冒工作领导小组办公室、商务部、海关总署等12个部门联合印发了《外商投资企业知识产权保护行动方案》,全国海关认真贯彻方案,提出各项工作措施,并使之常态化。

(海关总署综合业务司)

知识产权系统2018年度典型案例

2018年度专利复审和无效宣告十大案件

案例1 苹果—高通系列发明专利权无效宣告请求案

(1)“计算装置中的活动的卡隐喻”发明专利权无效宣告请求案。

(2)“具有高密度的局部互连结构的电路及其制造方法”发明专利权无效宣告请求案。

(3)“定位、追踪和/或找回无线通信设备的装置和方法”发明专利权无效宣告请求案。

一、案情介绍

请求人苹果电脑贸易(上海)有限公司(下称苹果公司)就专利权人高通股份有限公司(下称高通公司)的ZL201310491586.1号(下称586号专利)、ZL201480013124.1号(下称124号专利)和ZL200880004304.8号(下称304号专利)发明专利权分别提出无效宣告请求。

2018年以来,苹果公司针对高通公司提起40余件无效宣告请求,引起业界的广泛关注,本系列案件涉及其中的三项专利。

586号专利涉及图形用户界面(GUI)的微创新技术,在新业态强调用户体验的大背景下,如何通过专利保护微创新是近年来的关注焦点。586号专利所涉及的技术方案已成为多数智能移动终端在GUI交互中的基本功能,其专利权的稳定性对各大智能手机制造厂商均具有重要意义。专利复审委员会成立五人合议组对本案进行了公开审理,最终作出第36696号无效决定,维持专利权有效。随后,福州中院作出禁售iPhone部分系列手机的诉中临时禁令。

124号专利涉及深亚微米工艺节点中集成电路多层金属互连结构,是系列无效宣告请求中唯一涉及集成电路制造领域的案件。在本案的审理中,双方当事人主要的争议焦点在于如何对权利要求的保护范围进行认定。专利复审委员会经审理,作出第37129号无效宣告请求审查决定,维持专利权有效。

304号专利涉及如何定位、追踪以及找回无线通信设备的装置和方法,专利复审委员会经审理后作出第37072号无效宣告请求审查决定,宣告专利权无效。

二、典型意义

586号专利的审查决定解析了新颖性判断的单独对比原则,在回归GUI的技术本质,准确确定权利要求的保护范围,对GUI领域在新颖性和创造性的评判方面具有典型的借鉴意义。

586号专利的审查决定站位本领域技术人员的基础上准确认定权利要求的保护

范围，为后续的侵权程序判定得出正确结论奠定了基础，凸显了确权程序在专利大保护格局下的不可替代的作用。

304号专利的审查决定阐释了准确把握技术本质，分析技术方案与现有技术的关系，从本领域技术人员的视角出发，对现有技术予以全面客观衡量，进而判断技术启示的有无，对创造性的评判具有指导意义。

案例2 “一种一体式自拍装置”实用新型专利权无效宣告请求案

一、案情介绍

请求人深圳市韵美饰界科技有限公司、东莞市品耀五金有限公司就专利权人源德盛塑胶电子(深圳)有限公司(下称源德盛公司)的ZL201420522729.0号实用新型专利权分别提出无效宣告请求。

本案专利涉及自拍杆，在使用时无须临时组装，折叠收纳无须占用额外空间。该专利获得第二十届中国专利金奖，并为源德盛公司创造了数以亿计的销售业绩。与此同时，自拍杆市场也出现大量仿制侵权产品，源德盛公司在全国展开大规模诉讼维权行动，目前，多方请求人针对本专利共提出26次无效宣告请求，引起社会的广泛关注和报道。

专利复审委员会经审理作出第35919号无效宣告请求审查决定，继续在权利要求2～13的基础上维持专利权有效。

二、典型意义

本案对网络证据公开日期的认定提供了具有指导意义的审查思路，也是创新主体运用专利制度维权的典型案例，体现了专利行政确权程序在维护专利权人合法权益方面的重要作用和价值。

本案的另一典型意义在于，启发创新主体在撰写申请文件时重视平衡专利保护范围与技术贡献之间的关系，对专利权进行分层保护，使权利要求的保护范围清晰合理。

案例3 “作为抗病毒化合物的缩合的咪唑基咪唑”发明专利权无效宣告请求案

一、案情介绍

请求人无国界医生就专利权人美国吉利德制药有限责任公司(下称吉利德公司)的ZL201280004097.2号发明专利权提出无效宣告请求。该专利涉及一种治疗丙型肝炎的泛基因型口服直接抗病毒药物组合制剂的核心成分，其药物名称为“维帕他韦”。

丙型肝炎是一种由丙型肝炎病毒感染引起的慢性肝脏病毒性疾病，已成为严重的社会和公共卫生问题。专利权人吉利德公司被外界称为“制药界的苹果公司”，本案涉及的“维帕他韦”与另一治疗丙肝的药物“索非布韦”均为其在抗病毒领域研发成功的明星药物，二者联合形成泛基因型组合制剂于2016年在英国首次获批，随后于2018年5月在中国获批上市。

无效宣告请求人无国界医生，为全球性的独立自主的非营利组织，让“病者有其药”是该组织的一个重要项目，其中一部分工作也包括支持或者亲自提交某些药物专利的无效请求。本案是其首次在中国向制药巨头的药品专利发起的挑战，引起了社会各界的广泛关注。

专利复审委员会成立五人合议组对本案进行了公开审理，作出第38394号无效宣告请求决定，维持专利权有效。

二、典型意义

本案体现了创造性审查标准在化合物领域的适用，决定解析了最接近现有技术的选取、化合物结构的对比分析、技术启示的判断以及技术效果的认定等涉及评价化合物创造性的诸多焦点问题，对相关领域的审查标准适用具有示范作用。

案例 4 “带图形用户界面的电脑”外观设计专利权无效宣告请求案

一、案情介绍

请求人北京江民新科技术有限公司(下称江民公司)就专利权人北京奇虎科技有限公司、奇智软件(北京)有限公司(下称360公司)的ZL201430324283.6号外观设计专利权提出无效宣告请求。本案专利涉及带图形用户界面(GUI)的电脑。

360公司认为其GUI外观设计专利的专利权遭到侵犯，将江民公司诉至北京知识产权法院，该案是自我国于2014年将涉及GUI的产品纳入外观设计专利保护以来国内首例涉及GUI的外观设计专利侵权案。江民公司被起诉后，遂针对涉案专利提出无效宣告请求。作为打响GUI专利保护的第一枪，涉案专利的无效和侵权纠纷均引起了社会的广泛关注和报道。

专利复审委员会成立五人合议组对本案进行了公开审理，作出第35196号无效宣告决定，宣告专利权全部无效。

二、典型意义

本案对涉及GUI的外观设计保护范围和对比判断作出了详细分析认定，同时，对新颖性宽限期等相关法律问题的理解和适用具有重要参考价值。

本案对创新主体的意义在于，在我国现行法律框架下，在提交GUI领域相关的外观专利申请时，应突出GUI设计、弱化作为载体的硬件设计，并清楚示出GUI设计的用途功能、人机交互、动态设计等内容，以期实现最大程度对GUI设计保护之初衷。

案例 5 “电动独轮自行车”发明专利权无效宣告请求案

一、案情介绍

请求人廉芳芳、纳恩博(北京)科技有限公司(下称纳恩博公司)、安秋锦就专利权人深圳天轮科技有限公司的ZL201110089122.9号发明专利权分别提出无效宣告请求。本案专利涉及电动独轮自行车的基本结构，属于电动平衡车领域的基础性专利。

电动平衡车作为一种新兴代步工具，近年来相关技术和产业在国内外蓬勃发展，同时专利无效和侵权纠纷也纷至沓来，持有专利的行业先驱Segway(赛格威)公司、Shane Chen(陈星，美籍华人)、杭州骑客智能科技有限公司等相互在美国发起337调查和专利侵权诉讼。本案专利申请人陈和是Shane Chen(陈星)的利益相关人，无效宣告请求人之一纳恩博公司与Segway(赛格威)公司存在并购关系。本案专利先后经历了八次无效宣告请求，相关专利侵权纠纷涉及国内多个著名电动平衡车生产厂家，引起了业界和社会的广泛关注和报道。

专利复审委员会成立五人合议组对上述无效宣告请求合并进行了公开审理，最终作出第36591号无效宣告请求审查决定，宣告专利权部分无效。

二、典型意义

本案诠释了《专利法》第25条关于本国优先权规定中的“在中国第一次提出专利申请”的法律内涵，“第一次申请”应当理解为就相同主题在世界范围内首次提出的申请，并且诠释了判断优先权是否成立时技术方案的对比标准，对本国优先权的认定具有指导作用。

案例 6 “滴眼液”发明专利权无效宣告请求案

一、案情介绍

请求人江苏恒瑞医药股份有限公司就专利权人参天制药株式会社(下称参天制药)、旭硝子株式会社的 ZL01815617.7 号发明专利提出无效宣告请求。

本案专利与专利权人开发并上市的商品名为“泰普罗斯”的滴眼液产品密切相关,“泰普罗斯”目前已在 60 余个国家和地区上市,2015 年年底登陆中国市场,为参天制药眼科用药中治疗青光眼的主要产品,具有广阔的市场前景。

本案审理过程中的争议焦点在于权利要求中的特征究竟是属于基于产品新性能而产生的新用途,还是仅为已知产品固有性能的效果描述。

专利复审委员会经审理后作出第 31135 号无效宣告请求审查决定,宣告本专利全部无效。北京知识产权法院的一审判决撤销了本案无效决定;但北京市高级人民法院支持了本案决定的观点,撤销了一审判决。

二、典型意义

本案对在医药领域中如何解读方法权利要求的功能、用途特征方面颇具典型性。

第 31135 号无效宣告请求审查决定通过对案情本身的抽丝剥茧,诠释了方法权利要求中如何考量效果、功能特征的限定作用及其与权利要求主题之间的关系,对统一此类案件的审理标准具有指导意义。同时,启发了创新主体对权利要求保护范围界定的思考和对专利申请文件撰写的重视。

案例 7 “充电器租售机”实用新型专利权无效宣告请求案

一、案情介绍

请求人深圳来电科技有限公司、深圳街电科技有限公司就专利权人深圳市拓特电子有限公司(下称拓特电子)的 ZL201320826793.3 号实用新型专利权分别提出无效宣告请求。本案专利涉及移动电源租售,即共享充电宝的相关技术。

共享充电宝是在“共享”风口上出现的细分行业,入选“2017 年度中国媒体十大新词语”。共享充电宝在 2017 年急剧增长后次年出现行业洗牌,多起专利无效和侵权纠纷引起社会广泛关注。拓特电子的涉案专利申请于 2013 年,独家授权给深圳租电智能科技有限公司使用。本案专利的独立权利要求涉及共享充电宝的基本架构,故该专利权的存续与否会对后续的市场状况带来很大影响。

专利复审委员会经审理后作出第 36684 号无效宣告请求审查决定,宣告专利权全部无效。

二、典型意义

本案的典型意义在于,为实用新型专利创造性判定中如何准确把握相近技术领域的技术启示提供了参考思路。

在最接近的现有技术公开了专利权利要求中除主题名称之外的整体架构时,将二者的技术领域认定为相近技术领域而不是上位概括为同一技术领域,相近技术领域的现有技术需要给出明确的技术启示才能用来评价实用新型专利的创造性。

案例 8 “具有改变性质的葡糖淀粉酶变体”发明专利权无效宣告请求案

一、案情介绍

请求人宜昌东阳光药业股份有限公司就专利权人丹尼斯科美国公司的 ZL200780037776.9 号发明专利权提出无效宣告请求。本案专利涉及一系列在已知酶的基础上通过基因定点突变技术所获得的糖化酶变体。

葡糖淀粉酶(俗称糖化酶)是酶制剂中用途最广、消费量最大的一种,其广泛应用于食品、调味品制造加工领域,在现有糖化酶的基础上,采用生物技术对天然酶进行改造以获得性能优异的酶是糖化酶领域的主要研究热点之一。

本案在审理过程中,焦点主要集中于实验数据的真实性和证明力的判断、发明的创造性与说明书记载的实验数据之间的关系、生物序列权利要求保护范围的合理把握等生物技术领域专利审查中备受社会关注的热点和难点问题。

专利复审委员会成立五人合议组对本案进行了公开审理,作出第 38452 号无效宣告请求决定,在专利权人于无效宣告请求阶段提交的修改后的权利要求书的基础上,维持专利权有效。

二、典型意义

本案诠释了生物技术领域对效果实验数据的审查标准以及对技术问题和技术启示的评判原则,在评价创造性时,需注重效果可预期性、整体把握现有技术以及关注突变选择的指向性,对如何评判具有特定突变方式的生物序列发明的创造性具有指导意义。

同时,本案对多理由多证据的无效宣告理由也提供了可资借鉴的审查思路。

案例 9 "化学气相沉积装置"实用新型专利权无效宣告请求案

一、案情介绍

请求人维易科精密仪器国际贸易(上海)有限公司(下称维易科公司)就专利权人中微半导体设备(上海)有限公司(下称中微公司)的 ZL201220056049.5 号实用新型专利权提出无效宣告请求。本案专利涉及化学气相沉积(CVD)装置,特别涉及金属有机化学气相沉积(MOCVD)装置。

维易科公司作为掌握大多数核心技术的行业巨头,于 2017 年 4 月在纽约东区联邦法院对中微公司的器材供应商 SGL 展开专利诉讼,要求禁止 SGL 向中微公司供货,中微公司遂以其侵犯本案专利的专利权为由,将维易科公司诉至福建省高级人民法院,维易科公司随后就本案专利向专利复审委员会提起无效宣告请求。本案专利涉及的 MOCVD 装置为生产半导体器件如发光二极管(LED)芯片的核心设备,占据半导体行业价值链的重要位置,对产业发展具有重要影响,故一经提出就备受业内乃至社会各界的广泛关注。

专利复审委员会经审理作出第 33884 号无效宣告请求审查决定,在专利权人于无效宣告请求阶段提交的修改后的权利要求的基础上维持专利权有效。

本决定作出后,中微公司在福建省高级人民法院获得了针对维易科的禁令,随后经过一系列谈判,双方同意停止这场专利战,达成全球范围相互授权的和解协议。

二、典型意义

本案诠释了在创造性评价中准确把握技术本质的审查理念,以及发明构思的分析在技术特征比对和技术启示判断中的重要作用。

本案还展现了专利作为有效的强力武器在企业角力中的重要作用,同时也体现了国内企业在积极参与国际市场竞争时,重视提高自身的知识产权创造、运用和保护的能力。

案例 10 "艾灸杯"实用新型专利申请复审请求案

一、案情介绍

本案涉及复审请求人周某某就国家知识产权局专利局针对 CN201620625135.1

号实用新型专利申请所作的驳回决定提出的复审请求。专利复审委员会作出第153870号复审请求审查决定，维持上述驳回决定。

二、典型意义

本案对包含推测内容的医疗保健效果的认定提供了思路。对于涉及医疗保健的实用新型专利申请而言，鉴于人体机理的复杂性，以及考虑到对人体的安全性等因素，如果本领域技术人员由说明书公开的内容不能确定说明书中给出的技术方案必然能够产生其声称的技术效果，则申请人应提供实验证据以验证其预期效果。

当前我国实用新型专利申请质量仍有待进一步提升，诸多申请的效果并未经过实践验证，只是一种预测，一种理论上不确定的可能性，这类专利申请如果被授权，会误导消费者，有损我国专利形象。鉴于此，本案提出对于涉及医疗保健、关乎生命安全的实用新型专利申请应严格依法审查，对其效果的验证应从严要求，进而引导该类实用新型专利申请进一步提高申请质量。

（国家知识产权局专利局专利复审和无效审理部）

2018年度专利行政保护十大典型案例

案例1　北京市知识产权局处理“用ω-羧基芳基取代的二苯脲作为raf激酶抑制剂”发明专利侵权纠纷案

一、案情简介

请求人拜耳医药保健有限责任公司于2000年1月12日向国家知识产权局提出了名称为“用ω-羧基芳基取代的二苯脲作为raf激酶抑制剂”的发明专利申请，2005年9月21日获得授权，专利号为ZL00802685.8。该专利权在请求人提起侵权纠纷处理请求时合法有效。请求人认为，被请求人某公司未经许可在其官方网站和展会上许诺销售的索拉非尼、甲苯磺酸索拉非尼两种产品，与请求人专利产品的名称及CAS登记号完全一致，且并未获得授权生产。该产品落入涉案发明专利的权利要求1、27、28的保护范围，被请求人的行为侵犯了请求人的专利权，于2018年4月向北京市知识产权局提出专利侵权纠纷处理请求。

经审理，北京市知识产权局于2018年7月认定涉案产品是化学物质索拉非尼和甲苯磺酸索拉非尼，均落入涉案专利权利要求1的保护范围，被请求人许诺销售涉案产品的行为构成专利侵权，责令其停止许诺销售侵犯涉案专利的索拉非尼、甲苯磺酸索拉非尼，删除许诺销售相关网站信息，销毁印有侵权产品信息的所有宣传资料。

二、典型意义

该案中，北京市知识产权局充分运用专业技术辞典作为外部证据查明案件事实，提高了办案效率，充分体现了专业化执法办案的水平。请求人为美国知名制药企业，该案的顺利办结体现了我国在知识产权保护方面对国内外企业一视同仁、平等对待的一贯做法，有利于构建公平的市场竞争环境和良好的营商环境。

（北京市知识产权局）

案例2　上海市知识产权局查处上海市某轴承制造有限公司假冒专利案

一、案情简介

2018年7月，上海市知识产权局接到某省知识产权维权援助中心移送的举报投诉材料，反映上海市某轴承制造有限公司（以下简称被投诉人）涉嫌网络销售假冒专利产品。执法人员经检索调查发现，被投诉人网络宣传展示的专利已因未缴年费而被终止。为了进一步了解被投诉人线下专利违法情况，查明案件事实，执法人员赴被投诉人经营场所进行现场勘验。检查发现，被投诉人轴承产品的三种型号（大号、中号、小号）包装箱上均标注有6个专利号，其中5件专利（专利权人为被投诉人）因未缴年费权利终止，1件为尚未授权的专利申请（专利申请人为被投诉人）。

上海市知识产权局认为，根据已经查明的违法事实，被投诉人在专利权终止后继续在产品包装上标注专利标识、在产品包装上将尚未授权的专利申请标注为专利的行为，构成假冒专利。综合考虑该案违法行为情节后果、违法行为人主观过错和悔错整改情况，上海市知识产权局于2018年8月依法作出如下处罚决定：(1)责令被投诉人立即将涉及失效专利的网络宣传全部删除撤下；(2)立即停止无效专利号的标注行为，消除尚未售出的产品包装箱上的专利标识，产品包装箱上的专利标识难以消除的，销毁该产品包装箱；(3)没收违法所得并处罚款184 460元。被投诉人对处罚决定无异议，已如期履行。

二、典型意义

该案是上海市知识产权局迄今为止查处假冒专利行为作出的最大力度的行政处罚案件。该案中，执法部门在接收举报投诉材料后，未止步于查处投诉的网络销售假冒专利产品行为，而是转入线下执法检查，从而发现了范围更大、程度更严重的假冒专利行为。该案的依法查处，体现了上海市知识产权局打击假冒专利行为的主动作为，发挥了线上线下专利执法保护的协同效应。

（上海市知识产权局）

案例3　天津市知识产权局处理“信息埋入方法与信息识别方法”发明专利侵权纠纷案

一、案情简介

请求人天津市阿波罗信息技术有限公司（以下简称阿波罗公司）于2010年3月2日向国家知识产权局提出了名称为“信息埋入方法与信息识别方法”的发明专利申请，2014年12月10日获得授权，专利号为ZL201010133416.2。该专利权在请求人提起侵权纠纷处理请求时合法有效。请求人认为被请求人某技术有限公司侵犯了其专利权，遂向天津市知识产权局提出专利侵权纠纷处理请求。

天津市知识产权局立案后，于2018年9月6日进行口头审理，后于2018年11月16日进行现场调查，对口头审理中未确定的事实进行进一步认定，于2018年12月11日依法作出处理决定。

该案中，被请求人存在两个行为：销售“防伪码”及“产码软件与防伪码数据包”和销售“网屏编码识别笔”。案件审理中，合议组根据已查明的事实结合当事人双方的诉辩，确定本案争议焦点是：(1)被请求人的行为是否获得了请求人的授权许可；(2)被请求人的行为是否属于不视为侵犯专利权的情形；(3)被请求人的行为是否落入涉案专利的保护范围。经审理，合议组认为：(1)被请求人无充足的证据证明其行为获得了请求人的授权许可，且在销售“防伪码”及“产码软件与防伪码数据包”时，其开具的增值税专用发票名称均为“网屏编码防伪产品”；(2)现有证据可以证明被请求人通过合法手段从请求人处购买了“网屏编码识别笔”并支付了合理对价，被请求人销售“网屏编码识别笔”的行为属于不视为侵犯专利权的行为；(3)销售“防伪码”及“产码软件与防伪码数据包”的行为未获得专利权人授权许可，“产码软件”生成防伪码的过程完整包含了涉案专利权利要求1技术方案的全部特征，因此落入了涉案专利权利要求1的保护范围，故侵犯了阿波罗公司的专利权。天津市知识产权局作出责令被请求人立即停止相关侵权行为的决定。

二、典型意义

天津市知识产权局在办理该发明专利

纠纷案件的过程中，对口头审理中未明确的事实进行现场检查取证，对被请求人是否获得合法授权进行准确判断，并对被请求人涉嫌侵犯方法专利权的行为进行依法定性，准确把握权利用尽的情形。该案的处理，体现了专利行政保护主动、便捷、专业的特点。

（天津市知识产权局）

案例4 青海省知识产权局处理“悬袋形高立式拦沙网及其施工方法”发明专利侵权纠纷案

一、案情简介

发明人娄志平于2013年10月20日向国家知识产权局提出了名称为“悬袋形高立式拦沙网及其施工方法”的发明专利申请，2016年1月20日获得授权，专利号为ZL201310524933.6。2016年6月8日专利权人娄志平将该专利授权许可给请求人青海绿大生态治沙有限公司，许可方式为独占许可，许可有效期限至2033年10月19日。该专利权在请求人提起侵权纠纷处理请求时合法有效。请求人认为被请求人海北某生态建设有限公司以生产经营为目的，在承担第三人某县环境保护和林业局组织实施的某治沙项目工程中，未经专利权人授权许可使用了请求人被授权许可实施的专利技术，侵犯了其就涉案发明专利的独占实施权，遂向青海省知识产权局提出专利侵权纠纷处理请求。

青海省知识产权局查明，被请求人在2017年10月参与了某项目工程的投标，该工程招标单位为第三人。工程招标文件《投标人须知》中明确没有实质性响应招标文件技术要求的投标将被否决。后被请求人中标，并与第三人签订了施工合同，开始施工。被请求人对上述查明事实均予以承认，但辩称其完全按照第三人发售的招标文件所提供的施工技术方案及现场专业技术员的指导和监理单位的全程监督进行施工，不应当作为该案的侵权主体承担侵权责任，且被请求人按照招标文件施工的方法步骤顺序和具体数据与涉案专利权利要求书的内容不同。

青海省知识产权局通过技术比对认为，被请求人承担并实施的招标文件技术要求中的技术方案与涉案发明专利权利要求2的全部技术特征相同或等同，即被请求人施工技术方法落入涉案发明专利独立权利要求2的保护范围。被请求人以生产经营为目的，采用实施了与涉案发明专利相同或等同的施工方法，且未获得相关专利权人的许可，其侵权行为与其从何处获得施工方法无关，被请求人的行为构成侵权行为。2018年9月，青海省知识产权局依法作出责令被请求人立即停止使用侵权施工方法的处理决定。

二、典型意义

该案中由第三人制作、被请求人实施的招标文件涉及的技术方案与请求人获得独占实施许可的专利的权利要求书保护范围并无实质区别。被请求人在该案行政处理阶段和后续一审行政诉讼阶段，均坚持“防沙治沙的工程设计要求均由第三人提供，与被请求人无关”的理由，对专利保护缺乏准确的认识。该案二审上诉后不久，被请求人以自愿服从一审判决为由，向青海省高级人民法院申请撤回上诉。青海省高级人民法院裁定准许被请求人撤回上诉。该案提示政府机构和企业应当重视项目招投标过程中可能面临的专利侵权风险。

（青海省知识产权局）

案例5 江苏省知识产权局处理“城市明水渠停车场光伏发电装置”实用新型专利侵权纠纷案

一、案情简介

请求人太阳月亮（北京）新能源科技有

限公司于 2011 年 1 月 11 日向国家知识产权局提出了名称为"城市明水渠停车场光伏发电装置"的实用新型专利申请,并于 2012 年 1 月 4 日获得授权,专利号为 ZL201120006102.6。该专利权在请求人提起侵权纠纷处理请求时合法有效。请求人认为被请求人某汽车有限公司以生产经营为目的,未经许可建设涉案停车场的行为侵犯了其专利权,遂向江苏省知识产权局提出专利侵权纠纷处理请求。

江苏省知识产权局在立案后,依职权组织双方当事人进行现场勘验。经审理认为,被控侵权停车场与涉案专利权利要求 1 相比,两者存在如下区别:第一,被控侵权停车场不包括明水渠。涉案专利说明书指出,明水渠的功能在于"调节空气湿度、美化环境"。第二,被控侵权停车场的支柱与涉案专利中的支柱位置不同。被控侵权停车场支柱设于地面,并未设于明水渠两侧,而涉案专利中支柱设于明水渠两侧,两者位置关系不同。被控侵权停车场与涉案专利独立权利要求 1 相比,缺少必要技术特征,没有落入涉案专利权的保护范围。江苏省知识产权局 2017 年 12 月 26 日作出处理决定,依法驳回请求人的处理请求。请求人不服处理决定,向南京市中级人民法院提起行政诉讼。在行政诉讼审理过程中,涉案专利原国家知识产权局专利复审委员会宣告专利权全部无效。2018 年 7 月 12 日,南京市中级人民法院裁定驳回了请求人行政起诉。

二、典型意义

该案中,由于被控侵权产品位于单位内部停车场,请求人无法进入现场取证,在立案时仅提供了相关新闻报道、外围照片等初步证据。为查明案件事实,江苏省知识产权局在立案后,依职权组织双方当事人进行现场勘验,有效固定了证据,使本案得到依法处理,有效维护了当事人的合法权益,充分体现了专利行政保护主动、便捷的优势。

(江苏省知识产权局)

案例 6 湖南省长沙市知识产权局处理"分体式模块化石膏板吊顶"等系列实用新型专利侵权纠纷案

一、案情简介

请求人青岛集好建筑科技公司于 2015 年向国家知识产权局提出了名称为"分体式模块化石膏板吊顶"等实用新型专利申请 11 件,均获得授权,且在请求人提起侵权纠纷处理请求时该人专利权合法有效。请求人认为被请求人某公司制造、销售、许诺销售的产品侵害其专利权,于 2018 年 10 月向长沙市知识产权局提出专利侵权纠纷处理请求。

该案中,请求人同时主张被请求人多件产品对其 11 件实用新型专利存在侵权行为,并提供了公证书作为侵权证据。合议组通过将被控侵权产品与涉案专利权利要求技术特征比对,认定被控侵权产品落入请求人的 9 件实用新型专利的保护范围。由于公证书记载的被请求人产品为展会现场的展品,受场地限制该展品并未反映其完整的状态,公证书图片不能直接体现涉案专利中的个别技术特征。由于石膏板吊顶多用于建筑室内墙和顶的装饰,公证书中所示该被控侵权产品包括两固定件,且该两固定件不在同一水平面,因此该两固定件在室内安装时必然是分别与屋顶和墙面进行连接来安装石膏板吊顶模块。结合被控侵权产品功能,即为了实现石膏板的吊顶安装,需要将石膏板与多个龙骨件连接从而会形成涉案专利所描述的多个模块。

经审理,长沙市知识产权局于 2018 年 11 月认为被请求人未经请求人的许可,为生产经营目的,许诺销售吊顶模块等产品的行为侵犯了请求人的 9 件实用新型专利权,作出责令其立即停止侵权的处理决定。

二、典型意义

该案中，长沙市知识产权局执法人员对系列专利多件产品调查取证时做到“全面取证”“逐一取证”，准确提取了每件专利对应的被控侵权产品，为后续侵权判定准备了充分的证据基础。同时，执法人员结合被控侵权产品已知技术特征和被控侵权产品特定的使用场合以及被控侵权产品的功能，经过合理分析，得出被控侵权产品的其他相关技术特征，从而认定被控侵权产品落入专利保护范围，有效地维护了请求人的合法权益。

（湖南省长沙市知识产权局）

案例7 广东省深圳市市场监督管理局处理“空调冷凝器”外观设计专利侵权纠纷案

一、案情简介

请求人艾默生网络能源有限公司于2007年10月31日向国家知识产权局提出了名称为“空调冷凝器”的外观设计专利申请，2009年9月16日获得授权，专利号为ZL200730174830.7。该专利权在请求人提起侵权纠纷处理请求时合法有效。请求人认为被请求人深圳市某科技股份有限公司生产的两款空调冷凝器侵犯了其专利权。2015年3月19日深圳市市场监督管理局龙华分局知识产权科接到请求人提出的专利侵权纠纷处理请求。案件处理中，被请求人向国家知识产权局专利复审委员会（以下简称复审委）提起专利权无效宣告请求，请求宣告其专利无效，但艾默生网络能源有限公司主张涉案专利与对比文件相比具有显著差异，后复审委维持其专利有效。而在处理侵权纠纷的过程中，请求人却主张该案专利与涉案产品的区别是细微差异，主张侵权成立。

经审理，龙华分局于2016年3月25日作出处理决定，认为请求人违背了“禁止反悔”原则，认定涉案产品不构成侵权，驳回请求人的全部处理请求。请求人对此决定不服，先后向深圳市中级人民法院、广东省高级人民法院提起行政诉讼。2018年8月29日，广东省高级人民法院判决驳回请求人的诉讼请求。

二、典型意义

该案经历了专利侵权纠纷行政裁决、专利无效宣告、行政诉讼一审及二审全部流程，前后历时3年多，最终行政机关的决定得到人民法院的支持。在该案处理中，深圳市市场监督管理局龙华分局的执法人员敏锐发现请求人在无效宣告和行政裁决程序中的主张自相矛盾，依法适用专利侵权判定中的“禁止反悔”原则，对案件作出正确处理，充分体现了行政执法部门的专业能力。

（广东省深圳市市场监督管理局）

案例8 山东省菏泽市知识产权局处理“路灯（LED-D133）”外观设计专利侵权案

一、案情简介

请求人济南三星灯饰有限公司于2013年3月27日向国家知识产权局提出了名称为“路灯（LED-D133）”的外观设计专利申请，2014年3月19日获得授权，专利号为ZL201330083980.2。该专利权在请求人提起侵权纠纷处理请求时合法有效。请求人认为被请求人山东菏泽某公司未经其许可，为生产经营目的制造、销售涉案产品，侵犯了其涉案外观设计专利权，遂向菏泽市知识产权局提出专利侵权纠纷处理请求。

菏泽市知识产权局查明，被请求人生产制造的路灯正在菏泽市中华路—长江路（人民路）安装，这是一个经过招投标的市政工程，招标方为菏泽市某政府部门，招标的路灯设计由某设计院设计，中标单位为被请求人。经双方当事人同意，在被请求人施工路段进行了现场比对。经比对，菏泽市知识产权局认为被控侵权产品与涉案专利虽然在灯头前半部、灯柱、灯柱下部等方面存在差异，但经整体观察、综合判断，这些差异对于整体视觉效果的影响是局部的、细微的，结合路灯的安装、使用环境，该差异不足以将被控侵权产品与涉案专利设计区分开来，对于判断被控侵权产品和涉案专利设计在整体视觉效果上构成近似无实质性的影响，被控侵权产品落入了涉案外观设计专利权的保护范围，被请求人侵权行为成立。2017 年 12 月 19 日，菏泽市知识产权局依法作出处理决定，责令被请求人立即停止侵权行为。被请求人不服，向济南市中级人民法院提起了行政诉讼，法院于 2018 年 5 月 16 日作出维持菏泽市知识产权局处理决定的判决。

二、典型意义

该案涉及社会关注度较高的政府部门在招标过程中的知识产权问题。该案提示政府部门在招标的过程中应当加强知识产权保护意识，避免侵犯他人知识产权，并及时将招标涉及的相关内容进行知识产权保护，避免资产流失；投标方应评估分析招标方案是否存在知识产权侵权的可能，对涉嫌侵权的，应及时与招标方沟通，变更招标内容。

（山东省菏泽市知识产权局）

案例 9　贵州省安顺市知识产权局查处平坝“黔坝香”大米外包装假冒专利案

一、案情简介

2018 年 2 月 2 日，安顺市知识产权局接到举报线索，经现场检查，发现被投诉人某米业公司生产销售的某品牌大米外包装袋标注有“本包装已获外观专利，专利号：2014303280.0，仿制必究”字样。经检索，涉案专利权因未在期限内缴足年费，已于 2016 年 9 月 5 日终止。

经调查，2017 年 10 月 20 日至 2018 年 2 月 2 日期间，为包装该品牌大米，被投诉人共使用了 14 000 余条包装袋，合计金额 10 000 余元，其行为构成假冒专利行为。2018 年 3 月，安顺市知识产权局依法对被投诉人作出如下行政处罚：(1)责令立即停止销售涉案大米外包装袋产品；(2)没收包装袋产品违法所得人民币 10 896 元，并处罚款人民币 2500 元。

二、典型意义

该案中，安顺市知识产权局探索在违法认定中将假冒专利的外包装与整体商品进行分割。日常生活中，消费者在购买大米时，首要考虑的是大米的品质、品牌等，外包装袋仅是次要因素，且大米外包装袋和大米是可分割的。该案按照侵害与处罚对等的原则，在认定违法所得时，主张将大米外包装袋与大米整体分割开来进行违法所得认定，进行相应行政处罚。该案对在查处假冒专利中如何适用“比例原则”进行了有益探索，为类似案件办理提供了参考。

（贵州省知识产权局）

案例 10　甘肃省临夏回族自治州知识产权局处理“门(四)”外观设计专利侵权纠纷案

一、案情简介

请求人马明德于 2016 年 8 月 10 日向国家知识产权局提出名称为“门(四)”的外观设计专利申请，2017 年 3 月 29 日获得授权，专利号为 ZL201630395041.5。该专利权在请求人提起侵权纠纷处理请求时合法有效。马明德发现甘肃省临夏县 12 家企业和个人生产销售的门涉嫌侵犯其专利权，遂向青海省知识产权局(请求人所在地知识产权管理部门)提起专利侵权纠纷处理请求。2018 年 9 月，甘肃省知识产权局接收青海省知识产权局移送的请求材料后，根据有关管辖原则，依法移交临夏回族自治州知识产权局调处。

该案中，请求人提供了《外观设计专利权评价报告》和被请求人的现场制作图片及实物等证据，经办案人员现场整体观察、综合判断发现：涉嫌侵权的产品与请求人外观设计专利虽然具有一定的区别，但在整体视觉效果上并没有明显差异，两者的不同点属于门惯常设计的替换或增加，并未改变涉案专利产品的整体视觉效果。被请求人销售的产品与专利产品构成相近似，即判定为侵权成立。另一方面，被请求人在被告知已侵犯请求人的专利权时，均表示自己不了解《专利法》，不知道已侵权，并主动请求调解。2018 年 11 月，在临夏回族自治州知识产权局的主持下，最终请求人和被请求人达成调解协议，被请求人同意停止生产、加工、销售该涉嫌侵权的产品。

二、典型意义

该案中执法办案人员积极运用行政调解手段，充分发挥行政调解简便、灵活的优势，促使双方达成和解协议，定争止纷，及时化解了一起专利群体侵权纠纷，有效维护了专利权人的合法权益。通过该案的办理，有效地遏制了群体侵权案件的发生，提升了本地区群众的知识产权保护意识，充分发挥了行政机关化解知识产权纠纷中的“分流阀”作用。

（甘肃省知识产权局）

2018 年度商标行政保护十大典型案例

案例 1　北京直信立兴电子科技有限公司侵犯苹果注册商标专用权案

一、案情简介

当事人北京直信立兴电子科技有限公司在未获得苹果商标权利人授权的情况下，在北京市东城区崇文门外大街某写字楼内开展维修苹果相关商品的业务。当事人在写字楼一层门口摆放“A 座 1013 室预约维修苹果产品”易拉宝指示牌，店门口摆放“苹果预约维修 1013”易拉宝指示牌，店内标有“Applθ 客户维修服务”字样，柜台玻璃上贴有带白色苹果图形的支付宝、微信支付二维码及公众号二维码。扫描支付二维码后显示苹果图形及“付款给 Apple”“苹果维修中心”字样。扫描公众号二维码后显示“售后维修中心”的名称及图形，微信号显示为“Apple－shouh”，介绍中有“作为 Apple 维修服务商”的字样。店内使用带有“苹果客户服务中心”字样的 POS 机签购单。当事人通过高德地图自设点位，将自己经营位置点设为唯一的“苹果官方授权服务中心”，即消费者通过高德地图搜索“苹果官方授权服务中心”，地图显示有且仅有当事人一个位置点。该地点位置为当事人股东陈某通过高德软件公司的用户反馈系统上报。

另查明，2015 年 3 月至 2017 年 1 月间，苹果公司正规的授权维修商北京立兴创联科技服务有限公司以简称“立兴公司”在北京市东城区崇文门外大街 3 号 8 层南办 803 经营，后因业务需要搬离。当事人在原合法授权维修商立兴公司搬走后，使用“直信立兴”为字号并从事同类服务行为，主观存在利用原立兴公司商业影响的故意。

苹果公司于 2010 年在第 37 类服务上注册第 6281184 号“苹果”商标、第 6281377 号“”图形商标、第 6281187 号“APPLE”商标。办案机关认为，当事人在没有获得商标权利人授权的情况下，在店内装潢、宣传牌、二维码、POS 机签购单上使用“苹果”字样和“”图形商标，使自身的维修服务与苹果商标产生关联，并利用高德地图设置位置点使消费者产生混淆，侵犯了商标权利人的合法权益。当事人被多次投诉举报仍不悔改并被媒体曝光，造成严重社会影响。当事人行为主观恶意明显，危害巨大。当事人使用“苹果”字样及“”图形商标、“APPLE”及“Applθ”字样从事经营活动期间，违法经营额为181.5896万元。

2018年8月原北京市工商行政管理局东城分局认定当事人的行为构成《商标法》第57条第(2)项规定的商标侵权行为，依据《商标法》第60条及《北京市工商行政管理局行政处罚裁量基准》第391条的规定，责令其立即停止侵权行为，罚款907.948万元。

二、典型意义

该案是一起保护涉外商标权利人权益的案件，也是一起典型的服务商标侵权案。当事人以豪华商圈的高档写字楼、购物中心为掩护，将“苹果”及“APPLE”等注册商标变形使用，制造自己是苹果授权专修店的假象，造成恶劣社会影响。执法部门及时立案查处，定性准确，过罚相当，不仅维护了商标权利人的合法权益，更保护了消费者合法权益不受侵犯，体现出我国平等保护中外商标权人合法权益的政策。

案例2　江苏凯蒂食品有限公司擅自使用英国国旗案

一、案情简介

2018年3月，原江苏省南京市工商行政管理局接到举报，称江苏凯蒂食品有限公司在经营活动中将英国国旗作为商标使用，涉嫌违反《商标法》有关规定。原南京市工商行政管理局立即立案调查。

经查，当事人江苏凯蒂食品有限公司自2016年11月起，经我国台湾龙巧国际有限公司授权许可，在“咖啡馆”等服务中使用第21621450号“精典泰迪的奶茶铺 TEA|DRINKS|DESSERT”、第21388082号“”、第21388149号“”以及第10904562号“”等注册商标，从事奶茶经营业务。当事人为了将使用“精典泰迪的奶茶铺”等的商标产品包装成来自英国的产品，增加消费者对品牌的信任感，在经营过程中擅自在第21388082号和第21388149号商标中的设计上添加英国国旗，并在办公招商、门店经营活动中大量使用。当事人还自行设计制作带有英国国旗商标的招商加盟网页和相关文字说明，开展网上招商加盟业务。至案发时，当事人已与他人合作在核心商业街区开设3家连锁店，经营额共计454.1万元。

办案机关认定当事人的行为构成《商标法》第10条第1款第(2)项所指使用“同外国的国家名称、国旗、国徽、军旗等相同或者近似的”标志作为商标的行为，依据《商标法》第52条规定，作出责令当事人立即停止违法行为、罚款31.79万元的行政处罚。

二、典型意义

该案当事人擅自在店铺、网页等多处使用带有英国国旗的商标和文字说明，试图将其商品包装成所谓外国品牌，使消费者对品牌来源产生误认，给加盟者造成经济损失。执法人员充分发挥网络平台作用，及时固定网络证据，有效实施精准监管，实施线上线下同步打击。该案的查处落实了“净化”专项行动的工作部署，为营造良好营商环境发挥了积极作用。

案例3　北京宏源利得商贸有限公司侵犯“鬼冢虎”注册商标专用权案

一、案情简介

2018年1月9日，北京市工商行政管理局丰台分局(以下简称丰台分局)执法人员在检查中发现，北京木樨园特别特商贸有限公司设立的经营点销售的运动鞋涉嫌侵犯株式会社爱世克私“Tiger”等系列商标专用权，供货商为北京宏源利得商贸有限公司。

经查，当事人北京宏源利得公司与泉州艾诗克诗体育用品有限公司（以下简称艾诗克诗公司）签订加盟合同，代理销售亚瑟斯虎牌运动鞋。上述运动鞋鞋舌带有“TIGERSPOOR Tiger Spoor”标识，与株式会社爱世克私的第6936142号“Tiger”商标近似；部分鞋外侧带有的“”“”或“”“”变形井字图形标识，与株式会社爱世克私注册的“”“”图形商标构成近似。在案件调查中，当事人主张自己不知道涉案品牌鞋是侵权商品，应根据《商标法》第60条第2款免除责任。执法人员通过企业登记信息比对，发现当事人与艾诗克诗公司存在重大关联，股东之间交叉任职，且艾诗克诗公司曾申请注册与权利人“鬼冢虎”商标近似的商标，被商标局驳回，因此当事人主观上存在明知应知情形，不能免除责任。

经查，当事人将亚瑟斯虎品牌鞋提供给15个经营主体对外销售，共收取货款6 144 646.64元。上述15个经营主体及当事人库存16 277双鞋。按照当事人已售出鞋的实际平均销售价格每双307.80元计算，上述库存鞋共价值5 010 060.60元，违法经营额达11 154 707.24元。丰台分局依法认定当事人的行为属于《商标法》第57条第(3)项规定的侵权行为，并依据《商标法》第60条第2款的规定，责令其立即停止侵权行为，没收侵权鞋6687双，并处罚款55 773 536.20元。

二、典型意义

该案是北京市工商系统20年来查办的涉案金额最高的商标侵权案件，被中央电视台等90余家媒体报道，产生重大影响。办案机关以检查终端销售商为切入点，深入追查侵权商品来源，除对销售商和经销商的侵权行为作出行政处罚外，还在案后将相关案件线索移送生产商所在地执法监管部门，体现出商标行政保护全链条打击侵权行为的特点。该案的查处有效维护了权利人的合法权益。

案例4　深圳市新丽手袋有限公司侵犯“美团外卖”等注册商标专用权案

一、案情简介

2017年12月，广东省深圳市市场稽查局接到美团点评公司（商事主体为北京三快科技有限公司）投诉，称某网店在网上销售假冒美团商标的外卖箱。

经查，大量销售侵犯“美团外卖”注册商标专用权的外卖箱的主要是名为“食客送外卖箱送餐箱保温箱厂”和“吉食送”的两家网店，负责人分别为彭某和谢某。执法人员对这两家网店的商品流通进行关联倒查，最终定位假货均来源于深圳市新丽手袋有限公司。该公司法定代表人为彭某。涉案侵权产品流向显示，上述侵权产品还通过笛梵小窝大区店等4家网店出售，这4家网店负责人分别为李某、彭某、孙某（后两家网店负责人）。这3名人员与主要违法行为人来自同一地，应为亲属或老乡。办案人员认为，该案为团伙违法，彭某与谢某为主要策划经营者，深圳市新丽手袋有限公司为侵权产品的生产窝点，侵权产品生产后通过涉案人员开设的网店销售。

综合前期调取的销售记录证据及现场摸排掌握的涉嫌违法团伙的人员架构、窝点情况等关键信息，2018年1月11日，深圳市市场稽查局网络稽查处联合深圳市公安局龙岗分局经侦支队、深圳市公安局平湖派出所突击执法检查，现场控制该公司主要负责人员4名，生产工人近40人，发现一大批涉嫌侵犯“美团外卖”“饿了么”“蜂鸟”等注册商标专用权的外卖箱，并在印刷车间发现25个印刷模具及一批已经印刷的商标标签半成品，经鉴别均为侵权假冒商品。面对当事人提供的授权委托合同、授权生产协议、产品商标注册证等文件材料，执法人员一一辨认，确认其皆为授权过期，或协议超范围，或为授权单位与商标持有单位不一致。执法人员仔细对比核查，确认涉案公司存在超额生产及私下销售行为。执法人员将现场发现的3448个外卖箱、25副商标印刷模具及商标半成品予以查封扣押。主要犯罪嫌疑人彭某、谢某等4人被公安部门依法刑拘。

“美团外卖”、“饿了么”、“FENG NIAO蜂鸟”商标均为核准注册在第21类上的注册商标。当事人未经商标注册人的许可，生产、销售侵犯注册商标专用权商品的行为，构成《商标法》第50条第(1)项、第(3)项所规定的侵权行为。鉴于涉案商品合计违法案值达702万元，已达到刑事案件立案追诉标准，2018年1月12日，深圳市市场稽查局依法将该案移送深圳市公安局平湖派出所侦办。2018年2月7日，深圳市龙岗区人民检察院对彭某等3人法核准批捕，谢某因在哺乳期，予以取保候审。

二、典型意义

该案是在网络外卖行业兴起背景下的新领域商标侵权案件。办案人员通过缜密的案情分析和证据排查过程，从终端销售网点开始，逐步摸查生产源头和违法事实，全面查清了上下游产销链条，并及时移送司法机关，将整个造假团伙连根拔起，实现了较高的治理成效。

案例5　成某侵犯“阿迪达斯”等注册商标专用权案

一、案情简介

2018年7月26日，江苏省南通市通州区市场监督管理局接到举报，称通州区十总镇298号仓库内存放大量侵权假冒知名品牌运动鞋。执法人员立即展开调查取证。

经查，当事人成某通过某微信群购入大量侵权假冒“阿迪达斯”“耐克”“new balance”等注册商标专用权的运动鞋(拖鞋)，存放于298号仓库内，并通过常熟多家门店以及网店销售。因案值较大且当事人极不配合，南通市市场监督管理局、南通市通州区市场监督管理局、南通市通州区公安局联合开展行动，三方及时控制现场，对涉案场所全面检查，第一时间固定网络销售台账资料，同时与常熟市公安局同步开展突击检查，查获侵犯“阿迪达斯”“耐克”“newbalance”“JORDAN”“BALENCIAGA”等注册商标专用权的运动鞋(拖鞋)70种型号2400双，涉案金额逾200万元。由于侵权商品涉案金额较大，涉嫌构成犯罪，2018年8月10日，南通市通州区市场监督管理局依法将该案移送常熟市公安局。

二、典型意义

该案涉及众多国际知名品牌，案值高，社会影响大，是一起重大商标侵权案件。当事人在南通市通州区设有仓库，在常熟市设有多家门店且从事网络销售，由于案情复杂且涉案人员极不配合，案件查办难度极大。执法人员第一时间启动协作办案机制，开展异地联动执法和部门协作办案，一举端掉该售假窝点。该案充分体现了上下联动、部门配合、区域协作的成果，有力维护了相关商标权利人的合法权益和公平竞争的市场秩序。

案例6　常德市鼎城区某管材经营部侵犯“LESSO联塑”注册商标专用权案

一、案情简介

该案由原湖南省常德市工商行政管理局鼎城分局消保股、灌溪工商所联合承办。2018年4月27日，广东联塑科技实业有限公司向办案机关举报，称当事人常德市鼎城区大烺管材经营部销售侵犯“**LESSO 联塑**”注册商标专用权的管材及配件系列产品。办案人员对当事人及租赁仓库进行检查，发现仓库内存放有22种规格型号标注“LESSO联塑”商标及“广东联塑科技实业有限公司”等字样的管材及配件产品，经商标权利人确认属于假冒产品。

经查，当事人于2018年1月从一不知姓名的业务推销员手中购进一批号称某建筑工地未使用完且标注“LESSO联塑”字样的系列管材及配件处理品。截至被查处时，当事人销售上述同类标注“LESSO联塑”字样的管材及配件已获销售款1.6058万元。当事人租赁仓库内存放待售的22种规格型号“LESSO联塑”管材及配件商品货值金额为8.4042万元。

“**LESSO 联塑**”是广东联塑科技实业有限公司注册在第11类和第17类上的商标。2018年5月31日，办案机关认定当事人的行为构成《商标法》第57条第(3)项的侵权行为，依据《商标法》第60条第2款以及《湖南省规范行政裁量权办法》第28条规定，参照《湖南省工商行政管理机关行政处罚自由裁量权实施办法》《湖南省工商行政管理机关行政处罚自由裁量执行标准》，对当事人作出责令立即停止上述侵权行为，没收、销毁侵权商品并罚款35万元的行政处罚。

诉讼期过后，办案机关对没收的侵权商品按程序进行无害化销毁处置。考虑处置品有再回收利用价值，办案机关报请价格认证中心核价，财政非税部门批准同意，由商标权利人予以回收，为财政取得非税收入2.5万元。

二、典型意义

该案当事人作为“LESSO联塑”品牌区域代理商，存在恶意销售侵权商品的主观故意，欺骗性很强。案件办理程序规范严谨，办案机关正确行使行政处罚自由裁量权，对当事人处以较重罚款，并通过媒体报道扩大影响，震慑了违法分子，取得良好社会效果。在查办案件过程中，通过局所联动、公安机关紧密配合的方式，形成办案合力。该案对没收的侵权商品进行无害化销毁处理方式也具有借鉴意义。

案例7 龚某侵犯南方寝饰“”注册商标专用权案

一、案情简介

2018年3月，湖北省松滋市工商行政管理局接到南方寝饰科技有限公司(以下简称南方寝饰)举报，称当事人龚某经营的南方寝饰松滋加盟店涉嫌侵犯其“”注册商标专用权。经查，当事人从胡某、林某等第三方购进标注南方寝饰生产的假冒产品，并向他人定制南方寝饰产品的包装袋，用于包装其非正常渠道购进的产品并在店内销售。当事人未销售侵权商品的库存金额为5.8676万元，侵权商品销售金额为1.6623万元，库存侵权包装袋金额为3000元，共计7.8299万元。

办案机关认定当事人的行为构成《商标法》第57条第(3)项所规定的侵权行为，依据《商标法》第60条规定，结合《湖北省工商行政管理机关行政处罚自由裁量指导标准》的规定，作出责令当事人停止侵权行为，没收未销售的侵权商品，没收、销毁未销售侵权包装袋500个并罚款23.4897万元的行政处罚。

二、典型意义

该案的特殊性在于当事人系商标权利人的正规加盟店。这样的品牌加盟店如果销售侵权假冒商品，往往欺骗性更大，消费者通常会认为购买的是正品。办案机关及时查办，有效维护了市场秩序和消费者合法权益。这一案例也提醒商标权人及执法机关，应注意正规加盟店销售侵权假冒商品这一新动向。权利人应定期对加盟店的经营行为开展检查，发现侵权嫌疑，及时投诉举报，执法机关应依法查处。

案例 8　中山市爱贝尔日用制品有限公司侵犯“YOYO”注册商标专用权商品案

一、案情简介

2016 年 4 月 12 日，根据第 G1093881H 号“YOYO”商标注册人贝比赞公司举报，广东省中山市工商行政管理局执法人员依法对中山市甜戈电子商务有限公司进行检查，发现该公司库存有标注“baby yoya”及“yoya”商标的儿童手推车，上述手推车由中山市爱贝尔日用制品有限公司生产销售。2017 年 7 月 28 日，执法机关对当事人中山市爱贝尔日用制品有限公司予以立案调查。经查，当事人未经“YOYO”商标注册人许可，擅自使用与该注册商标相近似的“baby yoya”“yoya”商标生产儿童手推车，并销售给中山市甜戈电子商务有限公司(另案处理)。当事人共销售上述侵权儿童手推车 787 台，合计违法经营额 11.5905 万元。

案件办理过程中，当事人提出引证商标第 G1093881H 号“YOYO”商标处于商标争议无效诉讼阶段，要求中止案件调查。权利人提供了国家工商行政管理总局商标评审委员会于 2016 年 10 月 18 日作出的维持原注册商标的裁定。办案机关认定“YOYO”商标属高知名度涉外商标，当事人侵权行为具有明显主观故意性，没有中止案件查处。

广东省中山市工商行政管理局于 2018 年 4 月 3 日依法向当事人送达听证告知书，并于 4 月 20 日举行听证会，听证会维持了该局拟作出的处罚决定。该局认定当事人的行为构成《商标法》第 57 条第(2)项所规定的侵权行为，依据《商标法》第 60 条规定，作出责令当事人立即停止商标侵权行为并罚款 34.7715 万元的行政处罚。

二、典型意义

该案涉及侵权产品流通链条中的生产者和销售者，涉案商品是否由中山市爱贝尔日用制品有限公司生产提供，直接影响案件的定性及双方责任。办案机关调查取证思路具有较强的操作性和指导意义。在办案过程中，办案机关全面分析在先的权利争议裁判结果和商标权的客观状况，坚持证据优先、效率优先，没有中止案件查处，有效维护了涉外商标权利人合法权益。

案例 9　张某侵犯“阿克苏苹果及图”地理标志证明商标专用权案

一、案情简介

2018 年 3 月，上海市青浦区市场监督管理局根据“　”地理标志证明商标所有人新疆阿克苏地区苹果协会的投诉举报线索，对当事人张某侵犯其地理标志证明商标专用权的行为立案调查。

经查，新疆阿克苏地区苹果协会于 2009 年 1 月 21 日在第 31 类苹果商品上注册“　”地理标志证明商标，注册证号为第 5918994 号。当事人张某自 2017 年 9 月起，在上海市青浦区华新镇西郊国际农产品交易中心从事苹果批发及零售活动，在未经新疆阿克苏地区苹果协会许可的情况下，擅自将其从陕西等地收购来的苹果，装入印有“阿克苏”“中国—新疆”等字样的包装箱内，并以每箱 50 元的价格假冒阿克苏苹果对外销售。执法人员现场查获侵权阿克苏苹果 673 箱，违法经营额共计33 650 元。

上海市青浦区市场监督管理局根据《商标法》第 60 条的规定，对当事人侵犯“　”地理标志证明商标专用权的行为作出责令立即停止侵权行为、没收侵权商品、罚款5万元的行政处罚。

二、典型意义

这是一起保护涉及地理标志证明商标专用权的典型案例。注册为证明商标的地理标志可以通过《商标法》获得保护,以维护权利人与消费者的合法权益。该案权利人新疆阿克苏地区苹果协会自2009年起,通过注册“阿克苏苹果及图”商标并许可会员单位使用,有效保护阿克苏苹果产品,积极促进精准脱贫和农民增收。但阿克苏苹果产品也饱受侵权假冒的困扰。该案的查处有效净化了市场环境和竞争秩序,维护了权利人和消费者的合法权益。

案例10 徐某侵犯“阿尔卑斯”注册商标专用权案

一、案情简介

2018年1月24日,江西省南昌市新建区市场和质量监督管理局接到不凡帝范梅勒糖果(中国)有限公司举报,反映徐某涉嫌生产销售假冒“阿尔卑斯”品牌糖果。接到举报,该局联合南昌市公安局新建分局对徐某依法进行检查。

经查,从2017年12月中旬起,当事人徐某在未取得食品生产许可证及营业执照和不凡帝范梅勒糖果(中国)有限公司授权许可的情况下,擅自生产加工假冒“阿尔卑斯”品牌系列糖果。执法人员在徐某自家作坊内,现场查获假冒“阿尔卑斯”成品糖果628箱和半成品原材料506箱,至案发时已销售52箱。执法人员依据《行政强制法》有关规定和《商标法》第62条第1款第(4)项的规定,对现场查获的628箱假冒“阿尔卑斯”成品糖果、还未使用的506箱半成品裸装硬糖以及包装袋、包装纸依法予以扣押,并现场查封该作坊内的生产设备。经计算,该案案值为15.9738万元。2018年2月8日,办案机关将该案移送公安机关。

2018年9月5日和12月25日,人民法院分别作出刑事判决和刑事裁定:判处当事人有期徒刑7个月,并处罚金2万元,假冒“阿尔卑斯”糖果、包装机、包装袋、包装箱等涉案物品予以没收。

二、典型意义

近年来,一些违法分子将生产销售侵权假冒商品的“阵地”转移到农村市场,不少制假窝点隐藏在偏僻的农村,发现和查处难度较大。该案发生在元旦后、春节前,涉案商品为糖果,流入市场将严重损害人民群众的生命健康。在办案过程中,行政执法机关与公安机关加强联动,及时查处,依法移送,制假售假者最终受到法律制裁,商标权利人的合法权益得到维护,同时,也积极保障了群众“舌尖上的安全”。

(国家知识产权局知识产权保护司)

2018年度反不正当竞争典型案例

案例1 北海道三菱电器有限公司企业名称市场混淆不正当竞争案

一、基本案情

2018年4月3日,宁波市市场监督管理局根据举报,对北海道三菱电器有限公司两处仓库依法进行检查。现场检查发现,当事人仓库内堆放外包装上印有“Hokkaido Mitsubishi Electric Appliance Co.,LTD”英文标识的空调外机1355个,印有“Hokkaido Mitsubishi Electric Appliance Co.,LTD”英文标识的空调内机1755个。

经查,当事人自2017年11月起,委托TCL空调器(中山)有限公司定牌生产“MITSEIN”空调,空调产品的外包装纸箱均由当事人提供,包装纸箱上印有“Hokkaido Mitsubishi Electric Appliance Co.,LTD”的英文字样,其中英文标识“Hokkaido”(中文翻译为北海道,位于日本北部一岛),系日本一地名,英文标识“Mitsubishi”(中文翻译为三菱),系三菱电机株式会社于1998年注册在11类商品上的注册商标,当事人使用该商标并未取得“Mitsubishi”商标所有人三菱电机株式会社授权许可。现场清点,型号为KFR-25W/SL(弥特斯M5)空调外机250台、型号为KFRD-25G/SLS(弥特斯M5)空调内机232台,单个外机和内机的价格分别为507.5元和217.5元;型号为KF-25W/SL(弥特斯M5)空调外机200台、型号为KF-25G/SLS(弥特斯M5)空调内机200台,单个外机和内机的价格分别为493.5元和211.5元;KFR-35W/SL(弥特斯M8)空调外机332台、型号为KFRD-35G/ SLS(弥特斯M8)空调内机305台,单个外机和内机的价格分别为549.5元和235.5元;型号为KFR-72W/SL(标配)空调外机1台、型号为KFRD-72L/SLS(梦芬芳)空调内机1台,单个外机和内机的价格分别为1260元和540元;型号为KFR-35W/SL(弥特斯M7)空调外机522台、型号为KFRD-35G/SLS(弥特斯M7)空调内机967台,单个外机和内机的价格分别为532元和228元;型号为KF-35W/SL(弥特斯M6)空调外机50台、型号为KF-35G/SLS(弥特斯M6)空调内机50台,单个外机和内机的价格分别为514.5元和220.5元。上述产品的经营额总计1 109 326.5元,尚未对外销售。

二、法律适用

当事人擅自将他人“Mitsubishi”的商标标识作为其企业名称印刷在其定牌生产的空调产品外包装上,引人误认为是三菱电机株式会社的商品或者与三菱存在特定的联系,足以使消费者产生混淆的行为已违反《反不正当竞争法》第6条第(1)项的规定。鉴于当事人的产品尚未销售,具有从轻情节,根据《反不正当竞争法》第18条的规定,宁波市市场监督管理局对当事人作出停止违法行为,没收印刷有“Mitsubishi”英文标识的空调产品3110台,并处罚款55万元的行政处罚。

三、案件评析

(1)已注册并使用的企业名称造成引人误认是否构成不正当竞争行为。

《商标法》第58条规定:“将他人注册商标、未注册的驰名商标作为企业名称中的字号使用,误导公众,构成不正当竞争行为的,依照《反不正当竞争法》处理。”本案当事人注册的“北海道三菱电器有限公司”含有“三菱”注册商标,造成导致市场混淆的结果,应被《反不正当竞争法》第6条第(1)项规定禁止。

(2)当事人企业名称造成引人误解市场混淆分析。

当事人“北海道三菱电器有限公司”名称中,“北海”是行政区划,“道三菱”是企业字号,实际使用中容易被读成北海道—三菱电器公司。本案当事人在注册名称中正是利用这种引人误解的混淆,以实现获得市场认可增加销售的商业目的,主观故意性较强。一是“北海道”作为日本地名,“三菱”作为日本三菱电器公司的注册商标,在全球都享有较高的知名度。当事人利用企业注册名称核准的要求,在北海市设立公司,造成混淆的后果,反映了其主观故意的内容。二是表现在其产品包装上的标注的企业名称中。当事人没有使用核准的中文企业名称,而是使用的英文。其中,“Hokkaido”中文翻译为北海道,“Mitsubishi”中文翻译为三菱。

案例2 真龙啤酒(湖北)有限公司、湖州特思拉啤酒有限公司中华啤酒市场混淆不正当竞争案

一、基本案情

2018年3月28日,华润雪花啤酒(浙

江)有限公司的投诉举报称：湖州特思拉啤酒有限公司(以下简称特思拉)涉嫌侵犯注册商标专用权。2018年4月3日，浙江省德清县市场监督管理局执法人员依举报对当事人进行检查，现场发现中华啤酒14 960箱、中华啤酒空罐531 148个、包装纸箱16 950只，上述啤酒产品包装罐和外包装箱都是大红色底色，带有“中華”“chunghwa”字样、金色“天安门”图形、“华表”图形装潢。其中，标明委托商为“真龙啤酒(湖北)有限公司”(以下简称真龙啤酒)的330ml×24听装中华啤酒6800箱，500ml规格空罐190 610个；标明委托商为“中华啤酒(上海)有限公司”的330ml×24听装中华啤酒8160箱，330ml规格空罐340 538个，包装箱16 950只。

经查明，特思拉于2017年6月20日与真龙啤酒签订中华啤酒产品的委托加工合同，合同约定：由真龙啤酒(湖北)有限公司提供啤酒产品包装辅材，由当事人生产原料并灌装上述中华啤酒后销售，加工量不少于1000千升，加工费为1155元/千升啤酒等。2017年11月，当事人开始生产标明“真龙啤酒(湖北)有限公司委托”的500ml及330ml普罐中华啤酒。真龙啤酒股东陈伟文、兰榕娇于2017年12月19日在香港注册中华啤酒(上海)有限公司。2018年3月15日后，特思拉开始生产标明“中华啤酒(上海)有限公司委托生产”的330ml纤体罐中华啤酒。

2018年6月12日，执法机关收到上海烟草集团有限责任公司提交的侵权控告书，请求查处中华啤酒。截至2018年6月14日，特思拉共生产中华啤酒559吨，其中规格为500ml的中华啤酒13 485箱，规格为330ml纤体罐装中华啤酒48 418箱，规格为330ml的普通罐装中华啤酒12 010箱，对应加工费为64.56万元。上述3种规格啤酒真龙啤酒销售价格分别为58元/箱、78元/箱、68元/箱，货值金额合计455.52万元。

二、法律适用

当事人擅自使用与上海烟草集团有限责任公司有一定影响的中华香烟包装装潢近似的标识，引人误认为是上海烟草集团有限责任公司商品或者与上海烟草集团有限责任公司存在特定联系的行为，违反了《反不正当竞争法》第6条第(1)项规定，构成市场混淆不正当竞争行为。执法机关对两当事人作出“责令改正”，特思拉罚款50万元、真龙啤酒罚款200万元的行政处罚。

三、案件评析

(1)当事人生产经营中华啤酒行为是否构成商标侵权。

投诉人华润雪花啤酒(浙江)有限公司于2006年3月30日受让取得第712771号注册商标，其图案为天安门城楼、华表及“ZHONG”“HUA”组合图案，核定使用商品为第32类啤酒饮料，该商标于1994年注册，续展后有效期至2024年10月27日。2016年7月26日，第712771号商标因连续三年未使用被撤销啤酒类别注册。因此，华润雪花啤酒(浙江)有限公司采取保护性注册，于2016年5月21日取得第16604908号注册商标，其图案与第712771号商标一致，且商标核定使用商品/服务项目为第32类啤酒饮料。因第16604908号商标含有天安门城楼图案，根据《商标法》第10条第(1)项及第44条的规定，执法机关认为上述商标的权益不稳定。又因第16604908号商标注册日期为2016年5月21日，至今未满五年，根据《商标法》第45条第1款的规定，该商标的权益不稳定。另华润雪花啤酒(浙江)有限公司自第16604908号商标注册之日起至今未在啤酒类产品中使用该商标，故当事人的行为对投诉人未造成实际侵权损害。综上，执法机关认为华润雪花啤酒(浙江)有限公司提出的侵权投诉不成立。

（2）跨商品类别的混淆行为属于《反不正当竞争法》规制范畴。

《反不正当竞争法》明确了除引人误认为是他人商品外，误认为与他人存在特定联系也属于“混淆”的范畴。本案当事人生产销售的中华啤酒产品的啤酒罐、包装纸箱通体用大红色底色，并使用“中華”商品名称、华表及“chunghwa”组合图案、天安门城楼及华表图案组合而成的整体装潢与上海烟草集团有限责任公司所有的第100328号注册商标及实际生产的中华香烟产品的名称及装潢近似，会使消费者误认为该啤酒产品的来源与“中华香烟”的生产商上海烟草集团有限责任公司存在特定联系。

（3）委托生产企业是否属于混淆行为“擅自使用”的行为主体。

案件调查期间，特思拉以其审查了真龙啤酒的营业执照、商标及商标授权书，其不应是混淆行为的实施者，且生产的中华啤酒产品质量符合标准等理由请求免于行政处罚。执法机关认为，当事人作为真龙啤酒的受托生产商，实际上是中华啤酒的生产商，依据《反不正当竞争法》第2条第3款“本法所称的经营者，是指从事商品生产、经营或者提供服务（以下所称的商品包括服务）的自然人、法人和非法人组织。”之规定，认定当事人为混淆行为的实施者，对当事人请求免于行政处罚的理由不予采纳。

案例3　深圳市云海信科技有限公司“海信”混淆不正当竞争案

一、基本案情

“海信”注册商标权利人海信集团投诉，称当事人涉嫌混淆不正当竞争及虚假宣传。2018年6月7日，深圳市市场稽查局依法对当事人位于深圳市龙华新区布龙路宝龙大厦的经营场所进行执法检查，现场提取了销售合同、（香港）海信电子集团电视出货明细以及含有“中国电子信息百强企业”等宣传内容的经营资料一批；依法扣押“Haixin”液晶电视机14台，涉案电视机正面标有“Haixin”等标识，反面标有“Haixin高清智能电视”、“制造商：海信集团（香港）电子有限公司”“深圳市云海信科技有限公司”等字样。因当事人涉嫌虚假宣传以及生产、销售的“Haixin”液晶电视擅自使用他人有一定影响的企业名称（包括简称、字号等）混淆市场的违法行为，深圳市市场稽查局依法立案调查。

经查，当事人主要从事高清智能液晶电视经营，其在经营活动中以“海信集团（香港）电子有限公司”“香港海信集团有限公司”的名义开展业务。在当事人经营场所内，设有“Haixin”酒店智能电视展示区，其上标有“香港海信集团”“Haixin酒店智能电视”等字样。在其公司宣传手册、电视报价单、销售合同、销售的产品及其外包装、公司员工名片等经营资料中含有“海信集团（香港）电子有限公司”“香港海信集团有限公司”“深圳市云海信科技有限公司”“Haixin”酒店智能电视”“全国统一客服：4006-724-360”“http://haixin0755.cn”等内容。此外，在当事人的营销资料（电视销售常见的十个问题以及回答口径）中还含有“如客户咨询：是不是正牌的海信？则回答：是有正规授权的，海信集团旗下有两个系列，一个是做家用的，另一个是主打工程用的，我们的专业是做工程系列……”等内容。此外，当事人官网“www.haixin0755.cn”、产品宣传手册等经营资料显示：“海信集团（香港）电子有限公司”先后荣获“中国电子信息百强企业”“深圳工业百强企业”“《福布斯》中国最具潜力200强企业”“深圳市民营领军骨干企业”“深圳市50强民营企业”“广东省制造企业100强”等荣誉称号。经核实，上述宣传内容全部虚假。

2017年3月至2018年6月，当事人共生产“Haixin”高清智能电视3932台，已销售3918台，当事人违法经营额合计546.78万元。

二、法律适用

当事人使用"海信集团(香港)电子有限公司""香港海信集团有限公司"的名称对外经营,引人误认为是他人商品或者与他人存在特定联系的混淆行为,违反了《反不正当竞争法》第6条第(2)项的规定,依据《反不正当竞争法》第18条的规定,执法机关决定责令当事人立即停止违法行为,对当事人作出以下行政处罚:(1)没收违法商品"Haixin"液晶电视14台;(2)处以违法经营额一倍的罚款546.78万元,虚假宣传罚款20万元,罚款合计566.78万元。

三、案件评析

(1)虚假宣传辅助实现混淆行为效果。

当事人注册了域名"www.haixin0755.cn"的官网,制作了各种宣传手册,宣传其荣获"中国电子信息百强企业""深圳工业百强企业""《福布斯》中国最具潜力200强企业""深圳市50强民营企业"等不实荣誉;然后,在电话营销中,采取各种策略忽悠消费者,有关证据显示:如果有客户咨询"是不是正牌的海信?",则回答"我们是有正规授权的,海信集团旗下有两个系列,一个是做家用的,另一个是主打工程用的,我们的专业是做工程系列……"。此外,当事人还在其生产、销售的产品上打擦边球、钻空子,不是完全标注权利人"海信"驰名商标,而是将该商标转换成拼音"Haixin"标注在商品上,或是将"海信"驰名商标作为企业名称中的字号在经营活动中使用,等等,以达到借"海信"商誉谋求不正当利益的目的。

(2)混淆行为主观故意明显。

当事人从事高清智能液晶电视经营行业多年,应当知道海信集团是国内知名企业,"海信"商标为驰名商标。在此情况下,当事人仍将"海信"驰名商标作为企业名称中的字号使用,不仅注册登记"深圳×海信科技有限公司",还在香港注册登记"海信集团(香港)电子有限公司"。在后者被变更为"注册编号2280821有限公司"后,仍以"海信集团(香港)电子有限公司"的名义,在产品、包装、销售合同、广告宣传、展览以及其他商业活动中突出使用,误导消费者,主观故意明显。

(3)准确认定混淆行为违法经营额。

在本案中,对已销售的电视机,需要认定是否因当事人的混淆行为而形成的违法收入。执法机关通过检查销售数据、核查销售合同、随机调查客户等方式,固定了有关证据,准确认定了当事人的违法经营额,为最终作出的行政处罚提供了关键证据支持。

案例4 敖某等三人侵犯商业秘密不正当竞争案

一、基本案情

2018年1月22日,浙江省湖州市市场监督管理局接某电子科技公司(以下简称权利人)的举报称,该公司技术人员敖某披露了公司"UF料应用球硅原料"的技术秘密,请求查处。

经查,敖某是权利人的工艺装备部部长和原料生产线项目的执行人,2016年3月参与了权利人UF料应用球硅原料课题的研究,与权利人签有《劳动合同》《企业员工保密协议》《项目保密协议》和《竞业限制协议》。这些协议明确约定敖某在任职期间参与完成的,与权利人相关的发明创造、作品和计算机软件、技术秘密或其他商业秘密信息,若敖某未主张知识产权且经权利人确认,均由权利人享有知识产权。其中《项目保密协议》就UF料应用球硅原料的建设和生产制造等技术信息,均作为权利人的商业秘密要求敖某予以保密。

2017年9月,敖某与掌某、孙某商定由敖某提供UF料应用球硅原料生产技术,三人共同投资35万元,在连云港东海县购置设备建厂生产。至案发,已生产200吨除杂质的UF料(尚未对外销售),库存未除杂的 UF 料 1000 吨，尚未造成权利人的直接经济损失。

二、法律适用

敖某利用职务之便，违反与权利人签订的保密协议，将权利人"UF 料应用球硅原料"生产技术的商业秘密披露给掌某、孙某，并运用该技术生产出侵权产品的行为，违反了《反不正当竞争法》第 9 条第(3)项规定，构成侵犯商业秘密不正当竞争行为。依据《反不正当竞争法》第 21 条规定，湖州市市场监督管理局对敖某等三人作出责令停止违法行为，并分别处以敖某、掌某各罚款 20 万元，孙某罚款 10 万元的行政处罚。

三、案件评析

侵犯商业秘密案件调查的难点，一般在三个方面。一是商业秘密的认定；二是具体侵犯商业秘密的行为方式；三是商业秘密被侵犯后，对权利人造成的具体损失。就本案而言，后两个方面的取证难度不大，本案执法人员重点围绕商业秘密的秘密性、价值性、保密性组织调查和认定。

(1)关于秘密性的认定。

秘密性是指商业秘密所处的状态是秘密的，没有被公开过，在《反不正当竞争法》第 9 条第 4 款中的表述为"不为公众所知悉"。本案权利人主要产品为球形二氧化硅(以下简称球硅)，其生产原料为天然石英和熔融石英。为了获取质优价廉的生产原料，权利人自 2012 年提供资金、设备，并组织相关技术人员开始研发，经过较长时间的反复试验，确认使用过的熔融石英坩埚废弃料(以下简称 UF 料)可以作为生产球硅的原料，该技术及有关去除工艺，在公知渠道无法获取，属于权利人专有的技术秘密。

(2)关于商业价值性的认定。

商业价值性指商业秘密必须能被应用到实际生产或经营管理中去，并且是有经济价值而能够为其权利人带来实际的或潜在的经济利益和竞争优势。本案权利人从 2015 年 5 月至 2017 年 9 月成立课题组专门研发"UF 料应用球硅原料"技术，付出的开发成本成为该技术价值的一部分。该技术应用后，原材料成本减少，为权利人带来明显的现实经济利益，在同行业竞争中保持优势。因此，本案的权利人拥有的技术信息具有商业价值性。

(3)关于保密性的认定。

保密性是指商业秘密的权利人根据需要，对商业秘密采取的合理的保护措施。本案的权利人与敖某签订了《劳动合同》《企业员工保密协议》《项目保密协议》和《竞业限制协议》，应当认定权利人对"UF 料应用球硅原料"技术采取了保密措施。

案例 5　朱某梅侵犯商业秘密不正当竞争案

一、基本案情

2018 年 6 月 27 日，浙江省义乌市市场监督管理局根据举报对朱某梅涉嫌侵犯浙江某化妆品有限公司(以下简称化妆品公司)商业秘密的行为，进行立案调查。

经查，该化妆品公司是一家化妆品生产企业，当事人朱某梅为该公司的员工，主要负责销售业务，掌握有公司部分客户信息等商业秘密。当事人的姐姐朱某丽于 2017 年 10 月 12 日起在义乌国际商贸城从事化妆品销售生意。当事人为获取利益，主动在微信上给其负责联系的部分该公司的客户和一名其他公司员工负责联系的客户介绍订购朱某丽处销售的化妆品，但并未向客户透露其与朱某丽之间的关系。上述化妆品公司客户的生意，由当事人自己通过微信负责联系接单、找货源和发货给客户，赚取利润由其独自获取。在案件取证中，该局执法人员善于取舍，以实定虚，注重实体证据，同时通过技术手段对当事人的销售记录、微信聊天记录和转账记录等电子证据进行固定，为案件突破打下基础。

二、法律适用

当事人使用该化妆品公司客户微信等经营性信息为他人进行化妆品销售业务违反了《反不正当竞争法》第 9 条第 1 款第(3)项的规定，构成侵犯商业秘密不正当竞争行为。执法机关根据《反不正当竞争法》第 21 条的规定，对当事人作出责令停止违法行为和罚款 10 万元的行政处罚。

三、案件评析

客户微信信息是否属于商业秘密是本案定性的基础。本案中客户信息是当事人在就职时因业务往来而互为微信好友获得的，并且其收集的客户交易习惯、意向等更多内容，属不为公众所知悉的信息。企业是从客户的购买中实现企业的收益，上述客户信息具备商业价值。同时，该化妆品公司建立保密制度、采取订立保密协议，具备了商业秘密的保密性要件。

在本案调查取证中，执法人员善于取舍，以实定虚，注重实体证据，同时通过技术手段对当事人的销售记录、微信聊天记录和转账记录等电子证据进行固定，为案件突破打下基础。

经营信息是指技术秘密以外的能够构成商业秘密的其他特定信息。长期以来，在人们对商业秘密的保护观念中，技术信息比经营信息要重要得多，但随着我国市场经济的快速发展，经营信息在企业的发展中显得越来越重要。企业商业秘密自我保护能力是案件查处的前提。类似本案权利人一样的企业应积极完善保密措施，采取事前积极预防、事后合力维权，有效维护自身权益和保护自身的竞争力。

（国家市场监督管理总局价格监督检查和反不正当竞争局）

国家知识产权局学术委员会2018年度一般课题学术研究成果

1. 课题名称:专利开放许可运行机制及法律问题研究(初审专业委员会)

负责人:杨玲

《中华人民共和国专利法》第四次修改引入了专利开放许可制度,明确了开放许可的要约性质。本课题通过国外开放许可制度对比研究、实证研究、法律问题研究三种研究方法,以期明晰开放许可制度的运行机制、梳理并深入分析相关法律问题,最终提出符合我国国情的开放许可制度具体实施方案。

在国外开放许可制度对比研究中,课题组对英国、德国等国家以及PCT申请的开放许可制度进行了重点研究,并对英国、德国的开放许可公告数据进行了统计分析,由此了解其运行情况及基本特点。

在实证研究中,课题组了解到在实际交易中可能的开放许可运行机制,即无论许可条件是否已经足够合理,被许可方均会在公示的许可条件基础上与专利权人进行接洽或谈判,并最终签订专利实施许可合同。对于此种运行机制,课题组认为应当予以认可,并对可能出现的问题进行了分析并提出解决方案。

在法律研究部分,梳理了开放许可法律问题框架,主要包括四个方面:一是我国开放许可制度的模式选择与功能定位。二是开放许可制度中专利行政管理部门的职能定位。专利行政管理部门在开放许可制度中的行政职能包括三个方面,即服务职能,监管职能,调解职能。三是开放许可制度与其他法律法规的衔接。四是开放许可制度全流程中涉及的法律问题。

课题组基于以上研究,提出了开放许可制度实施细则(建议稿)、开放许可管理办法(建议稿)和开放许可流程设计方案、开放许可声明(模板)等具体建议。

2. 课题名称:人工智能在发明专利申请初步审查及法律手续文件审查中的应用研究(初审专业委员会)

负责人:孙传利

本课题对欧洲、美国、日本、韩国等国家的专利智能辅助审查的发展状况进行了分析研究,同时对我国专利申请及审查现状进行梳理,重点选取了发明专利初步审查、PCT申请进入国家阶段初步审查、法律手续审查等业务作为试点,着重分析了这些业务存在的难点,研究并探索了人工智能(以下简称“AI”)在审查业务领域应用的必要性、紧迫性和可行性,为解决审查中面临的瓶颈问题提供思路。

本课题形成了上述三种审查业务AI技术运用分级表,确定了重点突破方向,综合运用卷积神经网络、中文分词、正则表达式、新词发现、图像识别、自然语言处理等AI技术,着重解决了发明初审中明显实质性缺陷等文字语义相关审查、说明书附图内容和清晰度审查、图号一致性审查、非正常申请筛查,PCT初审中说明书译文一致性审查、附图一致性审查、附图译文一致性审查,法律手续审查中意见陈述书审查、合同内容审核等一系列突出问题,并进行了详细方案设计，进一步突破审查效率瓶颈。课题组还对人机交互方式的进一步改进、电子合同签署系统、智能客户服务系统以及AI技术在管理工作中的运用等进行探索。

课题组通过与技术方紧密合作，以实证方式对相关方案进行了实际验证，取得了较好的效果。

课题组提出了AI技术在专利审查流程中应用的发展目标、实施建议与措施，给出了“重点发展—全面发展—引领发展”的推进路径。

3. 课题名称：初探区块链技术在专利领域的应用及影响（初审专业委员会）

负责人：朱晓琳

当前区块链等新技术为各行各业提供了技术变革的基础，本课题针对区块链技术进行深入研究，将其“不可篡改”“可追溯性”等安全的网络信任机制优势发掘运用于专利审查、运营方面，并结合人工智能等新技术进一步提出了未来审查模式的初步构想。

本课题通过对区块链技术的深入研究，一方面，将区块链技术中的“数字签章”“链上存证”“智能合约”等具体技术运用于专利审查和专利运用中，并贴合专利审查和运营的工作性质，构建联盟链作为应用基础，其中：由政府各部门，包括专利局、工商局、公安部等作为区块链的一级节点，负责信息的分布式存储，参与共识机制，实现数据的存储、更新，信息的备份和验证；专利申请人、代理机构、其他公众作为联盟链用户，浏览所申办业务的进度，办理存证、取证，进行链上交易等。另一方面，将区块链技术与人工智能、大数据、语义技术等其他新技术有机结合，提出对未来审查模式的构想，并绘制了新一代的审查模式的基本框架，包括：利用联盟链完成身份验证和证据存证；链上提出专利申请；机器完成形式审查，人工完成对明显实质性缺陷以及特殊项的审查，其中特殊项的审查可以通过链上取证；机器粗分，人工细分；自动检索，利用语义分析进行初步“三性”判断并生成通知书后人工核查；链上发送授权通知；链上缴费、通过智能合约进行专利权交易等。

通过区块链技术的应用，可解决当前最困惑的证据真实性审查，在联盟链各可信政府部门作为节点的共识机制下，数据的存储、更新和安全性都可以得到优异的保证，同时凭借联盟链平台还将带动专利运营方面的各项便利。因此，区块链技术的应用将大大提高专利审查质量和效率，良好地促进专利的运用和转化。

4. 课题名称：通过审查视角发现和认识高价值实用新型专利（实用新型专业委员会）

负责人：朱广玉

本课题从分析和研究高价值实用新型专利典型案例入手，通过借鉴国内外专利价值评估相关研究成果，广泛调研实用新型领域审查员对高价值实用新型专利申请的审查实践需求，归纳总结高价值实用新型专利申请的一般规律，结合我国实用新型专利制度的特点和审查实际，提炼出审查阶段发现高价值实用新型专利申请的关键要素，探索实用新型初步审查阶段发现和培育高价值专利的模式，在此基础上给出关于审查管理政策及信息化保障的建议，为提升实用新型审查质量和效率提供具有可操作性的参考建议。

课题主要研究内容包括：

（1）总结专利价值和高价值专利评价的常用方法及评估体系，从可适用性角度出发与实用新型审查内容、审查标准相结合，综合考量各种因素，给出审查阶段高价值实用新型专利的标准和定义。

（2）选取高价值实用新型案例并汇总分析数据，归纳总结出高价值实用新型典型案例的共性特点，并从附加信息、法律信息、技术信息等三个层面进行重点分析，结合调查问卷总结出高价值实用新型专利的一般规律。

(3)探索实用新型初步审查阶段高价值专利的发现和培育模式，提炼实用新型初步审查阶段发现高价值专利的判断流程及要点，并结合发现高价值专利的关键环节进一步研究如何从审查层面和能力提升方面培育高价值专利。

(4)形成实用新型初步审查管理政策建议，对于实用新型专利审查中审查标准、质量保障、信息化保障等方面提供参考和借鉴思路。

5. 课题名称:专利法意义上外观设计专利权本质特征研究(外观设计专业委员会)

负责人:蒋红斌

在国家知识产权局深入实施专利质量提升工程，注重培育高价值核心专利的背景下，为实现外观设计专利数量和质量的均衡发展，亟需对外观设计的本质进行系统性研究。

本课题从设计的专业角度，以中国设计创新的基本情况和内在本质为主要研究内容，了解和分析设计内在的发展机理和对知识产权的要求，充分考虑设计的全流程因素，从而形成对设计价值进行评判的五个层次的判断维度。

(1)使用方式维度，反映了使用者的行为方式、生活观念、社会形态，更加接近于设计创新的本质。

(2)设计语意维度，更加注重产品所承载的创新的文化内涵、品牌价值以及设计内涵和外延之间的关系设计，即将物化的可视的设计元素与产生这些设计元素的设计语意相结合。

(3)情感化设计维度，关注情感关联的建立、情感共鸣的生成、情感认同的唤起。

(4)人机工程维度，将“设计以人为本”作为衡量一件设计作品优劣的重要标准，评价产品设计中多层次的关系体系和逻辑。

(5)CMF 设计维度，色彩、材料、表面处理工艺是构成 CMF 的主要元素，对产品形态的视觉体验、感官体验产生重要影响。

设计创新的科学水平正在日新月异地增长，在对设计本质的重新定义、交互设计的知识产权保护、为设计创新的内在机理所服务的知识产权管理体系等方面都有巨大的提升空间，从而进一步建立健全外观设计专利的判断方法和科学操作，以提升外观设计专利审查的准确性和专业性。

6. 课题名称:5G 关键技术的有效审查研究(实审专业委员会)

负责人:杨红丽

随着 5G 技术的发展，5G 技术相关的专利申请量也呈大幅增长趋势。大量的 5G 关键技术相关申请存在与通信行业标准关联紧密，技术涵盖广泛、更新快，申请人多为大型公司等特点。5G 关键技术的迅速发展和特殊性，给审查员带来了很大的困难。

课题组通过对 5G 关键技术点的技术梳理和对 5G 关键技术创新主体的调研，分析 5G 关键技术申请的专利申请特点和审查中遇到的难点，从而确定课题研究的内容包括提高 5G 关键技术申请的检索效率和质量以及提高 5G 关键技术申请的审查效能。课题组基于 5G 关键技术的特点和审查的难点，首先，创新性地开发制作了 3GPP 检索速查工具，形成针对规范进行检索和针对文档进行快速高效检索的两级检索速查表;其次，通过梳理 5G 关键技术点，分析 5G 部分关键技术点的 CPC 分类位置，给出分类映射;最后，课题组通过解析审查方面的薄弱环节，提出提高本领域技术人员站位的有效建议，给出审查过程中 5G 关键技术申请常见的问题，给出考虑的角度和参考手段，并提出了关于审查流程设置的建议。

课题组给出 5G 关键技术申请的 3GPP 检索策略和 CPC 检索策略，在 5G 关键技术审查中易忽略的情形以及考虑问题的角度和手段，实用性强，便于审查员操作，可促进实际审查中对于 5G 关键技术相关申请技术方案的透彻理解，以及对相关申请关键技术的技术点定位，从而提高 5G 关键技术申请的审查效率和审查质量。

7. 课题名称:高价值核心专利智慧审查方法研究(实审专业委员会)

负责人:朱晓琳

本课题以高价值核心专利的智慧审查方法为研究目的,围绕高价值专利如何筛选和如何智慧审查开展研究,从全流程剖析高价值专利的六大特性,首次提出并建立了以专利生命周期为主线,从创造、申请、审查、确权维权到运营5个阶段的反映专利价值概率的指标群,在对指标进行聚类分析的基础上,运用层次分析理论搭建专利价值流动态评估概率模型(PVSM)。考虑到特定应用场景的评估需求差异,课题选取21项指标,运用改进的层次分析理论,结合组内专家对相关指标的权重进行定义,建立了针对特定应用场景可工程实现的PVSM简化模型,并对简化模型的合理性和有效性进行了验证。

基于模型筛选后的高价值的专利申请,本课题建立了符合法律经济学的智慧审查制度,宏观引导将审查资源投放到个性化需求较高的高价值专利申请上。根据模型筛选的结果,在人力资源分配上,可以将审查员等级与申请的价值概率等级映射;在审查模式上,实时根据申请的价值概率等级,调配不同的审查方式;在通知书次数上,通过修订缴费制度,建立费用与申请人预判为有价值的专利申请之间的关联;在周期服务上,通过设置加快和延迟机制,可以满足创新主体的个性化需求。通过模型的聚类,对比不同地区的专利申请量和高价值申请量的变化趋势,对比国内外各行业发展的不同方向,从而验证各地政策扶持的效果、分析技术优劣势,从而将资源向某些行业有针对性地倾斜。通过该智慧审查制度实现了专利申请的审查资源动态调配、专利申请的行业政策预警验证以及审查周期的个性化需求定制服务。

本课题不但能够为高价值专利申请提供可靠的分类定级,为审查资源的分配提供动态的指引,为申请人的个性化需求提供定制服务,更为提高审查质量、提升审查效能提供有力支撑。

8. 课题名称:综合运用历史数据提升审查质量研究(复审专业委员会)

负责人:李新芝

提高审查质量是实施专利质量提升工程的重要环节,复审程序由于其审级优势而成为审视专利审查质量的独特切入点。本课题采用对比研究和实证研究的方法,从2013~2017年发明复审立案案件的案件量、前置撤驳率、前置无修改撤驳率、合议审查撤驳率、直接撤驳率、无修改直接撤驳率等宏观统计数据入手,借助于所述数据的统计数值、年度变化趋势、数据所反映出的领域差异和部门差异以及对细分领域的深入分析,试图反映审查过程中的规律性、趋势性现象,力图最大限度地展现专利审查过程中的质量变动,并结合对相关案例的具体分析力图发现数据偏差背后的原因,为专利审查质量的提升提供数据支撑或切入点。

本课题的统计数据和典型案例表明,近年来我国发明专利审查质量整体上呈现出以下特点:首先,以"三性"评判为主线的全面审查已得到全面贯彻执行,涉及新颖性和创造性的问题成为审查工作重点;其次,前后审之间的审查标准执行一致性提高,但不同领域之间在审查标准的把握方面存在差异;最后,绝大多数案件的审查过程符合审查结论正确优先的导向,在审查结论正确的前提下进行审查策略、审查效率的优化。课题组建议,进一步做好数据统计以关注部门领域之间的数据差异,进一步发挥好复审前置程序的作用,进一步加强对创造性审查标准的研究,进一步加强前后审之间的沟通交流,重视驳回前置以及合议审查之间的整体规划性,并建议通过以上五个方面进一步提高专利审查质量和效率。

9. 课题名称:无效程序中止的法律问

题研究(复审专业委员会)

负责人:刘军华

在本课题的研究过程中,课题组首先对专利无效中止程序近几年的实施情况进行了实证分析,梳理了专利无效中止程序现阶段存在的问题。其次,结合我国专利无效程序涉及中止的不同情形,课题组对具体中止情形的必要性进行一一分析,得出了部分中止情形与专利无效程序和专利制度的根本价值已经发生冲突的结论。最后,从价值分析角度,课题组认为专利制度及配套机制的设计应当符合创设制度的根本价值,符合国家经济社会发展的现实需求,使制度产生的效益最大化。而现行专利审查无效中止程序的施行,中止范围过于宽泛,审查主体过于单一,审查标准流于形式化,中止效果并不理想,应当及时予以调整。

课题组研究认为,结合专利授权审查行为、专利无效审查行为的性质,以及现实中无效中止的必要性,拟对专利无效中止制度进行重构,包括对《专利法实施细则》和《专利审查指南》进行修改,明确中止适用范围不包括专利权无效宣告程序;同时明确权属纠纷当事人申请参加无效宣告程序,在无效宣告程序对专利权人主动修改权利要求书的修改文本提出异议的,原专利复审委员会应当审查是否接受该修改文本,并对该修改方案进行论证,一则符合制度建构的合法性原则、有效性原则、现实性原则和可行性原则,二则亦符合行政行为公定力要求和行政行为程序要求。同时,在现实法律框架体系下,也可以根据两类主要的中止情形,选择合适的实施方案,赋予审查员相应的自由裁量权,确保在维护真正权利人利益的情况下,针对性决定中止与否。

10. 课题名称:大数据容器模型与专利审查和管理全生命周期的对接研究(信息化专业委员会)

负责人:朱晓琳

近年来大数据及其分析技术的充分利用,有力提升了各行业的管理智能化水平。随着专利审查提质增效工作的深入推进,有必要探索契合我局特点的大数据解决方案,对审查和业务管理中的问题进行高效的分析和优化。

本课题根据"大数据+容器"的研究思路,挖掘大数量、多角度的审查和管理数据的内在联系,运用相关算法分析隐含问题,优化关联资源配置;引入可对大数据进行封装、自动聚合和复用的"数据容器"作为审查数据的载体,对审查人员、任务、周期、质量等数据进行封装,在个人、领域、部门等层级上聚合成不同规模的数据容器,并在此基础上进行大数据分析和优化,以及根据新业务规则对结果进行灵活调整。

课题具体选取了审查和管理中的三个重要问题,对其构建容器模型、对接智能分析算法并进行仿真验证。

(1)任务智能规划,根据实时任务完成情况和需求、历史完成能力和质量数据等,建立容器模型,以实时预测、逐月规划个人及部门的审查任务和处理进度。

(2)周期智能管理,在任务模型基础上结合周期因素,对多种周期管理案件给出处理优先级排序和时间建议,动态优化审查节奏。

(3)检索行为分析,在容器模型中逐案建立检索时间轴,基于正、负样本进行对比,分析检索过程、检索习惯,挖掘离群行为,帮助个人修正检索行为,帮助预警部门检索质量风险。

课题进一步分析了大数据和容器技术在优化我局业务管理中的通用性,提出可行解决方案,在提高审查和管理智能化水平方面进行了有益探索。

11. 课题名称:新工业革命下专利分类体系未来发展规划研究(文献专业委员会)

负责人:卢慧生

本课题围绕新工业革命下,国际专利分类(IPC)体系未来发展面临的瓶颈和我局专利分类修订工作如何适应新形势而展开。

一是秉承可持续发展理念，采用理论研究和实证研究相结合的方法，探索未来IPC体系应对新兴技术发展的通用解决方案，提出了在IPC中新增一个索引部的大胆设想以及配套的修订程序，促使其更好地服务于我国科技创新和经济发展。

二是以美国、日本、欧洲、韩国等国家和地区的新兴产业为主要研究对象，综合考虑各分类体系（IPC，CPC和FI）对于新兴产业和新兴技术的关注程度，初步筛选出我局在新增索引部框架下优先开展分类修订的若干技术领域。同时，采用权重计算等科学量化公式，对尚未进行修订的1646个大组分类号进行优先级排序；在此基础上，以中国制造2025和中国战略新兴产业为主线，规划得出与国家经济、科技、产业发展相适应的50个优先修订领域，从而为我局加强分类修订工作的统筹布局提供有力的业务支撑。

三是结合专利分类修订工作的国际形势和局内现状，提出我局分类修订管理工作优化建议，进一步从制度层面加强保障，具体内容包括建立专项工作组机制，制定科学合理的内部工作流程，加强与产业界的沟通互动，以及相关的修订项目评价体系、激励措施和推广措施建议等，以期进一步提高我局分类修订工作管理水平，确保我局分类修订管理工作更好地适应新形势、新发展和新要求。

12. 课题名称：助力专利高质量发展的专利信息服务评价指标体系研究（文献专业委员会）

负责人：诸敏刚

高质量专利，是实施国家创新驱动发展战略的重要支撑，是推进知识产权强国建设的重要基础，是我国产业转型升级的强力引擎，是我国企业创新发展的核心竞争力。专利信息应用贯穿于专利工作的各个环节，高水平的专利信息服务能够在专利的技术研发创新性、专利权的稳定性、专利产品的市场认可度、专利的技术壁垒、专利的法律价值、专利交易方面发挥重要的支撑作用，发展专利信息服务业能够为专利高质量发展助力。

本课题在对国内外专利信息服务研究现状进行调研的基础上，系统梳理了国外专利信息服务相关实践经验，从而发现国内专利信息服务发展中存在的问题；本课题分析了专利信息服务业的构成，借鉴PEST分析方法，从政策、经济、技术和社会四个方面构建了助力专利高质量发展的专利信息服务评价指标体系，并基于专利信息服务指标体系研究指标信息搜集机制，建立专利信息服务评价模型；本课题对比了专利信息服务领先的广东省和专利信息服务较薄弱的陕西省的发展现状，对比分析了发达省份的经验和欠发达省份的不足；在以上分析基础上结合国内专利信息服务发展中存在的问题，提出完善专利信息服务业法律政策体系和体制机制、加强专利基础信息资源建设与开发利用、壮大专利信息服务人才队伍等对策建议，以更好地指导专利信息利用主体和服务主体开展相关活动，对做好专利信息服务工作的宏观管理与业务指导提供借鉴与参考。

13. 课题名称："一带一路"沿线国家专利布局与创新活动研究（文献专业委员会）

负责人：谭意平

"一带一路"是习近平总书记于2013年9月首次提出的，是我国主动应对全球形势变化、统筹国内国际两个大局做出的重大战略决策。本课题选取中国、印度、俄罗斯、新加坡、越南、波兰、印度尼西亚、以色列、马来西亚等九个"一带一路"沿线国家，提取2013～2017年八国在华申请和中国在八国申请公开的具体数据，以数据为基础，从申请类型、申请领域、申请数量、申请人等多角度进行分析研究。首先，全面梳理了八国在华的整体专利布局，结合近五年八国在华的投资情况以及与我国的出口贸易情况，深入分析了八国在华专利申请的整体表现；全面梳理了我国在"一带一路”沿线八国的整体专利布局，结合近五年我国对外投资情况以及出口贸易环境，深入分析了我国在“一带一路”沿线八国专利申请公开的整体表现。其次，首次摸清“一带一路”沿线八个国家分别在华的专利布局现状，客观提出八国欲向我国输出的企业、技术领域和技术水平；首次摸清我国分别在“一带一路”沿线八个国家的专利布局现状，客观提出我国分别欲向八个国家输出的企业、技术领域和技术水平。最后，在上述分析的基础上，本课题从专利授权率、同族专利数量和专利引证频次三个维度，对我国企业在八国的专利质量和国际影响力进行了深入研究。本课题旨在为政府、企业或研究机构提供翔实的专利统计数据，为政府制定“一带一路”政策以及为企业“走出去”加强知识产权保护布局、降低知识产权侵权风险提供知识产权指导和参考。

14. 课题名称：政策制定视角下提升专利质量的路径研究（审查相关政策专业委员会）

负责人：董来娣

首先，本课题通过梳理总结国内外学者关于“专利质量”的研究结论，提出专利质量的概念主要包含“专利技术质量、专利文件质量、专利审查质量、专利经济质量”四部分。随后，通过统计分析发明专利申请量、有效专利量、每万人发明拥有量、海外布局能力、战略性新兴产业专利布局能力等方面的数据，折射出我国专利质量整体水平有待提高。

其次，在分析现状的基础上，考虑到江苏是专利申请大省，且知识产权工作带有普遍性，课题组选取了江苏省为例，用具体数据重点从创新能力、服务水平、政策导向等几个方面分析提炼出影响专利质量的关键因素。

最后，本课题借鉴发达国家和地区提升专利质量的经验做法，从创新主体、专利信息利用、专利代理服务等方面入手，提出提升我国专利质量的对策建议：一是通过进一步完善以质量为导向的激励政策体系、加强政策制定过程中的统筹和联动、建立政策效果反馈修正机制，强化政策导向和综合治理、引导专利申请理性回归；二是通过提升企业专利意识和能力、提高知识产权“贯标”等活动的广度和深度、提供有效的知识产权信息公共服务、提升高校院所服务经济社会发展的能力，引导创新主体提升创新效能、形成优质创新成果；三是通过建立专利代理机构服务质量评价体系、加强专利代理服务市场监管、加大培训力度建设高素质服务队伍、强化行业自律，形成良好行业文化和良性竞争氛围等，引导服务机构提升代理质量、撰写优质专利文件；四是充分发挥地方代办处的作用，助力审查效率和审查质量的提升，充分运用自身信息和专业资源为创新发展做贡献。

（国家知识产权局学术委员会）

国家知识产权局 2018 年度软科学研究成果

1. 课题名称：SS17 - A - 03 “一带一路”沿线国家或地区知识产权基础性制度研究

承担单位：中南财经政法大学

课题负责人：吴汉东

课题组基于地缘政治和经贸关系，选择了日本、韩国、印度、菲律宾、越南、独联体 11 国和蒙古的知识产权基础性立法作为考查重点进行了研究。

课题组建议，从对内服务创新型国家

建设和建设社会主义法治国家的角度来看，可以考虑通过以下路径改革我国知识产权基础性法律制度：第一种路径可以称之为“知识产权入典”，即在民法典中设立知识产权编，作关于知识产权的一般性规定，采取知识产权单行法与民法典知识产权编并存的立法模式；第二种路径可以称之为“知识产权成典”，即以知识产权法典的方式糅合现行知识产权单行法，采取“总则（知识产权一般规定）＋分则（知识产权各客体的规则体系）”两分法的结构设置。“总则”部分在不将知识产权完全纳入民法典的前提下，概括出知识产权一般的稳定的私益的特征；分则部分保留权利行使规则＋行政管理规范并存的立法模式。就国际知识产权秩序重塑而言，我们可以考虑以东盟知识产权合作组织、欧亚专利组织、欧洲专利组织等“一带一路”区域知识产权组织为依托，致力于协调区域组织间的矛盾、区域组织与各成员方的矛盾、区域组织各成员方之间的矛盾，促进知识产权保护工作的协调发展。

2. 课题名称：SS18－A－01　乡村振兴战略下地理标志保护问题研究

承担单位：中共湖南省委党校

课题负责人：姜芳蕊

党的十九大报告中首次提出“要实施乡村振兴战略”，一方面中国地大物博农产品种类繁多，另一方面农产品阶段性供过于求和供给不足并存，在提高农产品品质、增加市场竞争力的问题上，乡村振兴战略与地理标志保护产生了共鸣。当前我国采取的是地理标志商标注册、地理标志产品认定和农产品地理标志认定三种保护模式，这三种模式各有所长也各有侧重，但整体上存在缺乏统一上位法，现有法律体系化不足、多元保护模式并行，权利重叠和冲突、多元保护未能形成联动合力和国际保护顶层设计规划不强等问题，已有的地理标志尚未能形成有效的品牌资源，不能产生市场经济效益。本课题从服务于乡村振兴战略实施、构建专门的地理标志保护制度、整合现有资源形成多元保护合力、建立统一的地理标志保护信息数据库、加强地理标志国际交流与保护等方面对完善我国地理标志保护问题提出了建议。

3. 课题名称：SS18－A－02　知识产权基本法制定中的私法规则研究

承担单位：中国社会科学院法学研究所

课题负责人：张　鹏

课题组通过论证知识产权与物权的区别、从知识产权各单行法中提炼共通的原理与规范、总结特别应该交由知识产权各单行法个别规定的具有个性的规范，在综合“不宜准用民法中的规范”“知识产权各单行法的共同性”以及“应该交由各单行法解决的规范领域”的基础上，提出相关建议。

课题组认为：有必要以最终制定的我国《知识产权法典》，协调不同单行法律之间的规定，从而形成一个完整的、内在结构和规定协调的知识产权保护体系。同时，通过知识产权法典中有关保护规则的立法活动，将司法实践中的规范整合到法典之中，增强对于司法实践的指导，提升法律在适用过程中的透明度与可预见性。另一方面通过《知识产权法典》的制定，在整合国际条约，借鉴比较法实践的基础上，向世界宣示中国在知识产权法制建设（特别是知识产权保护）方面取得的巨大成就，有助于中国在国际知识产权规则的变革中发挥积极主动的作用。

4. 课题名称：SS18－A－03　新业态知识产权保护调查研究

承担单位：中国知识产权研究会　国家知识产权局知识产权发展研究中心

课题负责人：韩秀成　谢小勇

课题组根据国家重要文件部署规划，立足我国新业态发展环境及形势，结合相关研究报告对新业态定义、内涵及特征等内容的理论层面分析，从实践层面出发，在全国范围内对有代表性的区块链、人工智能、生物医药、电子商务四个新业态领域进行摸底，充分开展相关企业调研，收集业界意见。

课题组通过调研发现，不同领域的创新特点不同，知识产权保护需求各有体现：尽快形成行业的技术标准，并对标准进行分类；知识产权保护客体应更加宽泛；对专利审查沟通机制构建、审查能力提升的要求；加强商业秘密保护；解决电商领域恶意投诉、通知—删除机制中的问题等。基于对上述保护需求的梳理，课题组有针对性地确定了研究目标，并聚焦制约区块链、人工智能、生物医药、电子商务业态发展及知识产权保护的重点问题进行充分论证分析。通过研究，课题组从政府、权利人、社会共治角度提出完善建议，进一步积极推动新业态健康有序发展。

5. 课题名称：SS18 - A - 04　促进经济社会高质量发展的知识产权关键政策研究

承担单位：中国知识产权研究会

课题负责人：赵志彬　谢小勇

课题组立足于我国经济由高速增长阶段转向高质量发展阶段的时代特征，对促进经济高质量发展的知识产权关键政策开展研究。以十九大报告和十九届三中全会对经济高质量发展的重要部署为基础，对经济社会高质量发展进行界定，明确知识产权促进经济高质量发展的主要目标任务和关键点，探讨经济高质量发展对知识产权政策提出的新要求；分析在经济高质量发展背景下，知识产权面临的挑战，梳理分析知识产权政策短板；比较借鉴国外成功经验，研究探索知识产权政策促进经济高质量发展的主要思路和具体对策。

课题组提出知识产权制度本土化政策、知识产权治理现代化政策、知识产权分配市场化政策、知识产权财税体系化政策、知识产权创造高端化政策、知识产权成果产业化政策、知识产权执法常态化政策、知识产权贸易国际化政策、知识产权项目工程化政策、知识产权人才体系化政策等促进经济社会高质量发展的关键政策建议，为优化我国知识产权发展“软环境”，提升政府治理能力和依法行政水平，进而为国家知识产权战略的全面实施提供建议和参考。

6. 课题名称：SS18 - A - 05　国家实验室知识产权管理体系构建

承担单位：青岛海洋科学与技术国家实验室发展中心　青岛市知识产权局

课题负责人：王栽毅

课题组全面调研了国内外高校院所在知识产权管理及成果转化方面的成功经验及做法，并梳理了近年来国家实验室的知识产权事业发展现状，从深化体制机制改革、丰富转移转化渠道、构建横向合作体系、建立桥梁纽带机制等方面有针对性地提出知识产权管理体系构建建议。

课题组认为：国家实验室的科研创新环境离不开整个国家科技体制及知识产权体制机制的宏观背景，随着国家体制改革的不断深入，国家实验室也应及时转变工作思路，不断深化其管理体制机制改革；鼓励建立专业化的科技成果转化或运营团队，不断加强专门的技术转移机构和知识产权管理部门，积极提供科技成果信息服务、交易代理、价值评估等各类专业服务，进一步推动国家实验室的知识产权转移转化能力建设，促进科技与经济的有机结合；鼓励国家实验室向跨行业、跨领域的研发平台转变，推动创新资源向企业汇聚和开发共享，提供开放性基础支撑和科技资源共享服务；建立国家实验室桥梁纽带机制。

7. 课题名称：SS18 - A - 06　中国自由贸易试验区知识产权创新研究：以浙江自贸试验区为案例

承担单位：浙江省舟山市科学技术信息研究所

课题负责人：沈方英　刘海波

课题组总结了国内外自贸区建设中有

关知识产权制度创新的可供借鉴的经验。具体分析了上海自贸试验区、广东自贸试验区和福建自贸试验区建设中知识产权创新的探索和新加坡知识产权创新的经验。由于自贸区是高度开放的贸易区域，而知识产权制度也是高度国际化的创新制度设计，因此本研究还从国际贸易角度分析了知识产权变化的趋势，并结合当前形势概括了中美贸易摩擦中的知识产权作用因素。

课题组从区域和国家两个层次提出了自贸试验区建设过程中，进行知识产权创新的建议。在地方层面，以浙江自贸试验区为例，建议优化知识产权管理体系；加强舟山优势特色产业的产学研对接；促进石化产业的科技成果产业化；深度发掘本地文化中的轻型知识产权；进一步宣传知识产权文化。在国家层面，夯实自贸试验区知识产权创新的法制基础；把知识产权创新融入自贸试验区建设主题；发挥自身优势，助力自贸试验区营造最优营商环境；适应自贸试验区发展需要，持续有效优化政策供给。

8. 课题名称：SS18 - A - 07　知识产权政策法律化路径考察

承担单位：深圳市国新南方知识产权研究院　华东政法大学

课题负责人：张　鹏

课题组认为：我国知识产权公共政策法律化的立法方向在于，深化知识产权领域改革，厘清知识产权领域政府和市场的关系，充分发挥市场配置创新资源决定性作用，更好发挥政府的作用。尤其是，通过法治化的手段发挥政府在知识产权促进经济调节、知识产权市场监管、知识产权社会治理、知识产权公共服务等方面的作用。

课题组提出：知识产权基本法的内容可以概括为“一个目标、两个维度、三个支柱、四个特征、五个原则、六个制度”。目标是中国特色知识产权制度的基本法律，知识产权强国建设的制度支撑。两个维度是在国内维度上严格保护、促进运用，在国际维度上推动形成普惠包容、平衡有效、严格保护、促进发展的知识产权国际规则。三个支柱是，严格保护制度、运用促进制度和现代知识产权治理体系。四个特征是，形成和完善归属清晰、权责明确、保护严格、流转顺畅的现代知识产权制度。五个原则是权利法定原则、地域保护原则、严格保护原则、诚实信用原则和高效运用原则。六大制度是保护格局制度、侵权救济制度、权利重叠与冲突制度、重大经济活动分析评议制度、协同运用制度、长臂管辖制度。

9. 课题名称：SS18 - A - 08　民法总则绿色原则在知识产权侵权救济中的适用研究

承担单位：中国人民大学

课题负责人：张广良

课题组认为，绿色原则作为民法基本原则，对于包括知识产权法在内的民法各部门法的适用均应有所体现，唯有此，绿色原则方能“落地”，方能实现其设立的初衷。我国知识产权制度应主动与绿色原则有机对接，以充分发挥其在知识产权侵权判定及责任承担上的指导价值及适用空间。

在涉及资源与环境因素的知识产权侵权案件中，绿色原则具有较大的适用空间，而过去此类案件往往依据权利用尽原则、公共利益优先原则处理，若认定侵权行为不成立的，往往导致较大争议。在侵权行为虽已成立，但若判令被告承担停止侵害责任或者销毁侵权产品或者侵权工具，将造成资源浪费、环境破坏的，则属于停止侵害适用例外的情形，司法机关不应判令被告承担停止侵害责任，而改判其承担经济赔偿等替代性责任。

10. 课题名称：SS18 - A - 09　我国加入 UPOV1991 年文本的利弊分析

承担单位：中国农业科学院农业资源与农业区划研究所

课题负责人：宋　敏

课题组在分析 UPOV1991 年文本修订的主要内容及产业含义，以及我国植物新品种保护事业发展现状的基础上，通过典型案例分析和计量分析相结合的方法，分别分析了加入 UPOV 1991 年文本对我国育种创新、种业发展和国际竞争力，以及农业发展与农民增收的影响。

课题组研究发现，加入 UPOV 公约 1991 年文本可以进一步激励社会资源投入和强化原始育种创新，带动现代种业发展和提升国际竞争力，同时增加我国农业有效利用全球育种创新成果发展生产、增加收入的机会。虽然短期可能会增加对国外品种权的知识产权费用支出，但是总体而言，利大于弊。不过，需要把握加入时机和策略。充分利用加入前的过渡时期，做好制度储备、能力建设和知识产权布局等基础工作。

11. 课题名称：SS18 - A - 10　知识产权资产会计核算与管理研究

承担单位：南京财经大学

课题负责人：何　玉

课题组通过对中国 2018 年 3599 家上市公司年报进行整理，分析了中国上市公司知识产权会计核算与信息披露现状，诊断目前中国上市公司在知识产权资产核算与管理方面存在的问题，并对发达国家知识产权资产核算与管理的经验进行了分析。

课题组建议，从宏观上可对现行的《知识产权相关会计信息披露规定》进行修订，明确界定知识产权定义及其包括类别，在披露格式中尽量多地列出各种知识产权类别；其次，应加强知识产权资产核算，可设置“知识产权”一级账户，将“专利权”“著作权”“商标权”等各种知识产权类别作为二级明细科目，优化自创知识产权计价方法；再次，加强知识产权相关信息的披露，扩充财务报表附注；最后，完善知识产权制度建设，加强对知识产权的保护，同时企业在知识产权管理方面，应加强知识产权的宣传教育，注重专业人才培养。

12. 课题名称：SS18 - A - 11　知识产权会计及信息披露研究

承担单位：内蒙古自治区知识产权局

课题负责人：颉茂华

课题组以推动新时代知识产权强国建设指导思想为背景，按照“提出问题—分析问题—解决问题”的科学研究方法，通过对已有的有关知识产权会计的研究进行归纳总结，在此基础上，提出存在的问题和仍未解决的理论不足，剖析现行的知识产权会计披露存在的问题的本质原因，并有针对性地提出改进方案。

课题组通过研究，构建了包含知识产权会计假设、知识产权会计信息披露目标、知识产权会计信息披露职能等构成要素在内的理论框架。知识产权会计及信息披露是为满足各利益相关者对知识产权信息的需求，承担着战略职能、信息智能以及监督职能，应当秉持真实性、准确性和及时性三大原则，对财务信息、权属信息及预测信息进行披露，知识产权会计及信息披露的假设具体包括会计主体、持续经营、会计分期和货币计量四个方面。这一框架对解决现有知识产权会计信息披露不规范问题及完善相关制度提供了进一步的理论支撑。

13. 课题名称：SS18 - A - 12　知识产权金融服务体系及政策研究

承担单位：中国科学技术发展战略研究院

课题负责人：李希义

课题组采用理论分析和调查研究的方法，研究了知识产权金融的特点，借鉴美国硅谷银行开展知识产权质押贷款的模式和知识产权金融的特点，分析了我国知识产权金融的服务体系的特征和构建方式。同时还实地调查了国内 4 个不同类型的知识产权金融服务机构，总结归纳了这些知识产权金融服务机构的运作模式和经验。最后从现有政策的优化和如何利用新的政策工具角度，研究促进我国知识产权金融服体系发展的政策和措施。

课题组建议，一方面应当创新中央财政资金运营方式，中央和地方联合设立知识产权质押贷款风险补偿金；中央设立知识产权运营引导基金；知识产权运营机构和银行合作，采用投贷联动模式推动知识产权质押贷款；另一方面中央和地方联合发放创新券支持知识产权金融服务体系发展；同时开展投贷联动促进知识产权金融开展，并利用高新技术企业政策、人才政策和税收政策支持知识产权金融服务机构发展。

14. 课题名称：SS18－A－13　知识产权运营平台建设实践研究

承担单位：横琴国际知识产权交易中心有限公司

课题负责人：季　节

课题组从知识产权金融创新、知识产权国际运营、知识产权拍卖、产业联盟建设、知识产权人才培养等方面对知识产权运营模式展开研究，并从知识产权运营平台建设方面、知识产权质押融资方面、知识产权证券化方面、知识产权国际运营方面、产业知识产权联盟方面、知识产权人才培养方面六个方面对我国当前体系中存在的缺陷进行了分析。

课题组建议，我国的知识产权运营交易平台建设应坚持发展“线上＋线下”一站式服务平台，对平台开发大数据资源和交易手续办理绿色通道，支持国有知识产权在平台交易，提升国家平台存在价值，并建议支持平台与知识产权保护中心联合运作，形成知识产权快速授权、快速确权、快速维权、运营交易、投融资、高端服务在内的知识产权全生命周期的服务体系。还应当在平台开展贯标认证业务，发展知识产权质押融资与保险融合新模式，完善知识产权人才培养体系。

15. 课题名称：SS18－A－14　高校职务科技成果混合所有制改革的动力机制及其政策选择研究

承担单位：西南交通大学

课题负责人：刘　鑫

课题组以高校职务科技成果所有权制度及其影响的相关文献研究为基础，基于改革案例、专利数据与问卷调查，梳理了以四川为代表的我国高校职务科技成果混合所有制改革的进展与具体措施，从理论上分析了改革试点的动力机制，量化评估了试点政策对试点单位专利发展的总体影响，总结了我国高校职务科技成果“混改”中的经验与不足。

课题组提出了优化推进改革试点的政策路径，如优化职务科技成果混合所有制改革的法律政策环境，依据不同单位和不同技术属性分类推进，分析资源要素投入，规范“确权”程序，“确权”工作应充分考虑所秉持的基本原则和规律。还应当理顺相关主体责任、权利、权益和风险关系，综合考虑主体各方的投资及其承担的风险，建立合作收益分配比例模型，加快高校职务科技成果转化的专业化进程，探索建立一批专业化确权评估、风险预警、转化服务机构与平台。

16. 课题名称：SS18－A－15　高校科技成果转化中的知识产权法律保护问题研究

承担单位：上海应用技术大学　上海市知识产权局

课题负责人：熊　焰

课题组首先从对国内外高校科技成果知识产权的法律保护现状进行研究入手，从国家和高校两个维度进行了分析研究。然后针对全国各省市的教育部直属高校和各省市市属高校的科技成果转化部门进行调研，使用的方法为首先向部分调研高校发放调研问卷，然后从中总结出典型问题，再从中选取部分高校实地走访进行深入访谈，从而发现问题。

课题组分两个方面进行了对策研究，制度上而言，要建立完整的知识产权保护法律和政策体系，在高校建立起转化和保护合一的机构和制度。高校本身而言，应切实关注其知识产权保护的需求，在相关制度设计方面，要明确知识产权保护职责的定位，培养一支专业化的知识产权保护团队，增加职能部门与研发院系的充分对接，并明确转化过程中的产权保护工作内容。此外，要充分调动教师、学生的保护能动性，要设立知识产权保护奖项。

17. 课题名称：SS18－A－16　电子信息产业知识产权联盟运行机制研究

承担单位：北京赛昇科技咨询有限公司

课题负责人：杨晓丽

课题组对电子信息知识产权联盟运行机制、主要研究工作以及其当前对我国企业发挥的作用进行研究分析，在电子信息产业高速发展以及全球贸易体系新形势的背景下，对电子信息知识产权联盟的工作思路与发展思路探讨，并通过行业知识产权联盟调研、企业走访等形式，结合集成电路知识产权联盟运营经验，对其他产业知识产权联盟设立发展进行研究。

课题组对产业知识产权联盟的设立和发展运营提出建议，第一应当多渠道激发联盟运营活力，提升联盟影响力，为产业发展提供有效支撑；第二，积极了解会员需求，提供针对性服务，建议联盟通过走访调研等多种形式了解其需求，针对需求进行针对性的服务；第三，引导产业协同创新，为产业发展提供助力；第四，关注国际贸易形势新变化，加强热点问题研究。

18. 课题名称：SS18－A－17　大数据产权安排及其制度构建路径

承担单位：武汉大学

课题负责人：陈传夫

课题组从"大数据产权"的基础理论入手，提出其独立的困惑，从公共数据与私权化、他人数据与公权化以及人格利益与绝对权三方面对大数据产权的诉求进行解读，研究大数据产权的制度安排。

课题组提出，在路径上，大数据产权制度安排应基于一般数据产权原则，包括权利的确认、归属、流转、保护，依据现行的法律制度，包括物权、债权、契约权、知识产权、公平竞争权等法律制度。以调适数据公共性与产权私人性的矛盾为逻辑核心，以数据使用权作为权利体系的核心，以现有人格权、财产权、债权与知识产权原则为法律框架；基于投资属性，构建产权归属理论基础；以知识产权原则为基础，构建数据产权保护机制；以公共利益最大化为制度的终极价值取向。完善个人数据保护机制，有利于解决大数据权益保护中的合法性、数据交易成本、产权效率问题，也有利于促进社会稳定、社会信任与社会安全。

19. 课题名称：SS18－A－19　知识产权全球治理体系变革与中国应对方略研究

承担单位：西南政法大学

课题负责人：张惠彬

课题组对知识产权全球治理起源、组织体系、规范体系进行研究，考察了知识产权全球治理体系的晚近发展态势，结合我国的发展状况，探讨了改革开放以来中国参与知识产权全球治理的角色转变、国际条约的参与、国内治理的成果。

课题组在六个方面提出了建议，第一，应当完善知识产权国际谈判机制；第二要强化知识产权国际合作机制，在知识产权国际合作上坚持"四边联动，协调推进"。第三，应当加强知识产权条约实施机制，将保护知识产权作为市场监管综合执法的重要内容，大力推进知识产权行政执法体系建设，着力提升知识产权执法效能；第四，健全知识产权海外预警机制；第五，建设知识产权海外维权机制，具体包括建立海外展会知识产权快速维权长效机制，组建海外展会快速维权中心，建立海外展会快速维权与常规维权援助联动的工作机制等。最后，应当建立知识产权对外传播机制。

20. 课题名称：SS18－A－20　"一带一路"背景下中国—东盟技术转移中的知识产权问题研究

承担单位：广西微之创科技咨询有限公司　广西东盟技术转移中心

课题负责人：陆桂军

课题组在我国与东盟技术转移合作的

不断深化的背景下，通过对中国—东盟的技术转移中的知识产权问题进行调查研究和实证分析，针对研究发现的问题，提出相应的发展策略和具体的对策建议。

课题组建议，应当探索实行中国—东盟区域专利审查高速路，通过先行先试的策略，在区域内专利审查简化进展顺利或有意提高本国审查速率的东盟国家先行联合实施。针对技术贸易、直接投资和商品贸易等技术转移的不同种类，实行不同的知识产权策略。建设统一的中国—东盟知识产权平台；建立解决各类知识产权纠纷的协调机制，针对性培育、规范相关行业协会及社会中介组织；制定科学合理的企业知识产权保护策略，并加强企业的海外专利布局，紧紧围绕核心专利重点布局，构建多维高效严密的专利保护网，形成稳定的专利池。

21. 课题名称：SS18－A－21　我国企业海外并购中的知识产权风险问题研究

承担单位：上海政法学院

课题负责人：曹　阳

课题组从知识产权制度自身、海外并购知识产权审查、海外并购知识产权后端三方面着手，对中国海外并购获取知识产权相关风险进行分析。

课题组主要从两方面提出中国企业海外并购知识产权风险防范与控制，国家层级应建立海外并购风险指引、预警与应对机制，并建议国家知识产权局联合商务部、教育部、证监会、发改委、律师协会、金融保险学会等机构共同培养相关人才。企业层面需要建立海外并购知识产权风险防控机制，企业必须进行全流程的风险分析与控制。企业必须建立知识产权防控机构。此外，对于合作型海外并购，中国企业应该进行深入细致的审慎性调查，要求目标企业提供相关知识产权信息。企业要深入了解目标国知识产权法律以及与并购相关的法律，分析这些法律对并购交易的影响。企业应成立并购后整合机构，对相关品牌资源、技术资源以及人力资源的利用进行整体规划，从而获取企业最大化利益。

22. 课题名称：SS18－B－22　专利收费标准及政策调节机制研究

承担单位：厦门大学知识产权研究院

课题负责人：乔永忠

课题组对专利收费制度的基础理论、中外政策变化进行研究，对中外的专利收费政策现状进行对比分析，找出我国专利收费标准的影响因素。

课题组建议，应当重视专利收费标准及其政策的重要性。强调专利收费制度在专利制度运行中的关键作用，重视专利收费标准及其政策在专利申请和维持制度中的作用。其次，加强专利收费制度的理论基础研究，包括强化专利收费制度构成要素研究和有效运用专利收费制度区分不同价值专利机制，提高专利制度运行绩效等。再次，完善专利收费机制的运行环境。探索专利局“自负盈亏”的财政制度，量化研究政府财政专利申请费和专利年费资助（减免或者减缓）政策对专利维持时间的影响。在具体完善中国专利收费标准和政策调节机制方面，建议对中国专利收费标准进行结构性调整，提供可以选择的专利收费缴费模式，建立专利年费数额浮动机制。

23. 课题名称：SS18－B－23　电商平台专利审查义务研究

承担单位：浙江财经大学

课题负责人：李　伟

课题组针对我国电商平台上专利侵权现象频发的原因以及电商平台专利审查义务建构中存在的问题、难题，通过实证研究法、文献研究法、比较研究法、案例分析法综合分析，在社会需求、理论支撑的前提下，对电商平台专利审查义务的必要性和合理性进行论证。

课题组对完善电商平台审查义务提出：第一，应当构建领域专利协作保护机制，按照平台上知识产权侵权纠纷的性质进行甄选与分类，与不同的政府部门或社会团体进行数据对接；第二，鼓励电商平台完善内部管理规则，通过内部管理规则处理专利侵权纠纷；第三，完善专利法相关立法。在事先审查上，应通过立法明确电商平台的审查义务，要求电商平台在一定限度内对经营者提供的产品内容、外观进行形式审查；在事后审查上，应对专利法修正案的拟增通知规则予以修改，在符合一般的通知要件且能证明初步侵权事实时即应删除相应信息。

24. 课题名称：SS18－B－24 专利开放许可制度运行机制研究

承担单位：南京理工大学 国家知识产权局运用促进司

课题负责人：刘运华 路宏波

课题组从一手文献出发，搜集整理了近十年英国开放许可制度运行的相关数据，研究表明专利开放许可制度在英国取得了很好实践效果，具有强大的制度活力和广阔的未来发展前景。

课题组在研究欧美等国家或地区标准必要专利许可使用费用确定标准的基础上，提出了进一步完善专利开放许可事前许可条件的建议。制订《专利开放许可指南》，除提供开放许可声明与撤销声明以及规定开放许可费的计算依据和方式外，还建立专利开放许可数据库，免费供公众查阅。因为集中的、方便搜索的数据库对于寻求专利许可的潜在被许可人的吸引力显然远大于零散的公告。丰富专利行政部门的服务，有助于提高公众对开放许可制度的认知度和接受度，为开放许可制度的实施提供支撑。同时，提供开放许可声明与撤销声明以及开放许可合同模板，确定开放许可费的计算依据和方式，以便当事人运用专利开放许可制度。

25. 课题名称：SS18－B－25 大数据视阈之下中国药品专利链接制度战略研究

承担单位：中国药科大学 国家知识产权局专利局南京代办处

课题负责人：顾东蕾 董来娣

课题组基于当前中国药品专利链接制度呼之欲出的现状，通过欧美国家或地区实施专利链接制度的相关数据，总结美加药品专利链接体系中的经验和不足，从药品注册、审批大数据的角度探讨药品专利的链接制度，并结合国情提出建立药品专利链接体系的建议。

课题组建议，中国药品专利链接制度在战略上，实行趋同和趋异引进；在战术上，实施建立完善《中国上市药品目录集》的基础战术，包括建立《中国上市药品目录集》的公示异议制度，实时更新制度，专利审查制度，信息报监的激励机制、信息争议仲裁机制和标准制剂的指定系统；建立完善各项配套制度的衍生战术，包括建立完善试验豁免制度，加速药品试验数据保护的实施，倡导仿制药的不侵权诉讼以及建立首仿药体系。

26. 课题名称：SS18－B－26 标准必要专利司法保护问题研究

承担单位：中关村远见知识产权创新研究院 北京市高级人民法院民三庭

课题负责人：余 晖 杨柏勇

课题组从我国涉及 SEP 的现行规定及主要问题切入，搜集并梳理全球 SEP 主要纠纷案件，重点通过案例分析，针对 FRAND 许可声明的法律性质、SEP 侵权纠纷的禁令救济、FRAND 许可费率的计算方式、SEP 反垄断案件涉及的法律问题等，结合 SEP 产业实践进行实证分析。

课题组建议，中国处理 SEP 纠纷应当倡导建立充分平衡的司法政策和公平合理有序的竞争秩序，鼓励企业建立诚信谈判为解决问题的根本之道的观念。应当充分发挥市场的调解作用，真正将通过市场选取的专利技术方案纳入标准必要专利。相关部门应当重视采标工作，标准落地与国际标准组织基本同步，同时充分发挥市场在选择标准必要专利的作用，尽量避免行政干预和行政主导。司法机关应当有所作为，通过制度创新、程序创新积极发挥司法主导作用，通过司法定价促进高质量专利价值的提高，有效改变西方传统定价体系，以加强知识产权保护为引导，积极推动我国科技创新企业参与国际 ICT 领域的竞争。

27. 课题名称：SS18 - B - 27　标准必要专利的许可和保护研究

承担单位：中国社会科学院法学研究所

课题负责人：管育鹰

课题组基于国内外主要的案例，首先对 FRAND（公平、合理、无歧视）声明的法律性质和效果这一解决 SEP 纠纷及侵权救济的基础理论问题进行了研究，然后重点分析了无线星球诉华为案以及康文森（Conversant）诉华为和中兴案，发掘国际上对 SEP 全球性组合许可的审判趋势，最后对 SEP 纠纷中与国际私法相关的管辖权这一跨学科问题进行了研究。

课题组建议，竞争法视野下我国的标准必要专利许可和保护，需要通过立法对我国《反垄断法》第 18、19 条的适用关系和顺序予以明确。同时，可参考欧盟《滥用市场支配地位指南》中的有关规定，将抵消性买方力量列为市场支配地位的考量因素之一。关于禁令救济的问题，应当对标准必要专利权人的禁令救济进行有条件地限制。建议参考欧盟法院在华为诉中兴案中确立的判例法规则，以司法解释或最高层级的司法政策引导双方诚信谈判的程序性行为规范代替“故意”和“无明显过错”等抽象性的主观判断标准。另外，鉴于司法解决纠纷的滞后性，建议借鉴日本的做法，由国家知识产权局牵头组织专家小组制定一部内容比较全面细致的标准必要专利许可谈判指南，发挥事先的规范引导作用。

28. 课题名称：SS18 - B - 28　国防科技成果处置权、使用权、收益权改革问题研究

承担单位：国家国防科技工业局经济技术发展中心

课题负责人：李佃国

课题组通过分析我国国防科技成果“三权”改革过程中面临的困难与问题，借鉴发达国家“三权”改革的经验启示，并结合我国国防科技成果“三权”改革的典型案例，探索提出促进改革的建议和措施。

课题组建议，推进我国国防科技成果使用权、处置权、收益权改革，应当完善国防科技成果“三权”改革相关政策法规，明确“三权”改革执行主体的职责与义务，强化考核导向；强化创新主体在“三权”落地实施的自主权和建议权，在不危害国家安全利益的前提下赋予创新主体更大的自主权和建议权；推动国防科技工业科技成果信息推广平台建设，建立各层级国防知识产权等科技成果转化支撑服务平台，建立转化应用数据库和长效的推广转化机制，对实际效果进行评估和反馈；构建国防科技成果评价体系和专业人才队伍；设立国防科技成果处置专项基金探索多元化投资机制，以市场化机制促进国防科技成果工程化、产品化；选取国防科技成果“三权”落实成功案例推广，打消军工企事业单位对国有资产流失、保密安全隐患的顾虑。

29. 课题名称：SS18 - B - 29　专利联盟构建及运行机制研究

承担单位：中国科学技术大学

课题负责人：彭小宝

课题组选择技术标准下的专利联盟作为研究对象，针对技术标准下我国专利联盟的发展现状和主要问题，对比国外技术标准下专利联盟构建与运行经验，从顶层制度、联盟创新管理、标准制定等方面提出了技术标准下的我国专利联盟构建与运行的对策建议。

课题组建议，构建和运行我国的专利联盟，首先，应当建立合理的规章制度，规范专利联盟的管理；第二，推进联盟创新性管理，注重灵活性和透明度，建立符合国情的创新型专利联盟管理模式，提高我国国际竞争力；第三，突出政府的引导作用，依靠政府的宏观调控引导企业有条不紊地执行专利联盟计划，鼓励企业构建专利联盟；第四，参与国际标准的制定，加快实施标准化战略，由规则的参与者转变为规则的制定者，以技术控制市场、创造市场；第五，加强核心技术的研发，重视技术标准的建立，提升整体竞争力。

30. 课题名称：SS18－B－30　专利侵权损害赔偿数额认定的证据规则

承担单位：重庆理工大学

课题负责人：何培育

课题组基于传统民事证据规则在专利侵权损害赔偿数额认定过程中适用困难，原告怠于举证、举证不充分等问题导致的法官不得不在证据不充分、证明力不足、证明标准未达到的情形下做出对原告不利的裁判的现状，从专利侵权损害赔偿的证据规则出发，寻求损害赔偿数额认定难、数额认定低等问题的解决之道。

课题组建议，可以从两方面优化政策，解决专利侵权损害赔偿数额认定难的问题。第一，专利侵权损害赔偿数额认定证明责任分配规则的体系构建。应借鉴国内外最新的证明责任分配理论对我国现行法律规范与司法实践进行改造，优化专利侵权证明责任分配体系，以解决专利侵权损害赔偿举证难、认定低等问题。第二，专利侵权证明妨碍规则的优化与完善。具体包括三个方面内容：首先是专利侵权损害赔偿证明妨碍规则的扩张；其次是专利侵权损害赔偿证明妨碍规则法律效果的多元化；最后，专利侵权损害赔偿证明妨碍规则可以与民事证据收集规则结合适用。

31. 课题名称：SS18－B－31　基因技术专利保护新动向研究

承担单位：清华大学深圳研究生院

课题负责人：何　隽

课题组通过专利数据分析，指出基因检测、基因治疗和计算机与基因技术交叉领域三个细分领域的竞争态势；通过最新司法案例分析，指出基因技术专利保护的法律立场，探讨在专利保护客体和专利实质审查中存在的问题，并对我国基因技术领域的发展提出政策建议。

课题组指出，在基因检测领域，不建议我国跟进美国的做法，即认定分离基因不具备专利适格性。在基因治疗领域，建议我国同样采用较为宽松的创造性判断标准，为创造性审查保存一定的弹性空间，以便灵活应对生物基因产业发展的需求。在计算机与基因技术交叉领域，建议在专利审查中应承认程序模块作为单独的产品权利要求，为人工智能时代的基因治疗与基因诊断的创新提供法律保障。未来可考虑允许将“疾病诊断和治疗方法”作为专利保护客体，在专利授权的同时对此类专利权进行限制。

32. 课题名称：SS18－B－33　优化专利布局为导向的“一带一路”专利国际合作问题研究

承担单位：北京化工大学

课题负责人：蔡中华

课题组通过系统梳理我国与“一带一路”沿线国家专利申请的现状，就我国与发达国家相比专利申请数量还明显不足、涉及国家偏少，对贸易活动支撑度不高，专利申请和布局中存在明显的不平衡、不充分的问题提出了解决路径。

课题组建议，首先，进一步深化与沿线国家的双边协议签订，注重发挥双边协议、谅解备忘录在促进两国技术交流中的作用，加快与“一带一路”沿线国家的双边多边合作，助力中国企业更好地在沿线国家进行专利布局；其次，建议国家知识产权局进一步利用主场优势，完善高层协商机制；第三，建议国家知识产权局针对“一带一路”沿线重点国家，尽快派驻知识产权干事，帮助“走出去”的中国企业顺利应对国际知识产权纠纷，也为双边知识产权合作奠定基础；最后，条件成熟时，探索建立知识产权区域一体化组织，实质性推进沿线区域知识产权一体化，为参与“一带一路”建设的我国企业争取最大化利益。

33. 课题名称:SS18－C－34　知识产权服务业人才能力素质标准框架研究

承担单位:苏州大学苏州知识产权研究院

课题负责人:朱春霞

课题组为全面系统地梳理我国现阶段知识产权服务业各职业类别及工作族群所需各项能力素质,通过确定建模对象,进行战略核心能力推导,以行为事件访谈法(BEI)为基本手段,进行了深度细致的走访调研,通过收集到的大量一手数据资料并结合我国2015版《中华人民共和国职业分类大典》(最新修订版)及能力素质辞典,初步构建起了我国知识产权服务业人才能力素质模型(框架)。

课题组建议,做好知识产权服务业人才工作,需要增强公众尊重热爱知识产权人才的意识;搞好服务业知识产权人才发展宏观规划,有目标、有重点地,分期分批次地提升知识产权服务业人员的服务水平和执业能力,优化人才结构;因地制宜、有所侧重地加强人才队伍建设;加大知识产权服务业急需人才开发力度;改进知识产权服务人才培养手段;加强知识产权服务业高端人才培养;加大务实型知识产权服务人才培养;探索服务机构人才培养新模式;改革知识产权服务人才评价体系。

34. 课题名称:SS18－C－35　知识产权学科体系建设和专业学位人才培养方案研究

承担单位:中国科学技术大学

课题负责人:宋　伟

课题组在广泛调查研究的基础上对我国知识产权专业学位设置的必要性、可行性进行了深入剖析,对知识产权专业学位建设发展规划提出了相关政策建议。

课题组建议,知识产权专业学位研究生教育要坚持应用型人才培养导向,按照加强校企合作的培养思路开展教学工作,研究生在校期间加强实践环节,同步提高理论水平和实务能力。结合国内可培养知识产权高层次人才的师资队伍尚需培养的现状,知识产权专业学位的设置应在设立知识产权研究生教育指导委员会的基础上,结合知识产权学科特性,选择部分有较好基础的重点高校作为试点,逐步扩展至其他高校,并在知识产权专业硕士试点高校中选取优秀培养单位,进行知识产权博士专业学位的探索与培养。知识产权专业博士学位重点培养一批具有深厚理论功底和国际视野的学术型人才,作为未来知识产权人才培养的主力军和国际知识产权竞争的排头兵。

35. 课题名称:SS18－C－36　完善知识产权人才职称框架体系研究

承担单位:中国人事科学研究院

课题负责人:蔡学军　孙一平

课题组通过回顾我国知识产权职称工作历史沿革和阶段特征,分析了知识产权专业技术人才职称评价的主要做法与成效、存在的主要问题及原因,汇总了各省市职称工作和知识产权职称改革的经验、做法,并就当前深化知识产权职称改革重点难点问题进行了重点研究讨论,在此基础上提出了完善知识产权人才职称框架体系的对策建议。

课题组建议,在完善知识产权人才职称框架体系中,必须导入国家资历框架的理念和办法,统筹推进知识产权职称、职业资格、水平评价以及继续教育培训等工作,建立知识产权人才多元评价新体系。具体包括五个方面:第一,深化专利审查员、商标审查员评价体系改革;第二,改革完善专利代理人职业能力等级和标准;第三,推动实行经济系列职称考试向社会化专业资格转变;第四,分类探索职业资格证书与学历学位证书衔接办法;第五,健全职业资格证书质量保障机制。

36. 课题名称:SS18－C－37　知识产权人才需求和人才资源调查研究

承担单位:深圳智诚知识产权人才服务科技有限公司

课题负责人：陶鑫良　李富山

课题组为进一步了解我国各行业对知识产权人才需求现状和知识产权人才资源状况，进行本次知识产权人才需求分析及人才资源调研，并为我国培育与发展知识产权人才提出了政策建议。

课题组建议，我国培育与发展知识产权人才可以考虑以下方面：首先，对全国知识产权人才进行分类分级统计，建立知识产权人才发展通道及任职资格体系，并进一步完善知识产权人才的引进、使用、管理、评价及激励机制；第二，提高重点地区知识产权人才市场薪酬优势，完善基础性人才及高层次人才的引进、留任机制，提高区域人才竞争优势；第三，高度关注新进人才培养，创新高校知识产权人才培养模式，优化中高级人才培养机制，全方位完善知识产权人才培养体系；第四，依托地区重点优势产业，建立地区重点产业知识产权人才研究中心，为重点产业知识产权发展提供智力支持；第五，通过完善行业信息共享机制、提高重点产业扶持力度等方式，促进区域人才交流，优化知识产权人才结构及行业布局；第六，尝试开展非专职的知识产权人才培养专项计划，普及、宣传知识产权，为区域知识产权行业及人才发展奠定未来基础，引导更多人才进入知识产权领域。

37. 课题名称：SS18－C－38　国家知识产权高端人才研究

承担单位：中国知识产权培训中心

课题负责人：孙　玮

课题组以调查分析为基础，系统分析了我国知识产权高端人才在数量、类别、知识和能力方面的需求，提炼总结了知识产权高端人才的基本概念与内涵，结合针对我国知识产权高端人才培养模式与评估的分析得出了当前我国知识产权高端人才培养存在的主要问题，并从政策环境，培养体系以及国家战略急需三个方面提出了知识产权高端人才培养的建议。

课题组建议，一是通过健全人才激励政策、完善人才培养政策、强化人才引进策略、优化人才工作和管理制度以及落实人才评估制度持续优化知识产权高端人才培养的政策环境。二是针对政府、高校、企业、行业协会等不同培养主体，应探索构建协同培养模式并共建多层次和高水平的知识产权智库，并拓展高端人才的影响面。三是针对知识产权强国建设等国家重大战略背景下急需人才等现状，通过国际合作、理实结合、人才交流等手段来强化知识产权国际化人才的培养。

38. 课题名称：SS18－C－39　人才引进知识产权评议机制研究

承担单位：国家知识产权局专利局专利审查协作湖北中心

课题负责人：赵喜元

课题组基于人才引进知识产权评议的现状，研究了不同引进主体、经济区域、产业类型对于人才的需求，结合实践探索总结形成了贯穿招商引智全流程的人才引进知识产权评议的理论方法，并制定出了相应的实施管理机制。

课题组建议，可建立如下人才引进知识产权评议实施管理机制：一般人才知识产权评议工作可由引进主体直接委托服务机构开展评议工作，引进主体直接对服务机构的服务质量和服务进度进行把关；对于重大科技经济活动的人才评议，由引进主体对主管机构提出需求以及委托请求，再由主管机构遴选服务机构开展评议工作。整个工作流程分为工作启动阶段、工作对接阶段以及评议工作开展阶段三个部分，其中课题组对包括合同签订、需求对接、分析评议、监督反馈、成果交付等内容进行了规定。

（国家知识产权局办公室）

与知识产权有关的政府网站

国家知识产权局政府网

国家知识产权局政府网站(www. cnipa. gov. cn)是国家知识产权局主办的官方政府网站,是对外宣传知识产权工作的窗口,主要面向社会发布知识产权工作方针政策、相关法律法规、时政要闻、教育培训等信息,提供专利、商标和原产地地理标志相关的办事服务,并设有局领导信箱、意见征求、网上信访、咨询台等互动板块。网站提供中英文版本。

中国商标网

中国商标网(http://sbj. cnipa. gov. cn/)是宣传商标注册、运用、保护和管理的官方网站,主要栏目包括工作动态、重要发布、商标品牌战略、商标申请、国际注册、商标查询、商标公告、网上申请、商标执法、地理标志、国际交流、商标权运用、商标代理、驰名商标、公众留言、统计信息等。

反垄断与反不正当竞争执法局网

反垄断与反不正当竞争执法局网(http://home. saic. gov. cn/fldyfbzdjz/)是宣传反垄断与反不正当竞争执法成果的重要窗口,主要栏目包括工作动态、政策法规、国际交流、典型案例等。

国家版权局网站

国家版权局网(网址 http://www. ncac. gov. cn/)是国家版权局主办的综合性政务官方门户网站,于 2000 年 9 月 30 日开通。主要功能包括宣传版权工作方针政策,发布有关版权执法监管、软件正版化、社会服务、宣传培训、产业发展、国际交流等方面的工作信息,在线接收侵权盗版举报,普及版权相关法律知识,进行版权信息公开等。

中国扫黄打非网

中国扫黄打非网(http://www. shdf. gov. cn/)是全国“扫黄打非”工作小组办公室主办的综合性政务官方门户网站,是全国“扫黄打非”工作小组办公室宣传“扫黄打非”工作的窗口。网站内容主要包括向社会公开相关政策法规、新闻资讯、市场监管、大案要案、专项行动、经验交流、地方工作等信息,还面向公众提供网上举报与在线查询等服务。

林业植物新品种保护网

林业植物新品种保护网(http://www. cnpvp. net)是国家林业和草原局植物新品种保护办公室建立的政府官方网站,网站内容主要包括相关政策法规、行业新闻、林业品种权公告、代理机构、保护名录、品种权判决等,还提供林业授权植物新品种数据检索服务。网站包括中英文 2 种语言版本。

中国林业知识产权网

中国林业知识产权网(http://www.

cfip. cn)是由国家林业和草原局知识产权研究中心承办的林业知识产权信息共享平台，2012 年开通，整合了国内外林业知识产权信息资源，建设了林业专利、植物新品种权、林产品地理标志、商标、著作权等知识产权基础数据库 15 个，累计信息量 75 万多条。制作了林业知识产权展示平台、试点示范、专利在线分析和知识产权宣传周等频道，图文并茂地展示林业知识产权成果和最新进展，免费提供林业知识产权信息检索和数据共享服务。

中国保护知识产权网

中国保护知识产权网（http://www.ipr.mofcom.gov.cn/）由商务部主办，设有中英文双版。中文版立足于商务部承担的职责，全面反映商务部在知识产权方面的各项工作动态和政策法规，为社会各界遵守世界各国知识产权制度与维护自身合法权益提供指导与帮助，为中国企业“走出去”提供服务。网站现已开通“新闻动态、知识产权国际合作、海外维权、政策法规、数据资料、案例数据库、在线咨询”等多个栏目，力图全方位多角度地为公众提供国内外最新的知识产权时事动态、海外维权预警信息等相关服务。

人民法院知识产权审判网

人民法院知识产权审判网（http://zscq.court.gov.cn）是“最高人民法院网（www.court.gov.cn）”下设子网站，该子网站是人民法院宣传知识产权司法保护成果的第一个官方网站。主要栏目包括工作动态、调查研究、司法政策、司法保护成果、案例分析、知识产权战略实施和域外知识产权司法等。

人民检察院案件信息公开网

人民检察院案件信息公开网（http://www.ajxxgk.jcy.gov.cn/）是最高人民检察院深化检务公开，拓展公开的深度和广度，依托国家电子政务网络建立统一的人民检察院案件信息公开系统，通过多种方式向相关人员提供案件程序性信息查询服务，向社会公开重要案件信息和法律文书，以及办理其他案件信息公开工作。检察机关办理的侵犯知识产权刑事案件的相关信息可通过该网站查询获知。